婆源站（张卫东摄）

丰溪河特大桥 900 t 箱梁运梁施工（周志伟摄）

跨西岭互通特大桥（姚云龙摄）

丰溪河特大桥（姚云龙摄）

黄源河特大桥施工（张卫东摄）

薄雾轻笼五府山特大桥（姚云龙摄）

徐墩二号特大桥（姚云龙摄）

动车组通过武步溪特大桥（姚云龙摄）

古田溪特大桥雄姿（姚云龙摄）

金鸡水库特大桥（姚云龙摄）

梅溪特大桥（姚云龙摄）

七里街特大桥（张卫东摄）

天梯横亘—晨曦中的黄源河特大桥（姚云龙摄）

飞龙在舞群山间（张卫东摄于荷田特大桥）

铺轨贯通（姚云龙摄）

穿壁引光（张卫东摄于北武夷山隧道，2013 全国铁路摄影大赛一等奖）

北武夷山隧洞贯通（中铁十九局供）

合福高铁闽赣段
工程总结

京福闽赣铁路客运专线有限公司 编

HEFU GAOTIE MINGANDUAN
GONGCHENG ZONGJIE

中南大学出版社
www.csupress.com.cn
·长沙·

编委会

京福闽赣铁路客运专线有限公司撰稿人

工程管理部	饶惠明	周晓涛	陈其强	过荣伟	陈建军	黄志斌
	钟亮根	王雄标	李源熙	吴飞正	吴红萍	钟永发
	陈水庆	徐　军	周　健	周芝平	石清洲	刘水明
	杨　剑	李斌彬	刘文勇	阮　勇		
物资设备部	姚云龙	林卫民	李祖荣			
安全质量部	黎明细	杨永前				
计划财务部	王宗展	范其恩	江　禹	苏兆刚	林重香	陈小山
	程碧兰					
综合管理部	周朝晖	黄　晟	杨存兴	温恩荣	杨顺帆	
上饶指挥部	左季康	夏小任	王建国	李小勇	陈向一	杨裕尧
南平指挥部	林建天	戴天荣	翁孙昭	叶德炳	周永林	陈　勇
	朱益民	吴国展				

合福铁路闽赣段设计、施工、监理及代建等单位撰稿人

中铁十一局京福闽赣Ⅰ标：邢天恩　张明珠
中交一航局京福闽赣Ⅱ标：李　超　赵文建
中铁十九局京福闽赣Ⅲ标：赵胤辉　江　山
中铁二十四局京福闽赣Ⅳ标：林仕进　柏兴虎　颜建鹏
中铁一局京福闽赣Ⅴ标：杜　强　雒江波
中铁隧道京福闽赣Ⅵ标：康向湘　王　龙
中铁十七局京福闽赣Ⅶ标：辛文军　朱利保　钟益雄
中铁二局京福闽赣Ⅷ标：杨旭初　李　康
北京中铁诚业监理Ⅰ标：向　杰
中铁四院监理Ⅱ标：胡学敏
中铁二院监理Ⅲ标：邱发全
北京中铁诚业监理Ⅳ标：姚志鹏
上海先行监理Ⅴ标：曹　飞
中铁二十四局站房Ⅰ标：郭自力　郑小兵
中建七局站房Ⅱ标：王彬贵　雍维炜
中铁十七局站房Ⅲ标：李宝忠　张卫民
中铁电气化局：王永胜　马新强
中国通号：程景琦　赵益斌
中铁四院：叶兵成　甘　勇　张跃湘　何文春
　　　　　黄太武　踪敬良　包德勇　张必武
　　　　　高　琦　翟润奇　陈晓辉　尹国高
　　　　　朱应娟　韩志刚　罗小华　解振全
　　　　　高黎明　王　林　黄丽娟　陈玉远
　　　　　霍　亮　张良涛　周铁军　林　静
　　　　　宿　冲　符　萌　侯卫兵　冯　帅
　　　　　金贵州　程久洲　薛　扬　朱午蓉
南昌铁路局上饶站改指挥部：许有进　唐先进　金喜荣
中铁二十四局上饶站改：毛雪波　贾世贵　周新春
南昌华路监理上饶站改：刘青青

前言 / Foreword

2015 年 6 月 28 日，合福高铁正式开通运营，结束了福建境内没有时速 300 km 高铁的历史，形成了东南沿海地区与华中、华北地区最便捷的铁路运输通道。这条历经 5 个寒暑艰辛筑就的高铁，串联了黄山、婺源、三清山、武夷山等风景名胜区，沿途风光秀丽，人文荟萃，被外界称为"醉美高铁"。其中，合福高铁闽赣段穿越江西省东部、福建省东北部地区，沿线地形起伏、千沟万壑、层峦叠嶂，桥隧比高达 90.5%，隧道占比近 60%，是典型的山区高速铁路。

自 2010 年开工以来，十万铁路建设大军奋战在闽赣大地，逢山开洞、遇水搭桥，五年的建设日程，1800 多个日日夜夜的精心施工，建设者们斗岩爆、治涌水、克软岩、跨岩溶、越断层，先后攻克了全国最长的单洞双线高速铁路隧道——全长 14.6 km 的北武夷山隧道、深达 42 m 的古田溪特大桥水中墩、一联跨 6 线的西岭互通特大桥，创造性地解决了架桥机过长大隧道架梁等难题，留下了一幕幕战天斗地、顽强拼搏的难忘场景，也积累了众多凝聚共同智慧、令人印象深刻的典型工程案例。一次次实践，一次次体会，一次次总结，一次次提高。在建设过程中，建设者们不断总结探索，为我国山区高速铁路建设提供了宝贵经验。

本书主要从建设管理、勘察设计、工程施工、科研与技术创新等方面进行了深入细致的总结，对典型问题进行了重点剖析，完整记录了建设过程中取得的成功经验，是合福高铁闽赣段全体建设者智慧的结晶。这本工程技术专著既有坚实的工程背景，又有工法和理论的提升，将为我国山区高速铁路建设提供有益的参考和借鉴。

编　者

2020 年 5 月

目录
Contents

第三篇　勘查设计

第四篇　工程施工

第五篇　科研与技术创新

第一篇

综　述

第一章 绪 论

合福高铁闽赣段位于江西省东部、福建省东北部地区，衔接京沪、沪昆、华东二通道等多条主干线，是我国快速客运网的组成部分和重要区际干线，全长为 466.8 km，其中江西省内 183.2 km、福建省内 283.6 km。全段路基长为 44.3 km（314 处），桥梁长为 148.4 km（324 座），隧道长为 274 km（159.5 座，其中 10 km 以上隧道 4 座）。桥隧总长为 422.4 km，桥隧比 90.5%。全段设有车站 11 座，其中江西省境内 4 座，即婺源站、德兴站、上饶站、五府山站；福建省境内 7 座，即武夷山北站、武夷山东站、建瓯西站、南平北站、古田北站、闽清北站、福州站。在上饶地区修建的合福高铁与杭长铁路客运专线（以下简称为杭长客专）的东南、西南联络线，线路全长为 17 km。部省批复的修改初步设计中合福高铁闽赣段概算为 551.4 亿元（江西段 226.97 亿元，福建段 324.43 亿元），2015 年 6 月 28 日通车。

第一节 建设目的和意义

建设合福高铁闽赣段，进一步提升了区域铁路网质量，优化和完善了东中部地区快速铁路网布局；促进区域优势互补、协调发展，加快中部崛起战略的实施和海峡西岸经济区的先行发展；对构筑"京福台"快速铁路通道，加强海峡两岸"三通"，促进祖国和平统一起到积极作用；促进沿线资源进一步开发利用，繁荣地区经济；对保护环境、节约能源和土地资源，提高可持续发展能力，建设资源节约型和环境友好型的现代综合运输体系均具有重要意义。

一、优化区域铁路网布局，完善国家快速铁路网

合福高铁北端接合蚌客运专线，与京沪高速铁路相连，构成京福快速客运通道，在上饶与沪昆客运专线沟通；南至福州与沿海客运专线相接，形成海峡西岸经济区对外的快速客运通道。合福高铁直接沟通两省省会，提升安徽和福建两省路网质量，使两省融入国家快速铁路网，同时使整个东中部地区各省市和省会城市通过国家快速铁路网有机联系，实现东中部地区客运高速化。

合福高铁填补了我国京广、沿海两大纵向客运骨干网之间的较大空白区域，实现以首都北京为中心的环渤海城市群和以福州、厦门为中心的海峡西岸城市群的快速对接，实现华北、东北与海峡西岸经济区的快速联系；同时，北端通过京沪高速铁路和华东二通道第二双线与青太客专和徐兰客专相连，中段与沪汉蓉快速客运通道和沪昆客专互通，南端与沿海快速客运通道衔接，在路网形态上为"四横"客运专线及沿海快速客运通道五线间的客流互通提供了便捷通路。

二、支撑海峡西岸经济建设，协调区域经济发展

合福高铁直接衔接沪昆、京沪等全国干线客运网，形成海峡西岸经济区与北部、中西部地区间快速客运通道，支撑海峡西岸经济区建设，完善海峡两岸"三通"对外路网的重要基础设施，同时促进海峡西岸经济区发展。

合福高铁联通皖赣两省与海峡西岸经济区，可大大提高地区间的交通可达性，缩短地区间的时空距离，开拓皖赣两省劳动力市场，实现皖赣两省与长三角和海峡西岸经济区的双重联动发展。对促进区域经济协调发展、实施中部崛起战略、发展海峡西岸经济区经济、建设和谐社会，有不可替代的作用。

三、构筑京福快速铁路通道，加强海峡两岸"三通"

合福高铁是大陆与台湾通过福建中转交流的最便捷、最舒适的铁路通道。通过台海通道延伸至台湾，

形成"京福台"快速铁路通道,连通大陆与台湾,可大大改善海峡两岸的交通条件。对加强海峡两岸"三通",实现海峡两岸社会经济共同发展起到积极作用;同时,构成东南沿海与后方全天候的快速铁路通道,形成重要的战备交通通道,对维护两岸和平、安全和稳定具有重大政治军事意义。

四、促进沿线资源开发利用,繁荣铁路沿线经济

合福高铁是促进沿线资源进一步开发利用,优化经济布局和投资环境,促进城市化进程,繁荣地区经济的需要。建设合福高铁,不仅可根本改善沿线旅客出行现状,实现客运快速化,也为沿线相关既有线腾出运力,为相关既有线承担更多沿线货运量提供条件。

合福高铁连接合肥、福州两省会城市,沿途经过巢湖、铜陵、芜湖、宣城、黄山、上饶、南平和宁德八个地级市,大大缩短了沿线城市间的时空距离,方便旅客出行,有助于打造皖赣闽三省间南北向快速客运通道。同时,沿线经过黄山、九华山、三清山、武夷山等名山和绩溪、婺源等名人故居,山川秀丽、人文荟萃,有利于交通与风景、历史及人文相融合。此外,合福高铁对于延伸客运专线网触角、拓展快速铁路网覆盖面,满足各经济据点间的快速客运需求和促进沿线旅游、经济发展等方面做出突出贡献。

第二节　建设目标

一、总体目标

坚持以科学发展观为指导,以施工组织设计为依据,以质量安全为核心,以标准化管理为抓手,以"四化"(机械化、工厂化、专业化、信息化)为支撑,全面落实质量、安全、工期、投资效益、环境保护、稳定及廉政建设管理要求,坚持依法建设、规范建设、文明建设,精心组织、精心设计、精心施工、精心管理,打造质量精品工程、安全放心工程、资源节约工程、环境友好工程、技术创新工程、廉洁优秀工程、社会和谐工程。

二、质量目标

全面贯彻落实"科学先导、质量为本、重誉守约、用户至上"的质量方针,工程质量达到国家和铁道部门相关标准、规范和设计文件要求,争创国家优质工程。

(1)检验批、分项、分部工程施工质量检验合格率达到100%。

(2)单位工程一次验收合格率达到100%。

(3)主体工程质量零缺陷,桥梁混凝土等主体结构使用寿命不低于100年。

(4)杜绝重大、较大质量事故。

(5)基础设施达到设计时速目标值要求,一次开通成功。

(6)竣工文件做到真实可靠,规范完整,一次交接合格。

三、安全管理目标

全面贯彻落实"安全第一,预防为主,以人为本,综合治理,保障安全"的安全管理方针。实现"七大"目标:

(1)杜绝责任一般伤亡及以上事故。

(2)杜绝重大交通责任事故。

(3)杜绝火工品、锅炉及压力容器爆炸事故。

(4)杜绝重大火灾事故。

(5)遏制一般责任事故。

(6)年责任伤亡率控制在0.6‰人/亿元以下。

(7)实现安全生产达标。

四、工期目标

2010年4月18日开工，总工期63个月，施工期57个月，2015年6月28日通车。关键工程节点工期如下：

(1)路基主体：2010年7月1日—2014年2月28日。

(2)桥梁下部：2010年7月1日—2013年8月31日。

(3)架梁工程：2011年8月1日—2013年11月30日。

(4)隧道工程：2010年6月1日—2013年9月15日。

(5)无砟轨道：2012年10月10日—2014年10月15日。

(6)铺轨工程(含精调)：2014年1月1日—2015年2月15日。

(7)站房及相关工程：2013年9年1日—2015年2月28日。

(8)四电集成及信息系统工程(含静态验收)：2013年8月1日—2015年3月25日。

(9)联调联试与试运行：2015年3月1日—2015年5月31日。

五、投资目标

节约建设成本，控制总投资符合国家和原铁道部批准范围。

六、环保水保目标

(1)环境污染控制有效，土地资源节约利用，工程绿化完善美观，节能、节材和水保措施落实到位。

(2)无集体投诉事件，环境监控达标，环境保护、水土保持设施与主体工程"同时设计、同时施工、同时投入使用"，努力建成一流的资源节约型、环境友好型客运专线。

第三节　建设程序与决策

一、项目建议书批复

2009年1月15日，原铁道部、安徽省人民政府、江西省人民政府、福建省人民政府联合向国家发展和改革委员会递交《关于新建合肥至福州铁路项目建议书的函》(铁计函〔2009〕53号)。2009年7月23日，国家发展和改革委员会下发《关于新建合肥至福州铁路项目建议书的批复》(发改基础〔2009〕1936号)，批准该项目立项。

二、可行性研究批复

2009年8月2日，原铁道部、安徽省人民政府、江西省人民政府、福建省人民政府联合向国家发展和改革委员会递交《关于新建合肥至福州铁路可行性研究报告的函》(铁计函〔2009〕1059号)。2009年12月7日，国家发展和改革委员会下发《关于新建合肥至福州铁路可行性研究报告的批复》(发改基础〔2009〕3051号)，批复该项目可行性研究报告。

三、初步设计批复

2010年2月24日，原铁道部、安徽省人民政府、江西省人民政府、福建省人民政府联合下发《关于新建合肥至福州铁路初步设计》(铁鉴函〔2010〕189号)，批复本项目的初步设计。

2012年8月8日，原铁道部、安徽省、江西省、福建省联合下发《关于新建合肥至福州铁路修改初步设计的批复》(铁鉴函〔2012〕994号)，批复本项目的修改初步设计。

2013年1月30日，原铁道部下发《关于新建合肥至福州铁路婺源等10座车站站房及相关工程补充初步设计的批复》(铁鉴函〔2013〕138号)，批复本项目车站站房及相关工程的初步设计。

四、相关批复文件

1. 建设用地批复

2009 年 11 月 10 日，原国土资源部下发《关于新建合肥至福州铁路建设用地预审意见的复函》（国土资预审字〔2009〕421 号）。2011 年 12 月 3 日，原国土资源部下发《关于新建合肥至福州铁路江西段工程建设用地的批复》（国土资函〔2011〕874 号），批复江西段建设用地；2012 年 4 月 19 日，原国土资源部下发《关于新建合肥至福州铁路福建段工程建设用地的批复》（国土资函〔2012〕294 号），批复福建段建设用地。

2. 环境影响报告书批复

2009 年 12 月 18 日，原环境保护部下发《关于新建合肥至福州铁路环境影响报告书的批复》（环审〔2009〕543 号），批复该项目环境影响报告书。

3. 水土保持方案批复

2010 年 8 月 26 日，水利部下发《关于新建合肥至福州铁路水土保持方案的复函》（水保函〔2010〕256 号），批复本项目的水土保持方案。

4. 使用林地批复

2010 年 12 月 31 日，原国家林业局下发《使用林地审核同意书》（林资许准〔2010〕502 号），批复本项目江西段占用征用林方案；2011 年 7 月 4 日，原国家林业局下发《使用林地审核同意书》（林资许准〔2011〕159 号），批复本项目福建段占用征用林地方案。

第二章　工程概况

第一节　自然特征和地质概况

一、线路走向

合福高铁闽赣段自皖赣省界向南行，跨景婺黄高速公路后在婺源县城区以东设婺源站，继续向南，上跨景婺常高速公路后，在暖水林场东侧设德兴站，出站后自三清山以西至临湖西侧，经煌固以西跨沪昆高速公路后，在上饶骑跨既有浙赣铁路和杭长客专，出站后跨信江穿云碧峰森林公园，经皂头西、在四十八镇以东设五府山站后穿武夷山至闽赣省界。

线路进入福建省后，向南在武夷山市以北设武夷山北站，经乌渡头东，跨浦南高速公路连接线至规划的武夷山机场（十八寨）西侧设武夷山东站。线路在翁溪口以西跨建溪至建瓯西设建瓯西站，经大横以西、在葫芦庄附近分别跨建溪、横南铁路，穿石门山隧道后于闽江北岸而行，至安济附近设南平北站，出站后经巨口至洋上设古田站，至大箬设闽清站，后线路沿闽江北岸南行，在西岭互通上跨公路、既有线和在建向莆铁路后引入福州站。

二、沿线自然特征

1. 地形地貌

皖赣省界至上饶段主要为低山丘陵区，山势延绵，起伏较大，植被发育，相对高差为150～300 m，局部地段为中低山区及孤峰河、青弋江、新安江、信江等河流一级阶地；中低山区山势陡峻，相对高差为300～500 m；二级阶地垄岗区岗地坳谷相间，地形较开阔，地势略有起伏，地面标高为45～175 m；一级阶地多呈狭长条带状，地势平缓，起伏不大，地面标高为34～142 m不等。

上饶至福州主要为中低山区，山势雄伟，起伏较大，植被较发育，多悬崖峭壁，相对高差为500～1200 m，局部地段为低山丘陵区及甘溪、崇阳溪、建溪、闽江等河流一级阶地；低山丘陵区主要分布于武夷山脉两侧，地形起伏较大，植被发育，相对高差为200～500 m；一级阶地势较平坦，呈带状分布，多辟为农田，地面标高为115～230 m不等。

2. 气象特征

江西省境内属中亚热带季风湿润气候，具有四季分明，雨量充沛，日照充足，无霜期较长的特征。全年平均气温在16.7～18.3℃，最热月（七月）平均气温为28.0～30.0℃，极端最高气温为43.3℃，最冷月（一月）平均气温为4.6～5.9℃，最低气温为零下14.3℃左右。年平均降雨量为1600～1850 mm，24 h最大降雨量为314.9 mm。汛期多东南风，间有东北风和西南风，最大风速高达40 m/s。

福建省境内属热带海洋气团与极低大陆气团交替控制和相互角逐交绥的地带，副热带季风现象明显。福州地区四季温暖湿润，海洋性气候较强。雨量充沛，日照充足，夏长冬短，四季分明。冬季少雨无严寒，春季阴湿多雨水，夏季炎热多台风，秋季天晴日照足。全年平均气温在19～19.9℃，最热月（七月）平均气温为32～34℃，极端最高气温为41.8℃，最冷月（一月）平均气温为9.7℃，最低气温为零下9.7℃左右。年平均降雨量为1653 mm，24 h最大降雨量为218.3 mm。汛期多东南风，间有东北风和西南风，最大风速高达40 m/s。

3. 河流水系

合福高铁闽赣段黄山—武夷山北麓段属长江流域鄱阳湖水系，武夷山南麓—福州段属闽江流域闽江水系。本段工程范围内跨越的主要河流有鄱阳湖支流（乐安江、信江等）、新江（钱塘江上游支流）、崇阳溪

（闽江支流）、建溪（闽江支流）。福州枢纽配套工程在闽江入海口附近上跨闽江干流。在江西境内跨越的通航河流有信江（规划V级航道）。在福建境内跨越的通航河流有建溪（两次）（下游跨越处为现状Ⅶ级、规划Ⅳ级航道）。

4.风景名胜、文物古迹及自然保护区

沿线区域文化历史源远流长，自然风光绚丽多姿，文化旅游资源得天独厚。福州市为国家历史文化名城，瑶里、理坑、汪口、下梅、城村等为国家历史文化名村。

区域内的"世界文化遗产和自然遗产"武夷山享誉中外，分布有三清山、鼓山、青云山、十八重溪、茫荡山、归宗岩、翠屏湖等大批国家和省级风景名胜区，还分布有"中国最美的村庄"——婺源；武夷山、黄楮林、闽江口湿地等自然保护区；灵岩洞、云碧峰、万木林、旗山等国家级和省级森林公园；婺源宗祠、城村汉城遗址、东岳庙、林则徐墓、鼓山摩崖石刻、下梅村大夫第、建宁府孔庙、游定夫祠、李纲墓等全国、省级重点文物保护单位。

三、地质概况

1.工程地质

合福高铁闽赣段所经地区地层岩性复杂，出露下元古界—第三系沉积岩及变质岩、各时期的岩浆岩和第四系松散地层。

沉积岩系主要为石英砂岩、泥质砂岩、页岩、泥岩和灰岩等，以及火山—沉积岩系凝灰岩、凝灰熔岩和凝灰质砂岩等。变质岩系主要为板岩、千枚岩、片岩和片麻岩等。岩浆岩主要为花岗岩和闪长岩等。第四系地层主要为全新统黏性土、粉土、砂类土及碎石类土等，淤泥及淤泥质土主要分布在河流阶地、谷地和闽江三角洲平原，厚为5~50 m；上、中更新统主要为黏土，具弱膨胀性。

合福专闽赣段沿线经历了多个构造旋回时期，横跨多个大地构造单元，合肥以南至上饶属扬子准地台，上饶至福州属华南褶皱系。本段沿线地质构造类型主要为断裂及褶皱。其中主要深、大断裂有：自北向南依次分布有丰城—婺源深断裂、遂川—德兴深断裂、葛源（横峰）—樟村（玉山）大断裂、港边（横峰）—双明（玉山）大断裂、萍乡—广丰深断裂等5条深大断裂；主要褶皱有：乐平—婺源复向斜、武夷山复式背斜、上饶复式向斜、龙村—中堡弧形构造带等。

2.水文特征

合福高铁闽赣段所经地区的地下水主要为孔隙水、基岩裂隙水和岩溶水。

孔隙水赋存于各类松散岩类中，主要分布在河流阶地、丘间及山间谷地等，埋深较浅，一般为1~2 m，水量丰沛，受大气降水及地表径流补给，随季节变化较大，局部地段具有承压性；山谷地区地下水以第四系孔隙潜水为主，埋深为1~3 m，以砂层、卵砾石层为主要含水层，水量较为贫乏，随季节变化显著。

基岩裂隙水主要赋存于低山丘陵区岩石的层间裂隙、风化裂隙以及构造裂隙中，主要接受大气降水的补给，以泉的形式出露排泄。层间裂隙以及风化裂隙地下水一般水量不大，多为潜水；在基岩构造盆地、断层破碎带、节理裂隙很发育带、侵入岩接触带、褶皱核部裂隙密集带及揉皱强烈发育带等储水构造中，水文地质条件复杂，补给源远，多呈脉状及带状分布，水量较丰富，多具承压性。

岩溶水地下水类型主要为潜水和承压水，赋存并循环于沿线寒武系、奥陶系、石炭系、二叠系、三叠系等可溶岩的溶洞、溶腔和裂隙中，呈脉状及带状分布，水量丰富，尤其河谷地段及构造破碎带岩溶发育剧烈，水量较大。岩溶水规律性较差，预测较为困难，隧道施工中应引起足够重视，宜加强超前地质预报等工作。

第二节　主要技术标准

铁路等级：客运专线。

正线数目：双线。

速度目标值：设计速度为300 km/h，基础工程预留提速条件。

最小曲线半径：4000 m。

最大坡度：20‰。

牵引种类：电力。

列车类型：动车组。

列车运行控制方式：自动控制。

行车指挥方式：综合调度集中。

第三节 工程主要特点和工程数量

一、工程主要特点

1. 地理条件困难

合福高铁闽赣段沿线地处福建、江西偏远山区，山势雄伟延绵，起伏较大，植被发育、多悬崖峭壁，相对高差为150～1200 m，公路交通运输较为困难，铁路交通不便利，所经河流基本不通航。

2. 地质条件复杂

合福高铁闽赣段沿线穿越地貌单元较多、地层岩性及地质构造较复杂，大部分山区、丘陵地段属崩、滑、流易发区，部分地段存在岩溶塌陷及老窿发育，隧道施工易产生坑壁崩塌、涌水、流砂等；武夷山北部、建瓯南部、古田、闽侯县等低山丘陵区隧道洞室围岩为块状结构的凝灰熔岩、花岗岩，隧道开挖后易引发岩爆，地质环境条件复杂。

3. 气象环境多变

江西省境内属中亚热带季风湿润气候。四季分明，雨量充沛，日照充足，汛期多东南风，间有东北风和西南风，最大风速高达40 m/s。

福建省境内属热带海洋气团与极低大陆气团交替控制和相互角逐交绥的地带，副热带季风现象明显。福州地区四季温暖湿润，海洋性气候较强。雨量充沛，日照充足，夏长冬短，四季分明。春季阴湿多雨水，夏季炎热多台风。汛期多东南风，间有东北风和西南风，最大风速高达40 m/s。

本段所处区域雨季较长、台风频发，对施工影响较大。

4. 环保要求极高

本线沿线区域文化历史源远流长，自然风光绚丽多姿，文化旅游资源得天独厚，沿线风景名胜区、自然保护区、森林公园、文物保护单位等特殊保护目标众多。线路穿越了云碧峰森林公园、庵山森林公园、茫荡山自然保护区、黄楮林自然保护区等4处特殊敏感目标，涉及的地表饮用水源有上饶市信江、南平市安丰水厂（建溪）二级水源保护区和南平市汀源溪备用水源等3处，工程实施期间，环保要求极高。

5. 工程任务艰巨

合福高铁闽赣段桥隧比高达90.5%，短小路基多，质量控制困难。

（1）隧道159.5座，占全线总长的58.7%。长大隧道多（5 km以上隧道共有17座，其中北武夷山隧道长14629 m，为目前全路贯通隧道中最长的单洞双线隧道），个别隧道存在少量断层突泥突水、断层与地表水库相连、地层含煤、洞口道路危岩落石、岩溶发育、采空区等安全风险源，施工安全压力大。

（2）桥梁324座，占全线总长的31.8%。桥梁工程具有工程量大、桥长、新技术含量高、施工工艺复杂等特点。连续梁孔跨类型多，大跨度梁多，结构复杂，施工主要采用悬浇及支架现浇，其中西岭互通立交桥，全长桥梁长1236 m，主要跨越三环辅道（规划）、外福铁路、西岭互通（在建）、规划铜盘路辅道，主要孔跨采用1联（40+2×64+40）m连续梁、1联（70+136+70）m连续梁拱；因本线位于闽赣山区，地势起伏，桥梁多跨越山谷、河流、水库，桥梁桥墩普遍较高，个别桥梁水深较大，下部结构施工难度较大。

（3）路基工程具有短小、分布广泛、地质条件复杂的特点。短小路基多是与桥、隧相接，成为其施工便道，等到桥隧完工后才施工。对路基施工工期要求紧，路基的沉降观测周期不够长，易于留下质量隐患。

二、主要工程数量

1. 路基工程

正线路基 314 段，合计长度为 44.3 km，区间路基土石方断面为 1665.6×10^4 m³，站场路基土石方断面为 1319.1×10^4 m³，CFG 桩 52.6×10^4 m，钻孔灌注桩 33.8×10^4 m，绿化 384.4×10^4 m²，乔木灌木 242.3 万株，防护栅栏单侧 529.339 km。贯通地线单线 989462 m，接地端子 154596 个。

2. 桥涵工程

正线桥梁 324 座共 148.4 km，其中特大桥 81 座共 94.299 km、大桥 163 座共 47.572 km、中桥 80 座共 6.402 km、小桥 1 座 0.015 km；上饶联络线桥梁 11 座共 12.443 km，其中特大桥 7 座共 11.134 km、大桥 3 座共 1.203 km、中桥 1 座共 0.105 km；涵洞 96 座共 2906 横延米，其中正线 86 座共 2370 横延米、上饶联络线 5 座共 92 横延米、站线 5 座共 421 横延米。

3. 隧道工程

隧道共有 159.5 座，总长 274104 延长米。其中：长度大于 10 km 隧道 4 座，计 47630 延长米；长度 3 ~ 10 km 隧道 26.5 座，计 138465 延长米；长度 1 ~ 3 km 隧道 25 座，计 44123 延长米；长度 0.5 ~ 1 km 隧道 34 座，计 24571 延长米；长度小于 1 km 隧道 70 座，计 19315 延长米。

4. 轨道工程

正线铺轨单线 926 km，站线单线 32.4 km，联络线单线 20.6 km，道岔 152 组（其中含代建九景衢公司婺源站交叉渡线 1 组），其中全线高速道岔 86 组、普速道岔 65 组、交叉渡线 1 组；正线 CRTS I 型双块式无砟轨道单线 914 km；站线 CRTS I 型双块式无砟轨道单线 19.1 km，有砟轨道单线 45.2 km（包含站线及联络线）。

5. 声屏障工程

声屏障共 80 处，总长 39182 延米，合计 2.15 m 高声屏障 42562 延米，2.5 m 高声屏障 1986 延米，2.95 m 高声屏障 1443 延米。

6. 精密工程测量网

共布设 CP0 点 16 个，CPI 点 257 个，线下 CPⅡ 点 184 个，线上加密 CPⅡ 点 1089 个，CPⅢ 点 15313 个，线下二等水准点 202 个，线上加密二等水准点 319 个。

7. 通信工程

通信光缆 2508.97 km、电缆 325.69 km、漏缆敷设 298.1 km；传输系统 STM - 64 设备 11 套、STM - 16 设备 13 套、STM - 4 设备 197 套；电话交换及接入系统 OLT 设备 2 套、ONU 设备 84 套；数据网系统接入层路由设备 11 套、汇聚层 4 套；数字调度系统车站分系统 12 套；专用移动通信系统 BTS 基站设备（含车站）115 套、分布式基站 BBU 2 套、RRU 8 套、直放站远端设备 455 套、近端设备 107 套、通信铁塔 246 座、漏缆监测管理单元 20 套、站房室内分布覆盖 3 站；应急通信现场应急通信设备 2 套、长大隧道应急电话通信主机 18 套；同步及时钟分配系统 BITS 设备 1 套；电源系统高频开关电源柜及电池组 203 套、UPS 及电池组 203 套；综合视频监控系统车站综合视频柜 11 套、区间综合视频柜 192 套；通信电源及环境监控系统中心站设备 1 套、监控分站设备 203 套；会议电视系统 10 套；综合网管系统设备 1 套；综合布线系统 10 站区。

8. 信号工程

新建计算机联锁 10 站及引入福州枢纽工程，新建上饶线路所、红星线路所，26 个中继站；新建自动闭塞 466.83 km；联锁道岔 152 组（其中 1 组交渡道岔为九景衢代建工程）；新建分散自律调度集中（CTC）站 12 站（含 2 个线路所），及引入南昌局 CTC 中心工程，设黄武台，管辖黄山北站（不含）至武夷山北（含）；设武福台，管辖武夷山北（不含）至福州站（不含）；新建信号集中监测 10 站，及新建福州电务段监测中心系统 1 个。综合接地工程正线 466.83 km；26 个中继站、2 个线路所、10 个新建车站、福州站信号楼（加层）、新建的电务段监测中心。

9. 电力及电力牵引供电工程

接触网 H 型钢柱 9092 根，隧道吊柱 14118 根，硬横梁 91 组，腕臂 25607 套，承力索、接触线各 1242 km，正馈线、保护线各 930 km；牵引变电所 9 座（荷田、德兴、五府山、武夷山北、武夷山东、建瓯西、南平北、古田北、白沙镇牵引变电所），分区所11座（冷水亭、董家林、台湖村、朝阳乡、石笋坑、吴齐村、建溪、爱竹、碌葵、闽清北、福州分区所），AT所17座（桃源、董家、里松阳、汪村、岩山坞、郑塘坞、坑口、黄洋、南岸、凤凰山、杨墩、桥头、马里、古园村、土时坪、西村、关西AT所），供电SCADA调度系统；电力10 kV配电所11座，10/0.4 kV变电所27座，箱式变电站202座，投光灯塔39座，10 kV电源线路158 km，10 kV贯通线高压电缆线路1082 km，低压电缆线路820 km，电力SCADA调度系统。

10. **房建工程**

四电独立房屋共328处房屋（含9处牵引变电所）共计2848.32 m^2；10处10 kV配电所共计4231.64 m^2；17处AT所共计3104.2 m^2；11处分区所共计2600.84 m^2；信号楼2处共计2403.68 m^2；线路所2处共计410.34 m^2；中继站26处共计2942.68 m^2（含材料间）；通信基站和直放站251处共计4161.25 m^2；建筑总面积22702.95 m^2。

站台、雨棚、天桥：婺源站站台2座，站台雨棚投影面积10620 m^2；德兴站站台2座，站台雨棚投影面积8100 m^2；五府山站站台2座，雨棚投影面积8100 m^2；武夷山北站站台2座，雨棚投影面积8100 m^2；武夷山东站站台2座，雨棚投影面积16550 m^2，天桥1座，面积991 m^2；建瓯西站站台2座，雨棚投影面积8152 m^2。南平北站站台2座，雨棚投影面积11280 m^2，天桥1座，面积488 m^2；古田北站站台2座，雨棚投影面积8100 m^2；闽清北站站台2座，雨棚投影面积8180 m^2；上饶站站台2座，雨棚投影面积10800 m^2。

11. **环境保护与水土保持工程**

弃土（渣）场252处，弃土（渣）量为48868.9×10^5 m^3，总占地面积为1067.04 hm^2；制梁场11处，占地面积为101.97 hm^2；拌和站95处，占地面积为115.21 hm^2；施工营地55处，占地面积为36.6 hm^2；铺轨基地2处，占地面积为3.49 hm^2；新建便道285 km，改扩建便道217 km；设置声屏障101处共计45991延米，面积100729 m^2；落实噪声、振动功能置换共计136户。

12. **防灾安全监控系统（自然灾害及异物侵线监测系统）**

江西段：电缆61.731 km，风监测21处，雨监测9处，隧道口异物侵限3处（方思山隧道进口、茅坞隧道进口、周家隧道出口），公跨铁异物侵限1处（德上高速），监控单元23个。

福建段：电缆99.864 km（其中新增27.6921 km），风监测28处，雨监测15处，隧道口异物侵限7处（前山隧道出口、屏风山隧道出口、岭头亭隧道出口、龙岭隧道进口、李峰隧道进口、李峰隧道出口、城南隧道进口），监控单元37个；地震监测2处（关西AT所、福州分区所）。

全线监控数据处理设备2套，工务终端2套、调度终端1套。

13. **客服信息系统**

新建10个车站的客票发售与预订信息、客运服务信息系统（婺源、德兴、上饶、五府山、武夷山北、武夷山东、建瓯西、南平北、古田北、闽清北）；新建6处综合维修管理信息系统（婺源、德兴、武夷山北、武夷山东、南平北、闽清北）；新建10处公安管理信息系统（婺源2处、德兴、上饶、五府山、武夷山东2处、建瓯西、南平北、闽清北）及21处警务区公安信息接入系统；新建南昌铁路局信息系统局端配套等工程。

第三章　建设概况

第一节　公司组建

2008年12月2日,原铁道部以铁劳卫函[2008]1393号决定成立合肥至福州铁路(闽赣)公司筹备组。

2009年6月26日,原铁道部以铁劳卫函[2009]838号决定设立合福铁路(闽赣)公司筹备组段落指挥部。

2010年4月30日,京福闽赣铁路客运专线有限责任公司(以下简称"京福闽赣公司")在福建省福州市注册成立,负责合福高铁闽赣段的建设和经营管理。

第二节　工程招标

设计、施工、监理等中标单位均按照国家招投标法规和原铁道部有关招投标规定,在原铁道部工程招投标管理办公室和铁道部监察局的监督下,站前工程在原铁道部工程交易中心公开招标确定,站后四电系统集成和站房工程在北京市建设工程发包承包交易中心公开招标确定。

一、设计单位

中铁第四勘查设计院集团有限公司(以下简称铁四院)为总体设计单位,设计范围包括:合福高铁闽赣段(自皖赣省界DK343+180至福州车站止,正线全长为466.826 km)、上饶地区联络线长为21.999 km,福州枢纽及相关配套工程。

悉地(北京)国际建筑设计顾问有限公司(以下简称悉地国际)负责本线路婺源、德兴、上饶、五府山、武夷山北、武夷山东、建瓯西、南平北、古田北、闽清北10个车站的站房设计。

二、施工单位

全线共分为13个施工标段,其中线下土建工程标段8个(含2个铺轨标段),站房工程标段3个,上饶站改工程标段1个,四电系统集成及相关工程、信息系统标段1个。站前、站房工程采用施工总承包,站后四电工程采用系统集成施工总承包。施工标段划分及中标单位见表3-1。

表3-1　施工标段划分及中标单位

序号	项目	标段	工程范围	正线长度/km	中标单位
1	线下土建工程	HFMG-1	DK343+180～DK438+883.24	95.703	中铁十一局集团有限公司(以下简称中铁十一局)
2		HFMG-2	DK438+883.24～DK468+553.99	29.670	中交第一航务工程局有限公司(以下简称中交一航局)
3		HFMG-3	DK472+902～DK528+450	55.548	中铁十九局集团有限公司(以下简称中铁十九局)
4		HFMG-4	DK528+450～DK578+027	49.577	中铁二十四局集团有限公司(以下简称中铁二十四局)

续表 3 - 1

序号	项目	标段	工程范围	正线长度/km	中标单位
5	线下土建工程	HFMG - 5	DK578 + 027 ~ DK630 + 331.95	52.305	中铁一局集团有限公司（以下简称中铁一局）
6		HFMG - 6	DK630 + 331.95 ~ DK681 + 995	51.663	中铁隧道集团有限公司（以下简称中铁隧道局）
7		HFMG - 7	DK681 + 995 ~ DK741 + 245	59.25	中铁十七局集团有限公司（以下简称中铁十七局）
8		HFMG - 8	DK741 + 245 ~ DK812 + 640	71.395	中铁二局集团有限公司（以下简称中铁二局）
9	站房工程	HFMG - ZF1	婺源站、德兴站、五府山站		中铁二十四局集团有限公司（以下简称中铁二十四局）
10		HFMG - ZF2	武夷山北站、武夷山东站		中建七局集团有限公司（以下简称中建七局）
11		HFMG - ZF3	建瓯西站、南平北站、古田北站、闽清北站		中铁十七局
12	上饶站改工程	HFMGWT	DK468 + 553.99 ~ DK472 + 902 联络线 17.59	4.348	中铁二十四局
13	四电系统集成	HFMGSD	DK343 + 180 ~ DK812 + 640	469.46	中铁电气化局集团有限公司、中国铁路通信信号股份公司联合体（以下简称中铁电气化—中国通号联合体）

三、工程监理单位

工程监理单位采用中外联合体联合监理方式，全线共分 5 个监理合同标段。监理标段划分及中标单位见表 3 - 2。

表 3 - 2 监理标段划分及中标单位

序号	标段	监理范围	正线长度/km	中标单位
1	HFMGJL - 1	DK343 + 180 ~ DK438 + 883.24	95.026	北京中铁诚业工程建设监理有限公司、莫特麦克唐纳（北京）有限公司联合体（以下简称中铁诚业—莫特麦克联合体）
2	HFMGJL - 2	DK438 + 883.24 ~ DK468 + 553.99 DK472 + 902 ~ DK528 + 450	84.057	中铁四院（湖北）工程监理咨询有限公司、德国沃森工程技术有限公司联合体（以下简称铁四院监理—IBV 联合体）
3	HFMGJL - 3	DK528 + 450 ~ DK630 + 331.95	101.882	中铁二院（成都）咨询监理有限公司、德国 PEC + S 集团公司联合体（以下简称中铁二院监理—PEC + S 联合体）
4	HFMGJL - 4	DK630 + 331.95 ~ DK741 + 245	110.913	中铁诚业—莫特麦克联合体
5	HFMGJL - 5	DK741 + 245 ~ DK812 + 640	71.395	上海先行建设监理有限公司、贝利（北京）咨询有限公司联合体（以下简称先行建设—贝利咨询联合体）

四、咨询及专业评估单位

中铁二院工程集团有限责任公司（以下简称中铁二院）为设计咨询单位，负责本线路的施工图审核。

中铁第二勘查设计院集团有限公司（以下简称铁二院）为精测网评估单位和线下工程沉降变形评估单位。

第三节　建设进度

2010年4月18日，站前工程施工和全部施工监理招标结束，中标单位进场施工。

2010年9月30日，原铁道部下发《关于开工建设合肥至福州铁路闽赣段控制工期的仁墩村特大桥等10处单体工程的批复》（铁计函〔2010〕1276号），同意该段工程开工建设。

2010年：积极筹划准备，征地拆迁先行，控制工程先期开工，下半年全线开工。本年完成投资530000万元，全线路基土石方完成 $12609.9 \times 10^4 \ m^3$，占设计数量的44.2%；桥梁工程完成16962.7延米，占设计数量的10.4%；桥基成桩完成15485根，承台完成460个，墩身完成168个；隧道工程完成18773.8延米，占设计数量的6.7%。

2011年：形成会战态势，主攻隧道桥梁，抢通架梁通道，开始箱梁架设。本年完成投资1100000万元，全线路基工程土石方开累完成 $2241.7 \times 10^4 \ m^3$，占设计数量的78.6%；桥梁工程开累完成73780延米，占设计数量的45.4%；桥基成桩完成37627根，墩身完成2365个，预制箱梁232孔，架设箱梁46孔，现浇梁完成104孔；隧道工程开累完成125741延米，占设计数量的45.5%，全线有53座隧道已贯通，完成二衬16座。

2012年：线下工程基本完成，做好沉降评估，开始轨道板生产。本年完成投资1250000万元，全线路基土石方开累完成 $2727.4 \times 10^4 \ m^3$，占设计数量的96.2%；桥梁工程开累完成123233延米，占设计数量的84%；桥基成桩完成42180根，承台完成4535个，墩身完成4263个，预制箱梁完成1891孔，架设箱梁1414孔，现浇梁完成643孔，连续梁完工合拢24联；隧道工程开累完成245284延米，占设计数量的89.4%，全线有117座隧道已贯通，完成二衬57座。

2013年：攻克重点控制工程，线下工程全面完成，开始无砟道床铺设、四电、房建工程。本年完成投资850000万元，全线路基土石方开累完成 $2856.5 \times 10^4 \ m^3$，占设计数量的100%；桥梁工程开累完成159614延米，占设计数量的98.2%；桥基成桩完成43299根（不含委托标），承台完成4843个，墩身完成4827个，T梁架设351孔，现浇梁完成1098孔，连续梁已完工合笼98联；隧道工程开累完成272319延米，占设计数量的98.6%，隧道开挖全部完成，二衬完成157.5座；无砟道床双块式轨枕累计预制1440851块；道岔铺设完成8组。

2014年：7月28日，福州铺轨基地与上饶铺轨基地合拢，标志着合福高铁闽赣段正线铺轨贯通；10月10日正式启动静态验收。本年完成投资760000万元，四电工程完成投资34.91亿，占设计的98.8%；站房工程完成投资8.39亿，占设计的87.9%，站房主体结构全部完成；全线连续梁完工合拢104联；桥基成桩完成43371根、承台完成4871个、墩身完成4882个、现浇梁1199孔；轨枕累计铺设单线932371 m，道岔共铺设151组；轨道精调完成单线882.38 km，完成设计94.2%。

2015年：合福高铁闽赣段于2015年3月1日开始联调联试，2015年5月31日完成了动态验收工作，2015年6月28日正式开通运营。本年完成投资67亿，开累完成投资4567000万元，为已批复投资5502597万元的83%。

第四章　综合评价

建设合福高铁闽赣段对提升区域铁路网质量，优化和完善东中部地区快速铁路网布局，促进区域优势互补、协调发展，加快中部崛起战略的实施和海峡西岸经济区的先行发展，构筑京福台快速铁路通道，加强海峡两岸"三通"，促进祖国和平统一，促进沿线资源开发利用，增强中心城市辐射作用，发挥客运专线网络整体效益，保护环境、节约能源和土地资源，建设投资节约型和环境友好型现代化综合交通体系均具有重要意义。

（1）支撑海峡西岸经济区建设，促进两岸"三通"和经济繁荣

合福高铁闽赣段是我国《中长期铁路规划网》中京福高速铁路的重要组成部分，是我国继京津、武广、郑西高铁之后，又一条设计时速为 300 km 的双线电气化高速铁路。合福高铁直接联通海峡西岸经济区与内陆腹地，形成海峡西岸经济区与华中、华北、东北地区最便捷的铁路运输通道。

（2）精心组织施工，解决高桥隧比建设难题

合福高铁闽赣段是我国首条复杂山区高等级客运专线，桥隧比高达90.5%，面临诸多复杂地质条件和管理难题。京福闽赣客运专线有限公司积极主动适应新的建设管理体制机制，精心组织施工，纵深推进标准化管理，强化风险过程控制，依法合规推进项目建设各项工作，经过各参建单位的顽强拼搏和同心协力，工程建设安全优质、快速有序。动态整体系统及各系统主要功能和实体质量符合设计要求，满足动车组300 km/h 及以下速度运行时相关标准要求，上饶东南联络线、上饶西南联络线满足动车组以 120 km/h 及以下速度运行时相关标准要求，工程质量合格，实现了项目建设总体目标。

（3）坚持依法合规，严格控制投资

合福高铁闽赣段可研批复概算 574.44 亿元，初步设计批复概算为 562.27 亿元，在修改初设"994 号"和补充初设"138 号"修改后投资总额为 550.3 亿元(其中机车车辆购置费 51.9 亿元)。京福闽赣公司依据投资控制的总体要求和要点，严格执行项目建设程序，抓好投资过程控制，规范合同管理、变更设计、验工计价、财务和物资管理，认真落实征地拆迁部省纪要，明确各方职责，严格控制相关费用，合福高铁闽赣段竣工决算后工程实际造价控制在审批范围内。

（4）实施环保监控，建设"醉美高铁"

合福高铁闽赣段在建设过程中严格执行国家、原铁道部和中国铁路总公司有关政策、规程、规范和强制性标准、批复意见。实施环保监控，落实环境保护、水土保持措施与主体工程"同时设计、同时施工、同时投产"的三同时要求，使本工程环保工作取得了明显效果。劳动卫生、安全、环境保护、水土保持等设施满足环评报告书、水土保持方案及批复的要求，并获江西、福建省环保厅环保试运行许可，将合福高铁建设成一条环保、绿色生态的"醉美高铁"。

第二篇

建设管理

第五章　建设管理模式

京福闽赣公司始终遵循"铁路建设科学有序发展"的理念，围绕一个中心（圆满完成各年度建设任务）、两个坚持（依法建设、标准化管理）、三个确保（保质量、保安全、保稳定）的工作主基调，积极主动适应新的建设管理体制机制，突出抓管理、抓施组、抓作风，全面贯彻落实质量、安全、工期、投资、环保、廉政建设和维护稳定等要求，高标准、高质量、高效率地完成了合福高铁闽赣段的建设任务，探索出了一条中国复杂山区高速铁路建设的新道路、新模式。

一、建立较为完善的现代企业管理制度

京福闽赣公司按照"产权明晰、权责明确、政企分开、管理科学"的原则，构建管理机构：建立股东大会、董事会、监事会和经理部门相互制衡的公司治理结构，确保企业产权关系的有效实施；建立和完善了公司、指挥部两级管理模式。公司采用董事会领导下的公司负责制、施工总承包制、设计咨询制、工程监理制和第三方检测制，内设工程管理部、计划财务部、安全质量部、物资设备部、综合管理部五个部门；沿线设上饶、南平两个建设指挥部，分别负责合福铁路江西省境内和福建省境内工程建设管理工作。

在两级管理模式下，建设管理的重心从公司总部下移到各建设指挥部，公司总部制定全线统一的管理办法、制度，并集中精力研究解决建设中的重大问题，如施工组织设计和征地拆迁等重大问题的协调；指挥部负责管段内建设组织实施和现场管理工作，及时协调处理现场工程建设中的有关问题。管理职能的专业分工有效地提升了公司的决策力，项目现场管理的专业化提升了指挥部的执行力。

二、纵深推进标准化管理，完善"架子队"管理模式

京福闽赣公司积极推行标准化管理，严格按照管理制度、人员配备、现场管理、过程控制标准化的有关要求，制定发布了《样板示范工程管理办法》和《标准化文明工地建设管理办法》，组织各参建单位抓好标准化管理工作向纵深推进。认真开展相关管理活动，制定和完善计划财务、工程管理、质量安全、物资设备及综合管理五大类共 103 项管理制度。

京福闽赣公司充分发挥建设管理的核心作用，坚持依法建设，严格工作程序；坚持全部建设工作实施有标准、操作有程序、过程有控制、结果有考核，促进新的建设管理体制、机制在合福高铁闽赣段得到有效贯彻落实，进一步提高建设管理成效；工程调度严格执行月报制度，数据统计及时、准确、一目了然，上报问题跟踪处理及时，闭合管理到位，受到总公司工管中心的表扬，是当时全路 18 个铁路局，约 40 个部管公司中受到表扬的 4 个单位之一。

京福闽赣公司以机械化、工厂化、专业化、信息化为现代化管理手段，以规章制度为基础，以技术标准为依据，以工程设计为先导，以施工组织为指导，深入推进标准化管理，使合福高铁闽赣段建设态势始终保持平稳有序。

京福闽赣公司要求施工单位按照架子队模式，以"管理有效、监控有力、运作高效"为原则，组织管理劳务队伍，确保施工队伍稳定。在清理施工队伍的基础上进一步优化队伍、加强管理，按照专业化和小型化的原则，分不同作业面和不同工种，灵活地组建多样化的专业架子队。全线共有各专业架子队 170 个，主要采用混合型和纯劳务型两种组织形式：对难度较大的单位工程、分部和分项工程，如制运架梁、无砟轨道施工、铺轨、铺岔等施工作业，采用混合型架子队管理模式；对技术难度较低、工艺相对简单的施工作业，如混凝土浇筑、路基防护等，采用纯劳务型架子队管理模式。采用架子队模式，最大限度地规范劳务用工管理，是保证合福高铁闽赣段工程质量和施工安全、顺利实现工程建设目标的重要保障，也是筑牢铁路建设标准化管理的重要基础。

三、积极抓好党风廉政建设，坚持依法合规管理

京福闽赣公司坚持把廉政建设作为队伍建设的重点工作，深入贯彻落实中央八项规定精神，坚决反对"四风"，不断加强廉政教育，深入开展一对一的廉政谈话，以身边的事例和教训教育警醒干部职工守住原则底线，从思想源头敲响警钟，筑牢拒腐防变的大堤。落实党风廉政建设责任制，加强廉政制度建设，严格招投标、变更设计、验工计价、物资供应、信用评价、竣工验收等工作程序和标准，规范管理行为，杜绝以权谋私。加强与路局纪委、铁路检察院的合作，共同推进"阳光工程"及"廉政共建"活动，及时纠正偏差和问题，发挥体外监督的有效作用，促进了工程建设健康有序开展。

四、建立质量安全管理体系，形成安全风险管控长效机制

京福闽赣公司坚持"高标准、讲科学、不懈怠"的质量安全建设理念，严格按照铁路总公司有关要求，建立有效的质量安全管理体系，认真开展质量和安全工作，始终坚持把质量安全放在各项工作的首位，不断提高全体参建人员对施工质量安全极端重要性的认识。综合运用信用评价、激励约束考核、劳动竞赛等手段，引导施工单位将工作重心放到现场，抓好质量安全。

公司制定了《工程质量管理办法》等19个质量安全相关的管理制度和办法，并根据实践检验后进行修订。南平指挥部安质室还结合实际编制了《营业线施工安全管理办法》，每个参建监理项目部编制质量安全相关管理办法40余个；每个参建施工单位编制50多个质量安全相关管理办法，并在工程建设过程中进行修订和完善。

京福闽赣公司建立健全安全生产责任制，积极采用先进的安全生产技术和管理方法，加强和改进安全生产管理，保证铁路建设安全生产。南平北特大桥"7·7"较大安全事故发生后，全体员工深刻反思，提高安全意识，加强现场安全管控力度，按照安全风险管理有关要求，公司根据年度施工进度计划，对全线所有风险源进行识别和评估并予以公布；同时，根据施工生产实际情况实行重点、动态管理，贯彻落实"一般风险源实行领导和管理干部包保制、重点风险源实行施工单位领导干部跟班制"，形成了安全风险管控长效机制。

五、加强建设各方沟通协调，推进和谐铁路建设

为了保证工程建设顺利进行，京福闽赣公司一方面主动与施工单位密切协作，共同协商解决工程建设中遇到的困难和问题，积极推进征地拆迁工作；另一方面，在国家法律、法规和政策框架内，妥善解决征地拆迁等具体问题和合理诉求，正确处理好各方利益关系，保护沿线广大群众的合法权益和支持铁路建设的积极性。施工单位勇于担当起企业应负的社会责任，采取行之有效的方式，最大限度地帮助群众解决因铁路建设造成的生产生活实际困难和问题，积极为他们提供就业信息、就业指导等服务；本着"和谐、文明、快速、高效"的原则，开展"和谐创建文明施工区"创建活动，建立健全沟通协作机制，主动化解矛盾，密切企地关系，为工程建设创造良好环境。

为建立和完善工程建设维护稳定工作机制，京福闽赣公司成立了由公司总经理任组长的维稳工作领导小组，各施工、监理单位项目部成立由主要负责人任组长的维稳排查工作组。在公司维稳工作领导小组的领导下，分工负责，维护稳定工作成效显著。公司按照部省纪要及相关政策依据，开展征地拆迁、压覆矿评估补偿、环水保、临时用地复垦、工程款拨付、农民工工资支付等涉稳工作；高度重视信访工作，加强群体性上访事件的应急处置，紧紧依靠部省有关部门和沿线地方各级政府，耐心细致地做好政策解释工作，做到矛盾不激化、人员不滞留、事态不失控，保证了重要时期的安全稳定；完善农民工工资发放办法，专人现场监督发放，确保将农民工工资及时足额发放到个人，切实落实维护稳定工作等各项措施，努力营造和谐稳定的建设环境。

第六章　建设管理机构

第一节　建设管理机构的设置

根据原铁道部《关于成立合肥至福州铁路(闽赣)公司筹备组的通知》(铁劳卫函〔2008〕1393号)文件，××年××月××日成立合肥至福州铁路(闽赣)公司筹备组。在此基础上，由南昌铁路局、福建省铁路投资有限责任公司、江西省铁路投资集团公司分别作为中国铁路总公司、福建省人民政府、江西省人民政府的出资者代表共同发起，于2010年4月30日在福建省工商行政管理局登记，成立京福闽赣铁路客运专线有限责任公司，主营北京至福州铁路客运专线闽赣段的工程建设和旅客运输。

京福闽赣公司采用董事会领导下的公司负责制，负责项目建设管理工作。根据本项目特点和管理需要，公司内设工程管理部、计划财务部、安全质量部、物资设备部、综合管理部五个部门；为加强建设期间的现场管理，在江西(上饶)、福建(南平)各设一个现场指挥部，分别负责江西省范围内和福建省范围内工程建设的组织、管理、协调、指挥工作。工程建设管理组织机构如图6-1所示。

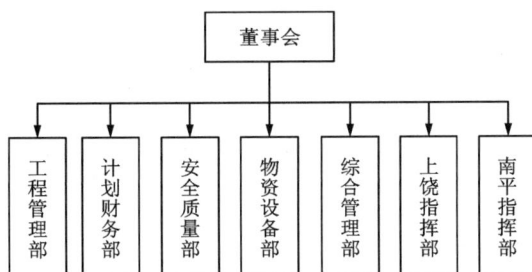

图6-1　工程建设管理组织机构示意图

工程建设期间，京福闽赣公司实行施工总承包、设计、咨询、工程监理、第三方检测制，以安全、质量、工期、投资效益、环境保护、技术创新为目标，以标准化管理为抓手，以文明工地建设为平台，精心组织、精心设计、精心施工、精心管理，统筹规划、均衡生产、突出难点、有序推进，保证合福高铁闽赣段按期开通运营。

第二节　部门职能

一、京福闽赣公司主要管理职责

(1)执行铁路基本建设程序，按照批准的建设规模、标准、工期，向原铁道部或其他投资方全面负责，并承担相应的责任。

(2)负责组织实施施工招标工作；按招标投标法规和资质条件，择优选定施工单位，与中标的施工单位签订承发包合同；在招标活动中，遵循公开、公平、公正、择优和诚实守信的原则。

(3)严格控制分包，一般情况下不许分包；对施工单位提出的确需分包的工程，严格审查承担分包工程单位的资质；严禁工程转包。

(4)在铁路工程质量监督站办理建设项目工程质量监督手续。

(5)负责工程监理的招标。

（6）负责办理开工前审计工作。

（7）按国家有关规定批准开工后，负责项目的征地、拆迁工作，并负责审批建设项目中单项工程开工（复工）报告。

（8）负责组织编制建设项目的实施性施工组织设计。

（9）负责设计文件供应，组织设计单位向施工单位及有关单位技术交底。

（10）负责统计、汇总、报告工程进度，组织、协调解决建设实施过程中的问题。

（11）负责编报建设项目年度建议计划。

（12）负责组织设备招标、订货工作。

（13）按规定权限办理变更设计和费用的申报或处理。

（14）实施工程质量控制，督促施工单位做好安全生产工作；按规定组织或参与对重大工程质量及工伤、行车等事故的调查、报告和处理。

（15）负责建设项目的财务会计管理工作，按原铁道部有关基建财务管理的各项规定，办理与建设项目有关的各种结算业务，按规定使用建设资金。

（16）负责工程验工计价和投资控制，及时办理工程价款的拨付与结算。

（17）负责组织工程监管运输工作。

（18）负责主持现场初验工作，组织编制工程竣工文件；组织或参加建设项目竣工验收工作。

（19）统一组织并负责编制竣工决算。对编制的竣工决算，组织自审自纠或委托会计师事务所审计，并接受国家审计部门的审计监督；组织办理资产交接手续；通过国家正式验收或自行验收后半年以内，向部门报送竣工决算。

（20）组织工程总结和工程项目后评价工作。

二、综合部工作职责

（1）负责日常行政管理、党群工作，做好信息的上传下达，统筹协调各部门工作，催办和督查重要事项的执行情况。

（2）负责信息调研，掌握公司各类工作动态，畅通信息渠道，负责公司信息管理系统建设和日常管理维护工作。

（3）组织或参与公司有关文电的起草工作，负责公文、文档的收发、登记、呈批、传阅、催办、缮印和公司发文的审核工作；负责文件的分类、立卷、归档工作。

（4）负责机要、保密和印鉴管理工作。

（5）负责会务组织工作；组织或指导其他部门做好会议筹备、会议记录以及相关文件整理等工作。

（6）负责宣传报道工作，收集整理工程建设的有关影像资料和相关信息。负责编写大事记，做好项目管理机构史志管理工作。

（7）负责对外接待工作。

（8）负责人事管理工作，做好人员的考察、调配和日常考核、奖惩、培训以及专业技术职务评聘等工作。

（9）负责劳动工资管理日常工作，做好职工的工资、福利、社会保险和公积金管理等工作；受企业法人委托负责劳动合同的日常管理工作；负责劳资报表的统计和报送工作。

（10）负责办公用品、设备的购置、发放、日常维护工作。

（11）负责职工生活后勤保障和车辆管理工作。

（12）负责信访和综合治理工作。

（13）完成上级交办的其他工作。

三、计划财务部工作职责

（1）负责建设资金管理工作。根据完成工作量、验工计价、合同和预计完成情况向中国铁路总公司提报年度资金预算和资金拨付申请，办理资金拨付手续。

（2）负责施工招标工作。组织编制招标文件，完成标段划分、标底编制与审查、招标评标工作。

（3）负责计划统计管理工作。组织编制年度建议计划，下达年、季、月度计划，检查、考核计划执行情况，提出年度调整计划建议；负责统计信息工作，建立统计台账，编制统计分析，报送工程统计报表。

（4）负责合同归口管理工作。负责各类合同的审核、签订、登记、立卷归档及合同备案工作；参与有关合同的洽谈，负责组织检查、督促合同履行；组织对参建的施工、监理单位投标承诺兑现及合同履行情况进行评议。

（5）负责概预算管理及验工计价工作。负责建设过程中验工计价的计价、清算工作，审核设计变更费用，组织概算调整清理，归口掌握项目投资控制情况；及时督促设计单位完成鉴修概算，并汇总上报中国铁路总公司。

（6）负责财务管理工作。建立健全各项财务管理、资金管理、费用审批制度，防范资金风险；办理建设资金的筹集、支付、清算、结算工作；规范会计核算，真实准确地反映各项经济事项；监督、检查承包单位资金使用情况；负责编制财务报表，分析财务状况，考核财务计划执行情况及资金使用效果。

（7）负责定期检查、分析建设资金使用情况，定期组织建设项目经济活动分析，建立投资台账，定期进行财产物资清查；负责内部财务监察及审计工作，配合上级进行审计、财务检查。

（8）负责提报建设管理费使用计划，实施监控；办理费用报销、工资发放和计提各项福利费用等工作；负责职工社保、医保、住房公积金的缴纳工作，依法缴税。

（9）负责组织竣工决算、组固及固定资产移交工作。

（10）完成上级交办的其他工作。

四、工程管理部工作职责

（1）负责工程勘查设计管理工作；及时组织施工图设计审核和施工图投资检算工作，参与初步设计初审。

（2）负责监督检查勘查设计进度和设计单位执行鉴定意见情况，督促设计单位做好优化设计工作；对勘查设计和技术咨询进行日常管理和考核，组织施工图设计考核工作，制定有关技术管理办法、技术管理程序和相关考核制度。

（3）负责组织建设项目环保、水保、地质灾害评估、压矿评估、防洪影响评估等资料的汇总、报批工作；负责组织施工期间的环境保护和水土保持措施的落实工作。

（4）负责全线征地拆迁和建设协调工作，办理建设项目用地预审、报批相关手续，检查、指导各施工单位征地拆迁和地亩竣工资料的组卷交验工作；负责征地拆迁计价的审核工作。

（5）负责工作量核实及有关协议签订（包括征地拆迁、三电迁改、沿线立交、地下管线、通航等协议）。

（6）负责工程咨询管理工作。负责工程咨询招标工作，参与施工、监理招标工作；参加勘查设计合同、工程咨询合同、施工合同的签订工作，监督勘查设计合同和工程咨询合同（技术咨询）的执行情况，对设计费、工程咨询费的支付进行签认。

（7）负责组织编制指导性施工组织设计，审批施工单位申报的实施性施工组织设计；组织重大施工方案审查、工程质量检查和科研项目审查；根据技术标准和规范，组织制定或审查施工细则、相关施工工艺、工序。

（8）负责办理建设项目开工审批手续，协助办理工程质量安全监督手续。

（9）组织施工前的技术交底工作，负责重大技术方案、重大技术问题、主要设备及系统选型的研究审查工作。

（10）负责建设项目的组织实施和现场管理工作，落实施工计划；负责工程进度和质量控制，及时协调处理工程建设中的有关问题。

（11）负责变更设计管理。提报 I 类变更设计建议，并参与和配合 I 类变更设计初审、报批工作；负责办理 II 类变更设计。

（12）负责技术文件、技术资料管理，做好设计文件、图纸和技术资料的分发登记、保管和移交归档工作。

（13）负责工程调度工作，及时收集工程信息，编制工程快报，定期对建设情况分析总结。

（14）组织召开现场例会，掌握施工进度情况，定期对施工进度和质量安全情况进行分析总结，对存在的质量安全、进度方面的问题提出整改措施并组织落实。

（15）建立突发事件应急处理机制，组织突发事件处理工作。

（16）负责组织工程验工。

（17）组织编制联合调试计划，组织联合调试。

（18）组织编制工程竣工文件和工程总结，负责组织建设项目竣工验收交接具体工作。

（19）完成上级交办的其他工作。

五、安全质量部工作职责

（1）负责监督、检查各参建单位落实国家、中国铁路总公司、公司安全生产及质量管理的有关规定，制定有关管理制度，建立健全质量和安全管理体系。

（2）负责办理工程质量安全监督手续，配合工程质量安全监督机构的质量安全监督检查。

（3）定期组织工程安全质量检查，及时通报和处理工程质量和安全工作中存在的问题。

（4）制定工程质量创优规划并监督实施，负责样板示范工程管理工作。

（5）负责项目工程监理招标和管理工作，检查落实建设进度、质量、安全和文明施工的各项措施，组织建设项目检查和评比工作。

（6）负责按规定组织施工、监理企业信用评价工作并及时将有关情况上报中国铁路总公司。

（7）负责组织或参与工程质量和安全事故的处理工作。

（8）负责新技术、新工艺、新材料、新设备的推广和应用。

（9）负责营业线施工安全管理和运输协调工作。

（10）完成上级交办的其他工作。

六、物资设备部工作职责

（1）参与项目建设中甲控物资设备的招标，组织甲供物资的招投标及甲控物资的资格审查工作。

（2）负责建设项目物资设备管理工作，建立物资设备采购供应管理体系和质量控制管理体系，降低采购供应成本，确保物资设备质量。

（3）负责编制物资设备管理的有关制度和办法，指导、检查有关参建单位的物资设备管理工作。

（4）负责物资设备招标采购及合同执行，对主要材料和设备款的支付进行签认；监控物资设备质量，协调资源分配和采购各方关系。

（5）负责甲供、甲控物资设备管理工作；及时上报物资采购、按时完成物资采购相关工作；组织物资设备的供货、调剂。

（6）负责建设项目施工单位自购物资设备的管理工作；监督、检查自购物资设备程序是否规范，质量是否达标。

（7）负责外资采购材料、设备归口管理工作；负责外资采购物资、设备计划的申报和物资、设备的接运、验收工作；对外资采购物资设备的计价、结算进行鉴认。

（8）深入施工现场，调查了解物资使用方向、供求进度、供应质量、存在问题和现场物资管理等情况，加强和改进物资管理供应工作。

（9）负责按规定组织物资设备供应商信用评价工作并及时将有关情况上报路局。

（10）完成上级交办的其他工作。

七、指挥部工作职责

（1）负责管段内建设组织实施和现场管理工作，及时协调处理现场工程建设中的有关问题。

（2）负责管段内征地拆迁协调工作。

（3）负责管段内工程进度和质量控制，组织检查施工进度、质量、安全和文明施工；参加重点工程施工方案审查，负责管理项目监理机构和现场咨询机构。

（4）组织召开现场例会，掌握施工进度情况，定期对施工进度和质量安全情况进行分析总结，对存在的质量安全、进度方面的问题提出整改措施并组织落实。

（5）负责突发事件的应急处理，第一时间到达事件发生现场，组织控制事件发展。

（6）配合处理质量和安全事故。

（7）负责验工计价的工程数量审查。

（8）完成上级交办的其他工作。

第七章　标准化管理体系

为实现合福高铁闽赣段建设的标准化管理,京福闽赣公司从工程建设开始,在观念创新、管理创新、机制创新上狠下功夫,扎实有效地推进工程标准化管理。公司充分借鉴国内外重大工程项目建设的先进经验,按照中国铁路总公司关于标准化管理"统一部署、分步实施、平稳推进、各负其责"的原则,以标准化的思想、方法和手段,提出了以"质量、安全、工期、投资、环保和稳定"为目标,以"管理制度标准化、人员配备标准化、现场管理标准化和过程控制标准化"为核心内容,以"机械化、工厂化、专业化和信息化"为主要支撑手段的标准化管理体系,并以建设单位为龙头,参建各方各负其责、协同推进,逐步形成具有合福高铁闽赣段特色的标准化管理体系和方法。

第一节　管理制度

建设管理制度包括由原铁道部制定和由京福闽赣公司根据项目特点制定的建设管理规范性文件。京福闽赣公司管理制度标准化的目标任务是:贯彻落实质量、安全、工期、投资、环保、廉政建设和维护稳定等要求,规范公司各项管理工作,建立公司标准化管理体系,努力建设精品工程和安全工程。

一、总体要求

京福闽赣公司要求各单位牢固树立"安全第一、质量至上"的理念,切实增强责任意识、忧患意识,树立对国家、对人民、对历史高度负责的使命感和责任感,精心组织、精心设计、精心施工、精心管理,不断夯实安全基础,严格落实管理责任,强化现场控制,确保工程质量万无一失。

1. 加强组织,严格考核

京福闽赣公司运用全面质量管理、网络计划技术等现代管理方法,以原铁道部标准化实施意见与公司标准化管理文件为蓝本,以严格考核为保障,促使参建各方各负其责、全员参与,全面推进铁路建设标准化管理。

(1)公司把标准化管理视为一项系统工程,要求各参建单位要加强组织,明确目标、突出重点、落实责任,成立标准化管理推进小组,认真抓好推进落实。组长由项目经理或项目总监担任,班子成员作为小组成员,将标准化管理延伸到每一项工作的每个环节,充分调动全员积极性,确保全员参与,形成统一步调、统筹协调的良好氛围。

(2)根据原铁道部和公司标准化管理推进要求和总体方案,要求各参建单位按照管理制度、人员配备、现场管理和过程控制标准化的要求,编制各自的标准化管理实施方案;按照系统管理要求,将实施方案与总体方案、施工组织有机衔接,并在实施中不断补充完善。

(3)建立健全考核机制。推进标准化管理必须建立严格的目标管理体系和考核制度,根据公司有关规定,细化量化内部工作目标及考核制度,将考核落在实处。

2. 突出重点,全面开展

公司要求各参建单位按照"镜头不换、纵深发展"的工作思路和铁路建设标准化管理体系框图,以机械化、工厂化、专业化、信息化为支撑,健全完善管理制度,实现管理制度标准化;在此基础上,全面落实人员配备、现场管理和过程控制标准化要求,努力提高自身管理水平,突出标准化管理重点,全面推行标准化建设。

3. 统一思想,务求实效

(1)统一思想,提高认识。公司要求各参建单位的各级领导干部统一思想,充分认识标准化管理的重大意义,切实增强全体人员的责任意识、忧患意识。

（2）加强宣传，狠抓落实。公司把推进标准化管理当作质量安全工作的支撑，坚持从源头抓起、从全过程抓起、从每一个细节抓起，加大宣传力度，确保全员全方位参与标准化管理，变"要我做"为"我要做"，努力营造标准化管理氛围。

（3）学习借鉴，总结提高。通过学习借鉴其他单位好的做法和先进经验，认真查找自身不足，及时改进，总结经验，创建具有合福闽赣特色的标准化管理企业文化，努力使标准化管理覆盖工程建设的方方面面，全面实现合福高铁闽赣段建设目标。

二、建设单位管理制度

京福闽赣公司认真贯彻执行国家和中国铁路总公司有关铁路建设管理的各项法规，以建设管理的法规体系为依据，建立健全内部管理规章制度，并在实践中不断完善，形成了科学的管理制度体系，编制了一套标准化管理文件，共3个分册，即安全质量管理分册，工程、物资管理分册，综合、计财管理分册。

1. 综合管理制度

京福闽赣公司先后制定了25项综合管理制度，规范公司工作部门职责和岗位职责，职能要素分配如表7-1所示。

表7-1 标准化管理工作职能要素分配表

序号	职能要素名称	综合部	工程部	安质部	计财部	物设部
1	管理方针	▲	△	△	△	△
2	管理目标	▲	△	△	△	△
3	组织机构、职责和权限	▲	△	△	△	△
4	公文处理	▲	△	△	△	△
5	规章制度的制（拟）定	△	▲	▲	▲	▲
6	日常管理	▲	△	△	△	△
7	政务信息公开	▲	△	△	△	△
8	人员培训与证件管理	▲	△	△	△	△
9	前期工作管理	△	▲	△	△	△
10	初步设计审核管理	△	▲	△	△	△
11	施工图审核管理	△	▲	△	△	△
12	施工组织设计管理	△	▲	△	△	△
13	工程变更设计管理	△	▲	△	△	△
14	工程咨询管理	△	▲	△	△	△
15	工程技术管理	△	▲	△	△	△
16	工程调度管理	△	▲	△	△	△
17	征地拆迁工作管理	△	▲	△	△	△
18	环境、水土、文物保护管理	△	▲	△	△	△
19	竣工验收交接管理	△	▲	△	△	△
20	工程质量、安全管理	△	△	▲	△	△
21	工程监理管理	△	△	▲	△	△
22	工程质量检测试验管理	△	△	▲	△	△
23	日常检查管理	●	●	●	●	●

续表 7-1

序号	职能要素名称	综合部	工程部	安质部	计财部	物设部
24	施工、监理单位信用评价管理	△	△	▲	△	△
25	物资设备供应商信用评价管理	△	△	△	△	▲
26	不良行为记录管理	△	△	▲	△	▲
27	火工品管理	△	△	▲	△	△
28	样板示范工程管理	△	△	▲	△	△
29	创优规划管理	△	△	▲	△	△
30	突发事故应急预案管理	△	△	▲	△	△
31	质量事故调查处理	△	△	▲	△	△
32	安全事故调查处理	△	△	▲	△	△
33	合同管理	△	△	△	▲	△
34	招投标管理	△	△	△	▲	△
35	投资计划、控制、统计管理	△	△	△	▲	△
36	验工计价管理	△	△	△	▲	△
37	工程价款结算管理	△	△	△	▲	△
38	财务管理	△	△	△	▲	△
39	物资设备管理	△	△	△	△	▲
40	甲供物资设备采购供应管理	△	△	△	△	▲

说明：▲表示"主办"；△表示"参与"；●表示"各检查组"主办

2. 勘查设计管理制度

公司制定了《工程勘查设计管理办法》，详细规定了：勘查设计单位应严格执行有关设计强制性标准，根据批准的初步设计文件开展施工图设计，对工程勘查设计质量负责；在保证设计质量的前提下，根据批复的初步设计概算，编制施工图投资检算，确保工程投资受控；要求勘查设计单位严格执行建设标准，进行多方案比较，推荐技术适用、经济合理的建设方案；合理确定工程内容和确保质量安全的工程措施，认真执行概算编制规定，规范采用工程定额，确保工程概算的合理性和真实性。

公司每半年对勘查设计单位开展一次评价，包括平时考核和集中考核。公司和指挥部对勘查设计单位的半年集中考核和平时考核结果，作为支付勘查设计费的重要依据。公司依照中国铁路总公司《铁路建设项目施工图考核办法》给予勘查设计单位相应的考核奖励，保证了勘查设计制度的有效实施。

3. 招投标与合同管理制度

公司根据国家及中国铁路总公司有关招标投标管理规定，制定了《招标投标管理办法》，规范施工招标投标、监理与咨询服务类招标投标。成立招标领导小组，由公司主要领导任组长，其他领导任副组长，各部门负责人为小组成员。招标领导小组实行集体会议决策机制，具体招标工作计划财务部归口管理。

公司在招标文件中同时载明综合评估法和经评审的最低投标价法两种评标办法，由投标人代表在开标会上抽取其中一种作为评标办法，有助于减少围标、串标行为，选择出真正有资历、有实力的监理单位和施工单位。

公司作为合同管理主体，建立健全合同管理制度，设置合同管理部门，配备合同管理人员，配备或聘用专职法律顾问，加强合同管理队伍建设。

4. 工程管理制度

公司制定了前期工作管理、征地拆迁工作管理、环境保护管理、水土保持管理、文物保护管理、开工报告审批、施工组织设计编制、工程咨询管理、工程技术管理、测量工作管理、工程监理管理、计划统计管理、工程调度管理、工期管理、验工造价管理、投资控制管理、施工现场管理、突发事件应急管理等管理制度，规范工程建设各项管理工作，为工程建设目标的实现夯实基础。

5.质量安全管理制度

公司始终坚持把质量安全摆在第一位，不断提高全体参建人员对施工质量安全极端重要性的认识，认真贯彻中国铁路总公司"两不一建"和"六个不"的要求，扎实落实好各项质量安全管理措施。建立质量安全问题库，实行问题分类动态管理，督促整改落实，确保闭环销号，对质量安全问题采取"零容忍"，强化质量安全管理基础。认真落实安全风险管理和质量安全红线管理，抓好季节性安全，关键环节和关键时段质量安全盯控有序可控。"7.23"事故发生后，认真贯彻落实党中央、国务院领导的指示精神和中国铁路总公司的部署要求，积极开展质量安全大检查和安全包保活动，集中力量排查整改质量安全突出问题和隐患，严格落实各级责任，强化监督检查，自觉接受质量监督部门的监督，确保了质量安全平稳有序。

6.建设资金管理制度

公司制定了《投资控制管理程序》。严格执行投资计划和资金预算，无自行扩大建设规模、增加工程内容的情况发生；按规定报送建设年度建议计划和年度资金预算，并严格执行经批准的投资计划和资金预算；严把验工计价关，确保验工与计价真实、投资和实物完成工作量匹配；总承包风险费采用据实验工、按比例控制、总额包干的计价方式；年度的管理费控制在预算之内。

三、参建单位管理制度

公司明确各参建单位责任，设计单位负勘查设计责任，咨询、监理单位负监管责任，施工单位承担施工主体责任；明确不同单位、不同层面管理者、操作者的岗位要求和行为规范，构建起贯穿工程建设全过程的标准化管理大格局。

在标准化管理推进实施过程中，公司指导并督促设计、咨询、施工、监理各参建单位制订与公司管理制度相适应的各自管理制度和管理细则，形成以建设单位为龙头、各参建单位全员参与、统一步调、各负其责、协同推进的标准化管理良好局面。

第二节　人员配备

一、夯实团队建设思想基础

为适应铁路科学发展的要求，高效、优质、经济地建设复杂山区铁路客运专线，京福闽赣公司根据中国铁路总公司的有关文件、规定，按照标准化管理模式配备建设管理人员。公司领导班子以贯彻落实十八届三中全会和《国务院关于改革铁路投融资体制，加快推进铁路建设的意见》(国发〔2013〕33号文)精神为动力，组织干部职工认真学习，深刻领会其丰富内涵和精神实质，统一干部职工思想，凝聚参建单位力量。同时狠抓队伍能力建设，以打造学习型、专业化团队为目标，坚持学习会制度，组织学习研讨，解决工作中的疑难问题及专业重点，引导干部职工在实践中学习、在学习中提高，促进员工岗位成才。

二、提升人员的素质和能力

公司组织管理人员参加全路建管系统人员培训班，新转入人员参培率达到100%。采取公司集中举办和各参建单位自行举办培训等方式，先后组织隧道、桥梁、路基、监理、沉降观测与评估、高速铁路验收标准等1500余期培训班，培训各类技术人员7万余人次。分批次组织业务骨干赴京沪、武广、南广等项目学习考察，借鉴先进管理经验。购置标准化管理系列丛书，倡导大家自学。通过开展培训、技术交流、学习考察、研讨会等一系列活动，提高了参建人员的责任意识、技术水平、安全质量自控能力、岗位操作技能，为保证施工安全和工程质量提供了素质保障。

第三节　现场管理

京福闽赣公司认真对照中国铁路总公司规定的现场管理文明工地建设、架子队管理、工装设备、原材料、环境保护、工地试验室、现场技术资料、监督检查、精品工程、监理管理等10个方面的内容，制定一套详细的检查项目、质量标准和要求，在全线强制推广。

一、建设单位现场管理

1. 统一规范现场管理安全文明标准

在公司要求施工现场小型临时设施和大型临时工程的建设必须根据工程特点、进度要求和施工环境条件，统筹规划、合理布局、永临结合、节约用地、注重实用、符合标准，标识布置符合《铁路建设项目现场安全文明标志》(建技〔2009〕44号)，全线的工程建设现场管理全部推行统一标准。为确保施工现场规范统一，公司对全线各参建单位的项目部驻地建设、中心试验室、混凝土拌和站、轨道板场和制梁场等大小临建逐个进行对标验收，确保施工现场管理整齐有序。

2. 统一规范现场施工作业操作标准

公司针对工程建设中不同专业和不同施工区域，组织全线参建单位编写了路基、桥梁、隧道等主要工种的操作手册，下发到施工现场，较好地规范了施工作业操作标准，有效减少了质量通病的发生。

二、设计单位现场管理

公司要求勘查设计单位按照规定程序进行地质勘探、检验、审核现场调查资料，对设计方案进行比选、论证；按照合同约定完成勘查设计工作，根据设计图纸供应协议约定的时间和批次交付施工图，做好施工图技术交底、现场地质资料核对确认、测量控制网维护等现场设计配合工作；协助公司落实外部协议签订，做好征地拆迁、管线迁改、交叉跨越等外部协调工作。

三、施工单位现场管理

公司要求施工单位积极做好施工现场布置工作，做好现场安全防护设施、警示标志的设置和安全防护用品的配备，确保现场作业安全、用电安全、危险爆破品使用安全。做到现场各种质量数据、原始记录真实完整，对质量现状进行分析，及时总结改进。加强现场环境保护工作，合理设置取弃土场地，及时处理现场废物垃圾，整治道路污染。规范机械设备管理，按照生产需要配置机械设备，加强机械设备维护，使机械设备处于良好状态。加强物资材料管理，严把物资材料进场质量关，规范物资材料保管工作。加强技术管理，组织做好施工图现场核对、施工技术调查、施工技术交底和工程测量等工作。按照《工地试验室建设标准》和施工需要，建立工地试验室，规范试验程序，实现专业化管理，保证抽样的规范性和试验结果的准确性。完善文明施工管理制度，建立文明施工的行为标准，实现文明施工目标。

四、监理单位现场管理

公司要求监理单位严格按照监理管理标准化实施方案，将现场质量安全监理作为监理工作的核心，严格按规定建立监理试验室，做好原材料、构配件、设备进场质量检验、验收，按规定频次数量进行质量检测。加强对大临工程和施工单位试验室的检查，监督检查施工单位现场标准化管理制度及实施情况，检查施工现场及文明工地建设，并督促整改。对施工复测进行监督审核，对工艺试验进行监督。按照《监理规划》《监理实施细则》实施巡查和旁站监理工作。

第四节　过程控制

一、建设单位过程控制

1. 源头把关，强化原材料质量管控

公司对钢梁、隧道防水板、桥梁支座用水泥等重要物资全部实行驻厂监造制度，从原材料采购到生产工艺和规范流程等方面进行了全过程监督。由公司牵头，设计、监理、施工三方组成驻厂监造组，对钢结构加工、防水原料等专业性强的材料实行驻厂监造，对工厂试验样品的取样和试验加工过程进行全程跟踪监督，产品未经监造人员批准不能出厂。严格物资进场验收程序，未经现场监理人员确认的物资不予验收。同时，规范原材料质量验收，全面推行原材料质量预警机制和质量记录单制度，坚持平行抽检、旁站监理和交叉抽检制度，监理中心试验室利用电子图表的功能对检测的各项指标进行统计并绘制指标走势图。坚决杜绝不合格材料进入工程现场。

2. 坚持样板引路

公司实行"样板引路、开工必优、一次成优"，对全线同类别、同类型、具有普遍性、通用性和一致性的施工内容，推行样板引路。首先做出符合设计标准的样板后，再择优在全线召开现场会，统一施工工艺和标准后，在全线全面推广，这也是公司纵深推进标准化管理的重要手段之一。施工过程中，公司在每个单位工程的工序开工前，均要先进行试验段施工，做出样板、验收合格、形成成熟的工艺工法后，再进行大面积正式生产，先后评选出了样板梁场、样板拌和站、样板连续梁施工、样板站房、样板道岔、样板试验室、样板监理组等多个样板工程，为后续建设提供宝贵的经验和数据。在此基础上，组织全线现场观摩，形成统一认识，公布统一标准，带动了全线工程全面创优。

3. 建立完善安全保障体系

公司成立安全生产委员会，负责工程建设安全生产管理，决策建设过程中的安全生产重大问题，全面领导安全生产工作。公司和各指挥部均设置安全质量部，各施工单位、监理单位也成立相应安全管理机构，配齐配强专职安全管理人员，强化安全管理各项工作。出台《安全生产管理办法》等制度性文件，采取了一系列强有力的安全管控措施，做到思想上警钟长鸣、制度保证上严密有致、技术支撑上坚强有力、监督检查上严肃严格，有效地消除安全管理空档，形成了全线、全员、全方位、全过程、全天候安全生产的态势。

为严格过程检查，公司对关键工序实行施工单位自验、监理单位初验、指挥部终验三级验收制度，每一道工序只有通过终验才能转入下一道工序施工。严格监督检查，以防止高空坠落、物体打击、人体触电、起重伤害、车船碰撞、防火防爆、水中作业安全等为重点，认真开展安全生产大检查活动。严格执行路局有关既有线施工的安全管理规定，严格做到"三不准"，即：未经安全评估的工程不准开工、安全措施不到位的工程不准施工、安全人员配置不到位不准施工，确保跨越既有线施工的绝对安全。组织开展安全措施费用的使用与落实情况监督检查，确保安全措施费专款专用、安全投入到位、安全措施到位、安全工作万无一失。

4. 动态优化施工组织设计

公司以方案科学可行、建设经济合理为目标，根据全线工程特点和建设进程，不断优化指导性施工组织设计。公司先后组织建设指挥部、设计、施工单位，对全线指导性施组进行3次系统的优化和调整，明确了全线施组的关键线路，梳理了重点工程和区段，通过现场调查和比选确定了全线制梁场、铺轨基地、轨道板场主要大临工程和路基填料等大临布局。同时，以优化施工组织设计为重点，组织各参建单位加大资源调配力度、落实现场资源配置并加强现场动态管理、抓好工序转换和实时衔接，确保工程形象进度和实物工程量满足施工组织设计要求，以实现阶段性的施工重点和施工节点目标。

二、设计单位过程控制

勘查设计单位将建设单位确定并纳入勘查设计合同的质量目标、安全目标等过程控制目标贯彻到勘查设计工作中；根据现场变化及时完善勘查设计工作；规范现场设计配合工作流程，实现设计配合工作程序标准化、规范化，并及时完成变更设计；参加公司指导性施工组织设计的编制和调整，参与重大施工技术方案研究，协助解决有关问题，提出优化建议，并根据确定的施工组织设计和施工技术方案优化施工图设计；参与或配合质量、安全事故调查，按规定参加分部、分项工程验收和竣工验收。

三、施工单位过程控制

施工单位将过程控制作为重点工作之一，将公司确定并纳入施工合同的质量目标、安全目标等过程控制目标进行细化，贯彻到整个施工过程，落实到每项工作、每道工序。根据公司指导性施工组织设计编制实施性施工组织设计，依据批准的实施性施工组织设计编制现场施工组织进度计划和施工作业计划，优化资源配置，按计划组织实施；落实质量责任制和程序性文件，实现全员质量管理，对影响质量的要素实行重点管理；落实安全管理责任制和应急预案，分析影响安全的要素，配备安全设施，严格执行安全作业程序；严格按照施工图和作业标准进行施工，推广符合现场实际、作业人员易记好用的应知应会卡片，真正将各种管理要求和措施融入作业标准中，落实到作业人员的操作中；严格施工过程考核、评定工作，做好工程自验和工艺工法的过程控制等工作。

四、监理单位过程控制

监理单位将公司确定并纳入监理合同的质量目标、安全目标等过程控制目标进行细化，分解到各个监理工作阶段、监理环节和每个监理人员，按照持续改进和闭环管理的方式开展工作，实现每一项监理工作、每一个监理程序的标准化。审核实施性施工组织设计、关键施工技术方案和专项施工方案、以及验工计价工程数量；监督和检查施工单位质量、安全保证体系运行情况，对施工行为进行监控、督导和评价，组织检验批、分项、分部工程质量检查验收，参与单位工程质量检查验收，使施工行为符合规范规程，工程质量符合验收标准。

第五节　"四化"支撑

一、专业化

京福闽赣公司大力推进专业化施工和专业化管理，督促施工单位组建专业化队伍，加快推进专业化、小型化架子队建设。强化和指导不同层次管理人员、专业技术人员的培训工作，提高专业队伍素质，研究制订推进专业化的具体措施。

对于现场施工人员，要求单位工程施工成立架子队、分部工程施工成立专业化工班、分项工程成立专业化作业小组。一个架子队以一个大专业为主，负责具体单位工程施工，同时兼顾一些其他辅助专业。

对于技术工艺创新方面，要求各施工单位大力开展施工工艺、设备机具、施工技术等方面的攻关，统一编制专业工程施工作业指导书和现场作业卡片，详细安排每一个专业、每一道工序的施工，全面提高专业化施工水平。对于复杂隧道施工，以加强超前地质预报、强化复杂地质处理手段等为重点，有针对性地开展技术攻关，提高不同地质条件隧道专业化施工水平。对于复杂桥梁工程，重点围绕桩头切割、管桩焊接、大体积混凝土降低水化热、混凝土养生及防止表面龟裂、大跨度桥梁线性控制及合拢技术等课题，组织攻关和创新，切实提高桥梁工程专业化施工水平。

二、机械化

合福高铁闽赣段使用的大型专用设备较多，为确保工程建设所需设备及时到位，公司在招标工作结束后就组织中标单位开展主要设备的选型论证、市场调查和订购工作，确保所使用的大型设备均能按时或提前到场；工程建设过程中，积极开展设备效率动态分析活动，提高设备的使用效率，一旦发现与施工组织计划不符的，及时更换或增加设备；对关键工序或关键设备开展设备工艺研究，尽可能地组织流水施工，节省作业时间；做好专用机械设备常用配件的采购储备，一旦发生故障尽快更换恢复施工。

三、工厂化

工厂化即按照设计先行、标准统一的原则，对于能够工厂化制作、现场安装的构配件，以及桥梁、无砟轨道板、混凝土、钢构件、水沟盖板等作业，要全面实现工厂化生产。

对工厂化作业的人员实施标准化管理，建立量化标准和生产目标激励机制，充分调动全体员工的工作积极性，激发员工的工作热情，由被动处罚变为主动管理，保证施工计划的实施和管理目标的实现。

四、信息化

京福闽赣公司积极学习借鉴其他单位的好做法、好经验，加快建设项目管理信息系统建设，及时将建设过程的项目基本信息管理、资料管理、进度管理、施工计划、施工调度、测量记录、竣工验收、风险预警等信息纳入管理信息系统，提高动态建设管理水平，为落实质量终身负责制和实行"可追溯"制度创造良好条件。如：办公采用OA系统，全面规范京福闽赣公司管理流程，将纸质的审批单据电子化和模板化、将传统的人工审批流程网络化和自动化，使公司规章制度和工作流程数字化、清晰化；建立公文、通知、新闻简报等发布信息和员工互动的交流平台，提高沟通与写作效率。

第八章 设计管理

第一节 预可研与可研

一、积极推进项目前期工作，协同项目各方完成方案论证

按照原铁道部有关文件精神和建设要求，京福闽赣公司筹备组积极介入建设管理前期工作，协同设计单位征求了铁路局、省市及沿线地方政府、原南京军区等有关部门的意见和建议，配合设计单位摸清影响线路方案的外界环境，研究避让城镇规划区规划建设用地、风景名胜区、采矿区，切实做好沿线历史文化资源、生态环境保护、基本农田保护区、军事设施保护工作等，参与协调、解决影响线位的重点问题，采取有效的工程措施防范沿线特别是经过的城镇及村庄路段的地质灾害发生，协同各参建单位优化设计方案。例如，江西省住房与城乡建设厅在《关于合肥至福州铁路客运专线（江西段）规划选址意见》中提出考虑到上饶位于四省交界区域中心位置，合福高铁与沪昆客专在此交汇，是长三角经济区与海西经济区的联系门户，建议适度扩大站房规模，迁移货场，进一步优化上饶站场布局，以有利持续发展。

二、根据批复要求，深化方案可行性论证

设计总体单位（铁四院）根据部领导对上饶至福州段现场调研意见（2009 年 1 月）、原铁道部工程设计鉴定中心领导对合肥至福州全线现场踏勘后并提出的指导意见（2009 年 4 月），对引入上饶地区方案、引入武夷山、南平、古田站址方案、引入福州枢纽方案等进行了深入研究，并根据国家发改委对项目建议书的批复意见（2009 年 7 月 23 日），于 2009 年 7 月底编制完成本项目可行性研究文件，重点对本项目功能定位、运量、技术标准、建设方案、投资等进行了论证、比较和研究。

在功能定位方面，考虑到该铁路作为福建海峡西岸经济区衔接华东、华北地区多条客运专线的主通道沿线经济据点多、旅游资源丰富，客运需求潜力巨大，而货运需求相对较小，通过区域路网合理分工可解决货运问题，因此，将本线定位于客运专线。

在运量方面，根据本线的功能定位和预测的近远期客运量，建议远景年输送能力为单向 6000 万人。

在技术标准方面，主要对铁路等级、速度目标值、最大坡度等方案进行经济技术论证，其中最大坡度方案从 12‰、15‰、20‰、24‰四个方案中选择了 20‰方案。

在建设方案方面，主要从枢纽和线路两个方面进行方案比选。线路方案比选统筹兼顾沿线经济布局、人口和资源分布、城市发展规划，绕避不了和不易逾越的障碍，如机场、军事禁区、大型工矿企业等重大建筑物以及不良地质体、自然保护区、饮用水源保护地等。

第二节 初步设计

初步设计初审工作是建设管理的重要环节，京福闽赣公司充分运用"小业主、大咨询"管理模式的优势，发挥咨询单位的作用，有力地加强了设计咨询工作。

一、设计咨询制度

公司聘请中铁二院工程集团公司作为合福高铁闽赣段设计咨询单位，对初步设计进行咨询审核。公司成立工程咨询管理考核领导小组，公司总经理任组长，分管技术副总经理任副组长，组员为各部门负责人及上饶、南平指挥部、施工单位项目部负责人、监理单位总监。公司工程管理部负责日常管理工作。

工程咨询单位按照《工程咨询合同》和有关规定，科学、公正、独立、自主地开展初步设计、施工图、施工期及单项专题技术咨询审核等。

公司制定了《工程咨询管理办法》，规定对咨询项目部工作每半年进行一次综合考核，按指挥部各次平时考核算术平均分的50%和公司年度（半年）考核评分的50%之和，作为咨询单位的半年（年度）考核结果，依次作为支付咨询费的依据。

二、初步设计初审

1.指导原则

初步设计文件初审工作贯彻"以人为本、服务运输、强本简末、系统优化、着眼发展"的建设理念，体现"提高质量、节省投资、保护环境"的总体要求。

2.初审程序

（1）公司负责验收设计单位完成的初步设计文件，组织各部门在设计单位配合、设计咨询单位参与下，对初步设计认真审核，提出审核意见，报工程管理部。

（2）工程管理部对各部门报上来的审核意见进行归纳，报公司总工程师。公司总工程师组织对各部门提出的预审意见进行研究、汇总并上报南昌铁路局总工室，并牵头配合南昌路局总工室等部门进行初步设计初审工作，认真提出初审意见。

（3）公司收到初步设计文件后，在10个工作日内组织完成对初步设计文件初审并形成初审意见（包括修改意见和建议），连同初步设计文件一起上报初步设计文件审批单位和原铁道部工管中心。

（4）公司组织相关的初步设计审查人员参加原铁道部及相关单位组织的初步设计审查会。在审查会上，汇报并说明对初步设计提出的初审意见（包括修改意见和建议），认真听取与会专家提出的审查意见并做好资料收集，供公司参考使用。

（5）公司在原铁道部初步设计审查会开完以后，积极督促勘查设计单位按部批复意见对初步设计文件进行修改。

3.初审重点

初审的重点主要有：设计方案点线能力是否匹配；运输组织是否先进合理；运输安全措施是否得当；设备选型配置是否合理、既有设备是否得到合理利用、新建工程与既有设备是否协调、接口是否合理有效；接轨站设计方案是否合理；车站布置和规模、进出站线布置和疏解方案、综合管线布置、站内排水、安全设备设置及站房设置是否符合城市规划；线位方案是否稳定，是否绕避了重要建筑（或文物），绕避或通过不良地质地段的方案和措施是否得当；各类勘探工作是否基本完成；大型拆迁工程和大临工程是否单独设计，过渡工程是否合理；指导性施工组织设计是否合理；工程概算计算是否有错误或遗漏等。

第三节　施工图设计

一、施工图审核管理

京福闽赣公司制定了《公司施工图审核管理实施细则》，通过加强施工图审核管理，提高了施工图质量，加快了施工图设计速度。施工图审核工作由公司总工程师负责，工程管理部归口管理；具体审核工作委托咨询单位中铁二院进行施工图审核。为提高施工图审校进度，中铁二院专业审核人员驻武汉开展施工图审核工作，并设置了现场核对项目组。

1.施工图审核程序

施工图设计对初步设计批准的设计内容需要做较大修改的，公司报初步设计审批单位批准后方可修改；需要调整已批准初步设计概算的，按规定程序报批。

任何单位或者个人不得擅自修改、变更审核通过的施工图。若需要变更的，按公司下发的变更设计管理规定办理。

（1）公司收到勘查设计单位完成的施工图设计文件后、交付施工单位施工前，由工程管理部组织对施工图设计文件进行审核,15 个工作日内组织完成审核工作。

（2）公司委托的施工图审核单位（或咨询单位）收到勘查设计单位提交的施工图后,及时组织专业人员对施工图进行审核,并组织有关专业进行现场踏勘与现场核对,在此基础上,提出审核意见,提交给公司;公司组织人员在参考施工图审核单位意见的基础上,对施工图做出最终审核意见。

（3）勘查设计单位按公司的最终审核意见补充勘查、修改施工图图纸、文件,并将修改后的设计文件送公司确认。

（4）勘查设计单位对审核意见有异议时,可以提请公司组织复议;勘查设计单位认为复议意见违反有关技术政策或工程建设强制性标准的,可以向中国铁路总公司申诉。

（5）公司对审核通过的施工图加盖施工图审核专用章,审核后的施工图是工程实施、验工计价和工程验收的依据。施工图审核程序如图 8-1 所示。

2. 施工图审核单位机构设置及管理措施

中铁二院根据本项目的特点和要求,成立合福高铁施工图审核项目部,实行项目经理负责制。项目部主要管理人员包括项目经理、总咨询师和项目副经理、副总咨询师。项目部设技术咨询部、综合管理室、专家顾问组。项目部设项目经理 1 人,项目副经理 1 人,总咨询师 1 人,常务副总咨询师 1 人,副总咨询师 3 人。副总咨询师分别由路基、桥梁、隧道专业的总工程师担任。施工审核机构图如图 8-2 所示。

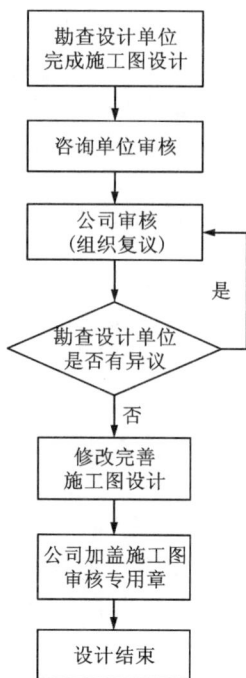

图 8-1　施工图审核程序

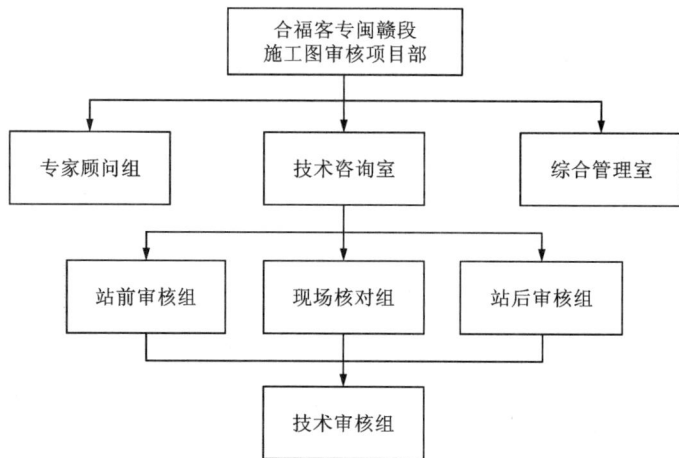

图 8-2　合福高铁闽赣段施工图审核机构

为确保合福高铁施工图设计审核工作的顺利实施,确保施工图的设计质量,施工图审核项目部制定和建立了各种规章制度和审核意见审查制度,主要措施如下:

（1）制定施工图审核大纲,明确各专业施工图设计审核的内容和施工图审核的重点。

（2）根据本项目的特点和要求,成立施工图审核项目部,实行项目经理负责制。并配备总咨询师、副总咨询师和各专业有经验的咨询负责人。

（3）根据业主提供的设计单位交付施工图文件时间计划,制定施工图审核计划,合理安排施工图审核人员,满足施工图审核进度、质量要求。

（4）做好审核资料的登记工作,各专业对收到的图纸、资料进行清理,资料不齐全时,及时向业主提交书面报告,请业主协调解决。

（5）做好审核意见的审查工作,确保施工图审核的质量。审核项目部组织相关专业开展施工图审核工作,提出相关专业施工图审核报告初稿,经专业审查后汇总,由审核负责人进行审核,形成审核意见。重大问题提交总咨询师，由总咨询师组织审核单位相关专业负责人、专业审核人员、技术专家组会审，形成审核意见。

（6）做好与业主、设计院的交流工作。在施工图咨询过程中，及时与设计单位就施工图审核意见进行沟通、交流，当设计单位对审核意见有异议，并经过沟通仍不能达成一致时，上报业主，由业主主持，召开有审核单位和设计单位参加的技术协调会，形成会议纪要，提交设计单位执行。如仍不能取得一致意见，由业主主持，召开由审核单位、设计单位技术领导和铁路系统知名专家参加的专家评审会进行专题评审，形成最终意见，提交设计单位执行。

（7）做好对设计院审核意见的答复和确认。在收到设计单位经对审核意见的答复后，根据审核意见和设计院对审核意见的答复，及时进行答复和确认。对设计院在施工图仍还存在的问题进一步提出审核意见。

（8）在收到设计院提供的施工图咨询稿后，一般工点5～7 d内、重难点工程7～10 d内向设计单位和业主提交本批次施工图的咨询意见。

二、施工图现场核对与优化完善

公司工程管理部指导施工单位结合现场实际组织核对施工图，了解设计意图、设计标准，熟悉设计内容，对设计文件提出修改意见和优化建议，使其更加完善合理；组织参加对重点难点工程的会审，对现场核对发现的问题进行汇总，形成书面资料，联系设计单位解决。

施工图核对由施工单位项目总工程师组织实施，重点检查设计文件是否齐全，有无差错漏碰；与现场核对，确认设计文件是否符合实际情况。如在前期设计《卢岭特大桥》（合福施（桥）-379）工点图中，2#～7#墩间右侧边坡防护比较薄弱，仅对3#、4#、6#、7#墩承台范围（长度6～8 m）内进行边坡防护，墩间范围未进行防护，而3#～6#墩墩身较低，墩身高度在1～4 m间。在卢岭特大桥施工过程中，发现右侧墩间坡面较大，且距离墩身较近，2011年底项目部积极联系业主、设计到现场实际踏勘，经协商需对卢岭特大桥2#～7#墩右侧边坡防护另行设计，废除原有工点图中的设计。

2010年7月9日开始，铁二院对合福高铁闽赣段电力线路、通信、信号设施及油管、气管、给排水管等拆迁工程进行现场核对，至7月18日现场核对工作完成，共核对电力拆迁工程944处、通信拆迁工程1187处。

在京福闽赣公司组织下，铁二院对合福高铁闽赣段主要的路基、桥梁、隧道设计工点工程设计方案、工程措施进行现场核对，主要核对设计图纸内容与周边建设条件是否一致，核对工程设计方案、工程措施的合理性、可实施性。针对路、桥、隧已有咨询图和现场施工中遇到的情况差异开展工作。总共踏勘工点1024处，其中桥梁（涵洞）工点435处，隧道工点205处，路基工地384处。

对设计单位分批提供的施工文件，施工单位及时登记造册、清理建档，并有专人管理。设计文件审核均留有核对记录。

第四节　项目实施

一、强化施工技术交底管理

1.建设单位的技术交底

建设单位组织的设计技术交底工作由京福闽赣公司分管领导全面负责，工程管理部进行日常管理。

在施工单位进场后一个月内，由建设单位工程管理部组织设计单位向监理、施工及其他相关单位进行设计技术交底；参加技术交底的人员，在充分熟悉设计文件的基础上，认真弄懂设计意图及工程特点，以便发现问题，提出修改意见；对有异议的问题，及时与设计单位共同研究，协商解决。技术交底的经过和有关问题的解决办法，公司工程管理部详细记录并写成正式会议纪要，作为交底工作和处理有关问题的依据。对重大、复杂或采用新技术、新标准、新结构、新工艺的工程，在施工前和施工中要求有关专业设计负责人到施工单位现场进行专题技术交底，由公司工程管理部组织与该项工程有关的单位和施工人员参加，以便掌握该项工程施工的具体方法、特殊要求和技术措施。相关技术交底内容，建设指挥部工程室做好详细记录并形成会议纪要。设计单位在建设单位组织技术交底前，设计总体组织各专业设计负责人制定详细的设计技术交底内容纲要，在技术交底会议上对各单位详细说明设计原则、意图、技术标准和施工质量安全注意事项，并对各单位提出的问题和建议做出解答；需到现场进行专题技术交底的及时到现场配合。

2. 施工单位的技术交底

施工单位组织的施工技术交底工作由施工单位项目经理部总工程师全面负责，施工单位公司工程管理部负责组织日常技术交底工作。

施工单位项目经理部根据建设单位组织的设计技术交底会议纪要，施工技术交底实行分级进行，项目总工程师对项目部各部室及技术人员进行技术交底，技术主管人员对作业队技术负责人进行技术交底，作业队技术负责人对班组长及全体作业人员进行技术交底；相关技术交底制度报监理单位和建设单位备案。

项目总工程师对项目部各部室及技术人员的技术交底，主要内容包括：工程概况、图纸、实施性施工组织设计、总体施工顺序及主要节点进度计划安排；施工现场调查情况、施工场地布局、大临设施及过渡工程方案；主要施工技术方案、工艺方法，采用的新技术、新结构、新材料和新的施工方法；工程的重难点、主要危险源；主要工程材料设备、主要施工装备、劳动力安排及资金需求计划；工程技术和质量标准，重大技术安全环保措施；设计变更内容、施工中应注意的问题等。

技术主管人员对作业队技术负责人进行技术交底，主要内容包括：总体施工组织安排、施工作业指导书、分部分项工程交底；作业场所、作业方法、操作规程及施工技术要求；采用新技术、新工艺的有关操作要求；工程质量、安全环保等施工方面的具体措施及标准；有关施工详图和加工图，包括设备加工图和拼装图、模板制作设计图、钢筋配筋图、基坑开挖图、工程结构尺寸大样图、隧道支护设计图等；试验参数及配合比；测量放样桩橛、测量控制网、监控量测等；爆破设计；重大危险源的应急救援措施；成品保护方法及措施；施工注意事项等。

作业队技术负责人向班组长及全体作业人员的技术交底，主要内容包括：作业标准、施工规范及验收标准，工程质量要求；施工工艺流程及施工先后顺序；施工工艺细则、操作要点及质量标准；质量问题预防及注意事项；施工技术措施和安全技术交底；出现紧急情况下的应急救援措施、紧急逃生措施等。

二、变更设计的全过程控制

为规范合福高铁闽赣段工程变更设计管理工作，依据原铁道部《铁路建设项目变更设计管理办法》(铁建设〔2012〕253号)和《建设工程质量管理条例》《建设工程勘查设计管理条例》《铁路建设工程勘查设计管理办法》的有关规定，结合工程实际情况，京福闽赣公司制定了《工程变更设计管理办法》(京福闽赣工〔2012〕247)。该办法确定了变更设计分类、变更设计项目划分原则、变更设计程序和分工、变更设计时限、变更设计费用的确定等规定，实现了变更设计的全过程控制。

按照"先批准、后实施，先设计、后施工"原则，严格依法按程序进行变更设计。铁路总公司批复合福高铁闽赣段共Ⅰ类变更设计15项，批复金额为141454.00万元，详见表8-1所示。

表8-1　Ⅰ类变更设计情况

序号	项目	金额/万元	备注
1	关于新建向塘至莆田(福州)铁路预留福州至平潭铁路引入福州站工程引起Ⅰ类变更设计的批复	-2484.00	铁鉴函〔2012〕389号
2	关于新建合肥至福州铁路蒙城北路特大桥孔跨调整等Ⅰ类变更设计的批复	1589.00	铁鉴函〔2012〕521号
3	关于新建合肥至福州铁路南三龙铁路引入及交叉并行地段同步实施工程Ⅰ类变更设计的批复	6167.00	铁鉴函〔2012〕1321号
4	关于新建合肥至福州铁路桥梁段声屏障Ⅰ类变更设计的批复	4932.00	铁总办函〔2013〕165号

续表 8 - 1

序号	项目	金额/万元	备注
5	关于新建合肥至福州铁路岭根隧道增加柴刀坑斜井 I 类变更设计的批复	1366.00	铁总办函〔2013〕564 号
6	关于新建合肥至福州铁路线路防护栅栏标准调整 I 类变更设计的批复	7762.00	铁总办函〔2013〕602 号
7	关于新建合肥至福州铁路电力电气化工程 I 类变更设计的批复	23902.00	铁总办函〔2013〕967 号
8	关于新建合肥至福州铁路隧道防灾救援疏散工程 I 类变更设计的批复	5306.00	铁总办函〔2014〕192 号
9	关于新建合肥至福州铁路增设铜陵长江大桥维修车间等 I 类变更设计的批复	686.00	铁总办函〔2014〕623 号
10	关于新建合肥至福州（闽赣段）新建南昌铁路局调度所工程 I 类变更设计的批复	62201.00	铁总办函〔2014〕1491 号
11	关于新建合肥至福州铁路金山顶隧道、赤门隧道防灾救援疏散工程 I 类变更设计的批复	1293.00	铁总办函〔2015〕12 号
12	中国铁路总公司关于新建合肥至福州铁路闽赣段调整钢轨预打磨费用的批复	2047.00	铁总办函〔2015〕50 号
13	关于新建合肥至福州铁路上饶站合福场增设接触网作业车存车线 I 类变更设计的批复	1297.00	铁总办函〔2015〕152 号
14	关于新建合肥至福州铁路墩高大于 3 米桥梁地段增设防护栅栏变更设计的批复	3807.00	铁总鉴函〔2016〕144 号
15	上饶动车存车场 I 类变更	21583.00	铁总鉴函〔2016〕905
	合 计	141454.00	

第九章　质量与安全

第一节　质量体系的建立与运行

京福闽赣公司坚持"依法管理,系统控制;严格标准,落实责任;百年大计,质量第一"的质量管理方针;坚持"全线整体质量达到世界铁路一流标准,经得起运营的考验和历史的检验"的工程质量总目标;坚持"高标准、讲科学、不懈怠"安全质量建设理念;坚持以质量保证体系为核心,以技术、工艺为保障,以人员素质为依托,以标准化管理为手段,以精品工程为载体,全力推进合福高铁闽赣段质量管理工作。

一、构建严密的质量管理体系

1. 建立健全质量管理机构

京福闽赣公司对全线质量实行统一领导,成立由总经理任组长、副总经理、总工程师任副组长的工程质量管理领导小组,负责本项目工程质量管理工作。质量管理领导小组办公室设在安全质量部,负责全线安全质量日常监督管理;各指挥部设有专职的安全质量副指挥长,负责现场安全质量的管理工作;设计、咨询、监理、施工单位都设立了专门的管理机构,配备了专职人员,负责各自工作范围内的质量安全管理工作。合福高铁闽赣段质量保证体系如图9-1所示。

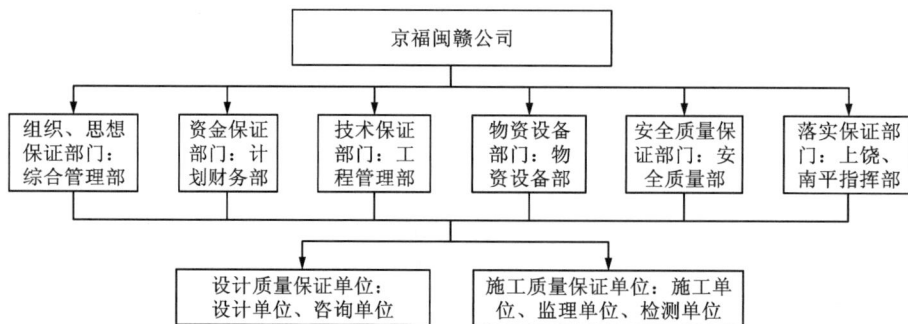

图9-1　合福高铁闽赣段质量保证体系

2. 细化质量工作分解,落实质量责任

实行分级管理,在层层分解质量目标的基础上建立质量责任制。公司对质量安全负总责,设计单位对勘查设计质量全面负责;咨询单位重点解决好工程建设中重大技术质量问题,把好技术质量关;中外监理联合体,外方重点对"四新"、重难点工程进行指导和监管,中方监理对工程实施方案审批及安全质量的监控负责;施工单位对工程安全质量负主体责任。

3. 完善质量管理制度,强化贯彻执行

公司制定了一套完整的质量管理制度汇编,包括17项管理制度。

(1)工程质量监督制度。开工前,建设单位负责向工程质量监督机构申请办理质量安全监督手续,接受质量安全监督部门的监督。

(2)地质勘查监理制度。为确保地质勘查质量,对铁路客运专线建设工程初测和定测阶段实行工程地质勘查监理。

(3)初步设计咨询、初审制度。建设单位组织咨询、勘查设计单位对初步设计进行咨询、初审及优化,消除设计缺陷,提高设计质量。

（4）施工图审核制度。开工前，建设单位负责组织咨询单位对施工图设计文件进行审核。未经审核或审核不合格的施工图，不得交付施工。

（5）技术交底制度。施工图设计完成后，建设单位组织设计、施工、咨询和监理各方召开技术（设计）交底会议，以明确工程的设计目的，了解设计内容和技术要求。

（6）施工图现场核对制度。接到施工图后，监理单位、施工单位负责施工图现场核对，按合同约定承担相应责任。

（7）施工组织设计编制与审核制度。建设单位编制项目施工组织设计，报中国铁路总公司工程管理中心审核；对施工单位编制上报的实施性施工组织设计进行审批。

（8）工程地质核实制度。施工、监理、勘查设计单位对已揭示的工程地质情况，与原设计文件进行核实，不符时，由勘查设计单位负责处理。

（9）工程质量试验检测制度。施工单位、监理单位按合同约定设立现场试验室，并经国家技术监督部门认可，按有关规定开展试验检测工作。

（10）施工测量复核制度。明确贯通测量、控制测量、施工放样的各项具体要求、规定、责任等，实行施工测量复核制度。

（11）工程质量检查制度。根据工程进展情况，进行工程质量检查，加强过程质量控制。

（12）培训持证上岗制度。明确需培训上岗的专业、岗位、培训内容、考核标准及相关职责等，并按有关规定及合同约定对参建单位上岗人员进行监督检查。

（13）变更设计审批制度。严格执行变更设计报批程序，做好Ⅰ类变更设计初审、上报和Ⅱ类变更设计的审批工作，确保工程质量。

（14）施工质量验收制度。各参建单位按照铁路施工质量验收标准，严格执行隐蔽工程检查签认制度，检验批、分项、分部和单位工程质量验收制度，竣工验收制度。

（15）工程质量事故报告和调查处理制度。参建单位严格执行国家和中国铁路总公司有关工程质量事故的报告制度，建设单位组织或参加质量事故调查、分析、处理，督促、检查施工单位按批准的事故处理方案进行整改和质量验收，确保工程质量。

（16）质量责任追究制度。参建各方建立质量责任追究制度，层层落实责任到人。

（17）基础技术资料管理制度。各参建单位建立基础技术资料的收集、整理、建档的管理制度。

二、实施质量预控措施，预防质量偏差

1.抓培训、提高业务素质

公司先后组织了各监理、施工单位参加了南昌铁路局安全生产管理人员培训班，施工单位参加了既有线施工防护培训班；组织参加了铁道监理协会在武夷山开展的铁路监理工程师培训。各参建监理、施工单位单独开展各类安全质量培训活动达260余次，合计培训超过33000人次。通过一系列的培训，使得参建的安全质量管理人员、施工技术人员、特种作业人员以及现场劳务人员的素质得以提升，工程质量和安全保障进一步加强。

2.加强质量源头控制

合福高铁闽赣段技术标准和质量目标高，原材料用量巨大、来源广泛，加上许多新材料、新设备、新工艺、新技术的使用，需要从质量源头确保结构的耐久性和稳定性。

针对砂石料、粉煤灰、钢材、水泥、外加剂等用量大的材料质量控制和供应困难的特点，从采购、进场、检测、试验等各个环节把关，严格落实相关标准，确保原材料合格。严把混凝土原材料进场关，不定期到料场进行检验检查，并对每批次进场的粗、细骨料及外加剂，按要求进行试验检验，对不合格的材料坚决予以清退。同时要求各施工单位在每个混凝土拌和站配置一台粗骨料水洗设备，保证在拌和站发现不合格粗骨料时能得到及时处理。

特殊防水材料、无砟轨道扣件、道岔设备、四电材料、四电设备、厂房设备等物资性能要求高，必须从招标源头进行把控。对于道岔轨道扣件、变压器、轨枕等部分物资需采取派人进厂考察、驻厂监造等措施把控质量。

对材料、设备按照甲供、甲控和自购进行分类管理，实行谁采购谁负责的原则；严格要求施工单位对物资材料的进场进行检验、验收，加强材料的储藏管理，认真落实检验制度；充分发挥监理单位的质量监督作用，对施工单位不合规行为督促整改落实。

3. 选择优秀施工企业，建立信用评价制度

按照中国铁路总公司《铁路建设工程施工企业信用评价办法》（铁总建设〔2014〕129号）规定，公司建立了施工单位信用评价制度，确保招标阶段选择优秀施工企业。公司每半年开展一次信用评价工作，对各参建施工单位进行综合评价扣分和排名，建立《施工企业不良行为认定记录单》，有效提高各参建施工企业对工程质量安全的重视程度；每个季度对各参建施工单位开展一次"六位一体"的季度考核，其中工程质量、工程安全所占比例分别为30%和20%，根据考核等级拨发考核费用，有效规范建设行为，保证工程质量安全。

三、加强质量过程控制，实现持续改进

1. 优化施工组织设计

京福闽赣公司以方案科学可行、建设经济合理为目标，根据全线工程特点和建设进程，不断优化指导性施工组织设计。公司先后组织建设指挥部、设计、施工单位，对全线指导性施工组织设计进行了系统的优化和调整，有效解决现场实际问题、改善设计施工脱节现象，从源头上解决施工现场存在的问题。

2. 实行首件评估管理

公司制定了《首件评估管理办法》，重点开展悬臂浇筑连续梁首件评估、路基工程首件评估、CRTS I型双块式无砟轨道首件工程评估、无砟轨道和高速道岔首件工程评估、防灾安全监控首件评估等。如2011年8月4日至5日，公司根据《关于印发〈悬臂浇筑连续梁首件工程评估实施细则（暂行）〉的通知》（工管技〔2011〕40号），对江田特大桥（60+100+60）m悬臂浇筑连续梁首件工程进行了评估，评估专家组检查了标准化管理、质量记录、资源配置，实测了悬臂浇筑连续梁外形尺寸，现场进行了1组梁体混凝土强度试验，抽检了3种类型锚环外形尺寸和夹片硬度，同时对施工作业指导书进行了检查。

3. 推行试验先行、样板引路

公司在全线推行"样板引路、试验先行、首件认可"，对全线同类别、同类型、具有普遍性、通用性和一致性的施工内容，推行样板引路。首先做出符合设计标准的样板，再择优在全线召开现场会，统一施工工艺和标准后在全线全面推广，这也是公司推进标准化管理的重要手段之一。在施工过程中，公司要求每个单位工程的工序开工前，均要先进行试验段施工、做出样板、验收合格、形成成熟的工艺工法后，再进行大面积正式生产。先后评选出了样板梁场、样板拌和站、样板桥墩、样板连续梁施工、样板站房、样板道岔、样板试验室、样板监理组等多个样板工程，为后续建设提供宝贵的经验和数据。在此基础上，组织全线现场观摩，形成统一认识，公布统一标准，带动了全线工程全面创优。

公司组织全线各参建施工单位、监理单位观摩学习了中铁隧道局6标承建的花山隧道进口施工现场机械配置标准化管理、初期支护基面平整度控制、防水板安装、中埋式止水带安装、二衬端模设置、文明施工等有关内容；中铁十九局3标承建的第333号路基填筑工艺、基床施工工艺、工法、文明施工等有关内容；中铁十一局1标承建的秋口制梁场预制梁梁体喷淋养护系统、梁端防水层施工控制及检测等内容以及金山顶隧道进口二衬拱顶脱空处理措施；中铁十一局1标承建的金山顶隧道出口锚杆机施工有关工艺、工法；中铁二局8标承建的梧山隧道出口水沟及电缆槽施工工艺，工法等先进工艺工法，有效促进施工现场提高工艺水平和保证工程质量。

4. 严格落实工序"三检"制度和监理验收程序

公司要求各施工单位严格落实工序"三检"制度，认真履行相关检验手续，将质量责任落到实处，确保工程实体质量和记录可追溯；要求监理人员的验收程序必须严格执行和落实，认真按照合同要求履行监理职责，严格检查标准，廉洁务实地抓好各项质量检查工作。

5. 严格检查巡视问题的整改

公司要求各施工单位、监理单位相关负责人在日常工作中加大质量安全检查、巡视力度，对发现的问题及时整改落实；对建设单位及监督机构检查发现的问题应举一反三，抓好落实责任工作，确保同类问题

在标段内不再重现。

6. 深入开展安全大检查，贯彻落实"三整治一提高"活动

公司以隧道初期支护和仰拱施作、隧道超前地质预报和变形监测、特殊结构桥梁施工、临近既有线施工、铁跨公施工、大型起重设备和自轮设备的使用、火工品储运和使用管理等为重点，集中力量排查整改安全质量突出问题和隐患；严格落实领导负责、分工负责、逐级负责、岗位负责，落实每一个领导干部和工程师的包保责任，落实现场施工单位领导带班责任，强化监督检查，坚决遏制安全质量事故发生。

公司研究部署开展招标投标专项整治、安全质量专项整治、投资控制和资金管理专项整治、进一步提高监察工作有效性活动，成立以公司总经理为组长的"三整治一提高"活动领导小组，下设四个专项检查组。安全质量专项整治活动由分管安质的公司副总经理担任组长，制定了安全质量专项整治实施方案，按全面排查、集中整治和总结提高三个阶段开展。

第二节　工程质量问题的处理与闭合

一、工程质量事故报告、调查与处理制度

工程发生质量事故后，事故发生单位现场负责人必须在 12 h 内向公司及指挥部报告，不得瞒报、谎报或迟报；公司必须在 24 h 内向中国铁路总公司建设管理司和工程质量安全监督总站提出书面报告。

工程质量事故的分类、等级划分和处理权限等按《铁路建设工程质量事故调查处理规定》执行。建设过程中如发生工程质量事故，公司严格执行按照"四不放过"原则，即：原因没查清不放过、责任人没处理不放过、员工没受到教育不放过、防范措施没落实不放过。

工程质量事故除了按国家、中国铁路总公司有关罚则处理外，公司根据具体情况和权限做如下处理：

（1）按本工程招投标文件和有关合同（约定）进行处罚。

（2）纳入公司对施工、监理单位考核。

（3）纳入对施工、监理单位信用评价。

二、质量问题的整改闭合

1. 常见质量问题

（1）隧道工程：擅自改变开挖工法；超前小导管施作不符合设计要求；初期支护施工顺序不符合设计及安全规范要求；洞内临时排水施作不到位；软弱围岩钢架、钢筋网片施作不符合设计文件要求；径向锚杆数量不足；软弱围岩初喷未施作；二衬钢筋连接不采用机械连接；防水板搭接不牢、铺挂点数量不符合设计及验收标准要求等。

（2）桥梁工程：主要存在高墩身模板横向、竖向拴接横向拉杆未拴螺帽、竖向螺栓未全部拴接，而采用跳开拴接；预应力波纹管预埋偏位严重，且未按照设计要求采用专门的定位网片进行定位；梁体顶板横向钢筋弯钩随意摆放，未将腹板纵向主筋钩住，且全部采用点焊连接，腹板纵向钢筋连接接头未进行预弯等。

（3）路基工程：主要存在路堑开挖前未及时按设计规范要求施作坡顶排水沟、多级路堑开挖未严格按逐级开挖、逐级支护原则，一次性开挖多级边坡、钻孔桩垫层浇筑不平整、钻孔桩桩头不在同一平面、地基处理试桩总结不完善，未能及时出具单桩承载力试验报告和小应变检测报告等。

（4）现场监理人员履职不到位：一是部分现场监理人员业务不熟，特别是对设计文件、验标内容不熟悉；二是部分需要监理旁站工序施工时监理人员不到位；三是现场施工安全措施的执行监管不到位。

2. 年度质量问题统计

京福闽赣公司通过实施多项有效措施，工程质量安全管理基础工作得到进一步夯实，统计情况如表 9 - 1 所示。

表 9 - 1　京福闽赣公司年度质量问题统计表

序号	时间/年	问题	数量/个	比例
1	2011	不合格原材料	134	—
		安全质量问题	859	—
2	2012	隧道问题	666	29.85%
		桥梁问题	540	24.2%
		路基问题	178	4.93%
		原材料和拌和站	326	9.03%
		火工品问题	45	1.25%
		其他问题	210	5.82%
3	2013	隧道问题	666	29.85%
		桥梁问题	540	24.2%
		路基问题	204	9.14%
		原材料和拌和站	207	9.27%
		无砟轨道问题	221	9.9%
4	2014	静态验收 A 类问题	22987	86.5%
		B 类问题	32111	76.5%
		施工企业不良行为	84	—
		监理企业不良行为	2	—

究其原因主要有以下几个方面：

(1)标准化建设推行不力。随着各标段主体工程施工任务逐步减少，各施工单位有经验的管理人员随之调离其他项目，仅留下部分经验匮乏且不熟悉现场情况的人员负责尾期工作，在人员配备方面个别单位已不能满足有关要求，导致现场管理不力和过程控制不到位的现象时有发生。

(2)建设资金调配不合理，质保安保措施完善不力。个别施工单位由于前期在建设资金方面调配不合理，导致工程进入收尾阶段后资金紧张，对现场质保安保措施修复不力、缺少维护，致使安全质量问题凸显。

(3)工程接近尾声，安全质量管理力度减弱，安全质量管理的关注目标也日趋转移，加之随着建设时间推移，部分管理人员精神疲劳、管理力度减弱等因素，导致诸如隧道衬砌、防排水、桥梁安全防护等问题此起彼伏的出现。

三、质量问题的持续改进

京福闽赣公司按照 PDCA 循环原理推动质量管理体系运行，动态控制工程质量，当发现质量管理偏差，通过制定纠正和预防措施及效果的跟踪验证，实现质量管理的持续改进。合福高铁闽赣段在建设过程中，没有发生重大及以上工程质量事故，实现了既定的质量目标。

第三节　安全体系的建立与运行

京福闽赣公司始终贯彻"安全第一、预防为主、综合治理"的方针，坚持"管生产必须管安全、谁主管谁负责"的原则，实行第一管理者全面管安全、分管领导具体抓安全，安全职责层层分解，安全责任落实到人的安全生产责任制；建立健全安全生产保证体系和安全生产管理制度，制定切实有效的安全保障措施，推行目标管理，落实安全责任，加强安全监督检查和考核评比，在确保安全生产的前提下，实现建设质量、施工进度和经济效益的结合管理目标。

一、建立安全生产保证体系，落实安全生产责任制

1. 安全生产管理机构

京福闽赣公司成立由总经理任主任、副总经理和总工程师任副主任、各部门及指挥部负责人任委员安全生产委员会，负责全线工程安全生产管理、决策建设过程中安全生产重大问题。安全生产委员会下设办公室，办公室设在安全质量部，负责安全生产管理的具体实施工作。

施工单位按机构设置分级成立安全生产领导小组，建立安全生产管理体系。施工单位集团公司指挥部成立以指挥长为组长、项目安全总监和副职领导为副组长、各职能部门和下属公司项目部经理为组员的安全生产领导小组，设置安全生产管理部门，负责安全生产领导小组的日常工作；指挥部下属项目部参照指挥部成立安全生产领导小组。指挥部及其下设项目部配置数量满足安全生产的安全工程师，施工队设专职安全员。

各监理单位、勘查设计单位设置现场安全生产管理机构，按照安全生产法律法规、GB 24001 标准、GB 28001标准和合同要求，开展安全生产管理活动；现场项目管理机构领导层中必须明确一人主抓安全生产工作。

2. 制定和落实安全生产制度

京福闽赣公司根据国家、原铁道部和南昌铁路局的各项规定，紧密结合工程特点和施工阶段，认真分析安全危险源，制定各项安全生产制度和管理办法，做到有制度、有考核、有奖惩，使各项工作有章可循，主要包括以下内容：

（1）安全教育培训制度。

（2）安全检查整改制度。

（3）安全考核评比奖罚制度。

（4）专项安全施工方案专家论证审批制度。

（5）危险源管理及重大安全应急救援预案制度。

（6）专项安全管理制度：邻近既有线施工安全措施及制度；现浇梁施工安全制度；防洪防汛施工安全制度；高空作业安全制度；开挖爆破作业安全规章制度；车辆运输运行安全作业制度；各种机械的操作规则及注意事项；爆破安全作业规程和规章制度；用电安全须知及电路架设养护作业制度；便道、便桥通行及养护作业制度；各种信号的设置规则及维护措施；施工现场保安制度及火工产品保管领用管理制度；制架梁的安全防护措施；防火、防冻、防风安全制度；各种安全标志的设置规则及维护制度；有关部门劳动保护法规的执行制度；各种安全标志的设置及维护措施等。

（7）安全技术交底制度。

（8）特殊工种持证上岗制度。

（9）其他各种安全管理规定。

3. 安全目标责任管理

京福闽赣公司明确建设、设计、监理、施工单位的安全职责和第一责任人。各参建单位进一步将安全责任分解落实到各个层次、各个部门及具体操作人员。

安全目标责任管理实施分级管理、逐级负责制度，逐级签订安全目标责任书。建设单位与施工单位签订、项目部与架子队签订、架子队与班组签订、班组落实到具体操作人员。实行一级保一级，层层保安全，全员重视安全，最终实现全过程的安全。

二、开展安全培训，提高安全意识

京福闽赣公司以隧道施工安全、既有线施工安全以及雨季防洪安全、铺架作业安全、高空作业安全、火工品安全管理为重点，加强安全教育，增强全员安全意识、责任意识和忧患意识，牢固树立"安全第一"的思想，切实摆正安全与效益、安全与工期的关系。

京福闽赣公司开展多项质量安全培训，采取公司集中举办和各参建单位自行举办培训等方式，先后组

织隧道、桥梁、路基、监理、沉降观测与评估、高速铁路验收标准等1500余期培训班，培训各类技术人员7万余人次。分批次组织业务骨干赴京沪、武广、南广等项目学习考察，借鉴先进管理经验。购置标准化管理系列丛书，倡导大家自学。通过开展培训、技术交流、学习考察、研讨会等一系列活动，提高了参建人员的责任意识、技术水平、安全质量自控能力、岗位操作技能，为保证施工安全和工程质量提供了素质保障。

三、全面开展安全检查，狠抓隐患整改

工程开工前，由项目安全生产领导小组会同有关部门，对将开工的项目进行全面安全检查验收，主要包括：施工组织设计是否有安全措施；施工机械设备是否配齐安全防护装置；安全防护设施是否符合要求；施工人员是否经过安全教育和培训；施工方案是否进行交底；施工安全责任制是否建立；施工中潜在事故和紧急情况是否有应急预案等。

项目经理每月组织一次由有关职能部门负责人和项目专职安全员参加的安全生产大检查，并积极配合上一级进行专项和重点检查；施工队每旬进行一次检查；班组每日进行自检、互检、交接班检查。

安检工程师、安全员采用《事故易发点检查表》每日进行安全检查，检查重点：爆破施工、炸药库设置及危爆物品管理、施工用电、机械设备、脚手架工程、模板工程、焊接作业、季节性施工等。

针对施工现场的重大危险源，项目经理部专职安全员负责对施工现场的特种作业安全、施工技术安全进行检查；设备管理人员负责对现场大中型设备的使用、运转、维修进行检查。

各类安全检查中查出的隐患逐项登记，根据隐患信息对安全生产进行动态分析，从管理、安全防护技术措施等方面分析原因，为加强安全管理与防护提供依据。对检查中查出的隐患签发《隐患整改通知书》，以督促整改单位按定人、定时、定措施进行整改。被检查单位收到《隐患整改通知书》后应立即进行整改，整改完成后将《隐患整改反馈单》报回检查组并及时通知有关部门进行复查。

四、建立安全奖罚机制

京福闽赣公司认真执行项目经理和安全总监的安全风险抵押金考核办法，按照考核办法的检查要点和考核标准，采用结果考核和施工过程考核两种方式：结果考核是针对出现安全事故等级进行结果考核，过程考核是项目管理机构以每月的日常检查发现的安全问题进行考核。公司根据考核结果进行奖罚。

五、重点工程安全管理

1. 安全管理重点内容

既有公路、铁路的安全防护；通航河流施工平台的防撞和各种运输船只的安全行驶；防高空坠落和落物伤人；防现浇梁支架垮塌、防掉梁、防起重机和架桥机倾覆；防洪防汛；隧道防塌方；火工品的存放和使用；严防爆炸发生；机械设备的安全使用；临时用电的安全管理等。

2. 安全生产管理重点工点

沿线跨越省级以上公路干线桥梁结构施工；跨越信江、建溪等江河且结构复杂的桥梁结构施工；跨越既有铁路线桥梁结构施工；移动模架现浇桥梁施工；铺轨、架梁工点工程施工；金山顶隧道、三清山隧道、北武夷山隧道、上半山隧道、主岭隧道、岭根隧道、闽清隧道施工；上饶车站和联络线工程；深路堑、陡坡路基、顺层路堑、不良地质路基（滑坡、泥石流、落石防护、岩溶）等路基工点。

另外，本线多次跨越既有沪昆线、横峰线等主要电气化干线铁路或次要干线、地方铁路等，保证其线路畅通和行车安全是施工安全管理重点。跨越信江、建溪等江河，满足河流的行洪能力和航道安全通行是施工安全管理重点。

3. 危险性较大工程的安全技术专项方案

开工前制订安全生产保证计划，编制安全技术措施，经有关部门批准，报监理审核，建立施工组织设计和重大方案的论证制度，确保施工方案的安全可靠性。

对石方爆破工程、脚手架工程、模板工程、钢筋焊接加工、车辆运输、施工用电、跨既有铁路或高速公路、不良地质隧道施工等安全重点防范工程，结合现场和实际情况，单独编制安全技术方案。

对跨高速公路桥梁施工，跨既有铁路线桥梁施工，预制梁运架施工、隧道施工、营业线施工等实施安

全专项整改。

4.加强人员和现场控制

1）规范劳务用工和全力推进架子队管理

要求施工单位建立架子队管理体系，明确由职工担任各架子队队长和相关责任人；依法合规地使用劳务工，劳务工必须先培训合格再录用，建立劳务工名册并报建设单位和监理单位备案，实现对作业人员的有效管理。

2）加强现场控制

由建设单位牵头，每月认真研究过程控制和现场管理的关键问题和薄弱环节，制定针对性措施，明确工作重点、难点应注意的问题及责任人；认真落实关键工点安全活动的全过程跟踪，实现对作业现场的有效控制。

3）积极开展标准化工地、标准化作业的创建活动

施工现场内各种机械设备、材料、临时设施、临时水电线路必须按施工总平面图合理布置，符合安全技术规则；现场安全标识牌安放醒目，做到现场布置标准化、临时防护标准化、安全作业标准化和安全标志标准化。

5.制定应急预案，做到有备无患

1）建立健全应急预案，明确各级职责

京福闽赣公司下设突发公共事件应急办公室，办主任由总经理担任，副主任由主管安全的副总经理担任，成员由公司各部门负责人、指挥部指挥长及各施工单位项目经理、监理单位总监担任，日常工作由公司安全质量部负责。一旦发生重特大安全生产事故，以应急办公室为基础，设立事故现场应急救援指挥部，负责组织、协调、指挥应急救援工作。

2）建立应急响应机制

应急办公室接到突发公共事件的信息后，立即启动应急响应机制，第一时间向上级主管部门报告事故的基本情况、事态发展和救援情况；同时立即开通与事故发生地的通信联系，随时掌握事态发展情况，派出专家赶赴现场参加和指导救援。

3）定期组织应急救援演练

公司不定期组织施工人员培训，熟悉应急预案的响应机制和安全事故发生的处置措施，提高自救、互救能力。各施工单位每年举行安全生产事故应急救援演练，公司派人观摩，对安全生产事故应急预案演练的实施进行全过程监督。

第四节　安全事故的调查与处理

京福闽赣合福高铁闽赣段建设期间，发生两起生产安全事故。2012年5月21日，中铁隧道股份有限公司承建的HFMG－6标北平大桥，在进行6#墩墩身混凝土灌注施工时模板发生爆模，造成3人死亡1人受伤的生产安全事故。2013年7月7日，由中铁十七局集团有限公司承建的HFMG－7标南平北站特大桥，在进行10～11号墩道岔连续梁贝雷片吊装过程中，发生贝雷片失稳倾覆，造成3人死亡的生产安全事故。

福建省建瓯市负责"5·21"生产安全事故的调查，成立了建瓯北平大桥6#墩施工爆模生产安全事故调查组，2012年7月12日发布了事故调查报告。事故调查组认定该起事故为较大生产安全责任事故，对14位相关责任人进行了处罚，对中铁隧道股份有限公司、北京中铁诚业工程建设监理有限公司分别进行了处罚。

福建省南平市负责"7·7"生产安全事故的调查，成立了市政府"7·7"合福高铁南平北站特大桥生产安全事故调查组，2013年8月28日发布了事故调查报告。事故调查组认定该起事故为较大生产安全责任事故，对16位相关责任人进行了处罚，对中铁十七局集团第一工程有限公司、北京中铁诚业工程建设监理有限公司分别进行了处罚。

第五节 安全事故的教训与建议

1. 强化安全生产监督管理，落实安全生产防范措施

建设单位要认真贯彻国家有关安全生产的法律法规，建立健全各项安全生产规章制度，充分发挥建设单位的核心作用，加强安全生产培训和教育，强化施工现场安全生产监督和管理，落实安全生产防范措施，做到责任到位、措施到位、管理到位，确保安全生产。

2. 扎实推进标准化管理，规范管理和作业行为

按照建设单位总体布置，结合现场实际情况，深化完善各项工作机制，持续纵深推进以规章制度、人员配置、现场管理、过程控制标准化为主要内容的标准化管理，督促各参建单位强化"四化"支撑，有效提高工程质量和安全生产控制水平。

3. 全面深化架子队管理模式，夯实安全管理基础

按中国铁路总公司要求采取多种措施组建架子队，在组建架子队数量、发挥架子队作用、提高架子队管理效能等方面深入调研，认真研究，大胆创新实践，探索铁路建设的架子队管理模式。督促各单位建立健全劳务管理制度，实行劳务人员劳动合同编号、身份证号、职业资格证书编号、铁路施工劳务业绩等登记造册制度，规范架子队管理，不断推进现场作业达标。

第十章　施工组织

针对合福高铁闽赣段地理条件困难、地质条件复杂、气象环境多变、环保要求极高等主要工程特点，京福闽赣公司精心编制了指导性施工组织设计，建设过程中，始终坚持把施工组织设计作为推进工程建设的大纲，突出抓早赶前，明确主攻方向，以控制性工程为重点，组织各参建单位对实施性施工组织设计进行梳理优化，全面落实资源要素投入，有序组织施工生产，确保工程建设科学有序推进。

第一节　施工组织设计管理

一、编制依据及编制范围

1. 编制依据

依据国家批复的可行性研究报告、原铁道部批复的初步设计文件、初步设计阶段与地方签订的有关协议及纪要等，2005 年 5 月，京福闽赣公司（筹备组）编制合福高铁闽赣段指导性施工组织设计。

（1）现行的国家有关方针政策，以及国家和铁道部有关法律、规范、验标、施工指南和铁道部最新规章制度等。

（2）国家发改委《关于新建合肥至福州铁路可行性研究报告的批复》（发改基础〔2009〕3051 号）。

（3）新建合肥至福州铁路初步设计文件和图纸。

（4）铁道部工程设计鉴定中心关于新建合肥至福州铁路初步设计审查意见（初稿）。

（5）铁道部建设司发布的《铁路工程施工组织设计指南》（铁建设〔2009〕226 号）。

（6）铁道部工程管理中心《关于印发〈客运专线铁路指导性施工组织设计指南〉的通知》（工管工〔2007〕72 号）。

（7）铁道部建设司发布的《铁路大型临时工程和过渡工程设计暂行规定》（铁建设〔2008〕189 号）。

（8）勘查设计合同以及合同的有效组成文件。

（9）当前客运专线铁路建设的技术水平、管理水平和施工装备水平。

（10）已完工和在建的铁路客运专线建设研究及试验成果。

（11）2009 年现场调查资料、与相关部门签订的协议及工作成果。

2. 编制范围

1）正线建设

皖赣省界至福州站（K1341 + 626.508 ~ K1809 + 188.164），正线全长 467.562 km，其中林家大桥合肥台尾—信江特大桥福州台尾（DK468 + 385 ~ DK472 + 905）段线下工程（不含轨道工程）、福州枢纽相关工程（DK807 + 600 ~ DK812 + 640）（不含四电工程）委托南昌铁路局代建。

2）相关联络线的建设

上饶站合福高铁与杭长客专联络线，全长 21.999 km，其中东南下行联络线（L1DK0 + 000 ~ L1DK6 + 944）长 6.944 km，东南上行联络线（L2DK0 + 000 ~ L2DK6 + 993）长 6.993 km，西南下行联络线（L3DK0 + 000 ~ L3DK3 + 763）长 3.763 km，西南上行联络线（L4DK0 + 000 ~ L4DK4 + 299）长 4.299 km，轨道工程及线下工程委托南昌铁路局代建。

二、施工组织总体目标

1. 建设总体目标

坚持以科学发展观为指导，以施工组织设计为依据，以质量安全为核心，以标准化管理为抓手，以"四化"(机械化、工厂化、专业化、信息化)为支撑，全面落实质量、安全、工期、投资效益、环境保护、稳定及廉政建设管理要求，坚持依法建设、规范建设、文明建设，精心组织、精心设计、精心施工、精心管理，打造质量精品工程、安全放心工程、资源节约工程、环境友好工程、技术创新工程、廉洁优秀工程、社会和谐工程。

2.质量目标

工程质量必须符合国家和铁道部有关标准、规范及设计文件要求，检验批、分项、分部工程施工质量检验合格率达到100%，单位工程一次验收合格率达到100%，主体工程质量零缺陷，实车最高检测速度达到设计速度的110%。全线实施制度管理标准化、人员配备标准化、现场管理标准化、过程控制标准化，坚决杜绝重大、大质量事故。

3.安全生产目标

杜绝较大及以上施工安全、道路交通、火灾责任事故，杜绝营业线铁路既有线行车一般及以上事故，控制和减少一般责任事故。

4.工期目标

将工期控制在国家、原铁道部批复的总工期范围内，并按照原铁道部总体要求和部署对总工期目标进行适时调整，主要工程节点见表10-1。

表10-1 主要工程节点

项目	开始时间	结束时间
重点工程	2010年4月初	
路基主体工程	2010年7月	2013年7月
桥梁下部工程	2010年7月	2013年8月
架梁工程	2011年8月	2013年10月
隧道工程	2010年6月	2013年9月
无砟轨道工程	2012年10月	2014年5月
铺轨工程	2014年2月	2014年6月
站房及相关工程	2013年9月	2015年1月
四电集成及信息系统工程	2013年8月	2014年9月
联调联试及试运行	2014年10月	2015年3月
通车	2015年6月	

5.环境保护目标

环境污染控制有效，土地资源节约利用，工程绿化完善美观，节能、节材和水保措施落实到位，无集体投诉事件，环境监控达标，环境保护、水土保持设施与主体工程"同时设计、同时施工、同时投入使用"，努力建成一流的资源节约型、环境友好型客运专线。

6.职业健康目标

注重职工的职业健康，保证文明施工，保障劳动保护，杜绝职业病发生；加强卫生监控，确保无大的疫情，无传染病流行。

7.创优目标

全线勘查设计质量达到国家优秀勘查设计金奖标准；全线综合工程整体质量达到中国建设工程鲁班奖标准；全线综合工程整体质量和技术水平达到中国土木工程詹天佑大奖标准。

全线30项重点单项工程为重点创优项目，达到单独申报条件(项目及数量各单位可根据实际情况增加)。各单位应制定实施性创优计划和措施。

(1)拟创铁道部火车头优质工程奖30项(武夷山隧道为三、四标共创)。其中：一标4项；二标2项；

WT 标 1 项；三标 3 项；四标 4 项；五标 3 项；六标 4 项；七标 4 项；八标 4 项；全线轨道 1 项；全线四电 1 项。

（2）拟创中国建设工程鲁班奖 5 项（武夷山隧道为三、四标共创）。其中：一标 1 项；三标 2 项；四标 1 项；七标 1 项；八标 1 项。

（3）拟创中国土木工程詹天佑奖 4 项（武夷山隧道为三、四标共创）。其中：三标 1 项；四标 1 项；六标 1 项；八标 1 项。

三、施工组织整体安排

依据施工组织、建设标准、建设目标（含工期、成本、质量指标）等各方面内容的总体要求，施工顺序遵循以下原则。

1. 统筹规划、均衡生产

全线整体组织建设，以铺轨架梁和联调联试为主线控制站前、站后工期，线下工程工期服从工程总工期要求，统筹安排线下和站后工程工期，并充分考虑路基、桥涵、隧道等结构的沉降变形稳定时间。

在建设管理中按照无砟轨道轨下基础施工顺序服从于铺轨顺序的原则；架梁及路基、隧道施工顺序服从于无砟轨道轨下基础施工顺序的原则；运架梁通道上的隧道、桥梁下部及现浇连续梁、路基施工顺序服从于架梁施工顺序的原则；大型临时设施服从于主体工程施工顺序及节点要求的原则。做到全线统一安排和筹划，确保均衡生产。

2. 重点先行、分段展开

具备条件后，各管理区段内的各标段有重点地同步实施。按架梁方向和顺序依次展开跟进，确保全线工程按期保质建成。

（1）桥梁工程先期架梁区段和重点特殊结构梁在具备条件后优先安排开工，桥梁下部工程和特殊结构梁工程以满足架梁需求为目标组织多单元平行的流水施工；梁场建设和制梁生产是桥梁施工的重点，力争尽早开工，以满足架梁工期的要求；造桥机或支架现浇以满足架梁通道或无砟轨道连续铺设目标配置资源和安排施工顺序。

（2）路基施工安排架梁通道上的地基加固处理工程优先施工，运架梁通过的路桥相间地段由于路基预压的不确定性和无砟轨道连续铺设的需求，采用先架后压并优先开架的原则安排施工顺序，使路基预压沉降和桥梁沉落同步进行，以减小工期压力，并为成段连续施工无砟轨道提供条件。

（3）隧道工程多，所占比例高，长大隧道控制工期，且部分隧道还要运架梁通过，按照供梁范围及运架梁顺序，短隧群以满足架梁需求和无砟轨道施工工期为目标组织多单元平行的流水施工，先架梁区段首先安排施工并及早完成，为运架梁创造条件；重点控制工期隧道安排优先开工。

（4）上饶地区是施工管理的重点，上饶站及联络线的修建应以确保运架梁和无砟轨道及铺轨工期为原则，提前进行征地拆迁及施工准备，及早安排开工。

3. 突出难点、有序推进

根据全线里程碑计划进行节点工期控制。同时，对路基地基处理、路基沉降控制、重点控制工期隧道和特殊桥梁结构，箱梁预制架设、无砟轨道施工、各专业接口结合等重难点环节预先规划，做到有实施预案、有执行计划，使全线工程建设有序推进。

综合考虑站前、站后工程之间及各专业工程之间的接口，统筹安排，紧密衔接。

第二节　指导性施工组织设计的特点与重大调整

一、指导性施工组织设计的主要特点

1. 各专业工程的主要特点

1）路基工程

（1）线路纵向刚度均匀性要求高：为保证路基的纵向刚度均匀性变化，在路基与桥台、路基与涵洞、路

堤与路堑、路基与隧道等分界处均设置相应的过渡结构。

（2）工后沉降控制标准高：为满足无砟轨道工后沉降控制技术要求，路基工程须严格控制地基和路堤本体的工后沉降。

（3）与站后工程接口多：路基工程与综合接地、电缆沟槽、管线过轨、接触网支柱基础、声屏障基础等站后工程的接口复杂，须统一设计、统一施工，加强组织和协调，保证接口合理、施工有序、质量可控。

2）桥梁工程

（1）本线路山区地段较多，桥梁多为跨谷和跨越水库，由此决定了本线路上的桥梁桥墩较高，个别桥梁水深较大，其下部结构施工难度较大。

（2）简支箱梁分布广，因山区隧道多且长，采用集中预制架设受隧道工期和隧道内箱梁运输困难的影响较大。

（3）工后沉降和混凝土徐变控制标准高：为满足无砟轨道沉降控制技术要求，对桥梁工后沉降和混凝土收缩徐变严格控制，特别是采空区和溶洞发育地区采取有效措施防止桥梁基础下沉；与站后工程接口多，施工中避免出现差、错、漏，造成不必要返工；结构耐久性要求高，使用寿命按 100 年设计，采用高性能混凝土。

（4）跨越既有线桥梁（如信江特大桥跨越既有沪昆线上饶站场连续梁）施工安全、既有线行车安全风险大、安全防护要求高。

3）隧道工程

（1）本线隧道长、数量多，尤其重点隧道多、占线路长度比例高、地质条件复杂，桥隧相连、交通不便，环保，水保要求高，施工安全风险高，施工设备需求量大。

（2）隧道断面大，最大开挖断面约达 $180\ m^2$ 左右，开挖后围岩自稳能力差，容易产生失稳和变形等地质灾害。

（3）隧道地质复杂，软弱围岩所占比重较大，存在滑坡及错落、危岩落石及崩塌、岩堆、顺层、岩溶、人为坑洞、有害气体等不良地质及特殊地质。

4）轨道工程

（1）无砟轨道板、铺轨（岔）、应力放散和锁定、轨道稳定等工序的施工，需用自动化控制技术和大型专用施工机械，工艺标准要求高。

（2）无砟轨道的高精度对测量工作和施工精度提出严格要求。

（3）无砟轨道施工工序的限制条件严格，架梁与无砟轨道施工之间，有砟轨道、无砟轨道施工各工序之间，各专业施工之间的衔接十分紧凑。

（4）无砟轨道的高低调整幅度有限，对线下基础的变形要求高。

5）四电工程

（1）通信工程。

通信工程长途光缆线路较长，受土建工程施工影响和总工期的限制，必须在有限的时间内完成光缆线路施工。所采用的设备多，采购周期长，手续复杂，工作量大；需考虑无线通信与有线通信的接口，除完成本系统的调试外，还要完成各种庞大复杂的网络软、硬件的连通与联合调试，调试工作量大，调试周期长，对工期影响大。

（2）信号工程。

信号系统采用大量新技术，各子系统之间及与其他专业之间接口种类繁多，系统之间的集成技术复杂；另外信号工程除完成本系统的调试外，还需完成同通信、信息等系统间的联合调试，调试工作量大，调试周期长，工程复杂。

（3）电力工程。

电力工程以电力变、配电所施工为区段内的关键工程，其他各单项工程平行施工，最后通过贯通线路组成电力配电系统。

（4）电气化工程。

①电气化工程量大、工期紧、交叉施工多，受线下工程及无砟轨道和铺轨的施工进度影响较大。

②接触网施工受无砟轨道和铺轨进度影响较大，且铺轨完成后留给接触网施工、冷滑试验的工期很短，工期相当紧张，接触网施工单位必须做好与土建施工单位的交叉配合，及早介入、展开并行施工。

③牵引变电安装工程设备数量多、预埋件较多，设备安装精度、技术含量高，受房建施工进度影响较大，施工中必须做好与房建施工单位的紧密配合，合理安排穿插施工。

6）站场工程

（1）车站及联络线工程类型复杂，既有站改造和过渡工程量大。不同速度标准线路并存，轨道类型多样，新建站房结构新颖，厂制梁普通架桥机架设与梁场预制梁大吨位架桥机架设并存。

（2）征地拆迁工作量大。沿线地处经济发达地区，人口密集，建筑林立，给征地拆迁带来很大难度。同时，建设工期较紧，能否顺利拆迁和按时开工直接制约建设工期。需要铁路和地方共同努力，并在施工组织中充分利用有效空间。

（3）专业接口多，建设工序复杂。车站是路基、桥梁、轨道、站房、四电的结合点，在时间短、工程量大的前提下，需要各专业通力合作，强调计划的严肃性，保证各专业、各工序按施组有序推进。

7）房屋建筑及给排水

站房是包含客运用房、旅客专用场地、站台、雨棚、地道以及与运营相关的设备用房的综合建筑体，除自身具有施工难度大、质量要求高和工期紧的特点外，与地方市政基础设施衔接内容多、难度大，还具有专业接口多、不同专业工序穿插配合多、建筑节能环保的四新（新技术、新材料、新工艺、新装备）使用多和不可预见因素多等特点。

2. 施工组织的难点

1）征地拆迁任务重，严重制约施工进度

全线征地拆迁的任务繁重、难度大，直接制约施工组织的落实和工程建设的推进。

2）交通运输不便，大型临建用地困难

施工地点多在山区、丘陵地带，给交通运输带来不便，施工便道的建设常常面临各种约束。大型临建规模大、占地面积大，例如制梁厂、弃渣场、混凝土拌和站等，在山区选址困难，很难寻找到足够大的平整空地，需要施工单位修整、填平。

3）短小路基多，质量控制困难

路基工程具有短小、分布广泛、地质条件复杂等特点，往往不是施工的控制工程。短小路基多是与桥、隧相接，成为其施工便道，等到桥隧完工后才施工。对路基施工工期要求紧，路基的沉降观测周期不够长，易于留下质量隐患。

4）线下工程量巨大，控制工程多

桥梁制箱梁数量庞大、新型大跨度结构多、桥隧错落分布，桥梁的基础沉降控制、箱体变形控制、箱梁过隧运输是施工的难点；箱梁运架通道必须统筹兼顾，妥善处理好与下部工程施工进度及工序间的合理衔接，形成有序、高效的架梁线。全线隧道占比大，地质条件复杂，长大隧道、小隧道群多，是施工控制的重点工程。

5）专业、工序繁多，接口任务重

全线建设参与单位众多，各专业、工序、施工队伍需要统筹协调，做好接口管理工作，为后续工程、专业施工提高有利施工环境。

6）跨既有线施工难度大

全线跨越多条铁路既有线和高速公路，对施工技术和防护措施提出相当大的考验，尤其是上饶车站跨越沪昆线的六孔连续梁施工，其中最大两孔跨100 m。

二、施工组织调整与优化

1. 第一次调整（2010 年 10 月）

1）调整的原因

线路开工后，由于受到征地拆迁拖延、施工图供应不及时、设计方案不完善等因素的影响，严重影响了工程进度。

2）调整的主要内容

（1）轨道板（枕）场：原方案采用 CRTS-Ⅱ型轨道板，全线共设五个板场，其中两个板场已完成了临时租地和部分临建工程。现改为 CRTS-Ⅰ型双块式轨枕，全线拟设置三个轨枕预制场，分别位于德兴、武夷东和南平北。

（2）因征地、拆迁工作进展缓慢及控制性工程施工图供应不到位，特别是受 6、7 月份连续特大暴雨的影响，与批复施组相比，部分控制工程开工时间滞后 3~5 个月。为确保总工期不受影响，对部分控制工程一方面将进度指标进行调整，采用高限，另一方面通过优化资源配置、劳力组织、增加设备投入、增加作业班组等，保证铺轨阶段工期不变。隧道、桥梁进度指标调整如表 10-2、表 10-3 所示。

表 10-2　隧道进度指标调整对照表

工程名称		Ⅱ	Ⅲ	Ⅳ	Ⅴ
古田隧道	长度	8155	940	1055	479
	指南进度指标	140~200	100~130	55~80	35~50
	原施组进度指标	160	130	70	40
	调整后进度指标	200	130	70	40
闽清隧道	长度	7651	1355	999	526
	指南进度指标	140~200	100~130	55~80	35~50
	原施组进度指标	170	110	60	35
	调整后进度指标	200	130	80	40

表 10-3　桥梁进度指标调整对照表

工程名称		桩基础	承台	墩台身	0#块	挂蓝安装及预压	标准节段施工	边跨合拢	中跨合拢
信江特大桥	指南进度指标	60~90	30	30~90	45	20	9	30	30~45
	原施组进度指标	120	60	60	45	20	9	30	30
	调整后进度指标	90	30	60	45	20	9	30	30
古田溪特大桥	指南进度指标	60~90	30	30~90	45	20	9	30	30~45
	原施组进度指标	270	100	90	60	20	9	30	30
	调整后进度指标	240	70	90	60	20	9	30	30

2. 第二次调整（2012 年 5 月）

1）调整原因

2012 年上半年，鉴于受多种因素制约，信江特大桥、南平新乡市凤象区等部分关键控制工程已滞后批复指导性施组节点工期 12 个月，且尚有南三龙铁路引入南平北站设计方案、站房初步设计、无砟轨道及站后修改初步设计等均未获得批复，相关工程的实施均将继续受到较大制约。合福高铁闽赣段开工日期调整为 2010 年 9 月 30 日（即铁道部计划司批复开工报告时间），竣工日期定于 2015 年 3 月 31 日，维持国家批复的 54 个月建设总工期。

（1）自然气候影响。

受 2010 年 6 月江西、福建省持续特大暴雨、洪灾影响，导致部分已实施或完成的大临设施遭受损毁，至 2010 年 9 月才陆续恢复，施工准备较原批复指导性施组滞后 2~3 个月；2012 年 1~3 月，江西、福建省罕见持续降雨，影响路基、桥梁施工。

（2）征地拆迁滞后。

上饶市信州区征地拆迁进度滞后，导致处于架梁关键线路上的信江特大桥部分工程开工时间滞后；南平市延平区征地拆迁进度滞后，导致南平北站区、山后新村路基桥梁等处于架梁关键线路上的工程开工时间滞后；福州市征地拆迁进度滞后，导致铺轨起点福州站相关工程开工时间滞后。

（3）设计方案影响。

上饶站房设计方案未及时明确，导致桥梁施工图供应严重滞后；南三龙铁路引入南平北站 I 类变更设计公司已组织初审，待部批复，全线所有站房初步设计尚未完成，还需报部审批，相关工程无法组织实施；地方规划滞后对局部方案的稳定带来诸多不利影响，影响工程建设进度。

（4）技术标准影响。

速度目标值、无砟轨道结构类型、曲线超高设置、站后修改初步设计尚未获得批复，相关工程无法组织实施。

（5）资金安排影响。

2011 年铁路建设资金紧张，导致 2011 年仅完成 110 亿元投资任务，较批复指导性施组需要完成 140 亿元的年度计划少完成 30 亿元；2012 年铁道部安排了 110 亿元投资计划，较批复指导性施组需要完成 135 亿元的年度计划少安排 25 亿元；连续两年的资金投入不足批复指导性施组需求计划，导致相应的实物工程量完成至少滞后批复指导性施组 6 个月以上。

2）调整的主要内容

（1）阶段工期调整。

批复工期节点与调整后工期节点对比如表 10 - 4 所示。

表 10 - 4　批复工期节点与调整后工期节点对比表

阶段工期细目	批复工期节点	调整后工期节点	滞后时间	原因分析
施工准备	2010 年 4 月 1 日— 2010 年 6 月 30 日	2010 年 4 月 18 日— 2010 年 8 月 31 日	滞后 2 个月	2010 年 6 月份持续特大暴雨，地方政府文件滞后，影响征地
路基主体	2010 年 7 月 1 日— 2011 年 12 月 31 日	2010 年 7 月 1 日— 2012 年 12 月 31 日	滞后 12 个月	受 2011 年资金紧张、2012 年持续降雨影响
桥梁下部	2010 年 7 月 1 日— 2012 年 10 月 20 日	2010 年 7 月 1 日— 2013 年 10 月 20 日	滞后 12 个月	受 2011 年资金紧张及 I 类变更设计、方案调整影响
架梁工程	2010 年 8 月 1 日— 2012 年 12 月 20 日	2011 年 8 月 1 日— 2013 年 12 月 20 日	滞后 12 个月	受桥梁下部工程进度滞后影响
隧道工程	2010 年 4 月 1 日— 2012 年 12 月 31 日	2010 年 6 月 1 日— 2013 年 6 月 15 日	滞后 6 个月	受 2011 年资金紧张影响
无砟道床	2012 年 5 月 15 日— 2013 年 4 月 24 日	2013 年 2 月 1 日— 2014 年 4 月 20 日	滞后 12 个月	受线下工程进度滞后影响
铺轨工程	2013 年 4 月 15 日— 2013 年 7 月 31 日	2014 年 2 月 23 日— 2014 年 7 月 31 日	滞后 12 个月	受线下工程进度滞后影响
无缝线路锁定及精调	2013 年 5 月 16 日— 2013 年 8 月 31 日	2014 年 3 月 23 日— 2013 年 8 月 31 日	滞后 12 个月	受线下工程进度滞后影响
四电工程	2012 年 7 月 1 日— 2013 年 9 月 30 日	2013 年 6 月 1 日— 2014 年 9 月 30 日	滞后 12 个月	受线下工程进度滞后影响
联调联试及试运行	2013 年 9 月 30 日— 2014 年 3 月 31 日	2014 年 10 月 1 日— 2015 年 3 月 31 日	滞后 12 个月	受线下工程进度滞后影响

（2）隧道工程。

①三清山隧道：隧道全长 11850 m，采用进出口及两个斜井 6 个工作面掘进，由于供图时间较晚，实际进洞时间滞后 2 个月，当时掘进完成 8826 m，占 74.5%；二衬完成 7660 m，占 64.6%。根据当时的施工进度计划，于 2012 年 11 月完工，满足指导性施组批复工期要求。

②北武夷山隧道：隧道控制工期为江西段，长 8166 m，采用进口及两个斜井 5 个工作面掘进，由于施工场地条件恶劣，实际进洞时间滞后 2 个月，当时掘进完成 4222 m，占 51.7%；二衬完成 2411 m，占 29.5%。根据当时的施工进度计划，2013 年 5 月完工，滞后指导性施组批复工期 5 个月。

③南雅隧道：南雅隧道全长 8690 m，最大埋深 782 m。当时掘进完成 5432 m，占 62.4%；二衬完成 4070 m，占 46.8%。根据施工进展，2013 年 3 月完工，滞后指导性施组批复工期 3 个月。

④闽清隧道：闽清隧道全长 10518.2 m，最大埋深约 968 m，隧道设斜井与平导各一座。当时掘进累计完成 4968 m，占 47.2%；二衬完成 2872 m，占 27.3%。于 2013 年 6 月完工，滞后指导性施组批复工期 6 个月。

（3）桥梁工程。

①信江特大桥：该桥全长 3704 m，控制点为跨上饶车站连续梁（30.68 m + 3 × 52 m + 36.34 m），墩位为 24# ～ 29# 墩。正线设计桩基 1084 根，已成桩 873 根，占 80.5%；承台（含扩大基础）109 个，完成承台 68 个，占 62.4%；墩台身 119 个，完成 44 个，占 37%。骑跨上饶车站连续梁为控制工期项目，受上饶站站房设计方案影响，连续梁于 2012 年 4 月开始施工准备工作，2013 年 10 月完工，滞后指导性施组批复工期 12 个月。

②南平北站一号大桥：该桥受南三龙铁路引入南平北站 I 类变更设计影响，施工图未提供。该桥有道岔连续梁，且位于架梁通道上，当时，南三龙铁路引入南平北站 I 类变更设计尚未获批，该桥于 2012 年 8 月开工，于 2013 年 8 月竣工，滞后指导性施组批复工期 12 个月。

③古田溪特大桥：该桥全长 588 m，其中 1 –（60 + 2 × 100 + 60）m 连续梁为控制工期项目。连续梁 7# 主墩位于古田溪中央，施工水深约 43 m。调整时正集中力量施工 6#、7#、8# 三个水中连续梁墩。通过强化施工管理，增加机械设备，加快施工进度，于 2013 年 6 月竣工，滞后指导性施组批复工期 6 个月。

④福州站区桥：受福平铁路引入福州站 I 类变更设计影响，施工图未及时提供，主要工程为福州站双线特大桥及上下行单线桥。于 2012 年 7 月开始施工，2013 年 6 月竣工。滞后指导性施组批复工期 6 个月。

（4）架梁工程。

①上饶车站制梁场：梁场供梁范围由 DK456 + 328 ～ DK474 + 430 调整为 DK456 + 328 ～ DK472 + 905。调整后梁场往福州方向余家边、牌楼底大桥共 22 孔梁由上饶站梁场架设，调整后该梁场总共架设 11 座桥梁，过连续梁 13 处，共架梁 363 孔。因信江特大桥供图时间严重滞后，其中骑跨上饶车站连续梁的梁部施工图和站线现浇简支梁施工图部分未提供，架梁工程受下部工程影响，滞后指导性施组批复工期 12 个月。

②南平北制梁场：梁场供梁范围 DK683 + 340 ～ DK696 + 400，上线里程 DK694 + 000。该梁场总共架梁 125 孔（其中往合肥方向架梁 102 孔；福州方向架梁 23 孔）。架梁工程受下部工程影响，滞后指导性施组批复工期 12 个月。

（5）轨道工程。

①无砟轨道板铺设：在德兴、武夷山东、南平北共设置 3 个轨枕场，使用 36 套铺板设备，施工进度计划指标为单线 150 m/d。于 2013 年 2 月 1 日开始，2014 年 4 月 20 日结束。受线下工程进度滞后影响，无砟轨道铺设工程滞后指导性施组批复工期 12 个月。

②铺轨：在上饶、福州共设置 2 个铺轨基地，使用 2 套铺轨设备，施工进度计划指标为 4 km/d。于 2014 年 2 月 23 日开始，2014 年 7 月 31 日结束。受线下工程进度滞后影响，铺轨工程滞后指导性施组批复工期 12 个月。

（6）房建工程。

房屋及其他运营生产设备和建筑物，根据当时站前工程实际进展，于 2013 年 1 月开工，2014 年 6 月完工，工期 18 个月，滞后指导性施组批复工期 12 个月。

（7）四电工程。

根据当时站前工程实际进展，于2013年6月开工，2014年9月完工，工期15个月，滞后指导性施组批复工期12个月。

（8）联调联试与试运行。

根据当时站前工程实际进展，于2014年10月开始，2015年3月结束，工期6个月，滞后指导性施组批复工期12个月。

3）剩余工程强化管理措施

全面监控工程进度，梳理关键线路上的隧道、大跨连续梁、架梁等施工节点，确保架梁通道上隧道、连续梁等最迟完工期限，控制铺轨、联调联试二条主线。加强安全质量、征地拆迁管理，多方筹集资金，确保闽赣段工程均衡有序推进。

（1）加强工期敏感点工期管理。

对线下剩余工程工期敏感点（信江特大桥、南平北站1#大桥）实施动态管理。每周梳理存在的问题，建立问题库，落实责任人，实行看板销号。

（2）加强架梁通道工期制约点管理。

对11处梁场架梁通道上的47处连续梁、81处隧道控制点，实施重点控制，确保架梁通道控制点最迟完工期限。

（3）稳定设计方案。

密切跟踪督促设计单位设计供图工作，及时向有关部门汇报需部解决的问题。

（4）强化质量，确保安全。

加强质量安全管理，守住质量5条红线、安全3条红线，做好质量安全管理基础工作，确保工程质量和施工安全受控。

（5）多方筹集资金。

加强向部省沟通汇报，确保资本金均衡足额到位；加强和银行的沟通协调，确保债务性资金满足需求；统筹考虑原铁道部资金、地方资金和银行贷款的到位时间和额度，确保各种款源资金的有序衔接。

（6）加强征地拆迁管理。

加强与地方政府沟通协调，以最短时间扫清剩余征地拆迁问题，确保受征迁制约工点完工。

3. 第三次调整（2013年6月）

站前工程在控制性工程按期完工，并在采取调整架梁顺序、增加无砟道床铺架工作面、工装设备等措施的前提条件下，部分桥梁、路基沉降观测时间仅有3个月，且施工现场存在无砟道床施工物流组织困难、施工条件变化、施工组织管理不力等因素。站后四电集成及信息系统工程、站房及相关工程受站房修改初步设计批复滞后、站房设计单位施工图修编工作组织不力等因素影响，开工时间滞后原批复施组工期6～7月，且当时实际开工时间尚不确定，专业工程阶段工期施工极为紧张。结合站前与站后工程推进现状，实现总工期目标风险极大，合福高铁闽赣段竣工日期调整为2015年6月30日。

1）调整原因

（1）设计方案影响。

原铁道部于2013年1月底批复本线站房及相关工程补充初步设计，工管中心于2013年4月下旬组织施工图审核，设计单位施工图修编工作组织不力，制约招标等后续工作顺利开展，增加站房实施工期风险，当时站房计划开工时间已滞后7个月。

南三龙铁路引入南平北站I类变更设计方案于2012年10月批复，变更的施工图于2013年1月初陆续到位，影响南平北站特大桥等相关工程实施，工期滞后2个月。

（2）征地拆迁影响。

上饶铺轨基地征地2013年3月才交地，导致上饶铺轨基地场建滞后7个月。

南平市延平区征地拆迁进度滞后，导致安济特大桥等处于架梁关键线路上的工程施工开始时间滞后5个月。

（3）施工组织影响。

个别施工单位对施工组织管理思想不够重视，管理力量不足，现场施工组织不力，部分控制性工程现场作业人员、机械设备投入不足，导致相关工程进展滞后于施组计划，制约原施组计划的实施，重新调整施工计划安排，个别原非控制工程已成为新的控制工程。

2）调整内容

（1）阶段工期调整。

批复工期节点与调整后工期节点对比如表10-5所示。

表 10-5　批复工期节点与调整后工期节点对比表

阶段工期细目	批复工期节点	调整后工期节点	滞后分析	
			滞后时间	原因分析
路基主体	2010年7月开始，2012年12月完成	2010年7月开始，2013年7月完成	滞后7个月	部分路基受变更、征地拆迁滞后影响，已影响架梁区段工期滞后2个月
桥梁下部	2010年7月开始，2013年8月结束	2010年7月开始，2013年8月结束	满足工期节点要求	虽满足阶段工期节点要求，部分桥梁下部结构受变更、征地拆迁滞后影响，已影响架梁区段工期滞后2个月
架梁工程	2011年8月开始，2013年10月结束	2011年8月开始，2013年10月结束	满足工期节点要求	虽满足阶段工期节点要求，但部分架梁区段工期滞后2个月，已影响区段内桥梁沉降观测时间滞后5个月，路基沉降观测时间滞后8个月
隧道工程	2010年6月开始，2013年6月结束	2010年6月开始，2013年9月结束	滞后3个月	个别施工单位前期施工组织管理不到位
无砟轨道	2012年6月开始，2014年4月结束	2012年10月开始，2014年5月结束	滞后1个月	受线下工程控制影响，工期节点虽只滞后阶段工期节点目标1个月，但个别区段工期节点已滞后原施组工期节点5个月，已制约铺轨工期3个月
铺轨工程（含精调）	2014年2月开始，2014年6月结束	2014年2月开始，2014年6月结束	滞后3个月	受线下工程控制
站房及相关工程	2013年2月开始，2014年8月结束	2013年9月开始，2015年1月结束	滞后5个月	站房修改初步设计批复及设计院施工图修编工作滞后影响
四电集成及信息系统工程（含静态验收）	2013年2月开始，2014年9月结束	2013年8月开始，2014年9月结束	滞后3个月	受站房修改初步设计批复及设计院施工图修编工作滞后影响，制约站房工程及提交站房四电用房时间
联调联试与试运行	2014年10月开始，2015年3月结束	2014年10月开始，2015年6月结束	滞后3个月	受站前、站后工程滞后影响

（2）站房及相关工程。

①武夷山东站：站房建筑面积29801 m²，为本线站房面积之最。站场客运建筑中：站台铺装面积15580 m²（扣除楼扶梯口部）、站台雨篷水平投影面积16200 m²、出站地道（含楼扶梯、坡道）面积2238 m²、进站天桥（含楼扶梯）面积1110 m²。铁路车场设计规模5台面7线，正线2条，到发线5条，设450 m×12 m×1.25 m岛式站台2座，设450 m×12 m×1.25 m基本站台1座。站中心里程DK586+110，为线侧平式车站。

②上饶车站：上饶站位于新建沪昆客运专线、新建合福高铁、既有浙赣铁路"三线汇集"交汇处，既有上饶站东侧。上饶站建成后，将与既有上饶站一起成为衔接杭长客专、合福高铁、沪昆线和沟通峰福铁路

的综合交通枢纽。站中心里程为 DK470＋220，为客运线侧下垂直站。站房总建筑面积 7999 m²，站场雨棚结构投影面积 10800 m²，桥下式通道一座。站场规模为 2 台面 6 线，设岛式站台两座。站台尺寸为 450 m × 12 m × 1.25 m，中心里程轨顶标为 107.607 m。

（3）四电集成及信息系统工程。

站房四电设备用房最迟交付 2014 年 8 月底，2014 年 11 月通信、信号、信息、电力设备安装，四电工程静态验收 2014 年 12 月，联调联试及试运行 2015 年 1—6 月。

3）剩余工程强化管理措施

（1）控制性工程：对线下剩余工期控制性工程采取日报制度，动态跟踪施工进展；加强对架梁通道工期制约点管控，针对个别标段施工组织不力的局面，成立专项工作组驻点督导，并要求相应公司成立局级工作组进驻现场办公。

（2）无砟道床工程：以铺轨为主线，线下工程推进为基础，动态梳理区段内无砟道床铺设计划，督促施工单位加大劳务和机械设备投入；同时加大无砟道床物流组织协调力度。

（3）征地拆迁：紧抓征地拆迁的扫尾工作，积极主动与地方有关部门沟通协调，全面完成剩余征迁工作。

（4）强化质量，确保安全：扎实做好质量安全管理基础工作，以无砟道床铺设节点为卡控，分阶段、分重点开展线下工程质量整治工作。

（5）四电集成及防灾系统工程：细化招标工作小组任务，确保招标工作各环节无缝对接，于 2013 年 7 月完成招标；加快四电集成及防灾系统工程施工用地征拆工作，为施工创造良好的外部环境。

（6）站房及相关工程：加强施工图设计及审核管理，指派专门人员驻点设计院、督促设计单位严格落实施工图修编工作推进计划；成立招标工作小组，开展招标各项准备工作，于 2013 年 8 月底前完成招标。

第三节　工期控制与节点工期

一、施组工期编制与实施

1. 科学编制施组工期

结合工程特点、沿线自然条件、国家宏观规划，按照统筹全局、科学合理、适度弹性的原则编制指导性施工组织设计的工期计划，明确重点控制工程及其工期目标，确定关键线路，制定年度计划和节点工期。督促施工单位根据指导性施组、设计文件、合同文件编制实施性施组。明确施工方案、资源计划，落实工期目标。

2. 合理调整施组工期目标，把控重点工程工期

合福高铁闽赣段包含大量重点控制工程，在建设过程中，由于征地拆迁、重大方案调整、资金不到位、工程地质不确定性等因素，造成实际工程进度与施组工期目标差别较大，需要对施组工期目标进行调整，以保证总体工期目标实现。重点控制工程是落实总工期目标的关键，优化施工力量、资源配置，强化对关键线路的过程控制和动态管理，落实节点工期。

3. 严格按照施组进行施工，优化方案设计、突出技术创新

施工作业严格按照实施性施工组织设计执行，积极推进标准化建设；充分发挥施工企业的经验、技术优势，针对建设过程中出现的问题，优化施工方案，通过提高功效和技术创新，降低施工难度和风险，缩短各专业工程工期。

二、工期控制的主要措施

1. 建立进度管理制度，落实目标责任制

完善工程进度管理制度并建立目标责任制。结合进度管理特点，以全方位进度控制为原则，制定完善的进度管理制度；为保证管理措施落实到位，建立进度目标责任制，配合奖惩制度，激发进度管理人员的积极性，将进度管理责任落到实处。

2.优化完善技术手段，规范进度控制措施

（1）加强进度计划的跟踪检查：安排专人跟踪计划的执行情况，定期更新的实际进度，通过分析进度差异，调整进度计划，如发现关键线路进展较慢，就加大关键作业资源投入或通过其他技术措施达到加快作业进度、完成进度计划的目的。

（2）加强施工项目技术管理，提高进度管理的科学性：认真对待图纸会审和设计交底，正确领会设计意图；对施工组织设计和技术方案进行论证和优化；推广采用成熟、可靠的新技术、新工艺和新装备，提高施工效率和施工技术水平。

3.多方参与，全面协调

对于严重影响进度的征地拆迁、施工图交付、设计变更等问题，通过设计咨询单位、施工单位、监理单位信息交流，协调解决。线路设计周期短，设计标准不明确，严重制约施工图交付，且设计与工程实际施工往往存在脱节，需要不断修改完善。公司积极协调，加强与设计、咨询、施工单位的沟通，坚持召开设计图和工程进度协调会，采取分段供图的方式，确保重点工程先行开工。

京福闽赣公司全方位支持和帮助各参建单位顺利推进施工生产，按期完成各自任务，保证整个工程全面实现工期目标。对于特殊地质，设计与施工不符的条件下，组织专家论证，优化施工方案，创造良好施工条件。

4.加强合同管理，制定奖惩措施

京福闽赣公司重视合同管理，严格履约考核。根据指导性施工组织设计安排，要求各参建单位按照合同约定和施组安排进行施工，确保人力、装备、资金等要素的投入到位。在合同签订时明确双方责任和义务；严格检查参建单位履约行为，经常性、定期性进行检查考核，奖优罚劣，督促参建单位强化履约意识，保证工程有序推进。

5.实现工程进度信息化管理

京福闽赣公司加强项目管理信息化网络建设，运用现代化管理手段，实现工程进度信息化管理，确保进度工期可控。根据总体进度计划，对关键线路、形象进度、单项进度指标等进行实时监控。坚持经常性、阶段性的对比分析，对工期目标进行优化调整。实行施工进度报告制度，通过信息网络跟踪工程进度情况，掌握工程进度和指导性施组执行情况，及时对比重点控制工程的实际进展和计划的偏差，分析原因，采取相应应对措施。进行超前筹划、超前预想、分析可能遇见的因素，调整施工部署，修正施工工效参数和资源配置，保证施工进度目标的完成。

三、节点工期

1.施工准备

施工准备工作包括设计交底、技术交底、征地拆迁、供应施工图、材料储备、临时电力线路架设、临时便道修建、临时生活生产设施建设及开工报告的审批等。施工准备工作以满足现场施工需要为目标和要求。

施工准备工作：2010年4月18日—2010年8月31日。其中，重点隧道工程：三清隧道、北武夷山隧道、古田隧道、闽清隧道、梧山隧道、杨梅岩隧道等，以及控制工期的蘑菇山隧道、主岭隧道等提前做好征地拆迁及施工准备，提前开工，以保证总体工期目标。其他地段以满足架梁、无砟轨道及铺轨施工工期为前提，完成征地拆迁、队伍设备进场等工作。

2.路基工程

除路基工程本身施工和沉降外，考虑运架梁通过和防风明洞安排的先后顺序等因素，将地基处理段作为路基施工控制的重点项目，全段路基主体施工2010年7月1日开工，2013年7月31日完工，其中：

（1）地基处理9个月。2010年7月1日开始，2011年3月31日前基本完成。

（2）路基填筑至基床底层施工12个月。2010年7月1日开始，2011年6月30日前基本完成。

（3）软基地段预压期6个月以上，个别地段于2011年4月1日开始，2013年7月31日前全部完成。

（4）基床表层填筑于2013年4月30前全部完成。

（5）架梁先期通过地段在2011年2月28日前完成。

（6）路基支挡及附属与路基本体同步施工，2010 年 7 月 1 日开始，于 2011 年 12 月 31 日前全部完成。

3. 桥梁工程

桥梁工程总工期 39.5 个月，2010 年 7 月 1 日进场，2013 年 10 月 20 日前完成。

桥梁工程较为艰巨，全线桥梁工程的施工工期能否保证是整个工程总工期的关键之一，而特殊结构部分的施工又是单位桥梁工程的重点，合理安排施工工序是保证桥梁工程施工工期的关键。

（1）桥梁下部及连续梁施工

下部工程安排 30 个月，2010 年 7 月 1 日开工，2012 年 12 月底前完成，局部不影响铺架地段可延长到 2013 年 3 月 31 日。

不通过架桥机的桥梁基础下部构造及上部结构施工完成时间 2013 年 9 月。现浇大跨度连续梁、大跨梁拱等特殊结构桥梁工期安排，以满足提供架梁通道、无砟轨道连续铺设为目标，合理配置资源和安排施工顺序，2013 年 9 月 30 日前完成。

（2）制架梁施工

桥梁架设是整个工程进展的主线之一，2011 年 8 月 1 日开始，2013 年 10 月 20 日结束。制梁工程 2011 年 6 月 1 日开始，2013 年 8 月 31 日完成。

（3）现浇简支箱梁施工

箱梁现浇从 2010 年 10 月开始，2013 年 9 月全部完成。

4. 隧道工程

全线隧道工程施工工期 39 个月（包括施工准备 2~3 个月，不包括无砟轨道，下同），其中：三清隧道 29 个月、北武夷山隧道 32 个月、古田隧道 28 个月、闽清隧道 31 个月。控制工期工程蘑菇山隧道、主岭隧道、杨梅岩隧道 39 个月内完成。

5. 轨道工程

（1）轨道板生产

①轨道板生产进度：81 块/d（每个轨道板场按照三条生产线考虑）。

②轨道板场建厂及生产：2011 年 6 月 1 日至 2012 年 3 月 31 日。

（2）轨道工程

①无砟轨道板铺设：2012 年 10 月 1 日至 2014 年 5 月 31 日。

②正线铺轨：2014 年 2 月 23 日至 2014 年 7 月 31 日。

③上饶联络线铺轨完成时间：2013 年 7 月 28 日至 2013 年 12 月 31 日。

④整道、无缝线路锁定及精调：2014 年 3 月 23 日至 2014 年 8 月 31 日完成。

6. 房建工程

房屋及其他运营生产设备和建筑物，根据站前工程施工进展情况及工程要求及时配套建设，总工期安排 17 个月。房屋及其他运营生产设备和建筑物安排在 2013 年 9 月 1 日开工，2015 年 1 月 31 日完工，总工期 17 个月。

7. 四电工程

（1）通信工程：2013 年 8 月 1 日至 2014 年 9 月 30 日完成。

（2）信号工程：2013 年 8 月 1 日至 2014 年 9 月 30 日完成。

（3）电力工程：2013 年 8 月 1 日至 2014 年 9 月 30 日完成。

（4）电气化工程：2013 年 8 月 1 日至 2014 年 9 月 30 日完成。

（5）信息化、综合调度及防灾监控工程：2013 年 8 月 1 日至 2014 年 9 月 30 日完成。

（6）四电子系统综合调试：2014 年 10 月 1 日至 2015 年 3 月 31 日完成。

第四节　重点控制工程工期控制

一、桥梁工程

1. 古田溪特大桥

1）工程概况

古田溪为闽江一级支流，采用 1 - (60 + 100 × 2 + 60) m 连续梁跨越，全桥长 593.490 m，跨越古田溪水库库区；本桥主要控制因素为主墩高 71.35 m、桥位处对应水库正常蓄水位 65 m 的基础水深达 43 m；本桥为无缝线路，双线，全桥铺设 CRTS Ⅱ 型板式无砟轨道。

2）施工方案

古田溪特大桥 7# 墩位于库区中央，水位较深，无法保证钢管桩平台的稳定性。采用浮式平台，在 7# 至西岸之间设置浮式栈桥供施工人员通行及砼输送泵管通过。6#、8# 墩位于库区岸边，钻孔桩施工采用先插打工作桩形成工作平台，再插打桩基钢护筒形成钻孔平台，冲击钻机成孔的施工方案。7# 墩承台施工采用圆形双壁无底钢围堰的施工方案，本桥主墩采用爬模法施工。连续箱梁施工采用挂篮悬臂浇筑。

3）施工进度

桩基施工时间：2010 年 11 月至 2013 年 5 月；承台施工时间：2012 年 1 月至 2013 年 5 月；墩台身施工时间：2011 年 2 月至 2013 年 6 月；箱梁架设时间：85 号梁至 216 号梁架梁时间为 2012 年 1 月 5 日至 5 月 24 日，84 号梁至 1 号梁架梁时间为 2013 年 4 月 3 日至 7 月 10 日。

由于 2011 年 7 月至 12 月全国铁路资金困难，该桥处于停工状态，整体工期受到极大影响。个别墩台施工受地方百姓阻工直到架梁前才开始施工，对桥梁下部工程施工结束工期影响较大。

2. 信江特大桥

1）工程概况

本桥跨越既有上饶货场、上饶站、新建杭长客专和信江。上跨既有上饶站与杭长客专采用 (31 + 50 + 52 + 50 + 31) m 连续梁；上跨站前二路、G320 国道、四级公路 (信秦路) 采用 32 m 梁；根据航道要求跨信江采用 (70 + 125 + 70) m 连续梁。(31 + 50 + 52 + 50 + 31) m 连续梁、(70 + 125 + 70) m 连续梁采用悬臂灌注法施工；道岔连续梁、到发线梁采用满堂支架现浇施工。正线 32 m、24 m 梁采用预制架设施工。

信江特大桥中心里程 DK471 + 030.77，全长 3750.59 m，完成钻孔桩灌桩 367 根，承台灌注 23 个。上跨上饶车站采用连续梁，墩位为 24# ~ 29# 墩，该处连续梁为控制工期项目。

2）施工方法

钻孔桩基础采用冲击钻或旋挖钻成孔工艺；承台基坑采用人工配合挖掘机放坡开挖，人工清底、凿除桩头，受条件限制时先支护再开挖。水中墩：水深小于 2 m，基础施工采用编织袋围堰筑岛进行钻孔施工；水深大于 2 m，基础采用钢板桩防护，墩台身模板采用厂制定型无拉杆钢模。

跨信江连续梁按照悬臂浇筑设计，现场 0# 块及 1# 节段、边跨直线段采用支架法现浇施工，连续梁节段施工用挂篮悬臂浇筑，中跨及边跨合拢段利用吊架施工，合拢顺序为先中跨合拢后边跨合拢。

3）施工进度

信江特大桥 0# ~ 65# 于 2011 年 4 月 20 日开工，2013 年 5 月 20 日工程结束，总工期为 25 个月，其中，桩基施工时间：2011 年 4 月 20 日至 2011 年 11 月 15 日；承台施工时间：2011 年 6 月 1 日至 2011 年 12 月 15 日；墩身施工时间：2011 年 7 月 1 日至 2012 年 6 月 20 日。信江特大桥 65# 墩 ~ 福州台于 2010 年 10 月 15 日开工，2012 年 1 月 15 日工程结束，总工期为 15 个月，其中，桩基施工时间：2010 年 10 月 15 日至 2011 年 1 月 2 日；扩大基础施工时间：2010 年 11 月 2 日至 2011 年 1 月 2 日；承台施工时间：2010 年 10 月 25 日至 2011 年 1 月 5 日；墩身施工时间：2010 年 12 月 30 日至 2011 年 7 月 15 日。

3. 丰溪河特大桥

1）工程概况

丰溪河特大桥起迄里程为 DK479 + 010.77 ~ DK486 + 401.55，桥长 7390.78 m。本桥梁桥址处地势起伏不大，主要为跨越丰溪河及皂头镇而设，桥址处多为河流、农田、房屋及纵横交错的道路。全桥有连续梁 5 处，其余孔跨采用标准跨预应力混凝土简支箱梁。

2）施工方法

本桥下部结构采用常规方法施工：桩基主要采用冲击钻机成孔，导管法灌注水下混凝土；承台采用大块组合钢模立模浇筑；墩身采用桁架式定型钢模立模浇筑；本桥 24、32 m 简支箱梁在制梁场预制、架桥机架设施工。

3）施工进度

丰溪河特大桥于 2010 年 11 月 13 日开工，2011 年 12 月 13 日工程结束，其中，桩基施工时间：2010 年 11 月 13 日至 2011 年 4 月 14 日；承台施工时间：2011 年 1 月 27 日至 2011 年 5 月 10 日；墩台身、墩台帽、支座垫石施工时间：2011 年 2 月 24 日至 2011 年 6 月 28 日；连续梁施工时间：2011 年 1 月 20 日至 2011 年 7 月 22 日。

二、隧道工程

1. 三清山隧道

1）工程概况

三清山隧道位于江西省上饶市境内，进口位于德兴市龙头山乡龙头村，穿越大茅山脉，出口位于上饶县华坛山镇鲁源村。隧道全长 11833 m，最大埋深约 681.8 m。

2）施工方法

暗洞开挖前作好洞口边仰坡防护，与暗洞交界的洞门及明洞开挖时，尽早施作超前支护加固围岩后，根据围岩地质情况隧道Ⅱ级围岩采用全断面施工；Ⅲ级围岩采用台阶法施工；Ⅳ级围岩采用三台阶临时仰拱法、三台阶法施工；Ⅴ级围岩采用六步 CD 法、四步 CD 法、三台阶临时仰拱法施工。超前管棚采用履带式管棚钻机成孔，锚杆、小导管采用钻孔台车或风动凿岩机钻孔，喷射混凝土采用混凝土喷射机按湿喷工艺施工。

3）施工进度

指导性施组开竣工时间为 2010 年 7 月 1 日至 2012 年 8 月 28 日，由于供图时间较晚，实际进洞时间滞后 2 个月，根据施工进度计划于 2012 年 9 月 19 日完工，比指导性施组滞后 22 天，控制工期的工作面为山坑斜井大里程方向，铺板时间为 2012 年 10 月 18 日，满足要求，但富余时间只有 29 天，根据围岩情况，合理组织施工，制定周推进计划，分析存在的问题，落实施组进度要求。

2. 北武夷山隧道

1）工程概况

北武夷山隧道位于福建省武夷山市北侧约 29 km 处，进口位于江西省上饶县五府山镇甘溪村石罗坑，穿越福建与江西交界分水岭——武夷山脉，出口位于福建省武夷山市洋庄乡坑口村。隧道全长 14637 m，最大埋深约 1110 m。

辅助坑道设置：本隧道设置斜井三座、横洞一座。石罗坑横洞斜长 185.05 m，岚谷斜井斜长 1561.39 m，竹坪斜井斜长 1356.17 m，麻子坑斜井斜长 840.73 m。

由于隧道进口地形陡峭，同时桥隧相连，在线路前进方向左侧设置局部缓冲平导，并设置 3 处横通道：1#横通道距离正洞洞口为 25 m，然后均距 15 m 设置 2#、3#横通道，局部平导与三处横通道总长约 179 m，采用无轨运输单车道断面。

2）主要施工方法

本隧道按喷锚构筑法原理组织施工，Ⅴ级围岩采用六步 CD 法、四步 CD 法和三台阶临时仰拱法施工，Ⅳ级围岩采用三台阶临时仰拱法和三台阶法施工，Ⅲ级围岩采用台阶法施工，Ⅱ级围岩采用全断面法施工。洞内运输采用无轨运输方式。隧道开挖采用光面爆破，严格控制超欠挖，初期支护喷射混凝土采用湿喷工艺。二次衬砌采用模板台车、泵送混凝土浇筑。

3）施工进度

指导性施组开竣工时间为 2010 年 7 月 1 日至 2012 年 11 月 6 日，由于施工条件差，实际进洞时间滞后

2个月。石罗坑横洞受水电站影响无法按施工，取消该横洞，改为在 DK522+750 设置金奥斜井，负责施工正洞 3340 m（小里程方向 1500 m，大里程方向 1840 m）；由此相应调整岚谷斜井位置，后移至 DK526+450（斜井长约 1979 m），负责施工正洞 3860 m（小里程方向 1860 m，大里程方向 2000 m）；辅助坑道设置调整后，施工单位采取措施，创造由正洞进口进洞条件，从而再增加一个工作面，负责施工正洞 970 m。辅助坑道调整后，按隧道进口、金奥斜井、岚谷斜井共 5 个工作面组织施工，主体工程贯通工期 30.5 个月，较初步设计 34 个月工期要求，缩短 3.5 个月。根据施工进度计划于 2012 年 11 月 6 日完工，满足施组工期要求，控制工期的工作面为岚谷斜井大里程方向。

三、工程重难点分析和对策措施

重难点工程主要控制措施如表 10-6 所示。

表 10-6　重难点工程主要控制措施

序号	项目	主要难点和关键技术	主要对策和措施
1	挂篮悬臂浇筑预应力混凝土连续梁施工	挂篮悬臂浇筑连续梁的施工周期长、质量要求高，预应力混凝土连续梁跨度大，工期紧	1. 施工过程中除严格控制混凝土拌制质量和预加应力的施工工艺，尽量减少混凝土弹性模量、收缩、徐变、预加应力值与设计值之间的偏差外，采取计算程序进行动态跟踪控制 2. 连续梁悬臂施工在设计给出的理论挠度值的基础上，通过测得各种材料的实际参数和实际梁段位移，采用预应力砼梁桥施工动态跟踪程序计算并调整梁端立模高程，确保其合拢后的线形符合设计
2	双线整孔箱梁预制架设施工	预制场的选址，布局；箱梁运输和架设能否过隧问题	1. 多种方法解决山区选择预制场地困难，占地大的问题 2. 预制方面：一是设计好内模、外模，保证其强度和刚度，便于脱模与维护；二是做好耐久性混凝土的选配、生产、浇筑、钢筋保护层厚度控制、混凝土养护的温度与湿度控制等，防止梁体早期开裂，满足结构混凝土的耐久性要求；三是对箱梁的施加预应力进行精确控制；四是控制好箱梁的徐变上拱，满足线路的高平顺性要求 3. 架设方面：选用低位运梁车、过隧架梁机和净高 30 m、40 m 的提升站，以保证箱梁的装运、架设的安全和效率
3	长大隧道施工	多穿越破碎带、断层带等多种特殊岩土及不良地质，施工难度大	1. 严格按照光面爆破规范组织施工，控制超欠挖，确保岩面平顺 2. 认真做好初期支护，特别是初期支护背后的回填注浆，做到渗漏水无线流，湿喷法喷射砼，并严格控制喷射砼的厚度 3. 严格按防水混凝土有关规范和有关标准控制原材料和施工配合比
4	沉降观测	沉降变形观测要求高、工作量大、周期长；路桥、路隧过渡段沉降的观测；沉降变形观测分析评估技术的建立和完善	1. 加强沉降变形观测人员的技术培训和做好可操作性的技术交底，不断总结和完善沉降变形观测的实施技术 2. 设置专门沉降观测团队，主抓沉降观测 3. 统筹全线，突出重点，对松软地质、桥隧接合部的路基进行重点观测
5	无砟轨道技术	施工技术、标准高；线路长，安排工期短；轨道施工开始的时间要求；无砟轨道对路基、桥涵的沉降要求非常高	1. 掌握关键技术，施工前要认真组织技术人员及技术工人学习，充分掌握施工方法、工艺标准 2. 严格工序报检要求，Ⅱ型板在工厂进行预制、精细打磨加工，桥上、路基静置时间及各项检验指标应达到设计要求 3. 利用特别编制的计算机控制程序，通过激光感应器和视距仪采集轨道板的位置数据。在轨道板定位过程中，实时计算出安装在板侧底部的校正架的修正值范围，从而实现精确定位 4. 建立动态监测系统，对重要结构物进行施工全过程沉降观测。合理安排工序时间，对已经完工的线下工程的沉降和变形进行分析

第十一章 投资控制

第一节 项目资金筹措

根据项目建议书，资金筹措方式为资本金占总投资的 55.72%，其中江西省负责境内征地拆迁工作及费用，经各方认可后计入项目股份，福建省负责境内资本金的 50%，其余资本金由原铁道部筹措，使用铁路建设基金和铁路企业自有资金；此外上饶动车场变更及站房出资占总投资的 0.7%；剩余的 43.75% 通过国内银行贷款筹措，项目总投资为 512.8295 亿元。根据以上资金筹措分析以及本项目资本金比例的确定，本项目资金结构如表 11 – 1 所示。在项目建设实施过程中，根据实际情况充分利用其他渠道的资金。

表 11 – 1 项目资金结构

资金来源渠道	投资金额/亿元	占总投资比重/%	占资本金比例/%
总投资	512.8295	100	179
资本金	285.7637	55.72	100.00
原铁道部出资	198.82	38.77	69.57
江西省出资	9.0437	1.76	3.16
福建省出资	77.9	15.19	27.26
上饶动车场变更	1.1531	0.22	0.40
站房出资	2.47	0.48	0.86
债务资金	223.4427	43.57	78.19

第二节 技术标准与规模的确定

合福铁路客运专线闽赣段线路基本情况如表 11 – 2 所示。

表 11 – 2 线路基本情况表

序号	线名	线路总里程	起止里程	开通区段	开通时间	运营速度	设计速度	正线线间距	最小曲线半径	最大坡度	到发线长度	调度指挥方式	列车运行控制方式	桥梁（总座数/总长度）	双线隧道（总座数/总长度）	涵洞（总座数/总长度）	正线桥隧比	主要道床类型	主要动车类型	动车段（所）分布
1	合福高速	465.133 km	1341.626 ~ 1806.760	全线	2015年6月28日	300	300	5 m	4000	20‰	650	综合集中调度	自动控制	325座/148.288 km	159.5座/274.104 km	91座/2959 m	90.51%	CRTS I型双块式无砟轨道	CRH380	武夷山东动车组存车线，福州动车运用所

第三节　合同管理

一、实行统一领导、分工负责的管理体制

根据原铁道部的统一部署，结合合福高铁闽赣段项目管理实际情况，京福闽赣公司编制了相关的管理办法，包括《合同管理办法》《计划统计管理办法》《投资控制管理办法》《验工计价管理办法》《招投标管理办法》等，公司签订的所有各类合同均严格按公司管理办法的规定程序执行。

公司设立合同管理领导小组，主要领导为领导小组组长，负责合同管理的重大决策和各部门的协调工作，分管领导和各部门负责人为小组成员，协助组长做好各专业合同管理工作。合同领导小组负责指导有关制度的制定和监督执行，研究审定合同，审核合同管理奖惩建议。合同管理部门、承办部门和法律顾问在公司授权范围内履行合同管理职责。

二、实现合同归口管理，落实合同承办部门

公司实行合同归口管理。合同归口管理部门为计划财务部，计划财务部必须配备有一定合同管理工作经验的合同管理人员。计划财务部负责建立合同管理台账，督促合同的履行，并定期向相关领导汇报合同管理情况，负责监督指导其他部门的合同管理工作，审查合同文本，参与合同的起草、论证、审查、谈判和签订履行、变更、解除工作。公司的各业务部门是合同承办部门，根据其职能职责具体承办相关合同业务。

三、建立联签审查责任制，规范合同管理流程

公司从质量、进度、投资、安全控制等方面入手全面抓好合同管理工作。为规范合同管理流程，制定了《合同管理办法》，明确了合同管理过程中合同管理机构及其职责、签订形式、审查制度、合同专用章管理制度等。从招标文件的编制入手，对招标手续的办理、合同条款的制订、合同的审查和签订、合同的履行、变更、纠纷的处理以及合同的审计、监督检查、合同的统计、信息化管理等全过程进行严格的控制。

公司建立合同签订联签审查责任制度。公司主要负责人和公司合同管理部门、相关业务部门及合同管理人员按照职责分工承担合同审查制度。合同审查由公司计划财务部组织实施联签，参与审查的部门对合同提出异议或修改意见的，补办联签手续，协商一致后，公司法定代表人或代理人方可正式对外签订合同。

四、控制合同变更程序，协调合同纠纷处理

公司制定了严格的合同变更程序，明确了合同变更原则，对申请变更的合同进行全面的审查，经各方当事人协商一致并签订书面补充协议，并根据合同规定的费用计算原则确定变更费用。《合同管理办法》规定，对方当事人要求变更或解除合同的，合同承办部门及时通知计划财务部，报告合同管理领导小组，审查对方当事人的理由是否正当。对于符合合同变更或解除条件，同意变更或解除的，按照审查联签程序与对方当事人签订变更或解除协议。因对方当事人变更或解除合同造成经济损失的，在变更协议中明确赔偿数额和方式，并及时向对方当事人提出索赔。

对于合同纠纷，《合同管理办法》约定了优先采用和解或调解方式处理，和解或调解不成的，可选择仲裁或诉讼。发生合同纠纷后，合同承办部门或承办人员报告单位负责人，并及时通报计划财务部，在其指导下妥善处理纠纷，相关部门和法律部门予以协助配合。

第四节　验工计价管理

为加强建设项目投资管理，规范验工计价行为，合理确定和控制工程造价，维护各参建方的合法权益，京福闽赣公司根据原铁道部《铁路建设工程验工计价办法》及有关规定，结合项目的实际情况，制定了《验工计价管理办法》，验工计价严格遵守铁道部有关规定和公司管理办法、施工合同的约定。

一、严格执行验工计价管理程序，明确各部门职责与权限

验工计价管理实行统一领导，计划财务部为归口管理部门；指挥部、安全质量部、工程管理部、物资设备部共同参与，分工审核。监理单位负责对施工单位(或实施单位)报验的已完工程(含永久设备、征地拆迁)数量表和验工计价表及相关的质量证明材料进行现场的质量确认和计量，对确认的数量和质量负责，并在相关表格和封面签字盖章。指挥部及所属安质室、工程室按职责分工，对已完合格工程数量、安全生产费用、外方监理人员数的真实性和准确性负责，并在相关表格上签字。安全质量部对指挥部签认的已完工程数量表和验工计价资料中的工程质量和安全生产费审核确认许可；负责监理类、第三方检测合同验工计价；并在相关表格上签字。工程管理部对指挥部签认的已完工程数量表和验工计价资料中的工程数量审核确认许可，对征地拆迁的项目、内容、数量、价款的真实性和准确性负责，负责勘查设计、工程咨询类合同验工计价，并在相关表格上签字。物资设备部对指挥部签认的已完工程数量表和验工计价资料中的设备、工器具、材料数量审核确认许可，并在相关表格上签字。计划财务部依据合同，负责对验工计价金额进行审核，对征地拆迁验工计价资料的完整性、合规性进行审核，编制验工计价汇总表，并在相关表格上签字。公司分管领导对建安工程、征地拆迁、勘查设计、工程咨询、监理、第三方检测合同、物资设备验工计价签字核准；验工计价由公司总经理批准后执行。

二、做好现场工程数量把控，完善验工计价管理办法

工程数量由监理单位负责组织建设、施工单位进行现场丈量，确保验工与计价真实、投资和实物完成工作量匹配。总承包风险费的计价，采用据实验工、按比例控制、总额包干的计价方式；材料价差按铁路总公司批复分批计价，均符合合同条款约定项目及费用，无超批准概算验工计价。

三、分阶段办理验工计价，规范验工计价方法与流程

验工计价分"季度验工计价"和"末次验工计价"两阶段办理。工程竣工完成后进行末次验工计价，并据此结清全部工程费用。

建安工程"季度验工计价"要求施工单位按照有关规定填报季度已完工程数量和验工计价表报监理单位审核签认后报建设单位。由公司工程部、安质部或物质部按分工审核签认后报计财部审核计价并签认。征地拆迁"季度验工计价"要求委托施工单位代办的征地及补偿费等工作，分类别编制"代办费用清单"；征地拆迁实施单位编制本季度的工程数量表和验工计价表交监理单位现场计量、审核签认，然后报公司工程部审核签认，再报计财部审核计价并签认。设备"季度验工计价"要求施工单位编制设备验工计价表报监理单位审核签认，然后报公司物资部审核签认，再报计财部审核计价并签认。

四、充分利用信息化系统，确保验工计价资料准确完整

为实现验工计价规范化、系统化、程序化要求，提高验工计价报表数据的准确性，提高工作效率，验工计价报表必须实行计算机操作，施工单位、监理单位统一使用公司建设管理信息系统中的"验工计价"模块进行编制。验工计价采用书面报表和电子报表两种方式，电子报表和书面报表一致。验工计价履行完全部审核、批准手续后，由相关单位自行打印书面报表。验工计价报表、汇总表等各类上报资料，各级签字、盖章必须齐全，未经签字或签字不全者，不予计价，签字人姓名为计算机打印者无效(电子密钥签字打印的除外)。

第五节　财务管理

一、完善管理制度，严格控制建设成本

京福闽赣公司为加强财务管理，管好用好建设资金，控制建设成本，在保证正常工作需要的同时，最大限度节约开支，制定了《建设期财务管理办法》《大金额资金使用联签办法》《财务收支审批制度》《建设

期经济活动分析会议》等一系列财务管理相关办法。《建设期财务管理办法》明确建设资金、流动资产和固定资产的管理要求，严格控制建设成本、公司管理费用，对建设管理活动中形成的如银行存款利息收入进行核算与管理。对工程建设的季度、年度工程结算款等大额资金的拨付，实行公司总经理、总会计师、财务负责人联签制度。

二、分析经济活动，强化建设资金控制

京福闽赣公司在每季度后的次月中旬召开建设期经济活动分析会，围绕公司总体工作部署，贯彻全年基本建设思路，确保完成年度工作目标，总结分析阶段性工作情况，分析和研究工作中的重大问题。通过经济活动分析会，通报并分析公司施工计划落实及投资完成情况；检查上次会议布置工作落实情况，对存在的问题提出改进意见和建议，研究提交重大经济事项的处理方案。经济活动分析会的检查召开，使公司在整体投资控制、优化设计、预防风险等方面都取得了阶段性的成效，各阶段投资基本没有出现大的偏差。

第六节 变更设计管理

京福闽赣公司为规范工程变更设计，针对变更设计工作实行"问责制"。要求所有变更设计必须坚持"先批准、后变更；先设计、后施工"的原则，要求充分论证，坚持集体决策及一次变更到位。对未经批准自行变更并施工的单位，要求其承担全部责任。同时，公司要求变更设计必须严格执行国家工程建设强制性标准，在确保工程安全、质量和使用功能前提下，尽量节约投资。

一、管理模式及审批权限

京福闽赣公司成立变更设计管理领导小组，由公司总经理担任组长，公司副总经理、总工、总会计师担任副组长，小组成员由副指挥长、工程管理部、安全质量部、计划财务部、物资设备部正副部长组成。领导小组下设办公室，办公室设在工程管理部。公司总工程师负责变更设计工作，工程管理部负责具体实施，勘查设计单位选派能够胜任变更设计工作的人员常驻现场，监理单位强化现场检查，施工单位积极配合，及时处理实施过程中的设计变更。

二、变更设计程序

根据铁建设〔2012〕253 号文的规定，变更设计分为Ⅰ类、Ⅱ类。

针对Ⅰ类变更设计，由提议单位填制《变更设计建议书》，提出变更理由和技术经济比较资料交监理单位，经总监签署意见后报公司工程管理部审查变更设计的必要性、合理性。由领导小组副组长牵头，组织公司相关部门及设计、监理、施工单位现场调查研究，提出处理意见，形成会议纪要。设计单位按处理意见完成变更设计，变更设计需达到初步设计文件的深度，并由院主管总工程师签认。领导小组副组长组织对Ⅰ类变更设计文件进行初审，再上报原初步设计批准单位审批。批准后，公司工程管理部组织设计单位进行变更设计，并组织施工图审核，由领导小组组长签发《Ⅰ类变更设计通知单》。

Ⅱ类变更设计，由提议单位填制《变更设计建议书》，提出变更理由和技术经济比较资料，交监理单位审查变更设计的必要性、合理性后报公司，由公司现场指挥部牵头（当增减金额在 50 万元以内时，由管段工程师牵头；50～150 万元，由工程管理室负责人牵头；150～300 万元由副指挥长牵头）组织设计、监理、施工单位现场察看和分析研究，由监理单位形成会议纪要，确定变更设计原因、责任单位和技术方案，由设计单位进行变更设计，公司现场指挥部指挥长签发《Ⅱ类变更设计通知单》。

三、变更设计情况

本工程建设过程中为了完善设计，保证工程质量，确保工程安全，适应施工规范的变更，建设和谐工程等目标做了多次变更设计调整。截至工程竣工，已进行Ⅰ类变更设计 14 项，累计增加金额 119871.00 万元，Ⅰ类变更设计情况参见表 11－1。Ⅱa 类变更设计累计 58 项，累计增加金额 56627.37 万元，见表 11－3。

表 11－3 合福高铁闽赣段 Ⅱa 类变更设计统计表

序号	项目	金额/万元	备注
1	甘溪岭隧道 DK509＋420～＋705 段围岩级别调整	426.42	京福闽赣工〔2013〕253 号
2	上饶铺轨基地	1164.00	京福闽赣工〔2013〕254 号
3	福州铺轨基地	553.85	京福闽赣工〔2013〕258 号
4	杨梅岩隧道 DK539＋585～＋683 段围岩级别调整	311.00	京福闽赣工〔2013〕256 号
5	北武夷山隧道 DK533＋455～＋620 段围岩级别调整	442.76	京福闽赣工〔2013〕257 号
6	岭头亭隧道 DK759＋555～＋240 段围岩级别调整	314.91	京福闽赣工〔2013〕260 号
7	梧山隧道 DK769＋302～＋692 段围岩级别调整	431.00	京福闽赣工〔2013〕259 号
8	DK630＋412.5～DK630＋500 右侧深路堑滑坡整治	932.51	京福闽赣工〔2013〕255 号
9	上饶站通信信号综合楼	774.00	京福闽赣工〔2014〕188 号
10	福州枢纽 T 梁标准图变化	605.54	京福闽赣工〔2015〕52 号
11	福州枢纽代建段 T 梁预制价购变更	919.97	京福闽赣工〔2015〕52 号
12	闽赣段闽侯隧道进口新增弃碴场	335.97	京福闽赣工〔2015〕53 号
13	DK784＋630.36－DK785＋015.27 段路基爆破方式	948.43	京福闽赣工〔2015〕53 号
14	DK807＋124.52～DK807＋573.73 段路基爆破方式	1277.92	京福闽赣工〔2015〕53 号
15	花山隧道 K642＋251.47－DK645＋413.7 段机械化配置施工	1338.34	京福闽赣工〔2015〕54 号
16	城南隧道进口危岩落石防护	831.00	京福闽赣工〔2015〕55 号
17	棋盘山隧道 DK441＋055～＋160 段围岩级别调整	330.61	京福闽赣工〔2015〕56 号
18	武夷隧道 DK561＋042～DK560＋920 浅埋段围岩加固处理	1247.87	京福闽赣工〔2015〕59 号
19	白马隧道 DK574＋315～＋560 段丘间透水地层加固处理	747.00	京福闽赣工〔2015〕68 号
20	闽侯隧道唐山塔斜井工区反坡抽水	373.18	京福闽赣工〔2015〕70 号
21	闽清隧道桔林斜井工区反坡抽水	704.59	京福闽赣工〔2015〕70 号
22	岭头亭隧道 DK758＋440～＋130 段围岩级别调整	314.04	京福闽赣工〔2016〕8 号
23	李峰隧道进口危岩落石防护	991.13	京福闽赣工〔2016〕13 号
24	武夷山东站路基工程变更设计	1160.50	京福闽赣工〔2016〕14 号
25	桥下绿化变更设计	2355.00	京福闽赣工〔2016〕16 号
26	防护栅栏补强及四电场坪增设防护栅栏变更设计	1802.99	京福闽赣工〔2016〕22 号
27	武夷隧道西山斜井变更设计	395.61	京福闽赣工〔2016〕24 号
28	西坞岭隧道 DK413＋605～＋720 段围岩类型调整变更设计	318.89	京福闽赣工〔2016〕44 号
29	DK486＋302.80～＋705.72 段路基填料变更设计	322.40	京福闽赣工〔2016〕45 号
30	古田北站(DK731＋900～DK732＋060)石方开挖方式变更设计	465.95	京福闽赣工〔2016〕48 号
31	花山隧道里村斜井变更设计	460.29	京福闽赣工〔2016〕50 号
32	古田北站路基(DK731＋845～DK732＋588)地基处理变更设计	582.08	京福闽赣工〔2016〕52 号
33	九台山隧道出口	329.08	京福闽赣工〔2016〕30 号
34	Ⅶ 标南平北站桥下填土工程	454.45	京福闽赣工〔2016〕61 号
35	合福高铁闽赣段德兴站站房场坪方案调整变更设计	1018.81	京福闽赣工〔2016〕67 号
36	闽赣段 DK691＋369.6 安济特大桥偏压引起桥墩位移加固变更设计	3212.93	京福闽赣工〔2016〕70 号

续表 11 - 3

序号	项目	金额/万元	备注
37	闽赣段生产生活房屋变更设计	6415.80	京福闽赣工〔2015〕77 号
38	闽赣段通信设备房屋增设防雷屏蔽网	274.90	京福闽赣工〔2015〕81 号
39	闽赣段福州至南昌通信传输系统	343.70	京福闽赣工〔2015〕82 号
40	闽赣段通信系统引入福州枢纽	595.50	京福闽赣工〔2015〕83 号
41	合福高铁闽赣段上饶联络线引入沪昆客专变更	232.00	京福闽赣工〔2015〕97 号
42	合福闽赣段列控中心增加区间占用 逻辑检查功能、信号安全数据网升级 v3.0	1801.50	京福闽赣工〔2015〕96 号
43	婺源配电所电源线路变更	211.50	京福闽赣工〔2015〕91 号
44	旅客车站站台监控摄像机修改	410.90	京福闽赣工〔2015〕78 号
45	客票系统接入南昌铁路局客票系统配套扩容	200.60	京福闽赣工〔2015〕79 号
46	上饶站合福场北端新增渡线工程设计	1452.43	京福闽赣工〔2016〕76 号
47	五府山牵引变电所通所道路变更设计	1018.04	京福闽赣工〔2016〕78 号
48	闽侯隧道唐山塔斜井位置调整变更设计	302.81	京福闽赣工〔2016〕102 号
49	闽清隧道出口平导单车道调整为双车道变更设计	442.35	京福闽赣工〔2016〕103 号
50	杨梅岩隧道长涧源斜井单车道调整为双车道变更设计	381.38	京福闽赣工〔2016〕105 号
51	上饶至福州段增加热备机车设施变更设计	417.10	京福闽赣工〔2016〕106 号
52	DK794 + 652.5 ~ DK794 + 979.87 段路基变更设计	354.36	京福闽赣工〔2016〕112 号
53	建瓯西站路基放坡开挖变更设计	1319.26	京福闽赣工〔2016〕114 号
54	南平北梁场变更设计	704.20	京福闽赣工〔2016〕115 号
55	站房Ⅱa 类变更设计（悉地国际设计）	5277.01	京福闽赣工〔2016〕31 号
56	站房装修方案调整及使用功能完善工程变更设计	4875.01	京福闽赣工〔2016〕31 号、 京福闽赣工〔2016〕32 号、 京福闽赣工〔2016〕33 号， 上饶站未批复，按 1.09% 降造。
57	古田北站因省道改移影响引起站房局部 结构调整及完善使用功能变更设计	193.00	京福闽赣工〔2016〕34 号
58	武夷山北站土石方工程变更设计	209.00	京福闽赣工〔2016〕35 号
	合计	56627.37	

第十二章　征地拆迁

合福高铁闽赣段征地拆迁工作严格执行国家相关的法律法规，全面落实原铁道部与安徽、福建、江西省人民政府分别签署的《关于加快推进海峡西岸经济区铁路建设发展的会议纪要》《关于加快推进江西铁路建设的会议纪要》，认真执行京福闽赣公司颁布的《征地拆迁计价管理办法》，实施效果良好。

截至 2014 年 12 月底，合福高铁闽赣段站前、站后征地拆迁工作基本结束，累计完成征地拆迁 27.11 亿元(其中福建段 16.77 亿元、江西段 10.34 亿元)。

第一节　管理方式

一、省部纪要

原铁道部按照政府主导、多元化投资、市场化运作的方式与福建省、江西省签订了系列会议纪要，就合福高铁闽赣段征地拆迁问题明确了相关原则：合福高铁闽赣段由原铁道部负责组织建设并与各省共同筹集建设资金，福建省、江西省地方政府负责征地拆迁工作并承担相关费用，征地拆迁补偿费用按国家有关规定确定并经双方认可后作为资本金入股；江西省以土地出资入股，福建省出资 50%；地方政府在税收、地方料价等方面提供优惠政策；在电力、水利、航运、公路、通信、广播线路迁改和文物保护方面，地方政府负责协调有关单位和部门积极配合；主要征地工作，委托各地市进行，公司与各市共同研究决策铁路建设的重大问题。

系列省部纪要有：

(1)2006 年 4 月 24 日《铁道部、福建省人民政府关于福建铁路建设协调会议纪要》(铁计函〔2006〕361号)。

(2)2006 年 11 月 17 日《铁道部、福建省人民政府关于加快推进福建铁路有关问题的会议纪要》(铁计函〔2006〕995 号)。

(3)2008 年 12 月 28 日《铁道部、江西省落实中央扩大内需部署加快推进江西铁路建设会议纪要》。

(4)2010 年 3 月 4 日《铁道部、江西省人民政府关于加快推进江西铁路建设的会议纪要》。

(5)《铁道部、福建省人民政府关于加快推进海峡西岸经济区新一轮铁路建设的会谈纪要》(铁计函〔2008〕244 号)。

二、征地拆迁职责

(1)施工单位依据施工组织设计向指挥部报送工程用地计划，由指挥部函达所在设区市征地拆迁主管部门，并抄送县(区)征迁主管部门、公司工程部，抓好落实工作。

(2)征地拆迁遵循"统一领导，归口管理"的原则，公司分管领导协助总经理全面主持征地拆迁工作，公司工程部负责组织协调征地拆迁工作，指导铁路指挥部具体实施征地拆迁。

(3)公司与沿线各设区市铁办(征地拆迁指挥部)签订征地拆迁协议，委托沿线各设区市铁办(征地拆迁指挥部)负责具体征地拆迁工作。江西省境内征地拆迁(含三电及管线)资金由地方负责，根据征地拆迁实施协议计价，作为江西省资本金入股；福建省境内征地拆迁资金由公司按协议验工计价，预付征地拆迁进度款。

三、征地拆迁补偿标准确定

根据原铁道部、南昌铁路局有关验工计价文件规定，结合合福高铁闽赣段工程建设实际，征迁综合单价核备概算与省政府批复对照如表 12 – 1 所示。

表 12 – 1　合福高铁闽赣段征迁综合单价核备概算与省政府批复对照表

征地区域	征地					民房拆迁			
	临时用地/亩	核备概算(1)		地方报批(2)	(1)~(2)	核备概算(3)		地方报批(4)	(3)~(4)
		数量/亩	综合单价/(元·亩⁻¹)	综合单价/(元·亩⁻¹)	综合单价/(元·亩⁻¹)	数量/m²	综合单价/(元·m⁻²)	初设数量/m²	综合单价/(元·m⁻²)
上饶市	4867.11	6195.91	19496	23800	4304	373347	1303	636	−667
南平市		5970.53	32112	50800	12808	153316	1851	3780	1649
宁德古田县		0	0	45000	45500	0	0	2595	2012.6
福州闽清县	8430.32	1174.78	50000	41500	−11440	77381	1975	3113	855
福州闽侯县			50000	67700	−9000		1975	3113	855
福州晋安区		280.26	80000	180000	0	26398	2750	5570	2300
合计	13297.43	13621.48				630442			

注：1 亩 = 666.67 m²

征地拆迁验工计价流程如图 12 – 1。

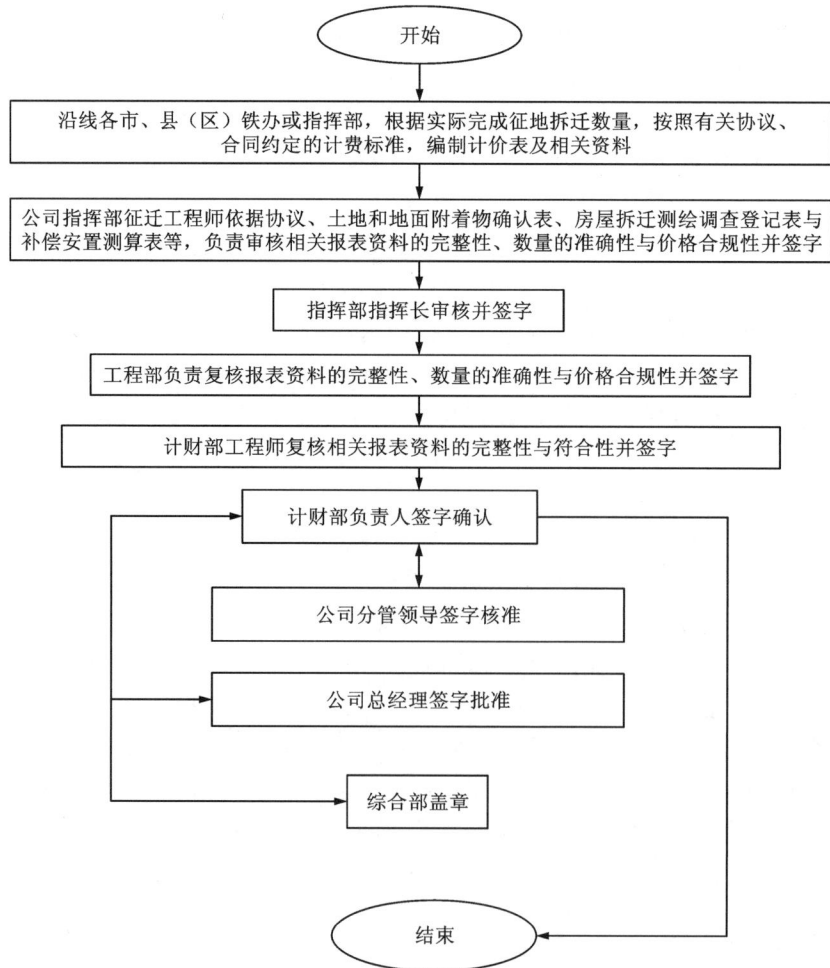

图 12 – 1　征地拆迁验工计价流程图

第二节　用地报批

2009年11月10日国土资源部规划司通过专家论证对合福高铁建设项目用地预审进行审批，回复了《关于新建合肥至福州铁路建设项目用地预审意见的复函》，公司严格按照国土部用地预审意见的复函要求完成用地报批工作。2009年7月23日取得《国家发展改革委关于新建铁路合肥至福州铁路项目建议书的批复》（发改基础〔2009〕1936号），2009年12月18日取得环保部《关于新建铁路合肥至福州工程环境影响报告书的批复》（环审〔2009〕543号），2009年12月15日获得《国家发改委关于新建合肥至福州铁路可行性研究报告的批复》（发改基础〔2009〕3051号）文件，2010年8月26日水利部批复了《关于新建合肥至福州铁路客运专线水土保持方案的复函》（水保函〔2010〕256号）。2010年10月27国土资源部办公厅同意控制工期单体工程先行用地（国土资厅〔2010〕171号文件），根据《关于加强耕地保护促进经济发展若干政策措施的通知》（国土资发〔2000〕408号）精神，在《关于报国务院批准的建设用地审查报批工作有关问题的通知》（国土资发〔2000〕201号）的基础上，合福高铁闽赣段建设项目正式用地报批已按规定程序分省组卷上报。2012年4月19日国土资源部以《国土资源部关于新建合肥至福州铁路工程建设用地批复》（国土资函〔2012〕294号文件）批复了建设用地手续，保证了征地拆迁工作的合法有序推进，为工程建设创造了有利条件。

第三节　征地拆迁实施

一、加强组织建设，细化征地拆迁工作步骤

根据原铁道部、江西省和福建省2010年推进铁路建设会议纪要精神，合福高铁闽赣段征地拆迁工作由公司委托江西省和福建省实施，分别与江西省铁路办公室、福州市重点建设项目征地拆迁指挥部签订征地拆迁实施协议。江西省铁路办公室、南平指挥部分别负责江西省和福建省境内的征地拆迁工作，协调沿线地方政府负责当地征地拆迁工作的具体实施和配合省、市相关部门做好工作。

京福闽赣公司工程部为征地拆迁工作的归口管理部门，负责项目征地拆迁的管理工作，负责与沿线各主管部门建立工作联系，办理有关报批手续，制定全线的征地拆迁推进计划并督促落实；向省（市）国土、发改委提报重点控制性工程先行施工用地申请；参与部省纪要、实施协议以及特殊项目拆迁的方案，按与江西省、福建省签订的委托征地拆迁协议，各负其责，重点做好重大拆迁项目方案的制定与审核，征拆资金的监管。

二、以文件为依据，规范、合法签订有关协议

征地拆迁是一项政策性极强、实施非常艰难的工作，要做好这项工作必须有可操作的实施依据。根据《铁道部福建省人民政府关于加快推进海峡西岸经济区铁路建设发展的会议纪要》，京福闽赣公司组织人员与福建省相关人员，积极商谈征地拆迁相关问题及具体条款。2010年5月20日，福州市省重点建设项目征地拆迁指挥部与京福闽赣公司签订了《合福铁路（福州段）征地拆迁实施协议》，该征地拆迁实施协议进一步明确了征地拆迁单价、双方的责任和义务、征地拆迁工作的完成时限及地方提供的优惠政策等。

三、协调各方，及时做好征地拆迁前期工作

根据《征地拆迁实施协议》和福建省人民政府会议纪要，征地拆迁工作主要由各地市人民政府组织实施。京福闽赣公司积极转变观念，主动做好有关协调和配合工作。根据部省会谈纪要及实施协议，京福闽赣公司制定了《京福闽赣铁路客运专线征地拆迁管理办法》及《京福闽赣铁路客运专线征地拆迁计价管理办法》，上饶、南平建设指挥部积极与相关单位沟通，迅速开展征地拆迁的前期工作。

（1）加强设计单位管理，督促铁四院征地红线图

合福闽赣客专工程工期紧、任务重，公司在与相关人员协商征地拆迁实施协议条款的同时，积极与铁

四院进行沟通，督促用地红线图的制图工作，保证了征地拆迁工作的顺利进行。

（2）积极配合，保障勘测效率

为实现合福闽赣客专建设目标，勘测人员与地方人员兢兢业业工作，在具体勘界中处理好国家利益与个人利益的关系，要求各施工单位积极配合地方派出人员及调配必要的机械设备，做好勘测定界工作；在划定界限时，做好标记并挖出地界沟。在路地双方积极配合下，实现了快速交地、快速施工的良好局面。

（3）配合地方征地拆迁政策宣传工作

勘测人员向当地各级政府与广大群众讲解合福高铁的重要性，并突出强调其工作任务繁重、工期紧迫，同时宣传征地拆迁的相关政策。

公司与指挥部召集施工单位征地拆迁人员开展相关政策的学习及培训，发动施工人员把宣传工作落实到施工沿线。同时转变观念服务沿线百姓，随时紧盯现场，解决现场问题，做好跟踪服务。

四、坚持原则，克服困难，全力推进征地拆迁及计价工作

为了规范京福客专闽赣段征地拆迁计价管理，正确反映征地拆迁造价，准确掌握征地拆迁进度和完成投资情况，公司统一工作标准、明确工作职责、规范工作程序。公司根据原铁道部、南昌铁路局有关验工计价文件规定，结合京福客专闽赣段工程建设实际，制定《京福闽赣铁路客运专线征地拆迁计价管理办法》。

福建省领导高度重视，多次召开协调会议，提出确保无障碍施工，强调推进标准化管理。公司认真领会省部会议纪要精神，加强与省、市有关部门联系，主动与沿线地方政府及铁办（征迁指挥部）沟通。在省委省政府提出"大干150天，打好五大战役"后，公司着手优化施工组织，调整施工计划，制定投资计划。

五、实事求是，保证特殊征地拆迁项目顺利完成

合福高铁闽赣段在征地拆迁工作中遇到一些特殊问题与特殊的征地拆迁项目。依据相关政策精神，公司对征地拆迁过程中施工单位、地方政府反应的各类问题进行汇总研究，以尊重事实、保护自然、以人为本、持续发展为理念，集体决策，落实各项政策，实施和谐拆迁。特殊征地拆迁项目主要分为四类：工矿企业、部队用地、压覆矿以及学校。

针对工厂企业征地拆迁工作，公司以标准为基础，对其有标准的项目进行评估，其特构物由政府出面商讨，签订协议。对于特构物的征迁工作，福建省铁路建设办公室发布的《关于合福铁路（福建段）建设协调会议纪要》中指出，当地政府是责任主体，路地双方共同商定聘请评估公司，由地方委托评估公司进行评估，费用由京福闽赣公司承担。省铁办、设区市政府、京福闽赣公司组成协调工作小组全权负责特构物的征拆补偿问题处理，安排专人负责跟踪落实。除工厂企业外，南平段还有顺碳素有限公司厂区、延平区大横镇大块养猪场、建瓯绿野养猪场、鑫丰木业、明良食品厂等单位。例如，建瓯段明良视屏公司水池重置，其按优化后重置方案实施即清水池一座（1000 m^3/d）、预处理池一座（2000 m^3/d）、变频增压泵一座、管理房一间、及配套供水管路，最终达成相关征地拆迁补偿协议，顺利完成征地拆迁工作。

关于压覆矿评估补偿问题，福建省铁路建设办公室《关于合福铁路（福建段）建设协调会议纪要》中指出，按照"政府主导，业主配合"的原则，由设区市铁办牵头，市国土局、地方政府、铁办、京福闽赣公司、设计单位参加现场踏勘确定压覆矿禁采范围，对不需要压覆禁采的，请国土资源部门核发开采证。同时由福建省铁办牵头制定铁路项目压覆矿评估补偿办法。

部队用地征迁工作主要涉及二炮、原南京军区房屋管理局等部队用地及军用光缆、设施的迁改。福建省铁路建设办公室《关于合福铁路（福建段）建设协调会议纪要》及《关于合福铁路（南平段）征迁和施工现场协调会议纪要》中认真强调并督促部队用地的征拆工作。

学校征拆工作最具特点的是闽侯四中部分房屋的征拆补偿。福建省铁路建设办公室《关于合福铁路（福建段）建设协调会议纪要》指出，具体的征迁费用包括以下方面：①教学楼、宿舍楼、办公楼按综合单价给予补偿，被征用地按证载用地性质进行评估补偿；②考虑到闽侯四中教师积极配合合福高铁闽赣段征迁工作并主动提出搬迁，按实际发生额给予四中教师提前搬迁一年的过渡补助，有闽侯四中提供过渡租金计算的相关材料报县征迁指挥部，并列入评估；③因征地引起的闽侯四中约400 m围墙、教学绿化生物园等

补偿，由京福闽赣公司负责协调评估，列入范围一并给予补偿；④学校电力杆线迁移、挡墙护坡、校内道路等项目施工费用问题，根据 2010 年 12 月 7 日福州市省重点建设项目征地拆迁指挥部第 82 次会议纪要（82 号），由闽侯县负责按闽侯县财政审定的金额与施工单位进行结算。

六、政府主导，拆迁公司运作

合福高铁闽赣段穿越各类山区和自然保护区，征地拆迁政策性强，尤其是房屋拆迁数量大、品种多，既有农户，及一些企业和学校，因情况繁杂、矛盾突出。城区房屋拆迁在还建选址、异地安置、城市规划、房屋保全、发展用地等许多具体操作问题是乡镇没有遇到的，因此，如何利用政策优势、通过地方政府主导及切实可行的公司运作、有效化解矛盾是房屋拆迁工作的关键。

七、征地拆迁经验体会

通过征地拆迁及对外协调工作的多年实践，形成如下经验规律和体会：

（1）注重设计源头，在初步设计阶段稳定站前、站后设计方案，确保用地图一步到位，避免反复出图。

（2）在与地方签订统征统迁协议时，尽量细化，便于操作，尤其是增加交地计划、时间、交地与费用拨付方式（最好费用由地方拨给建设方，再由建设方根据交地进度拨付地方）、费用确认、征地拆迁激励约束监督等内容。

（3）建立路地参加的协调机构，加快推进征地拆迁工作。

（4）把三电迁改工程纳入土建统一招标。

第四节 "三电"迁改

京福客专闽赣段全线 10 kV 及以下电缆过轨 298 处，架空平移 60.29 km，变电台平移 24 处；35 kV 及以上架空线升高 58 处，电缆过轨 3 处，架空平移 36.363 km。公司通过招投标确定三电迁改工作中标单位，组织各中标单位开展现场调查、技术培训，积极展开迁改工作。

一、理顺各层次管理，确保三电迁改工作规范化

为规范三电迁改管理工作，京福闽赣公司颁布《三电迁改管理实施办法》，对三电迁改单位和建设指挥部进行技术和协调培训，划分三电迁改、设计、监理、建设指挥部等各层面的责任，明确合同中的硬化条款。

在三电迁改工作初期，由于站前工程的施工图纸到位不及时，迁改工作缺少技术支持，各建设指挥部和监理单位三电专业人员缺乏，各土建单位急于开展施工准备等原因，三电迁改工作受到了严重阻碍。为了加快"三电"迁改工程进度，规范有关管理，保证土建施工顺利进行，公司发布了《关于加强"三电"迁改管理的通知》，在充分进行现场调研基础上，再次明确了三电迁改的监理、设计单位、京福闽赣公司建设指挥部的工作要求和三电迁改的范围，对开工报告的格式和实施性施工组织设计审批手续进行重新审核和签发，完备相关手续。

因三电迁改实施是在站后接口方案确定之前进行，大量迁改的线路需要过轨，必须确定过轨统一标准。京福闽赣公司组织各专业设计人员对迁改过轨标准及方案进行研究，确定三电迁改的过轨方案及埋设标准，明确过轨应避免路堑、路堤地段，埋于路基基层，外侧在排水沟的下方，过轨的管材采用壁厚不小于 100 mm 的镀锌钢管，并对超高压架空线路与客专铁路线路交叉的净高进一步强调，规范三电迁改验收标准。

二、深入现场协调，准确掌握三电迁改工作动态

1. 加强培训，做好分阶段工作部署

在迁改工作前期，京福闽赣公司召开了"三电迁改动员"工作会议，研究决定把迁改工作分为准备阶段、谈判阶段、实施阶段、验收阶段四个阶段，并明确每个阶段的工作重点，以利于工程目标的分解。

2.跟踪现场进度，及时调整施工总体部署

现场实际进度的跟踪能够对土建工程施工组织起到参考作用，便于及时调整施工总体部署，并能够对制约土建工程进度的困难地段及时调动多方资源进行重点突破。针对三电迁改单位遇到的实际问题，公司多次派专业工程师到现场进行研究、协调并及时解决各类问题，准确掌握三电迁改工作动态。随后，公司发布《三电迁改状态跟踪表》，把每个迁改内容按照"已完成、有停电计划、已付费、已签合同、谈判"五个状态进行填报，以准确掌握三电迁改工作动态，便于统计分析及协调管理。

京福闽赣公司分阶段进行了连续数百公里的现场勘查，为进一步掌握三电迁改的整体情况，科学合理地指导施工，制定切实可行的迁改策略奠定了基础。

三、督促各项计划落实，做好数据统计及过程控制

1.验工与费用兑现

三电迁改具有特殊性和不确定性，验工与费用兑现会影响产权单位的积极配合。为了解决实际需要，大多数产权单位签了协议要求资金兑现，经过协调，解决制约迁改进度的费用验工问题。

2.三电迁改新增工程数量协调

针对三电迁改实际工程数量增加较多问题，京福闽赣公司组织设计、监理及施工单位进行全线逐一核查，对新增迁改地点进行资料留证，并在"加强三电迁改管理工作会议"上明确，作为标段整体而言，新增迁改地点也属中标迁改单位的职责范围，要求迁改单位做好现场巡查，在避免产生新的增加迁改内容的同时，不等不靠，停止现有新增项目的迁改工作。同时，京福闽赣公司积极协调解决部分迁改单位因新增数量较多、资金缺口较大等实际问题，采取措施确保迁改进度及投资计划的完成。随后，公司再一次发布《关于召开三电迁改实际工程数量清理的通知》，要求以各建设指挥部为单位组织监理及施工单位对管段内的三电迁改数量再一次做彻底清查，核查后的数量经汇总后召开会议，以设计单位为主对实物工作量与设计数量进行核对，并对现场证明资料及照片进行确认，历时一个半月，最终形成《合福（闽赣）客专三电迁改新增工程数量及费用的报告》。

3.迁改工作量监控

在月度工作例会上，京福闽赣公司多次强调要求土建单位和迁改单位共同努力、密切配合，重点掌握设计漏项和路改桥后数量的变化，严格现场管理，对迁改前后实际状态定点拍摄照片存档；对所承包标段的重点区段进行定期或不定期地巡视，防止在铁路范围内进行新的架线作业等，及时协商有关单位的交叉方案，避免增加迁改工作量。

四、确保迁改形象进度，服务于土建工期

为了更好地满足土建工程需要，京福闽赣公司重点加强管理工程数量平衡及总体形象进度，分析促进工期的相关要素，确定采取的措施，及时调整迁改施工计划，为促进迁改工作进展，满足站前土建工程的施工需要，对目前制约工期的因素进行全面分析，制定切实可行的应对措施。

京福闽赣公司组织促进工程进度现场平推检查会议，针对影响土建工程进展的个别项目，进行重点盯控。在三电迁改协调会议中，进一步强调三电迁改工作定位就是"服务"，服务于线下土建工程施工，为全线建设扫清三电障碍，更好地满足全线建设总体安排及工期目标。针对大量影响土建单位施工的报告，京福闽赣公司以通知或会议的形式协调解决，加强三电迁改力度，把土建工程进度需要放在首位，基本上解决了制约站前工程工期的三电迁改问题，达到了为线下土建施工排除影响的目的。

针对个别迁改单位工作不力、进度缓慢、迁改计划与站前工程进度不匹配的实际情况，召开三电迁改与土建工程现场协调专题会议，分析个别三电迁改建设指挥部工作中存在的主要问题，对加快迁改进度提出严格要求，对存在的问题限期整改。会后相关单位制定相应措施，扭转了被动局面。

五、三电迁改经验体会

（1）三电迁改的设计对现场调查不够详尽，造成数量上的遗漏。加强设计管理，完善设计阶段的监督考核机制，严格核对迁改的数量，有利于控制迁改投资计划，减少不利影响。

（2）全线协调问题会产生站前施工的配合、产权单位谈判的不平衡以及三电迁改与土建施工单位对产权单位的谈判时机掌握及补偿价格协调不一致等问题。在客运专线建设阶段，把三电迁改纳入站前大标段工程，由土建施工单位统一组织管理，可以有效节约投资，便于统一协调。

（3）受路改桥及变更的影响，站前土建工程的设计到位，影响迁改方案制定，不但影响工期，也浪费人力物力财力。设计方应合理安排设计出图顺序，把能为先期迁改、征地、施工准备创造条件的设计图按照不同时间要求重点突击，适时调整设计计划。

（4）以服务于大局作为三电迁改定位。合理安排施工计划，全面考虑迁改因素，完善迁改不到位的应对措施。

第五节　土地证领取

依据中国铁路总公司办公厅关于转发《铁路建设项目国家验收实施办法》的通知（铁总办建设〔2016〕4号）规定，建设单位需完成建设用地手续办理及《国有土地使用证》领取工作。为了做好合福高铁闽赣段不动产权登记工作，京福闽赣公司将此项工作分别委托合福高铁沿线各县（市、区）铁办办理，与地方铁办积极协商，同时与上饶市铁办及南平市铁办达成共识，截至2018年合福高铁闽赣段建设用地面积总计815.7465 hm^2，已完成领证182.3678 hm^2，完成率22.4%；12月21日，完成婺源段107.15 hm^2 土地领证工作；12月28日，完成德兴段42.9655 hm^2、玉山段5.73 hm^2 土地领证工作；12月29日，完成闽清段21.8563 hm^2，建瓯段4.6660 hm^2 土地领证工作。

第十三章　环境保护

第一节　环评水保批复

京福闽赣公司视环境保护工作为己任，高度重视环境保护，为加强合福高铁闽赣段建设项目的环境保护管理，依据《中华人民共和国环境保护法》《中华人民共和国环境影响评价法》《建设项目环境保护管理条例》《云南省环境保护法实施条例》等国家有关环境保护的法律、法规和有关规定，结合铁路工程建设项目实际情况，进行相关文件的批复。

京福闽赣公司委托设计院编制了《水土保持方案报告书》和《环境保护方案报告书》。2009 年 12 月 18 日环境部批复了《关于新建铁路合肥至福州铁路工程环境影响报告书的批复》（环审〔2009〕543 号），以及 2010 年 8 月 26 日水利部批复了《关于新建合肥至福州铁路水土保持方案的复函》（水保函〔2010〕256 号），公司根据批复在施工中加强环境保护的措施。

第二节　环保水保实施

一、土地复垦

1. 土地复垦的工作原则

京福闽赣公司根据《中华人民共和国土地管理法》《中华人民共和国土地管理法实施条例》《江西省土地复垦规定实施办法》《福建省土地复垦规定实施办法》，按照铁道部《关于新建铁路合福至福州客运专线土地复垦方案的复函》以及有关土地复垦的其他法律法规、部委规章、相关的规范性文件和技术标准，在遵循"谁破坏、谁复垦"的大原则下，坚持源头控制、预防与复垦相结合、因地制宜，优先用于农用地，统一规划，统筹安排复垦工作，做到复垦区域最大限度恢复原有生态系统，实现土地资源和环境保护，力求社会和生态、经济综合效益最佳。

2. 土地复垦措施

京福闽赣公司要求取弃土用地、施工生产生活设施及便道等临时工程用地，应在设计指定的位置使用，不得随意改变，如因特殊原因需要改变位置，施工单位需及时与设计单位联系并报指挥部，经指挥部、设计、监理现场确认后方可变更。施工单位必须严格按照"先挡后弃"原则进行取、弃土（碴）场施工；本着科学合理利用国土资源和保护生态环境的原则，坚持不用或少用耕地；应统筹规划临时用地，与县（区）行政主管部门或乡（镇）政府签订使用期限明确、费用合理以及符合水保环保要求、复垦措施可行的"临时租用协议书"，并严格遵守执行。

本段线路大临工程主要包括施工营地、施工便道、制梁场、拌和站等。沿线施工单位营地大部分利用民房，仅有少数隧道和桥梁工程由于施工工点位于偏远地区，设置了施工营地，施工完成后均已拆除、恢复原状；制梁场、拌和站等施工场地必须进行复耕或其他恢复措施；施工便道或绿化植草或改作乡村道路。

二、绿化防护

1. 绿色通道建设

合福高铁闽赣段主要对路基、桥梁、隧道地段、站区及其他有关场地进行绿化。铁路绿色通道设计应符合内低外高、内灌外乔、灌草结合的原则，靠近线路地带宜种植灌、草植物，远离线路地带宜以种植灌、乔植物为主，且应与路基防护、桥台锥坡及隧道洞口边、仰坡加固设计等相结合，兼顾美观效果；毗邻自然保护区、风景名胜区或城镇规划区内的铁路，绿色通道设计还应与当地的自然及人文环境相协调，并考虑下列因素：

（1）土壤的酸碱度、盐渍化程度、含水率、肥力等。

（2）降水量、蒸发量、气温、霜期、冻结与解冻期、风向风力、日照时间等，以及极端气温、暴雨、干旱、大风等灾害性气象情况。

（3）乡土植物的生态习性和主要功能。

（4）干旱、半干旱地区可供施工和养护浇灌的地表水、地下水条件。

（5）当地的绿化技术经验。

2. 植物配置

植物配置遵循灌木带状混交、乔木行间混交、草混播混种的配置原则；混播草种的配置遵循速生与慢生相结合、豆科与非豆科相结合、浅根与深根相结合、返青期不同的品种相结合的原则。土工网、土工网垫、立体植被护坡网、土工格室及植生带（袋）等土工合成材料的质量符合现行国家有关标准的规定。植物种植和养护用水不含有害植物生长的成分，采用回用水、河水、井水、湖水、塘水等。施工过程中材料和设备运输、放置、植物建植、养护等未影响既有线安全运营。特殊地质、气象等条件下结合工程进行试验性施工，满足铁路绿色通道建设要求。

3. 绿化范围

1）路基地段绿化范围

路基地段绿化范围包括铁路用地界内路基边坡及路堤坡脚或路堑堑顶外线路绿化林。土质路基边坡采用植物防护，或植物防护与工程防护相结合的措施；石质路基边坡用植物防护时。植物防护采用灌草结合、灌木优先的方式。路基边坡采用植物防护时采取土质改良、客土、喷混植生等措施。路基边坡坡面采用植物防护时不得影响路基密实和稳定。路堑侧沟平台和边坡平台、路堑挡土墙墙顶处，设置绿化槽栽植灌木，挡土墙墙趾处设置绿化槽栽植藤本植物。

2）桥梁地段绿化范围

桥梁地段绿化范围包括桥下用地界内及适宜绿化的桥台锥体边坡。桥梁地段绿化考虑维修通道、救援通道、地方道路等设置的要求，维修、救援通道范围内可植草。桥下绿化以植草为主，两侧宜种植灌木。有特殊要求时，桥下根据需要种植灌木。

3）站区绿化范围

站区绿化范围包括车站办公区、生产区。站区绿化设计根据建筑设施布局，总体规划、统筹安排，充分利用可绿化空间，并与周围环境相协调。站区绿化植物配植形式考虑不同的绿化功能要求，采用孤植、对植、列植、丛植、林带、绿篱、棚架、垂直绿化、树坛、花坛、草坪、盆栽等各种形式。生产区的绿化树种选择枝叶茂密、分枝低矮、叶面积大的灌木、乔木，栽植方式以常绿、阔叶、落叶树木组成复合混交林带和枝叶密接的绿墙。道路交叉口和转弯处绿化时，保证有足够的瞭望视野。站区栅栏和围墙采用藤本植物覆盖。

4）其他场地绿化范围

其他场地绿化范围包括不能退耕的取土场、弃土（渣）场，有绿化要求的制（存）梁场、铺轨基地、轨道板预制场、拌和站等。其他场地绿化设计满足水土保持要求，并与周边环境相协调。

三、水土保持

京福闽赣公司认真贯彻落实福建省委、省政府水土保持工作决策部署精神，严格执行《中华人民共和国水土保持法》《中华人民共和国环境保护法》，按照国家水利部《关于新建铁路合肥至福州铁路水土保持方案的复函》（水保函〔2010〕256号）开展合福高铁闽赣段水土保持工作，针对工程特点采取相应措施，取得较好成效。2012年7月16至19日福建省水土保持监督站及2012年10月18日水利部太湖流域管理局分别对合福高铁（福建段）工程进行水土保持专项执法检查，对铁路水土保持工作给予了充分肯定和表扬，主要水土保持措施如下：

1）成立工作领导小组，重视水土保持工作

根据合福高铁闽赣段工程施工特点实施的水土保持措施，公司成立由总经理管理下的水土保持工作领导小组，并由公司副总经理分管，日常的水土保持工作由公司工程管理部具体负责，配备了水土保持工程师抓落实，同时要求参建单位成立相应组织，制定水土保持相关工作制度，配备专职或兼职的水土保持工程人员，管理中做到分工明确、责权清晰、严格要求。公司将水土保持工作与工程的质量、进度、安全一并列入月检查、季度评比，实行考核管理。

公司通过招标形式确定水土保持监测单位，负责对合福高铁闽赣段全部永久和临时工程的水土流失防治责任范围内进行监测工作，建设期水土保持监理由主体工程监理一并完成。

2）分区域水土保持，形成防治体系

公司依据水土保持法律法规与水利部的批复，结合铁路建设水土保持措施情况，针对项目施工的各种不同路段，分为路基区域、隧道工程区域、桥涵工程区域、站场工程区域、站场绿化工程、辅助工程区域、取土场区域、弃土（碴）场区域及施工临时设施区域等，分区域实施了相应的水土保持工程措施、植物措施与临时措施，在一定程度上有效地遏制或减少施工过程造成的人为水土流失及危害。各区域采取水土保持措施如下：

（1）路基区域，对路基边坡采取浆砌片石护坡、干砌片石护坡、混凝土护坡、土工隔渣等防护措施，并在路基两侧设置浆砌片石排水沟，在施工过程中设置沉沙池临时防护措施。路基工程施工时，剥离表层土并集中保存，采取覆盖保护、装土草袋围栏和修建周边排水沟措施，最终利用于后期植被恢复。

（2）隧道工程区域，对隧道进出洞口边坡实施浆砌片石护坡、干砌片石护坡等防护措施及边仰坡设置浆砌石截排水沟，并进行隧道洞口绿化。隧道施工中排水含有泥沙，在隧道两端设置沉沙池，泥浆经沉淀后及时清理，并清运至弃土场，隧道工程结束后，泥浆及时回填、覆土，并播撒草籽防护。

（3）桥涵工程区域，在钻孔桩基础施工时产生的泥浆采取临时措施，设置沉沙池沉淀，减少施工过程中的水土流失。在桥梁的下游岸边的河滩上选择地形较高处设置泥浆沉沙池，并设在河道保护范围以外。桥梁基础施工结束后，泥浆及时回填、覆土，并播撒草籽防护。桥梁基坑开挖后不能回填的土方集中堆放，用填土草袋护脚拦挡，施工后期，临时弃土平铺于桥梁下征地范围内，平铺后全面整平绿化。

（4）站场工程区域，对站场路基边坡采取浆砌片石护坡、干砌片石护坡、混凝土护坡、土工隔渣等防护措施，在路基两侧设置浆砌片石排水沟，在施工过程中设置沉沙池临时防护措施。站场施工时，剥离表层土并集中保存，采取装土草袋围栏和覆盖保护措施，在周边设置排水沟，在后期植被恢复时利用。站场工程剥离表土集中堆放区周边设置临时排水沟，排水沟末端设置沉沙池。

（5）站场绿化工程，在施工后期对站场及站场路基边坡进行绿化，实施过程中，采用乔、灌、草相结合的方式。

（6）辅助工程区域，在改移道路和改移沟渠施工过程中，剥离表层土并集中保存，采取装土草袋围栏和覆盖保护措施，并在周边设置排水沟和沉沙池措施，以备后期植被恢复时利用。对改移道路和改移沟渠分别进行浆砌片石边坡防护和河岸护堤的防护措施，并对边坡实施撒播草籽等绿化措施。

（7）弃土（渣）场区域，弃渣场布设浆砌石砌筑或混凝土浇筑的重力式挡土（渣）墙拦挡弃渣，在弃土堆积平台的内侧，修建浆砌石截水沟，并在截水沟两头连接天然沟道处修建沉沙池，在挡墙外侧布置排水沟，主要目的是防止水力冲刷挡墙以及平台积水渗透对墙体施加压力，确保土体稳定，弃土（渣）场截、排水沟按 5 级标准进行设计。弃渣场堆渣前先剥离表层土，剥离表层土并集中堆放在取土场两侧，采取填土草袋护脚，并在堆土表面撒播草籽的临时防护措施，堆土用于施工后期渣面覆土。弃渣场堆渣前严格按照先挡后弃原则，弃渣前应在设计位置先修建挡碴墙，然后弃渣，弃渣分层堆放，并压实。对坡脚台地、弃渣场顶面及坡面进行绿化，采用乔－乔混交和乔－灌混交，弃土（渣）坡面采用植播草籽的方式进行防护。树种选择：杉木、马尾松、泡桐、喜树、刺槐、乌桕、香樟等；灌木选用 1 年生壮苗，苗高 0.5 m，选择桂花、杨梅、鹅掌楸、金叶女贞、龟甲冬青、珊瑚树等。

合福高铁闽赣段设置弃土、弃渣场 241 处，占地 1038.52 hm²。根据环评和设计要求，本线施工中对弃土弃渣场均已完成挡墙防护工程，按照设计要求完成排水、平整、刷坡并已植草绿化，部分弃渣场弃渣与当地规划结合，合理利用。

3）加强施工监管力度，落实防护措施

工程建设造成的新增水土流失主要集中在建设期，而减少施工期水土流失的措施主要是拦渣工程、路基边坡施工期临时防护措施以及水土流失预防措施，这些措施在水土保持工程验收时大部分已无法直接检查，公司加强对施工单位的监管力度，真正落实施工期临时防护措施及预防保护措施，将施工期水土流失减少到最低程度。

横屯双线中桥施工环境保护任务重，此桥施工产生的弃渣被集中运至线路附近隧道使用弃碴场，施工过程中自始至终做好弃土（渣）、污水排放等工作，避免水土流失，尽可能减少对自然环境的影响。

4）组织参建人员培训，提高法律观念

为提高全体参建人员的水土保持法律观念，增强水土保持生态建设意识，公司组织施工、监理、监测等单位的水土保持工作分管领导与具体负责人员，举办了水土保持法律与水土保持常识培训班，在思想观念上、组织上保证水土保持方案得以贯彻实施。

四、噪声、振动、水环境、电磁污染防护

1．声屏障隔声窗，控制噪声

1）噪声来源及影响

噪声是高速铁路突出的环境影响因素之一，噪声防护和治理工程的好坏直接影响到客运专线的成功开通运营。高速铁路噪声主要存在两个阶段：

（1）施工期间，推土机、挖掘机、打桩机等施工机械及混凝土搅拌运输车、压路机等各种车辆是噪声的主要来源。

（2）运营期噪声源主要包括车辆下部轮轨噪声、空气动力噪声、集电系统噪声、桥梁构筑物噪声以及车站锅炉房内引风机等。

工程沿线区域，铁路噪声已成为该地区的主要噪声源。根据本线技术条件，按照铁道部"关于印发《铁路建设项目环境影响噪声振动源强取值和治理原则指导意见》的通知"（铁计函〔2006〕44 号），工程运营后的噪声源强度见表 13 − 1，铁路边界处的噪声预测值见表 13 − 2。

表 13 − 1　客运专线动车组噪声源强度表　　　　　　　　　　　　dBA

速度/(km·h⁻¹)	普通客车源强度
200	82.5
250	86.5
300	89.5
320	91.0
测点条件	测点距线路中心 25 m 轨面以上 3.5 m
线路条件	Ⅰ级铁路，无缝、60 kg/m 钢轨，轨面状况良好，混凝土轨枕，有砟道床，平直、低路堤线路

表 13 − 2　设计年度内铁路边界噪声预测值

区段名称	列车对数/(对·日⁻¹)		边界噪声等效值/dBA	
	2020 年	2030 年	2020 年	2030 年
合肥南—新铜陵	71	102	69.3 ~ 70.8	70.9 ~ 72.4
新铜陵—黄山	64	93	69.0 ~ 70.5	70.6 ~ 72.1
黄山—上饶	56	84	68.4 ~ 69.9	70.1 ~ 71.6
上饶—武夷山北	70	104	69.4 ~ 70.9	71.1 ~ 72.6
武夷山北—新南平	75	113	69.4 ~ 70.9	71.2 ~ 72.7
新南平—福州	87	127	69.7 ~ 71.2	71.5 ~ 73.0

由表13-2可知,工程运营后,距铁路30 m处的噪声预测值近期为68.4~70.9 dBA、远期为70.1~72.7 dBA。

2)噪声防治措施

本线实际实施声屏障80处39182延米(2.15 m高声屏障36501延米,2.5 m高声屏障1986延米,2.95 m高声屏障1210延米)。其中7处环评要求采取声屏障措施的敏感点由于合福高铁分别位于向莆线和杭长客专的内侧,声屏障措施已由向莆线和杭长客专实施,其余32处环评要求落实的16630延米声屏障已经全部落实,环评中21处敏感点由隔声窗措施变更为声屏障措施,环评中3处敏感点由预测达标不采取措施变更为声屏障措施,新增24处噪声敏感点已经按照环评原则全部落实声屏障措施。

2.功能置换,降低振动影响

1)振动来源及影响

合福高铁施工期间振动主要来源于各种施工机械、重型运输车辆和桩基施工产生的振动;运营期振动主要来源于列车的行驶。

2)震动防治措施

在工程实施过程中,33处敏感点中有15处由于线路变更原因已不受铁路振动影响,其余18处敏感点的61户居民房屋进行了功能置换,全部拆迁。

3.水源站场兼顾,保护水环境

1)饮用水源保护区

合福高铁闽赣段经过3处水源保护区:南平市安丰水厂(建溪)二级水源保护区、南平市汀源溪备用水源、上饶信江饮用水源二级保护区。

在项目设计、建设与运行管理中均采取了水环境保护措施,未向其水体排放污染物,保障了饮用水源安全。跨越水源保护区桥梁水中基础及桥墩施工中产生的泥浆已用承接船将泥浆引至岸边沉淀,沉淀后的泥浆未排入江河中。施工完毕后,均已及时拆除围堰,清理河道。在水源地保护区外500米以内均未设置大型施工营地,施工人员租住了当地民房。施工期加强了环保监理,施工场地加强了环保措施,减少了对保护区水质及取水口的影响。

2)站场污水处理设施

本线水污染源包括婺源站、德兴站、上饶站、五府山站、武夷山北站、武夷山站、建瓯西站、南平北站、古田北站、闽清北站、福州动车运用所共11处站场(较环评增设一处五府山站)的生活、生产污水。婺源站、上饶站、五府山站、武夷山东站、建瓯西站、南平北站、福州动车运用所的生活污水经化粪池或厌氧池处理后排入市政管网;德兴站、武夷山北站、古田北站、闽清北站的生活污水经厌氧滤池排入人工湿地,促进废水中污染物质良性循环的前提下,充分发挥资源的生产潜力,防止环境的再污染,获得污水处理与资源化的最佳效益。

4.针对电视用户,补偿电磁干扰

1)电磁来源及影响

合福高铁的电磁辐射主要来源于:列车高速运行时,机车受电弓与接触线会有短暂分离现象,从而产生电火花,形成电磁辐射;高压变电所等高压设备产生一定量的电磁辐射;牵变电所产生的电磁影响。

列车运行时产生的电磁辐射主要影响沿线居民电视的正常收视,电视画面出现抖动和模糊。牵引变电所产生的工频电场和磁场远低于国家标准HJ/T 24—1998中规定的工频电场强度不超过4 kV/m的限值要求,工频磁感应强度不超过0.1 mT的限值要求,因此不会对变电所围墙以外居民的身体健康产生有害影响。

2)电磁治理措施

环评报告要求对评价范围内采用天线收看且接收信噪比因受本工程影响而小于35 dB的电视用户进行有线电视入网补偿,补偿投资99.5万元。根据工程试运营期电磁的实测结果,对确有影响的用户,实施补偿。

本工程新建9座220 kV牵引变电所,均按照环评要求远离居民区等敏感目标。

五、特殊生态敏感区的保护

1. 特殊生态区特殊可研设计

合福高铁闽赣段涉及 3 处生态敏感目标：福建建阳庵山森林公园、福建闽清黄楮林自然保护区、江西上饶云碧峰国家级森林公园。

工程可研设计中，线路以路基和桥梁形式通过云碧峰国家森林公园。可研修编中，根据铁道部审查意见和江西省林业厅《关于京福铁路客运专线合肥至福州段通过云碧峰国家森林公园的复函的》（赣林函字〔2009〕97 号）的要求，线路以隧道形式通过云碧峰国家森林公园。优化后的线位于 CK483 + 352 ～ CK484 + 749 以牌楼隧道（注：隧道起止里程为 CK483 + 324 ～ CK485 + 154）形式下穿云碧峰国家森林公园，下穿长度 1.397 km，通过路段隧道埋深（隧道顶至地面）为 6.7 ～ 94.8 m。

工程建设前，已分别取得福建省林业厅的许可文件（闽林场便函〔2009〕10 号、闽动植物〔2009〕13 号）、江西省林业厅的许可文件（赣林函字〔2009〕151 号），允许线路通过该生态敏感目标。

2. 特殊生态区特殊施工

在工程建设过程中，均已按环评及批复要求落实了各项环保措施：对森林公园、自然保护区范围内的隧道采用了环保式洞口、对洞口进行了加固防护、绿化；森林公园、自然保护区内的路基桥梁两侧已进行绿化防护，采用了内灌外乔式等绿化措施，减少了本工程对景观类型的破坏及对游客视觉景观的影响；严格控制施工期工程活动，禁止在红线外进行，森林公园范围、自然保护区内未设置取弃土（渣）场和施工营地等临时设施。施工期加强了环保管理，有效的落实了各项环评措施，保护了沿线生态环境，尽可能避免了对生态敏感目标的影响。

六、文物保护

合福高铁李峰隧道明洞（DK805 + 500 - 600）段，在该工程红线内涉及福州市晋安区区级文物——象山摩崖石刻需要异地搬迁安置。公司自 2010 年 10 月进入施工，在福州市重点项目土地房屋征收工作协调推进指挥部及晋安区征迁指挥部的帮助和指导下，经政府文物、规划主管部门及文物勘测设计单位现场踏勘和会商，于 2013 年 4 月 12 日经福建省文物局《关于晋安象山摩崖题刻迁移保护设计方案的批复》（闽文物字〔2013〕98 号），同意对该文物采取异地搬迁安置。在政府相关部门协调和有关专业单位的指导下，公司对于摩崖石刻进行了切割保护及迁移安装，确保了合福高铁施工的顺利进行。

七、环境管理

1. 及时引入环保监理

公司通过招标形式确定环境保护专项监控监理单位，负责对合福高铁闽赣段进行环保监控、监理工作，将环水保工作与主体工程的质量、进度、安全一并列入月检查、季度评比，环保监理单位分别按照月度、季度、年度完成施工期的环境监理报告，使环保工作在实施全过程得到有效监理。

有效的环境监理，落实了本工程的环境保护、水土保持措施与主体工程"同时设计、同时施工、同时投产"的三同时要求，使合福高铁闽赣段工程建设环保工作取得了明显的效果，为项目环境保护审批及环境保护竣工验收提供了保证。

2. 加强人员环保培训

为努力提高各施工单位从业人员素质，公司加强环保法律与环保常识教育培训。培训对象主要是建设单位、施工单位、监理单位负责人、专职兼职环保管理人员；培训内容包括：建设项目环保法律法规要求、施工期水土保持措施、施工期环保措施落实、施工期环保应急事故处理，施工期水污染、噪声污染、固体废弃物污染预防措施等。施工、监理、监测等单位相关人员的环保业务水平得到提高，保证环保各项措施落实到位。

3. 积极接受环保检查

公司多次组织并接受环水保主管部门对环保、水保进行专项检查，重点对路基土石方取弃土场、隧道弃渣场、桥梁施工沉淀池、污水排放环保、水保措施实施情况进行检查。对弃碴场挡护工程不到位或未及时施作等问题，公司组织各施工单位积极快速整改，确保工程各项设施经得起雨季的考验。

第三节 环保水保验收

一、生态环境

1. 生态敏感目标

本段线路涉及云碧峰国家级森林公园、庵山省级森林公园、黄楮林省级自然保护区3处生态敏感区。3处生态敏感区均严格按照环评要求，在保护区范围内未设置取弃土场、施工营地及施工便道等临时设施。

为落实《新建合肥至福州铁路穿越福建雄江黄楮林省级自然保护区的保护管理和补偿协议书》内容，保障自然保护区保护管理、监测和生态补偿措施的顺利实施，2012年4月建设单位与闽清黄楮林自然保护区管理处签订了补充协议并支付相关费用共计300万元，用于黄楮林自然保护区生态保护管理、基础设施建设、日常监测等。

2. 主体工程防护

（1）桥涵工程

跨水桥梁都已按照桥涵设计要求充分考虑洪水影响，在设计、施工过程中根据地形设置涵管，确保农灌沟、渠原有功能；施工未对水利水保设施产生损害。跨水桥梁岸坡防护措施全部实施完毕，水中墩围堰已拆除。沿线旱桥桥下已经全部平整，路段已全部实施绿化，典型工地如图13-1、图13-2所示。

图13-1　吉安特大桥桥下覆土平整恢复

图13-2　南坑特大桥跨河堤岸防护

（2）路基工程

路堤工程采用干砌片石、骨架护坡和种植灌木及草坪进行防护；坡脚设置排水防护设施；路堑采用混凝土骨架和种植灌木及草坪进行防护，坡脚设置挡墙及排水进行防护，路堑顶部设置排水天沟防护。本段验收范围内路基边坡多采用植草防护及骨架护坡结合植物防护措施，特殊地段采用混凝土和片石圬工防护措施，防护状况良好，目前坡面已基本稳定，未见水土流失现象，防治效果比较明显，典型工地如图13-3、图13-4所示。

（3）隧道工程

隧道洞口边仰坡防护措施按"安全、可靠、绿化"的原则设计，对土质边仰坡采用骨架护坡、喷播植草，对岩质边坡采用喷混植草。施工单位已按照环评批复及设计要求，在隧道洞口设沉淀池处理，采取封堵溃口、抗水压衬砌、围岩注浆堵水等严格的堵水措施，隧道施工涌水未污染周围农田和水体，没有对山体植被造成破坏，沿线隧道周围均无重要取水井，典型工地如图13-5、图13-6所示。

图 13 - 3　武夷山东站路基边坡防护

图 13 - 4　古田北站路基边坡骨架防护

图 13 - 5　梧山隧道洞口骨架防护

图 13 - 6　小箬隧道洞口骨架防护

（4）临时工程

合福高铁闽赣段验收范围内临时工程占地面积 1538.02 hm²。其中，弃土（渣）场 252 处、制梁场 11 处、拌和站 95 处、铺轨基地 2 处、施工营地 55 处、轨道板/轨枕厂 3 处，新建施工便道 285.22 km，改建施工便道 217.51 km。全线路基 AB 填料采取外购商品土形式，全线未设取土场；全部弃土（碴）场均已完成挡墙防护、排水工程，基本完成生态恢复，并完成移交手续，典型工地如图 13 - 7、图 13 - 8 所示。

图 13 - 7　武夷隧道出口和西山隧道斜井弃渣场

图 13 - 8　岭头亭隧道出口弃渣场挡墙及排水沟

验收范围内设置制梁场 11 处，1 处制梁场租用物流公司用地已交付，2 处制梁场已移交地方政府建设仓库（已与地方政府签订相关移交协议），其余 8 处制梁场临建设施已拆除完毕，并完成复垦和办理移交手续工作。轨道板/轨枕厂 3 处，1 处构筑物已全部拆除，正在办理移交手续工作，2 处租用当地工业用地，现已归还。铺轨基地 2 处，占地面积 3.49 hm²，利用铁路用地，目前已交付。

新建拌和站 95 处，占地面积 115.21 hm²，其中 5 处租用地方建设用地，5 处已经平整恢复（复垦），剩余 85 处拌和站的地面构筑物已拆除，并完成复垦和办理移交手续工作。

二、声环境和环境振动

1. 声屏障

合福高铁闽赣段验收范围。实际设置声屏障 101 处 45991 延米，实施声屏障包括环评要求的 53 处、新增 23 处、环评 3 处预测达标不采取措施实际设置声屏障措施、22 处由隔声窗优化为声屏障，声屏障工程已全部实施完成；实际设置声屏障长度比环评阶段增加 8851 m，增加原因主要为施工图设计阶段将多数环评要求单独设置隔声窗的点位改为设置声屏障，新增敏感点均已设置声屏障，更好地降低了合福高铁对沿线敏感点的噪声影响，典型工地如图 13 - 9、图 13 - 10 所示。

图 13 - 9　后官厝声屏障

图 13 - 10　白沙镇声屏障

2. 隔声窗

环评设置隔声窗 91 处 47070 m²，其中 39 处敏感点由于搬迁、线路变更等原因，已经不受铁路噪声影响，不需要实施隔声窗措施，22 处噪声敏感点降噪措施增强为声屏障；5 处噪声敏感点因房屋拆迁不需要实施隔声窗措施。本段验收范围内实际设置隔声窗措施 25 处。

3. 功能置换

环评要求位于铁路夹心地带房屋或没有采取声屏障、隔声窗措施的零星敏感点实施功能置换，共计置换居民住户 136 户，已按环评要求进行功能置换，全部完成拆迁工作。

4. 环境振动

环评中要求在铺设无缝线路、无砟轨道的基础上，对沿线 30 m 内近期预测超标的 42 处敏感点的 148 户居民房屋采取功能置换措施，降低铁路振动影响。本段验收范围内，全线铺设无缝线路，环评要求功能置换的 42 处敏感点中有 16 处由于线路变更原因已不受铁路振动影响，其余 26 处敏感点的 76 户居民房屋已全部拆迁。

三、水环境

本段验收范围内穿越的地表饮用水源共 3 处均在闽赣段，分别是：上饶市信江二级水源保护区、南平市安丰水厂（建溪）二级水源保护区，南平市汀源溪备用水源。3 处地表饮用水源保护区均严格遵守了福建省、南平市、上饶市人民政府回函相关要求。对于工程跨越建溪、信江、汀源溪饮用水源保护区路段，加强了施工期及运营期环保措施。未在水源保护区内设置临时施工营地。加强了施工机械设备的养护维修及废油的收集，施工机械冲洗产生的油污废水，经隔油池处理后回用，废水未排入水源保护区范围内。施工期开展了环保专项监理，定期对水源保护区上下游水质进行了监测，均未发现异常。

第十四章　工程监理

第一节　监理制度

一、监理管理制度

合福高铁闽赣段建设过程中，施工监理采取的是中外联合体联合监理的方式。公司在开工之前即制定了适合本线的一系列完整的监理管理办法，对监理工作制度进行了规定和约束。各监理标段也根据相关制度，针对日常监理工作制定了细化的监理工作制度，并随着工程进展进行补充和完善。通过各项监理工作制度的建立及有效实施，做到了监理工作程序化、方法科学化、手段规范化。

各监理单位结合专业工程（或专项工作）特点，编制了测量、路基、隧道、桥梁、站房、四电、试验、安全等各项监理实施细则。以监理5标为例，监理项目部编制了监理实施细则共9类、38则，如表14-1所示。

表 14 – 1　监理实施细则内容

类别	内容
安全监理实施细则	（1）安全监理实施细则 （2）风险源监理实施细则 （3）环水保监理实施细则 （4）既有线施工安全监理实施细则 （5）临时用电监理实施细则
测量监理实施细则	（1）测量监理实施细则
路基监理实施细则	（2）路基监理实施细则
试验监理实施细则	试验监理实施细则
桥梁工程监理实施细则	（1）钻孔灌注桩监理实施细则 （2）桥梁墩承台监理实施细则 （3）深基坑工程监理实施细则 （4）砼和钢筋砼工程施工监理实施细则 （5）移动模架监理实施细则 （6）连续梁（含悬臂）监理实施细则
隧道工程监理实施细则	（1）地质预报监理实施细则 （2）隧道工程测量监理实施细则 （3）隧道工程监控量测监理实施细则 （4）钻爆监理实施细则 （5）隧道初期支护施工监理实施细则 （6）隧道二次衬砌施工监理实施细则 （7）隧道防排水施工监理实施细则

续表 14 - 1

类别	内容
四电工程监理实施细则	（1）接口工程监理实施细则 （2）电力工程监理实施细则 （3）牵引变电监理细则 （4）通信监理实施细则 （5）信号工程监理实施细则 （6）照明工程施工监理实施细则 （7）综合接地监理实施细则
站房工程监理实施细则	（1）采暖通风工程施工监理实施细则 （2）钢结构雨棚工程监理实施细则 （3）框架结构监理实施细则 （4）消防工程监理实施细则 （5）给排水工程施工监理实施细则 （6）站台工程监理实施细则
其他工程监理实施细则	（1）旁站监理细则 （2）信息资料监理细则 （3）验工计价监理细则 （4）双块式无砟轨道施工监理实施细则

监理 1 标以目标为导向，制定了包括工程进度、投资、质量、安全监理制度和措施，以及环保、水保、和文物保护监理方法和措施在内的 15 项管理制度。监理 4 标项目部则针对工程建设关键流程，制定了包括开（复）工报告审批制度、施工图现场核对制度、变更设计审核制度、工程质量和原材料检测试验制度、检验批、分项、分部、单位工程质量验收制度等在内的共 29 则管理制度，此外，还针对廉政建设要求，制定了监理人廉政制度。

二、监理单位概况和监理工作范围

合福高铁闽赣段工程建设严格按照国家及原铁道部相关法律、法规及规定，通过公开招标的形式确定监理单位，全线分为八个监理合同标段实施监理工作，其中站前及四电工程监理五个标段，站房工程三个标段。监理标段划分及中标单位如表 14 - 2 及表 14 - 3 所示。

表 14 - 2　站前及四电工程监理标段划分表

序号	标段	监理范围	正线长度/km	监理单位
1	HFMGJL - 1	DK343 + 180 ~ DK438 + 883.24	95.026	北京中铁诚业工程建设监理有限公司、莫特麦克唐纳（北京）有限公司联合体
2	HFMGJL - 2	DK438 + 883.24 ~ DK468 + 553.99 DK472 + 902 ~ DK528 + 450	84.057	中铁四院（湖北）工程监理咨询有限公司、德国沃森工程技术有限公司联合体
3	HFMGJL - 3	DK528 + 450 ~ DK630 + 331.95	101.882	中铁二院（成都）咨询监理有限公司、德国 PEC + S 集团公司联合体
4	HFMGJL - 4	DK630 + 331.95 ~ DK741 + 245	110.913	北京中铁诚业工程建设监理有限公司、莫特麦克唐纳（北京）有限公司联合体
5	HFMGJL - 5	DK741 + 245 ~ DK812 + 640	71.395	上海先行建设监理有限公司、贝利（北京）咨询有限公司联合体

表 14-3　站房工程监理标段划分表

序号	标段	标段范围	监理单位
1	HFMG – ZF1	婺源站、德兴站、五府山站，上饶站(委托南昌局代建)	北京中铁诚业工程建设监理有限公司、莫特麦克唐纳咨询(北京)有限公司联合体，中铁四院(湖北)工程监理咨询有限公司、德国沃森工程技术有限公司联合体
2	HFMG – ZF2	武夷北站、武夷东站	中铁二院(成都)咨询监理有限公司、德国 PEC + S 集团公司联合体
3	HFMG – ZF3	建瓯西站、南平北站、古田北站、闽清北站	北京中铁诚业工程建设监理有限公司、莫特麦克唐纳咨询(北京)有限公司联合体，上海先行建设监理有限公司、贝利(北京)咨询有限公司联合体

每个监理标段设立监理项目部，按标准化监理项目部配置监理资源，并设置了实验室，配备了专业监理，人员任职资格符合投标承诺，全面履行监理职能；根据标段范围设立了数量不等的监理分部，负责现场监理。

三、监理机构职责

京福闽赣公司对全线监理单位及其工作实行统一管理和监督检查，公司安全质量部负责实施；指挥部负责管段内各监理单位的日常管理和监督检查。

监理单位根据所监理工程的跨度可在工程建设现场设置若干个监理组，实施现场分段监理；按照监理合同约定配置相应的检测试验、测量和办公设备、交通和通信工具等，满足施工监理需要。

监理单位依据委托监理合同、国家和原铁道部有关规定开展监理工作。监理机构主要职责如下：

(1)按监理合同规定的工作范围、内容和约定的组织形式，确定监理机构人员分工和岗位职责。

(2)根据合同和有关工程建设监理程序要求，协调处理好内外关系，保证监理计划目标的圆满实现。

(3)编制项目监理规划和项目监理规划实施细则。

(4)督促检查施工单位安全质量保证体系的建立和运转。

(5)检查施工单位履约情况(包括人员、机械设备、仪器、检测试验设备等)，有权对不符合要求的施工技术、管理人员提出更换意见。

(6)督促检查工程开工准备情况，参加由公司主持的第一次工地监理例会。定期召开工地监理例会，建设、施工、监理单位认为有必要或施工现场存在急需解决的重大问题时，召开专题例会。

(7)审查施工组织设计文件并签署意见，按权限签署工程开工报告。审查施工单位的施工进度计划，提交工程进度分析报告。

(8)审查施工单位救援预案，督促施工单位配备应急救援人员、救援器材和设备，并监督检查演练情况。

(9)组建监理试验室，建立健全监理试验工作质量保证体系，确保其有效运行。按铁路施工质量验收标准及相关规定对工程质量进行检测、试验，对使用的材料、设备、构配件、半成品、成品质量进行检测。督促检查施工单位试验室工作。

(10)所有监理人员必须履行现场监督检查职责，按规定对施工工序进行旁站。

(11)组织或参与工程质量检查、评价与验收。检查施工进度与施工质量，提交监理工程质量评估报告和监理工作总结报告。

(12)参与处理变更设计事宜。

(13)向建设单位报告并征求得同意后，签发《工程暂停令》《工程复工令》。

(14)参与工程安全质量事故的处理。

(15)协调公司与承包单位的合同争议，对索赔、工程延期等提出处理意见。

(16)审核监理合同段内施工单位的月、季、年度和末次验工计价。

(17)组织编写和签发监理月、季、年报及监理工作总结。

（18）指导、组织竣工文件的编制。

（19）负责缺陷责任期内工程的所有监理工作。

四、联合监理中外方监理工作职责

外方质量代表不仅发挥工程咨询方面的作用，更是作为合福高铁闽赣段项目监理的核心，保证了工程质量、人身安全、消防安全、食品卫生安全、设备安全在项目建设过程中都不出现问题，起到了至关重要的作用。

1. 外方质量代表的工作职责

（1）对招标范围内特殊条件下无砟轨道铺设条件评估、双块式（或Ⅰ型轨道板）轨枕生产、无砟轨道施工、长钢轨铺设和精调工作、高速道岔铺设、CA 砂浆配制、接口及联合调试等主要工作进行专项技术咨询。

（2）代表建设单位对全线监理单位和人员进行检查、指导，每月对全线监理工作进行一次巡检，对监理工作或工程质量存在的问题向招标人提出报告和解决方案，经批准后负责监督实施。

（3）对全线监理业务工作提出专项培训计划，经建设单位批准后负责实施。

（4）根据建设单位要求，对关键工程（序）进行现场监督或专题质量监理指导。

（5）根据建设单位要求，对全线沉降观测进行检查、指导、参加评估。

（6）根据建设单位要求，对连续梁施工的线型监控进行检查、指导、咨询。

（7）根据建设单位要求，对路基施工进行全过程检查、指导。

（8）根据建设单位要求，对站后工程接口方案进行审核。

外方质量代表按照咨询合同书履行相关工作内容，自身建立有完善的质量管理运作方式，对监理进行业务培训和现场检查指导与评估，并对监理对轨道板铺设精度、轨道精调后的质量以及四电工程质量等进行重点卡控。

2. 中外联合监理工作体会

合福高铁闽赣段监理工作外方监理人员配备较少，一般以一个标段一个监理组，总共21 个外方监理人员。外方监理工作认真负责，严格按照工期要求，现场反应速度快，同时能够及时组织相关人员培训。但在现场监理工作执行过程中由于地域、文化、思维等方式的差异，也使得中外联合监理工作中出现了一些问题，中外联合监理工作的主要工作体会如下：

（1）外方监理具有工作认真、细致、要求高、反应快、严格以技术标准执行等优点，现场监理工作中应充分利用外方监理的资源，提高适配性，提升管理的高度。

（2）大型工程由于现场工作方式以及监理思维的差异，外方单独负责某一单位工程，对工期造成了一定影响，由于国内相关人员素质、技术水平的差别，导致现场工作难以完全满足外方监理要求，一旦没有达到要求就立即停工，对工期造成了影响。由此可以看出，铁路工程施工过程中要加强人员专业素质，提升专业水平，学习并推行先进施工技术，提升技术水平。

（3）为充分利用外方监理严要求、工作认真的特点，由外方监理负责重难点工程，在保证工期的同时充分保证工程质量，例如中铁一局5 个难度较大的隧道监理工作交由外方监理负责，在施工过程中，不仅保质保量，也不断注重安全风险防范，保证了人员安全。

第二节　现场监理工作的实施

监理单位以人员配备和现场质量安全控制为重点，针对工程进展情况，细化量化监理管理规定，严格按照"关于印发《铁路建设工程监理规划编制指南和《铁路建设工程监理实施细则编制指南》的通知"（建建〔2009〕389 号）要求，按专业工程或专项工作编制了各项监理实施细则，并结合专业工程（或专项工作）特点，将质量、安全等过程控制目标细化分解到监理各阶段、各环节和每名监理人员，按照持续改进和闭环管理的方式进行管理，实现每项监理工作、每道监理程序标准化。重点监督工程复测和轨道精调，审核把关实施性施组和工艺工序，审核关键施工技术方案和专项施工安全方案，组织检验批、分项、分部、单位工程质量检查验收，对施工行为进行监控、督导和评价，对工程实体质量实施监控，使施工行为符合规程规范，工程质量符合验收标准。

一、监理管理组织机构与监理组织机构

根据合福高铁闽赣段地理条件困难、地质条件复杂、环保要求极高、设计周期较短、工程任务艰巨等特点，及本工程招标文件的要求和现场工作的需要，为保证监理工作的有效开展，确保实现各项监理目标，项目监理机构设置二级监理机构、采用直线职能制监理组织形式。现场监理人员按总监理工程师、专业监理工程师和监理员三个层次配备，实行总监理工程师(简称总监)负责制，对标段内监理工作负总责。其中，外方质量代表成立了现场项目部，配置了 1 名外方质量代表首席工程师(外籍人士)、2 名外方质量代表专业工程师(外籍人士)及首席工程师助理等中方配合工作人员。外方质量代表人员任职资格符合投标承诺，全面履行合同约定的各项职能。

以监理 1 标为例，其监理组织机构设置如图 14－1 所示。监理项目部现场设一个监理项目部、一个中心试验室、两个工地试验室以及七个监理小组，各监理机构，独立办公，制定和完善各项工作制度、岗位职责，采用先进的管理模式并统一着装、挂牌上岗。其中，由曾在 1999 年至 2003 年期间担任台湾高铁项目技术主任的 Bjarne Allan Herrmann 先生担任总监理工程师，全面负责现场监理机构的工作。

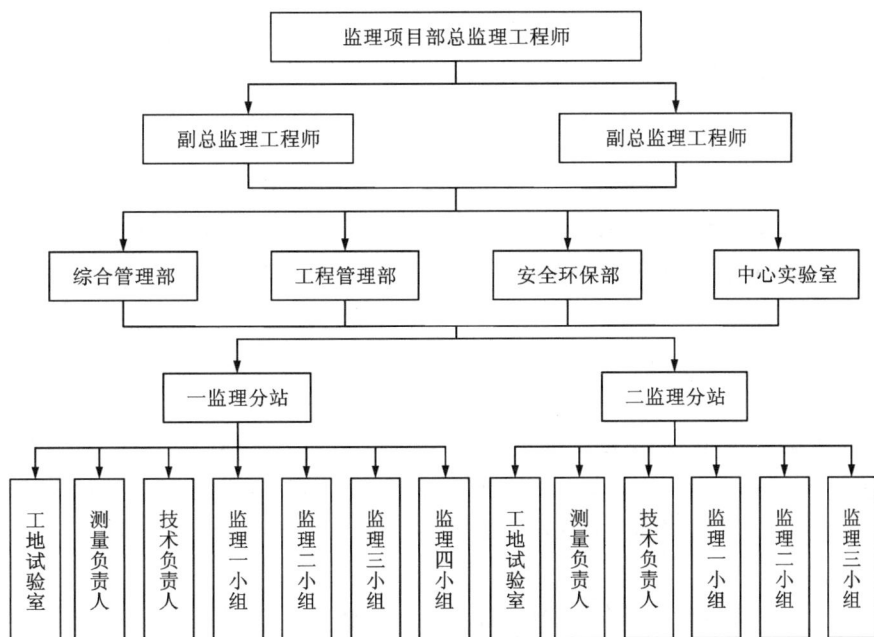

图 14－1 监理 1 标组织机构图

二、监理工作开展

现场监理的过程控制、质量控制、安全管理等工作是从事前控制、事中控制、事后控制等三个阶段来开展。

1. 审查施工单位报送的施工组织设计(方案)

监理项目部和驻地监理组逐级审查施工单位报送的施工组织设计(方案)，提出审查意见，并经总监理工程师审核、签认后报建设单位。

2. 审查开工、复工条件

当具备开工条件并经监理项目部和驻地监理组逐级审查后，由总监理工程师签发开工、复工令，并报业主批准。

3. 审核进场施工机械、设备

按照施工合同、批准的工程进度计划，驻地监理组负责审核施工单位提交的进场施工机械、设备报验单，核查进场的和投入施工的机械设备，其数量、性能是否满足工程进度计划的要求，核查合格时予以签认，监理项目部予以抽查。经核查合格的机械设备，未经同意不得擅自撤出现场。

4. 核查施工单位的工地试验室

中心试验室负责核查施工单位的工地试验室。

5. 核查施工单位的技术管理体系和质量管理体系

驻地监理组负责签认施工单位提交的主要进场人员报审表，对施工单位的技术管理体系和质量管理体系进行核查，监理项目部进行抽查。施工单位按合同要求建立一个完整的以自检为主、各级质检员有质量否决权的质量保证体系。监理工程师必须审查施工单位各级自检人员的资格，必须要求其一直在工程现场用全部的时间和精力进行质量管理，对工程责无旁贷地进行全过程控制。检查施工单位质保体系中各个岗位的责任是否明确，责任是否到人，并有切实可行的检查办法和严格的奖罚措施。

6. 控制进场材料、构配件和设备质量

中心试验室负责控制进场材料、构配件和设备质量。对未经试验监理工程师验收或验收不合格的材料、构配件和设备，试验监理工程师将拒绝签认，并签发监理工程师通知单，通知施工单位严禁在工程中使用或安装，并限期将不合格的工程材料、构配件、设备撤出现场。

7. 测量

驻地监理组负责对施工单位报送的控制测量成果和施工测量放线成果进行核查和确认，审核并签认施工单位报送的施工测量放样报验单；驻地监理组负责对已完成工程的几何尺寸，进行实测实量验收，不符合要求的进行修整，无法修整的则进行返工。

8. 对施工过程进行巡视检查和检测

驻地监理组、监理项目部负责对施工过程进行巡视检查和检测。对施工过程中出现较大质量问题或质量隐患，监理工程师宜采用照相、录像等手段予以记录，并向施工单位发出整改指令。

9. 旁站

驻地监理组负责旁站工作，监理项目部对驻地监理组的旁站工作进行监督。

10. 隐蔽工程的检查验收

驻地监理组负责隐蔽工程的检查验收，监理项目部进行抽查。对检查不合格的工程，专业监理工程师应在工程报验申请表上签署检查不合格及整改意见或签发工程质量问题通知单，由施工单位对不合格工程进行整改，自检合格后向驻地监理组重新报验。

11. 试验

工地试验室负责督促、检查施工单位按施工规范要求进行工程试验，定期检查施工单位的计量器具的技术状况，同时按监理合同约定的比例开展施工试验、标准试验、工艺试验、抽样试验和验收试验工作。

12. 工序控制

工序控制由驻地监理组负责，监理项目部进行抽查。监理工程师检验，若不合格，则通过"工程质量/安全问题通知单"指示施工单位返工或补救。若合格，则现场进行签认，并指示施工单位进行下一道工序的施工。监理工程师对完工的分部工程进行一次系统的检验验收，若不合格，则指示施工单位返工或补救。

13. 工程质量缺陷与工程质量事故的处理

工程质量缺陷由驻地监理组负责处理，工程质量事故由总监理工程师组织驻地监理组进行处理。当监理人员发现施工过程中存在质量缺陷隐患时，专业工程师应及时下达通知，责令施工单位进行整改，并对整改进行检查、验收。当施工过程中发生工程质量事故或存在工程质量事故隐患，驻地监理组组长报请总监理工程师下达工程暂停令，责令施工单位停工处理；处理和整改完毕经驻地监理组、监理项目部验收后，由总监理工程师下达工程复工令；总监理工程师在下达工程暂停令或工程复工令前，应向业主报告。

14. 工程质量检验评定

驻地监理组负责进行工程质量检验评定，监理项目部必要时进行抽查。分项、分部工程施工质量经专业监理工程师验收后，施工单位方可进入下一道工序施工。如专业监理工程师验收不合格，通知呈报单位进行返工处理，重新向驻地监理组报验。

15. 竣工验收

总监理工程师组织监理项目部和驻地监理组有关人员参加业主对工程进行的竣工验收。总监理工程师、驻地监理组组长参与重要问题的讨论，对验收中存在的问题和处理意见，督促施工单位及时整改，并在相应的表上签署意见。

三、现场监理工作的控制措施

1. 组织措施

监理单位建立健全监理组织机构，完善职责分工及有关制度，做到职责明确，全面落实质量控制的岗位责任；完善和加强监理组织内部监管机制和加强监理队伍的自身建设；在监理过程中，不断提升监理水平，使监理组织处于良性、高效运转之中。

(1)按照监理组织的职责分工，按施工阶段和单位工程、分部工程、分项工程、检验批进行分解，使目标具体化，责任落实到每位监理人员。

(2)监理站站长和总监理工程师要积极做好目标控制的监督检查工作，发现问题及时采取补救措施。

(3)建立健全监理例会制度、巡视制度、旁站制度及监理工程师业务交流制度。

(4)制定并严格执行对监理工程师的考评及奖励办法。

(5)加强与业主、咨询、设计、承包单位及监督单位的联系，确保工程施工的顺利进行。

2. 技术措施

(1)加强质量的事前控制，严格质量的事中、事后控制。

(2)加强与设计、咨询单位的沟通，做好图纸会审和技术交底工作。

(3)认真审查、审批施工单位编制的施工组织设计、施工技术方案和作业指导书；督促施工单位严格执行工程建设标准、工程质量检验评定标准、工程承发包合同及有关技术标准；督促承包人认真履行合同约定的责任和义务。

(4)编制并严格执行监理规划、监理细则和质量监理工作程序。

(5)充分运用先进的科学仪器和试验手段，保证测量和试验数据准确可靠；加强对施工单位工地试验室的检查，指导工作。

(6)检查施工单位工程质量对标自检工作，按规定填写各种质量检查表，随机抽查施工单位各种自查记录、施工测量、放样等资料，发现问题，通知施工总单位及时纠正；监督施工过程中的工程质量，对重点难点工程派人员驻点监理，对关键工序进行旁站监理；严格执行隐蔽工程签证制度，上道工序不合格，严格禁止进行下道工序的施工。

(7)监理工程师在监督检查过程中，发现质量或安全环保问题时，立即书面通知施工单位改正或返工处理，并记入监理日志。如不及时改进，发出质量问题通知书或在征得业主同意后，由总监理工程师签发停工令。

(8)检查确认工程材料、成品、半成品和设备的质量，如有疑问，监理工程师可以采取必要措施进行抽检或复查，主要检查以下内容：①查验试验资料、出厂合格证是否齐全、合格；②查验施工单位工地试验室的各种检测设备状况是否良好；③监督重要工程材料的现场复验或取样送检；④对运到现场的重要设备进行开箱检验。

对确认不符合要求的材料、成品、半成品和设备，禁止进入工地和投入使用，已进场的，责令承包人清出现场。

(9)督促施工单位严格按照施工规范、规程和设计图纸施工；对工程的主要部位、重要环节、关键工序的施工及设备的安装、调试，按国家及原铁道部有关质量检测规定进行检查签证；督促施工单位按规定进行各类试验，同时进行一定数量的平行抽检试验，并对施工单位的试验结果进行抽样检查；按"验标"规定，对施工单位自评的检验批、分项、分部、单位工程质量进行复查认定，按期向业主书面报告单位工程质量等级评定情况。

（10）检查安全防护措施及环保水保施工，尤其对铺架工程及涉及既有线地段或过渡工程的施工，督促施工单位严格执行原铁道部、铁路局关于确保既有线行车安全的各项规定。

（11）对合同范围内的工程建设项目，开展经常性的质量检查，对单位工程的施工检查确保不漏检，对重点、难点工程及技术复杂的工程增加检查频率。

（12）参加重大工程质量事故的调查、分析，督促施工单位按规定程序及有关部门要求进行调查并及时处理；审查施工单位对质量事故的处理意见，发现其不符合要求时，责令其重新研究事故处理方案，并及时书面报告业主。

（13）根据工程任务范围、工程特点及监理工作需要设立监理站中心试验室和监理分站工地试验室，加强检测、试验手段，按规定做好抽检及平行试验，做到与全线试验数据共享。

3.经济合同措施

（1）认真执行委托监理合同中监理人的权利和义务，严格质量检查和验收，对不符合合同规定及质量评定验收标准要求的工程不予验工计价。

（2）认真落实业主对施工单位考评及奖惩的有关实施办法，强化制约和激励机制。

四、质量验收管理措施

1.隐蔽工程检查验收措施

（1）监理工程师督促施工单位编制报送隐蔽工程施工进度计划。根据合同约定，建设单位驻工地代表或质量监督站人员参与检查重点隐蔽工程。

（2）隐蔽工程在隐蔽前，施工单位按有关专业"验收标准"的规定，先行组织内部检查合格后，留下隐蔽工程的影像资料，并按规定填好各类隐蔽工程检查表，签认手续完备后，报专业监理工程师。

（3）施工单位技术负责人或质量检查工程师于隐蔽检查48小时前或特别商定时间内，向监理工程师报验。对于工期较紧的工程，监理工程师可根据监理合同适当调整时间，以保证工程的顺利实施。

（4）专业监理工程师在约定的时限内到现场进行检查、核实，施工单位质检人员配合检查。

（5）监理工程师确认隐蔽工程合格后，办理签证，并准许施工单位进行下一道工序施工。

（6）对于检查不合格的工程或检验批所填内容与实际不符的，监理工程师在工程报验申请表上签署检查不合格及整改意见；严重的，可签发监理工程师通知单，责令施工单位限期对不合格工程进行整改，自检合格后，向监理工程师重新报验。

（7）特殊设计的、与原设计图变动较大的或监理认为需要设计单位参与检查的隐蔽工程，还应要求设计单位驻工地代表参加检查。

（8）工序检查实效性

①工序质量检查验收时效性，监理工程师接到施工单位要求进行现场检查验收时，必须按要求时间提前到达现场。

②基坑开挖、隧道开挖、钻孔等工序验收必须在1小时内，其他工序的验收不得超过半小时。

（9）监理人员在规定时间内不能到场检查情况下的处置措施。

①现场监理在遇到多个工序报检的情况下，务必遵守先主后次的原则，科学合理安排检验顺序。

②如果现场监理长时间不能到达现场时，应报告监理项目部（或监理组），由监理项目部（或监理组）另行安排监理人员接受报验。

③现场监理请假的情况下，为保证工序验收正常进行，监理项目部另外安排监理人员到岗。

④如果发现施工单位在未经验收同意隐蔽的情况下擅自隐蔽，采用以下处理措施：

a.施工单位无法提供一切合格的证明材料情况下，原则上进行彻底返工处理；

b.当施工单位能合理提供一些证明材料、影像资料，经过监理人员判别，能充分证明上道工序合格的情况下，可以给予签认；

c.对一些重要结构部位，在施工单位提供证明材料、影像资料的同时，还需施工单位进行检测或测试，发现问题必须彻底查清，按照"四不放过"的原则进行处理；如测试合格应给予签认，否则按不合格品进行处理。

隐蔽工程检查验收程序如图14-2所示。

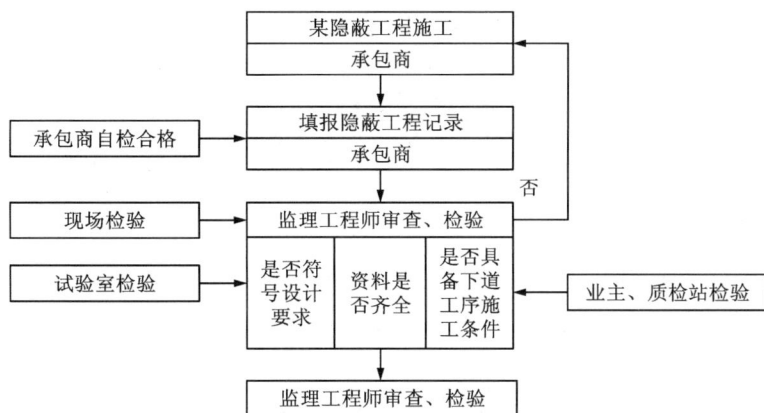

图14-2　隐蔽工程检查验收流程图

2.检验批、分部分项及单位工程质量验收措施

（1）检验批、分项、分部工程完成后，施工单位按工程质量验收标准要求，进行自检。

（2）施工单位自检合格后，填写工程报验单及相关检验批或分项、分部工程质量验收记录表，向监理工程师进行报验。

（3）监理工程师按照验收标准规定，及时组织相关单位及人员，对施工单位提交的检验批、分项、分部工程质量验收记录表进行现场复核，对施工质量进行验收。对于地基处理、沉降观测、路堑开挖及支挡结构基坑开挖、桥梁地基及基础、隧道衬砌、线路基桩等分部工程验收，根据验收标准要求，请勘查设计单位参加，并在相关资料上签认。

（4）检验批、分项、分部工程质量经验收合格后，监理工程师及时签认相关资料，方可进入下道工序施工。未经签认的工序，不得进行下道工序施工。

（5）如验收不合格，监理工程师通知施工单位进行返工或修整处理，自检合格后，监理项目部重新组织验收。

（6）单位工程完工后，在施工单位自检合格的基础上，按验标要求向项目管理机构提交验收申请报告，由总监理工程师会同项目管理机构组织有关单位验收。

验收记录由施工单位填写，验收结论由监理单位填写。综合验收结论由参加验收各方共同商定，建设单位填写，对工程质量是否符合设计和规范要求及总体质量水平做出评价。

单位工程有分包单位（含设备分包）施工时，分包单位对所承包的工程项目按规定的程序检查评定，总包单位派人参加。分包工程完成后，将工程有关资料交总包单位。

第三节　监理结论

自2010年6月进场施工以来，本项目安全质量可控，单位工程质量验收合格率达到100%，未发生较大及以上质量事故。各专业分项工程、分部工程、单位工程经验收评定合格，达到了合同约定的工程质量要求，圆满完成了监理工作任务。

一、监理单位提升监督管理能力

由于目前监理的市场混乱，监理人员的流动比较大，对于条件艰苦的铁路项目，监理单位留住监理人员也存在困难，监督管理能力相对还是较薄弱：一是监理人员的素质、能力不能完全胜任施工监理管理的工作，发现不了问题，处理不了问题；二是施工单位的执行指令意识不强，监理单位发现了问题不及时整改，在执行和落实上的差距比较大。提升监理单位的监督管理能力是对工程施工质量控制、安全控制的最有力提升点。因此，监理单位在选择监理人员时对于资质和能力的考察需进一步加强，对监理人员的培训也要定期开展。现场监理人员也要加强对设计图的学习及核对，熟悉设计图及监控要点。

监理作用的发挥有待进一步加强，尤其是在四电接口、站前站后衔接、站房内各专业间、铺架与四电专业等施工现场的监理及协调方面。建议：一是监理招标时设置条件，要求每一标段监理单位进场时需至少配备一名具有四电资质的监理工程师专门全程负责接口监理工作；二是建设单位加大对监理单位在接口监理作用发挥方面的考核力度，督促监理单位切实发挥其在工程接口方面的监理作用。

二、建设单位扎实落实管理考核

首先，建设单位应依据制定的相关办法，严格按照程序，超前组织、提前预估，对照管理制度和办法实施落实。其次，选择优秀的施工队伍和监管队伍，加强对参建单位的考核和检查，扎实落实好公司、监理单位的制度管理才是有力的保障。

建设单位定期对现场监理进行考试（设计图作为一项主要内容）和考核，不合格清退。对施工单位不申验就转序的、对重大问题不整改的、对监理指令不执行的、对停工不落实的，监理单位有权对其记录不良行为。建设单位及其指挥部及其他检查存在重大问题，现场监理未发现或没有汇报或没有制止的，对监理单位要加重考核，对不合格的监理单实施清退并纳入黑名单。

三、中外联合体发挥其特有优势

采用中外监理联合体虽然有许多优点，可以使中方人员取长补短，学习外方丰富的管理经验和先进技术，但中方和外方的监理存在差异，中方监理重点在施工管理方面，外方更重视项目管理咨询方面。外方的监理管理方式与中方的监理管理方式不太融合，外方监理应该更多的关注现场设计问题，对设计有一票否决权，但在实际过程中基本上都是以设计为主，建设单位的管理也有可能限制外方监理的发挥。中方监理应该真正的从中外联合体中学习到更多更好的先进管理技术和管理理念。在建设过程有意见不一致时，特别是争议比较大的问题时要采用指挥部组织的专题会方式予以解决。

第十五章　工程咨询

第一节　咨询方式

一、公司咨询管理机构

京福闽赣公司成立工程咨询管理考核领导小组，公司常务副组长为组长，分管技术负责人为副组长，组员为各部门负责人及上饶、南平指挥部、施工单位项目部负责人、监理单位总监，公司工程管理部负责日常管理工作。公司对工程咨询项目部人员组成方案、管理制度、工作细则、人员资质等进行审查，对不能满足建设需要的咨询单位进行调整。

二、咨询机构设置

中铁二院作为咨询单位，设置工程咨询项目部，实行项目经理负责制，对全线工程咨询工作负总责。工程咨询项目部配置项目经理、总咨询师、技术总体及各专业负责人，对初步设计和施工图、单项专题技术咨询、技术方案等审核负技术责任。中铁二院按照咨询合同书的约定配备充足的人力资源，保证工程咨询进度和工程咨询质量。

三、保证工程咨询质量的对策与措施

合福高铁闽赣段项目工程技术复杂，把好工程设计咨询质量是创建优质工程的保证。咨询项目部采取相应措施，在整个技术咨询过程中取得较好的效果。技术咨询质量的控制措施主要有以下几个方面。

1. 重视审核成果质量

工程咨询项目部各级管理者和审核人员在思想上高度重视审核成果的质量，认真学习原铁道部铁（建设〔2009〕78 号文），领会施工图审核试点工作目的，掌握试点工作内容和深度；制定岗位责任，明确审核单位各岗位的职责，确保审核质量。

2. 超前谋划

施工图审核人员提前介入设计，了解工程概况，详细研读初步设计文件、各阶段设计审查意见，熟悉项目总体设计原则和专业设计细则。

工程咨询项目部与京福闽赣公司、设计院共同拟定技术咨询进度计划，根据施工图供图计划做好施工图审核计划，根据咨询工作量和完成咨询的时间要求，及时调配高素质、高水平的咨询人员，确保咨询任务保质保量按时完成。

3. 制定质量管理文件

工程咨询单位利用公司内部的项目管理信息系统，加强对本项目工程咨询的技术支撑，严格执行铁二院质量管理体系，制定《施工图审核计划》《施工图审核资料管理流程》《施工图审核流程》《专业施工图审核要点》《施工图审核技术接口》《施工图审核意见分类标准》等管理文件，通过强化管理提高审核质量。

4. 建立沟通协调机制

工程咨询单位重视与京福闽赣公司、设计单位的沟通，及时向施工图审核管理单位（工管中心）汇报；建立施工图审核单位内部各专业之间、审核方与设计方、审核方与京福闽赣公司的沟通机制。工程咨询单位根据审核进展情况，及时组织必要的交流、讨论，提高咨询效率，对施工图审核过程中存在的问题及时进行信息反馈。

5. 重视设计接口审核

工程咨询单位在归纳总结相关项目经验的基础上，编制《施工图审核技术接口》文件，审核工作中严格执行《施工图审核技术接口》文件要求。

6. 保证信息输入准确

工程质量取决于一些特定的设计参数，咨询工程师仔细检查、审核设计参数输入数据，加强工程数量复核，对影响投资较大的重要工程量进行重点审核；组织专门队伍进行现场核实调查，做好现场核对工作。

7. 突出审核重点

工程咨询单位根据项目特点明确各专业重点审核内容和重点审核的代表性工作，对关键技术问题开展重点研究，充分发挥集团公司专家组的作用；建立技术会议制度，复杂技术问题必要时召开专题技术会议。

四、工程咨询主要工作方法和程序

1. 审核工作方法

(1) 建立、健全审核组织机构，配备具有丰富高速铁路设计经验的审核人员；

(2) 编制审核工作大纲和审核工作细则，明确工作任务和内容，细化审核工作要求；

(3) 建立标准化审核工作程序和流程，编制审核工作技术、质量管理文件；

(4) 强化审核工作管理，保证工程咨询单位质量管理体系在本项目审核工作中有效运行，执行工程咨询单位技术审签制度，以加强管理提高审核工作质量；

(5) 认真研读本项目初步设计文件和本项目各阶段审批意见，深入了解项目特点，听取京福闽赣公司对审核工作的意见和要求，接受工管中心的指导，保证审核工作的深度和质量；

(6) 建立健全岗位责任制，审核人员要对工程质量负责，承担规定的审核工作质量责任；

(7) 建立京福闽赣客专公司、工管中心、设计单位、审核单位的日常联系机制，加强沟通和协调，相关方密切配合，做好工作计划，使得审核工作高效顺利开展；

(8) 做好现场调查核对工作，使审核结果符合现场实际情况，保证设计的可实施性，保证审核工程数量符合实际，严格控制工程投资；

(9) 认真做好审核工作的记录，保证审核工作过程和结果的可追溯性；

(10) 认真做好审核工作总结，以达到施工图审核试点工作的目的。

2. 审核工作程序

分三个阶段，工程咨询单位与设计院、京福闽赣公司密切配合、加强沟通，在工管中心的指导下分三个阶段开展设计审核工作。

1) 设计审核准备阶段

(1) 编制深化施工图审核大纲和实施方案。

(2) 制订工作计划、审核细则。

2) 施工图审核阶段

(1) 施工图总体设计原则、专业设计细则审核。

(2) 施工图接收：设计单位按照供图计划，按时将咨询用的设计文件、图纸提供业主，工程咨询项目部及时接收京福闽赣公司提供的施工图文件。

(3) 现场核对：审核单位收到施工图后，对征拆、迁改工程和设计工点工程设计方案、工程措施可实施性进行现场调查核对。

(4) 施工图审核：审核单位在现场核对的基础上，全面复核工程数量，提出专业审核意见，汇总审核报告提交京福闽赣公司。

(5) 审核意见回复：京福闽赣公司研究审核单位的审核意见并提交给设计院，设计院逐条书面回复审核意见；咨询意见与设计单位回复意见有较大分歧时总结上报京福闽赣公司，由京福闽赣公司组织对分歧意见进行确认（必要时组织专家论证）。

(6) 形成审核报告。

(7) 审核报告批准：由工管中心和工程设计鉴定中心批准审核报告。

（8）修改施工图：根据工管中心和工程设计鉴定中心批准的审核报告，设计单位修改施工图。

（9）编制投资检算文件：依据经审核单位审核、京福闽赣公司批准的工程数量，设计院编制投资检算文件。

（10）施工图批准：审核单位配合京福闽赣公司核查重大审核意见的落实情况，重点追踪控制性工程和施工技术复杂工程的审核意见执行情况。正式施工图签字盖咨询章，由京福闽赣公司批准施工图交付施工。

（11）由审核单位对投资检算文件进行审核。

3）施工图审校结束阶段

审核单位汇编施工图审核成果并提交给京福闽赣公司。

第二节　主要咨询成果

一、咨询意见处理情况

审核单位对施工图文件及图纸进行了咨询、审核。设计院采纳了大部分审核意见，设计院未采纳的意见经双方沟通，均达成一致意见，不存在分歧意见；设计同意采纳的意见，已落实到施工图及设计文件。

1. 咨询意见处理原则

（1）审核人员按照审核大纲要求提出审核意见，填写"审核意见联系单"，"审核意见联系单"经专业负责人、专业所总、院专业主管总工程师审查并签署。

（2）根据施工图审核时限要求，工程咨询项目部负责将审查签署后的审核意见表送设计单位，同时抄报建设单位。

（3）专业负责人对设计单位回复意见进行逐条复审，并提出答复意见。当设计单位对审核意见有异议时，专业负责人与设计单位沟通协调。

（4）对于技术复杂、影响重大的技术问题，在正式提出审核意见前，项目负责人组织有关人员进行设计评审，评审结果填写"方案会审记录"或形成会议纪要。

（5）施工图审核过程中遇到的重大问题，以及当审核意见与设计单位存在重大分歧时，工程咨询项目部书面报告建设单位，由建设单位主持，召开有审核单位和设计单位参加的技术协调会，形成会议纪要，提交设计单位执行。如仍不能取得一致意见，由建设单位主持，召开由审核单位、设计单位技术领导和铁路系统知名专家参加的专家评审会进行专题评审，形成最终意见，提交设计单位执行。

（6）做好对设计院对审核意见的答复和确认。审核单位在收到设计单位对审核意见的答复后，根据审核意见和设计院对审核意见的答复，及时进行答复和确认；对设计院在施工图仍还存在的问题进一步提出审核意见；工程咨询项目部对修改后的最终施工图设计文件进行核对，确认无误后加盖审核技术章。

2. 各专业咨询意见处理情况

审核单位各专业对收到的施工图提出审核意见，设计院对审核意见进行逐一答复，审核人员对设计单位的答复逐一进行回复，审核单位对设计院修改后的施工图进行逐一确认。

二、施工图审核完成情况

1. 站前专业

线路、路基、桥梁（涵洞）、隧道、车站、轨道等专业施工图审核完成情况如表15-1所示。

表15-1　合福高铁闽赣段站前施工图审核主要工作量清单

专业		完成工作量	备注
线路	平纵断面/km	940	28册
路基	路基工点（含参考图）/册	596	322册

续表 15－1

	专业	完成工作量	备注
桥梁	桥梁(含参考图)/册	475	458 册
隧道	隧道(含参考图)/册	368	217 册
车站/册		125	31 册
轨道/册		117	47 册

2. 站后专业

(1)完成《新建铁路合福客运专线合肥至福州段(闽赣段)站房施工图审核大纲》,并提交闽赣公司。

(2)完成《新建铁路合肥至福州铁路闽赣段四电系统集成实施技术方案》审核报告,并提交闽赣公司。

(3)完成合福线(闽赣段)站房初步设计预审工作。

(4)施工图审核现场核对:共核对电力新增拆迁工程 34 处、通信新增拆迁工程 28 处;京福闽赣公司组织下,对合福高铁闽赣段沿线派出所、刑警队、乘警队、警务区、执勤岗亭等公安用房及长大隧道洞口消防水箱的修建选址进行现场踏勘。

站后施工图审核完成情况如表 15－2 所示。

表 15－2　站后施工图审核主要工作量清单

专业	完成工作量
接触网	共审核 224 册图纸,提出审核意见 284 条。
供变电	共审核 154 册图纸,提出审核意见 32 条。
电力	共审核 302 册图纸,提出审核意见 450 条。
通信	共审核 48 册图纸,提出审核意见 226 条。
信号	共审核 58 册图纸,提出审核意见 76 条。
信息	共审核 24 册图纸,提出审核意见 36 条。
房建	共审核 28 册图纸,提出审核意见 186 条。
暖通	共审核 30 册图纸,提出审核意见 65 条。
机械	共审核 4 册图纸,提出审核意见 5 条。
给排水	共审核 26 册图纸,提出审核意见 30 条。

三、审核重点内容

1. 线路平纵断面

(1)线路方案是否经济、合理,符合城市和铁路规划发展要求且技术可行,特别是与城市规划的结合。尤其结合沿线地形、地质条件对线路方案进行认真研究,并提出相关意见。

(2)线路平、纵断面设计是否协调合理,符合有关规范及技术标准的规定,结合运营条件、立交、航道、水文、工程设置等方面的情况,进一步节省投资以及个别地段改善坡度、坡段设置,对局部地段的纵断面设计进行适当优化调整。

(3)线路平、纵断面设计是否与桥梁、路基支挡工程相协调,特别是对全线高填、深挖路基边坡高度的控制情况以及相应的工程措施是否满足相关规定和要求。

(4)对于人畜穿越铁路、与高速铁路相交、平行的公(道)路、与高速铁路相交、平行的铁路等影响高速铁路运营安全的外部因素,结合本线路基、桥梁、隧道、轨道等工程综合研究并提出所应采取的线路安全防护方案。

2. 轨道工程

(1)审核无砟轨道对应于路基、桥梁、过渡段的设计方案、技术要求、施工措施、铺设范围的适应性，无砟轨道的结构形式、结构设计、施工工艺质量的控制要点。评价施工图是否满足施工需要。

(2)审核轨道整体刚度是否与运营条件匹配，轨道结构是否满足平顺性、舒适性、可靠性和耐久性要求，轨道各部件间是否匹配。

(3)审核评价活动断裂带、采空区影响、岩溶发育、地面沉降等特殊地段的轨道结构及其处理对策是否合理。

(4)审核无砟轨道与谐振式轨道电路的适应性处理措施。

(5)审核特殊桥上和道岔区无缝线路设计。

(6)审核高架桥上高速无缝道岔的结构设计和铺设工艺技术标准。

(7)审核减振、降噪及绝缘措施设计的合理性。

(8)审核不同轨道类型、地基条件间轨道过渡段设置的合理性。

(9)审核轨道工程与相关专业接口是否有遗漏，接口处理是否合理。

(10)审核焊轨基地的合理性、长钢轨铺架方案的可行性及长钢轨的铺设工艺。

(11)审核全线轨道工程数量，防止出现"差、错、漏、碰"现象。

3. 路基工程

(1)审核通用图及结构大样图。

(2)审核路基设计采用的基础资料准确性。

(3)审核边坡防护形式、措施是否满足稳定性及绿色防护要求。

(4)审核路基沉降及变形监测设计。

(5)审核地基处理施工工艺及检测要求。

(6)审核路基抗震措施设计。

(7)审核路基工程材料性能指标是否满足国家标准和有关规范要求。

(8)审核过渡段设计图、排水系统设计和支挡结构设计图纸。

(9)审核路基工后沉降和差异沉降控制、稳定性和沉降量的计算方法和控制标准。

(10)审核路基基床结构形式及路堤填料设计原则、横断面形状及稳定性以及对不合格填料如细粒土软岩的处理以及密实度控制方法，路基与桥、隧、涵等其他工程类型间的过渡设计，以及路堤与路堑、有砟轨道与无砟轨道等过渡段设计。

(11)路基形式是否合理，断面面积是否准确，填料是否符合要求，填料土石比例是否符合规范，调配、运距和基底处理方法是否合理；路基挡护工程、防排水设计是否合理，绿化方案是否符合国家和铁道部有关要求。

(12)重点审核的图纸：不合格填料的改良措施，软土松软土地基加固设计图，路堑高边坡加固设计图及安全防护措施，岩溶地基加固设计图，重大的改河改沟设计图，地质条件复杂的路基设计图，采用新技术、新工艺的路基设计图等。

(13)审核路基设计原则是否符合现行设计规范的要求，是否满足以设计速度安全行车及旅客舒适度的要求。

4. 桥涵工程

(1)审核特殊结构复核验算。

(2)审核混凝土连续梁施工方法的合理性。

(3)铺设无砟轨道段落内的桥涵，审核其对无砟轨道的适应性，对按无砟轨道设计的桥梁，当沉降控制及大跨度混凝土桥梁部徐变控制可能存在难以满足铺设无砟轨道要求时，考虑相应有效的补救措施，并研究桥梁同时满足无砟桥面及有砟桥面的可行性，必要时提请专家专项咨询。

(4)审核典型和主要的桥梁车桥耦合动力分析报告。

(5)审核桥梁(特别是铺设无砟轨道的桥梁)纵向刚度、横向刚度、温度应力的影响分析，以及对桥梁墩台纵、横向刚度的控制原则；

（6）审核梁部混凝土的收缩徐变，以及梁部徐变上拱或下挠度的变形控制。

（7）审核桥上是否设置钢轨温度调节器，桥上设置钢轨温度调节器对桥梁结构的影响。

（8）审核桥梁下部结构是否根据耐久性规范和《关于发布〈铁路混凝土结构耐久性设计暂行规定〉等两项铁路工程建设标准局部修订条文的通知》（铁建设〔2007〕140号文）的规定采用合理的混凝土、钢筋混凝土强度等级以及在不同等级侵蚀性环境下的桥梁是否采取相应措施，钢结构是否采用长效涂装体系。

（9）审核桥梁工程的抗震设计计算及抗震设防工程措施。

（10）审核桥梁的典型工法、断面进行受力计算，并对设计单位提交的计算书（计算原则、模型、程序、公式、参数的选用是否合适，是否符合规范要求，输入数据是否准确）。

（11）审核设计运架梁检算资料。

（12）审核桥梁墩台不均匀沉降计算方法、计算报告、解决方案和具体措施，墩台不均匀沉降设计所采取的解决方案和工程措施，尤其注意相邻桥墩台分别为柱桩及摩擦桩时的不均匀沉降控制。

（13）审核存在长期沉降问题地段的桥梁的支座类型采用情况。

（14）审核地质钻孔是否足够，岩溶地区是否根据桩位的布置逐桩钻孔；对影响结构沉降的地段，与沉降有关的地质参数是否完整。

（15）审核桩基础的刚性角是否满足规范要求。

（16）审核设置明挖基础的桥梁是否符合条件。

（17）审核全线各岩溶发育地段桥梁基础采用类型、岩溶处理措施及施工方法的可靠性及合理性。

（18）审核桥梁的防灾救援和养护维修设计。

（19）审核桥梁锥体、梁下荒地和旱地是否设置绿色通道所需要的植被。

（20）审核设计文件中对跨越或紧邻既有铁路、高速公路、省道、城市道路桥梁、输油管道、输气管道、供水管道、通信光缆、河流、航道及其他既有构筑物设计防护措施及施工防护措施的可靠性、合理性，审核设计施工组织方案的可靠性、可行性及合理性。

（21）根据轨道形式对道岔区桥式提出审核意见，对高架车站咽喉区无缝道岔桥梁关键技术进行咨询。

（22）对桥涵、桥路、涵路密集过渡段整体刚度进行分析研究，根据分析研究成果进一步判定对无砟轨道的影响情况。

5. 隧道工程

（1）审查初步设计批复意见的执行情况，批复意见是否得到逐条落实，落实是否准确。

（2）审核洞口边仰坡防护、排水、基底处理及与路基挡护工程协调设计。

（3）审核隧道超前地质预报的方法、手段是否得当；针对断层破碎带、软岩、岩溶及瓦斯隧道等不良地质地段，所采用的设计参数、施工方法、以及辅助工程措施设计是否得当、充分；对岩溶、瓦斯、涌水等不良地质是否有安全应急预案工程设计；超前地质预报、安全应急预案工程设计是否与地质等各种情况匹配；隧道洞口及进洞措施是否合理。

（4）审查施工图设计原则（细则），重点就其设计原则（细则）是否执行初步设计批复意见及工程建设强制性标准，是否满足本线的技术标准（特别是是否满足设计速度目标值）、结构耐久性和运营养护的要求，采用的规范、标准及分析软件是否正确，缓解隧道空气动力学效应的工程措施及设置标准、消防救援系统设置原则、防排水原则、特殊地质环境（岩溶、崩塌体、滑坡等）隧道处理原则、原则性施工方案、桥隧和隧路过渡段设置原则及与其他相关专业接口处理原则等原则性问题进行审查。

（5）审核洞身地质构造地段所采用的设计参数、施工方法、以及辅助工程措施设计是否得当、充分。

（6）审核补定测技术要求，进行补定测中间检查，并对补定测资料进行审查，以确保设计输入的正确性。

（7）审核采用的标准图和参考图，重点对图件的适用范围、隧道建筑限界与隧道净空断面尺寸（是否满足空气动力学效应最小面积的要求）、隧道内空间的规划（空间规划是否结合运营养护维修、消防救援模式，是否考虑相关专业需要等）、结构计算书、支护参数、施工方案及施工工艺等内容进行审查。

（8）施工图设计过程咨询，在施工图设计过程中进行中间检查，重点就施工图设计原则（细则）的执行情况及遇到的特殊问题进行咨询。

（9）审核与相关专业接口（包括各种管线及预埋件等）是否有遗漏、接口处理是否合理。

6. 站场工程

（1）施工图设计期间，参与重大站场设计方案会审，并进行中间检查。

（2）审查车站总平面布置图：①安全性审核；②运营条件的完备性（功能性）审核；③审查车站运营设备综合总平面布置图的合理性、经济性；④场区排水系统审核；⑤综合管线、设计审核。

（3）从控制工程投资的角度开展施工图审核，减小拆迁、征地及土建工程。

（4）工程数量的计算、统计

（5）各车场的检修设施配套工装设备能否满足设计能力要求，检修工艺是否流畅、合理、先进。

7. 电气化工程

（1）审查与电气化相关的四电系统集成方案、用户需求及目标。

（2）配合业主及建设单位参与审核牵引供电系统外部电源供电方案。

（3）审查牵引变电所主接线、总平面及生产房屋的布置方案。

（4）审查电气化接地、回流系统设计图。

（5）审查接触网系统参数、评价弓网系统受流质量。

（6）审查接触网平面布置，道岔处接触网布置方案和接触网锚段关节形式，隧道内接触网安装设计。

（7）审查电气化接口设计，重点审查路基、桥梁及隧道内接触网基础预留。

（8）审查影响接触网投资费用的关键项目：结构计算风速，接触网支柱容量计算及支柱类型选用，接触网支柱基础、拉线基础设计等。

（9）审查影响站场、线路美观的关键项目：站场接触网悬挂方式，站场咽喉区硬横梁接触网设计方案，无柱雨棚内接触网悬挂方案等。

（10）审查枢纽引入和接触网引入设计方案，重点是与既有车站或改扩建车站接触网衔接设计，既有区段接触网过渡方案设计及过渡安全措施，动车运用维修所、动车段、高速存车场接触网悬挂方案，动车检修库内接触网悬挂方案、防护方案等。

8. 动车组及机辆设备工程

（1）结合国内外运营管理经验，审查动车运用维修管理体制，动车运用所整备设施、检修设备的分布、规模、设备和人员配备方案。

（2）审核动车运用所总图、厂房组合及主要车间设备的平面布置。

（3）审核动车运用所检修设施、工装设备能否满足设计能力要求，检修工艺是否流畅、合理、先进，动车运用所配套运用设施的日常检查、运用整备、处理临时故障的适用性以及解决方案。

（4）审核动车运用所室内外管线综合设计的平面、断面、节点图及相关专业的管线设计图、外部接口需求等。

（5）审查动车运用所主要设备如轮对诊断系统、数控不落轮镟床、转向架更换装置、列车外皮洗刷设备、真空卸污系统等设备的选型、工艺设计及接口。

9. 综合维修专业

（1）结合国外运营管理经验，优化工务、通信信号、牵引供电等综合维修管理体制，养护、维修、抢修、作业方式，维修机构设置、设备和人员配备方案。

（2）审核综合维修设施总图及主要车间设备的平面布置。

（3）审核综合维修网络系统设计原则，信息管理系统的构成、功能、联网方式，各子系统的名称、功能。各层次信息管理系统所需要的设备名称、数量和对相关专业（通信、信号、供电、运输组织等）的技术接口。

10. 电力工程

审核工作重点内容如下：

（1）审核外部电源的供电保证是否落实，对供电方案做出正确的判断和优化。

（2）审查区间供电方案，根据部运输局四电集成的设计要求，对全电缆贯通线的电容电流补偿方案应开展专项技术咨询。

(3)审查区间和车站的过轨管线的预埋设计,针对高低压电缆在桥上敷设的情况,处理好电缆上下桥与桥梁设计的管孔预留预埋。箱式变电站在桥上设置时,应与桥梁专业协调箱变的设置位置和基础预制。

(4)审查车站的供电方案,特别是综合站房的供电模式,研究是否可借鉴城市智能化高层建筑供电模式,突破各部门条块分割、各自独立的供电方式,提高管理效率和各部门的供电可靠性的可行性。

(5)审核主要设备选型的原则以及设备国产化的措施。研究高端产品以合资产品为主,线缆等技术含量低的成熟的产品以国内产品为主的原则的可行性、提高设备的国产化率。审查设备之间的匹配和接口,使不同设备能有机组成整体。

(6)审查隧道的供电方案(包括应急照明),安装及控制方式。隧道供电主要解决正常照明、应急照明和消防设备的供电。应急照明供电在满足人员疏散诱导指示、照度标准和疏散时间基础上,注意经济性。对隧道内电力设施在列车设计时速下,活塞风和振动影响应充分研究,解决设备选型和安装问题。由于消防是系统工程,应急照明系统和防火门控制及消防设备的启动应与消防报警信号联动。此类设计可借鉴建筑物火灾自动报警相关规范和实例。电力设计应与防灾报警专业作好设计和接口协调。

(7)审查电力设施的防雷、综合接地及防护措施。借鉴国家电力公司、建设部和信息产业部有关电力设备、建筑物、弱电设备的防雷、接地经验和做法,结合国外高速铁路成功实例,充分考虑牵引供电系统杂散电流对智能化等弱电接地系统的影响,审查电力设备与综合接地系统的接口匹配。

(8)审查车站设备监控的控制模式和网络构成,车站设备监控可参照智能化建筑物楼宇监控系统模式,以 DDC 或 PLC 控制模块为基础,通过低层现场总线和上层的局域网实现车站设备的集中监控管理。火灾情况下,车站设备监控系统应与消防系统联动。预留将车站的设备控制信息上传至综合维修段或综合调度中心的接口。

(9)审查电力远动监控系统,特别是针对四电集成设计标准,供配电设备均要求纳入远动,车站和区间远动控制的信息量大大增加,监控的实时性要求很高,针对上述特点,重点审查大数据量的转发和处理方案,以及组态软件与各控制设备间的驱动接口、远动协议。

11.有线通信工程

(1)坚持可靠、先进、成熟、适用、经济、安全的原则,重点做好通信网各项安全系统设计、接口、先进技术的审核,做好技术标准统一工作,做好示范段(点)或标准段(点)的工作。

(2)审核通信网的构成能否满足语音、数据和图像等综合业务的发展需要,网络设计是否满足安全、可靠、灵活和高效的要求。根据运输组织模式和各个专业所提技术要求,审核通信组网提供列车控制、综合调度及信息系统等的通信设计是否符合安全、可靠、合理、适用等的要求,各种通道分配是否合理,各种接口是否满足相关专业的需求,及与相邻线的互联互通等。

(3)检查各专业设计接口。

(4)审核各种设计图纸、详细工程数量及投资,确保施工设计的总体性、系统性和合理性。根据鉴定意见和现行规范、规定提出施工设计审核报告。

(5)审核综合视频监控系统。

(7)结合本专业的技术难点,审核通信设计方案。

(8)全线对土建专业预留的通信电缆槽提资料技术要求,重点进行专项审核、清理,审核通信专业与其他相关专业接口衔接的合理性。

(9)审核设计文件、图纸、工程数量、设备数量、材料数量及施工图投资检算的正确性和投资控制效果,并与初步设计阶段进行比较分析工程量及概算增减原因。

(10)审核通信线路类型及容量的选择及防护措施、维护措施。

(11)审核机构的设置、管辖范围及定员。

12.无线通信工程

(1)审核通信专业与路基、桥梁、隧道、房建、电力、有线通信的互提资料技术要求,审核无线通信专业与其他相关专业接口是否衔接合理。

(2)审核 GSM-R 系统网络构成方式、弱场解决方案合理性。

(3)审核 GSM-R 基站及中继设备的设置依据,是否满足场强覆盖及满足指标等。

（4）审核设计文件的正确性、深细度，文件是否齐全，内容是否完整，是否符合规程、规范、规定及有关强制性条文的要求，是否执行有关安全规定，对标准图的选用是否合理等。

（5）审核设计文件、图纸、主要工程数量、主要设备数量、主要材料数量、用地数量、设计修正概算，审核与初步设计阶段工程量进行的比较分析及概算增减原因。

（6）审核机构的设置、管辖范围及定员。

（7）审核投资检算的正确性和投资控制效果。

（8）对工程采用新设备、新材料、新工艺、新技术等内容提出意见。

13. 电磁兼容

（1）审核部队机场导航设施的防护方案。

（2）审核短波无线测向台和无线电收信台的防护方案。

（3）审核对沿线输油、气管道的防护，从核实电磁防护影响计算方法及范围入手，检查其防护方案是否经济合理；结合既有管道已采取的防护措施，检查电磁干扰防护措施是否与之重复或兼容；输油、气管道防护工程是高危险施工，重点检查其施工安全防护措施。

14. 信号工程

（1）审核信号系统总体构成是否符合设计规范、标准以及专业发展方向，是否满足设计速度目标值的需要。

（2）审核列控、联锁、调度集中的逻辑关系及详细接口设计。

（3）审核信号专业与其他专业的详细接口设计。

（4）审核本线信号系统与相邻相关铁路、枢纽内的信号系统的接口设计。

（5）审核信号系统设备的抗电磁干扰、防雷电干扰和抗牵引电流干扰的能力，抗干扰能力及电磁辐射应符合中国及国际标准以及相关设备防护要求。

（6）审核信号系统设备的安全性、可靠性、可用性指标及指标的计算依据。

15. 信息化工程

审核综合调度系统、自动售检票系统、旅客服务系统的设计方案。

16. 防灾监控工程

（1）审核车站高大空间的火灾自动报警系统的类型选择是否合理。

（2）审查自然灾害监测点的设置，如风监测装置、雨量仪、地震仪等在铁路沿线的布置是否合理。

（3）异物侵限监测系统，审核传感器的选型是否进行了多方案比选。

（4）防灾安全监控系统现场设备的供电、通信方式由于现场条件变化大，对选择方式进行重点审查。

（5）审核风向风速仪的安装位置、安装高度、数据采样周期等。

（6）门禁系统，需要重点关注门禁点的布置是否有效形成封闭空间，确保没有遗漏和空缺通道。

17. 房屋建筑工程

（1）审核站房建筑造型、立面设计及装修设计与周边环境的协调性。

（2）审核车站建筑与站区设施的衔接、审查设计文件的总体性和专业间的衔接。结合各专业设计文件对施工中的衔接与系统化集成问题进行咨询。

（3）审核旅客流向和引导系统，站前广场交通与公共交通设施的衔接，以及建筑功能的实用性和合理性。

（4）审查绿色通道建设实施情况、车站站区景观设计、无障碍设计情况等。

（5）审核房屋结构设计的可靠性和经济性。

（6）审核主要结构参数，结构抗风、抗震等荷载工况计算分析的合理性。

18. 暖通工程

审核供热采暖、通风空调、室内给排水及水消防的设计方案。

19. 环境工程及防火、节能、文物保护

（1）审核全线生态环境保护及水土保持的工程措施、植物措施及土地复垦等，重点是线路所经自然保护区、风景名胜区、水源保护区、文物保护区、基本农田保护区等生态敏感区的生态环境保护措施及预期效果。

(2)审核沿线噪声、振动敏感点的防护措施及达到的预期效果,特别是高速铁路进入"带状城市"时的降噪减振防护措施及效果。

(3)审查声屏障的位置、材料、基础形式、高度、有效控制范围、附加长度等设计是否满足铁路限界、各种荷载及相关规范的要求;对声屏障的降噪效果、景观效果、结构形式等设计按相关规范要求进行详细审核。审查插板式声屏障的结构安全性,桥梁伸缩缝处声屏障连接及安装方式与景观要求,路基声屏障基础与路基的接口要求,路基及桥梁上声屏障构件接地要求。

(4)审查绿色通道设计是否满足铁道部相关规定,树种的选择、植物搭配、种植结构形式是否合理。

(5)审核电磁污染、固体废物污染、大气污染、水污染防治措施。

(6)审查隧道、站、段、所等防火措施是否满足相关规定规范。

(7)审查牵引供电系统、主要站、段、场(厂)采取的节能措施,房屋建筑的节能措施,余热、余压、废油、废气、废水的回收利用措施以及其他工程的动力设备节能措施。

20.给排水工程

(1)审核勘查(探)资料是否齐全、完整,并满足设计要求。

(2)审核设计原则和细则。

(3)审核给水站、生活供水站点分布和旅客列车卸污点分布及卸污方式是否合理。

(4)审核给排水管道横穿股道和以桥梁、隧道通过所采取的工程措施是否可行、得当,各种设计是否满足安全、防灾、节能、环保要求,避免对路基二次开挖,使设计满足各种综合性要求。

(5)审核污水处理工艺和排放是否符合"环境报告书"和国家环保局的批复意见。

(6)审核设计计算书、图纸,工程、设备、材料、用地和拆迁数量、个别概算和最终概算并与初步设计进行对比,分析增减原因。

(7)审核给排水工程施工组织和施工过渡措施,防止给排水工程引起的拆迁工程遗漏。

(8)审核设计选用的标准图是否正确,是否符合相关规范、规程和强制性条文要求;消防给水设计执行《建筑设计防火规范》《铁路工程设计防火规范》和《铁路旅客列车车站消防给水标准补充规定》(铁建设函〔2006〕517号)。

(9)审核设计文件的内容和深度能否满足使用维修的需要,并对设计的正确性、系统性、经济性、合理性提出审核结论。

21.施工组织和大临工程

(1)审核初步设计批复意见的执行情况。

(2)审核重点大型临时工程(制梁场、铺轨基地、轨枕板(块)制造场等)的设置原则、设置地点、工程规模、供应能力、供应范围是否满足施工要求。

(3)铺轨基地、制梁场、客运专线轨枕板(块)预制场等重点大临工程设置方案是否合理,设计是否达到规定深度,是否与初步设计批复意见一致。

(4)审核重点大型临时工程设计文件的深细度和内容是否满足《铁路建设项目预可行性研究和设计文件编制办法》和《铁路大型临时工程和过渡工程设计暂行规定》。

(5)审核重点大型临时工程数量、占地情况的合理性,并与初步设计工程数量进行比较。

(6)审核主要工程的施工方案、施工过渡措施是否合理。

22.投资检算及效果控制

(1)审核编制原则是否符合初步设计批复意见和部有关规定。

(2)审核工程数量表与个别概算数量是否相符,对影响投资较大、有疑问的工程数量应及时进行核对。

(3)审核个别概算中定额选用、各项取费标准是否正确。

(4)审核新技术、新工艺、新材料等项目的补充定额是否合理,对不合理的补充定额提出修改的参考意见。

(5)审核铺轨基地、制梁场、客运专线轨枕板(块)预制场等重点大临工程概算编制是否正确,投资是否控制在初步设计批复额之内,对投资变化较大的,进行增减原因分析。

（6）审核概算文件中三电迁改、油气水管路迁改、道路改移等的数量（投资）是否与设计或协议相一致，投资是否控制在初步设计批复额之内。对投资变化较大的，进行增减原因分析。

（7）对控制工程、重点工程的投资和指标进行合理性分析。对投资和指标不合理的项目，应协同相关专业进行工程数量核查并分析原因。

（8）审核其他费用中新增项目费用的依据和来源。

（9）施工图投资检算与初步设计批复概算对照，说明各章节投资变化情况，进行必要的投资增减原因分析。

（10）审查投资检算文件的总体性和系统性，做到工程投资与设计内容、工程数量相匹配。

四、施工图审核成果

工程咨询单位在施工图咨询审核工作中，帮助设计单位及时整改施工图设计中的差、错、漏、碰，并提出许多优化意见，从技术方案、工程措施、结构安全多方面对施工图进行了进一步优化，完善了施工图设计。为了满足现场施工的需要，及时完成施工图的审核工作，对按时、保质完成公司计划要求起到了重要作用。

1. 技术方案优化

1）路基工程

（1）HFMG-05标段：建瓯建溪大桥基础边坡防护设计图，审核建议取消2#及3#台合肥之间桩板墙，将山头削平。

（2）HFMG-06标段：DK667+056.195歧头垄2号大桥基础边坡防护设计图，审核认为5号墩左侧自然坡较陡，且桥基坑开挖时，存在左侧顺层力，建议增设承压板锚索结构。设计单位同意建议增设承压板锚索结构。

（3）HFMG-07标段：古田北站路基设计图，审核建议DK731+773.4～+845.6右侧路堤墙改为路堤桩板墙加固。

（4）HFZQ-05标段：大洲村大桥基础边坡防护设计图，合肥台尾右侧墙顶一级边坡，由于堑顶为陡坡，审核建议改为锚杆框架梁护坡。

2）隧道工程

（1）北武夷山隧道设计图。

①设计说明"2. 初步设计批复意见执行情况"中审核建议将批复意见中的第三十二条予以补充，建议补充高地温段落的辅助施工措施。

设计方已采纳咨询方意见，同意补充第三十二条相关内容。本隧道DK524+520～DK530+060段属存在地温危害区域，洞身地温可能超过28℃，设计中已明确辅助措施，措施如下：施工时应采用综合降温措施，如掌子面散水降温、加大通风等措施，确保施工人员及机械安全。

②进口下穿既有公路，审核建议此段落（平导和正洞）采用非爆破法或微震爆破法开挖。

3）桥梁工程

（1）对框架桥涵的配筋原则及思路提出了优化的审核意见，请设计单位对全线框架桥涵配筋进行核查修改。

（2）部分孔跨审核后得到了优化，减小了跨度，降低了工程投资。

（3）经审核建议后，设计单位核查采用部颁最新规范。

（4）审核后设计单位采纳了全线桥梁均采用防止地震落梁措施的审核意见。

（5）审核提出了应明确全线ABC类桥梁划分的审核意见。

（6）审核提出了全线通车立交涵应考虑耐磨层的审核意见。

（7）审核提出了摩擦桩建议根据受力情况采用分段配筋。

（8）咨询单位提出桥高较高部分梁体采用支架现浇施工方法需要特别安全及沉降控制。设计单位对地基作土填加固处理，已计列数量，施工时应对支架稳定性进行计算，并对地基进行预压使其沉降满足要求。尽力确保施工安全。

（9）本线多处车站桥下填土。咨询单位多次提出设计应慎重考虑填土对桥梁的不利影响，建议不在修建好的桥梁下填土。填土必须保持稳定，不能产生滑动。桥梁基础设计应考虑填土的荷载及填土沉降产生的负摩擦力的影响。请核查补充计算。补充详细交代施工措施。设计单位采取措施：设计说明中交代桥下填土要求对称填土、分层夯实，桥墩周围采用人工或小型机械对称填土，不得对桥墩产生偏压。基础设计时已考虑承台上方土重的影响，填土沉降产生的负摩阻经过计算，满足设计要求。

（10）王家坞中桥 DK412+038.205，咨询提出研究取消福州 1 孔 24 m 梁方案或改为 2×32 m 梁的方案。设计单位同意延孔设计。

4）站场工程

（1）武夷山北站，安 2 线应设置在平坡上，设在 1‰的下坡道上不符合规范要求。设计单位同意根据审核意见调整为平坡。

（2）建瓯西站横断面图中站台与股道间距只有 1.7 m，不符合规范。设计单位已同意修改。

5）电气化工程

（1）闽赣段接触网平面布置图："婺源—德兴"79#、80#支柱上避雷器建议取消，距两侧隧道都很近。

（2）《接触网设备安装图》中应补充隧道内开关安装图，补充开关跳线电连接长度计算方法，避免电连接驰度过大或过小。

6）电力工程

（1）10 kV 贯通线平面图：建议各箱式变电站的一侧引入综合与一级贯通电缆，另一侧引出综合与一级贯通电缆，避免贯通电缆引出入交叉敷设。

（2）各车站高低压线路图中：变电所主接线图中统一高低压开关柜形式、设备及柜内元件选型及标注；低压电缆选用 4 芯或 3+1 芯，全线统一；统一全线灯塔形式、灯柱接地方式。

7）房建工程

（1）中继站平面布置示意图：工程概况中，火灾危险性为民用建筑，按《铁路工程设计防火规范》TB10063~2007，附录 A 主要生产房屋的火灾危险性分类表 A.0.1，火灾危险性分类应为丙类，有关防火要求不应按民用建筑第 5 章，应按厂房（仓库）第 3 章要求的条文执行。

（2）通信基站、直放站图：选用构配件图纸目录中序号 2、3 的图应补充全标准图纸的使用范围，序号 5 中的图号 032G002 与说明六.6 条中各种拉结说明选用的图集号 03G363 不一致。

（3）武夷山北站。

①设计说明中设计依据《屋面工程技术规范》GB 50345—2004，应改为采用 2012-10-01 实施的 GB 50345—2012 版本。屋面防水等级：站房Ⅱ级相应改为Ⅰ级。

②屋面雨水口，应对其水落管落下位置和封装以及引出室外的走向，与水专业配合，在各层平面做出控制性设计表达，以避免影响房间的使用和美观，并达到平顺、安全地引出室外。

（4）南平北站。

本站为中型站房，站内的集散厅、候车区（室）、售票厅和办公区、设备区、行李与包裹库，应分别设置防火分区。依照规范，售票厅可以和候车厅合设为一个防火分区，但不可与办公区、设备区为一个防火分区。

（5）上饶站。

①建筑规模说明没有说明是中型还是小型站，客运专线站房规模应依据远期高峰小时发送量确定站房规模，远期高峰小时发送量 2770 人，大于 1000 人应为中型车站。

②本站为中型站房，站内的集散厅、候车区（室）、售票厅和办公区、设备区、行李与包裹库，应分别设置防火分区。依照规范，售票厅可以和一、二层候车厅合设为一个防火分区，但二层候车厅不可与设备区划为一个防火分区。

（6）婺源站。

两个 VIP 候车室及旅客服务距离安全出口较远，宜在候车厅外墙上增设疏散口。

8）暖通工程

（1）武夷山北站：左侧空调机房太窄，冷水管道无法连接到空调机组，应修改并补充空调机组检修措施。

（2）闽清北站、武夷山北站、五府山站：候车厅空调系统送、回风管路上应设置消声器，避免机组噪声传入候车厅，不应要求施工单位或设备厂家在施工中解决此问题。

（3）武夷山东站、古田北站、五府山站：公安值班室、消防控制室、办公室、检票补票室等均采用排气扇形式，导致空调房间为负压。

9）结构

（1）"考虑合拢温度为 −25～25℃"数值变化幅度过大，请核实调整；组合系数建议按荷载规范选用，"0.6"偏低。

（2）站房基坑设计进行优化：

①根据地形，周边场地开阔，可作两级放坡。

②局部遇较高地形时，可上面几米卸土（范围尽量大），下面作悬臂桩（离散间隔桩，桩间挂网喷混凝土挡土）。

③取消旋喷桩止水，坡面喷混凝土护面。

（3）站房基坑安全等级应注明，基坑开挖前作好周边均地排水，以及冠梁顶部设置围护栏杆，以确保施工人员安全，监测部位应明确。

2．工程措施优化

1）路基工程

（1）HFMG − 01 标段 DK391 + 549.87 上坳大桥基础边坡防护设计图，审核建议边坡防护由基材植生改为灌草护坡，设计单位已同意修改。

（2）HFMG − 01 标段 DK373 + 854.16 李坑大桥基础边坡防护设计图，审核建议 5#墩右侧边坡采用锚杆框架梁加固。设计单位同意。审核建议福州台前、台尾右侧桩顶自然坡坡率较缓，适当降低桩顶高程，桩顶采用开挖防护措施。设计单位同意修改。

（3）HFMG − 02 标段饶北河 2 号特大桥基础边坡防护设计图，审核建议 58、59、60#墩考虑增设防危岩落石措施。设计单位已同意修改。

（4）HFMG − 02 标段 DK482 + 656.885 丰溪河特大桥基础边坡防护设计图，审核建议合肥台台尾左侧 3 m 高路堑挡土墙取消，边坡按 1：1.5 放坡处理。设计单位已同意修改。

（5）HFMG − 03 标段 DK494 + 741.015 南塘大桥基础边坡防护设计图，审核建议 6#墩右侧边坡建议坡率改为 1：125，边坡防护承压板锚索改为锚杆框架梁防护。设计单位同意修改。

（6）HFMG − 04 标段坑口 1 号大桥边坡防护设计图，审核建议取消 6#墩左侧挡土墙，改为 1：1.5 刷方后设骨架护坡防护。设计单位已同意修改。

（7）HFMG − 5 标段 DK595 + 165.82 洋源垄 2 号大桥基础边坡防护设计图，对土质及全风化边坡，审核建议由基材植生护坡改为骨架护坡。设计单位同意修改。

（8）HFMG − 5 标段 DK613 + 678.50 葫芦山特大桥基础边坡防护设计图，对 7#墩左侧桩顶二级边坡审核建议取消框架梁防护，设计单位同意，改为骨架护坡。7#墩左侧桩顶二级边坡率改为 1：1.5，取消框架梁，采用基材植生防护。

（9）HFMG − 6 标段爱竹大桥基础边坡防护设计图，审核建议 3#墩右侧抗滑桩锚固段建议适当增长；福州台尾左侧一级堑坡建议改为锚杆框架梁防护。设计单位同意修改。

（10）HFMG − 07 标段南铝中桥基础边坡防护设计图，审核建议 2#墩右侧边坡由基材植生护坡改为锚杆框架护坡。设计单位同意修改。

（11）HFMG − 8 标段 DK801 + 274.105 桐溪 2 号中桥基础边坡防护设计图，审核建议福州台前、台尾左侧墙顶一级边坡建议采用锚杆框架梁防护。设计单位同意修改。

2）隧道工程

（1）北武夷山隧道设计图。

①审核建议将金奥斜井及麻子坑斜井按永久性工程考虑，作为防灾救援通道。设计同意在"防灾疏散与救援专项设计"中具体考虑。

②DK523 + 870 ～ + 970、DK531 + 000 ～ + 100 地表为大沟谷，F3、F4、F6 断层穿越地表大冲沟、沟谷、冲沟内常年有水，且断层内富含承压水，断层内岩石构造蚀变严重，审核建议于施工注意事项中交代，加强该段落的超前地质预报及施工防排水措施，并加强以上段落的涌水量监测。

③横通道及平导Ⅲ级围岩复合式衬砌断面设计图中，审核建议取消边墙系统锚杆。设计单位同意取消。

④金奥斜井洞口设计图中结合剖视图，审核建议 XJ1DK0 + 735 分界断面处左右侧的挡墙高度调整为 3 m。设计单位同意调整。

（2）隧道危岩落石防护图

①部分危岩落石防护图中将被动防护网设置于截水天沟及边仰坡开挖轮廓线中间，不合适，建议将其设置于截水天沟外侧。设计单位同意修改。

②桃源隧道出口危岩落石防护图中审核建议将线路右侧的被动防护网范围适当扩大。设计单位同意将线路右侧的被动防护网范围适当扩大 10 m。

③龙岗隧道进口危岩落石防护图中建议将线路左侧的被动防护网范围适当扩大，并补充防护网的高度。设计单位同意修改。

④北武夷山山隧道进口段，隧道洞顶公路，应做好防冲撞防护，防止公路上异物侵入，审核建议正线部分设置完善的防冲撞设施。设计单位同意修改。

（3）六坑隧道施工设计图

①六坑隧道（上行线）进口与正线隧道距离较近，且洞口里程相差不远，建议本隧道洞口与正线隧道洞口统一考虑做成整体式洞门，更为美观。设计单位已对洞门开挖边仰坡进行协调设计。

②六坑隧道（下行线）进口设计图中 LXDK0 + 630 ～ + 655 段反压回填段建议回填材料调整为水泥土或者是 C20 素混凝土，确保安全。设计单位已采用水泥土反压回填。

3）轨道工程

（1）设计中仍在使用一些已废止的规范，未及时更新，如：《铁路耐久性结构设计规范》（铁建设〔2005〕157 号）、《客运专线无砟轨道铁路工程施工质量验收暂行规定》（铁建设〔2007〕85 号）等。审核认为应该执行最新规范标准，设计单位采纳审核意见，修改相关内容。

（2）"合福咨图（轨）-20-05-02"图中，5.2 钢筋连接器后浇带施工，如何根据底座锁定温度、后浇带施工温度等综合计算后浇带钢筋张拉量。用手或螺栓拧紧钢筋连接紧固螺母，使底座板至零应力状态，如何控制确保。审核建议补充完善说明，以便指导施工。设计单位根据审核意见进行修改，设计图纸更加完整。

（3）"合福咨图（轨）-20-05-02"图中，"合福咨图（轨）-20-05-05～16"图数量表中，均标注为左线、右线钢筋数量表，审核建议宜为标注为左线、右线一处钢筋连接器（长 5.23 m）钢筋数量表。设计单位根据审核意见进行修改。

（4）路基上 18 号道岔轨枕埋入式无砟轨道结构设计图"客专线（07）009 合福咨图（轨）-27-01"图中，审核建议说明 1，宜改为 5.0 m 线间距单渡线销钉布置图。设计单位根据审核意见进行修改。

（5）桥上 18 号板式无砟轨道结构设计图 BWG（CN-6118AS）"合福咨图（轨）-26-01"图中，审核认为说明 10 中，要求与道岔相邻的 3 块道床板，每块需要植筋 28 根，具体钻孔位置详见"合福施图（轨）-19-08"，该图为轨道板允许钻孔孔位设计图，而无具体位置，在本册"合福咨图（轨）-26-01-10"图中进行了示意。建议修改说明。另外 H-H 断面图中，标注为 2×8 个剪力销。设计根据审核意见进行修改。

（6）"合福咨图（轨）-23-09-03 图"中，表 2 为 CARS-R 型有机硅嵌缝材料，设计有指定有机硅嵌缝材料产品品牌型号嫌疑，建议删除"CARS-R 型"字样；且有机硅嵌缝材料的主要技术指标中，拉伸强度偏低，没有黏接强度、疲劳性能定伸黏接性等技术指标。设计单位根据审核意见进行修改。

（7）"合福咨图（轨）-27-03-09"数量表，审核认为单个端梁门型筋应该为 28 根，设计单位根据审核意见进行修改。

4）通信工程

（1）车站通信线路图册：综合维修工区设计有 ONU，综合维修工区范围内的门卫、车库、机具库、工区宿舍、变电所、油库等自动电话用户，建议就近从综合维修工区设计的 ONU 接入合理，舍近求远从车站通信机械室接入不合理。

(2)GSM－R 数字移动通信图册(合福施图(通)－闽赣－Ⅴ－)中：GSM－R 基站系统连接示意图(合福施图(通)－闽赣－Ⅴ－08)直放站近端机监测通道建议采用"1＊FE"。

5)信号工程

(1)合福线闽赣段车站信号平面布置图中：上饶站在说明中增加安 L1#道岔定位开向弯股，施工维修时注意。请落实 14#道岔的定位开向。

(2)合福线闽赣段车站信号平面布置图中：武夷山北站在说明中增加 7#、13#道岔定位开向弯股，施工维修时注意。请落实 7#道岔的定位开向。

(3)合福线闽赣段车站信号平面布置图中：南平北站 W1#道岔定位应开向弯股，开通于安全线，并在说明中增加相应说明。在说明中增加 18#道岔定位开向弯股，施工维修时注意。请落实 10#、12#、14#、19#道岔的定位开向。

(4)合福线闽赣段车站信号平面布置图中：古田北站在说明中增加 6#道岔定位开向弯股，施工维修时注意。请落实 1#、3#、2#、4#道岔的定位开向。

6)防灾工程

公跨铁异物侵限监测装置安装图中，水平承重网与桥护栏之间建议预留 10 cm 空隙，方便对螺栓进行维护检修。

7)电气化工程

(1)由于各新建分区所及 AT 所内的 1ZB 27.5 kV 单相所用变兼做压互功能，若 1ZB 所在进线的电压回路是从交流屏上引，则应在交流系统图中补充画出。

(2)合福闽赣段供电线平面布置图中：关西 AT 所回流电缆建议就近回所。

(3)H34P40 图中 AF、PW 线安装方式可能由于绝缘子沿硬横梁钢管旋转，导致绝缘子倾斜。

8)电力工程

(1)合福闽赣施图(电)－G013"DK361＋000 至 DK371＋700"10 kV 贯通线平面图中：综合负荷贯通线引至牵引变电所是否需设置高压电缆环网箱，请核实。

(2)德兴、武夷山北、武夷山东、南平北、闽清北 10 kV 配电所图册：

①设备接地平面图：垂直接地体间距与《建筑物防雷设计规范》第 5.4.3 有关要求不符，请核实修改。

②火灾报警探测器形式应统一，并满足《火灾自动报警系统设计规范》有关要求。

(3)综合工区变电所图册：低压母线截面与变压器容量不匹配，请核实修改；

(4)婺源/德兴/武夷山北/武夷山东/南平北/闽清北维修工区 10/0.4 kV 变电所：应急照明回路配电线路及控制开关应与正常照明分开装设。

9)房建工程

(1)合福线牵引变电所：板配筋图中挑檐补充阳角板构造钢筋，挑檐长度大于 12 m，宜设置伸缩缝。

(2)南平北站：

①消防控制室、通信机械室应用乙级防火门、而不是甲级防火门，变电所应用甲级防火门或特种门。

②防火规范规定：紧靠防火墙两侧的门、窗洞口之间最近边缘的水平距离不应小于 2000，但本图有防火墙处紧靠防火墙两侧的门、窗洞口之间不足 2000。

(3)旌德站：

设计依据规范：《屋面工程技术规范》应为 GB 50345—2012，图中 GB 50345—2004 已废止；应按 2012－10－01 实施的《屋面工程技术规范》GB 50345—2012 第 3.0.5 条重要建筑定为 Ⅰ级两道防水设防。

(4)上饶站

①消防水泵房要求甲级防火门而不是乙级防火门。

②两侧翼屋面须设屋面检修孔。

③站台屋顶平面漏屋面检修防堕落设施。

（5）婺源站：

①消防水泵房和给水泵房应划为独立防火分区并设置直通地面的安全出口，不应把出站楼扶梯划入本防火分区。

②站厅层与进站地道间应设置防火卷帘分隔，并注意电梯应位于一个防火分区内。

（6）建瓯西站：

①消防水泵房和给水泵房应划为独立防火分区并设置直通地面的安全出口，不应把出站楼扶梯划入地下一层防火分区。

②站厅层与进站地道间应设置防火卷帘分隔，并注意电梯应位于一个防火分区内。

（7）古田北站：

①防火分区错误，地下一层不能和候车厅划分为一个防火分区。

②消防控制室、通信机械室应用乙级防火门，而不是甲级防火门。

（8）闽清北站：

地下通道集水井放在通道中部明显处，对通往第2站台的交通会有影响，建议将集水井及其配套的抽水机、配电箱等嵌入到相邻外墙内。

（9）德兴站：

站房平面A轴3和10轴处的外门窗间距不足2000 mm，违反建筑防火规范规定。

（10）五府山站：

①消防车道位于站房平台范围内不妥。

②票据室、售票室、进款室等缺疏散通道，不能经信号机房疏散，进款室的开间太窄。

10）暖通工程

（1）高压配电室排风口风速达9 m/s以上，建议修改。核查其他房间排风口风速。

（2）各车站信息电源室、信息机房、信号电源机械室、信号机房等凝结水管应有防漏措施，并应保温以防二次结露。

3. 结构安全优化

1）路基工程

（1）HFMG－01标段DK379＋701.06东岭大桥基础边坡防护设计图，审核建议福州台前、台尾墙顶平台适当加宽，以减少顺层下滑力对挡墙的影响。设计单位为于相邻路基较好衔接，平台不变，采用墙顶二级边坡增设承压板锚索来减少顺层下滑力对挡墙的影响。

（2）HFMG－1标段DK405＋195.67舒家坂特大桥基础边坡防护设计图，审核建议29#、30#墩右侧墙顶一级边坡锚索长度适当加长。设计单位同意。

（3）HFWT标段DK471＋030.77信江特大桥基础边坡防护设计图，审核建议DK472＋894.00～＋905.45左侧墙顶一级边坡建议改为锚杆框架梁防护。设计单位同意DK472＋894.00～＋905.45左侧墙顶一级边坡增设承压板锚索。

（4）HFMG－03标段石罗坑大桥边坡防护设计图，审核认为1#墩福州侧挡墙埋深应考虑水流冲刷，建议埋深按不小于1.5 m考虑，设计单位已同意，挡墙增加0.5 m埋深，墙高8 m，γ取值22，墙顶以上自然边坡增加2排承压板锚索加固。

（5）HFMG－3标段官山底特大桥基础边坡防护设计图，58#墩左侧临时边坡坡率较陡，且地质条件较差，开挖后，仅采用喷锚措施临时边坡稳定性较差，审核建议设置加固措施。设计单位同意临时锚喷后增设两排承压板锚索。

（6）HFMG－6标段DK665＋436.956狮山5号大桥基础边坡防护设计图，审核建议1号墩小里程方向锚固桩锚固段建议增长；4号墩右侧锚固桩桩顶高程适当降低，桩顶可适当刷坡后采用承压板锚索加固；6号墩左侧锚固桩桩顶高程适当降低，桩顶可分两级刷坡；12号右侧锚固桩桩顶高程适当降低，桩顶可适当刷坡后采用锚杆框架梁加固。设计单位同意，1号墩小里程方向锚固桩锚固段增长为10 m，锚索长21 m；4号墩右侧锚固桩桩顶降低2 m，桩顶可适当刷坡后采用承压板锚索加固；6号墩左侧锚固桩桩顶降低2 m，桩顶分两级刷坡；12号右侧锚固桩桩顶高程适当降低，桩顶刷坡后采用锚杆框架梁加固。

2）隧道工程

隧道工程的审核成果主要是北武夷山隧道设计图的审核。

平导超前小导管设计图中，审核建议将Ⅳ级围岩平导及横通道小导管的环向间距调整为 0.5 m。设计单位同意调整。

3）桥梁工程

（1）部分桥梁冲刷考虑不足，桩基础桩长较短，提出审核意见，得到了修正。

（2）对于部分未进行冲刷计算的桥梁提出了补充计算冲刷的审核意见，确保墩台汛期安全。

（3）对部分桥梁下部作为填土场的安全稳定性提出了咨询意见，要求核查。

（4）对于灰岩地区钻孔深度不满足的安全隐患提出了补钻的要求。

（5）对于较高满堂支架施工安全提出了核查要求。

4）信号工程

（1）合福线闽赣段车站信号平面布置图中：据《CTCS－3级列控系统应答器应用原则（V2.0）》（科技运〔2010〕21号）要求，当股道上相邻两组应答器之间的距离大于 400 m 时，在股道中间增加定位应答器组，用于列车定位。

（2）采用综合站房的车站建议进楼区间干线电缆采用低烟无卤阻燃型电缆。

5）电气化

（1）隧道内接触网五跨绝缘关节安装图：工作支采用弹性悬挂安装方式时，应避免定位管斜拉线与弹性吊索碰撞、摩擦问题。

（2）隧道外形钢柱附加导线安装图：H34M02、H34M40～H34M43 图中 AF 线与 PW 线同柱下锚安装时，AF 拉线与 PW 线交叉、摩擦。

（3）隧道外接触网六跨分相绝缘关节安装图：直线、曲线三支悬挂安装图中两非支与对方定位管碰撞、摩擦不可避免，建议适当调整其中一支安装高度。

（4）隧道外形钢柱附加导线安装图：H34P40 图中 AF、PW 线安装方式可能由于绝缘子沿硬横梁钢管旋转，导致绝缘子倾斜。

6）电力工程

（1）0901－1 德兴、武夷山北、武夷山东、南平北、闽清北 10 kV 配电所图册中防雷接地平面图：本设计防雷引下线附近保护人身安全需采取的防接触电压和跨步电压措施与《建筑物防雷设计规范》第5.4.3有关要求不符，请核实修改。

（2）通信基站、直放站电气设计：引下线附近为保护人身安全需采取的防接触电压和跨步电压的措施请按《建筑物防雷设计规范》（GB 50057—2010）第4.5.6条规定修改。

7）暖通工程

（1）10－0.4 kV 变电所暖通图（图号：合福施图咨（暖）－904）中：手提式灭火器最好设置在门口，便于失火时取用。

（2）10 kV 配电所（Ⅲ型）暖通图中：智能温控轴流风机起停温度为 37～39℃，温差较小，容易造成风机起停频繁，引起风机损坏。

8）结构工程

站房大屋面层梁系设置不合理，主受荷梁跨度偏小（仅为跨度 1/14）；一级次梁、二级次梁梁高不协调，传力体系不合理。请仔细复查计算过程是否有误，并以此类推进行全面检查。

第十六章　物资管理

第一节　物资采购供应

一、物资设备分类

合福高铁闽赣段物资设备分三类管理，即甲供物资设备、甲控物资设备和自购物资设备。甲方供应物资设备（简称甲供物资设备）是指在工程招标文件和合同中约定，由原中国铁路总公司工管中心或建设单位招标采购供应的专用物资设备；甲方控制物资设备（简称甲控物资设备）是指在工程招标文件和合同中约定，在建设单位监督下工程承包单位采购的物资设备，主要是指对工程质量、安全和造价有直接影响的大宗通用物资设备。自购物资设备（简称自购物资）是指在工程招标文件和合同中约定，由工程承包单位自行采购的物资。京福闽赣公司根据工程物资设备管理的需要，将自购物资设备分为重要自购物资设备和一般自购物资设备。

甲供物资分为两类：由原中国铁路总公司组织建设单位采购供应的物资设备，称部管物资；由建设单位直接采购供应的物资设备，称建管物资。

二、物资采购

1. 物资设备采购总体原则

合福高铁闽赣段物资设备管理遵循"源头把关、过程控制、精细管理"的原则，以"保证质量、控制价格、保障供应"为核心。根据《京福闽赣铁路客运专线有限公司物资设备管理办法》《京福闽赣铁路客运专线有限公司物资设备生产（供应）商管理办法》《京福闽赣铁路客运专线有限公司甲供物资设备采购供应组织实施方案（暂行）》《京福闽赣铁路客运专线有限公司砂石料等地材管理规定（暂行）》《京福闽赣铁路客运专线有限公司物资设备质量管理实施细则（暂行）》及工程招标文件和合同约定，物资设备管理实行分类管理、分级负责、专业服务、统筹供应的管理体制。

2. 物资采购流程

物资设备采购坚持"优质、可靠、低成本"的原则。列入国家实行生产许可证制度的工业产品目录、原中国铁路总公司行政许可目录、铁路产品认证采信目录内的铁路专用设备，必须选用通过许可认证的物资设备。凡采购许可认证的物资设备及新型物资设备，必须执行《铁路建设项目物资设备管理办法》（铁建设〔2012〕216号）文件相关管理要求。

物资采购可分为三大类，即甲供部管物资设备采购、甲供建管物资采购和自购物资设备采购。

1）甲供物资采购程序

京福闽赣公司根据物资管理相关规定和项目自身特点，细化了采购流程，明晰部管物资采购程序，方便物资管理。

（1）在项目批复后，物资设备部及时组织工程、计财等部门依据初设批复及施工图资料向原铁路总公司招投标管理办公室报批部管物资设备招标计划。

（2）工程承包单位收到施工图后，根据使用时间，提前4个月按照要求及时编报物资设备需求招标的计划，并详细说明品名、规格、型号、技术质量要求、数量、交货时间、交货地点、运输方式、包装要求、价格上限等，经单位负责人签字并加盖公章后经指挥部审核后上报公司，公司物资设备部组织工程、计财部审定后，物资设备部汇总编制招标采购计划，报公司物资设备管理领导小组审批，再上报原铁路总公司实施招标采购。

（3）公司按照原铁路总公司关于部管物资管理的有关规定，协助完成采购招标和评标工作。

（4）根据原铁路总公司批复的评标结果，与中标人签订合同协议书，并抄送相关单位。

2）甲供物资采购程序

（1）建管物资设备由物资设备部归口管理，相关部门配合。物资设备部及时组织工程、计财部依据有关资料向原铁路总公司招投标管理办公室报批建管物资设备招标计划。

（2）工程承包单位按照施工图及有关要求，根据使用时间，提前2个月编报物资设备需求招标的计划，并详细说明品名、规格、型号、技术质量要求、数量、交货时间、交货地点、运输方式、包装要求、价格上限等，经单位负责人签字并加盖公章后经指挥部审核后上报公司，公司物资设备部组织工程、计财部审定后，由物资设备部汇总编制招标采购计划，报公司物资设备管理领导小组审批。

（3）公司按照原铁路总公司关于建管物资管理的有关规定，物资设备部根据原铁路总公司批复的建管物资招标计划，在规定的交易中心组织招标、评标工作。

（4）物资设备部根据公司物资设备管理领导小组批复的评标结果，与中标人签订物资设备购销合同，并抄送相关部门和相关单位。

3）自购物资采购程序

（1）工程承包单位是自购物资设备的采购人和责任主体，自购物资设备的采购归口物资部门采购供应。对于宜统一规格型号或制式的物资设备，提倡承包单位联合采购。

（2）自购物资设备采购计划由工程承包单位编制实施，并按有关规定自行组织采购。其中重要自购物资的招标采购文件需报公司物资设备部审核，采购结果报公司物设部备案。高速铁路"四电"系统实行系统集成后，其重要的物资设备以及钢材、水泥等大宗重要自购物资的采购必须在公司的监管下进行，其资格条件、产品认证许可、技术要求必须符合原铁路总公司相关要求。

（3）工程承包单位必须严格按分类管理的权限进行物资采购，确需越权采购的，必须报公司批准后进行，否则不予计价，由此造成的一切损失和后果由工程承包单位自行承担。监理单位加强监督，确保进场物资符合采购程序和设计要求。

三、物资供应

1. 强化源头把关和过程控制

1）供应组织

甲供物资设备（包括部管物资、建管物资）委托物资代理公司组织供应，自购物资设备由工程承包单位组织供应。

工程承包单位负责物资设备的进货催运工作，物资代理公司协助；物资设备到达合同指定地点后，工程承包单位负责卸货和二次倒运工作，并承担相应费用；物资代理公司根据甲供物资设备合同，制定甲供物资设备供应方案和流程，报公司批准。工程承包单位制定合理的自购物资设备供应计划，优化供应工作流程，提高供应保障能力。

2）验收和保管程序

所有物资设备验收由工程承包单位和监理单位现场共同完成。工程承包单位负责进场物资设备的数量、质量验收，监理单位现场监督进场物资设备的数量、质量验收，并在工程承包单位的进货台账上签字确认。除规定检查检测质量外，还必须检查许可认证物资设备的许可认证文件。公司物设部、指挥部对现场物资验收进行抽查。

验收发现数量、质量差异时，及时做好记录，单独存放，待处理前不得动用。甲供物资设备差异由公司物资设备部负责处理，物资代理机构、工程承包单位和监理单位协助；自购物资设备差异由施工单位负责处理，监理单位协助，公司指导、监督。所有不合格物资禁止进入施工现场。

2. 加强采购供应一体化管理

公司引入专业物资代理公司，协助开展本项目甲供物资设备的采购供应管理工作。

公司物资设备部在原铁路总公司有关部门及部物资管理办的业务指导下，组织项目的工程承包单位、设计单位、监理单位、物资代理公司、第三方质量检测机构，按照原铁路总公司相关文件以及《京福闽赣铁路客运专线物资设备管理办法》的物资设备的管理权限、职责和程序，不断完善管理机制，加强招投标监管，落实招标主体责任，进一步明确了甲控物资以工程承包单位为主体、甲供物资以建设单位为主体的招标主体责任，对物资设备的采购、供应、质量与价格控制等，实行"分类管理，分级负责，专业服务，统筹供应"。

3. 建立有效的应急管理制度

1) 落实应急供应方案

公司根据不同类型的物资并结合客观实际情况，在保证质量的前提下，发布应急供应具体方案，联系临时供应具体事宜。确定专人负责，保证信息能快速准确传达。

公司积极做好前期工作，汇总整理已通过原铁路总公司资质审查的供应商，在需要临时采购时缩小选择范围，加快了供应进度，保证了应急物资的质量。

甲供物资设备因各种原因出现供不应求时，实施下述应急预案：

(1) 项目内调剂：按照就近原则，由公司统一组织在项目内中标厂家（供应商）范围内调剂供应。

(2) 项目外调剂：建管物资项目内无法调剂时，报公司领导批准后，从原铁路总公司内其他项目组织调剂供应；部管物资跨项目调剂报经部物管办同意后组织实施。

(3) 零星应急采购：当调剂不能解决供应时，经公司物资设备管理领导小组批准后，委托物资代理公司组织零星应急采购。

(4) 应急采购：当甲供物资设备不能满足工程需要，严重影响工程进度时，经指挥部确认报公司物资设备管理领导小组同意后工程承包单位方可自购。

2) 细化应急供应要求

公司积极协调各供应单位与工程承包单位，使其尽快就供货问题达成一致意见，签订过渡期供货协议，待正式招标后，各工程承包单位按各标段的中标价结算，协议报指挥部和客专公司备案。指挥部和各监理单位监督过渡期物资应急供应方案的贯彻执行。

施工图确定后，各工程承包单位尽快统计各种物资规格型号、数量，及时报公司，公司将部管物资招标计划尽快上报原铁路总公司，抓紧完成招标。

第二节　物资质量控制

一、优化组织机构职责

1. 设立现场指挥部领导小组

公司成立物资设备管理领导小组，组长由公司主要领导担任，副组长由分管领导和总工程师担任，成员由公司各相关部门、指挥部负责人组成。

领导小组职责：①审定物资设备管理办法；②研究和决定物资设备采购重要事项；③监督检查物资设备采购供应工作；④监督物资设备采购与招标工作的全过程，审核甲供物资设备招标计划，批准招标结果上报。

2. 明确各相关部门管理职责

公司各部门按照分工协调配合，共同做好物资设备采购、供应工作。为保证项目物资的质量达到标准，物资设备管理工作由公司物资设备部具体负责，同时明确公司相关部门职责，协同计划财务部、安全质量部、工程管理部和现场指挥部共同打造一流的物资管理模式，具体职责分工如下：

(1) 计划财务部。协助提供包括甲供物资设备清单和概算单价；负责甲供物资设备价款按时复核与支付工作。

(2) 安全质量部。对现场物资进行日常质量监督，并纳入对工程承包单位的日常考核；负责对物资设备质量管理体系运行情况进行监控。

(3) 工程管理部。审核经现场指挥部审查、施工单位提交的甲供物资设备数量，提供技术要求及甲供物资设备招标清单，审核甲供物资设备需求计划及招标计划。

（4）现场指挥部。负责检查、落实公司有关物资设备的管理规定，做好本管段物资设备采购、供应、保管的组织协调工作；负责审核、汇总、上报本管段各工程承包单位提报的甲供物资设备需求计划清单、技术要求等；审核甲供物资设备招标采购计划；负责监控本管段物资设备质量，掌握现场供需动态、甲供物资到货验收情况，及时向公司反馈信息；负责对工程承包单位、监理单位和物资代理公司的考核。

二、严控供应商准入条件

合福高铁闽赣段主要物资设备采购实行生产（供应）商准入制度，京福闽赣客专公司负责制定合格生产（供应）商资格条件并负责生产（供应）商资格审查。只有经过审查认定合格的生产（供应）商，才有资格参与相关物资设备的投标活动。

1. 确定基本准入条件

合格生产（供应）商应具备的基本条件：

（1）具有独立企业法人资格。

（2）遵守国家法律、行政法规，具有良好的商业信誉。

（3）具有履行合同的能力和良好的履约记录。

（4）具有一定规模和良好的资金财务状况。

（5）有完善的产品质量保证体系和管理制度。

（6）有相应的专业技术人员。

（7）有按国家规定的标准检测和检验合格的专业生产设备。

（8）具有生产（经营）许可证。

（9）原铁路总公司规定的其他条件。

合格生产（供应）商审核程序：公司在指定媒体上发布资格预审公告，公布合格生产（供应）商申报条件，由供应商自愿申请并提报相关资料；公司物资设备部负责组织评审，评审后由公司发布合格生产（供应）商名单。

2. 制定相关考核要求

京福闽赣客专公司在合格生产（供应）商范围内，组织相关单位对工程建设所需物资设备进行招标采购，合格生产（供应）商之间在质量、交货期、价格、服务、综合资信等几个方面开展公平竞争。

合格生产（供应）商中标后，必须严格履行合同，确保产品质量和供货进度，严禁转包、分包。公司物资设备部在安质部的配合下，负责生产（供应）商的信用评价，对其产品、服务及生产能力等进行跟踪考核。

考核分不定期抽查和年审两种方式。及时收集合同执行过程中的价格、质量、交货、售后服务等方面信息。严格执行原铁道部《关于印发铁路建设项目物资设备供应商信用评价办法的通知》（铁建设〔2009〕91号），对有不良行为记录的供应商，除按规定纳入信用评价外，还由公司物设部填写《供应商不良行为认定记录单》报部物资办。根据考核结果及反映的情况，对于不合格的厂商，视情节轻重，给予书面警告、限期整改，直至暂停或取消投标资格。

三、细化材料管理办法

1. 严格进场检验

为保证物资设备的质量从而保证工程质量，公司曾多次组织开展原材料专项检查活动，对防水材料（防水板、止水带）、混凝土材料（水泥、粉煤灰、外加剂、粗细料）、钢材等原材料的进场初验与检测、原材料的存放使用进行重点检查，清场处理不合格原材料。公司组织对不合格型钢的现场清退，对衡水光辉橡塑公司生产的部分批次中埋式止水带厚度不足、常州龙正不合格防水板等问题产品进行调查处理，现场清退，向生产厂家发出《产品质量问题警示函》，并向原铁路总公司报送供应商信用评价考核，暂停支付货款。根据原铁路总公司的处罚规定，对北京中昊创业工程材料有限公司的隧道预埋槽道进行封存、清理。根据国家铁路局通报，通知供应商对通报的三种规格不合格转辙机（计8台）进行更换下道处理。根据铁路局静态验收的要求，要求生产商全部更换有安全隐患的电动转辙机接点组、更换锈蚀的转辙机减震装置。

根据静态验收现场反映的道岔、扣件锈蚀等质量问题，及时协调厂家，组织产品送检，会同安质部召集供应商召开专题会议确定更换范围及整治方案，同时更换了道岔变形的硫化垫。

进场材料验收合格后，各项目部及时通知试验人员并办理委托试验手续，由现场试验人员通知驻地监理约定取样时间，由驻地监理见证，现场试验人员和材料人员共同取样，填写试验委托单，同时做好送检台账。

2. 妥善存储管理

工程承包单位要按照有关规定，设置必要的仓储设施，加强和规范物资设备储存保管，保证储存的物资设备质量。同时保持一定物资储备量，满足施工进度需要。甲供物资设备进入施工现场后，由工程承包单位负责保管工作。由于保管不善造成丢失损坏的，由工程承包单位自行承担责任。

第十七章　队伍管理

第一节　专业队伍要求

一、专业队伍管理的制度建设

京福闽赣公司为了规范专业队伍管理，制定了一系列专业队伍管理的相关制度，为队伍管理的相关工作提供了依据。

公司制定的相关制度有：《质量管理办法》《安全生产管理办法》《标准文明工地建设管理办法》《地质勘查监理管理办法》《第三方检测管理办法》《施工及监理考核办法》《工程监理管理办法》《外方监理考核计量办法》《架子队管理办法》《施工企业信用评价实施细则》《物资设备生产（供应）商管理办法》等，内容涉及勘查设计、监理、施工、材料供应等参建单位，规范了各参建单位的行为准则和工作要求，涵盖了培训、奖惩等方面，制度体系较为完善。

二、专业队伍管理的要求

人员配备标准化是标准化管理体系正常运转的基础和保证。

（1）建设单位根据机构设置和人员编制，按照专业化、职业化要求和精干高效原则，配备具有一定铁路建设管理经验、有责任心、懂业务的建设管理人员，满足建设项目技术、管理需要。建设单位依据项目特点，将参建单位人员配备要求作为重要内容纳入合同，督促设计、施工、监理等参建单位按照合同约定，科学合理设置现场管理机构，配齐配强现场管理人员。

（2）勘查设计单位按合同约定及时组建项目勘查设计团队和现场设计配合机构，配足相应素质的现场配合人员，及时解决现场的勘查设计问题。

（3）施工单位按合同约定和扁平化管理原则，根据工程规模、管理跨度、难易程度，选用"项目经理部—作业队"或"项目经理部—项目分部（工区、工作组）—作业队"管理模式。施工单位按照管理有效、监控有力、运作高效的原则，分专业组建架子队，每个架子队总人数与所承担的工程任务相适应。架子队分为管控层和作业层，管控层包括架子队队长、技术主管、技术员、质检员、安全员、测量员、试验员、材料员、领工员和工班长，由施工单位正式职工组成；作业层为架子队下设的作业工班，一般不超过5个。

（4）监理单位按照合同约定和"监理项目部—监理组"管理模式组建现场监理机构，配备具有良好职业道德、专业技术水平、组织协调能力、独立解决现场问题的专业监理工程师及其他监理人员，按监理规范和监理合同要求配备必要的设备、设施。

第二节　岗位培训

京福闽赣公司为贯彻落实"以人为本、服务运输、强本简末、系统优化、着眼发展"的铁路建设新理念，以"创建精品工程"为载体，推进"全员、全面、全过程"的技术培训，全面推进合福高铁闽赣段建设标准化管理，不断提高全体参建人员的职业素养和业务技能，明确培训指导思想和工作总体目标，并规范培训要求、培训范围、检查与考核等。

一、岗位培训的要求

岗位培训是队伍管理中一项十分重要的工作，京福闽赣公司为了深入推进培训工作，提高岗位培训的效果，提升各级参建人员的素质，建立全员全过程的培训制度，并提出相应要求。

1. 提高思想认识

加强全体参建人员培训工作，提升参建单位的整体素质和业务能力，是贯穿合福高铁闽赣段建设整个过程的重大举措。有利于推进客专建设的标准化管理；有利于打造作风扎实、技术过硬、管理有序的建设、设计、施工、监理队伍，实现工程建设各阶段项目管理工作的有机衔接和客专建设目标，促进客专建设管理水平整体提升；有利于促进参建单位人力资源持续增值，增强企业凝聚力，提高工作效益和经济效益，实现企业自身发展。

2. 明确培训目标

公司把提高人员素质作为一项非常紧急的任务来抓，建立适应客专建设发展需要、促进企业和员工和谐发展的教育培训体系；结合项目建设实际和建设过程中暴露出来的突出问题，从培训需求分析、培训组成要素分析、培训效果评估三方面入手，制定培训方案，确定培训内容；改进培训方法，搭建展示技能和交流业务的平台，有效激励和调动广大干部职工学习的积极性和自觉性，营造有利于人才成长的良好氛围。

3. 加强组织管理

公司敦促各部门、各单位积极参加原铁路总公司和京福闽赣公司组织的各类培训班，不断探索新形势下客专建设培训工作的规律，研究和谐客专建设对培训工作的新要求，努力提高各级培训班的质量。公司各部门结合本部门工作方面新技术发展的要求，提出具体的培训实施方案，合理安排教学内容，组织聘请专业教师或高层次专家讲课，配合教师或专家开展调研和课题攻关，扩大学员视野，增强教学的针对性和时效性，提高培训的质量和效果。

4. 制订针对性强的培训计划

公司针对施工阶段工序和作业对象的不同，制订培训计划时合理选择授课方式和培训内容，不断更新参建人员的铁路建设知识结构，对技术人员进行技术标准、规范、施工工艺、质量安全保证措施等内容的培训；对作业人员进行施工方法、操作规程、防护措施等内容的培训，并采用形象直观的图片和通俗易懂的案例进行培训，设计单位在培训方面给予施工、监理单位大力支持，以取得最佳培训效果。

5. 加强专项培训

公司针对不同工序及时组织专项培训，重点加强无砟轨道、四电集成、站房建设、铺轨铺岔等工序转换的专项培训。

6. 注重日常培训

施工单位坚持班前培训制度，各工点在作业前组织作业人员对质量安全控制要点和技术交底进行学习，班后及时总结，不断提高作业人员质量安全意识和技术业务水平；加强新进员工和转岗员工的岗前培训，在对项目管理制度、质量安全保证措施、工艺流程和操作技能等方面培训合格后方可上岗。

二、培训范围、内容及分工

1. 培训范围

公司实行分层分类分专业培训，做到专业全覆盖、人员全覆盖。从决策层到管理层（执行层）直至作业层、自项目筹备到工程竣工，结合工程实际，适时开展培训工作，务求使培训工作做到"纵向到底、横向到边"，实现"全员、全面、全过程"培训目标。

2. 培训内容和分工

1）指挥部

指挥部管理人员除及时参加原铁路总公司、路局有关部门组织的培训外，根据工程实际情况，开展各类行之有效的培训。培训重点包含《安全生产法》《建设工程质量管理条例》《建设工程安全生产管理条例》《铁路建设工程质量管理规定》《铁路建设工程安全生产管理办法》等法律、法规和规范性文件，各类工程建设强制性标准、规范、验标，原铁路总公司和路局下发的各类管理文件、规定等。

2）项目部

项目经理部以满足施工现场需要为重点，积极组织技术人员参加上级部门组织的培训，并认真做好企业内部培训工作。组织施工人员认真学习《建设工程质量管理条例》《建设工程安全生产管理条例》《铁路建设工程质量管理规定》《铁路建设工程安全生产管理办法》等管理规定，提高依法组织施工的自觉性，落实质量安全管理责任。

（1）施工安全培训。

按照国家有关规定做好安全"三类"人员培训和认证工作，取得安全生产考核合格证书后方可担任相应职务；既有线和特种施工等作业人员，必须进行上岗前的技术、安全培训，考试合格后持证上岗。

（2）施工技术培训。

项目经理部组织开展对施工技术、工艺、规范和验收标准的学习，使现场技术人员和作业人员熟悉规范、掌握验标，提高技术水平。

（3）作业人员培训。

项目经理部建立"架子队"人员培训和持证上岗制度，培训合格后方可上岗，培训情况记录在教育培训档案中；从事技术工种的作业人员，上岗前必须取得相关职业资格证书，从事特殊工种的，还应取得特种岗位作业证书。

3）监理站

监理站积极组织监理人员参加铁路有关部门、行业协会组织的铁路工程监理专业培训，并结合项目实际情况自行组织开展经常性培训工作。

培训内容包含《安全生产法》、《建设工程质量管理条例》、《铁路建设工程质量管理规定》、《铁路建设工程安全生产管理办法》、《铁路建设工程监理规范》、《铁路建设工程监理管理暂行规定》等法律、法规和规范性文件，各种工程建设强制性标准、规范、验收，原铁路总公司和路局下发的各类管理文件、规定等。

三、岗位培训的计划

京福闽赣公司在公司成立之初已根据施工组织设计的施工进度制定了相对完善的岗位培训计划。公司统一组织对建设单位关键岗位的强化培训和新技术的入门培训，指导参建单位关于客专施工新技术、新材料等关键环节的培训。参建单位日常岗位培训、取证培训等根据有关规定由各单位自行组织，京福闽赣公司对持证上岗和培训情况进行检查和抽查。在培训结束后，京福闽赣公司有针对性地进行考核和考察，并对考核和考察结果进行奖惩。

四、岗位培训的实施

在开工之初，公司工程管理部组织参建施工、监理单位和公司全体员工参加的业务培训班，邀请原铁路总公司工管中心、铁二院、铁科院等五位专家主讲了路基、桥梁、隧道、精密测量、高性能混凝土课程，并进行考试，促进了参建单位主要管理人员对客专业务知识的进一步加强认识。2011 年，公司组织管理人员参加全路建管系统人员培训班，新转入人员参培率达到 100%。各参建单位内部全员的培训工作也同步进行，为全线各参建单位的上场人员专业技术培训工作打下良好基础。同时采取公司集中举办和各参建单位自行举办培训等方式，先后组织隧道、桥梁、路基、监理、沉降观测与评估、高速铁路验收标准等 1500余期培训班，培训各类技术人员 7 万余人次。2012 年，为提高管理人员高铁知识水平，公司举办了高速扣配件知识培训班，各施工单位物资部长及技术负责人、分管板厂领导、公司物设部、指挥部物管人员及技术负责人约 30 人参加了学习培训；培训内容包括介绍 WJ－8B 型高速铁路扣配件的基本知识及设计、保管、调整、安装的注意事项，进行技术交流和问题解答。

为提高京福闽赣公司技术管理人员和参建单位管理人员的业务水平，适应客专建设的需要，在集中培训的基础上，根据公司领导的安排，采取"走出去、请进来"的学习方式，积极组织业务骨干分批次前往兄弟单位学习考察，借鉴先进管理经验，先后赴京沪、武广、南广等项目，为合福高铁闽赣段的建设积累经验。此外，购置标准化管理系列丛书，倡导大家自学。通过开展培训、技术交流、学习考察、研讨会等一系列活动，提高参建人员的责任意识、技术水平、安全质量自控能力、岗位操作技能，为保证施工安全和工程质量提供了素质保障。

1. 基本要求

（1）职工业务培训是各施工、监理企业必须开展的正常工作，各参建单位建立健全业务培训制度。

（2）正式工程开工前，参建人员需经过客运专线知识培训，并取得培训合格证，否则不得开工。

（3）客运专线业务知识培训工作由各施工单位所隶属的工程局主办，并由局级及以上单位颁发培训合格证，没有培训合格证的人员视为未参加培训。组织技术人员参加原铁路总公司有关部门组织的铁路工程施工人员培训，认真做好企业内部培训工作。组织施工人员认真学习铁路建设项目质量安全的相关管理规定，提高依法组织施工的自觉性，落实质量安全管理责任。

（4）监理单位组织监理人员认真学习铁路建设有关规章制度，增强依法监理意识，切实履行安全、质量等监理职责；加强对规程规范、验收标准和新知识、新技术的学习，不断更新监理人员的业务知识，提高监理工作能力和整体监理水平。

（5）业务培训采取聘请专家授课、参加原铁路总公司举办的培训班等多种形式开展，其具体工作由施工单位自行组织。

（6）有特殊要求的专业培训，如跨越既有铁路施工、既有线施工等项目在开工前，必须按有关要求开展专项培训。

（7）参建人员的培训合格证保存在项目经理部，并指定专人负责人员的日常培训。

（8）公司不定期对参建人员的培训工作进行检查，采取检查培训制度、培训记录、人员培训合格证、组织考试等多种形式开展。

（9）未经培训的人员不得进入铁路建设现场，对检查发现的不合格人员责令其退出建设现场；对检查结果及时进行通报、奖惩，并将纳入对施工、监理企业的各种评比、竞赛和考核。

2. 特殊工种培训

所有特种作业人员必须持有效的特殊工种作业证，经接受岗前培训、安全交底并考试合格后方可上岗作业。特殊工种岗前培训，特种机械操作做到持证上岗，对特殊工种、特种机械做到动态管理。工人必须接受教育培训，提高了自身的安全素质和技能，加强自我保护意识，遵章守纪，杜绝违章作业，保证工程顺利实施。

3. 其他培训

建设过程中，工程管理部先后组织了多期无砟轨道施工方面的专项技术培训班，邀请路内专家和具备丰富施工经验的管理人员进行授课，组织参建单位技术管理骨干进行集中培训，保证客运专线核心技术的充分积累，以便顺利开展下一步轨道施工。无砟轨道施工实行全员培训、持证上岗制度。建设单位组织对施工、监理等单位的无砟轨道技术、管理人员进行专项技术培训，考试合格后方可上岗。施工单位组织对精密测量、轨道板(枕)制造、底座(支承层)施工、乳化沥青砂浆灌注、轨道板铺设与调整、道床板混凝土浇筑、轨道精调等关键工序的操作和质检人员进行深化培训，理论和实操考核合格后持证上岗。

4. 安全教育

各参建单位建立健全安全生产教育培训制度，制定并落实培训计划，加强对从业人员安全生产的教育培训，保证从业人员具备必要的安全生产知识，熟悉有关的安全生产规章制度和安全操作规程，掌握本岗位的安全操作技能并持证上岗，未经安全生产教育培训或培训不合格的人员不得上岗。

1）消防安全教育

为了使全体参建职工全面了解和掌握消防法的基本内容和基本要求，增强消防安全意识，全面落实消防安全责任制，进一步提高抗御火灾的能力，公司在全线开展消防宣传教育活动，主要内容包括：①组织开展消防知识集中培训；②组织开展特殊岗位消防培训考核；③大力开展消防宣传活动；④开展火灾事故应急演练，提高职工应急处置能力；⑤加强组织领导。

2）施工安全教育

监理项目部要求全员重视安全生产，坚持贯彻预防为主的方针，成立了安全监理领导小组、设置专职安全监理工程师，建立健全安全监理保证体系。确立人员、制度、检查三位一体的安全保障措施：责任人就是安全监理工程师，制度是安全具体措施，检查是自检和总监巡检。除对大型设备、起重机械、压力容器等要求报当地技术监督部门检测外，对脚手架、上下爬梯、用电、高空作业等明确了规范化、强制性的检查要点，进行不定期检查和定期专项检查，保证施工安全。

五、岗位培训的检查及考核

京福闽赣公司综合部会同有关部门组成培训检查考核组，负责对全公司培训工作及培训主办单位进行检查、指导和考核。培训主办单位对参加培训人员在培训期间的表现进行全面考核，并将考核结果定期向公司综合部汇报。

公司各部门、各建设指挥部强化对培训工作的管理，在培训周期内，对于应参加培训的员工未经过相应脱产培训的，不得继续聘任；参加培训未通过结业考试的员工，需重新补考，不合格者不得上岗；培训期间发生违纪行为的，一律视为不合格，必须参加下次培训。

全公司在职员工必须按照要求参加培训，未按规定完成培训的，不得提拔使用和晋升高一级专业技术职务；确因特殊情况在提任前未达到培训要求的，要求在提任后一年内完成培训。

公司每年对培训工作进行总结，交流培训工作经验，对先进单位和个人予以表彰，以丰富搞好培训工作的手段和提高组织、参与培训单位人员的积极性。

第三节　劳务使用

一、劳务分包模式及管理

1. 劳务分包模式

闽赣客专闽赣段建设的劳务分包模式采用"架子队"模式。架子队是铁路工程建设项目施工现场的基层施工作业队伍，是以施工企业管理、技术人员和生产骨干为施工作业管理与监控层，以劳务企业的劳务人员和与施工企业签订劳动合同的其他社会劳动者(统称劳务作业人员)为主要作业人员的工程队。这种模式可以确保施工安全、质量始终处于受控状态。

2. 劳务分包的规范化管理

在劳务分包管理工作中，为规范合福高铁闽赣段建设施工用工行为，确保工程质量和施工安全，实现建设"精品工程、安全工程"的目标，公司根据原铁路总公司《关于推进建设单位标准化管理工作的指导意见》(铁建设〔2008〕45号)、《关于积极倡导架子队管理模式的指导意见》(铁建设〔2008〕51号)制订并颁布了《京福闽赣铁路客运专线有限公司架子队管理办法》，以制度的形式进一步规范了劳务用工状况，在补充生产中紧缺工种和辅助劳动力的同时，进一步规避了企业的用工风险，更大范围的利用社会资源，促进并规范架子队的建设，保证了工程建设的顺利进行和项目经理部的和谐发展。京福闽赣公司强力推行劳务用工的规范化管理，主要从以下几方面开展相关管理工作。

1) 建立健全劳务管理办法

京福闽赣公司根据国家的有关政策、上级主管部门的相关要求和项目实际情况，深入调研，广泛征求意见，建立健全一整套适用、可行的劳务管理办法，使各个部门和工程项目有章可循。

2) 规范使用制度

施工单位树立"以我为主、为我使用、合理有序、考核业绩、注重实力"的用工指导思想，坚持劳务使用"基地化、弹性化"的制度和关键、重点岗位禁用外部劳务的制度。同劳务公司或相关企业签订用工协议，对临时选聘的技术工人和其他人员，也纳入劳务公司或相关企业，不得单独对个人签订用工协议。这样既可以充分发挥自有职工队伍施工生产主力军的作用，又能使外用劳务队伍的辅助功能得以体现，同时也避免不必要的劳资纠纷。

3) 严格资质审查

资质审查是施工单位对外用劳务队伍设置的必要的门槛，资质审查做到"三严"，即：严格遵循分包申报审批程序，严格遵循分包评价程序，严格审查综合实力(设备、技术、资金、业绩等)。

4) 加强动态管理

首先对项目经理进行管理办法和管理技巧的培训和教育，使其充分理解加强对劳务队伍管理的重要性和必要性，消除其重包轻管、以包代管的错误观念和管理方法。其次对项目职能部门进行管理办法宣贯，使其真正掌握如何对劳务队伍进行动态管理。第三重点突出"两个原则"，抓好"三个方面"。"两个原则"：坚持"谁用工谁管理谁负责"和"教育、使用、管理并举"的原则；"三个方面"：抓好现场代表、技术监督人员选派工作，实行分包工程施工全过程"旁站"制度，各职能部门尽职尽责，深入现场，严格管理，确保分包工程安全、质量和工期监管有效；抓好分包工程物资采供和验收计价等管理工作，堵塞效益流失渠道；抓好劳务制度化管理，适时进行政策传统、形势任务、安全质量、遵纪守法和工艺纪律教育，以良好的政治、技术、管理素质和精神风貌，维护施工单位的信誉和形象。

5）建立健全有效的激励、约束和调控机制

施工单位在管理办法可行、组织制度健全、任务责任明确的基础上，建立健全有效的激励、约束和调控机制。如根据项目的具体情况，适时进行施工任务的小承包，设立一定的单项奖，促进施工的高效、安全、顺利完成。同时运用所制定的管理办法和签订的劳务合同约束劳务队伍的行为，使其在有效管理下进行施工生产活动。另外在进度控制、HSE 管理、质量控制、费用控制、合同管理、信息管理和组织协调等方面建立起调控机制，合理、有序、动态地进行管理。

6）坚持责、权、利相结合的原则

在项目施工过程中，项目经理部各部门、各班组有自己相应的责、权、利，对外用劳务队伍的管理也坚持责、权、利相结合的原则。架子队肩负施工生产责任的同时，给予他们与施工单位自有职工同等的权力，同时项目经理部对其业绩进行定期的检查和考评，实行有奖有罚，对实现施工生产目标的，严考核、硬兑现，最大限度地调动其积极性；对未按要求完成施工生产任务、发生重大质量安全事故和不履行分包合同的，给予相应的经济、行政或法律的处罚。

二、施工单位架子队用工管理

采用架子队管理模式组织施工，有利于铁路工程建设质量、安全、工期等目标的顺利实现，是直接、有效的施工生产方式；有利于施工企业强化对作业层的管理和控制，确保施工现场的质量、安全保证体系有效运行；有利于提高职工技术素质。铁路工程建设各参建单位充分认识采用架子队管理模式组织施工的优越性和重要性。

京福闽赣公司强力推行架子队管理模式，根据原铁路总公司有关规定，制订架子队管理制度和办法，建立完善架子队管理体系，全面落实架子队管理责任制。以企业施工管理、技术人员和生产骨干组成管理架构，吸纳劳务企业劳务人员和招用零散劳务人员为主要作业人员组建施工架子作业队，并将架子队纳入企业组织架构和编制范畴管理，实行柔性组织、弹性编制、动态管理。在上岗前，对劳务和作业人员进行全员培训，对特种机械、设备操作人员进行特种培训，考核合格后持证上岗，确保推进标准化管理必备的人员素质基础。所有工点都设质量旁站岗，配备专职旁站员，做到"有人的地方就有人管安全，有施工的地方就有人在管理"，全面落实标准化管理工作。

1. 架子队组建要求

（1）架子队是铁路工程建设项目施工现场的基层施工作业队伍，是以施工企业管理、技术人员和生产骨干为施工作业管理与监控层，以劳务企业的劳务人员和与施工企业签订劳动合同的其他社会劳动者（统称劳务作业人员）为主要作业人员的工程队。

（2）架子队主要组成人员应由施工企业正式职工担任，应具有相应的作业技能，并经过岗位培训合格后方可持证上岗。领工员、工班长同时必须具备相应的组织能力和丰富的施工实践经验，其人员数量应能满足施工现场生产管理、各施工环节和过程不间断监督的需要。

（3）按照"管理有效，监控有力，运作高效"的原则，以"1152"（配备一位专职队长和一位技术负责人，设置技术、质量、安全、试验、材料五大关键人员，配备领工员和工班长两个领班负责人）为基本模式组建架子队，加强技术培训，保证跟班作业。

（4）施工现场所有劳务作业人员纳入架子队统一集中管理，由架子队按照施工组织安排统筹劳务作业任务。班组作业人员在领工员和工班长的带领下进行作业，确保每个工序和作业面有领工员、技术员、安全员跟班作业。

（5）架子队建立和实行技术交底制度，技术负责人就工程作业工序和环节向领工员、工班长进行书面技术交底，书面技术交底资料归类存档备查。领工员、工班长在实施作业前对班组作业人员进行工作和安全交底。

（6）架子队主要组成人员在施工过程中保持稳定和完整，根据施工组织安排及工程进度，适时调整作业班组用工数量。

2. 架子队用工行为要求

（1）参建施工企业接受劳务企业劳务人员时，与劳务企业签订劳务协议，并检查验证劳务企业与劳务人员签订的劳动合同。未签劳动合同的不得进入施工现场从事劳务作业活动。

（2）施工企业建立劳务作业人员培训和持证上岗制度，对其进行岗前专业培训，培训合格后可上岗，培训情况当记录在教育培训档案中。从事技术工种的，上岗前必须取得相关职业资格证书；从事特殊工种的，还须取得特种作业证书。

（3）施工企业按照有关规定及标准为劳务作业人员提供符合安全和卫生标准的生产环境、生活设施、居住条件、作业条件、机械设备和安全防护用具，不得歧视劳务作业人员。

（4）施工企业建立劳务作业人员工资支付保障制度，在开户银行设立劳务作业人员工资基金专户。

3. 施工现场架子队管理的基本要求

（1）施工现场项目管理机构配备专职劳务管理人员，优选劳务队伍，加强劳务用工管理。

（2）施工现场项目管理机构在工程开工之前，将架子队主要人员组成情况报监理单位审查，建设单位备案。

（3）施工现场项目管理机构按照有关要求并结合工程实际制定有针对性的《架子队用工管理办法》报监理单位、建设单位备案。

（4）施工现场项目管理机构建立健全劳务管理登记制度，对劳务作业人员登记造册，记录其身份证号、职业资格证书号、劳动合同编号以及业绩和信用等基本情况。

4. 架子队的监督与考核制度

（1）京福闽赣公司加强对施工企业架子队的日常检查，定期对架子队进行检查考核。相关结果记入该施工企业信用档案，并将信用信息报送南昌铁路局建管处。

（2）监理单位协助京福闽赣公司做好架子队管理工作，加强现场检查监督，严格审查架子队主要人员和劳务作业人员资格，确保架子队人员到位、管理到位，协助京福闽赣公司做好架子队考核评价工作。

（3）施工企业建立对架子队的考核评比奖惩制度，定期对架子队进行检查考核，奖惩兑现。对相关劳务企业进行信誉评价，评价结果报京福闽赣公司和相关劳务企业。

5. 架子队管理取得成效和经验

合福高铁闽赣段工程建设劳务分包采用"架子队"模式后，劳务用工管理更加规范了劳务人员的进场审批、技术培训、过程考核、退场审签等全过程管理，真正实现以人为本、共创和谐社会；成本管理得到明显加强，取消了包工头，消除了中间环节，降低了因工程施工中部分施工队伍单方中途退场造成工期、经济损失的风险；通过制定各项成本考核指标，使架子队能够充分挖掘潜力，降低损耗，减少费用支出，节约了施工成本；项目整体管控能力得到了显著提高，质量、工期、安全、成本管理能得到完全掌控，现场管理水平明显提高；劳资纠纷明显减少，公司各标段积极采用工资卡和现金相结合的方式兑现劳务用工工资，做到足额、及时发放。同时，建立了农民工工资保证金制度，监督和促进劳务公司及时发放劳务工工资，确保了劳务人员的合法权益；创建了和谐工作环境，拉近了企业职工与劳务人员的关系，有利于培育长期合作战略伙伴，达到与企业"荣辱与共"，增强民工的主人翁感和责任意识。同时，通过激励方式，提高了架子队主要管理人员及劳务人员的积极性，为创优质工程打下了良好基础。

第十八章　文明施工

为了营造和谐的环境，京福闽赣公司树立了文明施工目标，做到现场布局合理，施工组织有序，材料堆码整齐，设备停放有序，标识标志醒目，环境整洁干净，实现施工现场标准化、规范化管理，不仅尊重自然环境，也创造和谐的工作社会环境。

第一节　优化工作环境

京福闽赣公司重视施工对自然环境影响的问题，努力把工程设计和施工对环境的不利影响减至最低限度，确保铁路沿线景观不受破坏，地表水和地下水水质不受污染，植被有效保护；坚持做到"少破坏、多保护，少扰动、多防护，少污染、多防治"，使环境保护监控项目与监控结果达到设计文件及有关规定，做到环保设施与工程建设"同时设计，同时施工，同时交付使用"。

京福闽赣公司根据绿化设计方案进行绿化防护，绿化防护的具体措施：

（1）绿化布置内低外高、内灌外乔的原则。

（2）考虑当地植物群落的种类和结构特点，进行人工植物群落的建植。

（3）坚持因地制宜，适地适树、灌草结合、以灌为主的原则。

（4）优先选用耐贫瘠、易成活、生长快、茎矮叶茂、萌根性强、覆盖度大的乡土植物。

（5）根据沿线不同的环境状态，选用防护效果好的开花植物，在绿色防护的基础上增强景观美化效果。

第二节　安全防护

京福闽赣公司从"以人为本"着手，努力围绕员工利益，切实为员工办实事，从而激发全体员工积极性，促进整体建设工作目标的实现。

（1）定期对从事有害作业人员进行健康检查，员工职业病发生率小于1.5‰。不出现因劳动力保护措施不力而造成的重伤及其以上事故。严格遵守国家《劳动保护法》和有关部门制定的劳动保护条例。员工外出必须请假，二人以上同行；大风、暴雨天气禁止外出，天气变化有恶劣的迹象时，不得远行；车辆行驶礼让三先，文明驾驶；途中因故出现问题，要及时向工区或施工队汇报。

（2）千方百计落实员工各项福利待遇。组织全体员工进行体检；针对传统节假日，办理春节、中秋等相应用品；在政策框架内为员工争取了住房公积金等优惠政策。

（3）尽可能地丰富员工业余文化生活，一个季度至少举办1次集体活动，如篮球赛、登山活动、摄影比赛等，并在沿线设立了乒乓球室，激发了大家的参与热情。

第十九章　建设协调

建设协调的最终目标是确保工程建设需要，对外要保证建设环境，保持进度需要，对内要在领导和相关部门的支持和引导下，协调好人、财、物之间的关系。京福闽赣公司和各参建单位及全体参建员工顾全大局、服从协调、步调一致，定期召开会议，协调解决工程实施等有关问题，科学有序推进铁路建设。

第一节　纵横结合，协调项目内部

合福高铁闽赣段工程建设对内协调是指项目内部各个组织之间的协调，即京福闽赣公司与现场指挥部，现场指挥部与施工单位、设计单位、监理单位以及咨询单位等之间关于工程建设生产要素的协调。公司对于项目内部采取纵横结合的协调方式：加强过程控制，做好纵向协调，及时解决问题，避免搁置延误；长大隧道施工、深地基处理、各种过渡段、钻孔桩基础等重难点项目采取垂直管理，横向强制协调的手段，减少中间环节。协调上的纵横结合，大大提高了公司的决策速度和工作效率。

一、全过程衔接，纵向协调

在施工图交付施工单位前，公司委托中铁第二勘查设计院集团有限公司，依据批准的建设规模、技术标准、工程投资、建设工期、有关法律、法规、国家和原铁道部有关规程、规范和工程建设强制性标准以及设计批复意见进行审核，达到消灭差、错、碰、漏等问题的目的，把设计中存在的问题解决在开工之前，是保证勘查设计质量、严格控制工程投资的重要手段，是又好又快推进大规模高标准铁路建设的重要保证。

工程建设期间的施工图纸供应时，公司组织专业技术交底，设计单位中铁第四勘查设计院集团有限公司设现场设计配合组，及时解决设计变更问题。

对于设计变更，建设、勘查设计、施工、监理单位设置专人负责建立变更设计管理台账，定期分析研究，查找存在问题，做好变更设计资料归档工作。公司工程部及现场指挥部加强对施工单位变更设计管理工作的监督检查，检查结果纳入标准化考核内容。施工单位做好施工图现场核对和施工过程中地质资料确认工作，发现问题应及时向监理人员和建设单位提出；积极参与变更设计方案研究，严格按照变更设计文件施工图组织施工；变更设计过程中不得弄虚作假或未经批准擅自施工。监理单位认真核对设计文件，对发现的勘查设计问题以及施工单位提出的问题及时通知勘查设计单位和建设单位；积极参与变更设计方案研究，按照变更设计文件施工图实施监理，严禁未经批准擅自同意变更施工。

二、参建方配合，横向协调

1. 京福闽赣公司内部职能部门之间的协调

京福闽赣公司内部职能部门之间的协调主要在确保工程建设需要的前提下，针对人、财、物的协调。公司内部各部门分工虽然明确，但彼此间需要协调合作，在日常工作中会出现部门间或人员间的矛盾，需要公司领导协调好内部各部门之间的关系。

2. 公司与指挥部的协调

公司设置现场指挥部，公司主要负责宏观层面的指导，现场指挥部主要负责管段内建设组织实施和现场管理工作，及时协调处理现场工程建设中的有关问题，负责管段内征地拆迁协调工作，负责管段内工程进度和质量控制，组织检查施工进度、质量、安全和文明施工；参加重点工程施工方案审查，负责管理项目监理机构和现场咨询机构组织召开现场例会，掌握施工进度情况，定期对施工进度和质量安全情况进行分析总结，对存在的质量安全、进度方面的问题提出整改措施并组织落实；负责突发事件的应急处理，第一时间到达事件发生现场，组织控制事件发展，配合处理质量和安全事故，负责验工计价的工程数量审查，完成上级交办的其他工作。

3.指挥部与施工单位的协调

合福高铁闽赣段站前施工共有八个标段，参建施工单位多，建设单位与施工单位的协调工作很多。京福闽赣公司领导、指挥部负责人和政府部门对施工的质量安全等各方面工作都非常重视，重点工程施工都要求领导现场办公，检查施工手续是否完善，是否按照实施性施组进行施工。现场指挥部定期组织培训，并检查落实情况，抽查工程现场的资料数据。

建设单位采取一系列措施来保障施工顺利进行，与施工单位间有着良好的合作关系，并在施工单位与原铁道部的沟通中起着桥梁作用。

4.公司与设计、咨询、监理单位等的协调

1）与设计单位的协调

设计单位的工作量非常大，需要与建设单位、施工单位进行沟通，优化设计，使施工尽量少走弯路。建设单位积极协同设计单位完成方案论证，为施工单位进场施工提供图纸。设计单位在设计时开展现场调查，每一道工序进行交底，交底完后再到现场勘查，一个月以后再进行回访。公司积极介入建设管理前期工作，协同设计单位听取地方及有关部门意见，配合设计单位摸清影响线路方案的外界环境，研究环绕重要建筑或文物、风景名胜区、自然保护区、军事设施等，参与协调、解决影响线位的重点问题，分析对路外设施影响并提出处理措施，组织设计单位尽快完成征地拆迁、三电迁改等方案论证和迁改方案并签订协议。在初步设计阶段，公司严格开展初步设计初审工作，审查设计方案点线能力是否匹配、运输组织是否先进合理、新建工程与既有设备是否协调、接口是否合理有效、工程概算计算是否有错误或者遗漏等。在项目实施阶段，公司与设计单位合作，一起审核客运专线初步设计的批复意见及有关文件的执行情况、工程建设强制性标准的执行情况、地质灾害防治措施的执行等。

2）与监理单位的协调

公司采取了多种措施与监理单位建立了很好的合作关系；定期统计报告施工、监理单位管理人员和专业技术人员，便于工作沟通和落实；要求各单位实事求是地统计好各管理人员和技术人员的工作情况，按要求反馈给公司；采取一系列激励措施，充分肯定广大参建人员的工作成绩，进一步调动大家的积极性和创造性。

3）与咨询单位的协调

在工程咨询的全过程中，公司对工程咨询工作中发现的技术问题及时沟通，建立工作例会制度，解决设计、咨询过程中存在的问题。咨询单位在形成阶段性咨询报告和阶段性咨询补充报告过程中，对设计存在的问题由咨询单位与设计单位及相关专业人员加强过程沟通，必要时邀请公司有关人员参加，尽量将存在的问题解决在过程之中。工程咨询单位积极主动地对所有的工程咨询意见进行跟踪，每一条工程咨询意见必须有最终的处理结果；对跟踪工程咨询的结论，工程咨询单位以补充报告的形式予以确认，并发公司和设计单位。对工程咨询技术沟通协调会中未形成一致意见的技术问题，由工程咨询单位和设计单位各自完成补充工作并报公司。公司主持召开咨询、设计、施工、监理参加的技术协调会议，必要时邀请专家参加，进行专题研究并形成会议纪要；对会议纪要中未取得一致意见的重大技术问题，由公司报原铁路总公司工程管理中心，并附专家论证评审意见和公司初步处理意见。

第二节　互利共赢，协调项目外部

合福高铁闽赣段的建设的外部关系较为复杂，涉及面广，对外关系的协调尤为重要。合福高铁闽赣段与外部关系的协调主要包括与政府机关的协调、与供应商的协调、与当地群众及其他利益相关方的协调。

一、和谐拆迁，维护群众利益

1.建立分层协调、各负其责、相互配合的管理机制

建设协调及征地拆迁工作严格遵守国家的法律、法规，以全面落实原铁道部与江西、福建省人民政府分别签署的《铁道部江西省落实中央扩大内需部署加快推进江西铁路建设会议纪要》、《铁道部福建省人民

政府关于加快推进海峡西岸经济区铁路建设发展的会议纪要》、《关于合福铁路（福建段）建设协调会议纪要》（以下简称部省纪要）所确定的工作原则，认真执行京福闽赣公司与沿线各省、市签订的《征地拆迁实施协议》（以下简称实施协议），紧紧依靠当地各级人民政府支持，依法保护铁路建设和沿线人民群众的合法权益。建设协调工作实行分层协调、各负其责、相互配合的管理机制。

（1）在原铁道部的统一领导下，京福闽赣公司积极配合有关部门推进项目的前期工作，协调解决建设工作的重大问题。京福闽赣公司建设指挥部按部省纪要和实施协议负责组织各自管段的建设协调和征地拆迁工作。

（2）参建设计、咨询、监理单位依据合同约定或京福闽赣公司委托，积极配合做好有关建设协调及征地拆迁工作。

（3）参建施工单位认真按照省部纪要和实施协议，加强与各自标段有关县（市、区）人民政府及授权的主管部门的工作联系，做好各自标段征地拆迁和当地政府优惠政策的落实工作；依据合同约定或京福闽赣公司的委托，负责协调解决施工现场遇到的具体问题；遇有省部纪要、实施协议及施工合同约定以外的特殊情况或问题，逐级上报，由京福闽赣公司统筹协调解决，重大问题报请原铁道部决定。

2. 依法合规开展拆迁工作

拆迁政策是否合理合法，直接关系到被拆迁群众的切身利益。在征地拆迁过程中，公司始终依法拆迁，完善拆迁安置政策。

在福建地区征地拆迁中，因爆破导致附近闽侯四中大量碎石落入校区，校方向公司提出报告，要求督促施工方停工整改，做好安全防护措施。公司得知这一情况后，高度重视，立即发布《关于景福高铁爆破施工危机闽侯四中校园安全的函》，要求确保闽侯四中学生校园安全，在未做好安全施工防护措施之前不得施工。不仅如此，为确保工作的顺利进行，指挥部也对教师住宿过渡费用的支付进行了讨论，并最终按实际发生额给予闽侯四中教师提前搬迁一年的过渡补助。依据国家有关政策做出适度调整，及时化解了矛盾，维护了人民群众的合法利益。

为了赢得群众对拆迁工作的支持，公司进行反复研究，制定了切合实际、操作性强的《征地拆迁管理办法》，细化拆除生产房屋的原则、还建方案，为确保特殊拆迁工作的顺利进行，召开多次建设协调会议，进一步推动和落实，把计划发放到每一个工作小组和每一个拆迁户，严格按章办事，按程序操作，并且做到了统一方案，统一标准，统一填写表册协议，统一计算办法，统一资金发放。为保证征地拆迁工作得到顺利推进，公司专门成立了包保领导小组，充分依靠地方政府，加强沟通，争取主动，赢得支持。

拆迁正式开始后，公司及指挥部各个工作组，工作在一线，对每天的拆迁工作进行现场督办。坚持与江西省、福建省召开例会研究解决重大问题，不定期与给地区沟通解决具体问题。同时，对相关工作人员进行业务培训，要求全体工作人员在拆迁工作中本着"服务群众、以人为本、公平公正"的原则开展工作，充分发挥党员干部的模范带头作用，忠实实践科学发展观，切实为群众排忧解难，取得群众的理解和支持。

与当地群众的协调主要是征地拆迁补偿标准是否让群众满意以及施工过程是否影响当地群众生活等问题。在解决闽侯四中拆迁问题时，征拆施工中造成落石，对学校生活产生了影响，公司领导得知后，立即通知整改，并充分调研，协调各方，为当地百姓、学生及教师考虑，在地方政府的积极配合下，认真负责、顺利完成了拆迁工作。

二、突发事件，做好应对处理

公司深入分析可能发生的突发事件，建立完善的应急预案，在突发事件发生后，迅速启动应急预案，及时上报、反应迅速、处理得当，努力减少事件带来的负面影响。

1. 抗击洪魔，抢险峰福铁路

2010 年 5、6 月份三闽大地连续强降雨，河流水位猛涨，无情地侵袭着建阳区麻阳溪沿岸低洼处的民房和仓库，京福铁路闽赣 V 标项目经理部管段已经施工好的便道被冲毁、营地成为孤岛，一个多月的辛劳，瞬间化为乌有。项目经理部领导率领全体参建员工在这场特大洪灾中，身先士卒，顽强地战斗在抗洪一线，终于修复了便道，加固了营地。2010 年 6 月 19 日早上转道南雅镇改乘南昌局轨道救援列车赶到塌方路段，峰福铁路横南段岩面一号隧道、岩面二号隧道之间路基中断，二号隧道洞口被封堵，沿线所有电路、通信线路全部中断，受困的 K29 次洛阳到福州列车已经断粮断水一天一夜，抢险队把自己携带的面包火腿肠矿泉水分给车上的乘客，不畏饥饿 10 多个小时，迅速投入到清理塌方、排水除障工作中，至 2010 年 6 月 19 日 14：27 分使受困两天一夜的 K29 次列车和一列货运列车安全通过塌方路段。项目经理部连夜赶赴现场抢险（图 19 - 1），抢通后轨道车顺利通过（图 19 - 2）。

图 19 - 1　连夜赶赴现场抢险

图 19 - 2　抢通后轨道车顺利通过

2. 修公馆桥，树立形象

2011 年 7 月 14 日上午 8 点 50 分许，南平市武夷山公馆大桥突然断裂，一辆中巴车不幸坠落桥下，造成巴士司机当场死亡，22 名乘客受伤。中铁一局项目部领导闻讯，立即组织人员参与现场救援活动，伤员送至医院后，领导带领技术人员详细考察了事故现场（图 19 - 1 所示），了解了此桥的设计特点，和技术人员研究了修复方案，主动请缨，不谈条件，不讲价钱，请求由中铁一局负责修复大桥，保证 101 省道的畅通。

图 19 - 3　武夷山公馆大桥垮塌事故现场图

三、依靠政府，搞好共建活动

合福高铁闽赣段的建设从立项到施工，再到竣工验收，任何一个阶段都离不开政府的支持。项目必须充分依靠省政府、省国土资源厅和相关环保水保部门等有关省直部和沿线各级人民政府，保证各项工作的顺利进行。

1. 与各级政府的协调

各项工作的开展严格按照原铁道部相关文件和省政府颁布的省部纪要来执行。公司在项目规模、标准、集资等各方面加强与政府的联系，及时报告项目进度情况，以便得到相关支持。

公司事先分析工程建设对沿线公路交通等带来的影响，提前与沿线地方政府、企事业单位和当地群众进行联系汇报、沟通协调，争取相应部门的支持和帮助，确保路料运输特别是大型机械、大型构件的运输协调。

2. 与省国土资源厅的协调

京福闽赣公司与省国土资源厅的协调主要体现在征地拆迁工作方面。公司根据建设部署和施工设计，负责报送征地拆迁计划和相关资料，办理费用的确认、结算及拨付，组织工程建设有关合同单位及时完善相关工作。根据省部纪要精神，就永久用地标准、临时用地补偿标准、地上附着物安置标准及其他涉地费用达成协议。

3. 与省文物局的协调

在项目建设的过程中，参建施工单位按照公司与文物主管部门签订的文物保护协议，配合文物发掘工作，在施工过程中发现埋藏文物立即报告公司和文物主管部门，并做好文物保护措施，以免文物流失。在施工过程中碰到一些关于文物保护的问题，比如在征地拆迁范围内遇到有旅游景点，这种情况需要公司和省文物局或者当地文物主管部门进行协调。

4. 与环保、水保部门的协调

在施工过程中对环境造成影响无法避免，如何协调施工与环境保护的问题是一个很重要的内容。公司按照《环境保护管理程序》的规定，选择有相应资质的监测单位开展环境监测调查工作，在环境监测以及调查报告编制完成后，向环境保护管理部门提出竣工环保验收申请并提交相关材料最后由环境保护管理部门及相关水利部门进行现场验收。

四、加强宣传，展示建设成果

各参建单位明确专人负责宣传工作，加强与报社、电视台等新闻媒体的沟通联系，借助新闻媒体的力量，大力宣传和展示合福高铁的建设成果和精神风貌及合福高铁对拉动当地经济发展、群众致富的重要作用，形成有利于路地关系发展的氛围。

五、增进沟通，维护建设稳定

公司以高度的政治责任感抓好"两节""两会"及党的十八届三中全会召开期间的稳定工作，组织维稳包保检查组，开展稳定因素排查活动，深入现场督导，协助现场解决好沿线群众诉求比较集中的问题。依法依规，严谨开展征地拆迁、压覆矿评估补偿、环水保、临时用地复垦、工程款拨付、农民工工资支付等涉稳工作。高度重视信访工作，加强群体性上访事件的应急处置，紧紧依靠原铁路总公司、省有关部门和沿线地方各级政府，耐心细致地做好政策解释工作，做到矛盾不激化、人员不滞留、事态不失控，保证了重要时期的安全稳定。认真解决好农民工工资发放问题，完善农民工工资发放办法，专人现场监督发放，确保将农民工工资及时足额发放到个人。

对地方劳务加强安全教育，尽量招聘身体健康、有一定劳动技能的人员，扬长避短，安排力所能及的工作。同时，做好劳动保护，避免人身伤害引发不必要的矛盾。

第二十章　工程验收

第一节　验收方式

合福高铁闽赣段竣工验收采用先期验收、专家检查、政府验收的组织方式，具体分为静态验收、动态验收、初步验收、安全评估和正式验收等五个阶段进行。先期验收包括南昌铁路局、京福闽赣公司组织的静态验收和动态验收；专家检查包括对静态验收和动态验收结果进行评审，为初步验收、正式验收提供专家意见；政府验收包括初步验收和正式验收。

静态验收由南昌铁路局组织，京福闽赣公司等单位配合，在施工单位自检合格、监理单位确认的基础上进行。静态验收领导小组下设工务、通信信号、电力及电力牵引供电、房建、环水保、防灾等专业验收组；专业验收组由南昌铁路局常务副局长任组长，京福闽赣公司部门负责人为副组长，南昌铁路局处室人员，以及勘查设计、施工、监理、咨询单位现场或专业负责人参加。

动态验收由南昌铁路局组织，京福闽赣公司等单位配合，在静态验收合格后进行。铁路局牵头成立由南昌铁路局局长、局党委书记为组长，京福闽赣公司、铁科院负责人为副组长，南昌铁路局、京福闽赣公司处室（部门）负责人、铁科院部门负责人参加的动态验收小组，负责动态验收工作。

初步验收由原铁路总公司初步验收委员会组织，在动态验收合格后进行。初步验收委员会由原铁路总公司领导、有关业务部门负责人、质量监督机构负责人、验收专家组及专业验收组正副组长、京福闽赣公司、运营单位负责人以及其他专家组成。

安全评估在初步验收合格后进行，安全评估按原铁路总公司有关规定组织。

正式验收由正式验收委员会组织，在初期运营一年后进行；正式验收委员会由国家主管部门或铁路总公司按相关规定成立。

第二节　静态验收

一、工务工程静态验收

1. 验收组织

按照原铁道部《高速铁路竣工验收办法》（铁建设〔2012〕107 号）及《高速铁路工程静态验收技术规范》（TB 10760—2013）的有关规定，南昌铁路局、京福闽赣公司成立新建合肥至福州铁路闽赣段工务工程验收领导小组，由南昌西工务段、福州工务段、线站安保支队、鹰潭公安处、福州公安处，合福高铁建设、设计、施工、监理、咨询等单位负责组成。下设轨道及精密工程测量、路基、桥涵、隧道、声屏障等验收小组。

2. 验收依据

1）主要验收依据

（1）国家和原铁道部、建设部颁布的设计规范、工程施工质量验收标准。

（2）《国家发展改革委关于新建合肥至福州铁路项目建议书的批复》（发改基础〔2009〕1936 号）。

（3）《国家发展改革委关于新建合肥至福州铁路项目可行性研究报告的批复》（发改基础〔2009〕3051 号）。

（4）原铁道部、安徽省、江西省、福建省《关于新建合肥至福州铁路初步设计的批复》（铁鉴函〔2010〕189）号。

（5）原铁道部《高速铁路竣工验收办法》（铁建设〔2012〕107 号）。

（6）《高速铁路工程静态验收技术规范》（TB 10760—2013）。

（7）《中国铁路总公司运输局关于新建合福铁路线名、里程体系、线路允许速度、管界的复函》（运工综技函〔2014〕314 号）。

（8）审核合格的施工图（包括经批准的变更设计文件）。

2）专业设计规范及标准

（1）《高速铁路设计规范（试行）》（TB 10621—2009）。

（2）《铁路混凝土结构耐久性设计规范》（TB 10005—2010）。

（3）《铁路路基设计规范》（TB 10001—2005）。

（4）《铁路特殊路基设计规范》（TB 10035—2006）。

（5）《铁路路基支挡结构设计规范》（TB 10025—2006）。

（6）《铁路路基土工合成材料应用设计规范》（TB 10118—2006）。

（7）《混凝土结构设计规范》（GB 50010—2010）。

（8）《建筑地基基础设计规范》（GB 50007—2011）。

（9）《建筑抗震设计规范》（GB 50011—2010）。

（10）《铁路工程抗震设计规范》（2009 版）（G5 0111—2006）。

（11）《建筑地基处理技术规范》（JGJ 79—2012）。

（12）《铁路边坡防护及防排水工程设计补充规定》（铁建设〔2009〕172 号）。

（13）《铁路路基边坡绿色防护技术暂行规定》（铁建技〔2003〕7 号）。

（14）《铁路工程绿色通道建设指南》（铁总建设〔2013〕94 号）。

（15）《时速 350 公里客运专线双线铁路隧道复合式衬砌》（通隧〔2008〕0301）。

（16）《铁路隧道设计规范》（TB 10003—2001）。

（17）《锚杆喷射混凝土支护技术规范》（GB 50086—2001）。

（18）《铁路隧道防排水技术规范》（TB 10119—2000）。

（19）《铁路瓦斯隧道技术规范》（TB 10120—2002）。

（20）《全球定位系统（GPS）测量规范》（GB/T 18314—2009）。

（21）《国家一、二等水准测量规范》（GB 12897—2006）。

（22）《高速铁路工程测量规范》（TB 10601—2009）。

（23）《铁路工程卫星定位测量规范》（TB 10054—2010）。

（24）《铁路工程测量规范》（TB 10101—2009）。

（25）《铁路无缝线路设计规范》（TB 10015—2012）。

（26）《铁路轨道设计规范》（TB 10082—2005）。

（27）《高速铁路用钢轨》（TB/T 3276—2011）。

（28）《铁路桥涵设计基本规范》（TB 10002.1—2005）。

（29）《铁路桥涵钢筋混凝土和预应力混凝土结构设计规范》（TB 10002.3—2005）。

（30）《铁路桥涵地基和基础设计规范》（TB 10002.5—2005）。

（31）《铁路桥梁钢结构设计规范》（TB 10002.2—2005）。

（32）《铁路结合梁设计规定》（TBJ 24—89）。

（33）《铁路桥涵混凝土和砌体结构设计规范》（TB 10002.4—2005）。

（34）《铁路工程水文勘测设计规范》（TB 10017—99）。

（35）《新建铁路桥上无缝线路设计暂行规定》（铁建设函〔2003〕205 号文）。

3）施工质量验收标准

（1）《高速铁路轨道工程施工质量验收标准》（TB 10754—2010）。

（2）《高速铁路桥涵工程施工质量验收标准》（TB 10752—2010）。

（3）《高速铁路隧道工程施工质量验收标准》（TB 10753—2010）。

（4）《高速铁路路基工程施工质量验收标准》（TB 10751—2010）。

(5)《铁路工程结构混凝土强度检测规程》(TB 10426)。

(6)《铁路隧道衬砌质量无损检测规程》(TB 10223)。

(7)《铁路轨道工程施工质量验收标准》(TB 10413—2003)。

(8)《铁路路基工程施工质量验收标准》(TB 10414—2003、J 285—2004)。

(9)《铁路桥涵工程施工质量验收标准》(TB 10415—2003 局部修订)。

(10)《铁路隧道工程施工质量验收标准》(TB 10417—2003)。

3. 验收范围

1)轨道工程

合福高铁闽赣段(K1341 +626.508 ~ K1806 +759.723)范围内的轨道专业设备,含车站正线、站线、道岔、以及包含上饶东南、西南上下行联络线工程。

2)路基工程

合福高铁闽赣段(K1341 +626.508 ~ K1806 +759.723)范围内的地基处理、路基本体、路基沉降、路基支挡、边坡防护、路基防排水、绿化、防护栅栏、公铁并行防护桩等路基相关工程项目。

3)桥涵工程

合福高铁闽赣段(K1341 +626.508 ~ K1806 +759.723)范围内的桥涵工程,包含梁体、支座、墩台(含接地极)、人行道栏杆、墩台吊围栏、桥面护轨、防震装置、泄水管、桥台护锥、桥头检查台阶及涵洞洞身结构、洞口排水、涵洞护锥、八字墙、地道主体、防抛网、限高架等。

4)隧道工程

合福高铁闽赣段(K1341 +626.508 ~ K1806 +759.723)范围内的隧道工程,包含隧道159.5座,总长274103.885 延长米。所有隧道洞门、工务专业管理的防护门、衬砌、专业洞室、明洞、防排水、电缆沟槽及工务管理范围内的接地极等。

5)声屏障工程

合福高铁闽赣段(K1341 +626.508 ~ K1806 +759.723)范围内共80处39182 m,合计2.15 m 高声屏障35753 m,2.5 m 高声屏障1986 m,2.95 m 高声屏障1443 m。包含声屏障基础、立柱、吸声板等。

6)精密工程测量

合福铁路客运专线闽赣段(K1341 +626.508 ~ K1806 +759.723)范围内的精密工程控制测量,包含CPI、CPⅡ、CPⅢ、水准基点点位等。

4. 验收情况

1)静态验收

京福闽赣公司牵头组织,工务、设计、监理、施工、咨询单位参加的工程质量联合检查组,采用内业验收与现场检查相结合的方法,于2014 年10 月17 日至12 月31 日完成轨道、路基、桥涵、隧道、精密工程测量、声屏障工程检查验收。其中轨道专业验收组验收共发现问题91 项10646 条。其中 A 类问题37 项4648条,B 类问题54 项5998 条;路基专业验收组验收共发现问题27 项9005 个。其中 A 类问题15 项5276 个,B 类问题12 项3729 个;桥涵专业验收组共检查发现问题94 项6044 处,其中 A 类问题45 项2722 处,B 类问题49 项3322 处;隧道专业验收组共发现问题34 项3013 处,其中 A 类问题21 项1685 处,B 类问题13项1328 处;声屏障专业验收组检查共发现问题8 项710 处,其中 A 类问题4 项444 处;B 类问题4 项266处;精测网专业验收组验收共发现问题3 项74 处,为 B 类问题。

2)整改复验

为督促施工单位对检查发现的问题的整改,进一步提高工程质量,2014 年12 月20 日至2015 年1 月31 日各专业组对施工单位的整改情况进行全面检查复验。其中轨道工程整改问题53 项11030 条,其中 A类问题37 项5680 条,B 类问题16 项5350 条,遗留问题34 项7428 条,为 B 类问题;路基工程共整改问题12 项9350 个,其中 A 类问题11 项5735 个,B 类问题1 项3615 个,遗留问题12 项876 个,其中 A 类问题1 项78 个,B 类问题11 项798 个;桥梁工程共整改问题56 项4076 处并复验合格,其中 A 类问题45 项2722 处,B 类问题11 项1354 处,遗留问题38 项1968 处,均为 B 类问题;隧道工程共整改问题23 项2138处并复验合格,其中 A 类问题21 项1685 处,B 类问题2 项453 处,遗留问题11 项875 处,均为 B 类问题;

声屏障工程已整改问题 2 项 53 处,其中 A 类问题 3 项 49 处,B 类问题 2 项 4 处,遗留问题 2 项 226 处,为 B 类问题;精测网专业验收共整改问题 1 项 50 处,遗留问题 2 项 23 处,为 B 类问题。

5. 验收结论

新建合肥至福州铁路闽赣段工务工程(轨道、路基、桥涵、隧道、声屏障、精密工程测量)静态系统及其专业接口满足设计要求和验收标准,工程总体质量合格,具备动态验收条件。

二、防灾安全监控系统静态验收

1. 验收组织

组长:胡永乐。

副组长:李琤、张祥云、陈其强。

组员:南昌西工务段、福州工务段、南昌电务段、福州电务段、南昌通信段,设计、施工、监理、咨询单位负责人。

2. 验收依据

1)批复及设计文件

(1)铁道部铁鉴函〔2012〕994 号《关于新建合肥至福州修改初步设计的批复。

(2)铁道部铁建设〔2009〕209 号《高速铁路设计规范(试行)》。

(3)铁道部铁运〔2010〕28 号《高速铁路防灾安全监控系统管理办法(暂行)》。

(4)铁道部运输局运基信号〔2009〕719 号《信号系统与异物侵限监控系统接口技术条件》。

(5)铁道部运输局运技基础〔2010〕739 号《高速铁路防灾安全监控系统——公跨铁立交桥异物侵限监测方案》。

(6)铁总建设〔2013〕86 号《铁路自然灾害及异物侵限监测系统工程设计暂行规定》。

(7)铁科技〔2013〕35 号《高速铁路自然灾害及异物侵限监测系统总体技术方案(暂行)》。

(8)京福闽赣公司《关于明确隧道口异物侵限监测设备设置并实施推进的联系单》(京福闽赣工(信)联 2014 - 005)。

(9)京福闽赣公司 13 号会议纪要《关于合福铁路闽赣段防灾安全监控系统设计布点的踏勘纪要》。

(10)京福闽赣公司 72 号会议纪要《于合福铁路闽赣段防灾安全监控实施方案研讨会议纪要》。

(11)桥梁、房建、电力、通信、信号等相关专业设计资料。

2)专业设计规范及标准

(1)《铁路客运专线技术管理办法(试行)》(300 ~ 350 km/h 部分)(铁科技〔2009〕212 号)。

(2)《不间断电源设备》(GB/T 7260—2003)。

(3)《外壳防护等级》(GB 4208—2008/IEC60529:2001)。

(4)《微型计算机通用规范》(GB/T 9813—2000)。

(5)《软件产品质量要求与评价》(GBT 25000.51—2010)。

(6)《高速铁路设计规范(试行)》(铁建设〔2009〕209 号)。

(7)《环境参数及其严酷等级的分级》(IEC721 - 3 - 3:1994)。

(8)《电工电子产品环境试验》(IEC60068 - 2 - 14:1984)。

(9)《信号系统与异物侵限监控系统接口技术条件》(运基信号〔2009〕719 号)。

(10)《高速铁路防灾安全监控系统管理办法(暂行)》(铁运〔2010〕28 号)。

(11)《高速铁路防灾安全监控系统 - 公跨铁异物侵限监测方案》(运技基础〔2010〕739 号)。

(12)《铁路客运专线技术管理办法(试行)修改补充内容》(铁运〔2011〕47 号)。

(13)《地震台站建设规范强震动台站》(DB/T 17—2006)。

3)专业验收标准

《铁路自然灾害及异物侵限监测系统工程施工及验收标准》(Q/CR 9745—2014)。

3.验收范围及内容

1）验收范围

新建合肥至福州铁路闽赣段（K1341+626.508～K1806+759.723）范围内的防灾工程专业线路和设备。

2）验收内容

防灾工程专业验收包括有：风监测、雨量监测、异物监控系统；雨量计、风速计、异物侵线传感器、轨旁控制器和终端；电源及监控数据处理平台、传输交换机，防灾系统监控单元，通信网络设备，双电源切换设备及通信、信号、电力专业接口等。

4.验收过程

2014年12月12日至12月22日完成了防灾系统工程设备建筑安装质量的验收。2015年1月9日至1月15日完成对系统设备进行加电测试，同时对静态验收整改问题进行复验。

5.验收结论

新建铁路合肥至福州铁路闽赣段防灾工程满足设计要求和验收标准，工程总体质量合格，具备动态验收条件。

三、通信工程静态验收

1.验收组织

组长：高鹏

副组长：曹发善、陈其强、薛卫星

成员：南昌通信段、南昌电务段、福州电务段，设计、施工、监理、咨询单位负责人。

2.验收范围和内容

1）验收范围

新建合肥至福州铁路闽赣段（K1341+626.508～K1806+759.723）范围内的通信工程及引入南昌调度中心、福州枢纽、上饶枢纽通信工程。

2）验收内容

通信线路情况，车站、区间基站、电化所亭等通信设备的安装情况、调试情况、性能指标及机房房建配套环境、配电、防雷接地等设施进行验收；对通信专业竣工文件验收资料和内业资料情况进行验收；对通信铁塔安装质量工艺进行验收（委托第三方验收）；对通信子系统性能指标及性能进行验收（委托第三方验收）。

3.验收过程及方法

1）验收经过

2014年10月16日至2015年1月20日，完成了静态验收工作，2015年1月31日完成复验工作。

2）验收方法

采用内业资料验收与现场实体工程检查相结合的方法。内业资料验收包括对设备及缆线材料的合格证、入网许可和进场质量检验报告等采信项目进行核对检查；对检验批、分项、分部、单位工程质量验收检查记录等项目进行检查。实体工程验收主要对线路设备工程建安质量、线路特性指标、设备主要功能和特性指标进行观感检查和测试。

4.验收问题

静态验收共发现问题14922条，已整改12305条，其中A类问题829条，已全部整改并复验合格；B类问题14093条，已整改11672条并复验合格，遗留2421条。

5.验收结论

新建合肥至福州铁路闽赣段通信工程静态系统及其专业接口工程满足设计要求及验收标准，工程总体质量合格，具备动态验收条件。

四、信号工程静态验收

1. 验收组织

组长：高鹏。

副组长：曹发善、陈其强、薛卫星。

成员：南昌通信段、南昌电务段、福州电务段，设计、施工、监理、咨询单位负责人。

2. 验收范围和内容

1）验收范围

新建合肥至福州铁路闽赣段（K1341＋626.508～K1806＋759.723）范围内的信号工程、贯通地线敷设工程及引入福州枢纽和上饶枢纽工程。其中，红星线路所及南平北站的进站信号机处为新建合福高铁与南三龙铁路的信号工程验收分界处。

2）验收内容

依照验收规范和验收标准，对杭长客运专线铁路江西段信号工程中的联锁设备、区间闭塞设备、列控设备、CTC设备、信号集中监测设备，各类信号软件试验、接口测试，综合贯通地线及信号防雷接地系统，室外道岔转辙设备、轨道电路、信号机、电缆、应答器及专业接口等进行静态验收，对验收中发现的问题进行督促整改和复查。

3. 验收过程及方法

1）验收经过

2014年10月16日至2015年1月20日，完成了静态验收工作，2015年1月31日完成复验工作。

2）验收方法

采用内业检查与外业检查相结合的方法，内业检查主要对内业资料的完整性、全面性进行检查，并对内业资料进行重点抽查；外业检查包括观感质量检查、主要功能和实体质量检查等，按验标规定的要求进行现场检查。

4. 验收问题

静态验收共发现问题14336条，已整改13445条，遗留问题891条，其中A类问题4838条，已全部整改并复验合格；B类问题9498条，已整改8607条并复验合格，遗留891条。

5. 验收结论

新建合肥至福州铁路闽赣段信号工程（含综合贯通地线工程、信号相关综合接地、综合防雷工程）静态整体系统及专业接口满足设计要求和验收标准，工程总体质量合格，具备动态验收条件。

五、电力及电力牵引供电工程静态验收

1. 验收组织

组长：陈松溪。

副组长：苏光德、陈其强、薛卫星。

成员：鹰潭供电段、福州供电段，设计、施工、监理、咨询单位负责人。

2. 验收范围和内容

1）验收范围

合肥至福州铁路闽赣段（K1341＋626.508～K1806＋759.723）范围内接触网工程、牵引变电工程、电力工程。

2）验收内容

牵引供电：依照有关标准和程序，对牵引变电所、分区所和AT所主要设备的安装、调试情况，全线接触网的安装、架设和调试情况，全线供电电缆、各种附加导线及相关设备的安装、调试情况，牵引供电SCADA调度系统的安装、调试情况，供电、接触网等专业竣工文件验收资料和内业资料情况进行验收。

电力：依照有关标准和程序，对已完工的电力配电所设备的安装、调试情况，电力架空电源线路的架设情况，电力电缆、电缆接头及相关设备的安装、调试情况，站场灯塔、站内配电箱等设备安装、调试情

况，电力远动 SCADA 系统的安装、调试情况，审查电力专业竣工文件、验收资料和内业资料整理情况。

3. 验收过程及方法

1）验收经过

2014 年 11 月 10 日至 2014 年 12 月 31 日，完成了电力及牵引供电设备的静态验收工作。2015 年 1 月 1 日至 2015 年 1 月 31 日完成复验工作。

2）验收方法

采取以内业资料与实体工程相结合的验收方法。

（1）内业资料验收：对材料、半成品、配件、设备的合格证或进场质量检验报告，室内试验、工艺性试验报告，检验批、分项、分部、单位工程质量验收检查记录，施工记录、施工日志，监理与咨询评估报告等资料进行抽查验收。

（2）实体工程验收：在验收范围内工程进行观感质量检查的基础上，对电气设备主要技术指标按验标进行验收测试，对重点工程或重要检查项目进行主要功能和实体质量按验标进行检查。受验收手段方法所限，本次验收未对支柱（拉线）基础和各种埋入杆件等隐蔽工程实体进行验收，仅对外观进行检查并以施工单位自验，监理日志、监理报告为依据。

4. 验收问题

静态验收共发现问题 13821 条，已整改 11319 条，其中 A 类问题 789 条，已全部整改并复验合格；B 类问题 13032 条，已整改 10726 条并复验合格，遗留 2306 条。

5. 验收结论

新建合肥至福州铁路闽赣段电力及电力牵引供电工程静态系统及其专业接口满足设计要求及验收标准，工程总体质量合格，具备动态验收条件。

六、房建工程静态验收

1. 验收组织

组长：李辛生。

副组长：何笠俊、周晓涛、张祥云。

组员：南昌房建生活段、福州房建生活段，设计、施工、监理、咨询单位负责人。

2. 验收范围和内容

1）验收范围

新建合肥至福州铁路闽赣段（K1341 + 626.508 ~ K1806 + 759.723）范围内四电独立用房、站台、天桥、雨棚。

2）验收内容

四电独立用房的地基与基础、主体结构、屋面（顶棚）、装饰装修、给排水及采暖、建筑电气及室外附属工程（室外电缆沟、道路、围墙等）、站台、雨棚工程。

3. 验收过程及方法

1）验收经过

2014 年 11 月 11 至 11 月 26 日对江西、福建的四电独立用房进行验收；2014 年 12 月 10 日至 12 月 12 日对江西、福建段的站台、雨棚进行验收；2014 年 12 月 23 日至 12 月 26 日对安徽境内的四电独立房屋进行验收；2015 年 1 月 30 日前完成问题整改复验。

2）验收方法

房建专业验收组验收过程中分为内业资料、建筑与结构、给排水、建筑电气进行检查。采用内业验收与现场检查相结合的方法，内业检查主要对内业资料的完整性、全面性进行检查，并对有关内业资料进行重点抽查；外业检查包括观感质量检查、主要功能和实体质量抽查等。

4. 验收问题

静态验收共发现问题 974 条，已整改 867 条，其中 A 类问题 198 条，已全部整改并复验合格；B 类问题 776 条，已整改 669 条并复验合格，遗留 107 条。

5. 验收结论

新建合肥至福州铁路闽赣段房屋建筑工程(四电用房、天桥、雨棚、站台)满足设计要求和验收标准,工程总体质量合格,具备动态验收条件。

七、环境保护和水土保持工程静态验收

1. 验收组织

组长:易震球。

副组长:吴剑飞、周晓涛、叶涛。

成员:设计、施工、监理、咨询单位,第三方监测机调查评估单位负责人。

2. 验收内容

核查环水保工程内容与方案设计变更情况;环境敏感目标基本情况及变更情况;环境影响评价、水土保持制度及其他环境保护规章制度执行情况;环境保护设计文件、环境影响评价文件及环境影响评价审批文件提出的环保措施落实情况;水土保持设计文件、水土保持批复文件及批复文件中提出的环保措施落实情况;公众反映强烈的环境问题。

3. 验收过程及方法

1) 验收经过

2014 年 10 月 10 日至 10 月 25 日完成现场调查验收工作,2014 年 12 月 10 日至 12 月 28 日完成复验工作。

2) 验收方法

现场检查验收采用内业检查、现场检查和重点抽查相结合的方式进行。

(1) 内业检查:工程立项时间、部门、文号;工程可研、初步设计、修改初步、施工图等设计文件及批复资料;以及工程环保及水保文件及相关附件;施工单位、建设单位与各部门签订的协议;工程检查验收记录(包括影像资料),施工日志,环保监理报告等资料进行检查验收。

(2) 现场检查:对验收范围内所有环境保护、水土保持设施进行全面的检查。

(3) 重点抽查:根据内业资料验收和现场验收情况,对重点工程或重要检查点进行主要功能和质量抽查。

4. 验收问题

环境保护和水土保持工程静态验收共发现问题 5 条,均为 B 类问题,主要为:

(1) 内业资料尚有部分欠缺,包括:环保设施设备竣工图纸,设备合格证、各车站排水、排污许可证明等。

(2) 闽赣段共有 168 处弃土(碴)场正在依据批复的水土保持方案和相关设计实施水土保持措施,7 处制梁场、81 处拌和站、50 处施工营地正在进行移交和生态恢复工作。

(3) 初步设计隔声窗未实施。

(4) 各车站相应的污水处理设施尚未投入使用。

(5) 电磁防护补偿目前尚未实施。

5. 验收结论

新建合肥至福州铁路客运专线闽赣段工程基本落实了环境影响报告书、水土保持方案及其批复意见中要求工程采取的各项环、水保措施,工程建设执行了环境影响评价制度和环、水保设施与主体工程同时设计、同时施工、同时建成投产使用的"三同时"制度,工程基本满足环、水保静态验收条件,可按程序开展下一步工作。

第三节　动态验收

新建合肥至福州铁路客运专线闽赣段的联调联试、动态检测及运行试验工作根据原铁道部《高速铁路竣工验收办法》(铁建设〔2012〕107 号)、《高速铁路工程动态验收技术规程》(铁建设〔2013〕45 号)和《中国

铁路总公司关于合福铁路联调联试、动态检测及运行试验大纲的批复》(铁总工管函〔2014〕1846号)等文件要求进行。

一、验收组织

1. 动态验收工作领导小组

组长：王培、王秋荣。

副组长：钟生贵、徐利锋、张骥翼、万军、戴平峰、任朝阳、彭磊、刘明亮、詹志文、康熊、金长平。

组员：路局办公室、总师室、安监室主任，建管处、运输处、客运处、机务处、车辆处、供电处、工务处、电务处、土房处、计统处、信息化处、财务处处长，党委宣传部部长，调度所主任，信息技术所所长，铁科院科技处处长，南昌铁路公安局分管副局长，京福闽赣公司副总经理。

2. 动态验收工作组

组长：钟生贵。

副组长：徐利锋、张骥翼、戴平峰、任朝阳、刘明亮、詹志文、康熊、陈四清、冀福孝、黄观寅。

组员：路局总师室、安监室主任，建管处、运输处、客运处、机务处、车辆处、供电处、工务处、电务处、土房处、计统处、信息化处处长，铁科院现场检测负责人，南昌铁路公安局分管副局长，京福闽赣公司相关部门负责人。

二、验收依据

(1) 国家和原铁道部、建设部颁布的设计规范、工程施工质量验收标准。

(2) 国家发改委《国家发展改革委关于新建合肥至福州铁路项目建议书的批复》(发改基础(2009)1936号)。

(3) 国家发改委《国家发展改革委关于新建合肥至福州铁路项目可行性研究报告的批复》(发改基础(2009)3051号)。

(4) 原铁道部、安徽省、江西省、福建省《关于新建合肥至福州铁路初步设计的批复》(铁鉴函〔2010〕189号)。

(5) 原铁道部、安徽省、江西省、福建省《关于新建合肥至福州铁路修改初步设计的批复》(铁鉴函〔2012〕994号)。

(6) 原铁道部《关于新建合肥至福州铁路婺源等10座车站站房及相关工程补充初步设计的批复》(铁鉴函〔2013〕138号)。

(7) 原铁道部《关于新建铁路合肥至福州铁路工程环境影响报告书的预审意见》(铁计函〔2009〕512号)。

(8) 环保部《关于新建铁路合肥至福州铁路工程环境影响报告书的批复》(〔2009〕543号)。

(9) 水利部《关于新建合肥至福州铁路水土保持方案的复函》(水保函〔2010〕256号)。

(10) 江西省环境保护厅《关于新建铁路北京至福州快速客运通道合肥至福州段(江西省段)项目环境影响评价执行标准的批复》(赣环督字〔2009〕354号文)。

(11) 福建省环境保护厅《福建省环境保护厅关于新建铁路北京至福州快速客运通道合肥至福州段(福建省段)环境影响评价标准的函》(闽环督函〔2009〕158号文)。

(12) 原铁道部《高速铁路竣工验收办法》(铁建设〔2012〕107号)。

(13)《高速铁路工程动态验收技术规范》(TB 10761—2013)。

(14)《中国铁路总公司运输局关于新建合福铁路线名、里程体系、线路允许速度、管界的复函》(运工综技函〔2014〕314号)。

(15)《中国铁路总公司关于合福铁路联调联试、动态检测及运行试验大纲的批复》(铁总工管函〔2014〕1846号)。

(16) 各专业现行施工质量验收标准、设计规范以及设备安装说明等。

(17) 审核合格的施工图(包括经批准的变更设计文件)。

三、验收内容与方法

1. 验收内容

根据原铁路总公司批复的联调联试、动态检测及运行试验大纲，新建合福高铁闽赣段动态检测内容包括轨道(含轨道几何状态、动车组动力学响应、轨道结构动力性能及道岔动力性能)、路基及过渡段动力性能、桥梁动力性能、隧道(含列车空气动力学、隧道内气动效应)、电力牵引供电(含牵引供电系统、接触网、远动系统、自动过分相)、通信系统、信号系统、客运服务系统、综合接地、电磁环境、振动噪声、声屏障、自然灾害及异物侵限监测系统等共13项内容。

2. 验收方法

采用综合检测列车、轨道检查车、接触网检测车、电务检测车及相关检测设备在规定测试速度下对全线各系统的功能、性能、状态和系统间匹配关系进行综合测试，评价和验证供变电、接触网、通信、信号、客服、防灾等系统的功能，验证路基、轨道、道岔、桥梁、隧道等结构工程和振动噪声、声屏障、电磁兼容、综合接地及适用性；检验相关系统间接口关系；对全线各子系统和整体系统进行调试、优化，使各子系统和整体系统功能达到设计要求。

动态检测是采用测试动车组和综合检测列车，根据设计和相关技术标准在规定速度范围内对系统功能、动态性能和系统状态进行检测。

四、验收过程

1. 验收准备

2015年2月27日前，南昌局组织编制完成了行车组织、安全管理、施工管理、停电送电、防洪工作、栅栏管理、治安保卫、应急管理等联调联试及动态检测期间的各类规章制度，并会同京福闽赣公司完成了相关参试人员的培训。2015年3月1日，联调联试办公室正式合署办公。铁科院于2015年2月25日至2月28日完成了黄山北—五府山区段地面测点布置、设备调试工作；于2015年3月14日至3月19日完成了上饶—福州区段地面测点布置、设备调试工作。

2. 联调联试及动态检测过程

1) 道岔转换阻力及夹异物试验

2015年3月1日进行了上饶合福场7#岔位42号道岔，上饶合福场1、3#岔位18号道岔转换阻力及夹异物试验；2015年3月20日进行了南平北站1、3#岔位18号道岔转换阻力及夹异物试验。

2) 检测列车上线检测

黄山北—五府山区段于2015年3月1日开始采用检测列车上线检测；上饶—福州区段于2015年3月20日开始采用检测列车上线检测。

3) 动车组逐级提速

(1) 单列动车组逐级提速。

2015年3月4日至3月11日、3月20日，采用CRH2C-2061、CRH2C-2068综合检测列车进行了黄山北—五府山区段上、下行正线单列动车组逐级提速联调联试。

2015年3月21日至3月25日、3月28日至3月29日、4月12日，采用CRH2C-2061、CRH2C-2068、CRH380AJ-0203综合检测列车进行了上饶—福州区段上、下行正线单列动车组逐级提速联调联试。

单列动车组逐级提速各速度等级为180(及以下)、200、220、240、260、280、300、310、320、330 km/h，共10个速度等级。

2015年5月27日，上饶合福场北咽喉插铺一组渡线道岔后，CRH2C-2061、CRH2C-2068综合检测列车进行了上饶合福场上、下行正线通过单列动车组逐级提速联调联试。

(2) 重联动车组逐级提速。

2015年3月12日，采用CRH2C-2061+CRH2C-2068重联动车组进行了黄山北—五府山区段上、下行正线重联动车组逐级提速联调联试。

2015年3月26日至3月27日、3月29日，采用CRH2C-2061+CRH2C-2068重联动车组进行了上饶—福州区段上、下行正线重联动车组逐级提速联调联试。

重联动车组逐级提速各速度等级为 250、270、290、300 km/h，共 4 个速度等级。

（3）接触网人工短路测试。

2015 年 3 月 30 日完成了武夷山东 – 建溪供电臂接触网人工短路试验；4 月 1 日完成了五府山—石箩坑供电臂接触网人工短路试验；4 月 23 日完成荷田—董家林供电臂接触网人工短路复测；5 月 30 日完成五府山—石箩坑供电臂接触网人工短路复测。

（4）道岔侧向通过测试。

2015 年 3 月 8 日采用 CRH2C – 2068 综合检测列车完成了上饶合福场 1、3# 岔位 18 号道岔侧向通过性能测试，70、80、90 km/h 各 3 个往返；3 月 21 日采用 CRH2C – 2061 综合检测列车完成了南平北站 2、4# 岔位 18 号道岔侧向通过性能测试，70、80、90 km/h 各 3 个往返。

4）信号系统

合福高铁闽赣段正线各区段信号系统均采用配备 300S、300T、300H、200H、200C 列控设备动车组进行本线车及跨线车运行测试。

5）全线拉通

2015 年 5 月 28 日至 5 月 30 日采用 CRH2C – 2068 综合检测列车（300T）和分别配备 300S、300H、200H、200C 列控设备动车组各 1 列进行了合肥北城至福州全线拉通测试。

3. 其他测试项目

（1）2015 年 3 月 4 日、3 月 8 日采用 CRH2C – 2061 综合检测列车进行了黄山北—五府山区段上、下行正线接触网非接触式测量；2015 年 3 月 23 日采用 CRH380AJ – 0203 综合检测列车进行了上饶—福州区段上、下行正线接触网非接触式测量初测；2015 年 3 月 22 日采用 CRH380AJ – 0203 综合检测列车进行了黄山北—五府山区段上、下行正线接触网非接触式测量复测；2015 年 3 月 26 日至 3 月 27 日采用 CRH380AJ – 0203 综合检测列车进行了上饶—福州区段上、下行正线接触网非接触式测量复测。

（2）2015 年 4 月 7 日至 4 月 20 日，完成了合福高铁闽赣段综合视频监控系统联调联试初测工作，5 月 10 日至 5 月 21 日对初测中发现的问题及初测中不具备测试条件的内容进行了复测和补测。

（3）2015 年 4 月 15 日至 4 月 19 日，完成了合福高铁闽赣段远动系统联调联试初测工作，5 月 25 日对初测中发现的问题及初测中不具备测试条件的内容进行了复测和补测。

（4）2015 年 4 月 13 日至 5 月 15 日完成了合福高铁闽赣段自然灾害及异物侵限监测系统风监测、雨量监测、异物侵限监测子系统的初测和复测工作。累计完成风监测点 16 处、雨量监测点 8 处、异物侵限监测点 1 处、监控单元 22 处、监控数据处理设备 2 处、列车调度终端 1 处、工务调度终端 1 处、工务段终端 2 处的测试工作。

（5）2015 年 4 月 22 日至 4 月 27 日，完成了合福高铁闽赣段客运服务系统联调联试初测工作，5 月 25 日至 5 月 31 日对初测中发现的问题及初测中不具备测试条件的内容进行了复测和补测。

五、验收结论

1. 铁科院动态检测结论

根据铁科院《合福铁路闽赣段动态检测报告》（V1.0），动态检测结论如下：

（1）合福铁路闽赣段正线轨道、路基、桥梁、隧道各项测试指标均满足动车组以 300 km/h 及以下速度运行时的安全性及平稳性相关标准要求；上饶东南、西南联络线轨道几何状态满足动车组以 120 km/h 及以下速度运行时的相关标准要求。

（2）合福铁路闽赣段牵引供电系统满足设计和相关标准要求；上、下行正线接触网满足动车组以 300 km/h 及以下运行时的相关标准要求，上饶东南、西南联络线接触网几何参数满足动车组以 120 km/h 及以下速度运行时的相关标准要求；远动系统抽样检测的遥控（调）、遥信、遥测项目功能正常；磁感应器自动过分相功能、ATP 自动过分相功能满足相关标准要求。

（3）合福高铁闽赣段通信系统 GSM – R 场强覆盖、GSM – R 网络服务质量、通信系统应用业务（含调度通信、调度命令信息无线传送、列车无线车次号校核信息传送、CTCS – 3 级列控数据传输业务）、数据网、传输通道保护、应急通信系统等功能和性能满足相关标准要求；综合视频监控系统(视频综合应用监控平台 V3.0)所测功能、性能符合设计及相关文件要求。

(4)依据试验大纲和相关规范完成了合福高铁闽赣段信号系统全部测试项目的动态检测，除存在无线超时、福州站 C2 等级出站偶发不能转 C3 等级外，联调联试及动态检测大纲中的测试项目通过测试，满足相关标准和规范的要求。

(5)合福高铁闽赣段综合接地和电磁环境各项测试指标满足相关标准要求。

(6)合福高铁闽赣段对应初期、近期车流对数下，昼、夜间铁路边界噪声均满足相关标准要求；在采取声屏障措施后，昼、夜间 4b 类声功能区外边界处环境噪声仍超过标准限值要求；沿线环境振动满足相关标准要求；声屏障降噪效果及结构气动力效应满足设计要求。

(7)合福高铁闽赣段客运服务系统在各站能够正确开展正常及应急模式下的售、检票业务，能正确开展自动售、到站补、实名制验证业务，旅服系统能够正确开展路局代管模式和本站应急模式下的列车到发、广播、引导业务；客服系统与 TDMS 接口、FAS 接口功能正常，时钟系统能够实现时钟同步功能，视频监控图像质量合格；票务广域网和站内局域网各项指标满足设计要求；客票系统安全保障功能正常。

(8)合福高铁闽赣段自然灾害及异物侵限监测系统(V3.7)风监测、雨量监测、异物侵限监测、设备冗余、设备状态、辅助功能测试结果满足设计及相关标准要求。

2.南昌铁路局、京福闽赣公司动态验收结论

1)工务工程

根据铁科院《合福铁路闽赣段动态检测报告》的结论和静态验收遗留问题整改情况，新建合福高铁闽赣段正线轨道、路基、桥梁、隧道、声屏障工程主要功能和实体质量满足动车组以 300 km/h 及以下速度运行时相关标准要求；上饶东南联络线、上饶西南联络线轨道、路基、桥梁、声屏障工程主要功能和实体质量满足动车组以 120 km/h 及以下速度运行时相关标准要求。同意通过动态验收，具备初步验收条件。

2)通信工程

新建合福高铁闽赣段通信工程(含综合视频监控系统)满足相关标准和设计要求。工程质量合格，同意通过动态验收，具备初步验收条件。

3)信号工程

新建合福高铁闽赣段信号系统、贯通地线满足相关标准和设计要求；ATP 自动过分相功能满足相关标准要求。工程质量合格，同意通过动态验收，具备初步验收条件。

4)电力及牵引供电工程

新建合福高铁闽赣段牵引供电系统满足设计和相关标准要求；新建合福高铁闽赣段上、下行正线接触网满足动车组以 300 km/h 及以下速度运行时的相关标准要求，上饶东南、西南联络线接触网几何参数满足动车组以 120 km/h 及以下速度运行时的相关标准要求。新建合福高铁闽赣段远动系统遥控、遥调、遥信、遥测项目功能正常，磁感应器自动过分相系统满足相关标准要求。工程质量合格，同意通过动态验收，具备初步验收条件。

5)信息工程

新建合福高铁闽赣段信息系统符合相关标准和设计要求。工程质量合格，同意通过动态验收，具备初步验收条件。

6)客服设施

新建合福高铁闽赣段客服设施符合相关标准和设计要求。工程质量合格，同意通过动态验收，具备初步验收条件。

7)环境保护与水土保持工程

新建合福高铁闽赣段环境影响报告书环评批复意见和设计文件中涉及的环保措施基本得到落实，防护效果明显，环境保护措施满足设计要求和验收标准，落实了环评报告要求，采取声屏障降噪措施后，近期振动噪声均满足相关标准要求，沿线环境振动满足相关标准要求，声屏障降噪效果及结构气动力效应满足设计要求，可按程序开展下一步工作。不能收批复意见和设计文件中涉及的水保措施基本落实，防护效果比较。

8）自然灾害及异物侵限监测系统（防灾安全监控系统）

新建合福高铁闽赣段自然灾害及异物侵限监测系统 V3.7 风监测、雨量监测、异物侵限监测、设备冗余、设备状态、辅助功能总体符合设计及相关文件要求。工程质量合格，同意通过动态验收，具备初步验收条件。

综合静态验收问题整改情况，铁科院动态检测报告结论，动态验收各专业结论，运行试验测试情况，动态验收领导小组评定得出新建合福高铁闽赣段动态验收总结论：新建合福高铁闽赣段动态整体系统及各系统主要功能和实体质量符合设计要求，合福高铁闽赣段满足动车组 300 km/h 及以下速度运行时相关标准要求，上饶东南联络线、上饶西南联络线满足动车组以 120 km/h 及以下速度运行时相关标准要求，同意通过动态验收，具备初步验收条件。

第四节　初步验收

一、验收过程

原铁路总公司工程管理中心分别于 2014 年 10 月 9 日、10 月 27 日以《中国铁路总公司工程管理中心关于开始新建合肥至福州铁路南昌局管段工程静态验收的通知》（工管工技函〔2014〕332 号）、《中国铁路总公司工程管理中心关于开始新建合肥至福州铁路上海局管段工程静态验收的通知》（工管工技函〔2014〕363 号）同意合福高铁南昌局、上海局管段开始静态验收。中国铁路总公司于 2014 年 12 月 23 日以《中国铁路总公司关于合福高铁联调联试、动态检测及运行试验大纲的批复》（铁总工管函〔2014〕1846 号）批复了合福高铁联调联试、动态检测及运行试验大纲。南昌、上海铁路局和京福安徽、闽赣公司组织，于 2014 年 10 月至 2015 年 6 月完成了合福高铁工程静态、动态验收工作。

2014 年 10 月 10 日至 2015 年 6 月 5 日，上海、南昌铁路局和京福安徽、闽赣公司组织完成了工务、供电、电务、信息、客服、房建、环水保、防灾专业静态验收，并上报了静态验收报告。2015 年 2 月 11 日至 6 月 12 日，中国铁路总公司高速铁路验收专家组工务、供电、电务、信息、客服、房建、环水保、防灾专业组长单位组织对静态验收报告进行了评审，评审意见为：合福高铁静态整体系统工程满足设计要求和验收标准，工程总体质量合格，同意通过静态验收，具备动态验收条件。

2015 年 3 月 1 日至 5 月 30 日，在中国铁路总公司运输局、工程管理中心协调指导下，由上海、南昌局组织，京福安徽、闽赣公司配合，按总公司批复的试验大纲启动并进行了联调联试、动态检测等工作，完成了动态验收工作，编制了动态验收报告。2015 年 6 月 8 日至 11 日，中国铁路总公司高速铁路验收专家组工务、供电、电务、信息、客服、环水保、防灾专业组长单位组织对动态验收报告进行了评审，评审意见为：合福高铁动态整体系统功能和实体质量符合设计要求，工程总体质量合格，同意通过动态验收，具备初步验收条件。

上海、南昌局和京福安徽、闽赣公司分别组织对静、动态验收遗留问题和总公司专家组审查意见进行了整改、落实，向中国铁路总公司报送了整改报告，问题已整改落实。

2015 年 6 月 12 日，上海、南昌局工程质量安全监督站分别提交了铁路建设工程质量监督报告，同意进行初步验收。

2015 年 6 月 13 日，上海、南昌局分别会同京福安徽、闽赣公司上报了《关于申请新建合肥至福州铁路上海局管段工程初步验收的报告》（京福工程函〔2015〕219 号）、《关于申请新建合肥至福州铁路南昌局管段工程初步验收的函》（京福闽赣工函〔2015〕136 号），提出工程已具备初步验收条件，申请进行初步验收。

2015 年 6 月 14 日，中国铁路总公司各相关部门对上海、南昌局和京福安徽、闽赣公司上报的初步验收申请进行了研究，认为合福高铁工程具备初步验收条件，同意启动初步验收。

2015 年 6 月 15 日至 17 日，中国铁路总公司组成初步验收委员会对合福高铁工程进行现场检查并召开初步验收会议。国家铁路局对验收过程进行了监督。

二、验收结论

新建合肥至福州铁路工程在建设过程中执行了国家、原铁道部和中国铁路总公司有关政策、规程、规范和强制性标准、批复意见。劳动卫生、安全等设施已按批准的设计建成；环境保护、水土保持设施按环评报告书、水土保持方案及批复要求基本建成，已获安徽、江西、福建省环保厅环保试运行许可，水土保持设施经检查认可；消防相关工程验收合格；建设用地已依法获得批准；建设项目档案收集、整理及编制质量基本符合初步验收条件。根据上海、南昌局和京福安徽公司、京福闽赣公司编制的静态、动态验收报告，中国铁路总公司高速铁路验收专家组组长单位组织的评审，上海、南昌局和京福安徽公司、京福闽赣公司整改报告，铁科院动态检测和运行试验报告，上海、南昌局工程质量安全监督站建设工程质量监督报告，静态、动态验收达到了 300 km/h 标准，新建合肥至福州铁路工程满足设计标准，工程质量合格，验收程序符合规定，同意通过初步验收。

第五节　安全评估

一、安全预评估组织机构

根据新建合福高铁开通运营总体安排，南昌铁路局成立安全预评估工作领导小组，于 2015 年 6 月 7 日至 15 日对合福高铁闽赣段进行安全检查、预评估。

组长：分管安全工作的副局长。

副组长：安监室主任。

组员：总师室、安监室、企法处、运输处、客运处、机务处、供电处、工务处、电务处、车辆处、信息化处、劳卫处、职教处、建管处、土房处、南昌铁路公安局等部门(单位)负责人和有关人员。

领导小组下设 13 个专业预评估组、1 个综合组。

二、预评估范围

(1)新建合福高铁闽赣段铁路固定设备、安全设施设备、客运服务设施设备等主要行车设备设施。

(2)京福闽赣公司，各运营管理单位安全管理及开通运营准备工作。

三、预评估依据

(1)《中华人民共和国安全生产法》；

(2)《中华人民共和国铁路法》；

(3)《铁路安全管理条例》；

(4)《高速铁路竣工验收办法》(铁建设〔2012〕107 号)；

(5)《新建铁路项目安全评估暂行办法》(铁安监〔2008〕53 号)；

(6)《南昌铁路局新建铁路项目安全预评估暂行办法》(南铁安监发〔2010〕82 号)。

四、预评估标准及内容

1. 预评估标准

(1)《铁路技术管理规程》(高速铁路部分)。

(2)《关于新建合资铁路委托运输管理的指导意见》(铁政法〔2011〕149 号)。

(3)铁路总公司(含原铁道部)、路局有关规章制度和相关技术标准。

2. 预评估内容

(1)安全管理、设备设施、规章制度、人员素质等是否符合《中华人民共和国安全生产法》《中华人民共和国铁路法》《铁路安全管理条例》《铁路交通事故应急救援和调查处理条例》《铁路交通事故调查处理规则》《铁路技术管理规程》(高速铁路部分)等法律法规和规章的要求。

(2)安全管理机构是否健全完备，安全管理人员是否齐全到位，安全管理和检查考核的制度办法是否建立健全；职工技术业务培训、考试和人员素质是否达标，是否做到持证上岗。

(3)运输组织、行车组织办法、设备维修管理制度、技术标准和作业标准等规章制度是否建立健全，各项制度、办法、标准是否满足运营安全要求。

（4）固定设备、移动设备、安全设施、客运服务设备设施和信息系统等主要行车设备设施是否满足运营安全需要，防灾系统设备设施作用是否良好。

（5）路外环境安全管理制度是否建立健全，防护设备设施及警示标志是否齐全有效，铁路线路安全保护区是否按规定设立，保护区内是否存在违规建筑、采矿、采石、采沙及危险品生产储存销售等情况，沿线路外安全宣传工作是否到位。

（6）劳动安全管理制度是否建立健全，安全防护设施、劳动防护用品配备是否到位，特种设备是否符合国家标准规范。

（7）治安消防机构、管理制度是否健全，装备器材、线路及长大桥巡护等是否满足安全需要。

（8）各种突发事件应急预案是否建立健全，救援组织是否建立，设备设施是否配备到位，应急疏散通道是否管理到位。

（9）其他满足运营安全的条件是否具备。

五、预评估过程

（1）6月7日，在南昌召开了安全预评估工作启动会议。安全预评估工作领导小组组长、副组长，各专业预评估组（综合组）组长，京福闽赣、京福安徽公司负责人参加，会议听取了京福闽赣、京福安徽公司关于工程建设和静态、动态、初步验收情况汇报，部署了安全预评估工作。

（2）6月7日至13日，各专业预评估组对京福闽赣及各运营管理单位，分专业开展安全检查。

（3）6月12日开行预评估动车组检查列车检查一站、一隧、一桥。

（4）6月16日，综合组形成了《安全预评估问题整改情况报告》。

六、评估结论

规章制度基本建立，各岗位人员基本到位，各类人员技术业务培训基本达标，线路桥隧，通信信号，牵引变电和动车组等主要行车设备及安全防护设施基本到位，能够保证动车组安全运行。评估意见为：合福高铁闽赣段满足开行300 km/h动车组的运营条件。

第六节　初期运营

合福高铁自2015年6月28日开通投入运营，设备整体运行平稳，公司积极配合路局开展运营各项工作，截至2016年6月底，合福高铁南昌铁路局管内共计发送旅客1340万人次，单日最高发送量为6.8万人次。一年来，合福高铁经历了春运、暑运、小长假、黄金周等"假日运输"的考验，累计开行动车组列车2.8万趟，平均客座率达74%，其中上海、北京、厦门至武夷山方向的高铁动车客座率较高，平均客座率达超过80%。

南昌铁路局先后3次调整合福高铁运行图，从初期每天开行43对至目前每天开行52对动车组，截至2016年6月合福高铁（闽赣段车站）客运量为663.765万人，客运周转量为490350.1万人公里。运营收入317892.57万元、总成本支出407160.08万元、利润 −452667.50万元。

第七节　正式验收

正式验收由正式验收委员会组织，在初期运营一年后进行；正式验收委员会由国家主管部门或中国铁路总公司按相关规定成立。

第二十一章 竣工决算

第一节 决算概述

2010 年 2 月 24 日，原铁道部、安徽省人民政府、江西省人民政府、福建省人民政府以《关于新建合肥至福州铁路初步设计的批复》（铁鉴函〔2010〕189 号），批复合福线（闽赣段）工程初步设计概算为 562.27 亿元。

2012 年 8 月 8 日，原铁道部、安徽省人民政府、江西省人民政府、福建省人民政府以《关于新建合肥至福州铁路修改初步设计的批复》（铁鉴函〔2012〕994 号），将初步设计概算投资修改为 551.40 亿元。

2016 年 12 月 19 日，铁路总公司、安徽省人民政府、江西省人民政府、福建省人民政府以《关于新建合肥至福州铁路清理总概算的批复》（铁总鉴函〔2016〕965 号），批复合肥至福州线清理概算为 9548973 万元，其中闽赣段概算总投资 5128295 万元。截至 2017 年 11 月 30 日，实际完成工程投资 4898355.09 万元。

决算编制依据：

（1）《中华人民共和国合同法》《中华人民共和国招投标法》《中华人民共和国注册会计师法》《会计师事务所从事工程结算审计暂行办法》及配套的法规、规章。

（2）建设部《建筑工程施工发包与承包计价管理办法》（第 107 号令）。

（3）财政部、建设部《关于印发〈建设工程价款结算暂行办法〉的通知》（财建〔2004〕369 号）。

（4）国家审价署《国家基本建设项目竣工决算审核工作要求（暂行）》。

（5）《铁路更新改造工程设计概算编制办法》。

（6）《铁路基本建设变更设计管理办法》。

（7）企业会计制度以及相关财经法律、法规。

（8）财政部《基本建设财务规则》（〔2016〕81 号）及其他相关文件。

（9）中国铁路总公司《关于印发铁路基本建设项目竣工财务决算编制和资产交付办法的通知》（铁总财〔2017〕45 号）。

（10）铁道部会计核算相关规定、《铁路运输企业固定资产管理办法》。

（11）铁道部《关于发布〈铁路客运专线竣工验收（暂行）办法〉的通知》（铁建设〔2007〕183 号）、铁道部《关于重新印发〈铁路建设项目竣工验收交接办法〉的通知》（铁建设〔2008〕23 号）。

（12）《工程造价咨询企业管理办法》《中国注册会计师审计准则》等行为准则。

（13）其他与竣工财务决算有关的部门、行业法规规章。

第二节 已批复投资情况

一、可研批复

国家发展改革委发改基础〔2009〕3051 号文批复项目投资估算总额 1058.4 亿元，其中工程投资 968.4 亿元、动车组购置费 90 亿元。

二、初步设计批复

原铁道部和安徽省、江西省、福建省人民政府《关于新建合肥至福州铁路初步设计的批复》（铁鉴函〔2010〕189 号），原铁道部《关于新建合肥至福州铁路铜陵长江大桥补充初步设计的批复》（铁鉴函〔2010〕

1851 号），原铁道部和安徽省、江西省、福建省人民政府《关于新建合肥至福州铁路修改初步设计的批复》（铁鉴函〔2012〕994 号），概算总额合计按 10199500 万元控制（含安徽省、江西省承担的征地拆迁费用分别为 237374 万元、69378 万元，以及安徽省承担的铜陵长江大桥公铁合建部分投资 115500 万元），其中静态投资 8732300 万元、建设期贷款利息 557300 万元、动车组购置费 900000 万元、铺底流动资金 9900 万元。

其中闽赣段修改初步设计概算总额按 5514000 万元（含江西省承担的征地拆迁费用 69378 万元），其中静态投资 4682700 万元、建设期贷款利息 307000 万元、动车组购置费 518700 万元、铺底流动资金 5600 万元。

三、变更设计及其他批复

（1）原铁道部铁鉴函〔2011〕924 号文批复 2011 年材料价差暂增加 55000 万元，其中安徽段截至 2010 年第四季度材料价差暂增加 8000 万元、闽赣段截至 2011 年第二季度材料价差暂增加 47000 万元。

（2）原铁道部铁鉴函〔2012〕25 号文批复安徽段 2011 年上半年材料价差暂增加 24300 万元。

（3）原铁道部铁鉴函〔2012〕259 号文批复上饶车站改扩建工程截至 2011 年第二季度材料价差暂增加 1000 万元。

（4）原铁道部铁鉴函〔2012〕389 号文批复预留平潭铁路引入引起合福高铁变更设计，减少概算 2484 万元。

（5）原铁道部铁鉴函〔2012〕521 号文批复蒙城北路特大桥孔跨调整等变更设计，概算增加 7649 万元（不含铁鉴函〔2012〕994 号文批复中已包含新建蚌福联络线蒙城北路特大桥采用 CRTS 工型双块式无作轨道变更设计投资），其中安徽段增加 6060 万元、闽赣段增加 1589 万元。

（6）原铁道部铁鉴函〔2012〕1292 号文批复安徽段 2011 年第三季度至 2012 年第一季度材料价差暂增加 20000 万元。

（7）原铁道部铁鉴函〔2012〕1321 号文批复南三龙铁路引入引起合福高铁增设红星线路所及南平北站工程变更设计，概算增加 6167 万元。

（8）原铁道部铁鉴函〔2012〕1607 号文批复闽赣段截至 2012 年第二季度火工品及 2011 年第三季度至 2012 年第二季度材料价差暂增加 44000 万元。

（9）原铁道部铁鉴函〔2012〕1750 号文批复安徽段 2012 年第二季度材料价差及截至 2012 年第二季度火工品价差暂增加 7000 万元。

（10）原铁道部铁鉴函〔2012〕1869 号文批复安徽段合肥西等 10 座车站站房及相关工程修改设计，概算减少 11313 万元（其中地方承担站房规模调整增加投资 28700 万元）。

（11）原铁道部铁鉴函〔2013〕138 号文批复婺源等 10 座车站站房及相关工程补充设计，概算减少 11308 万元（其中江西省、福建省分别承担站房规模调整增加投资 1700 万元、23000 万元）。

（12）中国铁路总公司铁总办函〔2013〕39 号文批复闽赣段补列安全生产费，概算增加 9625 万元。

（13）中国铁路总公司铁总办函〔2013〕165 号文批复桥梁声屏障变更设计，概算增加 13844 万元，其中安徽段增加 8912 万元、闽赣段增加 4932 万元。

（14）中国铁路总公司铁总办函〔2013〕219 号文批复杭黄铁路不同步建设引起变更设计，概算增加 2321 万元。

（15）中国铁路总公司铁总办函〔2013〕288 号文批复安徽段补列安全生产费，概算增加 9427 万元。

（16）中国铁路总公司铁总办函〔2013〕564 号文批复岭根隧道新增柴刀坑斜井变更设计，概算增加 1366 万元。

（17）中国铁路总公司铁总办函〔2013〕602 号文批复防护栅栏标准调整变更设计，概算增加 13853 万元，其中安徽段增加 6091 万元、闽赣段增加 7762 万元。

（18）中国铁路总公司铁总办函〔2013〕697 号文批复安徽段 2012 年下半年材料价差暂增加 5000 万元。

（19）中国铁路总公司铁总办函〔2013〕836 号文批复新增款县北站变更设计，概算增加 14673 万元。

（20）中国铁路总公司铁总办函〔2013〕967 号文批复提高供电系统可靠性引起变更设计，概算增加 42412 万元，其中安徽段增加 18510 万元、闽赣段增加 23902 万元。

（21）中国铁路总公司铁总办函〔2013〕1086号文批复闽赣段2012年第三季度至2013年第二季度材料价差暂增加5000万元。

（22）中国铁路总公司铁总办函〔2014〕121号文批复安徽段2013年上半年材料价差暂增加800万元。

（23）中国铁路总公司铁总办函〔2014〕151号文批复桃花店站改建工程变更设计，概算减少208万元。

（24）中国铁路总公司铁总办函〔2014〕192号文批复隧道防灾救援疏散工程变更设计，概算增加6185万元，其中安徽段增加879万元、闽赣段增加5306万元。

（25）中国铁路总公司铁总办函〔2014〕623号文批复增设铜陵长江大桥维修车间等变更设计，概算增加3145万元，其中安徽段增加2459万元、闽赣段增加686万元。

（26）中国铁路总公司铁总办函〔2014〕863号文批复合肥南站实施预留西联络线接轨道岔及相关工程变更设计，概算增加1959万元。

（27）中国铁路总公司、安徽省人民政府《关于新建合肥至福州铁路安徽段截至2013年11月征地拆迁补偿费用阶段调整的批复》（铁总办函〔2014〕867号），征地拆迁补偿费用暂增加63117万元，全部由安徽省承担。

（28）中国铁路总公司铁总办函〔2014〕1040号文批复安徽段2013年下半年材料价差减少2300万元。

（29）中国铁路总公司铁总办函〔2014〕1208号文批复绩溪北、黄山北牵引变电所杭黄铁路同步实施引起变更设计，概算增加903万元。

（30）中国铁路总公司铁总办函〔2014〕1491号文批复新建南昌铁路局调度所工程变更设计，概算增加62201万元（含江西省承担征地拆迁费用2183万元）。

（31）中国铁路总公司铁总办函〔2015〕12号文批复金山顶隧道、赤门隧道防灾救援疏散工程变更设计，概算增加1293万元。

（32）中国铁路总公司铁总办函〔2015〕47号文批复闽赣段2013年第三季度至2014年第二季度材料价差减少20200万元。

（33）中国铁路总公司铁总办函〔2015〕50号文批复闽赣段调整钢轨预打磨费用，概算增加2047万元。

（34）中国铁路总公司铁总办函〔2015〕152号文批复上饶站合福场增设接触网作业车存车线变更设计，概算增加1297万元。

（35）中国铁路总公司铁总办函〔2015〕160号文批复安徽段调整钢轨预打磨费用，概算增加1559万元。

（36）中国铁路总公司铁总鉴函〔2016〕119号文批复金锅岭隧道围岩级别调整等变更设计，概算增加1714万元。

（37）中国铁路总公司铁总鉴函〔2016〕144号文批复墩高大于3米桥梁地段增设防护栅栏变更设计，概算增加9380万元，其中安徽段增加5573万元、闽赣段增加3807万元。

（38）中国铁路总公司铁总鉴函〔2016〕905号文批复上饶站增设动车组存车场变更设计，概算增加21583万元（其中上饶市承担征地拆迁费用8178万元、工程投资3353万元，合计11531万元）。

（39）以上第1~38项合计增加412007万元，全部为静态投资。其中，安徽段增加195436万元（含安徽省承担征地拆迁费用增加63117万元，站房规模调整增加投资28700万元）；闽赣段增加216571万元（含江西省承担征地拆迁费用增加2183万元，江西省、福建省分别承担站房规模调整增加投资1700万元、23000万元，上饶市承担上饶站增设动车组存车场投资11531万元）。

四、批复概算合计

以上第二、三项已批复概算合计10611507万元（含安徽省、江西省承担的征地拆迁费用合计372052万元；地方承担站房规模调整增加投资合计53400万元；安徽省承担铜陵长江大桥公铁合建部分投资115500万元；上饶市承担上饶站动车组存车场投资11531万元），其中静态投资9144307元、建设期贷款利息557300万元、动车组购置费900000万元、铺底流动资金9900万元。

安徽段已批复概算合计4880936万元（含安徽省承担的征地拆迁费用300491万元、站房规模调整增加投资28700万元、铜陵长江大桥公铁合建部分投资115500万元），其中静态投资4245036万元、建设期贷款利息250300万元、动车组购置费381300万元、铺底流动资金4300万元。

闽赣段已批复概算合计 5730571 万元(含江西省承担的征地拆迁费用 71561 万元,江西省、福建省分别承担的站房规模调整增加投资 1700 万元、23000 万元;上饶市承担的上饶站动车组存车场投资 11531 万元),其中静态投资 4899271 万元、建设期贷款利息 307000 万元、动车组购置费 518700 万元、铺底流动资金 5600 万元。

第三节　概算清理

一、征地拆迁费用

按合同(协议)及有关规定,并结合第三方咨询机构审价意见,征地拆迁费用合计按 892029 万元控制(不含上饶市承担上饶动车组存车场征地拆迁费用),其中安徽段 494395 万元(含安徽省承担 393915 万元)、闽赣段 397634 万元(含江西省承担 90437 万元,不含上饶市承担上饶动车组存车场征地拆迁费用)。较已批复概算增加 269912 万元,其中安徽段增加 127601 万元(含安徽省承担增加 93424 万元)、闽赣段增加 142311 万元(含江西省承担增加 18876 万元)。

二、各项价差

按合同及有关规定,并结合第三方咨询机构审价意见,各项价差合计按 174104 万元控制(安徽段增加 61131 万元,闽赣段增加 112973 万元)。其中,甲供材料、设备价差增加 5870 万元(安徽段增加 3967 万元,闽赣段增加 1903 万元);按规定可调整的施工企业自购主要材料、设备价差增加 167232 万元(安徽段增加 56804 万元,闽赣段增加 110428 万元);火车运价差增加 1002 万元(安徽段增加 360 万元,闽赣段增加 642 万元)。扣除已批复价差 139600 万元(安徽段 62800 万元,闽赣段 76800 万元)后,增加 34504 万元(安徽段减少 1669 万元,闽赣段增加 36173 万元)。

三、其他调整

按照原铁道部与安徽省签订的补充协议,以及京福客专安徽公司与安徽省投资集团签订的资金拨付协议,铜陵长江大桥公铁合建部分安徽省承担投资调整为 99030 万元,即地方承担投资减少 16470 万元,相应投资改由项目承担,项目概算不变。

四、其他费用

(1)按有关规定并结合建设管理具体情况,闽赣段建设单位管理费及建设管理其他费合计增加 4011 万元。

(2)项目前期费合计为 14754 万元(安徽段 5051 万元、闽赣段 9703 万元),较原批复概算增加 1708 万元(安徽段减少 1295 万元、闽赣段增加 3003 万元)。

(3)按合同、协议,施工监理费增加 20866 万元(其中安徽段增加 7636 万元、闽赣段增加 13230 万元)。

(4)按原铁道部铁建设〔2007〕139 号文、铁建设〔2012〕245 号文规定,福州南动车组运用所增列安全生产费 92 万元。

(5)按照有关规定,静态检测、联调联试、安全评估、运行试验增加检测列车高级修等费用合计增加 9692 万元,其中安徽段 4931 万元、闽赣段 4761 万元。

(6)按合同、协议及有关规定,工程质量检测、各项评估、咨询等其他费合计增加 11656 万元,其中安徽段增加 4725 万元、闽赣段增加 6931 万元。

(7)以上第 1～6 项合计后增加 48025 万元,其中安徽段增加 15997 万元、闽赣段增加 32028 万元。

五、基本预备费

(1)原批复基本预备费

原批复基本预备费 406533 万元,其中安徽段 184270 万元、闽赣段 222263 万元(不含南昌调度所、上饶动车组存车场变更设计批复概算中计列的基本预备费分别为2962万元、1027万元)。

（2）预备费的使用

项目风险包干费97374万元（安徽段39292万元、闽赣段58082万元）；对建设单位批准的Ⅱ类变更设计以及按照合同约定需调整的新增（减）工程、其他需增加的费用等，合计按281200万元控制（其中安徽段121200万元、闽赣段160000万元），由建设单位按程序审核后，在基本预备费中处置。剩余基本预备费27959万元予以冲减，其中安徽段冲减23778万元、闽赣段冲减4181万元。

六、招标降造费

项目招标降造费347114万元全部予以冲减，其中安徽段冲减150524万元、闽赣段冲减196590万元。

七、建设期贷款利息

截至初验，项目建设期贷款利息合计为417398万元，其中安徽段203715万元、闽赣段213683万元。较原批复概算减少139902万元，其中安徽段减少46585万元、闽赣段减少93317万元。

八、动车组购置费

动车组采购使用铁路总公司专项购置资金，投资不再列入本项目，相应核减原批复概算900000万元，其中安徽段减少381300万元、闽赣段减少518700万元。

九、概算调整

以上第一～八项合计较已批复概算减少1062534万元（含安徽省、江西省承担的征地拆迁费用增加分别为93424万元、18876万元，安徽省承担的铜陵长江大桥公铁合建部分投资减少16470万元），其中静态投资减少22632万元、建设期贷款利息减少139902万元、动车组购置费减少900000万元。具体如下：

安徽段较已批复概算减少460258万元（含安徽省承担的征地拆迁费用增加93424万元，承担的铜陵长江大桥公铁合建部分投资减少1647万元），其中静态投资减少32373万元、建设期贷款利息减少46585万元、动车组购置费减少381300万元。

闽赣段较已批复概算减少602276万元（含江西省承担的征地拆迁费用增加18876万元），其中静态投资增加9741万元、建设期贷款利息减少93317万元、动车组购置费减少518700万元。

十、清理后总概算

清理后，新建合肥至福州铁路总概算按9548973万元控制（含安徽、江西省承担的征地拆迁费用合计484352万元；地方承担的站房规模调整投资合计53400万元；安徽省承担的铜陵长江大桥公铁合建部分投资99030万元；上饶市承担上饶站动车组存车场投资11531万元），其中静态投资9121675万元、建设期贷款利息417398万元、铺底流动资金9900万元。具体如下：

安徽段总概算按4420678万元控制（含安徽省承担的征地拆迁费用393915万元、站房规模调整增加投资28700万元、铜陵长江大桥公铁合建部分投资99030万元），其中静态投资4212663万元、建设期贷款利息203715万元、铺底流动资金4300万元。

闽赣段总概算按5128295万元控制（含江西省承担的征地拆迁费用90437万元；江西省、福建省分别承担的站房规模调整增加投资1700万元、23000万元；上饶市承担的上饶站动车组存车场投资11531万元），其中静态投资4909012万元、建设期贷款利息213683万元、铺底流动资金5600万元。

第二十二章 经验体会与问题探讨

第一节 经验体会

一、全面贯彻标准化管理，纵深推进架子队建设

京福闽赣公司深化完善管理机制，积极推行以规章制度、人员配置、现场管理、过程控制为主线的标准化管理，认真贯彻执行国家和铁路总公司有关铁路建设管理的各项法规，并以建设管理的法规体系为依据，结合合福高铁闽赣段的实际情况，建立健全内部建设管理规章制度，在实践中不断完善，形成了科学的管理制度体系。

1. 规范和适应建设管理新体制，有效提高建设管理成效

京福闽赣公司制定发布了《京福闽赣铁路客运专线有限公司样板示范工程管理办法》和《京福闽赣铁路客运专线有限公司标准化文明工地建设管理办法》。根据项目实际需要，组织编写了《作业指导书》《作业要点卡片》《安全操作规程、主要工种及设备操作规定》，以规范各项作业活动。按照原铁道部和铁路总公司一系列调整铁路建设管理体制机制的部署，积极转变思想观念，遵循依法建设和标准化管理的要求，进一步改进和规范建设管理工作。

京福闽赣公司认真研究铁路建设项目招投标进入地方交易市场、新招标办法、新变更设计管理办法、新施工企业信用评价办法、新工程调度制度和实施细则、部管甲供物资管理办法等制度办法带来的变化，结合公司实际，修订完善"信用评价""物资设备""工程调度""招投标""变更设计""职务消费"等相关管理办法。根据部省赋予公司的权利和责任，找准定位，充分发挥建设管理的核心作用，坚持依法办事，严格工作程序，坚持使全部建设工作实施有标准、操作有程序、过程有控制、结果有考核，促进了新的建设管理体制机制在合福高铁闽赣段得到有效贯彻落实，进一步提高了建设管理成效。

2. 建设和完善队伍管理，创造和谐工作环境

京福闽赣公司以"管理有效、坚控有力、运作高效"为原则，针对工序施工特点，从质量安全、工艺工序、控制要点、施工标准等不同层面进行岗前培训和实操演练，确保作业人员上岗前对自己从事工序的工艺流程、作业标准、人身防护充分掌握。公司以"1152"（配备一位专职队长和一位技术负责人，设置技术、质量、安全、试验、材料五大关键人员，配备领工员和工班长两个领班负责人）为基本模式组建架子队，加强技术培训，保证跟班作业。公司设置专职队长、技术负责人，配置技术、质量、安全、实验、材料、领工员、工班长等架子队主要成员必须由施工企业正式职工担任，各岗位明确职责，落实责任。班组作业人员应在领工员和工班长的带领下进行作业，确保每个工序和作业面有领工员、技术员、安全员跟班作业。公司还强化对架子队的检查监督，建立健全劳务管理制度，对劳务作业人员登记造册，记录其身份证号、职业资格证书号、劳动合同编号以及业绩和信用等情况，并报建设单位、监理单位备案，保持架子队主要作业人员的稳定。

京福闽赣公司加强劳务人员的进场审批、技术培训、过程考核、退场审签等全过程管理，真正实现以人为本、共创和谐社会；制定各项成本考核指标，使架子队能够充分挖掘潜力，降低损耗，减少费用支出，节约了施工成本；项目整体管控能力得到了显著提高，质量、工期、安全、成本管理能得到有效掌控，现场管理水平明显提高；劳资纠纷明显减少，各标段积极采用工资卡和现金相结合的方式兑现劳务用工工资，做到足额、及时发放。同时，建立了农民工工资保证金制度，监督和促进劳务公司及时发放劳务工工资，确保了劳务人员的合法权益；创建了和谐工作环境，拉近了企业职工与劳务人员的关系，有利于培育长期合作战略伙伴，增强民工的主人翁感和责任意识；通过激励方式，提高了架子队主要管理人员及劳务人员

的积极性，为创优质工程打下了良好基础。

二、坚持质量安全至上，建设精品铁路工程

1. 坚持质量管理目标、理念和方针，全力推进质量管理工作

京福闽赣公司坚持"依法管理，系统控制；严格标准，落实责任；百年大计，质量第一"的质量管理方针；坚持"全线整体质量达到世界铁路一流标准，经得起运营的考验和历史的检验"的工程质量总目标；坚持"高标准、讲科学、不懈怠"安全质量建设理念，全力推进合福高铁闽赣段质量管理工作。

2. 实现质量管理工作专人专项负责

京福闽赣公司对全线质量实行统一领导，成立工程质量管理领导小组，负责本项目工程质量管理工作。质量管理领导小组办公室设在安全质量部，负责全线安全质量日常监督管理。各指挥部设有专职的安全质量副指挥长负责现场安全质量的管理工作。设计、咨询、监理、施工单位都设立了专门的管理机构，配备专职人员，负责各自工作范围内的质量安全管理工作。

3. 建立施工企业信用评价和择优选取制度

京福闽赣公司在招标阶段选择综合实力强，企业信誉好的施工、监理企业，在技术、经验、信誉上保证工程质量。公司每半年对各施工、监理单位开展信用评价工作，对各参建施工、监理单位进行综合评价扣分和排名，有效提高各参建施工企业和监理对工程质量安全的重视程度；通过月度安全质量检查，对存在安全、质量问题的单位，根据问题严重程度分别罚以白、黄、红色"安全质量问题通知单"，并在信用评价中按扣分标准进行扣分。

4. 重视生产人员安全培训，提高业务人员素质

京福闽赣公司先后组织各监理、施工单位参加南昌铁路局安全生产管理人员培训，参加培训的质量安全管理人员、施工技术人员、特种作业人员以及现场劳务的素质得以提升，确保工程质量和安全。

公司深入开展安全大检查，贯彻落实"三整治一提高"活动。以隧道初期支护和仰拱施作、隧道超前地质预报和变形监测、特殊结构桥梁施工、临近既有线施工、铁跨公施工、大型起重设备和自轮设备的使用、火工品储运和使用管理等为重点，集中力量排查整改安全质量突出问题和隐患。严格落实领导负责、分工负责、逐级负责、岗位负责，落实每一个领导干部和工程师的包保责任，落实现场施工单位领导带班责任，强化监督检查，坚决遏制安全质量事故发生。

三、坚持协同创新攻关，催化科技创新成果

京福闽赣公司积极引进和应用新技术，协助制定工程建设规范标准，制定发布了《京福闽赣公司科技创新管理办法》，鼓励各参建单位开展协同创新。公司积极引导各参建单位采用"信息化"进行安全质量管理、实施"工厂化"生产工程构配件、引进"专业化"开展各工序施工、配备"机械化"生产设备提高生产效率。针对工程特点和质量要求，为确保工程质量和工期，公司在施工组织中积极采用新材料、新设备、新工艺、新技术，取得了较好效果，有效保证了工程质量。

合福高铁闽赣段项目已申报的科技研究开发课题有：特殊基础条件下高速铁路无砟轨道不平顺研究；合福高铁复杂地形地质条件下桥梁与无砟无缝线路适应性研究；合福高铁桥梁及无砟轨道非线性温度场、温度变形与轨道形位研究；路基上 CRTSI 型双块式无砟轨道温度场及道床板裂缝成因研究。

施工技术创新主要有：混凝土拌和站拌和设备采取自动计量设备，对拌和过程采用电子监控系统；各工点钢材、模板的加工、隧道钢拱架、小型构配件制作均实行工厂化作业；桥梁梁体养生引进推广应用自动化喷淋设备；隧道进洞人员采用电子自动登记系统，开挖掌子面采用视屏监控系统实时监控作业情况；隧道监控量测引进先进的激光量测系统，隧道超前地质预报采用多手段综合预探，并引进专业队伍进行专业化监测分析；隧道开挖采用多臂凿岩台车，隧道初支喷射混凝土采用新型的湿喷机械手，采用自动仰拱栈桥，采用钢拱架安装设备和防水板自动铺设设备；隧道侧沟电缆槽浇筑引进推广应用整体模板系统。

创新施工工艺主要有：武夷隧道出口软弱地质偏压施工技术；北武夷山隧道岩爆、高地温处理技术；古田溪特大桥深水、倾斜、裸岩、大直径群桩基础施工技术。

四、完善物资管理体系，规范物资采购供应

1. 健全和完善物资管理制度，规范和保障物资管理工作

为加强对物资供应的管理工作，规范合福高铁闽赣段建设物资设备管理，保证建设工程质量，降低工程成本，京福闽赣公司采取"源头把关、过程控制、精细管理"的原则，以"保证质量、控制价格、保障供应"为核心，做到了对物资设备实行分类管理、分级负责、专业服务、统筹供应。京福闽赣公司先后制订了《京福闽赣铁路客运专线有限公司四电系统集成物资设备管理办法》、修订了《京福闽赣铁路客运专线有限公司〈物资设备管理办法〉等五项管理制度》，并结合总公司相关要求和公司实际，制定了公司《自购物资供应商资质条件》，健全完善了物资管理制度，建立了物资验收、供应等相关管理台账，以及物资计划申请、结算等相关报表，形成了比较完善的物资管理体系，保证了物资管理工作规范有序。

2. 加强和监督物资采购管理，采取有效物资供应原则

京福闽赣公司对材料供应商进行信用评价，实行动态管理，建立物资合格供应商名录；对于甲控材料严格贯彻执行《物资设备管理办法》，每半年组织开展公司物资大检查，按要求开展"转包、违法分包及挂靠借用资质投标、违规出借资质等问题"专项清理的检查。在物资供应方面，公司未雨绸缪，采取"保重点、压一般、均衡供应"的原则，及时与供应商、公司财务沟通，分清轻重缓急，均衡各供应商的付款，重点保证控制性工程的物资需求，防止施工单位囤积甲供物资。对施工单位采购的重要自购物资招标技术要求、资格条件进行审核。

3. 开展和严控物资质量管理工作，强化现场监督职责

京福闽赣公司组织开展多项原材料专项检查活动，发现问题立即调查处理，现场清退，向生产厂家发出《产品质量问题警示函》，敦促厂家信守投标承诺，并向铁路总公司报送供应商信用评价考核，暂停支付货款。指挥部物管人员协助公司加强对各施工单位物资台账、甲控物资合同的检查，加强对甲供物资申请计划、料款结算的审核，参与甲供物资到货验收，协助调查物资库存，协调甲供物资供应，加强对现场物资质量的抽检，为加强物资管理奠定了扎实基础。

4. 提高物资管理人员业务素质，形成高效监督和制约机制

京福闽赣公司定期组织召开物资部长工作会议，加强沟通协调，研究部署重点工作，搭建交流学习平台，交流日常管理心得体会，有效促进了先进经验的传播，促进了物资供应及招标问题的及时解决。例如京福闽赣Ⅳ标项目部举办高速扣配件知识培训班，组织各施工单位物资部长及技术负责人、分管板厂领导等30余人参加学习培训，聘请中标厂家晋亿实业公司技术人员授课，介绍 WJ-8B 型高速铁路扣配件的基本知识及设计、保管、调整、安装的注意事项，进一步提高了从业人员的业务素质和管理水平。公司对物资管理人员加强廉政建设，加强制度防范，形成相互监督、相互制约的机制，实行"阳光采购"、集体决策，主动接受监督。

五、严抓党风廉政建设，坚持依法合规管理

京福闽赣公司认真贯彻落实《铁路建设项目实施阶段重点环节廉政风险防控手册（试行）》，坚持把廉政建设作为队伍建设的重点工作来抓，贯彻落实中央八项规定精神，坚决反对"四风"，不断加强廉政教育，深入开展一对一的廉政谈话，以身边的事例和教训教育警醒干部职工守住原则底线，从思想源头敲响警钟，在灵魂深处打上预防针，筑牢拒腐防变的大堤。

公司落实党风廉政建设责任制，加强廉政制度建设，结合标准化管理的纵深推进，严格招投标、变更设计、验工计价、物资供应、信用评价、竣工验收等工作程序和标准，规范管理行为，杜绝以权谋私。公司邀请铁路检察院解剖案例、送法下现场等形式，坚持做到警钟长鸣，全体员工的廉政意识和职业素质得到加强。此外，还通过开展学习座谈会、发放廉政学习读本、接受革命传统教育等多种形式的廉政教育活动，警醒教育干部职工，引导大家恪守廉政准则，严格依法按章办事，营造风清气正的建设氛围，以廉洁的建设行为保证工程质量。加强与路局纪委、铁路检察院的合作，共同推进"阳光工程"及"廉政共建"活动，及时纠正偏差和问题，发挥体外监督的有效作用，促进了工程建设健康有序开展。

六、建设铁路绿色通道，保护沿线生态环境

为做好环保、水保和安全设施建设工作，京福闽赣公司制定并发布了《京福闽赣公司环境保护管理办法》和《京福闽赣公司水土保持管理办法》，在环境影响评价工作的基础上，采用了减少铁路用地、复垦及绿化措施；对振动及噪声、电磁污染影响较大的区段采用减振型无砟轨道、声屏障和尽可能避免电磁污染等措施；在施工过程中进行水污染治理和水土保持等措施来消除减少环境破坏。

为有效保护铁路沿线宝贵的耕地资源，京福闽赣公司在规划设计过程中尽量采用以桥代路，全线共有桥梁325座、隧道159.5座，桥隧所占线路比90.1%，以桥代路举措有效减少了合福高铁闽赣段对沿线地带的切割。在线路勘测设计中，把隧道设置在地质构造简单、岩性较好的稳固地层，隧道以影响最小的方式通过，以减少对自然水系和山林植被的破坏。

公司通过招标择优确定环、水保专项监测单位，要求各参建单位严格执行环境保护、水土保持"三同时"制度；为提高全体参建人员的环、水保法律观念，增强环境保护和水土保持生态建设意识，公司组织施工、监理、监测等单位的环、水保工作分管领导与具体负责人员，举办了环、水保法律与常识培训班，在思想观念上、组织上保证环保、水土保持方案得以贯彻实施。公司多次组织并接受环水保主管部门对环保、水保进行专项检查，重点对路基土石方取弃土场、隧道弃渣场、桥梁施工沉淀池、污水排放环保、水保措施实施情况进行检查。

第二节 问题探讨

一、进一步规范架子队管理

积极引导施工企业采用架子队管理模式组织工程施工，将规范使用架子队管理要求纳入招标文件和施工合同，依据合同指导、督促施工企业推进架子队管理工作，严禁借架子队之名变相使用包工头或委托施工劳务承包企业负责人组建架子队。架子队管控必须通过构建结构清晰、职责分明、内容稳定的架子队管理体系，架子队管控层主要组成人员必须由施工企业正式职工担任，作业人员由施工企业职工及劳务人员组成，领工员、工班长应具备相应的组织能力和丰富的施工管理经验。

二、进一步优化设计管理

一是建议站前、站后(含四电)同步设计，站房划归总体院设计，及早明确站后(含四电)标准，杜绝或减少结合部差、错、漏、碰等问题；大临电力按照永临结合的原则纳入总体院设计，且提前单独招标为站前工程提供条件。二是加强与设计、咨询的沟通与管理，确保设计图供应，解决待图征地问题，提高出图质量，杜绝或减少差、错、漏、碰等问题。三是设计总体应统筹协调专业接口，主要是桥、隧、路专业接口和站前与站后(含四电)专业接口，并同步实施。

三、进一步细化建设管理标准和作业标准

一是通过流程再造，细化建设管理标准。流程管理是从粗放型管理过渡到规范化管理直至精细化管理的重要手段，利用流程管理可降低成本、提高工作质量、加强建设队伍协同合作，实现职能的集中统一、合并与转换，让所有员工清楚地知道所有事务工作应该什么时候做、分别由谁做、怎么做、要达到怎样的标准，真正实现铁路工程项目建设管理标准化。二是通过科学试验制定可操作的作业标准。在每个专业开工前，督促各施工单位进行各类工艺试验，从保证质量安全环保、提高工效、控制成本和便于操作等多方面进行充分比较，从中选出最优施工工艺，制定出各环节的具体作业标准。在编制作业指导书时，根据确定的作业标准，细化到每项工作、每个环节和每道工序的操作细节，以保证现场施工作业人员只要严格按照指导书进行操作，就能达到标准要求。

四、进一步强化风险管理

建立健全项目风险管理体系，加强风险管理各工作环节的协同，避免风险管理工作的盲目性和随意

性，使风险管理能够真正渗入建设实施全过程。现代铁路工程项目合同关系越来越复杂，涉及多个利益相关方，存在一系列风险隐患，合同风险预防和控制成为风险防控的重中之重。铁路工程项目利益相关方之间的责权利关系是以合同为载体，通过合同与合同之间的关系作用于合同群而体现在项目运作之中。分析合同关联要素对项目风险管理目标的影响，基于合同群管理对项目风险开展有效防控，从整个项目和合同群组的角度出发对铁路工程项目风险进行整体控制，从系统和整体角度防范项目风险。通过合同群管理协调利益相关方关系，获得更多对项目有利的资源，减少相关方之间的利益冲突和摩擦，并及时为项目风险管理提供所需要的支持。

五、进一步重视接口管理

尽早成立接口管理机构，制定设计接口和工程接口手册、接口管理办法、接口管理工作流程，明确各参建单位的职责、各专业和各系统的接口任务，对接口管理工作程序、接口清理、管理层次、设计方案与供图等具体要求做出详细部署，实现接口管理的制度化、规范化和科学化。一是站前工程与四电工程同步设计，及早明确站前工程与四电工程施工界面，建议大的原则按需预理、预留、施工纳入站前施工。二是四电工程应提前招标，四电工程施工单位提前介入，检查、指导站前与站后接口的施工与问题处理。三是站房工程提前一年招标，及早与地方对接，做好接口界面划分及接口设计对接工作，督促地方及早开展站前工程施工。四是督促站前施工单位及时完成接口工程，为站后进场施工创造条件。

六、进一步加强信息管理

制定和完善信息管理制度，建立信息沟通机制，如设计图与现场不符，地质变化或与现场不符、有疑问等要及时汇报，杜绝施工单位自行处理。现场技术人员对地质、岩层变化要敏感，做到岩变我变，宁强勿弱，及时汇报，除突发应急事件外，坚决杜绝施工单位自行处理。

第三篇
勘查设计

第二十三章　地质勘查

第一节　勘查工作概况

一、勘查工作内容

1. 主要勘查方法

地质测绘工作由中铁第四勘查设计院集团有限公司(简称铁四院)地路处承担,地质钻探工作由铁四院工勘院、浙江省地矿勘查院、核工业南昌工程勘查院等单位承担,室内土工试验工作由铁四院土工试验中心等单位承担,物探、原位测试分别由铁四院物探所、原位测试所承担。

勘查范围包括合福高铁闽赣段皖赣省界 DK343 + 180 至福州:全线长度约为 486.825 km,设车站 11 个,铁路等级为客运专线,上饶地区设联络线等配套工程。

工程地质勘查采用工程地质调查测绘、机动钻探、挖探、物探、原位测试、土工试验等综合勘探手段,查明沿线的工程地质和水文地质条件,提供各类工程建筑物设计所需的工程地质资料。

1)勘查要点

(1)地质调绘。

①工程地质带状调绘宽度为沿线两侧不小于 200 m;开展地质大面积调绘时,调绘宽度为线路中心两侧不小于 1 km;复杂地质及不良地质、特殊地质地段扩大调绘范围,观测点位置按中线里程控制。

②观测点分地貌单元布设并具有代表性,观测点应详细记录地形地貌、地层岩性、地质构造、水文及土石特征、填方来源和挖方利用情况等。

③带状工程地质测绘除了采用观测点和井、泉点的内容来反映沿线地形地貌和工程地质、水文地质条件的变化情况外,同时添补沿途观测的综合性文字描述(特别是水塘、道路、河流等地段)。

④作好工程地质调绘记录中的小结。一般按地形、地貌、地质单元分段或按工点类型起讫里程分段进行小结。不良地质及特殊地质路基设计工点、大桥、高桥、特大桥及隧道工点、站址、建筑场坪、取土场等各建筑工点均在调绘记录中进行小结。

⑤所有勘探、测试点及不良地质的重要地质点(滑坡、崩塌、溶洞、漏斗、地下暗河等)在现场采用中线里程记录,内业整理时补充换算成经纬距,提交测量队进行精确测量。

(2)物理勘探。

①地质人员根据工点要求下达物探任务书,提出物探工作的目的和要求,并提供与工点相关的地质背景资料。

②物探工作的开展在认真分析、研究地质技术人员提供的物探工作任务要求,线路平、纵断面图和区域地质资料的基础上进行。

③物探测线根据任务要求和现场地形、地质条件进行合理布置;物探方法在满足任务要求的基础上,根据现场地形、地质条件进行合理选择。

④物探人员对每天采集的数据及时进行整理,把初步分析结果及时向地质人员反馈;对所发现的物探异常应进行复查,确认异常的真实性、可靠性,分析异常产生的原因并进一步收集地质证据。

⑤除了沿已有中线桩的中线布置物探测线外,其他测线均进行测量,并根据测量结果上图,测量记录作为原始记录的一部分存档备查,没有测量资料视为不合格资料。

⑥物探测线起点、终点、测线中每 100 m 的整数测点和地形突变点设木桩,以备外业工作质量检查和后续工作。

⑦物探外业质量自检在工点外业工作以后完成，较大工点在外业工作过半后进行，尽可能遵守"同测点不同日期、不同仪器、不同操作员"规定，条件不允许时，应保证不同日期。

⑧地质技术人员及时对提供的物探初步成果进行研究分析，对物探成果的合理性和准确性作出评价。

（3）原位测试。

根据工点要求逐孔（或按工点）下达静力触探任务书，提出具体要求，如孔深要求、物理力学参数要求等。原位测试组人员应严格按有关规程加强质量检查，对工作过程中发现的问题应与地质组人员共同研究确定解决，并及时整理分析，提供原位测试成果资料及报告。

（4）机动钻探。

①地质钻探质量检查按《工程地质钻探质量检查评定办法》（QI 1001—1997）办理。

②钻探取样严格按任务要求进行分层取样。为保证钻探取样质量，对软土地层采用薄壁取土器（直径大于 108 mm）取样。土样采取后，进行原状程度鉴别，鉴别不符合要求时，应及时调整取土工艺另行取样。

③钻孔钻探过程中，根据任务要求，对黏性土、粉土及砂类土进行标准贯入试验；对卵石土、碎石土、岩层全风化、强风化层等进行动力触探试验，一般分层进行试验，地基主要受力层内试验点间距为 1 ~ 2 m，且同一工点每一主要土层的试验点不少于 6 个。地震区饱和粉土、砂土层，还应判定其地震液化可能性。

④对于抗震设防烈度不小于 6 度地区，简支梁跨度不小于 48 m、简支钢梁跨度不小于 64 m、混凝土连续梁主跨不小于 80 m、连续钢梁主跨不小于 96 m、墩高不小于 40 m 及其他技术复杂、修复困难的铁路桥梁桥基和高架站房、大型站房进行孔内剪切波速测试，勘探孔按测试要求钻至设计深度。

⑤地质人员应对勘探进行经常性检查，现场核对岩芯并做好记录，对机组记录不详或不当之处做出补充和更正，记录于《钻探日志》备注栏内，并署名，作为绘制工程地质柱状图依据。

2. 路基工程

沿线路中线勘探点布置间距为 50 m/个，机动钻探布置间距为 100 m/个，勘探横断面布置间距为 50 ~ 100 m/个；以机动钻探为主，静力触探为辅，与涵洞等横向构筑物勘探综合开展。

1）低矮路堤勘查技术原则及要点

第四系土层较厚时采用静力触探与机动钻探间隔布置，第四系土层较薄时一般采用机动钻探，勘探点间距为 50 m，每 100 m 布置一个勘探断面，查明地基条件，勘探深度满足变形和稳定检算需要。

2）软土及松软土路基勘查技术原则及要点

软土、松软土地基路堤工点勘探以机动钻孔为主，辅以静力触探，兼顾小桥涵。按不同工程地质地貌单元选择代表性工点进行其他手段原位测试，包括孔压静力触探、十字板剪切、应力铲等，以探明硬壳、软土层、下卧硬底层的工程地质特性。

（1）勘探点纵向间距不宜大于 50 m。

（2）代表性地质横断面和孔位位置，按地质调绘结果、路基填筑高度、软土性质、成层情况及下卧硬层顶面横向坡度而定；桥台台尾 0 ~ 15 m 范围内选取 1 个代表性地质横断面；山前或下伏硬底有明显横坡时，进行代表性地质横断面勘探。

长度小于 50 m 的工点，选取 2 个代表性地质横断面；长度在 50 ~ 200 m 的工点，选取 2 ~ 4 个代表性地质横断面；长度在 200 ~ 300 m 的工点，选取 4 ~ 6 个代表性地质横断面；长度大于 300 m 和软土成层复杂的工点，选取代表性地质横断面不小于 6 个。

（3）每个代表性地质横断面勘探测试孔不少于 3 个。

（4）每个工点的勘探测试孔总量中，加深钻孔不少于 1/3。

勘探测试孔深度：应穿透软土钻至硬层、主要持力层或下伏基岩内一定深度，并满足路基稳定性分析和沉降计算要求。

取样要求：分层取硬壳层、软土层、下卧硬层原状土样，每种实验项目的试样不少于 6 组。

3）膨胀（岩）土路基勘查技术原则及要点

勘查手段以钻探、静力触探为主，辅以适当坑探，查明地基条件。勘探点间距按 100 m 考虑，每隔 200 m 布置 1 个横断面；膨胀（岩）土路堑工点勘探横断面间距为 300 m，且每个横断面上勘探点不应少于 3 个。

勘探深度应满足沉降和工程处理的要求，路堤工程一般不小于 35 m，路堑宜至路基面以下不小于 15 m；支挡工程勘探深度宜达到支挡建筑物基地以下 5 m，桩基应至桩底以下 5～20 m。

4）填土路基勘查技术原则及要点

勘查手段以钻探为主，辅以适当的静力触探，查明地基条件。以横断面勘探为主横断面间距不大于 50 m，每个断面 2～3 个勘探点。

勘探深度以满足查清填土厚度、范围和基底横坡为目的，同时满足路基工程加固设计需要，一般进入工程地质条件较好的持力层内不小于 5～10 m。

5）边坡防护路基及陡坡路基勘查技术原则及要点

通过地质调绘确定地质横断面和勘探工作量，主要以钻探为主，辅以适当坑探。勘探点间距为 50～100 m，地质横断面间距一般为 100～200 m。

勘探测试孔深度：一般深度应至路基面或原地面以下 10～20 m，或穿过软弱结构面并进入稳定层 10 m。

6）液化土路基勘查技术原则及要点

静力触探与钻孔间隔布置间距为 50 m，每隔 100 m 布置 1 个勘探横断面，必要时进行剪切波速测定。勘探点位置和深度应结合涵洞、软土及松软土地基同时进行。在机动钻孔内进行标贯试验，标准贯入测试点间距为 1.0～2.0 m。

7）浸水、水塘路基

可结合其他工程考虑勘探、静力触探及钻孔间隔布置，间距为 50 m，每隔 100 m 布置 1 个勘探横断面。

8）过渡段路基

原则上不进行勘探，可结合桥台及相邻路基勘探一并考虑；当过渡段路基较长或基底岩性横向变化较大时，可进行横断面勘探，以钻探为主。

9）既有线调查

利用既有线地段，应加强对既有线路基病害调查和相关资料收集，调查既有线路基面宽度及基床厚度，进行轻型触探试验或面波检测，判断基床密实度；间距为 100 m。

10）沿线路基填料调查

在沿线调查测绘、勘探的基础上分析路堑挖方、隧道弃渣的性质，判明作为路基填料的组类和储量。在长大挖方地段或同类性质岩土分布广泛的地段布置钻探、挖探，以查明岩土性质，确定填料组类，进行必要填料改良试验。

3. 桥梁工程

勘探以机动钻探为主，静力触探为辅。勘探位置根据桥梁的结构形式、墩台位置和基础类型，结合地质调绘结果布置，一般在墩台基础中心附近。桥台必须有勘探点。各工点勘探孔数量视工程地质条件及基础类型确定。

1）沉积岩地层

原则上逐墩进行钻探。当地层层序较简单、层序规律性较强或覆盖层较薄、基岩（风化）界面平缓且岩性单一时，隔墩进行钻探。对上覆第四系地层较厚地段适当布置静力触探，测定土的侧壁摩阻力和桩端阻力，完善勘查资料。对地形地质条件复杂地段，采用逐墩进行钻探。山前斜坡地段应进行横断面勘探。

勘探深度：应结合桥梁的结构形式、桥式布置、基础类型及桩长等综合确定。桩端地层为全—强风化层时，应钻至桩尖以下 5～10 m，孔深一般不小于 40 m；对持力层为岩层的扩大基础和柱桩基础应钻至弱风化岩层内 5～10 m。

2）花岗岩及其他火山岩区

逐墩台进行钻探。当存在风化不均匀或地层起伏较大时，应加密钻孔，一般不少于 3 个孔。

勘探深度：扩大基础和柱桩基础均应钻至弱风化层 5～10 m。具球状风化或不均匀风化时，钻至基底或桩尖以下深度应超过当地弱风化—微风化球体直径的两倍（由地质测绘和钻探确定），且不小于 10 m。

花岗岩全—强风化层中的桥孔钻探，应加强标贯或动探试验，每次击点间距不得大于 3 m。

3）变质岩区

原则上按逐墩进行钻探。岩层差异风化严重、岩性变化大等地质条件复杂地段的墩台应适当加密钻孔，一般不少于 3 个孔。

勘探深度：扩大基础和柱桩基础均应钻至弱风化完整基岩内 3~5 m，加深钻孔勘探深度较一般钻孔深 5~10 m，或钻入弱风化层不小于 5 m。

4）可溶岩区

可溶岩区勘探点的布置应在综合分析物探资料基础上，进行岩溶发育程度分区划分，根据基础类型、既有钻孔位置，确定钻孔位置。

（1）对柱桩基础，岩溶弱—中等发育地段，每个墩台按 3~5 个钻孔勘探，岩溶强烈发育地段墩台基础宜逐桩钻探。具体实施时，应先在墩台中心布置钻孔进行钻探，对溶隙或其他小型溶蚀面发育墩台，应对角补充 2 孔进行钻探；对相邻岩溶强烈发育地段墩台应追加 2~3 个孔进行钻探。

（2）对摩擦桩基础，岩溶弱发育区，每墩对角钻探，不少于 2 个孔；岩溶中等发育区，按梅花孔钻探，一墩 5 个孔。

（3）明挖基础，应在墩中心布置钻孔。对墩高大于 40 m 的桥，应在基础对角布置 2 个孔，发现溶洞后，按梅花孔钻探，一墩 5 个孔。钻孔深度至明挖基础底以下完整基岩 10~15 m；桩基础至桩尖以下完整基岩 10 m，当遇串珠状溶洞时，与桥梁专业共同研究钻孔深度。

（4）高墩、特殊结构、大跨桥梁及岩溶强发育区，勘探深度应会同桥梁专业研究确定。

5）采空区

原则上按逐墩进行钻探，并沿线路纵向布置 3 条物探（电法、EH–4 等）测线。物探布置方法与采空区路基相同；钻孔深度一般应探至最底层洞底以下不小于 2 m，并满足桥基设计需要；或与桥梁专业协商确定。

6）滑坡与错落区

采用按逐墩进行钻探，同时应结合滑坡和错落规模、形态并结合整治工程类型对滑坡与错落体进行勘探，主要以钻探为主，间距为 25~50 m，每隔 50~100 m 布置 1 个勘探断面，主轴上必须有勘探断面；每个勘探断面上不宜少于 3 个钻孔。勘探孔深应满足工程治理设计需要。

7）危岩危石及崩塌

桥头位于危岩危石及崩塌区时，原则上以地质调绘为主，重点查明危岩的周界和空间分布，危石和崩塌的分布范围、数量、大小、滚落方向和影响范围，同时可适量进行挖探，查明覆盖层厚度、裂隙发育程度和充填特征。

8）岩堆区

桥址通过岩堆区时，宜采用按逐墩进行钻探，同时应根据岩堆规模、形态并结合整治工程类型对岩堆体进行勘探，主要以钻探为主，间距为 50 m，每隔 100 m 布置 1 个勘探断面；每个勘探断面上不宜少于 3 个钻孔。勘探孔深应满足工程治理设计需要。

4. 隧道工程

1）隧道基本情况

（1）本线隧道长度长、数量多，尤其重点隧道多，占线路长度比例高（隧道占闽赣段正线线路全长的 58.89%），隧道断面大，最大开挖断面为 180 m^2 左右。

（2）本线隧道在江西省境内岩性主要以千枚岩、粉砂质千枚岩、泥质页岩、千枚状页岩为主，局部地段分布有花岗岩、凝灰岩、煤层等；在福建省境内岩性主要以云英片岩、凝灰熔岩、石英砂岩、花岗岩为主，局部地段为砂岩。隧道地质复杂，软弱围岩所占比例较大，隧道Ⅳ级、Ⅴ级围岩所占比例大。存在滑坡及错落、危岩落石及崩塌、岩堆、顺层、岩溶、人为坑洞、有害气体等不良地质及特殊地质。不良地质及特殊地段施工时，极易产生塌顶和突水、突泥，以及瓦斯溢出等地质灾害问题，必须做好超前地质预测预报和施工过程中的围岩量测及有害气体监测，做好相应施工应急预案。

2）勘探布置原则

地质条件复杂（岩溶、采空区、膨胀岩、煤系、花岗岩、片岩、千枚岩和构造发育等）的隧道采用综合勘探方法，洞身按不同地貌单元布置勘探孔查明地质条件。

（1）对软岩、岩石风化严重或覆盖层发育的隧道洞口、埋深小于100 m的沟谷浅埋段和浅埋隧道宜布置钻孔加强勘探，勘探点间距不宜大于500 m；埋深较大隧道勘探点的布置根据地质调查及物探成果专门研究确定。

（2）岩溶隧道勘探：对穿越可溶岩地区的隧道一般按岩溶隧道进行勘探，原则上考虑按线路中心线布置物探纵测线，并对物探异常位置布置钻探验证，查明岩溶发育状况，必要时进行横剖面勘探。当隧道埋深不大于40 m时物探采用高密度电法，当隧道埋深大于40 m时物探采用EH-4；机动钻探勘探深度一般钻至路基面以下10～15 m，同时进行抽水试验。

（3）瓦斯隧道勘探：对穿越含煤地层的隧道一般按瓦斯隧道进行勘探，开展纵、横剖面勘探，查明矿体空间分布。结合钻孔开展瓦斯含量和压力的现场测试等。

（4）物探测线布置：对覆土较厚洞门和浅埋地段，一般沿线路方向布置；对地质构造带、岩性接触带和不良地质体垂直其方向布置，特殊时适当加密物探测线。物探方法主要包括地震、高密度、EH-4和电测深等。对于长大隧道，原则上采用地震法贯通。

5.站场以及房屋建筑工程

高层、大型站房、大跨度建筑物及房屋集中区房屋建筑和构筑物场地工程地质勘查，执行《岩土工程勘查规范》（GB 50021—2001）相关规定。勘探以机动钻孔为主，辅以静力触探。以剖面勘探为主，每个剖面的勘探点数目不少于3个，剖面间距、钻孔深度根据场地复杂程度、工程重要性等级和勘探阶段综合确定。

大型车站、生活区、动车运用所等，进行场地控制性剖面勘探，剖面间距为50～200 m，每个剖面的勘探点数目不少于3个，结合桥路工程勘探点进行。勘探深度应能控制地基地层结构。

大型车站站房进行代表性孔内波速试验；地道、设有地下室和维修坑道的大型房建进行扁板侧胀试验和主要含水层抽水试验。

高架站勘探结合墩台布置，以横断面勘探为主，间距为50～70 m。

二、主要不良地质问题

1.岩溶区地质勘查

岩溶地段的勘查要求如下：

(1)岩溶区路基勘探。

裸露型岩溶区在施工期路基开挖后进行物探及验证性的钻探工作。勘探深度至灰岩岩面以下10 m。

覆盖型岩溶区考虑综合勘探，原则上考虑沿线路中心和两侧路堑路肩或路堤坡脚处平行布置3条物探纵测线，站场区等适当加密。物探方法线路中心采用电测深，两侧采用联合剖面。异常地段根据填方高度适当加密测线，并对物探异常位置布置钻探验证，查明岩溶发育状况。必要时进行抽水试验。

(2)岩溶区桥梁勘探。

对柱桩基础，岩溶弱—中等发育地段，每个墩台按3～5个钻孔勘探；岩溶强烈发育地段墩台基础逐桩钻探。具体实施时，先在墩台中心布置钻孔进行钻探，对溶隙或其他小型溶蚀面发育墩台，对角补充2个孔进行钻探；对相邻岩溶强烈发育地段墩台追加2～3个孔进行钻探。

对摩擦桩基础，岩溶弱发育区，每墩对角钻探，不少于2个孔；岩溶中等发育区，按梅花孔钻探，一墩5个孔。

明挖基础，在墩中心布置钻孔，对墩高大于40 m的桥，在基础对角布置2孔，发现溶洞后，按梅花孔钻探，一墩5孔。

(3)岩溶区隧道勘探。

对穿越可溶岩地区隧道一般按岩溶隧道进行勘探，原则上考虑按线路中心线布置物探纵测线，并对物探异常位置布置钻探验证，查明岩溶发育状况，必要时进行横剖面勘探。当隧道埋深不大于40 m时，物探采用高密度电法；当隧道埋深大于40 m时，物探采用EH-4；机动钻探勘探深度一般钻至路基面以下10～15 m，同时进行抽水试验。

2. 采空区地质勘查

定测工作中，对线路附近的各类采空区位置、开采边界、开采现状及规划、稳定情况以及对工程影响等进行进一步的核查、落实，能绕避的均予以绕避。其中，对南陵工山采空区、铜山口铅锌矿采空区、下童家村萤石矿采空区、三清山采空区、上饶县振兴萤石矿采空区、上饶县刘家萤石矿采空区、上饶县煌固镇石煤矿采空区、上饶樟坞及朝阳磷矿采空区已予以绕避；对革古山黏土矿采空区、旌德段萤石矿采空区、黄田村防空洞、上饶县煌固镇汪村乡烟煤矿采空区、上饶小煤窑采空区进行资料收集、现场调查工作以及钻探、高密度电法、大地音频电磁法(EH－4)等验证工作，并做出评价及建议，对正在或准备开采的相关单位发函停止开采工作。

对线路通过的含煤、含矿地层加强勘探工作，其中对埋深较大的隧道布置深孔勘探，并进行样品采集及相关的孔内实验工作。

3. 对软岩，岩石风化严重隧道的地质勘查

对软岩、岩石风化严重或覆盖层发育的隧道洞口、埋深小于100 m的沟谷浅埋段和浅埋隧道均实施钻探，勘探点间距不大于500 m；对长大深埋隧道重要的地层界线、区域性断裂及明显的物探异常区、段，均布置了深孔钻探，本线共布置深孔50余个。

本设计主要根据勘探资料，依据《铁路工程地质勘查规范》及《铁路隧道设计规范》对隧道围岩分级的相关规定，并参照既有铁路隧道围岩分级情况及以往经验进行隧道围岩分级工作。

4. 顺层、陡坡、高边坡的地质勘查

勘探工作按照《合福客专客运专线闽赣段工程地质勘查大纲》要求执行。

顺层路堑勘探点间距不大于100 m，地质勘探横断面间距一般不大于200 m；陡坡路基勘探点间距为50～100 m，地质勘探横断面间距一般为100～200 m；深路堑地质横断面间距一般不大于100 m。每个工点代表性地质勘探横断面不少于2个，横断面上至少布置2个钻孔，并采用物探手段查明覆盖层分布、软弱面位置等。斜坡覆盖层较厚时，按斜坡不良地质工点要求进行勘查。

第二节　工程地质选线

一、地形地貌

合福高铁闽赣段自江西东北部，经婺源、上饶进入福建北部，经武夷山、南平、闽清，止于福州。

婺源至福州段主要为中低山丘陵区，局部地段为孤峰河、青弋江、新安江、信江、崇阳溪、建溪、闽江等河流一级阶地。中低山区山势陡峻，山势延绵，起伏较大，植被发育，相对高差为150～1200 m。一级阶地多呈狭长条带状，地势平缓，起伏不大，多辟为农田。

福州地区处于闽江三角洲海积平原区，河网水系发育，村庄城镇密集，地面标高为4～10 m。

二、地层构造

1. 地层岩性

线路所经地区地层岩性复杂，出露下元古界—白垩系地层以及各时期的岩浆岩和第四系松散地层。下元古界—上元古界主要出露一系列变质岩地层，如白云质大理岩、大理岩、角闪片岩、黑云片岩、片麻岩、千枚岩、千枚状粉砂岩、千枚状砂质板岩、片岩、变粒岩、板岩等，另外还出露砾岩、砂岩及粉砂质泥岩、泥岩、页岩等沉积岩；古生界主要出露泥岩、灰岩、白云岩、泥灰岩、砂岩、石英砂岩、页岩及煤线等沉积岩，同时出露少量千枚岩等变质岩；中生界主要出露钙质泥岩、页岩、灰岩、红砂岩、中细粒砂岩及粉砂岩、砾岩夹砂岩泥岩、粉砂岩和含煤碎屑岩等，同时出露凝灰岩、凝灰熔岩、流纹质凝灰熔岩、安山集块岩、凝灰角砾岩、凝灰质砂岩和流纹斑岩等火山碎屑岩；新生界主要为广泛分布丘陵区的残坡积土、分布于长江冲积平原一、二级阶地的黏性土及淤泥质土和砂卵石土，部分高阶地分布有富含铁锰结核具膨胀性的粉质黏土和网纹状黏土。同时，沿线出露各时期喷出岩、侵入岩，有片麻状石英闪长岩、片麻状闪长岩及混合片麻岩、石英闪长玢岩、花岗岩及花岗闪长岩及闪长岩等。

2. 地质构造

沿线经历了多个构造旋回时期，横跨多个大地构造单元，其中上饶至福州属华南褶皱系。沿线主要分布郯—庐断裂带、江南深断裂、旌德断裂、丰城—婺源断裂、政和—大埔断裂等深、大断裂和乐平—婺源复向斜、武夷山复式背斜、上饶复式向斜、龙村—中堡弧形构造带等褶皱构造。受构造影响，岩体破碎、岩溶发育，且矿产十分发育，主要为萤石矿、铜、铁矿及小煤矿。主要含煤层位为侏罗系下统和寒武系荷塘组。

地下水类型主要为孔隙水、基岩裂隙水、岩溶水。孔隙水赋存于各类松散岩类中，主要分布在巢湖湖积平原、滨海平原、长江冲积平原阶地及其他河流阶地、丘间及山间谷地以及高阶地区等。基岩裂隙水主要赋存于低山丘陵区岩石的层间裂隙、风化裂隙以及构造裂隙中，主要接受大气降水的补给，以泉的形式出露排泄。层间裂隙以及风化裂隙地下水一般水量不大，多为潜水；在基岩构造盆地、断层破碎带、节理裂隙很发育带、侵入岩接触带、褶皱核部裂隙密集带及揉皱强烈发育带等储水构造中，水文地质条件复杂，补给源远，多呈脉状及带状分布，水量较丰富，多具承压性。岩溶水地下水类型主要为潜水和承压水，赋存并循环于沿线寒武系、奥陶系、石炭系、二叠系、三叠系等可溶岩的溶洞、溶腔和裂隙中，呈脉状及带状分布，水量丰富，尤其河谷地段及构造破碎带岩溶发育剧烈，水量较大。

三、综合地质勘查方法

1. 工程地质选线的综合勘查方法

1）遥感图像地质解释

在竞标及预可研阶段，进行了重点遥感图像地质解译，结合搜集的区域地质图、矿产图，初步圈定该段采空区、岩溶等不良地质及主要控制构造带，建议线路走向，同时对各方案进行了宏观分析评价。

2）大面积调绘

初测期间，以搜集的区域地质报告及前期遥感解译成果资料为前提，展开了大面积地质调绘工作，工程地质调绘作为地质工作人员最传统的一种工作方式，以人员现场走访调查获取第一手现场地质资料。考虑到该段地质复杂且方案众多，大量的人力、物力投入到了工程地质调绘工作中，调查矿产、采空区数百处。

3）控制性不良地质体的超越阶段综合勘查技术

高速铁路受制于大半径曲线影响，为避免控制性不良地质体范围不精确、稳定性评价结论不确定性强的特点，应适当超越阶段进行勘查，以稳定线路方案。

合福高铁闽赣段针对可能影响线路方案的各种采空区，进行 GPS 及全站仪测量矿井位置、物探（震法、电法）、钻探等多项综合勘查手段，为线路绕避穿越采空区提供了详细准确、可靠的依据。

根据以上综合勘查，勘查工作对线路附近的各类采空区位置、开采边界、开采现状及规划、稳定情况以及对工程影响等进行了进一步核查、落实，能绕避的均予以了绕避。

2. 复杂隧道工程的综合勘查方法

1）隧道围岩完整性及拱顶岩体稳定性的综合勘查分析技术

隧道围岩完整性的综合勘查应建立在较为可靠的地质调查分析成果基础上进行，这是进行围岩完整性勘查的必要条件。重点应用以下综合勘查技术进行围岩完整性勘查与分析。

（1）钻孔 RQD 统计技术的充分应用。

RQD 是指钻孔中用 N 型（75 mm）二重管金刚石钻头获取的大于 10 cm 的岩芯段长度与该回次进尺之比，对岩体的质量是较为直观反映。岩体质量可分为好（$RQD > 90\%$）、较好（$RQD = 75\% \sim 90\%$）、较差（$RQD = 50\% \sim 75\%$）、差（$RQD = 25\% \sim 50\%$）、极差（$RQD < 25\%$）等五个级别。

在铁路工程勘查中由于钻探技术及孔径一般无法参照上述标准执行，但采用上述指标反映岩体质量（完整性）仍有积极意义。合福高铁全线的桥梁、隧道、路基钻孔均要求进行统计，并列入《勘查大纲》以及相应的技术要求中，对岩体的完整性认识较为直观合理，对隧道围岩分级划分合理可靠。

（2）折射法物探的合理应用。

折射法物探对于查明覆盖层厚度、断层低速带的位置、波速上低下高的二元岩体结构较为准确，是目前最有效、最为可靠的物探方法之一。折射法物探在合福高铁闽赣段的可溶岩浅埋隧道、浅埋覆盖层隧道的勘查中取得了良好应用，效果显著。

2）断层构造的综合勘查与分析技术

合福高铁闽赣段针对大型断层应用了以下勘查技术，取得了良好效果。

（1）地表浅埋沟谷段的重点测绘与调查。

在地质学上有"逢沟必断"之说，表明了沟谷断层的可能性较大。在地质调查测绘中，应对沟谷的两侧岩体的岩性、产状重点调查，避免区域地质成果遗漏大型断层构造。

（2）断层的综合物探勘查技术。

大型断层的平面位置一般采用地质调查测绘确定，但对于覆盖厚度较大的地段一般采用折射法物探予以查明，并布置适当的高密度电法勘探查明其空间位置；对于部分深埋隧道的断层采用大地音频电磁法深层物探勘查技术，以查明断层的空间形态，取得较好效果。

（3）断层的钻探控制技术。

在地表调查、物探成果显示，隧道洞身附近多处物探异常带，通过布置有代表性钻孔进行验证揭示断层。

3）隧道涌突水地段的综合勘查与分析技术

（1）采用水文地质试验综合确定各岩组的水文地质计算参数。

准确测定各岩组的水文地质参数，是水文地质分析、涌水量计算的重要依据。深孔内针对不同的水文地质条件、地下水位埋深、渗透性大小等，有针对性地安排完成抽水试验，获取了含水层位、水位变化、渗透系数等有效的计算参数。

（2）综合应用多种计算方法计算隧道涌水量。

涌水量计算综合采用降水入渗法、水文地质比拟法、地下水动力学等多种方法分析对比，并重点采用了降水入渗法、地下水动力学计算分析，综合确定隧道分段涌水量及富水程度分区。

第三节　采用的新技术、新工艺、新方法

合福高铁闽赣段重点应用了三维遥感解译、大地音频电磁法结合深孔的隧道综合勘查、表层为厚层覆盖层采用瞬变电磁法结合钻孔的岩溶综合勘查、《地质勘查信息系统》软件等新技术、新方法，分述如下。

1. 三维遥感解译技术的应用

三维遥感解译技术具有宏观性强、直观性好的优点，加深地质阶段、初测甚至是定测阶段应用了三维遥感技术。对于重点不良地质点的确定、勘测线路的选择、地质体的宏观分析以及外业勘测工作等，具有较强的指导意义。

2. 大地音频电磁法结合深孔的隧道综合勘查技术的应用

该技术解决了普通物探方法探测深度有限的难题，验证性钻孔提高物探解译的精度，在合福高铁闽赣段得到较好的应用效果。

3. 瞬变电磁法结合钻孔的岩溶路基综合勘查技术

对表层为厚层状第四覆盖层、接地条件较差、地形起伏较大特殊地质背景地段，采用常规的直流电法，数据会出现畸变，变化较大，易导致分析的数据失真。瞬变电磁法该项技术比较直流电法，具有无需接地、与异常体耦合最佳、分辨率高、受旁侧影响小等优势，基本解决了以上特殊地质背景条件下采用普通电法探测岩溶效果差的难题。

4. 地基变形参数的综合确定

无砟轨道地基红黏土、软土与松软土、膨胀土地基、不均匀地基等类型，重点应用静力触探、标贯试验、钻探对比分析技术，综合确定了各类地基的变形参数，合福高铁闽赣段全线路基沉降控制良好，表明了地基参数的合理可靠。

5.《地质勘查信息系统》软件的应用

《地质勘查信息系统》在全线大规模推广应用，将勘查、施工等各种渠道、各种方法（地质测绘、钻探、土工试验、原位测试）获取的数据及图像等信息输入或建立接口采集，极大地提高了数据信息化，使数据的分析与处理、图件绘制、文件编制达到快速、高效和可靠。

第二十四章　线路设计

第一节　线路走向与重大方案比选

一、线路地理位置和走向

合福高铁闽赣段自江西省省界向南行，跨景婺黄高速公路后在婺源县城区以东设婺源站；继续向南，上跨景婺常高速公路后，在暖水林场东侧设德兴站；出站后，自三清山以西至临湖西侧，经煌固以西跨沪昆高速公路后，上饶合福场骑跨既有浙赣铁路和杭长客专，出站后跨信江穿云碧峰森林公园，经皂头西，在四十八镇以东设五府山站后穿武夷山至闽赣省界。

线路进入福建省后，向南在武夷山市以北设武夷山北站；经乌渡头东，跨浦南高速公路连接线至规划的武夷山机场（十八寨）西侧设武夷山东站；线路在翁溪口以西跨建溪至建瓯西设建瓯西站；经大横以西，在葫芦庄附近分别跨建溪、横南铁路，穿石门山隧道后于闽江北岸而行，至安济附近设南平北站；出站后经巨口至洋上设古田北站，至大箬设闽清北站；后线路沿闽江北岸南行，在西岭互通上跨公路、既有线和在建向莆铁路后引入福州站。

二、铁路主要技术标准

1. 相邻线路主要技术标准

相邻既有铁路主要技术标准见表24－1。

表24－1　既有铁路主要技术标准表

线别	区段	铁路等级	正线数目	限制坡度/‰	牵引种类	机车类型	牵引定数/t	到发线有效长度/m	最小曲线半径/m	闭塞方式
京沪线	徐州—上海	I	双线	6	电力	客机 SS_9 货机 SS_4	5000	1050	600	自动
淮南线	淮南—芜湖	I	双线	6	内燃	ND_5	4000	850	600	自动
宣杭线	宣城—杭州	I	双线	6	内燃	ND_5	4000	850	600	自动
合九线	合肥—九江	I	单线	6	内燃	DF_4	4000	850	400	半自动
宁芜线	南京—芜湖	I	单线	6	内燃	ND_5	4000	850	400	半自动
芜铜线	芜湖—铜陵	I	单线	4.9	内燃	DF_4	3300	850	400	半自动
铜九线	铜陵—九江	I	单线	6	内燃	DF_4	4000	850	1600	半自动
皖赣线	芜湖南—宣城	I	双线	6	内燃	DF_4	3500	850	400	自动
	宣城—贵溪北	I	单线	6，（霞西至绩溪10‰）	内燃	DF_4	3500	850	400	半自动
浙赣线	杭州—株洲	I	双线	7.2	电力	客机 SS_9 货机 SS_4	4500	850	3200（困难2200）	自动
鹰厦线	鹰潭东—厦门	II	单	12	电力	SS4/SS3	3200/2900	650	250	半自动

续表 24 –1

线别	区段	铁路等级	正线数目	限制坡度/‰	牵引种类	机车类型	牵引定数/t	到发线有效长度/m	最小曲线半径/m	闭塞方式
峰福线	横峰—南平南	Ⅱ	单线	单机7 双机14.5	内燃	DF4B	3300	750	400	半自动
	南平南—福州	Ⅱ	单线	12.2	电力	SS3	3300	750	250	半自动

规划铁路技术标准见表 24 –2。

表 24 –2　在建及规划客专和快速铁路主要技术标准表

线别	区段	路级	正线数目	限制坡度/‰	牵引种类	机车类型	牵引定数/t	到发线有效长度/m	最小曲线半径/m	闭塞方式
京沪客专	北京—上海	专	双	20	电力	动车组		650	一般7000，困难5500	综合调度
合蚌客专	蚌埠—合肥	专	双	12	电力	动车组	1000	650	一般7000，困难5500	综合调度
杭长客专	杭州—长沙	专	双	20	电力	动车组		650	一般7000，困难5500	综合调度
宁安城际	南京—安庆	专	双	6	电力	动车组		650	5500	综合调度
沪汉蓉	南京—武汉	Ⅰ	双	6	电力	动车组、六轴机车	4000	850	4500	综合调度
黄杭	黄山—杭州	Ⅰ	双	20	电力	动车组		650	一般7000，困难5500	自动
合宁四线	合肥—南京	Ⅰ	双	6	电力	HXD	4000	850	1600	自动
商芜四线	商丘—芜湖	Ⅰ	双	20	电力	动车组		650	一般7000，困难5500	综合调度
皖赣新双线	芜湖—贵溪	Ⅰ	双	6	电力	动车组、六轴机车	4000	850	4500	自动

2. 合福高铁主要技术标准

（1）铁路等级：客运专线。

（2）正线数目：双线。

（3）最小曲线半径：4000 m。

（4）最大坡度：20‰。

（5）牵引种类：电力。

（6）机车类型：动车组。

（7）到发线有效长度：650 m。

（8）行车指挥方式：综合调度集中。

（9）列车运行控制方式：自动控制。

三、车站分布

根据沿线城市布局及发展规划，本着方便旅客、吸引客流的原则，车站分布按大中城市、重要交通枢纽和重要旅游胜地自然状态分布，同时考虑增加列车运行调整的灵活性。合福高铁闽赣段设11个车站：婺源、德兴、上饶、五府山、武夷山北、武夷山东、建瓯西、南平北、古田北、闽清北、福州。平均站间距

40.314 km,最大站间距为52.92 km(建瓯西—南平北),最小站间距为29.48 km(古田北—闽清东)。福州站为客运始发站,其余10个车站为中间站。详见表24-3所示。

表24-3　车站表

序号	车站名称	车站中心	站间距/km	车站性质	客车到发线数量 (不含正线)	附注
1	婺源	DK383+860		中间站	合福场3条 九景衢场3条	新建、与 九景衢并站
			31.33			
2	德兴	DK415+150		中间站	2条	新建
			54.87			
3	上饶	DK470+220		中间站	合福场4条; 杭长场5条, 沪昆普速场3条	新建,与沪昆、 杭长客专并站
			30.14			
4	五府山站	DK500+325		中间站	2条	新建
			50.08			
5	武夷山北站	DK551+600		中间站	2条	新建
			34.51			
6	武夷山东站	DK586+110		中间站	5条	新建
			51.06			
7	建瓯西站	DK637+500		中间站	2条	新建
			52.92			
8	南平北站	DK690+350		中间站	4条	新建,与 南三龙并站
			41.91			
9	古田北站	DK732+260		中间站	2条	新建
			29.48			
10	闽清北站	DK762+100		中间站	2条	新建
			49.97			
11	福州站	DK812+068.468 =既有K183+356.8		始发站	向莆、合福合场 共10条	既有,与 向莆并站

四、重大方案比选

1.引入上饶地区线路方案

上饶市为赣浙闽皖四省交界地区重要的中心城市和旅游服务基地。2007年中心城区人口约38万人,规划近期中心城区人口为72万人,信江以北地区为城市主要发展区。

结合杭长客专的引入,合福高铁引入上饶地区建设方案主要研究了西进东出方案和骑跨方案,涉及线路走向和杭长、合福高铁引入上饶站车站建设方案及联络线的设置。方案的比较范围CK442+100~CK507+400。

1)方案说明

西进东出方案:线路从比较起点引出,经郑坊西侧,从上饶市灵山风景区(省级)的东侧边缘通过,至西山附近跨沪昆高速公路和既有浙赣铁路后折向东行;在上饶站的西端引入既有站(车场布置采用站同侧杭长、合福高速场合场建设方案),出站后,与杭长客专并行跨信江后折向南;向东绕过四十八镇矿区后,至方案比较终点,设东南联络线连接杭长客专。本方案合福高铁闽赣段正线全长82.479 km,联络线长17.0 km(上行9.38 km,下行7.62 km)。

骑跨方案:线路自比较起点引出,经郑家湾东侧至八都东转向南,跨饶北河、沪昆高速公路;在上饶站偏东端跨越既有线和拟建的杭长客专(夹角约75°),设高架站;出站后跨信江,从上饶市云碧峰国家森林公园东侧边缘经过、跨丰溪河至方案终点,本方案合福高铁正线全长66.900 km;本方案在城市东北角设杭长和合福高铁间的东南联络线(其中:上行联络线长6.55 km,下行联络线长7.10 km)和西南跨线联络线(其中:上行联络线长3.51 km,下行联络线长3.36 km);受东南联络线出岔位置限制,联络线最小半径采用800 m,速度目标值按120 km设计。

2) 优缺点分析及推荐意见

西进东出方案：优点是不需修建西南联络线，工程投资小；缺点是西南跨线车运输灵活性稍差，西北折角车在站内与杭长客专正线有交叉。虽然联络线短 3.52 km，但正线展长 15.87 km，工程投资较高。

骑跨方案：优点是合福正线长度较西进东出方案短约 15.97 km，工程投资节省，运营成本低。缺点是合福车场采用桥的方式上跨既有站及杭长车场，多线桥梁（六线和站台）跨越既有线和货场，工程相对复杂，桥墩布置在既有站台和货场上，采用雷梁支架现浇法施工需局部封锁既有股道进行过渡，对既有线运营影响大。合肥至鹰潭方向近远期 4、6 对/日跨线车客流需在本站进行换乘，旅客换乘不方便。

本次另研究了在上饶市西侧新设站方案（简称新设上饶西站方案）。线路自 CK466＋000 起，在枫岭头以东依次跨越既有沪昆铁路、拟建杭长客专、G320 国道，经杨梅塘，在南塘跨沪昆高速公路后新设上饶西站；出站跨信江后向南直行，于观音关以东穿闽赣省界后接上贯通方案，本方案合福高铁闽赣段正线全长 91.093 km（较西进东出方案短 15.186 km），新建桥梁 31 座 15984 延米、隧道 24 座 58494 延米，桥隧比 81.76%；联络线长 41.96 km（东南联络线上行 9.55 km、下行 10.41 km，西南联络线上行 12.34 km、下行 9.66 km）。与骑跨方案相比，该方案正线长度稍有展长，新设车站与既有上饶站相距 15.2 km，地区客运作业分散；因此，骑跨方案优于西侧新设站方案。

推荐意见：合场方案车站平面采用常规横列布置形式，工程实施容易；旅客按传统方式乘车容易被接受，旅客进出站方便快捷。斜交骑跨方案虽采用高架形式桥跨布置，实施有难度，但该方案缩短了合福正线长度，可以减少运行时间；东南、西南方向车流在站内运行对两条客运专线干扰小，工程投资上也有优势。

综上所述，本次研究推荐斜交骑跨方案。

2. 南平站址方案

南平市是本线经过福建省境内唯一的地级市，城区位于建溪、西溪和闽江的汇合处，处于武夷山至福州段沿线城市"V"形分布的底部，特殊的地形条件限制了城区的发展，主城区内建筑密集，2006 年市区人口 50 万人，市府所在地延平区人口近 30 万人。既有外(福)南(平)铁路南平站和峰福铁路南平南站沿河傍山修建。城市发展主要沿建溪、西溪和闽江两岸向外拓展。

在前期方案研究的基础上，结合城市规划和地方意见及沿线地形、地质条件，本段线路走向方案围绕南平站位的选择，针对南山站址和安济站址两大方案进行分析和比较，方案比较范围 CK654＋800～CK709＋150。

1) 方案说明

南山站址方案：本方案南平北站址位于城市规划建设的南山组团，结合南山周边地物、地形、地质条件，研究了于南山镇以西局头设站方案（以下称"南山站址 I 方案"）和于南山镇以东中心村设站方案（以下称"南山站址 II 方案"。）

南山站址 I 方案：线路自比较起点起，在小仁洲跨建溪，再跨横南铁路、浦南高速公路，经黄康穿九峰山隧道后于南山镇西侧的局头村附近设南平北站（该站位距离中心城区直线距离约为 14 km），出站后至方案比较终点，该方案线路长 54.479 km。

南山站址 II 方案：本方案比较起点至 CK670＋500 段线路同南山站址 I 方案，经黄康穿九峰山隧道后于南山镇东侧的中心村附近设南平北站（该站位距离中心城区直线距离约为 15 km）；出站后绕过滑坡体至方案比较终点，该方案线路长 53.644 km。

安济站址方案：该方案从比较起点引出，经大横以西跨浦南高速公路后跨建溪、于更古村附近跨横南铁路后沿闽江北岸而行，于安济西北侧约 1 km 处设南平北站（该站位距离中心城区直线距离约为 10 km）；出站后继续沿闽江北岸而行至比较终点，该方案线路长 60.270 km。

2) 优缺点分析及推荐意见

南山站址 I 方案：线路较短、工程投资适中，车站位置也较宽阔，与南山镇总体规划相吻合；其缺点是该方案车站位置距离主城区较远，交通不便、吸引客流条件较差，市政配套工程大。

南山站址 II 方案：该方案线路最短，较南平站址 I 方案短 0.835 km，工程投资与南山站址 I 方案相近；该方案站位距城区最远，吸引客流条件也较差；由于线路穿越凤池村、大坝村及南山镇中山街，拆迁工程较大，工程实施难度略大。

安济站址方案：该方案南平站址距离主城区最近，通过既有公路可与城区连接，旅客换乘方便、吸引客流的条件好，站址也与城市的总体规划相适应，市政配套工程小，工程实施的条件好；其缺点：线路较南平站址Ⅰ方案展长5.791 km，工程投资增加6.43亿元。

推荐意见：从与城市规划适应性来看，安济站址符合城市发展，与城市衔接好，吸引客流条件也好；从工程投资来看，南山站址Ⅱ方案投资最小、南山站址Ⅰ方案投资次之、安济站址方案投资最高；从工程实施的难度来看，南山站址Ⅰ方案市政配套工程大，南山站址Ⅱ方案拆迁工程大，安济站址方案市政配套工程小、但本线工程量大。综上所述，各方案各有优劣，本段推荐与城市发展协调较好的安济站址方案。

3. 古田北站址方案

古田县是本线经由宁德市唯一经济据点，综合考虑线路顺直和吸引客流等因素，研究了距离古田县城22 km的洋上站址方案、14 km的下洋站址方案。方案比较范围CK703 +700 ~ CK760 +400。

1）方案说明

洋上站址方案：该方案从比较起点引出，经巨口跨武步溪，至洋上设新古田北站，出站后至方案的比较终点。该方案线路长56.669 km，新建桥梁12座3141延米、隧道9座50546延米。

下洋站址方案：该方案从比较起点引出，经南园岗跨武步溪，至下洋设新古田北站，出站后至比较终点。该方案线路长61.087 km，新建桥梁11座4329延米、隧道9座54857延米。

2）优缺点分析及推荐意见

洋上站址方案线路短4.418 km，且桥隧工程少，尽管距离县城较远，但两站位与县城间有S202省道相连，且两站址相距不足8 km，旅客换乘时间相差不大；下洋站址方案距离县城较近，但线路长，受特殊的地形条件限制，车站选址困难，站址设站地质条件差、桥隧工程大，工程投资高。因此，本次研究推荐洋上站址方案。

4. 武夷山站址方案

武夷山市是以"世界自然与文化遗产"武夷山为特征的生态型旅游城市。结合武夷山市的规划及城市特点，在主城区附近新设武夷山北站以方便旅客出行，同时考虑最大限度吸引客流、实现铁路投入与产出的效益最大化，在靠近闽北新兴发展区域及规划的十八寨新机场附近，对武夷山东、建阳东的两站做了分设与合设方案的必选，方案比较范围为CK570 +000 ~ CK622 +000。

1）方案说明

二站分设方案：线路自比较起点起，经溪州至规划的闽北新兴发展区域东侧设武夷山东站；出站后，经规划武夷山机场以东于建阳市东侧4 km的东泽村设建阳东站至比较终点，线路长度为52.0 km。

合设方案：线路自比较起点起，经溪州，从东端穿过规划的闽北新兴发展区域，至规划武夷山机场以西设武夷山东站；出站后至比较终点，线路长度为51.89 km。

2）优缺点分析及推荐意见

二站合设方案取消了建阳东站，工程投资节省2.25亿元，新设的武夷山东站位于武夷山和建阳两城市之间，距离度假区、闽北新型发展区域、古汉城遗址、规划机场、闽北产业区等均较近，与城市规划衔接条件好；二站分设方案新设的武夷山东站、建阳东站站间距不足20 km，列车停车频率低，铁路及地方市政配套工程投资大。因此，本次研究推荐二站合设方案。

第二节　重大设计原则的确定

一、平面设计

1. 平面曲线半径

曲线半径遵"循因地制宜，合理选用"的原则。

正线曲线半径一般采用下列数值：12000 m、11000 m、10000 m、9000 m、8000 m、7000 m，最小曲线半径为7000 m；位于合肥枢纽、福州枢纽加、减速地段，按确定的设计速度方案，采用相应速度标准的曲线半径。

本次设计推荐曲线半径为 8000～10000 m，最大曲线半径为 12000 m。

2. 缓和曲线

直线与圆曲线间应采用缓和曲线连接。缓和曲线采用三次抛物线线形。缓和曲线长度应根据设计行车速度、曲线半径和地形条件按表 24-4 合理选用，正常情况应选用(1)栏值。

表 24-4　缓和曲线长度表

曲线半径/m	设计行车速度/(km·h⁻¹)								
	350			300			250		
	(1)	(2)	(3)	(1)	(2)	(3)	(1)	(2)	(3)
12000	370	330	300	220	200	180	140	130	120
11000	410	370	330	240	210	190	160	140	130
10000	470	420	380	270	240	220	170	150	140
9000	530	470	430	300	270	250	190	170	150
8000	590	530	470	340	300	270	210	190	170
7000	670 / 680*	590 / 610*	540 / 550*	390	350	310	240	220	190
6000	670 / 680*	590 / 610*	540 / 550*	450	410	370	280	250	230
5500	670 / 680*	590 / 610*	540 / 550*	490	440	390	310	280	250
5000	—	—	—	540	480	430	340	300	270
4500	—	—	—	570 / 585*	510 / 520*	460 / 470*	380	340	310
4000	—	—	—	570 / 585*	510 / 520*	460 / 470*	420	380	340
3500	—	—	—	—	—	—	480	430	380
3200	—	—	—	—	—	—	480	430	380
3000	—	—	—	—	—	—	480 / 490*	430 / 440*	380 / 400*
2800	—	—	—	—	—	—	480 / 490*	430 / 440*	380 / 400*

注：表中(1)栏为舒适度优秀条件值，(2)栏为舒适度良好条件值，(3)栏为舒适度一般条件值。

* 号标志，表示为曲线设计超高 175 mm 时的取值。

3. 线间距

区间正线按线间距不变的并行双线设计，曲线地段以左线(下行线)为基准，右线设计为左线的同心圆。区间及站内正线按 5.0 m 线间距设计，曲线地段线间距不加宽。

4. 夹直线和圆曲线最小长度

(1)正线两相邻曲线间夹直线和两缓和曲线间圆曲线的最小长度一般为 280 m，困难条件下不小于 210 m。位于本线两端减、加速等限速地段，根据相应的设计速度计算：一般条件下 $L \geqslant 0.8V$；困难条件下

$L \geq 0.6V$。式中 L 为夹直线和圆曲线长度，m；V 为设计速度（km/h）。

圆曲线或夹直线最小长度要去如表 24-5 所示。

表 24-5　圆曲线或夹直线最小长度

设计行车速度/(km·h⁻¹)	350	300	250
圆曲线或夹直线最小长度/m	280(210)	240(180)	200(150)

（2）正线上道岔两端基本轨接头以外的直线段长度符合下列规定：

正线上缓和曲线与道岔间的直线段长度如下计算确定：

一般条件下 $L \geq 0.6V$；困难条件下 $L \geq 0.5V$。式中 L 为直线段长度，m；V 为设计速度，km/h。

正线缓和曲线与道岔间的直线段最小长度如表 24-6 所示。

表 24-6　正线缓和曲线与道岔间的直线段最小长度

设计行车速度/(km·h⁻¹)	350	300	250
直线段最小长度/m	210(170)	180(150)	150(120)

5. 其他设计说明

（1）连续梁、钢梁及较大跨度的桥梁宜设在直线上，困难条件下，经技术经济比选，也可设在曲线上。

（2）隧道宜设在直线上。因地形、地质等条件限制可设在曲线上，但不宜设在反向曲线上。

（3）车站应设在直线上。

（4）钢轨伸缩调节器不应设在曲线上。

二、纵断面设计

1. 线路最大坡度

区间正线的最大坡度不大于20‰，坡度设计不考虑平面曲线阻力和隧道阻力折减。

2. 车站站坪坡度

（1）站坪宜设在平道上；困难条件下，可设在不大于1‰的坡道上。

（2）车站咽喉区的正线坡度宜与站坪坡度一致，困难条件下可适当加大，但不宜大于2.5‰，特别困难条件下不大于6‰。

3. 最小坡段长度

正线宜设计为较长的坡段，最小坡段长度应符合表 24-7 的规定。一般条件的最小坡段长度不宜连续采用。困难条件的最小坡段长度不得连续采用。

表 24-7　最小坡段长度

设计行车速度/(km·h⁻¹)	350	300	250
一般条件/m	2000	1200	1200
困难条件/m	900	900	900

注：困难条件的最小坡段长度需进行技术经济比选，报批获准后方可采用。

4. 相邻坡段间连接

（1）正线相邻坡段间坡度差原则上不受限制。

（2）正线相邻坡段的坡度差大于或等于1‰时，应采用圆曲线型竖曲线连接，最小竖曲线半径应根据所处区段设计行车速度按表 24-8 选用，最大竖曲线半径不应大于30000 m，最小竖曲线长度不得小于25 m。

表 24 - 8　最小竖曲线半径

设计行车速度/(km·h⁻¹)	350	300	250
最小竖曲线半径/m	25000	25000	20000

本次设计竖曲线半径一般采用 30000 m，为避免竖缓重合以及优化特殊工点，部分地段采用了 25000 m。

（3）竖曲线（或变坡点）与缓和曲线、道岔及钢轨伸缩调节器均不得重叠设置。竖曲线与平面圆曲线一般不重叠设置，困难条件下，应符合下表 24 - 9 的规定。

表 24 - 9　竖曲线与平面圆曲线重叠设置的曲线半径最小值

设计行车速度/(km·h⁻¹)		350	300	250
平面最小圆曲线半径/m	有砟轨道	7000	5000	3500
	无砟轨道	6000	4500	3000
最小竖曲线半径/m		25000	25000	20000

5. 纵断面其他设计原则

（1）隧道内的坡道设置一般设计为单面坡或人字坡，地下水发育的长隧道采用人字坡，其坡度不小于 3‰。

（2）为保证排水畅通，路堑地段线路纵坡不小于 2‰。

（3）连续梁及较大跨度桥梁上线路纵断面设计满足桥梁设计技术要求。跨越通航河流的桥梁地段纵断面设计除满足水文、桥梁结构要求外，同时满足通航净空的要求。

（4）DK683 +450 至 DK684 +050 地段的纵断面已经预留了南三龙铁路接轨条件。

（5）线路纵断面设计高程考虑轨道结构的变化，应以轨面标高为基准，同时标注轨道结构高度、路肩设计高程，轨面、路基高程均应精确至毫米后一位。

（6）竖曲线距缓和曲线的最小距离宜按 25 m 进行控制。

三、改移道路、跨越线路交叉设计

按全封闭、全立交设计，与其他交通通道的交叉均设计为立交，交叉时一般采用客运专线上跨方式，原则上尽量不改移或不降低既有通道标准，立交净空原则如下：

（1）高速公路净空不小于 5.5 m，省级以上道路净空不小于 5 m，省级以下道路净空按 3 ~ 5 m 设计。

（2）本线与规划公（道）路交叉时，尽可能预留规划公（道）路交叉条件。既有沪昆铁路、峰福铁路等净空按 7.96 m 设计。跨越本线的结构物净高或客运专线在下时立交净高不小于 7.25 m。

对密集的公（道）路考虑适当改移、合并后设置立交。不满足立交条件的地方进行改移公（道）路实现公（道）路上跨或下穿本线设计。

四、铁路线路安全设施

1. 铁路安全保护区

根据《铁路运输安全保护条例》（国务院令第 430 号），铁路线路两侧均设立铁路线路安全保护区。铁路线路安全保护区的具体范围，由铁路管理机构提出方案，县级以上地方人民政府按照保障铁路运输安全和节约用地的原则划定。由于目前安全保护区的具体范围还不能划定，因此安全保护区的范围暂按以下原则考虑。

铁路线路安全保护区的范围，从铁路线路路堤坡脚、路堑坡顶或者铁路桥梁外侧起向外的距离分别为：

（1）城市市区，不小于 8 m。

（2）城市郊区居民居住区，不小于 10 m。

（3）村镇居民居住区，不小于 12 m。

（4）其他地区，不小于 15 m。

2. 防护栅栏

为保证列车安全运行，本线全线贯通封闭。全线除隧道、桥梁地段外均考虑设置隔离栅栏。路基地段采用的防护栅栏与桥梁桥台、隧道进出口及交通涵相连，从而实现全线贯通封闭。

3. 维修通道

防护栅栏应留有工务、电务及接触网等设备检查、施工、养护作业专用通道。通道要设置栅栏门并配锁，隧道的进出口与特大桥桥台两端设置便门，其余地段单侧间距不得大于 2 km，并与线路对面的便门交错设置。设置位置尽量靠近桥台或涵洞。当有车辆进入时，选择 3 m 便门，其余地段选择 1.5 m 便门。车站及通站道路可作为维修通道。

五、坐标换带

施工图平面坐标系统采用 WGS - 84 坐标系，全线按平面坐标和投影高共分 36 个坐标带，见表 24 - 10 所示。

表 24 - 10　施工图中线施测分带表

序号	中央子午线	投影高	起始里程	终止里程
1	118 - 00 - 00	300	DK341 + 170	DK350 + 500
2	118 - 00 - 00	240	DK350 + 500	DK361 + 150
3	118 - 00 - 00	130	DK361 + 150	DK382 + 700
4	118 - 00 - 00	80	DK382 + 700	DK410 + 300
5	118 - 00 - 00	160	DK410 + 300	DK420 + 300
6	118 - 00 - 00	240	DK420 + 300	DK440 + 800
7	118 - 00 - 00	180	DK440 + 800	DK452 + 350
8	118 - 00 - 00	130	DK452 + 350	DK501 + 100
9	118 - 00 - 00	220	DK501 + 100	DK512 + 100
10	118 - 00 - 00	330	DK512 + 100	DK515 + 400
11	118 - 00 - 00	370	DK515 + 400	DK519 + 900
12	118 - 00 - 00	458	DK519 + 900	DK536 + 100
13	118 - 00 - 00	420	DK536 + 100	DK542 + 900
14	118 - 00 - 00	300	DK542 + 900	DK552 + 200
15	118 - 00 - 00	270	DK552 + 200	DK572 + 400
16	118 - 00 - 00	180	DK572 + 400	DK611 + 200
17	118 - 00 - 00	120	DK611 + 200	DK660 + 000
18	118 - 30 - 00	130	DK660 + 000	DK702 + 650
19	118 - 30 - 00	200	DK702 + 650	DK708 + 950
20	118 - 45 - 00	200	DK708 + 950	DK719 + 000
21	118 - 45 - 00	140	DK719 + 000	DK743 + 600
22	119 - 00 - 00	70	DK743 + 600	DK794 + 700
23	119 - 30 - 00	0	DK794 + 700	DK812 + 640

第二十五章　大型临时设施设计

第一节　设计依据与原则

一、设计依据

合福高铁闽赣段大型临时设施工程根据《铁路大型临时工程和过渡工程设计暂行规定》（铁建设〔2008〕189 号），并结合工程实际情况和施工需要设置。

（1）铁计〔2009〕1 号《关于下达 2009 年铁路发展计划的通知》。

（2）铁计函〔2009〕1058 号《关于新建合肥至福州铁路可行性研究报告的函》。

（3）原铁道部于 2009 年 5 月 21—23 日在北京对"合福高铁合肥至福州段可行性研究"的审查意见。

（4）原铁道部铁建设〔2000〕95 号文《铁路工程施工组织调查与设计办法》。

（5）建标〔1991〕235 号文发布的《铁路工程建设工期定额》。

（6）铁建设〔2008〕189 号文发布的《铁路大型临时工程和过渡工程设计暂行规定》

（7）本阶段设计图纸及工程数量。

（8）2009 年 7—9 月勘测调查资料。

二、设计原则

（1）认真贯彻国家土地政策，尽量减少土地占用量，尤其是少占耕地，有条件的要充分考虑永临结合，有效利用预留工程、铁路货场、站坪、维修基地及站前广场等。

（2）充分利用既有建筑物和设备或新建线路的建筑物和设施，并考虑方便运营，减少对运营的干扰。大型临时工程设计方案应经过技术经济比较后确定。

（3）满足建设项目总工期要求，并与施工组织设计统筹考虑。

（4）高度重视环境保护，水土保持、文物保护、节约能源和用地，要满足项目总工期、施工组织设计等要求，并应与城市建设总体规划相协调。同时应加强地质勘探工作，将大型临时工程设置在地质条件较好的地段。

（5）要优化大临设施布局，在保证满足工程进度需要的前提下，严格控制其规模、标准和投资。

（6）不具备永临结合条件，需要征用临时用地的，必须对临时用地进行复垦，临时用地的复垦按"宜农则农，宜建则建"的原则进行设计。

（7）铁路大型临时工程场地布置，在满足工艺流程设计合理条件下，遵循生产区和生活区既相互分开，又有机联系的原则进行布局。生产区按工艺流程分区划块，要求结构紧凑，占地面积较少，同时又便于流水作业生产，容易实现现代化生活管理，并有足够的施工作业和活动空间。

（8）铁路大型临时工程设计除应符合铁路规范规定外，尚应符合国家现行的有关强制性标准的规定。

第二节　交通运输

一、铁路

合福高铁闽赣段两端为婺源枢纽和福州枢纽，中间与浙赣线相接，与峰福线在武夷山至福州段并行，南连峰福线、鹰厦线。本工程施工时，通过上述铁路可将主要材料运至既有邻近的车站，再转运到工地。

二、公路

合福高铁闽赣段所经地区公路主要有景婺黄、沪蓉、沪瑞、银福等高速公路，G205、G206、G312、G316、G318、G320 等国道，S105、S322、S215、S217、S103、S208、、S307、S308、S317、S319、S218、S303 等省道，以及与国省道相连的县乡公路组成公路交通网。由于本线多处于闽赣两省的三清山、武夷山等山区，公路运输较为困难。

三、水运

合福高铁闽赣段除经过的长江、闽江部分地区，航道等级较高，航运较为发达外，其他河流基本不通航。水运在长江、闽江部分地区也可为工程的施工提供便利条件。

第三节　沿线水源、电源、燃料等可资利用的情况

一、施工用水

本线沿线地区河流有率水河、越率水、信江河、饶北河、黄渡河、闽江及其支流建溪、崇阳溪等，地表水系发达，沟渠纵横交错，除地处偏僻的长大隧道，施工用水困难的重点工程考虑给水管路外，其余工程施工用水均考虑使用地表水或打井取水。

二、施工用电

合福高铁闽赣段沿线电力资源丰富，3.5 kV、10 kV、35 kV 等高压电力线或交错或平行线路分布，施工用电可就近引入。施工前与地方电力部门联系，进行现场勘查，就近"T"接，架立临时电力干线解决工程施工用电。对部分重点工程的施工用电，为保证施工进度，考虑部分自发电。

三、施工用燃料

合福高铁闽赣段沿线燃料供应比较充足，施工机械使用的燃料可就近购买。

第四节　主要大型临时设施和过渡工程的设置

一、汽车运输便道

1. 施工便道设置原则及规模

重点土石方工程考虑贯通便道，贯通便道沿路基两侧征地范围内设置，以减少租地；重点桥梁工程及通往大临工程的便道考虑引入。

2. 施工便道拟设标准

汽车运输便道参照现行《公路路线设计规范》中四级公路标准设计。其中，新建便道的桥涵设计车辆荷载宜按汽－20 级确定；软土地基上的便道设计应满足变形和稳定性要求。汽车运输便道采用泥结碎石路面。全线临时施工便道见表 25 – 1。

表 25 - 1　全线临时施工便道一览表

序号	总概算编号	工点名称	施工便道/km		
			新建便道	改建便道	赔建便道
1	ZGS(HF)-01	拌和站	0.2	0.1	
		重点工程	3.1	0.8	0
		小计	3.3	0.9	0
2	ZGS(HF)-02	拌和站	1.8	1.55	0.3
		重点工程	10	6.25	3.5
		梁场及板场	0.9	0	
		小计	12.7	7.8	3.8
3	ZGS(HF)-04	拌和站	3.85	4.2	5
		重点工程	33.83	50.2	2.7
		梁场及板场	1.6		
		小计	39.28	54.4	7.7
4	ZGS(HF)-05	拌和站	0.1		
		重点工程		0.4	
		梁场及板场			
		小计	0.1	0.4	0
5	ZGS(HF)-06	拌和站			
		重点工程	2	1.1	0
		梁场及板场			
		小计	2	1.1	0
6	ZGS(HF)-07	拌和站	0.6	5.5	1
		重点工程	12.1	8.6	1
		梁场及板场		1.2	
		小计	12.7	15.3	2
7	ZGS(HF)-08	拌和站	0.2		
		重点工程	0.3		
		梁场及板场			
		小计	0.5	0	0
8	ZGS(HF)-09	拌和站	1.2		6
		重点工程	15.8	8.3	4
		梁场及板场			
		小计	17	8.3	10
9	ZGS(HF)-10	拌和站	11.4	7.8	6.5
		重点工程	101.41	69.15	9.4
		梁场及板场	1.8	2.1	
		小计	114.61	79.05	15.9

续表 25 - 1

序号	总概算编号	工点名称	施工便道/km		
			新建便道	改建便道	赔建便道
10	ZGS(HF) - 11	拌和站	47.57	41.78	32.32
		重点工程	191.53	157.32	4.3
		梁场及板场	5.6	4	
		小计	244.7	203.1	36.62
11	ZGS(HF) - 12	拌和站	0.2	3	
		重点工程		3.5	
		梁场及板场			
		小计	0.2	6.5	0
12	ZGS(HF) - 13	拌和站			
		重点工程	0.5	0.5	
		梁场及板场			
		小计	0.5	0.5	0
13	ZGS(HF) - 14	拌和站			
		重点工程	0.5	0.5	
		梁场及板场			
		小计	0.5	0.5	0
14	ZGS(HF) - 15	拌和站			
		重点工程	1.5	0.6	
		梁场及板场			
		小计	1.5	0.6	0
15	ZGS(HF) - 16	拌和站			
		重点工程	1.2	0.4	
		梁场及板场			
		小计	1.2	0.4	0
		总计	450.79	378.85	76.02

二、临时电力干线

合福高铁闽赣段婺源至福州段铁路沿线电网由江西省电网、福建省电网构成,其中福建省在福州市地区比较发达,其余大部分地区由于线路经过多为山区,电网覆盖率较低,主要分布有 220 kV、110 kV 及 35 kV 供电网络,可基本满足铁路供电要求。全线设一条 10 kV 综合负荷贯通线,经本线新建的沿线 35/10 kV 变配电所、10 kV 配电所,终引至福州 10 kV 配电所。新建各车站根据建设规模和用电负荷的要求,并根据地方电网情况分别接引地方变电站两路或一路独立的 10 kV 或 35 kV 专盘专线电源。

三、临时通信

合福高铁闽赣段线路施工处于山区,所经地区比较偏僻,通信设施落后,按编制办法规定计列有线通信干线费用。

四、临时材料厂

根据主要材料供应计划，分别位于既有峰福线沿线具备货运能力的车站或货场共设置 10 处临时材料厂，以其供应范围和供料的多少来确定租用场地的规模，平均租地 30～50 亩①。如表 25 - 2 所示。

表 25 - 2 临时材料厂设置一览表

序号	厂发料名称	供应范围		平均运距/km
		起点里程	终点里程	
1	景德镇站材料厂	DK357 + 472	DK398 + 774	90
2	上饶站材料厂	DK398 + 774	DK530 + 906	42
3	武夷山材料厂	DK530 + 906	DK582 + 936	22
4	建阳材料厂	DK582 + 936	DK624 + 488	20
5	建瓯材料厂	DK624 + 488	DK677 + 745	24
6	安济大洲料场	DK677 + 745	DK720 + 000	23
7	下过溪站材料厂	DK720 + 000	DK722 + 000	20
8	古田北站材料厂	DK722 + 000	DK744 + 000	15
9	闽清北站材料厂	DK744 + 000	DK779 + 100	16
10	杜坞站材料厂	DK779 + 100	DK807 + 600	15
11	福州站材料厂	CK806 + 521	CK812 + 915	0.5

五、铺轨基地

合福高铁闽赣段共设置铺轨基地 2 处，江西、福建各一处，平均供应距离为 202 km。由于总工期控制、站后工程与站前工程交叉施工时间长，铺轨基地采用临时租地与永久用地相结合的方式考虑。每个单机铺轨基地按平均 100 亩地（不含联络线及存砟场）规划。

1. 上饶铺轨基地

上饶铺轨基地承担合福高铁闽赣段 DK343 + 180 至 DK580 + 000 段双线 236 km 以及上饶车站杭长与合福高铁的联络线铺轨任务，双线累计铺轨 481.198 km、铺设道岔 67 组、站线铺轨 16.321 km、以及轨道焊接、应力放散和线路锁定。

1）建设规模

基地计划存放 500 m 长钢轨共正线 200 km 的轨料，又同时满足长轨卸车，每日铺轨对长钢轨和轨道配件、道岔的存储需求和供应，满足施工时进行机车整备、调车作业、编组、装卸车和排空作业等要求。

2）铺轨基地平面布置

在合福高铁上饶东南下行联络线 L1DK6 + 375 插入 60 kg - 1/9 道岔引出轨道，在联络线的内侧设置铺轨基地。基地设置 5 股道，铺轨 2.7 km（其中：1 股道为调车编组线、2 股道为 500 m 长钢轨存放线、3 股道为道岔和轨道配件存放线、4 股道机待线、5 股道机车整备线），铺设 6 组道岔、设计 600 kVA 变电所一处，安装吊装 500 m 长轨群吊一套、10 t 龙门吊 3 台。

3）长轨运输通道

（1）站改前的运输通道。

长钢轨列车经过沪昆铁路到达上饶车站后，进入既有 3 道长轨列车进行交接，由机车牵引长轨列车经

---

① 1 亩 = 666.67 m²

杭长高铁渡线,西南下行联络线 L3 并进入合福高铁上饶车站 5 道,然后由机车推进长轨列车进入铺轨基地。站改后长轨车交接在普速场 2 道进行。

(2)站改后的运输通道。

长钢轨列车经过沪昆铁路到达上饶车站后,进入普速场 2 道,经由 4#道岔→2#道岔→8#道岔→30道岔→20#道岔→12#道岔→20#道岔→8#道岔→10#道岔→L5#道岔→杭长高铁 G4 道→229#道岔→西南下行 L3 联络线进入合福高铁站场区,然后由机车推进长轨列车进入铺轨基地。

为了保证西南下行联络线 L3、东南下行联络线 L1 的铺轨,25 m 临时轨临时卸至上饶车站货场,再使用汽车运到现场进行施工,需要在 223#、221#、229#道岔间轨道与西南下行联络线进行卸车,然后拖运至现场进行铺轨,道砟直接运输到达现场。

4)铺轨基地作业方式

铺轨基地的基本作业方式采用调车作业办理,机车由沪昆铁路牵引长轨车到达上饶车站后,直接进入杭长铁路场区,机车摘机后返回,并在杭长到发线 G6 道进行交接,由铺轨基地自备机车牵引长轨列车回到铺轨基地。上饶站铺轨与合福、沪昆、杭长线位置关系平面图,如图 25 - 1 所示。

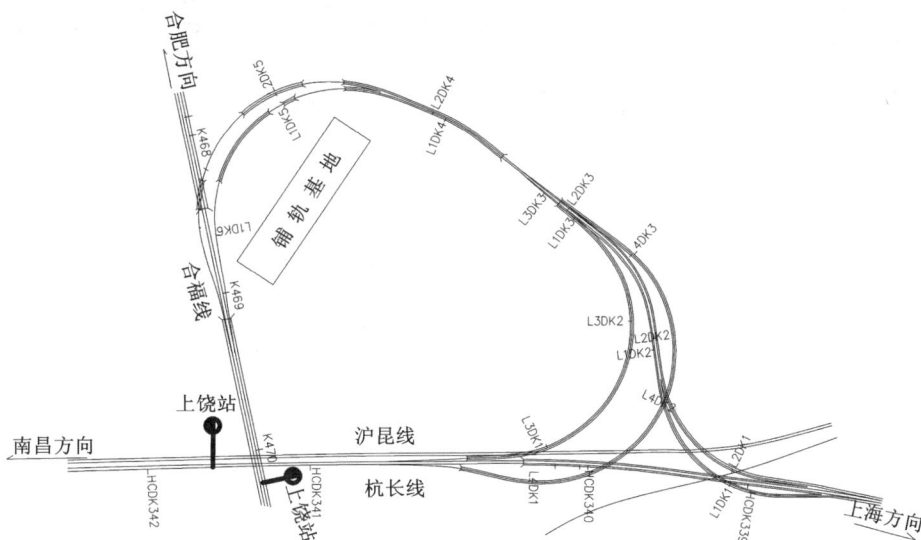

图 25 - 1　上饶铺轨基地与合福、沪昆、杭长线位置关系平面图

2. 福州铺轨基地

福州铺轨基地从外福铁路白沙镇站北端约 1.5 km 处出岔,在本线 DK784 + 800 处接轨。该基地承担福州至武夷山 DK580 + 000 至 DK809 + 811 段双线 230 km、总计铺轨 460 km、铺设道岔 72 组、站线铺轨 17.73 km、轨道焊接、应力放散和线路锁定任务。

1)场地平面布置

长轨存放区设置在新建向莆铁路左线与福州车站动车所之间,靠近向莆铁路左线一侧空地,小件存放区位于长轨存放区福州端,生活、办公区位于长轨存放区和动车所之间空地靠近动车所一侧。

利用新建合福高铁进站线路,由福州车站线 11 道引入铺轨基地,在福州客车整备所内的动车存车场出岔,利用福州客整所和向莆下行正线间的空地设置铺轨基地。铺轨基地从福州站客车整备所咽喉 224#道岔与 214~220#复式交分道岔中间预留的岔位引出,设长轨运输线 1 条、长轨装卸线 1 条、安全线 1 条,有效长度满足长轨列车到发线长度要求。

长钢轨存放区沿 1 道右侧布置,安装 32 台 2 t 17 m 跨度固定式门吊组成的联动群吊。按此规模,在铺轨前可同时存放长轨 128 铺轨 km 的轨料。

2)长轨运输通道

长轨列车通过福州车站 11 道进入铺轨基地进行装卸作业,铺轨时长轨列车经新建合福下行线进行轨道铺设，在路基并行地段(DK807+400附近)插入两组道岔，进入上、下行线进行换道铺轨作业。

3)铺轨基地作业方式

轨料经由向塘焊轨基地运送进入铺轨基地进行交接，后由铺轨单位自行组织进行铺轨作业。优化后的《福州车站铺轨基地平面布置示意图》，如图25-2所示。

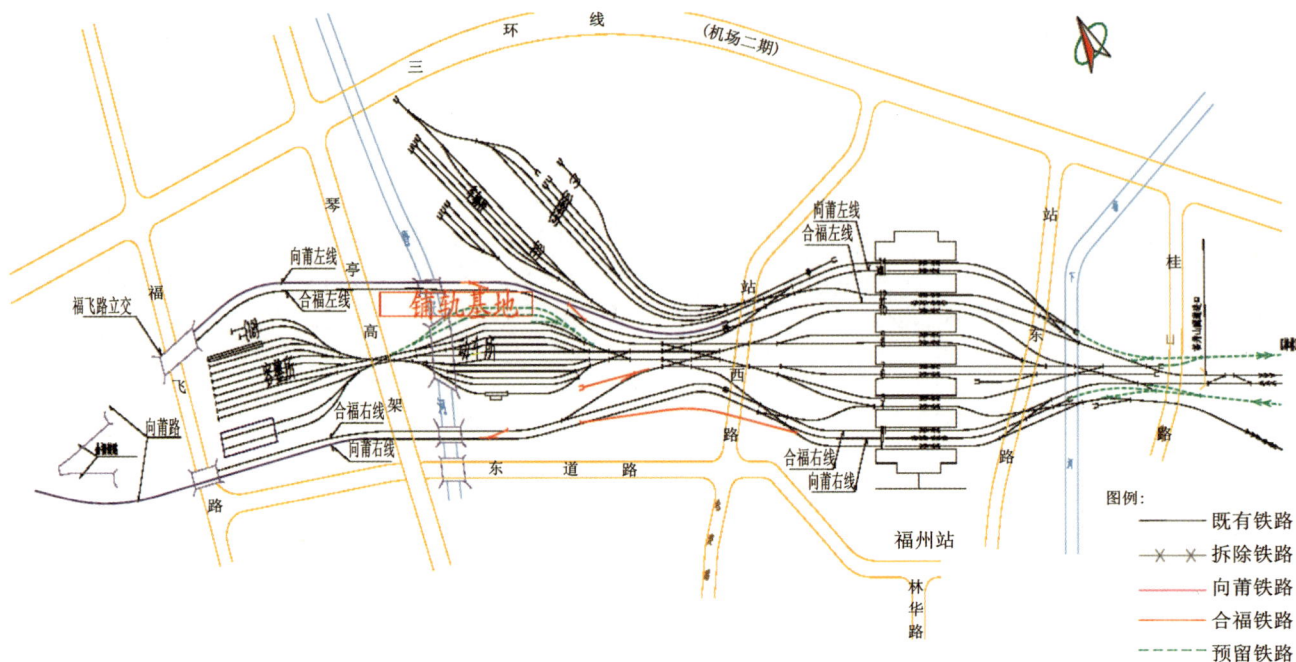

图25-2　福州车站铺轨基地平面布置示意图

六、制梁场

1.设置原则

(1)根据全线箱梁、桥隧的分布情况，本次设计经过经济技术方案的综合比选，按简支箱梁运架过1 km以下隧道作为梁场区段划分的条件。对有箱梁经过隧道的箱梁预制场，选择配备 KSC900 型轮胎式运梁车。全线共设置 30 处箱梁预制场。

(2)在采用 KSC900 型轮胎式运梁车运梁过隧道时，对Ⅲ、Ⅳ、Ⅴ级围岩，需预留隧道底部衬砌混凝土(仰拱或底板)的厚度 $h=54$ cm；对Ⅱ级围岩，需增加开挖深度 0.066 m，以满足 KSC900 型轮胎式运梁车运梁过隧道。

(3)箱梁预制场主要设于桥梁相对集中地段，箱梁孔数较多的特大桥旁，并尽量设于供应范围中部。

(4)箱梁预制场的选址要求交通相对便利，水电方便，地势平坦，临时工程量少。

(5)箱梁预制场的选址要贯彻保护农田的原则，减少对耕地的破坏。

(6)箱梁一般采用运梁便道形式上线，个别长桥上采用提升设备形式上线。

2.梁场生产能力与临时工程数量

根据各区段箱梁安排的架梁工期及"暂行规定"的相关规定，相应确定全线各箱梁预制场的生产能力。

按上路不同形式分为运梁便道形式与设备提升形式。临时工程包括制梁台座、存梁台座、提梁轨道及基础、材料吊转轨道及基础、砂石材料堆放、钢筋绑扎场、混凝土搅拌站、架桥机拼装场等。其中制梁台座、提梁轨道根据地质情况进行地基加固处理。

3.制梁基地布置

制梁基地主要分制梁区、存梁区、钢筋绑扎区、混凝土搅拌区、砂石堆料区、机修区、生活区等部分，分不同台位规模占地 102~154 亩。

采用运梁便道运梁至路基的制梁场设置于桥头路基旁,采用提升设备垂直运梁上桥的制梁场设置于桥中平坦地段,存梁台位设于桥址边。

4. 箱梁布置情况。

合福高铁闽赣段共设置箱梁制梁场11处,其中江西地区4处,福建地区7处,如表25-3所示。

表25-3　制梁场设置一览表

序号	梁场名称	中心里程	供梁起讫里程		预制双线箱梁数量(孔)		梁场规模(台座)	
			起点里程	终点里程	32 m	24 m	制梁台座	存梁台座
1	秋口制梁场	DK370+850	DK360+223	DK380+900	247	102	5	38
2	紫阳制梁场	DK394+200	DK384+957	DK406+822	360	20	7	56
3	临湖制梁场	DK449+100	DK442+458	DK452+520	156	28	4	29
4	上饶站制梁场	DK468+500	DK456+328	DK472+905	359	31	6	56
5	上饶制梁场	DK482+750	DK473+518	DK500+669	477	66	7	41
6	武夷山制梁场	DK561+400	DK561+270	DK565+566	110	6	4	46
7	贵口制梁场	DK585+900	DK578+027	DK605+270	355	34	7	56
8	下碓制梁场	DK619+900	DK607+820	DK630+325	289	28	7	49
9	建瓯西制梁场	DK637+250	DK630+331	DK642+251	160	14	4	25
10	南雅制梁场	DK662+400	DK661+327	DK681+995	162	35	5	30
11	南平制梁场	DK694+000	DK683+340	DK696+400	112	36	3	30

七、制枕场

闽赣段共分布CRTSI型双块式无砟轨道轨枕场3处,如表25-4所示。

表25-4　轨道板预制场设置情况一览表

序号	轨道板场名称	上线里程	供应范围	
			起点里程	终点里程
1	德兴双块式轨枕场	DK463+483	DK343+180	DK528+450
2	武夷山东站轨枕场	DK585+500	DK528+450	DK630+332
3	南平北轨枕场	DK694+700	DK630+332	DK805+853

八、改良土和级配碎石搅拌场

根据客运专线对路基填料的要求,基床表层填筑级配碎石,基床底层填筑A、B级土,因而需对从取土场运来的填料进行改良。按照全线路堤分布情况,共设置集中改良土拌和站16处(表25-5),分别布置于施工便道一侧,租地范围宜为20~30亩。考虑级配碎石后于改良土填筑,改良土拌和站后期可兼做级配碎石拌和站,节约工程投资和少占耕地。

表 25 – 5 改良土拌和站及级配碎石拌和站一览表

序号	工点名称	中心里程		相对线路位置	
		冠号	里程数/km	线路左右侧	横向距离/m
1	金田源拌和站	DK	377700	左	100
2	婺源拌和站	DK	385000	左	100
3	暖水拌和站	DK	415000	左	100
4	上饶拌和站	DK	466000	左	100
5	广丰拌和站	DK	498000	左	100
6	五府山拌和站	DK	510000	左	100
7	武夷山拌和站	DK	552000	左	100
8	建阳拌和站	DK	601000	左	100
9	杨墩拌和站	DK	617500	左	100
10	建瓯拌和站	DK	637000	左	100
11	桔园拌和站	DK	649500	左	100
12	仁墩拌和站	DK	664000	左	100
13	南平拌和站	DK	691000	左	100
14	巨口拌和站	DK	719000	左	100
15	古田拌和站	DK	732000	左	100
16	闽清拌和站	DK	762000	左	100

第二十六章 路基设计

第一节 路基工程概况与特点

一、路基工点类型及分布

合福高铁闽赣段正线路基长度为42.17 km，占线路全长的9.1%。合福高铁闽赣段设计范围路基长度分布情况如表26-1所示。

表26-1 合福高铁闽赣段设计范围路基长度分布情况表

序号	设计范围	线路长度/km	路基长度/km	路基工点个数	路基占全线比例
1	江西省（正线）	183.23	16.93	145	9.24%
2	江西省（联络线）		1.88	8	
3	福建省	283.605	25.48	169	8.98%
4	闽赣段正线合计	466.835	42.41	322	9.08%

合福高铁闽赣段路基设计类型主要有边坡防护路基、陡坡路堤、特殊土路基（软土及松软土、膨胀（岩）土、人工填土）、不良地质路基（滑坡、岩堆、危岩崩塌、岩溶）、深路堑及顺层路堑和过渡段路基等。路基工点类型分布详见表26-2。

表26-2 合福高铁闽赣段路基工点类型及分布情况

序号	工点类型	正线工点数量		主要分布范围	主要加固措施
		处	延米		
1	路基边坡防护	75	2231	全线一般地段	骨架、空心砖护坡、草灌结合等
2	深路堑	201	35048	中低山及丘陵地区	挡土墙、骨架护坡、抗滑桩、锚杆（索）等
3	（松）软土及土质路基	210	26301	沿线平原、谷地及部分丘陵地区	换填、CFG桩、旋喷桩、钻孔灌注桩等
4	顺层路堑	30	4270	DK366～DK373、DK378～DK390、DK636～DK668	抗滑挡土墙、抗滑桩
5	岩溶路基	35	5385	DK414～DK420、DK443～DK448、DK462～DK465、DK478～DK501	嵌补、钻孔桩、注浆等
6	过渡段路基	241	15036	沿线桥隧过渡处	换填、CFG桩、钻孔灌注桩等及边坡支挡防护
7	陡坡路堤	162	5123	中低山及丘陵地区（特别是DK577～DK615、DK694～DK700最集中）	路堤挡土墙、桩板墙
8	危岩落石路基	14	2221	隧道进出口、陡坡深路堑	清除、支撑、主动、被动防护网防护

二、路基工程技术特点

合福高铁闽赣段为首条长大艰险山区高速铁路，工程地质与水文地质条件复杂，路基类型多样。消化吸收已建或竣工通车的高速铁路路基设计技术和现有规范的基础上，为确保路基工程平稳和长期安全，充分落实"高速铁路，安全无小事"的铁路建设理念，在引进消化国外相关技术的同时，根据我国国情、合福高铁闽赣段的地形地质条件，开展科学试验，转变路基设计理念，在路基设计中创造性地采取了"艰险山区陡坡路基后插钢筋笼CFG桩技术""岩溶洞穴边坡树根桩加固处理技术"等新技术、新结构。经过本线的推广运用，并积极申报施工工法及专利技术，取得了较好成果。其中后插钢筋笼水泥粉煤灰碎石桩及其成桩方法获得国家发明专利，创造性地完成了合福高铁闽赣段路基设计。

1. 转变设计理念，树立"路基零沉降"设计理念

合福高铁闽赣段设计时速300 km/h，无砟轨道路基要实现工后沉降小于15 mm，台后路基沉降差小于5 mm的"零沉降"高标准变形控制要求。由于沿线地形和地质条件千差万别、土的变形理论不完善、现有的沉降计算方法不健全，且计算精度远不能满足合福高铁线路基工后沉降控制要求。

要实现路基变形控制的要求，需要转变设计理念，面对常规铁路设计不会面临或可忽略的问题，解决好一系列变形控制中的关键技术和技术难题。设计中不仅要掌握准确的地质资料以及正确的土工参数，还涉及设计中沉降估算方法的正确选取、纵横向沉降或不均匀沉降控制措施的合理选择，以及路基施工质量的控制、沉降监测系统与分析评估等各个方面的工作。通过虚心的学习消化、钻研试验、深化细化，顺利掌握合福高铁闽赣段路基的关键技术，并运用到实际建设中。目前合福高铁已顺利建成并通车，路基变形控制达到了预期目的。

2. 加强过渡段基处理，成功解决了轨道平顺过渡难题

此前，国内铁路规范或技术标准中有关路基过渡段的技术资料和结构形式较少，更未考虑多种类型过渡段叠加或组合形式等特殊情况下过渡段结构设计。合福高铁闽赣段沿线地形复杂，地表起伏大，桥、隧、涵分布密度大，路堤与路堑过渡段多，以及桥桥、桥隧间短路基的多种过渡段叠加现象，增加了线路纵、横向差异沉降控制及刚度平顺过渡的难度。

为解决上述问题，合福高铁闽赣段结合已有的高速铁路路基过渡段研究成果，以及前期各项目经验，编制了各类过渡段路基设置结构大样图集，综合考虑了各类过渡段叠加或组合等特殊情况的过渡段路基结构设计。

合福高铁闽赣段过渡段路基设计内容全面，功能齐全，尤其是相邻结构物间的短路基"组合型"过渡段设计突破了现有规范，填补了设计中的空白，实现了列车高速、安全、平稳过渡、运行舒适度的要求。

3. 科学设计路基加固，实现了路基零沉降

客运专线无砟轨道路基地基变形"零沉降"控制必须按系统工程对待，设计提出无砟轨道路基变形控制的关键不仅要有准确的地质资料以及正确的土工参数，还关系到设计沉降估算方法的正确选取、设计沉降控制措施的合理选择、路基施工质量的控制及沉降监测系统与分析评估等各个方面。

对地基土的加固与处理是控制路基工后沉降和不均匀沉降的主要方法，在掌握地基准确地质资料和正确土工参数条件下，针对不同的地质条件、路基填高、施工组织计划，根据沉降检算结果对工后沉降值不能满足要求的地段，采取了相应的地基加固措施。措施的选取遵循满足无砟轨道变形控制、降低投资、符合工期要求的原则，按摆放、预压、地基加固的顺序优选设计措施，具体体现在：

(1)设计要求无砟轨道路堤填筑后应有不少于6个月的观测和调整期，分析评估沉降稳定满足设计要求后方可铺设无砟轨道。

(2)根据施工组织计划，对不通过架梁车地段、低填浅挖路基检算工后沉降值接近控制要求地段和当列车轨道荷载引起的工后沉降大的矮路基，冲击压实及复合地基加固(或不宜采用时)难以满足要求时，优先考虑了预压措施。

(3)对工后沉降值不能满足要求的地段，按下列原则采取了相应的地基加固措施：表层软土、松软土、软黏土厚度不大于2.0 m的地段，则上采用挖除换填措施、厚层黏性土、粉土和松软土地基，特别是当具有较厚的硬壳或硬层夹软弱层地基主要采取CFG桩复合地基加固，这是合福高铁闽赣线的主要加固措施，

针对本线陡坡及斜坡路基较多的特点，积极推广使用"后插筋CFG桩复合地基"；含较多碎石黏性土和砂性土、填土、碎石土的地基及岩溶发育地基，采取钻孔灌注桩加固；对于正常固结的淤泥、淤泥质土和软黏土以及地基承载力标准值小于120 kPa的黏性土和粉性土地层，采用搅拌桩或高压旋喷桩复合地基加固；深厚层软弱地基地段采用刚性桩管桩"桩－网结构"复合地基加固。

4. 绿色设计路基边坡防护，建成了合福高铁绿色通道

合福高铁闽赣线路基边坡防护设计贯彻绿色防护理念，边坡防护与绿色景观效果兼顾。设计中借鉴国内外高速公路边坡绿色防护技术和园林绿化技术，创造性地进行防护措施的组合，为边坡绿化创造条件，取得了良好的全线绿色防护效果，将铁路建成了绿色长廊。

5. 加强了路堑高边坡稳定性、安全性设计

路基边坡稳定是确保铁路正常运营安全的前提，对于无砟轨道路基而言尤其关键，是"零缺陷"要求的重要组成部分。合福高铁闽赣线路基边坡防护与加固设计理念，采取放坡结合支挡工程，加强边坡防护和防护类型多样性，加强绿化效果等措施。为确保路基边坡施工和运营安全，重点采取了"路堑高边坡的预加固技术"和"路堑高边坡稳定性监测与信息化施工"等新技术。

6. 多领域、多用途应用土工合成材料

土工合成材料作为一种新型复合材料，具有加筋补强、反滤、排水、隔离、防渗、防护等功能，其应用到岩土工程及其他工程的各个角落，对提高工程质量起到了良好作用。

合福高铁闽赣线在路基基床处理、边坡加固、支挡加固、软基处理、防排水等方面大力推广新型土工合成材料，主要运用于以下6个方面：①路堤边坡宽5.0 m铺设土工格栅加筋补强。②当下部填土与基床底层之间不满足$D_{15} < 4 d_{85}$要求时，在基床底层表面铺设土工格栅。③地基处理路基加固垫层中铺设土工格栅，以增强地基稳定、均布应力、减小地基沉降；另外作为"桩－网结构"的水平向增强体的"网"的土工合成材料，使网－桩－土三者共同形成加筋复合结构。④边坡坡面铺设立体植被护坡网用于边坡防护。⑤对地下水发育的渗水土路堑及风化软岩路堑、膨胀土路堑、灰岩残积层路堑地段，基床底层顶面或路堑换填底部铺设复合土工膜，防止地水入渗软化地基或防止地下水侵入，以减少路基基床病害。⑥用于排除路堑基床地下水的纵向盲沟或边坡仰斜排水斜孔中的软式透水管、PVC排水管等。

第二节　设计原则与采用的主要技术标准

一、路基设计标准

合福高铁闽赣段正线按照无砟轨道路基设计，其他线路路基根据各自的速度目标值确定，主要如下：

（1）区间及车站内高速正线，按照300 km/h客运专线无砟轨道路基设计。

（2）正线相邻到发线按无砟轨道路基设计，站内其他线路基按Ⅰ级铁路设计。

（3）各联络线按照速度目标值，按现行规范中相应标准执行。

二、路基设计执行的主要技术规范

（1）《高速铁路设计规范（试行）》（TB 10621—2009）。

（2）《铁路边坡防护及防排水工程设计补充规定》（铁建设〔2009〕172号）。

（3）《客运专线铁路无砟轨道铺设条件评估技术指南》（铁建设〔2006〕158号）。

（4）《铁路路基设计规范》（TB 10001—2005）。

（5）《铁路特殊路基设计规范》（TB 10035—2006）。

（6）《铁路路基支挡结构设计规范》（TB 10025—2006）（J 127—2006）。

（7）《铁路路基土工合成材料应用技术规范》（TB 10118—2006）。

（8）《铁路工程环境保护设计规范》（TB 10501—98）。

（9）《铁路路基边坡绿色防护技术暂行规定》（建技〔2003〕7号）。

（10）《铁路混凝土结构耐久性设计规范》（TB 10005—2010）（J 1167—2011）。

（11）《铁路工程抗震设计规范》（GB 50111—2006）（2009 年版）。

（12）《建筑抗震设计规范》（GB 50011—2010）。

（13）《建筑边坡工程技术规范》（GB 50330—2002）。

（14）《建筑地基处理技术规范》（JGJ 79—2002）。

（15）《铁路工程地基处理技术规程》（TB 10106—2010）。

（16）《建筑桩基技术规范》（JGJ 94—2008）。

（17）《建筑地基基础设计规范》（GB 50007—2011）。

（18）《预应力混凝土管桩基础技术规程》（DBJ/T 15-22—98）。

（19）《混凝土结构设计规范》（GB 50010—2010）。

（20）《铁路混凝土工程施工技术指南》（铁建设〔2010〕241 号文）。

（21）《铁路工程结构混凝土强度检测规程》（TB 10426—2004）。

（22）《高速铁路路基工程施工技术指南》（铁建设〔2010〕241 号文）。

（23）《高速铁路路基工程施工质量验收标准》（TB 10751—2010）。

（24）关于发布《高速铁路运营沉降监测管理办法》的通知（运基线路〔2010〕554 号文）。

（25）关于发布《铁路运输安全保护条例》（中华人民共和国国务院令第 430 号）。

（26）《铁路法》（1990 年 9 月 7 日第七届全国人民代表大会常务委员会第十五次会议通过）。

（27）关于印发《铁路绿色通道建设实施指导意见》的通知（铁鉴函〔2007〕472 号文）。

（28）《关于调整在建及新建铁路绿色通道设计有关问题的通知》（铁鉴函〔2007〕544 号文）。

三、路基设计采用的标准或通用图集

《铁路路基电缆槽》（通路〔2010〕8401）。

第三节　地基处理设计

在系统分析地基土（含软土及松软土）分布范围、厚度、埋深及分层物理力学指标的基础上，分工点进行稳定及工后沉降分析估算；若不满足工后沉降控制要求，地基应采取加固措施。地基处理措施按照"安全可靠、经济合理、技术先进成熟"的原则，从工后沉降的控制效果、工程经济性、施工工期、施工工艺及质量检验难易程度、环境保护，结合工点工程地质条件等方面综合考虑确定。主要采用换填、预压、旋喷桩、深层搅拌桩桩网复合地基，CFG 桩、预应力管桩桩网结构及钻孔灌注桩桩板结构等措施加固。

一、一般土质地基路堤加固设计

经检算，当路基工后沉降不满足设计要求时，一般采用堆载预压处理。当采用堆载预压很难控制路堤工后沉降时应采用旋喷桩、CFG 桩、钻孔灌注桩等进行地基加固。

二、膨胀土地基路基加固设计

膨胀土地基加固设计要考虑两个方面：一是膨胀土的大气影响深度和胀缩的往复性；二是要进行沉降估算。一般采用 CFG 桩加固处理，加固深度满足工后沉降要求，一般不小于 5 m；或联合堆载预压，桥（涵）路过渡段应适当提高置换率。

三、软土及松软土地基路堤加固设计

软土及松软土主要分布在沿线河流阶地、山间谷地和海积平原区。

（1）当软土及松软土埋深及厚度均小于 2 m，且沉降易于控制时，一般采用挖除换填砂砾石渗水土，并采用重型机械振动冲击碾压，或联合堆载预压。

（2）埋深及厚度大于 2 m 的软土及松软土地基，应根据工点工程地质条件综合分析确定。

①当地层以黏性土为主时，一般采用深层搅拌桩、高压旋喷桩、管桩进行地基加固，在桩顶设置碎石

加筋垫层；桥(涵)路过渡段应适当提高置换率。

②当地层以粉土、粉砂为主时：

地层埋深及厚度大于 2 m 小于等于 4 m 时，采用强夯或强夯＋堆载预压加固；

地层埋深及厚度大于 4 m 小于等于 8 m 时，采用旋喷桩等复合地基＋堆载预压加固处理；

地层埋深及厚度大于 8 m 时，采用 CFG 桩、预应力管桩桩网结构进行地基加固，在桩顶设置钢筋混凝土桩帽及碎砾石加筋垫层。

③CFG 桩加固桩长大于 25 m 时，应根据地层情况，选用高压旋喷桩、预应力管桩、钻孔灌注桩等进行加固；地层为软弱黏性土时，一般采用预应力管桩加固；当地层为其他地层时，采用钻孔灌注桩加固。

四、人工杂填土地基

对冲填土、弃土等，其厚度小于 2.0 m 时，挖除换填 A、B 组填料或改良土。对厚度较大，挖除困难时，细颗粒土采用旋喷桩、强夯碎石墩等复合地基或 CFG 桩、预应力管桩加固，粗颗粒土采用钻孔桩等加固。

五、岩溶及采空区地基加固处理设计

沿线煤矿及各类金属矿等采空区主要分布在南陵和上饶地区，大部分已经绕避，部分地段分布碳酸盐岩，局部岩溶发育。岩溶路基及采空区路基根据其形态、分布、发育、充填情况，地下水及地质构造的影响，按以下措施进行处理：

1. 岩溶路基

1) 路堑地段(弱发育及以下)

采取探灌结合的原则，在开挖至路基面时进行物探探测及钻孔验证。一般采取以下措施进行加固处理：

(1) 基床面位于可压缩性覆盖层内且厚度小于 3 m 时，地基土换填或铺设钢筋混凝土板处理，并针对下伏灰岩 8 m 范围进行注浆处理。

(2) 基床面位于可压缩性覆盖层内且厚度大于 3 m 时，地基土采用 CFG 桩加固，并针对灰岩面上覆土层 3 m、基岩 5 m 范围进行注浆处理。

2) 岩溶路堤(弱发育及以下)

(1) 对可压缩性覆盖层(厚度大于 3 m 时)进行 CFG 桩加固，并针对灰岩面上覆土层 3 m、基岩 5 m 范围进行注浆处理。

(2) 对可压缩性覆盖层(厚度小于 3 m 时)进行地基土换填或铺设钢筋混凝土板处理，并针对灰岩面上覆土层 3 m、基岩 5 m 范围进行注浆处理。

3) 岩溶中等发育及以上地段

(1) 对于溶洞上覆盖层厚度小于 5 m 且线岩溶率大于 10% 时，路基基底以下 10 m 范围进行注浆处理，且对基岩的处理厚度不小于 6 m。

(2) 灰岩溶洞呈串珠状或线岩溶率大于 15% 时，建议路改桥，或采用桩板结构，并进行适量灌砂、注浆处理。

4) 注浆范围及注浆孔间距

一般路堤坡脚外不少于 2 排注浆孔，路堑侧沟外不少于 2 排注浆孔。孔间距为 5 m，三角形布置。

2. 采空区路基

对于线路无法绕避的采空区应进行加固处理，确保铁路营运安全，主要采用以下措施：

(1) 正穿采空区路基，一般采用桩板结构加固，并对影响线路安全的采空巷道、采空区进行注浆处理。

(2) 影响线路安全的邻近采空区或采空巷道进行注浆处理。

(3) 一般采用先填石、灌砂，后注浆。条件许可时，可先爆破后注浆。

对于上部地层为碳酸盐等可溶岩，而下部地层为非碳酸盐等可溶岩的地段，如路基基底以下非碳酸盐等可溶岩的弱风化地层厚度大于 10 m，其下部的碳酸盐等可溶岩可不考虑注浆处理。特殊情况单独考虑。

第四节　路基基床设计

一、路基基床结构形式

（1）基床厚度：基床表层 0.4 m（不含轨道支撑层 0.3 m），基床底层 2.3 m。

（2）基床填料：基床表层填级配碎石，路堤基床底层填 A、B 组填料或改良土。

二、基床表层的材料组成及压实标准

基床表层的材料组成及压实标准见表 26 - 3。

表 26 - 3　级配碎石基床表层压实标准

铁路等级	厚度/m	压实标准			
		地基系数 K30 /(MPa·m^{-1})	动态变形模量 E_{vd}/MPa	压实系数 K	空隙率/%
客运专线	0.4 ~ 0.7	≥190	≥55	≥0.97	—
有砟轨道（160 km/h 及以下）	0.6	≥150	—	—	< 28

注：（1）无砟轨道可采用 K_{30} 或 E_{v2}。当采用 E_{v2} 时，其控制标准为 $E_{v2} \geq 120$ MPa 且 $E_{v2}/E_{v1} \leq 2.3$；

（2）蚌福联络线新建无砟轨道基床表层执行客运专线标准。

三、采用级配碎石填筑基床表层材料的规格及技术要求

（1）基床表层级配碎石材料由开山块石、天然卵石或砂砾石经破碎筛选而成。

（2）基床表层级配碎石的粒径级配应符合下表 26 - 4 的规定。其不均匀系数 Cu 不得小于 15，0.02 mm 以下颗粒质量百分率不得大于 3%。粒径级配曲线如图 26 - 1 所示。

表 26 - 4　基床表层级配碎石粒径级配

方孔筛孔边长/mm	0.1	0.5	1.7	7.1	22.4	31.5	45
过筛质量百分率/%	0 ~ 11	7 ~ 32	13 ~ 46	41 ~ 75	67 ~ 91	82 ~ 100	100

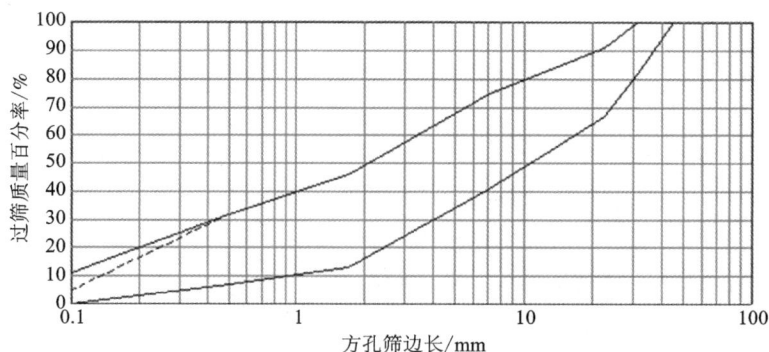

图 26 - 1　基床表层级配碎石粒径级配曲线

（3）基床表层级配碎石与下部填土之间应满足 $D15 < 4d85$ 的要求。当不能满足时，基床表层应采用颗

粒级配不同的双层结构，或在基床底层表面铺设土工合成材料。当下部填土为改良土时，可不受此项规定限制。

（4）在粒径大于 22.4 mm 的粗颗粒中带有破碎面的颗粒所占的质量百分率不小于 30%。

（5）级配碎石粒径大于 1.7 mm 颗粒的洛杉矶磨耗率不大于 30%，硫酸钠溶液浸泡损失率不大于 6%。粒径小于 0.5 mm 的细颗粒的液限不大于 25%，塑性指数小于 6。不得含有黏土及其他杂质。

四、路基基床底层材料组成及压实标准

客运专线基床底层填料及压实标准见表 26 – 5。

表 26 – 5　客运专线基床底层填料及压实标准

线路等级	厚度/m	填料	压实标准	化学改良土	砂类土及细砾土	碎石类及粗砾土
客运专线（200 ~ 350 km/h）	2.3	A、B 组填料或改良土	地基系数 K_{30}（MPa/m）	—	≥130	≥150
			动态变形模量 E_{vd}（MPa）	—	≥40	≥40
			压实系数 K	≥0.95	≥0.95	≥0.95
			7 d 饱和无侧限抗压强度（kPa）	≥350	—	—

注：（1）压实系数 K 为重型击实标准，无砟轨道可采用 K_{30} 或 E_{v2}。当采用 E_{v2} 时，其控制标准为 $E_{v2} ≥ 80$ MPa 且 $E_{v2}/E_{v1} ≤ 2.5$。

（2）改良土压实标准：当采用物理方法改良时，应符合本表规定；当采用化学方法改良时，除符合本表规定外，还应满足设计提出的技术要求。

（3）无砟轨道路基尽量采用 A、B 组填料，当不可避免采用改良土填筑时，要经过工程适应性检验才能使用。

（4）最大粒径应小于 6 cm。

（5）蚌福联络线新建无砟轨道基床底层执行客运专线标准。

五、无砟轨道路堤基床设计

（1）一般路堤基床。路堤填高大于基床厚度（2.7 m），按标准基床结构设置。

（2）路堤填高小于基床厚度的低矮路基，基床范围内不得夹有 $P_s < 1.5$ MPa 或 $\sigma_0 < 180$ kPa 的土层，否则应采取相应措施进行改良或加固处理。对需深层处理的地段，结合深层处理一并考虑基床加固措施。

（3）对不需深层处理的低矮路堤基床按常规原则处理。

六、无砟轨道路堑基床处理

（1）地下水发育、膨胀土、红黏土路堑基床底层换填 A、B 组填料或改良土，换填厚 1.5 m。

（2）一般土质、全—弱风化软岩、强风化硬质岩路堑基床底层换填 A、B 组填料，换填厚 1.0 m。

（3）不易风化的硬质岩路堑，将路基面作成向外 4% 的横向排水坡，对凹凸不平处应以不低于 C25 混凝土填平后修筑混凝土支承层。

第五节　一般路基设计

一、路基结构形式及标准

本线正线按照 300 km/h 速度目标值的标准进行设计，采用无砟轨道结构形式。无砟轨道双线路基面宽 13.6 m，线间距 5 m。路基面形状为梯形，混凝土基础底面为平面，混凝土底座边缘以外两侧设 4% 的向外横向排水坡。路基面以下基床表层与底层、底层与基床下部路堤接触面自中心向两侧设 4% 路拱，形状为三角形。标准横断面形式如图 26 – 2 所示。

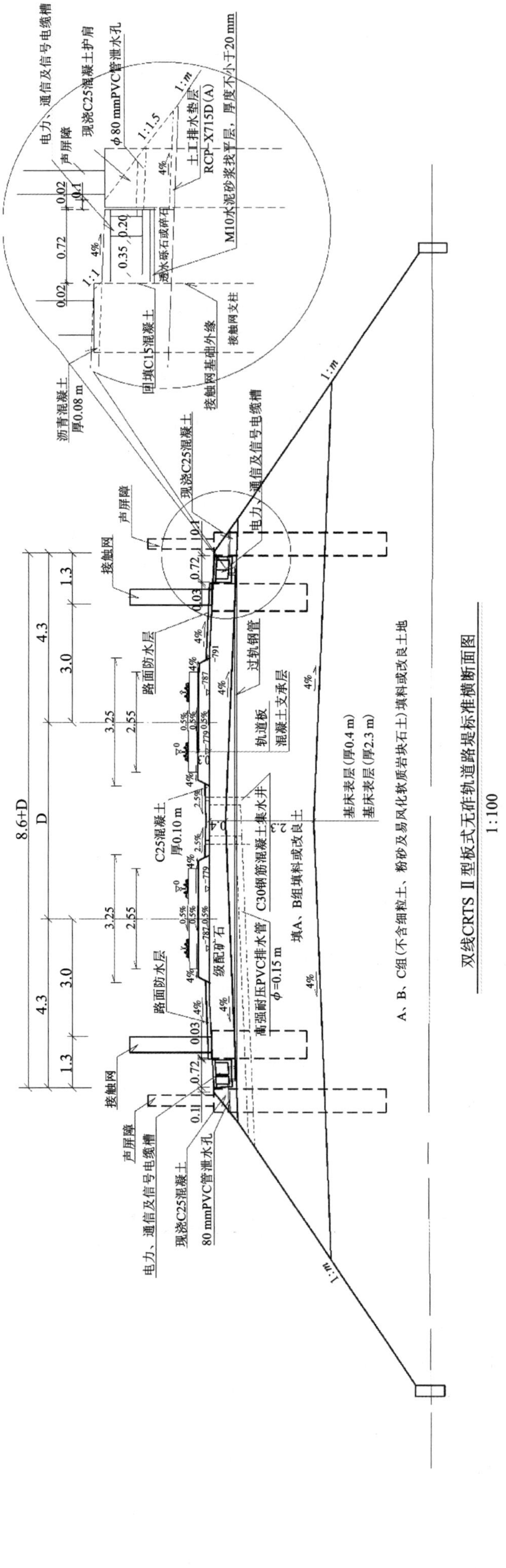

图26-2 双线CRTS Ⅱ型板式无砟轨道路堤标准横断面图

双线CRTS Ⅱ型板式无砟轨道路堤标准横断面图
1:100

A、B、C组（不含细粒土、粉砂及易风化软质岩块石土）填料或改良土地

二、路基边坡形式及坡率

1. 路堤边坡形式及坡率

路堤边坡形式采用梯形断面。一般情况下路堤边坡坡率依据其填料性质按表 26-6 采用，浸水地段边坡放缓一级。

表 26-6　路堤边坡坡度表

填料种类	边坡高度/m	边坡坡度	备注	边坡控制高度/m	
				无砟轨道	有砟轨道
A、B 组或 C 组粗颗粒填料及改良土	0~8.0	1:1.5	边坡高超过 10 m 时，于 8 m 处设 2~3 m 宽边坡平台。	8	15
	8.0~15.0	1:1.75			

2. 路堑边坡形式及坡率

(1) 软质岩、强风化硬质岩及土质路堑一般采用"路堤式路堑"断面形式，并设不小于 2 m 的侧沟平台。

(2) 路堑边坡坡度视岩性、风化程度、软弱结构面、边坡高度等因素综合确定，一般情况可参考表 26-7 设计。

表 26-7　路堑边坡及支挡建筑物设计参数一览表

地层岩性	边坡高度 H/m	边坡平台/m	边坡坡率	物理力学指标	备注
一般黏性土	≤6	—	1:1.25~1:1.5	$\gamma = 18 \sim 19$ kN/m³；$\phi = 30 \sim 35°$；$\sigma_o = 200 \sim 250$ kPa；$f = 0.3$	含软、硬质岩全风化层相对应土性；非膨胀性极软岩及花岗岩全风化层同一般黏性土。
	6 < H ≤12	2.0~3.0	1) 1:1.5		
	12 < H ≤18	3.0	2) 1:1.75		
膨胀土	≤6	3	1:1.5~1:1.75	$\gamma = 18 \sim 19$ kN/m³；$\phi = 26° \sim 30°$；$\sigma_o = 220 \sim 250$ kPa；$f = 0.3$	
	>6 (<15 m)	2.0~3.0	1:1.75~1:2		
软质岩	≤8	—	1:0.75~1:1.25	$\gamma = 20 \sim 21$ kN/m³；$\phi = 35° \sim 45°$；$\sigma_o = 300 \sim 500$ kPa；$f = 0.3 \sim 0.45$	强—弱风化砂岩、粉砂岩、片岩、千枚岩、板岩、页岩及强风化硬质岩等
	>8 (≤20 m)	2.0~3.0	1		
硬质岩	≤12	—	1:0.5~1:0.75	$\gamma = 22 \sim 24$ kN/m³；$\phi = 50° \sim 55°$；$\sigma_o = 800 \sim 1200$ kPa；$f = 0.5 \sim 0.6$	弱风化石英砂岩、花岗岩、混合花岗岩、变粒岩、石灰岩、白云岩、硅质岩、凝灰熔岩等
	>12 (<25)	2.0	1:0.75~1:1		

注：路堑均设宽度不小于 2 m 侧沟平台，在土石分界处、透水与不透水层交界面处，设置宽为 2~3.0 m 平台。

第六节　特殊路基设计

一、软土路基

软土及松软土地基路基主要分布在各丘间谷地及高阶地坳谷地段一般处理措施如下：

(1) 当软土、松软土厚度小于 3 m 时，一般采用挖除换填 A、B 组渗水土填料或改良土，若换填不能满足沉降检算要求，应进行深层处理措施。

（2）当处理深度为 3~6 m 时，采用（后）插筋 CFG 桩、高压旋喷桩复合地基处理，深厚软土地段，采用预应力管桩进行地基加固。

（3）当处理范围内夹较厚卵砾石层等硬层、桩底基岩面陡倾或岩溶地段界面变化剧烈等情况下，一般采用钻孔灌注桩等进行地基加固。

对各联络线、站场场坪根据检算情况，采用排水固结、深层搅拌桩等进行加固处理。

二、危岩落石路基

当山体坡面存在危岩、落石，并对铁路施工和营运安全产生危险时，应按危岩落石工点进行设计。一般采用清除、支撑加固、拦石墙、设置 SNS 被动防护网和 GPS2 型主动防护网及锚索、锚杆等措施。危岩落石的处理原则如下：

（1）清除原则：当危石分布集中、数量有限、易查清时，可采用爆破或人工清除。

（2）支撑加固原则：当危岩落石存在较大临空面且基底条件较好时，可采用 M10 浆砌片石支撑。

（3）锚索和锚杆加固设计原则：对不能清除的直径大于 2 m 以上的原生孤石采取预应力锚索加固；对不能清除的直径小于 2 m 的原生孤石下部设置长不小于 2.0 m 锚杆固定，锚孔直径 50 mm，锚杆采用一根 ϕ32HRB335 级钢筋。

（4）主动网设计原则：对岩面破碎，经风化剥蚀后可能产生危石层坡面采取主动网防护。

（5）被动网或拦石墙设计原则：通过以上加固防护危石的措施，还可能存在加固不到位或对小型危石清除不干净，可采用被动网防护。

（6）对原生危岩存在小于 10 cm 的裂缝，采用灌注 M10 水泥砂浆处理。

（7）当以上措施不满足要求时，应考虑绕避或采用取明洞、棚洞等形式通过。

三、浸水路基

浸水路基（水塘路堤、滨河路堤、内涝及水害路基）主要有：分布在沿线平原及丘间谷地水塘路堤，分布在沿线河流地势低洼的滨河路堤，内涝及水害路基。

（1）水塘路堤：一般采用草袋围堰后抽水疏干清淤，塘埝标高以下填筑碎砾石土，压实标准同路基相应部分；围堰标高平塘埝，平塘埝及以下采用 C25 混凝土防护；围堰顶宽 1.5 m、坡率 1:1，临路基面方向坡脚与路堤设计坡脚间距 2.0 m。当水塘较小时，抽水疏干清淤后，全塘平塘埝部分采用碎砾石土填平。

（2）滨河地段路堤。

①防护标高：设计水位 + 波浪侵袭高 + 壅水高 +0.5 m（安全高）。

②流速小于 3 m/s 时，且不受主流冲刷地段，在防护标高以下采用框格式三维生态绿色防护系统或空心砖内种植灌木结合撒播草籽防护。

流速大于 3 m/s 时，且受主流冲刷地段，在防护标高以下采用 C25 混凝土或支挡工程防护，并考虑河流冲刷影响。

③长期浸水部分填筑碎砾石土。

第七节　路堑设计

土质及各类基岩全风化地层堑坡高度大于 8 m，软质岩强风化带堑坡高度大于 10 m，硬质岩强风化带及软质岩弱风化带堑坡高度大于 12 m，硬质岩弱风化带堑坡高度大于 15 m 及有不利结构面路堑地段，按深路堑进行设计；当岩体较差、存在不利结构面，且边坡高度大于 25 m 时，建议与隧道或明洞作经济技术比较。

沿线部分 Q2al 黏性土层下，广泛分布有碎、砾石土层，为微承压—承压含水层；沿线砂砾岩和花岗岩全强风化层也为地下水发育地段。为减少地下水对路堑工程的影响，采取"截、排、导、防"的处理原则。

（1）边坡采用基材植生护坡或 C25 拱形截水骨架 + 撒播草籽 + 栽种灌木结合的边坡支撑渗沟防护，骨架净间距为 3 m，主骨架厚 0.8 m，顶面留截水槽，每隔 10 m 左右设一条宽 1.5 m 的渗沟。在路堑边坡沿坡面上下左右每 5 m 设 φ100 mm 软式 RCP 渗排水网管排水斜孔，引排地下水；在透水与不透水的交界处，设置宽 3.0 ~ 5.0 m 边坡平台，设平台截水沟。

边坡较高(大于 8 m)时路堑两侧设墙高不大于 4 m 的 C30 混凝土挡墙，墙背设 0.5 m 厚卵砾石反滤层。

(2)根据边坡高度及含水层顶面距路肩的距离，于高出路肩标高为 3 ~ 5 m 处采用压力注浆止水帷幕等措施进行封水处理。

(3)基床处理：路堑基床底层换填 A、B 组渗水性填料，基床底层顶部铺设复合土工膜封闭。开挖至设计标高后，通过调查测绘、土工试验、静力触探或载荷板试验对基床土的土质特征和强度进行检测，验证基床设计的合理性，否则挖除换填处理或复合地基加固。

(4)根据沉降分析及地下水影响程度采用复合地基加固、挖除换填或注浆进行基底处理。如基底地质条件差，地下水位高，采用上述方法处理仍无法满足路基变形要求时，则采用封闭式钢筋混凝土"U"形挡墙。如挖深不大、条件许可时，采用旋喷桩、注浆帷幕等措施。

第八节　填料设计

合福高铁闽赣段沿线可利用的填料主要为中低山及丘陵区的岩块类填料，其中花岗岩、玄武岩、闪长岩、凝灰熔岩、石灰岩、白云岩、石英砂岩、硅质岩、石英片岩等硬质岩属 A、B 组填料，可用于路基基床底层和底层以下路堤填筑；凝灰岩夹凝灰质砂岩、砂砾岩、细砂岩、板岩等软质岩属 C 组填料，可用于路基基床底层以下路堤填筑；填筑前应对其中具有膨胀性的泥质岩、沉凝灰岩等进行剔除处理。对于第四系黏性土填料，多属 C、D 组细粒填料，用作基床底层与基床以下路堤填料均需改良[掺入一定比例(5%)的水泥或石灰]。对于软岩及其风化物填料，如元古界、白垩系、侏罗系和三叠系易风化软质岩(泥质胶结)不能用于正线路基填筑，其余软质岩可用作基床以下路堤填筑，但不能用作基床底层、过渡段路基及浸水地段路基填料。砂卵砾石土类填料，分布在沿线河流和部分取土场，属 A、B 组填料，可直接用于路基基床底层及以下路堤填筑。用作基床以下路堤填料可采用路拌法施工，作为基床底层填料需采用场拌法施工。

无论采用何种填料，在全面填筑开始前，应首先进行取土场试验、改良试验及填筑试验，验证设计方案及参数的合理性，并获取满足客运专线技术标准的填筑施工工艺、流程、关键技术参数及过程质量控制手段，指导实施性施工组织设计。

第九节　过渡段设计

路基过渡段的形式主要有桥路过渡段、路堤与横向结构物(立交框构、箱涵)过渡段、路堤路堑过渡段、隧路和半挖半填路基横向过渡以及桥隧、隧隧、桥桥。各种过渡段分别存在地基沉降过渡和本体及基床的过渡问题，过渡段还应满足轨道特殊结构的要求。

一、桥梁与路基过渡段

铺设 CRTS II 型板条件下，两桥间路基长度 $L < 150$ m 时，两桥间直接以摩擦板通过。两桥间范围内路基基床表层级配碎石中掺入 5% 的水泥。当路堤与桥台连接处应设置桥路过渡段，过渡段及基床底层采用级配碎石掺入 3% 水泥分层填筑；当路堑与桥台连接地段为土质、软质岩及强风化硬质岩时，桥台基坑及基床底层挖除换填范围内采用级配碎石掺 3% 水泥分层填筑。过渡段设置应满足铺设 CRTS II 型板轨道桥梁两端设置摩擦板及端刺条件，如图 26 - 3 所示。

两桥间路基长度 $150 \leq L < 200$ m 时，桥桥间范围内路基基床表层级配碎石中掺入 5% 的水泥。当路堤与桥台连接处应设置桥路过渡段，过渡段及基床底层采用级配碎石掺入 3% 水泥分层填筑；当路堑与桥台连接地段为土质、软质岩及强风化硬质岩时，桥台基坑及基床底层挖除换填范围内采用级配碎石掺 3% 水泥分层填筑。大端刺位于路基中部，大端刺纵向坡率为 1:2，填筑厚度至大端刺底以下不少于 1.0 m，如图

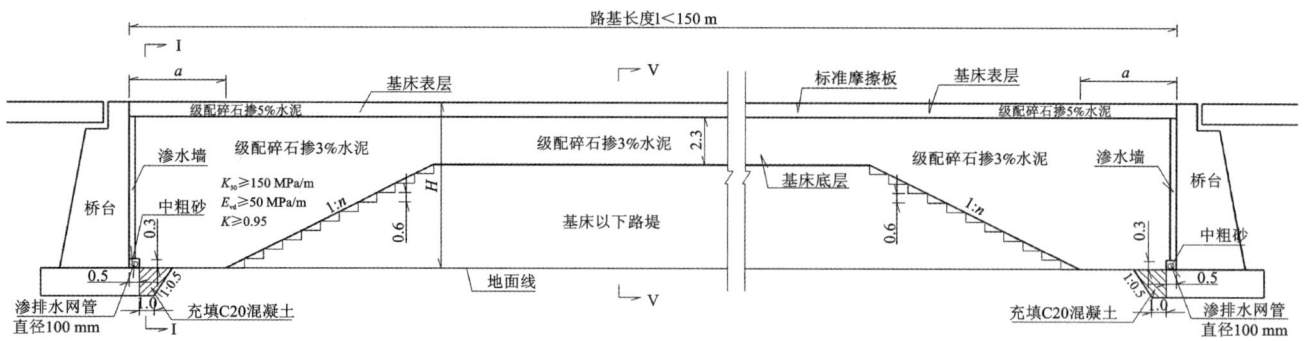

图 26-3　CRTS II 型板过渡段形式示意图($L<150$)

26-4 所示。

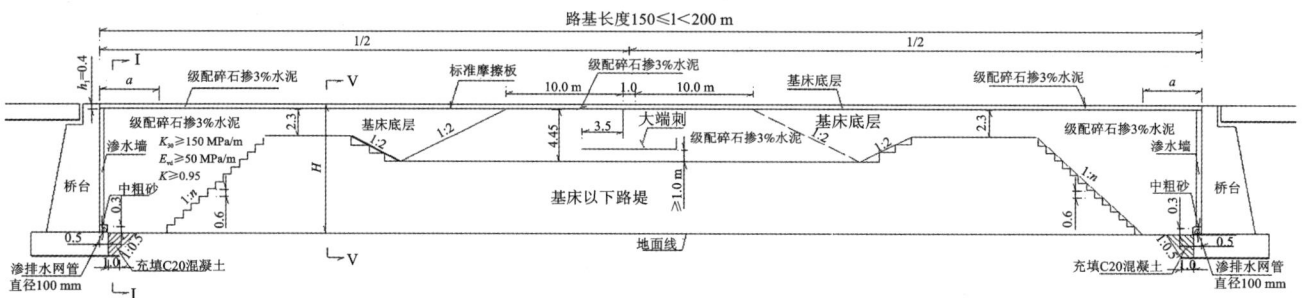

图 26-4　CRTS II 型板过渡段形式示意图($150 \leqslant L<200 \ m$)

　　两桥间路基长度 $L>200$ m 时，与桥台连接基床表层不小于 56 m 范围内级配碎石掺入 5% 水泥。考虑轨道端刺结构过渡段影响，整个过渡段长度不小于 56 m，纵向坡率不陡于 1:2 内填筑级配碎石掺入 3% 水泥。大端刺纵向坡率为 1:2，填筑厚度至大端刺底以下不少于 1.0 m，如图 26-5 所示。

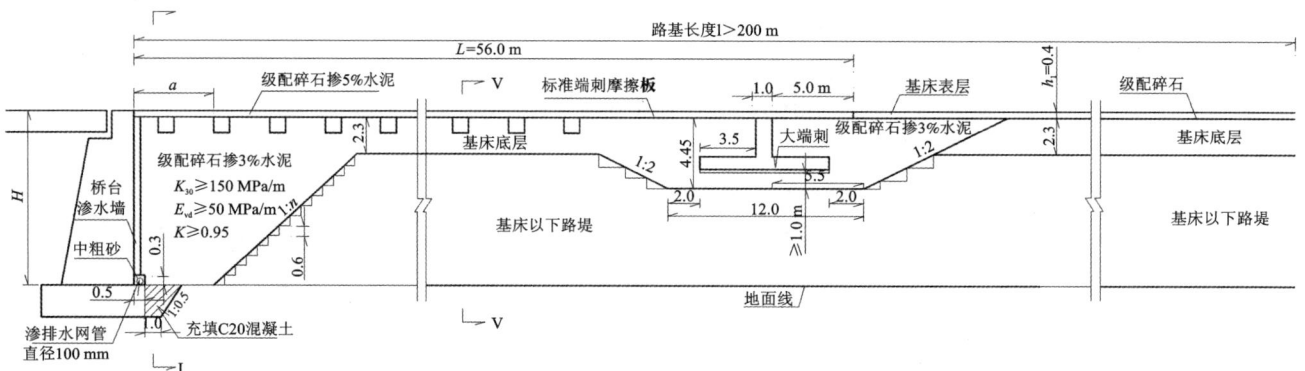

图 26-5　CRTS II 型板过渡段形式示意图($L>200 \ m$)

　　当桥台与路堑连接地段为不易风化的弱风化、微风化硬质岩时，应设置桥路过渡段，基床表层级配碎石掺入 5% 水泥，桥台基坑采用级配碎石掺 3% 水泥分层填筑，当纵横向存在斜坡以及不同岩土组合时，应满足纵横土石组合过渡设置要求以及半填半挖过渡要求。

二、桥隧间短路基刚性过渡段

　　当桥隧间距小于 150 m，路基地段应按刚性过渡段设置。路基地段一般宜根据过渡段具体情况，选用级配碎石掺 3% ~8% 水泥进行路基填筑或回填 C30 混凝土，以实现桥隧间短路基在基床刚度上的差异过渡。

三、路堤与横向结构物（立交框构、箱涵等）过渡段

（1）当涵洞顶部至路基面高度 $h > 1.0$ m 时，在涵洞侧面设置水泥稳定级配碎石（掺 3% 水泥）过渡段。一般地区路堤与横向结构物连接如图 26 – 6 所示。

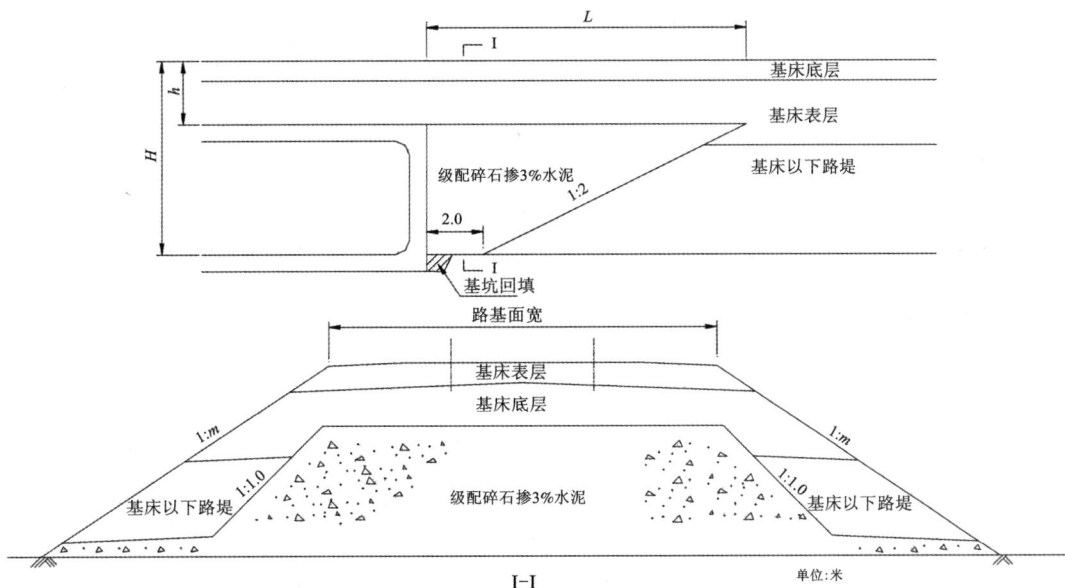

图 26 – 6　一般地区路堤与横向结构物连接图（$h > 1$ m）

（2）当涵洞顶部至路基面的高度 $h \leqslant 1.0$ m 时，横向结构物及两侧 20 m 范围基床表层级配碎石应掺加 5% 水泥。在涵洞顶面及两侧设置倒梯形的水泥稳定级配碎石（掺 3% 水泥）过渡段，路堤与横向结构物连接如图 26 – 7 所示。

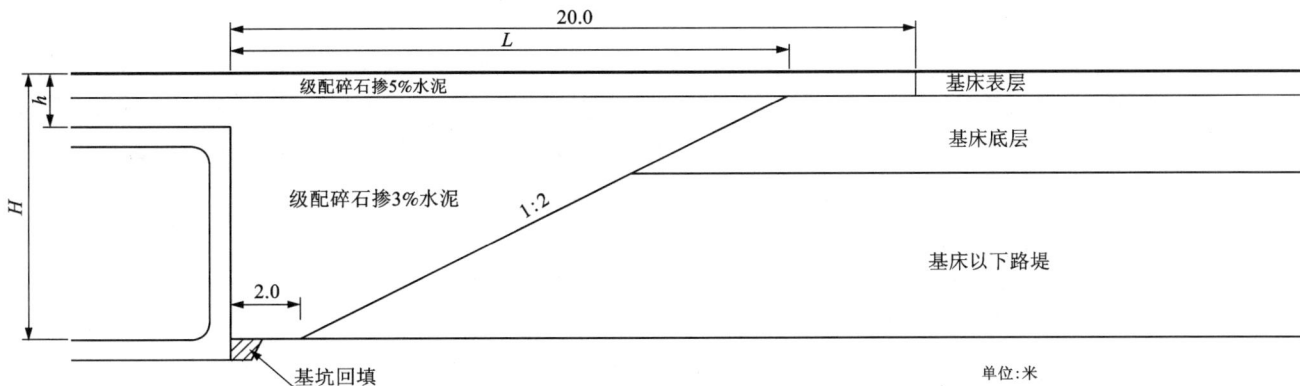

图 26 – 7　路堤与横向结构物连接图（$h \leqslant 1$ m）

四、路堤与路堑过渡段

1. 当路堤与路堑连接处为坚硬岩石路堑时

过渡段设置：在路堑一侧顺原地面纵向开挖台阶，每级台阶自原坡面的挖入深度不应小于 1.0 m，台阶高度 0.6 m；路堤与岩路堑连接处过渡段采用水泥稳定级配碎石（掺 3% 水泥）填筑。连接方式见图 26 – 8。

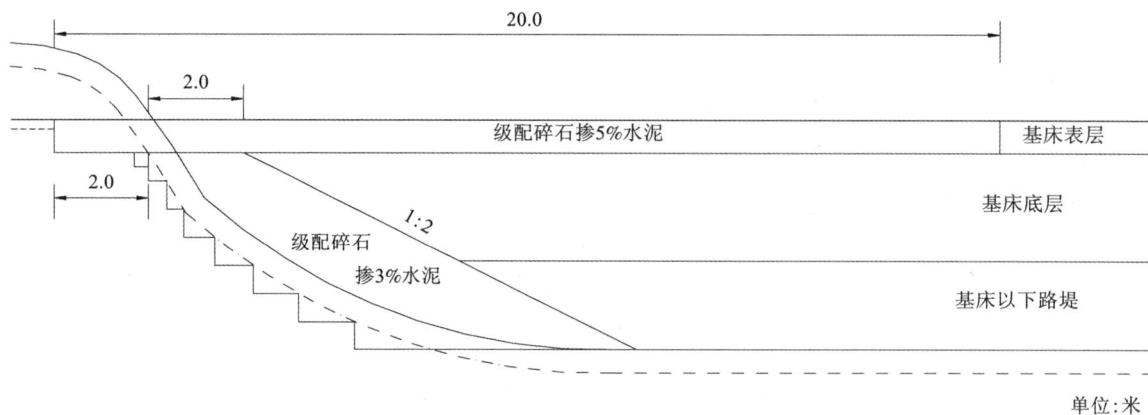

图 26 - 8 路堤与路堑连接方式一

2. 路堤与路堑连接处为软质岩石或土质路堑时

顺原地面纵向开挖台阶，每级台阶自原坡面的挖入深度不应小于 1.0 m，台阶高度为 0.6 m。填料类别及压实标准同路堤相同部位。连接方式见图 26 - 9。

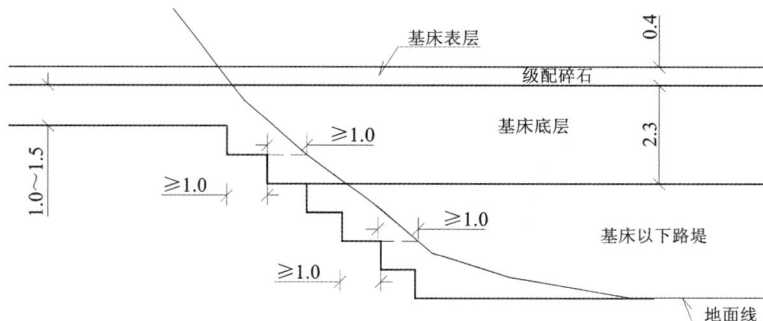

图 26 - 9 路堤与路堑连接方式二

3. 不同岩土组合路堑纵向过渡段

路堑地段不良土质路基（地下水发育、膨胀土、红黏土路基）与软质岩路基纵向连接时，应由不良土质路基的换填底面向软质岩石换填底面顺坡设置 A、B 组填料过渡段，其长度不应小于 20 m；路堑地段硬质岩石路基与土质、软质岩路基纵向连接时，应由土质路基换填底面向硬质岩石换填底面顺坡设置级配碎石掺 3% 水泥，其长度不应小于 20 m。填筑压实标准按路基相应部位进行。

五、半填半挖过渡段

半填半挖路基在靠山侧根据岩层情况换填 1.0～2.3 m。硬质岩半填半挖过渡段采用水泥稳定级配碎石（掺 3% 水泥）填筑；土质及软质岩路堑连接处过渡段采用台阶方式过渡并回填与路堤相同的填料，压实标准应符合路基不同部位要求。半填半挖设计应同时考虑两侧堑堤过渡，以保证路基横、纵向刚度的均匀性和过渡效果。在有条件时，地面应尽量挖平，以保证路基横断面的沉降均匀。土质、软质岩以及硬质岩半填半挖路基横断面示意图分别如图 26 - 10、图 26 - 11 所示。

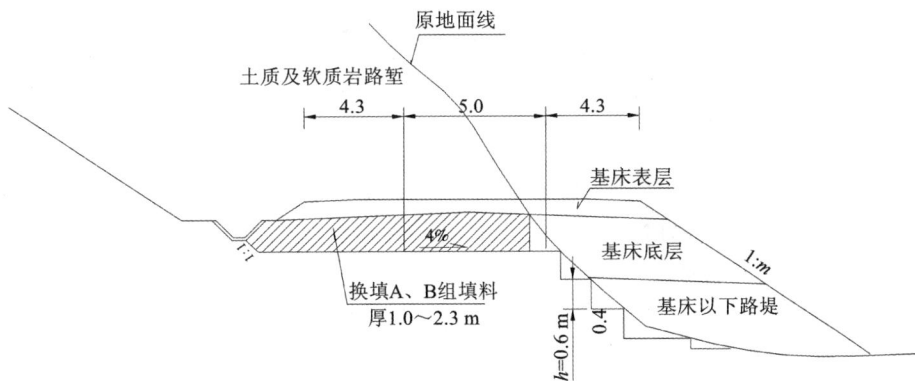

图 26 - 10　土质及软质岩半填半挖路基横断面示意图

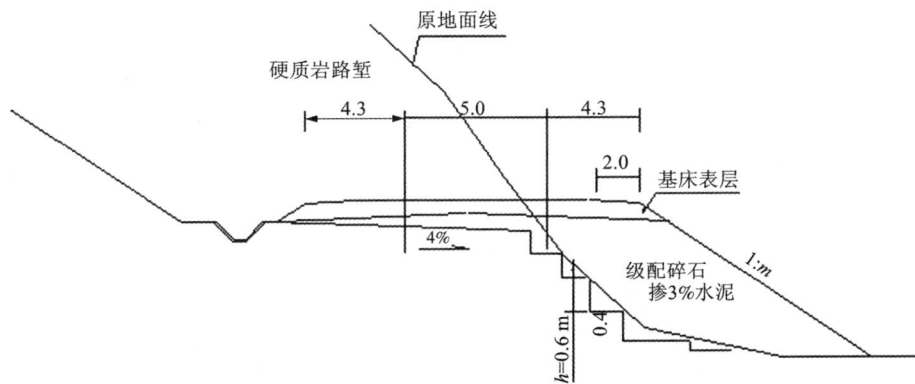

图 26 - 11　硬质岩半填半挖路基横断面示意图

六、土质、软质岩及强风化硬质岩路堑与隧道连接地段

土质、软质岩及强风化硬质岩路堑与隧道相接,在路堑基床范围内设置过渡段,采用水泥稳定级配碎石(掺 5% 水泥)过渡(厚度渐变)。过渡段长度不小于 20 m,如图 26 - 12 所示。

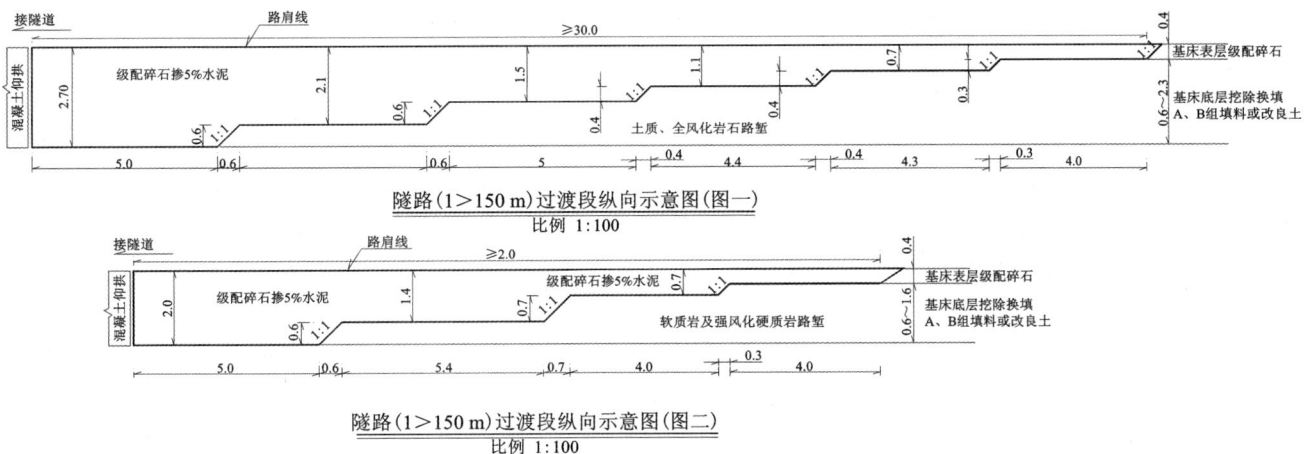

隧路(1>150 m)过渡段纵向示意图(图一)
比例 1:100

隧路(1>150 m)过渡段纵向示意图(图二)
比例 1:100

图 26 - 12　路堑与隧道过渡段纵向设置示意图

第十节　路基防排水设计

线路跨河、沟一般以桥梁形式通过，切实遵循"一沟一涵"的原则，不勉强改沟或合并天然沟。一般较小沟渠，当斜交角度较小以致影响桥梁布置时，遵循按原标准改移的原则。

客运专线线路的路基应有良好、完善的排水系统。排水设备应布置合理，并与桥涵、车站与水土保持及农田水利等排水设备衔接配合，形成完整的排水系统，排水设备应有足够的过水能力，保证水流畅通。排水工程应结合具体条件，适当加强路基的横向排水设施，并及时实施，防止在施工期间因地表水及地下水的侵入而造成路基松软和坡面坍塌。排水设施应采用等级不低于 C25 的混凝土预制构件砌筑或现浇。采用现浇应按 10～20 m 设置伸缩缝；采用预制拼装，应设置找平垫层，接缝水泥砂浆强度等级不应低于 M10。排水沟沟顶应高出设计水位不小于 0.2 m。

路基排水设施设计降雨的重现期为 50 年。

一、路堤地面排水设计

排水沟的设计要因地制宜、经济适用，尽量选择在地形、地质较好的地段通过，以降低加固工程投资。排水沟的出水口尽可能引接至天然沟河，不应直接使水流入农田，损害农作物。

（1）正线在路堤坡脚设计线外，一般应设置双侧排水沟。排水沟平面应尽量采用直线，如必须转弯时，其半径不宜小于 10 m，排水沟的长度根据实际需要而定，通常宜在 400 m 以内。

（2）排水沟的纵坡不应小于 2‰。排水沟最小尺寸为 0.4 m×0.6 m，边坡 1:1。膨胀土地区排水设施设计时应采用设计径流量的 1.1～1.2 倍确定过水断面尺寸。

（3）排水沟加固：钢筋混凝土排水结构其保护层厚度满足耐久性规范要求，且不得小于 20 cm；混凝土排水结构采用现浇时，最小厚度不得小于 20 cm，采用预制拼装时不得小于 10 cm。

二、路堑地面排水设计

（1）路堑堑顶边缘以外 5 m 单侧或双侧设置天沟。排水设施纵坡不应小于 2‰。

（2）堑顶低洼地段天沟水不能沿坡顶排出时，设吊沟接入侧沟。

（3）路堑两侧设矩形侧沟，截面尺寸通过流量确定。一般地段底宽为 0.6 m、深为 0.8 m；福建地区台风暴雨较多，雨量较大，建议加大侧沟尺寸，提高雨水通过能力。矩形侧沟厚为 0.2 m，采用 C30 钢筋混凝土现浇，靠线路侧预留泄水孔。在吊沟接入并影响地段的侧沟应根据流量及坡度计算确定侧沟尺寸，以满足排水需要。

（4）单面排水坡段长度不宜大于 400 m，必要时增设横向排水设施。

三、路基坡面排水设计

1. 路堤坡面排水

路堤大部分边坡采用 C25 混凝土截水骨架内草灌结合或空心砖内种植灌木结合撒播草籽防护。空心砖防护地段每隔 10 m 设一条混凝土预制排水槽连接股道间横向排水通道，上部与路肩 C25 混凝土镶边（设置挡水缘）连接，下部与路堤坡脚排水沟连接，形成完善的路堤坡面排水体系，最终排入地表排水系统。

2. 路堑坡面排水

土质路堑边坡一般采用 C25 混凝土截水骨架内草灌结合防护，在框架锚杆或锚索内基材（客土）植生防地段，每隔 10 m 设一条混凝土预制排水槽与边坡平台和堑顶 C25 混凝土镶边连接，通过平台截水沟引至天沟或吊沟，形成完善的路堑坡面排水体系。

由不同地层组成的较深路堑，宜在边坡中部或不同地层分界处平台上设置截水沟，边坡平台截水沟应顺接于天沟外或采用吊沟接入侧沟。

平台及平台截水沟采用 C25 混凝土浇筑。截水沟过水断面尺寸底宽为 0.4 m、深为 0.4 m。长大段路堑地段平台截水沟尺寸应根据流量计算确定。

四、无砟轨道间排水设计

为防止地表水侵蚀无砟轨道基础和下渗于基床中，在路堤、土质、软质岩及强风化硬质岩路堑两线间直线地段填筑级配碎石(表面采用沥青混凝土封闭，厚不小于 0.1 m)并向内侧设不小于 2.5% 的排水坡排水。无砟轨道中间设圆形集中排水井，排水井内径为 0.8 m、深为 0.8 m，采用厚度为 0.20 m 的 C30 钢筋混凝土现浇，盖板采用 C30 混凝土预制，井间距为 50 m 左右，排水井水通过高强耐压 PVC 排水管(ϕ150 mm)流入路基坡面排水槽、截水主骨架或路堑侧沟内，排入地表排水系统。

五、危害路基地下水排水设计

对有危害的地下水，应根据其性质和特征设置明沟、排水槽、渗水暗沟、渗水隧洞、渗井、渗管或排水斜孔等排水设施，并在合适地段排入相邻侧沟、排水沟、坡面排水槽或设专门排水系统排出。

1. 渗水盲沟

为排除地下水或降低地下水位，路基设横向及纵向盲沟。盲沟高为 0.8～1.6 m、宽均为 1.1 m，采用土工布包裹碎石，渗沟底部设置渗排水网管，常用直径为 150 mm，底部设 C25 混凝土基础。渗水盲沟的纵坡不宜小于 5‰，条件困难时亦不应小于 2‰，在出口位置应采用较陡纵坡。

2. 边坡渗沟及支撑渗沟

(1)路堑边坡渗沟设置间距一般为 10～15 m，当渗沟加固与截水骨架护坡同时采用时，渗沟设在主骨架处。渗沟宽为 1.5 m，排水层最小厚度为 1.0 m。当为支撑渗沟时，渗沟中部采用干砌片石充填；当为边坡渗沟时，采用砂卵砾石充填，底部采用 C25 混凝土封闭，厚度为 0.3 m。

(2)边坡渗沟的排水层采用筛选洗净的卵石、碎石、砾石，若路基边坡较陡时采用片石充填；排水层与渗水的沟壁之间需设置反滤层，反滤层采用砂砾石和卵砾石，各层厚度为 0.15 m，或袋装卵砾石。渗沟顶部覆以单层干砌片石，表面用水泥砂浆勾缝。

3. 排水斜孔

当路堑边坡地下水发育较深，或构造破碎带、储水层等集中发育地下水时，通过设置排水斜孔排出，排除地下水，增强边坡、不良地质体的稳定性。排水斜孔孔径一般采用 110 mm，钻孔仰角一般为 10°～15°，困难时不小于 5°，内置渗排水网管，管内充填中粗砂。孔位布置、长度根据含水层水文地质情况而定。

第十一节　路基防护工程设计

一、边坡防护

(一)主要防护类型

路堑地段边坡根据路堑高度、边坡坡率、地层岩性、风化程度以及地下水发育等因素分析采用；路堤边坡防护依据路堤边坡高度、填料性质以及地基条件等确定。本线路基采用的边坡防护措施的类型多、形式多样，主要类型有：绿色防护、用于路基加固与防护的土工合成材料、截水骨架护坡、预制空心砖、混凝土植草窗护坡、干砌片石护坡、(边坡)支撑渗沟、主动、被动防护网及其多种组合形式等。

(二)边坡防护设计选用原则

1. 路堤边坡防护加固

1)边坡防护

(1)路堤采用化学改良后的改良土填料填筑时，当路堤边坡高小于 3 m 时，坡面采用空心砖内撒播草籽、栽种灌木防护，坡顶和坡脚应设置 C25 混凝土镶边。

当路堤边坡高大于 3 m 时，坡面采用 C25 混凝土拱型截水骨架内撒播草籽、栽种灌木防护。路堤填筑过程中，在不小于 3.0 m 宽度边坡范围内每填筑 0.6 m 铺一层 35 kN/m 双向土工格栅。

(2)路堤采用物理级配改良后的 A、B 组填料填筑时，在满足路基不同部位压实标准的前提下，边坡宜采用 C25 混凝土拱型截水骨架或空心砖内客土撒播草籽、栽种灌木防护(填高小于 3 m 采用空心砖,填高大于等于 3 m 采用骨架),客土厚为 15 cm。

(3)一般条件下,于坡脚设抬高式护道或 C30 混凝土脚墙基础,并于护道或脚墙外设置排水沟。

2)路堤支挡

(1)当路堤基底面横坡大于 1:2.5 时,应检算沿基底滑动的稳定性,当稳定性不够时,可采取设路堤挡墙、桩板墙、桩基挡墙等加强稳定性的措施。

(2)受地形限制,路堤边坡侵占各种道路、河道或建筑物时,可采用路堤挡墙,避免改移道路、河道,拆迁建筑物;车站站坪、非正线股道、联络线如需要时也可考虑设置加筋土墙或加筋土陡路堤等,美化城市景观、减少占用土地。

重力式支挡结构高度,路堤墙一般不大于 6 m,路肩墙不大于 8 m。并对墙高大于 6 m 的挡墙应适当提高安全系数。

2. 路堑边坡加固防护

1)一般路堑边坡加固防护

(1)土质、全风化岩层路堑边坡一般采用 C25 混凝土截水骨架或立体植被网固土植草 + 栽种灌木防护。全风化花岗岩、强风化硬质岩、软质岩及碎石类土等一般采用基材(客土)植生防护;侧沟外侧设置宽度不小于 2.0 m 的平台,并采用 C25 混凝土加固。

(2)对于膨胀岩(土)路堑边坡应结合其膨胀等级和饱和剪切及残余剪切强度进行边坡稳定检算,确定边坡坡率,边坡采用支撑渗沟加固和基材植生防护。

2)深路堑边坡加固防护

(1)当边坡高度超过 10 m,一般在深路堑下部设混凝土挡墙护脚,墙高一般不超过 6 m,墙背设土工合成材料或 0.5 m 厚袋装砂夹卵砾石反滤层,墙顶设 3 m 宽平台。

(2)路堑边坡较高时,根据视边坡高度、组合结构面、岩层破碎程度以及地下水发育程度等情况,分具体情况单独研究,主要采用挡墙、桩板墙、框架锚索锚杆等措施,并考虑绿化防护设计。一般情况下部采用桩板墙、挡墙进行收坡,挡墙高度不超过 8.0 m,中部采用框架锚索、锚杆并结合基材植生进行加固防护,上部土层或全风化层采用三维立体网喷播植草防护或拱形截水骨架进行防护;边坡采用台阶式形式,一般每级边坡高度不超过 8 m,平台宽不小于 3 m,平台内设截水沟。墙背反滤层采用土工合成材料或袋装砂夹卵砾石。

3)路堑边坡防水设计

沿线岗地局部分布砂砾石土层,部分地下水发育,红层层间裂隙水较发育,各岩层中风化裂隙、基岩裂隙水等时有分布,同时更新统黏性土、花岗岩全风化层、泥岩及泥质胶结类岩石、碳质页岩、煤系地层等遇水易于软化,这些地段应加强防护,采取"排、导、截、防"的处理原则。对地下水出水点,主要设置排水斜孔或渗沟疏排地下水;坡面应加强防护,极易软化地层应尽量采用全封闭措施,且坡面开挖后及时封闭;做好堑顶、坡面、平台的排水系统;对挡护工程,加强背部的反虑层和泄水孔的设计。

二、支挡工程

合福高铁闽赣段路基采用的支挡工程的主要类型有重力式挡土墙、桩板墙(含抗滑桩)、拉索式桩板墙(含抗滑桩)、桩基挡墙、边坡预应力锚索(梁)等。

1. 深路堑支挡设计选用原则

(1)当路堑堑顶为反坡地形或平缓坡时,两侧堑坡宜采用放坡刷方或采用坡脚设矮挡墙固脚。对斜坡地段,需采用重力式挡墙收坡时,挡墙高不宜超过 6 m。

(2)软质岩路堑边坡高度不大于 20 m 且无不利结构面影响地段,以挡墙、及护坡为主进行支挡防护,挡墙高不宜大于 8 m;边坡高度大于 20 m 或存在不利结构面影响、岩性破碎地段,应考虑采用分层开挖,分层加固或坡脚预加固等措施,如预应力锚索、锚索桩板墙、桩板墙等。

(3)土质(特别是膨胀土、红黏土)、软岩全~强风化层及花岗岩全风化层地段,工程指标的选取应考虑最不利情况,如墙后土体由于长期降水可能达到饱和状态,致使力学参数降低的不利情况。

2. 顺层路堑支挡设计选用原则

顺层路堑设计时应根据岩性组合特征，用极限平衡理论进行边坡顺层稳定性检算，求出极限高度，合理确定支护措施。当路堑堑顶为反坡地形或平缓坡时，两侧堑坡宜采用放坡刷方或采用坡脚设矮挡墙固脚，刷方以降低堑坡高度。堑坡高度大于极限高度，不具备刷方条件时，宜以工程地质法结合反算法确定层面力学指标，计算下滑力的安全系数 K 取值为 1.1～1.25，按下滑力大小合理选用支挡加固措施：下滑力不大于 35 kN/m 时，可采用抗滑挡墙，墙高控制在 6 m 以内；下滑力大于 35 kN/m 时，可采用抗滑桩、锚索桩板墙、边坡预应力锚索等支护措施。缓倾角顺层路堑地段施工开挖要求自上而下逐层开挖，逐层加固，采用框架式、格梁式锚杆（或锚索）或自钻式注浆锚杆＋锚索、坡脚抗滑桩等预加固措施，并加强位移变形监测。

3. 堆积体路基支挡设计选用原则

线路无论以填方还是挖方通过堆积体，均应按土石结合面（或原地面）进行稳定检算，检算不稳定时应按滑坡路基设计，视其下滑推力、地形地貌、地下水发育情况等，设抗滑挡墙、抗滑桩等支挡措施。

4. 陡坡路基支挡设计选用原则

当路堤修建在地面横坡等于或陡于 1∶5 的地段时应按陡坡路堤设计，必须检算路堤整体沿基底及基底下软弱层滑动的稳定性，抗滑稳定安全系数不得小于 1.25。当符合要求时，应在原地面设计台阶，否则应采取改善基底条件或设置支挡结构等防滑措施。当采用支挡措施时，应同时计算土压力，取不利值计算支挡结构尺寸。当计算下滑力不大时，视地形设混凝土重力式路肩或路堤挡土墙收坡，挡墙的高度不宜大于 8 m。当下滑力较大时，可设路堤式桩板墙或桩基挡墙。路肩挡土墙或桩板墙设计尚应考虑可能通过的最不利荷载（陡坡下滑力与土压力取大者），当有架桥通过时，应验算其稳定性。挡土墙抗滑动稳定系数 k_c 应不小于 1.3，抗倾覆稳定系数 k_0 应不小于 1.6。

5. 浸水路基支挡设计选用原则

浸水路基地段坡脚常设置防冲刷脚墙或浸水挡墙，防冲刷脚墙和浸水挡墙埋置深度应满足如下要求：黏性土、碎石类土及花岗岩全风化层地基，冲刷线以下不小于 1.0 m；软质岩石地基，嵌入弱风化岩层以下不小于 1.0 m；硬质岩石地基，嵌入弱风化岩层以下不小于 0.30 m；花岗岩全风化层的冲刷深度可按附近的冲沟深度确定。

6. 受限路基支挡设计选用原则

受地形限制地段（如路堤边坡需侵占各种道路、河道或建筑物），设路堤或路肩挡土墙、悬臂（扶壁）式挡墙、加筋土挡墙收坡，避免改移道路、河道，拆迁建筑物。

三、路堑高边坡的"预加固技术"

合福高铁闽赣段虽经平纵断面优化，但受地形、地质条件控制仍存在较多的志留系、白垩系、下第三系以及元古界风化软质岩路堑高边坡；构造影响及风化作用，岩层破碎、节理和软弱结构面发育的硬质岩路堑高边坡；灰岩残积层下部近基岩面存在软—流塑状黏土层的深路堑等。上述路堑边坡往往边坡高度大，岩体软弱易风化、遇水易软化，强度明显降低或由于岩体破碎、不利结构面的存在等原因，在外营力或地下水的作用下，如果施工采取的措施不当或边坡开挖后暴露时间过长，边坡防护与加固措施没有及时跟进，极易引起边坡开裂、坍滑等病害，不仅影响施工的安全和进度，而且增加了大量的工程整治费用，给设计、施工及运营各阶段的工作都带来了很大的问题和隐患。这类病害在以往的铁路建设以及既有高速公路建设中已经多次发生。

对于上述明显存在边坡安全隐患的路堑高边坡，设计在考虑边坡防护与加固措施确保边坡长期稳定以及施工中采取临时防护减少表水渗入、减少开挖后暴露过长等施工注意事项的前提下，针对该类路堑高边坡的特点重点采取分层开挖、分级锚固、分级防护、特别是坡脚预加固桩等加固处理措施，这样可以很好的解决路堑高边坡稳定问题。各工点设计中，根据各工点的地形条件、工程地质及水文地质条件，边坡坡面主要采用了预应力锚索（框架梁）、框架锚杆、复合喷锚支护加固技术，坡脚采取预加固桩、竖向预应力拉杆桩（墙）等措施。

四、路堑高边坡稳定性监测与信息化施工

鉴于合福高铁闽赣段标准高，要求快速、安全、舒适运营。因此，为了避免一般公路及铁路边坡的变形、失稳、坍滑等病害发生，保证施工期间和运营阶段的安全，确保合福高铁闽赣段营运畅通，设计根据边坡类型、边坡高度、边坡工程安全等级、支护结构变形控制要求、地质条件（层面、节理、裂隙等岩层结构面和风化程度）、地下水发育状况、边坡可能坍滑变形和支护结构特点等因素，本着优化"有效、固本"的工程加固措施，针对中元古界、二叠系、奥陶系钙、侏罗系及白垩系砂岩等风化破碎软岩高边坡，以及风化破碎软硬互（夹）层路堑高边坡，尤其是存在不利结构面或地下水发育地段的路堑高边坡，建立边坡位移及重点加固结构应力应变监测系统，及时分析评价与预测预报，以利于现场及时决策。具体设置地段有：①滑坡、堆积体等不良地质边坡；②中元古界千枚岩、二叠系泥灰岩、奥陶系钙质页岩、侏罗系凝灰质砂岩、粉砂岩，白垩系砂岩等软质岩高边坡，边坡高度不小于20 m时；③第"②"条的地层条件，当存在顺层现象或受构造影响结构面发育，发育不利结构面，边坡高度不小于15 m时；④土质及全风化层，边坡高度不小于15 m时。监测内容包括边坡地表位移监测、边坡深部位移监测、桩（墙）背土压力监测、预应力锚索锚固力监测及地下水渗流监测。

第十二节　路基沉降控制设计

一、变形控制要求

1. 无砟轨道路基的变形控制要求

土质地基路基均应进行工后沉降分析。路基在无砟轨道铺设完成后的工后沉降应满足扣件调整和线路竖曲线圆顺的要求。工后沉降一般不应超过扣件允许的沉降调高量15 mm；沉降比较均匀并且调整轨面高程后的竖曲线半径应能满足 $R_{sh} \geq 0.4V_{sj}^2$ 的要求（R_{sh}—轨面圆顺的竖曲线半径，m；v_{sj}—设计最高速度，km/h），允许的最大工后沉降量为30 mm，路基与桥梁、隧道或横向结构物交界处的差异沉降不应大于5 mm，过渡段沉降造成的路基与桥梁或隧道的折角不应大于1/1000。

2. 有砟轨道路基变形控制要求

有砟轨道路基工后沉降应满足表26-10要求。

表26-10　路基工后沉降控制标准

设计速度/(km·h⁻¹)	一般地段工后沉降/cm	桥台台尾过渡段工后沉降/cm	沉降速率/(cm·a⁻¹)
300	5	3	2

二、变形监测

高速铁路路基作为变形控制十分严格的土工构筑物，必须进行沉降变形动态监测，以指导施工及确定无砟轨道结构施工和铺轨时间。由于路基工后沉降要求高，选用的监测设备应具备精度高、性能稳定、同时尽量避免造成施工干扰。

1. 路堤稳定监测

软土及松软土路堤填筑时，沿线路纵向每隔20 m在距坡脚2 m、10 m处设水平位移观测木桩。在路堤填筑过程中，必须控制填土速率，脚水平位移速率小于0.5 cm/d。

2. 路基沉降变形监测

客运专线无砟轨道路基作为变形控制十分严格的土工构筑物，综合考虑路基填高的差异，地基土成因类型、地层结构的复杂性，地基沉降估算的复杂性和精度，工后沉降控制标准以及有效控制工后沉降的艰巨性，对全段路基沉降应进行系统的观测与分析评估，并要求路基填筑完成或施加预压荷载后应有不少于

6 个月的观测期和调整期, 观测数据不足以评估或工后沉降评估不能满足要求时, 应继续观测或者采取必要的加速或控制沉降的措施。

(1) 沉降观测断面设置: 沉降观测断面的间距一般不宜大于 50 m; 软土及松软土和岩溶及采空区地基地段沿线纵向每 30 m 左右设置一个沉降观测断面; 过渡段和地形地质条件变化较大的地段应适当加密; 地势平坦、地基条件均匀良好、高度小于 5 m 的路堤及路堑可放宽到 100 m。

(2) 地基沉降观测: 每个沉降观测断面分别于路基中心、两侧路肩正下方埋设沉降板。

(3) 路基面沉降观测: 每个沉降观测断面在路基面中心及左右两侧路肩处设路基面沉降观测桩, 观测桩采用 C15 混凝土桩, 与地表沉降观测断面应错开布置。

(4) 地基中心深层沉降观测: 可压缩层地基深厚且地基处理未达非压缩层顶面的长大路基工点, 在地表沉降板附近 5 m 范围内, 设置深层沉降观测。一般沿线纵向每 300 m 设一处, 桥路过渡段设一处。孔深为附加应力为自重应力的 10% 处或非压缩层顶面。

3. 路堑边坡变形监测

为确保路堑边坡的安全稳定, 根据沿线地质条件及工程的实际情况, 选择代表性工点分别进行地表位移监测和深部位移监测等。每个工点应有不少于 2 个边坡变形监测断面。代表性监测的工点类型主要为:

(1) 大型滑坡、堆积体等不良地质边坡。

(2) 膨胀岩(土)路堑边坡高度不小于 12 m; 一般土质路堑边坡高度不小于 25 m; 一般软质岩路堑边坡高度不小于 35 m; 硬质岩路堑边坡高度不小于 45 m。

(3) 大型顺层边坡或受构造影响不利结构面发育的边坡, 边坡高度不小于 30 m。

三、观测资料分析

1. 动态分析

对边桩水平位移和沉降观测资料要当天进行整理分析, 绘制边桩水平位移、沉降与路堤填高及时间的关系曲线, 指导路堤填筑施工, 必要时根据分析结果调整设计, 判断分析沉降稳定的时间, 以达到有效控制工后沉降的目的。

2. 综合分析

路基沉降评估根据有关设计、施工和监理的资料及交接检验和复检的结果, 结合路基各断面之间的相互关系以及相邻桥隧的沉降情况进行综合分析。

3. 路基沉降预测

路基沉降预测应采用曲线回归法, 并满足以下要求:

(1) 根据实际观测数据做多种曲线的回归分析, 确定沉降变形的趋势, 曲线回归的相关系数不应低于 0.92。

(2) 沉降预测的可靠性经过验证, 间隔 3~6 个月的两次预测的偏差不应大于 8 mm。

(3) 轨道铺设前最终的沉降预测应符合其预测准确性的基本要求, 即从路基填筑完成或堆载预压以后沉降和沉降预测的时间 t 应满足以下要求:

$$s(t)/s(t=\infty) \geqslant 75\%$$

式中: $s(t)$ 为评估时实际发生的沉降; $s(t=\infty)$ 为预测总沉降。

4. 处理措施

经沉降估算分析, 路基工后及与相邻桥隧之间的不均匀沉降符合设计要求时, 可进行预压土卸载和上部无砟轨道结构施工。

竣工验收时对大型路堑边坡的地表和深层变形监测成果进行评审, 对位移、变形大的工点要分析原因, 进行必要的整治。

第十三节　设计优化与变更

一、高风险路基设计优化

在路基施工图设计期间，路基专业人员经过详细排查梳理，认为部分路基工点风险较大，需进行路改桥或路改隧优化设计，以降低合福高铁闽赣段日后运营的安全风险。并及时申请了合福高铁闽赣段路基风险工点排查评审会，经过十几天的专业协商研究清理后，专业间达成了一致性意见：通过桥隧延长取消长度小于10 m的短路基工点33处；52处排水不畅，有水害安全隐患的路基工点也以增设涵洞、扩大涵洞孔径、涵洞改桥、增大侧沟、天沟尺寸等各种措施协商解决；另外有6段高填方陡边坡风险工点改为桥梁通过；有7段深挖方路堑边坡风险工点改为隧道或明洞通过，如DK452 + 274.24 ～ + 411.21路基段改明洞方案优化，并以此为例，阐述方案原设计情况、存在的问题以及优化后的方案。

1. 设计情况

DK452 + 274.24 ～ + 411.21段路基长136.97 m。DK452 + 274.24路段前接金鸡水库大桥，DK452 + 411.21路段后接老虎岩大桥，为岩溶深路堑及桥桥过渡段路基。本段路基地形地貌主要为剥蚀丘坡，坡体自然坡度为25 ～ 30°，植被茂密。地层主要为钙质页岩，全风化—弱风化。地下水为基岩裂隙水及岩溶水。

根据原设计咨询图纸要求，本段路堑坡面位于全风化—弱风化钙质页岩中，路堑边坡采用基材植生防护，右侧设挡墙收坡。DK452 + 280 ～ DK452 + 394.5路段右侧路堑坡度较高，挡墙顶一至四级边坡采用框架锚杆、承压板锚索结合基材植生防护，坡面外露强—弱风化岩层采用承压板锚索加固，其余采用框架锚杆加固。同时，本段路基岩溶发育，线岩溶率约5%，地基需注浆加固处理。DK452 + 274.24 ～ + 411.21段线位关系如图26 - 13所示。

图26 - 13　DK452 + 274.24 ～ + 411.21段线位关系

2. 优化原因

2010年12月，原铁道部工管中心在对合福线客专闽赣段Ⅱ标进行现场检查时提出，本段深挖路堑边坡高达5级，边坡裸露部分为强风化岩，原设计边坡防护难以满足施工及运营防护要求，极易发生坡面滚石、塌方等危害，影响行车安全，因此需建设单位会同设计、施工、监理单位对原设计进行优化，确保行车运营安全。

3. 优化设计

经过上述优化原因分析，提出优化设计措施，把原设计路基施工改为明洞施工，以保证运营安全。原设计DK452 + 274.24 ～ + 411.21段路基根据现场实际情况优化设计为明洞，进出口里程分别为DK452 + 274.24、DK452 + 406.21；隧线分界里程分别为DK452 + 274.24、DK452 + 411.21，出口洞门段设5 m刚性路基过渡段与桥梁连接。明洞采用单压式明洞结构，如图 26 – 14 所示，进口洞门采用 $L = 18$ m 斜切帽檐式洞门结构，出口采用端墙式洞门结构，明洞施工完成后进行回填处理；明洞边坡主要采用承压板锚索与基材植生绿色防护。

图 26 – 14　路基 DK452 + 274. 24 ~ + 411. 21 段单压式洞门结构

4. 优化小结

（1）原设计深挖路堑最多为 5 级边坡，堑顶至轨面设计标高最大高差为 37.84 m，堑坡底设置 8 m 高挡墙，由于原深挖路堑坡面分级多，高差大，坡面易发生滚石等危害，影响线路施工及运营；优化设计为明洞后，堑顶至明洞回填顶最大高差为 23.72 m，且明洞本身对线路也起到防护作用，降低施工及运营安全隐患。

（2）原设计深挖路堑施工复杂，施工周期较长；优化设计为明洞后，取消堑底挡墙及路基相关附属工程，缩短工期。

（3）原设计深挖路堑段前接金鸡水库大桥，后接老虎岩中桥，为桥桥过渡段路基，由于原路基为岩溶深路堑，相邻单位工程完工后不均匀沉降量较大；优化设计为明洞，由于明洞及桥梁均为刚性结构，工后不均匀沉降量变小，对线路运营起到保护性作用。

二、路基变更设计

合福高铁闽赣段在施工期间路基产生 I 类变更设计 1 个，大 II 类变更 3 个，小 II 类变更 322 处。

第二十七章 桥涵设计

第一节 桥涵工程概况与特点

一、沿线主要河流水系特征及自然情况

1. 主要河流水系特征

1）鄱阳湖水系

在江西境内跨越的饶北河、信江、丰溪河、枧溪等河流均属鄱阳湖水系。其中信江是最大河流，饶北河、丰溪河、枧溪均为信江一级支流。信江古称余水，发源于浙赣边界仙霞岭西侧及怀玉山京峰东侧，主河长为 356 km，全流域集水面积为 16890 km²。信江年平均径流量为 175.9 亿 m³，历史最高洪水位发生在 1954 年，瑞洪洪峰水位为 21.90 m，最大洪峰流量出现在 1955 年 6 月，为 9612 m³/s。饶北河又名灵溪，流域面积为 619 km²，主河道长度为 71.8 km。丰溪河是信江的一条支流，全长为 117 km，流域面积为 1600 km²，枧溪流域面积 200 km²。

2）闽江水系

在福建境内跨越的甘溪河、崇阳溪、建溪、梅溪、五夫溪、后崇溪、古田溪、吉溪、武步溪等河流均属闽江水系。闽江是福建省最大的河流，发源于武夷山脉，流经 36 个县市，全长 541 km，流域面积为 60992 km²，约占全省面积的一半。南平以上有沙溪、富屯溪、建溪三大支流，集水面积共占闽江流域总面积的 68.7%。南平以下称为闽江干流，南平至闽江河口长为 223 km，自南平到闽江入海口，沿途有吉溪、尤溪、古田溪、梅溪、大樟溪等支流汇入。水口处建有水口水库，以下为闽江下游河段，至侯官以下经南台岛将河道分为两汊即南、北港穿越。

2. 气象

1）上饶地区气象情况

上饶市属中亚热带季风湿润气候。具有四季分明，雨量充沛，日照充足，无霜期较长的特点。全市全年平均气温为 16.7~18.3℃，年最冷（1 月）平均气温为 4.6~5.9℃，极端最低气温为 -14.3℃（1991 年）；年最热月（7 月）平均气温为 28.0~30.0℃，，极端最高气温为 43.3℃（1953 年）。全市无霜期为 251~274 d。年日照时数为 1780~2100 h，占可照时数的 40%~47%。全市年平均降水量为 1600~1850 mm，属降水较多地区。随着季节的转变，西风带进退，四季气候变化明显。

2）武夷山市气象情况

武夷山属中亚热带季风气候。四季分明，冬季受冷空气侵袭，夏季太阳辐射强，冬冷夏热显著。春季常有"春寒"发生；秋季常有"秋高气爽"天气，有时因气温高而出现"秋老虎"天气。秋温高于春温，气温日较差是秋季大于冬季，以秋季最大，冬季最小。冬、夏季，昼夜长度相差悬殊。夏季多雷雨，冬季是全年降水最少的季节。冬季和早春，气温多数在 0℃ 以上，降雪次数极少，寒害少；雨季时间长，台风的影响是利大于弊，可带来一定的降水以缓解秋季的旱情。冬半年以偏北风为主，夏半年多偏南风。

3）南平市气象情况

南平市处于武夷山脉东南坡、闽江上游，为中亚热带季风气候类型。季风气候明显，四季分明，风小，秋冬雾日多：下半年盛行偏南风，冬半年多吹偏北风，因受地形影响，春秋季节和局部地区，风向较乱，全年盛行风向为东北风。四季分明，2、3 月开春，5 月上、下旬入夏，9、10 月初秋，12 月冬始。秋冬多雾，平均雾日的天数 33 d 左右。年平均雷暴日数 60 d。夏长冬短，冬温较高。本区纬度较低，晴天日射强，风速小，日夜温差大。雨量充沛，雨热同步，干、湿分明。年平均气温为 19.5℃，年平均降水量为 1653 mm。

3. 地形地貌

上饶至福州主要为中低山区,山势雄伟,起伏较大,植被较发育,多悬崖峭壁,相对高差为 500 ~ 1200 m,局部地段为低山丘陵区及甘溪、崇阳溪、建溪、闽江等河流一级阶地;低山丘陵区主要分布于武夷山脉两侧,地形起伏较大,植被发育,相对高差为 200 ~ 500 m;一级阶地区地势较平坦,呈带状分布,多辟为农田,地面标高为 115 ~ 230 m 不等。福州地区处于闽江三角洲海积平原区,河网水系发育,村庄城镇密集,地面标高为 2 ~ 10 m。

4. 工程地质

合福高铁闽赣段主要不良地质有滑坡及错落、危岩落石及崩塌、岩堆、顺层、岩溶、人为坑洞、地震、有害气体等。

1) 危岩、落石及崩塌

CK684 + 000 ~ CK685 + 300 段:线路左侧 1000 m 山坡陡峻,危岩落石发育,路边可见大量落石分布,落石块径为 0.5 ~ 1.5 m,其中 K684 + 550 左侧 1200 m 山嘴急弯处顺层崩塌约 200 m^3,块径大者约 3 m。岩性为石英片岩,产状 275°∠58°。

2) 岩堆

周公庙堆积体位于上饶县郑家坊镇前汪村周公庙,CK464 + 500 右侧 1000 m,分布面积约为 1 km^2,长约为 1200 m,宽为 200 ~ 1000 m 不等,堆积物平均厚度约为 20 m,因后期雨水及河流剥蚀切割,呈不规则形状。其后缘山体山势陡峻,相对高差在 500 m 以上,植被不发育,基岩裸露,岩性为花岗岩,垂直节理裂隙发育,坡脚堆积有新近崩落的巨石;堆积体成分为漂石土,含量为 50% ~ 60%,直径一般为 2 ~ 6 m,个别十余米,漂石成分为花岗岩,充填物为砂和黏性土;堆积体局部有地下水渗出,地表发育多条地表径流,水量不大。

3) 顺层

顺层不良地质主要发育于上饶段及南平境内。CK474 + 300 ~ CK477 + 195 段震旦系下统志棠组凝灰质砂岩、页岩岩层层理产状 110° ~ 1200∠30° ~ 45°,倾向线路左侧,视倾角为 21°;CK494 + 950 至 CK505 + 800 段三叠系下统大冶组含陆屑粉晶灰岩夹粉砂质泥岩、页岩岩层产状约 1500∠30°,走向与线路走向大致平行,倾向线路左侧;CK666 + 600 ~ CK670 + 000 段侏罗系下统梨山组中粒长石石英砂岩、石英砂岩、粉砂岩及侏罗系上统长林组凝灰质砂岩、长石石英砂岩、粉砂岩岩层产状为 280° ~ 2900∠40° ~ 48°,倾向线路右侧,视倾角 20° ~ 30°;CK674 + 400 ~ CK677 + 100 段侏罗系下统梨山组长石石英砂岩、粉砂岩岩层产状大约为 125°∠20° ~ 58°,倾向线路左侧,视倾角为 15° ~ 45°。

4) 岩溶

CK493 + 500 ~ CK505 + 400 段:主要为低山丘陵区,基岩大部分地区出露,为三叠系下统大冶组中厚层粉砂质泥岩,厚 10 ~ 20 m,下部为青灰、褐黄色中厚层含陆屑粉晶灰岩夹页岩,地面基本无出露,为覆盖型岩溶区,钻孔揭示未发现溶洞或溶蚀现象,现场调查过程中线路附近也未发现地面塌陷,也无大量开采地下水现象,初步判定此段岩溶不发育,但有待下一阶段工作中详细查明。

5) 人为坑洞

上饶采空区,线路经过的矿带主要为广丰县洋口镇矿带和上饶县花厅—四十八都—黄沙岭矿带,主要影响矿区有广丰县民发煤矿(已废弃)、广丰县枧底铜山铜矿、上饶县船坑铜矿及官山底的众多私采小煤窑。

5. 水文地质

地下水类型主要为孔隙水、基岩裂隙水、岩溶水。

1) 孔隙水

赋存于各类松散岩类中,主要分布在巢湖湖积平原、滨海平原、长江冲积平原阶地及其他河流阶地、丘间及山间谷地等。

2) 基岩裂隙水

基岩裂隙水主要赋存于低山丘陵区岩石的层间裂隙、风化裂隙以及构造裂隙中,主要接受大气降水补给,以泉的形式出露排泄。层间裂隙以及风化裂隙地下水一般水量不大,多为潜水;在基岩构造盆地、断层破碎带、节理裂隙很发育带、侵入岩接触带、褶皱核部裂隙密集带及揉皱强烈发育带等储水构造中，水文地质条件复杂，补给源远，多呈脉状及带状分布，水量较丰富，多具承压性。

3）岩溶水

地下水类型为潜水和承压水，赋存并循环于沿线寒武系、奥陶系、石炭系、二叠系、三叠系等可溶岩的溶洞、溶腔和裂隙中，呈脉状及带状分布，水量丰富，尤其河谷地段及构造破碎带岩溶发育剧烈，水量较大。岩溶水规律性较差，预测较为困难，隧道施工中应引起足够重视，宜加强超前地质预报等工作。

4）沿线水质对混凝土侵蚀性评价

休宁月潭至上饶郑家坊一带中元古界木坑组地层段部分水质具弱酸性侵蚀及二氧化碳弱侵蚀性，福州地区地下水及局部地段岩溶水具二氧化碳弱侵蚀性；武夷山至南雅段水质多具弱酸性侵蚀，化学环境作用等级均为H1。沿线其他大部分地段水质除受附近工业及居民废水污染外，水质良好，无侵蚀性，可做生活和工程用水。

6. 地震

根据1:400万《中国地震动参数区划图》（GB 18306—2001），沿线地震动参数划分如下：

1）地震动峰值加速度

CK0＋000～CK45＋000为0.1 g，CK45＋000～CK219＋000为0.05 g，CK218＋400～CK643＋000 < 0.05g，CK643＋000～CK801＋000为0.05 g，CK801＋000～长乐为0.1 g。

2）地震动反应谱特征周期

CK0＋000～CK767＋000为0.35 s，CK767＋000至福州为0.4 s，福州至长乐为0.45 s。

二、桥涵分布概况

合福高铁闽赣段桥梁从江西到福建占线路比重逐渐变小，桥梁主要特点为桥隧相连。全线贯通正线（左线为准、不含各联络线）大中桥长共264626延米。江西境内线路长度为199.631 km，桥梁长度为64.995 km，占线路长度的32.6%；福建境内线路长为278.278 km，桥梁长度为55.257 km，桥梁长度占线路长度的19.8%。

三、桥涵工程特点

合福高铁闽赣段为时速300 km的高等级客运专线，技术标准高，列车运营速度快，由轨道不平顺引起的轮轨动力响应及其对行车安全性、平稳性和乘车舒适性的影响均随行车速度的提高而显著增大，因此要求高速铁路线路必须具有高平顺性、高稳定性和高可靠性等特点。桥梁作为轨道的下部结构，主要功能是为高速列车提供平顺、稳定的桥上线路，确保运营安全和乘坐舒适，并尽量减少使用期间的维修工作量。

第二节　设计原则与采用的主要技术标准

一、采用的主要技术标准

1. 采用洪水频率

设计洪水频率：桥梁按1/100，特大桥并按1/300校核，涵洞按1/100。

2. 设计荷载

正线采用"ZK标准荷载"。

3. 建筑限界

采用"客运专线铁路建筑限界（200 km/h≤v≤350 km/h）"。

4. 通航净空

通航净空执行国家《内河通航标准》（GB 50139—2004）第5.2条水上过河建筑物的布置和通航净空尺寸要求，并与有关部门协商，合理确定，必要时经通航论证确定。

5. 立交净空

跨越城市道路及公路时,按《城市道路设计规范》《公路工程技术标准》(JTGB 01—2003)规定及与地方签订的协议办理,且客运专线跨越二级及以上标准的公路和城市主干道时,其桥下净高不小于5.0 m;跨越三级及以下等级公路和城市次干道,其桥下净高不小于4.5 m。立交桥下的乡村道路净空,根据通道种类和交叉条件与有关单位协商确定,机动车立交净宽不小于4.0 m,净高为3.0~4.0 m,人行立交净宽不小于2.5 m。跨越客运专线的建筑限界按《高速铁路设计规范(试行)》(TB 10621—2009)办理,净高为7.25 m。

6. 桥梁结构

合福高铁闽赣段除特殊设计的工点外,其余桥梁孔跨采用客运专线专用的各种通用图,并以跨度32 m为主,24 m梁用于调跨。常用跨度桥梁墩台,一般填方地段采用双线矩形空心台,挖方地段采用实体挖方桥台;墩高大于26 m时采用空心墩,墩高不大于26 m采用流线型实体墩(原铁道部颁通用图)。跨越立交、涉河重点桥渡视具体情况采用(32 + 48 + 32)m、(40 + 56 + 40)m、(40 + 64 + 40)m、(48 + 80 + 48)m、(60 + 100 + 60)m、(70 + 125 + 70)m、(40 + 72 + 40)m、(40 + 64 + 64 + 40)m、(60 + 100 + 100 + 60)m、(48 + 80 + 80 + 48)m等孔跨组合的悬臂浇筑连续梁。

7. 防抛网

采用低碳材质的热镀锌钢丝,金属构件均采用热浸镀锌处理。防抛网安装在梁上人行道栏杆内侧,新增的下横梁与人行道栏杆角钢焊接连成一体。

8. 限高架

采用Q345钢管制作,路面宽度3.0 m以下时采用门式结构;路面宽度3 m以上8.5 m以下采用三角支架式结构;路面宽度8.5 m以上采用桁架式结构。框架桥路面宽度10.0 m以下时采用三角支架式结构,框架桥路面宽度15.0 m以下时采用桁架式结构。

二、主要设计规范和原则

1. 设计采用规范

(1)《高速铁路设计规范(试行)》(TB 10621—2009)。

(2)《铁路混凝土结构耐久性设计规范》(TB 10005—2010)。

(3)《铁路桥涵钢筋混凝土和预应力混凝土结构设计规范(TB 10002.3—2005)。

(4)《铁路桥涵设计基本规范》(TB 10002.1—2005)。

(5)《铁路桥涵地基和基础设计规范》(TB 10002.5—2005)。

(6)《铁路桥梁钢结构设计规范》(TB 10002.2—2005)。

(7)《铁路桥涵混凝土和砌体结构设计规范》(TB 10002.4—2005)。

(8)《铁路工程抗震设计规范》(GB 50111—2006)(2009年板)。

(9)《铁路工程水文勘测设计规范》(TB 10017—99)。

(10)《公路桥涵设计通用规范》(TGD 62—2004)。

(11)《公路钢筋混凝土及预应力混凝土桥涵设计规范》(JTGD 62—2004)。

(12)《公路桥涵地基与基础设计规范》标准代号应为(JTGD 63—2007)。

(13)《铁路桥限高防护架设计图》(通用图号:专桥设[05]8184)。

(14)《公路交通安全设施设计规范》(JTGD 81—2006)。

(15)《关于公铁立交和公铁并行路段护栏建设与维护管理相关问题的通知》(铁运[2012]139号)。

(16)《铁路综合接地系统》(图号:通号[2009]9301)。

(17)《铁路无缝线路设计规范》(TB 10015—2012)。

(18)其他相关法规、标准及技术资料。

2. 新建桥涵的设计原则

(1)桥路分界高度:地质条件较好的丘陵山区段建议为7~8 m;软土及松软土分布较多的阶地和谷地或邻近大中城市地区桥路分界高度建议为4~5 m。桥梁设置应避免挖方设桥,梁底距地面最小高度以

1.0～1.5 m为宜,工点具体高度根据节约土地的国策和环保的长期要求结合经济技术比较后确定。

(2)客运专线除特殊设计的工点外,其余桥梁采用客运专线部颁各种通用参考图。

(3)常用跨度桥梁尽量按等跨布置,减少变跨,便于架桥机架梁。考虑到景观要求,在使用24 m调整32 m桥跨时,采用与32 m等高箱梁的处理措施。

(4)以跨度32 m梁为主,其次是24 m梁;16 m及以下梁可考虑采用刚架或连续刚构。

(5)简支箱梁一般以预制架设施工为主;当受地形条件、交通和施工组织制约无法运梁等因素限制,无法预制架设施工时,结合工经专业的施工组织设计,考虑现浇施工。

(6)跨越等级公路的孔跨要考虑规划的影响。尽量满足各省交通主管部门相关法律、规范对于跨度的要求。

(7)孔跨布置尽量避免设置轨道温度伸缩调节器。

(8)墩台设计

①常用跨度桥梁墩台:填方内桥台采用双线矩形空心台、挖方内采用挖方桥台;桥墩一般采用部颁标准图,全桥尽量采用同一种类型的桥墩。

②跨公路或铁路既有线的桥梁桥墩采用实体墩。

③水文桥梁采用圆端型墩,与水流夹角较小时采用单圆柱形墩。

④当桥梁总长较长、且墩高变化较大时,可以分段布置成不同类型桥墩。

⑤通航河流采用重力式桥墩及基础设计时,桥墩采用钢筋护面,并计入船舶撞击力。

⑥当桥墩台有可能受到汽车撞击时,应考虑汽车对桥墩撞击力。有条件者宜采用柔性防护措施。

(9)桥梁基础类型一般采用扩大基础和桩基础。

(10)当基坑开挖深度大于5 m时,采用桩基础。

(11)桩基一般选择承载力较高的岩层、砂卵石层、硬塑黏土层等作为桩底持力层。

(12)基础施工围堰类型:一般视施工水深和地质情况选用草袋围堰筑岛、打入钢板桩或套(吊)箱围堰、双壁钢围堰等。位于既有铁路、公路(城市道路)或管线附近的桥涵以及表层为软土的桥涵采用带挡防护。

(13)新建涵洞一般采用框架涵,涵洞的设置以尽量不改变原有交通、灌溉及排水系统为原则,适当考虑远期发展。

3.既有桥涵利用、加固及改建的原则

在本线地区,因线路引入需要对既有部分线路改建或与既有线并行。既有涵净高(或内径)h<0.6 m者封闭重建。既有涵h≥0.6 m者,若状态良好,接长利用。各式涵洞接长后,净高与接长后的涵洞总长应满足规范要求。本线需利用部分既有框架桥及涵洞,由于二者的设计标准不同,应根据既有桥涵的竣工图资料重新进行检算,在满足客运专线标准的前提下利用。否则,应拆除重建或加固使其达到设计标准。

4.桥梁桥面布置原则

(1)本线桥梁大部分采用预应力混凝土圬工梁,一般桥梁对线路平、纵剖面无特殊要求。大跨度主跨结构原则上要求布置在直线段且竖曲线不可设在该结构上;但在受控制的困难地段,也可布置在曲线坡段上,但应避免温度跨超过200 m,以避免在曲线上设置钢轨温度伸缩调节器。

(2)区间正线及位于枢纽内的正线桥梁采用箱型截面梁,桥面标准横向宽度采用12.0 m(双线)。各种电缆槽设置于人行盖板下,电缆槽盖板可采用活性粉末混凝土(RPC)盖板,人行道栏杆采用钢筋混凝土结构,接触网立柱安置在箱梁悬臂板上。位于枢纽内的正线根据线路速度目标值、轨道专业要求确定采用有砟或无砟的型式。

(3)联络线内桥梁:客运专线与客运专线之间的联络线采用箱梁,桥面宽度为8.4 m;普速线与客运专线、普速线与普速线之间的联络线采用T梁。一般孔跨采用T型截面梁,各种电缆槽设置于人行栏杆外侧,人行道栏杆采用钢栏杆,接触网立柱安置在墩位上。特殊孔跨采用箱型截面梁,接触网立柱安置在人行道上。

5.特殊地区桥涵的设计原则

(1)桥涵结构的不同部位和构件根据所处的环境类别及其作用等级不同,其耐久性设计应满足《铁路混凝土结构耐久性设计暂行规定》(铁建设〔2005〕157 号)的要求。

（2）对环境水侵蚀环境（环境作用等级 H1～H3）下的桥梁结构，对地面或岩溶地区的基础设计在综合分析地质勘探资料基础上，岩溶地区桥梁基础设计按如下原则进行：

①当覆盖层较厚、无浅层大溶洞的岩溶地质，覆盖层稳定，土质较好，无岩溶塌陷、无水流冲刷的简支墩台采用扩大基础；并注意检算岩层表面的附加应力。

②在岩溶埋藏较浅、局部有溶沟溶槽，其下部已探明无溶洞时采用扩大基础，并对基底以下溶沟溶槽采用换填片石混凝土或钢筋混凝土基础跨越溶沟溶槽等措施进行处理。

岩溶较发育，有多层溶洞时，采用钻孔桩基础；穿过岩层的钻孔桩，桩基底应置于有一定厚度的基岩顶板上。

6. 公跨铁立交桥设计

在路堑处设公跨铁立交，中墩必须位于路堑排水沟以外；原则上尽量采用普通简支桥跨结构，桥跨一般不少于 3 跨。在路堤处设公跨铁立交，路桥分界高度与相关专业协商确定。公路跨越铁路时，在铁路正线上方的桥梁及左右侧邻近的一孔桥梁应考虑防灾报警要求、并设置防护网，避免车辆或其他异物落入铁路上。防护网自人行道面起 2.5 m 高。全桥设防撞墙（按 500 kN 撞击力设计）以防汽车翻落，当桥面有人行道时应采用加高加强路缘石。

7. 桥梁支座

简支箱梁长江以北采用高速铁路常用跨度梁配套系列（通桥（2007）8360）PZ 盆式橡胶支座，长江以南采用 TJQZ 支座。每孔双线箱梁设一个固定支座（GD）、一个横向活动支座（HX）、一个纵向活动支座（ZX）、一个多向活动支座（DX）。其中，（GD、HX）布置在梁的一端，（DX、ZX）布置在梁的另一端；每个单线简支箱梁设两个固定支座（GD）和两个纵向活动支座（ZX）。联络线简支 T 梁采用（通桥（2007）8160）TZ 盆式橡胶支座。单线每孔两个纵向活动支座（ZX）、两个固定支座（GD）。连续梁采用 GTQZ 支座。

沉降难以控制区段：当工后沉降量有可能超过普通橡胶支座可调量时，可考虑采用调高支座或其他改进措施

8. 与其他专业设计接口原则

桥面轨道结构类型对应相应的桥面防水及保护层构造。板式无砟轨道与桥梁的连接采用梁面预埋钢筋的方式，双块式无砟轨道采用桥面保护层与防撞墙相连方式。

本线正线桥梁在挡砟墙外侧分别设置信号槽、通信槽、电力电缆槽。电缆槽由竖墙和盖板组成，电缆槽盖板为预制结构，竖墙在梁体预施应力后进行灌注。制梁时应在电缆槽竖墙相应部位预埋钢筋，使竖墙与梁体连接为一体。

第三节 基础工程设计

一、基础埋深

基础一般采用桩基础或扩大基础。当基坑开挖深度大于 5 m 时，一般采用桩基础，桩基础一般选择承载力较高的岩层、砂卵石层、硬塑黏土等作为持力层。

墩台基础的沉降量按恒载计算：满足《新建时速 300～350 km 客运专线铁路设计暂行规定》（铁建设〔2007〕47 号）第 6.3.9 要求。水文桥根据水文、地质资料，计算墩台基础冲刷以确定基础埋置深度及桩基自由长度；岩石冲刷按《桥涵水文》建议值参考采用。

基顶或承台顶一般埋置于地面以下 0.3～0.5 m，位于水塘中时可露出底面但不高于常水位；城市道路立交桥基顶或承台顶高程结合路面构造、管线分布情况综合考虑确定。

为避免大量开挖山体陡坡上桥墩基础，承台标高尽量上提，可将最外侧承台露出地面，但桩一般不宜露出地面。

二、扩大基础

基坑开挖深度不宜大于 5 m，底层基础底部、顶层基础顶部各设置一层 20×φ20 cm@20 mm 钢筋网，

计入数量。基坑开挖深度大于 5 m，宜改用桩基础。最小桩长宜不小于 $6d$（d 为设计桩径）。

基础基底不得置于软硬不均的地层上，当基底大部分位于 W2 岩层、部分在覆盖层或 W4 层时，可采取补块措施处理。当采用补块基础时，补块基底应置于 W2 岩层，同时应检算补块的基底应力及偏心，满足地基承载力及偏心的要求、并在基础底面设一层钢筋网，钢筋直径 ϕ20 mm，纵横向间距为 20 cm。补块厚不小于 1 m，亦不宜超过 1.5 m，长与高度比一般取 1.5/1；在附注中需说明补块与基础圬工分开浇注。

同一坡面两桥墩台基础均采用扩大基础时，应注意控制相邻墩台基底高差。相邻墩台间为 W3 岩层时，稳定角（下方基础后缘与上方基础上缘连线与水平线夹角）一般不大于 40°；若为 W2 岩层则可不考虑。稳定角不陡于山坡自然边坡。

三、桩基础

1. 桩径的选择

$L_p \leq 32$ m 的桥梁桩基的桩径可用 ϕ1.0 m 或 ϕ1.5 m 钻孔桩，$L_p > 40$ m 的桥梁桩基的桩径可用 ϕ1.0 m、ϕ1.25 m、ϕ1.5 m、ϕ2.0 m、ϕ2.5 m 钻孔桩。

ϕ1.0 m、ϕ1.25 m、ϕ1.5 m、ϕ2.0 m、ϕ2.5 m 钻孔桩设计桩顶最大轴力（主力）一般不超过 4000 kN、6200 kN、9000 kN、16000 kN、25000 kN。特殊情况时，可按强度与稳定性检算确定。

为满足桥墩线刚度要求，需要时可适当将桩距较《铁路桥涵地基和基础设计规范》（TB 10002.5—2005）第 6.3.2 条规定的最小桩距加大 0.5 ~ 1.5d（d 为设计桩径）。

2. 桩基的设计

桩基础一般选择承载力较高的岩层、砂卵石层、硬塑黏土等作为持力层；当桩底土 $\sigma_0 < 500$ kPa 时，按摩擦桩设计；桩基础桩底进入较软岩（如泥质砂岩）W2 风化岩层者，当 $\sigma_0 \geq 500$ kPa 时，按柱桩计算；当桩长较长、且 $\sigma_0 \geq 500$ kPa 地层埋置较深时，同时按摩擦桩和柱桩进行计算比较，取其较短者，桩中心距采用 2.5d，桩身配筋按柱桩设计（桩身配筋到桩底）；桩底进入硬质岩 W2 风化岩层者，按柱桩设计。桩底置于 W3 岩层上时，一般按摩擦桩设计，硬质岩且 $\sigma_0 \geq 500$ kPa 者，可按柱桩设计，桩身配筋按柱桩设计。

无地下水或有少量地下水的土层和风化岩层的桩基础，一般当桩长小于 10 m 时，可采用挖孔桩基础，挖孔桩应视地层情况设护壁（C20 混凝土），厚为 0.15 ~ 0.2 m，桩周摩擦力可按成孔周长计算。

基础施工围堰类型桩基，一般视施工水深和地质情况选用草袋围堰筑岛、打入钢板桩或钢套（吊）箱围堰，并注意水位较高和地基为强透水层的施工防护；位于既有铁路、公路（城市道路）或管线附近的桥涵采用打入钢轨桩或锚杆、钻孔桩等防护。软土地区桥梁基础施工挖深较大时采用有挡开挖或基坑支护。

3. 桩基的配筋

桩身及承台混凝土不低于 C30。钢筋直径一般为 16 ~ 25 mm，困难情况下不超过 28 mm。桩身为构造配筋时，主筋采用 ϕ16 mm，箍筋采用 ϕ10 mm，间距为 20 cm，每隔 2 m 设一道加强箍筋 ϕ20。对于高配筋的桩应注意裂缝宽度的检算。桩身主筋配筋宜按受力要求分段设置。

四、特殊地段桥梁基础设计

1. 岩溶地区的基础设计

本线部分地段地处灰岩地区，灰岩地区基础设计的原则如下：

（1）一般当基坑开挖深度小于 5 m、岩溶不发育、仅局部有溶槽时，可采用扩大基础，但基础应采取相应措施如用混凝土填充溶洞或基底设置钢筋网等措施处理。扩大基础在施工开挖至基底标高后，需在基础范围内四角及中心深约 5 m 的范围内探明基础以下是否有溶洞存在。

（2）桩基础钻孔桩穿过不同层的岩溶，支承桩尖的岩层顶板厚度不小于 $6d$（d 为设计桩径），并注意桩的邻近钻孔岩溶情况；当上部无 $6d$ 以上厚度顶板，要求桩侧累计顶板厚 5d（其中厚度小于 1.0 m 的岩层顶板不计入），且桩尖置于下层岩溶的支承顶板厚度不小于 3d，并嵌入岩层不小于 0.5 m。当桩侧累计顶板有效厚度的桩侧阻力满足桩承载力要求时，桩尖可置于不小于 1.5d 的顶板上。对于桥墩，需将外力（纵向水平力和弯矩）反号组合重新计算一次，以决定控制情况。设计时尤应注意桩入土深，按钻孔柱状图中覆盖层实际值考虑。

(3)岩溶地区墩台基础设计应综合分析钻探资料,还应参照《岩溶地区桥梁基础》有关内容办理。

2.地震区设计

位于七度地震区,墩身及基础应按地震规范计算地震力。钻孔桩长度及钢筋配筋按地震规范有关规定计算。在桩顶 $2.5d\sim3.0d$(d 为设计桩径)长度范围内,箍筋直径采用 $10\,mm$、间距为 $10\,cm$。钻孔桩钢筋长度应穿过液化土层、淤泥层。

3.软土地区桥梁基础设计

桩基设计计算时,对于桩侧抗力计算段内为流塑黏土、淤泥等软土,其桩侧土 m 值宜取 $500\sim1500\,kPa/m^2$ 计算。

软土($\sigma_0\leqslant120\,kPa$)地区桥台及锥体范围内地基应进行地基加固处理,原则上采用与台后路基相同的加固处理措施,以保证锥体的稳定,并应计算其数量。

第四节　墩台设计

一、桥墩设计

(1)经过经济比较:确定圆端型空心墩与流线圆端型实体桥墩的分界高度一般为 $26\,m$。墩高小于 $26\,m$ 的桥墩,一般采用流线形圆端实体桥墩(通桥(2009)4301)。

(2)水文桥梁与水流夹角较小时根据需要采用单圆柱墩。

(3)简支梁桥墩分梁部预制、现浇两种类型。连续梁等特殊结构桥墩一般采用本线编制的参考图,当墩高大于 $26\,m$ 时可采用空心桥墩。

(4)通航河流采用重力式桥墩,桥墩设护面钢筋,船舶撞击力设计按相关标准规定计算。

(5)位于快车道边缘无防撞措施的桥墩结构,按规范规定考虑汽车对桥墩的撞击力。

(6)全线采用小角度跨越既有铁路(公路)的门式墩方案三处:合福正线 DK448+500 处上跨道路采用门式墩跨度 $18\,m$(墩高 $9\,m$);上饶下行联络线上跨既有沪昆线采用门式墩跨度为 $23\,m$(墩高 $12\,m$);合福正线左线引入福州枢纽上跨向蒲线采用跨径 $15\,m$ 刚架。

二、桥台设计

一般填方地段采用双线矩形空心桥台(桥台长 $673\,cm$);挖方地段采用挖方桥台,当桥台伸入隧道时桥台长 $210\,cm$,当桥台未伸入隧道时桥台长 $550\,cm$。

第五节　常用跨度桥梁设计

一、桥跨布置和梁型选择

(1)桥路分界高度:地质条件较好的丘陵山区段建议为 $7\sim8\,m$;软土及松软土分布较多阶地和谷地或邻近大中城市地区桥路分界高度建议为 $4\sim5\,m$。桥梁设置应避免挖方设桥,梁底距地面最小高度以 $1.0\sim1.5\,m$ 为宜。

填方地段(路堤)两桥台尾之间的距离不宜小于 $150\,m$,挖方地段(路堑)两桥台尾之间的距离可不受限制。

特殊工点以总体专业牵头,相关专业协商后确定。

(2)客运专线除特殊设计的工点外,其余桥梁孔跨采用客运专线专用的各种通用图,并以跨度 $32\,m$ 梁为主, $24\,m$ 梁一般仅作调跨使用或同一制梁场覆盖范围内集中使用。正线简支箱梁采用原铁道部颁通用图(通桥(2008)2322A-Ⅰ、Ⅱ、Ⅳ、Ⅴ、Ⅵ、Ⅶ)、连续梁采用原铁道部颁通用图(通桥(2008)2322A-Ⅱ、Ⅲ、Ⅳ、Ⅴ)。联络线 T 梁采用原铁道部颁通用图(通桥(2005)2201-Ⅰ、Ⅱ、Ⅲ、Ⅳ)。

(3)常用跨度桥梁尽量按等跨布置,减少变跨桥梁,在使用 $24\,m$ 调整 $32\,m$ 桥跨时,采用与 $32\,m$ 等高箱梁。当一座桥都为24 m梁且孔数较多时，则24 m梁高为2.45 m。必须调跨时可用梁高与24 m梁一致的20 m梁。20 m梁原则不用，需要调跨时可用框架、刚构替之。16 m及以下梁可考虑采用小刚架或连续刚构。

（4）常用梁跨无法满足需要时，根据功能要求采用96 m、128 m钢管混凝土系杆拱系列、除原铁道部颁通用图外其他跨度连续梁、(70 + 125 + 70)m连续梁、(90 + 180 + 90)m连续梁拱等。

（5）跨度24 m、32 m箱梁，以预制架设施工为主；特殊情况下（含隧道群之间的桥梁）、结合工经专业的施工组织设计，可考虑膺架现浇施工；设计时注意不同施工方法采用的梁部设计通用图图号不同。

（6）跨越等级公路的孔跨要考虑规划的影响，尽量满足各省交通厅根据相关法律、规范对于跨度的要求。不能满足要求时，孔跨布置要考虑基础施工对公路的影响。

（7）位于车站渡线区、咽喉区、联络线、疏解线、走行线等布设道岔区段上的桥梁，采用道岔连续梁，全线道岔连续梁孔跨布置形式尽量统一。

（8）孔跨布置应尽量避免设置轨道伸缩调节器。

二、桥部施工方法

本线简支梁一般采用预制架设或现浇的施工方法。对架桥机运输困难地段当采用现浇施工时，根据工经专业的施工组织情况来确定。道岔区内的小跨度连续梁采用支架现浇，其余连续梁采用悬臂灌注或支架现浇施工。一般墩台基础采用常规方法施工。对深水基础，采用钢套箱或（吊）箱施工。对墩高大于50 m的桥墩采用移动滑模或反模法施工。

本线简支箱梁施工方法有预制架设、支架现浇、移动模架三种施工方法。同隧道相连桥梁首孔采用支架现浇施工方法。主跨48 m及以下连续梁采用支架现浇施工方法。部分主跨48 m连续梁在桥墩较高时，采用挂篮悬臂浇筑施工方法。主跨56 m及以上连续梁采用挂篮悬臂浇筑施工方法。提篮拱采用支架现浇施工方法。各桥梁部施工方法见工点设计图说明。对于采用移动模架施工简支箱梁的桥梁，最小墩高采用3.5 m，移动模架类型选择应考虑最小墩高的因素。

第六节　大跨度桥梁设计

一、建瓯建溪特大桥

1. 可行性研究方案简述

可行性研究考虑线路上跨建溪横南铁路（单线）、建瓯建溪河。水文参数：$F = 5211$ km^2，$Q1\% = 10400$ m^3/s。全桥孔跨：19 ~ 32 m简支梁 + 1 - (60 + 100 + 60)m连续梁 + 4 - 32 m简支梁 + 2 ~ 24 m简支梁 + 4 ~ 32 m简支梁，桥全长：1167.97 m。

2. 自然概况及主要控制因素

本次设计线位较可行性研究有所调整。桥址处两侧桥台位于半山腰处，山体较陡峭，山间植被比较发育。桥址于DK611 + 335.2 ~ DK611 + 333.5处跨越既有横南铁路，于DK611 + 420.4 ~ DK611 + 600.3处跨越建溪，河流与线路大里程夹角为126.23°。桥址处河流不通航。水文参数：$F = 5178.35$ km^2，$Q1\% = 10334.8$ m^3/s，$V = 4.64$ m/s，$H1\% = 123.36$ m。

3. 主要技术条件

本桥为双线，无缝线路，全桥铺设CRTS Ⅱ型板式无砟轨道，桥位在直线上，线路最大坡降9.5‰。

4. 桥式方案比选及推荐意见

经技术经济分析，推荐线路上跨横南铁路采用32 m简支梁，上跨建溪河采用(60 + 100 + 60)m连续梁，最大墩高为40.5 m。1 × 24 m简支梁 + 3 × 32 m简支梁 + 1 × (60 + 100 + 60)连续梁 + 4 × 32 m简支梁，桥全长为486.4 m。

5. 水流导致及河道整治的意见

本桥委托福建省水利设计院做防洪评价，以防护评价为依据做相应处理。

6. 施工方法初步意见

60 + 100 + 60 m 连续梁采用悬臂灌注法施工。位于河中的 5 号墩施工水深约为 3.5 m、采用钢板桩围堰施工，6 号墩施工水深约为 7 m，采用钢套箱围堰施工。位于横南铁路边的桥墩施工时，基坑作好喷锚支护、并对既有铁路扣轨加固。

二、南平建溪特大桥

1. 可行性研究方案简述

可行性研究考虑线路在南平第二次跨越建溪（闽江一级支流），桥位距下游闽江干流上水口电站（Ⅰ级水利枢纽、1994 年建成）距离约 90 km，建溪为通航河流，目前通航等级为Ⅶ级，规划Ⅳ级。线路跨越 205 国道、既有横南铁路（单线）。全桥孔跨 11 - 32 m 简支梁 + 1 - 24 m 简支梁 + 2 - 32 m 简支梁 + 1 - (60 + 2 × 100 + 60) m 连续梁 + 6 - 32 m 简支梁 + 1 - 24 m 简支梁 + 7 - 32 m 简支梁，桥全长为 1235.645 m。

2. 自然概况及主要控制因素

本桥线路位置较可行性研究阶段往左侧偏移 300 m。本桥主要为跨越 205 国道、建溪、外福铁路而设。桥址于 DK677 + 613.11 ～ DK677 + 626.27 处跨越 205 国道，公路与线路大里程夹角为 66.3°，205 国道正宽为 12 m。

桥址于 DK677 + 682.45 ～ DK677 + 858.6 处跨越建溪，河流与线路大里程夹角为 71 度。建溪属于闽江水系，为闽江上游三大溪中最大的溪流，目前通航等级为Ⅶ级，规划Ⅳ级。

桥址于 DK678 + 202.8 ～ DK678 + 210.3 处跨越既有横南铁路（单线），铁路与线路大里程夹角为 49°。线路从横南线岩面 1 号隧道出口和岩面 2 号隧道的进口之间跨过。

3. 主要技术条件

本桥为无缝线路，双线，全桥铺设 CRTS Ⅱ型板式无砟轨道，桥位处曲线半径 $R = 6000$ m，线路最大坡降 6‰。

4. 桥式方案比选及推荐意见

本桥以 (60 + 2 × 100 + 60) m 连续梁跨越建溪河。跨越既有横南铁路（单线）采用 (40 + 56 + 40) m 连续梁，从横南线岩面 1 号隧道出口和岩面 2 号隧道的进口之间跨越该铁路。跨越 205 国道采用 32 m 简支梁。全桥孔跨 2 × 24 m 简支梁 + 14 × 32 m 简支梁 + 1 × (60 + 2 × 100 + 60) m 连续梁 + 5 × 32 m 简支梁 + 1 × 24 m 简支梁 + 1 × (40 + 56 + 40) m 连续梁 + 2 × 32 m 简支梁，桥全长为 1231.42 m。

5. 水流导治及河道整治的意见

本桥委托福建省水利设计院做防洪评价，以防护评价为依据做相应处理。

6. 施工方法初步意见

60 + 2 × 100 + 60 m 连续梁采用悬臂灌注法施工。位于河中的水中墩施工水深约为 11 m，采用钢套箱围堰施工。位于山坡、铁路边的桥墩施工时，基坑作好喷锚支护。

三、武步溪特大桥

1. 可行性研究方案简述

武步溪为闽江的一条支流，桥址位于福建省南平市延平区巨口乡镇旁，全桥孔跨 1 ～ 24 m 简支梁 + 1 - 32 m 简支梁 + 1 - (48 + 3 × 80 + 48) m 连续梁 + 5 - 32 m 简支梁，桥全长为 572.28 m。最大墩高为 62 m。

2. 自然概况及主要控制因素

线路于 DK718 + 462.8 ～ DK718 + 467.3 处跨越大巨路，斜交角为 105°；线路于 DK718 + 484.04 ～ DK718 + 509.47 处跨越武步溪，斜交角为 81°；线路于 DK718 + 753.28 ～ DK718 + 758.86 处跨越巨村路，斜交角为 54°。

武步溪全流域集雨面积为 501.2 km²，常年有水，河道上多建有电站水坝，为不通航河流。桥位处河流与线路大里程夹角为 78°，水文资料：$Q1\% = 4289.7$ m³/s，$H1\% = 104.1$ m，$V1\% = 3.39$ m/s，$F = 415$ km²。桥址地势陡峭。

3. 主要技术条件

本桥为无缝线路，双线，全桥铺设 CRTS Ⅱ 型板式无砟轨道，桥位于直线上，线路最大坡降 6‰。

4. 桥式方案比选及推荐意见

本桥孔跨主要为墩高控制，山坳之间 300 多米范围内平均墩高达 70 m 以上，桥位上下游河流蜿蜒曲折，为减少桥墩的阻水，减少高墩的个数，采用(48 + 4×80 + 48)m 连续梁跨越。

1×32 m 简支梁 + 1×(48 + 4×80 + 48)m 连续梁 + 2×32 m 简支梁 + 1×24 m 简支梁，桥梁全长为 552.950 m。

5. 施工方法初步意见

(48 + 4×80 + 48)m 连续梁采用悬臂灌注法施工。位于山坡、路边的桥墩施工时，基坑作好喷锚支护。

第七节　特殊结构桥梁设计

一、古田溪特大桥

1. 可行性研究方案简述、批复意见及执行情况

(1)可行性研究方案简述

古田溪为闽江一级支流，桥位距下游闽江干流上水口电站(Ⅰ级水利枢纽)间距仅为 18 km。桥位处对应水库正常蓄水位 65 m 的水深达 40 m 以上。可行性研究采用(110 + 200 + 110)连续刚构与(60 + 100 + 60)m 连续梁两种桥式样比选。

(2)可研批复意见

进一步研究采用(60 + 2×100 + 60)m 混凝土连续梁跨越古田溪水库的可行性。

(3)批复意见执行情况

考虑采用(60 + 2×100 + 60)m 混凝土连续梁跨越古田溪，则水库中需设三个桥墩，主墩施工水深 43 m、两个边墩施工水深 11 m 且在陡坎上，不易施工。故采用(70 + 2×125 + 70)m 刚构连续梁跨越，保留一个深水主墩。

2. 自然概况及主要控制因素

全流域面积计 1780 km²，水库正常蓄水位 65 m，汛期(4～7 月)运行限制水位 61 m，设计低水位 57.0 m，水库死水位 55.0 m。线路跨越古田溪，夹角为 70°，常水位下河面宽度约 250 m，主河槽底高程 22～24 m。本桥主要控制因素主要墩高(200 m 水面范围内桥面～河床底高约 90 m)、桥位处对应水库正常蓄水位 65 m 的基础水深达 43 m。

3. 主要技术条件

本桥为无缝线路，双线，全桥铺设 CRTS Ⅱ 型板式无砟轨道，桥位于直线上，线路最大坡降 9.5‰

4. 桥式方案比选及推荐意见

拟在水库中设一个深水墩，采用(70 + 2×125 + 70)m 刚构连续梁。全桥孔跨 4×32 m 简支箱梁 + 1×(70 + 125 + 125 + 70)m 连续梁 + 1×32 m 简支箱梁 + 1×24 m 简支箱梁，全桥长 593.490 m。

5. 施工方法初步意见

根据工经专业施工组织安排，简支梁采用移动模架现浇施工，(70 + 2×125 + 70)m 刚构连续梁采用悬臂现浇施工。

位于河中的水中墩采用双壁钢套箱围堰施工。施工步骤如下：

(1)进行双壁钢围堰浮运和定位：由导向船、拼装船、定位船、拖轮及水上浮吊等完成就位下沉施工作业。

(2)进行围堰分段接高、下沉和落底：在围堰下沉过程中，随时使用全站仪监控围堰顶面 4 个点，发现偏位即时纠正。为了水下封底混凝土的基岩面结合紧密，避免出现夹砂层，防止钻孔时产生沙漏现象，应作好钢围堰清基。

(3)安装施工平台：钢围堰定位后，安装钻孔桩的工作平台支撑在钢围堰顶面。

（4）钻孔钢护筒的安装：在钻孔平台安装后、围堰封底混凝土前安装钢护筒安装。钢护筒安装后，进行桩基础的施工。

（5）封底混凝土施工：灌注封底混凝土、并进行基坑抽水。

（6）基础及墩身施工：封底混凝土施工完后，进行切除护筒、处理桩头，施工承台及墩身。

（7）钢围堰拆除：施工结束后，对双壁钢围堰承台顶以上进行切割拆除。

6. 采用新技术、新结构的说明，需进行科研或试验项目的简介

（70+2×125+70）m 刚构连续梁桥面宽 12 m、中支点梁高 10 m、边支点梁高 5.5 m，主墩高 72 m，为 350 km/h 无砟轨道形式的客运专线，在我国高速铁路建设史上首次采用。因无砟轨道大跨度结构徐变上拱及下挠变形控制要求高，拟对本结构进行必要的研究与分析，以验证设计提出的相关设计技术参数科学性、合理性从而提高我国客运专线铁路桥梁建设技术水平。主要研究内容：①大跨度刚构连续梁混凝土收缩徐变对无砟轨道适应性研究；②车桥耦合动力仿真分析；③本桥位于福建境内，台风大、频率高，研究风振对高速铁路车桥振动的影响。

二、跨浦南高速 2 号特大桥

1. 可行性研究方案简述

本桥上跨跨越浦南（浦城—南平）高速公路，公路与线路大里程夹角为 144°。浦南高速公路桥位处为路堑通过，公路为双向四车道，路面宽 26 m。以 1～96 m 下承式钢管混凝土平行系杆拱桥上跨，桥全长 114.210 m。

2. 自然概况及主要控制因素

本次设计，线路位置较可行性研究方案往线路偏移约 50 m。既有公路为水泥路，路幅组成 10 m（行车道）+1.5 m（中央绿化带）+10 m（行车道），公路与线路大里程夹角为 147°。桥位处一侧为路堑、一侧为路堤。

3. 主要技术条件

本桥为双线，无缝线路，全桥铺设 CRTS Ⅱ 型板式无砟轨道，桥位于直线上，线路坡降 13.0‰。

4. 桥式方案比选及推荐意见

上跨浦南高速公路桥式方案采用（60+100+60）m 连续梁与 1～96 m 拱进行了比选，如采用连续梁方案，边跨伸入挖方内，不美观、协调，故采用 1～96 m 下承式钢管混凝土平行系杆拱。全桥孔跨 2～24 m 简支梁+21－32 m 简支梁+1－96 m 系杆拱+1－32 m 简支梁，桥全长 880.14 m。

5. 施工方法初步意见

1～96 m 下承式钢管混凝土平行系杆拱桥采用先梁后拱的施工顺序，先支架施工系梁及拱脚，后支架施工拱肋至合拢，最后张拉吊杆至完成。

位于山坡、路边的桥墩施工时，基坑作好喷锚支护。

三、信江特大桥

1. 可行性研究方案

本桥跨越既有上饶货场、上饶站、即将修建的杭长客专、信江。全桥孔跨：5×32 m 道岔连续梁+54×32.6 m 简支梁+（30+52+30）连续梁+21+5×32 m 道岔连续梁+42×32.6 m 简支梁+1×（48+80+48）m 连续梁+40×32.6 m 简支梁+1×（48+2×80+48）m 连续梁+53×32.6 m 简支梁，桥全长为 3430 m。

2. 自然概况及主要控制因素

桥址处地形开阔，线路主要为上跨上饶国际物流中心、上饶货场、上饶既有车站、即将修建的杭长客专、站前二路、G320 国道、信江及四级公路而设。

线路于 DK469+150～DK469+650 处跨越上饶国际物流中心，于 DK469+908.88～DK470+053.40 处跨越上饶货场、上饶既有车站、即将修建的杭长客专，夹角 78°，上饶既有车站轨面标高 93.45 m；于 DK470+675.84～DK470+711.84 处跨越站前二路，与线路大里程夹角为 92°；于 DK471+938～DK471+949.7 处跨越 12 m 宽 G320，与线路大里程夹角为 77°；于 DK472+392.73～DK472+633.2 处跨越信江，与

线路大里程夹角为58度。信江为规划Ⅴ(3)级航道;于DK472+674.8～DK472+680.6处跨越5.0m宽四级公路信秦路,与线路大里程夹角为58°。

桥梁孔跨主要受车站道岔区、既有上饶站、信江等因素控制。

3. 主要技术条件

客运专线铁路;正线双线,无砟轨道,设计速度为350km/h。从小里程到高架站台区为五线变六线,站台区为两台六线,站台区外为六线变四线、四线变二线,1/18渡线位于桥上。

4. 桥式方案比选及推荐意见

道岔区主为1/18道岔,根据无缝道岔要求、及桥下道路情况与站场专业协商确定道岔区梁部平面布置,主要采用32m系列道岔连续梁或简支梁。合福高铁闽赣段上跨既有沪昆、规划杭长客专,二者夹角为79°。上饶站为两台六线、高架站,线间距依次为15.5m、6.5m、5.0m、6.5m、15.5m,按单线+单线+双线+单线+单线设计。上跨既有上饶站与杭长客专采用(30.66+50+52+50+30.66)m连续梁。车站横断面如图27-1所示。

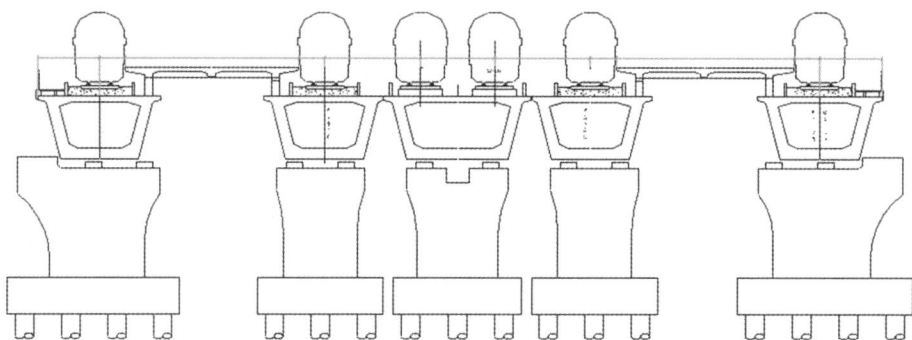

图27-1 车站横断面

上跨站前二路、G320国道、四级公路(信秦路)采用32m梁。根据航道要求跨信江采用(70+125+70)m连续梁。正线全桥孔跨:1-(6-32)m道岔连续梁+1-(7-32)m道岔连续梁+8-31简支梁+23m简支梁+20m简支梁+31m简支梁+1-(30.66+50+52+50+30.66)m连续梁+7-31m简支梁+3-23m简支梁+4-31m简支梁+1-(4-32)m道岔连续梁+2-(6-32)m道岔连续梁+3-23m简支梁+28-31m简支梁+3-23m简支梁+7-31m简支梁+1-(70+125+70)m连续梁+5-31m简支梁+3-23m简支梁,桥全长为3745.11m。

5. 施工方法初步意见

(31+50+52+50+31)m连续梁、(70+125+70)m连续梁采用悬臂灌注法施工。道岔连续梁、到发线梁采用满堂支架现浇施工。正线32m、24m梁根据工经专业施工组织安排采用预制架设施工。位于河中的水中墩,采用钢板桩围堰施工。位于既有线、路边的桥墩施工时,基坑作好喷锚支护。

第八节 桥面系工程设计

本线正线桥梁桥面布置、桥面电缆槽、接触网支柱拉线基础、声屏障基础、桥梁综合接地、防水体系、排水体系、伸缩缝采用原铁道部颁通用图"通桥(2008)8388A"设计,栏杆采用预制拼装混凝土栏杆,电缆槽盖板采用活性粉末混凝土(RPC)盖板或其他轻质美观耐久材料盖板。

桥面布置形式采用《客运专线铁路常用跨度梁桥面附属设施(桥面布置、桥面附属构造、排水体系、伸缩缝、桥梁综合接地)》(通桥8388A)。

第九节　涵洞工程设计

一、涵洞结构形式

小桥一般选用 8~16 m 钢筋混凝土框架，涵洞一般采用框架涵、钢筋混凝土倒虹吸。排洪涵洞孔径不小于 1.25 m。小桥涵的设置以尽量不改变原有交通(公、道路与水运)、灌溉及排水系统为原则，适当考虑远期发展。

二、设计原则

(1)原则上涵洞顶至轨底的填方高度 $H \geqslant 1.5$ m。困难情况下，可改按小桥设计(孔径不变)。

(2)两涵(框构)之间以及桥台尾与涵(框构)之间路堤长度距离不应小于 30 m，对于特殊情况路堤长度不符合上述长度要求时，路基应特殊处理。

(3)小桥、涵洞地基处理同相邻路基，工程数量由路基专业统计。

(4)斜交涵洞，当斜交角大于 15°时，宜斜交斜做。

(5)交通用的小桥涵考虑路面防磨层厚 0.2 m(C30 混凝土)。

(6)路堑上方有较大汇水区者，应视实地地形条件，设涵排洪，并做好上下游沟槽顺接。谨防洪水从天沟翻入路堑。

(7)陡坡地段的涵洞注意出入口的顺沟、陡坎、急流槽、跌水井等附属设施的处理。

第十节　沉降变形设计

一、桥梁沉降变形总体要求

(1)无砟轨道铺设前，应对桥涵沉降变形做系统评估，确认桥涵基础沉降、梁体变形等符合技术标准要求。

(2)通过各施工阶段对墩台沉降的观测，验证和校核设计理论、设计计算方法，并根据沉降资料的分析预测总沉降和工后沉降量，进而确定桥梁工后沉降是否满足铺设无砟轨道要求。

(3)根据沉降资料分析，对沉降量可能超标的墩台研究对策，提出改进措施，以保证桥梁工程的安全；同时积累实体桥梁工程的沉降观测资料，为完善桩基础沉降分析方法做技术储备。

(4)观测期内，基础沉降实测值超过设计值20%及以上时，及时查明原因，必要时进行地质复查，并根据实测结果调整计算参数，对设计预测沉降进行修正或采取沉降控制措施。

二、桥梁沉降变形观测设计

1. 沉降变形测量等级及精度要求

本线沉降变形测量等级及精度要求按表 27 - 1 所示规定执行。

表 27 - 1　沉降变形测量等级及精度表

沉降变形测量等级	垂直位移测量		水平位移观测
	沉降变形点的高程中误差 /mm	相邻沉降变形点的高程中误差 /mm	沉降变形点点位中误差 /mm
三等	±1.0	±0.5	±6.0

2. 沉降变形监测网主要技术要求及建网方式

1）垂直位移监测网

（1）垂直位移监测网主要技术要求。

垂直位移监测网主要技术要求按表 27-2 所示执行。

表 27-2 垂直位移监测网技术表

等级	相邻基准点高差误差/mm	每站高差中误差/mm	往返较差、附合或环线闭合差/mm	检测已测高差较差/mm	使用仪器、观测方法及要求
三等	1.0	0.3	$0.6\sqrt{n}$	$0.8\sqrt{n}$	DS05 或 DS1 型仪器，按《高速铁路工程测量规范》二等水准测量的技术要求施测

（2）垂直位移监测网建网方式。

线下工程垂直位移监测一般按沉降变形等级三等的要求施测，根据沉降变形测量精度要求高的特点，以及标志的作用和要求不同，垂直位移监测网布设方法分为三级：

①基准点。要求建立在沉降变形区以外的稳定地区，同大地测量点的比较，要求具有更高的稳定性，其平面控制点一般应设有强制归心装载。基准点使用全线二等精密高程控制测量布设的基岩点、深埋水准点。

②工作点。要求在观测期间稳定不变，测定沉降变形点时作为高程和坐标的传递点，同基准点一样，其平面控制点应设有强制归心装置。工作点除使用普通水准点外，按照国家二等水准测量的技术要求进一步加密水准基点或设置工作基点至满足工点垂直位移监测需要。加密后的水准基点（含工作基点）间距 200 m 左右时，可基本保证线下工程垂直位移监测需要。

③沉降变形点。直接埋设在要测定的沉降变形体上。点位应设立在能反映沉降变形体沉降变形的特征部位，不但要求设置牢固，便于观测，还要求形式美观，结构合理，且不破坏沉降变形体的外观和使用。沉降变形点按路基、桥涵、隧道等各专业布点要求进行。

2）水平位移监测网

1）水平位移监测网主要技术要求。

水平位移监测网主要技术要求按表 27-3 所示执行。

表 27-3 水平位移监测网技术表

等级	相邻基准点的点位中误差/mm	平均边长/m	测角中误差/mm	最弱边相对中误差	作业要求
一等	±1.5	<300	±0.7	≤1/250000	按国家一等平面控制测量要求观测
		<150	±1.0	≤1/120000	按国家二等平面控制测量要求观测
二等	±3.0	<300	±1.0	≤1/120000	按国家二等平面控制测量要求观测
		<150	±1.8	≤1/70000	按国家三等平面控制测量要求观测
三等	±6.0	<350	±1.8	≤1/70000	按国家三等平面控制测量要求观测
		<200	±2.5	≤1/40000	按国家四等平面控制测量要求观测
四等	±12.0	<400	±2.5	≤1/40000	按国家四等平面控制测量要求观测

（2）水平位移监测网建网方式。

水平位移监测网一般按独立建网考虑，根据沉降变形测量等级及精度要求进行施测，并与施工平面控制网进行联测，引入施工测量坐标系统，实现水平位移监测网坐标与施工平面控网坐标的相互转换。

3. 沉降变形测量点的布置要求

沉降变形测量点分为基准点、工作基点和沉降变形观测点。其布设按下列要求：

（1）每个独立的监测网应设置不少于 3 个稳固可靠的基准点。基准点应选设在沉降变形影响范围以外便于长期保存的稳定位置。

（2）工作基点应选在比较稳定的位置。对观测条件较好或观测项目较少，可不设立工作基点，在基准点上直接测量沉降变形观测点。

（3）沉降变形观测点应设立在沉降变形体上能反映沉降变形特征的位置。

4. 沉降变形测量工作基本要求

（1）水准基点使用时应作稳定性检验，并以稳定或相对稳定的点作为沉降变形的参考点，并应有一定数量稳固可靠的点以资校核。

（2）每次观测前，对所使用的仪器和设备应进行检验校正，并保留检验记录。

（3）每次沉降变形观测时应符合以下几点：

①严格按水准测量规范的要求施测。每个往返测首次观测均进行两次读数。

②参与观测的人员必须经过培训合格才能上岗，并固定观测人员。

③为了将观测中的系统误差减到最小，各次观测应使用同一台仪器和设备，前后视观测最好用同一水平尺，必须按照固定的观测路线和观测方法进行，观测路线必须形成附合或闭合路线，使用固定的工作基点对应沉降变形观测点进行观测。

④观测时要避免阳光直射，且在基本相同的环境和观测条件下工作。

⑤成像清晰、稳定时再读数。

⑥随时观测，随时检核计算，观测时要一次完成，中途不中断。

⑦对工作基点的稳定性要定期检核，在雨季前后要联测，检查水准点的标高是否有变动。

⑧数据计算方法和计算用工作基点一致。

5. 沉降变形观测具体要求

（1）水准网观测按照国家二等水准施测，采用单路线往返观测。每次观测均形成闭合检验条件。

（2）水准仪使用 DS05 或 DS1 型仪器，仪器及配套水准尺均应在有效合格检定期内。水准仪与水准尺在使用前及使用过程中，经常规检校合格，水准仪视准轴与水准管轴的夹角均不超过 15″。仪器各种设置正确，其中有限差要求的项目按规范要求在仪器中进行设置，并在数据采集时自动控制，不满足要求的在现场进行提示并进行重测。

（3）外业测量一条路线的往返测使用同一类型仪器和转点尺垫，沿同一路线进行。观测成果的重测和取舍按《国家一、二等水准测量规范》（GB/T 12897—2006）有关要求执行。观测时，视线长度不大于 50 m，前后视距差不大于 1.0 m（光学），不大于 1.5 m（电子）；前后视距累积差不大于 3.0 m（光学），不大于 6.0 m（电子）；视线高度不小于 0.3 m（光学），不小于 0.5 m（电子）；测站限差：两次读数差不大于 0.4 mm，两次所测高差之差不大于 0.6 mm，检测间歇点高差之差不大于 1.0 mm；观测读数和记录的数字取位，使用 DS05 或 DS1 级仪器，读记至 0.05 mm 或 0.1 mm；使用数字水准仪读记至 0.01 mm。

（4）观测时，一般按后—前—前—后的顺序进行，对于有变换奇偶站功能的电子水准仪，按以下顺序进行：

①往测：奇数站为后—前—前—后；偶数站为前—后—后—前。

②返测：奇数站为前—后—后—前；偶数站为后—前—前—后。

（5）每一测段均为偶数测站。晴天观测时需给仪器打伞，避免阳光直射；扶尺时借助尺撑，使标尺上的气泡居中，标尺垂直。

（6）观测前 30 min，将仪器置于露天阴影处，使仪器与外界气温趋于一致；对于数字式水准仪，进行不少于 20 次单次测量，达到仪器预热的目的。测量中避免太阳直射望远镜；避免视线被遮挡，遮挡不超过标尺在望远镜中截长的 20%。观测时用测伞遮蔽阳光，对于电子水准仪，施测时均装遮光罩。

（7）自动安平水准仪的圆水准器，严格置平。在连续各测站上安置水准仪时，使其中两脚螺旋与水准路线方向平行，第三脚螺旋轮换置于路线方向的左侧与右侧。除路线拐弯处外，每一测站上仪器与前后视标尺的三个位置，一般为接近一条直线。

（8）观测过程中为保证水准尺的稳定性，选用 2.5 kg 将以上的尺垫，水准观测路线必须路面硬实，观测过程中尺垫踩实以避免尺垫下沉。同时，观测过程中避免仪器安置在容易振动的地方，如果临时有振动，确认振动源造成的震动消失后，再激发测量键。水准尺均借助尺撑整平扶直，确保水准尺垂直。

（9）对于宽度较宽的河、湖水中的沉降测量，按照《国家一、二等水准测量规范》（GB/T 12897—2006）跨河水准测量要求进行观测。

（10）数据处理时，闭合差、中误差等均满足要求后进行平差计算。主水准路线要进行严密平差，选用经鉴定合格的软件进行。

第二十八章　隧道设计

第一节　隧道工程概况与特点

一、正线

合福高铁闽赣段共有隧道160座,安徽段与闽赣段在五城隧道洞身DK343 + 180里程分界。本段隧道总长为274.1 km,隧线比为58.72%,其中0.5 km以下隧道70座,总长为19.3 km;0.5 ~ 3 km隧道59座,总长为68.7 km;3 ~ 10 km隧道26.5座,总长为138.5 km;10 km以上隧道4座,总长为47.6 km,其中北武夷山隧道(闽赣省界)全长为14629 m,是本线最长的隧道,三清山隧道(婺源县以南)全长为11850 m,古田隧道(古田县境内)全长10632.5 m,闽清隧道(闽清县境内)全长为10518 m。

二、隧道工程特点

(1)软弱、浅埋、偏压隧道(段)较多,地质条件较差,施工过程中容易出现塌方。

(2)隧道穿越的地层岩性复杂,出露下元古界—新生界地层以及各时期的岩浆岩和第四系松散地层。同时沿线出露各时期喷出岩、侵入岩,有石英闪长玢岩、花岗岩及花岗闪长岩及闪长岩等。

(3)设计中非常注重高速铁路隧道洞口空气动力学效应对乘客舒适度的影响,而且注重隧道洞口与周围景观的协调,大部分隧道洞门采用了斜切式或缓冲式洞门。

(4)对一般地层Ⅳ级围岩地段的衬砌结构进行了优化,二次衬砌首次采用了素混凝土结构,不仅保证了结构安全,而且节约了投资。

第二节　设计原则及采用的主要技术标准

一、隧道建筑限界及隧道衬砌内轮廓

正线隧道建筑限界采用《高速铁路设计规范(试行)》中的规定;隧道衬砌内轮廓采用《高速铁路设计规范(试行)》中的规定。时速350 km铁路客运专线双线隧道衬砌内轮廓如图28 – 1所示。

(1)隧道内轨顶面以上净空有效面积为100 m²。

(2)隧道内应设置贯通的双侧救援通道,救援通道宽1.5 m(自线同侧线路中线外2.3 m起算)、净高2.2 m,救援通道走行面高于轨面30 cm。

(3)隧道内应设置安全空间,安全空间应设在距线路中线3.0 m以外,双侧设置,宽度不应小于0.8 m,高度不应小于2.2 m。

(4)隧道内设置双侧电缆槽,外侧电缆槽结构外缘距同侧线路中线距离为2.2 m。

(5)曲线地段及接触网下锚段衬砌内轮廓不考虑加宽。

二、衬砌支护类型及参数

1.明洞结构设计

明洞段采用整体式衬砌,明洞设计断面分对称路堑式、偏压路堑式、单压式等,设计中根据工点地形和地质条件分别选用,单压式明洞外侧边墙基础加深一般不超过3 m。

正线每种类型的明洞型式统计长度见表28 – 1。

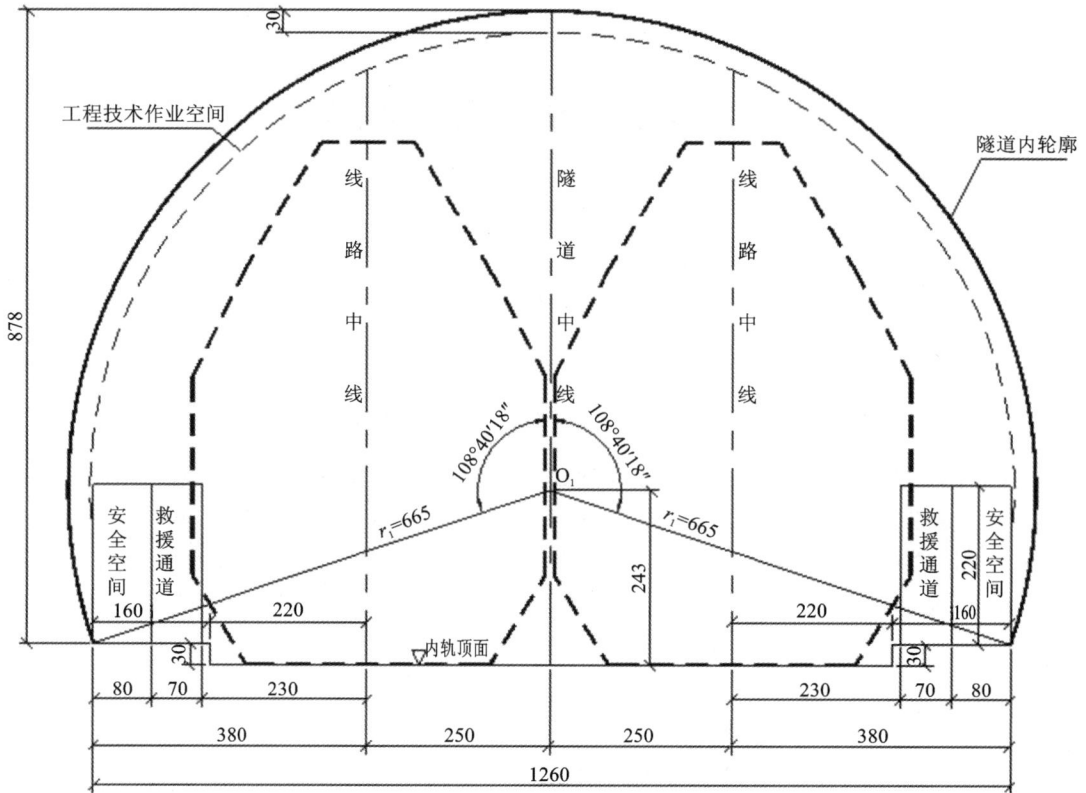

图 28 - 1　时速 350 km 铁路客运专线双线隧道衬砌内轮廓（单位：cm）

表 28 - 1　各类型的明洞型式长度统计表

序号	明洞类型	单位	江西段	福建
1	对称路堑式明洞（墙顶开挖，回填 4 ~ 6 m）（T2 环境）	m		66.00
2	对称路堑式明洞（墙顶开挖，回填 2 ~ 4 m）（T2 环境）	m	47.00	137.00
3	对称路堑式明洞（墙顶开挖，回填 2 ~ 4 m）（H1 环境）	m	18.00	14.00
4	对称路堑式明洞（墙底开挖，回填 4 ~ 6 m）（T2 环境）	m	9.00	80.00
5	对称路堑式明洞（墙底开挖，回填 4 ~ 6 m）（H1 环境）	m		
6	对称路堑式明洞（墙底开挖，回填 2 ~ 4 m）（T2 环境）	m	120.72	306.67
7	对称路堑式明洞（墙底开挖，回填 2 ~ 4 m）（H1 环境）	m		56.00
8	对称路堑式明洞（墙底开挖，回填 2 ~ 4 m）（H2 环境）	m		45.00
9	偏压路堑式明洞（墙顶开挖）（T2 环境）	m	200.07	232.83
10	偏压路堑式明洞（墙顶开挖）（H1 环境）	m	55.00	47.00
11	偏压路堑式明洞（墙顶开挖）（H2 环境）	m		
12	偏压路堑式明洞（墙底开挖）（T2 环境）	m	445.28	335.43
13	偏压路堑式明洞（墙底开挖）（H1 环境）	m	10.50	356.93
14	偏压路堑式明洞（墙底开挖）（H2 环境）	m		75.00
15	单压式明洞（墙顶开挖）（T2 环境）	m	40.07	147.00
16	单压式明洞（墙顶开挖）（H1 环境）	m	85.00	
17	单压式明洞（墙顶开挖）（H2 环境）	m		57.00
18	单压式明洞（墙底开挖）（T2 环境）	m	451.97	338.34

续表 28-1

序号	明洞类型	单位	江西段	福建
19	单压式明洞(墙底开挖)(H1 环境)	m		281.85
20	偏压路堑明洞开孔式缓冲结构(墙底开挖)(T2 环境)	m	10.00	27.54
21	偏压路堑明洞开孔式缓冲结构(墙底开挖)(HI 环境)	m		12.80
22	单压明洞开孔式缓冲结构(墙底开挖)(T2 环境)	m		10.00

2. 暗洞结构设计

1) 暗挖隧道采用曲墙复合式衬砌

Ⅳ~Ⅴ级围岩隧道采用曲墙带仰拱衬砌结构形式，Ⅱ~Ⅲ级围岩采用曲墙带钢筋混凝土底板及曲墙带仰拱两种衬砌结构形式。隧道洞口段及浅埋、偏压段、软弱围岩段进行结构加强，桥隧相连段进行特殊设计。

2) 暗洞衬砌深浅埋确定

当地面水平或接近水平，且隧道覆盖深度小于表 28-2 所列数值时，按浅埋隧道进行设计，否则按深埋隧道设计。当有不利于山体稳定的地质条件时，浅埋隧道覆盖厚度值应适当加大。浅埋隧道覆盖厚度值见表 28-2。

表 28-2　浅埋隧道覆盖厚度值

围岩级别	深浅埋分界覆盖厚度/m
Ⅴ	正线：30~35，联络线：18~25
Ⅳ	正线：15~20，联络线：10~14
Ⅲ	正线：8~10

3) 暗洞偏压

(1) 地形偏压。

隧道是否承受偏压力，视地形、地质条件以及外侧的围岩覆盖厚度而定，隧道偏压段判定依据见表 28-3。

表 28-3　偏压双线隧道外侧拱肩山体覆盖厚度 t

围岩级别	地形特征		简图
	1:n	t/m	
Ⅲ	1:0.75	8(5)	
	1:1	7(4)	
	1:1.5	6(3)	
Ⅳ　石质	1:1	15(9)	
	1:1.5	13(8)	
	1:2	10(6)	
Ⅳ　土质	1:1.5	20(11)	
	1:2	17(10)	
	1:2.5	15(9)	
Ⅴ	1:1.5	35(21)	
	1:2	30(18)	
	1:2.5	25(15)	

注：Ⅲ、Ⅳ级石质围岩的 t 值应扣除表面风化破碎层和坡积层厚度。当外侧拱肩最大覆土厚度小于表中括号内数据时，应在洞外采取可靠的工程措施保持山体稳定，如地表注浆、地表锚杆等。联络线 2 座隧道均不存在偏压，故表中不含联络线单线隧道。

（2）地质构造偏压。

对于岩层产状不利、岩体顺层滑动、不良地质体（滑坡、岩堆、高地应力）等地段衬砌结构形式在工点中单独设计。

3. 隧道支护参数

（1）一般地段双线隧道支护参数见表28-4，各类型衬砌适用条件见表28-5。

（2）联络线单线隧道采用一种衬砌结构，支护参数见表28-6。

（3）桥隧相连时双线隧道支护参数表见表28-7。

（4）土质地层Ⅴb、Ⅴc衬砌结构拱部可取消系统锚杆，每延米隧道长度Ⅴb、Ⅴc衬砌结构拱部系统锚杆长度均为30.8m。

表28-4　合福高铁一般地段双线隧道复合式衬砌支护参数表

衬砌类型			Ⅱa型	Ⅱb型	Ⅲa型	Ⅲb型	Ⅲc型	Ⅳa型	Ⅳb型	Ⅳc型	Ⅴa型	Ⅴb型	Ⅴc型
预留变形量/cm			3~5	3~5	5~8	5~8	5~8	8~10	8~10	8~10	10~15	10~15	10~15
二次衬砌	拱墙	材料	C30	C30	C30	C30	C30	C35	C35	C35*	C35*	C35*	C35*
	拱墙	厚度/cm	35	35	40	40	40	40	40	45	50	50	50
	底板/仰拱	材料	C35*/	/C30	C35*/	/C30	/C30	/C30	/C30	/C35*	C35*	/C35*	/C35*
	底板/仰拱	厚度/cm	30/	/35	35/	/40	40	/50	/50	/55	/60	/60	/60
初期支护	C30素喷混凝土	设置部位及厚度/cm						拱墙:20	拱墙:25	拱墙:25	拱墙:25	拱墙:28	拱墙:28
	C25素喷混凝土	设置部位及厚度/cm	拱墙:5	拱墙:5	拱墙:15	拱墙:15		仰拱:10	仰拱:25	仰拱:25	仰拱:28	仰拱:28	仰拱:28
	钢筋网	钢筋规格（HPB235）	—	—	φ6	φ6	φ6	φ6	φ6	φ6	φ6	φ6	φ6
		设置部位	—	—	拱部	拱部	拱墙	拱墙	拱墙	拱墙	拱墙	拱墙	拱墙
		网格间距/cm	—	—	25×25	25×25	25×25	20×20	20×20	20×20	20×20	20×20	20×20
	拱部锚杆	长度/m	2.5	2.5	3	3	3	3.5	3.5	3.5	4	4	4
		间距（环向m×纵向m）	局部	局部	1.2×1.5	1.2×1.5	1.2×1.5	1.5×1.5	1.5×1.5	1.5×1.5	1.5×1.5	1.5×1.5	1.5×1.5
	边墙锚杆	长度/m					3	3.5	3.5	3.5	4	4	4
		间距（环向m×纵向m）					1.2×1.5	1.2×1.2	1.2×1.2	1.5×1.2	1.2×1.0	1.2×1.0	1.2×1.0
	钢架	规格	—	—	—	—	φ22@140格栅	φ22@160格栅	φ25@180格栅	I20a型钢	HW150型钢	I22a型钢	HW175型钢
		设置部位	—	—	—	—	拱墙	拱墙	全环	全环	全环	全环	全环
		纵向间距/m					1.2	1	1	0.8	0.6~0.8	0.6	0.6

注：（1）Ⅱa、Ⅲa型衬砌底板设双层钢筋网（钢筋纵向采用φ10mm，横向采用φ14mm，间距200mm（横向）×250mm（纵向））；（2）各级围岩素混凝土拱墙二次衬砌中掺加纤维，掺量为0.9kg/m³，混凝土采用C30、C35纤维混凝土；（3）Ⅴa型衬砌初期支护钢架间距应根据底层岩性、风化程度及地下水等情况设置；（4）Ⅳb、Ⅴb、Ⅴc衬砌结构拱部位于土质地层时可不设置系统锚杆，石质围岩系统锚杆设置应根据围岩具体情况，如岩层产状、节理裂隙发育情况进行设置。（5）表中二次衬砌带＊者表示钢筋混凝土。

表 28 −5 正线各型复合式衬砌适用条件一览表

序号	衬砌类型	适用条件
1	Ⅱa 型	Ⅱ级围岩一般地段,地下水不发育
2	Ⅱb 型	连续Ⅱ级围岩段较短或地下水发育地段
3	Ⅲa 型	Ⅲ级围岩地段较短且地下水不发育地段
4	Ⅲb 型	Ⅲ级围岩一般地段
5	Ⅲc 型	Ⅲ级围岩浅埋、偏压及水平岩层易掉块地段
6	Ⅳa 型	Ⅳ级围岩深埋地段
7	Ⅳb 型	Ⅳ级围岩浅埋地段
8	Ⅳc 型	Ⅳ级围岩偏压地段
9	Ⅴa 型	Ⅴ级围岩深埋地段
10	Ⅴb 型	Ⅴ级围岩浅埋地段
11	Ⅴc 型	Ⅴ级围岩偏压地段

表 28 −6 合福高铁联络线隧道复合式衬砌支护参数表

二次衬砌		初期支护							
		喷射混凝土		ϕ8 钢筋网		边墙锚杆		I18 工字钢架	
		C30 素喷混凝土	C25 素喷混凝土	设置部位	网格间距 /cm	长度 /m	间距(环向 m×纵向 m)	设置部位	纵向间距 /m
材料	厚度 /cm	设置部位及厚度 /cm	设置部位及厚度 /cm						
C30*	40	拱墙/25	仰拱/25	拱墙	20×20	3	1.2×1	全环	0.8

表 28 −7 合福高铁桥隧相连地段双线隧道复合式衬砌支护参数表

预留变形量/cm			15～20
二次衬砌	C35 钢筋混凝土	拱墙厚度/cm	60*
		仰拱厚度/cm	70*
初期支护	C30 喷钢纤维混凝土	设置部位及设置厚度/cm	拱墙:30 仰拱:30
初期支护	钢筋网	钢筋规格(HPB235)	ϕ6
		设置部位	拱墙
		网格间距/cm	20×20
初期支护	锚杆	设置部位	拱墙
		长度/m	拱部:4.0 边墙:6.0
		间距/(环向 m×纵向 m)	拱部:1.5×1.5 边墙:1.2×1.0
初期支护	钢架	规格	HW175 型钢
		设置部位	拱墙
		纵向间距/m	0.5

(5)其他有关要求:
①富水、软弱围岩地段除考虑围岩级别外,采取了衬砌结构加强等有针对性的措施。
②系统锚杆在喷混凝土和钢架施工完成后施作。

第三节　一般隧道设计

1. 基本原则

图纸内容根据"《铁路基本建设项目预可行性研究、可行性研究和设计文件编制办法》(TB 10504—2007)"有关要求确定。所有图纸单独成册。

2. 图纸构成

(1)地质说明。

(2)设计说明(含支护表、风险评估表)。

(3)隧道平面图。

(4)隧道洞身设计图。

(5)隧道进口设计图。

(6)隧道出口设计图。

(7)特殊结构设计图。

(8)特殊辅助工程措施及支挡结构设计图。

(9)1 km 以上隧道弃渣场设计图。

第四节　长大、重难点隧道设计

由于篇幅有限,只详细列举三清山隧道、北武夷山隧道。

一、三清山隧道

1. 隧道概况

三清山隧道位于江西省上饶市境内,进口位于德兴市龙头山乡龙头村,穿越大茅山脉,出口位于上饶县华坛山镇鲁源村。隧道进出口里程分别为:DK421 +060、DK432 +893,全长为 11833 m,最大埋深约为 681.8 m。隧道进口至 DK421 +383.123 段位于右偏曲线上,左、右线曲线半径分别为 11000 m、10995 m;DK431 +253.948 ~隧道出口段位于左偏曲线上,左、右线曲线半径分别为 9000 m、9005 m;其他隧道洞身段均位于直线上。

隧道内设置人字坡,变坡点里程 DK432 +800。其中进口段为连续上坡,坡度为 3.619‰、20‰,坡长分别为 5950 m、11050 m,变坡点里程为 DK421 +750;出口段为下坡,坡度为 20‰,坡长为 6500 m,隧道内长度为 93 m。隧道设置无轨运输双车道斜井两座,其中杨家坪一号斜井位于线路前进方向左侧,综合坡度为 9.58%,斜长为 1170.78 m;杨家坪二号斜井位于线路前进方向左侧,综合坡度为 9.16%,斜长为 1161.21 m。

2. 隧道工程地质和水文地质特征

1)地层岩性

冲洪积层(Q4al + pl):灰黄—肉红色,松散。成分以漂卵石为主,层厚为 0 ~3.0 m,广泛分布于测区地表河床,最大厚度一般不超过 10 m。

坡残积层(Qdl + el):灰黄—褐黄色,硬塑。成分以粉黏粒为主,局部含 5% ~10% 角砾。厚度为 0.2 ~2.0 m,广泛分布于测区山坡、坡脚及低洼处,最大厚度一般不超过 4 m。

燕山期(γ52 −3)花岗岩:肉红色—灰白色,似斑状结构,块状构造。岩石坚硬,不易风化,工程性质好。出露于 DK421 +175 ~ DK431 +500,与震旦系地层呈侵入接触。

震旦系上统西峰寺组(Z2x)硅质岩、粉砂岩(隧道出口段地表局部含冰碛含砾细砂岩):灰黄色、浅黄色,砂状结构,薄—中层构造。地层产状为 105° ~142° ∠56° ~60°,岩石较软,层间裂隙较发育,工程性质一般。硅质岩出露于 DK421 +060 ~ +175,与燕山期花岗岩呈侵入接触,粉砂岩出露于 DK432 +325 ~

+680，与震旦系下统志堂组地层分别呈断层接触(小里程方向)、整合接触(大里程方向)。

震旦系下统志棠组(Z1z)石英砂岩：灰黄色、浅黄色，砂状结构，薄—中层构造。岩石坚硬，工程性质较好。出露于 DK431+500~DK432+325，地层产状为127°∠80°，与燕山期花岗岩呈侵入接触，与震旦系上统西峰寺组地层呈断层接触，出露于 DK432+680~+893，地层产状为110°∠15°，与震旦系上统西峰寺组地层呈整合接触。

2)地质构造

隧址区位于乐平盆地以东怀玉山脉中段，测区构造轮廓主要受中生代燕山运动及白垩纪末至第四纪以来的隆起和升降运动的影响。燕山期—燕山运动进入了较强时期，并继续继承印支期的力场，即北西—南东向的水平挤压力，使原有的北东向断裂进一步加强和扩大，在这次运动中，火山喷发相当频繁，岩浆活动更加强烈，有大规模的酸性、中酸性岩瘤、岩株及岩脉沿断裂带侵入。燕山晚期，在南北水平扭动进一步作用下，来自北西—南东向的水平挤压作用力逐渐转变为北西西—南东东向的水平挤压力，进一步加强和扩大北东向断裂外，还形成了一系列规模较小，但仍表现很强烈的北北东走向的断裂。本次勘查在该地区发现断裂构造6条，构造特征以挤压断裂带和裂隙带为主。

F1 断层：产于燕山期(γ52-3)中，EH-4低阻异常带，与线路交于DK422+400附近，和线路走向夹角约45°，断层产状为135°∠73°，宽度约为30 m，带内岩石破碎，节理裂隙发育，导水性较好，施工时可能产生坍塌、突水。

F2 断层：产于燕山期(γ52-3)中，EH-4低阻异常带，与线路交于DK429+810附近，和线路走向夹角约为30°，断层产状为120°∠80°，宽度约为390 m，此段隧道埋深较大。

F3 断层：产于燕山期(γ52-3)中，与线路交于DK430+635附近，断层走向46°，宽度约为30 m，长度约为0.5 km，带内岩体破碎，节理裂隙发育。

F4 断层：产于燕山期(γ52-3)中，与线路交于DK430+825附近，断层走向53°，宽度约为30 m，长度约为0.2 km，带内岩体破碎，节理裂隙发育。

F5 断层：产于燕山期(γ52-3)中，与线路交于DK431+040附近，和线路走向夹角约为35°，断层产状为55°∠87°，宽度约为50 m，长度约为1.2 km，带内岩体破碎，节理裂隙发育。

F6 断层：发育于震旦系下统志棠组(Z1z)和震旦系上统西峰寺组(Z2x)接触处，EH-4异常带，与线路交于DK432+325附近，宽度约为30 m，带内岩体破碎，节理裂隙发育。

3)不良地质

隧址区不良地质现象主要为花岗岩、萤石矿开采，具体如下：

(1)DK423+400线路右侧370 m为万源山坑花岗岩矿区，地表开采，对线路没有影响。

(2)DK429+550线路左侧10 m为大安山花岗岩矿区，地表开采，隧道埋深为356.3 m，其爆破施工对线路有一定影响。

(3)DK430+100线路附近为德兴市河背萤石矿，矿脉沿F2断层破碎带分布，向远离线路方向延伸，距离线路最近矿洞(2.2 m×2.0 m)、竖井(1.5 m×1.5 m)位于线路右侧约200 m，井底标高约为542 m，隧道路肩标高为335 m，对隧道安全影响不大。

(4)DK430+500线路附近为德兴市大安山萤石矿，矿脉沿F3、F4、F5断层破碎带分布，其中沿F3、F4断层矿脉尚未开采，沿F5断层矿脉已开采，距离线路最近矿洞(2.2 m×2.0 m)位于线路右侧135 m及左侧160 m，井底标高约为600 m，隧道路肩标高为351 m，对隧道安全影响不大。

(5)DK432+500线路附近为大阳坑矿区，距离线路最近矿洞(2.2 m×2.0 m)位于线路左侧100 m，井底标高约为400 m，隧道路肩标高为380 m，对隧道安全影响不大。

(6)DK432+750线路附近为上饶华坛山革坂萤石矿，距离线路最近矿洞(2.2 m×2.0 m)位于线路右侧80 m，向远离线路方向延伸，井底标高约为395 m，隧道路肩标高为385 m，对隧道安全影响不大。

(7)隧道出口右侧50 m为一尾矿弃渣场，会对隧道出口产生影响，应协调砟场停止堆砟及进行加固处理。

4）水文地质

（1）地表水。

隧址处于剥蚀低山区，地表水整体较发育。隧道区地表水以北东向山脊为分水岭，向南东、北西两侧排泄。区内冲沟水系较发育，树枝状分布，径流条件良好，流量受大气降雨影响较大。

（2）地下水。

隧道区地下水类型有孔隙水、基岩裂隙水和构造裂隙水、受大气降水补给，向低洼处排泄。由于山体切割强烈，沟谷纵横，地下水径流途径较短，受大气降雨影响较大。

①孔隙水、基岩裂隙水。孔隙水主要分布于坡残积土及岩石的全～强风化岩中，基岩裂隙水，主要分布在花岗岩、石英砂岩、硅质岩、粉砂岩岩体节理裂隙中，富水性与节理裂隙的发育程度及性状有关，节理裂隙发育的岩体中地下水较发育。弱风化岩体节理较发育，岩体较完整，地下水量总体较贫乏。

②构造裂隙水。隧址区的断层、构造裂隙带在地貌上顺冲沟分布。岩体破碎，节理裂隙发育，导水性较好，地下水较丰富。

③隧道涌水量预测。经计算及综合分析确定后，隧道洞身涌水量及围岩富水程度分区见表28-8。

表28-8　三清山隧道洞身涌水量及围岩富水程度分区

名称	正常涌水量 $Q_s/(\mathrm{m^3 \cdot d^{-1}})$	最大涌水量 $Q_0/(\mathrm{m^3 \cdot d^{-1}})$	单位长度最大涌水量 $q_0[\mathrm{m^3/(m \cdot d)^{-1}}]$	围岩富水程度分区
F1 断层	633.6	1040.2	5.7	强富水区
F2 断层	—	4175.0	5.2	强富水区
F3 断层	—	165.9	2.6	中等富水区
F4 断层	—	183.4	2.9	中等富水区
F5 断层	—	273.9	2.6	中等富水区
F6 断层	—	367.1	5.9	强富水区
DK421+165 岩性接触带	14.4	168.4	3.0	中等富水区
DK431+500 岩性接触带	—	162.0	3.8	中等富水区
DK432+680 岩性接触带	—	201.6	3.3	中等富水区

5）物理地质

地震动峰值加速度值小于 0.05 g，地震动反谱特征周期值为 0.35 s。

6）放射性

根据中华人民共和国国家标准《电离辐射防护与辐射源安全基本标准》（GB 18871—2002 的）规定，职业照射放射性的年平均有效剂量不得超过 20 mSv/a，根据此次在地表进行的 γ 射线勘查结果，三清山隧道测区内的最大年平均有效剂量为 2.32～2.68 mSv/a，小于国家标准的 20 mSv/a 的规定。

7）地温预测

隧址区内未见有热泉点及地温异常点出露。经计算分析，隧道埋深不小于 273.3 m 的地段（DK423+535 至 DK425+660、DK425+900～DK429+830、DK430+300 至 DK432+370）的地温温度不小于 28℃，最高 37.3℃，属存在地温危害区域。该隧址区的其余地段的地温均不大于 28℃，不存在地温危害。

8）岩爆预测

隧址区 DK421+175～DK431+500 段出露的岩性为燕山期（γ52-3）花岗岩，最大埋深为 681.8 m，DK431+500～DK432+325 段出露的岩性为（Z1z）石英砂岩，最大埋深为 670 m，为硬质岩，构造简单，不利于围岩力的释放。

DK423+820～DK425+055、DK426+080～+640、DK427+280～+455、DK428+180～+630、DK429+010～+460、DK430+710～DK431+500 段埋深 439.6～681.8 m，DK431+500～DK432+325 整段内埋

深均大于 247.3 m，属高力区；开挖过程中可能出现岩爆。建议在施工时期加强地质预报并及时采取有效的支护措施，段内其余部位因断层构造发育或隧道埋藏相对浅一些，推测发生岩爆的可能性不大。

9）大变形分析

DK432 +325 ～ +680 段隧道围岩为粉砂岩，为软质岩，属极高力区，岩芯常有饼化现象，开挖过程中洞壁岩体有剥离，位移极为显著。在施工过程中注意进行围岩大变形超前地质预报，并采取相应的支护措施。

10）围岩级别

本隧道 V 级围岩长度为 1125 m，比例为 9.51%；IV 级围岩长度为 794 m，比例为 6.71%；III 级围岩长度为 599 m，比例为 5.06%；II 级围岩长度为 9315 m，比例为 78.72%。

3. 洞口里程及洞门形式

隧道进口里程为 DK421 +060，洞门采用帽檐斜切式缓冲结构洞门。隧道出口里程为 DK432 +893，洞门采用双侧挡墙式洞门。

根据《铁路建设贯彻国防要求技术规程(试行)》(铁计〔2005〕23 号文发布)，隧道进出口段衬砌均按战备要求进行加强，衬砌采用 C35 钢筋混凝土，隧道洞门及浅埋段按承受 0.2 MPa 冲击波压力设计。

4. 不良地质处理措施

（1）DK422 +000 ～ DK423 +030 段为低阻异常带，洞身围岩为燕山期花岗岩，差异风化严重，岩体破碎，节理发育；地下水主要为基岩裂隙水、构造裂隙水，较发育，其中 DK422 +420 处发育断层 F1，估算最大涌水量约为 1040.2 m^3/d。设计 DK422 +040 ～ +140、DK422 +200 ～ +435、DK422 +580 ～ +750、DK422 +800 ～ DK423 +000 段采用 3 m 超前注浆。

（2）DK429 +890 ～ DK430 +280 段为 F2 断层破碎带及其影响带，岩体破碎，节理发育；地下水主要为构造裂隙水、较发育，估算最大涌水量约为 4175 m^3/d。设计采用 3 m 超前注浆。

（3）DK430 +670 ～ +700、DK430 +870 ～ +900、DK431 +055 ～ +105 分别为 F3、F4、F5 断层的破碎带及其影响带，岩体破碎，节理发育；地下水主要为构造裂隙水、较发育设计时须加强支护及防排水措施；估算 F3、F4、F5 断层的最大涌水量分别为 165.9 m^3/d、183.4 m^3/d、273.9 m^3/d。设计采用 3 m 超前注浆。

（4）DK431 +470 ～ +530 段为侵入接触带及其影响带，岩体破碎，节理发育；地下水主要为基岩裂隙水，较发育；估算最大涌水量约为 162.0 m^3/d，设计采用 3 m 径向注浆。

（5）DK432 +382 ～ +414 段为 F6 断层破碎带及其影响带，岩体破碎，节理发育；地下水主要为构造裂隙水、较发育；估算最大涌水量约为 367.1 m^3/d，设计采用 3 m 超前注浆。

（6）隧道洞口段存在危岩、落石，为确保运营安全，对危石、落石进行清除及加固处理，采用预应力锚索进行锚固，并在洞口段设置 SNS 被动拦石网。

5. 辅助坑道设计

1）辅助坑道概况

为开辟施工工作面，加快施工进度，同时考虑施工通风需要，本隧道设置无轨运输双车道斜井两座。

杨家坪一号斜井位于线路前进方向左侧，斜井与线路左线相交于 DK425 +872.970 处，与线路大里程方向夹角为 90°直行 30 m，然后按右偏半径 100 m 前行弧长为 68.068 m，再以和线路大里程方向夹角为 51°直行 1066.932 m，斜井综合坡度为 9.58%，斜长为 1170.78 m。

杨家坪二号斜井位于线路前进方向左侧，斜井与线路左线相交于 DK428 +561.448 处，与线路大里程方向夹角为 90°直行 30 m，然后按左偏半径 100 m 前行弧长为 101.552 m，再以和线路大里程方向夹角为 148°直行 1024.771 m，综合坡度为 9.16%，采用无轨运输双车道断面，斜井斜长为 1161.21 m。

2）辅助坑道断面的拟定及衬砌支护设计

斜井采用无轨运输双车道断面，斜井内净空根据运输要求，结合地质条件、支护类型、机械设备、各种管线设置、人行道、安全间隙等因素，同时兼顾考虑通过大型挖装机、混凝土搅拌车等要求而拟定，双车道宽为 7.8 m，高为 6.2 m。

斜井 II、III、IV 级围岩地段采用直（曲）墙喷锚衬砌，V 级围岩地段采用曲墙式喷锚支护整体式衬砌，斜井与正洞连接段结构加强衬砌采用喷锚支护整体式衬砌。

洞口Ⅴ级围岩地段采用超前小导管预支护,格栅钢架加强,台阶法施工。

3)辅助坑道在隧道主体工程竣工后的处理措施

隧道施工完成后,斜井洞口及与其与正洞衔接处采用5 m厚C20片石混凝土封堵。

6. 洞内设备

1)电缆槽

(1)隧道内设置双侧电缆槽,且电缆槽结构外缘距同侧轨道中线的距离不小于2.3 m;电缆槽设盖板,能开启维护。

(2)隧道内电力电缆沟尺寸:300 mm×300 mm(宽×深),槽道内用粗砂填实。

(3)通信、信号电缆沟尺寸为:净宽为350 mm,深为300 mm,槽道中间以φ16插筋分隔,槽内用粗砂填实。

2)综合洞室

隧道内不设置供维修人员使用的避车洞,仅设置存放维修工具和其他业务部门需要的综合洞室,洞室间距单侧为500 m左右,双侧错开设置,共设置44个综合洞室。

(1)综合洞室内底部设置余长电缆腔。

(2)综合洞室内预留通信及电力等相关专业设备安装空间,如电力变压器、通信区间基站及直放站等,并根据相关专业要求就近设置。

(3)其他洞室(消防、配电等)的设置根据有关专业的要求设置。

3)接地与过轨

(1)综合接地及电气化接地。

隧道内综合接地及电气化接地按《客运专线综合接地技术实施办法》(铁集成〔2006〕220号)及相关专业要求办理。

(2)过轨。

①电力过轨:每个一般综合洞室及各个洞口附近设置过轨管四根,每个综合变电所洞室设置过轨管六根。

②通信过轨:通信过轨管两根,均布设于每个综合洞室及隧道进出口附近。

③所有管材均采用厚壁硬质PVC管。强、弱电过轨管间保证一定间距(不于等于40 cm)。无仰拱地段设置过轨时,过轨管处挖槽埋设后以M10水泥砂浆封填,并保证过轨管周边水泥砂浆厚度不小于5 cm。

7. 防灾救援设计

(1)隧道两侧设贯通的救援通道,隧道内设置急照明。逃生通道按有关规定设置应急疏散标识,每隔200 m设图像文字标记,指示距通道洞口的整百米数,并配备灯光及应急照明显示方向。

(2)隧道内消防主要考虑列车发生火灾时的列车灭火消防,在隧道进出口两端外分别设置300 m³高位消防水池,在洞门两侧分别设置消防水拴,对隧道洞口进行降温和列车灭火,同时在隧道进出口的值守间配备一定数量的消防器具。

(3)隧道内两侧设紧急呼叫电话,单侧两部电话的距离为500 m,隧道两侧错开设置,电话安装在综合洞室内,并设标志牌,标识牌处设置灯光照明和急照明。

二、北武夷山隧道

1. 隧道概况

北武夷山隧道位于福建省武夷山市北侧约29 km处,进口位于江西省上饶县五府山镇甘溪村石罗坑,穿越福建与江西交界分水岭—武夷山脉,出口位于福建省武夷山市洋庄乡坑口村。

隧道起讫里程为DK520+283.91~DK534+913,隧线分界里程分别为:DK520+283.91、DK534+913,隧道全长为14629.09 m。隧道最大埋深为1100 m,是合福高铁控制性工点之一。本隧道设进口平导一处、斜井四座、弃渣场改移河道设泄水洞一处,斜井分别为金奥斜井、岚谷斜井、竹坪斜井、麻子坑斜井。

2. 线路平面与纵坡

1)线路平面

隧道DK530+633.89至DK531+717.33段位于右偏曲线上,左线曲线半径为12000 m;DK534+808~出

口段位于左偏曲线上,左线曲线半径为12000 m,其他地段均位于直线上。曲线要素见表28-9、表28-10。

表28-9 曲线资料(一)

线别		左线(JD83)	右线(YJD83)
分界里程	ZH	DK530+633.89	DK530+633.89
	HY	DK530+963.89	DK530+963.96
分界里程	YH	DK531+387.33	DK531+387.26
	HZ	DK531+717.33	DK531+717.33
曲线要素	αy	3°35′51″	3°35′51″
	R	12000	11995
	l0	330	330
	T	541.85	541.7
	L	1083.44	1083.12

表28-10 曲线资料(二)

线别		左线(JD84)	右线(YJD84)
分界里程	ZH	DK534+808.00	DK534+808.00
	HY	DK535+138.00	DK535+137.94
	YH	DK535+694.97	DK535+695.04
	HZ	DK536+024.97	DK536+024.97
曲线要素	αz	4°14′06″	4°14′06″
	R	12000	12005
	l0	330	330
	T	608.7	608.89
	L	1216.97	1217.34

2)线路纵坡及竖曲线设置

本隧道内设置人字坡,纵坡及竖曲线设置见表28-11。

表28-11 隧道纵坡设置表

变坡点里程	DK518+400		DK520+700		DK529+600		DK535+400
坡度/‰		3		17.9		−6.3491	
坡长/m		2300		8900		5800	
内轨标高/m	389.595 (390.679)		398.412 (397.579)		554.684 (556.889)		519.365 (520.064)
竖曲线要素/m	R−30000 T−254.987 E−1.084		R−30000 T−223.500 E−0.833		R−30000 T−363.737 E−2.205		R−30000 T−204.763 E−0.699

注:表中括号内标高为未考虑竖曲线影响的标高,括号外标高为已考虑竖曲线影响的标高。

3）轨道类型

隧道设计速度目标值为 350 km/h，线间距为 5 m。隧道采用 CRTS I 型双块式无砟轨道，轨道结构高度为 515 mm。

2. 隧道地质描述

1）地形地貌

隧道位于闽赣交界处的武夷山脉北段，属于中低山丘陵地貌，为构造剥蚀山地。测区内沟谷纵横，植被发育，灌木杂草丛生。隧道轴线中间最高山峰高为 1628.00 m，最大相对高差约为 1238 m，地形坡度相对较陡，一般为 30°~50°，局部沟谷坡度可达 50° 以上。

2）水系

隧道所处的水系以武夷山脉为分水岭，隧道北侧冲沟水流往北，属鄱阳湖水系；隧道南侧冲沟水流往南，属闽江水系。

3）气象

测区属于中亚热带季风气候，四季分明，冬季受冷空气侵袭，夏季太阳辐射强，冬冷夏热显著。最高气温月平均值为 37℃，出现在 2003 年的 7 月份；历年平均气温 18.8℃，极端最高气温 41.2℃、极端最低气温 -6.8℃；历年平均相对湿度 76%。年平均降水量为 1923.2 mm、年最大降水量为 2731.6 mm、年最小降水量 1366.5 mm、年平均降水日数 153 d，降水主要集中在 4—6 月，占年降雨量的 50.5%，其中雨季（5—6月）降雨量占全年的 38.1%；日最大降水量为 218.3 mm；最大连续降水量为 1087.5 mm（1998.6.8—28日）。历年年平均蒸发量为 974.3 mm，最大年蒸发量为 1187.5 mm，最小年蒸发量为 866.3 mm。历年年平均地面温度为 22.0℃，历年年平均地面最高温度为 37.4℃，历年年平均地面最低温度 14.6℃。雨季多集中于 5—6 月，7—9 月多雷阵雨。多年平均降水量为 1780 mm，雨量丰富，无霜期 286 d 左右。

4）工程地质特征

隧址区分布的地层主要为江西段侏罗系上统南园组（J3n）流纹质熔结凝灰岩为主，夹凝灰质粉砂岩，偶夹石英粗面岩；福建段为侏罗系上统南园组（J3n）流纹质晶屑凝灰熔岩。区内甘巴岭附近为晚侏罗世鹅湖岭旋回第三亚旋回张坑口花岗斑岩 $\gamma\pi$ 侵入，隧道中部及出口出露为燕山早期第三次侵入（$\gamma5^{2-3}$）的黑云母花岗岩、花岗闪长岩。此外零星分布有第四系坡残积层和第四系全新统冲洪积层。现从新至老分述如下：

（1）第四系（Q）：冲洪积层（Q4al + pl）：粉质黏土，灰色—灰黄色，软塑，黏粉粒为主，含少量圆砾。主要分布于隧道出口段浅埋山间谷地稻田中，厚度一般为 1.0~2.0 m。

（2）坡残积层（Qdl + el）：粉质黏土，灰黄—褐灰色，硬塑，成分以粉黏粒为主，局部含角砾碎石约 10~15%，厚度一般为 0.5~5.0 m，局部达 10 m 以上。广泛分布于测区山坡。

（3）侏罗系上统南园组（J3n）：DK520 +283.91 至 DK521 +100、DK523 +100 至 DK524 +100 主要为一套酸性火山碎屑—火山碎屑沉积岩组成，岩性主要为灰白色、灰紫色流纹质熔结凝灰岩为主，夹凝灰岩、凝灰质粉砂岩、页岩、流纹岩及灰岩透镜体，偶夹石英粗面岩，呈巨厚—块状构造，凝灰结构，局部差异风化明显。熔结凝灰岩，岩石坚硬，完整性好，工程性质较好；凝灰岩、凝灰质粉砂岩、页岩，岩石为软质岩，工程性质一般。

（4）DK521 +100 至 DK523 +100、DK524 +100 至 DK529 +840、DK533 +600 至 DK533 +840、DK534 +070 至 DK534 +913 段在测区内出露为中性火山喷出岩系，岩性单一，主要为灰色、青灰色、灰黑色（风化后颜色变浅）凝灰熔岩，巨厚层—块状构造，凝灰熔岩结构，岩质坚硬，岩体完整，岩体内有少量岩脉穿插。受断层、侵入岩接触带、岩脉影响，构造带附近岩石多发生蚀变、硅化、黄铁矿化、绿帘石化等现象。该段局部岩体节理较发育，统计未发现明显规律，多为风化节理。与燕山期侵入花岗岩呈喷发不整合接触。

（5）燕山早期第三次侵入黑云母花岗岩（$\gamma5^{2-3}$）：以肉红色为主，坑口岩体略带黄色，中粒结构、中细粒似斑状结构，块状构造，岩石较坚硬，工程性质好，局部地段不均匀风化严重，局部为花岗闪长岩，主要分布于 DK529 +840 至 DK533 +600、DK533 +840 至 DK534 +070，并于 DK529 +840 位置以岩盖的状态出露在地表，与 J3n 流纹质晶屑凝灰熔岩呈侵入接触。

（6）晚侏罗世侵入体 $\gamma\pi$ 花岗斑岩：浅肉红色，斑状结构，块状构造，岩体坚硬，工程性质好，主要分布于 DK525 + 500 至 DK525 + 800 段，以岩盖形式出露于地表。

5）水文地质特征

（1）地表水。

武夷山脉是闽、赣两省和闽江、长江水系的分水岭，由于山高林密、植被发育，地表水、地下水十分丰富，且地表水落差大，蕴藏有巨大的水能资源。隧址区地表水以北东向武夷山脉为分水岭，向南东、北西两侧排泄。区内冲沟水系极其发育，树枝状分布，径流条件良好，流量受大气降雨影响较大。北西侧水系发育呈树枝状，由南东向北西径流，排入长江水系支流甘溪，江西境内段分布有多处已建或在建的小型水电站；南东侧水系呈树枝状由北西向南东径流，排入闽江支流崇阳溪。

（2）地下水。

隧道区地下水类型有孔隙水、基岩裂隙水和构造裂隙水，受大气降水补给，向低洼处排泄。由于山体切割强烈，沟谷纵横，地下水径流途径较短，逐步形成水量受大气降雨影响较大。

①隙水、基岩裂隙水。

孔隙水主要分布于坡残积土及岩石的全—强风化岩中，裂隙水分布于弱风化岩裂隙中。隧址区岩性为凝灰熔岩、花岗岩，全—强风化厚度为 3～15 m，出口段厚度为 3～40 m，植被发育，孔隙水较发育。弱风化岩裂隙不发育，地下水量总体较贫乏。

②构造裂隙水。

隧址区的断层、构造节理密集带及裂隙带及喷发不整合接触带，在地貌上大多顺冲沟分布。岩体破碎，节理裂隙发育，导水性较好，地下水较丰富。

③地下水、地表水的补给、排泄关系和条件。

地下水的补给、径流和排泄条件受地形、地貌岩性和地质构造控制。

地下水的补给来源主要为大气降水、地表水及周边山地的基岩裂隙水，出露地表的松散含水层主要接受大气降水补给，也受到局部地表水的渗漏和迴水补给。大量降水一部分以地表片流形式流向沟谷河流，另一部分沿基岩裂隙下渗转变为地下水径流。

地下水的径流方向基本与地表水一致，斜坡洼地地带为地下水的补给、径流区，河谷地带为其排泄区。潜水排泄方式主要表现为地表流和渗流，与地形条件关系密切，即由分水岭沿山坡向沟谷方向流动，很少见泉涌。

（3）涌水量的预测。

根据当地自然地理环境，按照《铁路工程水文地质勘查规程》，结合工作经验，经采用降水入渗法和地下水动力学法综合分析确定后，隧道洞身涌水量及围岩富水程度分区见表 28 - 12。

表 28 - 12　隧道洞身涌水量及围岩富水程度分区

名称	$Q_s/(\mathrm{m^3 \cdot d^{-1}})$	$Q_0/(\mathrm{m^3 \cdot d^{-1}})$	$q_0/[\mathrm{m^3 \cdot (m \cdot d)^{-1}}]$	围岩富水程度分区
F1 断层及浅埋段	2107.83	2993.83	14.85	强富水区
DK521 + 400 节理密集带 1	303.53	1001.03	18.93	强富水区
DK521 + 780 节理密集带 2	379.41	617.41	12.32	强富水区
DK522 + 500 节理密集带 3	663.97	943.06	17.31	强富水区
F2 断层	790.44	1661.94	11.72	强富水区
F3 断层	922.17	1752.73	13.20	强富水区
DK523 + 900 强富水区	1475.48	3567.09	30.88	强富水区
F4 断层	1370.09	2027.45	48.27	强富水区
F5 断层	653.43	1934.28	16.15	强富水区
DK529 + 600 侵入接触带	316.17	1637.15	28.45	弱富水区

续表 28-12

名称	$Q_s/(\mathrm{m}^3 \cdot \mathrm{d}^{-1})$	$Q_0/(\mathrm{m}^3 \cdot \mathrm{d}^{-1})$	$q_0/[\mathrm{m}^3 \cdot (\mathrm{m} \cdot \mathrm{d})^{-1}]$	围岩富水程度分区
DK530+650 节理密集带 4	292.46	1285.72	22.77	强富水区
F6 断层	3293.48	4677.87	31.91	强富水区
F7 断层	706.12	4428.27	34.71	强富水区
F8 断层	706.12	5544.93	70.47	强富水区
F9 断层	2107.83	2993.83	20.11	强富水区
F10 断层	3056.35	5484.96	13.33	强富水区
F11 断层	1053.91	1709.49	15.42	强富水区
竹坪斜井 F6 断层	3293.48	4677.87	11.19	强富水区
竹坪斜井 F7 断层	706.12	1709.40	65.61	强富水区
麻子坑斜井侵入接触带	158.09	444.12	7.98	强富水区
麻子坑斜井 F10 断层	3056.35	4411.83	17.80	强富水区

Q_s—隧道通过含水体地段的正常涌水量;

Q_0—隧道通过含水体地段的最大涌水量;

q_0—隧道通过含水体地段的单位长度最大涌水量。

6) 不良地质及特殊岩土

(1) 不良地质。

隧址区未发现滑坡、崩塌、地陷、岩溶、采空区等不良地质现象,无含煤地层,不存在瓦斯等不良气体对工程的危害,未发现特殊地质体。

隧道进出口地形陡峻,坡体发育危岩、危石,对隧道施工和运营存在着极大的安全隐患,施工前建议清除或进行加固处理。

(2) 特殊岩土。

隧址区未发现特殊岩土。

7) 场地地震效应

(1) 地震动参数。

根据《中国地震动参数区划图》(GB 18306—2001),地震动峰值加速度小于 0.05 g,地震动反应谱特征周期值为 0.35 s。

(2) 场地抗震有利和不利地段划分。

根据《建筑抗震设计规范》(2008 年版)(GB 50011—2001)规定,该场地为抗震不利地段。

(3) 场地土类型和场地类别。

根据《铁路工程抗震设计规范》(GB 50111—2006)规定,隧址区硬塑粉质黏土为中软土,岩层全风化为中硬土,岩层强风化及弱风化为岩石。场地类别为 I 类。

8) 环境工程地质评价

(1) 环境水对工程耐久性的评价。

根据水质分析结果,DK533+240~DK533+960 段地表水具二氧化碳侵蚀,环境作用等级为 H2;仅根据氯离子含量判定,地表水、地下水无侵蚀性。

(2) 修建工程引发的次生地质灾害和水资源流失。

隧道洞身所处山体地形起伏,自然边坡稳定,坡高低不平;隧道进出口发育危岩、危石,施工前建议清除或进行加固处理。隧道洞身的施工过程中,应严格按照要求施工,以免引起滑坡、错落、地面塌陷等;隧道施工过程中应注意废砟、废料、废水的不恰当排放和堆积会对环境造成污染;隧道洞口和浅埋段爆破开挖时应注意施工方法,以免对地表房屋产生影响,并加强监测;隧道洞口和浅埋段爆破开挖时应注意施工安全，做好安全措施，以免对道路、人身等安全造成危害；隧道施工可能导致山体地下水及地表水的流失，应加强止水措施；应注意便道和基坑开挖引起的次生地质灾害；隧道进出口附近应严禁采石、采矿，以保护隧道的稳定。

（3）放射性评价

根据对隧道洞身凝灰熔岩、花岗岩进行 γ 射线放射强度测量成果，JZ－Ⅲ093－524010 孔内年有效剂量当量 He 为 0.23 mSv（小于 5 mSv）；JZ－Ⅲ309－529910 孔内年有效剂量当量 He 为 0.63 mSv（小于 5 mSv），根据《铁路工程不良地质勘查规程》（TB 10027—2001）规定，DK520＋283.91 至 DK531＋000 为放射工作场所非限制区，无放射性危害。

JZ－Ⅳ102－532175 孔内年有效剂量当量 He 为 5.84 mSv（大于 5 mSv，小于 15 mSv）。根据《铁路工程不良地质勘查规程》（TB10027—2001）规定，DK531＋000 至 DK534＋913 放射工作场所为"监督区"；放射性勘查设计和隧道施工中必须遵守《电离辐射防护与辐射源安全基本标准》（GB 18871—2002）之规定，做好相应的施工防护、施工人员的"个人检测"等预防性工作。

9）隧道工程地质条件的分析评价

本隧道属丘陵区，未发现活动性断裂，近代无强地震记录，根据《建筑抗震设计规范》（50011—2001）地震动峰值加速度值不大于 0.05 g，属相对稳定地块。总体稳定性较好，场地适宜拟建隧道工程建设。

3. 隧道洞口设计

1）洞口里程及洞门形式

隧道进、出口位置的确定遵循"早进晚出"的原则，洞门形式综合考虑地形、地貌、洞口地质条件、周边环境及高速铁路空气动力学效应等因素，按照"确保安全、因地制宜、保护环境、美观实用"的原则确定并采用合理的洞门结构。隧道进口里程为 DK520＋283.91，洞门采用桥隧相连明洞门。隧道出口里程为 DK534＋913，洞口段采用喇叭口倒切开孔式缓冲结构（L＝20 m）。

根据《铁路建设贯彻国防要求技术规程》（铁计〔2005〕23 号文发布），隧道进出口段衬砌均按战备要求进行加强，衬砌采用 C35 钢筋混凝土，隧道洞门及浅埋段按承受 0.2 MPa 冲击波压力设计。

2）洞口防护

（1）边仰坡防护。

①洞口边仰坡防护按"安全、可靠"的原则进行设计，采取的措施主要为骨架护坡、框架锚杆、喷锚网等。

②为确保施工顺利进行，在进行暗洞施工前应对洞口衬砌外 2～3 m 范围内的边仰坡进行锚喷（网）加固，然后开挖进洞。

③明挖段对边仰坡及时进行封闭处理，尽快施作衬砌结构并回填。

（2）危石防护。

隧道出口仰坡上方山体存在危岩危石，设计时考虑对危岩落石进行清除处理，并设置被动 SNS 防护网，具体设计详见"隧道洞口危石落石防护图"。

3）绿色景观

绿色防护设计遵循"因地制宜、安全可靠、经济适用"的原则进行，且植物防护与工程防护应有效结合，达到恢复自然景观、与周边环境和谐的效果，并与洞口段临近的路基绿化协调一致。

（1）隧道边仰坡绿色防护设计按照《铁路路基边坡绿色防护技术暂行规定》的有关要求进行，符合"草灌结合、内灌外乔"的要求。

（2）隧道边仰坡有条件时采用植草及栽种灌木等措施防护，灌木采用自然式种植，洞门外露混凝土种植攀缘植物。

4. 隧道衬砌支护结构

1）明洞

本隧道进口设置 7 m 对称路堑式明洞。

2）暗洞

隧道暗洞采用复合式衬砌。复合式衬砌由初期支护、防水隔离层与二次衬砌组成，Ⅱ级、Ⅲ级围岩采用曲墙加底板结构形式或曲墙加仰拱结构形式；Ⅳ级、Ⅴ级围岩采用曲墙加仰拱结构形式。初期支护采用喷射混凝土，二次衬砌采用模筑混凝土。

3）素混凝土二衬结构加强

（1）当素混凝土二衬结构距离隧道洞口不大于150 m时，采用隧道二次衬砌拱墙设置三肢钢架与单层钢筋网片相结合的方案，三肢钢架纵向间距2 m一榀，在预埋槽道位置及接触网下锚段适当加密，钢架主筋采用ϕ22 mm钢筋；单层钢筋网位于衬砌内侧，采用ϕ16 mm钢筋，间距为200 mm。

（2）当素混凝土二衬结构距离隧道洞口大于150 m时，不需下锚时采用拱墙纵向施工缝上部二衬混凝土掺加纤维素纤维方案，其掺量为0.9 kg/m³；需下锚时则根据下锚形式等采取三肢钢架和单层钢筋网进行加强处理。

5. 隧道防水与排水

1）防水等级

满足《地下工程防水技术规范》（GB 50108—2009）规定的一级防水标准，衬砌表面无湿渍。

2）防排水原则

根据本隧道的工程地质和水文地质条件，本隧道防排水设计主要原则为：

（1）对节理密集带、断层破碎带及裂隙水发育地段，采取超前预注浆，开挖后全断面径向注浆或补注浆等形式，将大面积淋水或局部股流封堵，减少水土流失。

（2）除上述地段外，其他地段均采用"防、排、堵、截结合，因地制宜，综合治理"的原则，采取切实可行的设计、施工措施，保障结构物和设备的正常使用与行车安全。

3）防水与排水设计

（1）隧道防水。

①暗洞防水。

a. 隧道二次衬砌混凝土抗渗等级不小于P10。

b. 隧道拱墙初期支护与二次衬砌之间敷设防水板加土工布，防水板厚度不小于1.5 mm，幅宽为2~4 m；土工布重量不小于400 g/m²。

c. 环向施工缝：拱墙、仰拱环向施工缝处根据隧道地下水发育情况设置中埋式橡胶止水带、遇水膨胀止水胶条等。

d. 纵向施工缝：纵向施工缝处混凝土接触面设置混凝土界面剂及遇水膨胀止水胶条等。

e. 应重视初期支护的防水作用。对于初期支护渗漏水地段，采取埋设半圆形排水（盲）管外设置一层防水板，并将渗漏水引入侧沟。

②明洞段防水。

明挖施工段迎水侧拱墙刷涂水泥基渗透结晶型防水涂料（Ⅱ型），填土部分拱墙铺设EVA防水板。防水板内施作10~20 mm的M10水泥砂浆找平层，防水板外施做30~50 mm厚水泥砂浆保护层后回填。防水板厚度不小于1.5 mm，幅宽不小于2 m，材料不得使用再生料。隧道洞口（里程：DK252+029、DK252+048、DK261+444.12）应设置变形缝。

（2）隧道排水。

①洞内水沟。

洞内水沟采用双侧水沟与中心矩形盖板沟形式。衬砌背后积水通过环向和纵向排水管汇集后引入侧沟，通过横向导水管将侧沟中的水引入中心水沟，由中心水沟排出洞外。侧沟主要用于汇集地下水，同时起沉淀作用；中心水沟起主要排水作用并排除底板下积水。

②排水盲管。

a. 拱墙初期支护与防水板之间环向设置HDPE50单壁打孔波纹管，平均每8 m一环（地下水发育地段根据实际情况进行适当调整）；在隧道两侧边墙脚外侧防水板底端纵向设置HDPE107/93双壁打孔波纹管，平均每10 m为一段；纵环向排水管均直接与隧道侧沟连通，以便必要时进行维护。洞内排水管施工期间与运营期间应定时进行清洗，确保管道畅通，以免管道阻塞引起衬砌背后水压升高造成二次衬砌隧道结构破坏。

b. 无砟轨道及底板下方设置横向导水管，布设方向与隧道轴线垂直，是连接侧沟与中心水沟的水力通道。横向排水管采用 ϕ100 mm 硬质 PVC 管，其坡度不小于 2‰，排水管沿隧道纵向每 10 m 设一处。当横向导水管位于底板下方时，应采用挖槽设置，并确保其使用性能完好。

c. 隧道底板及仰拱填充靠沟槽侧设置 ϕ50 mm 硬质 PVC 排水管与中心水沟连通，其纵向间距为 10 m。

d. 底板找平层内设置横向 HDPE50 单壁打孔波纹管（外包土工布），波纹管纵向间距 10 m，管与中心排水沟连通。

e. 洞门结构两侧防水板外侧墙脚填土范围内通常设置 HDPE107/93 双壁打孔波纹管（外包土工布）一道。

③洞口排水。

a. 洞门仰坡顶部设截水天沟，截水天沟中线距边、仰坡开挖线边缘不小于 5 m，其坡度根据地形设置，但不应小于 3‰，以免淤积。

b. 隧道进口洞内侧沟与中心沟与路堑侧沟顺接。

c. 隧道出口中心水沟通过横向排水管连通洞外排水管，两侧沟通过 ϕ150 mm 硬质 PVC 管引入转向井，洞外排水管将水引至桥台护坡范围以外，禁止冲刷桥台护坡。

4）施工期间排水

（1）通过隧道洞口或辅助坑道施工，施工排水采用固定泵站和移动泵站相结合的排水方案，在反坡施工方向设置移动泵站，斜井与隧道相交里程附近设置固定泵站，顺坡施工段施工排水利用顺坡自排至固定泵站，反坡施工段利用移动泵站抽排隧道出水至固定泵站，然后利用固定泵站将隧道内出水抽排至斜井外。

（2）施工排水假定衬砌滞后开挖 200 m 或衬砌滞后开挖 2 个月取其较大值，按照不同地层预测的最大出水量来配置水泵，水泵配置按照需要配置水泵的二倍配套，一套抽排，一套备用。反坡施工地段尚应考虑已二次衬砌段的渗漏水量。

6. 隧道耐久性设计

1）耐久性设计标准

（1）衬砌结构设计使用年限级别为一级，设计使用年限为 100 a。

（2）衬砌结构混凝土原材料品质、配合比参数限值以及耐久性指标要求，按《铁路混凝土结构耐久性设计暂行规定》（铁建设〔2005〕157 号）及其局部修订条文（铁建设〔2007〕140 号）等执行。

（3）衬砌结构钢筋净保护层厚度为 50 mm，模筑混凝土及钢筋混凝土的抗渗等级应不小于 P10。

（4）结构的主要部件初期支护采用 C25 喷射混凝土或 C30 喷纤维混凝土，二次衬砌采用 C30、C35 纤维混凝土或 C35、C40 钢筋混凝土。

（5）衬砌施工控制要求及其监测、养护、维修均按《铁路混凝土结构耐久性设计暂行规定》（铁建设〔2005〕157 号）及其局部修订条文（铁建设〔2007〕140 号）、《铁路隧道工程施工技术指南》《客运专线铁路隧道工程施工质量验收暂行标准》等规范、规程的相关条款办理。

2）结构耐久性设计措施

（1）正确选择混凝土材料，针对具体环境条件选用具有一定耐久性的混凝土材料。

（2）隧道设计拱墙采用外包防水层，隧道施工缝及变形缝均采用综合防水措施，尽量避免环境水土中侵蚀介质对主体结构的作用。

（3）本隧道设计初期支护钢架的保护层厚度外侧（钢架与围岩之间）为 4 cm，内侧（临空一侧）不小于 3 cm；二次衬砌采用钢筋混凝土时，钢筋的净保护层厚度不小于 5 cm。

（4）其他材料耐久性要求：

①锚杆耐久性要求。适当加大锚杆钻孔直径，锚杆应带置中器，使锚杆砂浆的保护层厚度不小于 10 mm；采取措施保证锚杆的注浆饱满；锚杆止浆塞与垫板之间无法采用砂浆保护的部位应进行防腐处理。

②防水材料的耐久性要求。防水材料除满足规范要求的物理力学指标外，还应进行耐久性测试，防水层材料通过 1.5% NaOH、KOH 溶液浸泡 90 d 后观察其老化系数是否大于 0.90 来判断其耐久性。橡塑材料以长期始终浸泡下的树脂抑出率（168 d≤5.0%），与反复干湿循环下拉伸强度、延伸率、膨胀率的变化率

（如 40 次，≤3%）认定其耐久性。

③注浆材料的耐久性。预注浆、径向注浆、补注浆及局部注浆的材料可选择普通水泥、超细水泥或其他特种浆液，慎用水玻璃，提高注浆浆液材料的耐久性。

④施工有关要求。施工中爆破施工应采用光面爆破，严格控制超欠挖，积极保护围岩，提高围岩自身长期承载能力。加强施工管理是确保材料质量及隧道施工质量的有效措施，是影响隧道结构耐久性的关键。建材的选用、储藏、规范施工等施工管理均应有利于结构耐久性。

⑤结构检测及维护。隧道作为重点工程，其使用年限为 100 a。在设计使用年限内，应定期对隧道结构及材料的使用状态、环境条件的变化进行检测及监测，并就监测及检测结果进行综合评估，判明隧道结构维护时机。常规检测及维护可分为以下几个部分：洞口边仰坡冲刷、开裂等观察及坡面清理；洞门截水沟的清淤；洞门结构失稳的观察；衬砌后排水盲管的冲洗；施工缝及变形缝的清理；双侧水沟及中心水沟的清淤；水沟电缆槽的维修；二次衬砌混凝土开裂及渗漏水的观测，并绘制展示图；基底翻浆冒泥的观测。以上部分主要采用调查法、对比法，要求每年至少进行一次，基于二次衬砌混凝土开裂及渗漏水展示图对比情况，判断其发展情况并分析病害原因，必要时对地下水等进行化验及地质雷达、钻孔取芯等方法探明情况，在业主认可的前提下进行维修。

7. 洞内设备

1）电缆槽

（1）隧道内设置双侧电缆槽，电力电缆槽置于边墙侧，通信、信号电缆槽置于道床侧，电缆槽设盖板。

（2）隧道内电力电缆沟尺寸：300 mm×300 mm（宽×深），槽道内用粗砂填实。

（3）通信、信号电缆沟尺寸为：净宽为 350 mm，深为 300 mm，槽道中间以 ϕ16 mm 插筋分隔（纵向间距 50 cm），槽内用粗砂填实。

2）洞室

隧道内考虑设置存放维修工具和其他业务部门需要的专用洞室，洞室间距单侧为 500 m 左右，双侧错开设置。

（1）专用洞室内底部设置余长电缆腔。

（2）专用洞室内预留通信、电力等相关专业设备安装空间，如通信直放站、照明变电所等，并根据相关专业要求就近设置。

（3）其他洞室（消防、配电等）的设置应根据有关专业的要求，经协商后确定。

（4）所有设备洞室均应设置防护门，有关防护门设计由机械专业处理。

3）综合接地

根据铁道部《客运专线综合接地技术实施办法》（铁集成〔2006〕220 号）、《铁路综合接地系统》（通号〔2009〕9301）及《关于铁路综合接地系统通用参考图通号〔2009〕9301 局部修改的通知》（经规标准〔2009〕62 号）及相关专业要求办理，其设计详见"合福隧参 05"相关设计图。

4）过轨

（1）电力过轨：每个专用洞室及各个洞口附近设置过轨管 4 根，每个变配电洞室设置过轨管 8 根。

（2）通信过轨：通信过轨管 2 根，均布设于每个专用洞室及各个洞口附近。

（3）信号过轨：信号过轨管 2 根，均布设于每个专用洞室及各个洞口附近。

（4）接触网过轨：接触网过轨管 2 根，参照电力过轨办理，其具体设置位置详见接触网专业相关要求。

5）隧道照明

（1）隧道内设置固定检修照明和应急照明，专用洞室设置固定和应急照明设备。

（2）应急照明设备应设置在紧急出口及其通道；应急照明在疏散通道的地面最小水平照度不应低于 0.5 lx；疏散指示照明标志安装间距不宜大于 30 m，并应安装在距地面 1 m 以下的墙上。该设备必须在供电中断时能自动接通并能连续工作 2 h 以上。

（3）照明灯具及配电线路应具有防潮、防风压、防腐蚀、防震动功能；其灯具的外壳防护等级不低于现行国家标准《外壳防护等级（IP 码）》GB4208 IP65 级。

（4）应急照明应选用能快速点燃的光源。

（5）备用电源的连续供电时间不应小于 2.0 h。

（6）应急照明应由贯通线路提供两路相互独立电源供电。

8.辅助坑道及防灾救援通道

1）辅助坑道概况

为开辟施工工作面，加快施工进度，本隧道设置 4 座斜井。

（1）金奥斜井位于线路前进方向左侧，采用无轨运输双车道断面，斜井与隧道交于 DK522 +750，斜井与正洞采用斜交单联方式连接，与线路小里程夹角 60°。斜井斜长为 733.38 m，综合纵坡为 9.16%。

（2）岚谷斜井位于线路前进方向右侧，采用无轨运输双车道断面，斜井与隧道交于 DK526 +300，斜井与正洞采用正交单联方式连接。斜井斜长为 1848.73 m，综合纵坡为 9.44%。

（3）竹坪斜井位于线路前进方向左侧，采用无轨运输双车道断面，斜井与隧道交于 DK530 +870，斜井与正洞采用正交单联方式连接。斜井斜长为 1340.09 m，综合坡度为 7.74%。

（4）麻子坑斜井位于线路前进方向左侧，采用无轨运输双车道断面，斜井与隧道交于 DK532 +450 斜井与正洞采用斜交单联方式连接，与线路大里程方向交角为 40°19′47″。斜井斜长为 770.43 m，综合坡度为 5.94%。

斜井与正洞连接处路面标高 = 正洞对应里程轨面标高 － 0.8 m；双车道井身间隔为 220 m 或 300 m 和井底处设置 30 m 长缓坡段，以利会车及保证安全；斜井变坡处均设置半径为 100 m 的竖曲线，以使路面平顺。

2）辅助坑道衬砌支护结构

辅助坑道Ⅱ级、Ⅲ级、Ⅳ级围岩一般地段采用喷锚衬砌，岩性接触带、节理密集带、断层破碎带及其影响带地段的Ⅳ级、Ⅴ级围岩地段及斜井与正洞连接段采用复合式衬砌。斜井与正洞连接段设 30 m 长衬砌结构加强段。

洞口Ⅴ级围岩地段采用单层小导管预支护，格栅钢架加强，短台阶法施工；Ⅳ级围岩地段采用超前锚杆或单层小导管预支护，格栅钢架加强，台阶法施工。

3）救援通道

隧道施工完工后，运营期间，紧急救援站设置在石罗坑大桥及石罗隧道出口端、北武夷山隧道进口端，合计 600 m。分别利用金奥斜井、岚谷斜井、竹坪斜井缓坡段作为避难所。

4）辅助坑道防排水

（1）洞内排水。

洞内通常设置单侧水沟，并与正洞侧沟顺接，洞内路面横向设置 1‰坡度以利排除路面积水。

（2）洞口排水。

洞口设截水天沟，截水天沟中线距边、仰坡开挖线边缘不小于 5 m，其坡度根据地形设置，但不应小于 3‰，以免淤积；为防止洞外水倒灌，横洞出洞口后路面做成不小于 3‰的反坡。

第五节　特殊不良地质隧道设计

本线隧道主要不良地质表现为岩溶及富水断层，当采用综合地质预报明确隧道位于上述不良地质地段时，应采用安全的措施及稳妥的施工方案组织施工。

一、岩溶发育地段及富水断层段隧道设计

岩溶发育地段及富水断层段隧道设计应依据现阶段勘探资料并系统分析，作好注浆加固、防排水系统及相应衬砌的设计，施工中根据超前地质预报和施工开挖情况对不良地质的影响及监控量测资料进行进一步评价，并根据评价结果设计进行设计方案调整。

1.注浆

1）注浆方案、方式及适用条件

注浆方式包括开挖前预注浆、开挖后围岩注浆、补注浆、局部注浆等四种方式，采用具体注浆方案根据工程地质、水文地质条件选用，见表28－13。

表 28 – 13　注浆方式一览表

注浆方式	方式及加固范围	注浆材料	适用条件
8 m 超前预注浆	纵向 30 m，开挖轮廓线外 8 m 以内		断层破碎带及向斜核部预测水压较大、极可能产生严重突水突泥等地段，预测地下水压力不小于 2.0 MPa
5 m 超前预注浆	纵向 30 m，开挖轮廓线外 5 m 以内		断层破碎带及向斜核部预测水压较大、极可能产生严重突水突泥等地段，预测地下水压力为 1.0 ~ 2.0 MPa
3 m 超前预注浆	纵向 30 m，开挖轮廓线外 5 m 以内		断层破碎带及向斜核部预测水压较大、极可能产生严重突水突泥等地段，预测地下水压力为 0.5 ~ 1.0 MPa
5 m 周边预注浆	纵向 30 m，开挖轮廓线与轮廓线外 5 m 之间	一般水泥浆，水灰比为 0.5 ~ 1	断层破碎带及向斜核部预测渗漏水量大，可能产生突水突泥等地段
3 m 周边预注浆	纵向 30 m，开挖轮廓线与轮廓线外 3 m 之间		断层破碎带及向斜核部预测渗漏水量较大，可能产生突水突泥等地段
5 m 围岩注浆	径向，开挖轮廓线与轮廓线外 5 m 之间。		开挖后可自稳，但涌水量大于控制值
3 m 围岩注浆	径向，开挖轮廓线与轮廓线外 3 m 之间		开挖后可自稳，但涌水量大于控制值
补注浆	预注浆及围岩注浆的补充注浆		注浆后，流量仍大于控制排水量，注浆固结圈综合渗透系数大于设计控制值或仍有局部出水点时
局部注浆	径（斜）向，根据裂隙及水量调整		水量不大、渗水范围较小，有股水或面状淋渗水

2）注浆工艺

预注浆孔开孔直径不小于 110 mm，终孔直径不小于 90 mm；钻孔和注浆顺序应由外向内，同一圈孔间隔施工；岩层破碎容易造成坍孔时，应采用前进式注浆，否则采用后退式注浆；孔口设 3 mϕ108 mm 注浆管，埋设牢固，并有良好的止浆设施。注浆压力应为地下水压的 1.2 ~ 1.5 倍。注浆泵最大压力应不小于地下水压的 1.5 ~ 2.0 倍。

径向注浆开孔直径不小于 50 mm，终孔直径不小于 45 mm；钻孔和注浆顺序应由下向上，同一圈孔间隔施工。

股状出水点、裂隙面出水点的注浆堵水，采用局部注浆。孔口间距为 1 ~ 1.5 m，单孔扩散半径为 2 m，注浆孔与出水裂隙面尽量大角度相交，注浆压力大于 0.5 MPa。注浆压力较大时，应先钻引水孔泄压，再对裂隙注浆，最后用膨胀快硬水泥对引水孔进行封堵处理。

2. 支护结构设计

岩溶发育地段及富水断层段隧道根据水压力、水量量测、监控量测等资料判别是否需要设置承受水压结构。承受水压结构初期支护采用钢纤维混凝土，二次衬砌材料采用 C35 钢筋混凝土，复合结构按承受 0.3 ~ 2.0 MPa 静水压设计，内净空预留 20 cm 补强空间（当施工中预测水压明确时，不预留补强空间）。当通过注浆加固后，涌水量仍较大，实测水压大于设计水压时，可通过调整衬砌钢筋布置，或利用衬砌结构调整空间一次灌注二次衬砌，以提高衬砌受静水压力的能力。当衬砌已承受设计静水压力，随着时间由于地下水变化等原因引起衬砌承受荷载的改变时，可考虑对衬砌补强。

二、裂隙水发育地段的注浆设计

对于裂隙水发育地段，应根据反坡施工、掌子面水量、水压等情况，结合隧道围岩情况、隧道排水沟与纵坡设置等情况，确定隧道的排水能力，当隧道的排水能力不足时，则需根据隧道工程地质及水文地质条件，对隧道采取全断面径向注浆、局部径向注浆及补注浆等措施，对地下水进行有效封堵。

第六节　洞口设计

一、洞口位置的确定

隧道洞口位置的确定应充分贯彻"早进晚出、保护环境"的原则，洞门形式综合考虑地形、地貌、洞口地质条件及附近建筑物和周边自然环境等因素，按照"确保安全、因地制宜、保护环境、美观实用"的原则确定，并优先采用斜切式洞门，尽量减少隧道洞口边仰坡刷方高度，少破坏或不破坏地表植被，缓解列车进入隧道产生空气动力学效应对洞口周围环境的影响。

二、洞门形式设计

当隧道长度大于 500 m、或隧道洞口外 100 m 存在特殊环境条件（如房屋、县级（含）以上公路）时设置缓冲结构。缓冲结构以开孔式为主，单孔开孔尺寸为 3 m×3.2 m（纵向×横向），开孔位置为拱顶。

三、危岩、落石处理

本线为复杂山区高速铁路，隧道较多，存在危岩、落石及掉块等的隧道洞口较多，设计中采取接长明洞、设置 SNS 主（被）动防护网、预应力锚索（杆）或清除等措施处理。全线 20 座隧道、24 处洞口采取了危岩、落石处理措施。隧道洞口采取措施的工点见表 28-14。

表 28-14　隧道洞口危岩、落石处理工点表

工点名称	隧道中心里程	工点名称	隧道中心里程
桃源隧道出口	DK352+151.09	芹口隧道洞身明洞	DK587+214.50
金山顶隧道进口	DK357+473.71	芦岭隧道进口	DK609+804.50
金山顶隧道出口		叶坊村隧道进口	DK623+395.00
晓起隧道进口	DK360+715.60	屏山一号隧道进口	DK630+882.50
江湾二号隧道出口	DK366+549.87	北津隧道进口	DK634+256.50
冷水亭隧道进口	DK375+338.52	徐墩隧道进口	DK636+240.90
冷水亭隧道出口		徐墩隧道出口	
井头坞隧道出口	DK399+923.84	花山隧道进口	DK645+055.74
龙岗隧道进口	DK400+215.75	花山隧道出口	
南溪岭隧道进口	DK418+562.64	鲁口隧道出口	DK651+840.46
南溪岭隧道出口		理龙口隧道进口	DK668+445.51
黄柏岭隧道进口	DK420+440.75	理龙口隧道出口	
黄柏岭隧道出口		瓯延隧道进口	DK669+438.90
三清山隧道出口	DK426+984.81	大横隧道进口	DK673+095.75
鲁源隧道进口	DK435+499.50	大横隧道出口	
鲁源隧道出口		大横隧道洞身明洞	
鲁源隧道斜井井口		葫芦丘隧道进口	DK676+470.56
鲁源隧道出口平导洞口		葫芦丘隧道出口	
茅坞隧道出口	DK438+469.25	石门山隧道出口	DK680+886.09
陈山坞隧道出口	DK439+400.75	尖峰顶隧道进口	DK685+828.91

续表 28 - 14

工点名称	隧道中心里程	工点名称	隧道中心里程
棋盘山隧道进口	DK441 + 579.07	山后隧道进口	DK688 + 018.00
棋盘山隧道出口		金沙隧道出口	DK698 + 757.57
冯家隧道进口	DK444 + 295.78	磲魂隧道进口	DK701 + 786.41
冯家隧道出口		赤门隧道进口	DK705 + 869.50
蘑菇山隧道进口	DK454 + 419.96	岭根隧道进口	DK711 + 697.50
三保山一号隧道进口	DK504 + 007.19	岭根隧道进口横洞	
周家隧道出口	DK514 + 005.59	谷园隧道进口	DK715 + 948.00
应际隧道进口	DK515 + 156.65	巨口隧道进口	DK718 + 157.66
应际隧道出口		巨口隧道出口	
天龙岗隧道进口	DK517 + 418.25	赤林隧道进口	DK730 + 147.01
天龙岗隧道出口		赤林隧道出口	
石罗隧道进口	DK519 + 630.61	古田隧道出口	DK737 + 904.25
石罗隧道出口		时坪隧道进口	DK744 + 561.50
北武夷山隧道进口	DK527 + 598.46	时坪隧道出口	
北武夷山隧道出口		闽清隧道出口	DK750 + 324.10
杨梅岩隧道出口	DK539 + 177.72	岭头亭隧道进口	DK758 + 115.00
前山隧道出	DK547 + 218.89	山门岭隧道进口	DK778 + 722.00
东边隧道进口	DK553 + 228.00	仙人岗隧道进口	DK783 + 061.50
崇秀隧道出口	DK554 + 614.50	烟垄隧道进口	DK798 + 904.52
城南隧道进口	DK555 + 631.02	龙岭隧道进口	DK801 + 682.99
南岸村隧道进口	DK580 + 418.08	兰花山隧道出口	DK802 + 605.67
南岸村隧道出口		李峰隧道进口	DK804 + 413.00
高科垄隧道进口	DK581 + 270.39	李峰隧道出口	

四、边仰坡防护

1. 边仰坡坡率

边仰坡坡率及支挡设置见表 28 - 15。

表 28 - 15　边仰坡坡率及支挡设置表

地层岩性	边坡高度 /m	边坡平台 /m	边坡坡率	物理力学指标	备注
一般黏性土	≤6	—	(1:1.25) ~ (1:1.5)	$\gamma = 18 \sim 19$ kN/m³; $\phi = 30° \sim 35°$; $\sigma_0 = 200 \sim 250$ kPa; $f = 0.3$	含软、硬质岩全风化层相对应土性;非膨胀性极软岩及花岗岩全风化层同一般黏性土
	6 < H ≤ 12	2.0 ~ 3.0	1:1.5		
	12 < H ≤ 18	3.0	1:1.75		
膨胀土	≤6	—	(1:1.5) ~ (1:1.75)	$\gamma = 18 \sim 19$ kN/m³; $\phi = 26° \sim 30°$; $\sigma_0 = 220 \sim 250$ kPa; $f = 0.3$	
	>6 (<15 m)	2.0 ~ 3.0	(1:1.75) ~ (1:2)		

续表 28-15

地层岩性	边坡高度 /m	边坡平台 /m	边坡坡率	物理力学指标	备注
软质岩	≤8	—	(1:0.75)~(1:1.25)	$\gamma = 20 \sim 21 \text{ kN/m}^3$; $\phi = 35° \sim 45°$; $\sigma_0 = 300 \sim 500 \text{ kPa}$; $f = 0.3 \sim 0.45$	强—弱风化砂岩、粉砂岩、片岩、千枚岩、板岩、页岩及强风化硬质岩等
	>8 (<20 m)	2.0~3.0			
硬质岩	≤12	—	(1:0.5)~(1:0.75)	$\gamma = 22 \sim 24 \text{ kN/m}^3$; $\phi = 50° \sim 55°$; $\sigma_0 = 800 \sim 1200 \text{ kPa}$; $f = 0.5 \sim 0.6$	弱风化石英砂岩、花岗岩、混合花岗岩、变粒岩、石灰岩、白云岩、片麻岩等
	>12 (<25 m)	2.0	(1:0.75)~(1:1)		

注:在土石分界处、透水与不透水层交界面处,设置宽为 2~3 m 的平台。

2. 边仰坡防护

洞口边仰坡采取的防护措施按"安全、可靠、绿化"的原则设计,土质边仰坡可采用骨架护坡内喷播植草防护,石质边仰坡可采用框架锚杆防护;强风化硬质岩、土质或软岩及存在顺层时的边仰坡根据地质条件采用框架锚索(杆)防护;当洞口边仰坡高度较高或锚索(杆)防护困难时采用锚固桩防护。

(1)骨架护坡:主要适用于稳定边仰坡(例如坡率为 1:1.25、1:1.5、1:1.75),且地层为土质地段,永久边仰坡高度小于 6 m;以及回填地段、框架内绿化。

(2)喷锚网:主要适用于 W3、W4 地层临时边仰坡地段(如明洞回填线以下的临时护坡),C25 喷混凝土厚度为 10~15 cm,φ22 mm 砂浆锚杆长度为 4~6 m,间距为 1.5 m×1.5 m,梅花形布置。

(3)喷混植生:适用于永久岩质边坡(W2、W3)、植被无法直接生长地段,坡率为(1:0.75)~(1:1)。

(4)框架锚杆:主要适用于岩质边仰坡结构面发育、岩体破碎和土质永久高边仰坡(例如明洞回填线以上),坡率为(1:1)~(1:1.25),永久边坡高度为 6~12 m,锚杆长度为 8~12 m。

(5)框架锚索:主要适用于高边坡地段,设计边坡坡率陡于稳定坡率,永久边坡高度大于 12 m,为确保边坡稳定时使用。锚索伸入 W3 地层长度应不小于 6 m。每级边坡高度为 8~10 m。

(6)锚固桩:主要适用于开挖边坡高度大于 25 m,且地层为土质、软岩或存在顺层,并与框架锚索配合使用,以控制边坡开挖高度、保证安全,如白水山隧道进口、西山隧道出口、轿顶山隧道出口、箬坦隧道出口、东岭隧道洞身明洞、杨梅岩隧道进口、屏山一号隧道进口、南山一号隧道出口等;或适用于偏压暗洞地段,如船坞二号隧道进口等隧道。

(7)玻璃纤维锚杆注浆加固:主要适用于进暗洞掌子面时地层为土质、软岩等,采用 φ25 mm 玻璃纤维锚杆,锚杆长度为 6~10 m,间距为 1.5 m×1.5 m,梅花形布置。

五、绿色防护及景观设计

绿色及景观设计遵循"因地制宜、安全可靠、经济适用"的原则进行,且植物防护与工程防护应有效结合,达到恢复自然景观、与周边环境和谐的效果。

(1)隧道边仰坡绿色及景观设计按照《铁路路基边坡绿色防护技术暂行规定》的有关要求进行,符合"草灌结合、内灌外乔"的要求。

(2)隧道边仰坡有条件时采用植草及栽种灌木等措施防护,灌木采用自然式种植,洞门外露混凝土种植攀缘植物。绿色洞口如图 28-2 所示。

图 28-2 绿色洞口

第七节　洞内设施设计

一、轨下基础类型

本线隧道按重型钢轨、一次性铺设跨区间无缝线路标准设计。正线隧道采用无砟轨道整体道床，联络线隧道采用碎石道床。

二、照明设置

（1）全线长度不小于 500 m 的隧道应设置固定检修照明；长度不小于 5000 m 的隧道或有紧急出口的隧道应设置应急照明。

（2）长度不小于 5000 m 的隧道内专用洞室设置固定和应急照明设备，其余隧道内专用洞室设置固定照明。

（3）应急照明设备应设置在紧急出口及其通道内；应急照明在疏散通道的地面最小水平照度不应低于 0.5 lx；疏散指示照明标志安装间距不宜大于 30 m，并应安装在距地面 1 m 以下的墙上。该设备必须在供电中断时能自动接通并能连续工作 2 h 以上。

（4）隧道内应急照明宜由贯通线路提供两路相互独立的电源供电；设有通风的隧道，其应急照明尚需设置应急电源装置（EPS）。

三、专用洞室

（1）隧道内考虑设置存放维修工具和其他业务部门需要的专用洞室，洞室间距单侧为 500 m 左右，双侧错开设置，专用洞室不得设于衬砌断面变化处或沉降缝处。

（2）长度大于 500 m 的隧道，在设通信、信号电缆槽同侧的专用洞室内设置余长电缆腔，间隔 500 m 设一处。长度为 500～1000 m 时，可在中间只设置一处余长电缆腔。

（3）专用洞室内预留通信、电力等相关专业设备安装空间，如通信区间基站、通信直放站、照明变电所等，并根据相关专业要求就近设置。

（4）长度大于 3000 m 的隧道，根据电力专业的要求，在隧道内设置了变配电洞室。

（5）所有设备洞室均应设置防护门，有关防护门设计由机械专业处理。

四、沟槽

正线隧道内设双侧电缆槽。电力电缆槽置于边墙侧，通信、信号电缆槽置于道床侧，电缆槽设盖板。电力电缆沟尺寸为净宽为 300 mm，深为 300 mm，槽内用粗砂填实；通信、信号电缆槽尺寸净宽为 350 mm，深为 300 mm，槽道中间以 ϕ16 mm 插筋分隔（纵向间距为 50 cm），槽内用粗砂填实。

五、综合接地与电气化接地

结合武广客运专线的成果，按《客运专线综合接地技术实施办法》（铁集成〔2006〕220 号）及相关专业要求办理。

六、过轨

（1）电力过轨：每个一般综合洞室及各个洞口附近设置过轨管 4 根，每个综合变电所洞室设置过轨管 6 根。

（2）通信过轨：通信过轨管 2 根，均布设于每个综合洞室及各个洞口附近。

（3）强、弱电过轨钢管间应保证一定间距（大于等于 40 cm）。无仰拱地段设置过轨时，过轨管处应挖槽埋设后以 M5 水泥砂浆封填，并保证过轨管周边水泥砂浆厚度不小于 5 cm。隧道内设施照片如图 28－3 所示。

图 28 - 3　隧道内设施照片

第八节　运营通风及防灾救援设计

一、运营通风

根据规范，长度大于 20 km 的隧道应设置运营通风，本线隧道均未超过 20 km，不考虑运营通风设置，但长度大于 3 km 的隧道及长度大于 20 km 的隧道群根据防灾救援要求，另行考虑防灾通风。非正常状态下，列车应尽量行驶出隧道，尽量不要停在隧道内，以减轻灾害对司乘人员安全的威胁。

二、防灾救援设计

(1)防灾救援设计原则。隧道防灾救援疏散工程设计遵循"以人为本，应急有备，方便自救，安全疏散"的原则，当列车在隧道内发生火灾事故后，首先应将事故列车拉到洞外进行疏散；如果事故列车不能驶出洞外，应控制列车停靠在最近的紧急出口疏散设施进行疏散。

(2)两侧侧沟隧道内应设置贯通的双侧救援通道，救援通道宽为 1.5 m(自线同侧线路中线外 2.3 m 起算)、净高为 2.2 m，救援通道走行面高于轨面 30 cm。

(3)疏散通道工点设置情况。本次变更设计利用既有辅助坑道作为紧急出口 3 处。疏散救援通道设置见表 28 - 16。

表 28 - 16　疏散救援通道设置表

标段	隧道名称	全长/m	疏散通道设置	辅助坑道情况
HFMG - 1	鲁源	5087	利用许家组斜井作为紧急出口	许家组斜井与正洞相交于 DK434 + 750，斜井斜长为 341 m，坡度为 6%，双车道断面
HFMG - 4	杨梅岩	7471.56	利用长涧源斜井缓坡段作为避难所	长涧源斜井与正洞交于 DK538 + 100，斜长为 1180 m，坡度 5.1%，双车道断面。每处缓坡段长为 30 m，坡度为 2%，每段缓坡段间距为 270 m
HFMG - 4	前山	6800.53	利用村尾斜井作为紧急出口	村尾斜井与正洞交于 DK546 + 586，斜井斜长为 367 m、坡度为 4.1%，双车道断面
HFMG - 6	花山	5608.53	利用里村斜井作为紧急出口	里村斜井，与正洞交于 DK647 + 135，斜长为 321 m，坡度为 5.3%，双车道断面
HFMG - 6	南雅	8690	利用池坑斜井缓坡段作为避难所	池坑斜井与正洞交于 DK657 + 190 处，斜长为 963.38 m，坡度为 8.16%，双车道断面；缓坡段坡度为 2%，每段缓坡段长为 30 m，每段缓坡段间隔 290 m

续表 28 – 16

标段	隧道名称	全长/m	疏散通道设置	辅助坑道情况
HFMG – 6	大横	5368.5	利用高桐铺斜井作为紧急出口	高桐铺斜井与正洞交于 DK674 + 580，长度为 318 m，坡度为 2.7%，双车道断面
HFMG – 6	石门山	5036.815	利用进口横洞作为紧急出口	进口横洞与正洞交于 DK679 + 720，长度为 656 m，坡度为 – 1.8%，双车道断面
HFMG – 7	岭根	5235	利用变更设计增加的柴刀坑斜井缓坡段作为避难所	柴刀坑斜井与正洞交于 DK712 + 300，坡度为 11.28%，斜长为 836.56 m，双车道断面。缓坡段坡度为 2%，每段缓坡段长 30 m，缓坡段间隔 400 m
HFMG – 7	高山岗	8185	利用后垄里斜井缓坡段作为避难所	后垄里斜井与隧道交于 DK724 + 150，斜长为 650 m，坡度为 9.72%，双车道断面。缓坡段坡度为 2%，每段缓坡段长为 30 m，每段缓坡段间隔 200 m
HFMG – 8	梧山	8432.69	利用横洞作为紧急出口	横洞与隧道正洞交于 DK771 + 570，坡度为 – 0.5%，双车道断面，横洞长度为 536 m
HFMG – 8	闽侯	7933	利用唐山塔斜井缓坡段作为避难所	现场斜井与正洞交于 DK788 + 808.5，斜井斜长为 880.487 m，综合坡度为 .64%，双车道断面。缓坡段间距为 270 m，缓坡段坡度为 2%
HFMG – 1	三清山	11850.38	利用山坑斜井作为紧急出口 利用杨家坪斜井缓坡段作为避难所	山坑斜井与隧道交于 DK423 + 320，综合坡度为 9.054%，双车道断面，斜长为 509.75 m 杨家坪斜井与隧道交于 DK428 + 561.448 处，综合坡度为 9.097%，双车道断面，斜长为 1160.11 m；缓坡段坡度为 2‰，长为 30 m，每段缓坡段间隔 300 m
HFMG – 7	古田	10632.5	分别利用里坑一号斜井、里坑二号斜井缓坡段设置 2 处避难所	里坑一号斜井与正洞相交于 DK736 + 200 处，综合坡度为 9.72%，双车道断面，斜井斜长为 994.965 m；缓坡段坡度为 2‰，每段缓坡段长 30 m，每段缓坡段间隔 300 m 里坑二号斜井与正洞相交于 DK738 + 200 处，综合坡度为 8.142%，加宽道断面，斜井斜长为 946.307 m。缓坡段坡度为 2‰，每段缓坡段长 30 m，每段缓坡段间隔 300 m
HFMG – 8	闽清	10518.2	利用桔林斜井缓坡段作为避难所，利用出口平导作为平行救援疏散通道	桔林斜井与正洞交于 DK748 + 400 里程处，综合坡度为 6.36%，双车道断面，斜井斜长为 1979.24 m；缓坡段坡度为 2%，每段缓坡段长为 30 m，每段缓坡段间隔 270 m 出口平导位于线路前进方向左侧，与隧道正洞交于 DK753 + 300 里程处，双车道断面，平导长为 1910.25 m，平导设置 1#、2# 及 3# 横通道与正洞连接，分别与正洞交于 DK753 + 800、DK754 + 300、DK754 + 800 处。横通道采用单车道断面
HFMG – 3/ HFMG – 4	北武夷山隧道群	21.7 km（其中北武夷山隧道长 14629.09）	紧急救援站设置在石罗坑大桥及石罗隧道出口端、北武夷山隧道进口端，合计 600 m 分别利用金奥斜井、岚谷斜井、竹坪斜井缓坡段作为避难所	金奥斜井与正洞交于 DK522 + 750 处，双车道断面，斜井斜长为 733.38 m，综合纵坡为 9.16%。缓坡段坡度为 2%，每段缓坡段长为 30 m，每段缓坡段间隔 220 m 岚谷斜井与正洞交于 DK526 + 300 处，双车道断面，斜井斜长为 1848.73 m，综合纵坡为 9.44%。缓坡段坡度为 2%，每段缓坡段长为 30 m，每段缓坡段间隔 300 m 竹坪斜井与正洞相交于 DK530 + 900 里程处，双车道断面，斜井长度为 1351 m，综合坡度为 6.87%

（4）紧急出口设置。作为紧急出口的辅助坑道内增设 1 道防护门、1 道防火门。防护门与辅助坑道中

线的交点与相邻线路中线的距离为 9 m，气闸间前后防火门与防护门之间的距离为 5 m。辅助坑道在水沟对侧设置与隧道正洞连通的电力电缆槽，电缆槽尺寸为 40 cm×40 cm，电缆槽上方铺设盖板。防护装备放置位置距离防火墙 3 m，距离辅助坑道衬砌净距为 0.2 m。

第九节　防排水设计

一、防水等级

满足《地下工程防水技术规范》（GB 50108—2008）规定的一级防水标准，衬砌表面无湿渍。

二、设计原则

本线隧道的防排水设计，采用"防、排、堵、截结合，因地制宜，综合治理"的原则；隧道穿过岩溶、断裂破碎带，预计地下水较大，如采用以排为主可能影响生态环境，以及排水沟排水能力限制需要限量排放时，根据实际情况采用"以堵为主，限量排放"的原则，达到堵水有效、防水可靠、经济合理的目的；在岩溶发育地段，则采用"以疏为主、以堵为辅"的原则，应强调尽量维系岩溶暗河的既有通路，严禁随意封堵溶洞、暗河。

三、设计措施

1. 截堵水措施设计

主要针对地下水发育、地下水无控制排放影响生态环境情况，采用开挖前预注浆或开挖后围岩注浆等措施对地下水进行截堵，在隧道开挖线外围一定范围内截断地下水与隧道之间的水流通路，达到限制地下水排放量的目的。根据综合超前地质预测预报成果判定，当在水量丰富、导水性好的断层破碎带等地段围岩无自稳能力，施工中可能产生突水、突泥，可采取超前预注浆措施；当在一般地段裂隙水较发育、围岩涌水量超过允许排放量、施工中围岩可自稳时，宜采用开挖后围岩径向注浆等形式；对围岩自稳能力较好、局部面状淋水或局部渗流、渗水量超过允许排放量等状况，宜采用上述注浆方式进行局部注浆。对于注浆材料，可选择普通水泥、超细水泥等材料。

2. 暗洞综合防水措施设计

隧道防水措施主要通过防水板及模筑衬砌混凝土自身防水的双重作用避免地下水从混凝土表面渗入。

本线隧道一般地段拱墙敷设防水板，防水板厚度为 1.5 mm，土工布质量不小于 400 g/m²；对地下水流失敏感及岩溶地段敷设封闭式防水板，二次衬砌按承受一定水压力设计，并采取加强措施，同时应采取措施实施防水板与喷混凝土间的充填注浆。

隧道衬砌要求二次衬砌混凝土抗渗等级不小于 P10。模筑混凝土结构的衬砌厚度不应小于 30 cm，裂缝宽度不得大于 0.2 mm；当衬砌为钢筋混凝土时，钢筋净保护层厚度不应小于 5 cm。

综合防排水系统布置图如图 28-4 所示，综合防排水措施流程如图 28-5 所示。

3. 二次衬砌拱部回填注浆

二次衬砌施工完毕后进行背后回填注浆，如图 28-6、图 28-7 所示，注浆回填方式如下：纵向注浆管设于拱顶模筑衬砌外缘、防水板内侧，纵向注浆管孔径 φ20 mm，采用聚乙烯管。在防水板敷设完成后，采用胶黏于防水板内侧，结合施工缝布置，注浆管 8~10 m 一段，两端分别与预设的 φ20 mm 镀锌钢管注浆口连接。镀锌钢管注浆口应突出衬砌内缘 3~5 cm，以便于连接。回填注浆材料采用 1:1 水泥浆液；回填注浆压力为 0.05~0.1 MPa。

4. 疏排水措施设计

疏排水措施主要针对位于隧道开挖线以内可以明确的地下水通路被截断时，采用在隧道开挖线附近埋设不小于原通路水量的 PVC 管（外套钢管），连通被截断的出入水口，保证地下水通路的畅通。

排水措施设计的主要目的是使地下水（围岩渗入水或通过注浆堵水措施后的限量排放水）经过防水措施的有效输导，经由排水管路、管沟自行排出洞外。排水措施如下：

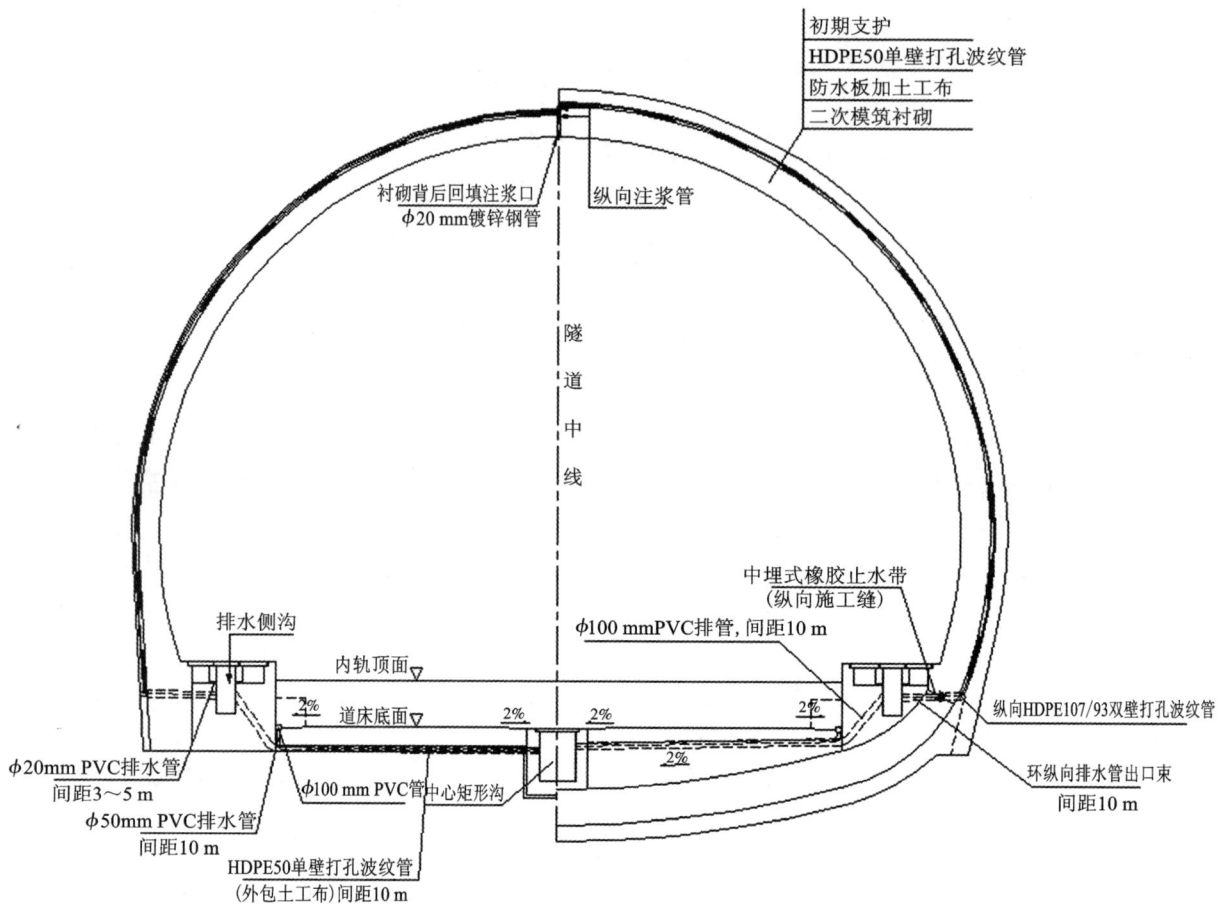

图 28-4 非施工缝地段综合防排水系统布置示意图

（1）双线隧道内排水均采用双侧侧沟加中心矩形盖板沟的方式。

（2）桥隧相连时，侧沟和中心沟在相连处设置沟槽过渡，为防止相连段反坡排水，在相连段把水槽设置成向洞外的坡度。

（3）隧道衬砌防水板背后环向设置 HDPE50 单壁打孔波纹管，结合施工缝设置，纵向间距一般为 8～10 m，并根据地下水发育情况调整；在隧道两侧边墙墙脚外侧设置纵向 HDPE107/93 双壁打孔波纹管，每10 m 一段，纵环向排水管两端均直接与隧道侧沟连通，以便于排水管路的维护。

（4）设计中重视初期支护的防水作用。对于初期支护渗漏水地段，采取埋设半圆形排水（盲）管并在管外设置一层防水板，将渗漏水引入侧沟。

（5）隧道电缆槽底部均应设置 ϕ20PVC 管泄水孔连至侧沟，泄水孔纵向间距为 3～5 m。

（6）隧道底板及仰拱填充靠沟槽侧设置 ϕ100 mm 硬质 PVC 排水管，ϕ100 mm 硬质 PVC 排水管延隧道两侧与隧道通常设置，并通过 ϕ50 mm 硬质 PVC 排水管与中心矩形沟连通，ϕ50 mm 硬质 PVC 排水管间距10 m。

（7）无仰拱隧道底板下部每隔 10 m 设置一处 HDPE50 单壁打孔波纹管（外包土工布），管与中心矩形沟连通。

5. 施工缝、变形缝（宽 2 cm）防排水设计

施工缝及变形缝是隧道防排水的薄弱环节，隧道内主要存在施工缝及变形缝，施工缝分为环向及纵向两种。

（1）环向施工缝：拱墙、仰拱环向施工缝处应根据地下水发育情况、隧道长度等因素设置中埋式橡胶止水带、背贴式橡胶止水带等。

（2）纵向施工缝：纵向施工缝处设置中埋式橡胶止水带。

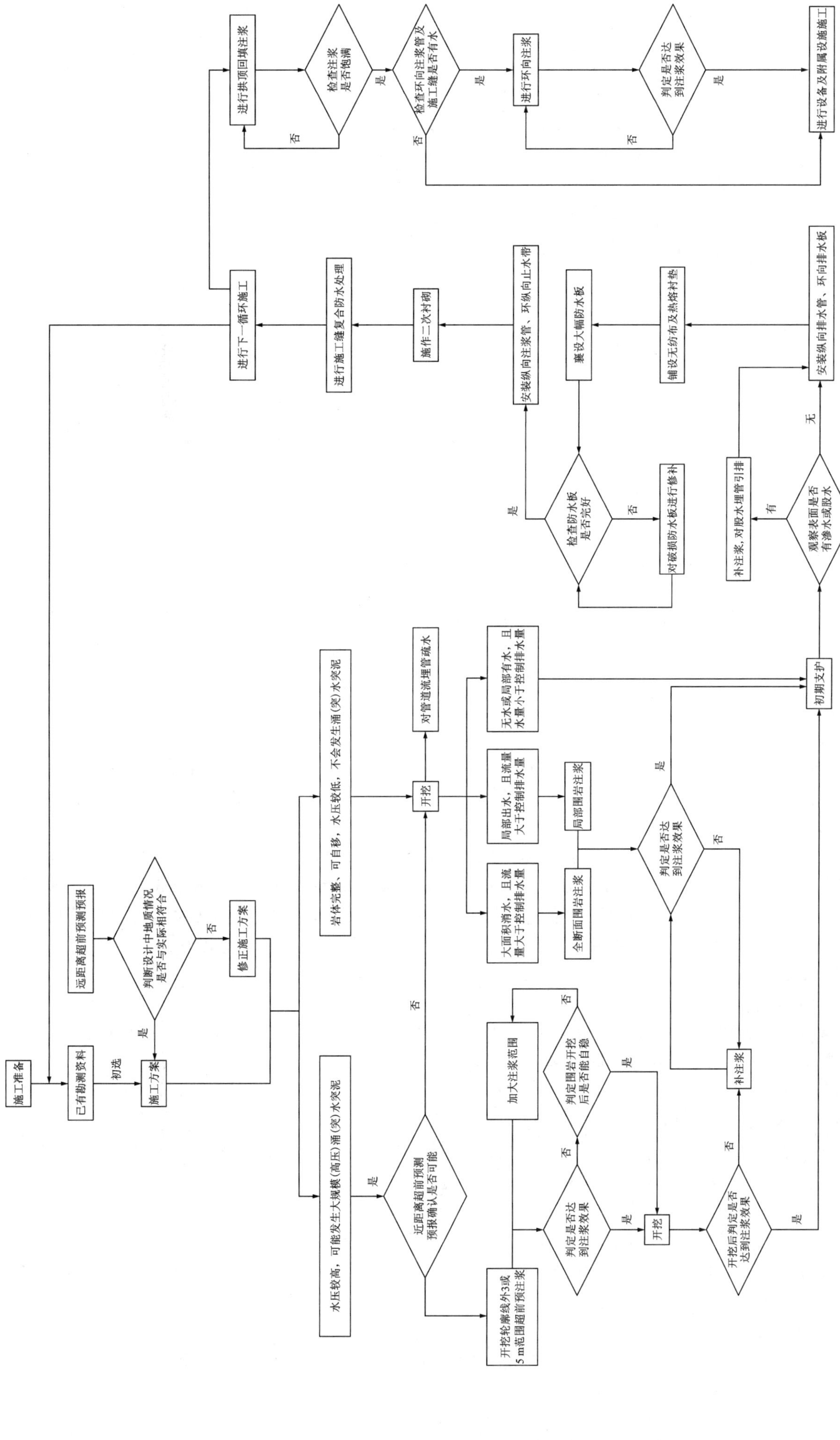

图28-5　综合防排水措施流程图

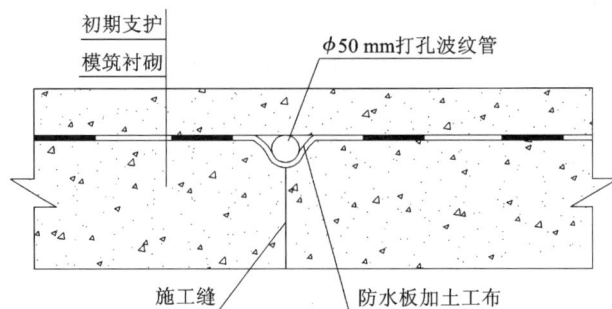

图 28-6 打孔波纹管安装示意图

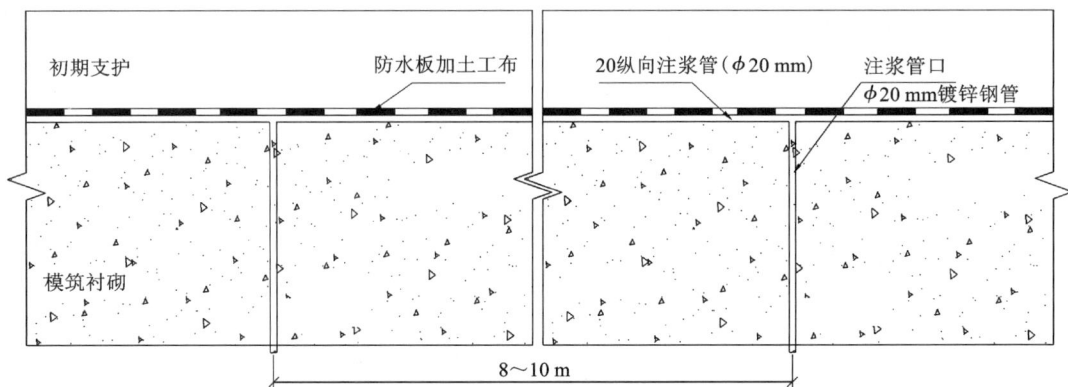

图 28-7 纵向注浆管剖视图

(3)无仰拱衬砌结构底板横向施工缝:无仰拱衬砌结构底板横向施工缝设置中埋式橡胶止水带,纵向平均间距 20 m 一道,并与 $\phi100$ mm 横向 PVC 导水管、$\phi50$ mm 横向排水管及过轨管等设置位置避开。

(4)水沟电缆槽槽身横向施工缝:水沟电缆槽槽身横向施工缝设置遇水膨胀止水胶,纵向平均间距 30 m 一道,并与纵向排水管出口、$\phi100$ mm 横向 PVC 导水管等设置位置避开。

(5)变形缝(宽 2 cm):拱墙部位变形缝防水采用钢边橡胶止水带、背贴式橡胶止水带、沥青木丝板塞缝、聚硫密封胶及镀锌钢板接水盒等措施;变形缝处衬砌内缘设置钢板接水盒、内缘 3 cm 范围内以聚硫密封胶封堵,其余空隙采用填缝料填塞密实。仰拱部位采用钢边橡胶止水带、背贴式橡胶止水带和沥青木丝板塞缝等措施。为减少仰拱变形缝两侧的不均匀沉降,仰拱部位二次衬砌内设 $\phi50$ mm 双层抗剪钢筋,钢筋环向间距为 50 cm。

6. 明洞和斜切类洞门防排水设计

(1)钢筋混凝土结构外缘与填土面接触部分以外依次设置 1 mm 厚水泥基渗透结晶型防水涂料(Ⅱ型)、1~2 cm 厚 M10 砂浆找平层、防水板、3~5 cm 厚 M10 水泥砂浆保护层。

(2)明洞结构在土石回填后,均铺设隔水层,隔水层优先选用黏土层,在黏土取材困难时或者地表有绿化(复耕)需要时,选用复合隔水层,以便最大限度减少工程对环境的影响。

(3)黏土隔水层与边坡的搭接、防水层与边坡的搭接均应良好,接缝材料的延伸性应良好,以形成弹性连接,防止不均匀沉陷,造成拉剪破坏。

(4)墙底开挖时墙脚纵向排水管 10 m 一段,纵向排水管两端均直接接入隧道侧沟;墙顶开挖时设置拱脚纵向排水管及竖向排水管,纵向与竖向排水管采用三通连接,且竖向排水管纵向间距 4 m 并根据地下水发育情况调整。竖向排水管采用 HDPE80 双壁打孔波纹管,纵向排水管采用 HDPE107/93 双壁打孔波纹管。

7. 明暗洞衔接处防排水处理

在衔接处防水板内侧设置背贴式止水带,止水带幅宽为 30 cm,并与暗洞防水板焊接。

变形缝处设置中埋式钢边橡胶止水带。拱墙变形缝处衬砌内缘设置钢板接水盒、内缘 3 cm 范围内以聚硫密封胶封堵，其余空隙采用填缝料填塞密实。为减少仰拱变形缝两侧沉降，仰拱部位二次衬砌内设 $\phi50$ mm 双层抗剪钢筋，钢筋环向间距 50 cm，仰拱变形缝空隙采用填缝料填塞密实。

明暗洞防水板搭接长度不小于 60 cm，搭接部位采用双缝焊接。

明暗洞衔接处防排水处理如图 28-8、图 28-9 所示。

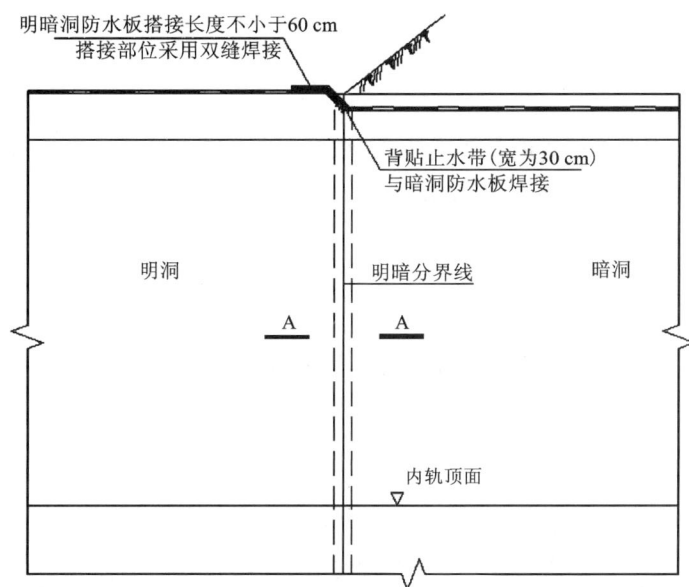

图 28-8　明暗洞变形缝剖面示意图

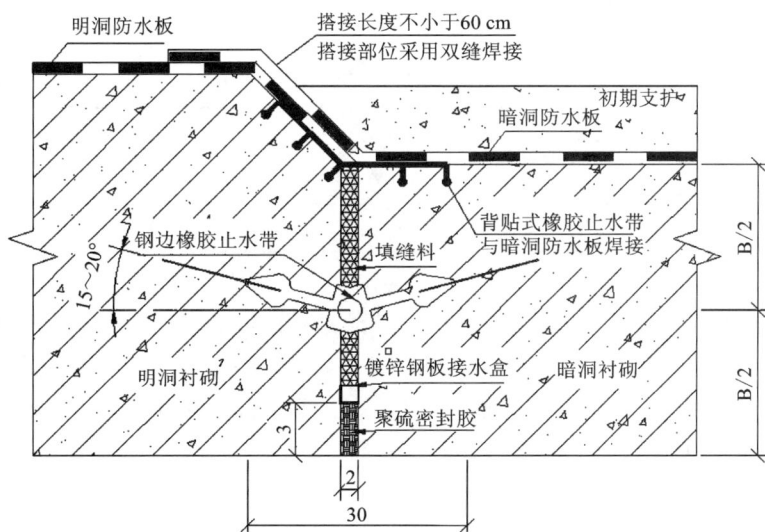

图 28-9　A-A 剖面示意图

8. 洞口及地表防排水设计

隧道洞口排水系统设计遵循"截、排水"的原则，首先保证洞内水顺畅排出，并避免洞外水冲刷隧道洞门及边仰坡。

（1）隧道洞内侧沟与中心沟应与路堑侧沟顺接，洞口地段如沿出洞方向上坡时，应在洞外设反向排水沟，沟底坡度不小于 2‰，并且在洞口前方修一道挡水墙，以截排洞外水流，避免其流入洞内。

（2）土质边仰坡开挖后，为降低水对边坡稳定性的影响，边坡在防护时布置 $\phi50$ mm 排水孔，排水孔间距 3×3 m，排水孔长 10 m，仰斜角度 15°，孔内插入 φ50 mm 透水 PVC 管。

（3）洞口边仰坡应根据其支挡结构设置排水设施，如在其平台上设置水沟等，并与路堑排水系统衔接。

（4）隧道洞门均设置了截水天沟，天沟设于边、仰坡坡顶以外不小于 5 m，其坡度根据地形设置，但不应小于 3‰，以免淤积。天沟采用 C30 混凝土预制块浆砌，其地表水排出路基外。天沟形式根据洞口地形地质条件进行设计，并根据地形确定水沟流向。

（5）当隧址区地表有漏斗、洼地等可能汇集地表水的不良地形地貌时，应根据调查情况判别地表水与地下水的联系，对漏斗、洼地采用铺设土工布、填土平整、浆砌铺面等措施，并采用措施截排地表水，避免地表水的汇集。

9. 水土保持措施

洞顶及其附近有水塘、水库、河沟时，要考虑因修建隧道而引起地表水流失等影响居民生活及农田灌溉的可能，可采取相应措施防止运营期水源漏失。

隧道边仰坡、明洞洞身填土及其边坡、弃渣场（底部、挡护及砟面覆土绿化）等进行明确设计，达到保持水土、保护环境的目的。

第十节　辅助坑道设计

一、辅助坑道设置原则

辅助坑道的设置根据隧道长度、施工工期、地形条件、水文地质等条件，并结合施工期间超前地质预报、通风、排水、弃渣要求，以及运营期间的排水、救灾等多方面需求综合考虑，通过技术、经济比较确定。

二、辅助坑道净空设计

辅助坑道的断面尺寸根据担负的工作量、地质条件、支护类型、施工机械设备尺寸、人行安全及管路布置确定，辅助坑道断面尺寸见表 28－17。

表 28－17　辅助坑道断面尺寸表

坑道类型	宽度/m	高度/m	路面以上净空面积/m²
无轨运输单车道	5.0	6.0	29.13
无轨运输双车道	7.5	6.2	43.15

单车道宽 = 1.0 m 人行道 + 0.3 m 余宽 + 2.8 m 车宽 + 0.3 m 余宽 + 0.6 m 侧向宽度，总宽为 5.0 m。双车道宽 = 1.0 m 人行道 + 2.8 m 车宽 + 0.3 m 余宽 + 2.8 m 车宽 + 0.6 m 侧向宽度，总宽为 7.5 m。车辆高度取 3.85 m，单车道考虑设置 φ1800 mm 风管 1 根，双车道考虑设置 φ1800 mm 风管 2 根。单、双车道净空断面如图 28－10、图 28－11 所示。

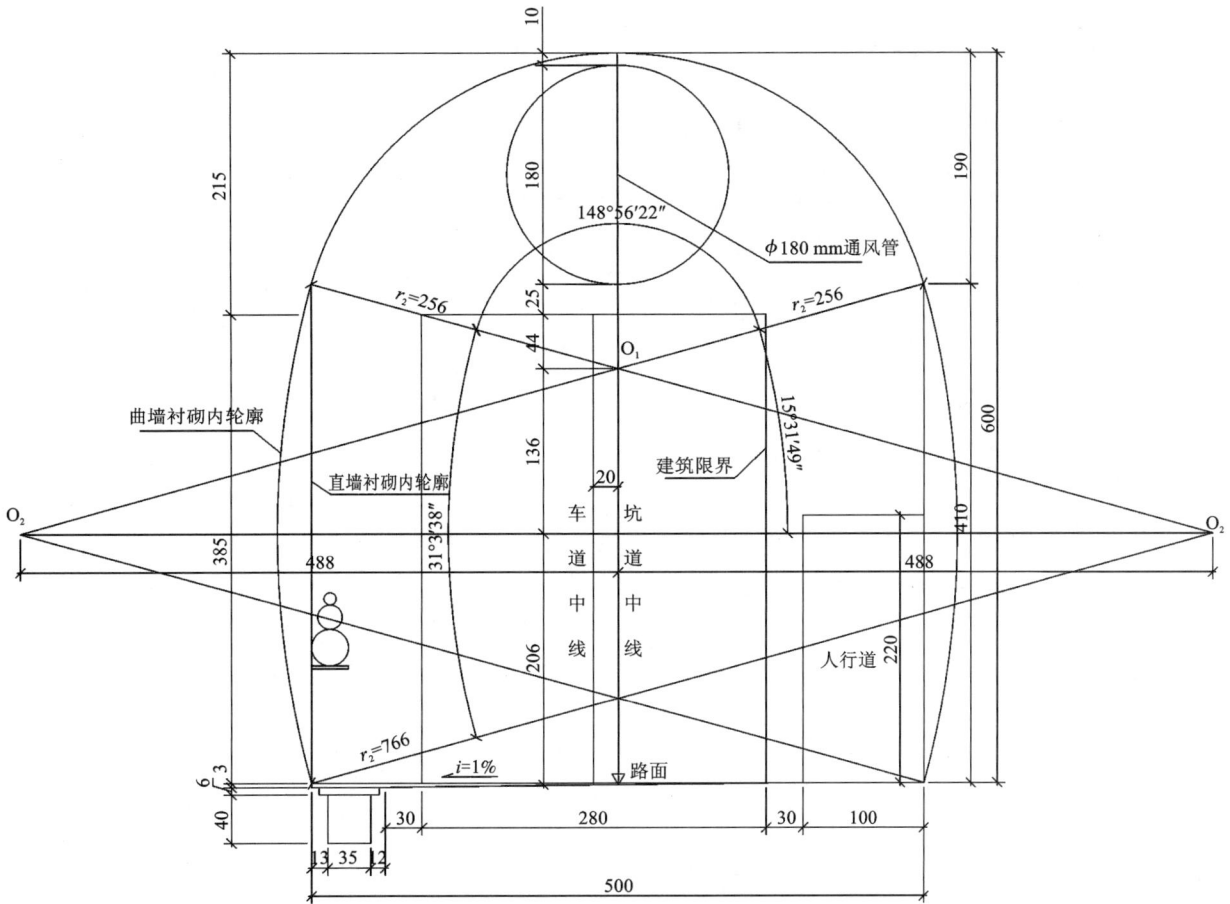

图 28 – 10 辅助坑道单车道净空内轮廓

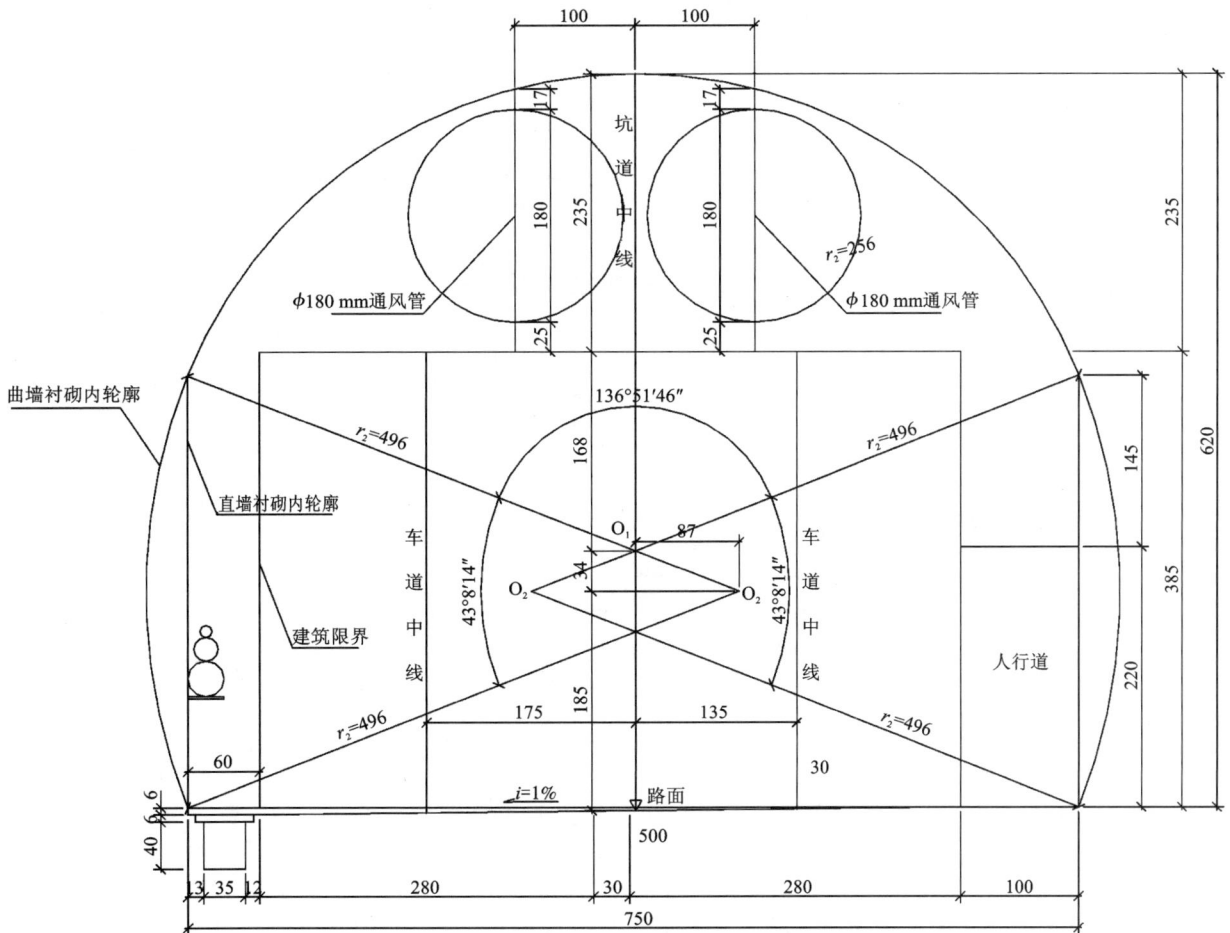

图 28 – 11 辅助坑道双车道净空内轮廓

258　合福高铁闽赣段工程总结

三、辅助坑道结构设计

辅助坑道衬砌类型采用喷锚衬砌或复合式衬砌，其支护参数见表28－18、表28－19。

表 28－18　无轨运输单车道断面支护参数表

衬砌类型			喷锚衬砌			复合式衬砌			
围岩级别			II	III	IV	II	III	IV	V
预留变形量/cm			—	—	—	—	1~3	3~5	5~8
二次衬砌	C25模筑混凝土	拱墙厚度/cm	—	—	—	25	25	30	30
		底板/仰拱厚度/cm	20/	20/	20/	20/	20/	20/	20/
喷锚或初期支护	C25喷混凝土	设置部位及厚度/cm	拱墙:5	拱墙:10	拱墙:20	拱墙:5	拱墙:8	拱墙:15	拱墙:20
	钢筋网	钢筋规格(HPB235)/mm	—	—	φ6	—	—	φ6	φ6
		设置部位	—	—	拱墙	—	—	拱墙	拱墙
		网格间距/cm	—	—	25×25	—	—	25×25	20×20
	锚杆	设置部位	局部	拱部	拱墙	局部	拱部	拱墙	拱墙
		长度/m	2	2	2.5	2	2	2.5	3
		间距(环向m×纵向m) 拱部	—	1.5×1.5	1.5×1.5	—	1.5×1.5	1.2×1.2	1.5×1.5
		边墙	—	1.5×1.5	1.2×1.2	—	1.5×1.5	1.2×1.2	1.2×1.2
	钢架	规格/mm	—	—	φ20@150 格栅	—	—	—	φ20@150 格栅
		设置部位	—	—	拱墙	—	—	—	拱墙
		纵向间距/m	—	—	1.2	—	—	—	1

注：当V级围岩拱部为土层时拱部锚杆可取消。

表 28－19　无轨运输双车道断面支护参数表

衬砌类型			喷锚衬砌			复合式衬砌			
围岩级别			II	III	IV	II	III	IV	V
预留变形量/cm			—	—	—	1~3	3~5	5~8	8~10
二次衬砌	C25模筑混凝土	拱墙厚度/cm	—	—	—	30	30	30	35
		底板/仰拱厚度/cm	20/	20/	20/	20/	20/	/30	/35
喷锚或初期支护	C25喷混凝土	设置部位及厚度/cm	拱墙:10	拱墙:15	拱墙:20	拱墙:8	拱墙:10	拱墙:20	拱墙:23
	钢筋网	钢筋规格(HPB235)/mm	—	φ6	φ6	—	φ6	φ6	φ6
		设置部位	—	拱部	拱墙	—	拱部	拱墙	拱墙
		网格间距/cm	—	25×25	20×20	—	25×25	20×20	20×20

续表 28－19

衬砌类型			喷锚衬砌			复合式衬砌			
		设置部位	局部	拱墙	拱墙	局部	拱墙	拱墙	拱墙
喷锚或初期支护	锚杆	长度/m	2.5	2.5	3.0	2.5	2.5	3.0	3.5
		间距(环向 m×纵向 m) 拱部	—	1.2×1.2	1.5×1.5	—	1.5×1.5	1.5×1.5	1.5×1.5
		边墙	—	1.2×1.2	1.2×1.2	—	1.5×1.2	1.2×1.2	1.2×1.2
	钢架	规格/mm	—	—	$\phi22@150$ 格栅	—	—	$\phi22@150$ 格栅	$\phi22@150$ 格栅
		设置部位	—	—	拱墙	—	—	拱墙	拱墙
		纵向间距(m)	—	—	0.8	—	—	1.0	0.8

注：当 V 级围岩拱部为土层时拱部锚杆可取消。

第十一节　沉降变形设计

一、隧道变形观测点布置原则

（1）一般情况下，暗洞地段Ⅲ级围岩每 400 m、Ⅳ级围岩每 300 m、Ⅴ级围岩每 200 m 布设一个观测断面；明洞地段断面间距为 20 m。当长度不足时，每段围岩或不同衬砌段应至少布置一个断面。

（2）不良地质和复杂地质区段，观测断面的间距为一般地段的一半。

（3）隧道洞口里程、隧线分界里程、明暗分界里程、有仰拱和无仰拱衬砌变化历程及所有设置变形缝两侧均应布置观测断面。

（4）隧底填充或底板施工完成后，每个观测断面设置 2 个沉降观测点，分别布置在隧道中线两侧各 6.24 m 处；变形缝处每个观测断面设置 4 个沉降观测点，分别布置在隧道中线两侧各 6.24 m 和变形缝前后各 0.5 m 处。

二、观测原则

（1）隧道内一般地段沉降观测断面的布设根据围岩级别和结构类型分别确定，不良地质和复杂地质区段适当加密布设。

（2）隧道洞口、明暗分界处和变形缝处均应进行沉降观测。

（3）隧道主体工程完工后，变形观测期一般不应少于 3 个月。观测数据不足或工后沉降评估不能满足设计要求时，应适当延长观测期。

三、元器件埋设

测点及观测元器件的埋设位置应标设准确、埋设稳定。观测期间应对观测点采取有效的保护措施，防止施工机械的碰撞，人为因素的破坏。观测点的埋设如图 28－12 所示。

四、隧道变形观测点测量精度

所使用的仪器和设备应进行定期检查并做出详细记录；每次测量应采用同一仪器，固定观测人员，采用相同的观测路线和观测方法，在基本相同的环境和观测条件下工作。

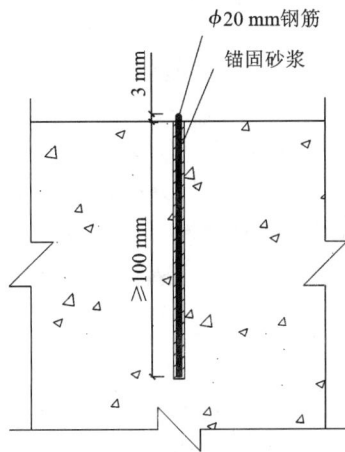

图 28－12　隧道变形观测点设置参考图

隧道沉降观测点水准测量精度为 ±1 mm，读数取位至0.1 mm。

五、隧道变形观测频次

隧道基础沉降观测的频次见表28-20，沉降稳定后可不再进行观测。

表28-20　隧道基础沉降观测频次

观测阶段	观测频次		
	观测期限		观测周期
隧底工程完成后	3个月		1次/周
无砟轨道铺设后	3个月	0~1个月	1次/周
		1~3个月	1次/2周

六、隧道变形评估方法及判定标准

（1）隧道评估前应收集下列资料：

①隧道基础沉降观测资料。

②隧道地段的线路设计纵断面图、工程地质纵横断面图、地质勘查报告、设计图纸和说明书等相关设计资料。

③隧道开挖地质描述及开挖围岩分级记录、Ⅳ级~Ⅵ级围岩地段基底承载力检测情况、施工监控量测资料、仰拱施工分项工程验收记录等施工资料。

④施工质量控制过程和抽检情况等监理资料。

（2）隧道内无砟轨道铺设条件的评估应根据有关设计、施工和监理的资料及交接检验和复检的结果进行综合分析。

（3）隧道基础的沉降预测与评估方法采用路基沉降预测采用的曲线回归法，具体应满足以下要求：

①根据隧道完成或回填后不少于3个月的实际观测数据做多种曲线的回归分析，确定沉降变形的趋势，曲线回归的相关系数不应低于0.92。

②沉降预测的可靠性应经过验证，即间隔不少于3个月的两次预测最终沉降的差值不应大于8 mm。

③隧道完成或回填土后，最终的沉降预测时间应满足下列条件：

$$s(t)/s(t=\infty)\geqslant 75\%$$

式中：$s(t)$为预测时的沉降观测值；$s(t=\infty)$为预测的最终沉降值；t为沉降时间，以隧道完成后为起始点。

④预测的隧道基础工后沉降值不应大于15 mm，并应满足无砟轨道有关设计要求。

第十二节　设计阶段的安全风险评估及技术措施

铁路隧道工程发生各类风险的概率较其他工程高，且一旦发生，造成的损失较大。开展铁路隧道风险评估，有利于决策科学化，有利于减少工程事故的发生，有利于提高政府、业主、设计单位和施工单位的风险管理意识和风险管理能力，从而达到控制风险、减少损失的目的。因此，应针对本段隧道所处的环境、工程地质与水文地质条件，开展风险评估工作，提出相应的对策。

一、风险评估

（1）设计阶段风险评估在前期各阶段评估结果的基础上，结合本线隧道所处的环境、工程地质与水文地质条件，对本线隧道施工中存在的边坡坍塌、洞口失稳、洞身冒顶坍方、瓦斯、突水（泥、石）、岩爆等典型风险进行评估；并提出相应的对策和技术措施。

（2）设计阶段风险评估内容和成果应满足施工阶段安全风险评估的要求。

（3）根据隧道地质纵断面情况分段评估，确定初始风险（典型风险）等级，提出相应的设计措施。其主要工作包括：

①分段评估初始风险，选择设计措施。

②根据设计措施进行再评估，确定残留风险。

③对高度等级的残留风险，要提出风险减缓措施，降低风险到中度及以下。

二、风险管理

（1）风险管理目标

设计阶段应对前期各阶段所确定的残留风险和新识别风险进行评估，对影响安全的风险进行专项设计。

（2）风险管理内容

根据上一阶段风险评估与管理成果，更新风险信息和相关控制措施，编制本设计阶段风险管理实施细则。建立风险跟踪机制。合理进行施工组织设计，充分考虑不同工法对安全的影响，开展有针对性的预设计，明确监测标准，确保工程的可靠性。

三、风险评估报告编制主要内容

（1）编制依据：业主制定的风险管理方针及策略；相关的国家和行业标准、规范及规定；隧道基础资料；各阶段审查意见；段评估结果。

（2）隧道概况。

（3）风险评估程序和评估方法。

（4）风险评估内容。

（5）风险对策措施及建议。

（6）风险评估结论。

第二十九章　轨道设计

第一节　轨道工程概况与特点

一、轨道工程概况

合福高铁闽赣段正线长度为 466 km，正线主要铺设 CRTS I 型双块式无砟轨道。正线铺轨长度为 926 km，其中无砟轨道铺轨长度为 915 km，占正线铺轨总长的 98.8%；正线有砟轨道铺轨 11.2 km，占正线铺轨总长的 1.2%。紧邻正线的到发线采用 CRTS I 型双块式无砟轨道，联络线及其他站线铺设有砟轨道。正线及与正线相邻的到发线无砟道岔均铺设国产轨枕埋入式无砟道岔。

正线及与正线相邻的到发线共铺设无砟道岔 111 组，其中正线无砟道岔 18 号 74 组，42 号 4 组；到发线无砟道岔 12 号 5 组，18 号 30 组。全线设置轨枕预制场 3 个，每个轨枕预制场月生产能力约为 3 万根。

二、轨道工程特点

合福高铁闽赣段（皖赣分界 DK343+180 至福州站），除跨西岭互通特大桥 DK805+853 至福州站铺设有砟轨道外，其余正线地段均铺设 CRTS I 型双块式无砟轨道。合福高铁闽赣段采用 100 m 定尺长 60 kg/m、U71MnG 无螺栓孔新钢轨，一次铺设跨区间无缝线路。车站内与正线相邻的到发线铺设无砟轨道，其余到发线铺设有砟轨道。

（1）合福高铁闽赣段在上饶地区设置了上饶地区联络线，上饶地区联络线速度目标值为 120 km/h，铺设有砟轨道，采用 100 m 定尺长 60 kg/m、U71Mn 无螺栓孔新钢轨，一次铺设跨区间无缝线路。

（2）无砟轨道板、铺轨（岔）、应力放散和锁定、轨道稳定等工序的施工，需用自动化控制技术和大型专用施工机械，工艺标准要求高。

（3）无砟轨道的高精度对测量工作和施工精度提出严格要求。

（4）无砟轨道施工工序的限制条件严格，架梁与无砟轨道施工之间，有砟轨道、无砟轨道施工各工序之间及各专业施工之间的衔接十分紧凑。

（5）无砟轨道的高低调整幅度有限，对线下基础的变形要求高。各项基础设施的施工既是相互独立自成体系，又是相互制约，形成一个有机整体的系统工程。

第二节　设计原则与采用的主要技术标准

一、设计原则

轨道是由钢轨、扣件、轨枕、道床及附属设备组成，其作用是引导机车车辆运行，直接承受由车轮传来的荷载，并把它传递给路基或桥隧建筑物。

鉴于合福高铁闽赣段的运营特点，轨道设计遵循以下基本原则：

（1）轨道结构必须坚固稳定，在列车以 250 km/h 以上速度行驶的动荷载作用下，在当地的环境条件下，轨道结构能够长期保持正确的几何形位，以确保列车的安全运行。

（2）为满足高速度、高密度的行车特点，轨道结构应尽可能地减少后期的运营维修工作量，正线轨道宜采用无砟轨道。

（3）要坚持以人为本，使轨道结构保持合理的刚度，尽可能地降低振动与噪声，正线宜采用 60 kg/m 钢轨，铺设跨区间无缝线路。

（4）尽可能地采用通用的、先进的轨道零部件，方便运营后的维修和备料。

（5）桥上尽量避免使用钢轨伸缩调节器，不得已时，钢轨伸缩调节器应放在直线地段，并避开竖曲线。

（6）轨道结构应考虑与其他专业的接口，在几何尺寸上满足相关轨旁设备安装的要求，在功能上满足相关专业的功能不受影响。在设计中充分考虑不同线下结构对轨道的影响。

（7）当线路通过环境敏感点时，可采用减振型轨道。

（8）在满足以上条件时，尽可能节约投资，降低造价。

二、主要技术标准

（一）正线轨道技术标准

（1）铁路等级：客运专线。

（2）正线数目：双线。

（3）最大坡度：20‰。

（4）最小曲线半径：4000 m。

（5）到发线有效长度：650 m。

（6）牵引种类：电力。

（7）机车类型：动车组。

（8）列车运行控制方式：自动控制。

（9）行车指挥方式：综合调度集中。

（二）道岔技术标准

合福高铁闽赣段 CRTS I 型双块式地段采用轨枕埋入式道岔，其轨道结构高度为桥上 850 mm，路基地段 860 mm，隧道地段为 560 mm。其中正线 1/18 无砟道岔：74 组，正线 1/42 无砟道岔：4 组；到发线 1/18 无砟道岔：30 组，到发线 1/12 无砟道岔：5 组。道岔区轨枕埋入式无砟轨道结构高度见表 29-1。

表 29-1　道岔区轨枕埋入式无砟轨道结构高度表

正线	钢轨/m	扣件/m	承轨面至道床板面高差/m	道床板/m	支承层/m	轨道结构高度/m
路基岔区	0.176	0.056	0.028	0.300	0.300	0.860
桥梁岔区	0.176	0.056	0.028	0.360	0.230	0.850
隧道岔区	0.176	0.056	0.028	0.300	0	0.560

（三）轨道附属设备设计标准

1. 线路标志

线路及信号标志采用反光标志，正线线路标志的制作与设置采用铁道部工程建设通用参考图《铁路线路及信号标志》第三分册：《高速铁路线路标志图集》（通线（2010）8024-Ⅲ），线路标志设千米标，半千米标，桥梁标，上、下行线分别设置。

（1）千米标、半千米标及桥梁标的设置以铁路运营单位公布的运营里程、桥梁编号为准。

（2）线路标志、标桩的设置位置应符合《铁路技术管理规程》《铁路客运专线技术管理办法（试行）》（300~350 km/h 部分）和铁道部相关文件的规定。

2. 基桩

有砟轨道铺设地段设置线路基桩，沿线路每 60 m 设一对，缓和曲线起终点及圆曲线中点各增设一对。客运专线无砟轨道基桩按《高速铁路铁路工程测量规范》（TB 10601—2009）设置。

3. 轨道备料

根据《高铁路轨道及站后"四电"工程备品备件配置指导意见》（铁建设〔2012〕158 号）进行设计。

根据"铁建设〔2012〕158 号"文，正线及到发线有砟轨道及无砟轨道常备材料按下表 29-2，表 29-3

设置。

表 29 – 2　正线及到发线有砟轨道常备材料及数量

材料名称		备料数量
混凝土枕(桥枕单列)		单线每千米 2 根
电容枕		每工区 4 根
扣件及其垫板		单线每千米 5 根
断轨急救器		每工区 6 套,每套含急救器 6 个、膨包夹板 1 对
25 m 无孔轨		每工区 6 根
6 m 有孔短轨		每工区 2 根
6.25 m 有孔胶接绝缘轨		每工区 2 根
现场胶接绝缘夹板及绝缘材料		每工区 2 套
接头螺栓及垫圈		每工区 36 套
接头夹板		每工区 24 块
绝缘轨距杆		每工区 50 套
钢轨伸缩调节器	整组钢轨伸缩调节器(含配件及轨枕)	每种型号每车间备 1 组

表 29 – 3　正线及到发线无砟轨道常备材料及数量

材料名称		备料数量
CRTS I 型双块式无砟轨道	双块式轨枕	每车间 50 根
轨道过渡段	过渡段辅助轨扣件及垫板	每 1~20 处 5 套
	过渡段基本轨扣件及垫板	每 1~20 处 5 套
	过渡段轨枕	每 1~20 处 2 根
扣件及其垫板		每工区每种类型各 50 套
断轨急救器		每工区 6 套,每套含急救器 6 个、膨包夹板 1 对
25 m 无孔短轨		每工区 2 根
6 m 有孔短轨		每工区 2 根
6.25 m 有孔胶接绝缘轨		每工区 2 根
现场胶接绝缘夹板及绝缘材料		每工区 2 套
接头螺栓及垫圈		每工区 36 套
接头夹板		每工区 24 块
绝缘轨距杆		每工区 50 套
钢轨伸缩调节器	整组钢轨伸缩调节器(含配件及轨枕)	每种型号每车间备 1 组

三、设计依据

(1)《关于新建合肥至福州铁路初步设计的批复》(铁鉴函〔2010〕189 号)。

(2)《关于新建合肥至福州铁路修改初步设计的批复》(铁鉴函〔2012〕994 号)。

(3)《关于严格执行铁路工程设计施工有关标准的通知》(铁建设〔2010〕161 号文)。

(4)《高速铁路设计规范(试行)》(TB 10621—2009)。

(5)《铁路无缝线路设计规范》(TB 10015—2012)。

(6)《铁路轨道设计规范》(TB 10082—2005)。

(8)《客运专线铁路无砟轨道铺设条件评估技术指南》(铁建设函〔2006〕158号)。

(9)《关于发布〈客运专线铁路无砟轨道铺设条件评估技术指南〉局部修订条文的通知》(铁建设〔2007〕150号)。

(10)《高速铁路用钢轨》(TB/T 3276—2011)。

(11)《关于印发〈钢轨使用指导意见〉的通知》(运工线路函〔2012〕264号)。

(12)《铁路混凝土》(TB/T 3275—2011)。

(13)《客运专线综合接地技术实施办法(暂行)》(铁集成〔2006〕220号)。

(14)《铁路综合接地系统》(图号:通号(2009)9301)。

(15)《铁路桥涵钢筋混凝土和预应力混凝土结构设计规范》(TB 10002.3—2005)。

(16)《铁路混凝土结构耐久性设计规范》(TB 10005—2010)。

(17)《铁路轨道工程施工安全技术规程》(TB 10305—2009)。

(18)《高速铁路轨道工程施工质量验收标准》(TB 10754—2010)。

(19)《铁路混凝土工程施工质量验收标准》(TB 10424—2010)。

(20)《高速铁路轨道工程施工技术指南》(铁建设〔2010〕241号)。

(21)《铁路混凝土工程施工技术指南》(铁建设〔2010〕241号)。

(22)《铁路混凝土工程钢筋机械连接技术暂行规定》(铁建设〔2010〕41号)。

(23)《客运专线铁路双块式无砟轨道双块式混凝土轨枕暂行技术条件》(科技基〔2008〕74号)。

(24)《客运专线铁路岔区板式无砟轨道混凝土道岔板暂行技术条件》(科技基〔2008〕173号)。

(25)《客运专线铁路预埋套管式混凝土道岔板制造及验收技术条件(试行)》(工管技〔2010〕145号)。

(26)《客运专线铁路无砟轨道支承层暂行技术条件》(科技基〔2008〕74号)。

第三节　有砟轨道结构设计

一、有砟轨道范围

合福高铁闽赣段除跨西岭互通特大桥 DK805+853 至福州站铺设有砟轨道,即 DK805+853－DK812+086 段采用有砟结构外,全线采用 CRTS Ⅰ 型双块式无砟轨道结构系统。线路正线采用长枕埋入式道岔。钢轨由500 m长钢轨焊接而成无缝线路。车站内与正线相邻的到发线铺设无砟轨道,其余到发线铺设有砟轨道。

二、有砟轨道结构设计

1.正线

1)钢轨

正线钢轨采用60 kg/m、100 m定尺长钢轨,速度大于160 km/h的地段,半径大于2800 m的地段采用非淬火无螺栓孔 U71MnG 新轨,半径不大于2800 m的地段采用 U71Mn 热处理钢轨;速度小于160 km/h的地段,半径大于1200 m的地段采用非淬火无螺栓孔 U71Mn 新轨,半径不大于1200 m的地段采用 U71Mn 热处理钢轨钢轨,质量应符合《高速铁路用钢轨》(TB/T 3276—2011)及《关于印发〈钢轨使用指导意见〉的通知》(运工线路函〔2012〕264号)的要求。一次性铺设跨区间无缝线路。

本次设计范围内,根据信号专业相关要求设置胶结绝缘接头。胶结绝缘轨符合《胶结绝缘钢轨技术条件》(TB/T 2975—2000)要求。

2)轨枕及扣件

路基:铺设2.6 m长的Ⅲa型有挡肩钢筋混凝土枕(专线3393),每千米铺设1667根。

桥梁:根据桥梁梁型设计,DK805+853 至 DK807+600 间的跨西岭互通特大桥采用箱梁结构,桥上不设护轮轨。经桥上无缝线路检算，跨西岭互通特大桥大跨度连续梁（（40 + 64 + 64 + 40）m +（70 + 136 + 70）m）范围采用Ⅲc 型混凝土轨枕（专线 3451）。本桥除连续梁外其他简支梁采用Ⅲa 型轨枕（专线 3393）；DK807 + 600 至 DK811 + 611 桥梁采用 T 梁，故桥上铺设新Ⅲ型桥枕（专线 3448）。每 km 均按 1667 根铺设。

根据信号专业要求有砟轨道设置电容轨枕和电气绝缘节轨枕等特制轨枕。

跨西岭互通特大桥大跨度连续梁（（40 + 64 + 64 + 40）m +（70 + 136 + 70）m）范围采用弹条Ⅴ形小阻力扣件，其余地段采用与Ⅲa 型有挡肩钢筋混凝土枕、新Ⅲ型桥枕相配套的弹条Ⅱ型扣件，轨下垫板采用厚 10 mm、静刚度为 55 ~ 75 kN/mm 的橡胶垫板。

3）道床

采用一级碎石道砟，其质量应符合《铁路碎石道砟》（TB/T 2140—2008）和《铁路碎石道床底砟》（TB/T 2897）的规定。

采用级配碎石的 DK805 + 853 ~ DK807 + 600 的路基地段采用单层道床，道床厚 35 cm；采用 A、B 组填料的 DK807 + 600 ~ DK811 + 611 的路基地段采用双层道床，道床厚 50 cm（其中面砟 30 cm，底砟 20 cm）；桥梁、硬质岩石路堑地段道床厚 35 cm。速度大于 160 km/h 的地段，单线道床顶面宽 350 cm；速度小于 160 km/h 的地段，单线道床顶面宽 340 cm。道床边坡 1∶1.75，砟肩堆高 15 cm。双线道床顶面宽分别按单线设计。

4）轨道结构高度

引入福州枢纽（DK805 + 853 ~ DK811 + 611.65）轨道结构高度：一般土质路基为 0.916 m；硬质岩石路堑、桥为 0.766 m。

2. 上饶联络线

上饶联络线速度目标值为 120 km/h，一次铺设跨区间无缝线路。

采用 100 m 定尺长 60 kg/m、U71Mn 无螺栓孔新钢轨；路基铺设 2.6 m 长的Ⅲa 型有挡肩钢筋混凝土枕，采用 T 梁的桥上铺设新Ⅲ型桥枕，每 km 均铺设 1667 根；弹条Ⅱ型扣件；一级碎石道砟。根据信号专业要求设置电容轨枕和电气绝缘节轨枕等特制轨枕（研线 0308）。

采用一级道砟。其质量符合《铁路碎石道砟》（TB/T 2140—2008）中一级碎石道砟的规定和《铁路碎石道床底砟》（TB/T 2897）的规定。

采用双层道床，单线道床顶面宽为 340 cm，道床边坡为 1∶1.75，砟肩堆高为 15 cm。路基道床厚为 50 cm（30 cm 面砟、20 cm 底砟）。

轨道结构高度为一般土质路基为 0.916 m；硬质岩石路堑、桥、隧道为 0.766 m。

第四节　无砟轨道结构设计

一、无砟轨道结构设计

合福高铁闽赣段无砟轨道结构形式有 CRTS Ⅰ 型双块式无砟轨道、轨枕埋入式道岔等结构。京福客专闽赣段（皖赣分界 DK343 + 180 至福州站）除跨西岭互通特大桥 DK805 + 853 至福州站铺设有砟轨道外，其余正线地段及与正线相邻的到发线均铺设 CRTS Ⅰ 型双块式无砟轨道。正线与到发线上无砟道岔均为轨枕埋入式无砟道岔。铺设范围见表 29 - 4。

表 29 - 4　无砟轨道结构分段表

序号	范围	轨道结构		备注
1	DK343 + 180 至 DK805 + 853	无砟	CRTS Ⅰ 型双块式	
2	与正线相邻的到发线	无砟	CRTS Ⅰ 型双块式	

双块式无砟轨道由钢轨、弹性扣件、双块式轨枕、现浇混凝土道床板、支承层（路基地段）或底座（桥梁

地段)等组成。可应用于路基、桥梁和隧道地段。该无砟轨道系统除轨枕为工厂预制外，道床板、支承层或底座等其他构件均采用混凝土现浇，且路基和隧道地段为连续浇筑，因而结构整体性好，施工难度低。如图 29 - 1、图 29 - 2 所示。

图 29 - 1　双块式无砟轨道结构

图 29 - 2　双块式无砟轨道结构组成

1. 钢轨

正线钢轨采用 60 kg/m、100 m 定尺长钢轨，其中半径大于 2800 m 的地段采用非淬火无螺栓孔 U71MnG 新轨，半径不大于 2800 m 的地段采用 U71Mn 热处理钢轨。钢轨质量应符合《高速铁路用钢轨》(TB/B 3276—2011)及《关于印发〈钢轨使用指导意见〉的通知》(运工线路函〔2012〕264 号)的要求。一次性铺设跨区间无缝线路。

紧邻正线的到发线钢轨采用 60 kg/m、100 m 定尺长、U71Mn 无螺栓孔新钢轨，钢轨质量应符合《43 ~ 75 kg 热轧钢轨订货技术条件》(TB 2344—2012)的要求。

本次设计范围内，在道岔区附近设胶结绝缘接头。胶结绝缘接头应符合现行标准《铁路钢轨胶结绝缘接头技术条件》(TB/T 2975—2010)要求。

2. 扣件

闽赣段 CRTS I 型双块式无砟地段采用 WJ - 8B 型弹性扣件(研线 0604B)，连续梁上采用 WJ - 8B 型弹性小阻力扣件(注：梁端一组扣件为常阻力扣件)。

3. 轨枕

CRTS I 型双块式无砟轨道地段采用 SK - 2 型双块式轨枕，如图 29 - 3 所示，其质量应满足《客运专线铁路双块式无砟轨道双块式混凝土轨枕暂行技术条件》(科技基〔2008〕74 号)的要求。轨枕间距一般取 650 mm，不宜小于 600 mm。桥梁上梁缝处最大扣件节点间距按 680 mm 控制，但不应连续设置，对于 32 m 简支梁桥上扣件节点间距取 654 mm。

4. 轨道结构高度

CRTS I 型双块式无砟轨道结构由钢轨、扣件、双块式轨枕、道床板、支承层或底座等组成。轨道结构高度为路基上 815 mm，桥梁 725 mm，隧道内为 515 mm。采用轨枕进入式道岔。

对于轨道结构高度存在差异的地段，线下基础高程应在 30 m 范围内按不大于 10‰ 的坡率进行线性过渡。

5. 道床板

1) 路基地段

路基地段道床板采用连续浇筑，道床板混凝土等级为 C40，道床板宽度为 2800 mm，厚度为 260 mm，如图 29 - 4 所示。道床板顶面根据具体情况设置一定的横向排水坡。

无砟轨道结构高度为 815 mm(内轨顶面至级配碎石顶面)，曲线超高在级配碎石顶面设置，轨枕间距为 650 mm，局部地段可在 600 ~ 650 mm 间调整。

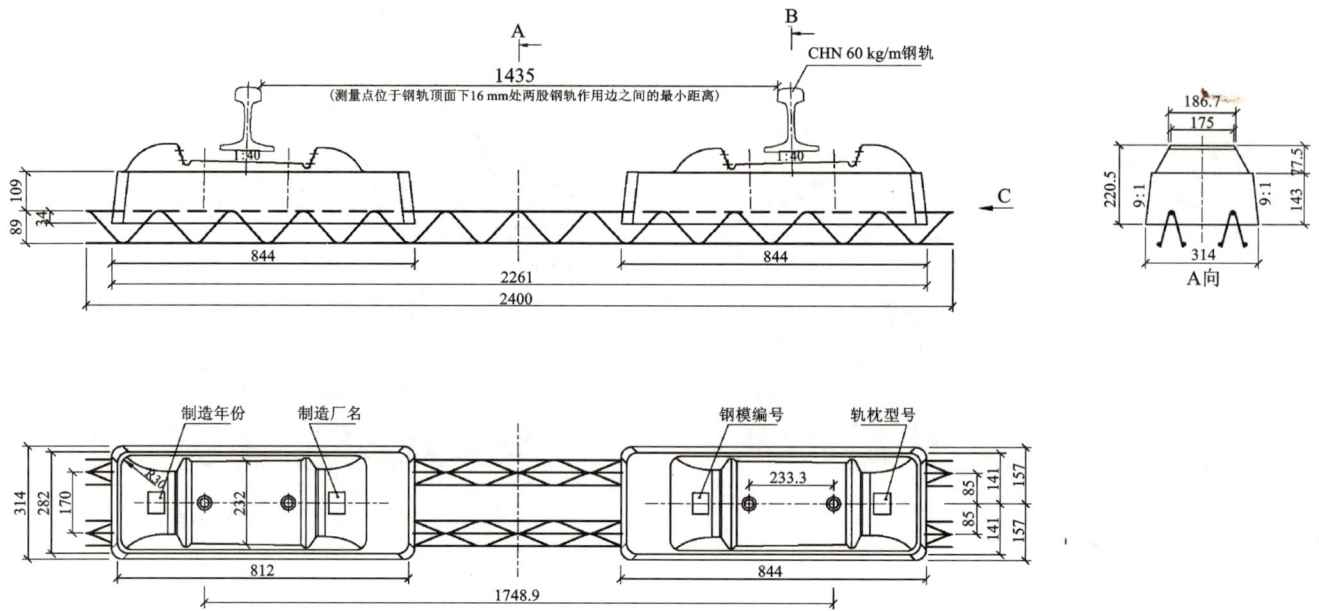

图 29 – 3　SK – 2 型双块式轨枕

2）桥梁地段

桥梁地段道床板采用分块浇筑，道床板宽度为 2800 mm，厚度为 260 mm，长度一般为 5 ~ 7 m，如图 29 – 5 所示。桥上每块道床板设两个凸向底座方向的限位凸台，凸台高度为 110 mm。

无砟轨道结构高度为 725 mm，其中道床板厚度为 260 mm，曲线超高在无砟轨道底座板上设置，采用外轨超高方式。道床板构筑于混凝土底座上，相邻道床板板缝 100 mm，轨枕中心与板端的最小距离为 235 mm。

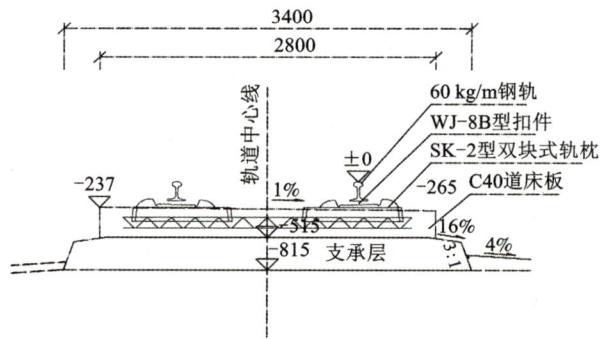

图 29 – 4　路基上 CRTS Ⅰ型双块式无砟轨道断面图

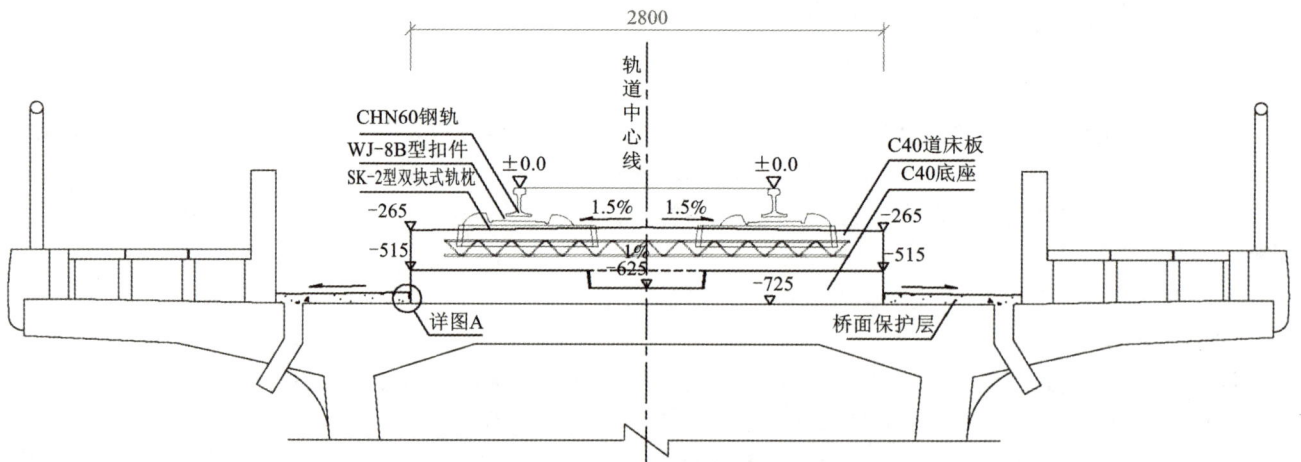

图 29 – 5　桥上 CRTS Ⅰ型双块式无砟轨道断面图

（3）隧道地段

隧道地段道床板混凝土直接浇筑在隧道仰拱回填层或混凝土底板上，道床板采用连续浇筑，混凝土等级为 C40，直线地段道床板宽度为 2800 mm，厚度为 260 mm。仰拱回填层或混凝土底板表面应进行拉毛或凿毛，见新面不小于 50%。

隧道变形缝处道床板采用断开设计，板缝中心与变形缝的中心对齐，板缝宽 20 mm，采用聚乙烯塑料板或泡沫橡胶板填缝，用聚氨酯密封胶抹面。

变形缝两侧的道床板与隧道仰拱回填层或钢筋混凝土底板采用锚固销钉连接，在变形缝处道床板板缝两侧各设置 6 排，每排 4 根锚固销钉；在隧道洞口 12 m 范围内设置 10 排，每排 4 根锚固销钉，其间距根据轨枕间距情况进行调整，使其位于相邻两轨枕间。锚固销钉采用长度为 350 mm 的 ϕ27 mm 销钉，其中植入隧道仰拱回填层或底板内的长度为 150 mm。锚固销钉在隧道仰拱回填层或钢筋混凝土底板内采用有 250 km 时速及以上高铁实际应用经验或能证明满足使用寿命和适用本线运营条件的防开裂锚固胶锚固。轨枕间距为 600~650 mm，隧道变形缝处轨枕间距根据现场情况进行调整，但最外侧轨枕中心至道床板边缘距离不小于 290 mm。

无砟轨道结构高度为 515 mm，其中道床板厚度为 260 mm，曲线超高在无砟轨道道床板上设置，采用外轨超高方式。

6. 支承层

在路基基床表层铺设水硬性支承层，困难条件下采用 C15 低塑性混凝土支承层，支承层底面宽度 3.4 m，厚度 0.3 m，支承层两侧边设置 3∶1 的斜坡。支承层应连续摊铺并每隔 5.2 m 左右设一深度约 105 mm 的横向伸缩缝。伸缩假缝位置应在两轨枕的中间设置，避免伸缩假缝处于轨枕块的下方。支承层浇筑完后应在道床板宽度范围内的表面进行拉毛，拉毛的纹路应均匀、清晰、整齐。

支承层材料技术要求、平面位置、顶面高程、表面平整度、厚度、宽度等主要指标满足《高速铁路轨道工程施工质量验收标准》要求。

7. 底座板

桥上无砟轨道的混凝土底座直接浇筑在桥面上，并与桥梁用桥面预埋钢筋连接，桥上混凝土底座采用分块式结构，桥上每分块底座板上设置两个凹槽，凹槽上口长为 1022 mm，宽为 700 mm，下口长为 1000 mm，宽为 678 mm，深度为 110 mm。限位凹槽四周设弹性缓冲垫层，道床板与底座之间设置隔离层，采用厚度为 4 mm 的聚丙烯土工布。

底座板横向宽度为 2800 mm，直线段厚度为 210 mm，曲线段根据超高不同而不同。

混凝土强度等级为 C40，全部采用集中拌和。施工前按设计提供的配合比进行室内试验，确定施工配合比。

8. 过渡段

有砟与无砟轨道过渡段设在同一下部基础上，过渡方式采用设置辅助轨、黏结道砟方式进行。

正线有砟无砟过渡段的有砟轨道 45 m 范围内道砟分段采用全胶结、部分胶结方式；在过渡段两根基本轨之间，设置两根 25 m 长 60 kg/m 辅助轨，辅助轨与基本轨中心距为 520 mm，其中 5 m 设置在无砟轨道上，20 m 设置在有砟轨道上，辅助轨范围采用配套过渡段轨枕（通用图"通线［2008］2201"）。

9. 端梁

连续铺设的 CRTS I 型双块式无砟轨道路基两端设置端梁结构。对于长度不小于 60 m 的路基，连续道床板的板端应分别设置端梁，端梁与道床板浇筑为一整体，端梁在路基基床表层内埋置深度为 1 m，在端梁设置的一定范围内，道床板下采用钢筋混凝土底座结构，道床板与钢筋混凝土底座间应采用预埋连接钢筋连接；对于长度小于 60 m 且大于 30 m 长的路基，端梁间的距离据路基长度不同而做适当调整；对于长度小于 30 m 的路基，连续无砟道床应进行特殊设计，道床板下部设置底座，底座与路基表层采用销钉或端梁连接，视路基基础材质而定，如图 29-6 所示。锚固销钉采用长度为 350 mm 的 ϕ27 mm 销钉，锚固销钉在底板内采用有 250 km 时速及以上高铁实际应用经验或能证明满足使用寿命和适用本线运营条件的防开裂锚固胶锚固。

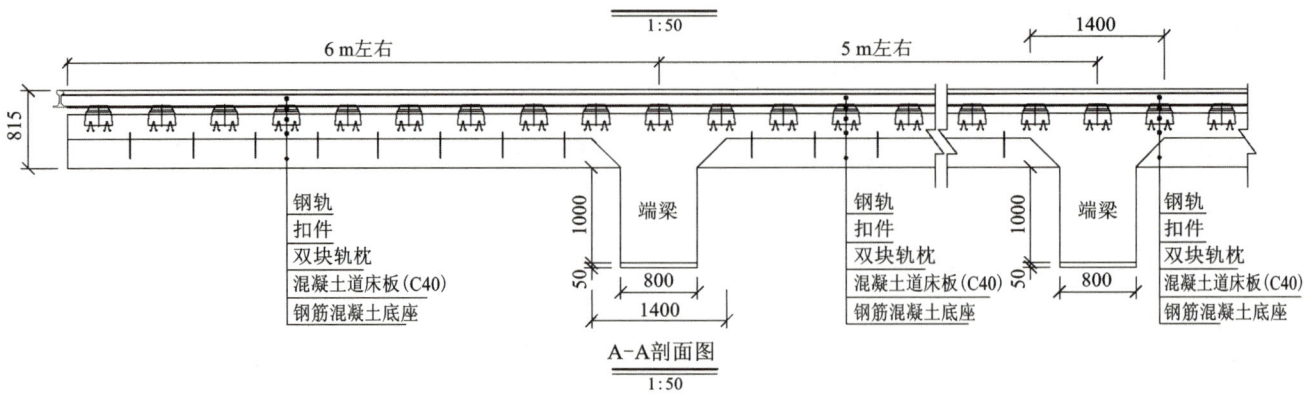

图 29 – 6　路基地段端梁结构图

10. 曲线超高设置

无砟轨道地段曲线超高采取抬高外轨的办法来设置。不同地段的超高设置方式有所不同,路基上曲线超高在路基面实现,桥梁地段曲线超高在底座上实现,隧道地段超高在道床板上实现。实设超高取 5 mm 的整倍数,最小超高不得小于 20 mm。曲线超高在缓和曲线内过渡。对于站端曲线的实设曲线超高,根据铁集成〔2008〕154 号文〈关于印发《时速 300 ~ 350 km 客运专线车站外曲线超高设置指导意见》的通知〉的要求进行计算设置。路基上曲线超高在路基基床表层设置,采用外轨抬高方式。到发线上岔后圆曲线设置 25 mm 超高,如岔后无缓和曲线,则从圆曲线前 12.5 m 开始完成 0 ~ 25 mm 的超高过渡,如图 29 – 7 及图 29 – 8 所示。

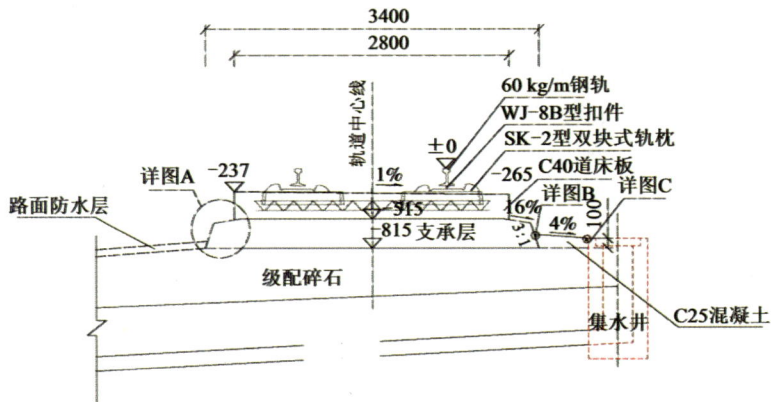

图 29 – 7　路基上 CRTS Ⅰ 型双块式无砟轨道横断面(超高 = 0)

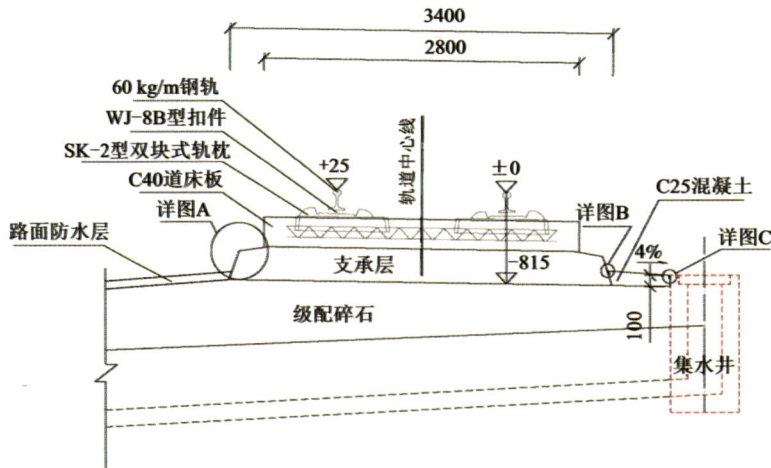

图 29 – 8　路基上 CRTS Ⅰ 型双块式无砟轨道横断面(超高 = 25)

11. 排水设计

1）路基

线路采用路基线间设置集水井方式排水。正线轨道道床板顶面设置双面或单侧横向排水坡排水。到发线路基地段 CRTS I 型双块式无砟轨道，采用线间设置集水井排水或排水沟的排水方式。站台范围道床板表面设置 0.7% 横向排水坡向线路内侧排水，非站台范围道床板表面设置横向排水坡向线路内侧排水，确保排水畅通，排水设计图如图 29 - 9 ~ 图 29 - 11 所示。

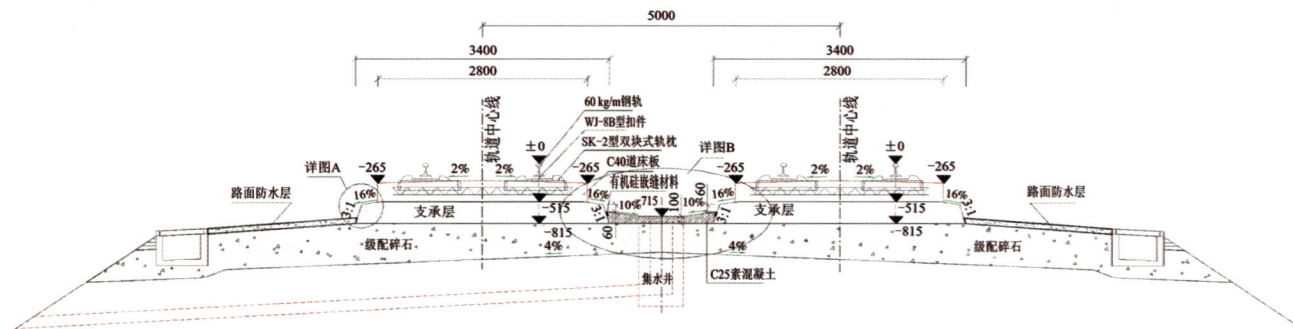

图 29 - 9 路基上直线地段排水设计图

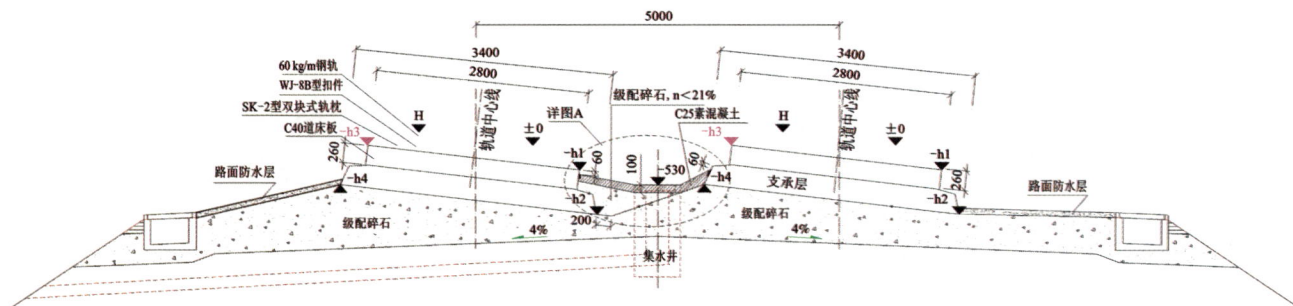

图 29 - 10 路基上曲线地段排水设计图

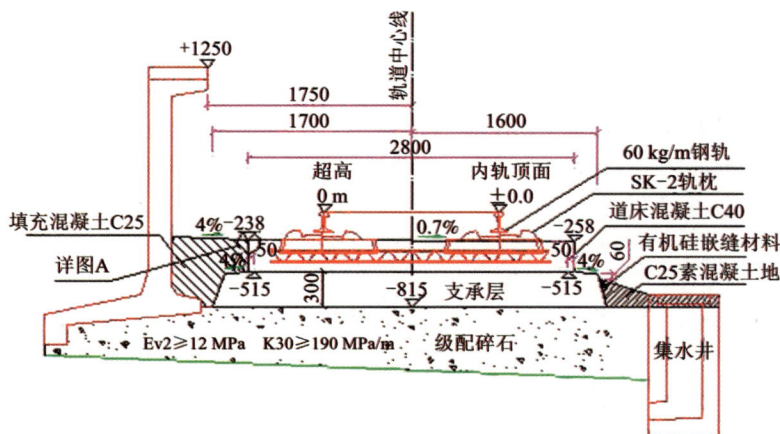

图 29 - 11 站台处直线到发线无砟轨道横断面图

2）桥梁

CRTS I 型双块式无砟轨道为避免道床板表面积水，道床板表面设置双向 2% 的横向排水坡（直线地段），排向桥面的积水汇入桥梁泄水孔引出桥面。桥梁泄水孔的纵向位置应位于道床板板缝处的对应位置。曲线地段按底座超高设置采用一面坡，桥梁排水设计图如图 29 – 12～图 29 – 13 所示。

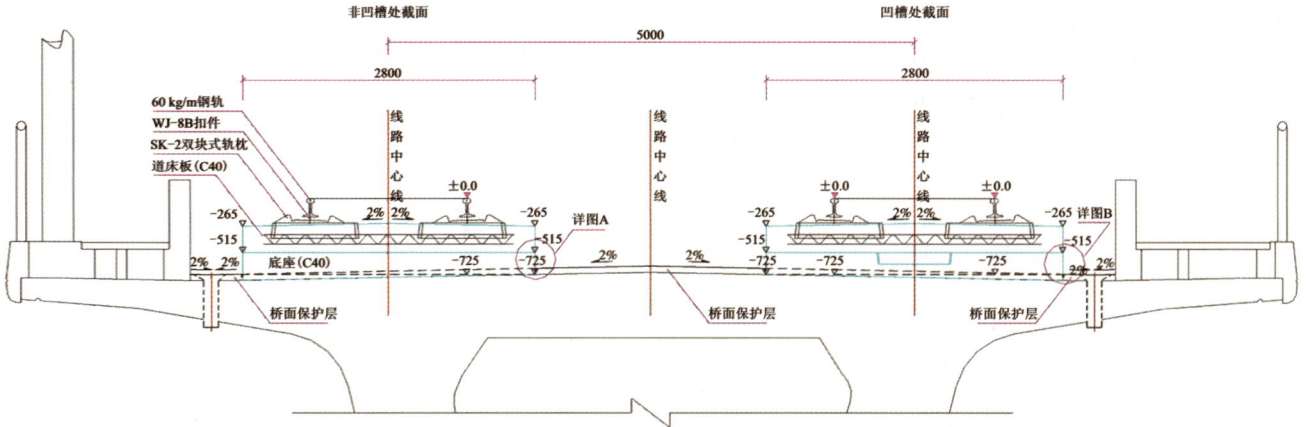

图 29 – 12　桥梁上直线地段排水设计图

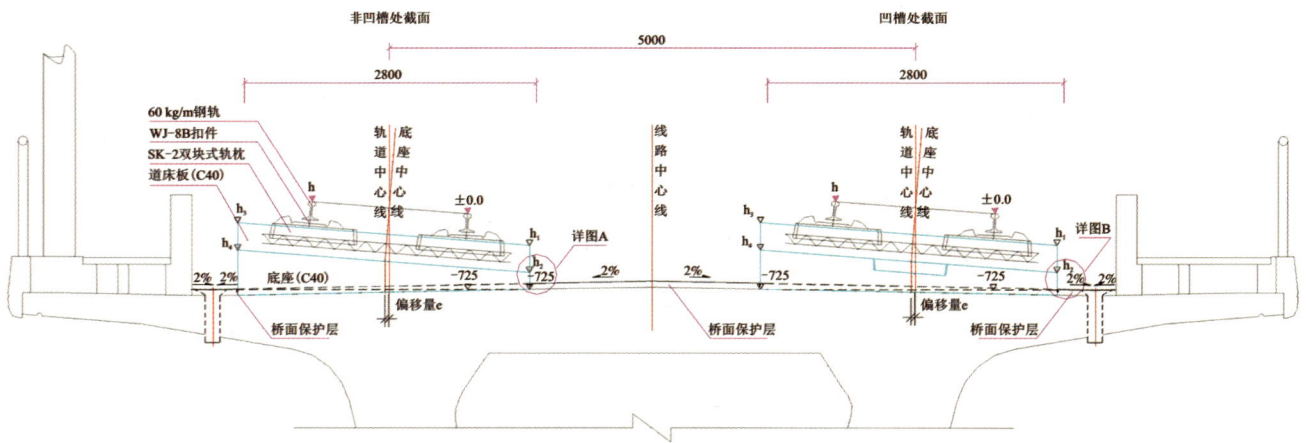

图 29 – 13　桥梁上曲线地段排水设计图

3）隧道

CRTS I 型双块式无砟轨道为避免道床板表面积水，道床板表面设置双向 1% 的横向排水坡，排向隧道内的积水汇入隧道中心沟或两侧排水槽，沿线路纵向隧道外排出。曲线地段按底座超高设置采用一面坡，如图 29 – 14～图 29 – 15 所示。

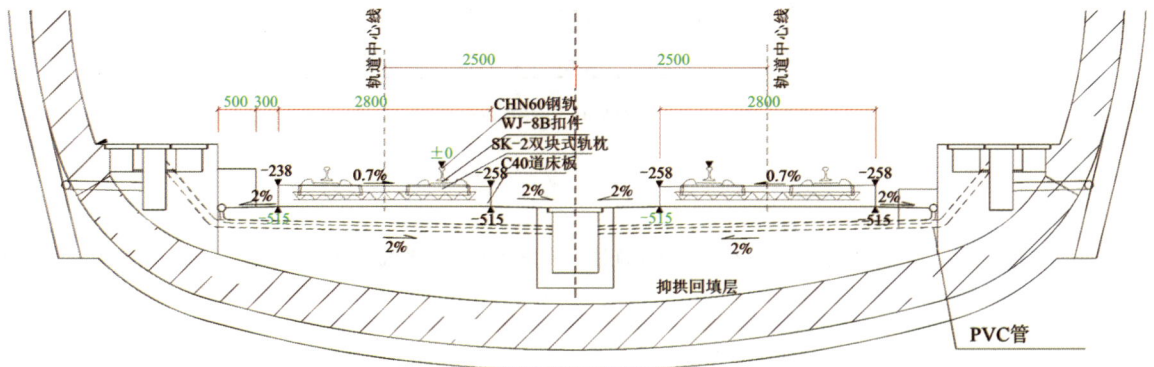

图 29 – 14　隧道上直线地段排水设计图

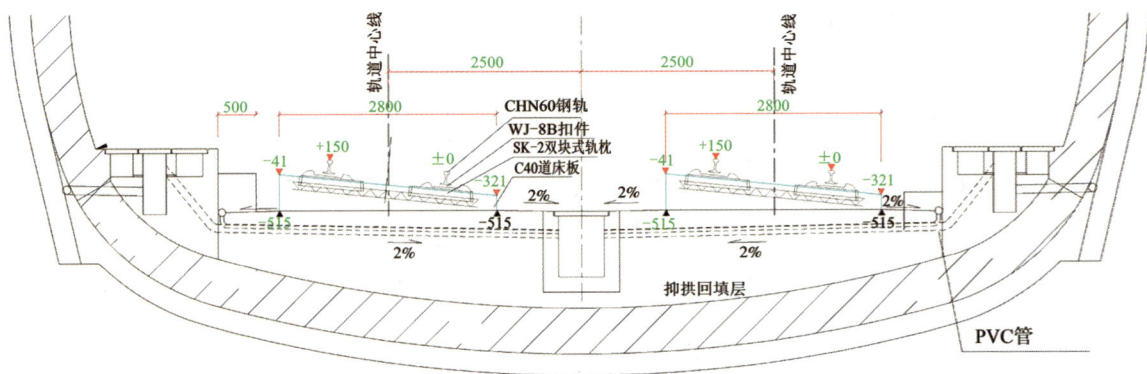

图 29－15　隧道上曲线地段排水设计图

12.道床板的综合接地

道床板结构内纵横向钢筋进行绝缘处理，在道床板混凝土浇筑前应进行轨道电路传输距离的测试检查，以满足轨道电路传输距离要求。

无砟轨道中的接地钢筋利用道床板内结构钢筋，每线轨道设三根纵向接地钢筋，即道床板上层轨道中心一根钢筋和最外侧两根钢筋。纵横向接地钢筋交叉点应焊接，接地钢筋不得构成电器环路。接地钢筋与其他钢筋交叉时应进行绝缘处理。

路基、隧道地段将道床板在纵向上划分成长度不大于 100 m 的接地单元，每一单元用一根 2 m 长不锈钢缆线与贯通地线单点"T"形可靠连接一次。道床板接地端子尽量靠近电缆槽边墙上预埋的接地端子。

桥梁地段每块道床板两端设接地端子，接地端子间采用截面 200 mm² 不锈钢缆连接，每根不锈钢缆一般情况下长 0.4 m。道床板每 100 m 形成一个接地单元，接地单元中部与"贯通地线"单点"T"形可靠连接，相邻接地单元之间的接地端子不连接。

二、横断面设计

1.路基上横断面设计

路基上双块式无砟轨道结构由钢轨、扣件、轨枕、道床板、支承层（水硬性支承层或 C15 低塑性混凝土）组成。线间水通过设集水井排向线路两侧。路基上道床板连续浇筑。直线路基地段及曲线路基地段双块式无砟轨道横断面图分别如图 29 – 16、图 29 – 17 所示。

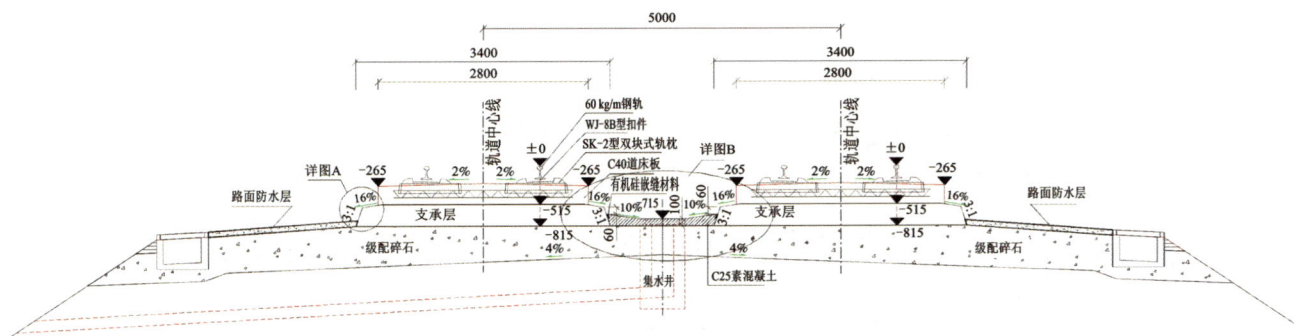

图 29－16　直线路基地段双块式无砟轨道横断面

2.桥上横断面设计

桥上双块式无砟轨道结构由钢轨、扣件、轨枕、道床板、底座组成。道床板采用分块浇筑形式。直线桥梁地段及曲线桥梁地段双块式无砟轨道横断面分别如图 29 – 18、图 29 – 19 所示。

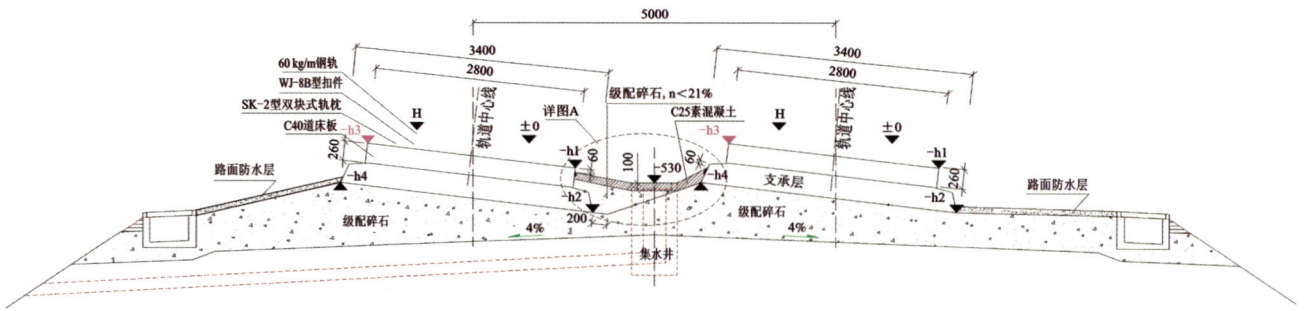

图 29 - 17　曲线路基地段双块式无砟轨道横断面

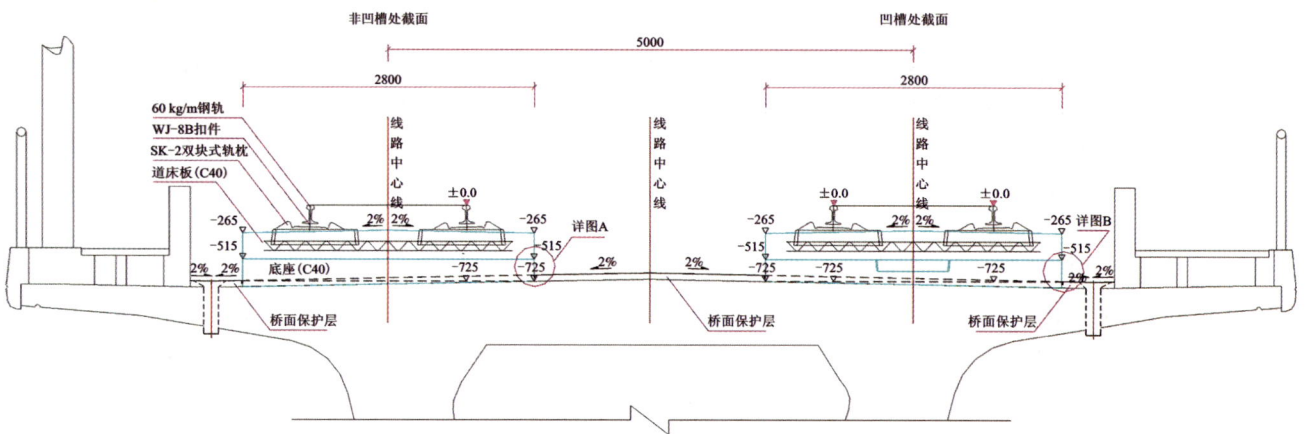

图 29 - 18　直线桥梁地段双块式无砟轨道横断面

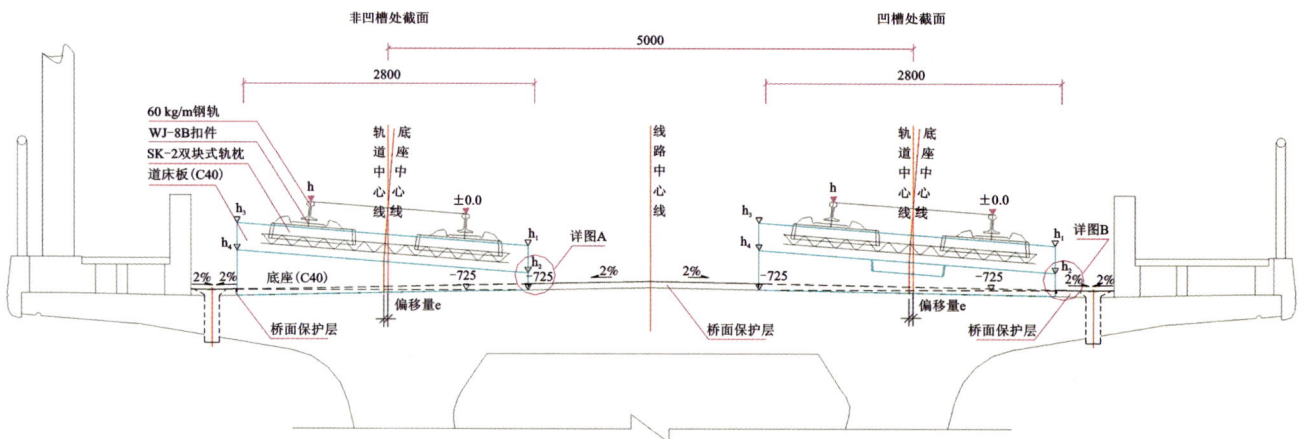

图 29 - 19　曲线桥梁地段双块式无砟轨道横断面

3. 隧道内横断面设计

隧道内双块式无砟轨道结构由钢轨、扣件、轨枕、道床板组成。道床板直接浇筑在隧道的仰拱回填层或钢筋混凝土底板上，道床板连续浇筑。直线隧道地段及曲线隧道地段双块式无砟轨道横断面分别如图 3 - 7 - 20、图 29 - 21 所示。

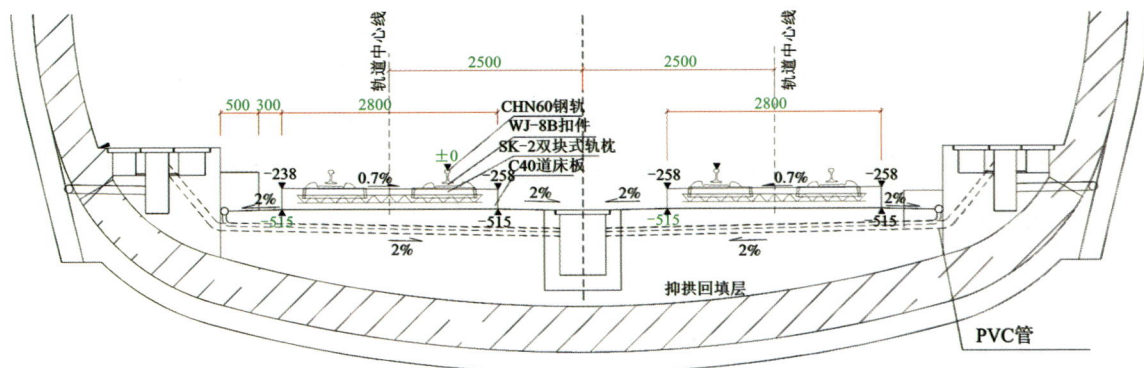

图 29 – 20　直线隧道地段双块式无砟轨道横断面（道床板直接浇筑在钢筋混凝土底板上）

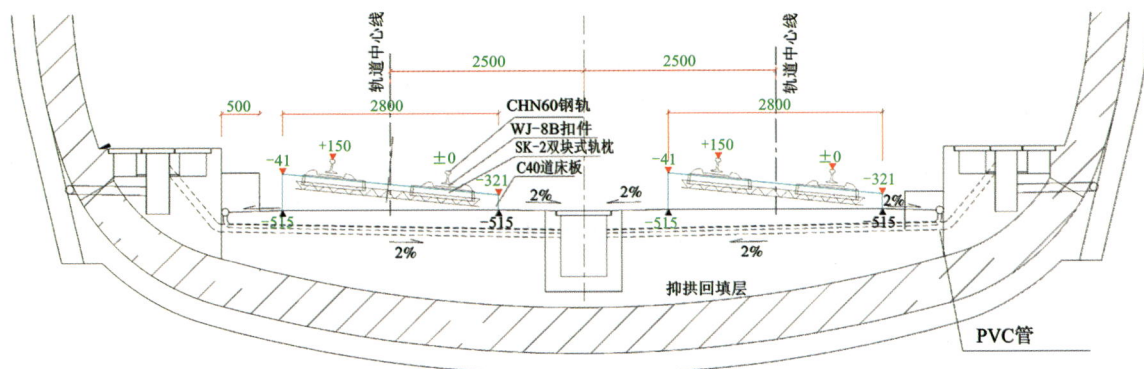

图 29 – 21　曲线隧道地段双块式无砟轨道横断面（道床板直接浇筑在仰拱回填层上）

三、平纵断面设计

1. 路基上道床板连续浇筑设计

路基上道床板采用连续浇筑结构，轨枕间距为 650 mm，支承层每隔 5 m 左右设置假缝，路基两端部距桥台 5～10 m 处设置端梁。连续浇筑道床板内的纵向钢筋采用连续铺设，搭接长度为 700 mm，路基地段平纵断面如图 29 – 22 所示。

2. 桥上道床板单元分块浇筑设计

桥上道床板采用分块浇筑设计，道床板与道床板间设置 100 mm 的间距。分块道床板的长度为 5～8 m。每分块道床板下设 2 个凸形挡台，32 m 简支梁地段平纵断面如图 29 – 23 所示。

3. 隧道内道床板连续浇筑设计

隧道内道床板采用连续浇筑结构，轨枕间距为 650 mm。连续浇筑道床板内的纵向钢筋采用连续铺设，搭接长度为 700 mm，隧道连续道床板地段平纵断面如图 29 – 24 所示。

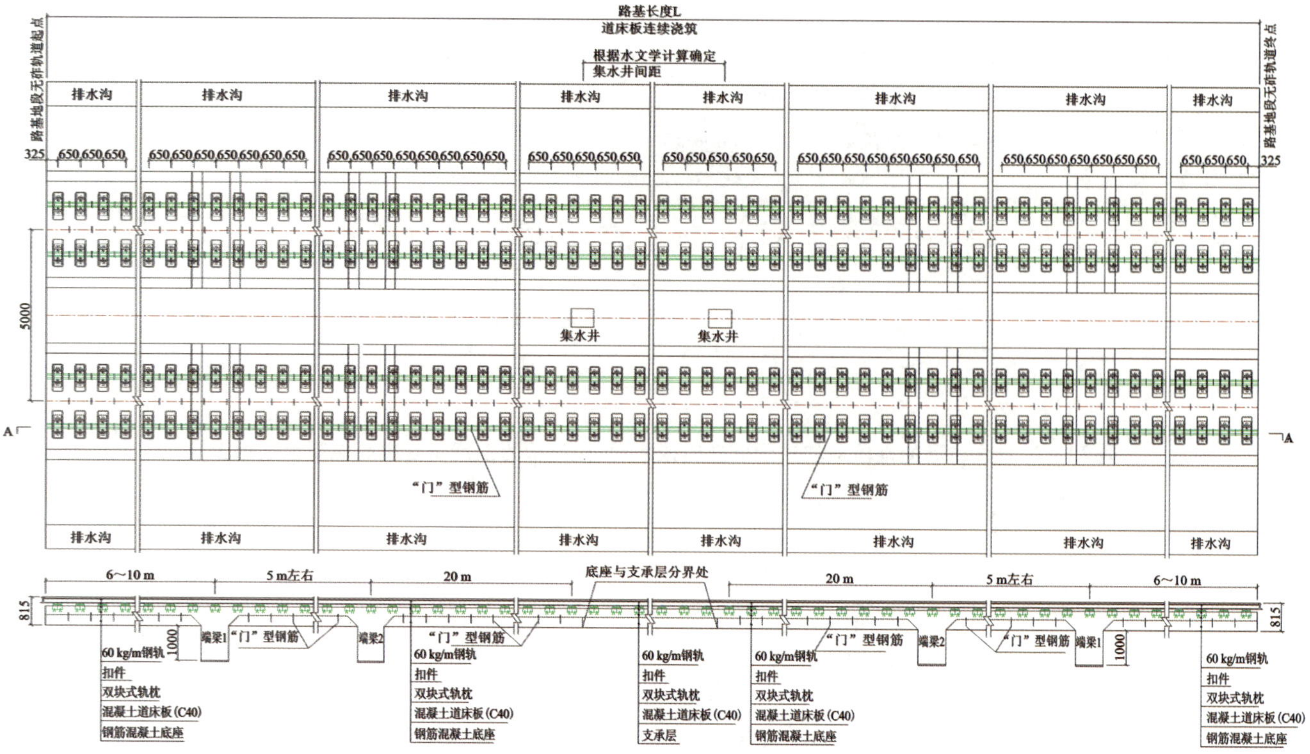

图 29 – 22 路基地段平纵断面图

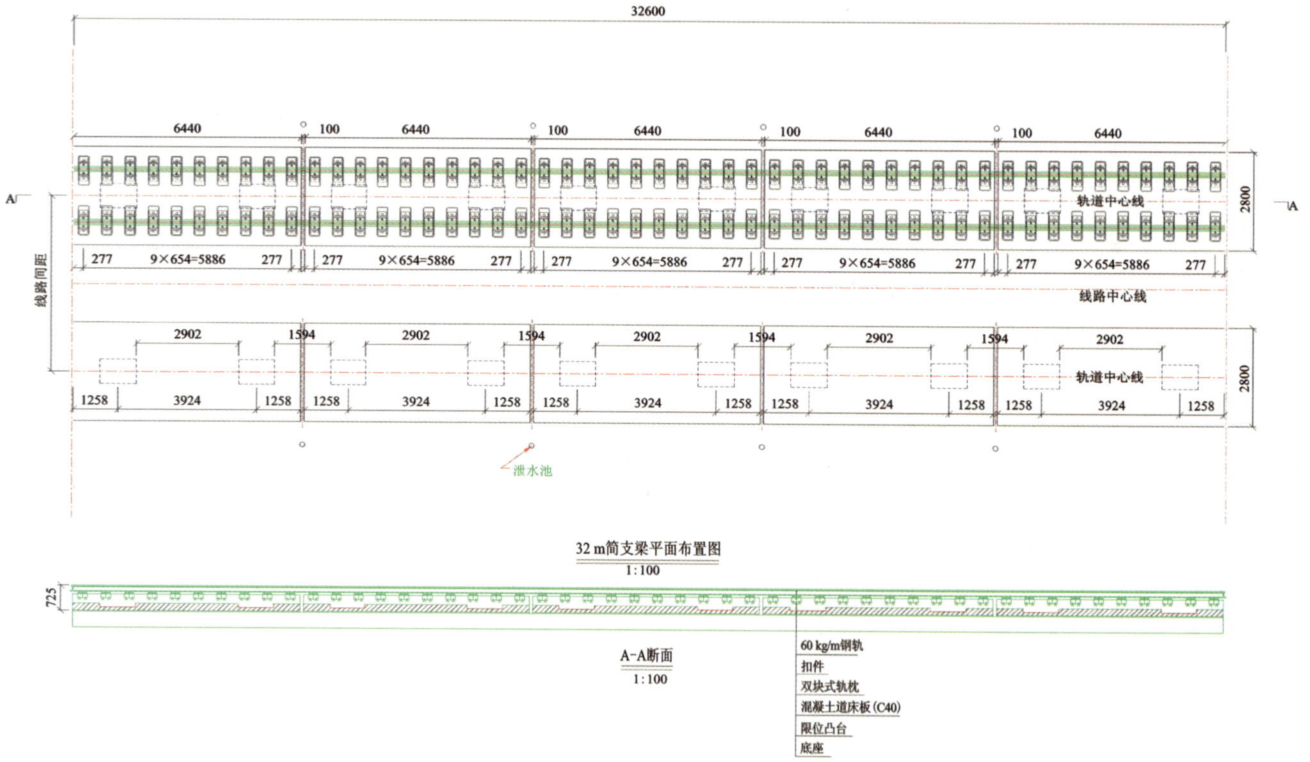

图 29 – 23 32 m 简支梁地段平纵断面图

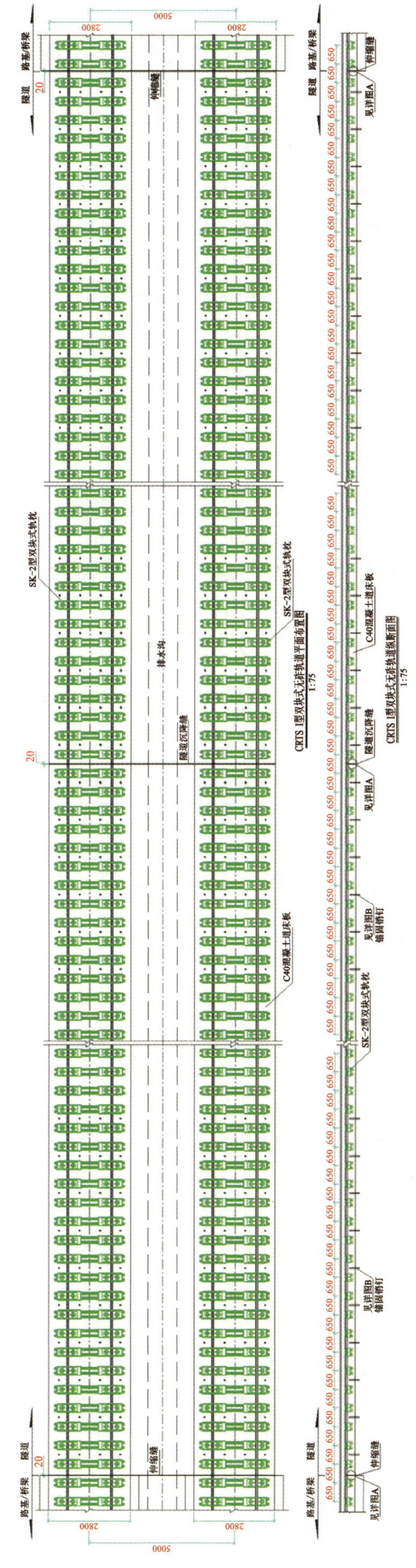

图29-24 隧道连续道床板地段平纵断面图

第五节 跨区间无缝线路设计

一、轨条布置

合福高铁闽赣段正线范围内一次性铺设跨区间无缝线路。到发线铺设跨区间无缝线路。

跨区间无缝线路由若干单元轨节及道岔焊接而成，单元轨节的长度根据线路条件、定尺轨长度、长钢轨基地焊接、运输、铺设、工地焊接及无缝线路锁定工艺等情况综合考虑，确定单元轨节长度为 1000 ~ 2000 m，最短不小于 200 m。无缝道岔中单组或相邻多组一次锁定的道岔及其间线路组成一个单元轨节；长度大于 1000 m 的隧道、小半径曲线地段宜单独设计为一个或多个单元轨节。

合福高铁钢轨均采用 60 kg/m、定尺 100 m 长无螺栓孔新钢轨，在焊轨厂或焊轨基地焊接成 500 m 的长钢轨，运抵施工现场后再进行单元焊和锁定焊。

二、锁定轨温

无缝线路在设计锁定范围内锁定，且相邻单元轨节间的锁定轨温之差不大于 5℃，同一单元轨节左右股钢轨的锁定轨温之差不大于 3℃，同一区间内单元轨节的最高与最低锁定轨温之差不大于 10℃。隧道内距隧道口 200 m 范围无缝线路的设计锁定轨温应与两端区间无缝线路的设计锁定轨温一致。长大隧道内距洞口 200 m 以外的无缝线路的锁定轨温应按"相邻单元轨节间的施工锁定轨温差不大于 5℃"原则从洞外递减至隧道中部实际轨温。道岔的设计锁定轨温与两端区间无缝线路的设计锁定轨温一致，无缝道岔在设计锁定轨温 ±3℃ 锁定，一次锁定的道岔及前后各一定范围的钢轨组成一个单元轨节。

合福高铁闽赣段沿线各大中城市锁定轨温见表 29 - 5。

表 29 - 5 中间轨温及锁定轨温表

序号	地区	车站名称	车站中心里程	最高轨温/℃	最低气温/℃	中间轨温/℃	锁定轨温（无砟/有砟）/℃	锁定轨温变化幅度/℃
1		婺源站	DK383＋875				25/30	±5
2		德兴站	DK415＋150				25/30	±5
3	上饶	上饶站	DK470＋200	63.3	-14.3	24.5	26/30	±5
4		五府山站	DK500＋310				27/30	±5
5	武夷山	武夷山北站	DK551＋600	61.2	-6.8	27.2	28/32	±5
6		武夷山东站	DK586＋100	61.2	-6.8	27.2	28/32	±5
7	建阳	建瓯西站	DK637＋500	61.1	-8	26.55	28/32	±5
8	南平市	南平北站	DK690＋350	61.8	-5.8	28	28/32	±5
9		武步溪特大桥	DK718＋642				28/32	±3
10		古田北站	DK723＋260				28/32	±5
11		闽清北站	DK762＋100				29/32	±5
12		西岭互通特大桥	DK806＋505.89				/31	±5
13	福州市	福州站	DK811＋600	61.1	-8	26.55	/33	±5

三、钢轨焊接与绝缘

1. 焊接原则

本线采用定尺 100 m 长的钢轨，在焊轨厂或焊轨基地焊接成 500 m 长的长轨节，运抵施工现场后再进行单元焊和锁定焊。除道岔内部焊接、道岔和钢轨伸缩调节器与区间单元轨节的焊接可采用铝热焊外,其他的工厂焊、单元焊及锁定焊均应采用闪光焊。

单元轨节的焊接接头尽量避开过渡段范围内、桥台边墙前后各50 m、隧道内距隧道口100 m范围内等轨温变化较大、钢轨承受附加纵向力较大的地方。单元轨节接头在不可避免需要设在桥上时,则应避开边跨,布置在1/4~1/2桥跨处,大跨度桥上则远离纵梁断开处。

时速200 km以上地段钢轨焊接接头质量、力学性能指标应符合高速铁路钢轨焊接的有关要求,时速小于等于200 km地段钢轨焊接接头质量、力学性能指标应符合国家现行标准《钢轨焊接接头技术条件》(TB/T 1632.1—2005)的规定。

焊接接头质量应符合《钢轨焊接》(TB/T 1632—2005)的要求。焊接接头平直度标准应符合表29-6的规定。工地焊接接头不应设置在不同轨道结构过渡段以及不同线下基础过渡段范围内,并距离桥台边墙和桥墩不应小于2 m。所有焊接接头必须进行打磨处理。

2. 焊接接头平直度

焊接接头的焊接质量、力学指标应满足的质量检验标准,所有焊接接头必须进行轨底打磨处理。钢轨焊接接头平直度允许偏差见焊接接头平直度标准(表29-6)。

表29-6　焊接接头平直度标准表(mm/1 m)

部位	设计时速	
	$v > 200$ km/h	$v \leq 200$ km/h
顶面	+0.2, 0	+0.3, 0
内侧工作面	+0.2, 0	+0.3, 0
底面	+0.5, 0	+0.5, 0

3. 焊接接头位置

跨区间无缝线路中的无缝道岔,位于无缝线路的固定区。无缝道岔内直股和侧股钢轨均与区间无缝线路长轨条焊接。

(1)左右股单元轨节锁定焊接头相错量不宜超过100 mm。

(2)道岔内各焊接接头焊缝相对于设计位置的偏差不得超过±2 mm,由道岔前端和辙叉跟端接头焊缝决定的道岔全长偏差不得超过±20 mm。

(3)钢轨铝热焊焊缝距轨枕边缘不小于100 mm。

(4)单元轨节的起止点不应设在不同轨道结构过渡段及不同的线下基础过渡段上。

(5)无砟桥桥台附近的无缝线路单元轨节起止点应设置在距桥头不小于100 m的路基轨道上

4. 钢轨胶接

合福高铁无缝线路区段绝缘接头采用现场胶接接头,绝缘接头的位置与焊缝间的距离严格按照规范要求进行设置,胶结绝缘接头质量满足现行标准《铁路钢轨胶接绝缘接头技术条件》(TB/T 2975—2010)的要求。

四、桥上无缝线路

桥上无缝线路的设计锁定轨温与两端区间无缝线路设计锁定轨温一致。对于有砟轨道、CRTS Ⅰ型双块式无砟轨道地段,根据设计铺设钢轨伸缩调节器及小阻力扣件。

合福高铁均根据《铁路无缝线路设计规范》(TB 10015—2012)进行桥上无缝线路设计,结合桥梁梁跨设计及桥上无缝线路检算情况,考虑钢轨附加作用力,根据需要在大跨度桥梁上设置伸缩调节器。根据计算,闽赣段无缝线路未设置钢轨伸缩调节器。跨西岭互通特大桥大跨连续梁设小阻力扣件。

五、隧道无缝线路

当隧道内外无缝线路设计锁定轨温不同时,应保证自隧道口向隧道内延伸200 m范围内的无缝线路设计锁定轨温与隧道外区间无缝线路设计锁定轨温一致。长大隧道内距洞口 200 m 以外的无缝线路的锁定轨温应按"相邻单元轨节间的施工锁定轨温差不大于 5℃"原则递减至实际隧道内轨温。

六、道岔区无缝线路

道岔的设计锁定轨温与两端区间无缝线路的设计锁定轨温一致，无缝道岔在设计锁定轨温 ±3℃ 范围内锁定，一次锁定的道岔及前后各一定范围的钢轨组成一个单元轨节。道岔设计要满足跨区间无缝线路的允许温升和允许温降要求，各联结件要牢固、耐久、可靠。

第六节　道岔设计

一、道岔类型与技术参数

合福高铁闽赣段 CRTS I 型双块式地段采用轨枕埋入式道岔。正线采用 60 kg/m 钢轨国产道岔。18 号单开道岔（客专线（07）009），直向通过速度为 350 km/h，侧向通过速度为 80 km/h；42 号单开道岔（客专线（07）006），直向通过速度为 350 km/h，侧向通过速度为 160 km/h。

紧邻正线的到发线上采用 60 kg/m 钢轨、国产道岔。18 号单开道岔图号为（GLC（07）02W），直向通过速度为 200 km/h，侧向通过速度为 80 km/h；12 号单开道岔图号为（客专线（10）017）。

道岔钢轨、扣件及附件应满足相关技术条件的要求。

二、道岔区无砟轨道设计

合福高铁闽赣段铺设的轨枕埋入式无砟轨道结构高度见表 29 - 7。

表 29 - 7　道岔区轨枕埋入式无砟轨道结构高度表

正线	钢轨/m	扣件/m	承轨面至道床板面高差/m	道床板/m	支承层/m	轨道结构高度/m
路基岔区	0.176	0.056	0.028	0.300	0.300	0.860
桥梁岔区	0.176	0.056	0.028	0.310	0.230	0.850
隧道岔区	0.176	0.056	0.028	0.300	0	0.560

1. 路基上岔区轨枕埋入式无砟轨道

路基上轨枕埋入式道岔区无砟轨道由道岔部件、岔枕、道床板和支承层等组成，如图 29 - 25 所示。

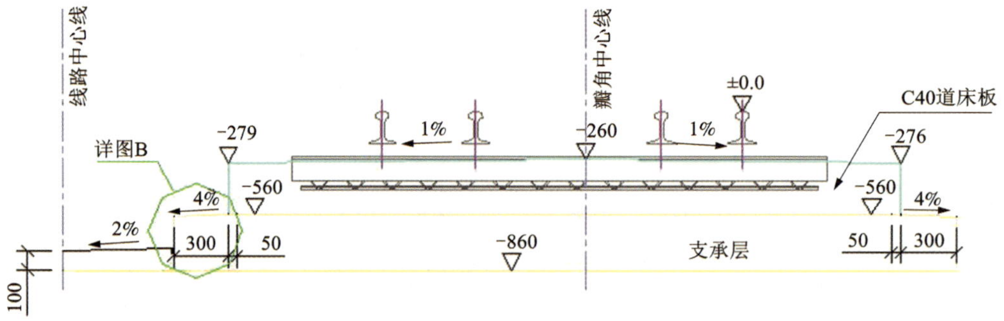

图 29 - 25　路基上轨枕埋入无砟轨道横断面图

合福高铁闽赣段正线采用国产道岔：18 号单开道岔（客专线（07）009）、42 号单开道岔（客专线（07）006）。紧邻正线的到发线上：采用 60 kg/m 钢轨、国产道岔：18 号单开道岔（GLC（07）02w），12 号单开道岔（客专线（10）017），道岔钢轨、扣件及附件应满足相关技术。

1）道床板

道床板采用C40混凝土现场浇注而成，厚为300 mm，道床板边缘至外侧轨道中心线的距离为1650 mm，道床板混凝土的28 d抗压强度应控制在35～40 MPa。应对混凝土中胶凝材料的含量进行控制，避免混凝土后期强度过高。道床板面设置横向排水坡。道床板内钢筋按照绝缘设计，除接地钢筋交叉、搭接采用焊接外，其余钢筋交叉、搭接处均应设置绝缘卡。

转辙机牵引点所在位置的道床板设置横向的拉杆槽，拉杆槽宽按照岔枕间隔控制，槽长和槽深根据道岔设备图纸要求确定，槽底设置1%横向排水坡。

2）支承层

支承层可采用水硬性混合料，也可采用低塑性水泥土支承层，性能指标满足《客运专线铁路无砟轨道支承层暂行技术条件》（科技基〔2008〕74号）。支承层厚度300 mm，道床板宽度以外设置4%横向排水坡。支承层施工前应对基础进行验收，基础应满足铺设无砟轨道的要求，基础顶面应平整，其表面平整度20 mm/4 m，高程误差为±20 mm。支承层施工前应对路基表面进行清洁，洒水湿润，并至少保湿2 h。支承层连续铺筑，并不远于5 m设一深度约105 mm的横向伸缩假缝。当在气温高于20℃条件下施工时，应每隔4 m进行切缝。切缝应在支承层硬化前进行，最迟不得超过浇筑后6 h。支承层顶面应平整，其表面平整度应达到10 mm/3 m，高程误差为±10 mm。道床板下支承层顶面都应具有保持粗糙，确保支承层与道床板间具有足够的黏结力，必要时应进行凿毛处理。道床板范围以外应及时抹面。支承层铺设后至少3 d内应进行洒水养护，防止变干。

3）转辙机平台

在转辙机安装位置设计钢筋混凝土转辙机平台，平台顶面距轨顶560 mm，转辙机平台的表面与轨面的高度可根据转辙机的安装情况进行调整。转辙机平台在线路左或右的位置根据现场道岔布置来确定。

4）排水

车站正线路基范围线间采用集水井排水方式，结合线路与纵坡及具体的集水井位置确定排水方向并设置排水坡，纵向因横向放坡产生的不平顺地方抹平顺，线间路基表面采用C25混凝土封闭，厚度不小于100 mm，设置至少2%的横向排水坡。混凝土层纵向每隔2.5 m设置伸缩缝，缝宽10 mm，深25 mm，填以有机硅酮嵌缝材料。

5）综合接地

道床板内预设有综合接地系统，外部综合接地设计同区间轨道。转辙机、密贴检查器和下压装置根据道岔厂商要求进行接地。

2. 桥梁上岔区轨枕埋入式无砟轨道

桥上道岔区轨枕埋入式无砟轨道从上到下的组成为：钢轨、扣件系统、岔枕、钢筋混凝土道床板、中间分隔层和钢筋混凝土底座，设计轨道结构高度为850 mm，如图29－26所示。

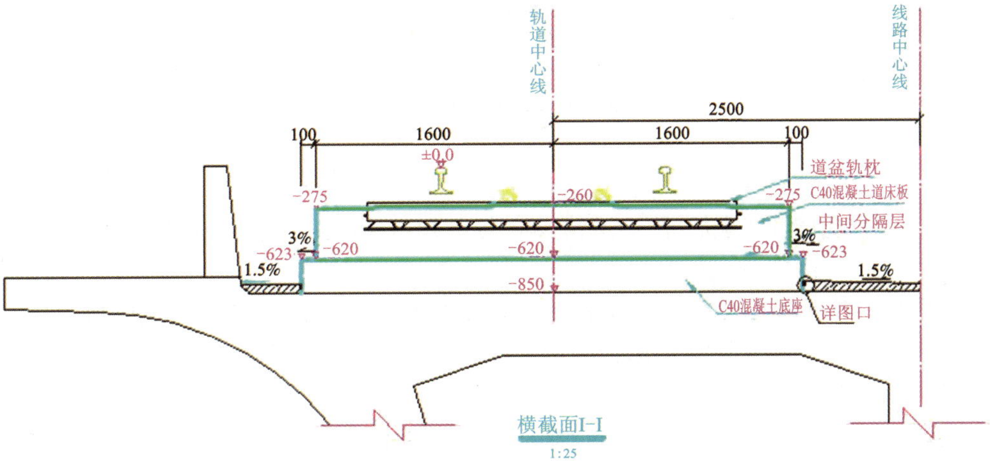

图29－26　桥上道岔区轨枕埋入式无砟轨道横断面

1）道床板

岔区道床板采用 C40 混凝土现场浇注而成，厚约为 310 mm，道床板边缘至外侧轨道中心线的距离为 1600 mm，道床板面设置 1% 横向排水坡。

桥上岔区道床板构筑于底座上，中间设置分隔层，并通过底座的纵、横向限位凹槽固定道床板位置。道床板根据道岔轨枕的布置划分为多个单元块，长度取 20 ~ 45 m。单元块之间设横向伸缩缝，伸缩缝宽 100 mm，伸缩缝根据岔枕铺设情况垂直于线路中心线布置，并位于两岔枕正中位置。

2）底座

岔区底座采用 C40 混凝土在桥面现场浇筑而成，设计顶面标高为 – 620 mm（轨顶标高为 0），通过连接钢筋（植筋）与桥面相连。底座分段长度与道床板单元一致，宽度比道床板两侧各宽 250 mm，即底座边缘至外侧轨道中心线的距离为 1850 mm。底座顶面水平，道床板外侧 250 mm 范围设 3% 的横向排水坡。底座内钢筋按照绝缘设计，所有钢筋搭接及交叉处设置绝缘卡。

道岔区道床板与底座间设置"两布一膜"中分隔层，由上下 2.2 mm 厚的抗碱性能聚丙烯土工布层和 1 mm 厚高密度聚乙烯薄膜（PE 膜）中间层组成。底座顶面设置底宽 700 mm、深 130 mm 的纵、横向限位凹槽，其长度及个数根据分块布置及结构受力要求设计，限位槽四周安装弹性垫板。

3）双块式轨枕及配套扣件

依据轨枕布置的要求，岔区道床板前后配置了一定数量的 SK – 2 型双块式轨枕（通线［2011］2351 – Ⅰ），其质量应满足《客运专线铁路双块式无砟轨道双块式混凝土轨枕暂行技术条件》（科技基［2008］74 号）的要求，轨枕间距一般取 650 mm，一般不宜小于 600 mm。配相应的 WJ – 8B 型扣件，扣件质量应符合《WJ – 8 型扣件暂行技术条件》（科技基［2007］207 号）的要求。

4）综合接地

道床板内预设有综合接地系统，外部综合接地设计同区间轨道。转辙机、密贴检查器和下压装置根据道岔厂商要求进行接地。

3. 隧道内岔区轨枕埋入式无砟轨道

隧道内道岔区轨枕埋入式无砟轨道由道岔部件、岔枕、道床板等组成。设计轨道结构高度为 560 mm，如图 29 – 27 所示。

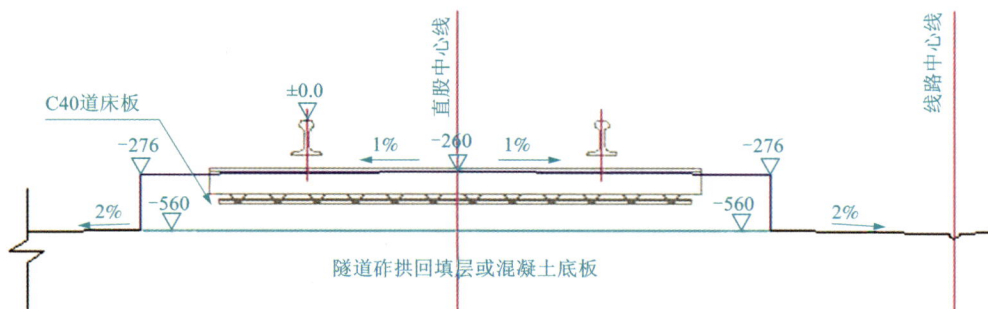

图 29 – 27   隧道内道岔区轨枕埋入式无砟轨道横断面

1）道岔部件

隧道内道岔区采用 60 kg/m 钢轨、国产道岔：18 号单开道岔（客专线（07）009）。

2）道床板

岔区道床板采用 C40 混凝土现场浇注而成，厚约为 300 mm，道床板边缘至外侧轨道中心线的距离为 1600 mm，道床板面设置横向排水坡。道床板内钢筋按照绝缘设计，除接地钢筋交叉、搭接采用焊接外，其余钢筋交叉、搭接处均应设置绝缘卡。

转辙机牵引点所在位置的道床板设置横向的拉杆槽，槽底距离钢轨顶 416 mm；密贴检查器部位，槽底距离钢轨顶 276 mm，槽宽按照岔枕间隔控制，槽长根据道岔设备图纸要求确定，槽底设置 1% 的横向排水坡。

第三十章 站场及运营设备设计

第一节 站场工程概况与特点

一、车站概况

1. 车站概述

合福高铁闽赣段共设 11 个车站，依次为婺源、德兴、上饶、五府山、武夷山北、武夷山东、建瓯西、南平北、古田北、闽清北、福州。其中福州站为既有改建车站，其他车站为新建。

2. 车站性质、类型、股道数量

车站股道数量见表 30 - 1。

表 30 - 1 车站股道数量表

序号	车站名称	站中心里程	车站性质	客车到发线数量(不含正线)	正线数量/条
1	婺源站	DK383 + 860	中间站	合福场 3 条，九景衢场 3 条	4
2	德兴站	DK415 + 150	中间站	2 条	2
3	上饶站	DK470 + 220	中间站	合福场 4 条，杭长场 5 条，普速场 4 条	6
4	五府山站	DK500 + 325	中间站	2 条	2
5	武夷山北站	DK551 + 600	中间站	2 条	2
6	武夷山东站	DK586 + 110	中间站	5 条	2
7	建瓯西站	DK637 + 500	中间站	2 条	2
8	南平北站	DK690 + 350	中间站	4 条	2
9	古田北站	DK732 + 246.55	中间站	2 条	2
10	闽清北站	DK762 + 100	中间站	2 条	2
11	福州站	合福 DK812 + 068.468 = 既有 K183 + 356.8	始发站	向莆、合福合场共 10 条	4

二、站场工程技术特点

1. 工程集中，工程量大

由于站场工程涉及车场、站房、维修工区及动车所等多项附属设施，所有工程都集中在站场 2 ~ 4 km 范围内完成，因此征拆、土方、三改及附属工程量一般数倍于相同长度区间。

2. 专业结合面大，工程接口及施工组织复杂

站场工程施工项目多，不但涉及路基、轨道、桥涵甚至隧道等站前工程，还涉及站房、四电、给排水、动车所、综合维修等多项站后工程，需要严密的施工计划及组织才能顺利完成。在工期短，工程量大的前提下，需要各专业通力合作，合理安排施工工序，保证各专业各工序按施组有序推进。

3. 综合管线复杂

车站是衔接站后站房、四电、给排水等工程的平台，各个专业的管线在车站内分布密集、相互交叉。

因此，管线工程需要业主、设计方及施工方紧密配合，甚至不断创新才能顺利完成。

4.征地拆迁工作量大

合福高铁闽赣段沿线地处经济发达地区，人口密集，建筑林立，给征地拆迁带来很大困难。同时，建设工期较紧，能否顺利拆迁和按时开工直接制约建设工期。因此。需在施工组织中充分利用有效空间。

第二节　设计原则与采用的主要技术标准

一、车站选址

（1）车站分布根据城市分布、客运量、列车开行方案、运行方式、铺画的运行图及其设计需要能力和技术作业需要，结合地形、地貌、地质条件等综合研究确定，站间距离一般为 30~60 km 之间。

（2）与城市建设总体发展规划相互配合和协调，车站尽可能靠近市区。

（3）有利于吸引客流，乘客换乘方便。

二、跨线车联络线设置

（1）按效益最大化原则：客运专线最大限度吸引本线客流及跨线直通客流，客运专线与枢纽内衔接干线间有跨线直通客流时考虑设置联络线。

（2）联络线的设置是为了满足枢纽内主要客运站向客运专线发车的条件，充分利用既有站能力及完善的市政配套设施，以提高枢纽客站使用的灵活性，方便旅客就近乘车，充分吸引客流。

三、站场平面设计

（1）全线车站均设在直线上。到发线上的岔后曲线不设缓和曲线，岔后连接曲线半径不小于相邻道岔的导曲线半径。到发线上曲线应设置外轨超高，其超高值按计算确定，超高值取 15~25 mm，超高顺坡率不大于 2‰。列车到发进路上的道岔至其连接曲线间的直线段长度不小于道岔侧向允许通过速度 v(km/h) 的 0.4 倍(m)；困难条件下不应小于 0.2v(m)，但应大于道岔根端至末根岔枕的长度与曲线超高顺坡所需长度之和，且不应小于 20 m。动车段(所)、综合维修段(工区)、大型养路机械段内线路，最小曲线半径不应小于 300 m，不落轮镟轮线、临修线作业区段两端的曲线半径不应小于 400 m。

（2）车站的图形根据高、中速(200 km/h，动车组)旅客列车共线运行的原则及运营要求选择。有高速旅客列车通过的正线两侧一般不设置站台。出于安全考虑，如果正线两侧设置站台，临靠正线一侧的站台面需要设置自动安全门。

（3）综合维修工区根据车站地形、地质等条件，采用与车站横列或纵列布置。

（4）道岔均布置在直线上。到发线岔后连接曲线的半径，当采用 18 号道岔时，不小于 800 m；中间站旅客站台端部可设在曲线上，但邻近线路曲线半径应不小于 1200 m。

（5）联络线、岔线、段管线与到发线或正线接轨时，均设置安全线，当站内有平行进路及隔开道岔并有联锁装置时，可不设安全线。安全线有效长度 50 m，与相邻线间的距离不小于 5.0 m。

（6）全线均不设区间渡线。一般中间站两端咽喉正线间各设 1 条单渡线组成大"八"字渡线。办理列车立折作业的车站，在有折返作业端咽喉正线间增设 1 条单渡线。

（7）正线及到发线均按双进路设计。进出站信号机(含维修工区)均采用矮柱、单机构无表示器信号机。

（8）区间及站内正线线间距采用 5.0 m。

车站到发线与正线线间考虑设置接触网杆、排水等因素，线间距采用 6.5 m。

正线与新建普速铁路、既有铁路并行地段线间距不小于 5.3 m。

高速线与联络线、动车组走行线并行地段的线间距，根据相邻一侧高速线的行车速度及其技术要求和相邻线的路基高程关系，考虑站后设备、路基排水设备、声屏障、桥涵等建筑物以及保障技术作业人员安全的作业通道等有关技术条件综合研究确定，最小不小于 5.0 m。

车站正线、到发线与动车段(所)或维修段(工区)线路之间的距离,应根据两线路基宽度,两线高差,两线间围墙、水沟、接触网柱等计算确定,但不得小于 10 m。

(9)相邻道岔间插入钢轨长度应符合以下规定:①正线上道岔对向设置,当有列车同时通过两侧线时,应插入不小于 50 m 长度钢轨,当受站坪长度限制,可插入不小于 33 m 长度钢轨。当无列车同时通过两侧线时或道岔顺向布置时,可插入不小于 25 m 长度钢轨。②到发线上道岔顺向布置时,可插入不小于 12.5 m 长度钢轨。对向布置时,可插入不小于 25 m 长度钢轨。其他站线上道岔之间连接按《站规》有关规定办理。上述插入短轨长度尚应满足无缝线路应力检算及混凝土岔枕的要求。

(10)道岔不宜布置在路桥(涵)、路隧、路堑等过渡段上。当速度目标值大于 200 km/h 时,路基上道岔端部距桥台尾边缘的距离不宜小于 50 m。道岔距过渡段边缘的距离控制在 20 m 以上。

(11)高速正线上道岔两端基本轨的接头以外的直线段长度应符合以下规定:①区间渡线及联络线等出岔地段,一般不应小于 210 m,困难条件下不宜小于 170 m。②位于大型车站两端减、加速以及利用既有铁路等限速地段,可根据相应的设计速度按下列公式计算:一般条件下:$L \geqslant 0.6V$;困难条件下:$L \geqslant 0.5v$;[L(m)为直线段长度,v(km/h)为设计速度]。

(12)高速车站两端道岔的布置应满足设置接触网开关的要求。

四、站场纵断面设计

(1)车站尽量设在平道上;困难条件下设在不大于 1‰ 的坡道上,特别困难条件下,可设在不大于 2.5‰ 的坡道上。

车站咽喉区的正线坡度与站坪坡度一致,困难条件下可适当加大,但不宜大于 2.5‰,特别困难条件下不应大于 6‰。位于咽喉区以外的个别道岔,其坡度与区间相同。

(2)动车段(所)、综合维修段(工区)、大型养路机械段内线路宜设在平道上,困难条件下可设在不大于 1‰ 的坡道上。咽喉区可设在不大于 2.5‰ 的坡道上,困难条件下可设在不大于 6‰ 的坡道上。

养护维修列车走行线的坡度困难条件下不应大于 30‰。

牵出线的坡度不宜大于 6‰,但综合维修工区的牵出线坡度可结合具体情况确定。

动车组走行线最大坡度不应大于 30‰。

(3)车站到发线有效长范围内宜设计为一个坡段。困难条件下坡段长度不应小于 450 m。其他站线和次要站线的最小坡段长度不应小于 50 m。

高速联络线的最小坡段长度,根据其设计速度,按相应速度标准的设计规范或规定执行,且不小于 400 m,困难条件下不小于 300 m,但不得连续使用。

利用既有铁路地段,困难条件下最小坡段长度可维持现状。

(4)到发线和通行正规列车的站线,相邻坡段的坡度差大于 4‰ 时以圆曲线型竖曲线连接,竖曲线半径采用 5000 m,在困难条件下不小于 3000 m。不行驶正规列车的站线,如相邻坡段的代数差大于 5‰ 时,采用 3000 m 半径竖曲线连接。

当跨线车联络线设计速度小于 160 km/h 时,相邻坡段的坡度差大于 3‰ 时设置竖曲线,竖曲线半径可采用 10000 m;高速车站正线及到发线和跨线车联络线的竖曲线均不应与道岔或缓和曲线重叠。车站道岔均不与竖曲线和变坡点重叠。

(5)车站内(区间渡线范围内)正线两线按等高(曲线地段为内轨面等高)设计。到发线与其他站线、次要站线间轨面高差的顺接,根据正线限制坡度、路基面横向坡度和道床厚度等因素设计确定。顺接坡道范围一般为道岔终端后普通轨枕起至警冲标。顺接坡道的坡度不大于咽喉区和到发线的坡度,且相邻坡段的坡度差,在到发线和行驶正规列车的站线上不大于 4‰,其他站线上不大于 5‰,坡段长度不小于 50 m。

五、客运设备

1. 旅客站台

站台长度按 450 m 设置,困难条件下不小于 430 m。站台宽度:大站及中型车站岛式站台 12 m,中小型站侧式站台 9.0 m,既有站改扩建困难条件下不小于原有站台宽度。站台高度按高出轨面 1.25 m 设置。

2. 车站过道

车站内不设平过道,为保证车站消防要求,消防通道与车站道路、城市道路沟通。车站路基外侧需设置防护栅栏,并与区间防护栅栏相衔接。

3. 旅客地道或天桥

始发终到站及大站按客流分析确定进出站通道的设置;一般中间站设地道或天桥1~2处。

地道及天桥的宽度:大型站不小于8.0 m;中型站设置2处通道时,每处通道不小于8.0 m;小型站设1处通道时不小于12.0 m。

4. 旅客站台雨棚

大型站的雨棚与车站建筑统筹安排,并适应站台长度,中型站的雨棚长度与站台长度等长,小型站的雨棚长度应根据客流大小确定,但不得小于350 m。

5. 行包、邮政地道

高速客运站均不考虑设置行包、邮政地道。

六、通站(段所)道路及改移公路

(1)设置通往车站,动车段(所)、综合维修段(工区)道路,并与城市或地方道路连接。车站通道考虑残疾人无障碍通道。

(2)通往大、中型车站、动车段(所)、综合维修段(工区)等通站道路的路基宽和路面宽分别不小于7.0 m和6.0 m,路面为250号水泥混凝土路面,其铺砌标准为:面层厚0.16 m,基层中粗砂厚0.05 m,垫层级配碎石厚0.15 m。

(3)当道路与高速铁路并行布置时,道路设于铁路路肩以外,且道路路肩低于铁路路肩不少于0.7 m,与普速铁路平行时不小于0.4 m,否则应在其间设置安全防护设施。

(4)高速铁路车站全封闭、全立交。

七、站线轨道设计

1. 轨道标准

跨线车联络线、高速场到发线、动车组走行线采用60 kg/m钢轨,普速场正线采用60 kg/m钢轨,到发线、其他站线、次要站线采用50 kg/m钢轨。

上饶东南及西南联络线钢轨采用60 kg/m无螺栓孔新钢轨。

本次设计的无缝线路,区间不设胶接绝缘轨,只在岔区附近根据轨道电路要求铺设胶接绝缘轨。胶接绝缘轨应符合《胶结绝缘钢轨技术条件》(TB/T 2975—2000)。绝缘接头采用60 kg/m长6.25 m厂制胶接绝缘轨。胶接绝缘轨位置及数量根据信号专业提供图纸进行设计。

2. 站线轨道结构表

车站到发线钢轨采用60 kg/m无缝线路,其中临靠正线的到发线采用无砟轨道,其他站线钢轨一般采用50 kg/m钢轨有缝线路。表30-2为合福高铁闽赣段站线轨道结构表。

表30-2 站线轨道结构表

顺号	项目		单位	客运专线正线(有砟)	既有线	到发线		跨线车联络线	动车组走行线	其他站线
1	钢轨	类型	kg/m	60	60	60	50	60	60	50
		每节长度	m	无缝线路	无缝线路	无缝线路	25	无缝线路	无缝线路	25

续表 30 - 2

顺号	项目			单位	客运专线正线(有砟)	既有线	到发线 宽枕	到发线 Ⅲ型	到发线 Ⅱ型	跨线车联络线	动车组走行线	其他站线
2 轨枕	类型	预应力混凝土枕			Ⅲ型	Ⅲ型	宽枕	Ⅲ型	Ⅱ型	Ⅲ型	Ⅱ型	Ⅱ型
		木枕										
	数量	预应力混凝土枕		根/km	1667	1667	1760	1667	1520	1667	1680	1440
		木枕		根/km								1440
	顶宽			m	3.6	3.3	3.4		2.9	3.5	3.3	2.9
	边坡				1:1.75	1:1.75	1:1.75		1:1.5	1:1.75	1:1.75	1:1.5
	道床厚度	混凝土枕	无垫层	m	0.35	0.35	0.35			0.35	0.35	0.25
			有垫层	m		面层0.30 底层0.20		面层0.20 底层0.20		面层0.30 底层0.20		
		混凝土宽枕					面砟带0.05					面砟带0.05

注:①其他站线系指动车(运用)段(所)内的到发停留线与整备待班线、综合维修工区及连接车站与综合维修基地(工区)的线路、牵出线及机车走行线、段管线。

②道岔的道床厚度不应小于连接的主要线路的道床厚度。

③面砟采用 10 ~ 35 mm 粒径级配碎石道砟。

④有垫层指非渗水土路基采用的双层道床;无垫层指岩石路基或基床表层采用级配碎石的正线路基和采用 A 组填料、基床表层厚 0.6 m 的到发线路基。

⑤站线宜采用单层道床。

⑥高速正线应采用弹条Ⅲ型扣件,到发线、动车组走行线应采用弹条Ⅱ型扣件。

⑦不同类型的钢轨连接采用异型轨连接,异型轨长度可采用 12.5 m 或 6.25 m。

3．道岔型号

用于接发列车的道岔采用 18 号道岔,其中正线上的道岔采用 18 号高速道岔,到发线上的道岔采用 18 号单开道岔,转线用道岔采用 42 号高速道岔。动车、养护维修列车走行线在到发线连接时可采用不小于 12 号道岔。段管线采用 9 号单开道岔。

4．轨枕及扣件类型及型号

无缝线路到发线除铺设岔枕地段外,路基地段铺设Ⅲ型有挡肩钢筋混凝土枕(枕长 2.6 m,图号:专线 3393),每 km 铺设 1667 根,采用弹条Ⅱ型扣件(图号:专线 3321)。桥上采用新Ⅲ型桥枕,每 km 铺设 1667 根,采用弹条Ⅱ型扣件;其余到发线和其他站线混凝土枕地段采用Ⅱ型(研线 0322 型)预应力混凝土枕,弹条Ⅰ型扣件。

5．道床

碎石道床材料应符合国家现行标准《铁路碎石道砟》(TB/T 2140)和《铁路碎石道床底砟》(TB/T 2897)的规定。混凝土枕地段的道砟道床顶面与轨枕中部顶面平齐。道砟均采用一级碎石道砟。

八、站场路基设计

1．路基一般设计原则

1)路基面宽度

心线至路基边缘距离:进站信号机至站台端,正线路基(含到发线)比区间正线路基标准宽 0.3 m,路基半宽为 4.6 m,其他地段到发线路基半宽则与区间路基相同,为 4.3 m;其他站线当不设作业通路时,不小于 3.5 m,当设有作业通路时不小于 4.0 m。

车站线路中应小于 4.0 m;高架车站不小于 3.9 m。最外梯线地段不小于 4.0 m。站线路基的最小路肩宽度不小于 0.6 m,设有作业通路时,应保证作业通路宽度不小于 1.0 m。位于车场外侧的接触网支柱,应设于路肩外侧。

跨线列车联络线、动车组走行线、养护维修走行线等路基设计标准按其相应最高行车速度确定。跨线列车联络线单线路基(路堤)宽度为 7.7 m,动车组走行线的单线路基(路堤)宽度为 6.7 m;养护维修走行线的单线路基(非渗水性路堤)宽度为 6.2 m。在基床厚度变化处设置不少于 10 m 的渐变段。

动车运用所(存车场)、综合维修工区内线路中心线至路基边缘距离按普速铁路现行规范有关规定办理。

2)路基加宽

(1)正线曲线地段外侧加宽见表 30-3,其加宽值在缓和曲线范围内递减。

表 30-3 曲线地段路基外侧加宽表

曲线半径	路基外侧加宽值/m
$R \geqslant 11000$	0.3
$11000 \geqslant R \geqslant 7000$	0.4
$7000 \geqslant R \geqslant 5500$	0.5
$R \leqslant 5500$	0.4

(2)曲线地段站线路基均不加宽。

(3)站内由于路基面横坡及轨面顺坡、到发线曲线外轨超高等引起外侧线路的道床超过标准厚度时,路基按满足最小路肩宽度的要求加宽。

3)路基基床

(1)车站内正线路基基床标准与区间正线相同,分表层和底层两部分,表层厚度与无砟轨道混凝土支承层总厚度为 0.7 m,表层厚为 0.4 m,底层厚为 2.3 m,总计 2.7 m。

(2)到发线路基基床:到发线与正线处于同一路基或铺设无砟轨道且无站台等设施时,到发线路基与正线相同标准;到发线与正线处于同一路基且有纵向排水槽、站台等设施时,到发线路基可与正线路基分开设置。分开设置时到发线的路基填料和压实标准按客货共线 Ⅱ 级铁路路基标准设计,基床表层厚度为 0.6 m,基床底层厚度为 1.9 m,基床总厚度为 2.5 m。

(3)所有新建车站咽喉区到发线基床厚度同正线标准。

(4)除到发线以外的站线、动车段(所)及综合维修段(工区、保养点)内的线路路基填料和压实标准按客货共线 Ⅱ 级铁路路基标准设计,基床表层厚度为 0.3 m,基床底层厚度为 0.9 m,基床总厚度为 1.2 m。

(5)车站内路基横向排水坡采用 4%,每一坡面上股道不得超过 2 条。动车段(运用所)、综合维修段(工区)内路基横向排水坡采用 2%,每一坡面股道不得超过 3 条。

2.路基工点及加固防护简要说明

本线站场路基工点主要有路堤边坡防护、路堤支挡、软土及膨胀(岩)土路基和浸水路基四类:

(1)路堤边坡防护一般采用三维立体网内喷播植草防护。

(2)路堤支挡采用路堤或路肩挡墙,以避免改移道路、河道和拆迁建筑物,其水泥砂浆标号可按现行规范规定提高一级。

(3)软土及膨胀(岩)土路基包括软土路堤、地基不良的低路堤,软土路堤除段、所外均需加固,地基不良的低路堤以挖除换填为宜。

(4)浸水路基含水塘浸水路堤、滨河浸水路堤,水塘浸水路堤一般采用围堰抽水清淤后填筑路堤,滨河浸水路堤边坡一般采用干砌片石护坡。

3.站场排水

(1)车站、段所的排水自成系统,并与城市排水系统沟通。

(2)车站站台范围内的纵向排水沟设于到发线与站台之间,经横向排水槽引出车场外。

场、段内设置盖板排水槽,槽底宽度不小于 0.4 m,深度不大于 1.2 m,当深度大于 1.2 m 时,底宽采用 0.6 m。

排水槽(沟)的起点或分水点的深度可采用 0.2 m。纵向排水沟(槽)的坡度不小于 2‰,困难条件下不应小于 1‰。

(3)排水槽的设置应符合以下规定:①当设置排水槽的股道间需洼垄填碴时,排水槽设计成碴顶式排水槽。②在凹型纵坡变坡点处,设置横向排水槽。③横向排水槽槽底宽不小于 0.4 m,深度不大于 1.2 m,当深度大于 1.2 m 时,底宽采用 0.6 m。④横向排水槽坡度不宜小于 5‰。⑤横向排水槽不能穿越正线。

(4)路堤坡脚外设置浆砌片石排水沟。

(5)路基面排水横坡:高速路基基床表层顶面、基床底层顶面、底面均设置向两侧 4% 的排水横坡,其他站线路基排水横坡采用 2%~4%。

(6)当路堑堑顶的地面横坡斜向路基时,在堑顶外 5.0 m 处设置天沟。如为水田时,尚需在天沟外侧 0.5 m 外设置挡水埝,埝顶宽 0.5 m,高 0.5 m,边坡 1:1。

(7)动车段(所)、综合维修段(工区)、大型养路机械段内路基排水设计均按普速铁路现行设计规范有关规定办理。

(8)改移沟渠原则上不小于既有标准。

4.与其他专业接口的设计原则

与路基设计相关的主要有通信、信号、接触网、环评及防灾等,相关工程主要有路基内及路肩上各种附属构筑物(包括电缆槽、接触网、声屏障、综合接地线、信号电缆过轨钢管、防灾安全监控等设备),要求路基上的各种设备基础应与路基同步修建,并不得因其设置而损坏和危及路基的稳固及安全。

(1)设置电力、通信、信号电缆槽(每侧两槽)均设于路基两侧路肩,其中通信、信号电力槽合设于线路内侧,电缆槽位于接触网立柱基础外侧、声屏障内侧。电缆槽外廓宽 0.72 m(通信信号槽内净宽 0.35 m,通信槽内净宽 0.2 m),槽内净高 0.30 m,内电缆槽采用侧向排水,分别于中隔板、外侧壁底部预留泄水孔,将电缆槽内水引出路基外。为保证电缆槽的稳定性,电缆槽外侧于基床底部顶面设 C15 混凝土护肩,护肩顶面宽 10 cm,外侧坡度(1:0.5)~(1:1.0)。

(2)声屏障应设置于路肩宽度范围以外。

(3)综合接地电缆两侧各设一根,考虑与相应通信、信号、电力的连接和铺设对路基施工的干扰,综合接地电缆铺设于两侧电缆槽底部 1.0 m 以下的基床底层填料中。电缆槽底部预留孔道将综合地线引入电缆槽。

(4)信号电缆过轨钢管埋设于轨底以下不小于 1.5 m 的基床底层中。

5.路基土石方调配原则

(1)路基填料应根据土工试验资料和地质专业明确的填料类别进行分类调配。

(2)取弃土用地应尽量避免占用农田,严禁在江河、水库、涵洞上游弃碴。

(3)土质达到客运专线铁路路基填料要求地段,土石方调配尽量做到移挖作填,站场与线路、隧道专业相互协调互调余缺,合理利用土石方,尽量避免平跨既有线的土石方调配。

(4)土石方数量集中地段,按机械施工考虑,土石方数量较小地段,采用人力施工为主,小型机械为辅的作业方式。

(5)填方量较大的地段,采用远运土方案,改良土原则上就近取土。

第三节　车站工程设计

合福高铁闽赣段全线共设 11 个车站,其中江西省境内有婺源、德兴、上饶、五府山等 4 个站;福建省境内设武夷山北、武夷山东、建瓯西、南平北、古田北、闽清北、福州等 7 个站。其中上饶枢纽的江西上饶站、福建武夷山地区及南平地区的武夷山东站和南平北站、福州枢纽的福州站详见第四节"引入枢纽工程设计"说明。

一、婺源站

婺源站设计为中型旅客车站,站房最高聚集人数为 1500 人,高峰小时旅客发送量近期 770 人(远期为

1250 人），采用线侧平式布局及下进下出的客运组织流线，设 8.4 m 宽进出站地道两座。车站设正线 2 条（线间距为 5.0 m）、旅客列车到发线 3 条；基本站台 1 座（450×12×1.25 m），中间站台 1 座（450×12×1.25 m）。站房综合楼建筑面积 5999 m²、站台雨棚投影面积 10620 m²。

站房主体建筑二层，两侧办公、设备用房层高按一层 5.4 m、二层 4.5 m、中部候车室部分层高 13.5 m，候车室吊顶标高控制在 10.0 m 以内。建筑外观高度（屋顶檐口标高）按 14.4 m 控制。

车站站中心里程为 DK383+860，站坪长 2.0 km，为平坡直线。合福场设到发线 3 条（不含正线），到发线有效长为 650 m；基本站台（450×12×1.25 m）和侧式站台（450×12×1.25 m）各一座；8.4 m 宽进出站地道一座。综合工区设于站同左，内设大机停放线 1 条，有效长 260 m，库线 2 条，有效长 100 m。九景衢场设 2 台 6 线，预留 1 条到发线，并设综合性货场及综合工区各 1 处。

婺源站平面布置如图 30-1 所示。

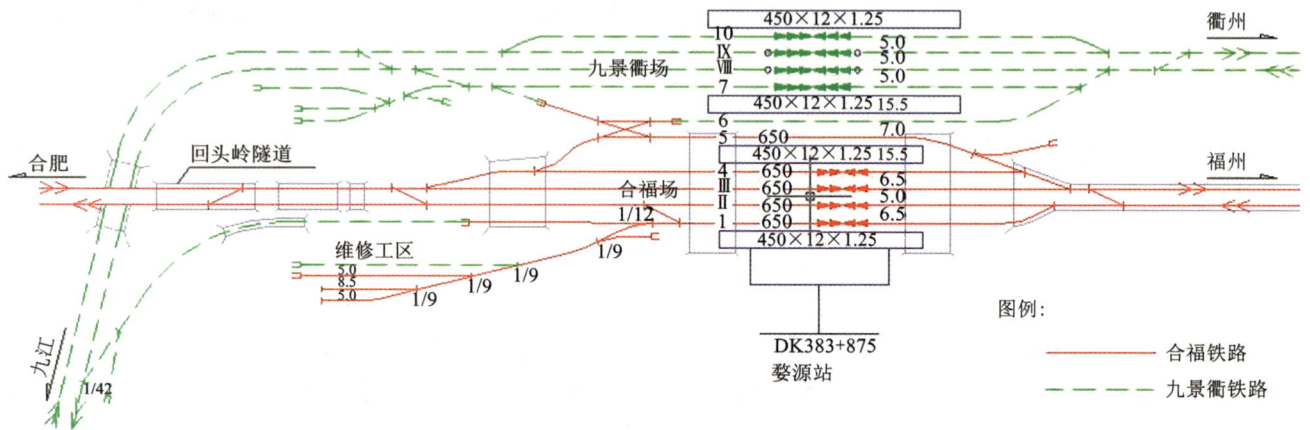

图 30-1　婺源站平面布置示意图（单位：m）

二、德兴站

德兴站位于距离县城 15 km 的南溪村附近。站区范围内用地主要为山林地，地形起伏很大，拆迁较少。德兴站作为客运专线铁路旅客车站，设计为小型站，采用线侧下式布局及下进下出的组织流线。站房总建筑面积为 3465 m²，站场雨棚结构投影面积为 8100 m²，车站总规模为 2 台 4 线，正线 2 条，到发线 2 条，站台尺寸长 450 m、宽 9 m、高 1.25 m。车站中心里程轨顶标高为 144.800 m，8.4 m 宽进出站地道一座。

两侧办公、设备用房层高按一层 5.4 m、二层 4.5 m、中部候车室部分层高 11.9 m，候车室吊顶标高控制在 8.8 m 以内。建筑外观高度（屋顶檐口标高）按 14.3 m 控制。

车站按一般中间站设计，主要办理旅客列车到发、通过及旅客乘降等业务，以通过作业为主，车站最高聚集人数 800 人。

车站站中心里程为 DK415+150，站坪长为 1.6 km，为平坡直线。保养点设于站同右，内设大机停放线 1 条，有效长 260 m。

德兴站平面布置如图 30-2 所示。

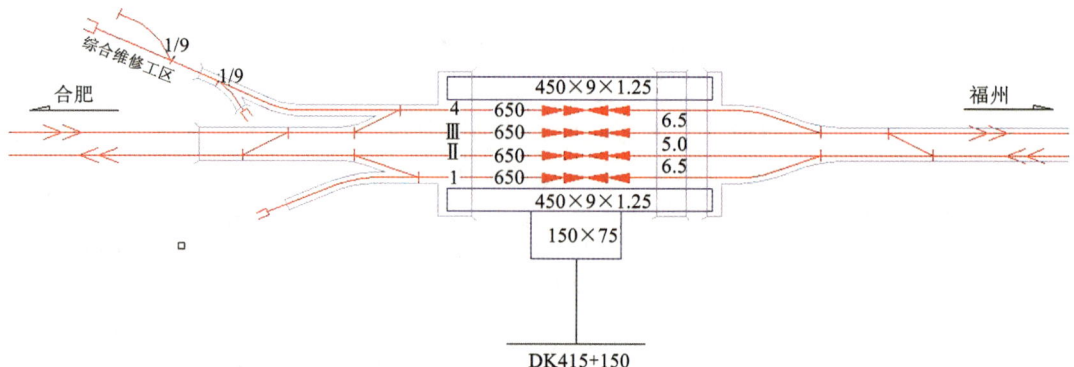

图 30-2　德兴站平面布置示意图（单位：m）

三、五府山站

新五府山站作为客运专线铁路旅客车站，设计为小型站，最高聚集人数为 400 人，采用线侧平式布局及下进下出的组织流线。站房总建筑面积 2000 m²，站场雨棚结构投影面积 8100 m²，总规模为 2 台 4 线，其中：基本站台 1 座、侧式站台 1 座，正线 2 条，到发线 2 条。站台尺寸长 480 m（有效长度 450 m）、宽 9 m、高 1.25 m。车站中心里程轨顶标高为 171.288 m，8.9 m 进出站地道一座。

两侧办公、设备用房层高按一层 5.4 m、中部候车室部分层高 9.4 m，候车室吊顶标高控制在 7.5 m 以内。建筑外观高度（坡屋顶檐口标高）按 10.0 m 控制。

五府山站平面布置如图 30-3 所示。

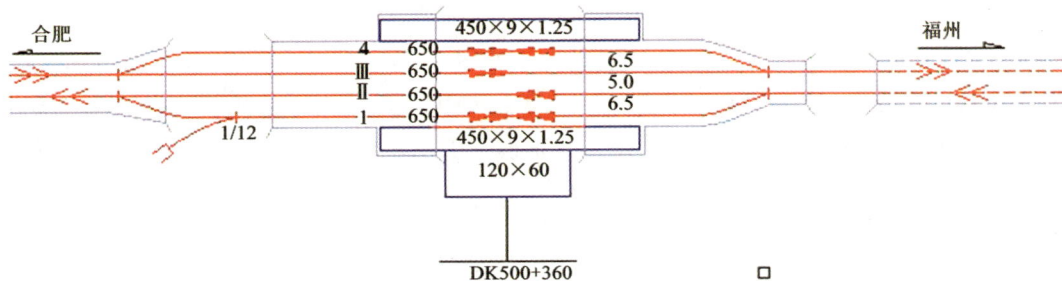

图 30-3 五府山站平面布置示意图（单位：m）

四、武夷山北站

武夷山北站位于距既有武夷山站约 2 km 的崇阳溪北侧五里桥附近，站区范围主要为山林地，地形起伏较大，拆迁较少，采用线侧平式布局及下进下出的组织流线。武夷山北站包括站房、站场和其他配套设施。站房总建筑面积 5999 m²，站场雨棚结构投影面积 8192 m²。站场规模为 2 台 4 线，其中：基本站台 1 座、侧式站台 1 座。站台尺寸为 450 m×9 m。车站中心里程轨顶标为 240.164 m，10.4 m 地道一座。

武夷山北站主体建筑二层，建筑总长度 129.3 m，宽度 35.35 m，建筑高度 17.265 m。建筑主体采用钢筋混凝土结构，屋面采用铝镁锰压型钢板屋面。层高设计：一层：5.4 m，二层：4.5 m。一层布置候车大厅、出站厅、售票厅以及技术作业用房等相关车站辅助生活用房。二层布置车站办公、四电机房、空调机房等。

车站按一般中间站设计，主要办理旅客列车到发、通过及旅客乘降等业务，以通过作业为主，车站最高聚集人数 1000 人。

车站站中心里程为 DK551+600，站坪长 1.5 km，为平坡直线。设到发线 2 条（不含正线），分别设于上、下行正线外侧，到发线有效长为 650 m；基本站台（450×9×1.25 m）和侧式站台（450×9×1.25 m）各一座；12 m 宽进出站地道一座。保养点设于站对左，内设大机停放线 1 条，有效长 260 m。

本站地形复杂，两端咽喉区均位于桥梁上。武夷山北站平面布置如图 30-4 所示。

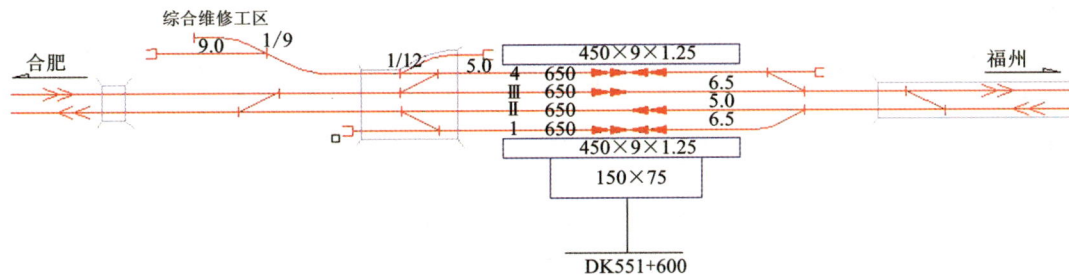

图 30-4 武夷山北站平面布置示意图（单位：m）

五、建瓯西站

新建建瓯西站位于建瓯市北部徐墩镇北平村，距建瓯市区 4～5 km。车站附近有 1 条宽 6 m 的沥青路（204 省道）和 1 条宽 4.5 m 的水泥路（乡道），横峰铁路位于合福高铁左侧 300 m，交通十分便利。站区范围主要为山林地，地形起伏相对较小。车站小里程咽喉处，线路以桥梁方式跨越建瓯市明良集团（当地重要企业）部分厂房，车站范围其他拆迁较少。

新建建瓯西站作为客运专线铁路旅客车站，车站按一般中间站设计，主要办理旅客列车到发、通过及旅客乘降等业务，以通过作业为主，根据建瓯市综合交通规划及车站的总体布局，站房采用线侧下式，主要流线为下进下出，并建 10.4 m 宽地道一座，车站最高聚集人数 800 人。站房总建筑面积 5999 m²，站场雨棚结构投影面积 8152.2 m²，车站总规模为 2 台 4 线，站台尺寸为长 450 m、宽 9 m、高 1.25 m。车站中心里程轨顶标高为 131.038 m。

站房主体建筑二层，两侧办公、设备用房层高按一层 5.4 m、二层 4.8 m，候车室吊顶标高控制在 11.4 m 以内。建筑外观高度（坡屋顶檐口标高）按 17.4 m 控制。车站站中心里程为 DK637＋500，站坪长 1.0 km，为平坡直线。设到发线 2 条（不含正线），分别设于上、下行正线外侧，到发线有效长为 650 m；基本站台（450×9×1.25）和侧式站台（450×9×1.25）各一座。

建瓯西站平面布置如图 30－5 所示。

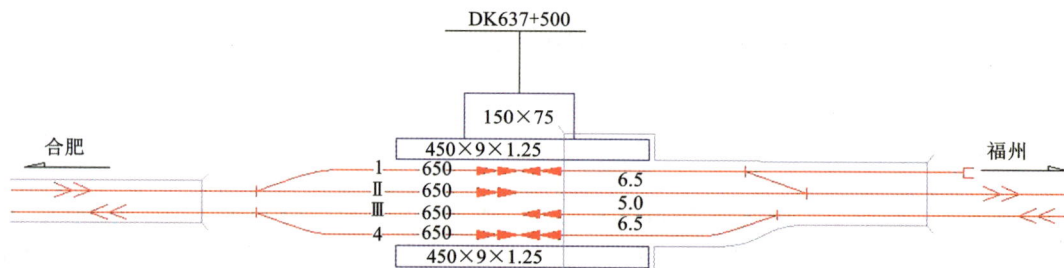

图 30－5　建瓯西站平面布置示意图（单位：m）

六、古田北站

新建古田北站位于宁德市古田县下洋村、既有横南线以北。车站所处位置有一条省道和两条较大河流，工程量较大。车站用地主要为水田、山林地和宅基地，地形起伏很大，拆迁也较大，基本为居民房屋。

车站按一般中间站设计，主要办理旅客列车到发、通过及旅客乘降等业务，以通过作业为主，采用线侧下式布局及下进下出式组织流线。站房总建筑面积 3997 m²，站场雨棚结构投影面积 8100 m²，车站最高聚集人数 800 人。车站总规模为 2 台 4 线，其中：基本站台 1 座、侧式站台 1 座，正线 2 条，到发线 2 条。站台尺寸长为 450 m、宽为 9 m、高 1.25 m。车站中心里程轨顶标高为 112.865 m。

利用桥下空间设 8.4 m 宽共用进、出站通廊 1 座。主体建筑二层，两侧办公、设备用房层高按一层 5.4 m、二层 4.5 m，中部候车室部分层高为 13.8 m，候车室吊顶标高控制在 10.0 m 以内。建筑外观高度（屋顶檐口标高）按 14.50 m 控制。

车站站中心里程为 DK732＋246.55，站坪长 1.1 km，为平坡直线。古田北站平面布置如图 30－6 所示。

七、闽清北站

闽清北站包括站房、站场和其他配套设施。车站按一般中间站设计，主要办理旅客列车到发、通过及旅客乘降等业务，以通过作业为主。车站最高聚集人数 800 人。

闽清北站房总建筑面积 3999 m²，站场雨棚结构投影面积 8100 m²，车站总规模为 2 台 4 线，其中：基本站台 1 座、侧式站台 1 座。站台尺寸为 450 m×9 m。车站中心里程轨顶标为 76.455 m，8.4 m 地道一座。

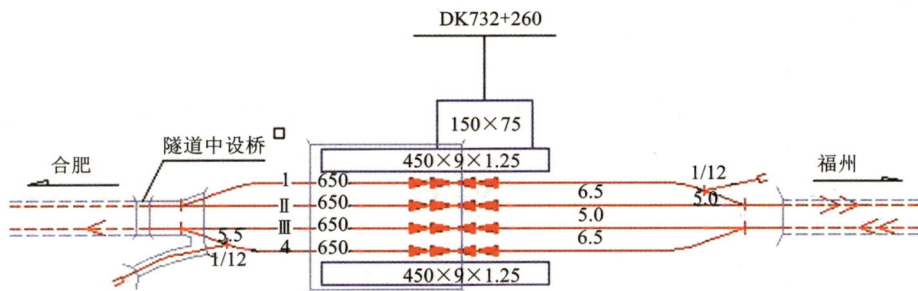

图 30－6　古田北站平面布置示意图（单位：m）

站房采用线侧下式，主要流线为下进下出。

　　站房主体建筑两层，建筑总长度为 93.6 m，宽度为 27.6 m，层高分别为 5.4 m，4.8 m；建筑高度为 15.8 m。

　　车站站中心里程为 DK762＋100，站坪长 1.8 km，为平坡直线。综合工区设于站同左，内设大机停放线 1 条，有效长 260 m，库线 2 条，有效长 100 m。闽清北站平面布置如图 30－7 所示。

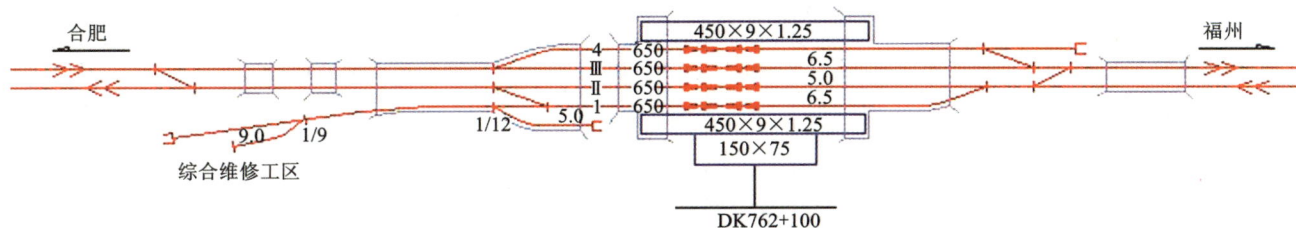

图 30－7　闽清北站平面布置示意图（单位：m）

第四节　引入枢纽工程设计

一、上饶枢纽

1. 既有车站概况

　　沪昆线沿城区北侧贯通，经上饶联络线沟通峰福铁路。2007 年刚投入运营的上饶站是沪昆电化改线外迁新建的中间站，为地区唯一客货运站，设到发线 10 条（含正线）、调车线 2 条（兼到发线）、牵出线 2 条，站对侧株洲端设有机务折返段，杭州端设有综合性货场，办理峰福线部分区段列车和地区车流甩挂作业。有基本站台 1 座、中间站台 2 座，旅客地道、行包地道和天桥各 1 座，主站房建筑面积约 8300 m²，基本站台与主站房间按 2 台 4 线用地宽度预留了杭长客专的并站位置。2007 年发送旅客 193.9 万人，货运量 106 万吨，上饶枢纽站如图 30－8 所示。

图 30－8　上饶枢纽站

2．地区铁路规划概况

研究年度上饶地区衔接杭长客专、合福高铁、沪昆线和沟通峰福铁路的上饶联络线，杭长、合福高速场与既有普速场并列设置，通过联络线沟通杭长客专与合福高铁列车进路，上饶站为地区客货运作业站。

3．有关部门对车站设计要求

南昌铁路局要求采用杭长客专和合福高铁在既有上饶站站房同侧落地新建高速场方案，要求杭州～福州方向跨线车经过上饶站。

上饶市政府要求上饶站货车到发线、调车线及货场、沟通峰福铁路的上饶联络线一并外迁至枫岭头站，上饶站改为纯客站。

4．客运作业量

1）旅客列车对数

表30-4为上饶地区客车对数表。

表30-4　上饶地区客车对数表

分项	2020 年					2030 年				
	小计	客专	A 类	B 类	普速	小计	客专	A 类	B 类	普速
一、始发客车	9	4	3	1	5	11	4	3	1	7
（一）发黄山方向	3	3	2	1		3	3	2	1	
（二）发南平方向										
（三）发金华方向										
（四）发鹰潭方向	6	1	1		5	8	1	1		7
二、通过客车	216	208	184	24	8	286	276	271	5	10
（一）黄山至南平方向	49	49	44	5		75	75	70	5	
（二）黄山至鹰潭方向	4	4	4			6	6	6		
（三）黄山至金华方向										
（四）鹰潭至南平方向	10	10	8	2		14	14	14		
（五）鹰潭至金华方向	142	134	119	15	8	176	166	166		10
（六）金华至南平方向	11	11	9	2		15	15	15		
三、合计	225	212	187	25	13	297	280	274	6	17
黄山方向	56	56	50	6		84	84	78	6	
南平方向	70	70	61	9		104	104	99	5	
金华方向	153	145	128	17	8	191	181	181		10
鹰潭方向	162	149	132	17	13	204	187	187		17

上饶地区近、远期始发终到客车为9、11对/日（含普速客车5、7对/日），通过客车为216、286对/日（含普速客车8、10对/日）。通过客车以杭长客专、合福高铁为主，杭长客专与合福高铁之间东南、西南、西北方向有跨线车交流，东南方向跨线车稍多。

2）旅客最高聚集人数

预测上饶站旅客最高聚集人数2000人，近远期高峰小时发送量为1960和2660人。

6．方案比选

上饶地区新增的杭长客专、合福高铁两大快速铁路通道"十"字交汇形成重要节点。其中杭长客专为东西向，合福高铁为南北向。

上饶站在沪昆电化改线外迁时已预留杭长客专两台四线位置，但未考虑合福高铁引入。从路网分析上饶站只办理峰福线部分区段列车和地区车流甩挂作业，预测近、远期有调作业车分别为663、903辆/日，既有一级二场站型可满足需要，因此杭长客专、合福高铁引入本站，只要并站改建不改变既有到发场、机务折返段和货场的原有功能，地区货运可仍在该站作业。综上分析，本次主要研究了上饶地区的合福高铁西进东出（杭长、合福高速场合场）方案、上饶骑跨方案两个方案，并补充研究了新设上饶西站方案。

1）方案Ⅰ

合福高铁引入上饶站采用西进东出（杭长、合福高速场合场），如图30-9所示。

本方案既有站房不动，在不改动货场的情况下，普速场向北改建腾出空间，杭长、合福高速场紧贴主站房北侧落地合建，为了减少西南跨线车在站内对正线的交叉切割干扰，合福高速场采用外包杭长车场的布置形式，在车站以东约8 km的区间修建杭客专与合福高铁的东南联络线（其中：上行联络线长9.38 km，下行联络线长7.62 km，联络线最小半径2200 m）。

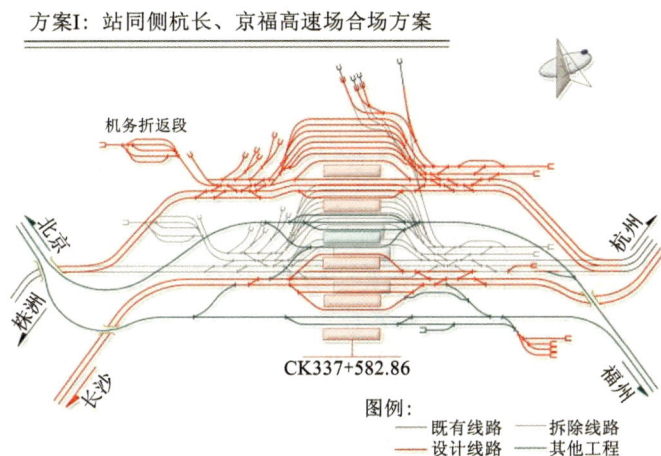

图30-9 方案Ⅰ示意图

2）方案Ⅱ

鉴于方案Ⅰ合福高铁正线有所绕长，为了减少合福高铁正线长度，根据既有车站的改建情况及杭长客站场的布置不同，本次深化研究了合福高速场骑跨方案。

本方案杭长车场在既有车场和站房之间预留地布置，既有车场基本不动，仅将靠站房的一条既有沪昆到发线改接为杭长客专到发线，杭长客专场规模为3台6线（含2条正线）。合福高铁场设2台6线（含2条正线）在站房东侧骑跨布置在既有车场和杭长高速场上，如图30-10所示。并在既有站房站对右区域设杭长客专和合福高铁之间东南跨线联络线（其中：上行联络线长7.26 km，下行联络线长7.24 km）和西南跨线联络线（其中：上行联络线长4.17 km，下行联络线长3.82 km），受地形和联络线出岔位置限制，联络线最小半径采用800 m，速度目标值按120 km设计。

3）方案比较及推荐意见

方案Ⅰ：优点是全部车场落地，旅客乘降和换乘比较方便。

缺点是：

（1）西南跨线车运输灵活性稍差。

（2）东南跨线车不能进站。

（3）合福上下行车场分开布置于杭长车场两侧，立折车需切割杭长正线。

（4）普速场需整体北移，改建工程量大，对既有线运营影响较大。

方案Ⅱ：优点是合福正线长度较方案Ⅰ短15.97 km，工程投资省，运营成本低，基本不动普速场，对既有线运营影响小。

缺点是：

（1）合福车场上跨既有站及杭长车场，多线桥梁（六线和站台）跨越既有线和货场，工程比较复杂。

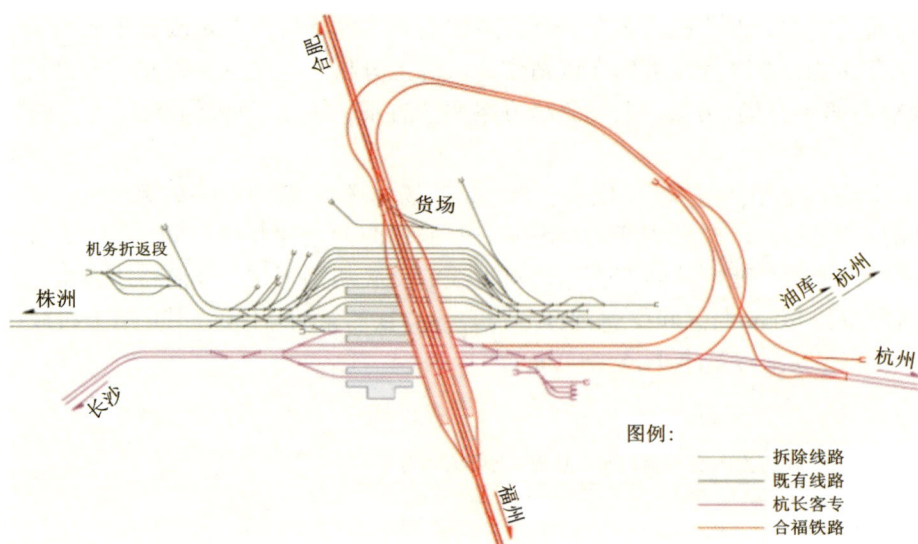

图 30 – 10　方案Ⅱ示意图

（2）合福车场高架导致旅客上下车移动距离增加。

（3）合福高铁高架通过车站广场，对广场景观和附近规划有一定影响。

方案Ⅰ和方案Ⅱ工程经济比较见表 30 – 5。

表 30 – 5　上饶地区方案工程经济比较

工程项目		单位	站同侧合场方案（方案Ⅰ）		合福场骑跨方案（方案Ⅱ）	
			杭长客专	合福高铁	杭长客专	合福高铁
正线长度		km	22.0	82.48	22.0	66.51
联络线长度		km		17.0		22.49
拆迁工程	房屋	10⁴ m²	35.14	19.6	28.53	22.3
	征地	亩	1844.2	2950	1527.1	2583
路基工程	路基土石方	10⁴ m³	303.02	429	218.5	331
桥涵工程	双线特大桥	延 m	13330	20772	13315	27386
	双线大中桥	延 m	395	10113	395	7417
	单线特大桥	延 m		21690		
	高架车场（六线、站台）	延 m				2210
隧道工程	双线隧道	延 m	1333	21149	1330	18115
	单线隧道	延 m		6435		
轨道工程	正线铺轨	km	44.0	164.96	44.04	133.01
	站线铺轨	km	28.977	5.93	28.71	4.87
	铺道岔	组	98	26	91	34
工程总投资		亿元	26.40	85.73	26.73	72.81
工程总投资合计		亿元	112.13		99.54	
投资差额		亿元	+12.59		0	

$$10^4 \ m^2 \quad 10^4 \ m^3$$

比较范围：杭长客专 CK329 + 000 ~ CK351 + 000，合福高铁 CK442 + 100 ~ CK507 + 400 推荐意见：虽然合福场高架工程实施有一定难度，增加了旅客乘降走行距离，但骑跨方案显著缩短了合福正线长度，可以减少运行时间、减少投资，东南、西南方向跨线车均可进站而且不需要切割两条客运专线。

综上所述，本次研究推荐方案Ⅱ，即合福场高架骑跨方案。

7. 最终选取方案说明

1）杭长客专正线

线路从东北方向引入地区，跨信江后折向西侧走既有上饶站站房侧并设高速场，出车站后折向西南往鹰潭方向延伸。

2）合福高铁正线

线路从北侧引入地区，经郑家湾东侧至八都东转向南跨饶北河、沪昆高速公路，在既有站房东侧站台端部上跨普速场和杭长高速场，并设合福高架站，出站后跨信江，从上饶市云碧峰国家森林公园东侧边缘经过、跨丰溪河之后往南延伸。

3）联络线设置

为减少东南、西南方向跨线车对正线的切割干扰，在既有站房站对右区域设东南和西南跨线车联络线。其中，东南联络线自杭长客专区间出岔，至合福高速场与到发线相接，西南联络线从杭长高速场引出，在区间分方向别与东南联络线搭接。东南上行联络线长为 7.26 km，下行联络线长为 7.24 km；西南上行联络线长为 4.17 km，下行联络线长为 3.82 km。受地形和联络线出岔位置限制，联络线最小半径采用 800 m，速度目标值按 120 km 设计。联络线工程纳入合福高铁。

4）普速场

杭长客专车场在既有车场和站房之间预留地布置，因预留用地仅够布置两台 5 线，故将靠站房的一条既有沪昆到发线改接为杭长客专到发线。

5）上饶车站

上饶站位于新建沪昆客运专线、新建合福客运专线、既有浙赣铁路"三线汇集"交汇处，既有上饶站东侧。上饶站建成后，将与既有上饶站一起成为衔接杭长客专、合福高铁、沪昆线和沟通峰福铁路的综合交通枢纽。站中心里程为 DK470 + 220，为客运线侧下垂直站。站房总建筑面积为 7999 m²，站场雨棚结构投影面积为 10741 m²，桥下式通道一座。站场规模为 2 台面 6 线，设岛式站台两座。站台尺寸为 450 m × 12 m × 1.25 m，中心里程轨顶标为 107.607 m。

站房两侧办公、设备用房层高按一层 7.8 m、二层 4.2 m、中部候车室部分层高为 23.4 m（最高点），候车室吊顶标高控制在 20.5 m（最高点）以内。

建筑外观高度（女儿墙或坡屋顶檐口标高）按 23.6 m 控制。

杭长客专场新建两台 5 线，另改建 1 条既有到发线，形成 2 台 6 线规模（含 2 条正线），到发线有效长均为 650 m，设工字型基本站台（站房范围宽约为 10 m，两端宽度可增加）和中间站台（450 × 12 × 1.25 m）各一座，进出站通道需接长，综合工区设于站同右。

合福高铁场新建 2 台 6 线（含 2 条正线），到发线有效长均为 650 m，设中间站台（450 × 12 × 1.25 m）两座，综合维修车间与杭长综合工区合设。

8. 其他说明

本次结合线路方案另行研究了在上饶市西侧新设站方案（简称新设上饶西站方案），线路自 CK466 + 000 起，在枫岭头以东依次跨越既有沪昆铁路、拟建杭长客专、G320 国道，经杨梅塘，在南塘跨沪昆高速公路后新设上饶西站，出站跨信江后向南直行，于观音关以东穿闽赣省界后接上贯通方案。联络线长为 41.96 km（其中：东南联络线上行区为 10.41 km，下行区为 9.55 km，西南联络线上行区为 9.66 km，下行区为 12.345 km）。与骑跨方案相比，该方案正线长度稍有展长、联络线长度较骑跨方案增加 21.44 km，且新设车站与既有上饶站相距 15.2 km，地区客运作业分散。

二、武夷山地区

1. 既有车站概况

武夷山地区现有峰福铁路贯通南北，设武夷山、武夷山南两站，其中武夷山站靠近市区为客货运作业办理站，武夷山南站位于武夷山风景名胜区边缘与大王山隔河相望为会让站。

武夷山站：车站性质为区段站，设到发线 7 条(含正线 1 条，有效长为 750 m)，调车线 6 条，全顶制式驼峰 1 座，牵出线 3 条，基本站台和中间站台各 1 座，旅客地道 1 座，主站房位于线路右侧。站对左货场设货物线 3 条，站对右有机务折返段，站同左有工务工区，站同右有客车存车场。

武夷山南站：车站性质为会让站，设到发线 3 条(含正线 1 条，有效长为 750 m)，基本站台 1 座。

2. 地区拟建项目概况

根据《铁道部福建省关于加快福建铁路建设有关问题的会议纪要》(铁计函〔2008〕1323 号)文，武夷山地区除有合福高铁引入外，还将有浦(城)—建(宁)—龙(岩)铁路引入。

3. 有关部门对车站设计的要求

南平市和武夷山市要求结合其城市规划在既有武夷山城区和上厅附近闽北新兴发展区域附近分别设站，以便更好地方便旅客乘降，促进武夷山市旅游业和南平市新兴发展区的发展。

4. 地区总图规划概况

规划浦城—建宁—龙岩铁路位于既有沪昆铁路干线和南平~三明~龙岩铁路(部省协议拟改建为 200 km/h 双线电气化铁路)之间，主要经过福建省北部山区，根据区域路网结构和所经地区资源、运输需求初步分析，该线是一条主要为沿线地区经济服务的辅助性铁路，若为单线其速度目标值应不高于 160 km/h，应引入武夷山站(地区技术作业站)，合福高铁可不考虑跨线客车接轨条件。随着合福高铁及浦—建—龙铁路的相继引入，武夷山地区将形成衔接合福通道、峰福线、浦建龙三条干线，上饶、南平、浦城、龙岩四个方向，并由既有武夷山站(客货运站)、武夷山北站(客站)和武夷山东站(客站)共同承担地区客货运作业的总体格局。

5. 客运作业量

客运作业量见表 30-6。

表 30-6   武夷山地区客车对数表

分项	2020 年				2030 年			
	合计	A 类	B 类	普速	合计	A 类	B 类	普速
一、始发客车	19	12	7		27	17	10	
(一)发福州方向	8	5	3		11	9	2	
(二)发三明方向	4		4		7		7	
(三)发上饶方向	7	7			9	8	1	
二、通过客车	66	54	9	3	99	91	4	4
(一)上饶至福州方向	61	52	7	2	90	84	4	2
(二)上饶至三明方向	5	2	2	1	9	7		2
三、合计	85	66	16	3	126	108	14	4
(一)福州方向	69	57	10	2	101	93	6	2
(二)三明方向	9	2	6	1	16	7	7	2
(三)上饶方向	73	61	9	3	108	99	5	4

注：本表将南平方向分为福州与三明方向

6.方案比选

1)方案说明

研究结合南平市和武夷山市的规划及城市特点,在武夷山市主城区附近新设武夷山北站以方便旅客出行,同时考虑最大限度吸引客流、实现铁路投入与产出的效益最大化、在靠近闽北新兴发展区域及规划的十八寨新机场附近对武夷山东、建阳东两站作了分设与合设方案的比选。

(1)方案一:两站分设方案。

该方案在闽北新兴发展区域东侧设武夷山东站,在建阳市东侧4 km的东泽村设建阳东站。

(2)方案二:两站合设方案。

该方案在规划武夷山机场以西设武夷山东站。

2)优缺点分析及推荐意见

两站合设方案取消了建阳东站,工程投资节省2.25亿元,新设的武夷山东站位于武夷山和建阳两城市之间,距离度假区、闽北新型发展区域、古汉城遗址、规划机场、闽北产业区等均较近,与城市规划衔接条件好;二站分设方案武夷山东、建阳东站间距不足20 km,增加了不必要的投资。综上所述,本次研究推荐两站合设方案。

7.最终方案说明

新建武夷山东站位于武夷山市与建阳市县界附近建阳一侧。站区范围主要为山林地,地形起伏很大,拆迁较少。

车站按一般中间站设计,主要办理旅客列车到发、通过及旅客乘降等业务,以通过作业为主。站房设于线路右侧,站房场坪采用线侧下式,场坪尺寸175 m×85 m,车站最高聚集人数2000人。

车站中心里程为CIK592+050,站坪长为2.3 km,为平坡直线。设到发线5条,到发线有效长为650 m;设岛式站台(450 m×12 m×1.25 m)两座;12.4 m宽进出站地道1座、10 m宽进站天桥1座。动车存车场和综合工区合设于站对左,内设动车存车线2条,有效长为460 m,大机停放线1条,有效长为260 m,库线2条,有效长为100 m。

三、南平地区

1.既有车站概况

南平地区位于福建省南平市,峰福线在地区东部由北向南通过,鹰厦线在地区西部由北向南通过,外福线由鹰厦线外洋站接轨与峰福线南平南站连通,峰福线北西联络线连通峰福线和外福线。地区内共有车站9个,其中来舟站为编组站,其他均为中间站。

2.地区拟建项目

根据《铁道部福建省关于加快福建铁路建设有关问题的会议纪要》(铁计函〔2008〕1323号)文,南平地区除近期有合福高铁引入外,远期还将有南(平)—三(明)—龙(岩)铁路(简称南三龙铁路)引入本地区。

3.城市总体规划概况

南平市所在地延平区位于福建省中北部、闽江干流源头与建溪交汇处,为闽北地区面积最大的地级市,2005年总人口约53.7万人(其中城镇人口34.3万人)。城市规划拟将"夏道—塔前—至炉"三角区作为城市发展方向,实施"东扩西进"的发展战略,重点开发西芹片区和夏道新区。2020年城区(含西芹、来舟、大横、王台、夏道新区)规划人口为66万人(其中城镇人口56万人)。

4.客运作业量

客运作业量见表30-7。

表 30 - 7 南平地区客车对数表单位：对/日

分项	2020 年					2030 年				
	合计	客专	A 类	B 类	普速	合计	客专	A 类	B 类	普速
一、始发客车	5	4	2	2	1	7	6	3	3	1
（一）发福州方向	3	2	2		1	4	3	3		1
（二）发武夷山方向										
（三）发三明方向	2	2		2		3	3		3	
（四）发邵武方向										
二、通过客车	104	93	65	28	11	151	138	109	29	13
（一）武夷山至福州方向	69	67	57	10	2	101	99	93	6	2
（二）武夷山至三明方向	9	8	2	6	1	16	14	7	7	2
（三）邵武至福州方向	2			2		3			3	
（四）邵武至三明方向	4			4		4			4	
（五）福州至三明方向	20	18	6	12	2	27	25	9	16	2
三、合计	109	97	67	30	12	158	144	112	32	14
福州方向	94	87	65	22	7	135	127	105	22	8
武夷山方向	78	75	59	16	3	117	113	100	13	4
三明方向	35	28	8	20	7	50	42	16	26	8
邵武方向	6			6		7			7	

5. 方案比选

南平地区既有南平站、南平南站均位于中心城区附近，受周边地形和城市建成区限制，合福高铁均无引入条件。结合城市规划、线路走向方案和设站条件，合福高铁引入南平地区重点研究了安济、南山等站位方案，并初步研究了南三龙铁路的接轨方案。

1）方案说明

方案一：南山设站方案

该方案在夏道新区对侧 6.0 km 处的南山镇设新南平站，规划预留的南三龙铁路从南平北站福州端引出疏解后经夏道新区西南侧往三明方向。

方案二：安济设站方案

该方案在夏道新区对岸安济村附近设新南平站，规划预留的南三龙铁路从新南平站福州端引出疏解后经夏道新区西南侧往三明方向。

2）方案优缺点比较

南山设站方案（方案一）：该方案优点是线路短、工程投资少，车站所处位置比较平坦、开阔；缺点是车站距离主城区较远，交通不便、吸引客流的条件较差，市政配套工程大。

安济设站方案（方案二）：该方案优点是车站距离主城区最近，通过既有公路可与城区连接，旅客换乘方便、吸引客流的条件好，站址与南平市的总体规划相适应，市政配套工程小，南三龙接轨工程新建线路短；缺点是线路较方案一长 5.791 km，工程投资增加 6.43 亿元。

3）推荐意见

安济设站方案（方案二）虽然投资较高，但是符合城市的发展，与城市的衔接好、吸引客流的条件好、市政配套工程小，南三龙接轨工程新建线路短。综上所述，研究推荐安济设站方案。

6. 推荐方案说明

南平北站位于夏道新区对岸安济村附近，站区范围内地形起伏较大，工程量也较大，拆迁较少。车站近期设正线 2 条,到发线 5 条,450 m×12 m×1.25 m 基本 1 座,450 m×12 m×1.25 m 中间站台 2 座,远期预留到发线 1 条,450 m×12 m×1.25 m 中间站台 1 座。站同左设综合维修工区 1 处,综合维修工区设长 260 m 大机停放线 1 条,设长 100 m 轨道车库线 2 条。在车站福州端预留规划的南—三—龙接轨条件。

第五节　接轨站施工过渡设计

(1)合福闽赣段有婺源、上饶、南平北、福州等 4 个站连接 2 条以上线路。其他车站只连接合福线,而且均为新建,不存在施工过渡。

(2)婺源站和南平北站是新建车站,婺源站预留了"九景衢"铁路引入条件,南平北站预留了"南三龙"铁路引入条件,此两个车站均是合福高铁先施工,不存在施工过渡。

(3)上饶站为既有沪昆铁路上的车站,杭长铁路与合福高铁几乎同时引入既有上饶站,其中合福高铁高架骑跨布置在沪昆普速车场和杭长高速车场上方,合福车场全部为新建,对既有上饶站的改造主要属于杭长铁路工程范围。

(4)福州站为既有车站,连接向莆铁路、温福铁路等。合福高铁引入福州站时,主要是正线与福州站咽喉区外预留的线路进行连接,然后在既有线路上插铺了几组道岔,对既有线运营影响非常小,在线路股道方面不存在施工过渡。

第六节　主要客运设备配置

合福客运专线(闽赣段)各站主要客运设备配置见表 30 – 8。

表 30 – 8　主要设备数量汇总表

| 序号 | 车站名称 | 旅客站台(雨棚与站台等宽等长) | | | 跨线设备 | | 附注 |
		站台类型	数量	尺寸 长×宽×高(m×m×m)	地道 (座 – 宽 m)	天桥 (座 – 宽 m)	
1	婺源站	基本站台	1	450×12×1.25	2~8.4 m	无	合福场规模
		中间站台	1	450×12×1.25			
2	德兴站	基本站台	1	450×9×1.25	1~8.4 m	无	
		侧式站台	1	450×9×1.25			
3	上饶站	中间站台	2	450×12×1.25	合福场高架	合福场高架	合福场规模
4	五府山站	基本站台	1	450×9×1.25	1~8.9 m	无	
		侧式站台	1	450×9×1.25			
5	武夷山北站	基本站台	1	450×9×1.25	2~10.4 m	无	
		侧式站台	1	450×9×1.25			
6	武夷山东站	基本站台	1	450×12×1.25	1~12.4 m	1~10 m	
		中间站台	2	450×12×1.25			
7	建瓯西站	基本站台	1	450×9×1.25	1~10.4 m	无	
		侧式站台	1	450×9×1.25			
8	南平北站	中间站台	2	450×12×1.25	1~10 m	1~8 m	
9	古田北站	基本站台	1	450×9×1.25	1~8.4 m	无	
		侧式站台	1	450×9×1.25			

续表 30 - 8

序号	车站名称	旅客站台(雨棚与站台等宽等长)			跨线设备		附注
		站台类型	数量	尺寸	地道	天桥	
				长×宽×高(m×m×m)	(座-宽 m)	(座-宽 m)	
10	闽清北站	基本站台	1	450×9×1.25	1~8.4 m	无	
		侧式站台	1	450×9×1.25			
11	福州站	基本站台	1	500×15×1.25	1~6 m 1~15 m		福州站改工程
		基本站台	1	500×13.8×1.25			
		中间站台	5	500×12×1.25			

第三十一章　房屋建筑及给排水设计

第一节　站房工程概况与特点

一、站房工程概况

新建站房规模参照《铁路旅客车站建筑设计标准》（GB 50266—95）并结合客运专线车站特点配备。合福客运专闽赣段共设 11 座车站，婺源站、德兴站、上饶站、五府山站、武夷山北站、武夷山东站、建瓯西站、南平北站、古田北站、闽清东站、福州站。沿线车站形式的确定，是根据车站所在地的线路、场地情况、建筑规模及城市规划等因素进行综合考虑的。其中福州站站房利用既有站房。

车站建筑总面积由车站客运、运营部分建筑面积和并入车站建筑的其他铁路生产工艺用房的面积两部分组成。其中车站客运部分规模是根据远期高峰小时发送量，并根据客运专线车站基本功能布局最低规模确定。各站站房设计规模详见表 31 - 1。

车站建筑内为旅客服务及客运组织的功能主要由综合大厅、售票厅、旅客候车室、旅客服务用房、交通空间等组成。车站内部空间在设计中应体现为集候车、通过、服务三项功能为一体的综合空间。

表 31 - 1　车站建筑明细表（初设批复）

序号	车站名	站房形式	跨线形式	候车形式	客运建筑面积（m²）
1	婺源站	线侧平	下进下出	线侧候车	6000
2	德兴站	线侧下	下进下出	线侧候车	3500
3	上饶站	线侧下	下进下出	线侧候车	6000
4	武夷山北站	线侧平	下进下出	线侧候车	3500
5	武夷山东站	线侧平	上进下出	线侧候车	6000
6	建瓯西站	线侧平	下进下出	线侧候车	3500
7	南平北站	线侧下	上进下出	线侧候车	6000
8	古田北站	线侧下	下进下出	线侧候车	3500
9	闽清东站	线侧平	下进下出	线侧候车	3500
10	福州站				利用既有

二、站房设计理念

车站建筑设计严格执行工程建设节能强制性标准。在设计中以"五性原则"为指导思想，充分贯彻"以人为本"的设计理念，在形式和功能上综合考虑当代铁路发展特点和地域文脉的影响而完成铁路客站建筑的设计，其特点表现在以下几个方面。

1. 造型传承"地域文化"

在建筑造型中，根据地域特点，反映出地方特色；在材料色彩的选用上，结合地方特有资源，适当选用，表达出尊重传统、历史，面向未来的设计主旨，体现站房设计的文化性。

2.站型选择的经济性

结合轨顶及场地标高，选择最合理的站型，尽量减少填方挖方，体现站型选择的经济性。

3.空间布局"以人为本"

在空间设计中贯彻"以人为本"的设计理念，通过零距离换乘、空间可读、无障碍通行和完善配套的现代化设施等各个方面体现站房空间布局的功能性和系统性。

4.推广使用新技术

通过新技术的选用以及环保节能观念在站房里的贯彻落实，创造出无视线遮挡的大空间效果并尽可能节约能源，充分体现站房设计的先进性。

第二节　设计原则与采用的主要技术标准

一、主要设计原则

1.设计原则

车站建筑设计贯彻"适用、经济、美观"的设计原则，大力采用新技术、新材料及新颖的建筑形式，在满足建筑本身对功能的需求的同时体现出时代特征。在强调房屋建筑工程先进性的同时，强调工程的经济性，力求先进性与经济性之间达到完美的平衡。同时充分考虑生态、环保、节能等因素，遵循国家有关规定，力求建筑与自然的共生。

车站建筑的布置结合城市规划，解决好铁路建设与城市发展的关系，带动铁路沿线区域的整体发展。结合城市的路网状况，合理安排车站建筑及旅客专用场地等功能区域，合理组织人流、车流，充分考虑与地铁、轻轨、公交、长途汽车、出租车、社会车、自行车等交通形式之间的顺畅转换，使车站成为城市中一个高效、便捷的交通枢纽。

站区规划以车站建筑为中心，突出车站建筑主导地位，生产、生活房屋尽可能并入车站建筑之内，其余房屋另外择地集中布置，统一规划，并适当预留发展条件。同时重视站区环境绿化设计，充分利用和保护站区的自然地貌，提升站区环境质量，塑造新型的站区环境形象，体现当今建筑"绿色与生态"的主题。

2.站区规划

（1）车站建筑：本次设计为突出站房作为车站主体建筑物的地位，并使站区内的建筑形成统一的整体，将部分生产工艺用房与站房并栋设计。并入的生产房屋主要有：车站信号用房、站内0.4 kV变电所、机电设备监控用房等。另有一部分为车站服务的工艺用房如污水处理场等，根据方案设计及周边环境情况具体布置。

（2）车站用地：车站用地（不含站场用地）由车站建筑用地和旅客专用场地两部分组成，作为车站与城市空间的过渡，设计中在满足旅客的室外活动和高峰时期的旅客疏散的前提下，做好景观设计。

（3）铁路的区、段、所规划：在充分满足铁路生产、生活需要的基础上，各类房屋的布置在统一规划的基础上尽可能的并栋设计，彻底改变铁路工艺及生活用房稀松零散的旧面貌。区、段、所用地与车站建筑保持一定距离，适当预留发展条件。

二、主要技术标准

1.建筑标准

生产房屋根据生产运输需要，采用相应的结构类型及建筑标准；乘务员公寓、单身宿舍等房屋的建设标准，考虑当地社会经济的发展水平，均设计为公寓式宿舍。合理设计、安排房屋朝向、通风、采光、防火及道路，并充分考虑当地自然条件。位于城市规划道路侧的临街建筑和广场建筑适当考虑重点饰面，以与城市协调。

沿线电力、通信、信号电缆穿墙体、楼板的孔洞设置防火封堵，其余生产、生活房屋按建筑及铁路防火规范开展设计。站房设计使用年限50年，建筑结构的安全等级为二级。一般房屋楼、地面采用水泥或混凝土楼、地面，客运办公房屋和有工艺要求的房屋分别采用地砖、水磨石、抗酸、抗碱楼地面或抗静电活动地板的楼地面。屋面采用轻钢及柔性防水屋面，防水等级为Ⅱ级、Ⅲ级，并设架空隔热层。门窗采用木门、塑钢或铝合金窗，并根据生产作业或生活需要设置纱窗。填充墙采用轻质砌块。本着因地制宜、就地取材的原则，尽量采用当地建筑材料，以利节省工程投资。在条件具备的地区积极采用新型材料。采用的建筑材料符合国家和地方有关环保、节能等政策、法规的要求。

2. 结构类型

一般生产办公、小型技术作业和生活福利房屋采用砖混结构为主，特殊重要的房屋采用框架或排架结构，并大力推广采用新材料、新技术，如厂房采用钢结构，地级及以上车站采用钢结构无站台柱雨棚和新型维护结构等。

3. 装修标准

(1) 内墙：公共区采用干挂石材或干挂铝板，客运办公用房采用乳胶漆内墙面。

(2) 外墙：考虑节能，墙面采用中、高级外墙涂料、花岗岩、千思板、铝板等高档材料；同一地区建筑外墙装修的风格、标准和色彩应协调、统一。

4. 沿线主要的新建或扩建房屋地基处理方案

沿线各站均位于冲海积平原和剥蚀丘陵间，地表层以下均有深厚的淤泥质粉质黏土。单层房屋充分利用表层硬壳层，采用钢筋混凝土条形基础。大型设备基础采用深层搅拌桩等地基处理措施进行地基加固。站房、无站台柱雨棚等建筑采用预应力管桩或钻孔灌注桩等桩基础。

第三节　一般站房设计

一、婺源站

1. 建筑简况

婺源站设计为中型旅客车站，站房最高聚集人数为1500人，高峰小时旅客发送量近期为770人（远期为1250人），采用线侧平式布局及下进下出的客运组织流线，设8.4 m宽进出站地道两座。车站设正线2条（线间距为5.0 m）、旅客列车到发线3条；基本站台1座（450×12×1.25 m），中间站台1座（450×12×1.25 m）。站房综合楼建筑面积为59999 m²、站台雨棚投影面积为10619 m²。

站房主体建筑二层，两侧办公、设备用房层高按一层5.4 m、二层4.5 m、中部候车室部分层高13.5 m，候车室吊顶标高控制在10.0 m以内。建筑外观高度（屋顶檐口标高）按14.4 m控制。

2. 与市政配套简况

站房前规划设置南广场，南广场主要疏散铁路、城市轨道交通、城市公共交通、社会交通、城际公共交通等客流及部分社会停车。站前东西大道与站房轴线通过绿化广场进行转化。在广场西侧设置公共交通枢纽，包括公交车站、长途汽车站。以方便公交、长途车与火车站的换乘。广场南侧设出租车场和社会车场。

3. 设计效果

婺源站站设计以徽派建筑风格为基调，细部设计体现精致典雅文化性强等的建筑特点。在吸取当地传统建筑要素的基础上，对这些要素进行了形式上的抽象。铝板、金属屋面等现代材料赋予了婺源站时代特征，体现出中国最美的乡村，婺源站实景如图31-1所示。

二、德兴站

1. 建筑简况

德兴站作为客运专线铁路旅客车站，设计为小型站，远期高峰聚集人数为800人，采用线侧下式布局及下进下出的组织流线。站房总建筑面积为3465 m²，站场雨棚结构投影面积为

图31-1　婺源站实景图

8100 m²，车站总规模为 2 台 4 线，正线 2 条，到发线 2 条，站台尺寸长为 450 m、宽为 9 m、高为 1.25 m，8.4 m 宽进出站地道一座。

两侧办公、设备用房层高按一层 5.4 m、二层 4.5 m、中部候车室部分层高 11.9 m，候车室吊顶标高控制在 8.8 m 以内。建筑外观高度(屋顶檐口标高)按 14.3 m 控制。

2. 与市政配套简况

与市政配套简况：站房前规划设置西广场。西广场主要疏散铁路、城市公共交通、社会交通、城际公共交通等客流及部分社会停车。站前南北大道与站房轴线通过绿化广场进行转化。在广场南侧设置公交车场，北侧设出租车场和社会车场。

3. 设计效果

设计以聚德扬志为设计概念，表达山川之宝，唯德乃兴的城市精神，以六根功能柱作为建筑立面主体，并合理分割了建筑功能，幕墙上精美的花饰体现铜都文化和德兴物产富饶的城市姿态。上扬折动的屋面从笔直庄重的功德柱间挺直折起，突显建筑挺拔向上的气质，同时也与唯德乃兴的城市精神相吻合，德兴站实景如图 31 - 2 所示。

图 31 - 2　德兴站实景图

三、五府山站

1. 建筑简况

新五府山站作为客运专线铁路旅客车站，设计为小型站，最高聚集人数为 400 人，采用线侧平式布局及下进下出的组织流线。站房总建筑面积为 2000 m²，站场雨棚结构投影面积为 8100 m²，总规模为 2 台 4 线，其中：基本站台 1 座、侧式站台 1 座，正线 2 条，到发线 2 条。站台尺寸长为 450 m、宽为 9 m、高为 1.25 m，8.9 m 进出站地道一座。

两侧办公、设备用房层高按一层 5.4 m、中部候车室部分层高 9.4 m，候车室吊顶标高控制在 7.5 m 以内。建筑外观高度(坡屋顶檐口标高)按 10.0 m 控制。

2. 与市政配套简况

车站广场西侧设置公共交通枢纽。以方便公交、长途车与火车站的换乘。广场东侧设出租车场和社会车场。两侧结合城市发展分别设物流办公、商业酒店等商业设施。

3. 设计效果

车站设计结合五府山灵山秀水的优美城市景象，将传统建筑进行现代演绎，展现五府山地区细腻而优雅的城市性格，立面虚实相间、疏密有致，富有韵律感。层叠的坡屋面与错落的灵山相呼应，独具特色的形体穿插，精巧细腻的细部处理，给旅客营造亲切宜人的尺度感。候车大厅通透开敞，营造宜人的候车环境；独具地方特色的细部处理，增加了文化感的表达，五府山站实景如图 31 - 3 所示。

四、武夷山东站

1. 建筑简况

本工程位于福建省武夷山市境内北距武夷山景区约 21 km，南距建阳市 17 km。最高聚集人数为 2000 人，中型站。为客运线侧平站；站

图 31 - 3　五府山站实景图

房总建筑面积为 29632 m^2，站场雨棚结构投影面积为 15282 m^2。12.4 m 宽出站地道一座、10.0 m 进站天桥一座。客流由普速铁路、城际铁路、旅游和短途旅客等其他客流构成。

站房主体建筑五层(底层为地面出站广场层，标高 −8.0 m)，两侧办公、设备用房层高一层 4.3 m、二层 4.3 m、三层 5.8 m、四层 4.5 m，中部两层候车大厅层高分别为 8.6 m 和 13.6 m，候车厅吊顶标高控制在 16.6 m 以内，建筑外观高度(屋顶檐口标高)为 23.4 m。

建筑结构主要由钢筋混凝土结构和钢网架结构组成。武夷山东站站场规模 3 台 7 线。

2. 与市政配套简况

武夷山东站规划坚持城市公共交通优先的原则，从"以人为本，以流为主"的理念出发，采用上进下出的客流组织模式。站区规划充分考虑铁路站场、站房和站前广场之间的交通和功能关系，合理解决不同功能区之间的衔接和过渡，与城市空间形成有机的整体——以营造出具有标志性意义的城市场所。

3. 设计效果

武夷山东站设计以垂直及水平的体块及线条间的自然过渡，表达武夷特有的山水交融的气质；将闽越建筑的窗格和千年历史的竹筏抽象于幕墙，把以闽越文明为代表的历史厚重感描绘于现代建筑间。设计自然流畅，给人无限遐想，描绘了一幅竹筏于山间顺溪而下，尽览湖光山色间古迹遍布的如诗画面是人文与自然和谐统一的典范，武夷山东站实景如图31 − 4 所示。

图31 − 4 武夷山东站实景图

五、南平北站

1. 建筑简况

南平北站作为客运专线铁路旅客车站，设计为中型站，最高聚集人数为 2000 人，采用线侧平式布局及上进下出组织流线。站房建筑面积为 9998 m^2，雨棚结构投影面积为 10792 m^2。铁路车场设计规模为 2 台 6 线，设正线 2 条，到发线 4 条，设 450 m × 12 m × 1.25 m 岛式站台 2 座，进站天桥 1 座。

站房主体建筑二层，两侧办公、设备用房一层层高 7.5 m、二层层高 5.5 m，中部候车大厅(两层)吊顶最高点高度为 19.1 m，建筑外观最高点高度为 23.5 m。

建筑主体结构分为两段，中间屋面采用钢结构，两侧采用钢筋混凝土结构。

2. 与市政配套简况

站房前规划设置南广场。南广场主要疏散铁路、公共交通、社会交通、城际公共交通等客流及部分社会停车。站前东西大道与站房轴线通过绿化广场进行转化。

3. 设计效果

设计以流动的山水之韵为设计概念，利用飘逸的曲线元素，线与面的节奏变化营造了优美舒展的韵律感，使建筑整体犹如山与水的交响。建筑以竖向线条体现水韵的灵动，以白色的曲线基座表达山势的稳重，两者形成了对比却统一的形体，现代而张力十足。设计时，收集了南平市的地方建筑资料，遵循地方建筑的特色，建筑细部如柱，窗，檐口等的处理充分借鉴地方传统，并加以提取升华去诠释南平历史文化与地方风貌，南平北站形体如一只白色的大鸟，在青山碧水间展翅飞翔，南平北站实景如图 31 - 5 所示。

图 31 - 5 南平北站实景图

第四节 区域性枢纽站房设计

一、上饶站建筑简况

上饶站位于新建沪昆客专、新建合福高铁、既有浙赣铁路"三线汇集"交汇处，既有上饶站东侧。上饶站建成后，将与既有上饶站一起成为衔接杭长客专、合福高铁、沪昆线和沟通峰福铁路的综合交通枢纽。站中心里程为 DK470 + 220，为客运线侧下垂直站。站房总建筑面积为 7999 m²，站场雨棚结构投影面积为 10741 m²，桥下式通道一座。站场规模为 4 台面 6 线，设岛式站台两座。站台尺寸为 450 m × 12 m × 1.25 m，中心里程轨顶标为 107.607 m。

站房两侧办公、设备用房层高按一层 7.8 m、二层 4.2 m、中部候车室部分层高 23.4 m（最高点），候车室吊顶标高控制在 20.5 m（最高点）以内。建筑外观最高点高度为 23.6 m。

二、与市政配套简况

与市政配套简况：规划结构以新老站房为中心，设计通过曲线的体形来形成其完美的衔接关系。上饶站南侧为站前广场，中轴对称的布局突出了建筑在该区域的重要性和中心性。此广场两侧布有商业、城市公共交通等客流及部分社会停车场。

三、设计效果

新上饶站在与既有站房呼应的同时且独立完整，不对称的造型独特而现代，自由变化的曲线舒展优美又不失动感。在保证立面效果及使用功能的前提下，尽量压低层高，呈现出舒展、平缓的建筑形态；在吸取当地传统建筑要素的基础上，对这些要素进行了形式上的抽象。铝板、金属屋面等现代材料赋予了上饶站时代特征，旨在设计出独具上饶韵味的国际景区之门，上饶站实景如图 31 - 6 所示。

图 31 - 6 上饶站实景图

第五节 采暖与通风设计

一、设计原则与标准

本线地处夏热冬冷及夏热冬暖地区，不设采暖。对设有空调系统的建筑，有条件的可采用热泵采暖，并充分利用空调末端系统。

二、设计概述

1. 空气调节设置标准及冷(热)源的选择原则

1) 空气调节设置标准及空调方式

信号、通信、客运信息系统、安全监控设备机房，变配电所的控制室以及室内温、湿度、洁净度达不到工艺和设备运行环境要求的房间设置工艺性空调。站房综合楼的公共区(集散厅、候车厅、售票厅)、乘务员公寓、单身宿舍、餐厅、办公室等有围护结构的、重要的人员活动、生产办公场所设舒适性空调。旅客站房和其他单栋建筑物的空调房间(或分体式空调器)规模超过 40 间(台)时设集中式空调系统，否则设置分散式空调系统。

2) 冷热源设置原则

分散式空调系统采用分体式(热泵)空调器和变制冷剂流量分体式空气调节系统，冷热媒选用氟利昂 R22 或 R410A。集中式空调系统冷热源采用风冷热泵冷水机组，并设置自动控制系统。

2. 通风与防排烟设计原则

1) 生产过程有害气体、粉尘通风净化回收设备的设置原则

充电室、电力变配电所高压室、加氯间等生产过程产生有害气体的车间均设置全面机械通风。电焊间焊接工作台等生产过程产生粉尘的车间均设置独立的排尘系统，并配置机械或湿法除尘设备。厨房设置油烟净化器处理餐饮油烟。

2) 热加工车间降温设计原则

变压器室、电容器室等热加工车间和检修库(车间)应充分利用有组织的自然通风排除余热，当作业地带采用自然通风达不到卫生标准时，辅以机械通风或设局部降温设备。

3) 防排烟设计原则

根据国家现行相关规范要求设置防排烟措施。

三、节能环保措施

1. 环境保护措施

对生产过程产生有害气体、粉尘的车间和产生餐饮类油烟的生活设施设置净化、除尘设备；污水排放采用雨水、污水分流制；采用太阳能热水器供应热水；采暖、空调、给排水设备选用低噪声设备；泵与风机等强振动设备采取隔振、减振措施。

2. 节约能源措施

空调采用热泵技术，同时满足夏季制冷与冬季采暖的需要，大功率空调通风设备设智能节电装置，大空间集中空调系统采用分层空调，空调新风设备采用全热换热新风换气机，对新风进行热回收。工业厂房尽量采用蒸发冷却、自然通风等自然能降温方式。采用变频调速装置和太阳能、空气源等可再生能源应用技术，选用节能、高效型采暖、空调、给排水设备和配件；对用水建筑和设备配置水量等计量和控制仪表，实行建筑终端节能，按表计量收费。

第六节　给排水工程设计

一、设计原则与标准

1. 主要工程内容

（1）合福高铁闽赣段10个车站（不含站房）给排水工程。

（2）桃源、里长皋等19个设在线路区间的警务区给排水工程。

（3）武夷山东等9个牵引变电所和上饶线路所给排水工程。

（4）17座长于5 km隧道的消防工程。

2. 主要技术标准

（1）供水水质：供水水质达到现行的《生活饮用水卫生标准》（GB 5719—2006）。

（2）生活、生产水量标准：新增生活用水量标准按200 L/（人·日），站房旅客候车用水量按4 L/（人·日），生产用水量标准按现行《铁路给水排水设计规范》（TB 10010—2008）确定。

（3）消防水量及水压。

①站台消火栓、大型养路机械存放线旁消火栓：水量10 L/s，拴口水压满足水枪充实水柱10 m要求。

②室外消火栓：消防水量根据建筑物类别和体积按国家现行《建筑设计防火规范》（GB 50016）确定，拴口水压0.1 MPa。

③隧道洞口消火栓：水量20 L/s，拴口水压满足水枪充实水柱13 m要求。

3. 设计接口说明

1）与站房设计单位（悉地国际）的设计接口

合福高铁闽赣段10个站站房均由悉地国际设计，铁四院与悉地国际的设计分工如下：悉地国际负责站房用地红线范围内的给排水工程设计，包括站房内的给水泵房（武夷山东、德兴、五府山站房内给水泵房由铁四院设计）及室外给水、污水、室外消火栓系统，站房室外污水设计至化粪池（含化粪池）；铁四院负责站房用地红线范围外的所有给排水工程设计，包括与市政管网的给排水衔接设计及车站站台（上饶站除外）的水消防设计，具体分界点详见各站给排水设计图。

2）与房屋室内给排水的设计接口

室外给、排水设计与室内给、排水的分界点为房屋外墙外3 m。

二、给排水设计

1. 建筑室内给排水工程设计

生产、办公房屋按建筑设计和工艺要求设置给水、排水系统及卫生设备，污水排放采用雨水、污水分流制。站房、乘务员公寓和单身宿舍等人员集中的生产、办公房屋设置冷、热两用型电开水器供应开水。

职工浴室、单身宿舍、乘务员公寓和公安派出所的淋浴间设置太阳能热水器，空气源热泵机组辅助加热供应热水。

2. 车站室外给排水工程设计

1) 给水工程

合福高铁闽赣段共设 11 个站，武夷山东站为旅客列车给水站和卸污站，上饶站为旅客列车给水站，其余均为生活供水站。各站供水水源均采用城市自来水，在站房内设变频供水设备进行二次加压，设二氧化氯或紫外线消毒设备对自来水进行二次消毒处理。武夷山东站设 2 排客车上水拴，上饶站设 1 排客车上水拴，每排设普通客车上水拴 16 座。各站站台两端均设保洁用水水拴。

2) 排水工程

(1) 污水的预处理措施：粪便污水经化粪池预处理，厨房含油污水经隔油池预处理，检修库工艺废水经洗车污水隔油池预处理，列车集便污水经厌氧池预处理。

(2) 旅客列车卸污：武夷山东站采用移动式卸污，配 2 辆移动式卸污车。

(3) 污水处理及排放：德兴站、武夷山北站、古田北站、闽清北站自建污水处理站对车站污水进行处理，采用厌氧滤池＋人工湿地处理工艺，处理达标后的尾水排入附近水体。其余车站污水均排入市政污水管。

3) 车站消防工程

武夷山东站：室外消防管网与生活供水管网合建，在站房内设 1 座 233 m³ 生活消防共用水池，室外消防用水由变频供水设备供给。在站房内设 630 m³ 消防水池 1 座，贮存站房室内消防用水。

上饶站：消防用水由上饶站既有给水加压站供给，室外消防管网与生活供水管网合建，既有给水加压站内的贮水池已贮存室外消防用水。

其他车站：车站室外消防管网与生活供水管网分别设置，站房内的消防水池贮存一次消防的水量，车站的消防用水由设在站房内的消防泵房供给。

沿站房周围和消防通道布设 SS100/65 室外地上式消火栓，间距不大于 120 m。基本站台设一排 SNSS65 双口双阀地下式消火栓，间距 100 m；在非基本站台二端各设 1 座 SNSS65 双口双阀地下式消火栓。在基本站台二端各设置 1 套消防器材箱，在大型养路机械停车线二端各设置 1 套消防器材箱，每套消防器材箱内设 ϕ19 mm 水枪 2 支，ϕ65 mm 长 25 m 水龙带 4 盘。

4) 管道铺设及管材

(1) 明铺生活给水管采用涂塑复合钢管，明铺消防给水管采用热浸镀锌钢管；埋地给水管 $d_n \geqslant 90$ mm 采用钢丝网骨架复合 PE 管，其余采用 HDPE 给水管；埋地重力排水管采用 FRPP 模压排水管，卸污管采用钢丝网骨架复合 PE 管，压力排水管采用 HDPE 压力管。

(2) 埋地给、排水管道基础均为中粗砂基础，管道基础支撑角为 180°，管底砂层厚不小于 100 mm。

(3) 车行道下井盖及支座采用重型复合材料井盖及支座。

3. 警务区给、排水工程设计说明

1) 给水工程

合福高铁闽赣段设在线路区间的警务区共 19 个。皂头和义井警务区用水由附近的城镇自来水直供，其余 17 个警务区供水水源根据当地供水条件采用农村生活用水或地下水，

采用农村生活用水或地下水的警务区设净水间 1 座，净水间内设体积为 2 m³ 不锈钢水箱 1 座，设处理量 1 m³/h 的小型净水设备 1 套，设立式离心泵 1 台，对农村生活水（地下水）进行净化、加压。

2) 排水工程

警务区厨房含油污水经小型隔油池预处理、粪便污水经化粪池预处理后均汇入处理量 2 m/d 高效生物化粪池，处理后尾水排入附近水体。

4. 牵引变电所、线路所给排水工程设计说明

合福线闽赣段共设有 9 个牵引变电所和上饶线路所。

1) 给水工程

武夷山东牵引变电所用水由附近的城镇自来水直供，建瓯西、南平北、古田北、五府山牵引变电所由

附近的车站供水。其余的牵引变电所和线路所供水水源根据当地供水条件采用农村生活用水或地下水，每个牵引变电所设净水间 1 座，净水间内设体积为 2 m^3 不锈钢水箱 1 座，设处理量 1 m^3/h 的小型净水设备 1 套，设立式离心泵 1 台，对农村生活水（地下水）进行净化、加压。

2）消防工程

武夷山东、古田北、南平北牵引变电所消防用水由城镇自来水（车站供水系统）供给，所内设 1 座室外消火栓；其余的牵引变电所和线路所均设 100 m^3 消防水池 1 座贮存消防水量，并在所内设室外消火栓。所内设消防器材箱 1 个，箱内设 ϕ19 mm 水枪 2 支，ϕ65 mm 长 25 m 水龙带 4 盘。

3）排水工程

建瓯西牵引变电所污水经化粪池预处理后排入在建的北坪路市政污水管，其余牵引变电所（线路所）污水经处理量 2 m^3/d 高效生物化粪池处理后排入附近水体。

5.隧道消防工程

1）隧道洞口消防

对长度超过 5 km 的 17 座隧道进、出洞口设水消防设施。

（1）消防方式。

在距离隧道洞口不小于 50 m 处设 2 座 SNSS65 双口双阀消火栓，消防设计消防秒流量 20 L/s，消火栓口水压应满足水枪充实水柱不小于 13 m 的要求，火灾延续时间 4 h。消火栓用水由山上消防水池供给，消防水池容积为 300 m^3。

（2）消防水池补水水源及工艺。

消防水源采用城镇自来水、隧道渗漏水或附近河涌伏流水，引至直径为 3 m 水源井，再由水源井内的深井潜水泵抽升至山上消防水池。

（3）给水控制系统。

每座隧道洞口的消防系统均设简易给水控制系统 1 套，该系统应实现消防水池水位显示及低水位报警、根据消防水池水位自动启、停深井潜水泵的功能。消防水池液位信号和潜水泵的工作状态均传至消防器材间的 RTU，并通过铁路通信网络远传至调度中心。

（4）消防器材箱及消防防护装备。

每座隧道洞口处均设 2 套消防器材箱，每套消防器材箱内配 ϕ19 mm 水枪 2 支，ϕ65 mm 长 25 m 水龙带 4 条。在距隧道洞口不小于 50 m 处设消防器材间，放置 10 套消防防护装备。隧道的紧急出口和避难所内均配备 10 套消防防护装备。

消防防护装备包括：灭火防护服、灭火防护靴、消防手套、消防头盔、背负式空气呼吸器、佩戴式防暴照明灯。

2）隧道设备洞室消防

在隧道的变配电、通信设备洞室内设非贮压悬挂式超细干粉灭火装置（固气装换型），全淹没灭火，热敏线启动。每处变配电洞室内设 6 具 4 kg 超细干粉灭火装置，每处通信动室内设 4 具 3 kg 超细干粉灭火装置。每处设备洞室配备 3 具 4 kg 的 ABC 干粉灭火器。

EPS 设备气体灭火设计：本线隧道辅助坑道内的每台 EPS 设备旁均配备一套七氟丙烷探火管式感温自启动灭火装置，直接式灭火方式，灭火剂充填量不小于 1 kg，探火管布置在 EPS 设备内，保护半径不大于 1 m。

第三十二章　通信设计

第一节　工程概述

一、通信工程设计概况

合福高铁闽赣段通信工程正线自黄山北(不含)至福州(K1307+229.581~K1809+188.164)及引入南昌调度中心、福州枢纽和上饶联络线。主要包含通信线路、传输、电话交换及接入系统、数据通信、数字调度通信、专用移动通信(GSM-R)、应急通信、电源及环境监控、通信电源、会议电视、综合视频监控、漏缆监测、防雷及接地系统、综合网管系统,生产生活用房及公安派出所、警务区等的通信配套工程。全线共有11个车站、2个线路所、105个区间通信基站、455个直放站(含隧道内)、26个信号中继站、37个电力所亭、2个综合维修车间、5个综合维修工区等通信节点工程,是目前全路高速铁路通信站址数量占线路比最多的线路。

相关地区配套工程:上饶地区新建上饶站与杭长客专的联络线(长为21.999 km,其中,东南联络线下行6.944 km,上行6.993 km;西南联络线下行3.763 km,上行4.299 km)。

将《铁道部关于新建合肥至福州铁路南三龙铁路引入及交叉并行地段同步实施工程1类变更设计的批复》(铁鉴函〔2012〕1321号)、《关于新建合肥至福州铁路增设铜陵长江大桥维修车间等Ⅰ类变更设计的批复》(铁总办函〔2014〕623号)"新建婺源信号楼"的Ⅰ类变更设计内容纳入本次工程一并设计。

二、通信工程范围

通信系统包括合福高铁闽赣段范围内传输系统、电话交换及接入系统、数据网、专用移动通信系统、调度通信系统、会议电视系统、应急救援指挥通信系统、同步及时钟分配系统、电源系统、通信综合网管系统、综合视频监控系统、通信电源及环境监控系统、段(所)综合布线系统、通信线路等。通信系统工程范围包含以下内容:

(1)沿线路两侧槽道内敷设长途通信光缆线路工程。

(2)沿线各站地区和站场通信线路工程。

(3)沿线各车站、区间各信号中继站、无线基站、牵引变电所、分区所、电力配电所等处各通信子系统(传输系统、电话交换及接入系统、数据通信系统、专用移动通信系统、数字调度通信系统、会议电视系统、应急通信系统、时钟及时间同步系统、通信电源、通信综合网管系统、电源及环境监控系统、综合视频监控系统、通信防雷等系统设备安装工程)。

(4)段(所)及综合工区综合布线系统工程。

(5)合福高铁闽赣段利用其他工程或既有设备引起的扩容。

(6)合福高铁闽赣段接入南昌调度所、上饶地区、福州枢纽的相关工程。

(7)合福高铁闽赣段以及与其他线路并行区段和枢纽地区GSM-R系统的网络优化、电磁环境测试等工作,GSM-R系统的编号、频率申请、清频等。

(8)通信专业接入综合接地工程。

第二节 系统构成

一、通信系统变更

（1）合福高铁闽赣段通信系统引入福州地区变更：将原设计引入福州南通信站改为引入福州通信站。

（2）为满足福州至南昌传输系统需求，将向莆铁路干线传输系统由 2.5 Gb/s 传输系统扩容至 10 Gb/s 传输系统。

通信系统引入福州地区变更纳入施工图统一设计。

二、规程规范

通信工程相关规程规范见表 32-1。

表 32-1 通信工程相关规程规范

序号	标准号（或文号）	标准名称
1	TB 10621—2009	高速铁路设计规范（试行）
2	TB 10006—2005	铁路运输通信设计规范
3	铁总建设〔2014〕62 号	铁路通信线路、传输及接入网设计规范
4	TB 10087—2010	铁路数据通信网设计规范
5	TB 10086—2009	铁路数字调度通信系统及专用无线通信系统设计规范
6	TB 10085—2009	铁路图像通信设计规范
7	YD/T 1267—2003	基于 SDH 传送网的同步网技术要求
8	YD 5102—2003-1	长途通信干线光缆传输系统线路工程设计规范
9	YD/T 5095-2000	同步数字系列（SDH）长途光缆传输工程设计规范
10	信部电〔1999〕728 号	电信网间互联管理暂行规定
11	YD/T 1070—2001	IP 网络技术要求-网络总体
12	YD/T 1090—2002	基于网络的虚拟 IP 专用网（IP-VPN）框架
13	YD/T 1097—2001	路由器设备技术规范
14	YD/T 1020—2001	通信电缆-物理发泡聚乙烯绝缘漏泄同轴电缆
15	科技运〔2006〕120 号	GSM-R 数字移动通信网技术体制（暂行）
16	铁信息函〔2005〕120 号	铁路 GSM-R 数字移动通信系统网络技术规范
17	科技运〔2008〕170 号	GSM-R 无线网络覆盖和服务质量（QOS）测试方法（V1.0）
18	运基通信〔2005〕164 号	铁路 GSM-R 数字移动通信系统 SIM 卡技术条件（V1.0）
19	科技运〔2007〕106 号	GSM-R 数字移动通信系统应用技术条件第一分册：调度通信系统 V3.0
20	科技运〔2006〕98 号	GSM-R 数字移动通信系统应用技术条件第二分册：列车无线车次号校核信息传送系统 V1.0
21	科技运〔2007〕99 号	GSM-R 数字移动通信系统应用技术条件第三分册：调度通信信息无无线传送系统 V1.0
22	科技运〔2007〕63 号	GSM-R 中继传输系统设备技术规范
23	铁运〔2013〕3 号	GSM-R 数字移动通信系统网编号计划（V3.0）
24	铁建设〔2007〕92 号	铁路 GSM-R 数字移动通信工程设计暂行规定
25	铁建设〔2007〕39 号	铁路防雷、电磁兼容及接地工程技术暂行规定

续表 32 - 1

序号	标准号(或文号)	标准名称
26	铁运〔2012〕292 号	铁路 GSM - R 数据报表填报规定
27	铁建设〔2007〕163 号	铁路 GSM - R 数字移动通信工程施工质量验收暂行标准
28	TB/T 3204—2008	铁路应急通信接入技术条件
29	YD/T 5032—2005	会议电视系统工程设计规范
30	YD/T 5089—2005	数字同步网工程设计规范
31	TB/T 2993.1—2000	铁路通信站用交流配电设备
32	TB/T 2993.2—2000	铁路通信站 - 48 V 直流配电设备
33	TB/T 2993.3—2000	铁路通信站 - 48 V 高频开关整流设备
34	TB/T 2169—2002	铁路中间站通信电源设备技术条件
35	TB 10072—2000	铁路通信电源设计规范
36	YD/T 1051—2000	通信局(站)电源系统总技术要求
37	YD/T 1058—2000	通信用高频开关组合电源
38	YD/T 1095—2000	通信用不间断电源——UPS
39	YD/T 799—2002	通信用阀控式密封铅酸蓄电池
40	运基通信〔2008〕630 号文	关于发布《铁路综合视频监控系统技术规范(试行)》的通知
41	铁总运〔2013〕71 号	铁路综合视频监控系统技术规范(V1.0)
42	GA/T 367—2001	视频安防监控系统技术要求
43	GA/T 75—94	安全防范工程程序与要求
44	GB 50198—1994	民用闭路监视电视系统工程技术规范
45	YD 1099—2005 - 1	以太网交换机技术要求
46	GB 50169—1992	电气装置安装工程接地装置施工及验收规范
47	TB/T 10034—2005	铁路无人值守机房环境远程监控系统工程设计规范
48	YD/T 1051—2000	通信局(站)电源系统总技术要求
49	YD/T 1363.1—2005	通信局(站)电源、空调及环境集中监控管理系统第 1 部分:系统技术要求
50	ISO/IEC 10801—2000	用户建筑通用布线标准
51	CENELECEN 50173	用户建筑布线标准
52	CENLECEN 50174	用户建筑布线安装规范
53	GB/T 50310 - 2007	建筑与建筑群综合布线系统工程设计规范
54	GB 50312—2007	建筑与建筑群综合布线系统工程验收规范

三、设计原则

(1)合福高铁闽赣段应建设一个专为铁路运输服务的专用通信网,是全路通信网的重要组成部分,并能满足通信语音、数据、图像等综合业务以及满足高速宽带业务的需要。网络结构设计必须满足安全、可靠、灵活、高效和经济的原则。

(2)通信网必须满足合福高铁闽赣段运营维护管理体制的要求,并应满足铁路现代化运营和管理所需的日益增长的信息传送与交换需求,同时与既有铁路通信网互连。

(3)光纤容量应满足光同步数字传输系统、区间信息传输设施的需要,并应考虑远期发展的需要。

（4）通信系统应满足与既有互联系统的需要。通信系统设计符合铁路通信网络统一规划。

（5）通信系统包括：传输及接入系统、数据通信系统、电话交换系统、调度通信系统、移动通信系统、会议电视系统、应急通信系统、综合网管系统、综合视频监控系统、同步及时钟分配系统、电源系统、通信电源设备和通信、信号机房环境条件监控系统、动车所/综合维修车间/工区综合布线系统及通信线路系统。各系统设计主要内容和要求如下：

①传输系统。采用 MSTP SDH 10 Gb/s(1＋1)传输系统组建多业务传输平台(MSTP)骨干汇聚层；采用 MSTP SDH 622 Mb/s 接入网系统组建多业务传输平台(MSTP)接入层。

②数据通信系统。采用核心层/汇聚层/接入层的三级网络拓扑结构组建 IP 数据网，采用 MPLS VPN 技术提供业务系统隔离和 QoS 保证，本线 MSTP 系统作为承载平台。通过合肥南通信站新设汇聚路由器与合肥通信站既有汇聚路由器互连，实现与合武线、合宁线、合肥南环线数据网的互通。

③电话交换系统。合福高铁闽赣段不新设交换机，通信工程新增的电话用户通过接入网系统既有合肥、福州、上饶通信站的既有交换机设备统一编号组网，实现互通。

④调度通信系统。全线采用有线无线相结合的方式，采用固定用户接入交换机(FAS)完成列调、运输计划调、电调等调度通信。

⑤移动通信系统。合福高铁闽赣段采用 GSM－R 技术搭建移动通信业务网，建设无线列调、无线通信业务和列车控制系统信息传输通道。

⑥会议电视系统。全线设置基于 IP 的 H.323 视频会议系统，采用的技术具有先进性、实用性、互通性和可扩展性，实现了有线和无线调度电话的互通。

⑦应急通信系统。利旧并扩容上海客专调度所既有应急通信系统中心设备。本线长度不小于 5 km 的隧道设置事故报警电话系统。

⑧综合网管系统。合福高铁闽赣段利旧并扩容上海客专调度所既有通信综合网管系统中心设备，通过传输、数据网系统提供的通道与本线各子系统网元级网管互联。

⑨综合视频监控系统。合福高铁闽赣段视频区域节点对上海客专调度所的视频区域节点扩容，将本线的综合视频监控系统纳入。综合视频监控系统实现对客运服务、防灾安全等系统对车站重点部位(咽喉区)，区间公跨铁区段，通信、信号机房内、牵引供电、电力供电机房内、外等的实时监控。

⑩时钟同步及时间同步分配系统。时钟同步及时间同步系统为整个通信系统提供时钟同步，并为通信系统及各车站、SCADA、信号、客服等应用及子钟设备提供时间同步信号。

⑪动车所/综合维修车间/工区综合布线系统。车站站房综合布线系统由信息化专业统一设计。

⑫通信电源设备和通信、信号机房环境条件监控系统。通信电源及通信信号机房环境监控系统可对机房动力设备、空调设备以及机房运行环境和安全等各类情况进行实时监控。

⑬电源系统。直流电源系统采用组合开关电源设备和阀控式密封铅酸蓄电池组，电源整流模块采用 N＋1 方式备份，配置 2 组蓄电池组，每组后备时间 1 h。

第三节 与相关专业的接口

一、系统接口

系统接口主要包括与站后"四电"的接口，即与牵引供电系统、信号系统、综合接地系统、运营维护系统和旅客服务系统的接口。

1）与牵引供电系统的接口

通信系统为牵引供电系统以及相关的运用维护人员提供满足日常工作以及紧急状况下所需的话音、数据通信等功能。

车站、段所综合布线系统为牵引供电系统提供在车站、段所的综合布线系统，车站、段所综合布线系统与牵引供电系统的接口位于工作区的 RJ45 信息插座处。

2）与信号系统的接口

通信线路、传输系统、专用移动通信 GSM－R 系统为信号系统提供所需的光纤资源、专线传输通道以及无线传输通道。

3）与综合接地系统的接口

通信系统设备统一利用综合接地系统进行接地，接地电阻小于 1Ω，包括区间正线路肩、路堑、桥梁、隧道、车站、段所的所有通信设备。通信系统与综合地线系统的接口位于综合地线的引接端子处。

4）与运营维护调度系统的接口

通信系统为运营维护调度系统以及相关维护人员提供满足日常工作以及紧急状况下所需的话音、数据通信功能。

车站、段所综合布线系统为运营维护调度系统提供在车站、段所的综合布线系统，车站、段所综合布线系统与运营维护调度系统的接口位于工作区的 RJ45 信息插座处。

5）与旅客服务系统的接口

通信系统为旅客服务系统以及相关维护人员提供满足日常工作以及紧急状况下所需的话音、数据通信功能。

车站、段所综合布线系统为旅客服务系统提供在车站、段所的综合布线系统，车站、段所综合布线系统与旅客服务系统的接口位于工作区的 RJ45 信息插座处。

6）与防灾安全监控系统的接口

通信系统为防灾安全监控系统以及相关维护人员提供满足日常工作以及紧急状况下所需的话音、数据通信功能。

车站、段所综合布线系统为防灾安全监控系统提供在车站、段所的综合布线系统，车站、段所综合布线系统与防灾安全监控系统的接口位于工作区的 RJ45 信息插座处。

二、工程接口

工程接口主要包括与站前各个专业的接口。

（1）全线线路（包括联络线）两侧均要求预留通信光电缆槽道，沿线设置过轨镀锌钢管、接头/余留手孔，长大隧道内设置无线设备洞室，长大隧道内设置无线设备洞室防护门，由地路、线路、站场、桥梁、隧道专业预留。

（2）各车站、区间通信机房的建筑物防雷接地网由电力专业设计，房建专业负责实施。

（3）车站站房综合布线系统由信息化专业统一设计。动车所综合楼、综合维修车间/工区的综合布线系统纳入通信工程。

第四节　通信系统设计内容

一、传输网技术方案

1. 传输系统技术要求

（1）应能提供对物理层业务、数据链路层业务的支持，实现 TDM、以太网等业务的接入、处理和传送，并实现统一网管。

（2）应满足 CTC 系统、票务系统、防灾及安全监控系统、供电系统等涉及安全生产、资金往来的应用系统的通信传送需求，并为通信业务网提供传送通道，系统能力应考虑适当预留。

（3）应采用不同物理路由光缆构成系统保护。

（4）系统网管应完成标准管理信息的交换及安全管理、配置管理、故障管理和性能管理，并提供与通信综合网管的接口，预留与上层综合网管的接口。

（5）应满足区间及段所的信号系统、防灾安全监控系统、电力、电气化、通信等各种业务的接入与传送需求。

（6）系统应具备迁回保护能力。

2. 传输网组网方案及设备类型

采用 STM – 64 10 Gb/s 系统组建多业务传输平台（MSTP）骨干汇聚层；车站、信号中继站、区间基站、牵引变电所、分区所、AT 所等处所设置接入层节点，利用铁路两侧不同物理径路的两条光缆中的各两芯光纤组成 STM – 4 622 Mb/s 二纤通道保护环；车站之间开设 STM – 16 2.5 Gb/s（1 + 1）MSTP 传输系统，用于承载数据网站间互联业务和其他重要站间业务。

在上饶与杭长客专 10G、2.5G 传输设备互联，在福州与向莆铁路 10G 传输设备（扩容后）互联。

合福高铁闽赣段至南昌局的各类业务传输通道，例如 CTC、客票、SCADA 等，分别通过杭长客专、向莆铁路传输网络转接，分不同路由传送至南昌局，最大限度地保证业务的安全。

上饶新设多业务传输系统网元管理中心，各通信段、通信车间设网管终端。

光传输网采用中兴公司 S385 系列产品，骨干汇聚层、接入层车站设备及其他节点根据业务需要配置系统板卡和业务板卡。

二、电话交换网及接入系统

1. 电话交换网

合福高铁闽赣段公务通信系统纳入既有铁路专网。

合福高铁闽赣段不新设程控电话交换机，利用上饶、武夷山、南平、福州地区既有程控电话交换机，提供本线新增自动电话用户的接入。

2. 光纤接入网方案

上饶、福州新设 OLT 设备，沿线各站、沿线车站、线路所、信号区间中继站、牵引变电所、分区所、AT 所等区间接入点及综合维修工区等新设 ONU 设备，分段接入新设 OLT 设备。车站 ONU 至 OLT 采用 2×2M 直连，区间 ONU 至 OLT 采用 2×2M 直连，上饶、福州 2 套 OLT 设备采用 2×2M 互连。

OLT 通过 V5.2 接入本地程控交换设备。上饶站 OLT 汇接本线江西省和黄山北站（不含）～皖赣省界范围 ONU 设备自动电话用户，接入上饶既有程控交换机。福州 OLT 汇接本线福建省范围 ONU 设备自动电话用户，接入武夷山、南平、福州既有程控交换机。

在上饶、福州设置接入网系统网元管理中心，分段完成全线接入网设备的性能、故障、配置及安全方面的管理。

接入网系统采用中兴公司 MSAN 系列设备。

三、GSM – R 专用移动通信系统

1. 系统功能

GSM – R 系统作为铁路专用数字移动通信系统，提供个呼、组呼、广播呼叫、多优先级抢占及强拆、铁路紧急呼叫、功能号寻址、基于位置寻址、呼叫矩阵、GPRS 数据传输等业务。GSM – R 系统提供列调、电调等调度通信业务，实现有线无线调度一体化，满足最高时速 350 km/h 的动车组运行的调度通信需求；满足各种车地信息传送，提供用于列控车载子系统与列车控制中心进行双向信息传输的无线通道；提供区间维护作业通信和应急移动通信。

2. 组网方案

GSM – R 网络由交换子系统（SSS）、基站子系统（BSS）、通用分组无线业务子系统（GPRS）、移动智能网子系统（IN）、运行与维护子系统（OMC）以及 GSM – R 各类终端所组成。

合福高铁闽赣段不新设交换子系统（SSS），利用南昌通信站既有 GSM – R 核心网交换中心接入本线无线子系统。本线在上饶新设基站控制器（BSC）和分组控制单元（PCU）等设备，基站子系统（BSS）通过在南昌通信站设置的编译码和速率适配单元（TRAU）接至南昌移动交换中心。

合福高铁闽赣段 GSM – R 系统提供用于列控车载子系统与列车控制中心进行双向信息传输的无线通道，考虑列车控制信息传送对系统可靠性的要求，基站子系统（BSS）网络采用单层交织冗余覆盖方案。在铁路沿线根据车站分布和场强覆盖的需要设置 GSM – R 基站及区间弱场强网络覆盖设施；基站（BTS）与

BSC 之间的连接采用 E1 环行连接方式，每 3~5 个基站组成一个 E1 环路；所有 BTS 设备全部接入到杭州东站 BSC。对于隧道等弱场区段可针对具体的地形条件采用光纤直放站空间波直接覆盖或光纤直放站接漏泄电缆等方式加以处理。

上饶地区联络线及合福高铁与杭长客专交叉范围采用分布式基站方案。

合福高铁闽赣段（不含上饶地区）基站接入上饶新设 BSC/PCU 设备，并通过在南昌新设的 TRAU 设备上连至南昌交换中心；为减少枢纽内跨 BSC 切换，本工程上饶地区分布式基站接入杭长客专南昌西既有 BSC/PCU 设备。

通信工程设接口监测系统，利用并扩容南昌通信站既有接口监测系统。在南昌设 Abis 接口监测系统、PRI 接口监测系统和 A 接口监测系统，在上饶设 Abis 接口采集设备。接口监测设备实现本线新设 BSC/PCU 以及所扩容利用 BSC/PCU 设备合福相关基站接口的 Abis/A/PRI 接口监测功能。

设置漏缆监测系统，远程实时检测漏缆和设备的状态，实时显示告警信息，记录设备状态、告警类型、告警时间、操作日志等信息，并设置主、从机的相关参数。

四、调度行车指挥系统

1. 系统功能

采用铁路调度交换系统（FAS）组织调度通信系统，通过与 GSM-R 系统互段，实现有线无线调度一体化。

（1）满足《TB/T 3160.1—2007 铁路调度通信系统第 1 部分：技术条件》对调度通信系统总体功能要求。

（2）系统应提供各种具有调度通信特征的语音通信业务，包括并不限于个呼、组呼、多优先级呼叫和快捷呼叫，满足运营调度各子系统调度通信的需求。

（3）系统应实现固定用户与移动用户的统一呼叫。

（4）系统网管应完成标准管理信息的交换及安全管理、配置管理、故障管理和性能管理，并提供与通信综合网管的接口。

2. 组网方案

利用南昌地区既有主用和备用调度所型调度交换机并进行扩容，在沿线各车站。线路所新设站段型调度交换机。新设调度交换机配置数字录音设备，数字录音设备设置单独网管。

合福高铁闽赣段按婺源至武夷山北、武夷山东至闽清北组建两个 2M 数字环与南昌地区主、备用调度交换机相连。

车站值班员处设置触摸屏式操作台，其余不与列车司机通话的设置按键式操作台。

利用既有调度所型调度交换机与既有调度所型调度交换机、GSM-R 核心网移动交换机采用 2M/30B+D 接口互联。

合福高铁闽赣段调度通信系统设备采用佳讯 MDS3400 系列产品。

五、应急救援系统

应急救援指挥通信系统由应急中心设备和事故抢险现场设备构成。现场应急接入设备由摄像采集、电话 PBX、现场接入部分、电源等组成。闽赣段沿线配置 2 套现场事故抢险设备，接入南昌局既有应急指挥中心。现场事故抢险设备接入临近的区间/车站接入点，至南昌调度所按 3 个 2M 环共计 6×2 Mb/s 考虑。

利旧并扩容南昌调度所既有应急通信系统中心设备，事故抢险现场设备在事故发生后及时、准确地把事故现场的语音、数据、图像传递到应急指挥中心。

通信工程现场应急接入设备采用三种传输接入方式：野战光缆接入方式、5.8G 宽带无线接入方式、卫星电话方式。用户可根据事故现场情况及基础设施情况因地制宜选择适当的接入方式。

六、视频会议系统

会议电视业务是集语音、图像、数据于一体的多媒体通信业务，对于提高运营管理管理效率具有其他通信手段无法比拟的优势，对合福高铁闽赣段各部门争取时间、获取信息、及时决策，保证铁路安全可靠运行具有相当重要的意义。

1. 系统构成原则

会议电视系统总体设计思想是以多业务、多功能、高可靠、可扩展、易管理为指导,力求打造一个先进、灵活、可靠、开放、基于标准的视讯业务平台,以会议电视为基本业务需求,同时具备应急指挥调度、培训等多种应用,为调度中心及各级站段等部门提供方便、灵活、易于管理的会议电视服务。整个系统的构成本着以下原则进行:

(1)充分利用 IP 数据通信网络平台。

(2)支持多种会议业务模式和灵活方便的接入方式。

(3)采用的技术具有先进性、实用性、互通性和可扩展性。保证技术合理性,符合发展趋势,并充分考虑技术成熟性、运行可靠性及工程可实施性,具有规模及功能的可扩展性,为网络进一步发展预留条件。

(4)系统的维护及管理、业务支持等适应本线路的管理结构。

(5)保证系统可靠,满足各种安全性需求。

(6)会议电视系统应与应急通信系统视频图像综合考虑,基于公共的业务网络平台。

2. 系统组网方案

在全线设置基于 IP 的 H.323 视频会议系统,开展调度会议、应急会议、办公会议、共享白板、静态图像传输、文件传送和应用程序共享、流媒体服务等多种业务。

利旧并扩容南昌局既有客专 H.323 多点控制单元 MCU、GK、T.120 数据服务器及流媒体服务器等设备,在沿线车站、综合维修车间/工区、动车运用所/存车场等配置会议电视终端,提供高质量的视音频、数据视讯会议服务。

七、IP 数据网

1. 系统功能

(1)为不涉及安全生产、资金往来的各种应用系统(旅服系统、电源及环境监控系统、视频监控系统、会议电视系统等)提供网络层的广域网互联服务。

(2)系统采用 TCP/IP 协议,在 IP 网上构筑不受地域限制而受应用系统统一策略控制和管理的应用系统专用网络,根据网络资源条件,针对不同的计算机网络对安全性、实时性的要求,按服务质量分级提供服务。

(3)数据网网管应完成标准管理信息的交换及安全管理、配置管理、故障管理和性能管理,并提供与通信综合网管的接口。

2. 组网方案

利用南昌调度所既有核心节点,在上饶、南平北设置汇聚节点,沿线各车站(含上饶、福州通信机房)设接入节点。

上饶、南平北汇聚路由器以 GE 接口(622M 带宽)接入南昌调度所核心路由器。在沿线各车站设置接入节点,接入节点配置 1 台接入路由器,闽赣段再配置 1 台三层交换机。沿线接入路由器以 GE 接口(155M 带宽)互连并两端接入汇聚路由器。

接入路由器完成本站和区间内各类数据用户的接入,并提供接入层数据至核心汇聚层的上行通道。三层交换机,完成 VPN 业务的接入和汇聚,不同的业务归入不同的 VLAN。

利用 MSTP 传输系统提供未设置数据网设备节点的数据业务的汇聚和接入。

利用南昌既有数据网网管服务器,在通信车间新设数据网网管终端,为本线数据网提供配置管理、性能管理、故障管理、安全管理;VPN 管理系统负责 VPN 的配置、监控与图形化管理。闽赣段 IP 数据网设备采用华为公司产品。

八、综合视频监控系统

1. 系统功能

系统应支持多用户同时实时监视和调看视频图像信息,为多业务部门提供监视图像。系统具有对监视区域的常规视频图像和重要报警视频图像进行远程控制和分级存储的功能。报警图像录影采用中央存储服务器与区域节点存储服务器相结合的模式,以确保能够记录和存储所有通过网络上的远程传输设备和侦测系统产生的数据流。

系统应具有图像存储记录功能和分发功能,能够对存储图像进行检索和回放。监视图像信息和声音信息应具有原始完整性,并能实现多画面组合和分割显示。数字视频的监视与回放,应支持软、硬解压两种方式。

系统应具有与其他系统互联或告警联动的功能,并具有视频丢失告警功能。

2. 组网方案

利用南昌既有视频区域节点,在沿线各车站设置视频接入节点。对南昌既有视频区域节点进行扩容,提供本线视频接入节点的接入条件。

视频监控系统支持并实现与通信电源及环境监控系统的联动。

在调度所调度员、各车站值班员、各网管室、电务段、工务段、车务段、供电段、公安警务区等处配置视频显示终端。

在沿线各车站、线路所、综合维修工区、牵引变电所、分区所、AT 所、信号中继站、区间基站等地的通信机房内设监控局站,实现对沿线重点设施(含车站咽喉区和运转室等重点部位,隧道口、区间公跨铁、通信信号信息机房内、通信信号机房外、牵引供电和电力供电机房内外、桥梁救援疏散通道、铁塔正线线路巡视、正线与联络线接轨处等)的实时监控。

视频区域节点、视频接入节点之间采用 IP 数据网互连,视频接入节点、视频监控局站之间采用 MSTP 传输系统互连。各视频监控局站采用 FE 接口以汇聚方式接入就近车站视频接入节点。

所有图像压缩编码格式采用 MPEG-4,分辨率为 4CIF。

综合视频监控系统设备均采用 220 V 交流不间断 UPS 电源进行供电。独立直放站处视频监控系统设备由直放站提供电源。

沿线各车站站房视频接入节点平台、存储设备等纳入本工程,站房内监控显示大屏、前端设备由信息专业考虑。

视频监控系统为各车站信息系统提供编码器及存储(各车站站房、站台摄像头数量见信息专业资料),各摄像头存储时间满足原铁道部相关规范。

九、综合布线系统

站房内综合布线系统由信息专业负责,站房外(综合工区综合楼等)由通信专业负责。

综合布线系统提供数据、语音通道,数据、语音按 1:1 考虑,水平线缆采用 UTP CAT.6,数据配线采用插接式配线架,语音配线采用卡接式配线架。综合布线系统主干径路采用钢槽防护,引入室内分支径路采用阻燃型塑料管防护,沿墙面暗埋。

十、时钟分配系统

1. 时钟同步

利用既有同步及时钟传送网,在上饶设 BITS 时钟分配设备,利用福州既有 BITS 时钟分配设备。

骨干层 SDH 设备从上述 BITS 设备引接所需的主、备用定时信号,区段传输层 SDH 设备分段从骨干传输层提取线路时钟信号。

2. 时间同步

通信工程利用南昌调度所既有二级时间同步设备。

合福高铁闽赣段在调度所设置的各业务系统服务器所需时间信号从调度所设置二级时间同步分配设备接引。

在上饶新设三级时间同步设备,上饶地区通信系统从三级时间同步设备接引时间信号。

信息专业车站三级时间同步设备独立设置 GPS 天线和时钟,为车站旅服系统提供时间同步信号源。

十一、通信电源系统

根据通信设备用电需求，分别设置 48 V 直流电源及 220 V UPS 交流电源。

电源系统为本工程直流通信设备提供高可靠性的 48 V 直流电源、交流通信设备提供高可靠性的 220 V 交流电源。

直流电源系统采用组合开关电源设备和阀控式密封铅酸蓄电池组，电源整流模块采用 N + 1 方式备份，配置 2 组后备蓄电池组，每组后备时间车站为 1 h、区间为 1.5 h。

不间断交流电源采用 UPS 系统和后备电池组，配置 1 组蓄电池组，后备时间车站为 1 h、区间为 3 h。

1. 直流电源

上饶通信站通信联合机械室设置 -48 V/600 A 高频开关电源 1 套（交流配电、整流、直流配电分机柜设置），并同时配备 48 V 700 Ah 蓄电池组 2 组；南平北站通信联合机械室设置 -48 V/400 A 高频开关电源 1 套（交流配电、整流、直流配电分机柜设置），并同时配备 48 V 500Ah 蓄电池组 2 组；其余各车站通信机械室分别设置 -48 V/250 A 高频开关电源 1 套，并同时配备 48 V 300 Ah 蓄电池组 2 组。

每处区间单基站均设置 -48 V/90 A 高频开关电源 1 套，配备 48 V 100 Ah 蓄电池组 2 组。每处区间双基站均设置 -48 V/120 A 高频开关电源 1 套，配备 48 V 100 Ah 蓄电池组 2 组。

各牵引变电所、分区所、AT 所、综合维修车间/工区、线路所、信号中继站、电力配电所、公安派出所等处通信机械室分别设置 -48 V/60 A 高频开关电源 1 套，配备 48 V 50 Ah 蓄电池组 2 组。

2. 交流 UPS 电源

车站通信联合机械室各设 20 kVA UPS 一套（含蓄电池）；各综合维修工区、区间信号中继站、区间基站、公安派出所设 2 kVA UPS 一套（含蓄电池）；牵引变电所、分区所、AT 所等节点各设 3 kVA UPS 一套（含蓄电池）。

上饶站站房配备 6 kVA 不停电电源，其余车站配置 20 kVA 不停电电源，电力电气化节点配备 3 kVA 不停电电源，其余区间节点配备 2 kVA 不停电电源。

光纤直放站远端机设备自带 UPS 及蓄电池，蓄电池组后备时间为 3 h。

3. 电源及环境监控系统

全线新设电源及环境监控系统，实现对通信交、直流电源设备工作运行状况及通信、信号机房环境的监控。

上饶、福州新设监控中心，分段对本线内现场监控站点进行统一管理。电务段、通信网管室设网管终端，能够实现远程维护管理。

沿线各车站、综合维修工区、牵引变电所、分区所、AT 所、区间信号中继站、区间无线基站等通信机械室设置监测分站 RTU 设备，配置对通信、信号机房温度、湿度、烟雾、水浸、门磁进行监测所需的传感器和协议转换设备、对机房空调进行监测所需的采集模块和协议转换设备以及对通信开关电源、UPS 设备、蓄电池组进行监测所需的采集模块和协议转换设备。

第三十三章　信号设计

第一节　工程概况

一、信号工程概况

合福高铁闽赣段信号系统包括运输调度指挥系统、闭塞系统、列车运行控制系统(简称列控系统)、车站联锁系统、信号集中监测系统等。

合福高铁闽赣段运输调度指挥系统采用集中调度系统(CTC)。新建车站及线路所设置 CTC 车站分机设备,按局界分别纳入上海铁路局、南昌铁路局调度所统一控制。

合福高铁闽赣段正线采用 CTCS - 3 级列控系统,CTCS - 2 级列控系统作为后备系统。本线与杭长客运专线联络线采用 CTCS - 3 级列控系统,CTCS - 2 级列控系统作为后备系统。正线引入福州站,在福州站进站信号机前设置 C3/C2 级间转换点。

合福高铁闽赣段正线区间采用 ZPW - 2000A 无绝缘轨道电路,区间不设通过信号机、设置区间信号标志牌,反方向按自动站间闭塞行车,采用 ATP 完全监控模式。

二、接轨站及相邻区间既有信号设备类型

接轨站及相邻区间既有信号设备类型见表 33 - 1。

表 33 - 1　与本次设计有关的车站与线路信号设备情况表

序号	名称	阶段及所属工程		行车指挥	列控	联锁	微机监测	电码化	轨道电路	信号房屋
1	福州站	既有站	福州站改	卡斯柯 CTC	CTCS - 2,通号 T1 列控中心	卡斯柯 ILOCK	辉煌 2006	2000 叠加	25 Hz 相敏	既有信号楼
2	杭长客专	CTCS - 3 级列控系统,已开通								
3	南三龙铁路	CTCS - 2 级列控系统,站前开展招标施工图								
4	向蒲铁路	CTCS - 2 级列控系统,已开通								

其中向莆铁路与合福高铁闽赣段并行引入既有福州站,福州站结合站改工程、向莆工程、合福工程统筹实施,降低了对福州站的影响。

三、信号工程范围

皖赣省界 DK343 +180 至福州枢纽合福高铁正线工程新设婺源、德兴、上饶、五府山、武夷山北、武夷山东、建瓯西、南平北、古田北、闽清北、福州共 11 个车站,26 个中继站,在南三龙铁路引入处设红星线路所。

上饶联络线:东南下行联络线从 L1DK0 +000 至 L1DK6 +739.603,东南上行联络线从 L2DK0 +000 至 L2DK6 +806.384,西南下行联络线从 L3DK0 +000 至 L3DK3 +220.712,西南上行联络线从 L4DK0 +000 至 L4DK4 +877.171,联络线上新建上饶线路所。

信号工程与相关线路设计范围划分如下:

（1）与杭长客专线。与杭长客专线上饶站跨越，工程分界在联络线杭长线路所及上饶杭长场的进站信号机处。信号工程与杭长客专设计范围划分示意图如图33－1所示。

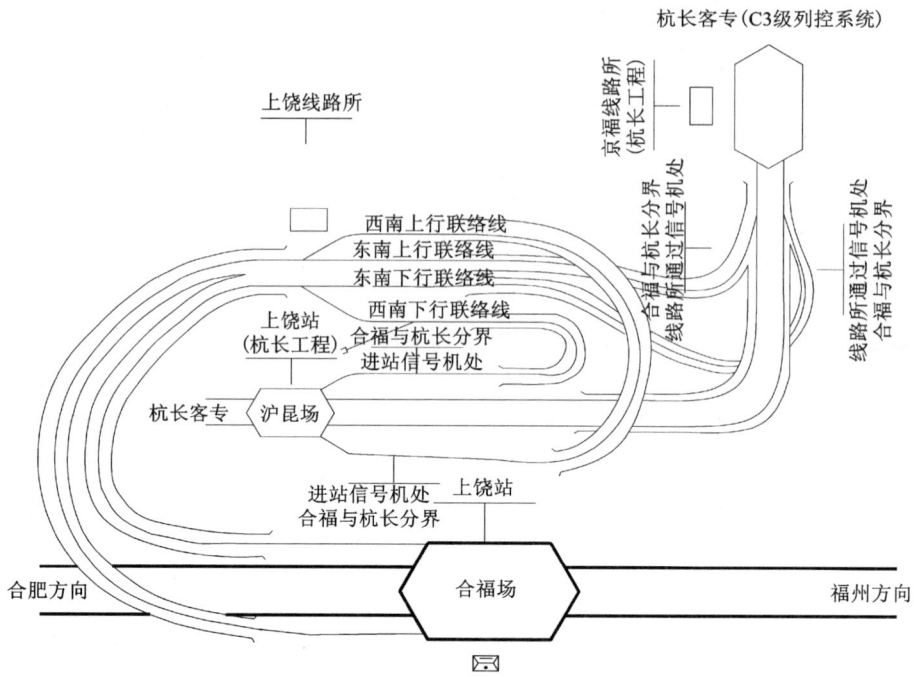

图33－1　信号工程与杭长客专设计范围划分示意图

（2）与南三龙铁路。工程分界在红星线路所及南平北站的进站信号机处，如图33－2所示。

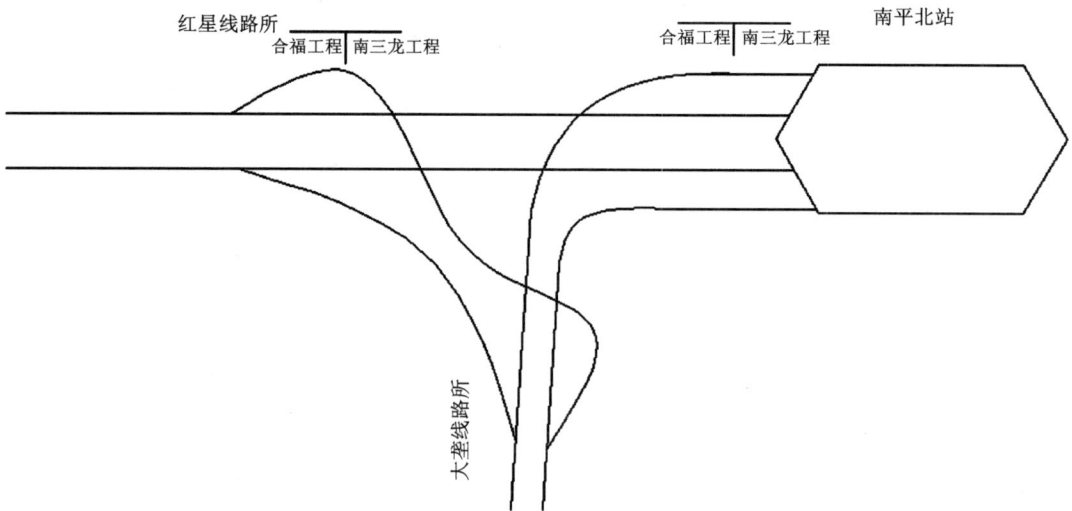

图33－2　信号工程与南三龙铁路设计范围划分示意图

具体车站、线路所、中继站工程内容见表33－2。

表 33-2 合福闽赣段各车站、线路所、中继站工程内容

名称	系统					股道	道岔数/组	信号用电/kVA		备注
	CBI	TCC（室外 LEU）	CTC	CSM（含终端）	电源			容量	其中UPS	
婺源站	1	1	1	1	1	5	18	50	30	综合站房
德兴站	1	1	1	1	1	4	12	45	25	综合站房
上饶站	1	1(2)	1	1	1	6	17	55	30	信号楼
上饶线路所	1	1(2)	1	1	1		4	30	20	信号室
五府山站	1	1	1	1	1	4	5	45	25	综合站房
武夷山北站	1	1	1	1	1	4	13	45	25	综合站房
武夷山东站	1	1	1	1	1	7	22	60	30	综合站房
建瓯西站	1	1	1	1	1	4	5	45	25	综合站房
红星线路所	1	1(2)	1	1	1		3	30	20	信号室
南平北站	1	1	1	1	1	6	20	50	30	综合站房
古田北站	1	1	1	1	1	4	4	45	25	综合站房
闽清北站	1	1	1	1	1	4	12	45	25	综合站房
福州站	修1	修1	修1	修1			8			接入
中继站		26		26	26			15	15	信号室

第二节 规程规范与设计原则

一、规程规范

合福高铁闽赣段信号系统采用基于无线信息传输的 CTCS-3 级列控系统作为主用、CTCS-2 级列控系统作为后备模式的技术方案，满足了时速 300 km/h，最小追踪间隔时间 3 min，跨线兼容运行的运输要求。以下是主要遵循的规程规范：

《铁路技术管理规程》（铁总科技〔2014〕172 号）。

《铁路运输管理信息系统设计规范（试行）》（TB 10081—2002）。

《计算机联锁技术条件》（TB/T 3027—2002）。

《铁路车站电码化技术条件》（TB/T 2465—2010）。

《轨道电路通用技术条件》（TB/T 2852—1997）。

《25 Hz 相敏轨道电路技术条件》（TB/T 2853—1997）。

《ZPW-2000 轨道电路技术条件》（TB/T 3206—2008）。

《铁路信号自动闭塞技术条件》（TB 1567—90）。

《铁路自动站间闭塞技术条件》（TB/T 2668—2004）。

《机车信号信息定义及分配》（TB/T 3060—2002）。

《铁路站内轨道电路电码化设备》（TB/T 3112—2005）。

《铁道信号电气设备电磁兼容性试验及其限值》（TB/T 3073—2003）。

《铁道信号设备雷电电磁脉冲防护技术条件》（TB/T 3074—2003）。

《铁路电子设备用防雷保安器》（TB/T 2311—2002）。

《铁路信号设计规范》(TB 10007—2006)。

《铁路信号站内联锁设计规范》(TB 10071—2000)。

《高速铁路信号工程施工技术指南》(铁建设〔2010〕241 号)。

《铁路信号施工规范》(TB 10206—99)。

《临时限速服务器技术规范(暂行)》(铁运〔2012〕213 号)。

《无线闭塞中心技术规范(暂行)》(铁运〔2012〕212 号)。

《列控中心技术规范(暂行)》(科技运〔2010〕138 号)。

《CTCS - 2 级列控系统应答器应用原则(V2.0)》(科技运〔2010〕136 号)。

《列控数据管理暂行办法》(铁总运〔2014〕246 号)。

《高速铁路信号系统安全数据网技术规范 V3.0》(铁总运〔2014〕353 号)。

《铁路信号设备雷电及电磁兼容综合防护实施指导意见》(铁运〔2006〕26 号)。

《铁路防雷、电磁兼容及接地工程技术暂行》(铁建设〔2007〕39 号)。

《关于对铁路信号设备雷电及电磁兼容综合防护进行补充规定的通知》(运基信号〔2008〕362 号)。

《CTCS - 3 级列控系统总体技术方案》(科技运〔2008〕34 号)。

《CTCS - 3 级列控系统功能需求规范(FRS)(V1.0)》(科技运〔2008〕113 号)。

《高速铁路设计规范(试行)》(铁建设〔2009〕209 号)。

《铁路信号联锁试验暂行办法》(铁运〔2010〕149 号)。

《铁路信号集中监测系统技术条件》(运基信号〔2010〕709 号)。

《铁路信号集中监测系统安全要求》(运基信号〔2011〕377 号)。

《关于无砟轨道条件绝缘方案优化和实施意见》(铁集成函〔2010〕185 号)。

《列车调度指挥系统(TDCS)、调度集中系统(CTC)组网方案和硬件配置标准(暂行)》(运基信号〔2009〕676 号)。

《调度集中车站自律机与计算机联锁接口通信协议书》(运基信号〔2006〕312 号)。

《关于对 TDCS/CTC 系统进行升级改造的通知》(运基信号〔2011〕371 号)。

《信号系统与异物侵限监控系统接口技术条件》(运基信号〔2009〕719 号)。

《客专列控系统 TSRS 接口规范》(运基信号〔2010〕534 号)。

《客专列控系统 RBC 接口规范》(运基信号〔2010〕533 号)。

《信号地面系统时钟同步方案》(运电信号函〔2012〕109 号)。

《关于规范铁路数字信号电缆运用的通知》(运电信号函〔2012〕10 号)。

《关于发布高速铁路设计规范等 14 项标准局部修改》(铁建设〔2012〕29 号)。

《道岔转换设备安装技术条件(暂行)》(《运基信号〔2010〕386 号)。

二、设计原则

(1)信号控制系统应满足最高列车运行速度为 350 km/h 和 200 km/h 及其以上速度类型的动车组共线运行。

(2)信号系统应具备 3 min 的追踪列车间隔。

(3)区间不设置地面通过信号机,设信号标志牌。

(4)列车控制车载的设备应具有报警、常用制动和紧急制动等功能,紧急制动过程中不得缓解。

(5)计算机联锁应具有自动监测车站设备的状态、信息储存、状态再现等功能,并与维护中心联网,实现远程故障诊断。

(6)道岔应采用外锁闭装置,第一牵引点必须采用不可挤型转辙机,转换设备应装设挤岔报警和密贴检查装置。

(7)信号系统采用综合智能供电系统,并具备一定的停电持续功能能力。

第三节　与相关专业的接口

一、信号生产房屋

各站新建信号生产房屋严格执行鉴信〔2007〕335号文，对各新建的信号生产房屋均考虑设计相应的空调设备和防雷设施。

二、电务维修、检修

正线区段的信号设备维修按综合维修考虑，配备必要的电务专用工具及仪器仪表，设计必要的备品备件；适当加强既有南昌电务段、福州电务段的维修能力。

三、站前工程信号接口

站前专业为信号专业预留电缆槽道、过轨管、电缆井、下桥槽道等，在有砟区段为信号专业预留电容枕、电气绝缘枕等特殊轨枕，在无缝线路上绝缘节处制作胶结绝缘。

四、与通信系统接口

信号专业与通信专业其他线缆接口位于站房通信机械室数字配线架和音频配线架外侧。通信线路、传输系统、专用移动通信GSM－R系统为信号系统提供所需的光纤资源、专线传输通道以及无线传输通道。

五、综合接地

由信号专业提出总体设计原则并提供由两条贯通地线、沿线的地线引接线、横向连接线、接地体和接地端子等构成的综合接地平台。

信号专业负责设计贯通地线、路基地段的地线引接线、贯通地线的横向连接线及防护管、接地极及特殊设置的接地端子等，由土建工程同步施工。

桥、隧段接地体、沿线的接地端子均由相关专业负责设计并同步施工。

沿线需接地的设备与贯通地线的连接均由各相关专业负责设计并施工。

第四节　信号系统设计内容

合福高铁闽赣段信号系统包括：运输调度指挥系统、闭塞和列控系统、车站联锁系统、信号集中监测系统、电源系统等。

一、运输调度指挥系统

合福高铁闽赣段运输调度指挥系统采用调度集中系统（CTC）。CTC系统由调度中心子系统、车站子系统、调度中心与车站及车站与车站网络子系统三部分构成。CTC系统设备和传输通道采用双套冗余结构，采用通信数据网提供的两套2M专用数字通道构成CTC数据通信以太网。

1. 调度区的划分及调度台的管辖范围

依据批复意见，本段调度区域为黄山北（不含）上行进站信号机至福州站（不含）进站信号机，南三龙联络线不在调度区域内。

根据南昌铁路局《关于部分新建铁路调度台设置方案的函》（南铁师函〔2012〕589号），合肥至福州铁路赣闽段设置2个行调台：①设置黄武台，管辖合福高铁黄山北（不含）至武夷山北（含）区间，计5站，约为250 km；②设置武福台，管辖合福高铁武夷山北（不含）至福州（不含）区间，计5站，约为220 km。

福州站维持既有调度区划，即仍然归属福州枢纽台管辖。

2. CTC 系统接入调度所

目前南昌局正在开展新建局调度所工程的研究，合福高铁闽赣段信号工程接入老调度所的向莆过渡中心。

3. 车站子系统

合福高铁闽赣段分别在婺源、德兴、上饶、上饶线路所、五府山、武夷山北、武夷山东、建瓯西、南平北、古田北、红星线路所、闽清北等，共新设 12 套 CTC 车站分机设备。

福州站在既有 CTC 车站分机设备的基础上利旧修改并调试。

4. 终端设备

为便于运营维护及调度管理，南昌电务段、福州电务段分别设置调度复示终端。在电务处、电务段调度及 RBC 工区设置 CTC 查询终端，各车间 CTC 工区设置维护终端。

二、闭塞

1. 合福高铁闽赣段正线、联络线

合福高铁闽赣段正线及联络线区间采用 ZPW – 2000A 系列无绝缘轨道电路，不设区间地面通过信号机、设信号标志牌，列车运行以列控车载设备显示作为行车凭证，反方向按自动站间闭塞行车，采用 ATP 完全监控模式。区间信号标志牌一般情况下安装在接触网支柱上。

2. 中继站设置

按 ZPW – 2000 轨道电路的控制电缆长度不超过 7.5 km，困难地段不超过 10 km 的原则设置中继站。全线中继站 26 个，具体设置见表 33 – 3。

表 33 – 3 合福闽赣段中继站具体设置情况表

序号	车站名称	中心里程	站间距/m	设置位置	桥梁墩号
1	中继站 19	DK349 + 917	10525	桃园隧道进口	
2	中继站 20	DK361 + 034	10107	晓起隧道出口	
3	中继站 21	DK372 + 883	10849	李坑特大桥桥下	18 ~ 19
4	婺源站	DK383 + 860	10977		
5	中继站 22	DK394 + 670	10810	紫阳隧道进口	
6	中继站 23	DK405 + 310	10640	舒家坂特大桥桥下	19 ~ 20
7	德兴站	DK415 + 150	9840		
8	中继站 24	DK432 + 953	17803	鲁源隧道进口右侧	
9	中继站 25	DK447 + 403	14450	楼村隧道出口左侧	
10	中继站 26	DK460 + 134	12731	饶北河 2 号特大桥桥下	28 ~ 29
11	上饶站	DK470 + 220	10086		
12	中继站 27	DK485 + 370	15150	丰溪河特大桥桥下	188 ~ 189
13	五府山站	DK500 + 325	14955		
14	中继站 28	DK510 + 790	10465	五府山特大桥桥下	14 ~ 15
15	中继站 29	DK520 + 224	9434	石罗坑大桥桥下	7
16	中继站 30	DK535 + 272	15048	坑口 1#大桥桥下	10
17	中继站 31	DK543 + 714	8442	黄墩大桥桥下	3 ~ 4
18	武夷山北站	DK551 + 600	7886		
19	中继站 32	DK563 + 500	10900	垄头隧道进口	
20	中继站 33	DK577 + 698	14198	白马山隧道出口	

续表 33 - 3

序号	车站名称	中心里程	站间距/m	设置位置	桥梁墩号
21	武夷山东站	DK586 + 100	8402		
22	中继站 34	DK601 + 218	15108	凤凰山大桥桥下	14 ~ 15
23	中继站 35	DK614 + 704	13486	葫芦山 5#大桥桥下	2 ~ 3
24	中继站 36	DK626 + 740	12036	徐敦 1#大桥桥下	7 ~ 8
25	建瓯西站	DK637 + 500	10760		
26	中继站 37	DK652 + 392	14892	南雅隧道进口	
27	中继站 38	DK668 + 688	16296	瓯延隧道进口	
28	红星线路所	DK683 + 835	15147		
29	南平北站	DK690 + 350	6515		
30	中继站 39	DK703 + 350	13000	赤门隧道进口	
31	中继站 40	DK717 + 519	14169	马坑尾特大桥桥下	8 ~ 9
32	古田北站	DK732 + 260	14741		
33	中继站 41	DK745 + 000	12740	闽清隧道进口左侧	
34	闽清北站	DK762 + 100	17100		
35	中继站 42	DK776 + 633	14533	梧桐下特大桥桥下	1 ~ 2
36	中继站 43	DK785 + 071	8438	白沙特大桥桥下	1 ~ 2
37	中继站 44	DK796 + 668	10597	关东村特大桥桥下	41 ~ 42
38	福州站	DK812 + 078	15410	既有站	
39	上饶线路所	L1DK3 + 360		上饶联络线	

三、列车运行控制系统

合福高铁闽赣段正线按兼容 CTCS - 2 级的 CTCS - 3 级列控系统设计。

1. CTCS - 3/CTCS - 2 系统覆盖范围和分界点

（1）合福高铁闽赣段均为 CTCS - 3 覆盖范围，覆盖范围包括婺源、德兴、上饶、上饶线路所、五府山、武夷山北、武夷山东、建瓯西、南平北、古田北、红星线路所、闽清北。既有福州站采用 CTCS - 2 级列控系统。

（2）上饶联络线按 CTCS - 3 列控系统设计。

（3）合福高铁闽赣段正线引入福州站，在福州站进站信号机前设置 CTCS - 3/CTCS - 2 级间转换。

2. 列控系统构成

1）车载信号设备

运行于合福高铁闽赣段的动车组车载设备应装备 CTCS - 3 级（兼容 CTCS - 2 级）列控车载设备或 CTCS - 2 级列控车载设备。装载 CTCS - 3 车载设备的列车在地面 CTCS - 3 级区段按 CTCS - 3 级行车，当 CTCS - 3 因故停用时，可降级为 CTCS - 2 控车；在地面 CTCS - 2 级区段按 CTCS - 2 级行车；当列控系统因故停用时，可采用 CTCS - 0 级控制列车运行。

装载 CTCS - 2 车载设备的列车按照 CTCS - 2 级行车；当列控系统因故停用时，可采用 CTCS - 0 级控制列车运行。

2）地面设备配置

列控地面设备由无线闭塞中心（RBC）、临时限速服务器 TSRS、列控中心（TCC）、ZPW - 2000 系列轨道电路、点式应答器、LEU 等设备组成。

3）RBC 和临时限速服务器系统设置

合福高铁闽赣段无线闭塞中心（RBC）按 4 套设计，设置在福州站的 RBC 中心内，并配置智能电源屏（含 UPS）及相关组网及网络接口设备。

RBC 机房与调度所之间设置双 2Mb/s 专线传输通道，用于中心机房 RBC 系统与调度所 CTC - RBC 接口服务器之间的数据传输。

RBC 机房与调度所之间设置双 2Mb/s 专线传输通道，用于 RBC 中心机房临时限速服务器系统与调度所的 CTC - TSR 接口服务器之间的数据传输。

合福高铁闽赣段正线、联络线临时限速由临时限速服务器集中管理，分别向 CTC 管辖范围内各站（场）、线路所、中继站列控中心（TCC）及无线闭塞中心（RBC）传递临时限速信息，保证 CTCS - 2 级和 CTCS - 3 级列控系统临时限速命令的一致性。

合福高铁闽赣段共设置 2 套 TSRS，管理全线的临时限速。TSRS 与 RBC 放置在福州的 RBC 中心机房内。调度台管辖范围边界的衔接站（婺源、上饶线路所、武夷山北、武夷山东、南平北、福州等），应设为转换站 TCC，满足《跨越调度管界临时限速的命令生成、执行设置、命令取消技术原则》的相关规定，跨调度台下临时限速时临时限速调度命令的拟定责任方遵循"以线路正方向，限速起点所在局"的归属原则。

4）列控中心

合福高铁闽赣段正线各站（场）、线路所及区间信号中继站均设置一套 TCC 设备。相邻的车站、线路所、中继站间距一般不超过 15 km，困难地段不能超过 20 km。合福高铁闽赣段正线各车站配置一套 TCC，共计 10 套；各线路所配置 1 套 TCC，共计 2 套；各中继站配置一套 TCC，共计 26 套。接轨福州站 TCC 设备结合本工程利旧修改。

5）应答器和 LEU

合福高铁闽赣段正线及 CTCS - 3 级区段联络线应答器设置满足《CTCS - 3 级列控系统应答器应用原则（V2.0）》（科技运〔2010〕21 号）的要求。

相关 CTCS - 2 级区段联络线应答器设置满足《CTCS - 2 级列控系统应答器工程应用原则（V2.0）》（科技运〔2010〕136 号）的要求。

LEU 集中设置在信号机房内，通过专用的应答器电缆连接列控中心设备和室外的有源应答器，应答器电缆长度控制在 2.5 km 以内。

LEU 与有源应答器间若电缆长度超过 2.5 km 时，LEU 将放置在室外相关有源应答器处，通过增加光纤接口模块及光纤，实现地面列控中心对 LEU 的远程控制，鉴于室外维护困难，室外光缆按双径路进行敷设，具备条件时按不同物理径路敷设，LEU 按双套冗余设置。

全线设置室外 LEU 机柜的车站为上饶站、上饶线路所、红星线路所。

控制正线上有源应答器的 LEU 采用冗余配置，即一台 LEU 连接车站内正线上两台有源应答器，控制侧线上有源应答器的每一台 LEU 最多连接四台有源应答器并按冷备一台设置。

6）区间轨道电路

合福高铁闽赣段正线区间采用由列控中心编码的 ZPW - 2000A 系列无绝缘轨道电路，发送盒采用 1 + 1 热备冗余方式，接收盒采用双机并联运用的冗余方式。轨道电路的发送、接收等设备均采用 ZPW - 2000 轨道电路监测设备并与信号集中监测系统接口提供信息，轨道电路监测维护终端设置独立机柜。

3. 级间转换

合福引入福州站，在福州站区间设置级间转换应答器组实现 CTCS - 3/CTCS - 2 级间自动转换。

CTCS - 3 级系统的行车许可按越过 CTCS - 2/CTCS - 3 级边界一个完整常用制动距离考虑，福州站联锁系统增加与 RBC 的接口。

4. 自动过分相信息提供

根据电气化专业的设计，合福高铁闽赣段正线共计 33 处（上、下行按一处计列），上饶联络线共计 4 处分相区，需要列控车载设备根据地面设备提供分相区信息，在适当位置给动车组过分相装置发送指令，实现自动过分相。

每处过分相均按照科技运〔2010〕21号文的设置原则,采用三组区间应答器组(第一组为分相区外方第7个闭塞分区入口处区间应答器组、第二组为列车接近20秒外方最近的区间应答器组、第三组为列车接近10秒外方最近的区间应答器组)发送分相区断电标起点位置及长度等分相区信息,应答器组按要求与区间应答器组合并设置。

5. 大号码道岔(18号以上)信息提供

上饶站、上饶线路所、红星线路所站场设计,均设有60 kg/m、42号道岔,在上述设有42号道岔的车站、线路所大号码道岔外方发送U2S或UUS的闭塞分区入口处(不具备条件时在距离大号码道岔较远的U2S或UUS分区内)设置大号码道岔应答器组,提供大号码道岔信息包。

6. 异物侵限灾害的防护

按照相关部文要求,在异物侵限监控系统检测到异物侵限时,由列车运行控制系统进行安全防护:列控中心异物侵限灾害防护的基本单元,区间线路为闭塞分区,站内为轨道电路区段;

信号集中监测系统将异物侵限监测信息纳入一级报警信息。

对于管辖范围内设有异物侵限监测点的列控系统,需要与防灾安全监控系统接口,接收异物侵限监测信息。列控系统将异物侵限监测信息转发至计算机联锁和信号集中监测。

四、联锁系统

1. 车站计算机联锁设备

合福高铁闽赣段车站规模及计算机联锁系统配置见表33-4。

表33-4　合福闽赣段车站规模及计算机联锁系统配置表

名称	股道	道岔数/组	设备类型	与列控接口类型
婺源站	5	18	新建硬件冗余计算机联锁	CTCS-3
德兴站	4	12	新建硬件冗余计算机联锁	CTCS-3
上饶站	6	17	新建硬件冗余计算机联锁	CTCS-3
上饶线路所		4	新建硬件冗余计算机联锁	CTCS-3
五府山站	4	5	新建硬件冗余计算机联锁	CTCS-3
武夷山北站	4	13	新建硬件冗余计算机联锁	CTCS-3
武夷山东站	7	22	新建硬件冗余计算机联锁	CTCS-3
建瓯西站	4	5	新建硬件冗余计算机联锁	CTCS-3
红星线路所		3	新建硬件冗余计算机联锁	CTCS-3
南平北站	6	20	新建硬件冗余计算机联锁	CTCS-3
古田北站	4	4	新建硬件冗余计算机联锁	CTCS-3
闽清北站	4	12	新建硬件冗余计算机联锁	CTCS-3
福州站	14	8(新增)	改造硬件冗余计算机联锁	CTCS-2

新建车站联锁系统均采用硬件冗余型计算机联锁设备,计算机联锁系统满足铁道部行业标准《计算机联锁技术条件》(TB/T 3027—2002)及"客运专线联锁及点灯技术原则",在CTCS-3和CTCS-2范围内的车站计算机联锁设备应具有与RBC(CTCS-3范围)、列控中心、防灾安全监控系统等设备的通信接口及信息交换功能。

2. 站内轨道电路

正线车站列车进路采用与区间同制式、列车中心编码的ZPW-2000A型有绝缘移频轨道电路,维修工区道岔纳入车站联锁,轨道区段采用高压脉冲轨道电路。

既有福州站(采用 97 型 25 周轨道电路,正线及股道叠加电码化)按既有标准结合本工程进行修改。

对正线渡线线路、正线车站工区岔线轨道电路采取钢轨喷涂或采用高压脉冲轨道电路的技术措施改善轨道电路分路不良问题。

3. 信号机构及显示

正线区间不设地面通过信号机,在闭塞分区分界处设置标志牌。标准牌一般情况下安装在接触网支柱上。在进站信号机外方 900 m、1000 m、1100 m 处应设置预告标。

合福高铁闽赣段 CTCS-3/CTCS-2 级列控区段信号机、信号标志牌的设置及信号显示,符合《铁路客运专线技术管理办法(试行)》(铁科技〔2009〕212 号)及《客运专线铁路信号标志图集》(经规标准〔2009〕109 号)的要求。合福高铁闽赣段信号工程客专正线信号机均设置为矮型。

车站及线路所进站、出站、进路信号机正常状态不点灯,仅起停车位置作用;对以隔离模式运行的动车组列车和施工路用列车,信号机点亮,灭灯视为红灯。当车站出站信号机点灯并显示进行信号时,须保证站间区间空闲。调车信号机正常状态点亮。计算机联锁设置"点灯"按钮和"灭灯"按钮,与对应的进站、出站信号机列车按钮结合操作,实现对进站信号机或出站信号机的点灯和关灯控制。

为适应沿线气候条件并利于维护,合福高铁闽赣段信号机均采用铝合金机构、双灯双丝定焦盘,电缆箱盒均采用防盗型 SMC 箱盒。

4. 道岔转辙设备

新建正线车站、线路所道岔统一采用 S700K 型交流转辙机,按多点多机控制方式设计。通过速度在160 km/h 以上的 60 kg/m 18 号及以上号码道岔设置密贴检查装置,信息纳入信号监测系统。高速道岔及普速线上提速道岔均配套外锁闭装置。

正线车站、线路所道岔设计转辙机缺口报警及视频监测功能,监测信息采用电缆芯线传输。

5. 信号室外电缆

移频轨道电路区段干线电缆采用铝护套数字信号电缆(SPTYWL23),其他采用综合护套铁路数字信号电缆(SPTYWA23);信号机和道岔使用干线电缆采用铝护套信号电缆(PTYL23),其他采用综合护套铁路信号电缆(PTYA23)。车站每咽喉各留 2 芯灯丝报警监测线、6 芯道岔监测线(按 2 芯备用设置)。进站、出站、区间轨道电路分界点、道岔、远离车站端的轨道箱设维修电话线一对。每台有源点式应答器采用 4 芯点式应答器数据传输电缆 LEU-BSYL23,主用 2 芯,备用 2 芯。应答器电缆通过 HZ6 连接有源应答器。

采用室外 LEU 时,室外 LEU 采用光缆与室内列控中心进行信息通信;采用 PTYL23 信号电缆从室内供电,采用 LEU-BSYL23 专用电缆与轨旁应答器连接。

敷设在隧道内(500 m 以上)和引入站房的电缆采用低烟无卤阻燃型电缆。

五、信号集中监测系统

信号集中监测系统满足铁道部《信号集中监测系统技术条件》(运基信号〔2010〕709 号)及《铁路信号集中监测系统安全要求》(运基信号〔2010〕377 号)的要求,各站(场)、线路所、区间中继站、RBC 中心机房均设信号集中监测设备。

信号设备房屋环境监控统一纳入通信系统进行设计,信号外电引入电源监督功能由电力工程统一设计。

1. 电务段监测子系统

福州电务段监测中心系统设计(按照 709 号文标准,以下称 2010 版),既有电务段监测系统基层网维持既有并接入新建的监测中心。中心设备用房利用既有房屋进行改造设计,包括机房装修、安装机房综合防雷设施、设置空调、消防设施等,工程量由相关专业计列。南昌电务段监测中心系统由杭长工程设计,本线直接接入。

新建福州电务段监测中心设备配置数据库服务器、应用服务器、通信前置机(超过 200 个车站,增设一套)、接口服务器、WEB 服务器(预留)、网络管理服务器、防病毒服务器、时钟服务器、网络通信设备、网络安全设备(防火墙等)、电源设备、防雷设备、维护工作站、监测终端等。

铁路局电务处的集中监测设备进行接入修改,其服务器、电源已由杭长工程按 709 号文标准的要求改造完毕。

2. 车站站机

合福高铁闽赣段婺源、德兴、上饶、上饶线路所、五府山、武夷山北、武夷山东、建瓯西、红星线路所、南平北、古田北、闽清北以及26个中继站、RBC中心机房配置集中监测车站分机。福州站在既有监测分机设备的基础上结合合福高铁接入修改。

3. 监测终端

合福高铁闽赣段武夷山东新设综合维修车间，上饶地区综合维修利用杭长客专上饶综合维修车间。合福高铁闽赣段新设婺源、德兴、武夷山北、南平北、闽清北5处综合维修工区，在五府山、建瓯西、古田北3站设置综合保养点。因此，合福高铁闽赣段按5个信号维修工区、3个保养点、1个维修车间配置监测终端设备，既有福州站监测终端设备按设计要求进行整合修改。

在各综合维修工区、综合维修车间配置集中监测终端；在福州电务段新设集中监测终端设备（包括调度终端、试验室终端、数据分析终端等）。

4. 监测组网

信号集中监测系统网络通道采用由通信专业提供的2M数字通道通道，与监测总机系统一并组成环网，并设置若干抽头车站。

六、信号安全数据网

各车站、线路所及中继站间的安全信息通过站间安全数据网传递，该局域网采用两个独立光纤回路构成冗余系统，设置网管服务器并与监测系统接口，满足《高速铁路信号系统安全数据网技术规范 V3.0》（铁总运〔2014〕353号）的要求。

子环网划分在网络分界点处设置三层交换机实现，三层交换机间采用不同物理径路的双冗余光缆进行连接，设置三层交换机的站点不应作为迂回中继的站点。

合福高铁闽赣段安全数据网与相邻线路连接时分别设置三层交换机，为各RBC、TCC、TSRS等设备间的数据通信提供广域互联通道。三层交换机间采用不同物理径路的双冗余光缆进行连接，设置三层交换机的站点不应作为迂回中继的站点。合福高铁闽赣段安全数据网组网如图33-3所示。

各站、线路所、中继站设置安全数据网机柜或与ZPW-2000A轨道电路维护终端合设机柜，用于设置安全数据网交换机、中继器、电源装置及ODF子架。

网管终端采用专用2M数字通道与网管服务器连接，合福高铁闽赣段网管系统网络示意图如图33-4所示。

七、电源系统

合福高铁闽赣段车站、线路所、中继站新设智能电源屏，新设的电源屏配置双套大容量UPS，UPS的容量负荷按除转辙机以外的所有用电量考虑。有人值守车站UPS供电时间按不少于30 min考虑，无人值守车站按UPS供电时间不少于2 h考虑。

各新设电源系统采用符合《客运专线铁路信号产品暂行技术条件汇编》（科技运〔2008〕36号）技术要求的设备。智能电源屏为联锁、列控、CTC车站设备、微机监测等设备统一供电，并具备自诊断及监测报警功能，能与信号设备微机监测系统交换信息。

婺源、德兴、上饶、上饶线路所、五府山、武夷山北、武夷山东、建瓯西、红星线路所、南平北、古田北、闽清北等12站（所）按照有维修人员值守，配置电源系统及UPS；合福高铁闽赣段中继站26处按无人值守考虑，配置电源系统及UPS；福州站RBC中心新设1套RBC电源设备及UPS设备；福州站电源按设计要求扩容修改。

八、信号防雷及接地

合福高铁闽赣段各车站、线路所和中继站设信号设备的雷电综合防护，信号设备的雷电综合防护执行铁道部《铁路防雷电磁兼容及接地工程技术暂行规定》（铁建设〔2007〕39号）、《铁路信号设备雷电及电磁

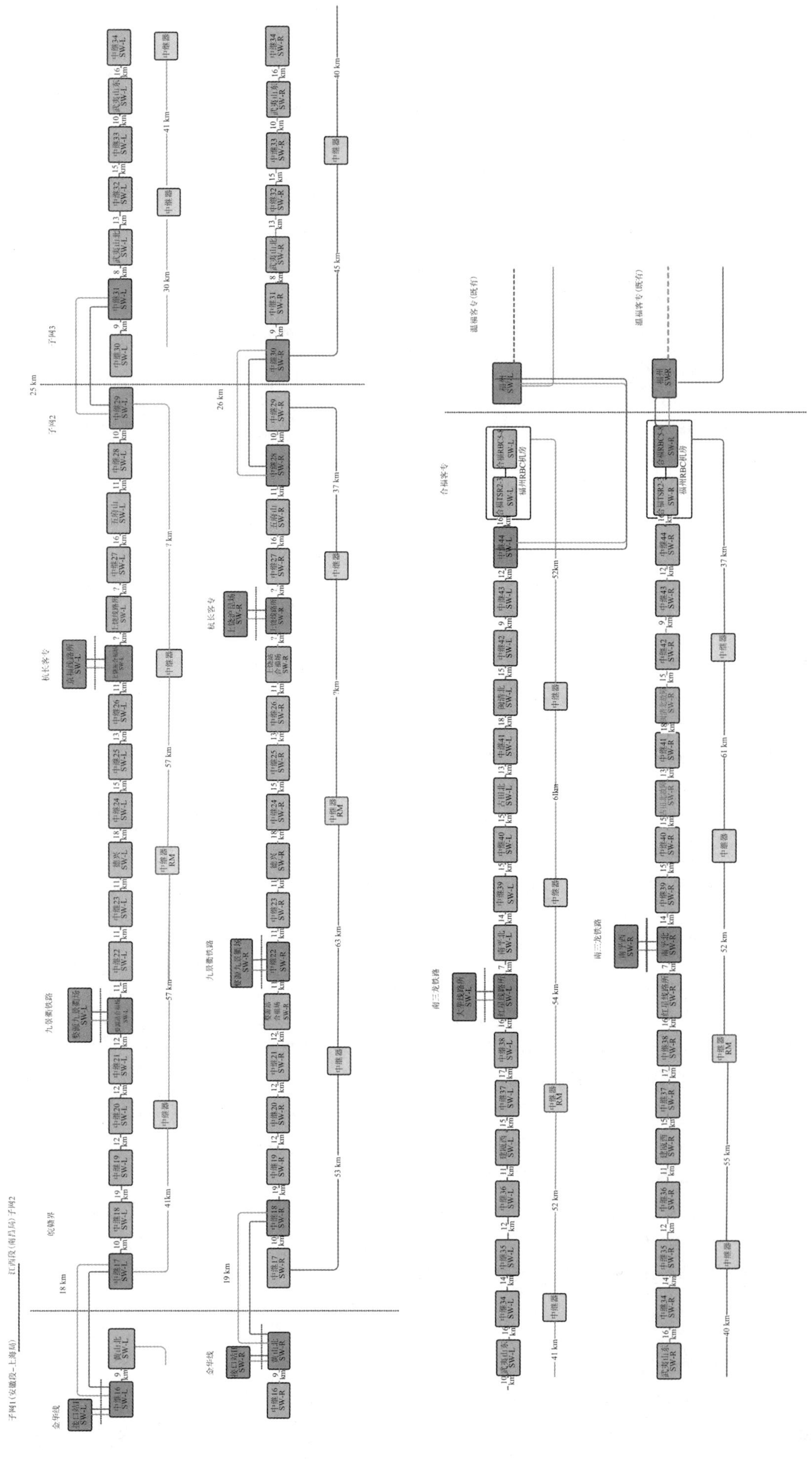

图33-3 合福闽赣段安全数据组网网示意图

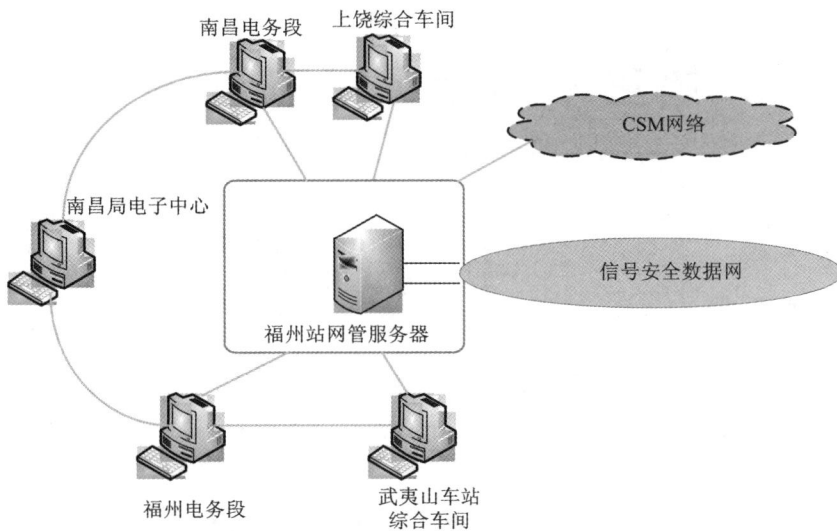

图 33 - 4　合福高铁闽赣段网管系统网络示意图

兼容综合防护实施指导意见》(铁运〔2006〕26 号)、《铁路车站信号设备防雷、电磁兼容及接地》(经规标准〔2008〕103 号)、《关于对铁路信号设备雷电及电磁兼容综合防护进行补充规定》(运基信号〔2008〕362 号)等相关规范、规定。其中与建筑物相关的部分纳入房屋工程统一设计,信号工程中只设计信号设备本身的防雷器材和安装。该系统应就近与沿线贯通地线接地端子等电位连接。既有站应充分利用既有综合防雷器材。

　　房建工程中应充分利用建筑物内钢筋组成由屋顶避雷网、引下线、接地系统等组成的防雷及信号机房的法拉第笼,信号专业考虑信号电源Ⅱ级防雷、防雷保安器、防雷分线柜及室内设备箱盒、柜体等的等电位连接和接地。

第三十四章　信息设计

第一节　工程概况

一、运营线路各客运站情况概述

合福高铁闽赣段各站基本情况见表 34 - 1。

表 34 - 1　合福高铁闽赣段各站基本情况表

序号	车站	面积/m²	最高聚集人数/人	高峰小时发送量(近期)/人	站台形式
1	婺源站	6000	1500	770	新建 2 站台
2	德兴站	3500	800	690	新建 2 站台
3	上饶站	8000	2000	1960	新建 2 站台
4	五府山站	2000	400	300	新建 2 站台
5	武夷山北站	6000	1000	930	新建 2 站台
6	武夷山东站	30000	2000	1800	新建 3 站台
7	建瓯西站	6000	800	870	新建 2 站台
8	南平北站	10000	2000	1630	新建 3 站台
9	古田北站	4000	800	490	新建 2 站台
10	闽清北站	4000	800	530	新建 2 站台

运营线路现有相关信息系统情况：

杭长客专在上饶站新设信息系统包括运营调度系统、票务管理系统、旅服系统和办公自动化系统。合福高铁信息工程按京福场站场规模扩容旅服系统中心设备、并补充完善旅服终端设备、车站运营调度系统和票务管理系统。

福州站为京福正线引入站，站房站场规模不变，既有福州站设有票务管理系统、旅服系统和办公自动化系统。此次仅增加福州站运营调度系统。

二、信息工程范围

合福高铁闽赣段共有 10 个新建车站：江西省境内有婺源、德兴、上饶、五府山等 4 个站；福建省境内有武夷山北、武夷山东、建瓯西、南平北、古田北、闽清北等 6 个站。区间设有婺源、上饶、武夷山北、南平北、闽清北 5 个综合工区，武夷山东 1 个车间。婺源、德兴、五府山、武夷山东、建瓯西、南平北、闽清北 7 处公安派出所，上饶 1 处公安乘警队，德兴、武夷山东 2 处公安刑警队。江西省内 8 处警务区，福建省内 13 处警务区。

信息工程设计范围为南昌局管线的江西省和福建省内 10 个车站，包括车站票务系统、旅服系统、办公自动化系统、公安管理信息系统、机房动力环境监控系统、综合布线系统及电源防雷系统。同时还包括公安派出所、乘警队、刑警队、警务区的公安管理信息系统；综合维修工区、维修车间的综合维修管理信息系统。

第二节　设计规范与设计原则

一、设计依据

（1）铁鉴函〔2012〕994 号《关于新建合肥至福州铁路修改初步设计的批复》。

（2）铁鉴函〔2013〕138 号《关于新建合肥至福州铁路婺源等 10 座车站站房及相关工程补充初步设计的批复》。

（3）铁运〔2011〕57 号文《关于做好实名制实施准备工作的通知》。

（4）铁公安〔2011〕115 号文《客运站安检区域视频监控系统建设指导意见》。

二、设计规范

（1）《高速铁路设计规范（试行）》（TB 10621—2009）。

（2）《铁路旅客车站客运信息系统设计规范》TB 10074—2007。

（3）"关于印发《铁路客运专线客运服务系统总体技术方案（暂行）》的通知"（铁集成〔2008〕41 号文）。

（4）《关于做好实名制实施准备工作的通知》（铁运电〔2011〕57 号）。

（5）《综合布线系统工程设计规范》GB 50311—2007。

（6）铁总运〔2015〕7 号文《中国铁路总公司关于明确铁路旅客车站有柱雨棚站台监控摄像机设置要求的通知》。

（7）铁总建设〔2014〕95 号文《中国铁路总公司关于发布铁路车站旅客服务信息系统及客票系统工程备品备件配置指导意见的通知》。

（8）《电子信息系统机房设计规范》GB 50174—2008。

（9）原铁道部"计改函〔2011〕59 号"《关于加强铁路客站安检区域视频监控系统建设的通知。

（10）其他未详尽标准或规范均按中华人民共和国相关现行标准执行。

第三节　与相关专业的接口

一、与通信专业接口

客服系统在车站设置视频监控摄像头，统一纳入到通信专业综合视频监控平台中。视频监控系统的视频线、控制线缆、拾音器线缆均由信息专业接入通信机械室综合视频监控系统设备柜，编码器由通信专业设置，并考虑拾音器接口及音频文件的存储。

时钟系统时钟源取自车站通信机械室通信时钟与同步系统，采用 RS422 接口，时钟源信号引入线（从通信机械室至客运主机房）利用综合布线系统的大对数电缆。通信专业设置一级母钟，南平北站和上饶站由信息专业设置二级母钟，各站不设 GPS 天线。

信息专业与通信专业其他线缆接口位于站房通信机械室数字配线架和音频配线架外侧。

二、与房建专业接口

由站房设计单位房建专业在客运主机房、客运电源室、客运总控室、信息配线间内预留接地端子，其中机房接地端子 4 处，端子标高为本层标高 +400 mm 处，接地端子需与建筑钢筋可靠焊接，并与整个站房的建筑地网沟通。

三、与电力供配电系统接口

电力专业在信息机房、信息配线间、公安监控机房分别引入 AC380V 外供交流电源，并提供两路电源自动切换设备，供电等级为Ⅰ类负荷。

四、与 FAS 系统接口

信息专业自每组闸机布放干接点信号线（RVVP 2×1.0）至消防控制室，接入 FAS 控制系统，用于火灾情况下的闸机紧急释放控制。

五、与消防广播系统接口

消防广播利用客运广播系统的前端声场设备及线路。消防广播系统在信息机房设置消防广播切换控制器，信息专业从信息机房至消防控制室敷设 ZR – RVVP 型音频信号线缆和控制线缆。

第四节　信息系统设计方案

一、信息系统组成

合福高铁闽赣段信息系统包括票务系统、旅客服务信息系统、综合布线、电源系统、动力环境监控系统、办公自动化系统、公安管理信息系统、综合维修管理信息系统、机房、防雷接地、线缆及防护等内容。

二、票务系统

1. 票务系统功能

车站级票务管理系统主要完成车站客票的售、检、订、退、补作业，以及代理代售的接入管理，完成网上订票和呼叫中心订票的落地执行。同时，为方便旅客购票，同时设置 LED 大屏幕票额显示屏。

2. 上级票务系统扩容方案

根据南昌局票务中心的既有情况及杭长客专接入扩容的情况，本线票务系统接入扩容方案拟定为：

1）南昌铁路局票务系统处理平台

合福高铁闽赣段接入南昌铁路局既有客票系统处理平台，需扩容路局客票数据库服务器，营销数据库服务器、存储设备等设备，为保证合福新增车站票务系统通道接入，需扩容路局票务核心路由器和核心交换机。

2）南昌铁路局自动售检票系统处理平台

合福高铁闽赣段接入南昌铁路局自动售检票系统处理平台可利用南昌铁路局互联网工程时设置的服务器和存储设备，无须扩容；其路由器设备与既有客票系统共用，接口板已在客票系统中考虑，自动售检票系统中不再扩容。

3. 车站级票务系统方案

合福高铁闽赣段车站票务系统由人工售票机、自动售票机、进出站闸机、补票机、业务管理微机、应急服务器、路由器、交换机、打印机、客票安全设备等组成。票制采用纸质磁介质热敏车票。

新设窗口售票机及自动售票机，设置在售票室；新设进站闸机在进站口；新设出站闸机在出站口；新设补票机，设置在检补票室。

根据铁运电〔2011〕57 号文有关实名制售票的要求，人工售票终端按 1∶1 比例配置学生证读卡器及二合一（二代居民身份证和中铁银通卡）读卡器，自动售票机、进出站检票闸机按 1∶1 比例配置二合一（二代居民身份证和中铁银通卡）读卡器，各车站配置公安临时制证窗口设备一套。

根据表 34 – 1 近期高峰小时发送量，上饶站、武夷山东站、南平北站票务系统按中型站规模考虑，其他各车站票务系统按小型站规模考虑。各车站设独立的票务系统网络设备，通过通信专业提供的专用传输通道（上饶站 4 个 2M，南平北站 4 个 2M，武夷山东站 4 个 2M，其他站 2 个 2M），采用点对点方式接入南昌局地区票务中心。

4. 车站票务安全系统设备方案

各站设置 1 套票务安全设备（包括安全配置管理终端、身份安全控制设备、安全管控器、访问控制设备等），并配置安全管管理软件及 USBKEY 等。票务系统安全设备需满足铁运〔2007〕141 号文件要求。

三、旅客服务信息系统

合福高铁闽赣段旅客服务信息系统采用大站集中管控方案设计。

上饶站、南平北站旅客服务信息系统包括集成平台、综合显示、客运广播、视频监控、时钟、安全检查设施等子系统。

其他各代管站旅客服务信息系统包括应急集成管理平台、综合显示、客运广播、视频监控、时钟、安全检查设施等子系统。

1. 中心级旅服系统集成平台

在上饶站、南平北站设置中心站级旅服集成平台，集成平台采用千兆以太网组网，配置 2 台数据库服务器、2 台应用服务器、2 台接口服务器及 1 台域控服务器。

在南平北站客运综控室新设 60 寸 LCD 无缝拼接大屏 12 块，客服系统综控台 3 台，管理福建省内武夷山北、武夷山东、建瓯西、南平北、古田北、闽清北 6 个车站。

在上饶站客运综控室新设 60 寸 LCD 无缝拼接大屏 10 块，客服系统综控台 3 台，管理江西省内婺源、德兴、上饶、五府山 4 个车站，同时具备管理杭长线江西省内 3 个车站的能力。由于合福高铁在杭长客专之后开通，杭长客专需接入的 3 个车站由杭长客专自行负责过渡，在上饶站建成后由杭长客专负责其工程内 3 个车站的接入。

其中上饶站既有站房 12000 m²，于 2006 年建成，一、二层候车室是沪昆普速场候车区。既有信息系统有票务系统、旅客服务信息系统（包括引导显示系统、客运广播系统、视频监控系统、时钟系统、安检系统）。上饶站既有站房既有信息系统设备硬件维持既有不改造（广播系统除外），新站房旅服系统集成平台具有集成老站房既有旅服子系统的功能。

2. 车站旅客服务系统应急平台

车站旅服系统应急管理平台由应急处理服务器、接口服务器、维护管理终端、业务操作终端、网络打印机、交换机等设备组成。

应急平台在信息主机房配置 1 台应急处理服务器、接口服务器及维护管理终端 1 台。在客运总控室配置三联应急操作台、2 台双屏业务操作终端、1 台单屏业务操作终端，1 台打印机。

车站旅服系统局域网利用车站综合布线系统提供的数据布线通道，采用千兆双核心交换，主干双光纤链路组网。车站各旅服子系统及办公自动化系统共同组网，共用集成平台网络交换机。在信息主机房配置三层核心交换机 2 台，接入交换机 1 台，在信息配线间设置接入交换机 1 台。

合福高铁闽赣段各代管站旅服通过数据网上联至中心级旅服系统集成平台，在正常情况下，由中心级旅服系统综控平台直接控制各车站系统，实现统一指挥，当中心出现故障时或网络终端的情况下，各代管车站即刻启动车站应急管理平台，转入站控模式。

3. 综合显示系统

综合显示系统终端设备包括引导、票额、通告屏及到发通告 PC 终端。每块同步屏各采用 1 台控制器，按光纤接入屏体考虑；异步屏集中采用 1 台控制器，以双绞线接入；各类控制器均接入旅客服务信息系统集成平台。其中上饶站老站房既有引导显示系统终端接入新站房综合显示系统控制器上。

在售票室、客运值班员、公安值班员、补票室、站长室等处设置到发通告终端，其中售票室设置 LED 显示屏（不面对旅客），其他小房间设置 PC 机作为到发终端。

信号工程仅在婺源站、上饶站、武夷山北站、武夷山东站、南平北站、建瓯西站设置 PDP 通告屏。

4. 客运广播系统

客运广播系统具备自动广播、人工广播、应急广播等各种广播模式。本线各站客运广播与消防广播共用功放、扬声器终端设备和线路，当发生紧急事故（如火灾）时，可根据程序指令自动切换到紧急广播工作状态。可提供任何事件的报警联动广播，手动切换的实时广播等。

武夷山东站客运广播系统采用 8 信源，16 通道，32 个负载区、12 kW 总输出功率设备。南平北站、上饶站客运广播系统采用 8 信源，8 通道，16 个负载区、5 kW 总输出功率设备。婺源站、德兴站、五府山站、武夷山北站、建瓯西站、古田北站、闽清北站客运广播系统采用8信源，8通道，16个负载区、3 kW总输出功率设备。其中上饶站为了集成既有站房客运广播子系统，需更新广播系统，既有广播终端利旧。

系统在进出站、售票厅、站台等处设置现场无线插播盒及噪声探测器，可实现现场无线话筒插播及根据背景噪声自动调节音量等功能。

同时，广播分区与站房防火分区的分布不能有冲突，即同一回路广播不能跨两个防火分区。

5. 视频监控系统

视频监控系统由摄像机、监控终端、视频光端机、报警按钮、双鉴探头、报警主机、声光报警器、撤布防键盘等组成。

站内摄像机接入通信综合视频监控平台，由通信专业在通信机械室设置综合视频系统机柜（内置视频编码器、视频接入交换机等）。

车站视频监控系统接入车站旅服系统集成管理平台联网运行。其中上饶站老站房旅服视频监控系统通过综合视频监控平台与新站房旅服系统集成平台联网运行。

系统设置视频管理工作站1套，在公安值班室和站长室各设监控工作站（双屏）各1套。同时考虑防盗报警功能，设置报警控制主机，在重点部位设置了双鉴探头，在售票室设置了紧急按钮（报警按钮与人工售票终端按1:1配置），并安装报警装置。

根据铁建设〔2012〕51号《铁路房屋建筑设计标准》（TB 10011—2012）要求，信号设计在信息机房和信息总控室设置视频前端采集设备，纳入通信综合视频监控平台。

6. 安全检查设施

根据铁公安〔2011〕115号文的要求，各站配置安全检查仪及安全门，配置硬盘录像机及1080P高清定焦摄像机，同时配置防爆罐、防爆毯、手持金属探测仪等。安检区域的视频图像单独存储在公安值班室，不纳入综合视频监控系统中。

7. 时钟系统

时钟系统主要为车站客运作业人员及旅客提供全线统一的时间信息，同时为车站客服各系统提供时间同步。

南昌局管辖范围内各站时钟源取自中心站级旅服集中管理平台时钟同步信号，在南平北中心站和上饶中心站新设1套二级母钟和1套时钟同步服务器，在中心站通过通信同步网获取高精度的时钟信号，完成中心站级母钟的精度校准。

8. TDMS系统接口

考虑到南昌局已建成旅服系统与TDMS互联系统，合福高铁闽赣段开通前只有杭长客专接入南昌局TDMS系统，杭长客专利用既有TDMS系统接口设备没有扩容。合福高铁闽赣段信号设计工程在杭长客专接入后基础上利用既有TDMS接口设备可满足本线要求，无需扩容。

四、机房动力环境监控系统

各新建车站信息主机房和设备间设动力与环境监控分系统设备，纳入在上饶站及南平站信息主机房设置的合福高铁闽赣段动力环境监控主系统设备，实现对各站信息主机房、配线间的温度、湿度、门禁、水浸、电源的监控。同时在上饶车务段及南平北车务段设置复示终端。

五、综合维修管理信息系统

信号设计工程各维修工区、维修车间新设综合维修管理信息系统。系统新设微机服务器、网络设备及调度终端、工位终端等设备。工区服务器与上级维修车间服务器连接。综合维修管理信息系统应与工区/车间办公自动化系统二者共享传输通道。

六、公安管理系统

信号设计工程各公安派出所、公安乘警队、公安刑警队、警务区、各车站新设公安管理信息系统。公安管理信息系统不设服务器及存储设备，主要新增设备包括维护管理终端、公安办公微机、打印机及相应的网络设备。

同时，为满足部有关实名制售票的要求，在每站均设置公安制证微机终端 1 台及打印机 1 台，接入设置在车站客运主机房或信息配线间的公安接入交换机，通过通信系统提供的 2M 主备通道接入就近公安派出所，再通过 10M 专线接入上级公安处的公安管理信息系统。其中江西省内接入鹰潭公安处，福建省内接入福州公安处。

根据福州公安处的需求，为了合福高铁福建省内公安管理信息系统的接入，在福州公安处新增三层交换机(10/100Base 电口数量不少于 24 个，单模千兆以太网光接口数量不少于 4 个)2 台，扩容网络配线单元(含 DDF 单元 1 块、RJ45 单元 1 块)1 个。鹰潭公安处无需扩容满足江西省内公安管理信息系统的接入。

七、办公自动化系统

办公自动化系统完成公文流转的自动处理，包括办理发文的文件起草、审核、会签、签发、统计和归档，以及办理收文的文件登记、批转、传阅、批示、催办，实现公文处理流程化、电子化、网络化；提供信息发布平台，为员工提供公共资讯服务；提供网络在线学习、培训及技术支持平台等。

信号设计工程各车站、各综合工区、综合车间新设办公自动化系统，但不设置服务器，主要新增设备包括维护管理终端、办公微机、打印机等。车站办公微机利用综合布线系统提供的数据布线通道接入旅服系统接入交换机。工区、车间办公微机利用综合布线提供的数据布线接入办公接入交换机。办公自动化系统安装南昌局既有办公自动化系统客户端软件及网络版防病毒软件。

八、综合布线系统

车站新设综合布线系统，采用 6 类 UTP 双绞线加光纤混合组网的方式，满足高质量的宽带信号传输要求。系统水平线缆采用六类布线方案，支持 250MHz 带宽的传输频率，部分位置铺设光纤到桌面(FTTD)。数据、图像信息垂直主干线缆采用室内多模光缆，话音垂直主干线缆采用大对数配线电缆。沿线各站均设置一套综合布线系统。

九、机房、配线间、电源、线缆防护、防雷与接地

1. 机房、配线间

各站设置有信息主机房(含电源室)、信息配线间、信息总控室(已与行车综控室合并)，机房均铺设全钢防静电地板，机房温湿度满足相关标准。本线各客运主机房、配线间由站房设计单位电力专业设置等电位接地端子，同时由站房设计单位房建专业在客运主机房、配线间防静电地板下方安装等电位均压带，采用紫铜板带与等电位接地端子连接。合福高铁闽赣段各站所有信息设备机房标准应达到《电子信息系统机房设计规范》GB50174 规定的 C 级标准。

2. 电源

信息系统外供电源为 I 类供电，由电力专业提供 AC380V 两路电源以及 2 路电源自动切换箱，婺源站、德兴站、武夷山北站、建瓯西站、古田北站、闽清北站、五府山站容量为 120 kW；南平北站、武夷山东站、上饶站为 200 kW。公安派出所/乘警队/刑警队为 10 kW/处；警务区为 2 kW/处；工区为 20 kW/处；车间为 60 kW。

①采用 UPS 供电范围：

票务系统应急处理服务器、网络设备、票务安全设备以及窗口售票设备、自动售票机、补票设备。

旅客服务系统、办公自动化系统、公安管理信息系统、维修管理信息系统设置在信息设备用房内的所有主设备。

②采用交流稳压电源供电范围：

票务系统进出站闸机，旅客服务系统所有需要供电的现场终端设备。

3. 防雷与接地

信息系统防雷由电力专业提供两路电源切换箱(或电源开关箱)内自带电源防雷箱(电力专业设计)作为信息系统设备电源第一级防护；在 UPS 设备和稳压电源前端，安装标称通流容量 40 kA 电源防雷箱，作

为机房内设备电源第二级防护。室外站台信息系统电源回路及室外出站屏电源回路引入信息综合机房(或电源室)时,在配电柜配置标称通流容量20 kA电源防雷箱,作为机房内设备电源第三级防护,同时结合建筑物防雷接地,共同构成信息系统的防雷体系。

在室外摄像头与机房侧点对点设置三合一综合防雷箱,作为视频监控系统设备的综合防雷措施。安装于室外站台上的显示屏及出站屏线缆回路在引入信息机房侧安装浪涌保护器;室外站台广播回路进入信息机房侧的防雷保护单元由广播主控设备自带。

信息系统接地采用建筑物共用接地方式,接地电阻不少于1 Ω。信号设计由建筑专业在信息系统所有机房、配线间防静电地板下预留接地扁钢。接地线布放时要求尽量短直,多余的线缆应截断,严禁盘绕。

站台设备距接触网带电部分间距应不小于2 m。距离接触网带电体5 m范围以内的金属结构和设备应接入综合地线,对未采用综合地线系统的情况,设备金属结构和设备应单独做接地处理。

所有引入信息机房的线缆应采用钢管或钢槽进行屏蔽,线缆引入室内时金属外护套、屏蔽层、金属加强芯应做接地处理。

第三十五章 电力设计

第一节 工程概述

一、工程概况

合福高铁闽赣段电力供电工程主要由从国家电网接引的高压电源线路、铁路站(段)10 kV 变配电所、沿线两路 10 kV 电力贯穿线路、站场及区间高低压电力线路、10/0.4 kV 变电所、箱式变供电、室外照明、动力配线、电气设备防雷接地、车站机电设备监控及火灾自动报警装置等设施组成。全线电力远动系统纳入综合 SCADA 统一调度。

改造既有福州东配电所 1 座,新建 10 kV 配电所 7 座,10/0.4 kV 站房综合变电所 9 座、通信信号变电所 10 座,10/0.4 kV 综合工区变电所 5 座(与综合工区合建),箱式变电站 149 座。新建高压干线电缆线路 767.14 km(其中电源线 93.31 km,贯通线 656.76 km,站场高压供电线路 17.07 km),低压电缆线路 573 km,新建高压架空线路 65 km,以及电力远动工程、站场照明工程、独立四电房屋照明及配套设备供电、防雷接地、火灾自动报警等工程。

二、工程特点

(1)合福高铁闽赣段全线设一条 10 kV 综合负荷贯通线,保证对各级负荷、重要设备可靠供电。对于连续长距离电缆线路,沿线分散设高压并联补偿电抗器补偿电缆电容电流,以降低无功损耗,保证线路可靠供电。

(2)新建各车站根据建设规模和用电负荷的要求,并根据地方电网情况分别接引地方变电站两路或一路独立的 10 kV 专盘专线电源。

(3)新建 10 kV 配电所及车站电源线路由地方电源接取后采用架空与电缆相结合的方式。

(4)10 kV 综合负荷贯通线和 10 kV 一级负荷贯通线均采用非磁铠装的单芯铜芯电力电缆、分别沿铁路路基两侧预设电缆槽敷设。

(5)10 kV 变配电所内高压开关柜采用气体绝缘开关柜(GIS),变压器、调压器均采用干式节能型。配电所采用无人值班工作模式,主要设备免维护、少维修。

(6)合福高铁闽赣段全线除车站采用室内变电所外,其他均采用箱式变供电。

(7)合福高铁闽赣段全线相关的运营管理设备供电的电力设施均纳入全线综合 SCADA。

(8)合福高铁闽赣段全线电力工程要求达到电力线路入地、电力设备进屋、电力供电全过程监控、主要电力设备免维护、变配电所无人值班的要求,其技术装备水平要求达到国际、国内一流水平。

三、主要工程数量

电力工程主要工程数量见表 35 – 1。

表 35 – 1 主要工程数量表

序号	项目名称	单位	数量
1	新建 10 kV 配电所 7 座	座	7
2	改建 10 kV 配电所 1 座	座	1

续表 35 – 1

序号	项目名称	单位	数量
3	新建高压电源线路	km	93.31
4	高压贯通线路	km	656.76
5	高压站场电缆线路	km	17.07
6	低压电缆线路	km	573
7	箱式变电站	座	149
8	低压变电所	座	17

第二节　规程规范与设计原则

一、规程规范

合福高铁闽赣段电力供电系统设计主要遵循的技术标准见表 35 – 2。

表 35 – 2　规程规范

序号	标准号(或文号)	名称
		一
1	GB 50052—1995	供配电系统设计规范
2	GB 50053—1994	10 kV 及以下变电所设计规范
3	GB 50059—1992	35 ~ 100 kV 变电所设计规范
4	GB 50060—1992	3 ~ 100 kV 高压配电装置设计规范
5	GB 50054—1995	低压配电设计规范
6	GB 50034—2004	建筑照明设计标准
7	GB 50055—1993	通用用电设备配电设计规范
8	GB 50056—1993	电热设备电力装置设计规范
9	GB 50057—1994	建筑物防雷设计规范
10	GB 50058—1992	爆炸和火灾危险环境电力装置设计规范
11	GB 50061—1997	66 kV 及以下架空电力线路设计规范
12	GB 50062—1992	电力装置的继电保护和自动装置设计规范
13	GB 50063—1990	电力装置的电气测量仪表装置设计规范
14	DL/T 620—1997	交流电气装置的过电压保护与绝缘配合
15	DL/T 621—1997	交流电气装置的接地
16	GB 14050—1993	系统接地的形式及安全技术要求
17	GB 50106—1995	火灾自动报警系统设计规范
18	GB 50217—1994	电力工程电缆设计规范
19	GB 50229—1996	火力发电厂与变电所设计防火规范
20	GB 50260—1996	电力设施抗震设计规范

续表 35-2

序号	标准号(或文号)	名称
21	GB 50293—1999	城市电力规划规范
22	GB 50297—1999	电力工程基本术语标准
23	GBJ 16—1987	建筑设计防火规范
24	GB 4717—1993	火灾报警控制器通用技术条件
25	GB 50045—1995	高层民用建筑设计防火规范
26	GB/T 50314—2000	智能建筑设计标准
27	GB/T 13926—1992	工业过程测量和控制装置的电磁兼容性
28	IEC 61000—4—3	中国国家电磁兼容相关标准
29	GB 16806—1997	消防联动控制设备通用技术条件
30	GB 14003—1992	线型光束感烟火灾探测器技术要求及试验方法
31	DBJ 15—34—2004	大空间智能型主动喷水灭火系统设计规范
32	GB 50026—1995	铁路旅客车站建筑设计规范
		二
1	TB 10008—2006	铁路电力设计规范*
2	TB 10039—2012	铁路备用柴油发电站设计规范*
3	TB 10063—2007	铁路工程设计防火规范(2012年版)*
4	TB 10621—2009	高速铁路设计规范*

注：*为铁路行为标准，其为国家标准。

二、总体设计原则

1. 负荷等级划分

一级负荷主要包括：与运营管理密切相关的通信、信号及信息设备；动车段(所)运用设备；电力及电气化各所操作电源；大型、特大型站公共区照明、应急照明及隧道应急照明；大型及重要建筑物火灾自动报警系统设备。

二级负荷主要包括：为通信、信号主要设备配置的专用空调；接触网远动开关操作电源；动车组检修设备；综合检测、工务机械、综合维修、车站给排水设施等设备；中间站公共照明；区间视频监控设备。

三级负荷：包括一、二级负荷以外的部分。

一般建筑内的负荷等级参照铁路及地方相关规范划分确定。

2. 供电原则

一级负荷：两路相对独立电源分别供电至用电设备或低压双电源切换装置处，当两个电源中有一个电源发生故障时，另一个电源不应同时受到损坏。

二级负荷：有条件时提供两路高压电源供电，当两路电源供电确有困难时可提供一路可靠电源供电。

三级负荷：一般采用单回路供电，当供电系统为非正常运行方式时，允许将其切除。

(1)合福高铁闽赣段全线设一条10 kV综合负荷贯通线，保证对各级负荷、重要设备可靠供电。对于连续长距离电缆线路，沿线分散设高压并联补偿电抗器补偿电缆电容电流，以降低无功损耗，保证线路可靠供电。

(2)新建各车站根据建设规模和用电负荷的要求，并根据地方电网情况分别接引地方变电站两路或一路独立的10 kV专盘专线电源。

(3)新建10 kV配电所及车站电源线路由地方电源接取后采用架空与电缆相结合的方式。

（4）10 kV综合负荷贯通线和10 kV一级负荷贯通线均采用非磁铠装的单芯铜芯电力电缆、分别沿铁路路基两侧预设电缆槽敷设。

（5）10 kV变配电所内高压开关柜采用气体绝缘开关柜（GIS），变压器、调压器均采用干式节能型。配电所采用无人值班的工作方式，主要设备采用免维护、少维修电器。

（6）合福高铁闽赣段全线除车站采用室内变电所外，其余均采用箱式变供电。

（7）合福高铁闽赣段全线相关的运营管理设备供电的电力设施均纳入全线综合SCADA。

3. 隧道供电及照明

（1）隧道供电原则。各隧道照明及防灾由贯通线供电，500～5000 m的隧道设综合贯通线，提供一路电源。大于5000 m的隧道及设救援通道的隧道由两条贯通线路各提供一路电源。

（2）隧道照明设计原则。500～5000 m的隧道设正常固定照明；大于5000 m的隧道及设救援通道的隧道设正常固定照明及疏散应急照明；救援通道设疏散应急照明。

4. 机电设备监控系统（BAS）

（1）全线车站、动车段（所）、综合维修段等重要建筑物设置设备监控系统。监控对象包括空调通风、给排水、电梯、变配电设备、电气照明等。

（2）机电设备的监控功能包括监视、控制、测量。

5. 火灾自动报警系统

（1）全线车站站房均设置火灾自动报警系统。

（2）火灾自动报警系统具有报警、显示和联动功能，为独立系统；预留与上位管理主机通信功能，可以通过协议将火警信息传至综合调度中心的相关工作站。

6. 防雷

（1）沿线站房综合楼及大型车间建筑物设防直击雷的避雷设施；变配电所的每段母线上和10 kV的每路架空进出线上装设避雷器；10 kV变压器在高压侧装设避雷器保护；多雷区的变压器在低压侧亦装设一组避雷器。

（2）为防止暂态过电压的干扰，对信号、通信、综合调度系统及其他智能系统设备的380/220 V供电电源，根据设备的重要性，分别采取不同的过电压保护措施。

7. 接地

（1）电力系统接地形式采用TN–S或TN–C–S系统；电力装置的保护接地的接地电阻值根据设备类型、保护类型按有关规程规范确定；建筑物内根据需要采用等电位联结。

（2）全线设有综合接地系统，沿铁路两侧20 m范围内的车站建筑、通信及信号中继站内的电气设备接入综合接地系统，并实行等点位联结，但距线路较远的建筑、电气设施采取隔离措施后可独立设置接地装置。沿线10 kV贯通线路电力电缆采用单点接地。

第三节　与相关专业的接口

一、外部接口

（1）与电力公司接口：配电计量装置，包括计量用电流互感器变比、精度，计量仪表精度等需经电力公司确认。继电保护配合需与电力公司协商确定。一般配电所与电力公司分界在地方变电站外电源线的一个根杆塔上，若采用全电缆线路，则分界点在地方变电站高压开关柜下端头。

（2）与土地规划部门接口：由设计院提供初步电源线路径给土地规划部门，经与土地规划部门联合现场踏勘后，设计院确定正式的电源线路径图给土地规划部门报批。

二、内部接口

（1）与路基、站场、桥梁、隧道专业接口：由电力专业向路基、站场、桥梁、隧道专业提交电力设施附属构筑物要求，路基、站场、桥梁、隧道专业在各自的施工图中研究相应的配套施工工艺，并完成配套施工图，如电缆沟、过轨钢管、上下桥梁电缆爬架槽道等附属构筑物。

（2）与房建专业接口：由电力专业向房建专业提交电力设备用房大小尺寸，房建专业根据电力专业的要求反馈具体平立剖图。电力专业在该平立剖图中布置具体的沟槽管洞提交给房建专业。

（3）与牵引供电专业接口：牵引所10 kV自用变电源由电力专业从10 kV贯通线接引，如采用电缆进线接在牵引所内10 kV变压器室，电力专业负责将10 kV电缆引入牵引所内10 kV变压器室，10 kV变压器室内10 kV电缆头由变电专业负责。牵引所亭附近的接触网开关电源由变电专业负责，其他接触网开关电源由电力专业负责。

（4）与暖通专业接口：由电力专业提供电力房屋温度、通风等要求。暖通专业提供空调、风机、消防设备的用电要求。对于暖通专业设置的气体灭火设备和消防水炮等设备，由电力专业设置火灾自动报警系统对其进行控制。

（5）与其他专业接口：由电力专业提供低压电缆供电至相关专业设备控制箱处，相关专业设备控制箱可由电力专业提供，也可由相关工艺专业提供。

第四节　技术方案和主要技术参数

一、技术方案

1. 供电

（1）铁路电力系统是系统集成的重要组成部分，是确保调度指挥、信号、通信、旅客服务等系统重要负荷安全、可靠、不间断运行的基础设施。铁路电力系统必须满足本线铁路安全、可靠供电的要求，并满足免维护、少维修、10 kV及以上变配电所无人值守的要求。

（2）为保证铁路各用电设备的可靠安全用电，铁路电力系统应保证各级供电系统的相互匹配，除发生大面积自然灾害，如地震、战争、电网崩溃等或故意损坏外，其可靠性满足每天24 h的运输需要（含"维修天窗"时间）。

（3）铁路电力系统的主要设备标准为模数化、标准化、免维护、少维修。

（4）铁路电力系统与铁路行车和运输安全密切相关，所有本线各个等级负荷的电源均自铁路电力系统接引。

（5）与行车相关的一级负荷或重要负荷至少从供电网络接取两路独立电源。

（6）铁路电力系统在遵守国家法规和不损害铁路部门利益的前提条件下，最大限度地满足接入当地电力系统运营商电网的要求。

（7）铁路电力系统遵循国家强制性标准，认真贯彻执行国家能源政策，因地制宜，节约土地，积极采取节能措施，降低电能损耗。

2. 供配电网络

（1）全线设一条10 kV综合负荷贯通线，由合蚌城际铁路的北城站10 kV配电所引出，经合肥枢纽南环线工程的合肥南站35/10 kV变配电所，再经本线新建的沿线10 kV配电所，终引至福州10 kV配电所。全线设10 kV配电所18座，其中合福高铁闽赣段10座。

（2）各配电所从地方接引两路相互独立的10 kV电源，无配电所的中间站，负荷较大时接引两路相互独立的地方10 kV专线电源，负荷较小时接引一路地方10 kV专线电源。

（3）沿线与行车密切相关的信号、通信、运营调度系统等由一级负荷贯通线主供，综合负荷贯通线备供；沿线其他与正线行车有关的防灾系统、隧道照明等负荷，由综合负荷贯通线供电，并根据负荷性质提供备供电源；站场其他一、二级负荷由变配电所馈出10 kV回路供电；电力牵引各所用电由综合负荷贯通线提供一路10 kV电源供电。站段、区间接触网上远动开关亦提供一路低压电源供电。

（4）区间供电包括区间通信基站、信号中继站等负荷采用箱式变电站供电；对于连续长距离电缆线路，沿线分散设高压并联补偿电抗器补偿电缆电容电流，以降低无功损耗，保证线路可靠供电。

3. 变配电所

（1）利用既有配电所。

与杭长客专一并考虑改造上绕 10 kV 配电所，增加房屋面积；增大原电源线截面，新建的两条 10 kV 贯通线引入该所。改造福州东 10 kV 配电所，增加房屋面积，调整房屋布置，新建的两条 10 kV 贯通线引入该所。

（2）新建配电所。

电气设计新建 10 kV 配电所 10 座，具体见表 35 - 3。

表 35 - 3　电气设计新建 10 kV 变配电所设置表

序号	车站（变配电所）名称	变配电所设置	电源情况	规模
1	荷田配电所	10 kV 配电所	江湾 35 kV 变电站	1 进 5 出
2	婺源站	10 kV 配电所	城南 35 kV 变电站	2 进 10 出
			紫阳 220 kV 变电站	
3	德兴站	10 kV 配电所	召林 35 kV 变电站	2 进 10 出
			古井头 35 kV 变电站	
4	上饶站	上饶 10 kV 配电所（既有）		既有改造
5	五府山站	10 kV 配电所	应家 35 kV 变电站	2 进 8 出
			应家 35 kV 变电站	
6	武夷山北站	10 kV 配电所	溪东 110 kV 变电站	2 进 10 出
			溪东 110 kV 变电站	
7	武夷山东站	10 kV 配电所	芹口 110 kV 变电站	2 进 10 出
			南林 110 kV 变电站	
8	建瓯西站	10 kV 配电所	北门 110 kV 变电站	2 进 8 出
			水西 110 kV 变电站	
9	南平北站	10 kV 配电所	九越 220 kV 变电站	2 进 10 出
			九越 220 kV 变电站	
10	古田北站	10 kV 变配电所	凤亭 110 kV 变电站	2 进 10 出
			槐门 220 kV 变电站	
11	闽清北站	10 kV 配电所	大箬 110 kV 变电站	2 进 10 出
			梅城 110 kV 变电站	
12	福州站	福州东 10 kV 配电所（既有）		既有改造

4. 10/0.4 kV 变电所

婺源、德兴、上饶、五府山、武夷山北、建瓯西、南平北、古田北、闽清北在站房内新建车站 10/0.4 kV 综合室内变电所各一座，武夷山东在站房内新建车站 10/0.4 kV 综合室内变电所二座，变电所内设两台变压器，各站除上饶、婺源站在站房外单独设通信信号变电所外，其他各站均在站房内设通信信号变电所一座。

5. 沿线区间用电负荷供电方案

（1）区间通信、信号设备由二回 10 kV 贯通线各接引一路 10 kV 电源经两台变压器供电。

（2）电气化牵引各所（亭）用电：由 10 kV 综合负荷贯通线提供一路电源。

6. 隧道供电方案

（1）隧道供电

500～5000 m 的隧道由设双源箱变的综合贯通侧的变压器提供一路低压电源供电。大于 5000 m 的隧道及设救援通道的隧道由双电源箱变不同的低压母线段各提供一路低压电源供电。低压供电线路的供电半径为 1.5 km 左右。隧道防灾救援设施设独立的双电源箱变供电。

（2）隧道照明设计。

100～5000 m 的隧道设正常固定照明；大于 5000 m 的隧道及设救援通道的隧道及救援通道设疏散应急通道照明，应急照明兼作正常照明；并设疏散指示照明。

二、主要技术参数

1. 电力线路

（1）新建 10 kV 配电所及车站电源线路由地方电源接取后采用架空与电缆相结合的方式。高压架空线路采用环形预应力钢筋混凝土电杆、铁横担、LGJ 型导线；10 kV 电力电缆选用 YJV22 - 8.7/10 kV 型交联铠装电缆，采用直埋、穿管或沿电缆沟敷设。

（2）10 kV 综合负荷贯通线和 10 kV 一级负荷贯通线均采用非磁铠装的单芯铜芯电力电缆、分别沿铁路路基两侧预设电缆槽敷设。

（3）10 kV 综合负荷贯通线电缆为 YJV63 - 10 kV 1×95 型，10 kV 一级负荷贯通线电缆为 YJV63 - 10 kV 1×70 型。

（4）站场高压线路：车站地区馈线采用全电缆方式，电缆为 YJV22 - 8.7/10 型交联铠装电缆，采用直埋、穿管或沿电缆沟敷设。

（5）低压电线路：站场内设备供电采用 VV22 - 0.6/1 型铠装聚乙烯绝缘电缆，采用直埋、穿管、沿电缆桥架或沿电缆沟敷设。

2. 变配电设备

1）10 kV 配电所

（1）电气主接线。

10 kV 侧主接线采用双电源单母线分段接线，设贯通母线段，综合负荷贯通线、一级负荷贯通线分别经调压器调压后供电，10 kV 贯通线中性点按小电阻接地方式设计。

10 kV 配电所：同上 10 kV 侧主接线。

（2）设备类型及布置。

10 kV 高压开关柜采用免维护、少维修 SF6 气体绝缘全封闭组合电器（GIS）；变压器采用智能化、低损耗干式变压器；调压器采用干式；直流电源设备采用智能高频开关铅酸免维护电池直流电源柜。

高压开关设备及调压器分别布置在独立的房间内，变压器及低压柜布置在一个房间内。

（3）继电保护及自动装置。

配电所采用数字继电器及通信装置，实现全所电气设备的测量、控制、保护等功能，并提供电力远动接口；数字继电器布置在高压柜仪表单元上、通信装置布置在控制室内；综合维修工区配备适量的便携式计算机，日常运行远动操作，设备维护、检修时接入便携式计算机完成相应操作。变配电所继电保护及自动装置配置主要配置见表 35 - 7。

表 35 - 7　变配电所继电保护及自动装置配置

单元名称	继电保护	自动装置
电源	电流速断、定时过电流、低电压	
母联	电流速断	备用电源自投
调压器	电流速断、定时过电流、温度	

续表 35 - 7

单元名称	继电保护	自动装置
一般馈线	电流速断、定时过电流	单相接地信号
贯通馈线	电流速断、定时过电流、失压及零序电流保护	一次自动重合闸、备用电源自投、单相接地信号
无功补偿	电流速断、过电压、低电压	
母线电压互感器		母线绝缘监察

（4）变配电所房屋：一般采用独立设置方式。

（5）值班方式：采用无人值班的工作方式。

2）10/0.4 kV 室内变电所

（1）接线形式。

10/0.4 kV 变电所高压侧根据需要采用高压环网柜，内设高压负荷开关，一般变电所低压侧采用单母分段接线并设电容补偿装置，正常时两台变压器同时运行，一台变压器因故退出运行时，母联投入，由另一台变压器对一级负荷及通信、信号空调等重要的二级负荷供电。通信信号专用变电所，所内设两台变压器，通信信号变电所设两个单独母线段，第一段母线电源由综合负荷贯通线变压器的低压侧和从综合变电所引来的通信、信号备用电源回路切换后供电，另一段母线由一级负荷贯通线上的变压器低压侧供电。

（2）设备类型及布置。

高压环网开关柜采用 SF6 气体绝缘型，变压器采用干式、低压开关柜采用组合式柜型并配置数字化仪表便于远方监控。

10/0.4 kV 变电所内高压环网柜、变压器、低压开关柜布置在同一房间内。

3）10/0.4 kV 箱式变电站

（1）接线形式。

10/0.4 kV 箱式变电站 10 kV 侧进出线回路设高压负荷开关，环网接线，变压器回路采用带熔断器负荷开关保护。

箱式变电站内负荷开关均采用电动操作机构纳入 SCADA 系统，实现自动隔离故障电力线路、故障定位、非故障段自动恢复供电等功能。

（2）设备类型及布置。

箱式变电站采用中压预装组合箱式变电站，SF6 负荷开关，其操作电源采用交流并配置 UPS 作为备用。

沿线区间供电的箱式变电站采用基本统一模式。通信双电源专用箱变与通信基站相邻设置。箱式变电站设高压环网开关间隔和变压器、低压开关、RTU 间隔。

3. 站场照明及控制方式

（1）站场室外照明：道路照明采用柱照明为主，咽喉区采用投光灯塔照明方式为主。

（2）控制方式：就地控制。

4. 大型建筑物、构筑物的供电及照明

（1）车站站房由设于楼内的变电所供电，各段、所综合楼由综合变电所设照明、动力、空调专用回路供电。

（2）站房照明一般采用节能型荧光灯，净空较高的大型候车室采用显色性好、寿命长的高压气体放电光源。

（3）站房照明纳入机电设备监控系统。

5. 无功补偿标准及原则

（1）为减少电容电流，10 kV 电力贯通线每隔约 10 km 设一组电抗器补偿装置进行补偿，补偿率为 90% ~100%。

（2）无功功率补偿：按配电所集中补偿和就地分散相结合原则，补偿后 10 kV 变配电所进线功率因数不低于 0.9 为原则。

6. 电力远动系统

(1)全线 10 kV 变配电所配置的综合自动化系统、10/0.4 kV 变电所配置的监控装置、区间接于贯通线上的箱变以及为重要负荷供电低压回路均纳入 SCADA 系统。

(2)由通信专业综合视频监控系统负责全线各站的 10 kV 及以上的变配所统一配置视频监视系统，负责对变配电所运行相关的场所进行监视。

7. 机电设备监控系统

为使合福高铁闽赣段铁路车站的控制管理达到省力、安全、舒适、便利等目标，各站设机电设备监控系统。

1)系统组成

机电设备监控系统主要由车站控制站、就地控制器及被控设备组成。车站控制站监控主机负责车站内机电设备的一切正常情况和事故情况下的监视、管理或发出控制指令。监控主机与就地控制器之间的数据传输经车站的局域网完成；被控对象是车站建筑、动车段(所)等大型建筑，具体包括以下几个子系统。

(1)变电子系统：主要包括车站变电所、各种配电箱。

(2)智能照明子系统：主要包括公共场所工作照明、应急照明、车站景观照明、站场照明。

(3)空调通风子系统：主要包括空调系统、冷冻水系统、冷却水系统、热交换系统、通风系统。

(4)给排水系统：主要包括生活用水、消防用水、污水处理等系统。

(5)电扶梯子系统：主要包括客梯、货梯、消防电梯。

2)系统功能

监控本站、动车段(所)的变电、通风空调、给排水、电梯、照明等系统设备，并进行故障报警。

8. 火灾报警监控系统

全线车站、综合维修工区等重要建筑物均按《火灾自动报警系统设计规范》及其他现行规范，设置火灾自动报警系统。

1)系统组成

各站综合楼(站房)的机电设备监控控制站或消防值班室内设消防报警控制主机及联动设备。

2)系统功能

完成监测场所内的火灾报警、消防联动控制、监视消防联动控制设备的工作及故障状态；自动记录、储存、打印火灾报警信息、故障维修信息等管理功能。

9. 防雷及接地

(1)防雷：沿线站房综合楼及大型车间建筑物设防直击雷的避雷设施；为防止暂态过电压的干扰，例如：沿电源线引入的雷电波、主开关操作、无功补偿电容器的投入或切除而产生的过电压，对信号、通信、综合调度系统及其他智能系统设备的 380/220 V 供电电源根据设备的重要性，分别采取不同的过电压保护措施。

(2)接地：大型建筑物如站房，综合维修段，调度中心等强、弱电设备较多的场所，沿线变配电设备与用电设备共用接地装置，接地电阻为各类设备接地电阻的最小值；沿线 10 kV 贯通线电缆金属层采用单点接地方式，并与沿线敷设的综合贯通地线相连。

(3)低压供电保护制式：采用 TN－S 或 TN－C－S 系统。

(4)综合接地：合福高铁闽赣段设有综合接地系统，沿线所需接地的建(构)筑物、电气设施均纳入该系统，但距线路 20 m 以外的建(构)筑物、电气设施采取隔离措施后可独立设置接地装置。

三、主要性能指标

1. 可靠性指标

采用以元件组合关系为基础的故障模式后果分析法对合福高铁闽赣段客运专线电力供电方案可靠性进行定量评估。供电可靠率指标达 99.999% 以上，其供电可靠性指标达到发达国家供电先进标准。

除发生大面积自然灾害，(如地震、战争、电网崩溃等)或故意损坏外，其可靠性满足每天 24 h 的运输需要(含"维修天窗"时间)，并满足以下要求：

（1）当供电网络中的一条外部电源线路停电时，不能导致一级负荷停电。

（2）当供电网络中的一条供电线路停电时，不能导致一级负荷停电。

（3）当洪电网络中的一台供电设备停止洪电时，不能导致一级负荷停电。

（4）当铁路电力子系统的一级负荷发生两路供电电源同时停电时，系统内部恢复其供电的时间不大于3 min。

2. 可用性指标

根据铁路电力子系统平均停电持续时间（SAIDI）指标得到系统可用性指标值99.696%。

铁路电力子系统可用性指标就是在要求的外部电网得到保证的前提下，电力元件或电力子系统在规定的条件下和规定的时刻或时间区间内保证铁路各用电设备的可靠灵活用电，保证各级供配电系统的相互匹配，保证高速铁路的正常运营。

3. 可维护性指标

铁路电力子系统可维护性定义为：在规定的条件下并按规定的程序和手段实施维修时，电力元件和系统在规定的使用条件下，保持或恢复能执行规定功能状态的能力。

合福高铁闽赣段铁路电力子系统的主要设备采用模数化、标准化、免维护、少维修设备，并制定系统维修体制和方案，保证日常维护和校正性维修所需要的时间对可用性的影响是受限的。

4. 安全性指标

保证安全的维护铁路电力供电系统，编制一份量化的风险评估（QRA），用来模拟对维护人员的风险。QRA 根据系统特点及实际运行情况与已知风险等级的其他同等级高速铁路系统的比较而获得。QAR 的关键因素至少包括了对在线旁作业时通过列车带来的风险评估，维护期间落物的风险评估及来自电力设备的电击死亡的风险评估。QRA 还包括电力设备对旅客及公众，包括业主工作人员在内的电击死亡的风险。QRA 显示出铁路电力供电系统是否满足规定的目标。

在铁路电力供电系统的设计中考虑将操作员和维护人员的失误减少到最低程度，并考虑通过系统设计减少这些类似的失误的人次数以及原来减缓这类失误的后果而采取的保护措施。设计考虑对旅客及公众人员，包括侵入人员的风险在合理前提下尽可能低。

第三十六章　电气化设计

第一节　工程概述

一、工程概况

合福高铁闽赣段自合肥南站(不含)至终点福州站,途经婺源、德兴、上饶、五府山、武夷山北、武夷山东、建瓯西、南平北、古田北、闽清北、福州等 11 个车站,其中:

(1)新建荷田、德兴、五府山、黄墩、武夷山东、建瓯西、南平北、古田北、白沙镇 AT 牵引变电所 9 座。

(2)新建冷水亭、董家林、台湖村、朝阳乡、石笋坑、吴齐村、建溪、爱竹、碌葵、闽清北、福州 AT 分区所 11 座。

(3)新建桃源、董家、里松阳、汪村、岩山坞、郑塘坞、坑口、黄洋、南岸、凤凰山、杨墩、桥头、马里、古园村、土时坪、西村、关西 AT 所 17 座。

(4)利用牵引变电所 2 座:其中利用杭长客专新上饶牵引变电所接引 4 条 AT 馈线、2 条直供馈线;对福州牵引变电所主变压器增设风冷装置,调整合福高铁闽赣段接入后的保护整定值。

(5)接触网挂网范围:所有正线、到发线、动车组/机车走行线、机待线、机车/动车组出入段线,以及其他有正规列车运行的联络线和有电力机车、电动车组走行和作业的线路。

二、工程特点

1. 供电方式

(1)采用电能传输能力强、供电质量好、对外部电源点要求少、对弱点系统干扰少的 AT 供电方式。

(2)牵引变电所采用两台单相组成 V/X 接线方式;部分牵引变电所采用纯单相接线,预留 V/X 接线条件。

2. 注重各个接口的设计

(1)注重与路基、桥梁等专业的接口设计。

(2)注重与地方电力供电部门之间的接口设计。

3. 引进国外先进技术与国产化

牵引变电设备的 220 kV 电动隔离开关、220 kV SF6 断路器、GIS 开关柜设备采用引进技术,并实现国产化。

4. 注重应用先进技术与设备

(1)牵引变电所、开闭所、分区所、AT 所采用全微机综合自动化系统和安全及环境监控系统,为各所无人值班创造条件。

(2)采用绝缘在线监测装置及高压电缆监测系统监测所内的高压设备及电缆状态。

(3)牵引变电所 2×27.5 kV 上、下行馈线之间设置联络电动隔离开关,实现上、下行断路器间的互为备用。

(4)牵引网故障测距采用 AT 中性点吸上电流比法和电抗法两种故障测距方式。

(5)采用自耦变压器备用及安装方式。

5. 线路系统复杂

(1)接触网系统复杂:本线接触网正线悬挂类型采用全补偿简单链形悬挂方式,站线及联络线采用全补偿简单链形悬挂方式。接触线额定张力 30 kN,承力索额定张力 21 kN。

（2）施工环境恶劣：本线桥隧比为 90%以上，有多座长大隧道。北武夷山隧道长为 13256 m，为全线最长隧道。接触网专业与路基、轨道、桥梁、隧道、房建、信号、通信、信号、电力、变电、电磁兼容等专业都存在相当复杂的接口工程。

6.节约能源

（1）牵引变电所、开闭所、分区所和 AT 所采用无人值班的原则，减少了能源消耗。

（2）牵引变压器等主要设备选用技术先进、成熟、可靠的节能型产品。牵引变压器采用容量利用率高的单相变压器，所用变采用低耗产品，断路器选用功率较小的弹簧操作机构。

（3）保护和控制采用全微机综合自动化系统，有效提高供电效率。

（4）室内、外照明灯采用节能型的光源和灯具。

三、主要工程数量

牵引供电系统主要设备数量见表 36-1。

接触网系统主要工程数量如下：

（1）接触导线 1242.395 千米。

（2）供电线架空线路 208.6 千米，回流线架空线路 3.74 千米，供电线电缆 144.796 km，回流电缆 184.787 km。

（3）正馈线、PW 线各 928.162 条 km，架空地线 5.88 条 km，回流线 26.754 千米。

（4）分段绝缘器安装 15 台，单极隔离开关安装 101 台，双极隔离开关安装 282 台，氧化锌避雷器安装 2094 台，地面式自动过分相装置 46 处。

表 36-1 牵引供电系统主要设备数量表

序号	工程项目名称	单位	数量
1	牵引变电所	9	座
2	分区所	11	座
3	AT 所	17	座
4	牵引变压器	36	台
5	自耦变压器	76	台
6	所用变压器	74	台
7	GIS 开关柜	342	面
8	AIS 开关柜	37	面

第二节　牵引供电系统

一、规程规范

我国铁路客运专线线路主要技术标准，见表 36-2 和表 36-3。

表 36-2　既有铁路主要技术标准

线别	区段	铁路等级	正线数目	限制坡度/‰	牵引种类	机车类型	牵引定数/t	到发线有效长/m	最小曲线半径/m	闭塞方式
京沪线	徐州—上海	I	双线	6	电力	客机 SS9 货机 SS4	5000	1050	600	自动
淮南线	淮南—芜湖	I	双线	6	内燃	ND5	4000	850	600	自动
宣杭线	宣城—杭州	I	双线	6	内燃	ND5	4000	850	600	自动
合九线	合肥—九江	I	单线	6	内燃	DF4	4000	850	400	半自动
宁芜线	南京—芜湖	I	单线	6	内燃	ND5	4000	850	400	半自动
芜铜线	芜湖—铜陵	I	单线	4.9	内燃	DF4	3300	850	400	半自动
铜九线	铜陵—九江	I	单线	6	内燃	DF4	4000	850	1600	半自动
皖赣线	芜湖南—宣城	I	双线	6‰	内燃	DF4	3500	850	400	自动
皖赣线	宣城—贵溪北	I	单线	6‰，霞西至绩溪 10‰	内燃	DF4	3500	850	400	半自动
浙赣线	杭州—株洲	I	双线	7.2	电力	客机 SS9 货机 SS4	4500	850	3200 困难 2200	自动
鹰厦线	鹰潭东—厦门	II	单	12	电力	SS4/SS3	3200/2900	650	250	半自动
峰福线	横峰—南平南	II	单线	单机 7 双机 14.5	内燃	DF4B	3300	750	400	半自动
峰福线	南平南—福州	II	单线	12.2	电力	SS3	3300	750	250	半自动

表 36-3　在建及规划客专和快速铁路主要技术标准

线别	区段	铁路等级	正线数目	限制坡度/‰	牵引种类	机车类型	牵引定数/t	到发线有效长/m	最小曲线半径/m	闭塞方式
京沪客专	北京—上海	客专	双	20	电力	动车组		650	一般 7000，困难 5500	综合调度
合蚌客专	蚌埠—合肥	客专	双	12	电力	动车组、SS9	1000	650	4000	综合调度
杭长客专	杭州—长沙	客专	双	20	电力	动车组		650	一般 7000，困难 5500	综合调度
宁安城际	南京—安庆	客专	双	6	电力	动车组		650	5500	综合调度
沪汉蓉	南京—武汉	I	双	6	电力	动车组、六轴机车	4000	850	4500	综合调度
黄杭	黄山—杭州	I	双	20	电力	动车组		650	一般 7000，困难 5500	自动
合宁四线	合肥—南京	I	双	6	电力	HXD	4000	850	1600	自动
商芜四线	商丘—芜湖	I	双	20	电力	动车组		650	一般 7000，困难 5500	综合调度
皖赣新双线	芜湖—贵溪	I	双	6	电力	动车组、六轴机车	4000	850	4500	自动

二、设计原则

1. 牵引供电原则

（1）采用单相工频 25 kV 交流制。

（2）电力牵引负荷按一级负荷设计，牵引变电所由两路独立的 220 kV 电源供电，并互为热备用。

（3）结合枢纽或地区的总体规划，统筹规划既有与在建、规划工程的牵引供电关系，按各项目设计年度和分期需要，合理利用预留和做好预留，分期实施。在确保客运专线供电的前提下，有条件时可兼顾枢纽地区相邻线的供电。

（4）正线牵引网采用 2×25 kV AT 供电方式，对于枢纽地区联络线、动车组走行线和动车运用所等优先采用 1×25 kV TRNF 供电方式。

（5）牵引变电所分布按远期行车组织确定的追踪间隔进行设计。

（6）牵引变压器采用固定备用方式，一主一备运行。牵引变压器安装容量按近期运量的需要确定。自耦变压器和其他设备容量按远期需要确定。

（7）牵引网持续最高电压水平为 27.5 kV，短时（5 min）最高为 29 kV，正常供电最低电压水平不低于 20 kV，非正常情况下不低于 19 kV。

（8）接触网采用同相单边供电，供电臂末端设分区所以实现上、下行接触网并联供电，并可实现相邻变电所间的越区供电。AT 所也实现上、下行并联供电。

（9）电气化回流及闪络保护接地纳入综合接地系统，有效降低钢轨电位，保障人身安全。

2. 牵引变电原则

（1）牵引变电所接引电力系统两回独立、可靠的外部电源供电。供电电源采用 220 kV 电压等级，并互为热备用。上、下行馈线的断路器和隔离开关互为备用。

（2）AT 所上、下行馈线分别通过断路器、电动隔离开关接入并联母线，实现并联供电运行。

（3）分区所同一供电臂的上、下行馈线分别通过断路器、电动隔离开关接入并联母线，实现并联供电运行；不同供电臂的并联母线之间通过电动隔离开关实现越区供电。

（4）220 kV 配电装置、主变压器、自耦变压器为户外布置方式；2×27.5 kV/1×27.5 kV 配电装置采用 GIS 开关柜布置方式。

（5）各所设交直流自用电系统。交直流自用电系统的监测单元通过微机综合自动化系统纳入 SCADA 系统实现远程监控。

（6）继电保护装置及自动装置采用微机自动化系统，该系统采用集中组盘方式安装在控制室内。

（7）牵引变电所按无人值班，有人值守的原则设计；开闭所、分区所、AT 所按无人值班，有人巡视的原则进行设计。

（8）牵引供电设施纳入综合 SCADA 系统，实现远程监控。

（9）牵引变电所、开闭所、AT 分区所、AT 所设置防雷接地装置，接地装置纳入综合接地系统。

三、与相关专业的接口

1. 外部接口

1）与电力公司及电力设计院的接口

牵引变电所位置、电源进线机构受理要求、电源进线流互变比需经电力公司和设计院确认。继电保护需和电力设计院协商确定。

2）与土地规划部门接口

由变电专业提供所址初步位置给线路、站场、地质、桥梁及房建等专业，各专业确认后，线路和站场专业出征地图，最后由业主征地部门负责征地，设计院及施工单位配合。

2. 内部接口

1）与接触网专业接口

（1）供电线：牵引变电所、开闭所、分区所、AT 所与接触网以牵引所围墙分界，围墙外供电线及设备由接触网专业负责。供电线若采用电缆，供电线分界在所内 GIS 开关柜电缆插拔头处，电缆头由变电专业负责，电缆头一下引出至接触网由接触网专业负责。馈线排列顺序由接触网专业提供资料，与变电专业协商确定。

（2）轨（地）回流线：牵引变电所、开闭所、分区所、AT 所的轨（地）回流线与接触网以所内集中接地回流箱分界，集中接地回流箱至轨（地）的回流线由按触网专业负责，所内牵引变压器、自耦变压器和所内其他设备至集中接地回流箱的接地线及集中接地回流箱设备由变电专业负责。

2）与电力专业接口

（1）10 kV 电源：牵引变电所、开闭所、分区所、AT 所 10 kV 自用变电源由电力专业从 10 kV 贯通线接引，分接在各所内 10 kV 开关柜，电力专业负责将 10 kV 电缆引入各所内 10 kV 开关柜，柜内 10 kV 电缆头由电力专业负责。

（2）接触网开关电源：车站附近、联络线的接触网开关电源由电力专业负责、变电专业负责牵引变电所、开闭所、分区所、AT 所附近的接触网开关电源。

3）与线路（站场）、地质、桥梁专业接口

由变电专业提供所址初步位置给线路、站场、地质、桥梁及房建等专业，各专业确认后，线路（站场）专业出征地图；同时线路（站场）专业负责场坪设计，包括高程、土石方统计、排水坡度、进所道路等。地质专业负责提供所址土壤承载力资料，桥梁专业负责提供洪水水位资料，当进所道路必须经过桥梁时，应负责核算是否满足输变压的要求并提出加固措施。

4）与房建专业接口

由变电专业提供房屋平面及受力、孔洞预埋件要求、设备基础受力要求，电缆沟及排水管以及集油坑、排油管要求，场坪、道路及围墙等要求，由房建专业出相关房屋、设备基础图。电气施工单位在房建施工过程中应负责检查孔洞顶埋件是否符台电气施工要求。

5）与给排水专业接口

由变电专业提供牵引变电所用水和排水要求。给排水专业负责水源引入及排水引出等。

6）与暖通专业接口

由变电专业提供牵引所温度、通风等要求。暖通专业返提空调、风机、消防设备的用电要求。对于牵引变电所内消防设备由暖通专业设计，该消防设备的控制和火灾报警系统由变电专业设计。

四、技术方案和主要技术参数

1. 主接线及运行方式

1）牵引变电所

牵引变电所 220 kV 侧采用线路变压器组接线方式；牵引变电所主变压器采用一组主用和一组备用的运行方式，设置备用电源自投装置；牵引变电所 2 × 27.5 kV/27.5 kV 侧母线采用单母线分段接线方式；牵引变电所 2 × 27.5 kV 上、下行馈线之间设置联络电动隔离开关，实现上、下行断路器间的互为备用。

2）AT 分区所

AT 分区所同一供电臂的上、下行采用通过断路器、隔离开关并联接线方式，并通过电动隔离开关实现越区供电。四台自耦变压器通过断路器、隔离开关接入上、下行进线。同一供电臂的两台自耦变压器一台运行，一台备用。

3）AT 所

AT 所上、下行采用通过断路器、隔离开关并联接线方式，两台自耦变压器通过断路器、隔离开关接入上、下行进线。两台自耦变压器一台运行，一台备用。

4）开闭所

从接触网上、下行引入两回电源，采用单母线分段，上、下行馈线断路器互为备用。

5）既有牵引变电所改造方案

（1）利用杭长客专拟建的上饶变电所，增加四回馈线向本线合肥和福州方向上、下行正线供电。

（2）对福州牵引变电所主变压器增设风冷装置，调整合福高铁闽赣段接入后保护整定值。

2. 主要设备选择及技术参数

1）主要设备选择

（1）牵引变电所主变压器采用单相油浸自冷变压器，预留风冷条件。自耦变压器采用油浸自冷变压器。隧道内的 AT 所自耦变压器采用 SF6 全密封或干式变压器。

（2）220 kV 断路器采用 SF6 断路器配液压弹簧或弹簧操作机构。

（3）2×27.5 kV 和 27.5 kV 电流互感器、电压互感器及所用电变压器采用干式设备。

（4）避雷器采用氧化锌避雷器。

（5）二次监控、继电保护装置由当地监控单元、通信处理单元、通信切换单元、主变压器保护测控单元、馈线保护测控单元、AT 测控单元等设备组成，并通过通信设备联网构成微机综合自动化系统。

（6）27.5 kV 和 2×27.5 kV 开关设备：牵引变电所、开闭所、分区所、AT 所等 2×27.5 kV 和 27.5 kV 断路器均采用真空断路器并配弹簧操作机构。改变运行方式的隔离开关采用电动操作机构，检修用的隔离开关均采用手动操作机构。

（7）既有所新增馈线设备按与原所设备类型一致配备。

2）主要设备技术参数

结合目前在建铁路项目的外部电源电压等级及牵引变压器类型选取经验，本线牵引变压器采用单相牵引变压器，接线方式为每两台单相变组成三相 V，x 接线方式。牵引变压器类型为 220/2×27.5 kV 单相变压器。

AT 变压器按远期需求选取。为了减少 AT 变容量规格，AT 变容量分为两种，即分区所内的 AT 变和 AT 所外的 AT 变。AT 所自耦变压器安装容量为 2×32 MVA，AT 分区所自耦变压器安装容量均为 4×25 MVA。

正线接触网导线材质：JTMH 120 mm²（承力索）+ CTMH 150 mm²（接触线）+ LBGLJ300 mm²（正馈线）。

3. 总平面及生产房屋布置

（1）牵引变电所主变压器采用户外布置；220 kV 配电装置采用户外单体布置；2×27.5 kV /27.5 kV 配电装置采用户外单体布置。

（2）AT 分区所、AT 所自耦变压器采用户外布置；2×27.5 kV /27.5 kV 配电装置采用户外单体布置。

（3）牵引变电所为一层平房，设有 2×27.5/27.5 kV 高压室、自用变压器室、二次设备室、通信室、震感室、工具室、检修室、值守室、卫生间等房屋。

（4）AT 分区所、AT 所房屋均为一层平房，设有 27.5 kV 高压室、自用变压器室、二次设备室、工具室、通信室等生产房屋。

（5）既有所新增馈线设备利用预留空间隔，不需增加房屋和场坪面积。

4. 保护配置及综合自动化系统

（1）牵引变电所、开闭所、分区所、AT 所继电保护及自动装置设置应满足无人值班的要求，牵引变电所能满足有人值守的需求。

（2）牵引变电所、开闭所、分区所、AT 所保护设置，见表 36-4。

表 36-4 在建及规划客专和快速铁路保护设置表

	牵引变电所	分区所	AT 所	开闭所
牵引变压器	差动、低电压过电流、过负荷、低电压、过失压、瓦斯、温度等保护			
自耦变压器		瓦斯、温度、差动、失压阻抗等保护	瓦斯、温度、差动、失压保护	
馈线	距离、电流速断、过电流、高阻等保护	距离、电流速断、过电流、高阻等保护		进线：过流、失压保护；馈线：电流速断、距离保护、过流、高阻保护

（3）综合自动化系统：牵引变电所、开闭所、分区所、AT 所采用综合自动化系统，该系统为网络型、模块化、分层分布式系统，以实现对各所牵引供电设施的保护、当地监控和远程数据传输。该网络系统具有良好的开放性和可操作性，由当地监控单元、主变保护、测量与控制单元、馈线保护测控单元、交直流测量与控制单元、通用测量与控制单元视频监控单元等组成。该系统采用集中式与分散式相结合的结构。综合自动化系统通过专用通道完成与综合调度中心牵引供电调度系统的数据交换，以实现牵引供电调度系统对被控站的远程调度管理。

各所设置安全监控系统，监视信息通过综合自动化装置传输给牵引供电调度系统。

综合自动化系统的自动功能有：牵引变电所 220 kV 进线和牵引变压器自投、牵引变电所故障点标定、牵引变电所、开闭所馈线一次自动重合闸等功能；分区所、AT 所馈线一次检压重合闸等功能。

牵引变电所设置绝缘在线监测系统和高压电缆监测系统，通过单独通道纳入到供电维修管理系统。

5. 自用电方案

（1）交流自用电系统：交流系统采用三段 380/220 V 交流母线，由接至 2×27.5 kV 母线和 10 kV 电力线路的两台自用变压器供电，设自动切换装置。交流自用电系统的监测单元纳入综合自动化系统，以实现远程监控。

（2）直流自用电系统：直流系统采用铅酸免维护智能型直流系统，具有强充、均充和浮充运行方式，该装置与微机监控装置间设通信接口，其直流输出电压为 100 V，各所蓄电池均采用两组。

（3）直流自用电系统的监测单元纳入综合自动化系统，以实现远程监控。

6. 电力调度所及调度管理自动化系统

1）电力调度所位置选择及调度区划分

本线电力调度纳入上海综合调度中心综合 SCADA 系统。综合调度中心内 SCADA 系统作为综合调度系统的子系统，通过牵引变电所、开闭所、分区所、AT 所、接触网开关站、电力配电所、电力变电站等各被控站实现对本线牵引供电、电力设施进行集中监视和控制。与行车调度相适应，该 SCADA 系统为本线设置两个牵引供电调度台、两个电力调度台。

2）远动系统

（1）远动系统构成方案。

①综合调度中心 SCADA 系统：系统采用开放式局域网结构和服务器/客户机型网络体系。系统通过专用信息交换设备与相关路局电调系统及地调系统等其他开放型网络互联，实现信息交换和信息共享，提高统一调度和管理水平，同时为协调客运专线相关既有线的维修组织提供辅助管理信息。该系统局域网上配置服务器、调度台、调度分析工作站、系统维护工作站、打印机、大屏幕显示器等网络节点设备。

②被控站：全线各牵引变电所、开闭所、分区所、AT 所、接触网开关站、电力配电所、电力变电站、箱变等作为被控站，通过综合自动化系统或专用 RTU 接入 SCADA 系统。

③远动通道构成：各被控站至综合调度中心 SCADA 系统和综合维修基地 SCADA 系统远动通道采用专用光缆通道。牵引变电所远动通道采用点对点结构，其余通道采用环形结构。

（2）SCADA 系统主要功能配置。

①遥信监视功能、遥测监视功能、单独控制功能、自动顺序功能、自动识别判断功能、故障点参数计算调整功能、综合报表管理功能、计划管理功能、各种数据统计功能、信息交换功能、信息分析处理等功能。

②SCADA 系统还设置视频工作终端，通过与安全视频监控系统接口，实现对无人值班场所的视频及安全报警信息的监视。

3）安全监控系统

（1）牵引变电所、开闭所、分区所、AT 所的安全监控系统是由高压室、自用变压器室、二次设备室设置的感温/感烟探测器、双鉴探测器、碎窗探测器，室外设置的蜂鸣器、温湿探测器，围墙设置的激光对射探测器等安全监视装置组成。

（2）牵引变电所二次设备室内设有气体灭火装置，纳入消防控制系统，并通过安全监控系统报警。

（3）新建的牵引变电所、开闭所、分区所、AT 所、接触网开关站、电力配电所、电力变电站均设有安全及环境监控设施，并纳入各所综合自动化系统。

4）维修管理系统

（1）本线综合维修基地内设置维修调度管理系统，正常情况下该系统负责全线各牵引变电所、分区所、开闭所、AT所、接触网隔离开关设备及基地管内铁路电力供配电设施的维修调度管理工作。维修调度系统可作为SCADA系统后备，对全线供电设施进行调度管理。

（2）牵引变电所设置绝缘在线监测系统及高压电缆监测系统，并纳入维修调度系统。

5）防雷与接地

（1）防雷。

①牵引变电所、开闭所、分区所、AT所设有独立避雷针以防止直击雷对设备、架构及建筑物的袭击。独立避雷针与配电装置带电部分空气中距离不小于5 cm。

②在牵引变电所高压进线侧、主变压器低压侧、2×27.5 kV/27.5 kV馈线侧、分区所进线侧、馈线侧设有相应等级的氧化锌避雷器，以限制雷电波的幅值。

（2）接地。

①牵引变电所、开闭所、分区所、AT所接地网的接地电阻应不大于0.5 Ω，当各所的接地电阻实测值达不到要求时，可采用引外接地、加降阻剂或将土壤换为所要求的土壤等方法降低该所接地电阻值。

②牵引变电所、开闭所、分区所、AT所各所设有集中接地回流箱，箱内接地回流母排分别通过电缆与牵引变压器或自耦变压器的接地回流套管、所内的接地装置、接触网是上下行架空回流（PW线）接地线和钢轨回流接地线相连，其中钢轨回流接地线通过钢轨扼流圈与线路贯通综合接地相连。

③各所每根27.5 kV电缆采用单点接地方式，接地点设在室外，就近与接地网或接地干线可靠连接。电缆线路正常感应接电压不得大于60 V。与GIS开关柜相连处的接地引出线不接地或接电压限制护层保护器，接地引出线不接地时应绝缘包扎。

6）节约能源措施

（1）牵引网采用AT供电方式，提高了牵引网电压水平，降低了牵引网电流，减少了牵引网电能损失。

（2）正常运行情况下，牵引网在分区所实行上、下行并联和AT所上、下行并联供电，均衡上、下行牵引电流，减少了牵引网电能损失。

（3）接触线和承力索均采用铜合金材质，降低接触悬挂的电阻，降低牵引网电能损失。

（4）优先采用单相结线牵引变压器，提高牵引变压器容量利用率，减少变压器安装容量，降低运营中的基本电费。

（5）牵引变压器选用合适比例的空载和负载损耗，降低一次购置费，减少变压器的电能损耗。

（6）外部电源采用220 kV供电，有利于减少电源线路的损耗。

7）提高可靠性措施

（1）牵引变电所采用两路220 kV独立电源供电，两路电源互为热备用。牵引变压器按固定备用方式，一主一备运行。

（2）牵引变电所对接触网采用末端分区所并联的单边供电，当一个牵引变电所解列时，相邻牵引变电所可通过分区所越区供电。

第三节　接触网设计

一、规程规范与设计原则

1. 规程规范

接触网设计采用的工程规范见表36-5。

表 36 – 5 接触网设计采用的工程规程规范

序号	规程规范名称	标准代号
1	《高速铁路设计规范(试行)》	TB 10621—2009
2	《铁路电力牵引供电设计规范》	TB 10009—2005
3	《铁路枢纽电力牵引供电设计规范》	TB 10007—2000
4	《建筑结构荷载规范》	GB 50009—2001
5	《客运专线综合接地技术实施办法》	铁集成〔2006〕220 号
6	《客运专线铁路电力牵引供电工程施工质量验收暂行标准》	铁建设〔2006〕167 号
7	《电力工程电缆设计规范》	GB 50217—2007
8	《铁路防雷、电磁兼容及接地工程技术暂行》	铁建设〔2007〕39 号
9	《建筑物防雷设计规范》	GB 50057—1994

2．设计原则

1）接触网悬挂类型

(1)本线接触网正线悬挂类型采用全补偿弹性悬挂方式，站线及联络线采用全补偿简单链形悬挂方式。

(2)本线正线牵引网导线推荐采用接触线(CTMH150) + 承力索(JTMH120) + 正馈线(LBGLJ300)组合，站线线材采用 JTMH95 + CTAH120 组合。

2）支柱、支持装置、基础及绝缘子选择原则

(1)支柱：在满足受力等基本条件和可靠的前提下，为了施工和运营维护方便以及美观，全线支柱外形统一，支柱类型尽量归类，且形式便于批量生产和质量控制。

全线地面段及桥梁区段的腕臂柱采用热浸镀锌热轧 H 形截面钢柱。当硬横梁跨度小于 18 m 时，硬横跨支柱采用热浸镀锌 H 形截面钢柱；当硬横梁跨度大于 18 m 时，硬横跨支柱采用热浸镀锌圆钢管式钢柱。同一车站内硬横跨支柱类型应统一。铜陵、上饶联络线路基区段采用混凝土等径圆杆。

(2)支持装置：全线原则上采用绝缘旋转全腕臂支持结构，采用镀锌钢管或铝合金管，腕臂间设置斜撑，正线、联络线定位器一般采用铝合金限位定位器，一般设防风拉线。

(3)基础：路基地段接触网单腕臂柱、硬横梁支柱采用机械钻孔灌注桩基础施工安装形式。

接触网支柱与基础采用矩形法兰盘连接，便于施工和支柱的更换。基础需要考虑与电缆槽距离的配合，并与路基一体化施工。

高架桥上支柱与基础采用法兰连接，基础由桥梁工程预留，正线箱梁、连续梁区段设于桥面处，联络线 T 梁区段设于墩台上。

(4)绝缘子：腕臂绝缘子选用瓷质高强度棒式绝缘子(正线绝缘子抗弯负荷不小于 16 kN；其他线路不小于 12 kN)。供电线、加强线等附加悬挂用绝缘子一般采用棒型悬式瓷绝缘子；下锚绝缘子、分段绝缘子采用硅橡胶合成绝缘子；无站台柱雨棚内的接触网悬挂安装所用的绝缘子采用小伞径合成绝缘子，颜色与雨棚协调。

3）沿线建筑物处的接触网悬挂安装类型

(1)在设站台无柱雨棚的车站，接触网利用股道间的雨棚柱安装旋转全腕臂支持结构，或在雨棚结构梁上采用吊柱加旋转全腕臂支持结构。若雨棚结构梁不适合设置吊柱，在线间距允许情况下，优先采用线间立柱加旋转全腕臂支持结构。

(2)咽喉区及多线并行区段可采用轻型硬横跨，硬横跨下及高架站房下接触网采用吊柱加旋转全腕臂支持结构。

(3)对于桥梁，接触网采用在桥面(或墩面)上设置 H 形钢柱(或接腿加 H 形钢柱)加带防风支撑的旋转全腕臂支持结构。

(4)隧道内采用隧道预留槽道固定在隧道顶部的吊柱独立悬挂定位支持装置。

4）吊弦装置

考虑到动态特性和机械特性，本工程采用截面为 10 mm² 的镁铜合金绞线整体吊弦，并带鸡心环结构和等电位连接线。

5）锚段关节及点分组

绝缘锚段关节、非绝缘锚段关节均采用五跨关节。在变电所、分区所出口附近设置接触网电分相装置，电分相采用带中性段、空气间隙绝缘的锚段关节形式。电分相无电区或中性段的长度应满足双弓运行需要，即应使无电区的长度大于双弓间距（长分相方案），或使中性段的长度小于双弓间距（短分相方案）。无电区长度 D 暂按双弓间距不小于 190 m 进行设计。电分相设置结合本线机车受电弓的运用方式设置，本线暂采用长短分相结合的方案，一般应设置在距进站信号机距离 500 m 外，并尽可能避免设置在线路的变坡点附近。

机车过分相暂采用机车自动切换方式，接触网分相处锚段关节设置时应兼顾考虑不断电过分相的技术要求。

6）道岔定位

（1）合福高铁闽赣段各车站内及跨线列车联络线的安全线上均采用 18#道岔，其侧向通过速度低于 80 km/h，正线上采用无交叉式定位，其余采用交叉式线岔。

（2）联络线在既有线上出岔的道岔，采用满足始触区定位要求的交叉式线岔；联络线与正线间 42#道岔优先采用受流性能较好的三线辅助关节式定位方式。

（3）采用标准宽度为 1950 mm 的受电弓，弓头工作宽度为 1450 mm，与我国现行机车受电弓行业标准和国标兼容。参照国外同类受电弓条件下的始触区标准，客运专线正线始触区范围定义为距离受电弓中心 600～1050 mm 及抬升 150 mm 构成的空间区域，始触区范围内禁止安装除吊弦线夹外的任何线夹类金具。

7）电分段

（1）合福高铁闽赣段上、下行正线悬挂电气上分开。

（2）供电分段应尽量满足双向行车要求及事故抢修要求，尽量缩短事故及维修范围，在车站两端设置绝缘锚段关节。在有条件的地方和部分靠近变电所和分区所的车站，线路站场具备正线间的"八"字或"V"字渡线条件的，合理设置相应绝缘锚段关节。

（3）牵引变电所、分区所的出口附近设置接触网分相装置。在分相两侧各设置一台电动负荷隔离开关；接触网上网处采用电动隔离开关；六股道以上车站分束供电采用电动隔离开关。

（4）为保证供电的灵活性，正线、联络线所有电动开关纳入运动系统。

8）绝缘距离

绝缘距离满足《铁路技术管理规程》及《铁路电力牵引供电设计规范》的要求。

9）附加导线

附加导线一般采用抗拉强度高、耐腐蚀性能好的铝包钢芯铝绞线。供电线从所亭出线距离上网点较近时一般采用电缆上网，距离上网点较远时采用架空线路至上网点，根据上网点实际情况选择直接架空上网或改电缆上网。

10）防雷与接地

为提高接触网的可靠性，加强客运专线接触网防雷电侵害的能力，需设置防雷装置。接触网接地与通信、信号等专业共用接地体，接入铁路综合接地系统。

11）接触网系统防腐、防坠物、交叉跨越防断线措施

（1）防腐：在允许条件下尽量采用有色金属零部件，对于黑色金属零部件需采用可靠的高等级热浸镀锌防腐措施。

（2）防坠物、交叉跨越防断线：在承力索表面加设由高性能聚合绝缘材料制造的裸线包卷绝缘管。

二、与相关专业接口

1. 外部接口

根据《铁路客运专线技术管理办法》，两列同型号动车组可重联运行。单列长编组动车升双弓或两列动

车组重联时各升 1 架受电弓运行，工作受电弓间距为 200～215 m。

2. 与非四电专业接口

1) 与行车专业接口

接触网向行车专业提供电分相设置的具体里程位置，由行车专业检算是否满足运行时分能力要求，并给出调整建议。

2) 与线路专业接口

线路专业提供接触网专业沿线跨线桥位置。接触网专业向桥梁专业提供跨线桥净空要求。

3) 与站场专业接口

接触网专业向站场专业提出接触网立柱要求，有站场专业设置相应的线间距或路肩宽带。

4) 与路基专业接口

(1) 接触网专业向路基专业提供接触网基础及过轨管线要求，路基专业负责实施。

(2) H 形钢柱及硬横跨柱采用机械钻孔桩钢筋混凝土基础；供电线钢柱采用现浇混凝土基础；下锚拉线客运专线区段采用机械钻孔灌注桩钢筋混凝土基础，普速区段采用现浇混凝土整体柱式基础。

(3) 接触网基础需要考虑与电缆槽位置的配合，并与路基一体化施工。路基区段接触网基础垂直线路方向立杆位置根据侧面限界、电缆槽位置、声屏障位置等因素综合确定。接触网提供基础类型选择和基础设置里程。

(4) 接触网保护线上下行并联连接电缆过轨的保护套管由路基专业预留，过轨采用高强 PVC 管，外包混凝土的排管方案。

(5) 正线两侧路基上钢柱基础预留接地端子，可作为接地系统接地极使用。

5) 与桥梁专业接口

(1) 接触网专业向桥梁专业提供接触网基础、钻齿孔、上网电缆孔及爬架槽道预留要求，桥梁专业实施。

(2) 客运专线桥钢柱及拉线基础一般采用桥梁面预留螺栓基础，拉线基础与锚柱在同一片梁上。

(3) 联络线及其他等级线路桥钢柱一般采用桥墩台预留螺栓基础。桥锚柱采用无拉线设计。

(4) 桥梁上网点处在桥墩处预留上桥用槽道，梁上预留上网电缆孔。锯齿槽口以及固定电缆托架的槽道。

(5) 跨越电气化铁路的钢、钢筋混凝土桥梁应在跨越范围内设置防护网栅。当附近接触网发生故障时，应确保形成可靠的短路闪络保护通道。

6) 与隧道专业接口

隧道内接触网悬挂吊柱安装埋入件、下锚安装埋入件及附加导线安装埋入件和设备安装埋入件均由隧道专业预留槽道，以避免后期施工的打孔灌注破坏隧道的防水层。为避免隧道开挖及占用救援通道空间，隧道内接触网全补偿下锚采用矩形铁坠砣补偿装置，坠砣采用铸铁铅心材料。隧道内回流和闪络保护接地及其综合接地系统方案采用直径为 16 mm 的钢筋构成的筐式接地网结构，由上部接地网、下部接地网、纵向接地体和带状接地体组成。隧道衬砌内的非预应力钢筋和接触网预埋构件都应可靠连接到筐式接地网上，并与综合接地系统连接，以降低钢轨电位，并提供可靠的闪络保护金属通道。

7) 与房建专业接口

(1) 接触网专业向站房结构设计专业提供接触网合架要求，由结构设计专业预留安装节点。

(2) 在设无柱雨棚的车站，接触网利用股道间的雨棚柱安装旋转全腕臂支持结构，或在无柱雨棚结构梁上采用悬吊吊柱加旋转腕臂支持结构。若雨棚结构梁不适合设置悬吊吊柱，在线间距允许的情况下，可采用线间立柱加旋转全腕臂支持结构。

3. 与四电专业接口

1) 与通信专业接口

(1) 通信专业向接触网专业提供漏泄电缆与接触网支柱合架要求，接触网专业设计时考虑悬挂漏泄电缆的容量，并预留安装孔位。

(2) 接触网专业向通信专业提供设备监控点及监控要求，由通信专业实施。

2）与信号专业接口

（1）接触网专业向信号专业提供扼流变设置要求，信号专业反馈具体设置里程。

（2）接触网保护线暂按每隔 1200～1500 m 上、下行并联一次并通过扼流变中性点接钢轨，每隔 300～500 m 上、下行并联一次，并可靠接地一次。

（3）当接触网 PW 线接入综合接地系统时，通信、信号宜采用非磁性材料的铠装电缆的护层，应预留足够大的铜当量截面，且信号电缆的耐压应大于钢轨电位可能的最高电压。交流电力牵引区段，信号设备外缘距接触网带电部分的距离不得少于 2 m。

（4）接触网专业向信号专业提供列控数据所需电分相正反向断标位置里程。

3）与电力及变配电专业接口

接触网专业向电力专业提供接触网隔离开关位置及用电要求；接触网专业向变电专业提供接触网隔离开关位置及远动控制要求；接触网向供电专业提供电分相设置的具体里程位置，由供电专业检算是否满足供电能力要求。

三、技术方案和主要技术参数

1. 特殊气象区、设计用气象条件及污秽区划分

1）气象条件

根据《建筑结构荷载规范》（GB 50009—2001）、《全国铁路接触网气象条件标准》及气象部门、沿线电力线路及沿线已开通电气化铁路的运行调查情况确定设计用气象条件见表 36-6。

表 36-6　设计用气象条件

项目　　　　　气象分区	合肥枢纽	合肥枢纽（不含）至福州枢纽（不含）	福州枢纽（不含）
最高气温/℃	40	40	40
最低气温/℃	-20	-15	-10
最大风速气温/℃	0 或 25	0 或 25	0 或 25
隧外腕臂、定位器正常位置时气温/℃	15	20	20
最大基本风速/（m·s⁻¹）	25	25	25
结构设计风速/（m·s⁻¹）	35	35	40
覆冰时气温/℃	-5	-5	-5
覆冰时风速/（m·s⁻¹）	10	10	10
覆冰厚度/mm	15	15	15
雷电区	多雷区	高雷区（福建境内强雷区）	强雷区

2）附加气象条件计算要求

（1）合福高铁闽赣段客运的正线锚段长度及腕臂偏移量的最高计算温度为 +80℃，温差按 100 K 进行校验；其他线路的锚段长度及腕臂偏移量的最高计算温度为 +60℃，温差按 80 K 进行校验。

（2）接触网基本结构设计风速根据《建筑结构荷载规范》（GB 50009—2001）50 年一遇基本风速确定。计算时根据地区、地形、高度按规范修正使用。

（3）隧道内气象条件：2 km 以上的长大隧道区，距隧道口 500 m 内锚段长度及腕臂偏移量的计算温度与隧道外相同，应分全隧道外、半个隧道内、全隧道内三种分别定义温差范围，详见表 36-7。

（4）接触网支持结构与线索的风荷载应按使其产生最大风载的方向计算。应考虑高路堤、桥梁以及明显强风地带，接触网结构设计风速需根据《建筑结构荷载规范》（GB 50009—2001）考虑风压高度变化系数及修正系数。

3）污秽区划分

根据铁科技〔2006〕68 号文颁布的《200～250 km/h 客运专线站后系统技术框架方案》，全段绝缘子及绝缘元件泄漏距离按不小于 1400 mm 设计，上、下行正线间、分束供电的分段处按 1600 mm 设计。隧道内气象条件与平面布置对应关系见表 36－7。

表 36－7　隧道内气象条件与平面布置对应关系表

隧道气象分区	全隧道外	半个隧道内	全隧道内
使用条件	$L^* \leqslant 900$ m	$L > 900$ m，距进出洞口的 $\leqslant 500$ m	$L > 900$ m，距进出洞口的 > 500 m
最高气温/℃	同隧道外	同隧道外	90
最低气温/℃	同隧道外	同隧道外	－10
最大基本风速/$(\text{m} \cdot \text{s}^{-1})$（验算风偏）	25	25	25
垂直线路基本结构验算风速/$(\text{m} \cdot \text{s}^{-1})$	40	40	35
顺线路基本结构验算风速/$(\text{m} \cdot \text{s}^{-1})$	49	49	49
正线锚段长度及腕臂偏移量的温差/K	100	100	90
承力索覆冰厚度/mm	同隧道外	同隧道外	0
腕臂、定位器正常位置时气温/℃	30	30	40

注：L 为隧道群全长，如果隧道间距较大时为单个隧道全长。

2. 主要技术方案及参数

1）接触网悬挂方式

本线接触网正线悬挂类型采用全补偿弹性悬挂方式，站线及联络线采用全补偿简单链形悬挂方式。

2）线材规格及张力

（1）接触线的选定。

接触线应具有抗拉强度高和耐磨性能好的特性。根据国内外成熟的运营经验，目前可选的线材有：铜锡合金（CTS）、铜镁合金（CTM）、铜镁合金（CTMH），本次研究将可选用接触线见表 36－8。

表 36－8　铜合金接触导线综合性能比较表

项目＼导线名称	铜锡合金（CuSn0.4）	铜镁合金（CuMg0.2）	铜镁合金（CuMg0.5）
规格/mm^2	150	150	150
综合拉断力/kN	61.1	61.1	68.4
波动传播速度/$(\text{km} \cdot \text{h}^{-1})$	526		
本线采用张力/kN	28.5		
磨耗 15% 以后的安全系数	1.82	1.82	2.04
磨耗 15% 以后工作张力与拉应力的比	54%	54%	49%
多普勒因子　300 km/h	0.27		
多普勒因子　350 km/h	0.20		
载流量/A	480	500	450
耐磨性能	好	好	最好
耐热性能（软化温度）/℃	400℃	＜400℃	＜400℃

续表 36 - 8

项目 \ 导线名称	铜锡合金（CuSn0.4）	铜镁合金（CuMg0.2）	铜镁合金（CuMg0.5）
硬度	较低	较高	高（对放线要求较高）
生产工艺	连铸连轧	上引法	
施工难度	容易	难	难
生产成本	较低	高	高

注：载流量指标为环境温度40℃，导线允许工作温度80℃，风速1 m/s，磨耗20%时的载流量。

由表36 - 8可见，铜锡合金线（CTS）、铜镁合金（CTM）接触线两者的硬度、机械性能和电气性能相当，而CTMH（CuMg0.5）接触导线在耐磨及强度方面具有优势，安全性能更优。因此本工程正线暂按采用CTMH150接触导线、工作张力取25 kN设计，站线采用CTAH120接触导线、张力为15 kN设计。

（2）承力索的选定。

考虑防腐特性和载流能力的原则下，本线正线承力索推荐采用铜合金绞线JTMH120承力索，张力为20 kN，与接触线张力匹配；站线、联络线、动车段走行线采用铜合金绞线JTMH95，张力为15 kN。

（3）线材及张力选择。

①接触网的各种线材的技术规格及张力组合见表36 - 9。

②附加导线的技术规格及张力组合见表36 - 10。

附加导线一般采用抗拉强度高、耐腐蚀性能好的铝包钢芯铝绞线。供电线从所亭出线距离上网点较近时一般采用电缆上网，距离上网点较远时采用架空线路至上网点，根据上网点实际情况选择直接架空上网或改电缆上网。附加导线线材及张力组合如表36 - 10所示，附加导线电缆线材技术规格见表36 - 11。

表36 - 9 接触网线材技术规格及张力

项目 \ 适用范围		单位	正线	站线、联络线、动车段走行线
接触线	型号		CTMH150	CTAH120
	额定工作张力	kN	25	15
承力索	型号		JTMH120	JTMH95
	额定工作张力	kN	20	15

表36 - 10 附加导线架空线材规格及张力

适用范围	附加导线类型	附加导线工作张力
供电线（变电所、AT所处）	2 × LBGLJ - 240/40	最大值：2 × 10 kN
供电线（分区所处）	LBGLJ - 240/40	最大值：10 kN
正馈线	LBGLJ - 300/50	最大值：10 kN
保护线	LBGLJ - 120/20	最大值：8 kN
回流线	LBGLJ - 185/30	最大值：8 kN
架空地线	LBGLJ - 70/10	最大值：5 kN

表 36-11　附加导线电缆线材技术规格

适用范围	规格型号
供电线（变电所、AT 所处）电缆	3 根 27.5 kV 1×300
供电线（分区所处）电缆	2 根 27.5 kV 1×300
N 线（变电所、分区所、AT 所处）电缆	6 根 1 kV 1×150
所亭轨回流电缆	6 根 1 kV 1×150
正馈线电缆	2 根 27.5 kV 1×300
PW 线电缆	2 根 1 kV 1×150

3）导线高度及允许车辆装载高度

（1）正线、联络线导线悬挂点高度为 5300 mm，设计坡度为 0。

（2）200 ~ 250 km/h 区段，最大允许设计坡度不大于 1‰，坡度变化率不大于 0.5‰；不大于 160 km/h 区段，最大允许设计坡度不大于 2‰，困难情况下不大于 4‰。

4）结构高度

（1）正线、站线及联络线结构高度一般为 1.6 m，隧道内受限制情况下为 1.4 m。

（2）区间跨线建筑物受限区段，结构高度可适当降低，但结构高度不宜小于 1.1 m，个别困难点不宜小于 0.8 m，最短吊弦长度不小于 600 mm。

5）跨距长度

（1）正线路基区段标准跨距一般取 50 m。

（2）桥上跨距需根据桥梁孔跨的形式进行配合确定，一般为 48 m。

（3）相邻跨距之差不应大于 10 m。

6）锚段长度

（1）正线接触网锚段长度一般不超过 2×700 m，个别困难情况下不超过 2×750 m。单边补偿的锚段长度不超过 750 m。

（2）站线最大锚段长度不宜大于 2×800 m，个别困难时不宜大于 2×900 m；单边补偿的锚段长度不超过 850 m。

7）侧面限界

正线接触网支柱侧面限界，一般路基区段应不小于 3.0 m，桥上为 3.0 m。站内正线与站线间立柱时，支柱对正线侧面限界不小于 2.5 m，有条件时，尽量加大至距正线侧面限界不小于 3.0 m。

8）绝缘距离

满足《铁路技术管理规程》及《铁路电力牵引供电设计规范》的要求。空气绝缘间隙及工程设计及安装距离要求见表 36-12 ~ 表 36-14。

表 36-12　25 kV 带电体空气绝缘间隙要求

序号	项目	静态最小距离/mm	动态最小距离/mm	备注
1	接触网、供电线、正馈线等带电部分至接地体的净空距离	300	240	
2	接触网带电部分至机车车辆或装载货物的净空距离	350	—	
3	接触网、供电线、正馈线等带电部分至跨线建筑物的净空距离	500	—	
4	受电弓振动至极限位置和导线被抬起的最高位置距接地体的瞬间间隙	200（160）	—	
5	25 kV 带电绝缘子接地侧裙边距接地体间隙	100（75）	—	

续表 36 - 12

序号	项目	静态最小距离/mm	动态最小距离/mm	备注
6	43.3 kV 绝缘距离(120 度相位电分相间)	400	230	
7	50 kV(AT 区段正馈线与接触网间)绝缘距离	540(450)	300	

注：表中括号内值为困难值。表中各值在特别重污染区和隧道内适当加强。

表 36 - 13　工程设计及安装的一般距离要求

序号	项目	最小距离/mm	备注
1	供电线、正馈线、接触网、回流线等带电导线跨越非电化股道时，在最大弛度情况下距轨面	7500	
2	供电线、正馈线通过居民区、站台及公路时(不包括电气化铁道道口)	7000	
3	供电线、正馈线通过非居民区(包括站场内非居民区)、区间电气化铁道道口，在最大弛度时距地面	6000	
4	回流线、架空地线、保护线通过居民区、站台及公路时(不包括电气化铁道道口)，在最大弛度情况下距地面	6000	
5	回流线、架空地线、保护线通过非居民区(包括站场内非居民区)、区间电气化铁道道口，在最大弛度时距地面	5000	
6	供电线、正馈线在最大风偏时与建筑物之间的水平距离	3000	
7	不同回路(或不同相序)供电线间悬挂点处的水平距离	2400	

表 36 - 14　附加导线与铁路沿线树木之间的最小距离

附加导线类型	供电线、自耦变压器供电线、加强线、捷接线	回流线、自耦变压器中线、保护线、架空地线
与沿线树木之间的最小距离/mm	3500	300

3. 防雷及接地

由于合福高铁闽赣段的大负荷特点和以旅客运输为目的，为保障人身和设备安全，保障接触网可靠性和可用性目标，需要采取以下加强措施。

1)防雷措施

为了加强合福高铁闽赣段接触网防雷电侵害能力，本次设计在以下地点设置避雷器：

(1)供电线上网处。

(2)超重雷区正线关节处和电分相处加设避雷器，腕臂绝缘子采用硅橡胶合成绝缘子。下锚绝缘子、分段绝缘子采用 16 kN 高强度硅橡胶合成绝缘子或绝缘子串。

(3)高架站房、封顶式雨棚站区的两端。

(4)超重雷区长度 1000 m 及以上桥梁每一锚段关节处。

2)接地措施

由于线路道床结构标准的改变，对地泄漏电阻大大提高，钢轨作为主要的电气回路之一，其对地电位将超出安全范围，威胁信号设备和人身安全。结合信号等专业的接地要求，本工程设计接地回流系统如下。

(1)接触网回流系统及安全接地设置。全线 AT 区段架设保护线(PW)，作为钢轨回流的并联通道，工作接地兼闪络保护。保护线区间地段兼作安全接地。

(2)线路上(接触网和受电弓影响区域内)混凝土结构中的闪络保护接地及等电位设计。

(3)接触网接地接入铁路综合接地系统，根据施工图设置保护线或回流线(通过扼流圈)与钢轨的全并联或/及与综合地线相连,有效降低钢轨电位,保证人身安全。

(4)防护网栅、金属桥栏杆及墙上的镀锌钢带两端均应相互连接并接不大于 10 Ω 的接地极(此接地极与回流系统的接地不连),或接入综合接地系统。

第四节 优化设计

一、接触网供电线方案设计优化

1. 优化原因

合福高铁闽赣段地处山区,部分供电线需要穿越长达 1 km 以上的隧道方可到达上网点,而 27.5 kV 供电线电缆配盘长度一般为 800 m,如果按原设计方案施工供电线,供电线电缆将存在大量的中间头和终端头。根据运营单位运行经验,电缆头故障率较高,影响供电运营安全和应急处置。此外,供电线采用上、下行同杆架设方式,存在故障影响范围大、应急处置困难问题。部分架空供电线跨越高差大和树木较多的山区,采用格构式钢柱架设,供电线走廊容易发生树木侵限故障,影响供电安全。因此,在现场条件具备的情况下,有必要对接触网供电线进行优化设计。

2. 优化措施

为提高供电可靠性,消除安全隐患,有效减少供电线故障的发生,对部分供电线进行优化设计。

(1)针对古田北、南平北、建瓯西牵引变电所处 3 条供电线,因所亭位置距离分相位置较远且需要敷设较长的电缆线路,优化分相设置位置,将分相改移至距离所亭较近的位置,供电线可不采用电缆或减少使用电缆,并缩短供电线架设长度,提高供电可靠性。

(2)针对上、下行供电线同杆架设问题,由原设计的同杆架设改为上、下行分开独立架设方式。

(3)针对武夷山北牵引变电所架空供电线跨越高差大且树木较多的山区,供电线路容易发生树木侵限问题,由原设计供电线采用格构式钢柱架设改为采用 110 kV 电力杆塔架设方式。

二、接触网设备接地方案设计优化

1. 优化原因

合福高铁闽赣段接触网避雷器工作接地的本体至计数器采用 70 mm² 铜缆连接,计数器采用双引下接地线接入综合贯通地线接地端子;隔离开关、避雷器及操作机构箱等设备安全接地,通过固定托架与 H 形钢柱相连,利用钢柱本体接地。

避雷器工作接地接入综合贯通地线没有明确具体接入位置,导致现场存在部分避雷器接地线与通信信号电缆相互交叉,影响通信信号设备运行安全。设备安全接地采用设备固定托架与 H 形钢柱连接的接地方式,受接触电阻和钢柱本体接地电阻影响,可能造成设备安全接地不能满足要求,存在安全隐患。此外,存在避雷器接地与隔离开关操作机构箱接地共用接地端子问题,可能导致隔离操作机构箱遭受雷电流反击烧损设备。因此,有必要对接触网设备接地方案进行优化设计,确保接触网运行安全。

2. 优化措施

(1)避雷器工作接地

路基段接地线连接到支柱基础上的接地端子,桥梁段接地线连接到电力电缆槽外侧的接地端子。

(2)设备安全接地

隧道外设备安全接地通过在设备托架至 PW 线间增设跳线连接,隧道内设备安全接地接入综合贯通地线,隔离开关机构操作箱单独接地,并接入综合贯通地线。设备工作接地和保护接地不得共用接地端子,且相距 15 m 以上。供电线钢柱通过单独打接地极方式接地,安装有设备的供电线钢柱打两个接地极,对钢柱和设备分别接地。

第三十七章　综合接地系统设计

第一节　概述

一、综合接地设计依据

为确保综合接地系统的技术性能，以满足沿线电子、电气设备安全可靠运行和人身安全防护要求，本线将参照以下规范进行综合接地系统设计：

(1)《铁路防雷、电磁兼容及接地工程技术暂行》(铁建设〔2007〕39号)。

(2)《客专综合接地实施办法》(铁集成〔2006〕220号)(注：220号文已于2012年废除，合福高铁设计阶段参照此文)。

(3)《铁路综合接地系统》通用参考图(经规标准〔2009〕35号)。

(4)《铁路防雷、电磁兼容及接地工程技术暂行规定》〔2007〕39号。

二、综合接地设计原则

(1)合福高铁闽赣段采用综合接地方式，使用"等电位体"的设计理念，即设置综合性的等电位接地线，沿线路两侧的电气化、电力、通信、信号、信息、轨道、桥梁、隧道、路基、站场、环工、给排水、机械等专业的设备及其相应金属构筑物的接地均与该接地线连接。

(2)综合接地系统由贯通地线、接地装置及引接线等构成。贯通地线及引接线采用截面积为70 mm² 的铜缆。贯通地线应耐腐蚀并符合国家相应环保规范要求。

(3)距接触网带电体5 m范围以内的金属构件和需要接地的设施、设备应接入综合接地系统。

(4)距线路两侧20 m范围内的铁路设备房屋接地装置应接入综合接地系统。

(5)路基地段贯通地线一般直接埋设于信号电缆槽下方适当位置，长度小于20 m的短路基地段可敷设于电缆槽内，并采取砂防护措施。

(6)桥梁地段贯通地线铺设在两侧的通信、信号电缆槽内或直埋于电缆槽下方的保护层中，每侧一根；接地装置充分利用桥墩基础设置，接地装置应与贯通地线可靠连接。

(7)隧道地段贯通地线铺设在两侧的通信、信号电缆槽内，每侧一根，并采取沙防护措施；接地装置充分利用隧道的初期支护锚杆或底板钢筋、非预应力结构钢筋，接地装置与贯通地线可靠连接。

(8)不便与铁路综合接地系统等电位连接的第三方设施(路外公共建筑物、公共电力系统、金属管线等设施)必须采取可靠的隔离或绝缘等措施。

(9)综合接地工程的站前预埋要求与站前工程同步实施。

三、总体技术要求

(1)贯通地线的设置应便于设备就近接入和工程实施。

(2)无砟轨道板内的接地钢筋应充分利用非预应力结构钢筋，原则上按每100 m与综合贯通地线单点"T"形连接，并在轨道板内预埋外联接地端子。

(3)接地装置应优先利用建筑物中的非预应力结构钢筋作为自然接地体，当自然接地体的接地电阻达不到要求时应增加人工接地体。

(4)为防止对预应力钢筋的影响，预应力钢筋不应接入综合接地系统。

(5)桥梁、隧道、无砟轨道板、接触网支柱基础结构物内接地钢筋应充分利用非预应力结构钢筋，原则上不再增加专用的接地钢筋;并在结构物内预埋外连接地端子;接地装置应与贯通地线可靠连接。

(6)结构物内兼有接地功能(含连接)的结构钢筋和专用接地钢筋应满足:接触网短路电流 $I_K \leq 25$ kA 时,钢筋截面应不小于 120 mm²;接触网短路电流 $I_K > 25$ kA 时,钢筋截面应不小于 200 mm²(或直径不小于 16 mm)。当结构钢筋的截面不满足要求时,可将相邻的两根结构钢筋并接使用,使总截面不小于 120 mm² 或 200 mm² 的要求并且无需改变结构钢筋间距;也可局部更换为 ϕ14 mm 或 ϕ16 mm 钢筋。

第二节　综合接地技术方案

(1)合福高铁南昌局管段正线范围设计综合接地系统。综合接地系统由贯通地线、接地装置及引接线、接地端子等构成。贯通地线将沿线的牵引供电系统、电力供电系统、信号系统、通信及其他电子信息系统的工作接地、保护接地、防雷接地与建筑物、道床、站台、桥梁、声屏障等的结构接地连成一体,构建整个综合接地系统。

(2)合福高铁闽赣段综合接地系统采用沿铁路全线上、下行敷设两根贯通地线的方式,正线贯通地线采用铜截面为 70 mm² 的耐腐蚀并符合环保要求的接地铜缆;联络线、动车走行线为 35 mm² 的铜线。

(3)路基地段贯通地线一般直接埋设,但可根据地质情况选择敷设方式,普通地段埋设于信号电缆槽下,距钢轨底部不小于 1.5 m,硬质岩和石质岩地段可缩小埋深或敷设于电缆槽内,并采取砂防护。长度超过 1000 m 的路基地段,每间隔 500 m 左右将上、下行贯通地线连接一次;长度为 500~1000 m 的路基地段,在中间将上、下行贯通地线连接一次。连接线的规格及埋设深度与贯通地线相同。贯通地线通过分支引接线、C 形压接件及路基型接地端子接入综合接地系统。

(4)桥梁综合接地段按贯通地线敷设于电力电缆槽中,并采取砂防护措施。贯通地线通过 L 形连接器(跨线桥、涵除外)及桥隧型接地端子接入综合接地系统。

(5)隧道综合接地按贯通地线敷设于电力电缆槽中,并采取砂防护措施。贯通地线通过 L 形连接器及桥隧型接地端子接入综合接地系统。

(6)路基地段接地装置应充分利用接触网支柱基础内的结构钢筋。

(7)桥梁地段接地极应充分利用桥墩基础结构钢筋设置,以满足接地电阻值的要求;接触网防闪络保护接地应充分利用梁体(或保护层)及桥墩内的结构钢筋或钢结构。

(8)隧道地段接地极应充分利用隧道的初期支护锚杆或底板钢筋及结构钢筋,以满足接地电阻值的要求;接触网防闪络保护接地应充分利用隧道二次衬砌内的结构钢筋。

(9)无砟轨道地段接地装置对接触网闪络保护接地应充分利用轨道板结构钢筋,并在结构物内预埋接地端子。

(10)车站站台部分接地装置在车站站台靠近线路侧局部范围内设置的接触网闪络保护接地应充分利用结构钢筋,并在结构物内预埋接地端子。

(11)接地装置等电位连接措施,综合接地系统平台内的接地装置通过接地端子、连接导线实现等电位连接,沿线各系统设备、设施通过连接导线与接地端子可靠连接。

(12)相关工程的接地

①沿线通信工程中需接入综合接地系统的设施(如无线通信铁塔等),在自设接地装置后,就近与贯通地线等电位连接,其引接线等由通信工程统一实施。

②信号设备采用 50 mm² 软铜缆压接 ϕ16~ϕ50 mm 冷压线环后连接到基础支架与连接管的连接螺丝下部,另一端就近与综合接地端子或贯通地线连接。

③电力专业在各通信机械室预留综合接地引接端子,包括室外接地汇集线、工作及保护接地汇集线,通信专业负责室内接地汇集箱的安装及接地端子(铜排)与电力专业预留综合接地引接端子铜螺栓双螺帽拴接。

④牵引变电所、分区所应通过轨(地)回流,接触网 PW 线(回流线)通过扼流变压器中点或空心线圈中点进行完全横向连接。

⑤沿线距离贯通地线 20 m 范围内的设备房屋、设备接地装置等,由各自工程实施完成后,就近与贯通

地线等电位连接。

⑥沿线需接地防护的桥梁护栏、声屏障、隔离栅栏、雨棚、站台等金属构筑物设施，均由各自工程专业负责，按相关规范要求完成接地装置后就近与贯通地线等电位连接。

⑦室外视频杆顶端设置直击雷保护装置，单独做接地体，接地电阻符合设计要求，并与贯通地/既有地网相连，以实现与综合接地连接，接地电阻应小于 $1\ \Omega$。

第三十八章　防灾安全监控设计

第一节　系统总体构成

合福高铁闽赣段防灾安全监控系统由气象监测子系统（主要包括风向风速监测、雨量监测）、落物监测报警子系统、地震监测子系统组成。

一、系统建设的必要性

根据气象资料可以看出，合福高铁闽赣段受大风、暴雨影响大，为了保障行车安全，提高运输效率，合福高铁闽赣段必须具备在大风、暴雨气象条件下抵御灾害的能力，有必要建设气象（包括风、雨）监测系统。

既往，列车以低速运行时，以人为驾驶为主，当线路上有障碍物时，从目视发现到列车制动停止，时间和距离上尚可保证安全，意外较少。当高速铁路列车以 250 km/h 的速度行驶时，目视瞭望已不能保证行车安全，危险大大增加。因此，必须在本线考虑落物对行车的影响。

地震易造成正在运行的列车发生脱轨、倾覆翻车。合福高铁闽赣段合肥至巢湖东、福州地区地震动峰值加速度为 0.10 g，根据《新建时速 200～250 km 客运专线铁路设计暂行规定》，在这些地区设置地震监测子系统。

二、系统的总体架构

防灾安全监控系统是构架于通信传输系统基础上的集信息采集、存储、分析处理为一体的，通过专家系统给出报警和决策的智能监测系统，是运营调度系统的组成部分。

防灾安全监控系统采用统一的处理平台，由防灾监控数据处理设备、防灾安全监控单元、现场各监测设备及调度所终端、维护终端、通信网络设备构成。

结合合福高铁闽赣段调度管界的划分及维修机构的设置情况，防灾工程在南昌设两套监控数据处理设备；在沿线通信基站（或专用的防灾机房）根据信息采集点的设置需要相应设置防灾安全监控单元；在沿线设风雨传感器、异物侵限监测设备、地震仪等。防灾安全监控系统图如图 38-1 所示。

对于有异物侵限监测接入的防灾监控单元，还需与受影响的区段所属车站的列控中心进行联系，在发生异物侵限时发出停车信息。

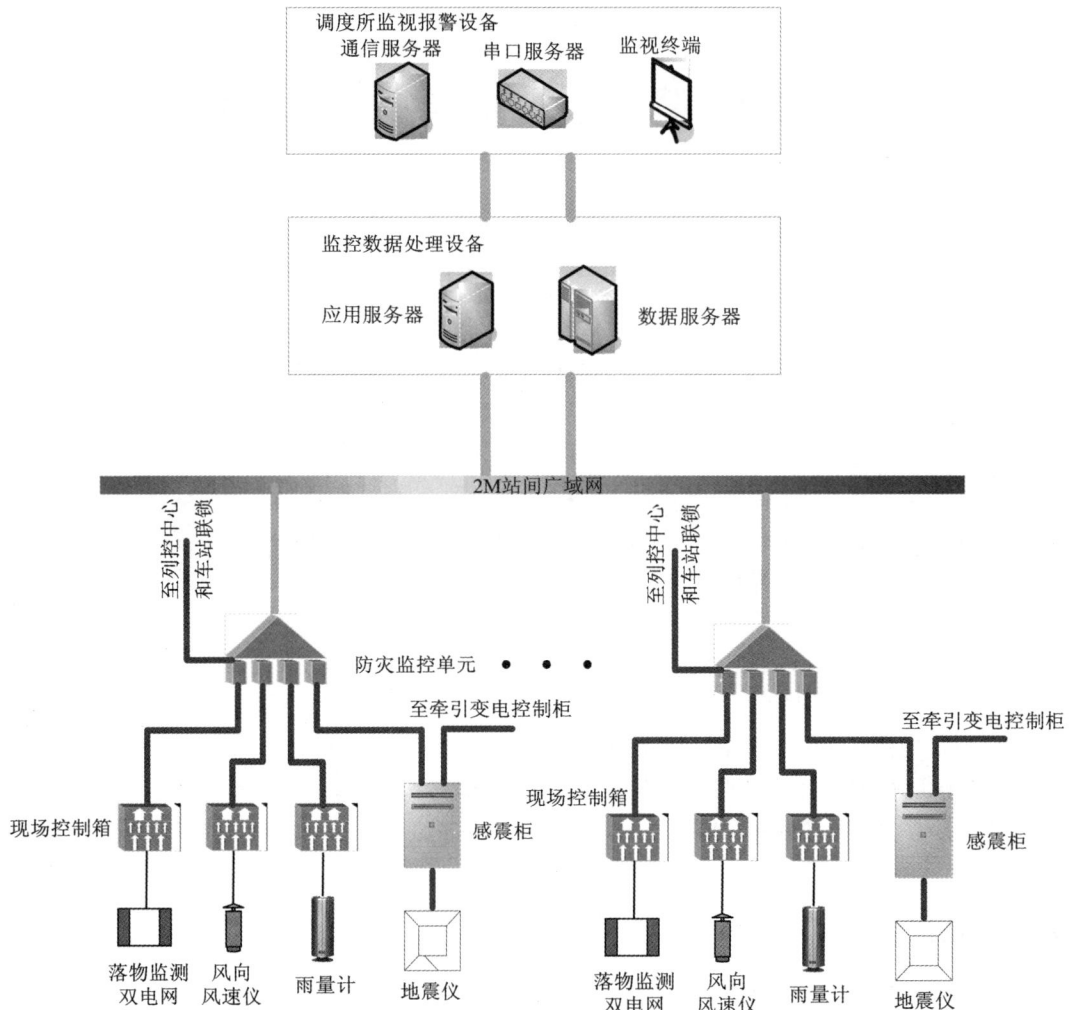

图 38-1　防灾安全监控系统图

第二节　防灾安全监控系统设计内容

一、监控数据处理设备

1.设备组成

监控数据处理设备主要由数据库服务器、应用服务器、通信服务器、串口服务器、磁盘阵列、网络交换机、网络安全设备、监控终端、打印机、电源设备等组成。

2.主要功能

防灾监控数据处理设备主要负责实时接收各监控单元传送来的各种数据和信息,对实时数据进行存储、分析处理、显示、打印等,并根据信息内容提供相应级别的防灾报警、预警等信息,根据列车运行管制规则提供限速、停运等信息,同时将报警信息传至调度所。

3.设备分布

在南昌铁路局老调度楼内设置两套监控数据处理设备。

二、防灾监控单元

1.设备组成

防灾监控单元由系统主机(双机热备)、UPS电源设备、数据接收和发送模块、继电器组合模块、防雷单元、网络接口和机柜等设备组成。

2. 主要功能

通信基站防灾监控单元接收由各个监测点现场控制箱和感震柜传来的数据和信息，过滤掉其中无效的数据和信息，将其中的有效数据和信息转发给监控数据处理设备。同时，通信基站防灾监控单元还对接收到的数据和信息做短期的存储。

防灾监控单元对现场监测设备进行监测管理，同时进行自检，实现故障报警、故障诊断和故障定位，将故障记录等信息上传，并接受防灾监控数据处理设备集中监测管理。

防灾监控单元采用模块化结构，各功能子系统均可通过各自子板与监控单元连接，满足风向风速监测、雨量监测、落物监测、地震监测等子系统的接入和监控，同时预留其他灾害监测子系统扩展接口。各监测子项之间相对独立，新增监测子项的接入不影响现有系统的结构。

在异物侵限监测双电网同时损毁时，防灾监控单元还通过专用电缆通知车站联锁和列控中心，以控制相应车站或区间的列车实施紧急制动并停止运行。

3. 与列控中心接口

在发生异物侵限监测报警时，采用继电接点条件与列控中心的接口，通过信号电缆传输报警条件。

当双电网传感器同时被切断、发出报警信号时，触发两个并联的励磁继电器动作，输出信号至列控中心，迫使列车紧急停车。

4. 基站防灾监控单元的分布

防灾监控单元安装于现场采集设备附近的 GSM－R 基站内，与其他通信机柜并行放置，或放置于车站综合站房内的防灾机房内。

根据合福高铁闽赣段监测点的设置情况，合福高铁闽赣段共设置防灾监控单元 61 套。

三、气象监测子系统

气象监测子系统主要包含风、雨量的监测。合福线闽赣段设置风监测点 49 处、雨量监测点 24 处。

1. 现场设备组成

气象监测子系统现场设备由风速风向仪、雨量计、现场控制箱、传输电缆等组成。

2. 大风监测系统功能

1）报警功能

一般情况下，报警时限为风速达到报警门限不大于 10 s 报警；解除报警时限为大风降级后不大于 10 min。但是，结合合福高铁闽赣段在实际应用中的大风特征，及时调整报警时限和解除报警时限。

2）预警功能

在积累一个完整风季的气象数据基础上，系统应具备大风预警功能并满足以下要求：

（1）强对流短时大风，预警时间不少于 2 min。

（2）季节性大风，预警时间不少于 5 min。

3. 监测点设置原则

1）风监测布点

（1）布点原则。

合福高铁闽赣段风监测布点依据以下原则确定：

①地形原则。

对于具有垭口、长大桥梁、隧道口、高路基等典型地形地貌的路段，根据气象站的历史风速资料分析两年一遇的瞬时最大风速，再通过风速原则确定布点。

②风速原则。

危险地段：两年一遇的最大瞬时风速大于 30 m/s；

控制地段：两年一遇的最大瞬时风速大于 20 m/s 小于 30 m/s；

一般地段：两年一遇的最大瞬时风速小于 20 m/s；

在系统设计布点时，危险地段、控制地段需要实时观测风速风向。

③监测点数量和位置原则。

在危险地段和控制地段设置监测点时，应根据地形确定布点的具体位置和数量，设置依据如下：

垭口：中心必须设置监测点，长度大于 800 m 的垭口根据地形情况适当增设。

桥梁：长度小于 3 km 的桥梁，布设 1 个监测点；长度大于 3 km，根据具体地形适当增设。

高路堤：高路堤的布点原则参照桥梁的布点原则。

一般地段：除危险地段和控制地段之外，当一般地段连续长度超过 15 km，应布置监测点。

（2）布点过程。

合福高铁风监测是根据线路平、纵断面图和桥梁、隧道特征资料，结合风监测布点原则布设。

（3）具体的监测设备布点见表 38 – 1。

表 38 – 1　风监测布点表

序号	桥名	风速风向仪安装里程	桥梁全长/m
1	龙尾大桥	DK354 + 550	346
2	南坑特大桥	DK362 + 550	592
3	黄源河特大桥	DK371 + 290	1791
4	上梅洲特大桥	DK385 + 400	911
5	董家林特大桥	DK388 + 550	713
6	高湖头特大桥	DK394 + 225	1551
7	江田特大桥	DK400 + 886	511
8	暖水河特大桥	DK415 + 850	780
9	龙头山大桥	DK417 + 800	388
10	陈山坞特大桥	DK440 + 250	793
11	石峡岭特大桥	DK442 + 717	632
12	临湖特大桥	DK450 + 300	3121
13	裴家特大桥	DK458 + 057	937
14	沪瑞高速特大桥	DK465 + 957	2817
15	信江特大桥	DK472 + 450	3745
16	十里村特大桥	DK476 + 700	971
17	丰溪河特大桥	DK480 + 680	7293
18	新田特大桥	DK488 + 400	1124
19	官山底特大桥	DK498 + 800	2188
20	五府山特大桥	DK510 + 550	1835
21	周家大桥	DK514 + 750	223
22	坑口 1 号大桥	DK535 + 020	175
23	黄墩大桥	DK543 + 730	208
24	崇阳溪特大桥	DK552 + 560	532
25	梅溪特大桥	DK561 + 800	2171
26	南岸特大桥	DK579 + 200	2194
27	芹口特大桥	DK588 + 476	954
28	贵口特大桥	DK594 + 050	1224

续表 38-1

序号	桥名	风速风向仪安装里程	桥梁全长/m
29	凤凰山特大桥	DK601+000	1101
30	建瓯建溪大桥	DK611+500	486
31	蔡墩特大桥	DK620+350	1699
32	徐墩2号特大桥	DK628+000	855
33	七里街特大桥	DK641+700	1767
34	桔园特大桥	DK649+400	580
35	仁墩村特大桥	DK663+000	1686
36	大横头大桥	DK670+275	232
37	南平建溪特大桥	DK677+850	1231
38	安济特大桥	DK691+600	1511
39	吉溪村特大桥	DK695+700	629
40	碌葵1号大桥	DK702+450	297
41	武步溪特大桥	DK719+431	553
42	汶洋大桥	DK728+500	249
43	古田溪特大桥	DK744+050	589
44	安仁溪大桥	DK755+750	508
45	小箬特大桥	DK764+250	911
46	梧桐下特大桥	DK776+850	528
47	溪头村特大桥	DK783+817	1207
48	关东村特大桥	DK796+200	1441
49	跨西岭互通特大桥	DK806+550	1236

2)雨量监测布点

在沿线的路基地段或隧道口处设置雨量计,尽量与风速风向仪同址,布设间距平均为20 km左右。雨量监测布点见表38-2。

表 38-2 雨量监测布点表

序号	雨量监测点类型	里程
1	路基	DK361+300
2	路基	DK380+930
3	路基	DK398+600
4	路基	DK419+570
5	路基	DK443+180
6	路基	DK458+900
7	路基	DK478+800
8	路基	DK496+200
9	桥梁(与风监测点同址)	DK514+750

续表 38 - 2

序号	雨量监测点类型	里程
10	路基	DK535 + 200
11	路基	DK550 + 800
12	桥梁	DK571 + 800
13	路基	DK592 + 600
14	路基	DK614 + 500
15	路基	DK633 + 780
16	路基	DK650 + 200
17	路基	DK668 + 300
18	路基	DK688 + 350
19	路基	DK702 + 650
20	路基	DK728 + 350
21	路基	DK744 + 830
22	路基	DK763 + 300
23	路基	DK784 + 800
24	路基	DK807 + 350

四、异物侵限监测系统

监测侵入铁路限界的异物,触发列控、联锁系统使列车停车。

1. 异物侵限时的操作流程

(1)当异物侵限监测点发生异物侵限时,调度所防灾监控终端上弹出报警对话框,同时,由监测点接入的防灾监控单元通过电缆通知监测点所属车站或中继站列控和联锁系统,控制列车停车。

(2)当调度员通过视频监控系统发现监测点现场未发生异物侵限或监测点现场落物已被清理,不影响列车运行时,则可点击防灾终端对话框上的临时通车按钮,线路可临时通车。临时通车按钮分为上行临时通车按钮和下行临时通车按钮,分别控制上行线和下行线临时通车。同时,临时通车命令还通过防灾系统发送到列控和联锁系统。

(3)临时通车后,经现场人员抢修,现场落物清除且双电网修复,现场维修人员转动现场控制箱内的现场恢复按钮,调度员收到现场恢复请求后,点击对话框上的恢复正常行车按钮,恢复至发生异物侵限之前的状态。

(4)如果在监测点现场发生异物侵限时,调度员未确认现场(未点临时通车按钮)或未确认现场确有落物,由现场人员抢修,现场落物清除且双电网修复,可直接执行第(3)条操作,恢复至发生异物侵限之前的状态。

2. 异物侵限监测现场设备

(1)公跨铁立交桥现场监测设备

公跨铁立交桥异物侵限监测装置由竖直监测电网、水平承重网、"L"形支架等三部分组成,如图38 - 2所示。

根据《高速铁路防灾安全监控系统—公跨铁立交桥异物侵限监测方案》(运技基础〔2010〕739 号)有关精神,公跨铁立交桥与铁路线路的关系如图38 - 3所示。

安装时注意下列事项:

①公跨铁异物侵限装置满足运技基础〔2010〕739 号《高速铁路防灾安全监控系统——公跨铁立交桥异

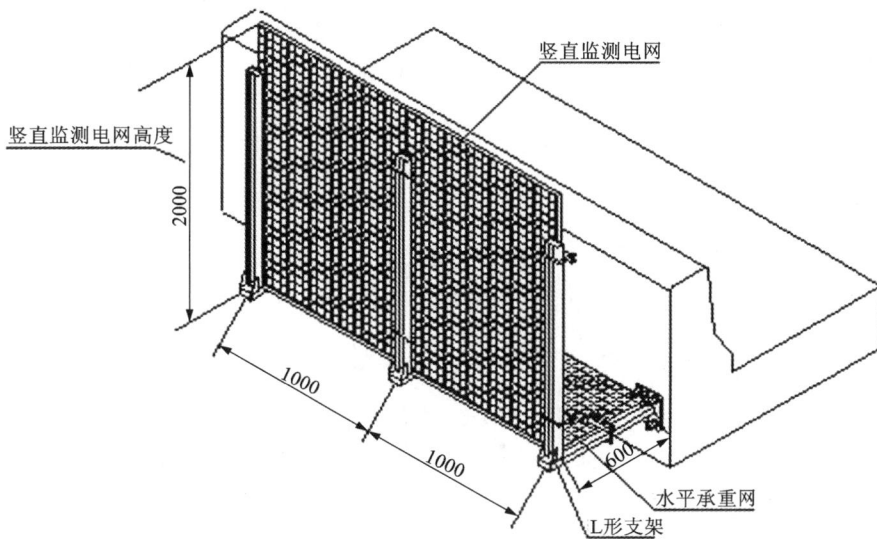

图 38 – 2　异物侵限现场监测装置安装图

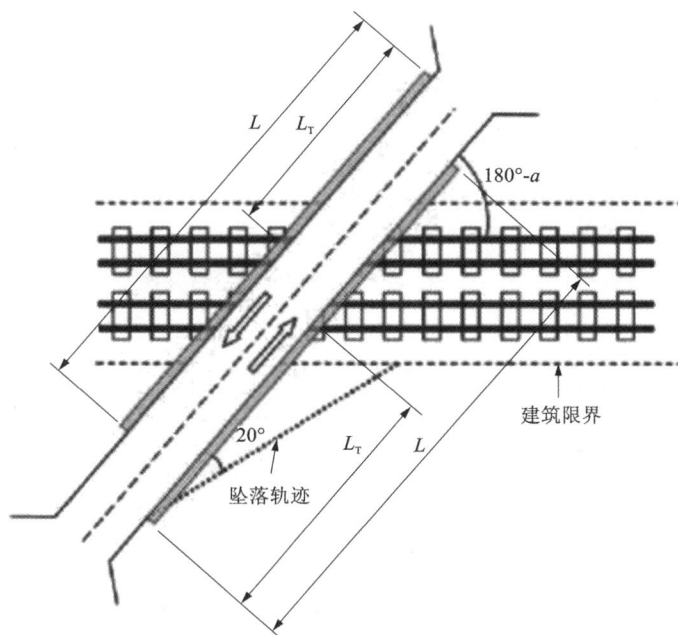

图 38 – 3　公跨铁立交桥与高速铁路线路斜交（钝角）

物侵限监测方案》的要求。

　　②竖直监测电网和水平承重网钢结构连接桥梁钢结构并接地。所有螺栓均需加弹平垫、双螺母紧固，并涂厌氧螺纹密封胶。

　　③双电网传感器应采用截面不小于 50 mm² 的铜缆接入综合接地系统预留的接地端子。

　　④施工注意安全，严格遵守铁路室外设备施工安装的相关要求，做好安全防护工作。

　　合福高铁闽赣段设置公跨铁桥异物侵限监测点 1 处，具体的监测设备布点见表 38 – 3。

表38-3　设置异物侵限监测的公跨铁桥表

序号	桥名	中心里程	护栏防撞性能等级	桥面距轨面高度/m	公路与铁路夹角/(°)	公路右侧来车方向外侧钢轨外监测电网长度/m	监测电网长度2L/m
1	德上高速公路	DK420+728	SA	15	100	19	62

（2）隧道口现场监测设备

异物侵限防护网安装在隧道口上方山体仰坡处（即隧道口延伸部上方），采用竖梁立网的安装方式，基础采用直埋浇筑安装形式。防护网单元尺寸为1500 mm×3000 mm，传感器电缆布设方式和公跨铁桥一致。异物侵限监测电网设于隧道口挡墙外。

异物侵限现场控制箱宜设置在设置异物侵限监测的隧道口外方、公跨铁桥交叉处就近的接触网支柱上，具体安装方式参照《铁路自然灾害及异物侵限监测系统工程施工及验收标准》（以下简称防灾验标）。（当接触网支柱上装设有避雷器、坠坨等时，不得在该接触网支柱上装设现场控制箱）。

受现场条件限制，无法安装于接触网支柱上时，参照相关规定执行。

需要设置异物侵限监测的隧道口见表38-4。

表38-4　设置异物侵限监测的隧道表

序号	异物侵限监测点	监测点里程	监测电网长度/m
1	方思山隧道进口	DK347+057	87
2	茅坞隧道进口	DK438+256	36
3	周家隧道出口	DK514+661	21
4	前山隧道出口	DK550+619	27
5	城南隧道进口	DK555+315	27
6	屏风山隧道出口	DK640+355	90
7	岭头亭隧道进口	DK756+073	30
8	龙岭隧道进口	DK801+325	30
9	李峰隧道进口	DK802+939	27
10	李峰隧道出口	DK805+887	27

五、地震监测系统

1.地震监测报警监测点设置

合福高铁闽赣段的CK0+000~CK45+000以及CK801+000~长乐为0.1 g，在这些地区内的牵引变电所设置地震监测系统。

设置有地震监测报警的地点见表38-5。

表38-5　地震监测点布置表

序号	地震监测点	里程	控制牵引变电所	控制车站、信号中继站列控中心
1	关西AT所	DK793+900	白沙镇牵引变电所、福州牵引变电所	闽清北站（DK762+100）、中继站42（DK776+633）、中继站43（DK785+071）、中继站44（DK796+668）、福州站（DK812+078）
2	福州分区所	DK809+305	白沙镇牵引变电所、福州牵引变电所	闽清北站（DK762+100）、中继站42（DK776+633）、中继站43（DK785+071）、中继站44（DK796+668）、福州站（DK812+078）

2.地震监测报警

地震监测子系统的功能如下：

1）强震监测功能

当有强震发生时，较多的情况是对铁路线路和桥梁造成严重损坏，直接危及列车运行安全。因此，在强震灾害发生时，系统立即发出监控信息，一方面通过列控系统使高速运行的列车紧急停车，防止列车脱轨、车毁人亡的事故发生，有效实现空间预警的监控目的；另一方面，系统切断牵引变电所接触网供电电源，阻止周围列车进入危险区段，同时防止供电、接触网设备的事故造成的火灾、触电等更大次生灾害发生。

2）P波预警监测功能

依据地震P波与S波的走时差，通过监测P波提前给出报警信息使列车停车。P波预警仅对震源距线路40～150 km范围的地震发挥效用，对于震源距线路小于40 km或大于150 km的地震则无多大作用，因震源距线路小于40 km，P波与S波的走时差小，没有监测和判断的时间；对于震源距线路大于150 km，由于P波监测点距震源太远，无法监测到P波也不适用。

铁路实现地震P波预警功能有两种方式：一种是在铁路沿线设有强震监测点的位置加设地震P波预警监测；二是在远离铁路沿线40 km以外的潜在震源地点设置P波监测点（特定地点的P波监测点）。前者，铁路沿线P波监测点，监测以该点为圆心，半径为40～150 km（可至400 km，因400 km以外发生地震基本不构成危害）范围内的地震，当监测到P波报警信息时，采用同强震监控功能的方法使列车紧急停车。后者，特定地点的P波监测点可结合地震部门监测台站和铁路需要共同设置，当监测到P波报警信息时，可通过无线或有线传输至本系统。

事实上，要实现铁路沿线地震P波预警监测功能，还必须通过积累一段时间的地震数据、准确排除周围背景噪声对P波监测的影响，才能确保P波预警功能的准确可靠，此功能通常需要运行一段时间后（3～5年）才能正式投入运用。

合福高铁闽赣段防灾安全监控设计仅对地震监控子系统的强震监控功能部分进行设计，铁路沿线地震P波预警监测和特定地点的P波监测按预留考虑。

六、电源

防灾监控单元和区间风、雨、异物等防灾安全监控设备采用电力专业提供的一级负荷电源供电，其容量大小为2 kVA，同时设置2 kVA的UPS电源。

七、设备防护措施

1.电力牵引对设备的强电干扰及防护措施

（1）为防止电气化铁路强电干扰，沿线的现场设备，电缆传输设备需采用安全防护接地。

（2）铝护套电缆外皮紧密相连两端接地。

（3）室内监控设备均安全防护接地。

2.系统设备防雷和过电压保护

雷雨天气时，雷电电磁脉冲辐射以及雷云电场的静电感应使建筑物、金属防护网以及暴露于外面的电源线、信号线、天馈线等感应的雷电高电压，传输到控制单元，从而容易造成设备损坏。

现场控制箱安装在轨道附近，暴露于室外复杂恶劣的环境，按照《铁路信号设备雷电及电磁兼容综合防护实施指导意见》中按照分区、分级、分设备防护的原则，对传感器的信号传输采取防雷击的保护措施。同时数据传输线从现场控制箱通往防灾监控单元以及从防灾监控单元通往列控中心的传输过程也不可避免受到雷击的或强电磁干扰的影响，因此数据接口进行防雷保护，以保证设备正常安全的运行。

1）现场设备的防雷

（1）安装在通信铁塔上的风探测设备不考虑防雷，按接入通信铁塔已有防雷设施考虑；安装在接触网支柱上的风探测设备不考虑防雷，按介入接触网已有防雷功能考虑。

（2）防灾监控单元与双电网传感器通信防雷。

双电网传感器的信号为固定频率的音频信号，由室内防灾监控单元通过隔离变压器输入。

防灾监控单元在信号发送接收端口分别装有防雷压敏电阻，在电压过高时击穿保护内部电路，电压正常时恢复保护作用。

（3）防灾安全监控单元至列控中心信号传输防雷。

防灾安全监控单元到列控中心信号输出由并联接线的励磁继电器输出的多对0、1开关信号组成，系统内部电路与信号线隔离。

信号电缆与防灾安全监控单元的连接端和与列控中心连接端分别接DC24 V电涌保护器。

2）现场设备的接地

铁路沿线两侧设计了综合贯通地线，现场设备及电缆屏蔽层均就近与综合贯通地线相连，其接地电阻小于1 Ω。

计算机网络重要设备端设置数据线保护地，各接地系统良好可靠，选用具有较高耐压、耐雷电冲击性能的监控设备。

3. 环境保护和节约能源、安全等措施

（1）沿线各监测设备用电采用通信基站的集中供电电源。

（2）统一布置和利用综合电缆槽道，实现环保节约耕地。

（3）电缆均采用直埋形式或在电缆槽内敷设，既能防止与接触网设施发生干扰影响，又能确保车站整体景观的优美。

（4）各设备良好接地，最大限度利用环保型贯通地线和综合防雷系统，确保人身安全和设备安全。

（5）用大规模电子集成电路组装的设备，降低了设备的能耗，减少了设备用房面积。

第三十九章　客运服务系统设计

第一节　工程概述

合福高铁闽赣段客运服务系统工程范围为各新建站房票务系统、旅服系统、办公自动化系统、公安管理信息系统、综合布线系统及电源系统。

客运服务系统由票务和旅客服务系统构成。客服系统包括了票务系统(人工售票、自动售票、自动检票系统)、集成管理平台系统、导向揭示系统、广播系统、监控系统、时钟系统、查询系统、安检系统、办公自动化系统、公安管理信息系统。形成统一的旅客服务平台，为旅客进站、候车、乘车换乘，出站等环节提供文字、图像、音频，等全方位的信息服务。

第二节　客运服务系统设计构成

一、票务系统

票务系统由上级票务系统扩容方案，车站级票务系统，售票及检票，车站票务安全系统设备构成。

二、旅客服务信息系统

1. 上饶站和南平北站

上饶站、南平北站旅客服务信息系统包括集成平台、综合显示、客运广播、视频监控、时钟、安全检查设施等子系统。

2. 代管站

其他各代管站旅客服务信息系统包括应急集成管理平台、综合显示、客运广播、视频监控、时钟、安全检查设施等子系统。

三、其他系统

其他系统包括机房动力环境监控系统，综合布线系统，办公自动化系统，公安管理信息系统，综合维修管理信息系统，机房、配线间、电源、线缆防护、防雷与接地等。

第三节　客运服务系统设计原则

一、总体设计原则

客运服务系统遵循合福高铁闽赣段客运服务系统的总体技术方案进行设计。客运服务系统设计内容包括车站票务系统、车站旅客服务系统、动车段信息系统、公安管理信息系统、站段办公自动化等系统及辅助设施。

二、独立设备设计原则

(1)对于车站票务系统和旅客服务系统，按照铁道部系统集成办提供的《铁路客运专线客运服务系统总体技术方案》进行设计。

（2）各个客运服务系统满足集中监控的同时，应保证分站、分系统的独立运行能力。

（3）运用检修管理系统按照铁道部《动车组管理客运服务系统总体方案》进行设计。

（4）根据铁道部关于客运服务系统的相关会议精神以及动车基地建设指挥部的要求，动车段客运服务系统设计增加广播系统和时钟系统。

（5）运营调度系统由运营调度专业按照合福高铁全线统一标准进行设计，本章节设计仅对其考虑接口方案。

（6）安全联锁监控系统由动车专业进行设计，客运服务系统设计仅对其考虑接口方案。

（7）客运服务系统主要设计内容包括动车组运用检修管理系统、动车段办公自动化系统、列车资讯系统地面站、一卡通管理系统、视频监控系统、综合布线系统、广播系统、时钟系统、公安管理信息系统。

第四节　技术方案和主要技术参数

一、车站票务系统

合福高铁闽赣段车站票务系统由人工售票机，自动售票机，进、出站闸机，补票机，业务管理微机，应急售检票服务器，路由器，交换机，打印机，客票安全设备等组成。票制采用纸质磁介质热敏车票。

1. 售票机设置位置

新设窗口售票机及自动售票机，设置在售票室；新设进站闸机在进站口；新设出站闸机在出站口；新设补票机，设置在检补票室。

2. 售票系统配备设备

根据有关实名制售票的要求，人工售票终端按1∶1比例配置学生证读卡器及二合一（二代居民身份证和中铁银通卡）读卡器，自动售票机、进出站检票闸机按1∶1比例配置二合一（二代居民身份证和中铁银通卡）读卡器，各车站配置公安临时制证窗口设备一套。

3. 票务系统网络

根据南昌铁路局意见，各站设独立的票务系统网络设备，通过通信专业提供的专用传输通道（上饶站4个2M，南平北站4个2M，武夷山东站4个2M，其他站2个2M），采用点对点方式接入南昌局地区票务中心。

4. 票务安全系统

各站设置1套票务安全设备（包括安全配置管理终端、身份安全控制设备、安全管控器、访问控制设备等），并配置安全管管理软件及USBKEY等。

二、主控平台设置

合福高铁闽赣段各车站人工售票系统（即TRS系统）按路局客票地区中心—车站二级管理模式，系统统一运行TRS 5.2软件。合福高铁闽赣段各车站自动售检票系统按路局自动售检票—车站二级管理模式，沿线各车站设置自动售检票应急服务器及网络设备，自动售检票终端通过网络设备接入路局平台。本线票务系统接入扩容方案拟定为：

1. 南昌铁路局票务系统处理平台

合福高铁闽赣段接入南昌铁路局既有客票系统处理平台，需扩容路局客票数据库服务器（增加8核CPU、24GB内存、4×300GB存储硬盘空间同步扩充），增加2台应用服务器，为保证合福新增车站票务系统通道接入，需扩容路局票务核心路由器（增加1口通道化155光口STM-1模块一块，VIP80母卡一块）。

2. 南昌铁路局自动售检票系统处理平台

合福高铁闽赣段接入南昌铁路局自动售检票系统处理平台可利用南昌铁路局互联网工程时设置的服务器和存储设备，无需扩容；其路由器设备与既有客票系统共用，接口板已在客票系统中考虑，自动售检票系统中不再扩容。

三、车站旅客服务信息系统

合福高铁闽赣段旅客服务客运服务系统采用大站集中管控方案设计。

（1）上饶站、南平北站旅客服务客运服务系统包括集成平台、综合显示、客运广播、视频监控、时钟、安全检查设施等子系统。

（2）其他各代管站旅客服务客运服务系统包括应急集成管理平台、综合显示、客运广播、视频监控、时钟、安全检查设施等子系统。

四、车站旅客服务集成平台

（1）在上饶站、南平北站设置中心站级旅服集成平台，集成平台采用千兆以太网组网，配置 2 台数据库服务器、2 台应用服务器、2 台接口服务器及 1 台域控服务器。

（2）在南平北站客运综控室新设 60 寸 LCD 无缝拼接大屏 12 块，客服系统综控台 3 台，管理福建省内武夷山北、武夷山东、建瓯西、南平北、古田北、闽清北 6 个车站。

（3）在上饶站客运综控室新设 60 寸 LCD 无缝拼接大屏 10 块，客服系统综控台 3 台，管理江西省内婺源、德兴、上饶、五府山 4 个车站，同时具备管理杭长线江西省内 3 个车站的能力。由于合福高铁在杭长客专之后开通，杭长客专需接入的 3 个车站由杭长客专自行负责过渡，在上饶站建成后由杭长客专负责其工程内 3 个车站的接入。

（4）其中上饶站既有站房为 12000 m²，于 2006 年建成，一、二层候车室是沪昆普速场候车区。既有客运服务系统有票务系统、旅客服务信息系统（包括引导显示系统、客运广播系统、视频监控系统、时钟系统、安检系统）。上饶站既有站房既有客运服务系统设备硬件维持既有不改造（广播系统除外），新站房旅服系统集成平台具有集成老站房既有旅服子系统的功能。

五、车站旅客服务系统应急平台

（1）车站旅服系统应急管理平台由应急处理服务器、接口服务器、维护管理终端、业务操作终端、网络打印机、交换机等设备组成。

（2）应急平台在信息主机房配置 1 台应急处理服务器、接口服务器及维护管理终端 1 台。在客运总控室配置三联应急操作台、2 台双屏业务操作终端、1 台单屏业务操作终端，1 台打印机。

（3）车站旅服系统局域网利用车站综合布线系统提供的数据布线通道，采用千兆双核心交换，主干双光纤链路组网。车站各旅服子系统及办公自动化系统共同组网，共用集成平台网络交换机。在信息主机房配置三层核心交换机 2 台，接入交换机 1 台，在信息配线间设置接入交换机 1 台。

（4）合福高铁闽赣段各代管站旅服通过数据网上联至中心级旅服系统集成平台，在正常情况下，由中心级旅服系统综控平台直接控制各车站系统，实现统一指挥，当中心出现故障时或网络终端的情况下，各代管车站即刻启动车站应急管理平台，转入站控模式。

六、综合显示系统

（1）综合显示系统终端设备包括引导、票额、通告屏及到发通告 PC 终端。每块同步屏各采用 1 台控制器，按光纤接入屏体考虑；异步屏集中采用 1 台控制器，以双绞线接入；各类控制器均接入旅客服务信息系统集成平台。其中上饶站老站房既有引导显示系统终端接入新站房综合显示系统控制器上。

（2）在售票室、客运值班员、公安值班员、补票室、站长室等处设置到发通告终端，其中售票室设置 LED 显示屏（不面对旅客），其他小房间设置 PC 机作为到发终端。

（3）客运服务系统设计仅在婺源站、上饶站、武夷山北站、武夷山东站、南平北站、建瓯西站设置 PDP 通告屏。

七、广播

1. 客运广播系统的特点

客运广播系统具备自动广播、人工广播、应急广播等各种广播模式。合福高铁闽赣段各站客运广播与消防广播共用功放、扬声器终端设备和线路，当发生紧急事故（如火灾）时，可根据程序指令自动切换到紧急广播工作状态。可提供任何事件的报警联动广播，手动切换的实时广播等。

2. 广播系统设备

（1）武夷山东站客运广播系统采用 8 信源，16 通道，32 个负载区、12 kW 总输出功率设备。

（2）南平北站、上饶站客运广播系统采用 8 信源，8 通道，16 个负载区、5 kW 总输出功率设备。

（3）婺源站、德兴站、五府山站、武夷山北站、建瓯西站、古田北站、闽清北站客运广播系统采用 8 信源，8 通道，16 个负载区、3 kW 总输出功率设备。

其中上饶站为集成既有站房客运广播子系统，需更新广播系统，既有广播终端利旧。

同时，广播分区与站房防火分区的分布不能有冲突，即同一回路广播不能跨两个防火分区。

八、视频监控

1. 监控系统组成

客运服务系统设计视频监控系统由摄像机、监控终端、视频光端机、报警按钮、双鉴探头、报警主机、声光报警器、撤布防键盘等组成。

2. 视频监控系统设计特点

（1）站内摄像机接入通信综合视频监控平台，由通信专业在通信机械室设置综合视频系统机柜（内置视频编码器、视频接入交换机等）。

（2）车站视频监控系统接入车站旅服系统集成管理平台联网运行。其中上饶站老站房旅服视频监控系统通过综合视频监控平台与新站房旅服系统集成平台联网运行。

（3）系统设置视频管理工作站 1 套，在公安值班室和站长室各设监控工作站（双屏）各 1 套。同时考虑防盗报警功能，设置报警控制主机，在重点部位设置了双鉴探头，在售票室设置了紧急按钮（报警按钮与人工售票终端按 1∶1 配置），并安装报警装置。

根据铁建设 51 号《铁路房屋建筑设计标准》（TB 10011—2012）要求，客运服务系统设计在信息机房和信息总控室设置视频前端采集设备，纳入通信综合视频监控平台。

九、安全检查设施

根据相关规定的要求，各站配置安全检查仪及安全门，配置硬盘录像机及 1080P 高清定焦摄像机，同时配置防爆罐、防爆毯、手持金属探测仪等。安检区域的视频图像单独存储在公安值班室，不纳入综合视频监控系统中。

十、时钟系统

（1）时钟系统主要为车站客运作业人员及旅客提供全线统一的时间信息，同时为车站客服各系统提供时间同步。

（2）南昌局管辖范围内各站时钟源取自中心站级旅服集中管理平台时钟同步信号，在南平北中心站和上饶中心站新设 1 套二级母钟和 1 套时钟同步服务器，在中心站通过通信同步网获取高精度的时钟信号，完成中心站级母钟的精度校准。

十一、TDMS 系统接口

客运服务系统设计考虑到南昌局已建成旅服系统与 TDMS 互联系统，合福高铁闽赣段开通前只有杭长客专接入南昌局 TDMS 系统，杭长客专利用既有 TDMS 系统接口设备没有扩容。本次在杭长客专接入后基础上利用既有 TDMS 接口设备可满足本线要求。

十二、机房动力环境监控系统

根据初设批复，各站信息主机房设动力与环境监控分系统设备，实现对各站信息主机房、设备间的温度、湿度、门禁、水浸、电源的监控。同时在芜湖车务段及合肥车务段设置复示终端。

十三、综合布线系统

合福高铁闽赣段综合布线系统采用全六类非屏蔽布线系统，客运主机房至信息配线间之间的数据主干采用 2 根 12 芯单模光缆，语音主干采用 100 对 3 类大对数电缆。

十四、办公自动化系统

合福高铁闽赣段各车站、各综合工区、综合车间新设办公自动化系统，但不设置服务器，主要新增设备包括维护管理终端、办公微机、打印机等。车站办公微机利用综合布线系统提供的数据布线通道接入旅服系统接入交换机。工区、车间办公微机利用综合布线提供的数据布线接入办公接入交换机。

办公自动化系统安装南昌局既有办公自动化系统客户端软件及网络版防病毒软件。

十五、公安管理信息系统

（1）合福高铁闽赣段各公安派出所、公安乘警队、公安刑警队、警务区、各车站新设公安管理信息系统。根据初步设计审批意见，公安管理信息系统不设服务器及存储设备，主要新增设备包括维护管理终端、公安办公微机、打印机及相应的网络设备。

（2）为满足有关实名制售票的要求，在每站均设置公安制证微机终端 1 台及打印机 1 台，接入设置在车站客运主机房或信息配线间的公安接入交换机，通过通信系统提供的 2M 主备通道接入就近公安派出所，再通过 10M 专线接入上级公安处的公安管理信息系统。其中江西省内接入鹰潭公安处，福建省内接入福州公安处。

（3）根据福州公安处的需求，为了合福高铁闽赣段福建省内公安管理信息系统的接入，在福州公安处新增三层交换机（10/100 Base 电口数量不小于 24 个，单模千兆以太网光接口数量不小于 4 个）2 台，扩容网络配线单元（含 DDF 单元 1 块、RJ45 单元 1 块）1 个。鹰潭公安处无须扩容即可满足江西省内公安管理信息系统的接入。

十六、综合维修管理信息系统

合福高铁闽赣段各维修工区、维修车间新设综合维修管理信息系统。系统新设微机服务器、网络设备及调度终端、工位终端等设备。工区服务器与上级维修车间服务器连接。综合维修管理信息系统应与工区/车间办公自动化系统二者共享传输通道。

十七、机房、配线间、电源、线缆防护、防雷与接地

1.机房、配线间

各站设置有信息主机房（含电源室）、信息配线间、信息总控室（已与行车综控室合并），机房均铺设全钢防静电地板，机房温湿度满足相关标准。

合福高铁闽赣段各客运主机房、配线间由站房设计单位电力专业设置等电位接地端子，同时由站房设计单位房建专业在客运主机房、配线间防静电地板下方安装等电位均压带，采用紫铜板带与等电位接地端子连接。合福高铁闽赣段各站所有信息设备机房标准应达到《电子信息系统机房设计规范》（GB 50174）规定的 C 级标准。

2.电源

信息系统外供电源为 I 类供电，由电力专业提供 AC380 V 两路电源以及 2 路电源自动切换箱，长临河站、无为站、旌德站、南陵站、泾县站容量为 120 kW；合肥西站为 160 kW；巢湖东站、铜陵北站、绩溪北站为 200 kW；黄山北站为 400 kW。公安派出所/乘警队/刑警队为 10 kW/处；警务区为 2 kW/处；工区为

20 kW/处；车间为 60 kW。

（1）采用 UPS 供电范围

票务系统应急处理服务器、网络设备、票务安全设备以及窗口售票设备、自动售票机、补票设备。

旅客服务系统、办公自动化系统、公安管理信息系统、维修管理信息系统设置在信息设备用房内的所有主设备。

（2）采用交流稳压电源供电范围

票务系统进出站闸机，旅客服务系统所有需要供电的现场终端设备。

3．防雷与接地

（1）防雷设置

客运服务系统防雷由电力专业提供两路电源切换箱（或电源开关箱）内自带电源防雷箱（电力专业设计）作为客运服务系统设备电源第一级防护；在 UPS 设备和稳压电源前端，安装标称通流容量 40 kA 电源防雷箱，作为机房内设备电源的第二级防护。室外站台客运服务系统电源回路及室外出站屏电源回路引入信息综合机房（或电源室）时，在配电柜配置标称通流容量 20 kA 电源防雷箱，作为机房内设备电源第三级防护，同时结合建筑物防雷接地，共同构成客运服务系统的防雷体系。

在室外摄像头与机房侧点对点设置三合一综合防雷箱，作为视频监控系统设备的综合防雷措施。安装于室外站台上的显示屏及出站屏线缆回路在引入信息机房侧安装浪涌保护器；室外站台广播回路进入信息机房侧的防雷保护单元由广播主控设备自带。

（2）接地设置

①客运服务系统接地采用建筑物共用接地方式，接地电阻不大于 1 Ω。客运服务系统设计由建筑专业在客运服务系统所有机房、配线间防静电地板下预留接地扁钢。接地线布放时要求尽量短直，多余的线缆应截断，严禁盘绕。

②站台设备距接触网带电部分间距应不小于 2 m。距离接触网带电体 5 m 范围以内的金属结构和设备应接入综合地线，对未采用综合地线系统的情况，设备金属结构和设备应单独做接地处理。

③所有引入信息机房的线缆应采用钢管或钢槽进行屏蔽，线缆引入室内时金属外护套、屏蔽层、金属加强芯应做接地处理。

第四十章　工程接口设计

第一节　专业间工程接口设计概述

一、工程接口设计的专业

与路基、桥梁、隧道、站场、轨道等站前专业有涉及工程接口的站后专业主要有通信、信号、电力、接触网、环境工程等。

站后专业提供接口工程的设置类别、原则及要求（位置、尺寸等），站前专业负责将接口工程纳入站前设计，接口工程应和站前土建工程一并完成。

二、专业接口的主要内容

站前与站后工程接口工程源自通信、信号、电力、接触网、牵引变电、环境工程等专业的需求，对站前各专业（路基、桥梁、隧道、站场、轨道等）在施工过程中，均需预留部分结构与相应站后各专业进行衔接，所衔接的结构和部位称为接口工程。由于站后部分建筑工程纳入站前土建工程并由其同步施工，所以，四电工程与站前单位施工的线路路基、站场、桥梁、隧道、轨道等专业存在着密切、复杂的接口工程关系。接口工程内容按照专业划分有：路基综合接地，过轨（手孔、人孔），接触网支柱基础（含下锚拉线基础），电缆沟槽；桥梁综合接地（含桩基础、承台、梁体等），锯齿形孔及爬架，梁体接触网支柱基础，桥上电缆槽；无砟轨道绝缘处理，接地连接等。

1. 电缆槽

在线路两侧均设信号、通信、电力电缆槽，且贯通全线设置，含各类电缆引入相关区间站所需和站前工程统一考虑的部分。

（1）同一通道内电缆数量较多时，若在同一侧的多层支架上敷设，应按电压等级由高至低的电力电缆、强电至弱电的控制和信号电缆、通信电缆"由上而下"的顺序排列。

（2）控制和信号电缆可紧靠或多层叠置，除交流系统用单芯电力电缆的同一回路可采取品字形（三叶形）配置外，对重要的同一回路多根电力电缆，不宜叠置。

（3）除交流系统用单芯电缆情况外，电力电缆相互间宜有1倍电缆外径的空隙。

（4）交流系统用单芯电力电缆与公用通信线路相距较近时，宜维持技术经济上有利的电缆路径，必要时可采取下列抑制感应电势的措施：

①使电缆支架形成电气通路，且计入其他并行电缆抑制因素的影响。

②对电缆隧道的钢筋混凝土结构实行钢筋网焊接连通。

③沿电缆线路适当附加并行的金属屏蔽线或罩盒等。

2. 电缆过轨

信号、通信、电力电缆以及PW线、供电线等有横向过轨需求，需要设横向过轨通道，路隧地段敷设管道实现，桥梁上不设置横向过轨管。

3. 电缆手孔

手孔为电缆驳接点、盘存余长电缆和检查维修电缆之用；横向过轨管两端设置手孔和线路两侧的电缆槽连接，电缆检修位置、接头位置和余长处均应设置手孔。

4. 综合接地

综合接地贯通地线在线路两侧均设，路基地段埋设于信号电缆槽下，桥隧地段与信号电缆槽合用。贯通地线每隔一定距离和根据需要设横向连接线或布设接地端子，与线路两侧贯通地线可靠连接。

5. 接触网悬挂基础

路桥地段线路两侧设接触网立柱基础，与路基和桥梁工程一并施作完成；隧道内洞顶预埋接触网滑道，与隧道衬砌整体浇筑。

6. 声屏障立柱基础

对线路两侧敏感点，噪声预测超标需设声屏障地段，声屏障立柱基础与路基和桥梁工程一并施作完成。

7. 其他与站前工程有关的接口工程

（1）电力电缆上、下桥墩爬架

电力电缆根据需要在指定桥墩预埋上、下桥电缆爬架，与桥墩一并浇筑完成。

（2）隧道内站后设备洞室

根据站后相关专业设备布设要求，在隧道内指定地点设置综合洞室或专用洞室，洞室与隧道主体工程一并完成。

（3）桥隧地段道岔

由信号专业根据道岔转换设备和安装装置的荷载及安装尺寸要求，给桥梁、隧道专业提出接口要求。

第二节　接口设计原则与要点

一、路基接口工程主要设计原则及要点

（一）与电力专业接口

1. 电缆槽

合福高铁闽赣段线路两侧、联络线两侧、综合维修工区至相近车站的线路两侧均需设置通信电缆槽，区间路基地段通信电缆槽与信号电缆槽合设。站场范围路基地段通信电缆槽应与信号电缆槽分设（可采取共盖板分槽方式）。路肩通信电缆槽分支引下至坡脚（水沟）以外，分支引下应采用分支电缆槽。

2. 电缆过轨及电缆井

在隧道、路基地段（含区间、站场）设置通信过轨钢管，同时在过轨钢管处的线路两侧对称预留电缆井。

（1）路基段电力电缆井在过轨处设置，要求与电力电缆槽连通。在路桥结合部、路隧结合部设置路桥电缆槽过渡电缆井及路隧电缆槽过渡电缆井（通信、信号、电力合用）。

（2）所有过轨管道预埋时，管内应预留两根铁丝并两端封堵，以便后续电缆敷设。

（二）接触网专业

1. 接触网支柱基础设计要求

（1）正线路基段接触网支柱跨距一般为 50 m，施工误差为 ±0.5 m。

（2）接触网基础均采用矩形螺栓布置方案，土建施工应采用机械化施工的钻孔灌注桩基础工艺，严格控制施工精度，便于四电集成施工单位精确施工安装。

（3）H 形钢柱基础中心距线路中心距离：无砟区段一般为 3.15 m，有砟区段一般为 3.25 m；硬横跨基础中心距线路中心距离一般为 3.2 m。施工误差均为 -0 m。

（4）接口工程的预留施工，应满足接触网支柱、拉线等各种法兰分类及受力条件要求和严格的施工误差要求。同时要考虑基础与电缆槽距离的配合。

2. 接触网下锚拉线基础设计要求

路基段正线接触网拉线基础一般设置在距下锚支柱基础 7 m 处。

二、桥梁接口工程主要设计原则及要点

1. 与通信专业接口设计要求

(1)通信电缆槽。

合福高铁闽赣段桥梁区段线路两侧均需设置通信电缆槽，区间路基地段通信电缆槽与信号电缆槽合设。

(2)锯齿口及墩台引下。

箱梁锯齿型槽口预留目的是满足光电缆上、下桥的需要。桥梁的梁端二侧设置锯齿形槽口、箱梁及桥墩预留装设电缆爬架的条件，以便在桥梁相应位置通信光电缆引下至桥下设置的区间通信机械室。

2. 接触网接口预留设计要求

(1)连续梁及箱梁电缆上网桥梁预留翼板下方槽道、上网孔及梁端锯齿槽，桥墩预留上网电缆固定槽道。

(2)电气化接地钢筋网：正线桥上接触网支柱基础均设置在桥梁面上，桥支柱基础一般位于桥墩附近，避免设置在梁跨中部，距离一般简支梁桥墩不小于 4 m。根据接触网平面布置及梁跨长度，一般接触网支柱基础位于距梁端 4 m、6 m、8 m 处。对于 32 m 的连续标准简支梁，支柱基础的跨距一般为 48.9 m 左右。

联络线 T 梁桥上支柱基础设置于桥墩上，连续梁上仍设置于桥梁面上。

桥上接触网预留断面示意图和接触网基础预留平面示意图如图 40－1 所示。

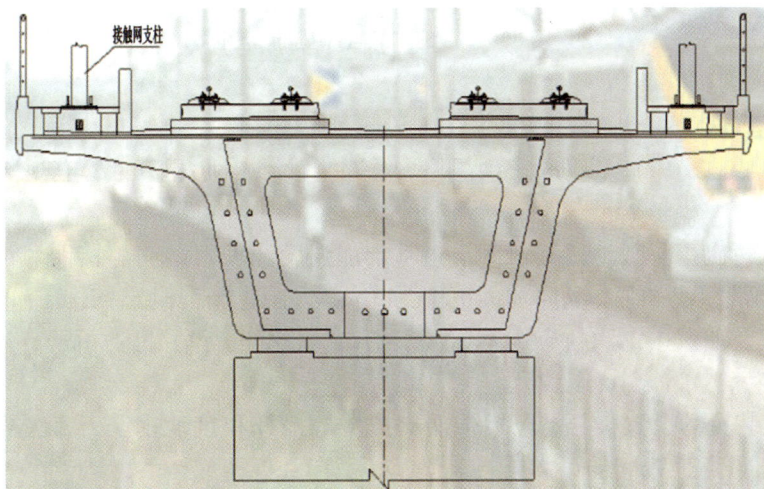

图 40－1　桥上接触网断面预留示意图

3. 下锚拉线基础设计要求

拉线基础一般设置于距下锚支柱基础 7 m 处，拉线基础中心至相邻线路中心距离与下锚支柱基础中心至相邻线路中心垂直距离应相同，任何情况下拉线基础中心距梁端不得小于 0.5 m。

下锚拉线基础与下锚支柱基础位于同一片梁上，中间不得有伸缩缝隙。拉线基础采用 4 根 M24 地脚螺栓。如图 40－2 所示。

三、隧道接口工程主要设计原则及要点

1. 与通信专业接口设计要求

(1)通信电缆槽

合福高铁闽赣段隧道区段线路两侧均需设置通信电缆槽，区间路基地段通信电缆槽与信号电缆槽合设。

(2)过轨钢管及电缆井

隧道地段在每处隧道洞室处设置通信过轨钢管，同时在过轨钢管处线路两侧考虑电缆余留条件。

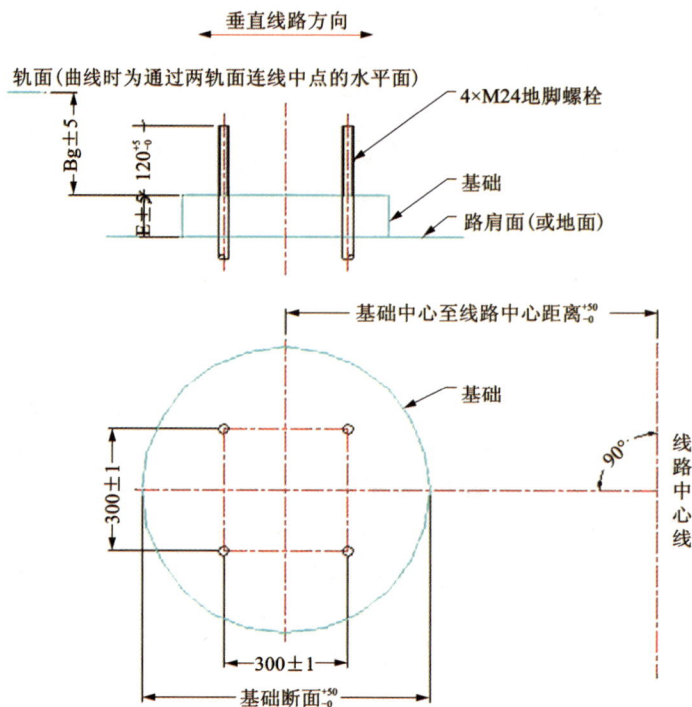

图 40 - 2　地脚螺栓基础断面图

2. 接触网滑道

接触网滑道有 1.5 m、2.0 m、2.5 m 三种规格，根据接触网专业提供的滑道规格和设置里程确定隧道衬砌加固方案。

Ⅱ、Ⅲ级围岩隧道衬砌中一般地段接触网滑道基础加强设计采用钢筋焊接网片加强，隧道中下锚地段预埋加强设计采用钢筋混凝土加强，纵向加固范围为 3 m，采用钢筋混凝土结构。

Ⅳ、Ⅴ级围岩隧道及明洞中二次衬砌为钢筋混凝土结构，不进行另外的加固。

3. 综合接地设计要求

（1）完成隧道接地装置的设置，主要包括初期支护接地锚杆和接地钢筋、二次衬砌内接地钢筋、底板接地钢筋等之间以及与贯通地线间的可靠连接。

（2）完成隧道洞室内接地端子、隧道内接地端子的预埋，以及与电缆槽外缘纵向接地钢筋的连接。

（3）完成接触网槽道基础的接地连接。

四、站场接口工程主要设计原则及要点

1. 站场与站前其他专业的接口

（1）平纵接口。站场设计必须以正线的平面、纵断面为依托，桥梁、隧道、涵洞在设计过程中也经常发生变化。如果上述资料在设计过程中发生变化，站场的设计必须也要及时更新。

（2）用地接口。每座站场或者线路所与区间正线都有两处分界里程，在分界里程处的用地设计存在接口。

（3）排水接口。排水接口包括站场排水与区间路基、涵洞、桥梁、隧道排水的顺接等，都需要统筹安排考虑。

2. 站场与站房接口

（1）站房与车场关系的确定。

①站房平面位置。站房平面位置影响站前工程的征地、拆迁、路基、旅客地道等。

②站房地面高度。站房地面高度影响站前工程的路基、旅客地道等。根据站场路基的填筑高度确定采

用先平式、线下是还是线上式。如果采用后两种方式，必须与站房设计专业协调确定好站房的地面高程，以免路基填筑发生废弃。

（2）站场路基与站房立柱。站房立柱包括雨棚柱、天桥柱、高架站房线间立柱等。这些线间立柱会影响站场股道的平面布置、外侧路基综合管线等，若衔接不当，会产生废弃工程。

3．站场与四电接口

1）通信电缆槽

合福高铁闽赣段各车站线路两侧、枢纽联络线两侧、综合维修工区至相近车站的线路两侧均需设置通信电缆槽。

站场范围通信电缆槽应与信号电缆槽分设(可采取共盖板分槽方式)。

通信电缆槽分支引入车站站房、电力配电所、公安派出所等房屋，分支电缆槽与干线电缆槽连接处设检修井。

2）路基过轨钢管及电缆井

在站场范围路基地段，设置通信过轨钢管，同时在过轨钢管处的线路两侧对称预留电缆井。

3）车站通信铁塔

各车站设置 GSM – R 通信铁塔 1 处，站场专业应统筹考虑通信铁塔架设位置，通信铁塔应靠近站房通信机械室或信号楼通信机械室。

第三节 工程接口设计优化

一、电缆井各专业电缆交叉设计优化

1．设计概况

初步设计通信、信号、电力电缆在电缆井处未设置物理隔离措施(物理隔离的目的是保护电力和通信线路免受自然灾害、人为破坏和搭线窃听攻击)。只有使内部网和公共网物理隔离，才能真正保证内部信号不受来自外部交互干扰。此外，物理隔离也为内部网划定了明确的安全边界，使得信号的可控性增强，便于内部管理，设置物理隔离措施预防电力电缆击穿时引发通信、信号电缆被烧，保证行车安全，南昌铁路局电务部门提出电缆交叉优化建议后，设计单位在电缆井内增设了电缆直通槽。

2．设计优化原因

设计单位在电缆井内增设电缆直通槽后，虽然避免电缆井内电缆交叉，但直通槽的支撑墙体把电缆井分隔成两部份，如图 40 – 3、图 40 – 4 所示，缩小了电缆井空间，给运营维护带来困难。

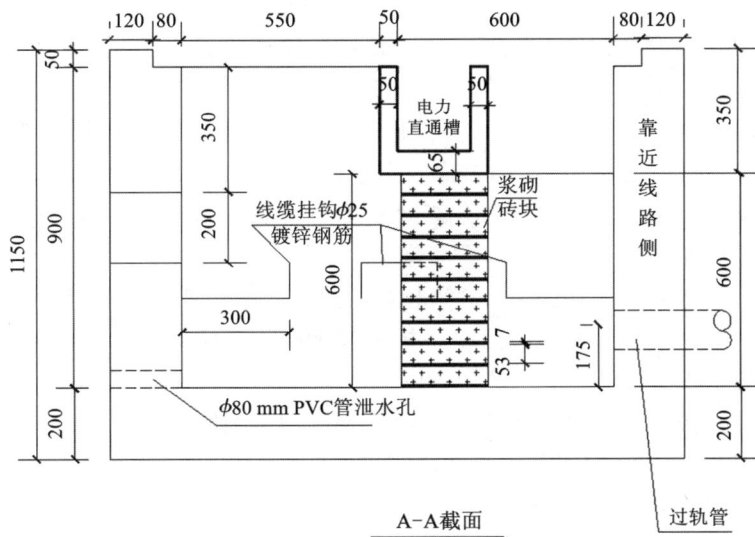

图 40 – 3　电力直通槽示意图

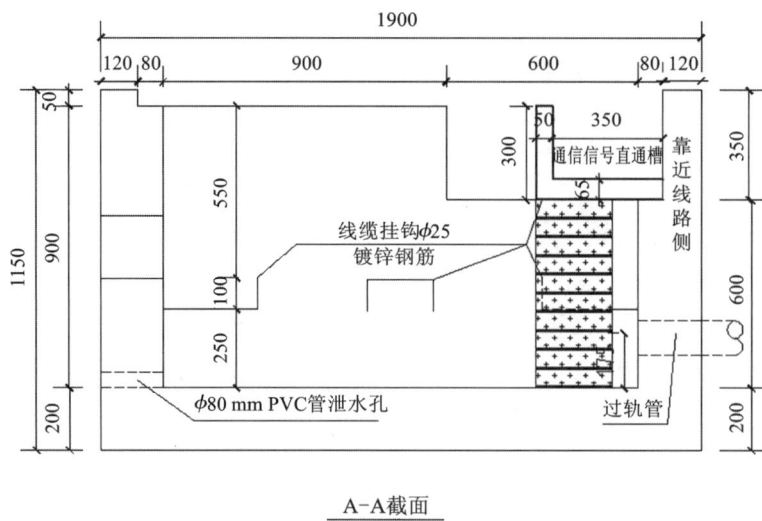

A-A截面

图 40-4 通信信号直通槽示意图

(三)优化设计方案

在电力电缆井处顺通信、信号电缆沟位置设置直通钢槽(通信、信号电缆不下井);在通信、信号电缆井处顺电力电缆沟位置设置直通钢槽(电力电缆不下井),如图 40-5 所示。

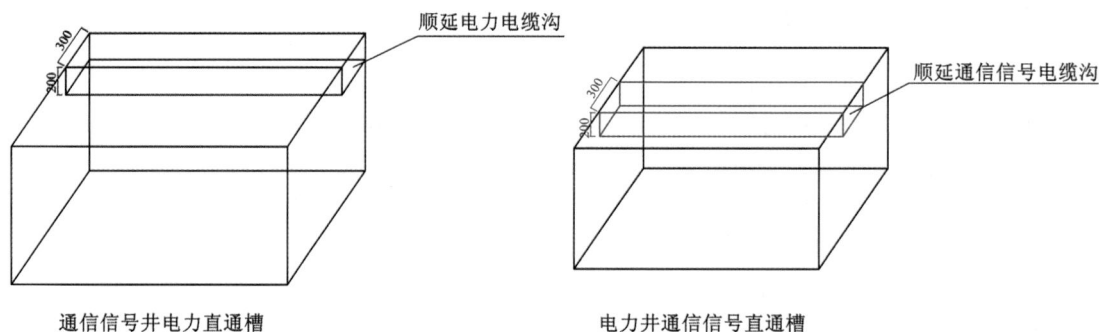

通信信号井电力直通槽   电力井通信信号直通槽

图 40-5 电力井直通槽示意图

4. 优化方案总结

采用电缆井直通钢槽对通信、信号电缆和电力电缆进行物理隔离,有效解决了电缆井内各专业电缆交叉问题,预防了电力电缆击穿时引发通信、信号电缆被烧,保证行车安全。

(1)同一通道内电缆数量较多时,若在同一侧的多层支架上敷设,应按电压等级由高至低的电力电缆、强电至弱电的控制和信号电缆、通信电缆"由上而下"的顺序排列。

(2)控制和信号电缆可紧靠或多层叠置,除交流系统用单芯电力电缆的同一回路可采取品字形(三叶形)配置外,对重要的同一回路多根电力电缆不宜叠置。

(3)除交流系统用单芯电缆情况外,电力电缆相互间宜有 1 倍电缆外径的空隙。

(4)交流系统用单芯电力电缆与公用通信线路相距较近时,宜维持技术经济上有利的电缆路径,必要时可采取下列抑制感应电势的措施:

①使电缆支架形成电气通路,且计入其他并行电缆抑制因素的影响。

②对电缆隧道的钢筋混凝土结构实行钢筋网焊接连通。

③沿电缆线路适当附加并行的金属屏蔽线或罩盒等。

二、通信漏缆辅助杆与接触网杆设置方案优化建议

1. 设计概况

合福高铁闽赣段是典型的山区高速铁路，线路区间分布大量的隧道群，其中以相距几十米至几百米的隧道居多，且两隧道口之间大都是桥梁连接，极少是路基连接。为了确保该类型区段的通信 GSM－R 系统无线信号能得到有效可靠覆盖，合福高铁闽赣段在两隧道口之间距离小于 200 m 的区段无线信号覆盖采用漏泄电缆延伸覆盖方式，不在隧道口加设备和天馈线覆盖方式。

漏缆辅助杆及漏缆的架设方式是：在两座隧道口之间利用电气化接触网杆且在两个接触网杆同一水平线中间加辅助杆进行辅助支撑，并制作辅助杆基础，在接触网杆和辅助杆上吊挂无线漏缆。辅助杆这些看似不受力的次要杆件在主杆和斜杆存在几何缺陷的情况下承受支撑力，当被撑杆呈整体单向弯曲时，各撑点的支撑力相同，而当被撑杆有反弯点，或局部弯曲时，个别节点的支撑力较大。高处作业应符合《建筑施工高处作业安全技术规范》（JGJ 80—1991）中的相关规定，现场用电应符合《施工现场临时用电安全技术规范》（JGJ 46—1988）中的相关规定。

辅助杆只有和主杆件共同组成几何不可变的桁架时，才能提供必要的刚度。合福高铁闽赣段需增加199 个漏缆辅助杆及支撑基础。设计方案如图 40－6、图 40－7 所示。

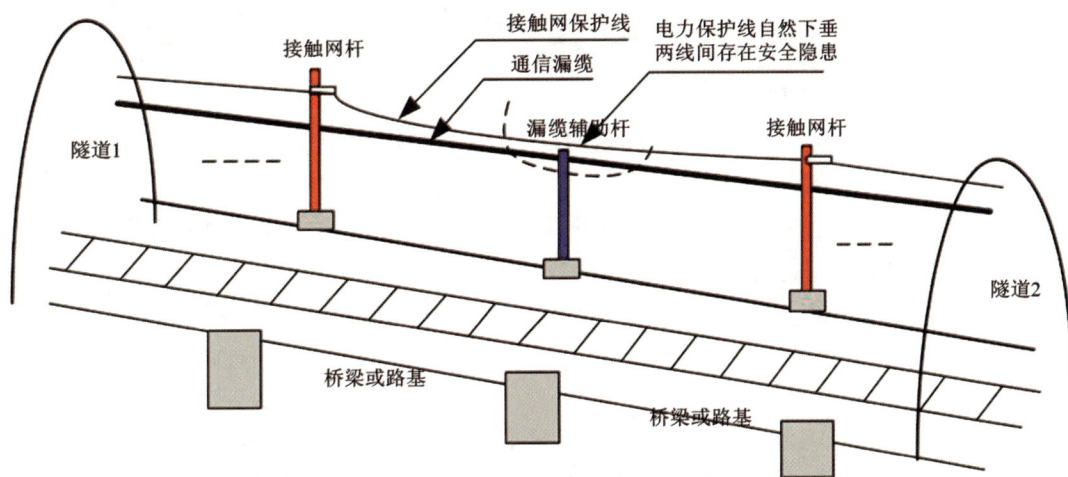

说明：按照铁路总公司《关于明确接触网支柱附挂非供电线路设施有关问题的通知》（铁总运【2015】152号）文有关要求，安装隔离开关的接触网支柱禁止附挂通信有线电视等非供电线路，没有安装隔离开关的接触网支柱附挂非接触网线路前需经批准同意后方可附挂。

图 40－6　通信漏缆与接触网杆及接触网保护线吊挂设计方案示意图

2. 设计优化原因

（1）合福高铁闽赣段隧道群多、且两隧道口间距离较短的特殊地形条件，决定了通信 GSM－R 无线通信网络覆盖设计需结合线路条件进行优化处理。

（2）采用漏缆线路延伸无线信号覆盖方式不仅有效解决无线信号网络覆盖满足交织冗余覆盖和小区切换距离规范要求，而且还节约大量的房屋、铁塔、电力、通信设备及配套设施的建设成本，同时也提高无线信号覆盖的运用质量和可靠性。

但是，隧道外采用漏缆延伸覆盖无线信号方式，漏缆需经过接触网杆并利用电力接触网杆做辅助支撑。由于电气化接触网支柱上不仅架设有电力接触网线路，而且在接触网杆外侧还架设有回流保护线，该回流保护线与通信漏缆是在同一侧吊挂（外侧），而接触网保护线在两接触网杆之间架设并不能保持水平状态，在中间区段难免会呈现下垂状态，与漏缆辅助杆及漏缆会产生接触或相互距离达不到规范要求问题，这就造成强电线路与弱电信号线路存在互为干扰和安全隐患问题。特别是设计把接触网杆基础和辅助杆基础在同一水平线上设置，极易造成接触网回流安全保护线与通信漏缆相邻或相碰的问题。

（3）铁路总公司《关于明确接触网支柱附挂非供电线路设施有关问题的通知》（铁总运〔2015〕152 号）文

图 40 – 7　通信漏缆与接触网杆及安全保护线现场位置关系示意图

件第三条规定："安装隔离开关的接触网支柱，禁止附挂通信、有线电视等非供电线路"。没有安装隔离开关的接触网支柱同意附挂，但附挂前需经过批准。

　　因此，通信漏缆在桥梁上吊挂的设计方案需结合桥梁、电力、通信三个专业规范要求和相互之间产生的干扰影响进行综合考虑。

　　3. 优化设计方案

　　根据铁路总公司铁总运〔2015〕152 号文件要求，从现场实际及建设成本考虑，针对通信漏缆需在部分桥梁上吊挂的优化方案有以下两种类型：一是针对接触网杆有设隔离开关区段的优化方案；二是针对接触网杆没有设隔离开关的优化方案。

　　1）优化方案一

　　在有设隔离开关的接触网支柱区段，由于铁路总公司规定不允许附挂其他线缆，通信漏缆必须单独设置漏缆支撑杆，不能利用接触网杆。通信漏缆支撑杆可按桥梁和路基区段采用两种方案设置。

　　（1）漏缆在桥梁上敷挂方案。

　　漏缆支撑杆从出隧道口按照通信漏缆吊挂安全距离不大于 30 m 标准连续设置（接触网支柱为 50 m）到另一隧道口，每根漏缆支撑杆在 4.75 m 高度设横向外侧支撑卡座（40 cm），确保通信漏缆吊挂不与接触网支柱和安全保护线相碰，桥梁区段优化方案如图 40 – 8 所示。

　　（2）漏缆在路基上敷挂方案

　　漏缆支撑杆从出隧道口按照通信漏缆吊挂安全距离不大于 30 m 标准连续设置（接触网支柱为 50 m）到另一隧道口，并且通信漏缆支撑杆基础设置位置与接触网杆支柱基础横向错开 40 cm 左右距离（路基线路具备漏缆基础外移设置条件），确保通信漏缆吊挂不与接触网支柱和安全保护线相碰，每根漏缆支撑杆在 4.75 m 高度设固定卡座支撑漏缆，不需像桥梁上漏缆支撑杆设置横向（40 cm）支撑卡座，路基区段优化方案如图 40 – 9 所示。

　　2）优化方案二

　　在接触网支柱没有隔离开关的区段，由于铁路总公司规定在得到批复同意的条件下可以附挂其他线缆。为了节约建设成本，通信漏缆吊挂可利用接触网杆，需在两接触网杆之间（50 m）增加一根漏缆辅助支

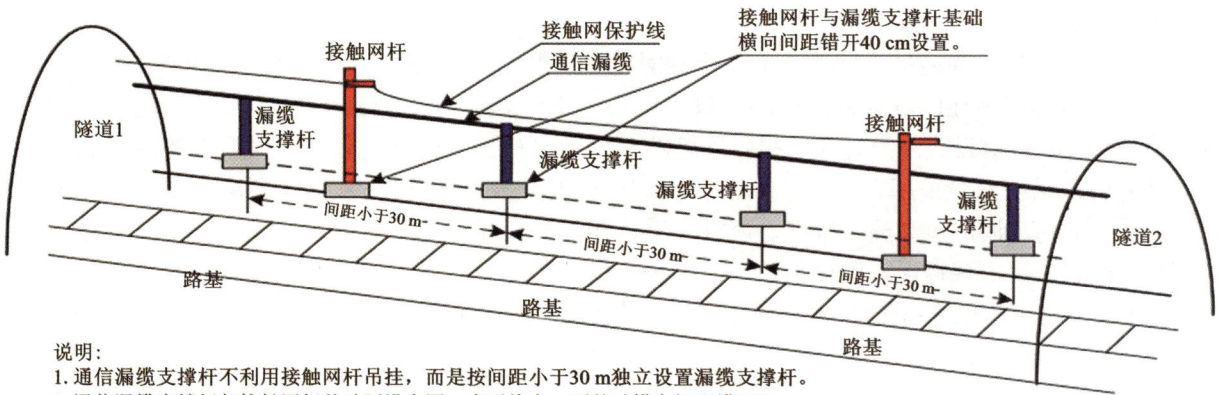

说明：
1. 通信漏缆支撑杆不利用接触网杆吊挂，而是按间距小于30 m独立设置漏缆支撑杆。
2. 通信漏缆支撑杆与接触网杆基础不设在同一水平线上，两基础横向间距错开40 cm
设置，避免通信漏缆线路与接触网杆和安全保护线相碰触。
3. 该优化方案应用在有隔离开关接触网杆的路基区段。

图 40 - 8　通信漏缆与接触网安全保护线桥梁区段吊挂优化方案示意图

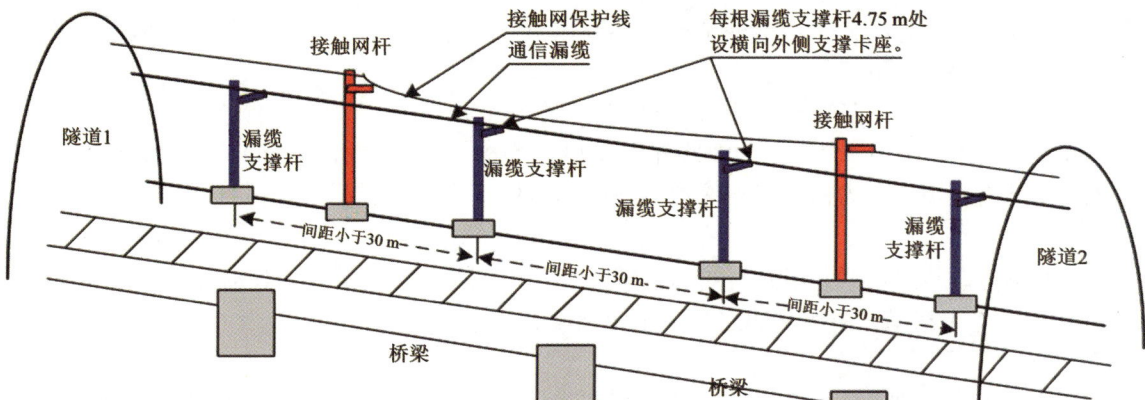

说明：
1. 通信漏缆支撑杆不利用接触网杆吊挂，而是按照小于30 m间距错开设置。
2. 每根通信漏缆支撑杆4.75 m处横向外侧支撑卡座(40 cm)支撑漏缆，避免通信
漏缆线路与接触网杆和安全保护线相碰触。
3. 该优化方案应用在有隔离开关接触网杆的桥梁区段。

图 40 - 9　通信漏缆与接触网安全保护线路基区段吊挂优化方案示意图

撑杆。但在接触网杆和中间漏缆辅助杆上需设置外侧横向固定支撑卡箍（40 cm 左右），方能避免漏缆与接触网安全保护线相碰，采用这种方案可以减少辅助杆及基础设置数量，减少建设成本。优化方案示意图如图 40 - 10 所示。

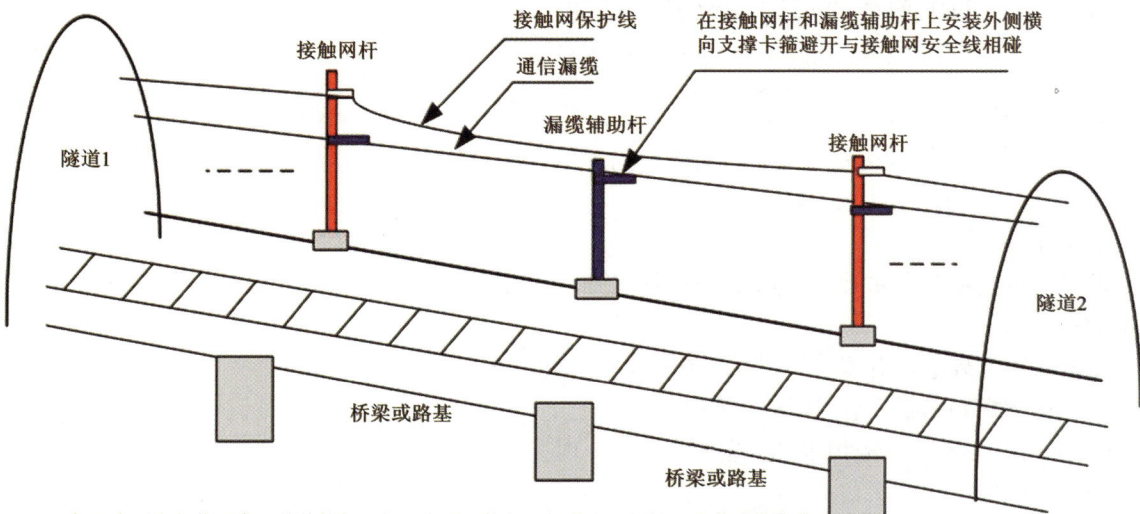

说明：在无电气化隔离开关的接触网杆区段利于接触网杆并在两接触网之间增设漏缆
辅助杆在接触网杆和漏缆辅助杆上需增设杆外侧横向支撑卡箍，确保漏缆线与接触网
安全保护线之间保持有效距离。

图 40 - 10　通信漏缆在无隔离开关接触网杆区段吊挂优化方案示意图

3）方案优化建议

优化方案一是针对漏缆吊挂区段的个别接触网杆有供电隔离开关不允许附挂其他线路设施的方案；优化方案二是针对漏缆吊挂区段接触网杆没有供电隔离开关规范允许附挂其他线路的(附挂前需报批)。为了节约建设成本，针对设有隔离开关的接触网杆落在漏缆吊挂区段的概率较少的情况，建议在有隔离开关的接触网杆区段吊挂漏缆采用方案一；在没有隔离开关的接触网杆区段吊挂漏缆采用方案二可以少设漏缆支撑杆，从而节约建设成本和施工难度。两种方案运用需设计单位通信、电力、桥梁三个专业在设计阶段对接清楚，否则容易出现错误或漏设。

同时桥梁施工单位在桥梁生产过程要特别注意有漏缆吊挂区段的接触网杆和漏缆支撑杆基础的预设。

4. 现场实施反馈

现场实施需注意三方面问题：

(1)高速铁路桥梁生产有两种，一种是现浇梁(现场施工浇筑)，一种是预制梁(梁厂浇筑生产)，由于通信漏缆支撑杆只在少数区段有应用，需在现浇梁实施和预制梁厂实施时，特别注意在有设置通信漏缆支撑杆的区段生产梁体时考虑好漏缆支撑杆基础位置，不要漏设。合福高铁闽赣段出现设计专业对接不到位，桥梁专业在桥梁施工图中未考虑漏缆辅助杆基础设置，由于现场桥梁已浇筑完成，最后采用化学锚栓置筋方案补设漏缆支撑杆基础。

(2)通信漏缆支撑杆采用与接触网杆同类型的杆(高度为7.8 m)，实际漏缆吊挂的高度比接触网回流安全保护线低(距轨面高度为4.75 m)，因此漏缆支撑杆不应采用与接触网杆同类型的杆，而定制高度为5 m长度的杆，从而避免与电力回流安全保护线在中间自然下垂区域与漏缆支撑杆相碰或间距不满足要求问题。

(3)部分两隧道口衔接桥梁并不是直线而是带弧度型的区段，需根据现场实际采用在接触网杆和漏缆支撑杆上加横向支撑卡箍措施解决两线之间安全距离问题。

5. 优化方案总结

合福高铁闽赣段由于地形条件原因，在隧道群密集区段采用漏缆吊挂敷设延伸无线信号敷设设计方案涉及通信、桥梁、路基、电力接触网专业，施工方面涉及站前与站后专业。

设计单位在设计阶段相关专业需求及标准规范要提报清晰，桥梁专业在有漏缆吊挂敷设区段图纸设计需与通信、电力专业对接准确，并与相关专业复核确定。

在施工阶段，施工单位在施工阶段要认真核对图纸按图施工，否则容易出现支撑杆基础漏设或设置错误的问题。合福高铁闽赣段通信漏缆吊挂涉及较多区段，吊挂区段有桥梁和路基类型的，接触网支柱有带隔离开关和未带隔离开关，针对本线设计、施工及现场问题处理的优化方案建议对后续新建客运专线有参考和借鉴意义。

三、电缆井、四电房屋电缆沟积水设计优化

1. 设计概况

线路两侧电缆井采用统一尺寸、统一标高(与轨面高差)，未结合现场实际水位设置井底泄水孔标高；四电房屋室外电缆井未设置排水设施；四电房屋电缆沟未结合现场实际水位(常水位和内涝水位)设置沟底标高。

2. 优化设计原因

(1)线路两侧电缆井泄水孔标高低于路基侧沟流水面标高，电缆井雨水无法通过井底泄水孔排向路基侧沟，造成电缆井积水。

(2)四电房屋室外电缆井未设置排水设施，造成电缆井积水。

(3)四电场坪标高太低，造成电缆沟积水。

电缆井或四电房屋电缆沟积水、电缆被水浸泡，现场情况如图40-11所示。

3. 优化设计方案

(1)电缆井底部泄水孔标高应高于路基侧沟底面标高，并在泄水孔进出口处。设置防堵塞设施，使电缆井内雨水能通过井底泄水孔排向路基侧沟。

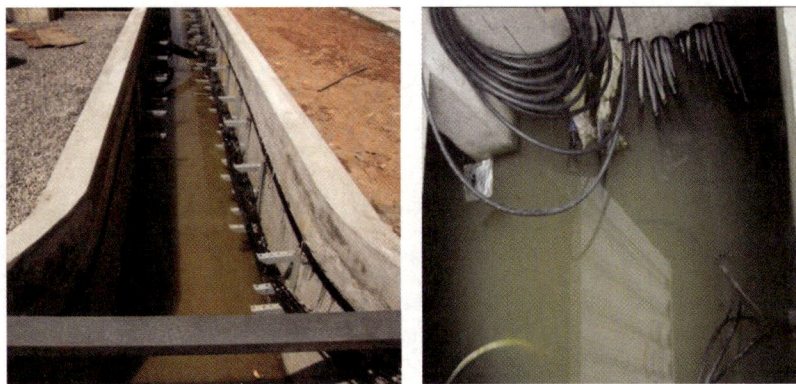

图 40－11　电缆井或四电房屋电缆沟积水、电缆被水浸泡

（2）如果电缆井井深受路基侧沟流水面标高限制，可提高井底标高并扩大电缆井纵向长度以保证电缆井内有足够的空间用于电缆过轨时需要的弯曲半径。

（3）四电房屋室外电缆井增设外套钢罩，防止雨水流入电缆井。

（4）在确定四电房屋场坪标高时，应充分考虑电缆沟的深度，使电缆沟底面标高位于常水位（内涝水位）0.5 m 以上。

（5）地下水位较低的时候，井底直接开渗水孔。

（6）地下水位较高时，在路径及场地允许的条件下，设置一个集水井，井内设置水泵。

4. 优化方案小结

（1）线路两侧电缆井泄水孔标高应高于路基侧沟流水面标高，使电缆井内雨水能通过井底泄水孔排向路基侧沟。

（2）为避免四电房屋室外电缆井电缆被水浸泡，应在电缆井盖增设外套钢罩或其他措施防止雨水流入电缆井。

（3）设计单位在施工图设计时相关专业要充分沟通对接，结合现场水位（常水位和内涝水位）选定四电房屋场坪标高。

四、声屏障与张力坠砣位置冲突优化设计

1. 设计概况

桥梁地段声屏障立柱（宽 175 mm）与接触网张力补偿装置（坠砣直径 360 mm）重叠 7 mm，如图 40－13 所示。

2. 优化设计原因

在接触网立柱基础施工中，为了避免因施工或测量误差造成接触网支柱侵限，基础施工测量放线时，按接触网支柱中心距线路中心 3180 mm 控制。在桥梁声屏障安装时，发现声屏障与接触网张力补偿装置

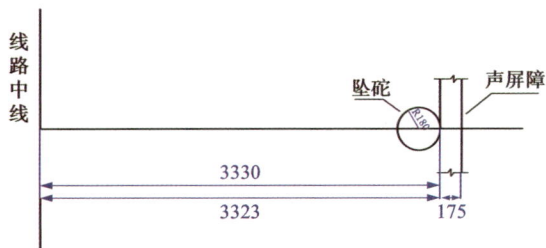

图 40－12　坠砣与声屏障位置关系示意图

（坠砣）位置重叠达 37 mm，导致坠砣不能自由升降，严重影响接触网安全运行，如图 40－13 所示。

3. 优化设计方案

（1）当坠砣与声屏障板位置冲突时，声屏障板厚由原设计的 140 mm 调整为 50 mm。

（2）当坠砣与声屏障立柱位置冲突时，在坠砣的两端增设声屏障立柱基础预埋件，声屏障立柱与坠砣错开，同时声屏障板厚由原设计的 140 mm 调整为 50 mm。

4. 现场实施反馈

（1）当坠砣与声屏障板位置冲突时，拆除声屏障板（板厚为 140 mm），更换为板厚为 50 mm 声屏障板。

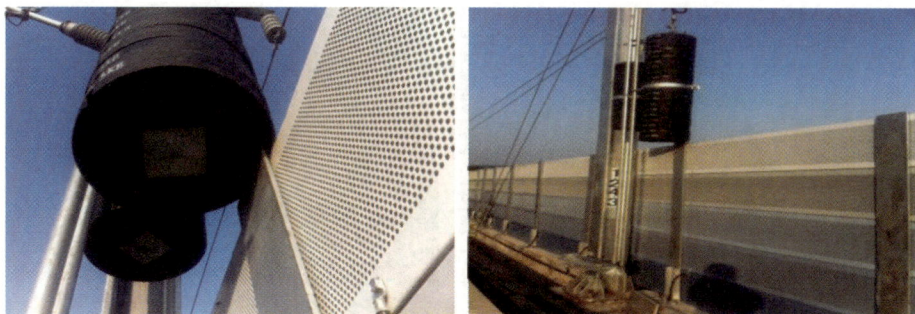

图40-13 声屏障与接触网张力补偿装置(坠砣)位置重叠关系图

(2)当坠砣与声屏障立柱位置冲突时,拆除坠砣处声屏障立柱和声屏障板(板厚为140 mm),在坠砣的两端增设两处声屏障立柱基础预埋件,安装两个声屏障立柱,并根据调整后的声屏障立柱安装声屏障板(板厚为50 mm,长度需特制)。

5. 优化方案小结

(1)当坠砣与声屏障板(或立柱)存在冲突时,采用以上特殊设计方案,对声屏障进行特殊处理。

(2)设计单位在接触网张力补偿装置(坠砣)区域的桥梁声屏障施工图设计时,应合理布置接触网张力补偿装置(坠砣)区段的声屏障立柱(与坠砣位置应错开),并调整该区段的声屏障板厚(140 mm 调整为50 mm),避免后期返工。

第四十一章 高性能混凝土及耐久性设计

第一节 概述

合福高铁闽赣段位于江西省东部、福建省东北部地区。为了能够使全段整体达到世界高速铁路一流标准，经得起运营和历史的检验，因此合理使用高性能耐久性混凝土显得尤为重要。

高性能混凝土是一种新型的高技术混凝土，是在大幅度提高普通混凝土性能的基础上采用现代混凝土技术制作的。高性能混凝土的基本性能首先是硬化混凝土的耐久性能和塑性混凝土的工作性能；其次是为了满足人们的特殊需要的某个或某些特殊性能。为此，高性能混凝土在配置上的特点是采用低水胶比，选用优质原材料，且必须掺加足够数量的矿物细掺料和高效外加剂。概括起来说，高性能混凝土就是能更好地满足结构功能要求和施工工艺要求的混凝土，能最大限度地延长混凝土结构的使用年限，降低工程造价。

一、高性能混凝土特点

高性能混凝土是指采用普通原材料、常规施工工艺，通过掺加外加剂和掺合料配制而成的具有高工作性、高强度、高耐久性的综合性能优良的混凝土。

目前，高性能混凝土在客运专线的工程实践中已较广泛采用，高性能混凝土特点具有以下特点：

1. 具有高效的强度

混凝土的强度的提升可以帮助建筑物的强度增加，增加建筑物的质量，高效的混凝土就是通过增加水泥等原材料的含量提高混凝土的整体强度，这样可以减少建筑物使用混凝土的用量，从而减低建筑物本身的重量，增加建筑物的空间，减少建筑成本。

2. 工作性好

高性能混凝土的和易性很好，它具有很好的工作性能，因为高效的混凝土可以保持各项原料调理的科学，而且能够保持水分不流失，不出现常见的水泥与原料之间的离析，更主要的特点是这种高性能混凝土适用于泵作业，特别适用于泵送混凝土，从而大大加快了施工速度，减少浪费，提高了工作效率。

3. 耐久性好

高性能混凝土的强度是目前所有混凝土中最好的，它除具有一般的混凝土的特点外，还具有良好的耐久性，现在建筑物出现事故，主要就是建筑物强度不够，因为其建筑材料主要是普通的混凝土，但是高性能混凝土具有耐冻、抗渗等特点，不易被外界环境影响，因此其性能优于普通混凝土。

4. 体积稳定性

混凝土的体积变形包括收缩变形、弹性变形、徐变变形和温度变形。体积稳定性不良的混凝土会产生收缩开裂，使混凝土的抗渗性及其物理、化学、力学性能降低，耐久性下降。由于高性能混凝土中掺入大量矿物掺合料，相对降低了水泥用量，在水泥水化早期矿物掺合料活性没有得到发挥，所以高性能混凝土早期具有较低的水化热，硬化后期具有较小的收缩形变，高性能混凝土具有较高的体积稳定性。

二、高性能混凝土的研究设计内容

高性能混凝土的研究设计内容主要有：高性能混凝土配合比设计，高性能混凝土耐久性，高性能外加剂（聚羧酸系减水剂）在客运专线工程中的应用，高性能混凝土施工温度控制，高性能混凝土外观质量缺陷原因分析及预防措施，客运专线用高性能混凝土搅拌站，高性能混凝土的应用及生产质量的控制等。

第二节　高性能混凝土配合比设计

高性能混凝土配合比是保证高性能混凝土质量的关键，合福高铁闽赣线所有高性能混凝土的配制全部运用正交试验法进行配合比的优化设计试验。依据原材料性质配制多个配合比，对每个配合比的坍落度、含气量、泌水率、强度、弹性模量等。进行抗渗性、抗氯离子渗透性能、抗碱－骨料反应、抗冻性、抗裂性、抗钢筋锈蚀等检验，从中选出能满足设计要求的最佳配合比，确定最终的混凝土配合比。

一、确定初步理论配合比设计参数

高性能混凝土配合比设计参数主要包括混凝土的强度等级、耐久性设计参数、最大水胶比和最小胶凝材料用量、混凝土含气量、混凝土电通量 q、混凝土的抗冻性、混凝土中的碱含量等。

采用设计规定混凝土的强度等级和耐久性设计参数，最大水胶比和最小胶凝材料用量依据《铁路混凝土工程施工质量验收标准》（TB 10424—2010），混凝土含气量、混凝土电通量 q 符合相关规定，混凝土的抗冻性冻融破坏环境下的混凝土结构，混凝土的抗冻性应符合相关规定。混凝土中的碱含量符合设计或验收标准的要求。

1. 配制强度

根据混凝土设计强度等级 $f_{Cu,0}$ 和施工单位的混凝土强度标准差 σ，根据《JGJ 55—2010 普通混凝土配合比设计规程》，混凝土试配强度 $f_{Cu,0}$ 采用下式确定：

$$f_{Cu,0} \geq f_{Cu,k} + 1.645\sigma$$

式中：$f_{Cu,0}$ 为混凝土配制强度，MPa；$f_{Cu,k}$ 为混凝土立方体抗压强度标准值，MPa；σ 为混凝土强度标准差，MPa。

当施工单位无近期同一品种混凝土的资料时，混凝土强度标准差 σ 值可按表 41–1 取用。

表 41–1　混凝土强度标准差 σ 值

生产单位	混凝土等级		
	C20	C20 ~ C40	> C40
预制混凝土构件厂	3.0 MPa	4.0 MPa	5.0 MPa
现场混凝土集中搅拌站	3.5 MPa	4.5 MPa	5.5 MPa

在进行水下混凝土配合比设计时，其配制强度应较普通混凝土的配制强度提高 10% ~ 20%。水泥用量不小于 350 kg/m³；当掺用外加剂、掺合料时，水泥用量可减少，但不得小于 350 kg/m³。

2. 水胶比

水胶比 W_0/J 是混凝土中水的用量和胶凝材料用量的比值。过大的水胶比特别不利于高性能混凝土的内部微结构发展，从而影响搭配混凝土的耐久性与强度；较低的水胶比能够降低混凝土的孔隙率并减少空隙尺寸，并充分发挥矿物掺和料的作用；尽管混凝土中存在未充分水化的水泥颗粒，但可作为一种坚强的细微集料发挥其作用；实践证明在一定范围内，水胶比的少许降低会使混凝土强度有较大的提高。因此，在设计配合比时，只要条件允许应尽可能降低水胶比。

在普通混凝土配合比设计方法中，是按混凝土强度等级计算水灰比；高性能混凝土配合比设计中，则根据不同环境作用等级选择水胶比。按国家现行《普通混凝土配合比设计规程》（JGJ 55）中有关混凝土的水胶比计算公式计算，按耐久性设计要求确定。当按计算所得水胶比例大于按耐久性设计要求确定的水胶比值时，取耐久性设计要求确定的水胶比值。

3. 用水量

单位用水量 W_0 是单位体积混凝土中的拌和用水用量，是控制混凝土耐久性质量的一项重要指标。参考行业标准《普通混凝土配合比设计规程》（JGJ55）选取，通过试验据混凝土拌和物流动性、黏聚性和泌水性确定。

4. 砂率

砂率 S_p 参考行业标准《普通混凝土配合比设计规程》(JGJ 55)选用。

二、混凝土配合比设计的规定

混凝土的配合比应根据原材料品质、混凝土设计强度等级、混凝土耐久性以及施工工艺对工作性的要求，通过计算、试配、调整等步骤选定。配制的混凝土拌和物性能应满足施工要求，配制成的混凝土应满足设计强度、耐久性等质量要求。选定混凝土配合比应遵循如下基本规定：

(1)为提高混凝土的耐久性，改善混凝土的施工性能和抗裂性能，混凝土中宜适量掺加优质的粉煤灰、矿渣粉或硅灰等矿物掺合料。不同矿物掺合料的掺量应根据混凝土的性能通过试验确定。一般情况下，矿物掺合料的掺量不宜小于胶凝材料总量的 20%。当混凝土中粉煤灰掺量大于 30% 时，混凝土的水胶比不得大于 0.45。预应力混凝土以及处于冻融环境的混凝土中粉煤灰的掺量不宜大于 30%。

(2)C30 及以下混凝土的胶凝材料总量不宜高于 360 kg/m³，C30 ~ C35 混凝土不宜高于 400 kg/m³，C40 ~ C45 混凝土不宜高于 450 kg/m³，C50 混凝土不宜高于 480 kg/m³。

(3)混凝土的最大水胶比和最小胶凝材料用量应满足设计要求，当设计无要求时，钢筋混凝土及预应力混凝土应依据碳化环境、氯盐环境、化学侵蚀环境、冻融破坏环境和磨蚀环境的要求，满足《铁路混凝土工程施工质量验收标准》(TB 10424—2010)中的规定。

(4)对于硫酸盐侵蚀环境中的混凝土结构，除了配合比参数应满足《铁路混凝土工程施工质量验收标准》(TB 10424—2010)的规定外，混凝土的胶凝材料组成还应满足表 41 - 2 的要求，胶凝材料的抗蚀系数应不小于 0.80。

表 41 - 2　硫酸盐侵蚀环境下混凝土胶凝材料的要求

环境作用等级	水泥品种	水泥熟料中的 C_3A 含量/%	粉煤灰或矿渣粉的掺量/%	最小胶凝材料用量/(kg/m³)
H1	普通硅酸盐水泥	≤8	≥20	300
	中抗硫酸盐硅酸盐水泥	≤5	—	300
H2	普通硅酸盐水泥	≤8	≥25	330
	中抗硫酸盐硅酸盐水泥	≤5	≥20	300
	高抗硫酸盐硅酸盐水泥	≤3	—	300
H3, H4	普通硅酸盐水泥	≤6	≥30	360
	中抗硫酸盐硅酸盐水泥	≤5	≥25	360
	高抗硫酸盐硅酸盐水泥	≤3	≥20	360

(5)当骨料的碱-硅酸反应砂浆棒膨胀率在 0.10% ~ 0.20% 时，混凝土的碱含量应满足表 41 - 3 的规定；当骨料的碱-硅酸反应砂浆棒膨胀率在 0.20% ~ 0.30% 时，除了混凝土的碱含量应满足《铁路混凝土工程施工质量验收标准》(TB 10424—2010)的规定外，还应在混凝土中掺加具有明显抑制效能的矿物掺合料和复合外加剂，并应通过试验证明抑制有效。

①混凝土的总碱含量包括水泥、矿物掺合料、外加剂及水的碱含量之和。其中，矿物掺合料的碱含量以其所含可溶性碱计算。粉煤灰的可溶性碱量取粉煤灰总碱量的 1/6，矿渣粉的可溶性碱量取矿渣总碱量的 1/2，硅灰的可溶性碱量取硅灰总碱量的 1/2。

表 41 -3　混凝土最大碱含量(kg/m³)

使用年限级别		一(100 年)	二(60 年)	三(30 年)
环境条件	干燥环境	3.5	3.5	3.5
	潮湿环境	3.0	3.0	3.0
	含碱环境	*	3.0	3.0

注：* 表示混凝土必须换用非碱活性骨料。

②干燥环境是指不直接与水接触、年平均空气相对湿度长期不大于75%的环境；潮湿环境是指长期处于水下或潮湿土中、干湿交替区、水位变化区以及年平均相对湿度大于75%的环境；含碱环境是指直接与高含盐碱地、海水、含碱工业废水或钠(钾)盐等接触的环境；干燥环境或潮湿环境与含碱环境交替变化时，均按含碱环境对待。

③处于含碱环境中的设计使用寿命为30 年、60 年的混凝土结构，在限制混凝土碱含量的同时，对混凝土表面作防水、防碱涂层处理。否则应换用非碱活性骨料。

(6)钢筋混凝土中氯离子总含量(包括水泥、矿物掺合料、粗骨料、细骨料、水、外加剂等所含氯离子含量之和)不应超过胶凝材料总量的0.10%，预应力混凝土的氯离子总含量不应超过胶凝材料总量的0.06%。

①混凝土含气量的最低限值符合《铁路混凝土工程施工质量验收标准》要求，普通环境(无抗冻要求)的混凝土含气量不应小于2.0%(干硬性混凝土除外)。当混凝土有抗冻要求时，混凝土的含气量应根据抗冻等级的要求经试验确定。

②配合比试配过程中，按要求对不同配合比混凝土制作力学性能试件，养护至规定龄期时进行试验。其中，抗压强度试件每种配合比宜制作4组，标准养护至1 d、3 d、28 d、56 d时试压，试件的边长可选择150 mm 或100 mm(强度等级C50 及以上的混凝土试件边长应采用150 mm)。

三、高性能混凝土配合比选定试验的监测项目

依据《铁路混凝土工程施工质量验收标准》(TB 10424—2010)混凝土配合比选定试验的检验和计算项目见表41 -4。

表 41 -4　混凝土配合比选定试验的监测项目

序号	检验项目	试验方法	备注
1	坍落度或维勃稠度	《普通混凝土拌和物性能试验方法标准》(GB/T 50080)	基本检验项目
2	泌水率		
3	凝结时间	《普通混凝土力学性能试验方法标准》(GB/T 50080)	
4	抗压强度	《普通混凝土力学性能试验方法标准》(GB/T 50081)	
5	电通量	《普通混凝土长期性能和耐久性能试验方法》(GB/T 50082)	
6	含气量	《普通混凝土长期性能和耐久性能试验方法》(GB/T 50080)	
7	弹性模量	《普通混凝土拌和物性能试验方法标准》(GB/T 50081)	仅对预应力混凝土或当设计有要求是
8	抗渗等级	《普通混凝土长期性能和耐久性能试验方法》(GB/T 50082)	仅对隧道衬砌混凝土
9	碱含量	水泥、矿物掺和料、外加剂及水的碱含量之和	基本计算项目
10	三氧化硫含量	水泥、矿物掺和料、外加剂及水的三氧化硫含量之和	
11	氯离子含量	水泥、矿物掺和料、粗骨料、细骨料、外加剂及水的氯离子含量之和	

四、配合比设计方法

1. 基本思路

根据设计依据确定设计的技术条件(混凝土强度等级、含气量、电通量),确定施工的工艺条件(混凝土坍落度范围、外加剂种类与掺量、混凝土适用的强度标准差)、所用材料的性能(水泥的密度、实有活性、砂的细度、堆积密度 ρ_{sd}、表观密度 ρ_s,石子的级配、粒径、堆积密度 ρ_{gd}、表观密度 ρ_g)、其他材料的密度(粉煤灰、矿粉通过试验确定)、与耐久性有关的条件(最大水胶比、最小胶凝材料用量、最大碱含量),然后进行初步计,算最后确定基本配合比。

2. 计算过程

(1)确定试配强度 $f_{Cu,0}$。

$$f_{Cu,0} \geq f_{Cu,k} + 1.645\sigma$$

式中:$f_{Cu,k}$ 为混凝土立方体抗压强度标准值;σ 为混凝土强度标准差(按《铁路混凝土强度检验评定标准》查表选择)。

(2)确定混凝土水灰比 w/c

$$w/c = \frac{Aaf_{ce}}{f_{Cu,0}} + Aa * Ab * f_{ce}$$

式中:f_{ce} 为水泥 28 d 实有活性,当无准确数据时,可取水泥强度等级值 $f_{ce,q}$ 的 1.15 倍,即 $f_{ce} = 1.15 * f_{ce,q}$;A_a,A_b 为与石子类型有关的计算系数;A_a 为碎石 0.46,卵石 0.48;A_b 为碎石 0.07,卵石 0.33。

(3)确定每方混凝土用水量 W。

混凝土用水量基本不变的法则—恒用水量法则,根据石子粒径、坍落度查表。

(4)计算确定每方混凝土基本水泥用量 C。

$$C = W/(w/c)$$

(5)确定含砂率 a。

一般根据水灰比和骨料最大粒径查表(也可以用砂石堆积密度进行计算)。

(6)确定外掺料的掺量 F。

外掺料掺量,一般采用等量取代,取代系数 β 可依据规范确定。

即　　　　　　　　　　　　　　$$F = \beta \times C$$

此时,每方混凝土计算水泥用量应为 $C_1 = (1 - \beta) \times C$

(7)外加剂用量 J。

原则上,虽然掺用了外掺料,但外加剂的作用,是对整个胶凝材料发生的,而胶凝材料总量,即为基本水泥用量,及 $J = k \times C$,k 为外加剂掺量。

(8)根据含气量 a,含砂率 a,计算法确定初步配合比方法—绝对体积法,方程组为:

$$a = \frac{S}{S + G}$$

$$\frac{C_1}{\rho_C} + \frac{F}{\rho_f} + \frac{S}{\rho_s} + \frac{G}{\rho_g} + W + J + 10a = 1000$$

方程组中,是以单一外掺料形式表达的。外掺料密度一般取 2.2,水泥密度可取 3.1,水和液体外加剂,密度取 1.0(固体外加剂可通过试验确定其密度,或初步计算时忽略不计)。

第三节　高性能混凝土结构耐久性设计

一、耐久性混凝土设计的主要内容

耐久性混凝土设计主要体现在桥涵工程，桥涵主体设计使用年限是100年，桥涵设计应十分重视结构物的耐久性。结构需要采用的混凝土强度等级，在许多情况下是由环境作用决定的，并非由荷载控制。保护层厚度也是耐久性设计的重要指标，混凝土构件中最外侧的钢筋会首先发生锈蚀，一般是箍筋和分布筋。箍筋的锈蚀可引起混凝土沿箍筋环向开裂，分布筋锈蚀甚至会导致混凝土成片剥落，后果很严重。同时施工偏差会对结构耐久性产生很大影响。裂缝宽度控制对混凝土耐久性重要性是不言而喻的，控制裂缝宽度应通过混凝土原材料的精心选择、合理的配比设计、良好的施工养护和适当的构造措施。当然，良好的受力环境也是不可或缺的。设计中，从材料确定、构造尺寸、结构计算、钢筋配置等方面着手，严格控制裂缝宽度。耐久性混凝土设计主要从以下几方面考虑：

（1）结构设计使用年限。本线桥涵主体混凝土结构设计使用年限为100年。

（2）结构所处环境类别及作用等级。①本线桥涵所处环境类别为碳化环境、化学侵蚀环境。

②本线桥涵所处碳化环境作用等级：对于梁部及墩台上部为T2，长期在水下及图中的基础为T1，墩台身及基础经常处于水位变动区的为T3。

③根据年最冷月平均气温资料，本段桥涵无冻融环境。

④本线桥涵所处化学侵蚀环境等级为H1、H2、L1。

⑤本线无严重腐蚀环境。

（3）桥梁墩台及梁部均采用高性能混凝土。

（4）有关混凝土原材料品质、配合比参数限值及耐久性指标要求及耐久性指标要求，需严格按照《铁路混凝土结构耐久性设计规范》及《客运专线高性能混凝土暂行技术条件》执行。

（5）结构耐久性要求的构造措施。

①实体墩台表面设置护面钢筋。桥涵混凝土结构表面应设置可靠的防排水构造措施。涵洞防水层及沉落缝处理按《合福施（涵）参－01》办理；桥梁防水层处理按铁总发布的《客运专线桥梁混凝土桥面防水层暂行技术条件》办理。

②钢筋混凝土结构净保护层厚度：梁部及墩台钢筋（包括主筋、箍筋和分布筋）净保护层厚度不小于35 cm；桩基础桩身主筋净保护层厚度70 mm；框架涵钢筋净保护层厚度不小于35 mm，盖板涵的板厚、圆涵的壁厚小于300 mm时，钢筋净保护层厚度采用20 mm，否则不小于35 mm。

（6）在铁路混凝土结构的设计使用年限内，应对结构进行养护、维修和定期检测。检测的周期、养护和维修的内容、方法应符合《铁路桥隧建筑物大修维修规则》等相关规定。

二、耐久性指标

混凝土的耐久性一般包括混凝土的抗裂性、护筋性、耐蚀性、抗冻性、耐磨性、抗氯离子渗透性及抗碱－骨料反应性等。混凝土耐久性指标根据结构的设计使用年限、所处的环境类别及作用等级确定。

（1）混凝土耐久性的一般要求。

①混凝土的电通量应满足表41–5的规定。

表41–5　混凝土的电通量

设计使用年限		一（100年）	二（60年）、三（30年）
56 d电通量/C	<C30	<2000	<2500
	C30～C45	<1500	<2000
	>C50	<1000	<1500

②混凝土的抗裂性应通过对比试验。

③钢筋的混凝土保护层厚度应满足表41-6的规定。

表41-6 普通钢筋的混凝土保护层最小厚度 C_{min} (mm)

结构类型	设计使用年限	碳化环境			氯盐环境			磨蚀环境			冻融破坏环境				化学侵蚀环境			
		T1	T2	T3	L1	L2	L3	M1	M2	M3	D1	D2	D3	D4	H1	H2	H3	H4
桥梁涵洞	100年	35	35	45	45	50	60	35	40	45	35	45	50	60	35	45	50	60
隧道衬砌	100年	35	35	40	40	45	55	/	/	/	35	40	45	55	30	40	45	55
路基支挡	60年	20	20	30	30	40	50	25	25	35	25	30	40	50	25	30	40	50
	100年	20	30	40	40	45	55	30	35	40	30	40	45	55	30	40	45	55

④混凝土的抗碱-骨料反应性能应符合下列规定：

骨料的碱-硅酸反应砂浆棒膨胀率或碱-碳酸盐反应岩石柱膨胀率小于0.10%；

当骨料的碱-硅酸反应砂浆棒膨胀率在0.10%～0.20%时，混凝土的含碱量应满足表41-7的规定；当骨料的砂浆棒膨胀率在0.20%～0.30%时，除了混凝土的碱含量应满足表41-7的规定外，混凝土中还应掺加具有明显抑制效能对的矿物掺合料和外加剂，并经试验证明抑制有效。

表41-7 混凝土最大碱含量（kg/m³）

设计使用年限级别		一(100年)	二(60年)	三(30年)
环境条件	干燥环境	3.5	3.5	3.5
	潮湿环境	3.0	3.0	3.5
	含碱环境	禁用碱活性骨料	3.0	3.0

（2）对于氯盐环境下的钢筋混凝土和预应力钢筋混凝土结构，混凝土的耐久性除应满足表41-5的规定外，还应满足表41-8的规定。

表41-8 氯盐环境下混凝土的电通量

设计使用年限	一(100年)		二(60年)、三(30年)	
环境作用等级	L1	L2、L3	L1	L2、L3
56 d电通量/C	<1000	<800	<1500	<1000

（3）对于化学侵蚀环境下的混凝土结构，混凝土的耐久性除应满足表41-5的规定外，还应满足表41-9的要求。

表41-9 化学侵蚀环境下混凝土的电通量

设计使用年限	一(100年)		二(60年)、三(30年)	
环境作用等级	H1	H2、H3	H1	H2、H3
56 d电通量/C	<1200	<1000	<1500	<1000

（4）对于冻融破坏环境下的混凝土结构，混凝土的耐久性除应满足表 41 – 5 的规定外，还应满足表 41 – 10 的要求。

表 41 – 10　冻融破坏环境下混凝土的抗冻性

设计使用年限	一（100 年）	二（60 年）	三（30 年）
环境作用等级	D1、D2、D3、D4	D1、D2、D3、D4	D1、D2、D3、D4
56 d 电通量／C	＞F300	＞F250	＞F200

（5）对于磨蚀环境下的混凝土结构，混凝土的耐久性除应满足表 41 – 5 的规定外，混凝土的耐磨性事先应通过对比试验。

（6）处于严重腐蚀环境下的混凝土结构，应采取必要的附加防腐蚀措施。

三、耐久性要求

耐久性要求见表 41 – 11。

表 41 – 11　耐久性标准表

序号	检验项目	标准		备注
1	坍落度	《普通混凝土拌和物性能试验方法标准》（GB/T 50080）；符合设计要求		基本检验项目
2	泌水率			
3	抗压强度	《普通混凝土力学性能试验方法标准》（GB/T 50081）；符合设计要求		
4	抗裂度	《普通混凝土长期性能和耐久性性能试验方法》（GB/T 50082）；无裂缝		
5	电通量	《普通混凝土长期性能和耐久性性能试验方法》（GB/T 50082）；符合设计要求		
		混凝土强度等级	100 年	
		＜C30	＜1500	
		C30～C45	＜1200	
		≫C50	＜1000	
6	含气量	《普通混凝土拌和物性能试验方法标准》（GB/T 50080）；符合设计要求		引气混凝土除应进行基本检验项目外，尚应增加含气量
7	弹性模量	《普通混凝土力学性能试验方法标准》（GB/T 50081）；符合设计要求		预应力混凝土除应进行基本检验项目外，尚应增加弹性模量
8	抗冻性	《普通混凝土长期性能和耐久性性能试验方法》（GB/T 50082）；符合设计要求		冻融破坏环境除应进行基本检验项目外，尚应增加抗冻性。硬化混凝土气泡间距系数应小于 300 μm
		环境作用等级	100 年	
		D1	＞F300	
		D2	＞F350	
		D3	＞F400	
		D4	＞F450	

续表 41 - 11

序号	检验项目	标准		备注
9	气泡间距系数	符合设计要求		冻融、盐结晶破坏环境除应进行基本检验项目外，尚应增加气泡间距系数
10	氯离子扩散系数	《普通混凝土长期性能和耐久性性能试验方法》(GB/T 50082)		氯盐环境除应进行基本检验项目外，尚应增加氯离子扩散系数。氯离子扩散系数(56 d)：DRCM($\times 10^{-12}$ m^2/s)
		环境作用等级	100 年	
		L1	≤7	
		L2	≤5	
		L3	≤3	
11	56 d 抗硫酸盐结晶干湿循环次数	《普通混凝土长期性能和耐久性性能试验方法》(GB/T 50082)		盐类结晶破坏环境除应进行基本检验项目外，尚应增加 56 d 抗硫酸盐结晶干湿循环次数
		环境作用等级	100 年	
		Y1	> KS90	
		Y2	> S120	
		Y3	> S150	
12	抗蚀系数	见混凝土质量验收标准附录 F		化学侵蚀环境除应进行基本检验项目外，尚应增加抗蚀系数
13	抗渗性	《普通混凝土长期性能和耐久性性能试验方法》(GB/T 50082)		隧道衬砌混凝土、梁体混凝土除应进行基本检验项目外，尚应增加抗渗性
14	碱含量	水泥、矿物掺和料、外加剂及水的碱含量之和		
15	三氧化硫含量	水泥、矿物掺和料、外加剂及水的三氧化硫含量之和		基本计算项目，所有配合比均应进行
16	氯离子含量	水泥、矿物掺和料、粗骨料、细骨料、外加剂及水的氯离子含量之和		

第四篇

工程施工

第四十二章 大型临时设施工程

在建设单位的精心指导和设计、监理单位的大力支持下，各施工单位合理对合福高铁闽赣段大型临时设施工程进行了科学系统的规划设计与优化，因地制宜，就地取材，永临结合，现场便道及施工场地布置满足了设计规划的要求，合理安排部署了施工生产、生活临时设施，确保了合福高铁闽赣段主体工程的顺利进行，并在现场施工管理中进行了不断探索，总结了宝贵的经验。

第一节 总体概况

一、梁场设置基本情况

根据全线箱梁及桥隧的分布情况，共设置箱梁制梁场 11 处。梁场设置情况见表 42 - 1。

表 42 - 1 合福高铁闽赣段制梁厂设置情况表

序号	所属标段	梁场名称	占地亩数/亩	中心里程	架梁范围		供梁数量/孔	台座数量/个	
					供梁起点	供梁终点		制梁	存梁
1	Ⅰ	秋口梁场	174	DK370 + 850	DK360 + 223	DK384 + 900	349	5	38
2	Ⅰ	紫阳梁场	150	DK394 + 200	DK384 + 957	DK406 + 822	380	7	56
3	Ⅱ	临湖制梁场	100	DK449 + 100	DK442 + 458	DK452 + 520	184	4	29
4	WT	上饶站梁场	177	DK468 + 500	DK456 + 328	DK472 + 905	390	6	56
5	Ⅲ	上饶制梁场	132	DK482 + 750	DK473 + 518	DK500 + 669	543	7	41
6	Ⅳ	武夷山制梁场	70	DK561 + 400	DK561 + 270	DK565 + 566	116	4	46
7	Ⅴ	武夷山东站梁场	105.6	DK585 + 900	DK578 + 002	DK605 + 270	385	6	54
8	Ⅴ	徐墩梁场	125.8	DK619 + 890	DK607 + 813	DK630 + 325	318	6	49
9	Ⅵ	建瓯西站梁场	116	DK637 + 400	DK631 + 344	DK642 + 251	136	5	28
10	Ⅵ	南雅梁场	117.7	DK663 + 900	DK661 + 327	DK670 + 422	238	4	20
11	Ⅶ	南平梁场	108.7	DK694 + 000	DK683 + 340	DK696 + 400	148	3	30

二、轨枕厂设置基本情况

轨道板预制场及存放场等大临设施选址在满足施工组织要求的前提下，尽量选择荒地或未利用地，充分考虑永临结合的方式以减少临时用地。分别在德兴、武夷东站、南平北设置轨道板预制场共 3 处。轨枕场设置情况见表 42 - 2。

表 42 - 2　合福高铁(闽赣段)轨枕场设置情况表

板场名称	供应范围	板场上线里程	占地面积/亩	布置形式/(m×m)(纵×横)	长线台座/条	每条生产线/模	供板	月生产能力/万根
德兴双块式轨枕厂	DK343 + 180 至 DK528 + 450	DK463 + 483	105	350×200	1	230	57 万	3.6
武夷山东站轨枕厂	DK528 + 450 至 DK630 + 332	DK585 + 500	106	262×252	1	120	41 万	3
南平北轨枕厂	DK630 + 332 至 DK80 + 853	DK694 + 700	129	354×253	1	176	46 万	3

三、铺轨基地设置基本情况

根据本线与既有线的关系,合福高铁闽赣段共设置铺轨基地2处,即江西上饶站、福建福州站。上饶铺轨基地为双向铺设,福州铺轨基地为单向铺轨,上饶铺轨基地与安徽段接头点在皖赣省界,上饶与福州铺轨基地接头点在武夷山东站,单边铺轨最大间距为242 km。铺轨基地设置情况见表42-3。

表 42 - 3　合福高铁(闽赣段)铺轨基地设置情况表

名称	铺轨数量/km	铺轨范围	里程	占地面积/亩	布置形式/(m×m)(纵×横)	台座间距/m	存轨/km	铺轨能力/(km·d⁻¹)
上饶铺轨基地	481.198	DK343 + 180 至 DK580 + 000	DK468 + 900	80	800×66 m	7	200	4
福州枢纽铺轨基地	460.23	DK580 + 000 至福州站	DK809 + 800	30	700×30 m	7	128	4 km/d

四、汽车运输便道

重点土石方工程考虑贯通便道,贯通便道沿路基两侧征地范围内设置,以减少租地;重点桥梁工程及通往大临工程的便道考虑引入。

汽车运输便道参照现行《公路路线设计规范》中四级公路标准设计。其中,新建便道的桥涵设计车辆荷载按汽-20级确定;软土地基上的便道设计应满足变形和稳定性要求。

五、临时通信、电力、给水

1.临时通信

本线不设临时通信,全部利用社会资源。采用有线电话、移动电话及 Internet 网络通信相结合的方式。铺架基地与引出的既有车站建立有效的通信联络通道。

2.施工供电方案

合福高铁闽赣段经过的地段均为山区,沿线施工点多,分布密集,施工用电量较大,而在桥隧密集区,地方电网薄弱,其电源线路的截面及容量很难满足桥隧施工用电量的要求,其中尤以闽赣省界和福建省为重,施工电源若采用地方电源分散式就近接引("T"接),难以保证施工用电容量及供电可靠性的要求。因此,根据桥梁、隧道施工用电需求及正式工程中地方电源的接引情况,在闽赣省界至福州(DK528 + 450 至 DK807 + 600)三段至饶北河特大桥(DK460 + 734)至三保山隧道进口(DK503 + 984)施工用电考虑临永结合,其他地段的施工用电,则充分利用地方电力资源,就近"T"接。

3.施工供水方案

本线沿线地区河流有率水河、越率河、信江河、饶北河、黄渡河、闽江及其支流建溪、崇阳溪等,地表水系发达，沟渠纵横交错，除地处偏僻的长大隧道，施工用水困难的重点工程采用给水管路外，其余工程施工用水均使用地表水或打井取水。

六、临时材料厂

根据主要材料供应计划，分别位于既有皖赣线、峰福线沿线办理货运能力的车站或货场共设置 15 处临时材料厂，以其供应范围和供料的多少来确定其租用场地的规模。平均租地 30~50 亩。

七、改良土级配碎石拌和站

根据客运专线对路基填料的要求，基床表层填筑级配碎石，基床底层填筑 A、B 级土，因而需对从取土场运来的填料进行改良。按照合福高铁闽赣段全线的路堤分布情况，共设置集中改良土拌和站 16 处，分别布置于施工便道一侧，租地范围为 20~30 亩。考虑到级配碎石后于改良土填筑，改良土拌和站后期兼做级配碎石拌和站，以节约工程投资和少占耕地。

八、混凝土拌和站

根据全线重点工程的分布情况及"暂行规定"的相关规定，合福高铁闽赣段全线共设置混凝土拌和站 59 处。混凝土拌和站一般由砂石料存放区、拌和区等组成，根据混凝土拌和站的施工任务量和高峰强度，确定各混凝土拌和站的规模占地为 15~45 亩。

第二节　梁场建设

一、梁场选址原则

（1）本着安全适用、技术先进、经济合理、环保的原则，统筹规划设计，以达到制梁速度快、质量高及建场费用低的要求，节约用地、因地制宜，并考虑双层存梁。

（2）制梁场选址尽量设置在桥梁集中地段，并全面考虑桥跨与梁型布置、工期、架设开铺时间和速度、地质情况，一般选择在桥群中间。

（3）梁场选址应该选在地质条件较好的地方。箱梁生产预制、存放对制梁台座、存梁台座提出较高要求，不均匀沉降不能大于 2 mm，否则梁体容易出现扭曲。因此位置应尽量选择在地质较好的地方。

（4）选址前首先确定地质情况，山区应尽量选择在土方区，减少爆破，降低工程临建费用，缩短临建周期。

二、施工场地布置

1. 布置原则

一般来说，梁场由办公生活区、实验室、职工生活区、搅拌站、钢筋加工存放区、钢筋绑扎区、制梁区及存梁区 8 个部分组成。各个区域根据功能划分，之间又相互联系。

梁场前期规划中，生活区一般设立在主进场处，也就是生活区与其他生产区域分开；搅拌站一般设立在制梁区域中间对面，方便混凝土运输，方便生产。钢筋加工存放区、钢筋绑扎区，根据建设经验设在制梁区较好，一般设立在制梁区的两头，方便加工好的钢筋直接运进绑扎胎具，钢筋绑扎时还可以运输钢筋，便于生产提高生产进度；试验室一般设立在搅拌站的旁边便于试验工作。区域之间相互分离又相互联系，人流物流分开，生产办公区隔离。

大临工程开始前首先要确定运梁方式，运梁方式决定整体规划，预制场一般分两种形式，第一种是提梁机提梁，第二种是横移滑倒驼梁小车运梁。取梁方式为运架一体机取梁，提梁机提梁的方式，此时运架梁台座只需要 1~3 个，横移小车喂梁时，每个存梁区最后一排应设置为取梁台座。

2. 上饶制梁场布置情况

以上饶制梁场为例介绍该线路的梁场布置情况。上饶制梁场如图 42-1 所示。

图 42 – 1　上饶制梁场

　　上饶制梁场位于上饶县皂头镇丰溪河特大桥旁，中心里程为 DK482 + 050，占地 132 亩（包含喂梁区），梁场由生活区、拌和区、制梁区、存梁区、钢筋加工区、实验室、喂梁区 7 个部分组成，其中钢筋加工区在存梁区两侧各设一个，整个梁场内设 50 t 龙门吊 3 台，钢筋加工车间 15 t 龙门吊 2 台，HZS75 型拌和机 3 台，900 t 轮胎式提梁机一台，450 t 提梁龙门吊 2 台，采用提梁上桥的方式。上饶制梁场平面布置如图 42 – 2 所示。

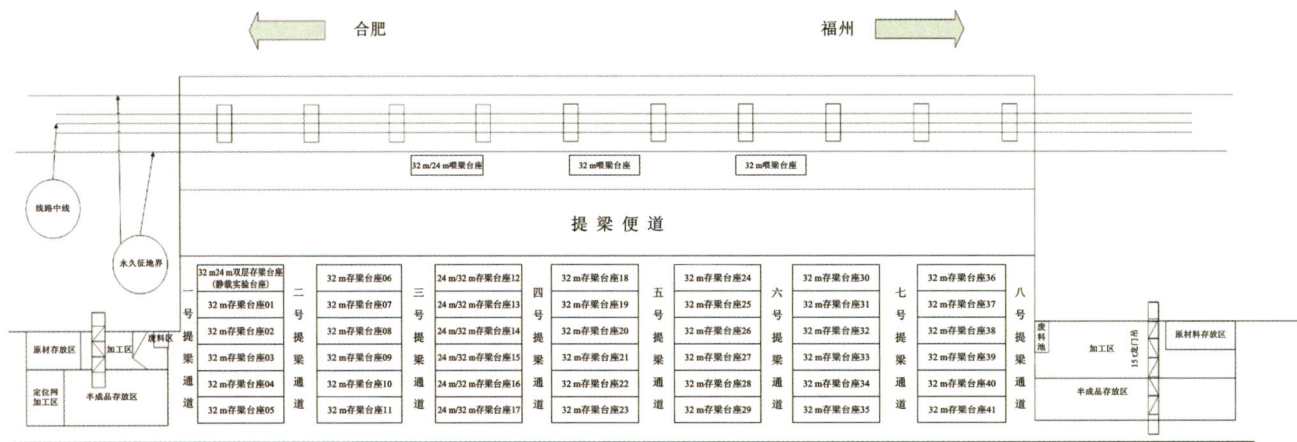

图 42 – 2　上饶制梁厂平面布置图

　　该梁场共计 512 孔箱梁预制任务，其中 44 孔 24 m 箱梁，468 孔 32 m 箱梁，场区共设 7 个制梁台座，其中 2 个 24 m/32 m 共用，配备 7 套外膜，4 套内膜，41 个存梁台座，按双层存梁设计，最大可存梁 82 片，梁场生产能力 1.5 孔/d。

三、预制箱梁施工方案

1. 预制梁方案综述

　　根据架梁方向和工期要求安排，上饶梁场设置 7 个制梁台座，配备相应的制梁模板。模板内、外模采用钢模，内模采用全液压收放。混凝土采用集中拌和，泵送入模。场内均采用轮胎式提梁机提梁、移梁。

　　梁场采用横列式布置，工业化设计。为确保铁路建设进度和满足箱梁架设需要，箱梁预制场配备相应数量的制梁台座。制梁台座采用明挖扩大基础，存梁台座基础采用明挖扩大基础，台座采用 C25 钢筋混凝土。

梁场场区的移梁和提梁采用900 t轮轨胎式提梁机,考虑到吊运梁机自身质量和梁体本身质量较大,为确保提梁机安全运行,提梁机基础采用明挖扩大基础,地基处理采用换填1.0 m厚水泥级配碎石(5%水泥掺量)作为路面。下设30 cm厚砂卵石。生产区50 t龙门吊地基处理方案采用90 cm厚的C25混凝土。

2.箱梁预制工艺流程

1)原材料的选用

原材料采购前按照ISO9000的要求进行合格供方评价,供应商必须在合格供方名录中。所有原材料应有供应商提供的出厂检验合格证,并应按有关检验项目、批次,严格实施进场检验。当料源发生变化时,应对原材料进行各项指标检验,检验合格后,并重新设计配合比。

2)钢筋工程

钢筋工程施工工艺流程如图42-3所示。

3)模板工程

预制箱梁的模板主要包括底模、内模、外模、端模以及各种连接件、紧固件等。模板应具有足够的强度、刚度和稳定性,应能保证梁体各部分形状、尺寸及预埋件的准确位置。

模型进场后应对模型进行细致全面的检查,并进行试拼装,模型的拼装顺序为先拼装底模,其次侧模、端膜和内模。

4)混凝土工程

混凝土工程施工工艺流程如图42-4所示。

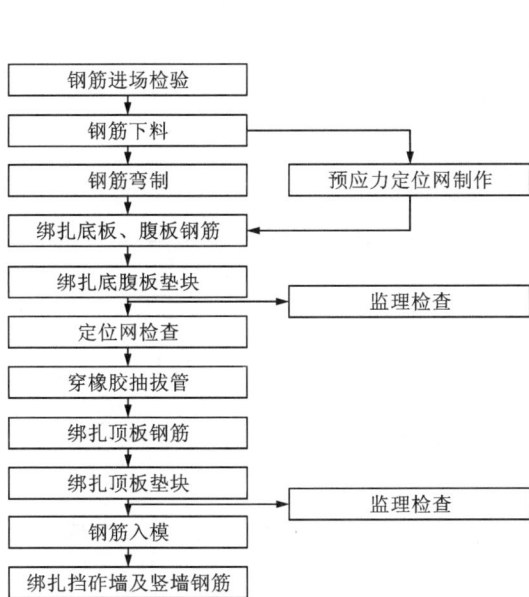

图42-3 钢筋工程施工工艺流程图

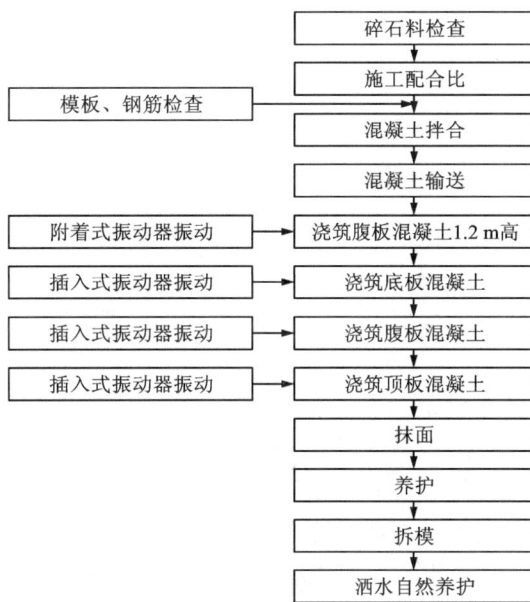

图42-4 梁场浇筑流程图

5)预应力工程

预制梁张拉按预张拉、初张拉、终张拉三个阶段进行。预应力工程施工工艺流程如图42-5所示。

四、梁场优化情况

1.贵口制梁场调整至武夷山东站(即武夷山东站制梁场)

贵口制梁场位于线路中心里程DK594+021处,计划预制DK578+027至DK605+270区段内共计385孔箱梁。但此处正线为贵口特大桥,轨面设计高程为180.230 m,梁场地面高程为138.45 m,相对高差为

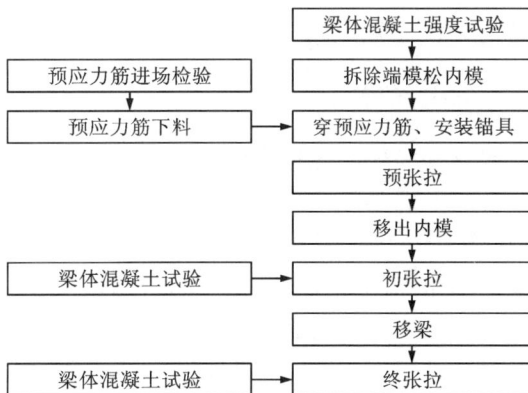

图42-5 预应力工程施工工艺流程图

41.78 m，贵口特大桥的墩身高度在 38 m 左右。而现有的 450T 提梁机高度为 32 m，有效起吊高度仅为 28 m，若在此处设制梁场，提梁机的提升高度不能满足施工要求，而将提梁机加高会给施工带来很大的安全风险。

经对 DK578 + 027 至 DK605 + 270 施工区段内所有桥梁、路基段的现场进行比选，施工单位认为在武夷山东站（中心里程 DK585 + 900）处设置梁场较为合适。该处路肩设计高程为 180.56 m，地面高程为 172.00 m，相对高差为 8.56 m。自然地面与设计高差较小，满足 450T 提梁机提升高度要求，施工安全风险随之大大降低。箱梁运输采用 450T 提梁机装梁，运梁车利用运梁道路进入路基到达架梁位置。

2. 下碓制梁场调整至蔡墩特大桥处（即丰乐制梁场）

下碓制梁场位于线路中心里程 DK617 + 100 处，计划预制 DK607 + 813 至 DK630 + 325 区段内共计 319 孔箱梁。原设计梁场地处山区丘陵地带，地面起伏比较大，最低处标高为 135 m，最高处标高为 200 m，最大高差为 65 m。在此处设置梁场挖方远大于填方，填挖不均衡，需弃方约 90×10^5 方，且弃方约需 100 多亩土地堆放，需做大量挡护和环保防护措施，对自然生态环境保护极为不利。

本着"合理布局，节约用地"的原则，为减少对周围环境的破坏，施工方重新对场址选择进行了分析。确定的制梁场位于徐墩特大桥右侧线路中心里程 DK619 + 900 处。该处地势开阔，起伏不大，最低处标高为 139.9 m，最高处标高为 158 m，但需进行场地平整。按目前确定的梁场场坪标高为 145.61 m 计算，最大填方高度为 5.71 m，最大挖方高度为 12.39 m，填、挖方均约为 $1.5 \times 10 \mathrm{m}^5$，填挖方基本平衡。同时，施工主要道路可利用丰乐高速进口处水泥路，再修建部分进场道路，交通和梁体运输比较便利。

第三节　德兴轨枕厂建设

一、工程概况

德兴轨枕场位于江西省德兴市，主要承担合福高铁闽赣段 I 标里程 DK343 + 180 ~ DK528 + 450 范围内的 570061 根双块式轨枕。

轨枕场主要设有生活区、生产区、搅拌区、轨枕存放区及辅助功能区，其中生产车间包含轨枕预制车间（84 m×21 m）及钢筋加工车间（84 m×21 m），共占用面积为 3528 m²。搅拌区包含搅拌站和砂石料场，其中砂石料场占地面积为 1424.25 m²，其储备能力满足正常生产 15 d 的需要，轨枕场采用 HZ90 全自动搅拌站，配备了 2 个 100 t 散装水泥仓和 1 个 100 t 掺合料仓。辅助功能区置一辅助功能区车间（84 m×21 m）包含锅炉房、仓库、试验室、维修班等，共计占地面积为 1764 m²。

存枕区占地面积约为 31000 m²，采用 2 台 40 m（两边各悬臂 10 m）跨度龙门吊进行吊装存放，存枕区分为 I 区、II 区。I 区龙门吊轨道长度为 322 m，II 区龙门吊轨道长度为 310.5 m，能达到轨枕生产存放的要求。轨枕场存枕区如图 42 - 6 所示。

生活区占地面积约为 6800 m²，分为办公区和员工宿舍，共有 14 栋活动板房，其内部布置能满足约 240 名员工的生产及生活。

二、场地布置

德兴轨枕场生产区域由钢筋加工区、生产车间、混凝土搅拌站、锅炉房、试验室、成品库、仓库和生活区等组成。其中轨枕预制车间设置了 1 条流水生产线，钢筋车间设有冷轧生产设备和桁架生产设备各一套，其生产能力完全能满足轨枕场的需求。另外，在生产车间内还配备了钢筋点焊机、钢筋弯箍机及弹簧筋加工设备。

图 42 - 6　轨枕场存枕区

1. 钢筋存放区

钢筋存放区分为钢筋车间存放区和仓库存放区，占地约为 450 m²，可存放钢筋约为 450 t，满足轨枕最大日产量时 20 d 生产需要。

2. 钢筋加工区

加工区长为 84 m，宽为 21 m，钢筋加工区包括 1 台 20 m 的 5 t 桁吊。为达到设计精度，全部使用专业设备用于加工双块式轨枕所需螺旋钢筋、箍筋、箍筋固定件及桁架钢筋。

3. 生产车间

轨枕生产预制车间采用跨度为 21 m×84 m 轻钢结构，内设 1 台 20 m 跨 5 t 桁吊和一台 20 m 跨 16 t 桁吊，用于吊运钢模及轨枕。轨枕生产线由钢模型、模型输送辊道、升降轨道、混凝土灌注设备、振动台、养护池、钢模运输车、翻模机、轨枕传送辊道、轨枕码垛机、轨枕入库运送平车等组成。

钢模型为 1×4 联短模型式，模型输送辊道由钢结构架、辊轮、动力装置等组成，整个生产线依生产节拍和工艺需要布置六组纵向轨道，纵向轨道的传输速度约为 26 m/min，功率为 3 kW。为适应预埋件的安装，预埋件安装工位的纵向辊道为可倾斜结构。

生产线布置一个升降轨道，升降轨道由滚筒、传动装置、机架、气动推拉装置等组成，辊筒升降高度为 35 mm，辊筒直径为 φ159 mm，滚筒传输速度约为 26 m/min。

灌注区有混凝土布料机一台，搅拌站混凝土装料斗由输送小车运送至龙门吊下由龙门吊吊至布料机中。浇灌车有一个下料口对准模型进行下料，下料量由操作工人进行控制给料量。

轨枕场共设置 12 个养护池，其中 4 个较小的养护池每个池子可以存放 12 套模型，另外 8 个较大的养护池每个可以存放 18 套模型。总计可存放 192 套钢模。轨枕在养护池进行蒸汽养护，养护分静置、升温、恒温、降温四个阶段。采用自动控温系统来控制养护温度。

4. 混凝土搅拌站

混凝土搅拌站为 HZ90 全自动搅拌站，配备 2 个 100 t 散装水泥仓和 1 个 100 t 掺合料仓。

5. 骨料库

根据《客运专线高性能混凝土暂行技术条件》对混凝土原材料的要求，骨料库修建防雨棚，采用 30 cm 厚 C30 混凝土硬化地面，总占地面积约为 1424.25 m²，可堆放砂 11 m×21 m×2.0 m×2＝924 m³，碎石 11 m×22.5 m×2.0 m×4＝1980 m³，能满足轨枕最大日产量时 15 d 生产需要。

6. 成品库

成品堆放采用码垛形式，每垛 12 层，每层 4 根。为满足无砟轨道铺设工期要求，设置 1 个长 322 m、宽 45 m 的成品存放区和一个长 310.5 m，宽 45 m 的成品存放区，库内各设一台 40 m 跨 16 t 的双悬臂龙门吊，悬臂长度两边各长 10 m。为防止双块式轨枕在存放过程中发生扭曲变形，成品库地面全部采用 300 mm×300 mm 条形基础。存放区域共分为存枕 I 区和存枕 II 区，两个区域共计可存放约 28 W 根轨枕。

7. 试验室

试验室设置在辅助生产车间内，采用保温隔热板房结构，占地面积约为 285 m²。分为力学室、化学分析室、胶凝材料室、样品室、砂石室、混凝土室、计量室、标准养护室和办公室，试验内容包括：钢筋、混凝土的物理力学性能检验；砂、石的常规性能检验；混凝土试件的标准养护等。

8. 仓库

仓库占地面积约为 448.5 m²，设置有办公室、五金库、工具室、配件库、劳保库及油库以及钢筋存放区、垫木存放区，能满足日常生产需要。

三、施工工艺及技术要求

1. 轨枕养护

轨枕养护采用控温自动蒸汽系统进行养护，养护分为四个阶段：

（1）静养阶段：在温度不大于 30℃ 的环境中将模型放入养护池内静停 2 h。

（2）升温阶段：静停后开始供汽升温，每 h 升温速度小于 15℃（每 5 min 记录一次）升温时间根据养护窑环境温度进行控制。

（3）恒温阶段：恒温温度控制在48℃±2℃，恒温时间不超过8 h。

（4）降温阶段：出池前的轨枕表面与池外环境温差不大于15℃。降温速度每小时不得超过15℃（每5 min记录一次）。降温根据试件强度，恒温时间达到后，到养护池内取出试件送到试验室试验。当试件强度不小于40 MPa时，由技术人员书面通知温控人员后停气降温。当试件强度小于40 MPa时，则按延时试验数据，延长恒温养护时间至试件强度达到40 MPa以上后降温脱模。

轨枕养护程序如图42-7所示。

静停 →（2 h）→ 升温 →（不大于15℃/h）→ 恒温 →（48℃±2℃，不超过8 h）→ 降温 →（不大于15℃/h）→ 出池

图42-7　轨枕养护程序

温控人员严格执行养护程序，按时观测养护温度，准确记录，控制各阶段的时间和温度，发生异常现象时，及时向安质部报告，接到安质部质检人员书面通知后再关闭蒸汽阀门，降温揭盖。养护池及设备损坏时做到及时维修，定期清理池内混凝土渣、杂物，保持排水畅通，保证养护设备完好。轨枕脱模后对轨枕洒水保湿养护3 d。洒水白天每2 h一次，夜间4 h一次，洒水次数以能保持混凝土表面潮湿为度。

2. 轨枕存放

（1）双块式轨枕按批次分别存放，不合格的轨枕单独存放。

（2）轨枕的存放场地坚固平整，并具有良好的排水系统。

（3）用叉车和专用吊具，按每20根轨枕堆成一堆，分为5层，每层4根轨枕。双块式轨枕存放时按水平层次（枕底向下）放置，各层之间垫70 mm×60 mm×1250 mm的硬质杂木垫条，垫条在每块混凝土块的正中，且上下各层垫木对齐，以防止双块式轨枕的桁架钢筋在存放时受力扭曲。

（4）在接近上表面区域的混凝土，用干燥或强烈冷却等方法保证其到最终硬化前保证不受损害。

（5）轨枕在生产结束和第一次质量检验以后，用薄膜盖好。薄膜的边角做到保证在连接处的安全，并以重叠的方式铺好。后期养护工作超过24 h。

轨枕存放示意图如图42-8所示。

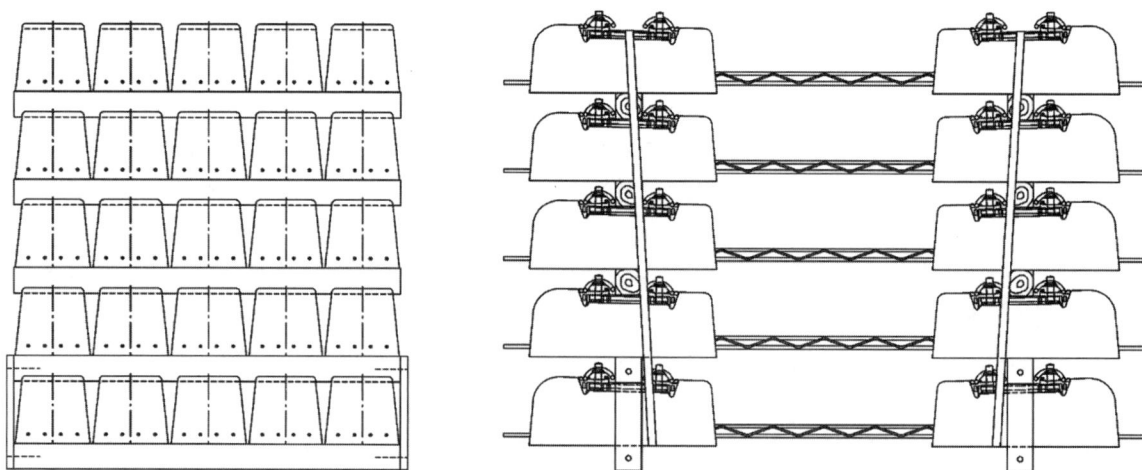

图42-8　轨枕存放示意图

3. 装卸及运输

经专职检验人员检查全部合格的轨枕才允许装车出厂。轨枕装卸时采用吊装方式，严禁碰、撞、摔、掷。吊车班接到生产科发出的装车任务单后将轨枕装车，并由质检科出具出厂合格证明。装车完毕后，通知有关部门共同检查，确认合格后方可发运。

第四节　福州铺轨基地选址方案优化

一、工程概况

合福高铁闽赣段根据设计全线采用 60 kg/m、500 m 长轨铺设，待铺设一定距离后再进行线路焊接及锁定。由中铁二局京福铁路客专闽赣Ⅷ标项目经理部四分部承担福州站至武夷山东站方向的铺轨及焊接、锁定任务，其正线铺轨长为 458.8 km，站线铺轨长为 17.7 km，共铺设 476.7 km 钢轨，共计 1907 根 500 m 长钢轨。因焊轨厂场地和存储能力受限制，为保证施工工期和进度的要求，需修建一处 500 m 长轨存放基地，存放 500 m 长钢轨。合福高铁所用 500 m 长钢轨，由南昌铁路局向塘焊轨厂生产，采用专用长轨运输列车经既有福州车站运至铺轨基地存储，待铺轨开始后，再采用自备长轨运输车由基地进入工程线，由福州车站向武夷山东站单方向进行长轨铺设。

根据《南昌铁路局关于合福高铁福州地区长轨铺设基地设计方案审查会议纪要》要求，在福州客车整备所内动车存车场出岔，利用福州客整所和向莆下行正线间的空地设置铺轨基地。铺轨基地从福州站客车整备所咽喉 224# 道岔与 214~220# 复式交分道岔中间预留的岔位引出，设长轨运输线 1 条、长轨装卸线 1 条、安全线 1 条，有效长满足长轨列车到发需要。

二、原铺轨基地选址情况

根据铁鉴函〔2010〕189 号《关于新建合福至福州铁路初步设计的批复》，合福高铁闽赣段在福州地区设置一处铺轨基地，"对于福州端（白沙镇）铺轨基地的设置应结合既有线运营状况、临时工程投资等分析确定，在能力允许的条件下，优先考虑利用樟林区段站部分股道设置"。福州铺轨基地承担福州至武夷山 DK580+000 至 DK809+811 段双线 230 km，总计铺轨 460 km、铺设道岔 72 组、站线铺轨 17.73 km、轨道焊接、应力放散和线路锁定任务。初步设计铺轨基地设置方案如下所述。

1）铺轨基地的位置

原初步设计方案中，利用樟林区段站Ⅱ场既有 15~19 道作为铺轨基地，充分考虑利用既有股道和场坪等工程。

2）运轨通道

长轨运输车从向塘出发，经福州站与樟林站之间的区间正线进入樟林站Ⅱ场，然后进入铺轨基地，进行长轨存储。

长轨铺设时在基地装车，长轨列车经樟林车站调车，通过福州东站及福州站跨既有线运输，进入新建合福线进行长轨铺设，具体如图 42-9 所示。

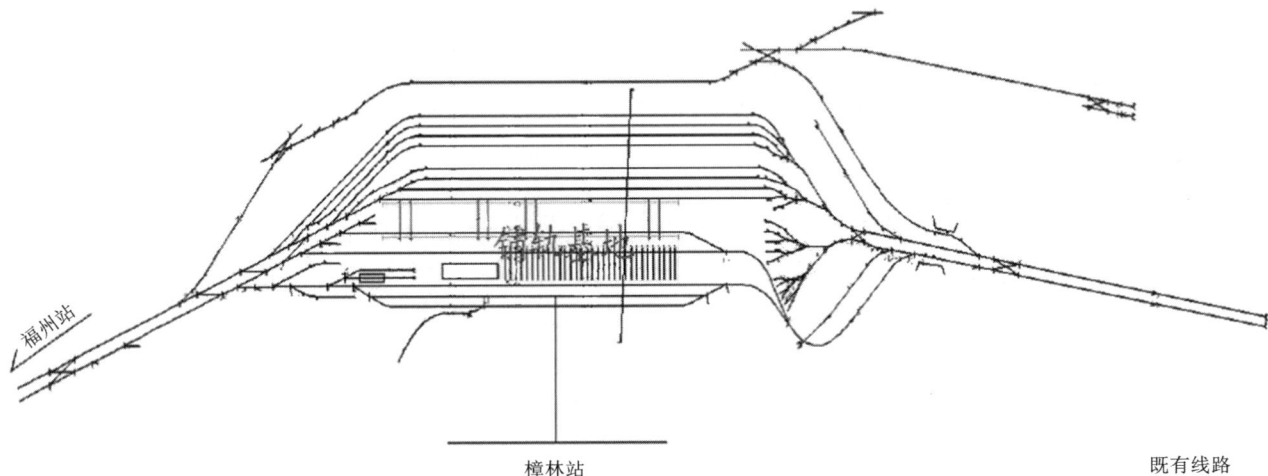

图 42-9　福州地区铺轨基地平面布置示意图（原设计）

三、铺轨基地选址方案优化设计

1. 优化原因

原设计方案中，利用樟林区段站Ⅱ场既有 15～19 道作为铺轨基地，施工图阶段经过进一步调查和研究，发现此方案存在以下问题：

(1) 樟林车站Ⅱ场既有 15～19 道现阶段为中铁一局铺轨基地线路，股道移交日期不定。

(2) 15～19 道是驼峰调车线，中铁一局使用完之后，为缓解樟林车站调车作业的压力，15～19 道需要马上投入使用，而后继续作为铺轨基地的可能性很小。

(3) 铺轨基地进出均无道路，所有设备及工器具均需通过列车运输进场，物流组织困难，施工难度大。

(4) 长轨列车进出需经樟林车站调车，樟林车站列车运输密集，联络线从 4：00 至 23：15 分为福厦高铁正常运营时间，此时段内不能进行轨料运输；而晚上首先要运输白天累积的货运列车，运输密度大；另线路需经常进行检修，不能保证轨料运输需求。况且要通过福州东站及福州站，长轨运输车辆必须跨既有线运输，安全风险大。

(5) 工程运输与正常运输相互干扰严重，自备长轨运输车辆不能上既有线运输，施工进度和工期不能保证。

综上所述，若在樟林区段站Ⅱ场既有 15～19 道设置铺轨基地，轨料运输时间严重受限，且每趟长轨车往返铺轨基地都必须按照既有线行车要求和手续进行取送车，手续烦琐、效率低、安全压力大，严重制约着长轨车进出基地，无法满足合福高铁闽赣段铺轨工期要求。

2. 优化设计调研

针对原福州地区（樟林）铺轨基地存在的问题重新对南平车站、建瓯车站、白沙车站、杜坞车站、福州车站等地进行了实地考察和分析后，调研结果如下：

(1) 南平车站、建瓯车站无现有场地设置铺轨基地，若要在此建设铺轨基地，务必涉及征地和大量土石方工程，且需要铺设联络线从基地进入新建合福线，后期还需进行临时线路拆除等烦琐工作，基地建设涉及面广、工程量大，征迁、线路的接入与拆除等不定因素多，无法保证铺轨基地建设工期等要求。

(2) 白沙车站、杜坞车站同样无现有场地设置铺轨基地，长轨列车进出需经车站调车，白沙车站和杜坞车站均在既有峰福铁路上，线路运输密度大，另线路经常进行检修，不能保证轨料运输需求，长轨运输车辆必须跨既有线运输，安全风险大。

(3) 福州车站新建向莆铁路左线与福州车站动车所之间，靠近向莆铁路左线侧有一空地，经现场勘查、测量后场地大小刚好满足基地建设要求。铺轨基地可利用合福高铁进站线路，由福州车站站线引入铺轨基地，再由铺轨基地直接接入新建合福线，轨料经运送进入铺轨基地后可由铺轨单位自行组织进行铺轨作业，自有长轨车进出基地、长轨装卸不受制于既有线。另外，出入基地可修整既有泥结碎石路，方便施工车辆、工器具、人员等进出基地，且基地场地后期可用于新建合福线进入福州车站线路，可减少后期施工投入。

经过综合分析和慎重考虑，从场地的规模、安全性、调车作业、运输干扰和基地建设工作量等方面综合考虑，在福州车站建设铺轨基地的方案切实可行，且能够保证铺轨进度，满足工期要求。

3. 变更设计方案

1) 场地平面布置

长轨存放区设置在新建向莆铁路左线与福州车站动车所之间，靠近向莆铁路左线一侧空地，小件存放区位于长轨存放区福州端，生活、办公区位于长轨存放区和动车所之间空地靠近动车所一侧。

利用合福高铁闽赣段进站线路，由福州车站线 11 道引入铺轨基地，在福州客车整备所内的动车存车场出岔，利用福州客整所和向莆下行正线间的空地设置铺轨基地。铺轨基地从福州站客车整备所咽喉 224# 道岔与 214～220# 复式交分道岔中间预留的岔位引出，设长轨运输线 1 条、长轨装卸线 1 条、安全线 1 条，有效长度满足长轨列车到发线长度要求。

长钢轨存放区沿 1 道右侧布置，安装 32 台 2 吨 17 m 跨度固定式门吊组成的联动群吊，按此规模在铺轨前可同时存放长轨 128 铺轨公里的轨料。

2）长轨运输通道

长轨列车通过福州车站 11 道进入铺轨基地进行装卸作业，铺轨时长轨列车经新建合福下行线进行轨道铺设，在路基并行地段（DK807 +400 附近）插入两组道岔，进入上、下行线进行换道铺轨作业。

3）铺轨基地作业方式

轨料经由向塘焊轨基地运送进入铺轨基地进行交接，后由铺轨单位自行组织进行铺轨作业。优化后的《福州车站铺轨基地平面布置示意图》，如图 42 –10 所示。

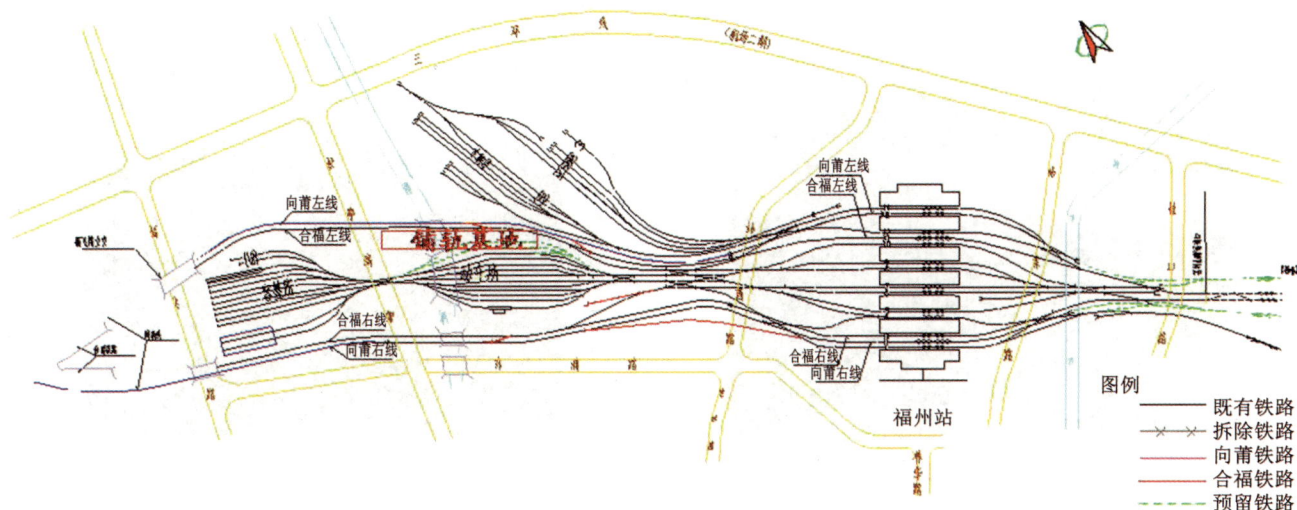

图 42 –10　福州车站铺轨基地平面布置示意图

4. 施工方案

1）线路设置

（1）股道设置：铺轨基地场内共设置 2 条长轨线，进行道岔钢轨、500 m 长钢轨、小件等材料的装卸作业，铺轨基地引入线与车站连接处设置安全线，防止铺轨基地内车辆失控进入车站。

（2）长轨运输线经纵移既有 224#道岔至既有 224#道岔与 214～220#复式交分道岔中间预留的岔位引出，直股连接 D10 线，曲股岔后 22.38 m 插铺 236#道岔；曲股连接 D11 线，直股岔后进入铺轨基地线路。

（3）安全线在长轨运输线上铺设一组 L2#道岔（P50 1/9 左开道岔），有效长度为 50 m（距离 C93 杆 10 m），防止机车溜入车站，L2#道岔与 236#道岔形成联动道岔，纳入车站联锁管理。

（4）长轨运输线：由于避开 D65、D67、D69 杆，设置半径 R =300 m 的 S 曲线引入。从 236#道岔到晋安河中桥处新铺设股道，在晋安河中桥处连接峰福线，直到 L1#道岔，主要是长轨列车组装线及 500 m 长轨列车调转线。在生活区后与 L2#道岔间硬化道路用于机车加油。

（5）长轨装卸线：考虑既有峰福线桥梁，长轨装卸线设置在长轨存放区中部，从 L1#（左开道岔）道岔后，到 C83 前 10 m 设置车挡，有效长度为 560 m。长轨装卸线合肥端横穿五四路立交桥，从桥墩中间穿过，离桥墩边最小距离为 2.7 m，满足机车行车限界（桥墩外侧修筑防撞墙）。

（6）在 DK806 +925、DK807 +765 处分别设置一组单渡线道岔，用于施工时下行至上行转线及列车调车使用，并将 DK807 +765 处上行线道岔直股以后部分（机待线）做轨行设备停车线，在 DK807 +765 后 1000 m 处设置临时车挡。

2）路基处理

（1）铺轨基地路基长 600 m，基地顶宽最宽处为 26 m，最窄处为 10 m，采用 AB 组填料填筑，压实度达到国家 I 级铁路标准。

（2）边坡填高大于 3.0 m 地段采用 M7.5 浆砌片石拱形截水骨架，内撒草籽防护，边坡高度小于 3 m 地段采用撒草籽及喷播植草防护；局部靠既有线侧设混凝土挡砟墙；软基场坪范围内设 0.5 m 厚砂砾石垫层，垫层内夹铺二层双向高强涤纶经编土工格栅，其双向抗拉强度不小于 110 kN/m，并在坡脚设置 M7.5 浆砌片石脚墙。

（3）路基处理完成后，后期作为合福高铁左线的进站线路。

3）桥梁（晋安河临时便桥）、涵洞

晋安河为福州市城区内一条排洪河道，桥址施工水位为5.0 m。因线路布置需要，跨河处增设临时线路以便于长钢轨装卸。根据现场情况，采用5~9 m钢梁临时便桥上跨晋安河（纵、横梁材质采用I45a、I56a型工字钢），方便在长钢轨铺完后拆除，桥长为47.1 m，具体如图42-11所示。

桥梁靠近福州端一侧设置一箱型涵洞，与原涵洞相接，保护管道，确保满足排水需求，如图42-12所示。

图42-11　钢梁临时便桥上跨晋安河

图42-12　箱型涵洞

4）信号改造

（1）站场道岔改移

移设224号道岔，新设236/L2号道岔，新增K13、K14道存车线。

（2）既有信号电缆迁改

2009年建设福州整备场时站场尚未形成，信号施工先铺设电缆，后期站前对站场进行填方，新铺设道岔236#位置刚好是既有分向盒D-2、S-2埋设的位置，故把既有分向盒迁移到新236#线路外侧。由于电缆埋设深，深度达2 m多，且主干电缆敷设在动车场10股道边，无法开挖迁移，规范要求不允许在线路正下方续接，因此采用新铺设电缆进行倒接。

（3）信号改造

新增236/L2道岔，并增加相应的轨道区段，信号机纳入联锁，CTC设备、微机监测设备相应调整，同时STP系统做相应的调试。

5）接触网迁改

受铺轨基地影响，对向莆线下行供电臂部分线路进行改移，对既有峰福线部分 XI-2 与铺轨基地股道冲突部分取消挂网及拆除支柱，铺轨基地工程完成后恢复原挂网设计。

四、铺轨基地场地规划

1. 长轨存放区

从福州车站既有11道引出施工便线作为500 m长钢轨装卸线，安装32台2.5 t 17 m跨度固定式门吊组成的联动群吊，如图42-13所示。长钢轨存放区沿装卸线右侧布置，采用C20钢筋混凝土台座，间距7 m，存放宽度为12.5 m，采取多层存放，层与层钢轨间用50 mm×50 mm的空心方钢管。经计算，按8层存放，底层存放钢轨71根，以后每层递减2根，可一次性存放全线长钢轨512根，满足存放128铺轨公里长钢轨的需要。

2. 道岔、工具轨存放区

从福州既有11道11#岔后插入一组临时9#道岔，接出一股临时便线，在客车整备所与长轨存放区之间，设置一个长为80 m宽为12 m的道岔、工具轨存放区。

图 42 – 13　联动群吊安装施工

3. 轨料进出

长轨从福州车站经既有 11 道进入铺轨基地长轨存放区进行装卸作业，铺轨时长轨列车经长轨装卸线直接进入合福高铁下行线进行铺轨作业，在前方 DK805 + 400 附近插入两组临时道岔，连接合福高铁上下行线，进行调车及存车作业，如图 42 – 14、图 42 – 15 所示。

图 42 – 14　改移插入道岔施工

图 42 – 15　引入线道岔

4. 生产和生活房屋

在铺轨基地合肥向公路立交桥下建临时生产及生活房屋，与临近租赁房屋相接合。

5. 水、电设施

生活及生产用水采用就近自来水。基地用电主要是吊装设备用电和生活用电，电源直接进 T 接，安装 400 kVA 变压站 1 座，配备 150 kW 发电机组 2 台作为备用。建成完工后的铺轨基地全景如图 42 – 16 所示。

图 42 – 16　福州铺轨基地方案优化完工全景图

第四十三章 路基工程

第一节 工程概况

合福高铁闽赣段全线路基长为 48.68 km,地基处理长度为 33.01 km,路基工点 313 处。本线路段内路基基底最主要采用混凝土灌注桩、CFG 桩、岩溶注浆等加固措施。全线共有 160 段路基需堆载预压(架梁通道上有 122 段)。主要工程数量情况见表 43-1。

表 43-1 路基工程数量

路基长度 /km	地基处理 /km	填挖数量/($\times 10^4$ m³)					钻孔灌注桩 /($\times 10^4$ m³)	CFG 桩 /($\times 10^4$ m³)	混凝土挡墙 /($\times 10^4$ m³)
		区间		站场		小计			
		填筑	开挖	填筑	开挖				
48.68	33.01	1476.66	196.13	884.16	294.31	2851.26	18.9	53.9	34.8

由于本线工程地质复杂,特殊路基种类较多,主要工点类型有深路堑、过渡段、顺层路堑、松软土及软土路基、陡坡路基、岩溶路基、煤系地层深路堑、危岩、危石路基、高路堤等。

路基工程一般工序流程:施工准备→基地处理→基床下路基和基床底层填筑→堆载预压→基床表层级配碎石填筑→路基相关工程(声屏障基础、接触网立柱基础、电缆槽、连通管道、综合接地、环保设施施工)施工→沥青混凝土防水层施工→整理验收。本文不再赘述常规性、普适性的施工工艺及方法,只就重点路基工程的具体施工过程以及施工中的重难点进行工程总结。

第二节 工艺试验

一、填料改良试验

施工前,进行改良土的室内试验,确定施工配合比。主要进行下述试验项目:

(1)填料鉴定:细粒土通过颗粒分析试验和界限含水量试验,确定填料类别。粗粒土通过颗粒分析试验确定填料类别。

(2)改良掺合料室内试验:主要包括水泥、石灰的物理化学指标检验和中粗砂、碎石的的颗粒级配检验。

(3)化学改良土室内试验:主要包括击实试验、无侧限抗压强度试验、自由膨胀率试验、生石灰土中氧化钙与氧化镁含量试验和含水量试验等。

(4)物理改良土室内试验:主要包括颗粒级配试验,不同掺合料及不同掺合比组合的击实试验。

二、CFG 桩工艺试验

CFG 桩工艺试验目的如下:

(1)成桩工艺试验。检验施工设备以及施工工艺的适用性;获取混凝土泵送速度、钻杆提升速度、混凝土坍落度、保水性以及不同深度、土层的施工电流数据,为选择合理的施工工艺、机械设备提供依据;积累现场施工组织与管理经验,施工队伍都是成手。

（2）桩身质量检测。进行桩身完整性检测、桩身混合料强度检测，为优化施工参数和混凝土配合比提供依据。

（3）单桩承载力检测。验算桩侧摩阻力、桩端阻力，了解桩的承载性能，为持力层的合理选择提供依据。

（4）试桩现场地质勘查。了解土层的分布情况以及各个土层的力学性能。

三、高压旋喷桩工艺试验

DK561+137.00～+175段边坡、DK561+160.00～+271.03段地基、DK563+442.79～+510基底、DK563+470～+510左侧边坡采用高压旋喷桩加固，以该区段为例介绍高压旋喷桩工艺试验。

1. 试验目的

1）室内配比试验目的

了解加固水泥品种、掺入量、水灰比对水泥强度的影响，求得龄期与强度的关系，从而为施工工艺提供可靠的参数。

2）室外试验目的

（1）利用室内水泥土配比试验结果进行现场成桩试验，以确定满足设计要求的施工工艺和泵压、泵量、提升速度、旋转速率等施工参数。

（2）检验成桩的桩位偏差、垂直度偏差是否满足要求。

（3）检验各种试验桩参数的选用是否满足要求：水泥掺入量选用110 kg/m 、125 kg/m、140 kg/m，三组共3根；水灰比采用1.0。

（4）检验28 d后单桩承载力试验是否满足261.25 kN。

2. 试验内容

通过现场试验，成桩28 d后，项目部技术人员、监理单位，第3方检测方对3根试桩做检测验收，确定施工中以下内容：

（1）成桩的桩位偏差是否小于5 cm，垂直度偏差是否小于1.5%。

（2）不同配合比的桩身水泥土无侧限抗压强度是否小于2.8 MPa，桩体压缩模量是否不小于80 MPa。

（3）28天后单桩承载力试验是否满足261.25 kN。

如以上3项均满足要求，说明试桩方法满足施工要求，按本施工方法施工。如某一项不能满足要求，分析原因，针对性地改进方法，然后再试桩，直至于试验结果符合要求后才正式施工。

3. 试验结果

中心实验室在DK561+137～+271.03段取样1次。经过28 d龄期抗压强度检测，水泥掺入量18%的28天后抗压强度为3 MPa，符合设计要求的2.8 MPa。

四、岩溶注浆工艺试验

金源明洞DK452+364～DK452+411.21段地层岩体较破碎且溶洞规模大，故采用压力注浆加固，按设计要求选用3个注浆孔进行注浆试验，以该段地基处理为例介绍岩溶注浆试验。

1. 试验目的

通过注浆试验合理选择注浆工艺，合理确定注浆压力、浆液配比、单位注浆量等相关参数，确定停止注浆的条件等。

2. 试验内容

（1）钻孔结束经"三检"验收合格后，进行压水试验，试验孔及试验检查孔均采用单点法压水，压力均为灌浆压力的80%。即在设计压力下，每5 min测一次读数，连续测记四个流量并达到稳定标准后即可结束，并取最终值计算透水率。

（2）检查管路系统能否耐压、有无漏水、管路连接是否正确及设备机况是否正常，使设备充分热身。试运转时压水压力由小逐渐增大到预定注浆压力，并持续15 min。

3. 试验结果

路基注浆完毕后，通过 4 种方式进行试验的注浆效果检查：

（1）压浆前后遵循《铁路工程物理勘探规程》（TB 10013—2004）采用瞬态面波法进行探测。根据注浆前后瞬态面波 VR 特征的变化对比，确定注浆效果较好，确实起到加固地基的效果。

（2）根据注浆前后钻孔试验的单位长度吸水量对比，检查注浆效果。在钻孔注浆后，单位长度吸水量小于注浆前吸水量 4% 左右。

（3）钻孔检查。取芯后发现浆液充填密实。

（4）注浆观察。部分注浆孔在注浆后，冒浆点出现在路基范围之外 3 ~ 5 m，可视该段路基范围岩溶通道堵塞完毕。

五、过渡段级配碎石填筑工艺试验

1. 试验目的

在过渡段级配碎石进行大面积填筑前，闽赣Ⅱ标选取具有代表性的路基段作为过渡段级配碎石填筑的试验段以指导整个标段的路基过渡段级配碎石填筑施工，通过试验段施工收集相关参数，确定标准化施工工艺，本次试验主要要达到如下目的：

（1）填料的选取。

（2）机械设备组合。

（3）压路机碾压行走速度、碾压方式、碾压遍数。

（4）填料的施工含水率控制范围。

（5）适宜的松铺厚度。

通过对如上工艺参数和设备的合理确定，以达到确保本标段路基过路段施工优质高效完成。

2. 试验指标要求

（1）基坑回填碎石 $E_{vd} \geqslant 30$ MPa。

（2）基床表层以下过渡段级配碎石填筑压实标准：压实系数 $k \geqslant 0.95$、地基系数 $k_{30} \geqslant 150$ MPa/m、$E_{vd} \geqslant 50$ MPa。

3. 试验结果

（1）级配碎石拌和站生产的级配碎石填料能够满足高速铁路路基填筑要求。

（2）机械组合方式：8 台自卸卡车 + 1 台推土机 + 1 台平地机 + 1 台压路机。

（3）松铺厚度：每层控制松铺厚度控制在 36 cm 以内。

（4）含水率控制范围：3.8% ~ 4.8%。

（5）计算松铺系数：1.25 ~ 1.27。

（6）碾压遍数：1 静压 + 1 弱振 + 2 强振 + 1 弱振 + 1 静压，共计 6 遍。

（7）压路机行进速度：2 ~ 2.5 km/h。

（8）压路机行走方式：由路肩往路基中线碾压，轮迹重叠 50 cm。

（9）桥台 2 m 范围内采用小型夯机夯实 6 遍，填筑厚度不大于 15 cm。

第三节　软土地基处理

合福高铁闽赣段软土地基处理方法主要有水泥搅拌桩、CFG 桩、钻孔灌注桩、预应力管桩、高压旋喷桩、地表换填等。以下主要以 DK443 + 585.69 ~ + 821.27 段地基处理为例对钻孔灌注桩 + 钢筋混凝土筏板施工进行介绍。

一、工程概况

DK443 + 585.69 ~ + 821.27 段路基全长为 236.81 m，前接曹家大桥，后接童墩大桥。路基地段地形地貌主要为剥蚀丘坡，丘坡自然坡度为 10° ~ 20°，植被发育，地层岩性主要为红黏土、钙质页岩全风化、钙质页岩强风化、灰岩弱风化。地下水主要为孔隙水，弱发育。

二、施工方案

1. 钻孔灌注桩施工

DK443 +585.69 ~ +821.27 段路基采用 C20 钻孔灌注桩及 C40 钢筋混凝土筏板，基床表层换填级配碎石掺5% 水泥，基床底层换填 AB 组填料。DK443 +585.69 ~ +638 段进入弱风化岩层不小于1 m，DK443 +809 ~ +821.27 段岩层进入强风化岩层不小于1 m。桩身采用 C20 混凝土浇筑，钢筋笼长度5 m，进入原地面不小于3 m。钻孔灌注桩施工工艺流程如图43-1 所示，施工现场如图43-2 所示。

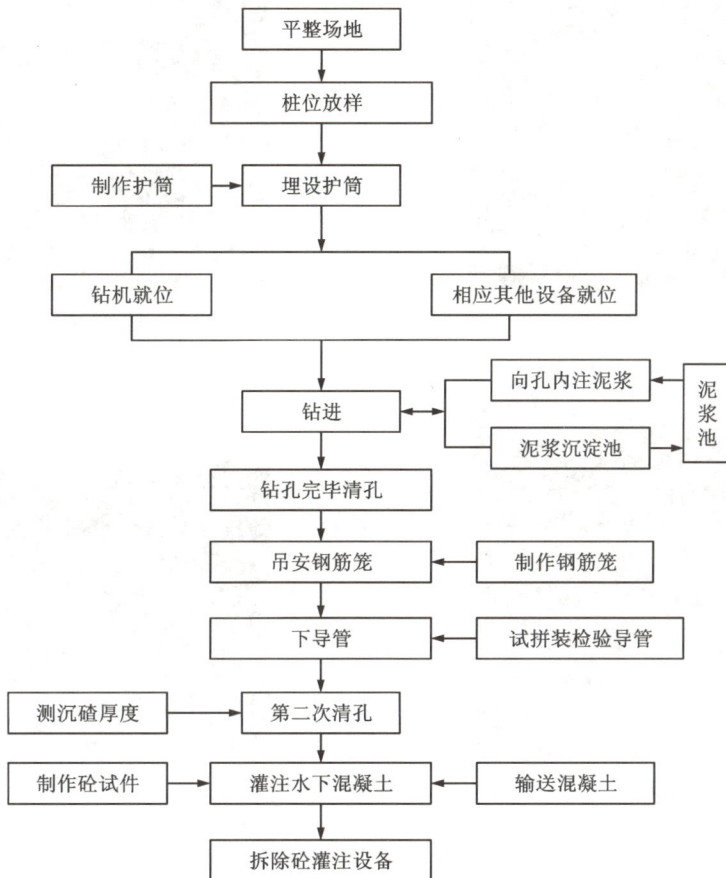

图 43-1　钻孔灌注桩施工工艺框图

(a)钻孔　　　　　　　　　　(b)钢筋笼安装

图 43-2　地基处理钻孔灌注桩施工

2. 筏板施工

DK443 +585. 69 ~ +821. 27 段桩顶铺设 C35 钢筋混凝土筏板,筏板采用 C35 钢筋混凝土浇筑,厚为 0. 4 m,下设 0. 1 m 厚 C20 素混凝土垫层。筏板纵向节长为 12. 26 ~ 13. 98 m,横向宽为 16 m。钻孔桩施工完成后,桩身混凝土养护达到 28 d 后开挖桩间土;然后按照破桩头—桩基检测—垫层浇筑—钢筋绑扎—立模板—混凝土浇筑—拆模—混凝土养护施工工序施工,合理安排施工作业,如图 43 – 3、图 43 – 4、图 43 – 5、图 43 – 6 所示。

图 43 – 3　桩间土夯实

图 43 – 4　桩基检测

图 43 – 5　钢筋绑扎

图 43 – 6　混凝土浇筑

3. 路基填筑

DK443 +585. 69 ~ +605. 69、DK443 +801. 27 ~ +821. 27 段基床底层采用级配碎石 +3% 水泥填筑;DK443 +605. 69 ~ +801. 27 段基床底层采用 AB 料填筑;DK443 +585. 69 ~ +821. 27 段路基基床表层采用级配碎石 +5% 水泥填筑。路基填筑采用水平分层、纵向分段、以机械施工为主、人工为辅的作业方法进行施工;填筑施工中压实厚度不超过 0. 3 m,分层摊铺,超宽碾压,表面压实平整并合理设置排水系统,如图 43 –7 所示。

(a)级配碎石摊铺

(b)级配碎石碾压

图 43 –7　路基填筑

三、施工经验及体会

（1）桩基加筏板结构可提高路基整体稳定性，节省地基堆载预压的处理程序，减少堆载预压占用的时间。

（2）地基设计应满足承载力和变形要求。地基处理后，地基变形应满足现有规范要求，并在施工期间进行沉降观测，用以评价地基加固效果。

（3）在施工中应该严格按照规范施工，合理安排施工作业，避免施工工序上的交叉，做到科学、合理配置资源、以避免影响后续工序的最早开工时间，耽误施工工期。

第四节 岩溶路基施工

以金源明洞 DK452 +394 ~ +411.21 段岩溶路基为例介绍岩溶路基施工。

一、工程概况

金源明洞前接金鸡水库大桥，后接老虎岩大桥，施工里程为 DK452 +274.24 ~ DK452 +411.21，明洞全长为 136.97 m。其中 DK452 +364 ~ DK452 +411.21 段按设计要求，地基处理采用岩溶注浆进行加固处理，根据设计图纸和现场地质勘查发现该施工区域地层节理裂隙发育，溶洞发育，且溶洞规模大，连通性好，平均溶洞深度为 2.5 ~ 3.5 m，均为空洞。

金源明洞 DK452 +394 ~ DK452 +411.21 段地基处理采用压力注浆加固，钻孔孔深以穿过溶洞底板0.5 m 为宜，注浆标准以溶洞浆液充满为准。注浆孔位间距为 1.5 m×1.5 m，采用梅花形布置，注浆孔位共布置 283 孔。

二、施工工艺流程

岩溶路基施工工艺流程如图 43 -8 所示。

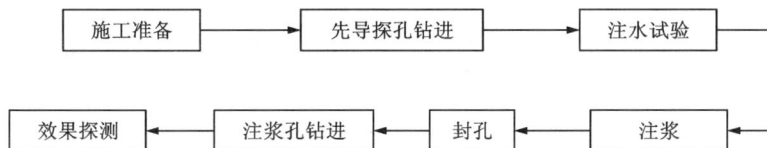

图 43 -8 岩溶注浆工艺流程图

三、施工工艺要点

（1）提前熟悉各岩溶注浆工点工程概况，做好施工方案、岩溶注浆孔位布置、场地平整、测量放线、原材料检验、设备检测、施工技术交底等工作。

（2）根据探灌相结合的原则，钻孔分为先导勘探孔和一般注浆孔，首先施钻 30% 的先导勘探孔，待试验段先导勘探孔完成后，整理资料，上报设计单位和监理，确定相关注浆深度与范围。土层和岩层部分均采用水钻进行成孔。采用水泥砂浆对注浆套管进行固定。先导勘探孔施工完毕后，对一般注浆孔进行钻孔、注浆施工及封孔。

（3）注浆前选取代表性孔进行注水试验，确定注浆前单位长度吸水量。

（4）注浆过程中如遇岩溶通道、较大溶洞和裂隙处视情况充填中粗砂、水泥砂浆等。如有岩溶发育但吸浆量少或不进浆时，先采用高压清水洗孔或钻机清孔后疏通岩溶裂隙通道，再注浆。对溶洞内有充填物的注浆孔或者对注浆质量怀疑的注浆孔在注浆完成 1 ~ 2 h 后采用钻机进行清孔再注浆，确保浆液已至溶洞下限或满足设计注浆量和注浆结束条件。图 43 -9 为岩溶注浆现场施工照片。

（5）注浆结束后，经质检工程师检查，通知监理工程师检查确认终孔条件。卸下法兰盘，拔出套管，回填 M7.5 水泥砂浆封孔，捣鼓密实并作好孔口标记。

（6）注浆后通过物探、钻芯、水压试验法检测处理效果。

①综合物探检测：遵循《铁路工程物理勘探规程》（TB 10013—2004）。

②钻孔检查：检查孔数为 5%，根据取芯浆液充填情况直观判断注浆效果。

图 43 - 9　岩溶注浆施工

四、质量控制措施

1. 套管外壁翻浆

主要原因是钻孔在土层施工时，封孔夯实不到位及其他不当的钻进方法，使钻孔孔径远远大于套管外径，加之封口方法和深度不能有效抵抗注浆时的孔内压力，这种情况的冒浆应停止注浆，待孔内压力消散以后，重新加固封口，采用较佳含水量水泥土重锤夯实即可。

2. 注浆孔外冒浆

（1）在孔外呈裂缝状冒浆，这种情况主要是土层中由于地层早期产生变形遗留下的软弱面或近期施加的外力不均匀沉降留下的结构面。可沿裂缝挖深为 0.1 ~ 0.2 m，宽为 0.1 m 的沟，待沟内充满水泥浆液以后停止注浆，而停浆后沟内浆液不向裂缝内吸入，这种情况可停止注浆 10 ~ 15 min，然后分浆，用 1/3 的浆量注浆 30 min 后即可正常注浆；也可以采用停止注浆以后用重锤沿裂缝夯实，如果停浆后沟内浆液向裂缝内吸入，可在停浆的同时将水玻璃以 1/3 沟内的浆液量与沟内浆液混合，让沟内水泥浆与水玻璃混合液吸入裂缝内，停止注浆 15 ~ 20 min，然后分浆，用 1/3 的浆量注浆 30 min 后即可正常注浆。

（2）在孔外呈小孔状、点状冒浆，发生的机理与上述相近，可在冒浆点处挖深约为 0.2 m×0.2 m 坑；也可以用土围堰成相同的坑，待坑内充满水泥浆液以后停止注浆，而停浆后坑内浆液不向坑内吸入，这种情况可停止注浆 10 ~ 15 min，然后分浆，用 1/3 的浆量注浆 30 min 后即可正常注浆；也可以采用停止注浆以后将干土填在冒浆处用重锤夯实，如果停浆后坑内浆液向地层内吸入，可在停浆的同时将水玻璃以 1/3 坑内的浆液量与坑内浆液混合，让坑内水泥浆与水玻璃混合液吸入地层内，停止注浆 15 ~ 20 min，然后分浆，用 1/3 的浆量注浆 30 min 后即可正常注浆。

3. 孔内漏浆

孔内漏浆指注浆时单孔进浆太大超过设计注浆量的 2 倍以上的情况，为了使浆液扩散在加固范围之内，此时应采用以下方法堵漏：投泥球、加大浆液浓度、浆液中投砂、间歇注浆、加水玻璃（双液注浆）等。应遵循"先少量后大量，先小后大"的原则，不可一次加入量太大对质量造成负面影响，增加施工投入。

4. 注浆时进浆量很小或不进浆

（1）岩层本身裂隙不发育，土体密实，地下水文地质条件发生变化，基岩与土层接合面早期软化、冲刷残留物被上覆压力所固结，形成相对不透水层，注浆无法进行。

（2）持续进浆时间很短，压力上升很快 10 ~ 20 min 就达到设计压力，这种情况主要是钻孔成孔以后没有将孔内的残留物冲洗干净，泥浆、岩粉将可以进浆的通道堵死，应及时清孔、洗孔，重新注浆。

5. 孔间串浆

串浆分为单孔和多孔串浆，主要是由于孔间地层孔隙或裂隙通道连通，浆液通过通道进入另一注浆孔，为了使浆液填充通道，注浆时应在被串浆孔内注满泥浆或清水，然后盖上堵头再行注浆。

6. 附近建筑物发生异常情况

（1）如果出现房屋开裂，多是由于注浆造成地表隆起，使建筑物产生不均匀沉降而产生，应采取单液降压减量，浓度稀释或间断注浆，直至停止注浆，未达到标准时邻孔注浆应尽可能进行"补强"。

（2）如果出现附近居民点水井冒出水泥浆液，应提高浆液浓度、采用浓浆或是双液注浆缩短凝固时间，配合间歇注浆。

第五节　石质深路堑施工

以 DK807 +475 ~ +550 段路基石质深路堑为例介绍路堑施工。

一、工程概况

DK807 +124.52 ~ +573.73（西岭互通）段路基位于跨西岭互通特大桥及福州双线桥之间，全长为 449.21 m。其中 DK807 +124.52 ~ +300 为挖方段，石方开挖量约为 89500 m³；DK807 +300 ~ +410.23 为填方段；DK807 +410.23 ~ +573.73 为挖方段，石方开挖量约为 27000 m³。

1. 地质情况
（1）花岗岩：浅黄色，全风化，岩芯呈密实砂土状。
（2）花岗岩：灰白色，强风化，岩芯呈碎块状、短柱状。
（3）花岗岩：灰白色，岩芯呈短柱状。

2. 爆破区环境
爆破区东面：距离新建的高铁桥桩 25 m、距离既有铁路线 113 m、距离信号塔架 172 m。
爆破区南面：距离三座砖混结构的一层小民房最近点为 15 m，距离软件园办公楼 54 m。
爆破区北面：距离砖混结构的民房 17 m、距离三环路 64 m、距离龙安境 67 m。

二、施工工艺流程

施工工艺流程见图 43 – 10 所示。

三、控制爆破施工方案

本工程工作面呈条状分部，根据静态爆破的原理，采用"纵向分段、水平分层"施工。作业时，待前期作业面分层破碎达到一定深度，并为后续施工面创造更多临空面后，再对后期施工段进行分层破碎。

1. 施工工艺
工艺流程：施工前准备→设计布孔→测量定位→钻孔→装药→药剂反应→清碴→下一循环。

2. 质量控制措施
1）静态爆破剂的质量控制
对进场材料必须进行检验，确保其符合 JC 506—92《无声破碎剂》强制性行业标准，不合格产品不得使用。

2）钻孔质量控制
根据调查情况，编写实施性施工方案，按方案中的设计孔位布置图测量放线，严格控制孔深、角度等技术参数。钻孔直径宜采用 38 ~42 mm。孔距与排距的大小与岩石的硬度直接相关，硬度越大，孔距与排距越小，反之越大。根据此原则结合现场试验进行孔距与排距的调整。

3）装药的质量控制
根据工程所在地季节气候特点，选用静态破碎剂型号 SCA 型。禁止边打孔边装药，打孔要一次完成，装药要一次完成。禁止打完孔后立即装药，应用高压风将孔清洗完成后，待孔壁温度降到常温后装药。灌装过程中，已经开始发生化学反应的药剂不允许装入孔内。装药结束后，使用棉被或草甸覆盖孔口区域，

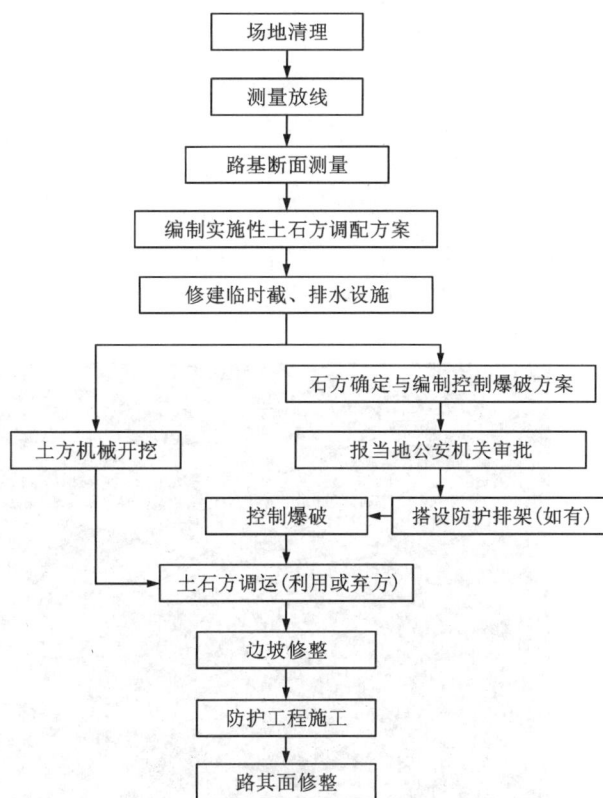

图 43 – 10　路堑施工工艺流程图

防止温度过低影响爆破效力，尽量在午间装药爆破。

3. 安全防护措施

1）降低爆破振动的措施

（1）采用微差爆破技术。

（2）精心设计，选取合理的爆破参数。

（3）减少最大段起爆药量和减小一次爆破规模。

（4）采用间隔装药或不偶合装药或孔底空气间隔装药。

（5）选择好孔、排的延时间隔时间。

（6）确保按顺序起爆，尽量避免产生盲炮；控制超深和最小抵抗线不宜过大。

2）飞石防护措施

（1）控制爆堆方向，爆破抵抗线朝向空旷地带。

（2）选择合理单耗药量以避免单孔装药量过大造成飞石过远等现象。

（3）处理好有水孔，加强堵塞，保证良好的堵塞质量和堵塞长度，填塞物内不得含有碎石等异物。

（4）清除爆区范围内可能诱发次生事故的垃圾、淤泥等杂物。对预计飞石范围内建筑物的电源、水源、火源、气源，起爆时应切断。

（5）在设计提出的爆破飞散物安全允许距离范围边界设置警戒，严防无关人员进入爆区。

（6）装药时，认真检查第一排的抵抗线是否有变，若有变化，要改变装药量和装药结构。

（7）为防止个别飞石溅出造成危害，在距爆区边 5 m 外 3 个方向架设 6～8 m 高、总长达 150 m 的双层防护栏架，防护栏架上捆绑竹篱笆或铁丝网沙袋加固，防护栏上部钢丝绳拉紧加固。在爆点再采用竹篱片、胶帘、铁丝网和沙袋等进行覆盖防护。

4. 爆破周边区域警戒措施

根据向莆铁路和京福铁路爆破区平面示意图，爆破时安全警戒范围设为距离每次爆破点四周 100 m 范围内，如图 43－11 所示。爆破前对安全警戒范围内的人员进行清场。警戒点设在路口和视线开阔处，爆破工作开始前在危险区内设置明显标志。爆破采用电起爆器起爆。

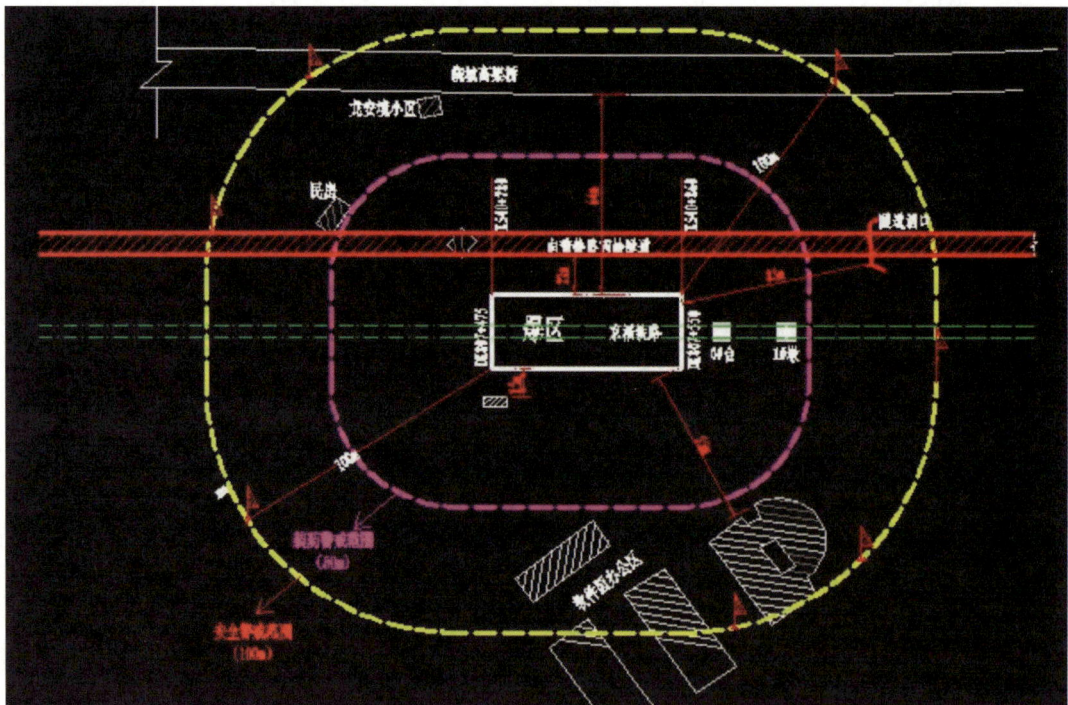

图 43－11　向莆铁路和京福铁路爆破区平面示意图

四、施工经验及体会

（1）本次紧邻既有线施工爆破从申请到批复仅用一周时间便顺利完成，为工程提早完工创造有利条件。临近既有线爆破施工审批手续复杂，审批前必须由经验丰富的专业人员对爆破施工方案特别是安全方案的编制、评审等全过程进行把关与指导，确保初期方案评审能顺利通过。

（2）本工点采用静态爆破与城镇浅孔松动爆破相结合的方式，按照"柔性覆盖，立网防护"的安全防护原则，在整个爆破施工过程中未发生人员伤亡及建筑物、交通设施损坏情况，且监测的爆破振动波均小于周边建筑物的抗振动要求。西岭互通路基临近既有线、居民区爆破施工完工全景如图43-12所示。

图 43-12　西岭互通路基临近既有线、居民区爆破施工完工效果图

（3）爆破方案的审批时间及天窗点的安排直接影响到爆破工序的开工时间。设备管理部门专家经验及建设单位与路局关系网对形成合力促使爆破施工的顺利进行起着重要的作用。

第六节　过渡段施工

一、桥路过渡段施工

1. 设置形式

桥路过渡段设置形式如图43-13所示。

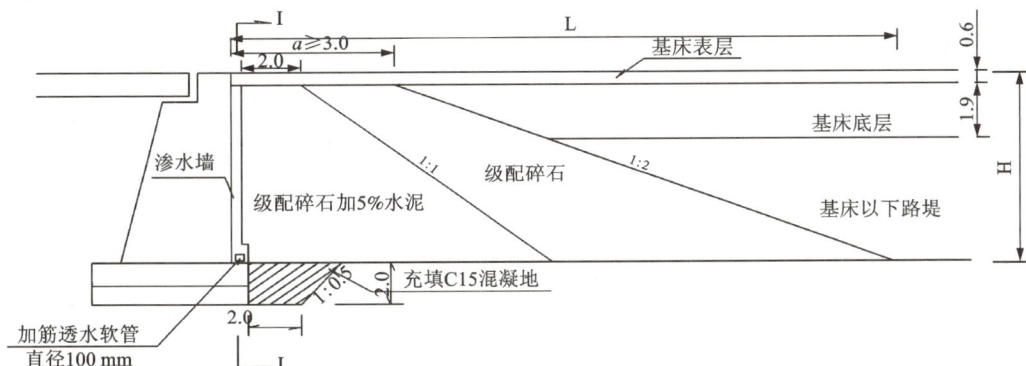

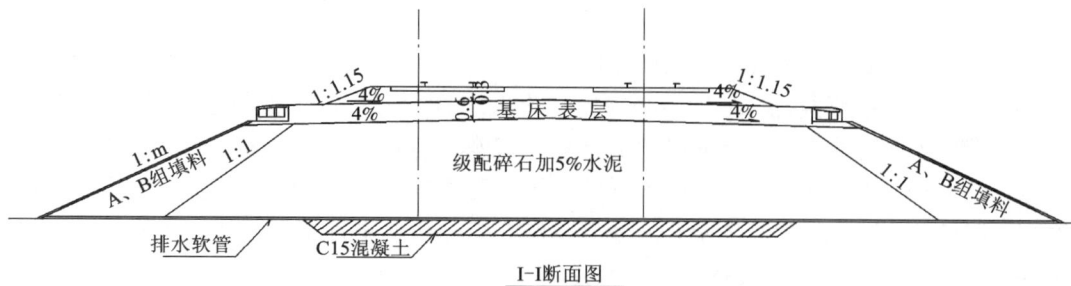

图 43 - 13　桥路过渡段设置形式

2. 施工工艺流程

路桥过渡段施工工序如图 43 - 14、图 43 - 15 所示。

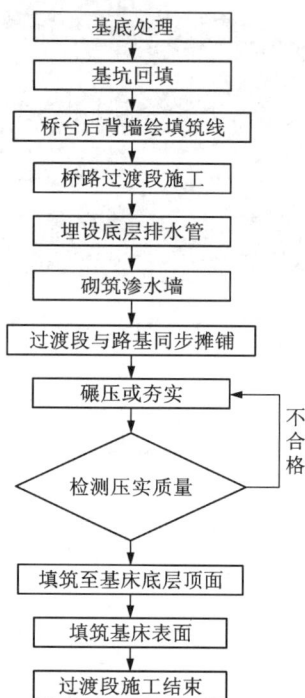

图 43 - 14　路桥过渡段施工工序

二、涵路过渡段施工

1. 设置形式

基坑采用碎石分层回填压实至原地面,涵背与桥台背后填土基本相同,两侧必须分层对称进行,涵洞顶部填土厚度大于 2 m 后,才可通行大型施工机械。路基与横向结构物过渡段设置型式如图 43 - 16 所示。

2. 施工工艺流程

涵路过渡段施工工艺流程如图 43 - 17 所示。

第一步：浇筑承台缺口砼、砌筑砼渗水板。

第二步：与路基分层同步填筑。

最后一步：同步砌筑渗水板，续填至基床底层顶部。

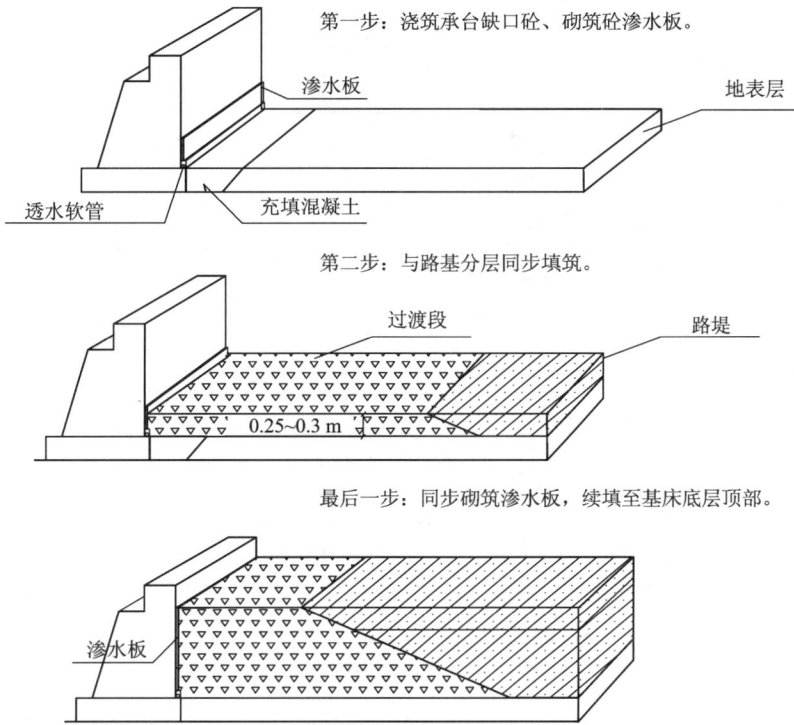

图 43 – 15 桥路过渡段施工工艺流程

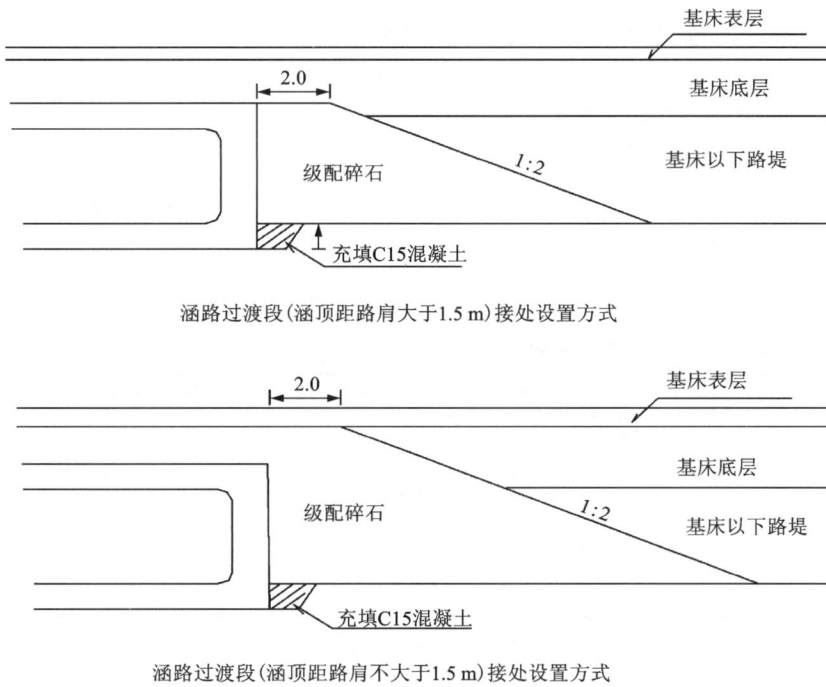

涵路过渡段(涵顶距路肩大于1.5 m)接处设置方式

涵路过渡段(涵顶距路肩不大于1.5 m)接处设置方式

图 43 – 16 路基与横向结构物过渡段设置

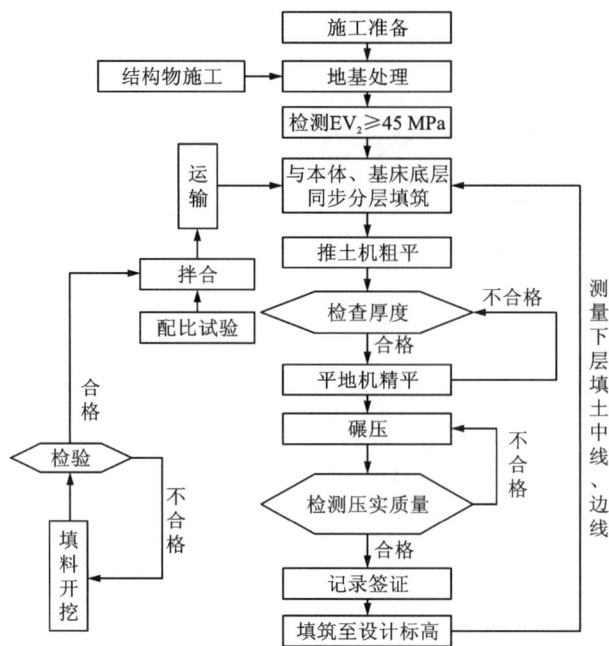

图 43 – 17 涵路过渡段施工工艺流程

三、隧路过渡段施工

隧道与土质、软质岩、强风化硬质岩石路堑相接时，在路堑基床范围内设置过渡段，采用级配碎石填料分层填筑，压实标准同基床表层。

施工方法、工艺及措施参考"桥路过渡段施工"中的相关内容。

四、堤堑过渡段施工

1. 设置形式

按照施工规范开挖台阶，台阶应外高内低，并用打夯机夯实。填筑时适当减小铺筑厚度，增加压实遍数。堤堑过渡段设置形式如图 43 – 18 所示。

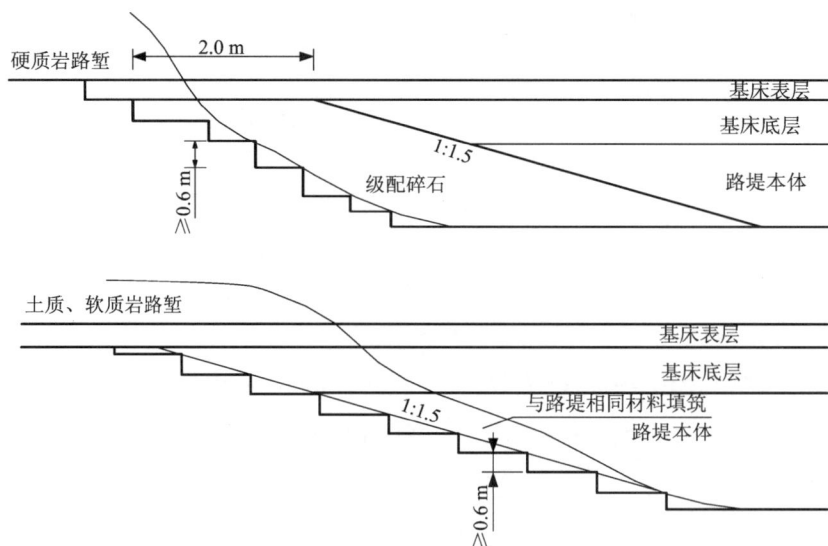

图 43 – 18 堤堑过渡段设置方式

2. 施工工艺要点

（1）开工前，将地表水引排至基底范围以外，并注意边坡的稳定性。特别注意靠山侧地面水的排除和地下水的处理；侧沟、排水沟的渗水可能危及路基稳固时须有防渗的加固措施。

（2）硬质岩路堑台阶开挖按设计尺寸要求采用浅孔小药量光面爆破。软质岩、土质、强风化弱岩路堑过渡段台阶开挖按设计尺寸采用机械开挖，预留 20 cm 土层进行人工清除，确保台阶几何尺寸满足设计要求。

（3）大型压路机能碾压到的部位，其施工方法参照路堤施工相关规定，靠近堤堑结合处，沿堑坡边缘进行横向碾压。

（4）施工傍坡半挖半填路基填堤时，根据地形及挖除土体的宽度，分别采取傍坡槽推或傍坡顺推的作业方法。

（5）施工中注意采取防滑措施，防止路堤在陡坡基底上的滑动稳定问题产生，包括改善基底条件、设置支撑建筑物等。

五、过渡段施工质量控制措施

1. 施工注意事项

（1）过渡段基底处理与横向结构物及相邻路基的地基同时进行，过渡段填筑与相邻路堤按相同施工区段同步施工。

（2）按设计要求对基底进行处理，经检查验收合格后再进行上层填筑。

（3）过渡段填筑每层摊铺厚度与相邻路堤分层摊铺厚度相匹配，采用压路机按工艺试验确定的碾压遍数、行驶速率及碾压程序进行碾压。路基过渡段逐层填筑压实，如图 43-19 所示。

图 43-19　路基过渡段填筑压实

2. 过渡段填料质量控制

过渡段填料质量控制允许偏差、检验数量及检验方法见表 43-2。

表 43-2　过渡段填筑的允许偏差、检验数量及检验方法表

序号	检验项目	允许偏差	施工单位检验数量	检验方法
1	中线至边缘距离	0 ~ +50 mm	每过渡段抽样检验 3 点	尺量
2	宽度	不小于设计值	每过渡段每检测层抽样检验 2 点	尺量
3	横坡	±0.5%	每过渡段抽样检验 2 个断面	尺量
4	平整度	不大于 15 mm	每过渡段抽样检验 5 点	尺量
5	边坡坡率（偏陡量）	3% 的设计值	每过渡段抽样检验 6 点	尺量

3. 过渡段路基填筑压实标准

过渡段路基填筑压实标准满足招标文件及现行技术规范要求，具体标准见表43 – 3。

表43 – 3 基床表层以下过渡段级配碎石填层压实标准

项目	地基系数 k30/（MPa·m⁻¹）	动态变形模量 E_{vd}/MPa	孔隙率 n/%
压实标准	≥150	≥50	<28

4. 施工质量允许偏差

过渡段填筑的允许偏差、检验频率及检验方法满足招标文件及现行技术规范要求。

第七节　高边坡防护工程施工

以404路基八级边坡为例介绍路基高边坡防护工程施工。

一、工程概况

404路基起讫里程为DK592 + 508.00 ～ DK592 + 619.80，全长为111.80 m；前接庵源山隧道，后接茶寀仔1号大桥，设计为桥隧过渡段、陡坡路基及深路堑，线路右侧路堑边坡设计为8级边坡，坡面防护形式如下：

（1）线路右侧 DK592 + 508 ～ + 529 自然山坡采用C35钢筋混凝土承压板锚索加固，承压板尺寸为1.5 m×1.5 m，锚索纵向间距为3 m，竖向间距为3 ～ 7 m。锚索由3根 φ15.24 mm 钢绞线组成，长度为13 ～ 26 m，锚索孔径为130 mm，锚固端长度不小于6 m，锚孔采用M40砂浆灌注，锚固力 P 为250 kN。

（2）线路右侧 DK592 + 524.8 ～ + 619.80 一级堑坡、DK592 + 526 ～ + 619.80 二级堑坡、DK592 + 527.50 ～ + 614.80 三级堑坡、DK592 + 528.50 ～ + 615.50 四级堑坡、DK592 + 529.50 ～ + 587.50 五级堑坡、DK592 + 531.00 ～ + 577.5 六级堑坡、DK592 + 532.00 ～ + 562.00 七级堑坡均采用承压板锚索结合基材生防护，边坡坡率采用1:1.5，承压板采用C35钢筋混凝土，尺寸为1.5 m×1.5 m，厚度为0.2 m，锚杆纵向、竖向间距为2.5 m×2.5 m。锚索长度为15 m，锚索孔深为15.2 m，锚索体与水平面的水平夹角为15°，锚索孔径130 mm，锚索采用3根 φ15.24 mm 钢绞线组成，锚固段长度8 m，锚孔采用M40砂浆灌注，张拉吨位350 kN。承压板内平坡面设置镀锌铁丝网，铁丝网嵌入框架梁内。

（3）线路右侧 DK592 + 614.80 ～ + 619.80 三级堑坡、DK592 + 587.50 ～ + 600.00 五级堑坡采用框架锚杆结合基材植生防护，边坡坡率1:1.5。锚杆纵横间距为2.5 m×2.5 m，锚杆长度为12 m，孔深为12.2 m，锚杆孔径为110 mm，锚杆采用2根 HRB335 级 φ25 mm 钢筋并联电焊制作，框架内平坡面设置镀锌铁丝网，铁丝网嵌入框架梁内。

二、工程重难点及处理措施

1. 重、难点分析

（1）边坡总高度为70 m，施工便道选址、临边防护及材料转运较为困难。

（2）由于路基设置在庵源山隧道出口，存在交叉施工，因此路堑边坡开挖不能采用爆破，开挖缓慢且需设置必要的安全防护。

（3）现场地形地貌的复测困难，且在开挖过程中开口线必须一次到位，若需要二次开挖及修坡，施工难度大，费用成倍增长。

（4）锚索数量多，且岩体强度大，现场施工难度大。

2. 处理措施

（1）该段路基位于茶寀仔1号大桥至庵源山隧道出口之间，设有八级边坡，坡脚处有施工便道一条，边坡开挖时在便道靠山体一侧设置被动拦石网一道，拦石网搭设长度必须超出路基两端不小于6 m，并呈

"匚"形回折至靠山一侧；由于开挖边坡高度达到 40 m 以上，开挖前沿山体缓坡处开挖临时碎落台 3 处，以减少或减缓坡顶开挖时，落石对下方便道护栏的冲击。防护栏必须定期进行维护，维护时坡面开挖应停止，维护完成后恢复；材料运输在晴天突击运输，采用装载机沿 Z 字型便道将材料运输至每级边坡的端头并堆码整齐，在边坡端头设置材料临时存放点。

（2）边坡开挖采用破碎锤先将岩体敲碎，然后采用挖掘机将松散岩体清除后，继续采用破碎锤破除，直至开挖到设计位置；安全防护采用木板在每级边坡的坡脚全部铺设，保证土体全部控制在上一级边坡。

（3）积极与设计单位进行沟通，对出现需向两侧延伸的地段提前规划，安排富有测量经验的测量人员进行开口线的测量放线。

（4）搭设稳固的钢管式脚手架及设置安全操作平台，采用大型空压机逐级边坡进行锚索钻孔及后续作业。

三、施工方案

1. 施工布置

（1）现场施工总体规划布置遵循"保证安全、有利施工、便于管理"的基本原则。

（2）生活、办公区设置在一工区，生产区设置在路基左侧空旷区域。

（3）大型施工机械与车辆停放的布置在路基大里程桥梁左侧空旷区域，场地平整、排水畅通、基础稳固。

（4）施工便道布置在路基右线大里程侧面，最大纵坡为 45%，道路最小转变半径为 15 m，因自然条件限制，路面宽度在一般地段为 3.5 m，在弯道处设置倒车平台，单车道在可视范围内设有会车位置。在急弯、陡坡等危险路段及岔路设有相应警示标志。悬崖陡坡、路边临空边设有警示标志、标牌及安全防护措施。

2. 开挖

1）土方开挖

（1）在土方开挖前清理边坡的风化岩块、堆积物、残积物和滑坡体，并在适当位置修筑拦物槛，保证下部安全。

（2）清理完成后土方开挖严格按照设计边坡坡比自上而下逐层分段开挖，坡面按设计要求做成一定的坡势，以利排水。

（3）坡面随开挖下降及时进行清坡，按设计要求或根据现场实际情况采取适当的措施加以防护，保证施工安全。防护主要采取护面形式。

（4）需人工开挖的坡面覆盖层，在开挖范围内，按照每人控制 2.5 m 的水平距离，作业人员系安全带，从高处分条带向下逐层依次清理。

2）石方开挖

（1）边坡石方开挖采取自上而下的开挖方式，同时应做好边坡开口线上下一定范围内的锁口工作。对于需要防护的边坡，采用边开挖边防护的方法。

（2）对于边坡易风化破碎或不稳定的岩体，先做好施工安全防护，边开挖边防护。在有断层和裂隙发育等地质缺陷的部位，在防护作业完成后进行下一层开挖。

（3）在开挖面靠近平台设计高程时，平台预留 1.5~2 m 的保护层，保护层开挖严格按照保护层开挖技术要求进行，并在平台外侧分别设置护栏及其他挡碴措施，以免石碴滑落。

3. 截水骨架施工

1）坡面整修

按照边坡坡度、基础高程等数据设固定的样板挂线，清刷表面浮土，填补坑凹，拍实使坡面平整，采用边坡坡率 1:1.5。按照设计尺寸开挖基槽，坡面整修经验收合格后进行下道工序施工。

2）拱形骨架基槽开挖

基槽采用人工开挖的方法，基槽开挖时注意几何尺寸位置的准确。

3）护脚施工

基槽开挖完毕后，施工人员对护脚位置进行准确放样撒线，护脚采用 C25 混凝土浇筑。

4）浇筑拱圈

拱圈采用 C25 混凝土浇筑。骨架护坡主骨架厚为 0.7 m，拱骨架厚为 0.6 m，骨架护坡起、终点侧边、顶部 0.5 m 宽及底部基础 0.8 m 宽设置镶边，厚为 0.4 m。镶边、基础及骨架均采用 C25 混凝土浇筑。主骨架、拱骨架现场浇筑时上部预留 0.08 m 预制块贴面，预制块采用集中预制，汽车运输至现场，人工贴面，施工前采用砂浆将现浇混凝土表面找平。

5）检修踏步

检修踏步间距约为 100 m，宽为 60 cm。台阶宽为 30 cm，高为 20 cm。采用 C25 混凝土现浇。

4. 锚索施工

（1）锚索施工工序：钻孔—清孔—锚索制作—锚索安装—注浆—养护—锚索张拉—补张拉及锁定—锚头封闭。

（2）锚索孔注浆材料采用水泥浆或水泥砂浆，一般采用 M40 水泥砂浆，当地层有腐蚀性或地下水有腐蚀性时，采用抗侵蚀水泥，注浆采用孔底返浆法注浆，一次性注浆（注浆压力一般不小于 0.6 ~ 0.8 MPa，砂浆灌注必须饱满密实，第一次注浆完毕，水泥砂浆凝固收缩后，对孔口进行补浆。

（3）在锚孔注浆和锚梁混凝土达到设计强度的 70% 后进行张拉，张拉前对张拉进行标定，避免出现应力误差。

（4）锚索张拉分两次逐级张拉，第一次张拉值为总张拉力的 70%，两次张拉间隔时间不少于 3 ~ 5 d，为减少预应力损失，总张拉力包括超张拉值，自由段为土层时超张拉值为 15% ~ 25%，自由段为岩层时为 10% ~ 15%，张拉等孔内砂浆达到设计强度的 70% 后进行，张拉中对锚索伸长及受力做好记录，核实伸长与受力值是否相符合，各级张拉力分别为设计张力以 25% 倍数递增，每级间隔 2 ~ 5 min，最后一级间隔 30 min，为克服地层徐变等造成的预应力损失，进行一次补偿张拉，然后锁定，切除多余的钢绞线，用混凝土封锚。

5. 锚杆施工

（1）锚孔孔位按设计要求准确放置于坡面上，孔位偏差不超过 ±0.2 m，锚孔的孔斜度（倾角）误差不超过 ±2°，实际钻孔比设计深度大 0.2 m。

（2）锚杆钻孔采用风动钻进，钻孔完成后使用高压风清孔，清除孔内岩粉和积水，严禁水冲钻进，严禁用高压水冲清孔。

（3）锚杆孔内注浆为一次注浆，采用孔底返浆法，灌注 M35 水泥砂浆，使用 PO 42.5 级普通硅酸盐水泥。

锚杆施工现场图片如图 43 – 20 所示。

图 43 – 20　锚杆施工图

6.承压板施工

(1)承压板先放线开挖沟槽,位置、间距、尺寸严格按设计要求测量放线。

(2)承压板截面尺寸为1.5 m×1.5 m,厚度为0.2 m,C35钢筋混凝土现浇,顶面高出边坡面;承压板背面与坡面密贴,凹凸不平处用水泥砂浆或混凝土填背;承压板采用现场定位,严格按设计要求施工。

(3)承压板模板及钢筋混凝土的施工符合相关规定;确保锚头承载面受力面与锚索方向垂直。

(4)锚头与承压板同时浇筑,纵向每隔3倍于锚索纵向间距的距离设置一条坡面混凝土预制排水槽,上与坡顶镶边连接,下与平台截水沟相接,坡顶和坡脚设置C25混凝土镶边,高为0.5 m,厚为0.3 m。

(5)承压板内采用基材绿色防护,铁丝网埋设于框架槽内,承压板底面与坡面平齐。

承压板现场施工图片如图43-21所示。

图43-21　承压板

四、施工经验及体会

陡坡路基边坡防护施工的每一个环节都非常重要。重在管理、责任到人;周密的施工方案、得力有效的施工措施、合理的工序安排、科学的施工方法、充足的人员、设备投入及现场试验质量检测和现场施工监控等系列措施是陡坡路基施工质量的保证。

第八节　路基防排水工程施工

路堑施工前及时完善排水系统,按照"永临结合"的原则规划临时排水设施。边坡防护、边坡平台及其上截水沟的施工与开挖紧密衔接,开挖一段,防护一段。

一、地表排水

地表排水分为路堤坡脚排水沟,路堑天沟、侧沟、边坡平台截水沟、吊沟等。

1.施工工艺流程

施工工艺流程为:施工准备—沟槽开挖—垫层施工—沟底铺砌—沟帮砌筑—勾缝—沟顶抹面—竣工。

2.施工要点

(1)基坑采用挖掘机挖基,人工整修成型。混凝土构件在预制场集中预制,汽车运至现场,人工安装。浆砌圬工采用挤浆法施工。砂浆采用搅拌机拌制。砌体砂浆饱满,石料尺寸选配合理,强度满足要求,石料颜色一致，勾缝均匀，墙面平整、美观。挖方段的天沟以及路基填筑的临时排水工程安排在雨季到来之前完成。

（2）施工时根据地形情况保证纵坡顺适、沟底平整、排水通畅、无冲刷和阻水现象。施工完成后，达到线型美观，直线线型直顺，曲线线型圆顺，排水沟的位置、坡度及长度符合设计要求，如图 43-22 所示。

图 43-22　排水沟照片

（3）水沟平面位置、断面尺寸、排水坡度、高程符合设计要求，沟渠边坡平整、稳定。

（4）在路堑矩形沟的侧墙底部每隔 1.5 m 设置一道 ϕ30 mm 泄水孔，以满足路基本体或山体的渗水需求。

二、基床排水

1. 线间排水

（1）路基轨道间地表水汇集流入集水井后，通过埋设于路基内的横向排水管将水引出路堤坡脚外或排水沟、路堑侧沟内。集水井和横向排水管按设计要求设置，间距为 50.0 m；横向排水管采用 ϕ150 mm 高强度耐压 PVC 管。

（2）集水井基础采用小型机具开挖，施工前按照测量的桩位及控制轴线放出集水井井位。开挖过程中控制好集水井的尺寸和竖直度，施工中控制超挖，超挖的部分采用与集水井井身同标号的混凝土回填。

（3）井口周围做好防排水工作，避免雨水或施工用水流入基坑内。

（4）浇筑井身混凝土前预埋 ϕ150 mm 高强度耐压 PVC 管。采用对路基切槽预埋管道，管道安装完成后切槽采用混凝土封闭。

（5）绑扎安装集水井的钢筋时，钢筋底部采用安装混凝土预制块来控制钢筋位置。浇筑混凝土时控制混凝土的顶面标高符合设计要求。

（6）集水井盖板集中预制，井盖上设置泄水孔。在集水井井身混凝土达到设计强度后安装集水井盖板。

2. 基床表面及护肩防排水

（1）有砟轨道路基面、基床底层顶面、基床以下路堤顶面的形状为三角形，由中心向两侧设 4% 的横向排水坡。

（2）地下水发育地段路堑防排水处理：采用铺设防排水垫层与侧沟相结合的方法排除地下水，地下水特别发育的路堑，除采用"路堤式"路堑结构外，还采用渗水盲沟等方案处理，并使轨面距潜水浸润线的距离大于 1.5 m。

三、地下排水

（1）基坑采用挖掘机挖基，人工整修成型。

（2）渗沟的开挖自下游向上游进行，间隔开挖，随挖随支撑并迅速回填。渗沟的出水口设置端墙，端墙排水孔底面高于排水沟沟底不小于 0.2 m，端墙出口的排水沟按设计进行加固，防止冲刷。

（3）排水沟或暗沟采用混凝土浇筑或浆砌片石砌筑时，在沟壁与含水地层接触面的高度处，设置一排或多排向沟中倾斜的渗水孔，沟壁最下一排渗水孔的底部高出沟底不小于 0.2 m。沟壁外侧反滤层材料选择、铺筑符合设计要求。沿沟槽每隔 10～15 m 或沟槽通过软硬岩交界处时设置伸缩缝或沉降缝。

四、过渡段排水

路基与桥台结合部位设带排水槽的渗水墙。路堤与路堑过渡段在堑堤分界处路堑侧基床表层以下设置横向排水砂沟，内置直径为 100 mm 软式排水管等排水设施，其连接方式符合设计要求，铺设平整、整齐、牢固、排水畅通。横向半堤半堑及不同岩土组合在换填底部设 4% 的向外排水坡。

五、施工注意事项

（1）天沟、排水沟靠山侧沟壁不应高出地面，沟顶与地面应顺接，沟底纵坡严禁出现反坡。

（2）水沟应防止水流下渗和冲刷，土质水沟的出水口处应设置加深竖墙防护，防止掏底冲刷。

（3）水沟基地应具备相应的承载能力要求，位于腐殖土地段和虚土回填地段的水沟深度应适当加深，避免水沟基础沉降，造成水沟断裂，如图 43-23 所示。

图 43-23　虚土回填地段加深水沟

（4）各种排水沟的终端，都要与整个排水体系相融合，位于桥头两侧的排水沟终端，应延伸至桥头锥体护坡以外；位于涵洞两端的排水沟要与涵洞排水体系相接；与原地形、地貌相接的排水沟，应保证位置和高程连接顺畅，排水畅通。

第九节　路基沉降控制与评估

一、路基沉降观测依据

根据原铁道部文件《客运专线铁路路基工程施工质量验收暂行标准》《客运专线铁路路基工程施工技术指南》《建筑变形量测规程》《客运专线无砟轨道铁路工程测量暂行规定》《客运专线铁路无砟轨道铺设条件评估技术指南》《新建合福高铁客运专线闽赣路基（咨询）图设计文件》进行路基沉降观测。

二、沉降监测网建立

1. 观测断面和观测点的设置

本段沉降观测共 1 个断面、2 个沉降板及 2 根沉降监测桩。布设时按照设计图纸指定的位置准确稳定埋设，施工中予以特别的关注和保护。观测点的布置如图 43-24 所示。

（1）一般每个路堤观测断面布设三组组合式沉降板，即在线路中心设 1 组，两侧路肩处各 1 组。

（2）软土或松软土路堤地段的路基坡脚外 2 m 处各设水平位移检测桩 1 个。

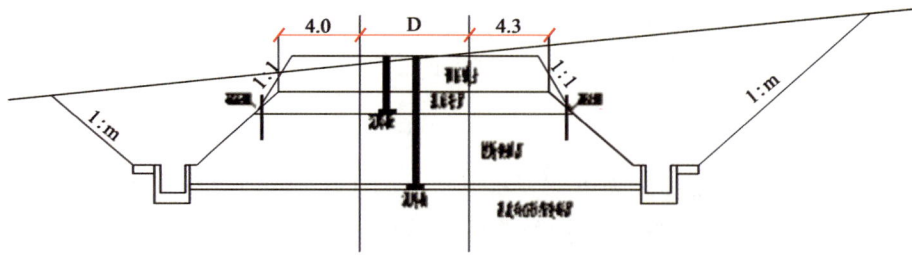

图 43 – 24　观测断面和观测点平面布置图

（3）过渡段和横向结构物设置参照路堤段。

2. 沉降板的制作与埋设方法

沉降板由钢底板、金属测杆（ϕ40 mm 厚壁镀锌铁管）及保护套管（直径不小于 ϕ75 mm、壁厚不小于 4 mm 的硬 PVC 管）组成，钢底板尺寸为 50 cm×50 cm，厚为 1 cm，金属测杆的底端与底板中心焊接或用丝扣连接。沉降板的结构形式如图 43 – 25 所示。

1）埋设方法

在路基 A、B 组填料填完第一层后，用全站仪按照施工图纸上设计的位置准确定位，人工挖开 60 cm×60 cm 至碎石垫层顶部标高，平整地面使组合沉降板底部水平地与碎石垫层顶部全部接触，并使镀锌管与之呈垂直状态。用水平仪测出沉降板底部标高作为原始沉降参数。再套上 PVC 管套，PVC 管套略低于测杆。在套好 PVC 管后，上口加盖封住管口。回填沉降板至第一层 AB 料一半高度，并人工夯实。然后再填至第一层 AB 料高度，人工夯实。

2）接长方法

为保护 PVC 套管和沉降测杆不被施工破坏以及测量方便，每次接

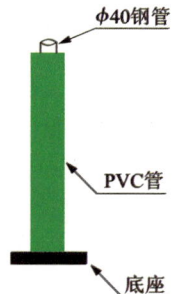

图 43 – 25　组合式沉降板示意图

长高度以 1 m 为宜，接长前后用水准仪测量杆顶标高变化量确定接高量。在填筑过程中，保持套管和测杆的垂直度，经常检查套管封盖是否盖好，防止粒料进入。接口采用正反丝加外套法连接。

三、路基沉降观测

1. 基面沉降监测

路堤地段每个监测断面设三个点，分别位于路基中心及两侧路肩，采用监测桩，在路基成形后设置。典型路堤断面沉降观测布置示意图如图 43 – 26 所示。

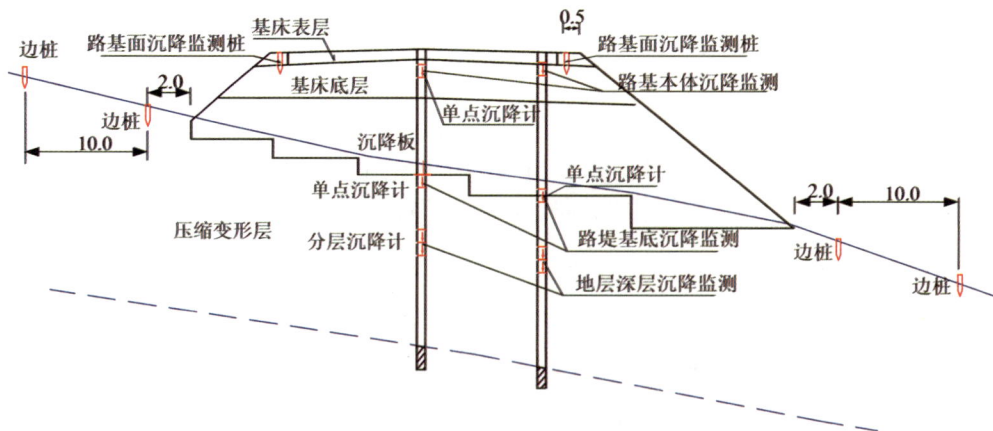

图 43 – 26　典型路堤断面沉降观测布置示意图

　　路堑地段观测方案为分别于线路中心、两侧路肩各设置一个监测点，每个监测断面设置三个监测点。监测方法采用监测桩，在路基成形后设置。典型路堑断面沉降观测布置示意图如图 43 - 27 所示。

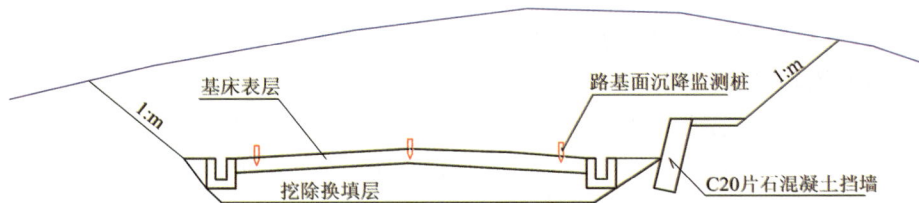

图 43 - 27　典型路堑断面沉降观测布置示意图

　　2. 路基基底沉降监测

　　在地基表面处理完成后、路堤填筑前，在路堤基底地面的线路中心预埋高精度智能型单点沉降计进行基底沉降监测。每隔一段距离，在线路中心增设沉降板进行沉降校核监测。当地表横坡大于 20% 时，在填土较厚一侧增设 1 个测点(仍采用高精度智能型单点沉降计)，以评价基底沉降的均匀情况。

　　基底沉降监测断面按设计布设，在地面纵坡变化较大的地段视地面坡度变化情况加密设置。

　　3. 路基本体沉降监测

　　当路基采用 A、B 组填料填筑时，在线路中心的路基基床表层底部埋设高精度智能型单点沉降计用于观测基床表层底部的沉降。相同时间内，基床表层底部的沉降变化值与相应位置基底沉降变化值之差即为路基本体的变形。

　　当路基填高大于 6.0 m 时，在基床以下路基填土中增加一监测点。所有沉降计在路基成形后，采用钻孔成孔后埋设。

　　当地表横坡大于 20% 时，在填土较高一侧的基床表层底部处增设高精度智能型单点沉降计用于路基本体的横向均匀沉降观测。

　　4. 深厚层地基分层沉降监测

　　软土和松软土厚度不小于 6 m 地基，一般每隔 50 m 设置一处深层沉降监测断面，过渡段路基必须设置。采用高精度智能型串连式沉降仪，于路基中心地基中设置，分层沉降仪布设间距为 2.0 ~ 3.0 m。路基填筑前，采用钻孔成孔后埋设。每个监测断面共 1 个测孔。当地表横坡大于 20% 时，于线路中心、较高侧或压缩层较厚侧的左(或右)线外侧分别采用高精度智能型分层沉降计监测，一个监测断面共设 2 个测点。

　　5. 软土地基水平位移监测

　　软土、松软土地基地段，沿线路纵向每隔 100 ~ 200 m 及地层或加固明显变化处在路基两侧坡脚外 2 m、10 m 各设观测桩一排，间距为 20 m，进行水平位移监测，根据水平位移速率大小控制软土地段的填土速率。每监测断面设 4 个测点。

　　6. 加筋(土工格栅)应力应变监测

　　高填方或陡坡填土地段边坡土工格栅加筋补强，在代表性路堤，分别于路堤两侧边坡(边坡中部、地面以上 2 ~ 3 m 处)的土工格栅设置智能数码柔性沉降计，对土工格栅的拉伸或压缩变形进行监测。每个监测断面 4 个监测点。

　　路堤基底铺土工格栅加筋(特别是低路堤，地基采用桩网结构加固)时，在代表性路堤基底，分别于路堤基底地面的线路中心，左右线中心至坡脚中间点附近的桩间土或桩顶处分别设置智能数码柔性沉降计，对土工格栅的拉力进行监测。每个监测断面 3 个监测点。

　　7. 过渡段差异沉降及低矮路堤不均匀沉降的监测与监控

　　1)过渡段工后沉降控制措施

　　由于过渡段采用了特殊的填料，如桥路过渡段工后沉降的主要来源是地基的工后沉降，在桥路过渡段工后沉降控制方面，通过采用从桥台逐渐过渡到一般路堤段的地基处理方式变化来调节。这种变化包括：强夯处理的夯点间距从小至大、夯击能从高至低、压遍数从大到小等。这些措施的详细方案在施工中经过工后沉降和不均匀沉降分析来确定。在全部过渡段施工准备阶段做好过渡段差异沉降的估算工作，为过渡段后期的沉降观测提供可靠的依据。

涵路过渡段工后沉降与桥路过渡段工后沉降控制措施相同。

2）低矮路堤不均匀沉降

对高度小于3.0 m的低矮路堤，由于其地基土承受较大的动荷载，自身条件的复杂性和不均匀性，当产生沉降特别是产生不均匀沉降时，对路基面、轨道的影响程度将远大于高路堤对地基的影响，故而引起高度重视，相应部位确保满足地基强度 $k30$ 或压实系数 k 的要求。施工中，对低矮路堤地段进行沉降观测，根据沉降观测资料及沉降发展趋势、工期要求等，及时修改设计，变更地基补强或施工工艺。

8. 路堑边坡的变形监测

1）监测内容

边坡监测的内容有边坡地表位移监测、深部位移监测、桩（墙）背土压力监测等。

2）测试方案

（1）边坡地表位移监测。

①观测桩：建立射线网法观测网。边坡或滑坡沿线路纵向每隔30~50 m设置监测断面，每个断面分别于路堑边坡的路肩、桩（墙）顶平台、边坡平台及堑顶外5 m、10 m设置观测桩。各工点分别于边坡可能破坏的范围外30 m设基准点和置镜点。

②位移计：选择代表性工点特别是存在安全隐患的高边坡或不良地质边坡进行；于边坡或滑坡沿线路纵向每隔30~50 m设置监测断面，分别于路堑边坡的桩（墙）顶平台（第一级边坡平台）、最高级边坡平台设置多点位移计，边坡成形后，钻孔成孔埋置。每个工点不少于2个监测断面，每个断面2个监测点。

（2）深部位移监测。

不良地质边坡和土质、软质岩深路堑边坡，进行深部位移变形监测；边坡成形后，在边坡平台钻孔成孔埋置，采用智能数码多点位移计，准确地测量岩土层内部水平位移或变形。每个工点不少于2个监测断面，每个断面1~2个监测点。

路堑边坡变形监测布置示意图如图43-28所示。

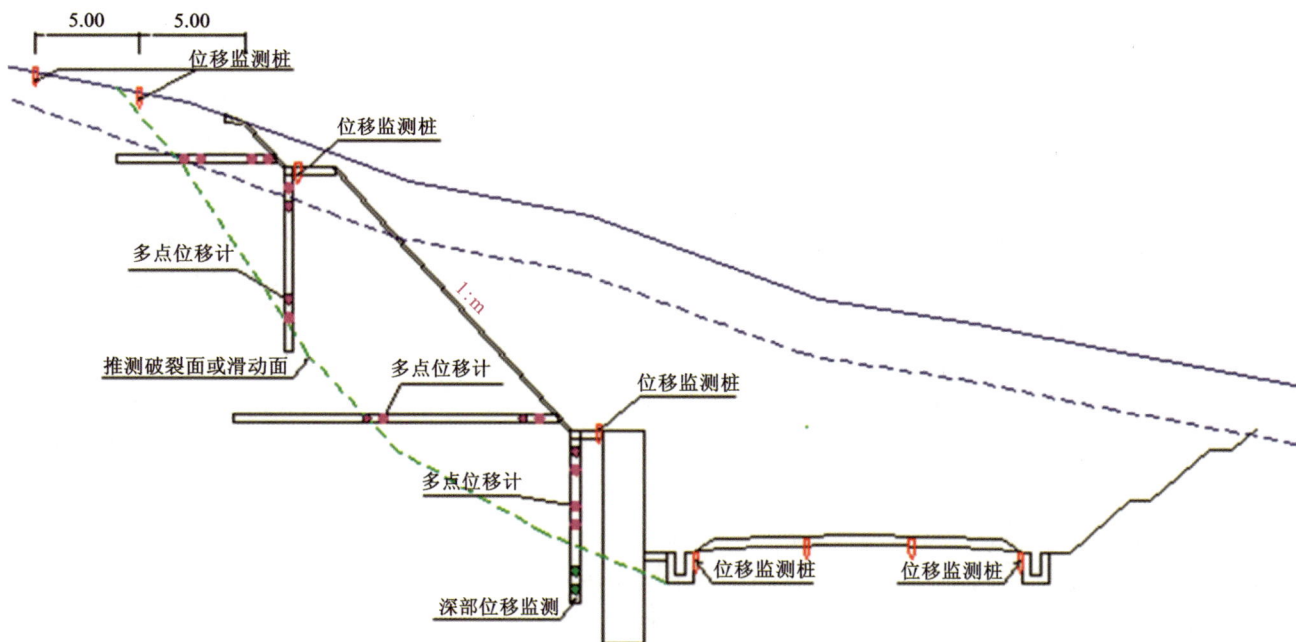

图43-28　路堑边坡变形监测布置示意图

四、路基沉降评估

1. 评估方法

路基沉降预测常采用曲线回归法，具体包括双曲线法、固结度对数配合法（三点法）、抛物线法、指数曲线法、修正指数曲线法、修正双曲线法、沉降速率法、星野法等。

2. 评估判定标准

根据铁建设〔2006〕158 号《客运专线铁路无砟轨道铺设条件评估技术指南》，路基沉降预测应采用曲线回归法，无砟轨道铺设条件的评估判定标准应满足以下要求：

（1）根据路基填筑完成或堆载预压后不少于 3 个月的实际观测数据做多种曲线的回归分析，确定沉降变形的趋势，曲线回归的相关系数不应低于 0.92。

（2）沉降预测的可靠性应验证，间隔不少于 3 个月的两次预测最终沉降的差值不应大于 8 mm。

（3）路基填筑完成或堆载预压后，最终的沉降预测时间应满足下列条件：

$$S(t)/S(t=\infty)\geq 75\%$$

式中：$S(t)$——预测时的沉降观测值；

$S(t=\infty)$——预测的最终沉降值。

注：沉降和时间以路基填筑完成或堆载预压后为起始点。

（4）无砟轨道预测的路基工后沉降值不应大于 15 mm。沉降比较均匀、长度大于 20 m 的路基，允许的最大工后沉降量为 30 mm，并且调整轨面高程后的竖曲线半径应能满足下列要求：

$$R_{sh}\geq 0.4V_{sj}^2$$

式中：R_{sh} 为轨面圆顺的竖曲线半径，m；V_{sj} 为设计最高速度，km/h。

（5）过渡段不同结构物间的预测差异沉降不应大于 5 mm。预测沉降引起沿线路方向的折角不应大于 1/1000。

第十节 新工艺、新工法、新装备、新材料应用及效果

一、路基工程土工合成材料应用

土工合成材料作为一种新型复合材料，具有加筋补强、反滤、隔离、防渗、防护等功能，被广泛应用于合福高铁闽赣段路基工程的施工中。

用于路基加固与防护的土工合成材料土工格栅，要求其采用双向高强涤纶经编土工格栅或塑料双向拉伸土工格栅，其双向抗拉强度大于 25 kN/m，对应伸长率不大于 10%。高强涤纶经编土工格栅的高强涤纶丝的重量不少于 150 g/m，外涂层质量不少于 40 g/m，总质量不小于 190 g/m，幅宽为 3 m（或为 3.0 m 的倍数），网格尺寸为 25.4 mm×25.4 mm。沿线路方向铺设，两幅间搭接长度不小于 0.5 m。铺设土工格栅时，土层表面应平整，不容许有褶皱，应尽量拉紧，并用竹钉固定，不得有坚硬凸出物，严禁碾压机械直接在土工格栅表面上进行碾压。铺设多层土工格栅时，其上、下层接缝应交替错开，错开距离不宜小于 0.5 m。

对于基底进行加固补强的土工合成材料土工格栅的具体要求见表 43-4。

表 43-4 土工合成材料技术要求

序号	使用部位及功能	材料名称	主要技术指标及要求
1	岩溶发育区路堤基底	土工格室	抗拉强度不小于 200 MPa，断裂延伸率小于 15%，网格尺寸 25 cm×25 cm，格室高度 10 cm
2	土质路堤或岩溶发育区路堤基底（地基未加固时）	土工格栅	采用双向高强涤纶经编土工格栅或钢塑复合拉筋带土工格栅，其双向抗拉强度大于 50 kN/m，对应伸长率不小于 10%，其高强涤纶用量大于 290 g/m，外涂层 60 g/m，总质量大于 350 g/m。幅宽不小于 5 m，网格尺寸 25.4 mm×25.4 mm。其中钢塑复合拉筋带土工格栅节点剥离力不小于 350 N，伸长率不大于 3%，网格尺寸 50 mm×50 mm

续表 43 – 4

序号	使用部位及功能	材料名称	主要技术指标及要求
3	刚性桩(方桩、管桩、钻孔灌注桩)网复合地基	土工格栅	采用双向高强涤纶经编土工格栅,其双向抗拉强度大于 110 kN/m,对应伸长率 10%,其高强涤纶用量大于 480 g/m,外涂层质量大于 100 g/m,总质量大于 580 g/m,幅宽 5 m,网格尺寸 25.4 mm × 25.4 mm
4	CFG 桩、旋喷桩、搅拌桩复合地基	土工格栅	采用双向高强涤纶经编土工格栅,其双向抗拉强度大于 80 kN/m,对应伸长率不大于 10%,幅宽不小于 5 m。其高强涤纶用量大于 360 g/m,外涂层质量大于 90 g/m,总质量大于 450 g/m,幅宽 5 m,网格尺寸 25.4 mm×25.4 mm

二、绿色防护技术应用

合福高铁闽赣段被誉为"最美高铁线",沿线经过低山丘陵区及中低山区,山势延绵,起伏较大,植被发育。沿线区域文化历史源远流长,自然风光绚丽多姿,文化旅游资源得天独厚,故将该客专建设成一条绿色通道,对沿线地区的生态及环境保护将起到重要作用。

该线路基边坡绿色防护根据边坡地质条件和坡率分别采用了喷播植草、客土喷播植草、立体植被网(或浆砌片石骨架)内喷播植草、喷混植生等多项技术。

(1)喷播植草护坡技术是利用液态播种原理,将草籽、肥料、黏着剂、纸浆和土壤改良剂等按一定比例在混合箱内配水搅匀,通过机械加压喷射到边坡面而完成植草施工的绿化防护。

(2)客土喷播植草技术是选用适合于特殊地质条件下的植物生长基质(客土)和种子,然后用挂网喷附等方式覆盖在坡面从而实现对岩石边坡的防护和绿化,适用于风化程度较高的岩石挖方边坡、块石土及其改良土填筑的路堤边坡。

(3)立体植被网内喷播植草技术是将护坡网顺坡面铺设和固定后,在网内喷植草,起到边坡防护和绿化的作用。

(4)喷混植生技术是类似于客土喷播植草的一种生态防护技术,用黏土、谷壳、锯末、水泥、复合肥以及草本种子等,通过一定配方拌和并将混合物喷在边坡上。

三、路基沉降检测断面(点)设置和检测措施合理化和多元化

高速铁路路基作为变形控制十分严格的土工构筑物,施工中应进行沉降变形动态监测,根据变形监测数据,指导施工及确定无砟轨道结构施工和铺轨时间。本次设计在路堑基床(主要为土质路堑、全风化层)和路堤基底、填筑层中、路基面布置监测点,构筑纵横向立体监测网络。

路基变形监测,包括路基面沉降监测,基底沉降监测、路堤本体沉降监测、深厚层第四系地层的分层沉降监测,另外软土或松软土地基路堤地段的边桩位移监测、复合地基的加筋(土工格栅)应力、应变监测等。

当路基基底或下卧压缩层为平坡时,路堤主监测断面为线路中心;当地表横坡或下卧土层横坡大于20%时,应于填方较高侧或压缩层较厚侧增加监测点;基底沉降监测与路堤本体沉降监测在一般路基(非试验段路基)地段监测点尽量一同布置于路基基底和基床底层顶面;同时在软土及松软土路基填筑时,沿线路纵向每隔 30~50 m 在距坡脚 2 m 处设置位移边桩,以控制填土速率。控制标准为:路堤中心地面沉降速率小于 1.0 cm/d,坡脚水平位移速率小于 0.5 cm/d。

监测元器件的选取,应满足工后沉降的评估需求以及精度要求,且具备抗干扰能力强,数据采集误差小、精度高等要求,因此将对填土施工干扰小、无测杆、具有数据存储功能的智能数码型监测元器件作为首选变形监测元器件,重要观测点采用传统的数字直观的沉降板作辅助元件,对路基面观测桩的测量,测量精度一般达二级水准测量标准。现场主要采用的检查元器件有:沉降版、单点沉降计、剖面沉降管、路面监测桩等,并采用土压力盒来验证沉降情况和深层土体压力间的关系。

第四十四章 桥涵工程

第一节 特殊基础施工

一、岩溶地段深桩施工

临湖特大桥(DK448 + 755. 370 ~ DK451 + 876. 240)全长为 3120. 87 m, 钻孔桩 941 根, 直径分别为 ϕ1. 0 m、ϕ1. 25 m 和 ϕ1. 5 m。桥位处岩溶强发育, 最大溶洞高度达 64 m, 最大桩长为 96. 5 m。本章以该工程为例介绍岩溶地段深桩基础施工技术。

1. 施工程序

1) 工艺原理

(1) 冲击钻进成孔。泥浆护壁, 必要时用化学处理剂改善泥浆性能。

(2) 钢筋笼分段制作成型, 孔口焊接, 钢护筒顶控制笼顶安装标高。终孔后进行第一次清孔, 混凝土灌注前利用导管进行第二次清孔、换浆。

(3) 导管反顶法灌注水下混凝土。

2) 施工基本原则

临湖特大桥钻孔桩施工选择桩位钻孔顺序的基本原则是对于不等深桩桥墩, 钻孔施工遵循先深桩, 后短桩的施工顺序。同一墩位的钻孔顺序, 按溶洞由深到浅、由多(串珠状)到少, 先施工边位桩、角位桩。

2. 施工要点

1) 岩溶注浆法

岩溶注浆法就是运用土体化学加固原理。利用小型钻孔机械钻孔至溶洞所在位置, 使用高压输浆泵将加固浆液通过注浆导管均匀压注入地层, 使原来地层中松散的砂石散粒体或岩石裂隙充满浆液, 固结成强度较高、抗渗水性强且与周围岩体胶结稳定的新结构岩石, 极大地改善了桩基的钻孔地质条件, 如图 44 – 1、图 44 – 2 所示。这种施工方法的前提条件是溶洞内必须富含砂石等充填物而不为空洞, 待溶洞内的砂石固结完成后, 仍可用冲击钻施钻成孔的方法, 使钻孔能顺利施工。

图 44 – 1 岩溶整治地基处理

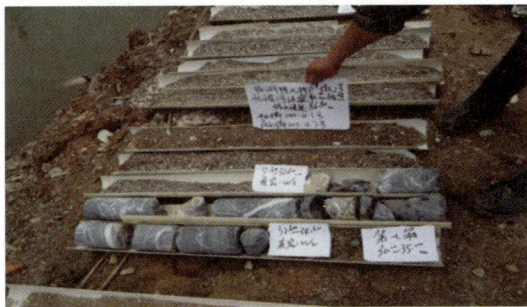

图 44 – 2 钻孔渣样

13#墩、30#墩、31#墩岩溶发育, 复杂地层存在裂隙发育、半填充型、全填充型溶洞, 给桥梁钻孔桩基础施工带来了极大的难度。因此, 对浅埋岩溶地层或存在地面塌陷隐患的桩孔采取岩溶注浆处理后再进行钻孔桩基础施工, 能确保钻孔桩的成桩质量。临湖特大桥 30#墩桩基施工中期、31#墩桩基施工前期的岩溶预处理采用岩溶注浆法施工, 使得施工过程中漏浆次数减少, 而且 3 台钻机同一平台施工未出现串孔现象,从而保证了施工进度和成桩质量。由于13#墩先期开工未采用岩溶注浆法施工，在施工过程中出现岩溶漏浆情况明显多于30#墩、31#墩，3台钻机同一平台施工经常因为溶洞漏浆出现串孔现象，导致施工进度缓慢。13#墩剩下的最后3根桩采用岩溶注浆法处理溶洞，故漏浆次数减少，未出现串孔现象。13#－3桩桩长为81.5 m，实际钻孔深度为85.6 m，15 d成孔，创造了临湖特大桥岩溶深桩的施工记录。

（2）泥浆护壁

泥浆护壁是钻孔桩施工中最基本的技术措施。为了加强泥浆护壁的作用，施工使用黏性好的黏土制备泥浆，在冲孔时将黏土直接投入孔内，利用钻头冲孔时制造泥浆。为了提高泥浆的黏稠度，按一定比例加入烧碱，烧碱具有保持和提高泥浆黏稠度的作用，对处理孔壁漏浆有较好的效果，一般按黏土用量2% ～ 3%使用。当溶洞内填充物为细砂或流塑物质时，在泥浆中掺加适量的水泥，可以起到提高泥浆的抗渗透能力、增加护壁功能、防止塌孔漏浆的功效，水泥用量一般为黏土用量的10% ～ 20%。对于漏浆频繁和漏浆严重的墩位钻孔，例如13#墩、30#墩、31#墩，均属于漏浆频繁和漏浆严重的墩位钻孔，采用地质钻探专用膨润土泥浆进行护壁，以增强护壁效果提高成孔率和成桩率，从而加快桩基施工进度。

（3）人造孔壁

人造孔壁就是根据溶洞内有无充填物及充填物的不同种类和流塑性，在使用优质泥浆护壁施工的同时，在钻孔遇到溶洞时，往孔内投入黏土、片（碎）石或加入适量稻草，增加溶洞孔壁骨架的稳定，一般选用15 ～ 25 cm片石和小于8 ～ 9 cm的碎石，稻草应用铡草机切断，长度为30 ～ 50 cm。借助于钻头的冲击捣固作用，将填充混合材料同稠密的泥浆一起挤入溶洞岩溶裂隙中，形成强度连续的钻孔路径，在持续的钻孔工序中形成孔壁封闭环，达到人造孔壁的效果。质量不好的人造孔壁在灌注水下混凝土时，当混凝土顶面上升到一定高度时，人造孔壁将不能承受混凝土的巨大压力，混凝土将溶洞的人造孔壁破坏，大量流进溶洞，致使不能有效地埋置导管，将会造成断桩事故。

（4）钢护筒跟进

13#墩、30#墩、31#墩钻孔桩施工，针对上部覆盖层存在细圆砾土透水层采用长钢护筒跟进。钢护筒跟进至基岩面，以防止钻头击穿溶洞，上部细圆砾土透水层泥浆流进入空溶洞，造成地面塌陷、塌孔、卡钻、埋钻等事故。由于13#－1桩先期开工未采用钢护筒跟进，在钻进至81 m处，孔内泥浆骤然流失，导致地面整体塌陷造成塌孔，如图44－3所示。

钢护筒长度为9 m以内，壁厚为10 mm。钢护筒长度超过9 m，壁厚为12 ～ 14 mm。当覆盖层较厚且溶洞内无填充物，孔内水位下降时，由于钢护筒周边的侧压力较大且分布不均匀，钢护筒可能产生严重变形，采用大厚度钢护筒可以防止钢护筒受围岩挤压变形。13#墩、30#墩、31#墩大部分钻孔桩采用钢护筒跟进的方法进行施工，从而保证施工进度和成桩质量。

（5）斜面岩钻孔纠偏

临湖特大桥主要以石灰岩为主，岩层为单斜构造岩，岩溶地层存在溶洞、溶沟、溶槽、溶隙及溶隙填充等。石灰岩长期受水的化学溶蚀存在岩层软硬不均的问题，钻孔施工过程中，钻孔一进入岩面，钻头顺岩面倾斜方向偏转，钻孔发生倾斜。31#－1桩地质情况为倾斜岩面。采用回填片石进行斜面岩钻孔纠偏斜孔，反复冲击，取得显著效果。

3.施工中出现的问题及处理

1）漏浆

临湖特大桥处在岩溶强发育复杂地层，给桥梁桩基础施工带来很大难度。松散砂层、土洞、串珠状的溶洞且溶洞通道连通好，会导致钻孔漏浆事故频频发生。当钻头击穿溶洞顶板时，孔内泥浆骤然流失，泥浆面急剧下降。钻孔前，备好足够的黏土、片（碎）石、稻草等封堵材料，并配备好补浆和补水用的设施。当出现孔内严重漏浆，立即提出钻头，向孔内补浆和补水保持孔内水头压力，防止因孔内泥浆流失而产生塌孔，并将备好的封堵材料投入孔内并高出溶洞顶板1 ～ 2 m，然后小冲程反复冲砸，形成新的人造孔壁封堵溶洞，如图44－3、图44－4所示。13#墩、30#墩、31#墩在钻孔过程中遇到溶洞时就采用此施工方法，成桩效果显著。

图 44 - 3　溶洞造成的塌孔现象

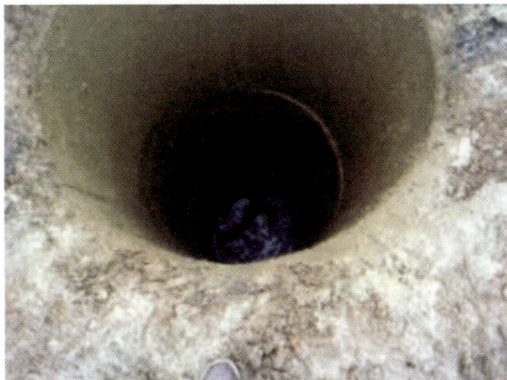

图 44 - 4　孔内漏浆

2）溶洞串孔漏浆处理

临湖特大桥岩溶强发育地层，溶洞呈串珠状分布，溶洞连通性较好。31#墩溶洞高度 61.8 m，为了加快施工进度以确保工期，在同一墩位上 3 台钻机同时进行钻孔施工。然而采用片石黏土回填处理溶洞串孔漏浆效果较差，往往会出现溶洞串孔频繁漏浆现象。溶洞串孔漏浆可采取灌注水下混凝土封闭溶洞，阻断溶洞通道的处理方法。将钻头提升出孔外，往钻孔内灌注低标号 C20 水下混凝土，灌注面应高于溶洞顶面 2 ~ 3 m，待水下混凝土灌注面稳定 0.5 ~ 1.0 h 后再拔出导管，以确保水下混凝土充分地封闭了溶洞，待水下混凝土达到一定强度（1 ~ 2 d）再开钻。13#墩溶洞串孔频繁漏浆，采取灌注水下混凝土封闭溶洞，阻断溶洞通道后成孔顺利，效果显著。

3）掉钻

（1）预防措施。

①钻孔过程中，应经常根据钻孔进尺核对设计地质资料，当钻孔进尺接近溶洞顶时，小冲程施钻，防止钻头击穿溶洞顶板，崩断钢丝绳而使钻头掉入溶洞中。

②经常检查钢丝绳与钻头联结的卡环、卡具是否有松动现象，及时更换旧的、不匹配钢丝绳，紧固联结钻头的卡环、卡具。

③在钻头上焊上打捞装置如环向打捞环，以便在掉钻发生后，利于捞取钻头。

（2）处理方法。

将打捞钩放置到孔内钻头位置，反复冲钩打捞环，直至将钻头提出。如果钻头没有安装打捞环或打捞钩反复冲钩没有勾到打捞环，则要聘请专业潜水员潜入孔内将打捞钩勾住钻头，将钻头提出，如图 44 - 5 所示。

4）埋钻

埋钻是钻孔中常见的故障，主要是由孔壁塌陷造成。在岩溶地层钻孔，钻孔在穿越顶板较薄、埋深较浅的溶洞时，由于冲程过大，砸击溶洞顶板就可能出现溶洞坍塌，地表下陷发生掩埋钻头的情况。

（1）预防措施。

发现漏浆应及时提起钻头，向孔内补水注浆，保持水压力，采取相应的措施封堵漏浆。穿越溶洞时应改用小冲程钻进，防止击跨溶洞顶板发生埋钻。

（2）处理方法。

①采用长钢护筒跟进至埋钻以下位置，采

图 44 - 5　专业潜水员打捞锤头

用潜水型泥砂泵或空气吸泥机吸走埋钻的泥砂,提起钻头。

②用空心钻头或小钻头重新钻进至埋钻位置,提起钻头。

③采用大钻头重新钻进至埋钻位置,然后采用直径25 cm圆铁棒冲击进至埋钻位置,利用锤齿间隙在孔四周冲击进至埋钻以下位置,后采用潜水型泥砂泵或空气吸泥机吸走埋钻的泥砂,提起钻头。30# -6桩在冲击至54 m处发生埋钻现象(先期开工未预先注浆),30# -1桩在冲击至53 m处发生埋钻现象(先期开工未预先注浆),13# -4桩在冲击至71 m处发生埋钻现象(先期开工未预先注浆),13# -5桩在冲击至19 m处发生埋钻现象(先期开工未预先注浆),均采用此方法提起钻头。

5)卡钻

使用冲击钻孔时,由于钻头与钢丝绳的联结转向装置旋转不灵活,钻头钻进过程中致使孔壁不圆,形成"梅花"孔现象。此外,由于钻头磨损未能及时补焊,钻孔直径变小,新钻头或补焊后直径过大会导致卡钻。在施工过程中,由于冲程过大,突然击穿溶洞顶板,使钻头偏转导致卡钻。

(1)预防措施。

①及时更换或补焊钻头,并向桩孔内回填片石或高标号混凝土,在钻进面先用小冲程钻进修复孔形,然后逐渐加大到正常冲程,转入到正常钻孔。

②在溶洞顶板施钻时,应先用小冲程开孔,并注意旋转钻头,溶洞开口后,要及时抛填片石和黏土块填筑,逐渐进入正常钻孔。

(2)处理方法。

卡钻后,可以用水下爆破法进行处理,将3~4根防水乳化炸药分两级绑在一根钢筋上,下沉到钻头刃脚部位,钻机绷紧钢丝绳,用电雷管或导爆索起爆,将卡钻部位的岩石震松后立即提出钻头。31# -2桩在冲击至35 m处发生卡钻现象,30# -10桩在冲击至80 m处发生卡钻现象,均采用此方法提起钻头。

6)其他注意问题

遇到较大的土洞、空溶洞时,或连体薄层深洞迅速跨塌,出现地面塌陷现象。施工人员要立即撤离现场,在撤离塌陷现场后要及时关闭本墩位的电源,待塌陷稳定后将机械设备吊离墩位,回填孔位,浇水沉积密实后再采取措施开钻施工。

二、水中承台施工

1. 施工程序与工艺流程

水中承台通过采取围堰阻水结构将承台由水中转换成旱地施工环境,当水中承台转换成无水的旱地环境后,其施工流程与旱地承台施工流程一致。围堰施工完成后,其他施工要求与岸上承台施工要求一致。

锁扣围堰施工流程为:拆除钻孔平台,割除多余钢护筒—安装导梁、内支撑—围堰侧板插放、合拢—将侧板与导梁固定—清基、抛投沙袋—灌注水下混凝土—围堰抽水、补漏。

钢板桩围堰施工流程为:钢板桩检查、整修—导环安装—钢板桩插打、合拢—内支撑安装—清基—封底—抽水、补漏。

2. 施工要点

1)锁扣式套箱围堰施工

(1)安装导梁及内支撑。

在钢护筒上根据设计图纸焊接支撑牛腿,安装下层导梁和内支撑;下层导梁及内支撑安装完毕后,在钢护筒上根据设计图纸焊接上导梁支撑牛腿,安装上层导梁及内支撑。导梁安装完成后,在支撑牛腿上焊接限位板,以保证在施工过程中导梁不移位。

(2)围堰侧板插放、合拢。

所有工作准备就绪后,开始侧板的插放。侧板插放时人工配合浮吊或汽车吊进行,先将四个角点的四块侧板及锁扣连接好,然后进行其他侧板的插放。插打过程中采用侧板内侧吸泥的措施辅助下沉。

(3)连接侧板与导梁。

待围堰侧板插打完毕并合拢后将上导梁与侧板(背带处)焊牢,割除支撑牛腿。

（4）清基、抛投沙袋。

围堰内辅助吸泥清基至封底混凝土底面标高以下 0.2 m，抛填一层砂袋或碎石，潜水工下水将砂袋铺平，保证封底混凝土施工时底下砂层不会冲散开影响混凝土质量。

（5）封底。

清基后，在护筒顶面设封底混凝土平台，准备就绪后进行封底混凝土作业，混凝土采用垂直导管水下灌注。

（6）围堰抽水、补漏。

封底混凝土达到设计要求强度后，用水泵抽水，切割多余钢护筒，凿除高于桩顶设计标高以上的桩头混凝土，清除围堰内浮渣，并用水泥砂浆找平混凝面。对于局部渗水部位，设置汇水沟，用潜水泵排水，以免影响承台混凝土质量。此时，围堰内就具备了与岸上桥墩承台相同的施工条件，进行承台模板安装、钢筋及冷却水管安装，并灌筑承台混凝土。

2）钢板桩围堰施工

（1）导环安装。

钻孔桩施工完成后，移除钻机，拆除钻孔平台，根据设计图纸在钢护筒上焊接支撑牛腿，安装导环。

（2）钢板桩插打、合拢。

围堰钢板桩利用带有液压夹持器的 DZ60 打桩锤单片插打。在两片钢板桩侧焊接上下两层型钢作为插桩的导向，同时在上下两层导向上分别临时点焊卡板夹住钢板桩锁口，阻止钢板桩位移，以精确控制钢板桩的位置和二个方向的垂直度。插打时，先插打上游侧，然后从上游侧向两边分别插打，最后在下游合拢。

（3）围堰内支撑安装及清基。

钢板桩插打完成后，利用起吊设备整体或分部吊装围堰内支撑，并将支架导环与每片钢板桩之间的空隙逐个用钢板或硬木抄紧。

（4）清基。

当围堰内支撑安装完成后，可进行围堰内清基。围堰清基采取高压射水管和吸泥机在围堰中心范围内规则地来回射水吸泥，直至堰内河床标高稍低于封底混凝土底面。围堰清基过程中，对河床进行监测，如果河床因水流冲刷低于套箱底面致使围堰封底混凝土脱空或部分脱空，则进行河床整治，采用高处吸泥、低处回填或外侧抛堆砂袋的方法进行。

（5）封底。

钢板桩围堰清基完成后，在护筒顶面设水封混凝土平台，准备就绪后进行封底混凝土作业，混凝土灌注采用垂直导管水下灌注。

围堰封底混凝土达到设计要求强度后，用水泵抽水，切割多余钢护筒，凿除高于桩顶设计标高以上的桩头混凝土，清除围堰内浮渣，并用水泥砂浆找平混凝土面。对于局部渗水部位，要设置汇水沟，用潜水泵排水，以免影响承台混凝土。此时，围堰内就具备了与岸上的桥墩承台相同的施工条例下，进行承台模板安装，钢筋及冷却水管安装，并灌筑承台混凝土。

3. 施工质量控制与安全环保

（1）承台围堰封底水下施工人员必须是具备有相应资质的熟练专业潜水员，并配置相应的潜水设备、通信设备及医疗卫生保障。

（2）水上承台施工时，施工船舶多，水上交通安全及防撞措施尤为重要，必须加强水上施工船舶的协调工作及航道疏通工作。

（3）起重机械设备设专人操作并配指挥人员，定责定岗；上岗前进行技术培训，制定专项制度和指挥联络方法，考核合格后，持证上岗。定期对施工设备进行检查、保养、维修，确保设备正常运转，安全使用。跨越公路施工时，设专人负责做好防护工作，确保既有公路畅通无阻及人员安全。

（4）水上凿除的桩头及岸上开挖的余土堆放至指定地点，禁止随意堆放或直接排入水中，以免影响生态环境。

（5）严格按国家和地方政府有关规定及设计要求做好环保、水土保持工作。开工前详细探测地下管线，做到管线先迁移后施工，确保地下管线安全。

（6）加强施工船舶污染物的排放控制，注意防止船舶事故对水域的污染影响。制定水上施工作业防污染及安全应急措施，严禁向水域排放油污，丢弃垃圾、船上的废油、含油污水垃圾要用专门的容器盛装，并按有关规定进行回收或申请海事部门认可的单位接收；平台上动力机械设备漏油，要立即停机处理，采取一切有效的办法防止油流入水域；配备适量的吸油材料及海事部门批准使用的消油剂，发生油污事故时，及时报告当地海事局。施工船舶需限制航速，并在指定区域内航行，避免影响航道通行。

第二节 墩台施工

一、实体墩施工

丰溪河特大桥，施工起讫里程为 DK479 +010.970 至 DK486 +302.800，全长为 7291.830 m。桥梁墩台形式主要为圆端形实体桥墩，圆端形空心桥墩，矩形空心桥台。墩身施工采用整体大块拼装式模板，一次或分段浇筑的施工方法。钢筋在加工场进行加工，现场绑扎。混凝土集中供应，由混凝土输送车运输，输送泵泵送入模。采用覆盖加隔水塑料薄膜保温，保湿法养生。本文以该工程为例介绍实体墩的施工技术。

1. 施工程序与工艺流程

实体墩施工工艺流程如图 44 - 6 所示。

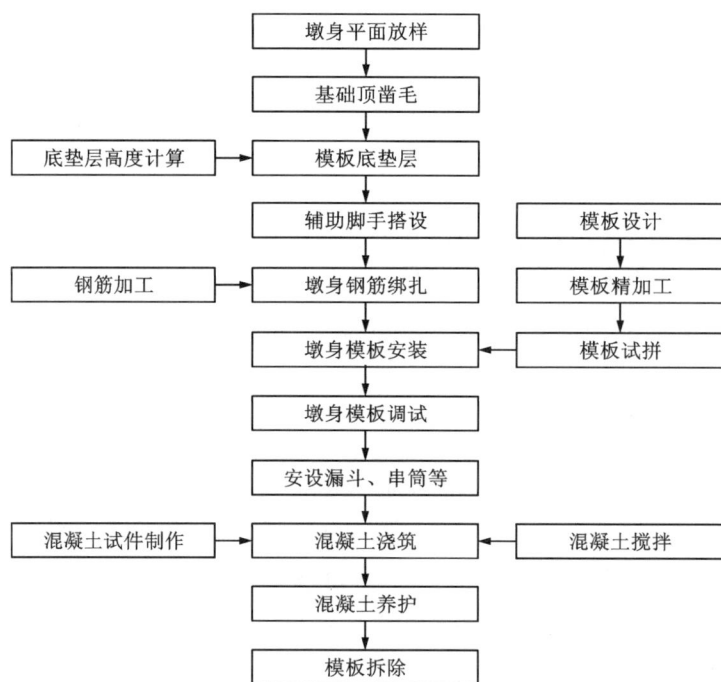

图 44 - 6 实体墩施工工艺流程图

2. 施工要点

1）钢筋工程

钢筋在加工场按设计图纸集中下料、分型号、规格堆码、编号，平板车运到现场，在桥墩钢筋骨架定位模具上绑扎。结构主筋接头采用直筒螺纹连接，主筋与箍筋之间采用扎丝进行绑扎。

2）模板拼装

承台混凝土浇筑前，依据墩身模板结构尺寸在承台上预埋型钢铁件。模板采用汽车运输至墩位附近，采用吊车整体吊装就位，与承台预埋型钢连接固定。模板整体拼装时要求错台小于 1 mm，拼缝小于 1 mm。安装时，用缆风绳将钢模板固定，利用经纬仪校正钢模板两垂直方向倾斜度。

3）混凝土浇筑

混凝土采用集中拌和，混凝土输送车运输，输送泵泵送入模，分层浇筑，连续进行，插入式振捣器捣固。

4）混凝土养护

根据施工对象、环境、水泥品种、外加剂以及混凝土性能的不同提出具体的养护方案，各类混凝土结构的养护措施及养护时间遵守相关规范的规定。

5）桥台台身

（1）支立模板。

桥台模板采用大块组合钢模板，由具有专业资质的厂家制作，保证加工精度。根据梁端线和梁缝准确定出胸墙位置，胸墙必须充分加固，保证其竖直。防止架梁时出现梁缝与设计相差较大，难以处理的情况。台身、台顶施工缝要严格按设计和规范进行。并作好施工缝处理。

（2）桥台钢筋。

钢筋集中在钢筋加工场加工，现场绑扎焊接成型。依照设计及相关技术标准进行施工，严把质量关。

（3）混凝土施工。

钢筋、模板经检查合格后，进行混凝土浇筑。混凝土的拌和、运输、浇筑方法同桥墩混凝土施工方法。

3. 施工注意事项

（1）采用大块钢模板，墩身一次立模到顶，一次浇注混凝土；桥台耳墙高度范围内的台身和托盘、顶帽应一次性浇注成型。

（2）所使用的外加剂使用前必须在经过试验室鉴定合格后，由项目负责人批准使用，使用外加剂时须采用计量装置。

（3）同一桥用同一厂同一标号的水泥，砂石料也必须来自同一料场、同一材质。

（4）桥墩严禁偏压。应对全桥进行中线、水平及跨度贯通测量，并标出各墩台的中心线、支座十字线、梁端线及锚栓孔位置。暂不架梁的锚栓孔或其他预留孔，应排除积水将孔口封闭。

（5）施工前后均应复测其跨度及支承垫石高程。施工中应确保支承垫石钢筋网及锚栓孔位置正确，垫石顶面平整，高程符合设计要求。

（6）基础与混凝土基础、混凝土或浆片石基础的接缝，可用预埋接片石（片石必须质地坚硬、干净），片石最小尺寸不得小于 15 cm，埋入混凝土中和外露各一半，间距不小于 15 cm。

（7）混凝土基础和混凝土墩台身的接缝，应按墩身的周边预埋 ϕ16 mm 以上钢筋或其他铁件，埋入与露出长度不小于钢筋直径的 30 倍，间距不大于钢筋直径的 20 倍。

二、空心墩施工

陈山坞特大桥中心里程 DK440 + 269.905（起屹里程为 DK439 + 900.27 ~ DK440 + 693.53），桥梁全长为 793.27 m。小里程方向与陈山坞隧道相接，大里程方向与棋盘山隧道相接。该桥的主要结构组成为 6 ~ 32 m 简支梁 + 1 - (60 m + 100 m + 100 m + 60 m) 连续梁 + 8 - 32 m 简支梁，共有 17 个圆端形墩柱、2 个挖方桥台。其中，2# ~ 16# 墩柱采用圆端形空心墩，最高桥墩为 67.5 m。本桥 2# ~ 6#、10# ~ 16# 墩为圆端形空心墩，共 12 个，采用翻模施工，C35 混凝土浇筑。本文以该工程为例介绍空心墩的施工技术。现场施工如图 44 - 7 所示。

1. 高墩翻模施工系统

翻模施工系统由提升机构、模板系统、工作平台和安全设施组成。

1）提升机构

提升机构为每个施工墩位处设置塔吊一台，塔吊中心位于路线墩身侧边，采用 TC5013B 型塔吊，可同时施工前后 3 个墩身以减少塔吊周转次数。塔吊与墩柱之间必须使用

图 44 - 7　陈山坞特大桥

附墙构件(20 m/道)进行连接,以确保塔吊的稳定性。

2)模板系统

墩身模板采用厂制定型钢模板,圆弧段模板采用与墩柱通高制作,平面模板制作 2 m 长标准节段翻模施工,每个墩身用 1 套圆弧段模板,1 套平面模板(5 节),每节高 2 m。采用吊机、塔吊、墩外托架平台、墩内脚手架施工平台与爬梯联合施工。混凝土浇筑随模板支立进行。安装和拆卸模板,施工用材料的垂直运输均由塔吊及汽吊完成。模板完成后在加工厂进行试拼,试拼分水平方向的试拼和垂直方向的试拼,尤其要注意模板第一次翻升后垂直方向的试拼,如图 44 - 8 所示。

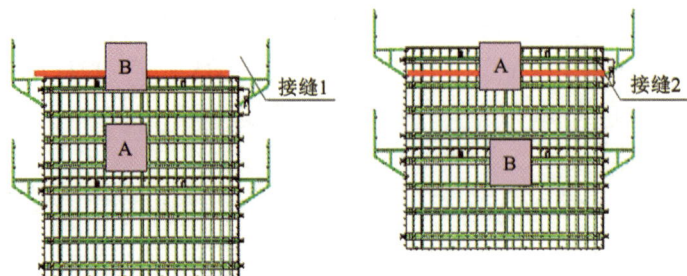

图 44 - 8　模板试拼示意图

3)工作平台

翻模外搭设施工平台,墩身内部搭设 ϕ48 mm 钢管脚手架施工平台,防护栏杆采 ϕ48 mm 钢管,高度不低于 1.2 m,外挂双层密目网作为防护,防护网底部兜至最底端模板上形成封闭。模板工作平台设置在翻模外侧,采用 ϕ48 mm 钢管制成可拆卸骨架及栏杆,上部搭设木板。每节模板均设工作平台,并用螺栓与模板连接,随模板一起向上翻升,为模板组装、拆模提供作业空间,如图 44 - 9 所示。

4)安全设施

安全设施由上部平台围栏、横向安全网、围栏密目网等组成。墩身施工时,在墩旁安装型钢桁架,与墩柱通过附墙连接,上设"之"字形爬梯,宽度为 1.2 m,仰角为 45°。每 6 m 设一处休息平台,平台宽 1 m,供人员休息,保证施工和检查人员上下安全便捷。

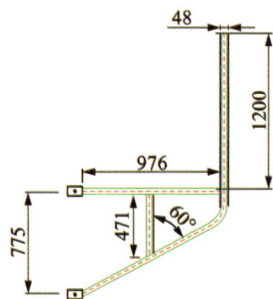

图 44 - 9　模板工作平台示意图

2.高墩翻模施工要点

1)下部实心段施工

应凿毛承台混凝土至露出新鲜骨料为止,将承台顶面清理干净,并按设计标高整平,为模板安装创造条件。清理接茬钢筋的污物和铁锈,按规范要求的接头相错量和钢筋焊接方式连接钢筋,并绑扎成钢筋笼,绑扎过程中保持钢筋顺直,设置好保护层,浇筑混凝土高度应低于模板 2 cm,以便于翻模安装。

(1)模板位置调整。

当外模组拼成形后,所有螺栓不必拧紧,留出少量松动余地。圆端模板下口由倒模固定,模板前后方向偏斜的调整通过手拉葫芦拉至正确位置,左右偏斜的调整则在模板底边靠倾斜方向的一端塞加垫片实现,空心墩壁厚尺寸由精轧螺纹钢拉杆进行微调。模板之间的缝隙塞有橡胶条,防止漏浆。由于模板制作及起始第一节模板调整的精度都很高,以后每次调整幅度很小。调整完毕后,拧紧全部螺栓,即可浇筑混凝土。

(2)绑扎钢筋。

钢筋绑扎严格按照设计图进行绑扎,钢筋接头采用单面搭接焊连接和闪光对焊,单面搭接焊焊缝长度不小于 10 d + 1 cm。墩柱混凝土强度应满足设计要求,混凝土表面应平整光滑,不得有蜂窝、麻面和露筋,钢筋保护层厚度不小于 4 cm。

（3）模板翻升。

在安装钢筋的同时，可以开始拆下面一节外模工作。拆模时用手拉葫芦将下面一节模板与上面一节模板上下挂紧，同时另设两条钢丝绳拴在上下节模板之间。模板最重约为 1.5 t，现场采用 10 t 手拉葫芦进行拆除模板施工，模板拆除时先拆除左右和上面的连接螺栓，然后通过两个设在模板上的简易脱模器使下节模板脱落。脱模后放松葫芦，使拆下的模板由钢丝绳挂在上节的模板上。然后逐个将四周各模板拆卸并悬挂于上节模板上。这样可将拆模工作和钢筋安装工作同时进行，节约至少半天时间，同时最大限度地减少了对塔吊工作时间的占用。

（4）灌注混凝土。

本桥墩身采用 C35 混凝土，由 1#拌和站集中拌制，混凝土搅拌运输车运至墩下，混凝土输送泵泵送入模，对称均匀浇筑。

采用高性能可泵送混凝土，水泥必须采用保水性、泌水性能较好的品种。混凝土浇筑采用薄层浇筑，人工振捣，每层厚度不大于 30 cm。浇筑完毕后，8 h 内对混凝土洒水保湿养护，养护时间不少于 7 d，浇水次数应以保持混凝土处于湿润状态为宜。

2）上实心段施工

墩顶实心段施工时，先拆除内模及内吊架，然后安装实心段的过梁和底模，再安装实心段外模，安装通长拉杆，绑扎上实体段钢筋，浇筑混凝土。

墩身下实体段、上实体段混凝土施工时，特别注意实体段与空心墩身连接处的混凝土质量和外观。特别在实体段，由于一次浇筑混凝土体积过大，采取和承台相同措施降低水化热。

三、高墩施工

以建瓯建溪大桥为例介绍高墩施工技术。建瓯建溪大桥 5#、6#墩为连续梁主墩，位于建瓯建溪河道内，承台平面尺寸为 12.6 m×17.3 m，高为 4 m。6#主墩钻孔桩施工采用筑岛围堰施工，承台采用钢筋混凝土沉井施工。

1. 施工程序与工艺流程

承台施工程序为：施工准备—测量放线—沉井施工—浇注封底混凝土—凿桩头—桩基检测—承台钢筋绑扎及降温管测温元件安装—承台模板施工—混凝土浇筑—养护。

2. 深井施工

1）模板与支撑

施工步骤如下：

（1）测量放样，准确地画出刃脚边线，严格控制沉井中心位置的准确性；

（2）模板制作，沉井内侧模板要平滑，具有一定的刚度，与混凝土接触面必须刨光，与刃脚接触的空隙要塞严防止漏浆；

（3）模板安装，沉井的外侧模板必须竖缝直立，立好后要核对上下口各部尺寸、井壁的垂直度、刃脚标高支撑拉杆（内外模间）和拉箍要牢固；支第二节模板时不准支撑在地面上，以免沉井因加重而自动下沉造成新浇筑混凝土发生裂纹；环箍和拉揽要加强，外模上口尺寸不得大于下口尺寸。

2）钢筋绑扎

钢筋绑扎是在内模以支立完毕，外模尚未扣合时进行的。先在刃脚画线位置做好保护层垫块，布置刃脚钢筋，内壁纵横筋外壁纵横筋。也可以为加快速度，先组成大片，利用吊机移动定位焊接组成整体。内、外侧箍筋要做好保护层垫块。主筋联结采用单面焊接，焊缝长度不小于 10 d，箍筋和主筋间采用绑扎。

3）沉井混凝土浇筑、养生、拆模

沉井混凝土须沿井壁四周对称进行浇筑，避免混凝土面高低相差悬殊，以防产生不均匀下沉造成裂缝。每节沉井的混凝土都应分层、均匀、连续地浇筑直至完毕。

混凝土采用土工布覆盖洒水养生。当第一节沉井浇筑完，混凝土强度达到 80% 后，即进行沉井的下沉施工。浇筑前要将刃脚处回填和处理，防止浇筑过程中的下沉。第一节混凝土顶面须凿毛处理。

4）沉井下沉

沉井下沉为通过人工配合长臂挖掘机除土，消弱基底土对刃脚的正面阻力和沉井壁与土之间的摩擦力，使沉井依靠自重力下沉。根据现场实际情况，在稳定的土层中，渗流量不大，或者虽然土层透水性比较强，渗水量比较大，但排水不致产生流砂现象选用排水开挖方式。利用现有的电动离心泵和污水泵排水。

排水下沉时，利用人力配和机械开挖，需对称地进行，保证均匀下沉。下沉时，在刃脚处砂袋须分层拆除。在接高时，刃脚处需回填砂石。现场施工如图44-10所示。

图44-10 沉井下沉施工图

第三节 简支箱梁制运架

JQDS900过隧架桥机架梁采用了简支箱梁运架技术，本文以该工程为例介绍简支箱梁运架的施工技术。

一、JQDS900过隧架桥机架梁施工工艺

1. 适用范围

适用32 m、24 m双线箱梁架设，最小曲线半径为1500 m，适应架设的最大纵坡20‰，最大起重量900 t，适合在桥隧交替频繁的施工线路进行施工。

2. 工艺原理

JQDS900过隧架桥机由450 t提梁机、YLS900运梁车配合来完成箱梁架设施工。在桥梁整备区由提梁机提取箱梁放至运梁车上，运梁车驮运箱梁运输至架梁机尾部，通过运梁车与架桥机导梁对接进行喂梁，架桥机起重小车通过定点起吊吊起箱梁，运梁车退出返回梁场取梁，最后由架桥机通过各个工序完成箱梁架设。

JQDS900型架桥机采用定点取梁作业方式架梁，导梁辅助过孔方式纵移，运梁车驮运架桥机方式转场。

运梁车驮运架桥机至隧道口零距离或负距离架梁时，由于隧道内空间限制，架桥机需通过后辅助支腿、前支腿支撑架桥机来完成运梁车分离退出，架桥机过跨后采用中辅助支腿支撑至导梁上，通过转换中辅助支腿和支撑轮组完成运梁车喂梁作业。

二、JQDS900过隧架桥机架梁施工要点

1. 提梁机装梁

提梁采用的是两台型号为MGHZ450的提梁机，其主要由主梁、刚柔支腿、起重小车、大车走行及电气系统组成。两台提梁机同时起吊箱梁，将箱梁吊运至运梁车上以完成吊梁作业，吊运过程中需注意以下几点：

（1）在提梁机走行或提梁过程中，需安排专人对提梁机走形轮组或卷扬系统及钢丝绳进行监控，如发现异常应立即叫停进行整改。

（2）运梁车到达装梁位置后，调整运梁车轮组均衡高度，确保运梁车架左右、前后高度处于水平状态，确保前后支腿不受力，整机轮组均衡处于打开状态。

（3）提梁过程中，两台提梁机同时将箱梁缓慢吊起至100 mm左右停车制动，检查梁体底面水平度，吊杆螺栓是否有松动，否则将梁体落下重新调整吊杆螺栓或两台提梁机起升高度，同时检查提梁机起升制动是否可靠，一切正常后继续作业。提梁机吊梁横移至运梁车上方，吊梁横移保持在低位进行，当运至距运梁车3 m左右时停车，待梁体稳定后提升梁体到高出运梁车托梁台车顶面300 mm左右位置，再将梁体移

至运梁车上部装梁位置。

（4）箱梁就位后，确保箱梁支撑截面中心与运梁车托梁台车中心线横向误差不大于 ±25 mm，纵向位置误差不大于 ±50 mm。

（5）梁的支承面为三点支承结构，托梁台车有可靠的锁定装置，在运 24 m、32 m 时驮梁台车运行到不同位置用插销锁定，防止滑动。

（6）定期对提梁机进行维修保养，做好提梁机维修保养记录。

（7）做好提梁机轨道的日常检查和养护，对存在安全隐患部位及时进行维修整改。

2. 运梁车运梁

为了满足过隧架梁要求，运梁车以较矮的车架及小型特种轮胎以满足运梁或驮运架桥机过隧要求，为了提高运梁车走行时的安全性能，在运梁车两侧安装了 4 个红外装置，用以测量运梁车两侧至隧道内壁或电缆槽挡墙的安全距离，并且在运梁车两侧安装摄像头，在司机室安装显示器，使操作司机更好地掌握运梁车走行状况，如图 44 - 11 所示。

图 44 - 11　运梁车运输箱梁

3. 架桥机首孔支立作业

1）操作要点

（1）运梁车驮运架桥机至导梁前端超出桥面前端 10 m（运梁车驮运架桥机到桥头约 15 m）的位置停车。

（2）辅助小车吊起导梁前支腿，安装导梁前支腿，导梁前支腿安装完成后向前纵移到导梁前支腿固定位置后，利用辅助小车、滑槽移运器将导梁中支腿（垫高 400 mm）前后部分放置在桥台位置，并连接导梁中支腿前后部分。

（3）运梁车前移，架桥机前支腿翻转支撑在墩台上，连接前支腿上下柱体螺栓，并支撑前支腿和 C 型支腿（隧道内支撑后辅助支腿），收缩前支腿锁紧油缸，中辅支腿，起重小车吊起导梁，运梁车退至架桥机后方等待。

（4）落下导梁，安装导梁中支腿托挂轮、架桥机前辅助支腿和前支腿走行机构。

（5）运梁车挑起导梁纵移，导梁前支腿至前方桥台前端后支撑，导梁中部用架桥机前支腿支撑替换导梁中支腿，导梁中支腿收缩纵移至前方桥台并支撑。

（6）收起导梁前支腿，运梁车挑起导梁纵移至桥头后退出，翻转导梁后支腿并支撑好。

（7）拖拉走行轨道，翻转并支撑架桥机后支腿。收缩架桥机前支腿，整机过孔走行纵移 7.4 m 后停车。前辅助支腿配合顶升，使架桥机前支腿悬空，前支腿后退 8 m 变跨至架梁位置，连接前支腿与机臂螺栓。

（8）架桥机整机过孔到位，支撑架桥机前支腿。检查并支撑导梁中支腿，确定导梁中支腿垫块受力，托轮空载。支撑架桥机 C 型支腿，高度垫高 100 mm，折翻架桥机后支腿，达到待架梁状态。

2）安全注意事项

（1）运梁车退出架桥机时速度不得超过 0.3 km/h。

（2）安装导梁中支腿时，要先将导梁中支腿后面部分安放在桥墩上并固定牢靠，导梁中支腿安装完成后，用倒链固定好。

（3）导梁纵移时，注意运梁车与前支腿走行驱动速度的控制。

（4）导梁前支腿、中支腿要立正居中支撑在前方垫石上。

（5）必须保证导梁中支腿垫块受力、托轮不允许受力，导梁中支腿托轮能进入导梁轨道。

（6）架桥机前支腿托轮不能接导梁触轨道。

4. 运梁车与导梁对接喂梁作业

1）操作要点

（1）运梁车根据梁面标示的走行线对位，运梁车运梁至架桥机尾部 5 m 处改用低速行驶对位，速度控制在 3 m/min 以内。在距导梁后端 3 m 二次停车，调平运梁车，使前导梁底面高出导梁接轨面 50 mm 左右。运梁车进入对位模式低速前行对位，完成对位后打开静制动。运梁车与导梁对接，保证运梁车轨道、中间连接轨道与导梁轨道在一条直线上，运梁车前端与导梁后端的距离，左右误差不超过 3 mm，连接运梁车与导梁拉杆。（运梁车前导梁与导梁重合部分为 180 mm ± 20 mm 之间，开口为 310 mm ± 10 mm）打好止轮器。

（2）支撑好运梁车前后支腿，连接好运梁车与架桥机的电源接口，连接运梁车与导梁之间的拉杆及运梁车与导梁的鱼鳞轨，鱼鳞轨连接应平顺、缝隙均匀。

（3）调整运梁车左右均衡压力调整到 100 bar① 至 120 bar，后部均衡压力调整到 140 bar。

（4）运梁车选择到同步拖梁工况，取出前后台车与车体定位销及止轮木楔。前后台车同步低速出梁，当前台车中心运行至运梁车与导梁连接处时停车，调整运梁车左右均衡压力到 70 至 80 bar，后部均衡压力 140 bar 左右。运梁车拖梁台车继续同步拖梁至架桥机起重小车取梁位置停车。

2）安全注意事项

（1）运梁车对位时，必须打到对位模式，运行速度不得超过 0.3 km/h。

（2）运梁车对位时，必须保证轨道在同一直线上，运梁车前端离导梁后端距离 310 mm 后停车。

（3）喂梁前指挥应确认各监控到位，前、后拖梁台车止轮木楔及定位销拆除。

（4）同步拖梁调整压力时，必须保证运梁车前后支腿不受压力。

（5）梁面监控应随时观察梁面与机臂尾部构件、吊杆等之间间隙，两边与 C 型腿之间间隙，防止碰撞。

（6）前拖梁台车即将上导梁时，指挥应通知各监控注意观察支腿支立及垫石情况。

（7）托梁拖车监控人员要仔细观察台车走形情况，台车两侧与可调链条座之间的间隙、走形轮沿与轨道的间隙、走形机构是否有异常等。

（8）纵坡架梁下坡时，在台车前部打上制轮木楔，上坡时，在台车后部打上止轮木楔。

（9）作业人员安装运梁车与导梁的连接拉杆时应挂好安全带。

（10）对位时右前支腿急停处应有专人监控，前桥台监控要仔细监控导梁中支腿接梁垫铁处是否有异常。

5. 架桥机提梁作业

1）操作要点

（1）同步托梁到位，翻下架桥机后支腿并支立水平，起重小车落钩对位穿吊杆、安装托盘、螺母。吊具安装完成后，在起吊箱梁前拆除导梁与运梁车连接拉杆。

（2）架桥机起重小车吊钩调平，使各吊杆均匀受力，起重小车吊起梁片，使箱梁底部离开台车顶面 50 ~ 100 mm，并起升试吊起落 2 ~ 3 次检查制动。

（3）托梁台车退回运梁车装梁位置，插好台车插销，拔掉运梁车与架桥机电源连接线，拆除运梁车与导梁连接拉杆，运梁车返回梁场。

2）安全注意事项

（1）架桥机后支腿翻转时，注意支腿底部与运梁车之间的间隙，防止碰撞。

（2）安装吊具：吊具安装由人工牵引吊杆对位，吊杆底部接近箱梁顶面时，采取一档缓慢下降吊具，人工牵引吊杆对准吊梁孔。吊具穿好后，检查吊杆上、下部丝杆应伸出螺母不少于 3 个丝扣。箱梁内螺母拧

---

① 1 bar = 1 kPa

紧后，各吊孔垫板必须与箱梁顶板密贴。

（3）每班作业前应对钢丝绳润滑、端部固定等进行检查。检查各制动器的制动情况，用塞尺量制动间隙：推杆制动器间隙为 0.5～0.75 mm；盘式制动器间隙为 0～4 mm，制动不良应及时调节。

（4）每台起重小车及卷扬机上设专人监控起升卷扬机钢丝绳、排绳器、制动器以及泵站电机等工作情况。

（5）前、后起重小车吊梁时，应确保钢丝绳垂直。起吊时不允许高速起升，作到三停三起，确认制动良好后再进行下步操作，确认平稳安全再进行下步操作。

6. 架桥机导梁前移作业

1）操作要点

（1）收起导梁中支腿，使导梁落到架桥机前支腿托轮上，拔掉垫块，导梁中支腿纵移至下一墩台，支立导梁中支腿并居中立正，收起导梁前支腿。

（2）顶升前辅助支腿压在导梁上，32 m 梁压力达到 130 bar，24 m 梁压力 110 bar。

（3）拆除导梁与已架梁连接拉杆，收缩导梁后支腿，使导梁后支腿离开墩台，导梁纵移前行，到位后顶升导梁后支腿。

2）安全注意事项

收缩导梁中支腿后切记要先拔掉垫块。前支腿监控人员注意观察导梁与前支腿托轮轮缘情况。导梁前支腿支撑尽量靠与垫石前端平齐。支立导梁后支腿注意不能顶起前支腿使之受力。

7. 架桥机落梁作业

1）操作要点

（1）起重小车落梁。落梁至支座距桥台约 500 mm 时停止下落，安装支座锚栓。安装完成后继续指挥落梁，在支座锚栓距桥墩支承垫石约 50 mm 时停止落梁。

（2）调整吊梁台车纵横移油缸，采用线锤对中引导、监视并检查支座中心的位移量。调整支座中心纵横向位置偏差，调整后的支座底板十字线与墩台十字线的纵横向位置偏差满足《高速铁路桥涵工程施工质量验收标准 TB 10752—2010》。

（3）采用架桥机纵、横移装置微量调整箱梁位置，预留出桥梁伸缩缝，箱梁精确对位，然后启动卷扬机，低速落梁到液压油顶上。

（4）调整测力液压油顶，液压油顶顶梁位置设在梁端支座内侧，在支座内侧顶梁时，千斤顶横向中心距：梁高为 3.084 m 时≥2.9 m，纵向距梁端为 0.75 m。顶梁时在千斤顶上加垫板的尺寸不小于 600 mm × 600 mm × 40 mm（钢板）。

（5）箱梁落在临时支点的测力液压油顶上，起重小车的钢丝绳完全卸载，但不拆除起重小车的吊梁装置。

（6）观察测力液压油顶的压力表读数，当压力表读数稳定后，拆除起重小车的吊梁装置，起升吊钩到位。并记录每个液压油顶的读数，计算出四个测力液压油顶的平均读数。按照每支点反力与四个支点反力的平均值相差不超过 ±5% 来调整测力液压油顶。支承垫石顶面与支座底面间隙控制在 20～30 mm 范围。

2）安全注意事项

（1）落梁时应严密监控箱梁与导梁不得发生碰撞，注意箱梁前端与导梁后端应保持 30 mm 的安全距离，小于 30 mm 时调整纵移油缸后移，同时注意不得与已架箱梁碰撞。

（2）落梁就位后经确认桥梁就位符合要求后方可摘钩，注意防止拆除吊杆螺母时砸伤手脚。

（3）起升吊钩前必须确认吊杆下端螺母已经全部拆除。

（4）重新安装吊杆螺母和垫板时，螺母和垫板的球面必须接触良好，防止损伤螺纹。

（5）向梁面转移螺母和垫板时必须捆绑牢固，防止坠落，作业人员要站位安全。

8. 末孔 32（24）m 箱梁架设

（1）架设倒数第三孔箱梁，导梁纵移前进至导梁前端距离桥台 50～100 mm 时停止导梁前移，将导梁前支腿支立在垫石上，下部垫高 400 mm，拆除导梁前支腿与导梁连接铰座，顶升导梁前支腿，导梁继续前移到位，正常落梁锚固。

（2）架设完倒数第三孔箱梁，拆除导梁前支腿托挂轮与柱体连接螺栓，顶升导梁前端油缸使导梁前支腿托挂轮离开导梁下柱体，驱动导梁前支腿托挂轮前移到桥台上支立，利用前辅助小车将导梁前支腿下柱体吊放在导梁前端临时固定，其他步骤同正常架梁。

（3）架设倒数第二孔箱梁，架桥机前支腿下部加垫 200 mm 高垫箱和 50 mm 胶皮垫，导梁中支腿插销位置在第三个孔位，导梁后支腿孔位置在第二个孔位。

（4）当导梁中支腿前移至前方墩台后在垫石上支撑，下部垫高 400 mm，拆除导梁中支腿托挂轮与下柱体螺栓，顶升导梁前端支撑油缸，使导梁中支腿托挂轮离开下柱体并高过背墙，导梁中支腿托挂轮后退到中支腿支撑位置，导梁前移时，跟随导梁前移。分解导梁中支腿下柱体，利用前辅助小车将导梁中支腿柱体吊放在导梁中间的移动滑槽上固定。再进行后序架梁作业。

（5）架设完倒数第二孔箱梁，利用导梁中部油缸顶起导梁，使导梁前支腿托挂轮前移至导梁前端，导梁下部垫 560 mm 垫箱支撑导梁。

（6）拆除架桥机前支腿上下柱体螺栓并上翻，上柱体下端加 800 mm 垫箱，架桥机正常过跨到前方桥台，支立架桥机前支腿。其他步骤同正常架梁，架设末孔箱梁。支立架桥机后支腿时，加垫 200 mm 高垫箱。

9. 连续 2 孔 24 m 箱梁末孔架梁

1）操作要点

（1）在架倒数第 4 孔箱梁出导梁前，需将导梁前支腿铰座螺栓拆除，导梁纵移完成，后退 8 m 变跨。

（2）架设倒数第 3 孔箱梁出导梁前，导梁中支腿插销要插在第三个孔位油缸行程约 750 mm，将导梁前支腿铰座螺栓拆除后，导梁前支腿纵移前行至前方墩台后支立顶升导梁。

（3）完成倒数第 3 孔箱梁架设后，拆除导梁前支腿与托挂轮，支撑导梁前端油缸，将导梁前支腿托挂轮纵移上桥台。

（4）整机过孔至辅助小车能够吊起导梁前支腿处停车，吊起导梁前支腿，整机过孔到位后，将导梁前支腿放在导梁前端位置。

（5）将导梁前支腿托挂轮纵移至离出线孔前方 5 m 处支垫好，支撑导梁中部油缸，并用垫箱支撑导梁，导梁中支腿插销插在第 3 个孔。

（6）完成喂梁、取梁工况后，取出导梁中部垫箱，收起导梁中支腿、后支腿，进入导梁纵移工况，导梁纵移到位，落梁到位、支撑中支腿并拆除螺栓，拆除导梁后支腿连接螺栓、导梁后支腿垫箱，折叠导梁后支腿到位。

（7）导梁纵移后退约 21 m，折翻架桥机前支腿下支腿，架桥机后退 5 m，辅助小车吊取导梁中支腿放在开档内。整机纵移过孔到位，拆除前支腿驱动滑槽的螺栓，收缩锁紧油缸，支立好前支腿。

（8）运梁车与导梁连接，运梁车挑起导梁与前支腿驱动同步拖动导梁纵移前进到位，折翻导梁后支腿，穿好螺栓，支立导梁后支腿。

（9）支撑导梁前部、中部油缸，将导梁中支腿托挂轮纵移至桥台上，前支腿托挂轮纵移前行并支垫好，在架桥机前支腿处用垫箱支垫导梁。

（10）安装前支腿托轮加高节垫箱，进入正常架梁工序。

2）安全注意事项

（1）拆除导梁前、中支腿时，导梁前、中支腿下 400 mm 高度要垫平整，拆除时，柱体要用 5 t 手拉葫芦斜拉，保证其稳定性。

（2）支垫架桥机前支腿垫箱时，与桥台接触层要找平后再支立。

（3）取导梁中部支垫的垫箱时，导梁中部、前端油缸要交替收缩。

（4）作业人员在拆除螺栓，挂钢丝绳等高空作业时，必须挂好安全带，步行板爬梯固定牢靠。

（5）用 16 t 辅钩吊挂导梁前、中支腿防止导梁支腿与导梁发生碰撞，并做好临时固定。

10. 架桥机隧道口负距离架梁

1）操作要点

（1）运梁车驮运架桥机通过隧道，到达隧道口架梁位置，先按照首孔支立作业程序将架桥机、导梁支立到位，注意由于受隧道内空间限制，由架桥机后辅助支腿替代 C 形腿支撑架桥机。

（2）运梁车驮运箱梁到架桥机尾部，翻下架桥机中辅助支腿支撑在导梁上，后辅助支腿和后支腿翻起准备喂梁。

（3）运梁车与导梁对接并连接固定拉杆。

（4）托梁台车将箱梁运送至架桥机中辅助支腿后方，将架桥机支撑轮组翻下支撑在梁面上，中辅助支腿翻转折叠。

（5）托梁台车继续运送箱梁到架桥机底部，翻下并支撑架桥机后支腿。

（6）收起架桥机支撑轮组，起重小车吊起箱梁，托梁台车退回运梁车装梁位置，插好台车插销，拆除运梁车与导梁连接拉杆，拔掉电源连接线，运梁车返回梁场。

2）安全注意事项

（1）架桥机后辅助支腿底部支撑平稳，确保支垫牢固。

（2）运梁车退出架桥机底部时安排专人监控轮缘与后辅助支腿间距，及时用对讲机报告退机情况。

（3）中辅助支腿支撑时，观察中辅助支腿是否受力，调整好支撑高度使架桥机与线路方向保持水平。

（4）支撑轮组在梁面支撑时，安排专人进行监控，防止喂梁过程中因梁面不平整导致支撑轮组个别滚轮与梁面隔空。

（5）在使用支撑轮组进行喂梁时，托梁台车采用低速进行喂梁。

11. 架桥机隧道口零距离架梁

隧道口能满足架桥机 C 形腿支撑时，可由 C 形腿替代后辅助支腿支撑，简化架梁程序。否则采用后辅助支腿支撑，按负距离作业程序操作，如图 44 - 12 所示。

图 44 - 12　后辅助支腿支撑架桥机

需要注意的是当隧道口能满足 C 形腿支撑时，因架桥机尾部仍在隧道内，受隧道空间限制，支撑架桥机时安排专人注意观察架桥机顶面与隧道顶面间距，满足架桥机自由前移的空间即可，不可图省事而将 C 形腿支撑过低，导致喂梁过程中因高度不够使箱梁边缘无法通过 C 形腿，当遇到上述问题时，可采用支撑轮组临时支撑在梁面上，起升架桥机高度，重新将 C 形腿底部垫高。

第四节　武步溪特大桥连续梁悬臂浇注施工

武步溪特大桥上部箱梁从 1# ~ 7# 墩设计为一联(48 + 4 × 80 + 48)连续箱梁；合肥端桥台与 1# 墩、7# ~ 9# 墩均为 32 m 现浇简支箱梁，共 3 孔；9# 墩与福州端桥台为 24 m 现浇简支箱梁，共 1 孔。连续梁采用悬灌法施工，直线段采用支架法施工。

一、连续梁施工方法、工艺及措施

连续梁的 0# 块采用托架施工，其余各节段均采用菱形挂篮悬臂灌筑施工，直线段采用支架施工，合拢段采用挂篮施工。托架拼装好后进行预压，消除非弹性变形。模板安装及钢筋绑扎检测合格后，进行混凝土浇筑。混凝土由拌和站集中拌和,混凝土运输车运至施工现场。泵送混凝土入模。混凝土浇筑后进行养护,达至设计张拉要求后进行预应力施工,挂篮移动,重复进行完成悬臂段的施工,最后进行直线段及合拢段的施工。

连续梁采用悬臂灌注法施工。墩身施工完毕后,利用在墩顶预埋件搭设支架施工墩顶梁段。墩顶梁段施工完毕后,在墩顶梁段上进行挂篮安装,预压,绑扎梁段底板、腹板钢筋并安装预应力波纹管道,安装内模板,绑扎顶板钢筋并安装预应力波纹管道,进行悬臂梁段混凝土浇筑。0#块先行浇筑完成,以具备挂篮拼装起始长度;1#及其余块段采用挂篮对称悬浇;边跨现浇段使用钢管临时墩支架浇注。合拢段采用挂篮合拢,按先边跨后中跨的顺序浇筑完成。悬臂现浇连续梁施工工艺如图44-13所示。

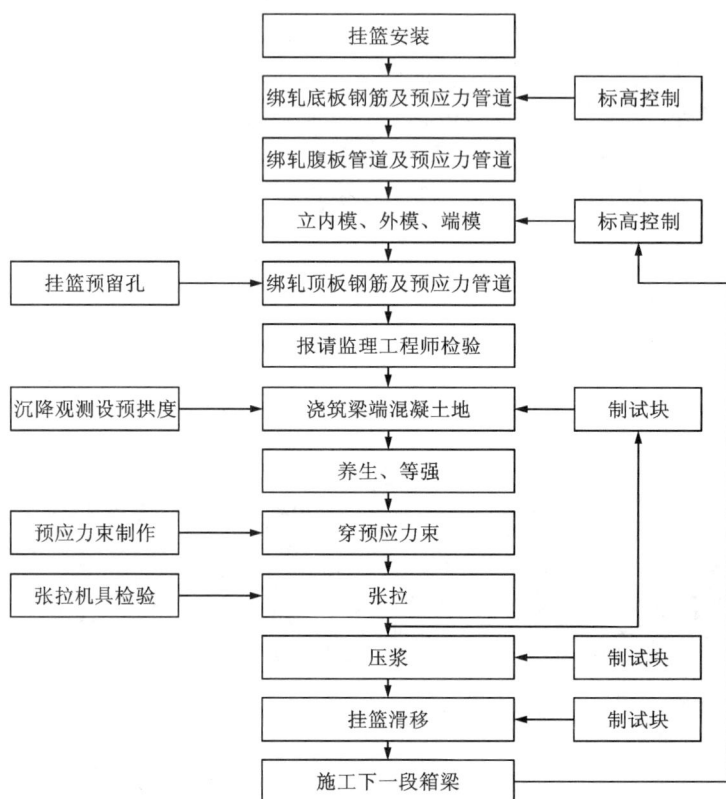

图44-13 梁段悬灌施工工艺流程图

二、悬臂浇筑段施工

1. 挂篮设计加工

挂篮是悬臂浇筑施工的主要设备,采用我单位成熟使用的菱形挂篮,挂篮设计按我标段最重节段进行设计,但不大于设计规定的挂篮重量,以满足连续梁节段尺寸、重量及其他要求。挂篮由菱形桁架、提吊系统、走行系统,内外模板和张拉操作平台组成。

2. 挂篮的拼装

挂篮拼组分为工厂拼装和现场拼装两个步骤。

1)工厂拼装

每片主构架、四片横向联接系及模架需单独在工厂拼组成大件,其余均为散件。

2)主构架受力试验

主构架拼好后,用2个主构架拼在一起,按照挂篮的设计受力进行受力试验,加力通过千斤顶张拉钢绞线,检测主构架在设计受力下的变形情况。

3)现场拼装

将加工厂拼装件及散件运抵现场后,用塔吊吊送构件至0#段上拼组。在现浇0#段混凝土施工时准确设置预留孔位、预埋构件，0#段浇筑完成后，在梁顶上安装、整平，锚固轨道。拼装主梁系中主构件以及后锚系统，然后用倒链以设在 0#段的预埋构件为支撑，将主构架固定。拼装两主构件间横向联接系、前上横梁，将临时倒链取掉。同时安装底模内托梁以及后吊带，插放滑行梁，以及安装后吊精扎螺纹钢。悬放吊带，吊放前托梁，再安放底模桁架、底模板。在前上横梁悬放倒链，吊住滑梁前端点并用倒链移出内外模板。

3. 挂篮压载试验

挂篮安装完成后，必须进行压载试验，以检验挂篮各构件的受力情况、挂篮的抗倾覆性及挂篮的刚度，消除挂篮的非弹性变形和测定弹性变形量，为梁体的线形控制提供基础数据，压载的重量为节段最大重量的 120%。

4. 梁段循环施工

挂篮悬挂在已张拉锚固并与墩身连成整体形成"T"构的梁段上，使之沿轨道向前移动行走。在挂篮上完成下一梁段的立模、绑扎钢筋、预应力管道安装、浇筑混凝土和预应力张拉、压浆等全部作业。当施工梁段混凝土达到设计要求的强度和弹性模量后，张拉预应力束并待孔道内水泥浆初凝后即可拼装挂篮，进入循环悬浇梁段施工。

梁段浇筑完成后 12 h，铺设轨道，整平并锚固，挂好前行倒链，同时拆掉堵头木模，并凿毛混凝土表面。浇筑完成 24 h 后，拆除模板拉筋，松开顶板上提吊内模纵梁的千斤顶，内模纵梁即下落锚固于梁段顶板下方的滚筒上，内模与混凝土分离，松掉内模后及时进行养护。穿设梁段待张拉钢绞线，装好锚具。用卷扬机穿设长钢绞线，首先利用单根钢绞线将钢丝绳带过，然后利用钢丝绳牵引穿过整束钢绞线。循环段混凝土达到设计要求的强度和弹性模量以上时，进行纵向钢绞线张拉，张拉后及时压浆。

松开前横梁及底模后吊带装置的千斤顶，底模及外侧模靠自重自动与梁段混凝土分离，松开挂篮主构架尾部的后锚装置，挂篮主构架轻微前倾，挂篮走行轮扣入滑行轨顶部凹槽内，在挂篮与滑行梁前端之间垫有滑板。

在已浇筑好的梁段上，铺设锚固滑行轨。经过滑行轨前端用导链钢索与挂篮主构架锁紧，缓缓拉动倒链，挂篮即沿滑行梁前移。挂篮移动时，两悬臂端同时、同步移动，防止两悬臂端产生不平衡重，危及梁体平衡。

挂篮移动到位后，首先通过竖向预应力钢筋锁定挂篮主构架尾部的锚固装置。然后提起前上横梁上的千斤顶及底模后吊装置，调整模板后，开始下一段施工。

5. 悬浇连续梁段循环施工周期

根据悬臂浇筑施工工法，悬浇连续梁循环段施工周期定为 10 d/段，影响施工速度的关键工序是钢筋绑扎和混凝土等待强度和弹性模量的时间。

6. 施工注意事项

(1)混凝土施工浇筑平台支撑在已浇筑梁段混凝土及端模上，浇筑混凝土始终保持两侧对称进行。

(2)梁段悬灌时，与前一梁段混凝土结合面应予凿毛，纵向非预力钢筋采用搭接并符合规范要求。

(3)各梁段施工按设计要求设置各类预埋件及泄水孔、通风和电缆等预留孔洞。

(4)各梁段施工加强梁体测量、观测，注意挠度变化。

(5)梁段悬臂浇筑时，"T"构两端施工荷载要尽可能保持平衡，并注意左右偏载，两端浇筑混凝土重量之差不得大于 20 t。

(6)浇筑梁段混凝土时应水平分层，一次整体浇筑成型，当混凝土自流高度大于 2 m 时，必须采用溜槽或导管输送，以保证混凝土的浇筑质量。

三、边跨现浇段施工

边跨现浇直线段采用支架法施工。其中 1#墩位于山坡上，首先将山坡按照支架步距休整成平面，然后处理地基。在直线段支架进行预压和混凝土浇筑过程中要加强观测，防止有山坡下沉和陡坡溜坡现象。7#墩位于距村路旁边，支架施工过程中加强安全防护。

四、合拢段施工

合拢段按先施工边跨、后中跨的顺序施工。合拢段施工工艺如图 44－14 所示。

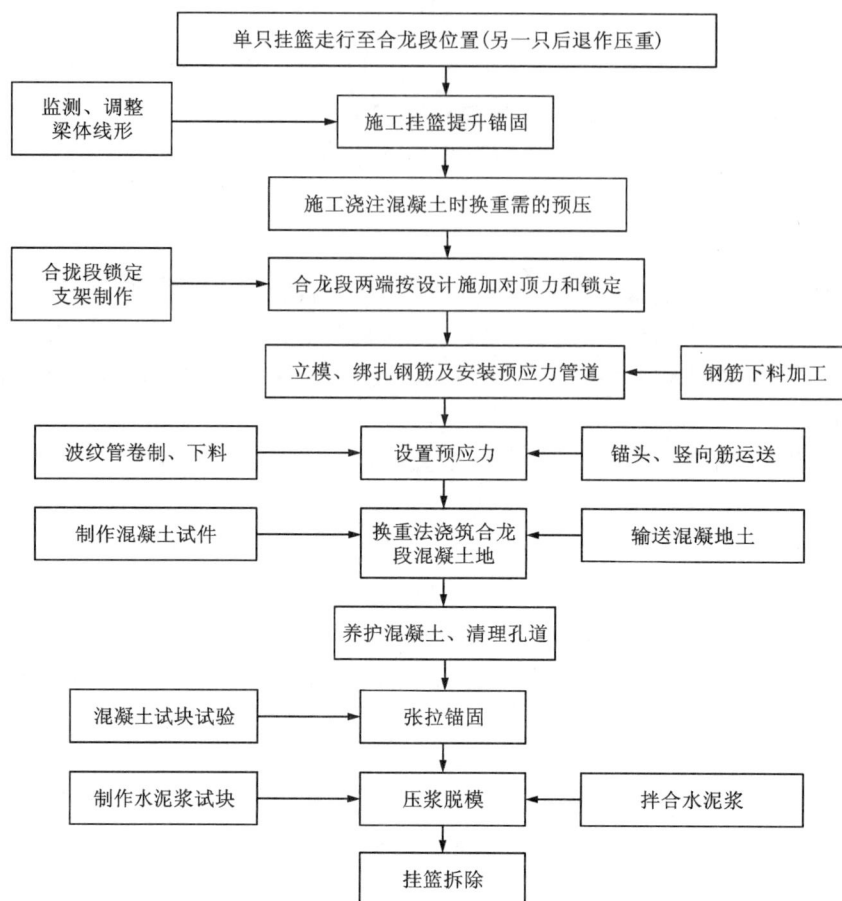

图 44－14　合拢段施工工艺框图

1. 模板安装

合拢中跨前先后退一个"T 构"的挂篮作为配重。合拢段利用挂篮内外模滑行梁和底模前后横梁作吊架，通过梁段上的预留孔将挂篮的内外模和底模吊在梁段上作为合拢段模板施工。

2. 合拢段施工方法

（1）合拢段施工时，先将相邻两个"T 构"的梁面杂物清理干净。

（2）备用配重水箱以及少数必须的机具设备则放置在指定的位置。然后相邻两个"T 构"上所有观测点的标高精确测量一遍，确定合拢段相邻的两个梁端顶面标高高差符合规范要求后，设置合拢段劲性骨架，劲性骨架按照设计或规范采用体内或体外支撑，然后进行合拢段施工。

（3）体内模及顶板钢筋安装前，选择气温最低时间，按设计的位置与数量焊接体外型钢支撑，将相邻"T 构"或边跨直线段与相邻"T 构"连成一体；在浇筑混凝土前根据计算拉力，张拉布置在底板与顶板中的临时预应力束。

（4）合拢段的混凝土选择在一天中气温最低、温差变化比较小的时间开始浇筑，拌制混凝土时，将混凝土强度提高一个等级，并掺入微量铝粉

（5）作膨胀剂以免新老混凝土的连接处产生裂缝。混凝土作业的结束时间，则根据天气情况，尽可能安排在气温回升之前。

（6）在合拢段两侧各设水箱配重，每个水箱容水重量相当于合拢段所浇混凝土重量的一半。浇筑合拢段混凝土，边浇混凝土边同步等重量放水。

（7）混凝土浇筑完毕，顶面覆盖土工布，箱体内外以及合拢段前后的 1 m 范围内，由专人不停洒水养护。

（8）待混凝土强度达到设计要求的强度时，解除临时预应力束和相邻"T 构"永久支座的临时锁定，完成体系转换后按顺序张拉纵向预应力筋。

（9）边跨合拢段预应力束张拉前后各测量一次与该合拢段相邻"T 构"上观测点的标高、留着供中跨合拢段施工时控制参考。

3. 预应力钢筋束张拉顺序

根据设计要求进行张拉。先张拉纵向钢束，再张拉横向钢束，后张拉竖向钢筋；纵向钢束采用两端张拉，竖向束和横向束采用单端张拉。

4. 合拢梁段施工关键控制环节

合拢段施工是悬浇施工技术一道非常关键的工序，因为混凝土从浇筑到其达到设计强度，直至张拉预应力钢筋，需要一定的时间，在此期间内，由于昼夜温差的变化，新浇混凝土的早期收缩，已成梁段混凝土产生的收缩和徐变，结构体系的变化、施工荷载及外力变化等原因，在结构中要产生变形和内力，这对未达到强度的合拢段混凝土质量有直接影响。

为保证桥梁工程质量，从合拢段混凝土开始浇筑至达到设计强度并张拉部分预应力钢筋之前，既保持新浇混凝土不承受任何外力，又要使合拢段所连接的梁体在各种因素影响下变形协调，采取以下措施：

（1）合拢段的混凝土选用早强、高强、微膨胀混凝土，以使混凝土尽早达到设计强度，及早施加预应力，完成合拢段的施工。

（2）合理选择合拢顺序，使合拢段施工中及合拢后体系转换时产生的内力较小，且又满足工期的需要。本桥按先合拢边跨后合拢中跨的次序施工。

（3）采取低温合拢。为避免新浇混凝土早期受到较大拉力作用，合拢段混凝土浇筑时间，选在当天气温最低时刻，使气温最高时，混凝土本身承受部分应力。

（4）加强混凝土养护，使新浇混凝土在达到设计强度前保持潮湿状态，以减少连续梁顶面因日照不均所造成的温差。为防止合拢段两边悬臂端因降温而产生上翘，在合拢段施工时在两悬臂端增加压重。

（5）支撑合拢段混凝土重的吊架具有较大的竖向刚度，保证合拢段混凝土施工时间悬臂端不致因升温产生过大的挠度。

（6）浇筑混凝土时，由于温度较低，故水灰比可适当小一点，浇筑时要及时观测箱内外温度，做好记录，为了避免在凝固中发生收缩裂缝，在顶板上全跨范围内，覆盖洒水降温。

（7）由于温差、新老混凝土的收缩以及两侧"T 构"的混凝土徐变，使"T 构"产生变形，将使合拢段混凝土产生裂缝，为了克服这个问题，将合拢段两端的"T 构"进行锁定，限制它产生相对位移，从而保证合拢质量。采取的措施是，增设传递内力的型钢和张拉临时束，即增设撑杆和拉筋，把合拢段两端的"T 构"联结起来，待混凝土达到设计要求的强度和弹性模量后，拆除受压杆件，待永久束张拉完毕，拆除临时束，其锁定力的大小大于梁体非锚固端滑动所受的活动支座摩擦力和直线梁与支架间摩擦力。

五、预应力施工

1. 波纹管的安装

纵向预应力管道采用塑料波纹管。波纹管要求表面光洁无污物、无孔洞。安装波纹管时用铁丝将管体与井字型定位钢筋捆绑在一起，并与主筋点焊连接，每 0.5 m 设一道定位钢筋，管道轴线与垫板垂直，确保管道在浇筑混凝土时不上浮、不变位。管道位置的允许偏差纵向不大于 ±1 cm，横向不大于 ±0.5 cm。施工中避免反复弯曲，防止管壁开裂，波纹管接头处内套管要旋紧，有 20 cm 长的接头，并用二层胶布将接口处缠 5 cm 宽，管道之间的连接以及管道与喇叭管的连接确保其密封性。波纹管内穿入 PVC 衬管，衬管直径小 5~10 mm，在混凝土浇筑的过程中，间隔抽动，防止黏管，波纹管安装完成后进行一次检查，确认数量、位置、布置形式符合设计要求后浇筑混凝土。在穿钢绞线前用高压水冲洗和检查管道。

2. 悬浇梁预应力筋的张拉

张拉程序为：0—0.1σk（测伸长值）—σk（持荷 2 min 测伸长值）—锚固。

3. 悬浇梁预应力管道压浆

纵向孔道压浆，为了消除挂篮走行时，梁体产生挠度对压浆质量的影响，宜在挂篮走行到位后压浆。孔道压浆采用真空辅助压浆工艺。

六、体系转换

悬臂浇筑体系转换是由合拢前的悬臂状态转换为合拢后的刚性结构，合拢后张拉钢索完成体系转换。合拢体系转换工艺流程如图 44 - 15 所示。

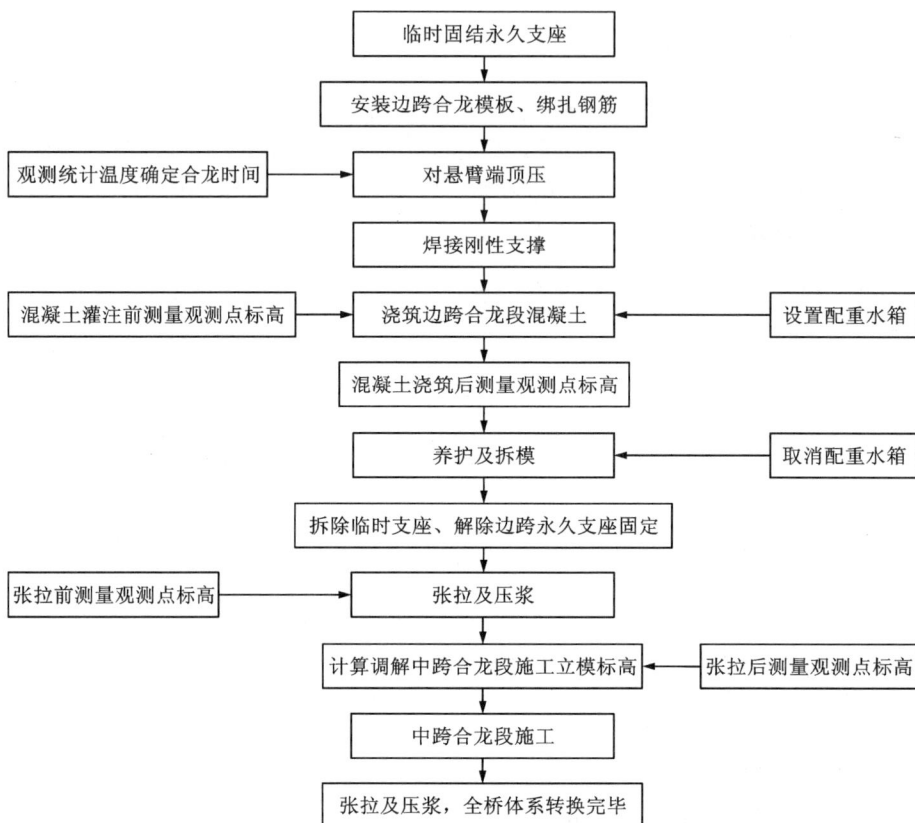

图 44 - 15   合拢体系转换工艺

七、挂篮拆除

先在合拢段的前一梁段预留孔洞，等纵向预应力筋张拉完毕后，用 10 t 的卷扬机先将内模拆散后逐一吊出，再拆散底模桁梁用卷扬机吊落，然后分别吊落底模前后横梁，最后拖拉挂篮主构件后退，用塔吊拆除。

八、线形控制

1. 利用计算机监控梁的线形

挂篮弹性变形等因素。连续梁线形控制的原理就是模拟施工现场的实际情况，将各影响因素导致的挠度叠加并反向加入施工控制过程中，使完成后的梁部线形符合设计线形。

施工时成立连续梁监控小组，利用中铁十七局集团开发的线形控制软件，根据各影响因素的实测参数计算立模标高，结合设计立模标高及实测梁段标高综合分析，控制其线形变化，预测合拢精度及体系转换后连续梁的上拱度，从而控制其整体线型。

2. 连续梁悬浇时轴线控制

由总轴线控制点精确放出每墩 0# 段连续梁的中心轴线，并对其进行经常性复核。

3. 立模标高的确定

由于连续梁在悬臂浇筑施工时受混凝土自重、日照、温度变化、墩柱压缩等因素影响而产生竖向挠度，混凝土自身还存在收缩、徐变等因素，也会使悬臂段发生变化，为使合拢后的桥梁成型及应力状态符合设计要求，达到合拢高程误差控制在 15 mm 以内的要求，最大限度地使实际的状态（应力与线型）与设计的相接近，必须对各悬臂施工节段的以挠度与应力为控制的进行观测控制以便在施工及时调整有关的标高参数，为下节的模板安装提供数据预报，确定下节段合适的模板标高。挠度控制采用以往同类桥梁施工所验证准确可靠并经监理工程师批准的计算机软件进行。施工时建立施工控制网络，以自适应法及灰色预测辨别法等理论为模板进行施工控制，确保合拢精度。

4. 观测内容

（1）挂篮模板安装就位后的挠度观测。

（2）浇筑前预拱度调整测量。

（3）混凝土浇筑后的挠度观测。

（4）张拉前的挠度观测。

（5）张拉后的挠度观测。

（6）已完成各阶段之荷载及温度、徐变收缩引起的挠度计算、观测。

（7）合拢段合拢前的温度修正。

第五节　大跨度桥梁施工

一、跨西岭互通立交桥（70 + 136 + 70）m 连续梁施工

1. 工程概况

1）桥址概况

跨西岭互通特大桥起讫里程为 DK805 + 887.26 至 DK807 + 123.31，现场施工如图 44 - 16 所示，中心里程 DK806 + 505.285，合计 1236.05 m。桥址与多条公路及快速环道有交叉，本桥主要为跨越三环辅道、外福铁路、西岭互通而设。

图 44 - 16　跨西岭互通特大桥

全桥布置为 20 - 32 m 简支箱梁 + 1 - （40 + 64 + 64 + 40）m 连续梁 + 1 - （70 + 136 + 70）m 连续梁拱 + 1 - 48 m 简支箱梁 + 1 - 32 m 简支箱梁。

主桥 24# ~27# 墩采用（70 + 136 + 70）m 连续梁拱，全长为 276 m，平面位于直线上，纵坡为 ±2%，双

线，线间距为 5 m，有碴轨道桥面。主桥孔跨布置如图 44 - 17 所示。

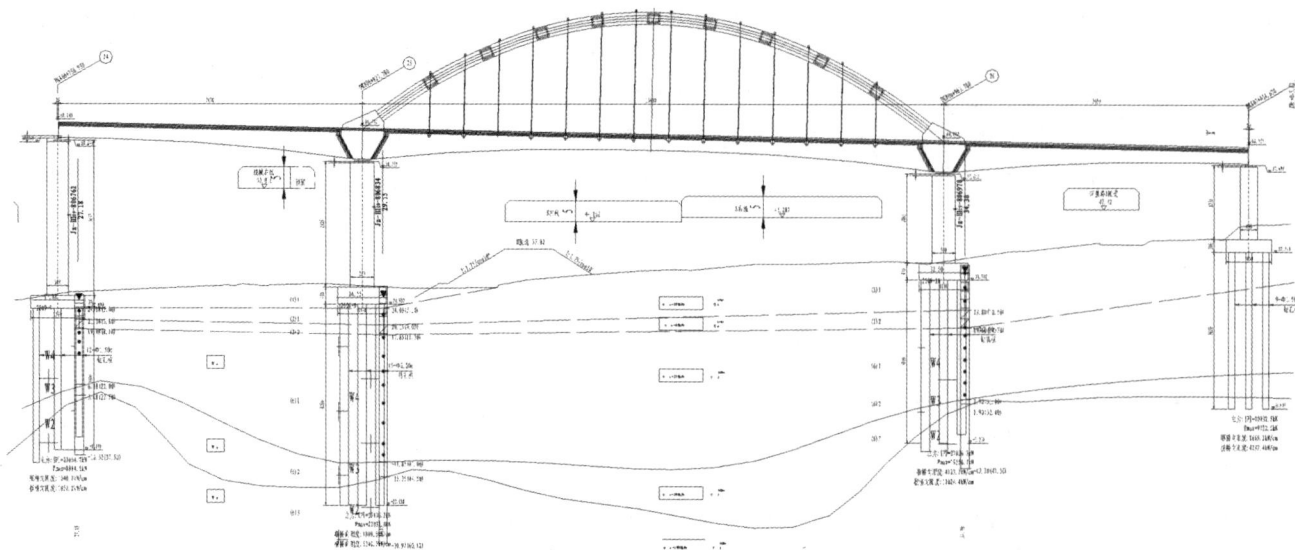

图 44 - 17　(70 + 136 + 70)m 连续梁拱孔跨布置图

该连续梁共 4 个墩，由小里程至大里程墩号为 24# ~ 27#，其中 24#墩和 27#墩为边墩，24#墩采用圆端形空心桥墩，墩高为 36 m；27#墩采用圆端形实心桥墩，墩高为 16.5 m。25#、26#墩为主墩，采用圆端形空心桥墩，墩高分别为 28.5 m 和 20 m。

2）结构构造

主梁为预应力混凝土结构，采用单箱双室变高度箱形截面，跨中及边支点处梁高为 4.0 m，中支点处梁高为 7.5 m，梁高按圆曲线变化。箱梁顶宽为 14.4 m，中支点处局部顶宽为 16.0 m，箱梁顶板厚为 0.42 m，中支点处局部顶厚为 0.92 m，边支点处局部顶板厚为 0.72 m，箱梁底宽为 10.8 m，中支点处局部底宽为 14.0 m，底板厚度为 0.35 ~ 0.80 m，中支点处局部底板厚为 1.10 m，边支点处局部底板厚为 1.25 m，边支点处局部底板厚为 0.70 m，边支点处底板设 0.8 m × 0.8 m 检查孔，箱梁采用直腹板，腹板厚分为 0.4 m、0.55 m、0.65 m 三种，中支点处局部腹板厚为 1.25 m，边支点处局部腹板厚为 0.70 m，箱梁各腹板上下交错设置直径为 ϕ10 cm 的通风孔，用以降低箱内外温差。

箱梁共设 5 道横隔板，边支点横隔板厚为 1.4 m，中支点横隔板厚为 3.0 m，中孔跨中横隔板厚为 0.3 m，各横隔板均设进入孔。

箱梁各吊杆处共设 14 道吊点横梁，除靠近拱脚的第一道横梁高为 1.5 m 外，其余横梁高均为 1.4 m，横梁厚均为 0.4 m。如图 44 - 18 所示。

2. 0 号段施工方案

跨西岭互通特大桥箱梁为单箱双室，箱梁采用纵、横、竖三向预应力体系。纵、横向采用低松弛钢铰线，竖向采用精轧螺纹钢。纵横向采用金属波纹管成孔，真空辅助压浆；竖向采用铁皮套管成孔。0 号段混凝土共计 815 m³；0 号段施工时分两次浇筑，第一次浇筑至梁高为 4.5 m 的高度，剩余部份第二次浇筑。

0 号段的预应力钢束和钢筋密集，人洞、预埋件等构造复杂，各部分尺寸变化较大，但 0 号段是悬臂施工的基础，极易出现质量问题，施工中应谨慎对待，施工顺序为：临时支墩浇筑—支架施工—底模安装—外侧模安装固定—底板、腹板、横隔板普通钢筋绑扎—波纹管安装定位—冲洗底模—安装内模—第一次灌注混凝土—继续绑扎腹板钢筋—顶板普通钢筋绑扎—继续安装内模—波纹管安装定位—冲洗底模、端头模板固定—加固模板—预埋件安装—安装、调试混凝土输送管—第二次浇筑混凝土—养生—拆模—待 0 号块张拉后拆除底模。

连续梁 0#段采用搭设墩身托架现浇法施工。在三个腹板处托架采用 2I45 双工字钢作纵梁，2I32 双槽钢作斜撑，组成三角托架；其余两处采用 I56 工字钢作纵梁，2I32 双槽钢作斜撑，组成三角托架；其上采用

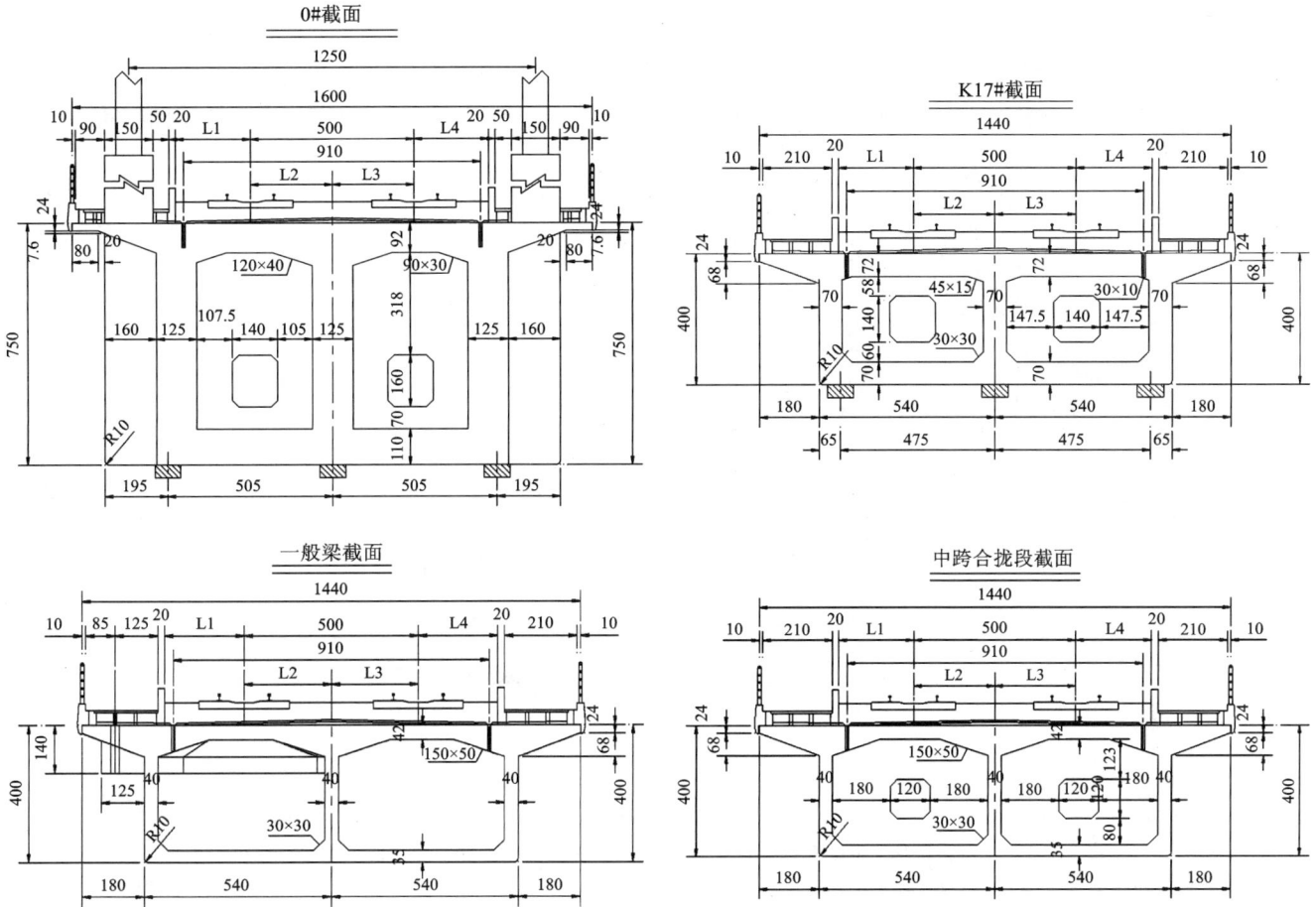

图 44-18　各梁段截面图

I28 工字钢作横梁，上铺设方木，搭设碗扣支架。底模、侧模采用竹胶板，内模采用钢木组合模型，拱座处采用竹胶板混凝土采用泵车泵送入模，插入式震捣器捣固。采用 2 台混凝土输送泵车对 0#段进行混凝土浇筑从主墩中线向两侧分层对称灌注；混凝土达到设计强度 90% 并且龄期大于 7 天后进行张拉作业。

3. 悬灌施工方案

1) 施工程序与工艺流程

全梁悬臂节段共 58 段，分别为 3.5 m、4.0 m、4.5 m 三种，采用 2 对挂篮悬臂浇筑，分别从 25#、26# 墩对称浇筑，悬浇最重段约 241.8 t。主梁均采用 C55 高性能混凝土。按照设计混凝土等强要求，主梁悬灌段按 10 天一个循环进行安排施工。悬灌段采用三角形挂篮进行施工，外模采用大块钢模，内箱采用组合钢模，采用混凝土泵车两端对称进行混凝土浇筑。

悬灌段顺序：挂篮拼装就位→预压→调整底模、外侧模标高→绑扎底板、腹板钢筋→安装竖向预应力钢筋及纵向预应力管道→支立内部模板、堵头模板→绑扎顶板钢筋→安装顶板纵向、横向预应力管道→浇筑混凝土→养护→穿钢绞线→张拉→压浆→移挂篮→施工下一悬灌段。

2) 挂篮

在 0#段施工完成后，两端对称拼装三角形挂篮，挂篮拼装完成后，对称加载预压，对称卸载，并测量各级加载的变形值，以供底模立模作参考。

3) 挂篮预压

为了使试压加载过程和实际施工工程受力状态相符合，采用两侧同时加载仿真试压方案。

4) 悬灌段施工

主梁悬臂梁段施工必须根据实测挂篮加载资料、温度等影响，严格控制立模标高，以保证主梁的线形满足设计要求。内、外模系统应具有足够的刚度和强度。在施工过程中，对称作业，混凝土灌注同步进行，严格控制混凝土灌注量,防止涨模现象出现,并做好块段原始灌注记录。

4.边跨现浇筑施工方案

边跨现浇段为单箱双室截面,等高截面,高为 4 m,顶板宽为 14.4 m,底板宽为 10.8 m,顶板厚度为 42~72 cm,腹板厚 40~70 cm,底板厚度为 35~70 cm,混凝土数量为 139.7 m³。其横截面如图 44-19、图 44-20 所示。

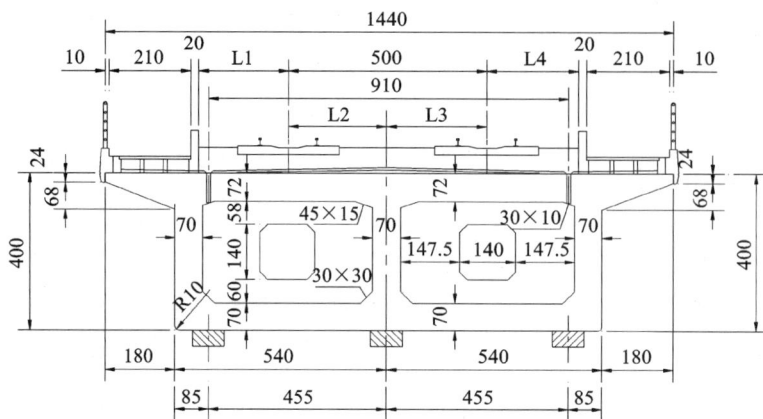

图 44-19 24#、27#号墩现浇段梁截面图 1

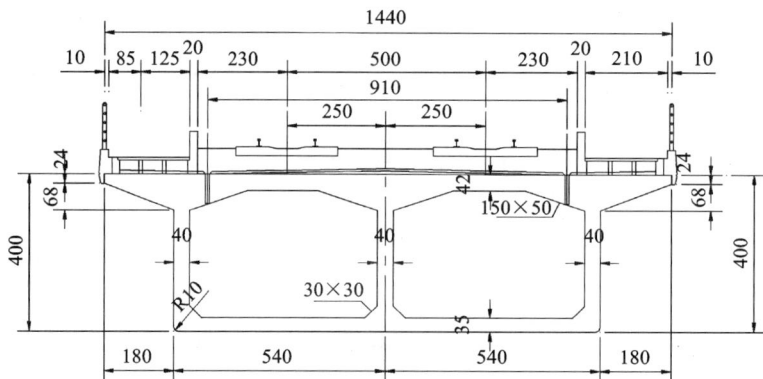

图 44-20 24#、27#号墩现浇段梁截面图 2

边跨现浇段施工顺序:支架搭设→预压→底模安装→外模安装→底、腹板钢筋制安、竖向预应力筋、底板纵向预应力管道安装→内模安装→顶板钢筋、顶板纵横向预应力管道安装→浇筑混凝土→养护→穿束、预应张拉→压浆→在梁部及边跨现浇直线段完成后,即可进行合拢施工,24#墩采用墩身托架法施工,27#墩采用落地式钢管立柱施工。

5.合拢段施工方案

在梁部及边跨现浇直线段完成后,即可进行合拢施工。合拢顺序为:边跨合拢→中跨合拢。边跨、中跨合拢后,体系由静定的简支体系转变为超静定的连续体系。在体系转换过程中,由于气温变化及各种因素的影响,会导致合拢段混凝土拉裂或压坏。在合拢前,采用刚性支承及张拉临时预应力钢束临时锁定合拢段两端,使其成为可以承受一定弯矩、剪力的牢固结点,确保梁体的安全。

6.跨高速公路防护方案

26#墩墩柱及 0#段施工时对 S 右线高速公路实施全封闭施工。25#、26#墩对挂篮实施全封闭式施工。

1)挂篮施工防护措施

25#、26#号的三角挂篮施工挂篮实行全封闭,具体防护措施是在挂篮底模操作平台底采用铁皮,立面采用栏杆固定铁皮全封闭安全防护。确保施工时无任何机具、物料的掉落。

2）跨 S 左线及 S 右线全封闭式防护措施

25#、26#墩桩基及承台施工对 S 左线及 S 右线不会造成安全隐患，则在桩基及承台施工过程中在邻近 S 左线及 S 右线施工点处的墩身做防撞标示，防止车辆机具进场施工时与 S 左线及 S 右线墩身发生碰撞或擦挂。

跨绕城左线及绕城右线施工采取全封闭施工，采用钢管立柱及刚性防护棚架一体化进行安全防护设计。防护棚架搭设于绕城左线及绕城右线上，支架搭设成型后，棚架全长 18 m，宽 15 m，棚架底距路面净空 6.2 m。具体防护措施为：在绕城左线和绕城右线的桥面上用膨胀螺栓将预制钢板固定，再将 φ300 mm ×6 mm 的钢管立柱焊接在钢板上，为增加其稳定性，在钢板与钢管之间用牛腿连接，钢管之间用[10 剪刀撑连接。立柱上以 I28 工字钢作纵梁，上铺[14 槽钢作横梁，[14 槽钢按 60 cm 一道布置。其上铺 δ3 mm 的钢板作面板，形成安全通道。工字钢、槽钢、面板均以点焊固定。公路中间的钢管立柱间距 2 m，采用[10 的剪刀撑将立柱横向联结。在高速公路施工前方 200 m 处设置警示路标，如图 44 – 21 所示。

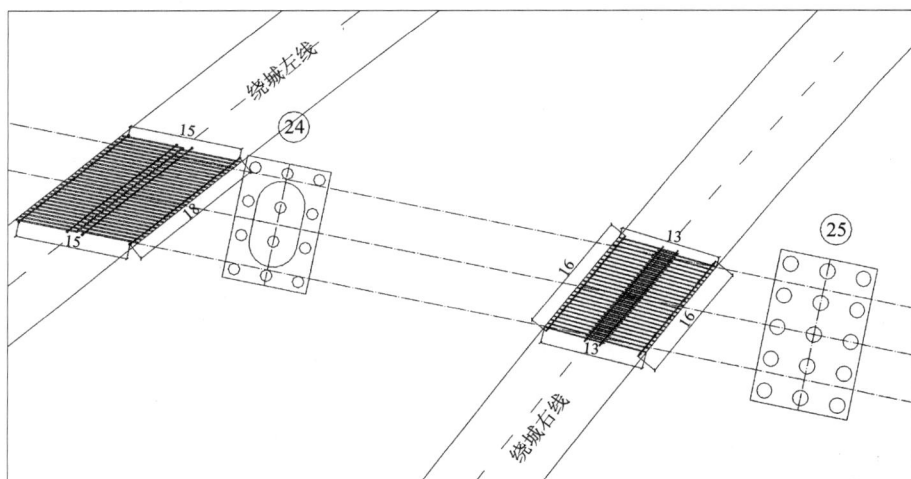

图 44 – 21　23# ~ 25#墩连续梁跨高速公路防护平面布置图

对参加施工的所有人员进行培训，增强施工人员的既有线施工的安全防范意识，加强安全巡视。下暴雨或大风（台风）施工时，暂停吊装作业。

26#墩身距离 S 右线路缘石边缘距离小于 2 m，施工前先进行作业区域对应的紧邻 S 右线侧的钢管支架安装就位，以防止墩身施工时模板、及钢筋等材料侵入铁路行车界限。模板安装拆除过程中，必须拴溜绳，不得碰撞模板和脚手架，防止侵界。施工脚手架搭设前应进行受力检算。脚手架的地基应坚实，满足承载力的要求。并增设缆风绳对拉防风措施。搭拆脚手架时，施工区域应设警戒标志。严禁将模板支架、缆风绳、混凝土输送泵管等固定在脚手架上。平台、步梯设围栏，周边张挂密目安全网。

跨 S 左线及 S 右线施工采取全封闭施工，采用钢管立柱及刚性防护棚架一体化进行安全防护设计。设置 4 道防护棚在 S 左线及 S 右线上，防护棚采用沿路线方向搭设于路肩与中间隔离带之间，防护棚搭设成型后，单个棚架长为 36 m，宽为 7 m，棚架底距路面净空为 6.2 m。具体防护措施为：在 S 左线和 S 右线的桥面上用膨胀螺栓将预制钢板固定，再将 φ300 mm ×6 mm 的钢管立柱焊接在钢板上，为增加其稳定性，在钢板与钢管之间用牛腿连接，钢管之间用[10 剪刀撑连接。立柱上以 I28 工字钢作纵梁，上铺[14 槽钢作横梁，[14 槽钢按 60 cm 一道布置。其上铺 δ3 mm 的钢板作面板，形成安全通道。工字钢、槽钢、面板均以点焊固定。公路中间的钢管立柱间距 2 m，采用[10 的剪刀撑将立柱横向联结。在高速公路施工前方 200 m 处设置警示路标，如图 44 – 22 所示。

对参加施工的所有人员进行培训，增强施工人员的既有线施工的安全防范意识，加强安全巡视。下暴雨或大风（台风）施工时，暂停吊装作业。

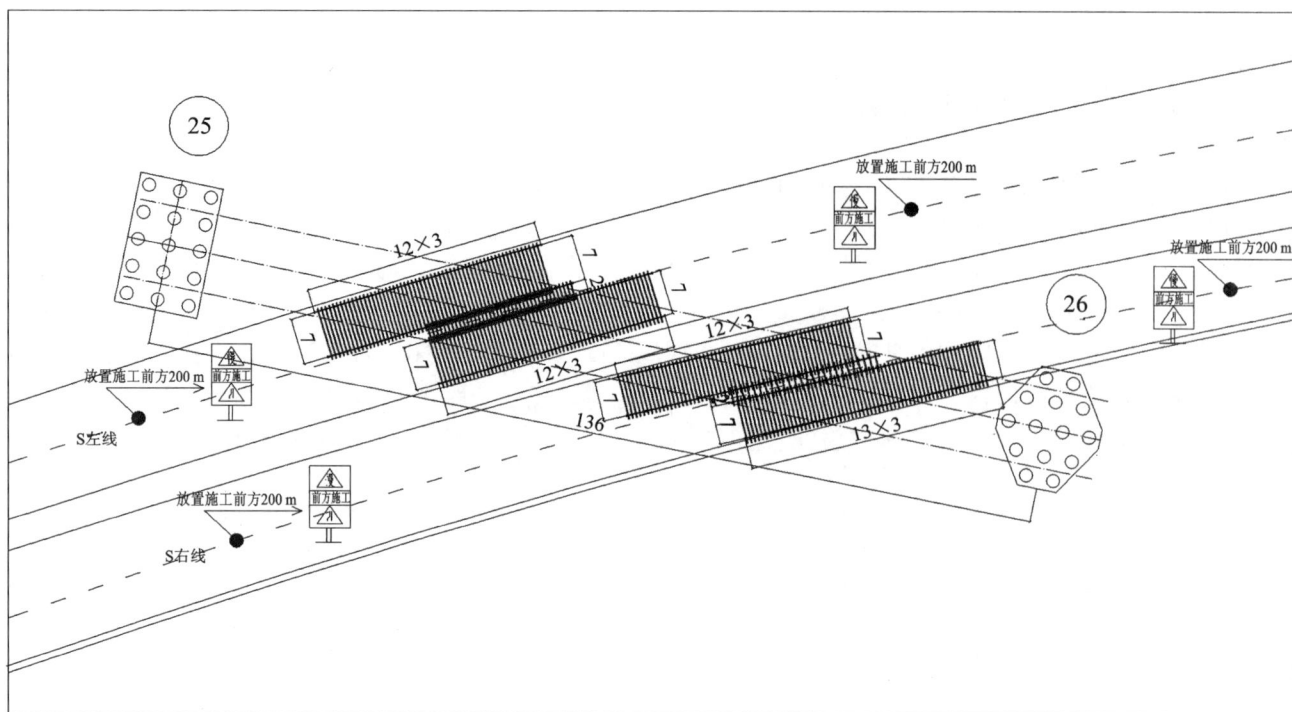

图 44 - 22   25#~26#墩跨高速公路安全防护平面布置

7. 施工注意事项

1) 合拢段注意事项

(1) 掌握合拢期间的气温预报情况,测试分析气温变化规律,以确定合拢时间并为选择合拢锁定方式提供依据。

(2) 根据结构情况及梁温的可能变化情况,选定适宜的合拢方式并作力学检算。

(3) 选择日气温较低、温度变化幅度较小时锁定合拢口并灌注合拢段混凝土。

(4) 合拢口的锁定,应迅速、对称地进行,先将外刚性支撑一段与梁端预埋件焊接,而后迅速将外刚性支撑另一端与梁连接,临时预应力束也应随之快速张拉。在合拢口锁定后,立即释放一侧的固结约束,使梁一端在合拢口锁定的连接下能沿支座左右伸缩。

(5) 为保证浇筑混凝土过程中,合拢口始终处于稳定状态,浇注之前在各悬臂端加与混凝土重量相等的配重,加、卸载均应对称于梁体轴线进行。

(6) 混凝土达到设计要求的强度后,先部分张拉预应力钢索,然后解除劲性骨架,最后按设计要求张拉全桥剩余预应力束,当利用永久束时,只需按设计顺序将其补拉至设计张拉力即可。

2) 线形控制

(1) 施工前综合考虑挂篮的变形、梁段的自重、钢束张拉、温度变化、斜拉锁张拉、混凝土收缩徐变及活载作用等各种因素的影响,计算出每一段悬臂梁端点的各种挠度值,根据挠度值设计各截面预留拱度。施工过程中,每灌注一段,随时检查观测梁段发生的实际挠度,对照理论计算值,在下一段梁体灌注过程中加以调整。

(2) 在梁段顶面中线及上下游两侧埋设水平观测桩,随时观测各截面处标高在整个梁体施工过程中的变化,以及掌握和调整梁段的预拱度标高。

(3) 悬灌梁施工过程中,要严格按设计控制线形,应注意调整立模标高,设置反挠度,以便成桥后与设计标高相吻合。

3) 测量控制

测量控制包括控制网的复核、控制点的设置、箱梁高程、轴线及墩身变形的观测。

（1）箱梁轴线控制点的设置：在各箱梁0#段施工时，把200 mm×200 mm×10 mm钢板预埋在箱梁顶板上，和混凝土面平齐，桩钢板一定要预埋牢固，为了防止钢板下面出现空洞，在施工时，可在钢板上预留适量的排气孔。0#段施工完后，把各0#段的中心引到钢板上，并进行穿线复核并修正。

（2）箱梁水准控制点的设置：箱梁水准点设置在各墩0#段箱梁中心预埋钢板和横隔板顶面位置预埋钢筋上，箱梁水准控制用0#段节点处高程控制。因水准点的位置较高，从承台引到箱梁顶较困难，要求现场仔细，并认真校核。

（3）各箱梁轴线的控制：各现浇段完成后，用全站仪复核各段轴线无误。其余各悬浇段轴线点作为控制点；0#段上的轴线点进行穿线复核并修正，以便合拢段顺利合拢，0#段上的轴线点应定期复核。每一悬浇段支立模板后，要与已完成各段的轴线点复核，以保证支立模板准确无误。模板的位置确定时，要求每次都用钢尺从0#段的中心量起，从而减少误差。为了便于复核，在已完成的箱梁顶板上用墨线标出。

（4）高程控制：考虑0#段箱梁墩身节点处变形很小，用该节点处水准点控制各悬浇段高程。0#段节点处水准点要定期进行复核，条件允许时，把各0#段的水准点进行互测校核。

（5）高程序点每一段节点处设置五个：从各箱梁断面接合处后移5 cm设一处。腹板位置设一处：为了底板高程测量方便，在两面侧腹板外侧钢筋处预埋钢筋，钢筋下端与底板平齐，上端伸出顶板2 cm，测量出钢筋的顶高程，根据钢筋的长度可推算出箱梁底板的高程。另三处分设置在轴线和侧翼板上，其中翼板处的控制点距离翼板边沿20 cm，预埋钢筋伸出顶板2 cm。

（6）在悬浇段施工中，高程测量频率为5次：挂篮移位后，混凝土浇筑前，混凝土浇筑后，张拉前，张拉后（即挂篮移位前）。每次测量范围为已完成的各悬浇段。当昼夜温差大于10℃，要求对各断面进行高程和墩身变形观测。

（7）墩身变形观测：利用全站仪和导线控制点定期复核各墩0#段中心点的位置，并与原设中心点进行比较，偏移位置即墩身变形量。施工过程中，注意观测温度变化对墩身变形的影响。

二、信江特大桥连续梁施工

1. 70 + 125 + 10 m连续梁施工

1）工程概况

（1）桥址概况。

合福上饶车站改扩建工程信江特大桥位于上饶市灵溪镇，起讫里程为DK469 + 201.24 ~ DK472 + 905.45，中心里程DK471 + 030.77，全长为3704.21 m。桥址于DK471 + 938 ~ DK471 + 949.7处跨越G320，公路与线路大里程夹角为77°。于DK472 + 674.8 ~ DK472 + 680处跨越信秦路，公路与线路夹角为58°。本桥65#墩 ~ 80#墩基础采用摩擦桩基础设计，其中65# ~ 80#设计桩径φ1.0 m，共160根。81# ~ 99#设计桩径φ1.25 m，共99根。104#、106#、107#、109#、110#墩及福州台采用扩大基础设计，105#、108#桥墩按柱桩桩基基础设计，105#、108#设计桩径φ1.0 m，各8根，共16根。65# ~ 80#、105# ~ 110#桥墩采用圆端型实体墩，81# ~ 104#桥墩采用圆端型空心墩，福州台采用挖方桥台。上部孔跨形式为1 - 31.5 m简支箱梁 + 1 - 23.5 m简支箱 + 21 - 31.5简支箱梁 + 3 - 23.5 m简支箱梁 + 9 - 31.5 m简支箱梁 +（DK472 + 392.73 ~ DK472 + 633.2 处70 + 125 + 70 m跨越信江，单独编制实施性施工组织设计）+ 5 - 31.5 m简支箱梁。

合福信江特大桥100# - 103#墩跨信江河为70 + 125 + 70 m预应力混凝土连续梁，其起止里程为DK472 + 395.6 _ DK472 + 662.3。

（2）结构概况。

梁体为单箱单室、变高度、变截面箱梁，全长为266.5 m。梁体各控制截面梁高分别为：边跨直线段及中跨跨中截面特征点处为5.2 m，中支点处梁高为9.2 m，梁高按圆曲线变化，圆曲线半径R为467.125 m；桥面组成为防护墙内侧宽度为8.8 m，防护墙外翼缘板宽度各1.35 m。全桥箱梁顶宽为12 m梁，底宽为7.0 m，箱梁横截面为单箱单室直腹板，顶板厚50 cm，腹板厚度分别为45 cm，65 cm，85 cm，底板厚度由跨中的48.5 cm按圆曲线变化至中支点梁根部为107.5 cm，中支点处加厚到123.8 cm；全桥共设5道横隔梁，分别设于中支点和端支点及中间跨跨中截面，中支点处设置厚2.4 m的横隔梁，边支点处设置1.75 m的端横隔梁，跨中合拢段设置0.8 m的中横隔板，隔板设有孔洞，供检查人员通过。

2）施工工艺流程

总体施工流程为：0#块施工—1#节段施工—挂篮悬臂浇筑 2～16 号节段（合理安排边跨直线段支架施工）—中跨合拢段施工—挂篮悬臂浇筑边跨 17 号节段—边跨合拢段施工。具体施工流程如图 44-23 所示。

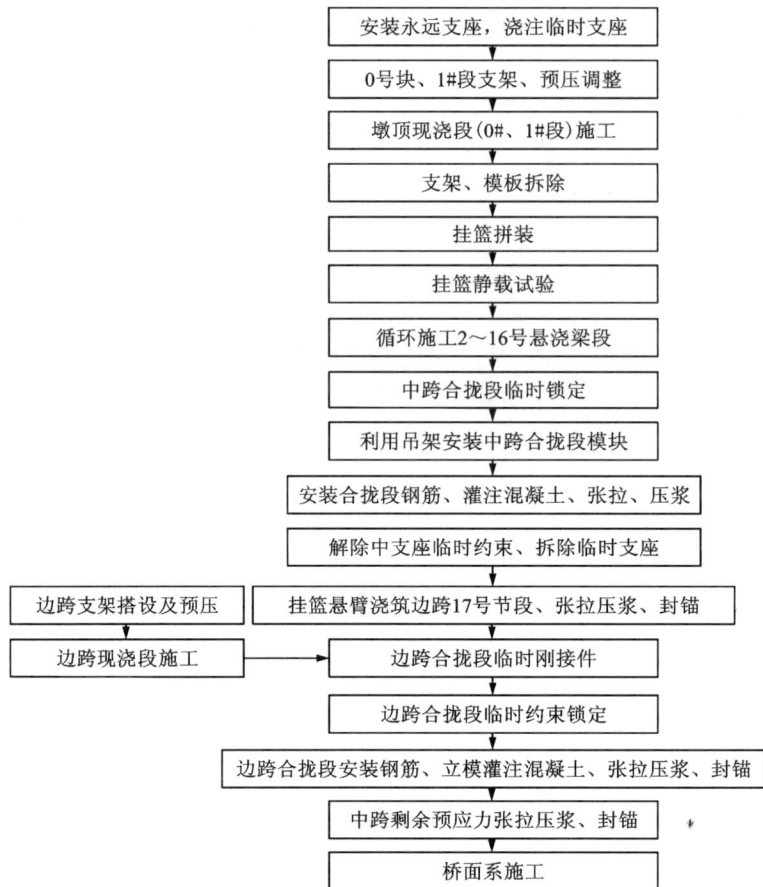

图 44-23 主跨 125 m 连续箱梁施工流程图

3）0#块、1#节段施工

连续梁 0#块长 9 m，1#节段长 3 m，根据连续梁梁高、梁重截面尺寸大的特点，0#块、1#节段采用墩旁管柱支架施工，一次浇筑成型，先施工 0#块，再施工 1#节段，施工流程为：支架拼装—安装支座—浇注临时支座—安装底模—安装外模及腹底板端模—安装底、腹板钢筋及预应力管道、竖向精轧螺纹钢—安装隔墙钢筋、隔墙精轧螺纹—安装腹板剩余钢筋—安装横隔墙侧模及人洞模板—拼装内模托架—上内侧模及顶板模板、端模—绑扎顶板钢筋—顶板预应力管道及预埋件—检查签证—浇筑混凝土—养护—张拉压浆、封锚。

4）挂篮悬浇施工

连续梁悬臂浇注用挂篮，挂篮为菱形挂篮，挂篮总质量约 53 t（不含模板），包括主桁架、走道梁、前后上横梁、前后下横梁、吊挂系统（前、后主吊带、后副吊带、外模吊杆）及相应的锚固、紧缩装置和底平台等部分组成。

101#、102#墩各配备 4 套挂篮，对称悬浇施工。0#块、1#节段施工完成后，安装挂篮，对称完成后续节段悬浇施工。

（1）施工程序与工艺流程。

挂篮悬臂浇注施工流程如图 44-24 所示。

（2）挂篮拼装。

1#块施工完成后，清理桥面，用水泥砂浆将滑道部位找平，并在找平层上划出滑道定位线安装滑道、

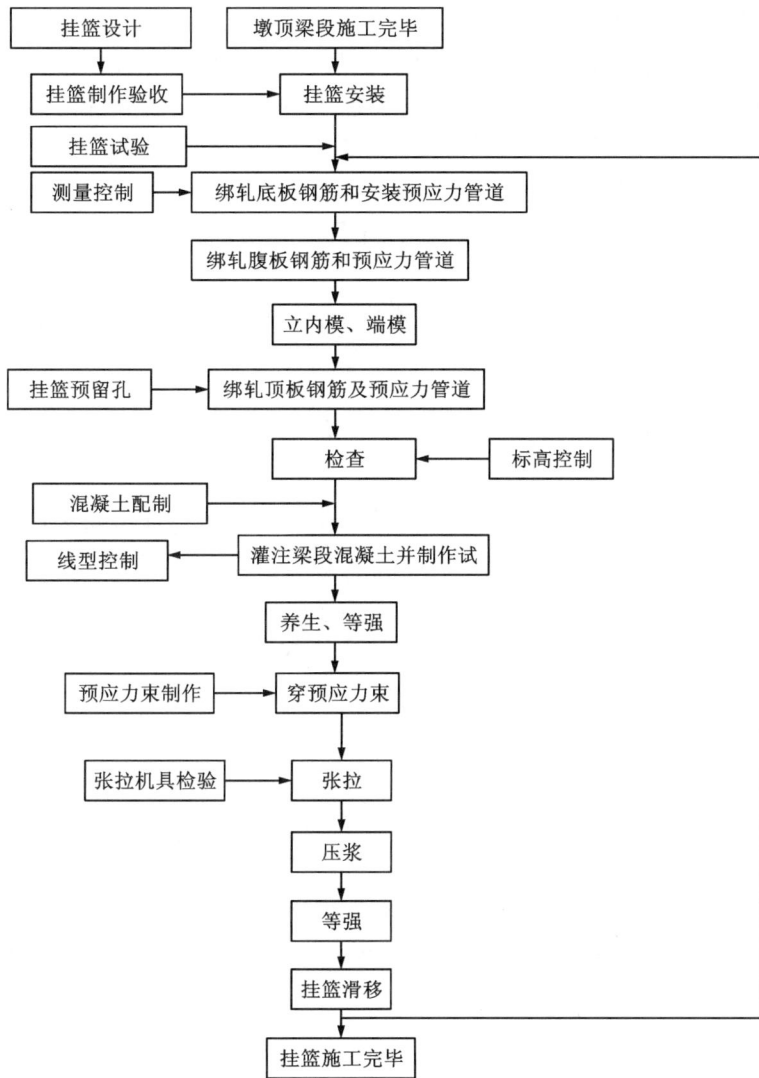

图 44-24　挂篮悬臂浇注施工流程图

滑块。安装后上横梁、菱形结合梁，锚固系统等。

然后安装前上横梁和斜撑杆及平联，接着安装吊挂系统及底平台，然后在利用底平台安装模板系统。最后对整个挂篮系统进行调整。

（3）荷载试验。

挂篮拼装完成后，对结构螺栓、焊缝、杆件数量、规格等进行仔细检查，合格后进行荷载试验。荷载试验的目的是检验挂篮的承载力和消除结构的非弹性变形，测定挂篮弹性变形，并与计算相比较。采用固定在挂篮前上横梁用千斤顶加压，按要求分级加载，并监测结构变形，测得数据与计算值进行比较，然后逐渐卸载，并测量结构回弹变形量，根据实测变形值确定挂篮底模的预拱度。挂篮拼装完毕后，进行荷载试验以测定挂篮的实际承载能力和梁段荷载作用下的变形情况。

荷载试验时，加载按施工中挂篮受力最不利的梁段荷载进行等效加载，测定各级荷载作用下产生的挠度和最大荷载作用下挂篮控制杆件内力。根据各级荷载作用下挂篮产生的挠度，绘出挂篮荷载的挠度曲线，为悬臂施工的线性控制提供可靠的依据。根据最大荷载作用下挂篮控制杆件的内力，可以计算挂篮的实际承载能力，了解挂篮使用中的实际安全系数，确保安全可靠。

（4）挂篮施工。

挂篮前移在梁体纵向预应力钢束张拉完成后进行，挂篮前移操作步骤：安装走道梁，将其与竖向 φ32 mmⅣ级钢筋锚固—解除后主吊带及其约束—解除后锚钢筋—除解吊杆 3 及其约束—依次调整外模吊杆 1、外模吊杆 2、前主吊带及后副吊带处紧松装置，使底平台及模板与梁体脱开—同步启动两侧 YC75 -100 张拉长行程千斤顶顶进前支点使挂篮向前滑行。

挂篮走行到位后，检查挂篮在横桥向及纵桥向的位置，如偏差超出允许范围，及时进行调整。将后锚与箱梁竖向预应力钢筋锚固好，拆除滑移设备，前支点加垫块垫实，安装并拧紧后锚设备，然后通过各吊点处千斤顶将挂篮提升，调整底模标高，底模标高调整完成后，安装外侧模，进入该节段梁体施工。

5）合拢段施工

根据设计要求，101#、102#墩连续梁采用先合拢中跨 17#梁段，然后利用吊架施工边跨合拢段 18#节段。

连续梁合拢遵循"低温灌注，既拉又撑还抗剪"的原则。为防止因温差、混凝土收缩等造成合拢段开裂，合拢前在适当的温度条件下将合拢段两边梁体利用型钢骨架锁定，保持相对固定，同时选择在日最低温度时灌注混凝土，保证合拢段混凝土处于气温上升的环境中、在受压的状态下达到终凝，避免混凝土开裂。

6）边跨不平衡节段及合拢段施工

在中跨合拢段 17#节段施工完成后，将中跨挂篮对称移动到中跨合拢段两端作为亚重，对称悬臂浇筑 S17 梁段，待梁段混凝土强度达到设计强度的 95%，弹性模量达到设计值的 100% 且混凝土的龄期大于 5天后，张拉该节段的纵向预应力索 T18 及横、竖向预应力索。安装边墩永久性支座并临时予以锁定，在边跨支架上现浇直线段 S19 梁段，对称拆除边跨挂篮保留中跨挂篮，架设边跨合拢吊架，安装边跨临时刚接件，并在顶、底板上分别张拉 4ST1/4SB2 作为临时索，浇筑边跨合拢段混凝土，待混凝土达到设计强度的 60% 时，解除边支座临时约束，待合拢段混凝土强度及弹性模量达到设计值的 100% 且混凝土龄期大于5 天后，张拉边跨纵向索 SW3 ~ SW1、SB4 ~ SB1、4ST1、2ST2，拆除边墩支架依次张拉中跨剩余索 MW5 ~MW1/MB7 ~ MB1 后拆除边后拆除边跨合拢段吊架及中跨挂篮。

2. 31.9 + 3 × 52 + 36.62 m 连续梁施工

1）工程概况

合福信江特大桥上跨上饶车站连续梁在 DK469 + 928.52 ~ DK470 + 153.24(22#墩 ~ 27#墩)段跨上饶站场沪昆线(合福左线对应既有沪昆下行线里程 K554 + 317.117)，与沪昆下行线成 79.25°交角，本联连续梁位于直线平坡上。

连续梁 22#副墩桩基为 31 根桩径 1.0 m 钻孔桩，5 承台 5 墩柱；23#主墩桩基为 10 根桩径 1.8 m 钻孔桩和 12 根桩径 1.25 m 钻孔桩，3 承台 5 墩柱；24#和 25#主墩桩基为 26 根桩径 1.8 m 钻孔桩，3 承台 7 墩柱；26#主墩桩基为 26 根桩径 1.8 m 钻孔桩，3 承台 5 墩柱；27#副墩桩基为 49 根桩径 1.0 m 钻孔桩，采用5 承台 5 墩柱；22#墩 ~27#墩共 34 个墩身，墩高为 8.0 m ~11 m。

连续梁结构设计为上跨式(31.9 + 3 × 52 + 36.62)m 一联五跨(共 5 联 6 线)预应力混凝土变截面连续箱梁，连续梁全长为 224.72 m，梁高 3.05 ~ 4.35 m，主线 1 联箱梁顶宽为 12 m、主线两侧 2 联箱梁顶宽为6.48 m、最外侧 2 联箱梁顶宽为 7.7 m。

该桥设计采用悬灌法施工，主墩上部悬灌结构设计相同，主墩上部设置 0#块、块长为 12 m，从主墩顶向跨中方向依次编为 1 ~ 5 块，每侧单悬臂分为 5 节段，1 ~ 3 段长 3 m，4 ~ 5 段每段为 3.5 m，中垮合拢段编号为 6 块、块长为 2 m。

2）施工方案

0#块和梁部节段施工计划分 2 个循环施工，第一循环：1 联主线和两侧 2 联到发线同时施工，待挂篮前行至第三节段时再施工最外侧 2 联到发线连续梁第一节段。第二循环：2 联站台梁同时施工。主要是因为三站台施工场地狭窄，0#块浇筑后端部已伸入到便道 1 m，而吊机吊装站台梁挂篮只有在横桥向三站台上的株洲端和长沙端摆位，特别是站台梁和最外侧到发线连续梁翼缘板重叠 1.75 m，梁面高差 1.7 m，如果 7联连续梁同时行走，站台梁挂篮吊带会碰到到发线连续梁的翼缘板，且到发线连续梁合拢后，站台梁无法推进合拢。

23# ~ 26#墩 0#块采用膺架法施工，支架支撑在承台或防护桩顶上。23# ~ 25#墩 0#块、1#块挂篮采用26#墩的预压数据，预压材料采用混凝土块。支架预压荷载在组合模板重量、施工荷载及人员、施工机械等各种荷载后，采用1.2的荷载系数进行预压。

根据工程特点，采用菱形挂篮，菱形挂篮结构复杂，杆件受力明确、合理，承载能力大，弹性变形小，安装与拆卸方便，移动灵活，定位准确，调整方便，挂篮所用插销等所有销子均采用新销子。

挂篮由主构架、悬吊系统、走行及锚固系统、模板支撑系统、模板系统以及挂篮作业平台和安全防护防电系统共6部分组成。挂篮移动采取封锁既有设备施工，由于材料运输及行车干扰大，一个节段施工时间按13天~15天控制。在混凝土便道上搭设碗扣架组装5联连续梁10个挂篮底模和防电平台，先封锁吊装大里程侧后吊装小里程侧挂篮底模。吊装采用100t汽车起重机。

中垮合拢段采用挂篮合拢后移至23#墩和25#墩下落拆除。边跨采用膺架法施工，钢管基础直接落在承台上。

3.连续梁安全防护专项方案

1）连续梁施工安全防护总体思路

先对现场进行充分调查，编制实施性施工方案，经过评审后严格执行；与路局各设备管理单位取得联系，签订安全协议和相应的施工配合协议，在路局相关设备管理单位的指导和帮助下组织跨线桥的施工。综合考虑跨线桥各工序存在的安全隐患，并针对性采取措施及防护方案，做到先防护，后施工，必须确保既有线绝对安全和施工机具设备绝对安全的基础上才能展开施工。

跨线桥施工，特别是跨沪昆行车密度高的电气化铁路，安全隐患就显得特别巨大，因此在施工中必须进行危险源的分析和评价，对于特别重大的危险源必须采取切实有效的安全防护措施后才能施工，确保既有线运营的安全和施工人员、机具设备的安全。总体来说跨线桥施工存在安全隐患是跨线桥上部和下部的施工对既有沪昆铁路和上饶站场股道的影响，主要有：连续梁施工可能掉落杂物，造成既有线设备损坏，影响列车运行；雨天及养护用水可能导致触电，损毁接触网等高压带电设备，影响列车运营；高空作业人员坠落既有线，影响既有线运营。

2）梁段悬浇时挂篮全封闭

电气化铁路的接触网和承力索的电压同为27.5kV；《铁路技术管理规程》对跨越电气化铁路的各种建筑物与带电部分最小距离不小于50cm，铁路建筑限界为2.44m。为了确保施工和铁路的行车安全，考虑各方面的因素及制约条件，计划对施工作业挂篮采取全封闭的防护措施。对承力索采取绝缘导管处理，将挂篮底面以上1.5m四周全部采取绝缘处理，并对已浇筑梁段既有线范围梁面及挂篮后锚范围内进行全封闭，防止梁段施工及挂篮走行期间杂物或构件掉落到铁路线上，对铁路行车造成安全事故。

3）防电绝缘措施

连续梁体施工前，在梁体范围向外延伸35m范围内的既有线路的接触网承力索上包裹进口绝缘管进行二次防护，降低触电风险，确保绝对的施工安全。在挂篮底部设置封闭的防护平台，防护平台由多个绝缘材料包裹的绝缘挂槽悬挂在下前横梁和下后横梁底部拼装成为绝缘挂槽组，绝缘挂槽的内层结构为钢板箱型槽，内设支撑钢骨架结构，外层为绝缘封闭包裹层，绝缘封闭包裹层无缝隙，没有钻孔和螺栓固定，不会产生漏电现象，绝缘挂槽组可以将挂篮与接触网带电体可靠地绝缘隔离，挂篮良好接地，绝缘挂槽具有可靠地防电功能，在绝缘挂槽的四周增设侧面防电板，防电板的高度不小于1.5m+0.5m距承力索净空=2.0m，满足不小于2m要求。为防止雨雪天气高压接触网发生放电事故，在挂篮上设置接地线，接地线采用25mm²的带塑料护套的铜软绞线，接地线与主墩预埋的接地端子连接，直通桩底，接地电阻小于4欧姆，每套挂篮采用2根接地线，如图44-25所示。

4）防坠物措施

（1）挂篮底部防护。

在钢板箱型槽的上面铺设3mm的花纹钢板，使挂槽上部形成一个封闭的防坠落平台。以便施工人员站在倾斜但防滑的花纹钢板上进行切割侧模底部及其他作业时不使槽底钢板受力受伤而造成漏水漏电。在防坠落平台四周与上方桁架之间装有防护栏杆、挡板及防护网，使整个挂篮的底部及四周全部封闭，当桥面的料具万一不慎坠落到防坠落平台上，防坠落平台上的花纹钢板可起到缓冲作用，即使花纹钢板被砸坏也不会伤及防水槽及防电板，不会造成漏电现象，具有可靠的防电防水防坠落功能。

图 44 – 25 防电平台

（2）挂篮前端临时防护。

前端临时防护采用钢丝绳拉紧后形成骨架，钢丝密目网拴在其上的方式进行。这种防护方式整体具有一定的柔性，小范围钢丝网具有一定的刚性，能确保节段施工过程中的钢筋、预应力钢筋以及其他坚硬性物件碰撞防护网，确保施工人员的人身安全。阶段施工完毕后按照底模脱模距离放松紧绳器，使整个前端防护处于放松状态，移动挂篮至下一阶段后拉紧紧绳器固定。

（3）挂篮侧面临时防护。

侧面防护从挂篮侧模板顶防护栏杆开始防护至底模系统的纵向分配梁底，底模分配梁按照 1.5 m 的间距焊接[10 槽钢固定钢丝绳，钢丝网布置同前端钢丝网布置和连接方式，侧面防护钢丝网安装好后与前端钢丝网用铁丝按照 50 cm 间距连接。挂篮移动时拆除前、侧面及底面连接，待挂篮移动至下一阶段后重新固定。

（4）挂篮后端临时防护。

为防止挂篮移动前后底模提升精轧螺纹钢筋的操作过程，挂篮后端也要进行防护。防护和连接方式与前端、侧面相同。防护骨架采用 ϕ25 mm 钢筋制作，焊接在底下横梁后端，钢丝网连接在钢筋骨架上。

（5）挂篮前上横梁、菱形架过人通道防护。

挂篮前上横梁、菱形架过人通道防护采用 ϕ16 mm 钢筋 U 形通道，U 形钢筋骨架与挂篮构件连接采用焊接形式，骨架外侧包裹塑料密目网，防止螺栓、扳手等坠落。

连续梁节段施工会有部分施工人员进入到梁内腔进行作业，为了方便施工人员在梁顶和梁底之间通行，考虑挂篮与梁段之间空间较小，在梁顶与挂篮底之间布设一个铝合金爬梯，爬梯上端与梁面分布钢筋采用铁丝绑扎连接。在底模纵梁间焊接[10 槽钢，槽钢槽口朝上，爬梯下端支脚处安装在[10 槽钢的槽口内。如果爬梯设置位置影响到连续梁节段各工序施工时，临时拆除爬梯。

（6）梁面防护。

挂篮施工前移进入既有线限界后，为防止物件从已施工连续梁上掉落，在梁面两侧加设临时钢管防护栏及密目网防护。梁两侧设置 ϕ48 mm 钢管立杆焊接在主梁两侧预埋钢筋上，间距为 2 m，高度为 1.2 m；水平杆采用 ϕ48 mm 钢管用扣件与立杆连接，间距为 0.6 m，并挂密目安全网，如图 44 – 26 所示。

5）防排水措施

将主梁上的预留孔洞暂时封闭，在主梁两侧设置挡水檐，防止桥面养护水下流。主梁侧面及内壁养护采用养护剂或雾状薄膜。在防护平台四周设置导流槽，在防水层最底角设置集水槽和排水导管，通过小型水泵将积水引到 A0#块泄水孔排出铁路外，防止汇成积水形成水流任意排放与接触网连通，如图 44 – 27 所示。

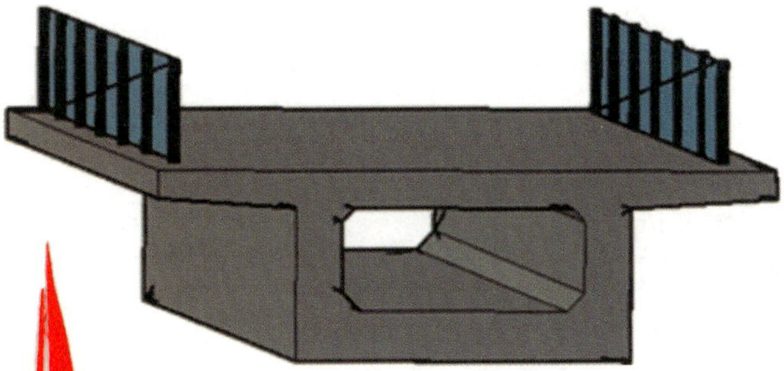

图 44 – 26　梁面防护

图 44 – 27　集水槽示

上下爬梯防护措施

车站连续梁上下通道采用旋转爬梯，爬梯外部包裹。爬梯与梁部衔接处采用 ϕ48 钢管焊接 1.2 m 高度的防护栏杆防护，栏杆防护除在进入梁部外确保无缺口，栏杆外侧包裹塑料密目网防护。

#块联部间人行通道安全防护

车站连续梁 23#墩设计布置为 23D、23C、23A、23B、23E 墩；24#墩设计布置为 24D、24 左侧站台梁、24C、24、24B、24 右侧站台梁、24E 墩；25#墩设计布置为 25D、25 左侧站台梁、245、245、245、25 右侧站台梁、25E 墩。由于站台梁梁部施工时间较晚，导致站台梁两侧梁部之间存在较大间距，对施工安全留下隐患，为保证梁顶之间施工人员安全通行，在梁间搭设临时通行通道，通道两侧采用焊接 1.2 m 高度的 ϕ48 钢管防护栏杆进行防护，外侧包裹塑料密目网围护。

第六节　特殊结构桥梁施工

一、建瓯西站特大桥道岔连续梁施工

1. 工程概况

合福高铁闽赣段建瓯西站特大桥起讫里程为 DK637 + 507.74 ~ DK638 + 141.370，全长为 633.630 m，中心里程为 DK637 + 825.170，其孔跨布置为：

$$9 - 32 \text{ m 准支梁} + \left\{ \frac{1 - (4 \times 32) \text{ m 梁}}{4 - 32 \text{ m 非支梁}} \right\} + 1 - (4 \times 32) \text{ m 梁} + \left\{ \frac{2 - 32 \text{ m 支梁}}{2 - 32 \text{ m 准支梁}} \right\}$$

本方案主要针对 9 ~ 12 孔道岔现浇连续箱梁施工，其结构形式为：9 ~ 12 孔由两幅梁组成，左幅为 4 × 32 m 连续梁，右幅为 4 孔 32 m 非标简支梁，其中左幅连续梁的理论跨度为 31.9 m + 2 × 32.7 m + 31.9 m，端支座中心距梁端 0.75 m，梁长为 130.7 m，梁端距梁缝中心线 0.05 m；梁体构造为：主梁采用单箱双室等高度斜腹板截面形式，梁高为 3.05 m，顶板宽度为 13.19 m，底板宽度为 6.85 m。跨中截面顶板厚为 35 cm，支点处加厚至 60 cm 或 70 cm。跨中截面底板厚度为 30 cm，支点处加厚至 60 cm 或 80 cm。跨中截面腹板厚度为 45 cm，支点处加厚至 100 cm。边腹板外侧与悬臂板底缘采用半径为 75 cm 的圆弧过渡，边腹板外侧与底板下缘采用半径为 30 cm 的圆弧过渡，支座处边腹板外侧与底板下缘不设圆弧过渡。各支点处均横隔板，横隔梁厚度为 2 m。

2. 满堂支架逐段现浇施工

1）施工顺序与工艺流程

本桥梁结构新颖、技术含量高、施工复杂、质量标准高，工后沉降、差异沉降控制严格。建瓯西站道岔连续梁 9 ~ 12 孔跨布置 3 × 32 m，分别位于 9#~12#连续梁采用满堂支架逐段现浇施工，12#~13#采用鹰架划分 A、B、C、D 四个节段，按照 A—B—C—D 梁段顺序施工。本方案实施前必须在 9#、10#、11#、12#、13#墩身完成，并对 9#~12#之间的地基处理合格，并浇筑 25 cm 厚的混凝土硬化面层后方可施工。满堂支架现浇梁施工流程如图 44 –28 所示。

2）基础处理

基础处理是满堂支架施工的重要程序，地基处理不到位或局部软弱不均，会引起支架在预压或施工过程中失稳倾覆，根据承载力计算得知，支承需要的地基承载力为 180 kPa。在碾压好的没有达到 180 kPa 的原地面上填筑 100 cm 级配碎石料，分三层摊平，每层 35 cm，压实度不小于 95%，直至满足要求，地基处理后标准按承载力 180 kPa 控制，表层铺筑 25 cm 厚的 C25 混凝土作表面硬化处理，混凝土面要超出每侧支架 100 cm，用做四周制作排水沟将水引出用，防止雨水浸入基础造成下沉。

3）满堂脚手架设计及检算验证

在硬化地面设置底托，在放置好的底托上搭设脚手架支架，支架布置形式如图 44 - 29 所示。

（1）底板、翼板处脚手架设计。

底板、翼板处支架立杆横距为 0.6 m，立杆纵距为 0.6 m，横杆步距为 0.6 m。

（2）腹板处脚手架设计。

腹板重量大，腹板下脚手架受力大，为最不利位置，腹板处支架立杆横距为 0.3 m，立杆纵距为 0.6 m，横杆步距为 0.6 m。

（3）抗剪稳定性。

为增大体系稳定，脚手架设扫地杆，支架外围四周设剪刀撑，内部沿桥梁纵横向每 3 排立杆搭设一排剪刀撑，剪刀撑与地面夹角为 45°~60°。

4）满堂支架的预压及使用

支架和底模安装后进行预压，检验其承受荷载的能力；使支架预先完成非弹性变形，避免因非弹性变形引起梁体线形失控和混凝土产生裂纹；检测其弹性变形，作为安装模板的参考数据。考虑动

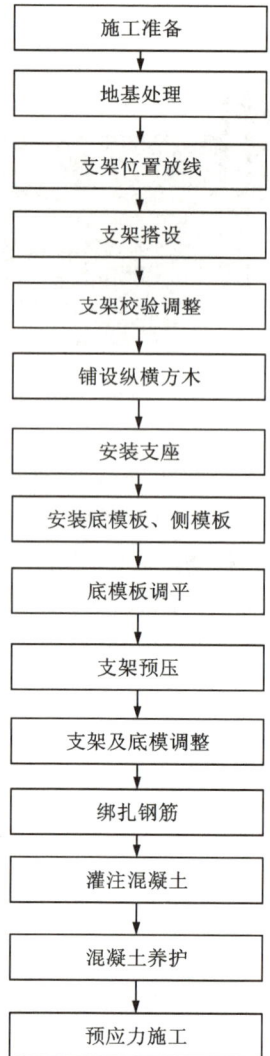

施工准备 → 地基处理 → 支架位置放线 → 支架搭设 → 支架校验调整 → 铺设纵横方木 → 安装支座 → 安装底模板、侧模板 → 底模板调平 → 支架预压 → 支架及底模调整 → 绑扎钢筋 → 灌注混凝土 → 混凝土养护 → 预应力施工

图 44 - 28　满堂支架现浇梁施工流程

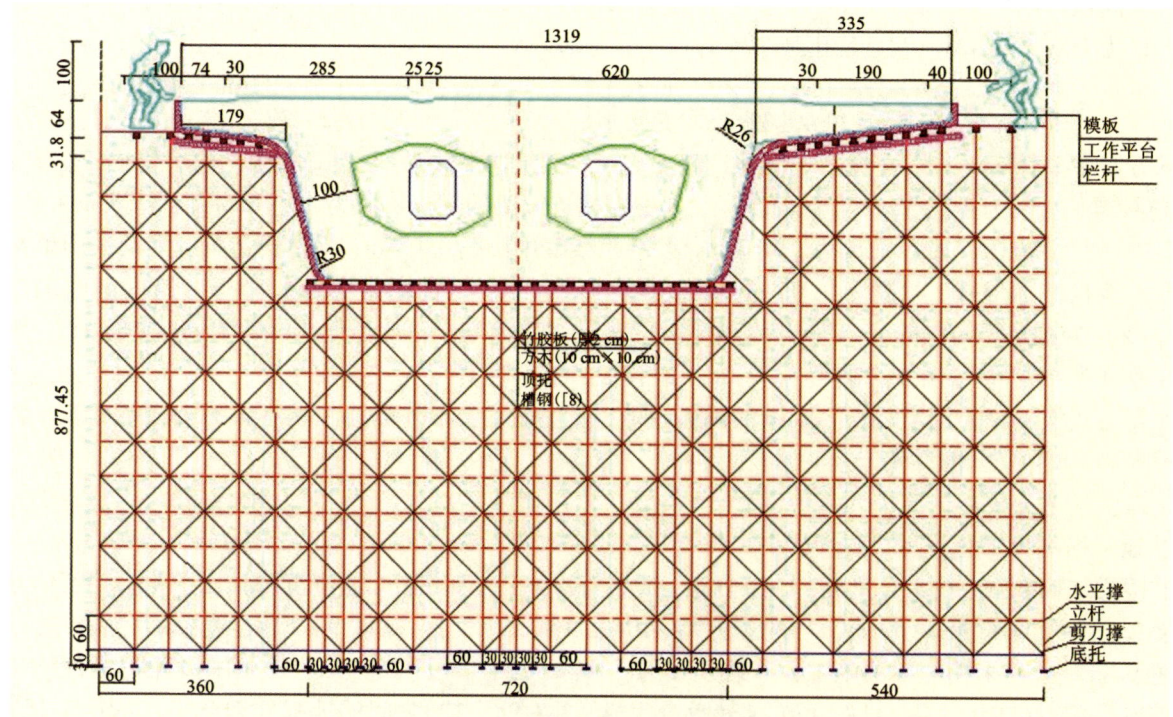

图 44 - 29　满堂脚手架搭设截面图

载的影响及不可预见因素的影响，预压重量取计算荷载的 1.1 倍。采用砂袋预压，逐级加载。在现浇段两端、中部的底模上设立观测点，预压达到总压重的 60% 、100% 、110% 时，分别测量其标高，采用水准仪观测。根据预压的结果进行数据分析，调整连续梁预拱度。

3. 主要工序施工方法及工艺

1）支座安装

施工时准确控制桥墩顶面标高，预埋件（预留孔）要安装准确，并按设计弹出支座十字线，先将下支座板与预埋螺栓连接牢固；上支座板的螺栓与梁体筋焊接牢固。

道岔连续箱梁采用支座型号为 GTQZ - II - 5000（12500）型。每个支点设三个支座，中支座为 12500 kN级，端支座为 5000 kN 级，固定支座设于 11# 墩，其余各墩均设活动支座。

支座安装流程：垫石顶面凿毛—预留孔清洗—支座定位、吊装临时固定—支座调平—重力注浆—撤除临时固定、安装围板。支座安装如图 44 - 30 所示。

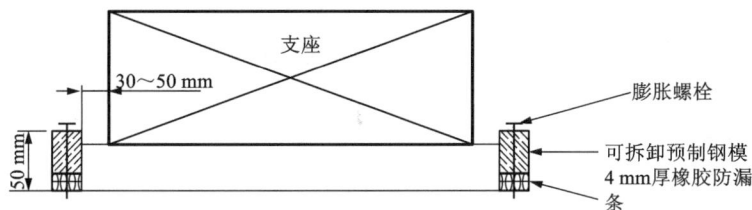

图 44 - 30 支座安装示意图

灌浆采用重力式灌浆方式，灌注支座下部及锚栓孔处空隙，估算浆体体积，备料充足，一次灌满。灌浆口不低于梁顶面，灌浆实用体积数量不应与计算值产生过大误差，防止中间缺浆。

支座注浆要求采用无收缩高强度灌浆材料，其各项性能要求见表 44 - 1。

表 44 - 1 无收缩高强度灌浆材料性能要求表

抗压强度/MPa		泌水性	不泌水
8 h	≥20	流动度	≥220 mm
12 h	≥25	温度范围	+ 5 ~ 350C
24 h	≥40	凝固时间	初凝≥30 min，终凝≤3 h
28 h	≥50	收缩率	≤2%
56 h	强度不低于设计	膨胀率	≥0.1%

灌浆过程应从支座中心部位向四周注浆，直至钢模与支座底板周边间隙观察到注浆材料全部注满为止。支座锚栓孔重力灌浆如图 44 - 31 所示。

灌浆终凝并达 20 MPa 后，拆除模板及四角钢楔，检查是否有漏浆处，必要时对漏浆处进行补浆，并用砂浆填堵钢楔块抽出后的空隙，拧紧上下支座锚栓。

待灌注梁体混凝土后，张拉预应力筋前拆除各支座的上下支座连接钢板及螺栓，待梁体施工完成后安装支座钢围板。

2）模板制作与安装

支架底部安设顶托，然后采用 8# 槽钢作分布梁，上面铺设 10 cm × 10 cm 的方木，底模采用 2 cm 厚的竹胶板。侧模采用钢模板。侧模竖向采用钢管或者槽钢作为次背楞加固，横向采用 φ25 mm 圆钢制作拉筋，防止模板在浇筑混凝土过程中局部出现变形，外侧模板加工完成后，要对模板进行反复打磨，保证模板表面光洁、无错台，内模采用 1.5 cm 厚竹胶板，外侧采用 10 cm × 10 cm 方木作为背楞，8# 槽钢作为次背楞。

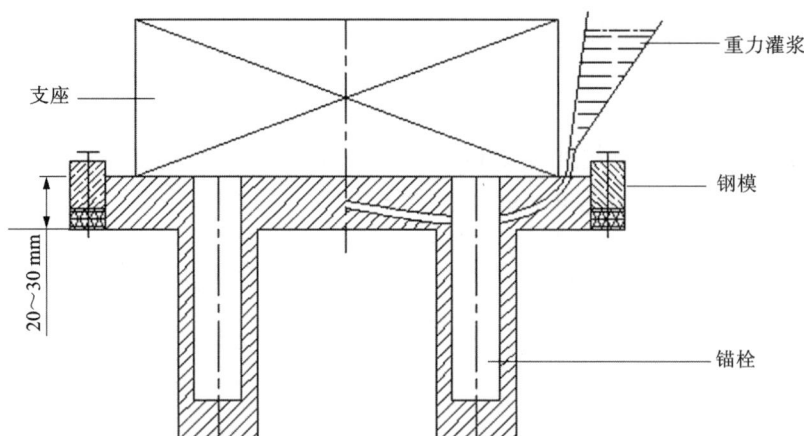

图 44 - 31　支座锚栓孔重力灌浆图

梁段模板安装工艺流程为：底模—外模—内模—端模。

3）钢筋施工

钢筋绑扎前将主要钢筋位置、横隔板、预埋件等在底模上弹线放样定位。钢筋绑扎顺序：箱梁底板—腹板—顶板、翼板。箱梁顶板钢筋交叉点多，最外边三排全部绑扎牢固，中间按梅花形绑扎外，其余钢筋相交处均用22#铅丝绑扎。应注意顶板的钢筋要防止被踩下；特别是悬臂端，要严格控制负筋位置及高度。

4）制孔管道施工

（1）制孔管道安装。

纵向预应力筋顶板、腹板、底板采用内径为ϕ90 mm的金属波纹管制孔。金属波纹管一般有外套接和内套接两种接头方式。外套接方式是将一节长度为250 mm，大一号规格的波纹管旋在要套接的波纹管上，将另一根需要连接的波纹管与之对齐，再将接头波纹管回旋至对齐波纹管端，各套上125 mm长度，两头均用胶布贴封。波纹管内套接方式一般不常用，当贝雷梁节段端头外露波纹管损坏时，先切割波纹管外露部分，用小一号波纹管内套接出。

（2）制孔管道安装要求及注意事项。

①连续梁梁段预应力筋孔道位置应准确、圆顺，波纹管管壁应严密且不易变形，确保其定位准确，管节接头平顺。

②预应力管道在运输、安装等过程中不应产生局部变形，预应力钢绞线使用的波纹管钢带之间连接牢固，不脱离，无缝隙，表面无空孔，必要时，波纹管道连接采用与预应力钢绞线使用的波纹管直径相匹配的较大直径的波纹管，连接长度不小于30 cm，并用胶带密封。包括与压浆管、锚垫板等连接缝应具有5 cm以上的搭接长度并使用胶带密封，以防止灌注混凝土时产生漏浆。

③预应力管道压浆口及出浆口以不大于30 m的间距布置。压浆出气孔应安装在局部管道的最高处。压浆孔必须清楚牢固地与钢束对应编号标识，以便压浆时检查。进浆管和出浆管在安装时应防止突然的折角，以保证压浆能顺利进行。

④靠近预应力设施处不得作为焊接场地，以防止焊渣损伤预应力钢绞线、锚具、夹片、波纹管等。接头和缺陷在灌注混凝土前应进行检查和修补，需有监理工程师的认可。

⑤预埋件定位采用钢筋定位网定位，定网片按图纸要求制作，按预应力孔道路径每隔50 cm布置一个定位网片。钢筋定位网应绑扎或焊接于梁体普通钢筋上，焊接作业不应产生对结构的不利影响。包括孔道、锚具、压浆管道等预埋件应准确、牢固地定位，灌注混凝土时不致产生不利移动。

⑥纵向和横向预应力管道在边缘处与定位网钢筋间距不超过1.5 mm，即定位网孔径应比管道外径大2~3 mm。腹板处纵向预应力管道定位钢筋间距直线段不得超过0.8 m，曲线段不得超过0.5 m，设置ϕ8 mm的定位圆钢筋，定位钢筋网格为正方形，净空尺寸大于预应力钢筋管道2~3 mm，定位网格根据预

应力钢筋布置曲线要求设置，定位网格与节段钢筋网牢固连接，必要时采用点焊连接。

⑦将波纹管穿入定位网片时，要防止钢筋碰坏波纹管，波纹管接头处采用 30 cm 长的波纹管外接，接头要严密不漏浆，若波纹管与钢筋位置冲突，则适当移动钢筋，确保波纹管位置准确。

⑧任何与预应力管道、锯齿块、预埋件冲突的钢筋应按设计图纸要求改正。在预应力管道中线的钢筋不宜被切断，任何与预应力管道发生冲突的钢筋应以有足够的搭接长度的钢筋代替，细节布置将征得监理工程师的同意。根据设计图纸，如预应力管道与普通钢筋发生冲突时，允许进行局部调整，调整原则是先普通钢筋，后螺纹钢筋，保持纵向预应力管道位置不动。

⑨穿好的波纹管应平顺，确保每点位置准确性，在距跨中 4 m 范围内其偏差值不得大于 4 mm，其余部位不得大于 6 mm。

⑩孔道锚固端的预埋钢板应垂直于孔道中线。孔道成型后应对孔道进行检查，波纹管内应通畅不得有残留物，如发现孔道阻塞或残留物应及时处理。

5）预应力施工

（1）预应力钢绞线。

预应力钢绞线下料、编束、安装等遵照《铁路混凝土工程施工质量验收补充标准》（铁建设〔2010〕160号）和《客运专线铁路桥涵工程施工质量验收暂行标准》（铁建设〔2010〕160号）的有关规定办理。

（2）锚具与夹片。

锚具与夹片性能至少应 100% 达到预应力钢绞线的最小规定抗拉强度，锚具的锚固系数、硬度、夹片方式、回缩量（≤6 mm）、夹片摩擦力（夹片与钢绞线之间的摩擦力）、夹片外露量等指标应满足产品相关要求。锚圈、夹片、预应力钢绞线的硬度应相适应，并进行必要的实验，锚具锚固后不得有可见的变形。

（3）张拉设备。

张拉设备在选择时需根据设计的单孔钢绞线的束数及相关参数进行计算，并根据计算所得的数据来确定相关的千斤顶的吨位及其他参数。

（4）预应力筋张拉。

根据设计要求，各梁段预应力钢束张拉必须在该段混凝土强度及弹性模量达到设计值的 100%，且混凝土龄期不少于 10 d 后方可进行张拉施工。按设计要求，张拉顺序按施工顺序从外到内左右对称张拉。为控制收缩及支架影响而造成的混凝土裂纹，在混凝土强度达到 60% 进行预张拉。纵向预应力张拉后，即时压浆。预应力筋张拉前应作若干管道的摩阻试验，并校核设计张拉值。

4. 道岔连续梁梁部施工控制

线型高程测量：在规定时间段内按几何水准测量的方法进行，观测前，必须校正好水准仪 i 角小于 10″，及做好水准点标志的检查等准备工作。观测时，必须在梁体较稳定的状态下进行，从一施工水准点开始，最后又闭合到另一施工水准点；安置仪器尽量使前后视线相等，力求在最短的时间段内完成，减少或消除 i 角、大气条件及施工荷载变化对其的影响。其观测成果包括已浇筑主梁顶面高程线性点的瞬时绝对高程，通过相对高差传递换算，最后提供各部位相应测点的实时绝对高程值，与设计高程比较，作为以后施工控制的依据。

5. 道岔连续梁混凝土外观质量

建瓯西站特大桥 JOL01 道岔连续梁 A 节段浇筑完成，在混凝土强度达到 60% 时拆除内模板，在拆除内模板后发现在箱室内倒角处有严重的蜂窝麻面、露筋、气泡等现象，外观质量较差。针对以上原因，总结出详细的应对措施及方法：

（1）根据连续梁的倒角处部位钢筋过于密集的情况，采取两种方法解决，一是在浇筑倒角位置时混凝土坍落度稍微偏大一些，使混凝土流动性加强。二是现场要准备一些 30 振捣棒，在钢筋过于密集的部位采用小型振捣棒振捣。

（2）在混凝土振捣过程中，振捣工人要分工明确，互相协作，每个部位要有专人负责，此环节派工区职员一人负责协调。

（3）在混凝土浇筑过程中，要平行浇筑，分层振捣，此环节派工区职员一人负责把关。

（4）在倒角部位模板处开孔，一是便于倒角处混凝土的振捣，二是便于工人观察此部位的混凝土密实度。

二、门式墩钢箱梁施工

1.工程概况

桥涵工程为合福高铁闽赣段西南下行联络线特大桥 11# ~ 14#共 4 个门式墩。门式墩中心跨度均为 26 m，高度在 11.5 ~ 26 m。每个门式墩由 1 段钢梁及 2 个钢柱组成，钢梁和钢柱均为钢箱结构形式，钢梁截面形式为 2.8 m × 3.3 m。钢柱截面形式为 2.4 m × 3.3 m。钢梁和钢柱钢材采用 Q345qD，应符合《桥梁用结构钢》(GB/T 714—2008)的规定。钢梁与钢柱整体采用焊接形式连接。焊钉沿钢柱外围布置，同时钢梁与钢柱衔接处底板下缘单侧及支座垫石下部钢梁顶板布置焊钉。本工程还包括检修平台和临时吊点，总质量约为 608 t。

钢梁、钢柱均为箱型结构，由 2 块腹板、1 块顶板、1 块底板、横隔板及纵向筋组成。钢梁与钢柱为一体式结构，焊接连接。钢柱插入混凝土柱处均设置焊钉。

2.门式墩钢箱梁制作工艺

1)钢箱梁制作工艺

钢梁、钢柱均为箱形截面。其构件主要采用 20 ~ 40 mm 厚 Q345qD 钢材焊接而成。其制作难点在于端口尺寸及整体节点精度控制，因此对构件尺寸精度提出了更高的要求，重点在于厚板焊接的质量控制。

制造上采用如下制造方案：下料—边缘处理—单元件(杆件制造)—余量切割—存放。钢梁、钢柱制造工艺流程如图 44 - 32 所示。

2)单元件制作流程

钢梁、钢柱单元件制造以钢梁腹板为例，单元件制作流程如图 44 - 33 所示。

3)钢梁、钢柱制造

钢梁制造工艺流程：零件下料→单元件制作→总成(倒装法)→标记、标识→预拼装，如图 44 - 34 所示。

4)预拼装

预拼装采用卧拼，在预拼胎架上划出两钢柱腹板中心定位线、钢梁腹板中心定位线和两端定位线，预拼时钢梁与钢柱对线预拼，预拼报检合格后钢梁两端与钢柱做好标识。预拼用的钢梁与钢柱试装前检验合格，钢梁与钢柱的边缘、毛刺、焊渣等清除干净。预拼装必须保证构件分段端口平齐，无错边。预拼装后在构件接头处焊接定位工装马板，便于现场的拼装定位。

3.焊接工艺

为了保证该工程焊接质量，产品制造前，进行焊接工艺评定试验，并对试验结果进行评审，保证产品预期的焊接质量可靠；对焊接人员进行培训和考试，保证焊接人员达到理想的操作技能；对焊接设备进行规定，以便保证其使用性能满足工程的需要；对焊接材料进行严格的复验，保证原材料的可靠性；制定焊接原则要求，对焊前清理、焊前预热、定位焊缝、焊缝防护、操作要点等方面均做出详细规定，以便保证焊接质量的稳定性和良好性；对各关键工序、单元件或部件的制造编制详细的焊接工艺，对焊接方法、焊接顺序、焊接变形的控制方法等进行优化，以便保证各关键工序、单元件或部件的制造精度满足设计图纸的要求；制定焊缝的检测方法、检测部位、检测比例的详细要求，对焊缝缺陷的修补做出特别要求，以便保证产品最终的焊接质量全面达标。

1)焊材复验

焊接材料应有生产厂家提供的出厂质量证明外，公司对所有不同批号的焊接材料进行首批抽样复验，其机械性能及化学成分应达到表 44 - 2 中相关标准的规定，并做好复验检查记录。国产新型焊接材料或进口焊接材料应按厂家材质证明书的要求并参考标准《碳钢药芯焊丝》(GB/T 10045—2001)进行复验，并另行研究相适应的焊接工艺经监理工程师批准后投入使用。实际生产中根据一定的批量，由质量检验部门随机进行抽查复验，以保证焊接材料质量可靠。焊接材料复验标准见表 44 - 2。

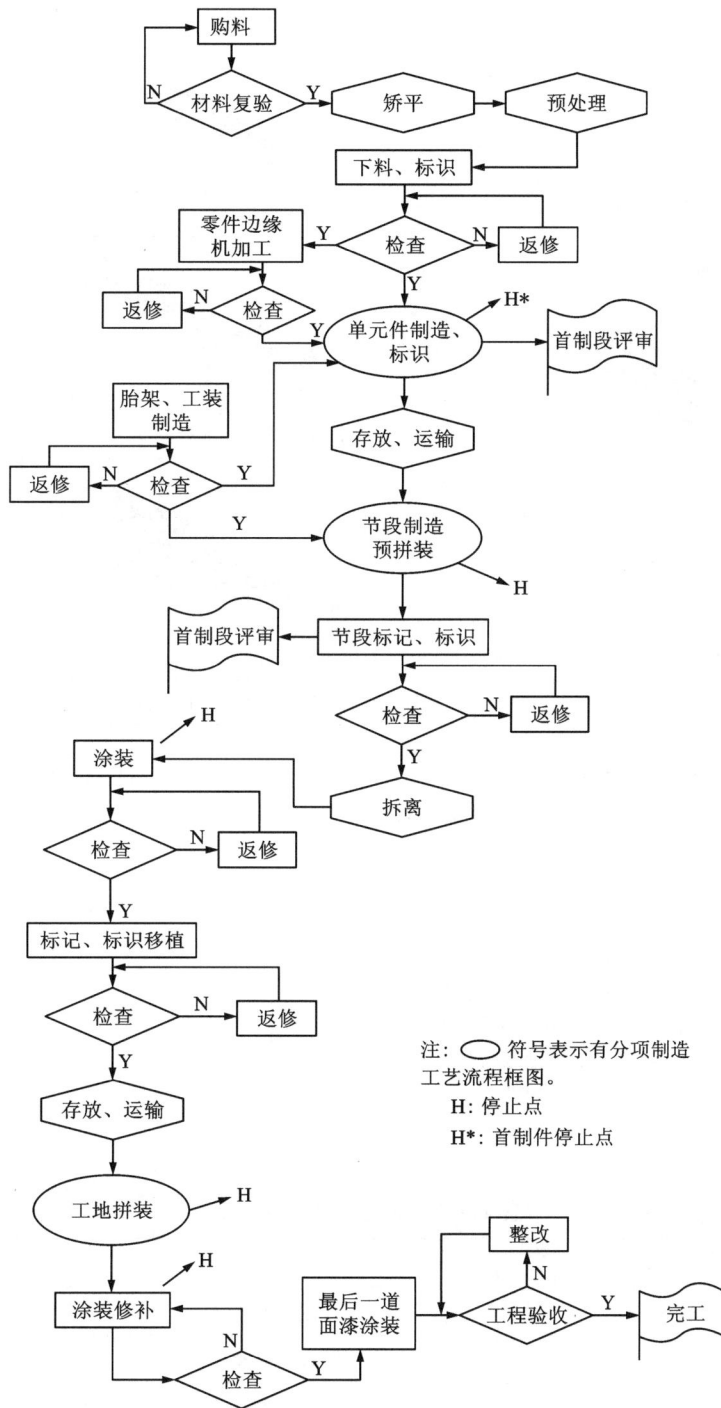

图 44 - 32　钢梁、钢柱制造流程图

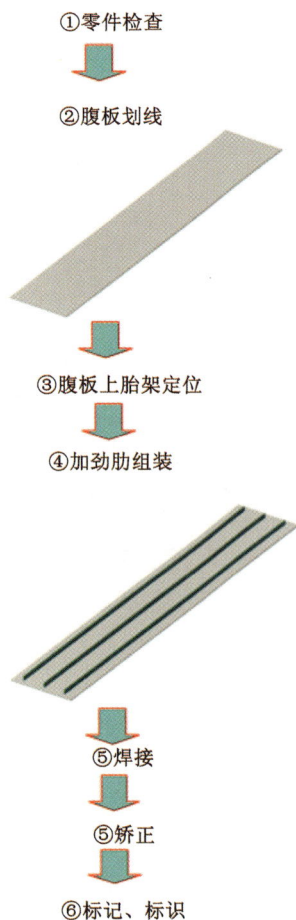

①零件检查

②腹板划线

③腹板上胎架定位

④加劲肋组装

⑤焊接

⑤矫正

⑥标记、标识

图 44 – 33　单元件制作流程图

①—检查来料的零件号、外形尺寸、对角线、坡口、材质及炉批号等；②—依据单元件制造图的要求绘制单元件纵横基准线、结构装配线及端口检查线等，划线必须采用在计量有效期内的量具；③—如纵肋有挠度不直，不能强行组装，应先矫正。应对线组装，特别要控制端口及横隔板处的组装精度；④—将单元件置于预变形亚船形摇摆焊接胎架上焊接，应按指定的焊接规范参数和焊接顺序进行施焊；⑤—单元件变形采用火焰矫正，矫正温度控制在 600℃ ~800℃，自然冷却，严禁过烧、锤击和水冷；⑥—按单元件制造图的要求作好基准线和检查线的标记及单元件编号、方位等标识

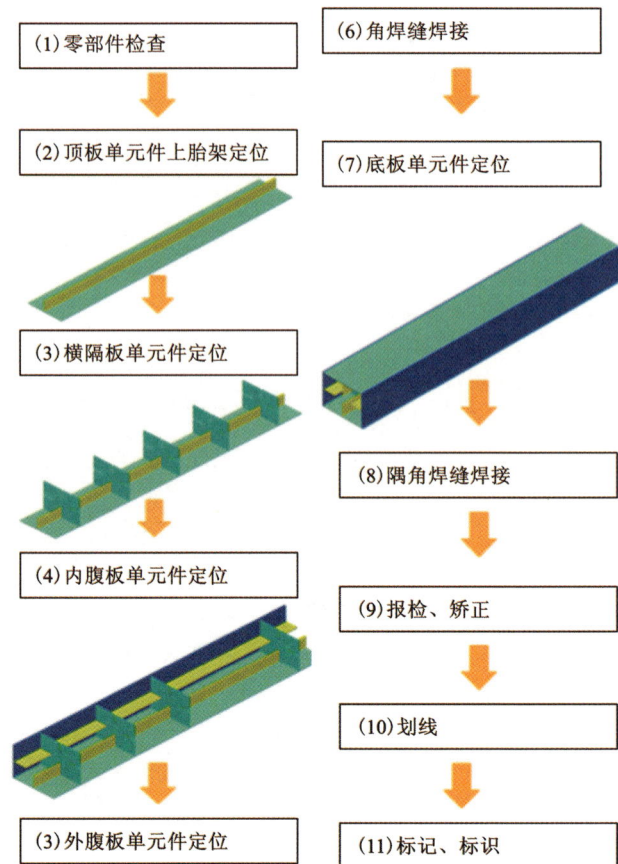

(1)零部件检查

(2)顶板单元件上胎架定位

(3)横隔板单元件定位

(4)内腹板单元件定位

(3)外腹板单元件定位

(6)角焊缝焊接

(7)底板单元件定位

(8)隔角焊缝焊接

(9)报检、矫正

(10)划线

(11)标记、标识

图 44 – 34　钢梁制造工艺流程图

表 44 – 2　焊接材料复验标准

焊材名称	用途	标准	标准号
焊条	碳素钢	《碳钢焊条》	GB/T 5117—1995
焊条	低合金钢	《低合金钢焊条》	GB/T 5118—1995
焊丝	碳素钢、合金钢	《熔化焊用钢丝》	GB/T 14957—1998
焊丝	碳素钢、低合金钢	《气体保护焊用碳钢、低合金钢焊丝》	GB/T 8110—1995
焊丝	碳素钢	《碳钢药芯焊丝》	GB/T 10045—2001
焊剂	碳素钢	《碳素钢埋弧焊用焊剂》	GB/T 5293—1985
焊剂	低合金钢	《低合金钢埋弧焊用焊剂》	GB/T 12470—2003

焊条和CO_2焊丝的复验主要考察熔敷金属的力学性能,满足标准的要求;其中对低温冲击试验的结果要求有足够的富余量,以保证产品焊缝有良好的韧性。

埋弧焊丝化学成分必须满足标准的规定,同时结合埋弧焊剂进行焊接试验,考察焊接工艺性能以及熔敷金属的力学性能,满足标准的规定;其中对低温冲击试验的结果仍然要求有足够的富余量,以保证产品焊缝有良好的韧性。

2)焊接工艺

为了保证产品焊接质量,我们针对产品"制造前""制造中""制造后"三个阶段制订相应的焊接工艺并严格执行。针对产品"制造前"阶段,进行焊接工艺评定试验,并对试验结果进行评审,保证产品预期的焊接质量可靠;对焊接材料进行严格的复验,保证原材料的可靠;针对产品"制造中"阶段,制订焊接原则要求,以及单元件、产品试板等结构的焊接要求;针对产品"制造后"阶段,制定焊缝检测、焊缝缺陷修补的具体要求。

3)焊接方法

合福高铁闽赣段西南下行联络线特大桥11#~14#共4个门式墩结构将分成单元件(部件)制造、节段制造(匹配制造)及工地吊装三个阶段;在产品制造中将针对各工艺阶段制订相应焊接工艺。产品焊接完成后将对焊缝检测、焊缝缺陷修补等制订具体的工艺要求。主要焊缝的焊接要求见表44-3。

表44-3 拟定焊接方法

序号	类别	焊接部位	拟定的焊接方法	焊缝要求	焊接位置
1	单元件焊接	拼板焊接	双面埋弧自动焊	全熔透	平位
2		板肋与顶板的焊接	CO_2全自动气体保护焊	部分熔透	平位
3		顶板单元件的焊接	CO_2全自动气体保护焊	全熔透	平位
4		横隔板单元件的焊接	CO_2气体保护焊	全熔透	平位
5		腹板单元件的焊接	CO_2全自动气体保护焊	全熔透	平位
6		底板单元件的焊接	CO_2全自动气体保护焊	全熔透	平位
7	总成焊接	底板单元件组装的对接	CO_2气体保护焊	全熔透	平位
8		顶板单元件组装的对接	CO_2气体保护焊+埋弧焊(陶质衬垫)	全熔透	平位
9		横隔板单元件与顶、底板角接	CO_2气体保护焊	全熔透	平、立、仰位
10		箱内加劲焊接	CO_2气体保护焊	贴角焊缝	全方位

4)焊接工艺评定试验

(1)根据设计图纸、招标文件及《铁路钢桥制造规范》(TB 10212—2009)规定,钢梁制作开工前,进行焊接工艺评定试验。

(2)根据新建铁路合福线合肥至福州段西南下行联络线特大桥11#~14#共4个门式墩结构设计图纸、相关规范标准要求拟定焊接工艺评定任务书,焊接工艺评定任务书送交业主邀请同行专家和监理工程师评审批准后,进行焊接工艺评定试验。

(3)焊接工艺评定试验内容。

①试验材料。焊接工艺评定母材为Q345qD,与产品规定的材质要求相符。同时根据材料化学成分C、S、P的含量,选用偏上限者进行试验。

②试板加工。试板采用精密火焰切割(或数控激光切割)进行下料和开制坡口,过渡坡口采用机加工开制,力求与公司实际生产状况一致。

③试板焊接、检测。焊接工艺评定试板由有相应资质的焊工进行焊接。试板焊接完后,全部进行100%超声波探伤,B级检验,Ⅰ级合格;对接焊缝拍片一张,B级检验,Ⅱ级合格。

5）焊接质量保证措施

钢箱梁质量需要依靠优良焊接接头及较高低温冲击韧性来保证。为了保障焊缝质量，须采取如下措施：

（1）焊接材料合理选择。

钢箱梁采用的材料有 Q345qD，板 V 形缺口纵向冲击值为：−20℃、34 J。为了能满足冲击功要求，须选择与母材相匹配的焊接材料，通常选择"低碳、中锰、中硅、低硫、低磷"焊丝，并考虑采用含 Ni 焊丝，以提高接头韧性。最后通过焊接工艺评定试验确定能满足钢箱梁使用性能要求的焊接材料。

（2）施工环境要求。

风速≥2 mm/s 时，焊接须采取防风措施；在雨、雪环境下焊接，须搭设防雨、雪棚或在室内焊接，钢箱梁工地焊接采用风雨棚。

（3）焊前打磨。

焊前对坡口区进行打磨处理，使坡口面光滑、无锈蚀、无飞溅、无夹碳、露出金属本色。

（4）焊前去潮。

在焊前半小时内，采用烘枪对待焊区进行去潮、除湿，烘焙区域为坡口及两侧 50 mm 区域，直至不再出现可见水。

（5）严格烘干焊剂，防止焊丝、焊剂受潮。

焊丝和焊剂采取措施妥善保管，防止受潮。焊条、焊剂在使用前严格按要求烘干，一般在 350℃，烘干 2 h，焊剂的保存温度为 100 ~ 150℃。焊条、焊剂一次领用量应以 4 h 工作所需用量为准，焊条使用时应存放在保温筒内，随用随取，不得使用受潮的焊条、焊剂。焊丝及钢衬垫应存放在干燥、通风的地方，严禁使用锈蚀焊丝。钢衬垫须把铁锈清除干净后才能使用。

（6）采用小规范多层多道焊。

多层多道焊接能改善焊缝组织，使晶粒细化，提高焊缝低温的冲击韧性，在焊接工艺评定指导书中，采用小规范多层多道焊接。

（7）采用锤击法减小焊缝残余应力。

低温焊接或焊缝拘束度较大时，焊后采用小尖锤在焊道中间层作适当锤击，使其出现一些锤击点，有利于释放焊接残余应力，避免应力集中。

（8）采取预热及保温措施。

预热是防止冷裂纹的有效措施，预热的主要目的是为了增大热循环的低温参数 T100，使之有利于氢的充分扩散逸出。板厚大于 25 mm 或环境温度低于 5℃时，须采取预热措施。板厚大于 25 mm，同时小于等于 40 mm 时，预热温度一般为 40 ~ 120℃；板厚大于 40 mm 或环境温度低于 5℃时，预热温度一般为 100 ~ 150℃。实际预热温度由焊接工艺评定试验最终确定。环境温度低于 5℃时或板厚大于 40 mm 时，焊后还须采取保温措施。在预热条件下，须控制层间温度为预热温度（约 200℃）。

（9）焊后保温。

由于气温较低，热量散发较快，为防止在热影响区快速冷却到产生冷裂纹的温度区间，需要采取保温措施。在焊后温度高于 150℃时，采用石棉布覆盖焊缝区域 1 ~ 2 h；在焊后温度低于 150℃时，采用火焰紧急后热，使焊缝区域温度恢复到 150℃以上，再用石棉布覆盖焊缝区域 1 ~ 2 h。对于多层多道焊，每层每道焊完后，需要采用石棉布保温，待下层下道施焊时，采用红外线测温仪或点温计测量温度。当层间温度为预热温度（约 200℃），可直接进行下层下道焊；当层间温度低于预热温度时，需要用烘枪将焊接区加热至预热温度（约 200℃），才能进行下层下道焊。石棉布以焊缝为中心，沿焊缝宽度方向各铺设 1.5 m，且距离施焊点为 400 ~ 500 mm。

（6）焊缝检测

所有焊缝在焊缝金属冷却后进行外观检查，不得有裂纹、未熔合、焊瘤、夹渣、未填满弧坑及漏焊等缺陷。焊缝外观质量标准见表 44 - 4。

表44-4　焊缝外观质量标准

项目	焊缝种类	质量标准	
气孔	横向及纵向对接焊缝	不允许	
	主要角焊缝	直径小于1 m	每米不多于3个，间距不小于20 m
	其他焊缝	直径小于1.5 m	
咬边	受拉部件纵向及横向对接焊缝	不允许	
	加劲肋角焊缝翼板侧受拉区		
	受压部件横向对接焊缝	≤0.3 m	
	主要角焊缝	≤0.5 m	
	其他焊缝	≤1.0(连续长度小于等于100，且两侧咬边总长小于等于10%焊缝全长)	
焊脚尺寸	主要角焊缝	k_0^{+2}	
	其他角焊缝	k_{-1}^{+2}	
焊波	角焊缝	<2.0 m(任意25 mm范围高低差)	
余高	对接焊缝	≤3.0 mm(焊缝宽b≤12 mm)	
		≤4.0 mm(12 mm<b≤25 mm)	
		≤4b/25(b>25)	
	需要铲磨的对接焊缝	Δ1≤+0.5Δ2≤|-0.3|	

注：手工角焊缝全长的10%允许k_{-1}^{+3}。

焊缝施焊24 h，经外观检验合格后，再进行无损检验。对于厚度大于30 mm的高强度钢板焊接接头应在施焊48 h后进行无损检验。外观检查不合格的构件，在未进行处理并满足要求之前，不得进入下一道工序。

4. 现场施工工艺

1) 钢柱的安装

钢柱运到工地，进行独立安装。钢柱截面形式为2.4 m×3.3 m，高度为5.7 m，单件最大质量为16 t。

联接：钢梁就位后，及时连接钢柱与墩顶外包钢板间的抗倾覆拉板。然后安装支腿与支墩连接锚栓。

摘钩：钢柱与框架墩连接稳固后，由吊钢柱指挥人员下达摘钩命令，吊车缓慢收绳，转臂。

转场：各吊钢柱施工人员及时完成各项工序后，离开框架墩顶部，吊车移运至下一作业地点。

在钢柱落位后进行微调，使其达到钢梁落位的要求，并在每个钢柱上烧8个用于钢梁落位的马板。

2) 钢梁的安装

(1) 施工顺序。

施工场地布置、吊装场地换填处理→徐工QUY450超起履带吊机进场→履带吊试吊及检查→要点、停电封闭、钢梁吊装就位→钢梁全部完成→徐工QUY450超起履带吊机退场→清理场地，既有线相关设施恢复。从11#~14#墩方向依次顺序吊装就位每件钢梁，直至钢梁全部吊装完成。钢梁截面形式为2.8 m×3.3 m，长度为29.2 m，单件最大质量为120 t。

(2) 起吊步骤。

①履带吊机进入指定位置就位。

②钢板或路基板进入到指定位置(14块)

③按指定位置进入现场封路。

④先铺设路基板钢板。每块履带7块路基板钢板。地基处理吊装时测10 min沉降度。

⑤试吊。

（3）吊装施工工艺。

及时组织吊车就位，并进行现场试吊工作，450 t 履带吊车位于两墩柱间平行右侧的空地上。

钢梁吊装过程控制要点：

①吊装前准备。450 t 履带吊车按要求就位在吊钢梁地点规划位置，吊车司机检查吊车性能状况，确保吊车各仪表良好，并做好吊钢梁准备工作。吊钢梁辅助工准备好牵引绳索；每个墩顶配备技术人员两名，落钢梁辅助工两名；指挥人员一名。配备吊机支腿防护员一名，负责观测支点地基变形情况。焊接设备、电工、电焊工准备到位。

②吊梁辅助人员挂好钢丝绳，并拆掉封车绳，离开平板车 3 m 范围外。吊点距梁端为 2.5 m，采用直径为 72 mm 的钢丝绳 4 条，分别与钢梁吊耳用卡扣连接。吊钢梁钢丝绳的接头采取插接，插接长度为钢丝绳直径的 20 倍，并不得小于 300 mm，捆绑时保持钢丝绳向同一方向弯折。钢丝绳必须紧密有序地排在卷筒上，卷筒上必须有 4 圈钢丝绳的容绳量。吊钢梁辅助人员在钢梁左侧梁端安设牵引绳两根，分别由两人控制钢梁方向。

③试吊、起吊。吊钢梁辅助人员离开后，由作业队长下达试吊命令，吊钢梁指挥人员指挥吊车缓慢起吊，并在离开胎架 0.5 m 时暂停，由安全负责人对吊车支腿、吊钩、钢丝绳进行检查，技术负责人对钢梁吊点处变化情况进行检查。均无异常情况后，由指挥人员下达起吊命令，起升速度应控制在 1.25 m/min 以下，起高至超过墩顶 1～1.5 m 停止。

④吊车转臂。由吊钢梁指挥人员指挥吊车缓慢转臂，钢梁不得碰擦机臂，由吊钢梁辅助人员配合牵引，吊车进行匀速转臂，钢梁横向正位后，在钢柱上方进行稳定。安全负责人随时检查吊车、吊臂及各项操作安全状况；墩顶施工人员做好落钢梁前的各项准备工作。

⑤落钢梁就位。落钢梁时距离钢柱顶面 500 mm 时停止，待钢梁稳定后再缓慢下降，落钢梁辅助人员及技术人员准确控制钢梁就位，同时检查钢梁与钢柱。

⑥联接。钢梁就位后，及时连接钢梁与钢柱的定位工装马板。然后进行焊接。

⑦摘钩。钢梁与钢柱连接稳固后，由吊钢梁指挥人员下达摘钩命令，吊车缓慢收绳，转臂。

⑧转场。各吊钢梁施工人员及时完成各项工序后，离开框架墩顶部，吊车移运至下一作业地点。

（4）营业线封锁施工安全防护措施

①区间封锁施工安全防护

区间施工时，在施工地点两端 20 m 设置移动停车信号牌，施工地点两端防护员分别在距离工地点 860 m 处面向施工地点的左钢轨上设置第一个响墩，依次向内方 20 m 右股钢轨，40 m 左股钢轨设第二，第三个响墩，再向内方 20 m，站在第三个响墩同侧瞭望条件较好的路肩上，手持展开的红色信号旗进行防护，如图 44-35 所示。

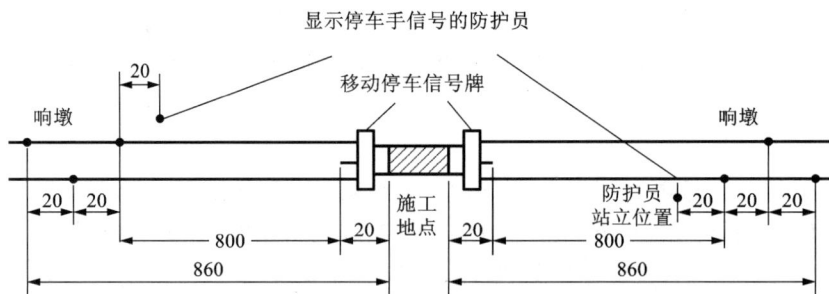

图 44-35　区间封锁施工示意图（单位：m）

②行车、运输要严格执行封闭要点制度：施工时要严格遵守要点、登记制度。必须按照调度命令及车站值班员签认的要点纪录执行，按时完成施工任务后，必须检查、试验，确认设备完好后，施工负责人方可消点。

③行车运输要确保通信联系畅通，对所有施工人员进行技术交底，组织学习安全技术措施及施工方

案，使每个施工人员明确施工任务和要求，明确安全注意事项，明确职责分工，做到人人有责，物有其主。

④施工地点处及车站选派经过培训合格的防护人员，在施工地点按规定设置齐全的防护标志。

⑤防护信号牌的内容及形式要正确，位置要准确，未设好防护不准施工。线路状态未达到放行列车条件时，禁止撤除防护，开通线路。

⑥驻站联络员按规定登记运统，办理申请要点、消点有关手续，及时准确地向施工负责人传达封锁施工起讫时间和命令号码，及时通报列车运行情况。

⑦工地防护员必须按规定带齐防护信号备品，按规定设置防护，保持与驻站联络员通信联系，掌握列车运行时分，监督施工人员及时下道，未经施工负责人同意不得撤除防护。

⑧工地防护员接到驻站防护员发出的预报、确报、变更通知后，均应立即用规定信号向施工领导人重复鸣示，直至对方用相同信号回答为止。同时加强警戒，注意瞭望，监视来车与工地情况，无论开工、收工或施工地点转移，均及时通知驻站防护员。

⑨认真执行标准化作业，奖惩分明。严肃施工纪律及劳动纪律，杜绝违章指挥及违章操作，保证施工现场安全防护设施的齐全，并确保其性能良好，使安全生产建立在科学的管理、先进的技术、可靠的防护设施上。

⑩要点施工时严禁超前施工，施工后必须严格按照放行条例办理，如达不到放行列车条件时，应提前通知车站值班员，请求延长施工时间，严禁在不具备列车放行条件的情况下放行列车。

⑪施工地段放行列车必须符合《铁路工务安全规则》的有关规定，各类既有线上施工，开通前必须经铁路局设备管理单位安全监督员确认施工单位开通前的设备检查记录并签字后方可进行。

第七节　桥面系工程施工

一、防护墙及竖墙施工

预制箱梁时在防护墙竖墙相应位置预埋钢筋，使防护墙、竖墙与梁体连为一体，以保证防护墙及竖墙在桥面上的稳定性，具体如图 44-36 所示。

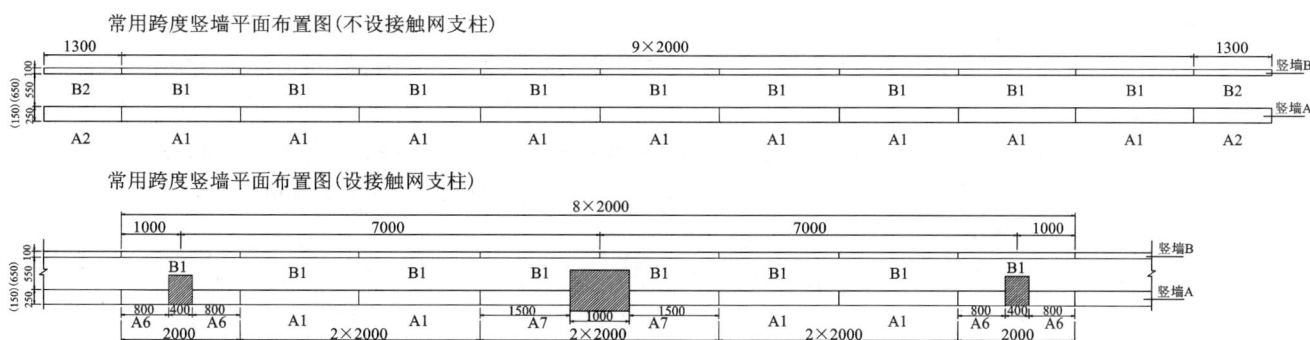

图 44-36　防护墙（竖墙）施工示意图

1. 防护墙的施工

①检查防护墙对应位置处桥面高程，当桥面位置低于设计高程时采用同标号砂浆修补。高于设计高程时采用凿除多余混凝土，如图 44-37 所示。

②按照防护墙设计图纸的尺寸，分段贯通线路中心线，由箱梁两端的中心线确定防护墙墙体内外侧位置，弹上墨线，作为支模的依据。

③采用整体钢模板全跨一次浇筑成形。防护墙模板为 2 m 的整体式模板，防护墙每隔 2 m 设 10 mm 断缝，为便于施工，模板拼装时，断缝处可用 10 mm 厚疏质胶合板填塞，待拆模后，锯除胶合板，填塞砂浆。

④在模板一段的定位线上架设经纬仪，后视模板另一端的定位线，调试模板，使模板保持在视线

图 44 - 37　现场施工图

± 1 mm 的偏差内,保证模板的顺直和垂直度。

⑤模板垂直度采用锤球和直尺检查,检查密度为 1 m。

2. 竖墙的施工

竖墙钢筋绑扎前修整预埋钢筋,竖墙钢筋加工后运至现场绑扎,模板采用 3015 普通钢模板,现场拼装,特殊部位采用木模,混凝土采用拌和站集中搅拌,吊车垂直吊装上桥,现场浇筑,采用插入式振捣棒振捣。

二、桥面防水层施工

1. 施工范围和施工要求

桥面防水层施工示意图如图 44 - 38 所示。

2. 施工方法及操作工艺

(1)防护墙内侧桥面防水层。

工艺流程:防水层基层清理→喷涂聚氨酯防水涂料→粘贴防水卷材→纤维混凝土保护层施工。

(2)清理基层。

防水层施工前梁顶基层面进行验收,基层面做到表面平整、无尖锐异物、不起砂、不起皮、无蜂窝麻面、无凹凸不平等缺陷,平整度用 1 m 靠尺检验,空隙只允许平缓变化,且不大于 3 mm。

(3)喷涂聚氨酯防水涂料。

采用喷涂设备将涂料均匀喷涂于基层表面。聚氨酯防水涂料,防水涂料由甲(主剂)和乙(固化剂)两种组分组成,使用时按产品使用说明书配比,每种成分秤量误差不大于 2%。喷涂设备具有自动计量,混合加热功能,加热后出料温度在 60 ~ 80°C。

(4)防水卷材施工。

高聚物改性沥青防水卷材平行轨道中心线铺设,防护墙间防水层布置根据实际情况进行调整。

(5)C40 聚丙烯腈纤维混凝土保护层。

采用强制式搅拌机,搅拌时间不少于 3 min,必须纤维搅拌均匀。振捣采用平板振捣器,振捣时间 20 s 左右,目测无空洞为止。

(6)防护墙外侧桥面防水层。

工艺流程:防水层基层清理→喷涂聚氨酯防水涂料→铺设纤维混凝土保护层。

(7)清理基层。

防水层施工前梁顶基层面进行验收,基层面做到表面平整、无尖锐异物、不起砂、不起皮、无蜂窝麻面、无凹凸不平等缺陷,平整度用 1 m 靠尺检验,空隙只允许平缓变化,且不大于 3 mm。

无泄水管处防水体系示意图

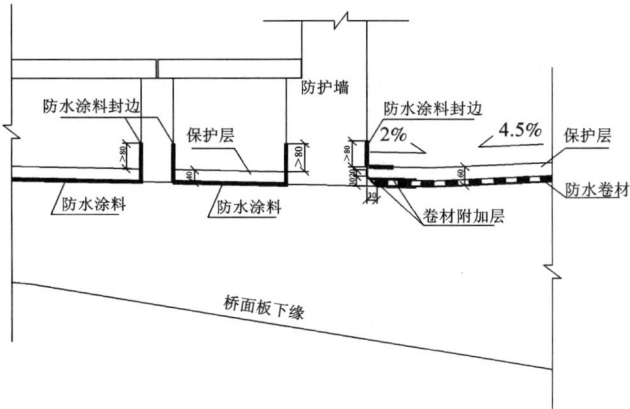

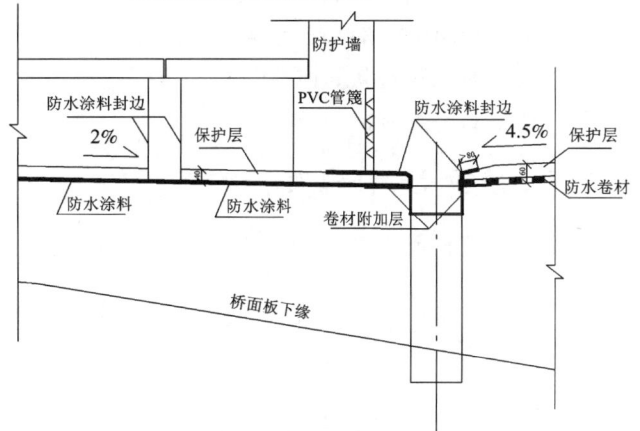

泄水管处防水体系示意图

无砟轨道中间泄水管防水体系构造示意图

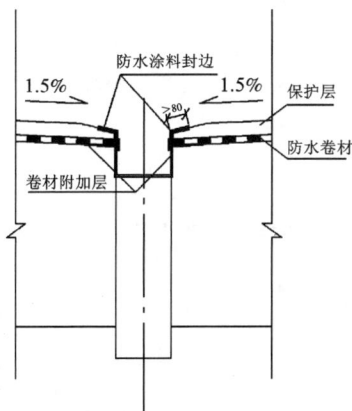

无砟轨道底座处桥面防水体系构造示意图

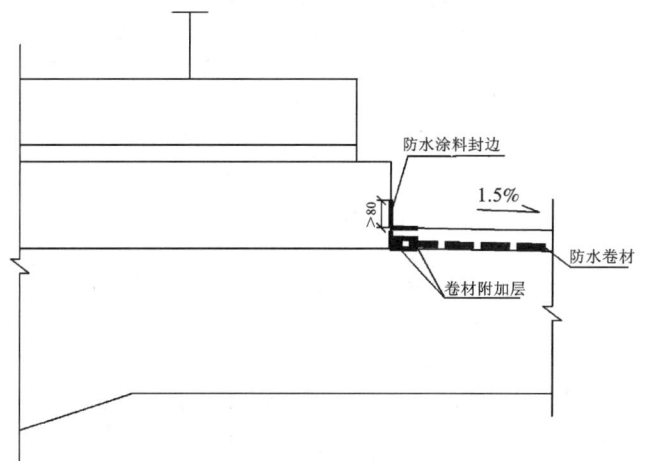

防撞墙内侧桥面防水体系构造示意图

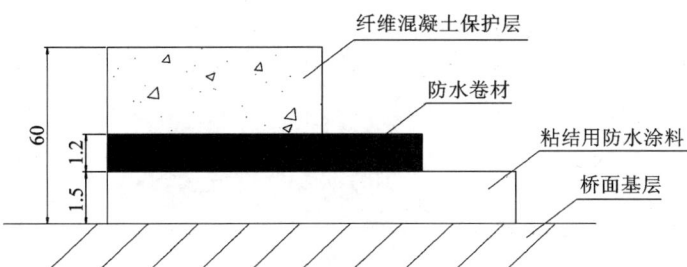

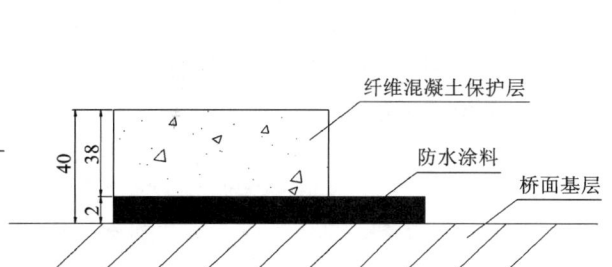

防撞墙内侧桥面防水体系构造示意图

变形缝、施工缝部位涂膜系统防水构造

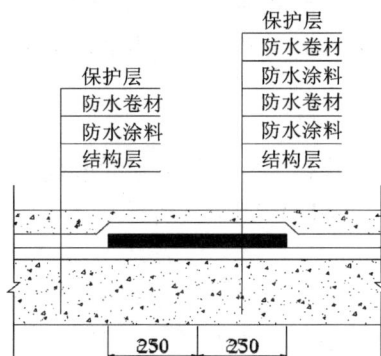

图 44－38　桥面防水层施工示意图

（8）喷涂聚氨酯防水涂料。

采用喷涂设备将涂料均匀喷涂于基层表面。

（9）C40 聚丙烯腈纤维混凝土保护层。

采用强制式搅拌机，搅拌时间不少于 3 min，必须纤维搅拌均匀。振捣采用平板振捣器，振捣时间 20 s 左右，目测无空洞为止。

三、遮板及栏杆施工

遮板及栏杆施工示意图如图 44－39 所示。

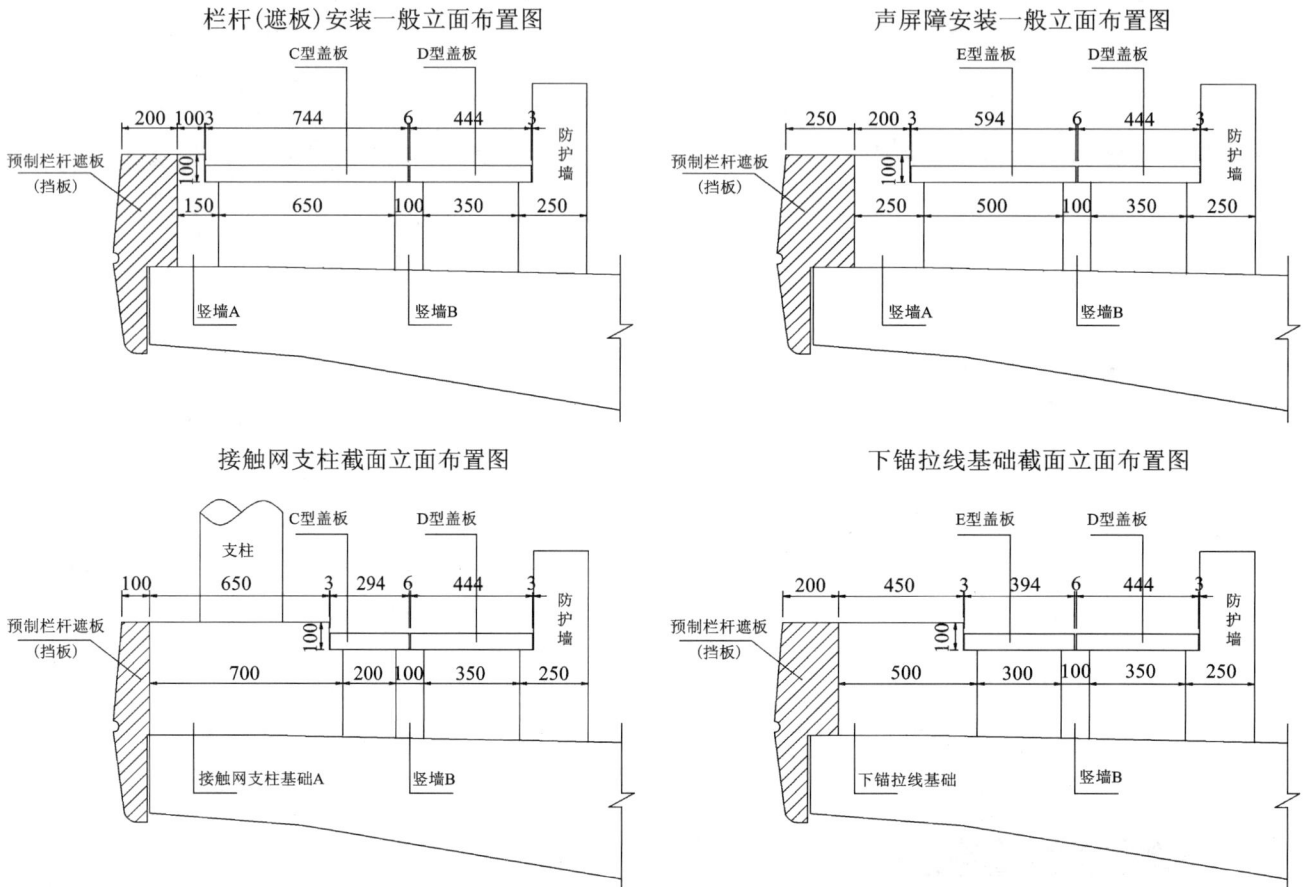

图 44－39　遮板及栏杆施工示意图

1. 遮板的预制安装

遮板施工采用集中预制，现场安装。预制场地采用 8 mm 的钢板做成遮板的模型，遮板按照设计长度进行预制。遮板混凝土捣固采用插入式振捣棒和附着式振捣器共同作用，混凝土采用干硬性混凝土以保证遮板外表面的光滑度。

2. 栏杆的预制安装

栏杆的立柱和扶手均采用集中预制，现场安装，在安装好的遮板槽口边缘弹上墨线，将每一块立柱和隔柱的位置定位，用铅笔按尺寸划出立柱和隔柱的边缘线。

3. 扶手的安装

将扶手直接安装到立柱顶面，调整扶手间的连接，确保顶面、侧面、倒角过过渡的连接，调整扶手的整体线形，按 10 m 线量矢度不超过 3 mm 的误差进行检查、控制。

四、电缆槽盖板施工

电缆槽由竖墙和盖板组成。RPC 盖板集中在厂内预制，然后用运输车运至施工现场，吊车上桥，进行铺砌。具体安装如图 44 - 40 所示。

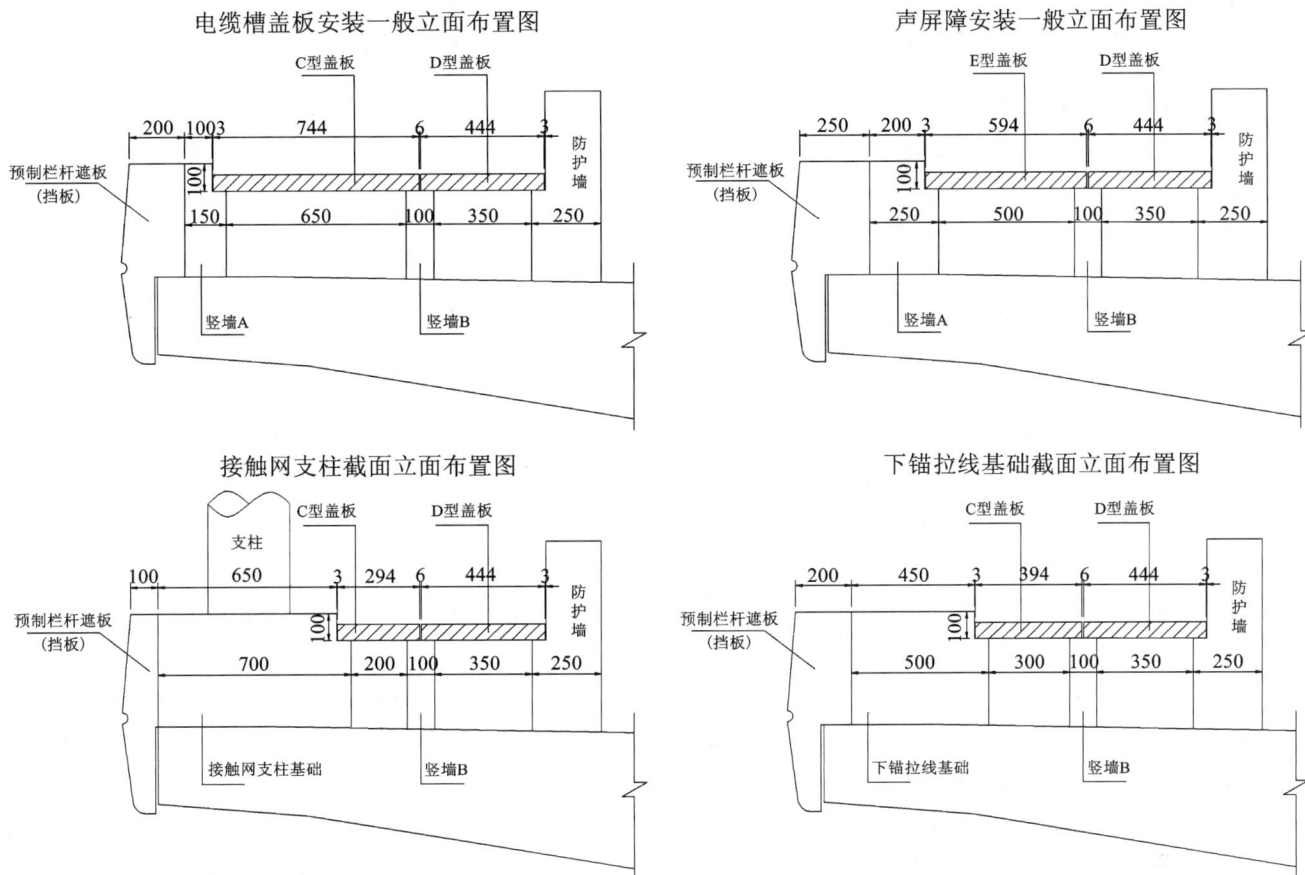

图 44 - 40　电缆槽盖板施工示意图

RPC 盖板原材料水泥选用 P.O 42.5 水泥；矿粉选用高钙粉煤灰（一级超细粉煤灰）；细集料标准砂和细石英砂；钢纤维采用细圆形表面镀铜钢纤维，直径为 0.22 mm，长度为 12 ~ 15 mm；化学外加剂采用高效减水型的，减水率大于 29%，呈黄灰色的固体外加剂，与水泥的相容性良好，并具有良好的保水性。

模板采用具有足够的强度、刚度及稳定性的钢模，长为 0.75 m、0.45 m，宽度为 0.494 m，高度为 0.025 m，模板边缘设置 3 mm 倒角，并配制在模板顶面压制波纹的盖板。确保 RPC 盖板各部位结构尺寸的准确，且在使用周期内，RPC 盖板模板的外形尺寸和精度变化应满足允许偏差要求。为便于电缆槽设备检查，每隔 10 m 左右将盖板置换成活动盖板。

五、伸缩缝安装施工

铁路桥梁伸缩装置是铁路桥梁梁端之间的重要连接部件，其主要功能是满足梁端各向位移要求、集水、排水及防止水对梁端及下部结构的侵蚀，其质量和防水性能直接影响整座桥的耐久性。高速铁路的耐久性要求高，梁缝之间必须采用可靠的防水伸缩装置，保护梁体及桥梁下部结构。

伸缩缝耐候型钢采用 Q355NH 耐候钢制作，锚筋采用 Q235 钢筋，防水橡胶条采用氯丁橡胶（月平均温度在 -25℃ 至 +60℃）。

当桥梁位于直线段按不同跨度伸缩缝的选用见表 44 - 5。

表 44 – 5　桥梁跨度伸缩缝型号表

序号	标准跨度	伸缩缝型号
1	20 m 梁	TSSF – N – 100
2	24 m 梁	TSSF – N – 100
3	32 m 梁	TSSF – N – 100

当桥梁位于曲线上时，为方便安装并保持伸缩缝的平整美观，对于预制简支梁，跨度为 32 m，曲线半径不大于 8000 m 时，其他跨度桥梁所处曲线半径不大于 5000 m 时均采用曲线上加宽防水橡胶条，其他情况下采用直线上的防水橡胶条。

伸缩缝构造及施工具体如下所述：

①安装时，先将安装区清理干净，再按图纸要求吊装伸缩装置，将伸缩缝中线与梁缝中线调至基本重合，型钢顶面调整到与挡水台顶面标高平齐。锚固钢筋与梁端挡水台内的钢筋绑扎牢固，必要时可增加定位型钢用的辅助定位钢筋。锚固钢筋与型钢之间焊接牢固，焊接高度不小于 5 mm，焊缝不得有裂纹、夹渣、未熔合及未满弧坑等缺陷。

②由于管段内均为无砟轨道，伸缩缝装置安装在梁端挡水台内。挡水台施工与无砟轨道底座板施工同时进行，伸缩缝型钢固定在挡水台内，如果型钢不能整条预埋，可根据底座板宽度分段预埋。

③当梁端实际梁缝过大，导致挡水台悬出量超过 20 mm 时，采用更换更大型号的伸缩缝装置的方法增大挡水台间隙，确保悬出量不大于 20 mm。

④安装挡水台模板时，用泡沫条填塞型钢型腔，并用封箱胶带临时将型腔密封，在浇筑混凝土时，坚决杜绝砂浆漏入型钢型腔，且型钢与混凝土间不得有裂隙或空洞。

⑤待挡水台混凝土达到设计强度的 70% 以上时清理型腔，嵌装防水橡胶条。嵌装防水橡胶条时，不得损伤防水橡胶条，防水橡胶条的嵌装部分必须完全嵌入型腔内。PVC 管涂抹黄油后分节段插入防水橡胶条的孔管内，两端使用环氧树脂封口。

⑥组装好的伸缩缝两型钢在同一截面上顶面的高差不得大于 0.5 mm；直线度公差不得大于 1.5 mm/m，全长直线度公差满足 10 mm/10 m 的要求。型钢与防水橡胶条连接后，注满水 24 h 无渗漏。

六、接触网支柱基础施工

按设计要求，预制梁体时在相应位置预埋接触网、下锚拉线基础锚固螺栓及加强钢筋，并设置下锚拉线基础预留钢筋。支柱基础混凝土电缆槽竖墙一同浇筑，模板应准确稳固，混凝土浇筑完工后预埋螺栓涂油防护，并做好混凝土养护工作。预埋要准确，按照设计图纸预埋支柱基础预埋螺栓位置准确。在接触网基础浇筑完成后，预埋螺栓采用涂油防护，同时为避免外部破坏，涂油后应采用黄色胶带防护或采用 PVC 套管防护。

七、声屏障基础施工

声屏障基础施工顺序为底梁基础预埋件安装→立柱安装→立柱校正→重力式砂浆浇筑→吸声板安装→通透隔声板安装→按照设计预紧力上紧螺母。

声屏障基础施工安装具体要求如下：

①声屏障立柱、单元板安装前应做好以下复核、检验工作：基础轴线、高程应满足相邻两 H 形钢立柱高程误差和纵向误差均为 ±5 mm；铝合金复合吸声板安装，左右偏差不大于 2 mm，上、下板缝前后侧差不得大于 1 mm，相邻单元吸声板高程偏差不得大于 2 mm；H 形钢立柱与底板焊接时的垂直度误差不得大于 0.2%；H 形钢立柱及螺栓的安装垂直度不得大于 0.2%；底梁预留槽底高程误差为 ±5 mm；螺栓横、纵向偏差为 ±3 mm；地脚螺栓外露部分应满足设计要求，外露螺杆长度误差为 ±3 mm；并不得有弯曲变形、螺牙损坏等现象；声屏障底部重力式流动砂浆的抗压强度不小于 C40 混凝土的抗压强度；立柱间距的复测检验。

②立柱与底板、立柱与加强钢板的焊接必须按照设计要求在工厂内完成，垂直度应符合设计要求。

③声屏障出厂时不存在裂痕、孔洞等缺陷，同时具有完善的包装、存储、运输和现场保护措施，能够最大程度地保证声屏障在安装完成后都能保持完好无损，具有足够的密封性能。

④声屏障上、下单元板之间使用三元乙丙橡胶，铝合金复合吸声板与 H 形钢立柱间使用单管橡胶垫，透明隔声板与 H 形钢立柱间使用橡胶条。

⑤声屏障都具有综合接地专业接口，预留综合接地条件。

八、围栏、吊篮及防落梁挡块施工

吊篮、围栏施工方法及顺序：吊篮安装采用挂勾脚手架进行支架安装，采用 2 颗直径为 22 mm 的双螺母与垂直角钢连接，连接要紧密、无松动现象；角钢支架矫正：角钢支架安装完成之后，进行角钢支架矫正，要求与墩（台）横向、竖向均垂直，无喇叭口现象存在，角钢支架净空距离要符合相应步行板尺寸要求；步行板铺设：对应步行板铺设图，采用人工进行步行板铺设，步行板受拉面朝下，不能倒面放置；栏杆安装：栏杆采用直径为 20 mm 的圆钢，先将立柱角钢与水平支架角钢用螺栓进行连接；端栏杆 N1 与墩台预埋端栏杆 N19 焊接，端栏杆 N2、N3 与围栏立柱焊接；最后用 N16 栏杆圆钢与立柱角钢连接；圆钢穿完成后，梁端处圆钢做成直钩；栏杆调整：栏杆平直、水平成一线，无弯曲现象，焊接处要平顺；构件涂装：垂直支架与 U 形螺栓外露部分防腐涂装，涂装要均匀。

防落梁挡块：制梁时将焊接有套筒及锚固钢筋的预埋钢板预埋在梁体相应位置，梁体就位后，将焊接成形的防落梁挡块通过螺栓安装于梁底部，支座安装调整后将横向落梁挡块进行纵向连接。为保证梁体的伸缩量，纵向连接钢板一端设置活动端。施工时纵向防落梁措施的固定端、活动端应配合桥墩上支座的类型设置。

第八节 涵洞工程施工

一、涵洞明挖基础施工

1. 基坑

基坑采用挖掘机开挖，若坑壁松散易坍塌则用适当的钢管或木排架支护，若坑内有水应用大功率水泵连续抽水保持坑内无明显积水。对有水基底面，预留四周开挖排水沟与汇水井的位置，每边放宽 0.8 ～ 1.2 m。在基坑顶面四周适当距离设截水沟，以避免地表水沿边坡流入基坑，冲塌坑壁或浸泡基底。截水沟设纵坡，使水尽快排出，避免沟中积水渗入土层，影响坑壁稳定。坑顶边缘留有护道，避免在此范围内加载，以保持顶边稳定，静载距坑缘不小于 0.5 m，动载距坑缘不小于 1.0 m。垂直坑壁坑缘顶面的护道还应适当增宽，荷载距坑缘距离应满足不使土体坍塌为限。使用机械开挖时，不得破坏基底土的结构，可在设计高程上保持一定厚度，由人工开挖。基坑安排在枯水或少雨季节施工。

2. 基础模板

用砂浆把基底抹平，砂浆高度不得高于基础底面标高。目的是便于其上架立模板。用大块组合钢模板架立基础模板，模板板面必须平整，具有足够的强度、刚度和稳定性，模板横竖缝排列有序，连接紧密，板缝间用双面密封胶条嵌填，防止漏浆。模板外用双排平行钢管作横竖带，用 8 号铁丝与钢模板进行捆扎牢固，并在模板底脚及加固钢管结点处用方木支撑于坑壁不易位移的石块上或钉入土中深度不小于 40 cm 的钢筋头上。第二级基础模板底脚用木楔固定于预埋于第一级基础混凝土内的钢筋头上。模板加固牢靠，防止跑模。要把整修模板作为一道重要工序，组合钢模每次使用前，模板认真修理平整，开焊处要补焊磨光，不光处要用水泥袋纸等物把模板铮光，再用擦布蘸脱模剂并拧干，均匀涂于模板上，眼不见油珠为宜，上紧"U"形卡，方能灌注混凝土。

3. 混凝土灌注

模板均操作完成，并经自检和监理检查后，即可开始浇注基础混凝土。混凝土采用混凝土罐车运输，溜槽入模，插入式振捣棒振捣。混凝土拌制的原材料如水泥、砂、碎石、同一构筑物外加剂必须选用同一型号、同一厂家、同一产地的材料，施工时应严格控制施工配合比，确保同一构筑物一致，增强整体效果。混凝土应水平分层进行灌捣，厚度宜为 30~40 cm，且一次连续灌注。如因故中途停灌，灌注面应即整理成水平面，严格禁止斜面接缝。桥涵台无筋混凝土应在承台顶面按台身的周边预埋 φ16 mm 以上或其他铁件，埋入与露出长度不小于钢筋直径的 30 倍，间距不大于钢筋直径的 20 倍，使承台混凝土与其上部构造混凝土良好黏结形成整体。为方便桥涵上一级基础和桥涵台模板的加固，应在基础混凝土上沿上一级基础和桥涵台模板外侧 40 cm 左右均匀埋入短钢筋头。

二、涵洞换填地基施工

1. 施工工艺

放样→换填土层清除→填前原土压实→回填土摊铺推平→（洒水）→回填土压实→压实系数检测→下一层回填土摊铺推平开始循环至设计标高→精平→交验。

1）放样

放出地基处理边线，请建设单位和监理单位人员验线。

2）基坑开挖

根据设计要求地基深度内砂卵层以上的松土层要全部挖去，松散土层、腐植土清除以推土机、挖掘机为主，人工辅助施工。采用挖掘机、推土机开挖大面积的土层，人工清除没有机械工作面的边角处，边坡应预留 50 cm 厚的土方用人工进行刷坡。开挖土方用自卸汽车全部运至弃土场。基坑开挖边坡按 1:0.75，如清除松土后的基底标高不一致时按 1:2 进行放坡。

3）回填

回填采用水平分层填筑的方法，且先从低处开始填筑。分段按施工范围做标桩，标桩间距为 20 m。在标桩上做填土虚铺厚度标识。在标桩上统一编号，每层实测标高均做好记录，以备核查层数及每层压实后的实际厚度。根据试验结果，砂卵石适宜的虚铺厚度为 40 cm。

2. 换填及回填质量控制

(1)回填质量按压实度控制。施工单位采用湿度密度仪、注水法或灌砂法检测；监理单位见证检测。

(2)压实度按填料的最佳含水率和最大干密度控制。最大干密度应在正式回填前取代表性的土样试验求得，砂卵石最大干密度用设纯砂点的方法求得。

(3)回填检测。回填时，每层压实完成之后，应采用灌砂法进行砂卵石压实度检测。检测频率应符合规范要求。

3. 砂卵石换填地基工程主要特点及关键技术问题

(1)地基处理及回填工程量大、技术要求高，如处理不好容易产生不均匀沉降，将影响其上部建筑物的基础质量。

(2)砂卵石混合料的压实密度是地基回填质量的一项重要参数，因此要求较高，施工中必须采取有效的组织措施和技术措施满足填料压实度要求。为保证质量，正式回填前进行现场试验。施工中采用 YZ12 型振动压路机，进行分层碾压，并用 220 马力①的推土机等配套机械化施工设备，严格按试验确定的碾压参数进行施工，确保填筑质量。

(3)地基换填及回填土质主要为砂卵石混合料，卵石含量是衡量填料质量的关键，因此施工前应沿途踏探寻合适的土源，施工中按规定严格把关，控制填料质量。

(4)合理规划松土开挖、回填的分区和分期合理规划施工道路，是保证施工强度和施工进度的重要保证。

⑤采用砂卵石压实处理地基一般根据场地的工程地质条件及周围的地材条件来确定的。采用天然砂卵石垫层处理地基，具有强度高、变形小、造价低、工期短等优点。但在此类工程施工中必须加强管理，从原材料的选用、分层回填厚度、压实遍数到分层检验等工序都应从严把关，才能保证砂卵石层的施工质量。

---

① 1 马力 = 0.735 kW

三、就地制作涵身施工

1. 钢筋及模板

钢筋在钢筋加工棚内加工，载重汽车运输至工地，在现场进行绑扎和焊接成形。

模板采用大块组合钢模板，钢管架加固支撑。涵洞侧墙采用组合大块钢模板一次拼装到变截面处，整体浇注混凝土，顶板采用碗扣式脚手架满堂红支架进行施工，利用顶、底托进行高度调整，顶托上铺装纵横方木(120×120 mm)，方木上铺装大型钢模板，绑扎钢筋，安装预埋件，检查合格后浇注混凝土。边、翼墙采用组合大型钢模板一次安装，整体浇注混凝土。

混凝土浇筑前，对模板、钢筋及预埋件进行检查，并做好记录，经监理工程师认可后进行混凝土的浇筑。

2. 混凝土浇筑

混凝土采用拌和站集中拌和，混凝土输送车运送，流槽入模。混凝土浇筑时分层连续进行，每层浇筑厚度控制在 30 cm 左右，采用插入式振捣器振捣。灌注时做到不欠捣、不漏捣，插入式振动器深入下层5 cm 左右，振捣时避免撞击模板及其他预埋件。浇筑完成后及时覆盖塑料布、土工布，并浇水养生。

盖板浇筑时，并应按设计沉降段连续进行混凝土浇筑。不能一次连续完成混凝土浇筑时，按垂直涵洞轴线方向设置施工缝，接续施工符合相关施工技术标准的有关规定。

涵洞基础建成浇筑涵身时，必须先核对基础面的纵坡度是否已包括建筑拱度在内，上拱度的设置一般采用三角形拱度。

现浇盖板混凝土达到设计强度的75%后方可拆除支架，但必须达到设计强度后才能进行涵顶填土。盖板混凝土达到设计强度75%，支架未拆除时可以进行涵顶填土，但必须达到设计强度后方可拆除支架。

3. 防水层

热沥青防水层为甲、乙、丙三种，施工时应检查材质的试验资料，均应符合规定的要求。

沥青熬制好后，装在小桶内，送到工地使用，使用时不得低于150℃，涂敷热沥青的表面应先清洗污泥，刷扫干净，涂敷工作应在干燥温暖的天气进行。

沥青麻布可采用成品，也可以在工地浸制，铺设沥青麻筋或沥青麻布应在先涂敷的热沥青凝固时进行，这将形成一体。垫层表面应抹平，凝固后要刷洗干净。防水层接头必须重叠，两幅的横向搭接应错开，并顺水流方向压盖。

4. 缺口回填

已建成的涵洞圬工达到设计要求后应及时回填，回填土要加强压实，严格按有关施工规定和设计要求办理。

填土路堤在涵洞每侧不小于两倍孔径的宽度及高出涵顶1 m 的范围内，用不膨胀的土由两侧对称分层仔细夯实，每层土厚度10～20 cm。如取土特别困难也可以用与路堤填料相同的土填筑。如为填石的路堤，则在管顶以上1.0 m 的范围内应分三层填筑。下层为20 cm 厚的黏土，中层为50 cm 厚的砂卵土，上层为30 cm 厚的小片石或碎石，设计有特别填土要求，可根据有关的设计要求办理。

用机械填筑时，须待涵洞圬工达到允许强度后，涵身两侧用人工式小型机具对称夯填，高出涵顶至少1 m 时后用机械填筑。

回填缺口时将已成路堤的土方挖成台阶。

5. 沉降缝

为避免涵洞不均匀沉降的影响，视土质情况，每隔3～5 m 设置沉降缝一道，宽为3 cm。基础部分的沉降缝，可将原施工时嵌入的沥青木板留作防水之用，如施工时不用木板，也可以用黏土或亚黏土填塞。沉降缝端面整齐、方正、基础和涵身不得上下错开填塞物紧密填实。斜交涵洞沉降缝与涵洞中心线垂直。填缝材料具有弹韧性、不透水性和耐久性并连续填塞密实。涵洞的沉降缝设在盖板的接缝处，盖板不得搭压边墙的沉降缝。

6. 出入口铺砌

涵洞出入口的河床符合设计要求，洞口铺砌工程与上下游河床、排水设施连接应平顺、稳固。帽石和端翼墙应平直、无翘曲现象，并棱角鲜明，表面整洁。

第九节　沉降变形控制与评估

一、桥涵沉降变形观测

1. 墩台沉降变性观测

1）观测断面布置

不同基础类型的相邻墩台、岩溶等不良地段地质、地层变化较大地段、连续梁等桥墩桥台应逐墩观测；地形起伏较大地段的柱桩或明挖基础，逐墩进行观测；摩擦桩基础逐墩进行观测；对于地势平缓地段的柱桩或明挖基础，隔墩进行观测。

2）承台观测标

设计两个观测标，观测标1设置于底层承台左侧小里程角上，观测标2设置于底层承台右侧大里程角上。

3）墩身观测标

（1）观测点数量每墩不少于2处，处于墩身两侧。

（2）桥墩标一般设置在墩底高出地面或水位0.5 m左右。当墩身较矮，梁底距离地面净空较低不便于立尺观测时，墩身观测标位置设置在对应墩身埋设位置的顶帽上。特殊情况可按照确保观测精度、观测方便、利于测点保护的原则，确定相应的位置。桥墩上观测标的具体设置位置如图44-41所示。

4）桥台观测标

原则上设置在台顶（台帽及背墙顶），测点数量不少于4处，分别设置在台帽两侧及背墙两侧（横桥向）。具体设置位置见图44-42。若背墙顶处观测标3、观测标4因过渡段填料和锥坡施工影响无法观测时，可将观测标由背墙处移至桥台顶面进行观测。

2. 梁体变形观测

1）预制梁观测

对原材料变化不大、预制工艺稳定、批量生产的预应力混凝土预制梁，每30孔选择1孔设置观测标。对实测弹性上拱度大于设计值情况，前后未观测的梁补充观测标，逐孔进行观测。

2）现浇梁观测

现浇梁逐孔设置观测标。对移动模架施工的梁，对前6孔进行重点观测，以验证支架预设拱度的精度。验证达到设计要求后，可每10孔选择1孔设置观测标，当实测弹性上拱度大于设计值时，对前后未观测的梁补充观测标，逐孔进行观测。

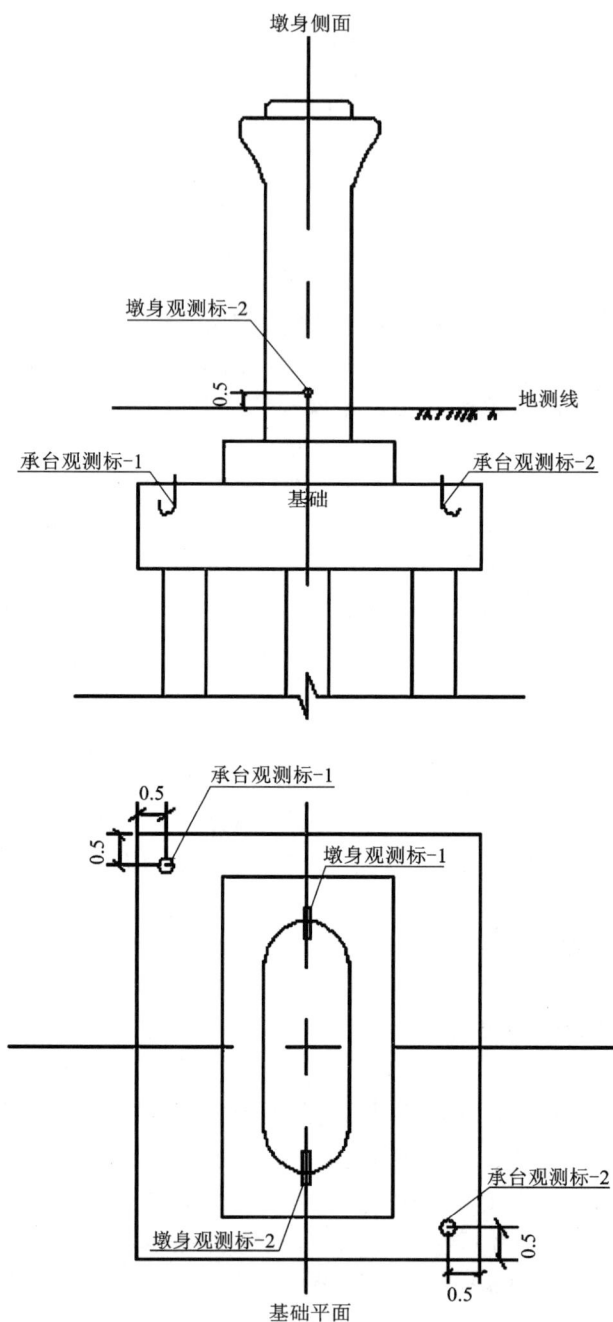

图44-41　承台与墩身观测标设置图（单位：m）

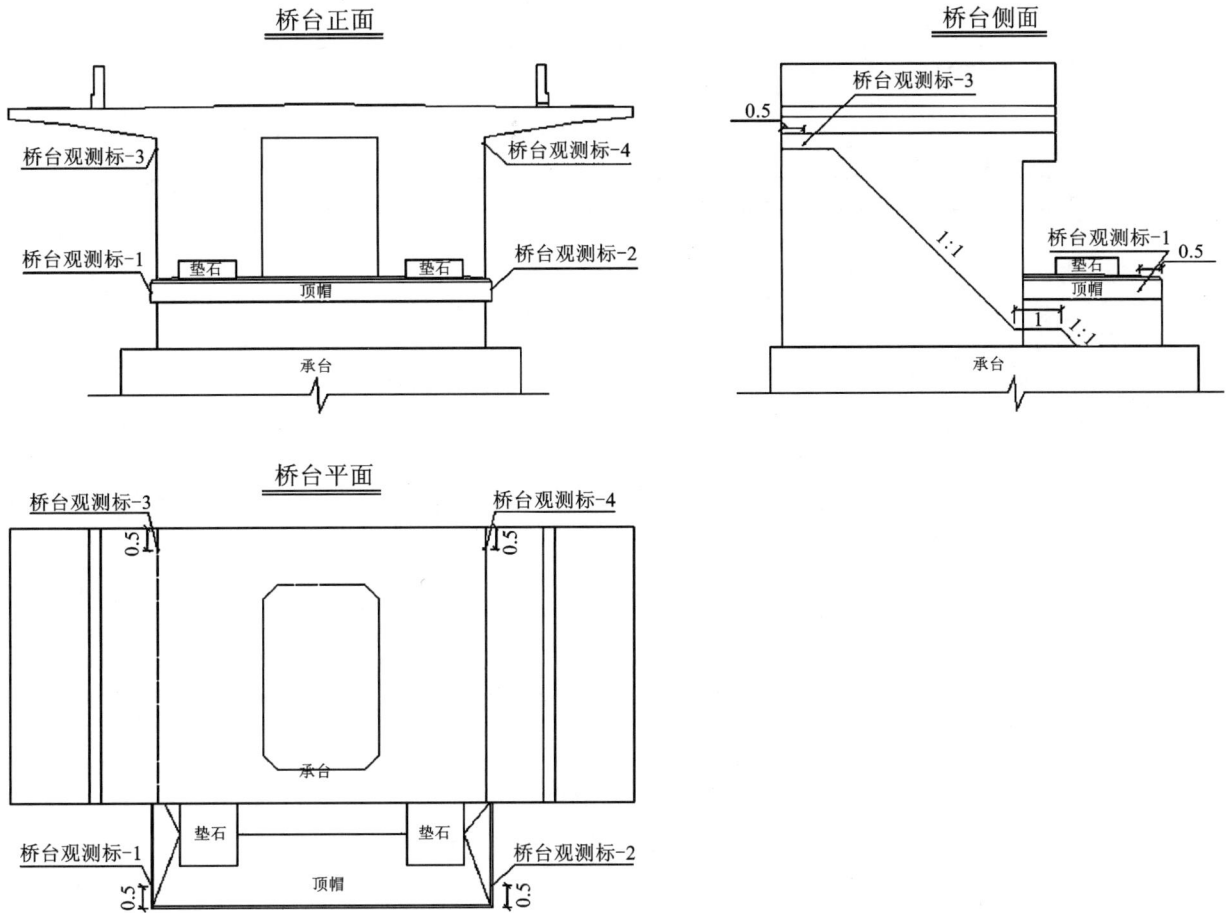

图 44 - 42 桥台观测标埋设位置示意图(单位：m)

3)观测点布置

(1)简支梁的一孔梁设置观测标 6 个,分别位于两侧支点及跨中;连续梁上的观测标,根据不同跨度,分别在支点、中跨跨中及边跨 1/4 跨中附近设置(图 44 - 43),3 跨以上连续梁中跨布置点相同,如图 44 - 44 所示。

(2)钢结构桥梁梁部不存在徐变,为了观测变形,每孔设置 6 个观测标,分别在支点及跨中设置。

(3)对大跨度桥梁等特殊结构应由设计单位单独制定变形观测方案,施工单位按照设计方案进行观测。

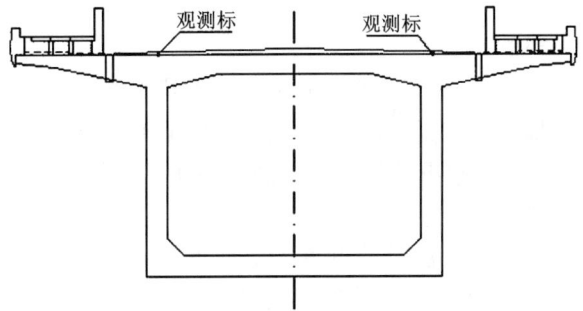

图 44 - 43 梁部测点横向布置示意图

3.涵洞变形观测

每座涵洞均要进行沉降观测,观测标原则上应设在涵洞两侧的边墙上,在涵洞进出口及涵洞中心分别设置,每座涵洞测点数量为 6 个。涵洞填土后观测点可从边墙位置移动到帽石上,涵洞进出口的帽石上各设置两个测点,位于帽石两侧位置,如图 44 - 45 所示。

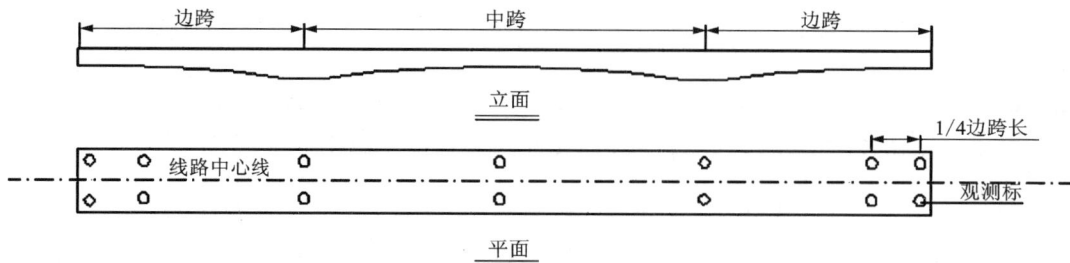

图 44 - 44　连续梁梁部测点纵向布置示意图

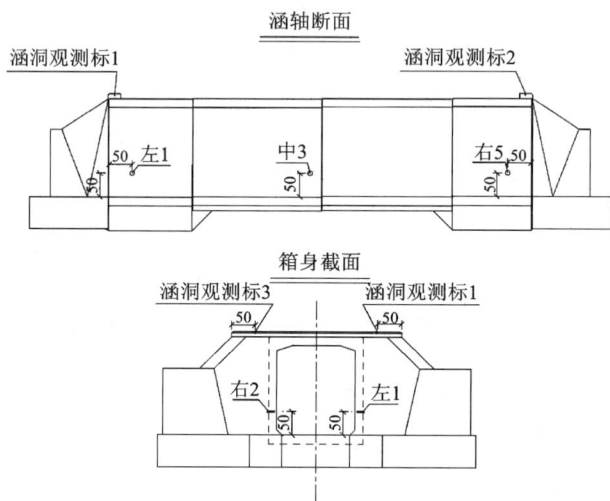

图 44 - 45　涵洞观测标埋设位置示意图

二、沉降变形测量等级及监测网技术要求

1. 观测水准路线

1）桥梁墩台

桥梁墩台水准路线观测按二等水准测量精度要求形成闭合水准路线，沉降观测点位布设于墩台两侧，水准路线观测如图 44 - 46 所示。

2）梁体徐变

桥梁梁部水准路线观测按二等水准测量精度要求形成闭合水准路线，沉降观测点位布设及水准路线观测示意图如图 44 - 47 所示，其中测点 1、2、3、4 构成第一个闭合环，测点 3、4、5、6 构成第二个闭合环。所有观测线路在形成闭合环以前必须置镜两次以上，以保证不会形成相关闭合环。

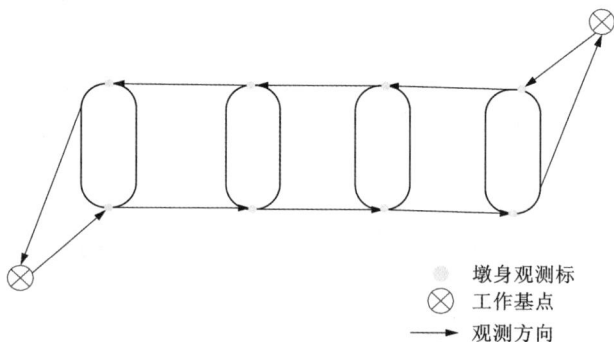

图 44 - 46　桥梁墩台沉降观测水准路线示意图

2. 观测元件与埋设技术要求

1）承台观测标

沉降观测桩：选择 $\phi20$ mm 钢筋，顶部磨圆并刻画十字线，埋置深度不小于 0.1 m，高出埋设表面 3 mm，表面做好防锈处理。完成埋设后测量桩顶标高作为初始读数，如图 44 - 48 所示。

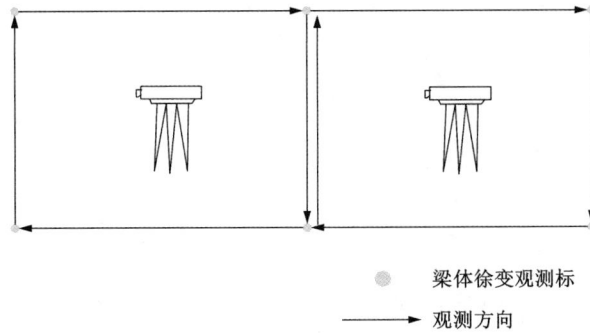

● 梁体徐变观测标
→ 观测方向

图 44 – 47　桥梁梁部徐变观测水准路线示意图

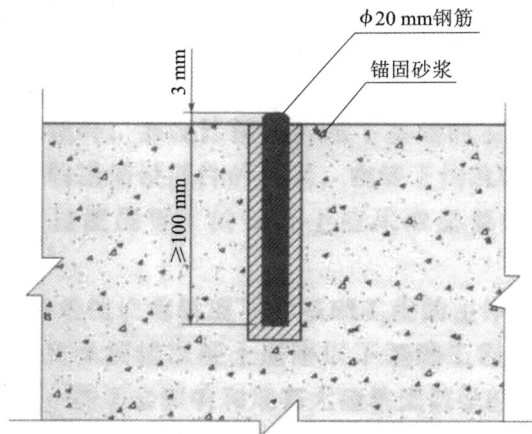

图 44 – 48　承台观测标设置

2）墩身观测标

采用 φ14 mm 不锈钢螺栓。如图 44 – 49 所示。

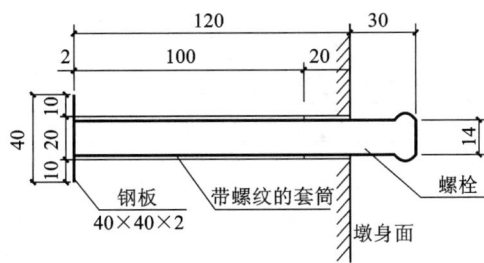

图 44 – 49　墩身观测标设置

3）桥台观测标、梁体观测标、涵洞观测可参考图 44 – 49 设置。

3. 观测精度与观测频次

1）观测精度

桥涵基础沉降和梁体徐变变形的观测精度为 ±1 mm，读数取位至 0.01 mm。

（2）观测频次

（1）墩台基础沉降观测。观测频次见表 44 – 6。

（2）梁体徐变变形观测。自梁体预应力张拉开始至无砟轨道铺设前，系统观测梁体的竖向变形。预应力张拉前为变形起始点，变形观测的阶段及频次见表 44 – 7。

表 44 – 6　墩台基础沉降观测频次表

观测阶段		观测频次		备注
		观测期限	观测周期	
墩台基础施工完成		—	—	设置观测点，进行首次观测
墩台混凝土施工		全程	荷载变化前后各1次或1次/周	承台回填时，临时观测点取消
预制梁桥	架梁前	全程	1次/周	
	预制梁架设	全程	前后各1次	
	附属设施施工	全程	荷载变化前后各1次或1次/周	
桥位施工桥梁	制梁前	全程	前后各1次	
	上部结构施工中	全程	荷载变化前后各1次或1次/周	
	附属设施施工	全程	荷载变化前后各1次或1次/周	
架桥机(运梁车)通过		全程	前后各1次	
桥梁主体工程完工 ~ 无砟轨道铺设前		≥6个月	1次/周	岩石地基的桥梁，一般不宜少于2个月
无砟轨道铺设期间		全程	1次/周	
无砟轨道铺设完成后	24个月	0 ~ 3个月	1次/月	工后沉降长期观测
		4 ~ 12个月	1次/3个月	
		13 ~ 24个月	1次/6个月	

注：1. 观测墩台沉降时，应同时记录结构荷载状态、环境温度及天气日照情况。

2. 架桥机(运梁车)通过后观测：通过后第1天1次，隔3天1次，以后按上表正常进行。

表 44 – 7　梁体徐变观测频次

观测阶段	观测周期
预应力张拉期间	张拉前、后各1次
桥梁附属设施安装	安装前、后各1次
预应力张拉完成 ~ 无砟轨道铺设前	张拉完成后第1天
	张拉完成后第3天
	张拉完成后第5天
	张拉完成后1 ~ 3月，每7天为一测量周期
无砟轨道铺设期间	每天1次
无砟轨道铺设完成后	第0 ~ 3个月，每1个月为一测量周期
	第4 ~ 24个月，每3个月为一测量周期

（3）洞沉降观测。涵洞顶填土沉降的观测与路基沉降观测同步进行，涵洞沉降观测时间间隔见表 44 – 8。

表 44 -8　涵洞沉降观测频次

观测阶段	观测频次		备注
	观测期限	观测周期	
涵洞基础施工完成	—	—	设置观测点
涵洞主体施工完成	全程	荷载变化前后各 1 次或 1 次/周	测试点移至边墙两侧
洞顶填土施工	全程	荷载变化前后各 1 次或 1 次/周	
架桥机(运梁车)通过	全程	前后各 1 次	至少进行 2 次通过前后的观测
涵洞完工 ~ 无砟轨道铺设前	≥6 个月	1 次/周	
无砟轨道铺设期间	全程	1 次/周	
无砟轨道铺设完成后	24 个月	0 ~ 3 个月　　1 次/月	工后沉降 长期观测
		4 ~ 12 个月　　1 次/3 个月	
		13 ~ 24 个月　　1 次/6 个月	

注：架桥机(运梁车)通过时观测要求：通过后第 1 天 1 次，隔 3 天 1 次，以后按上表正常进行。

三、沉降变形评估

1. 评价标准

(1)根据桥涵实际荷载情况及观测数据，应作多个阶段的回归分析及预测，综合确定沉降变形的趋势。首次回归分析时，观测期不应少于桥涵主体工程完工后 3 个月，对于岩石地基等良好地质的桥涵不应少于 1 个月。

(2)墩台基础的沉降量应按恒载计算，其工后沉降量不应超过下列允许值：对于有砟桥面桥梁不大于 30 mm；对于无砟桥面桥梁不大于 20 mm。

(3)静定结构相邻墩台沉降量之差要求：对于有砟桥面桥梁不大于 15 mm；对于无砟桥面桥梁不大于 5 mm。超静定结构相邻墩台沉降量之差除应满足上述规定外，尚应根据沉降差对结构产生的附加应力的影响确定。

(4)框构、旅客地道及涵洞在铺设有砟轨道时其工后沉降量不应大于 50 mm，铺设无砟轨道时，工后沉降量不应大于 15 mm。

(5)处于岩石地基等良好地质的桥梁，当墩台沉降值趋于稳定且设计及实测沉降总量不大于 5 mm 时，可判定沉降满足无砟轨道铺设条件。

(6)利用两次回归结果预测的最终沉降的差值不应大于 8 mm。两次预测的时间间隔一般不少于 3 个月，对于岩石地基等良好地质的桥涵不应少于 1 个月。

(7)桥梁主体结构完工至无砟轨道铺设前，沉降预测的时间应满足以下条件：

$$S(t)/S(t = \infty) \geqslant 75\%$$

式中：$S(t)$ 为预测时的的沉降观测值；$S(t = \infty)$ 为预测的最终沉降值。

(8)预应力混凝土桥梁上部结构的残余徐变变形应符合以下规定：无砟桥面长度 $L \leqslant 50$ m 时，梁体跨中竖向变形不应大于 10 mm；$L > 50$ m 时梁体跨中竖向变形不应大于 $L/5000$ 且不大于 20 mm。

2. 评估方法

(1)对于一座桥不仅要进行单个墩台的沉降分析，同时也要对全桥作综合评估，控制相邻桥墩的不均匀沉降。当桥长很大时可根据地质情况和施工进度划分部分区段。

(2)对于单一墩台的观测数据分以下四个阶段进行归纳、分析：架梁之前、架梁后至铺设二期恒载前、铺设二期恒载后至钢轨锁定前、钢轨锁定以后。综合评估时，对于预制梁桥，分桥墩台混凝土施工后、架梁前及架梁后三阶段进行；对于原位施工的桥梁及涵洞，基础沉降应根据实际施工状态及荷载变化情况，划分为基础施工完成 ~ 桥墩完成、架梁前后、架梁后至铺设钢轨之前、铺设钢轨至钢轨锁定之前、钢轨锁定之后至正式运营之前、正式运营之后等多个阶段。

(3)桥涵沉降预测采用的曲线回归法参照路基执行。

第十节　新工艺、新工法、新装备、新材料应用及效果

一、移动模架现浇梁自动混凝土养生设备

1.设备发明背景

桥梁工程在高速铁路线路设计中所占的比重达到了90%以上，铁道部经济规划研究院设计的24 m、32 m预应力混凝土现浇箱梁在地形受限的山区铁路桥梁应用，极大程度上满足客运专线高速度、高舒适性、高安全性等高标准的性能需求。采用现浇梁的铁路桥梁多为桥位前后隧道较多，无法采用预制箱梁进行架设，特别是高墩桥梁采用支架法施工现浇梁施工安全系数较低，只能采用移动模架法制梁。由于客运专线现浇箱梁采用高标号混凝土标，且在南方夏季施工天气较为炎热、水分散失较快，混凝土养生对梁体混凝土质量起着极为重要的作用。针对高墩现浇梁混凝土养生通常采用在箱梁顶板铺设土工布再进行洒水保持混凝土表面湿润，箱内采用水管进行喷淋。但这种养生方法存在一定的局限性，对梁体混凝土的养生不够全面。采用这种方法无法对箱梁的翼缘板底部、腹板外侧和底板外侧进行养生，混凝土的质量会受到一定影响。

薄壁空心高墩悬臂灌注连续梁0#块施工托架的形式很多，传统的做法不外乎以下两种形式：其一是在墩顶预埋型钢作为托架；其二是采用墩身预理大构件牛腿和万能杆件或贝雷架组合形成托架。上述两种方法都存在一定的局限性和弊端。第一种形式型钢使用量大、成本高，质量难以保证，且安全风险较高；第二种形式是材料可周转，成本较低且拼装成型和托架拆除比较方便，但是由于薄壁墩主筋净距只有8 cm左右，无法预埋结构尺寸较大的钢构件。而且两种形式的0#块托架自重均较大，托架拆除时易损伤墩身混凝土，埋入混凝土的型钢面封闭处理较难，易锈蚀后影响墩身外观。

2.设备简介

本设备是一种用于移动模架法现浇箱梁混凝土养生设备，解决了传统现浇箱梁养生方法无法对高墩现浇箱梁的翼缘板底部、腹板外侧和底板外侧进行养生的问题。设备提供了一种薄壁空心高墩悬臂灌注连续梁牛腿托架及其搭建方法，解决了现有技术对0#块托架自重较大，托架拆除时易损伤墩身混凝土，埋入混凝土的型钢面封闭处理较难的问题。

高墩桥梁移动模架现浇梁自动混凝土养生设备，包括设备行走轨道、在轨道上自动行走底座，底座上部的电机、减速器、感性器、电路板、存水箱、水泵、铁质水管、喷头等部件。自动养生设备在沿固定在箱梁顶板轨道上的自动行走，通过水泵、水管及喷头将水均匀的喷淋在该榀需要进行混凝土养生的现浇箱梁的翼缘板底部、腹板外侧和底板外侧。在自动混凝土养生设备行走到轨道一侧的尽头时，通过设置在自动混凝土养生设备上的感应器触碰该侧轨道上钢板，设备经停止前行，电路系统自动重启后设备将反向前进。同理，在运行到轨道另一侧尽头时往复以上步骤。当水箱内没水时，设备将通过设在水箱内的感应器的反应，停止喷水返回到设在轨道一侧尽头的水源地进行加水。这洒水过程中无需人员看管，只需将电源开关开启即可。

薄壁空心高墩悬臂灌注连续梁牛腿托架包括墩身，在墩身内的上部的等高处沿水平方向预埋有两组平行的上预埋钢套管，在两组平行的上预埋钢套管的正下方的墩身内的另一等高处沿水平方向预埋有对应的两组下预埋钢套管，在墩身的相对两侧壁上预埋有带孔预埋上钢板和带孔预埋下钢板，带孔预埋上钢板上的孔与上预埋钢套管的孔连通，带孔预埋下钢板上的孔与下预埋钢套管的孔连通，在带孔预埋上钢板的外侧活动设置有带孔外上钢板，在上预埋钢套管中设置有上精轧螺纹钢，在从墩身的相对两侧壁上的带孔外上钢板的孔中伸出的上精轧螺纹钢两端均设置有上精轧螺纹钢螺帽，在带孔预埋下钢板的外侧活动设置有带孔外下钢板，在下预埋钢套管中设置有下精轧螺纹钢，在从墩身的相对两侧的带孔外下钢板的孔中伸出的下精轧螺纹钢的两端部均设置有下精轧螺纹钢螺帽，在带孔外上钢板上焊接有水平的上工字钢纵梁，在带孔外下钢板上焊接有水平的下工字钢纵梁，在上工字钢纵梁与下工字钢纵梁之间分别焊接有工字钢直腿

和工字钢斜腿,在等高的两带孔外上钢板之间焊接有工字钢剪刀撑。

所述的两组上预埋钢套管中的每组为六根钢套管,所述的两组下预埋钢套管中的每组为四根钢套管;上工字钢纵梁与工字钢斜腿之间的夹角为 60°,工字钢直腿与工字钢斜腿之间的夹角为 30°。

高墩桥梁移动模架现浇梁自动混凝土养生设备制作方法,包括以下步骤:

第一步,将两根 3 m 长 ∠30×30×3 的角钢间距 1 m 平行沿箱梁纵向方向铺在梁面上,外侧轨道距防护墙预埋钢筋 10 cm,开口方向相对,再采用 3 根 1 m 长 ϕ12 mm 钢筋与两根角钢的两端及中部焊接牢固,作为行走轨道。该种轨道制作 10 组,当用在 24 m 箱梁上时,使用 8 组;当用在 32 m 箱梁上时,使用 10 组。各组轨道的端部外侧焊接带用直径 2 cm 的铁片,采用 M16 螺栓将两组轨道拴接在一起。

第二步,采用 3 mm 钢板焊接成长 150 cm、宽 90 cm、高 20 cm 的无盖铁箱,在箱底中部留用一个长度 20 cm 与箱等宽的缺口。采用 4 个直径 25 cm 铁轮,两两用轴连接,其中一个轴上安装 1 个直径 15 cm 的齿轮(X1)。将装有轴的铁轮安装在铁箱底部,作为行走底座,在行走底座箱梁纵向两侧安装接触式感应器。

第三步,在行走底座一侧安装一台扬程 70 m 的水泵,中部预留缺口处焊接一个 3 mm 钢板制成的托盘,在托盘上装置一台 2.5 kW 电机和一台 30 转/分加速器,电机与减速器连接,减速器传动端安装一个直径 10 cm 的齿轮(X2),用链条将齿轮(X1)与齿轮(X2)连接。

第四步,在行走底座电机上方采用 5 mm 钢板焊接成长 110 cm、与行走底座等宽、高 100 cm 的水箱。在水箱靠近水泵一侧底部设置一个直径 60 mm 的预留孔,在水箱底部相同位置焊接 1 个同直径弯头铁管,在预留孔处安装同直径滤水网,将水泵进水口与弯头铁管采用软管连接。在靠近水泵侧水箱侧壁下部设置一个直径 30 mm 的预留孔,水箱内侧相同位置焊接一个同直径弯头铁管;外侧相同位置焊接 1 个同直径 5 cm 长铁管,将水泵出水口与该铁管采用软管连接。在靠近水泵侧水箱侧壁距箱底 2 cm 处安装水位感应器。

第五步,采用长 120 cm、直径 30 mm 铁管与水箱内同直径弯头铁管连接,采用角钢将铁管与水箱内壁焊接固结。铁管顶部采用弯头连接一根长 190 cm 同直径铁管,在 160 cm 处采用 ϕ25 mm 钢筋与行走底座连接形成三角支撑;同理,继续接铁管至桥梁翼缘板底部、外侧腹板,铁管弯曲部位采用三角支撑。在翼缘板一下部分铁管上以 30 cm 等距离布设可调节角度的绿化专用喷头,相应喷头旁边在铁管开孔并焊接 5 cm 长铁管,采用软管与喷头将铁管连接。

第六步,将所有电器线路汇到设在靠近水泵侧水箱的外壁上的配电箱内,通过配电箱内的电路板对自动混凝土养生设备进行控制,从而达到自动养生的目的。

本发明解决了传统现浇箱梁养生方法无法对高墩现浇箱梁的翼缘板底部、腹板外侧和底板外侧进行养生的问题,从而提高了混凝土的成品质量,无需专人看守减少了施工人员工作强度,很大程度地提高了施工组织的效率,既结构合理、施工安全可靠,又经济合理适用范围广泛。

能解决了薄壁空心高墩主筋密集而无法预埋钢构件的难题,从而解决了水上高空大体积混凝土的支撑体系自重大、操作复杂以及体系拆除时易损伤墩身混凝土以致影响墩身外观等技术难题,很大程度地提高了施工组织的效率,既结构合理、施工安全可靠,又经济合理适用范围广泛。

3. 设备应用案例

一种薄壁空心高墩悬臂灌注连续梁牛腿托架,包括墩身 13,在墩身 13 内的上部的等高处沿水平方向预埋有两组平行的上预埋钢套管 1,在两组平行的上预埋钢套管 1 的正下方的墩身 13 内的另一等高处沿水平方向预埋有对应的两组下预埋钢套管 6,在墩身 13 的相对两侧壁上预埋有带孔预埋上钢板 2 和带孔预埋下钢板 3,带孔预埋上钢板 2 上的孔与上预埋钢套管 1 的孔连通,带孔预埋下钢板 3 上的孔与下预埋钢套管 6 的孔连通,在带孔预埋上钢板 2 的外侧活动设置有带孔外上钢板 4,在上预埋钢套管 1 中设置有上精轧螺纹钢,在从墩身 13 的相对两侧壁上的带孔外上钢板 4 的孔中伸出的上精轧螺纹钢两端均设置有上精轧螺纹钢螺帽 7,在带孔预埋下钢板 3 的外侧活动设置有带孔外下钢板 5,在下预埋钢套管 6 中设置有下精轧螺纹钢,在从墩身 13 的相对两侧的带孔外下钢板 5 的孔中伸出的下精轧螺纹钢的两端部均设置有下精轧螺纹钢螺帽,在带孔外上钢板 4 上焊接有水平的上工字钢纵梁 8,在带孔外下钢板 5 上焊接有下工字钢纵梁 9,在上工字钢纵梁 8 与下工字钢纵梁 9 之间分别焊接有工字钢直腿 10 和工字钢斜腿 11,在等高的两带孔外上钢板 4 之间焊接有工字钢剪刀撑 12。

所述的两组上预埋钢套管 1 中的每组为六根钢套管，所述的两组下预埋钢套管 6 中的每组为四根钢套管；上工字钢纵梁 8 与工字钢斜腿 11 之间的夹角为 60 度，工字钢直腿 10 与工字钢斜腿 11 之间的夹角为 30 度。

一种薄壁空心高墩悬臂灌注连续梁牛腿托架的搭建方法，包括以下步骤：

第一步，当墩身 13 施工到下预埋件标高处时，在同一等高平面上沿水平方向平行地预埋两组下预埋钢套管 6，在墩身 13 的相对两侧壁上预埋带孔预埋下钢板 3，并使带孔预埋下钢板 3 的孔与下预埋钢套管 6 的孔对应连通，同时使带孔预埋下钢板 3 的外侧面与墩身混凝土面齐平；

第二步，继续浇注墩身到上预埋件标高处，在同一等高平面上沿水平方向平行地预埋两组上预埋钢套管 1，在墩身 13 的相对两侧壁上预埋带孔预埋上钢板 2，并使带孔预埋上钢板 2 的孔与上预埋钢套管 1 的孔对应连通，同时使带孔预埋上钢板 2 的外侧面与墩身混凝土面齐平；

第三步，完成墩身的混凝土浇筑工作；

第四步，当墩身混凝土强度达到 80% 以后，将上精轧螺纹钢穿入到上预埋钢套管 1 中，上精轧螺纹钢的两端从墩身两侧壁上分别设置的带孔预埋上钢板 2 的孔中穿出后，再分别套穿过带孔外上钢板 4 之后，用穿心式千斤顶进行对拉，对每根上精轧螺纹钢施加 $P = 500 \ kN$ 的预应力后，用扭力扳手将精轧螺纹钢螺帽 7 分别拧紧在其两端头上，使上精轧螺纹钢不出现回缩；

第五步，将下螺纹钢穿入到下预埋钢套管 6 中，将下精轧螺纹钢的两端从墩身两侧壁上分别设置的带孔预埋下钢板 3 的孔中穿出后，再分别套穿过带孔外下钢板 5 之后，用穿心式千斤顶进行对拉，对每根下精轧螺纹钢施加 $P = 450 \ kN$ 的预应力后，用扭力扳手将精轧螺纹钢螺帽分别拧紧在其两端头上，使下精轧螺纹钢不出现回缩；

第六步，在带孔外上钢板 4 上焊接水平的上工字钢纵梁 8，在带孔外下钢板 5 上焊接水平的下工字钢纵梁 9，在上工字钢纵梁 8 与下工字钢纵梁 9 之间分别焊接工字钢直腿 10 和工字钢斜腿 11，在等高的两带孔外上钢板 4 之间焊接有工字钢剪刀撑 12，并使上工字钢纵梁 8 与工字钢斜腿 11 之间的夹角为 60°，工字钢直腿 10 与工字钢斜腿 11 之间的夹角为 30°。

当墩身施工到预埋件标高位置时，预埋的上、下预埋钢套管的直径为 50 mm，预埋的带孔预埋上钢板 2 和带孔预埋下钢板 3 具体尺寸分别为 900 mm × 600 mm × 20 mm 和 500 mm × 500 mm × 20 mm。墩身浇筑完混凝土后，拆除模板，用长 $L = 478 \ cm$、直径为 $\phi 32 \ mm$ 的精轧螺纹钢穿过预埋钢套管。每组上预埋钢套管在上支腿处为 3 排共计 6 束，每排中心的竖向间距为 36 cm，水平间距为 18 cm；每组下预埋钢套管在下支腿处为 2 排共计 4 束，中心竖向间距为 22 cm，水平间距为 18 cm。安装带孔外上钢板 4，由其上预留的 6 个 $\phi 32 \ mm$ 上精轧螺纹钢位置的预留孔，穿过 $\phi 32 \ mm$ 的上精轧螺纹钢，紧贴着带孔预埋上钢板 2 安装，裸露在墩身混凝土外，带孔外上钢板 4 的尺寸为 900 mm × 600 mm × 20 mm。安装带孔外下钢板 5，由其上预留的 6 个 $\phi 32 \ mm$ 上精轧螺纹钢位置的预留孔，穿过 $\phi 32 \ mm$ 的下精轧螺纹钢，紧贴着带孔预埋下钢板 3 安装，裸露在墩身混凝土外，带孔外下钢板 5 的尺寸为 500 mm × 500 mm × 20 mm。安装精轧螺纹钢螺帽，待墩身混凝土强度达到 80% 以上后，用穿心式 YDC650 型千斤顶进行对拉，对上支腿处每根上精轧螺纹钢施加 $P = 500 \ kN$ 的预应力，对下支腿处每根下精轧螺纹钢施加 $P = 450 \ kN$ 的预应力。张拉到位后，用扭力扳手将精轧螺纹钢螺帽拧紧，使精轧螺纹钢不出现回缩。

本 0# 块预应力牛腿体系中精轧螺纹钢张的拉力设计、施工控制是保证施工质量的关键环节。本预应力牛腿托架方案的重点在于精轧螺纹钢预应力系统，它有两个方面的作用，一方面精轧螺纹钢预应力为牛腿工字钢纵梁提供水平拉力；另一方面精轧螺纹钢预应力为预埋的带孔预埋上钢板 2 和带孔预埋下钢板 3 提供压力，从而产生竖向平衡摩擦力。

安装上工字钢纵梁 8，精轧螺纹钢张拉锚固完成后，焊接在带孔外上钢板 4 表面上，采用两侧面焊连接，焊缝厚度不小于 6 mm。在带孔外下钢板 5 上焊接有水平的下工字钢纵梁 9，在上工字钢纵梁 8 与下工字钢纵梁 9 之间分别焊接有工字钢直腿 10 和工字钢斜腿 11，在等高的两带孔外上钢板 4 之间焊接有工字钢剪刀撑 12。

本发明为薄壁空心高墩悬臂灌注连续梁 0# 块一种结构合理、施工安全可靠、投入经济合理、使用范围广泛的预应力牛腿托架平台。解决了薄壁空心高墩主筋密集而无法预埋钢构件的难题，从而解决了水上高空大体积混凝土的支撑体系自重大、操作复杂以及体系拆除时易损伤墩身混凝土以致影响墩身外观等技术难题，很大程度地提高了施工组织的效率，既结构合理、施工安全可靠又经济合理且适用范围广泛。较传统施工方案可节约投入15%左右，且缩短了施工工期，综合经济效益和社会经济效益明显，是薄壁空心高墩悬臂灌注连续梁0#块托架结构的一种良好方法。

二、空心墩调弧钢模翻模施工及应用

1. 工艺流程

调弧钢模在空心墩翻模施工的工艺流程如图44-50所示。

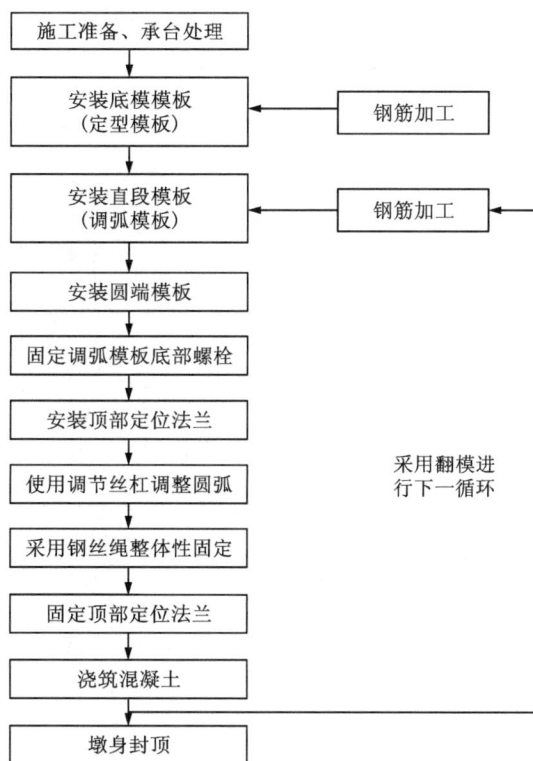

图44-50　调弧模板施工工艺流程图

2. 工艺原理

1）调弧模板设计原理

调弧模板的设计原理为：将钢模板设计成柔性模板，将半圆弧的模板分成2~3块模板；每块模板的面板设计成一整块，模板的竖肋设计成多个单元，单元之间通过精加工调弧螺栓进行连接，模板的法兰在调弧螺栓位置断开；使用调弧螺栓整出所需要的圆弧；通过增加或者减少调节块模板使得圆弧模板的弧长满足设计圆弧长度要求，使用模板上的调节调弧螺栓调整设计圆弧半径，并使用钢丝绳将圆弧模板两侧的圆弧模板和中间的直段模板固定形成一个整体，模板顶部使用固圆弧法兰和原有断开法兰连接并固定，以达到调弧并固定模板作用，调弧模板按照3m高度进行设计，每施工完成3m上下模板弧长均减短27 cm，每浇筑完成3m从模板中间抽出一块上下弧长均为27 cm的圆弧模板，使得圆弧模板的弧长达到下一次所需模板圆弧长，通过钢丝绳将调弧模板的两侧圆弧模板及中间的直板模板形成一个整体，通过模板上调节丝杆调整出圆弧形状，再在模板的顶部使用事先根据模板尺寸制做出来的整体法兰来固定顶部模板。具体如图44-51至图44-56所示。

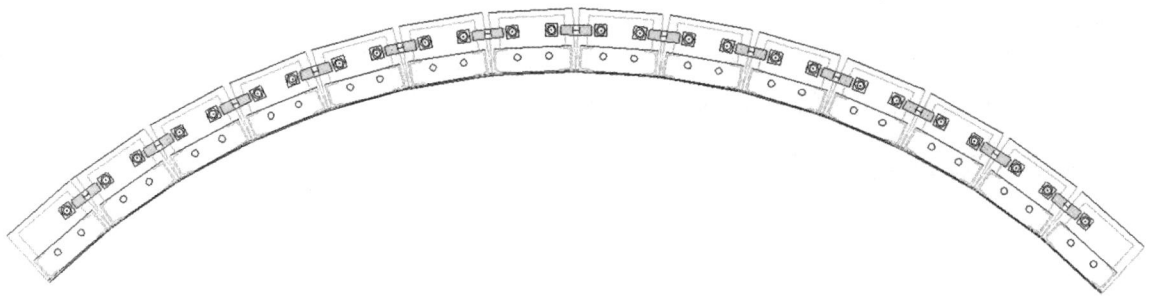

图 44 – 51　调弧模板设计立面图

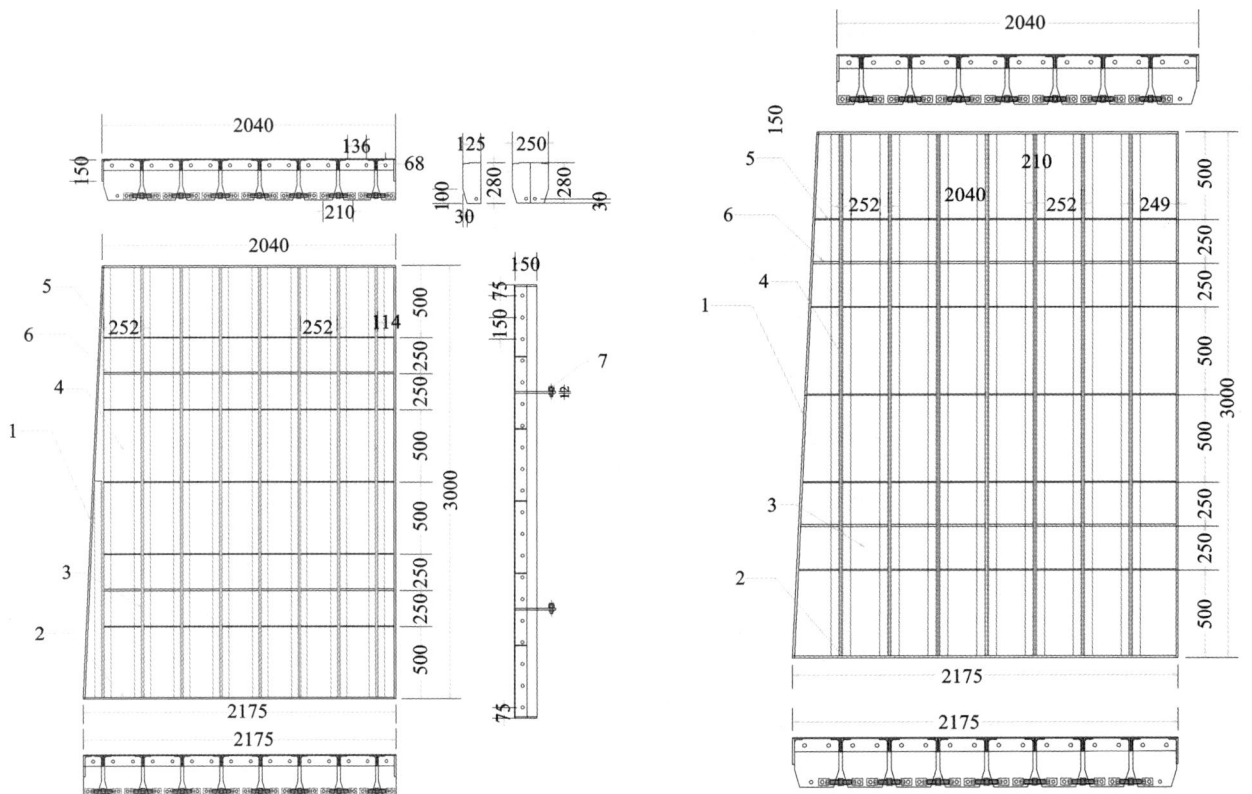

图 44 – 52　调弧模板 A 型号平面图

图 44 – 53　调弧模板 B 型号平面图

注：图中 1 代表纵向连接法兰；2 代表横向连接法兰；3 代表面板；4 代表纵向内肋槽钢；5 代表横向内肋；6 代表调节丝杠基座；7 代表调节丝杠

2）翻模施工原理

施工时第一节段模板支立于承台顶上，第二节段模板支立于第一节段模板上，测量定位后一次性浇筑混凝土。混凝土达到拆模强度后拆除第一节段模板同时拆除第二节模版的最下层拉杆，此时荷载由已硬化的墩身混凝土传至墩底。待第一节段模板作调整和打磨后后利用塔吊将其翻升至第三层，依此循环向上形成拆模、翻升立模、模板组拼、钢筋焊接绑扎、接长泵送管道、灌注混凝土、养生和测量定位、标高测量的不间断作业，直至达到设计高度。如图 44 – 57 所示。

3.施工要点

1）模板设计

为了便于施工，调弧模板按照 3 m 高度进行设计；不足 3 m 处设置定型钢模板调整节，以 10#墩柱为

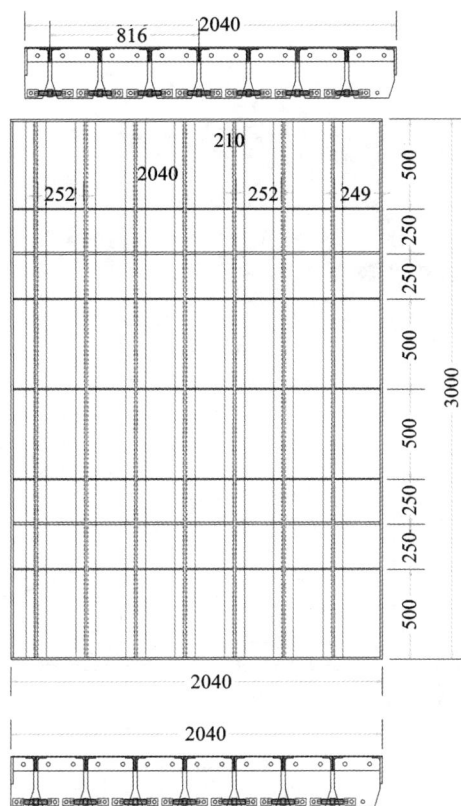

图 44-54　调弧模板 C 型号平面图

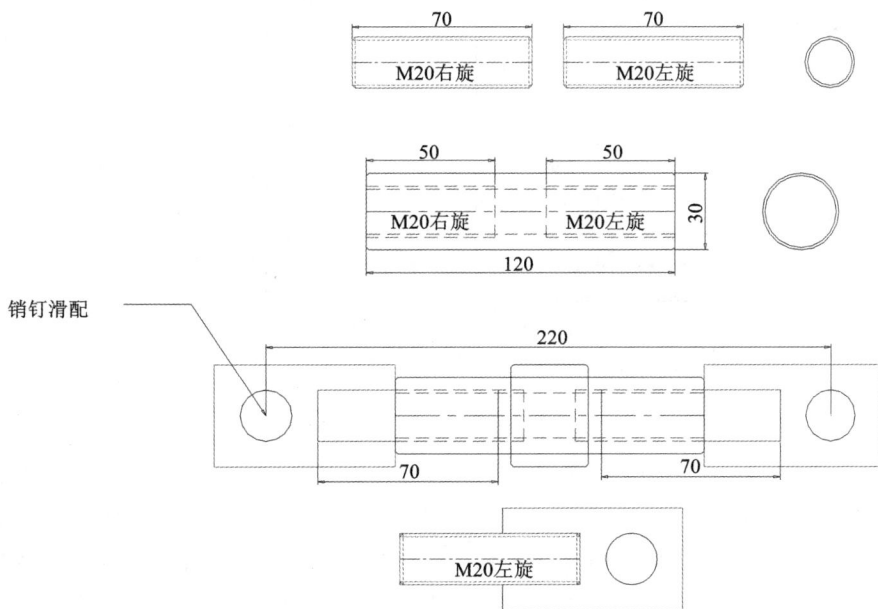

销钉滑配

图 44-55　调节丝杠加工图

例：10#墩柱高为 42.5 m，底部 0.5 m 模板按照定型钢模进行设计，因此该墩柱调弧模板圆弧设计最大直径（7.6 m）及最小直径（5.2 m）进行设计；圆弧端调弧模板由 2~3 块大块模板加相应的调整节模板组成，两圆弧模板之间由定型直板模板，直板模板的尺寸为 4 m×3 m（另加两块 0.5 m×3 m 及 0.2 m×3 m 调节模板）。

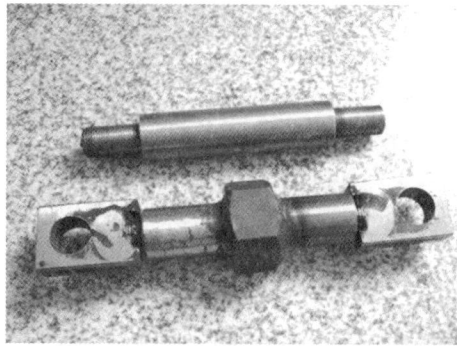

图 44 – 56 调节丝杠照片

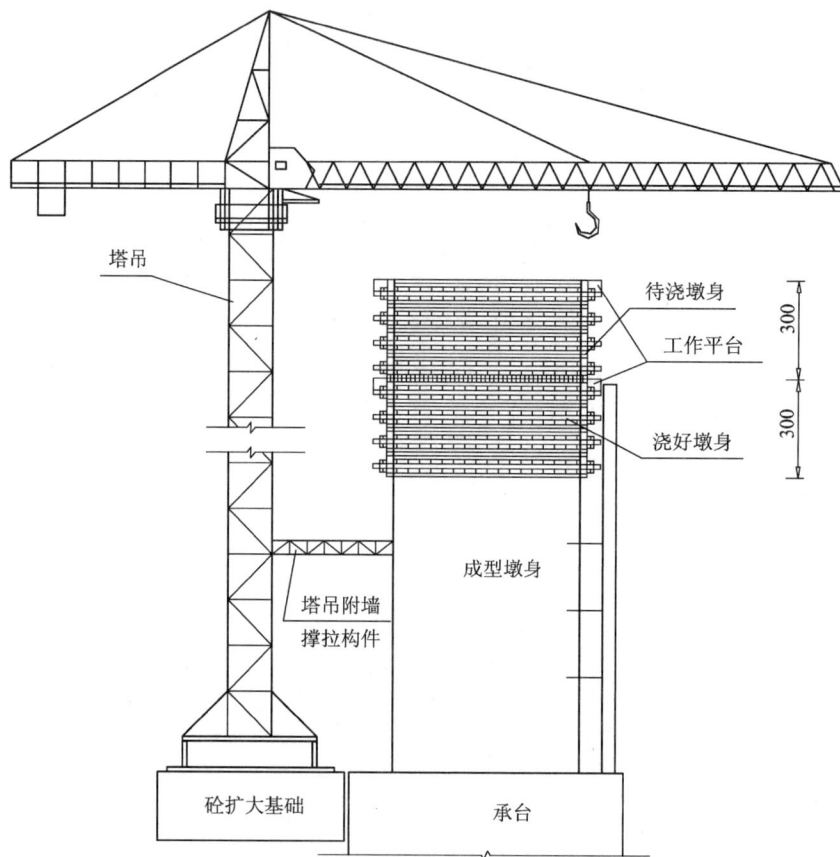

图 44 – 57 翻模施工示意图

大片调弧模板的面板由整块 6 mm 厚钢板构成，竖肋按照 272 mm 分成数个单元格，模板上下法兰在竖肋位置断开，竖肋采用[8 槽钢，竖肋间距为 252 mm，单元格内横道采用 8 mm 钢板，横肋间距为 500 mm 及 250 mm，单元格之间采用调节丝杠进行连接，3 m 模板竖向布设 3 道，丝杠采用 $\phi 30$ 的圆钢，经计算模板的受力满足设计要求。

操作平台搭设在模板固定架上，每层外模板均设模板固定架，固定架用∠50 等边角钢焊接成三角形通过螺栓固定在外模板的背棱上。施工平台宽 1.0 m，平台顶面沿周边设立防护栏杆，栏杆外侧至模板固定架底部设封闭安全网。施工平台上面铺设 5 cm 厚木板，供操作人员作业、行走，存放小型机具。

2）模板安装

墩柱与承台接茬面凿毛完毕且钢筋绑扎报验完毕后可以开始支立模板，支立模板前必须清理墩柱内的杂物,同时测量放样出模板支立位置及标高,若承台表面不平整。在承台顶面外膜的位置铺一层2 cm左右的1:2的找平砂浆,模板与找平砂浆之间安放海绵条防止漏浆。

模板支立之前在承台上移植一些短钢筋头,这些钢筋头对模板起着限位作用模板采用吊车或者塔吊配合人工的方法进行施工;先支立内模板,内模板支立完毕后,绑扎钢筋,最后进行外模板的支立工作。

外模板支立时先支立圆端形墩柱的直段模板,同时调整好直段模板的位置及标高,然后安装两端的调弧模板,调弧模板下底法兰与翻模地层模板采用螺栓连接,模板的顶部先用模板上的调节丝杠将模板的圆弧调节成所需半径圆弧,然后使用直径为18 mm的钢丝绳将两端的圆弧模板同直段模板固定成一个整体,然后使用事先制作好的整体法兰与原模板的法兰进行固定;整体法兰的螺栓孔因做成椭圆形状,椭圆的直径与原模板的法兰的螺栓孔直径一样。

3)注意事项

调弧模板施工先施工直段模板的定位及固定施工,再进行调弧模板的安装,使用螺栓将圆弧模板与定型钢板或者已施工完的调弧模板固定,再将调弧模板顶部定位法兰安装并定位,通过调弧模板的调节丝杠调整模板圆弧,圆弧调整完毕后使用钢丝绳将模板圆弧端及直段模板进行整体性固定,最后固定调弧模板顶部的定位法兰。

调弧模板调弧时必须对称调节,左右对称调节;调节丝杠时可以采用油表卡尺来控制调节丝杠的长度。

施工过程中随时检查丝扣情况及钢丝绳的状况,如发现损坏必须及时更换。

三、运架一体机过长大隧道施工技术

1.运架一体机运梁过隧道情况

1)隧道断面尺寸

运架一体式架桥机吊箱梁通过隧道时,箱梁降低至低位,箱梁翼缘板能处于隧道最宽位置。京福客运专线隧道最宽位置离地面约4.0 m,最宽为13.14 m,运送12 m宽整孔箱梁时,两侧有0.57 m空隙。运架一体机过隧道断面图如图44-58、图44-59所示。

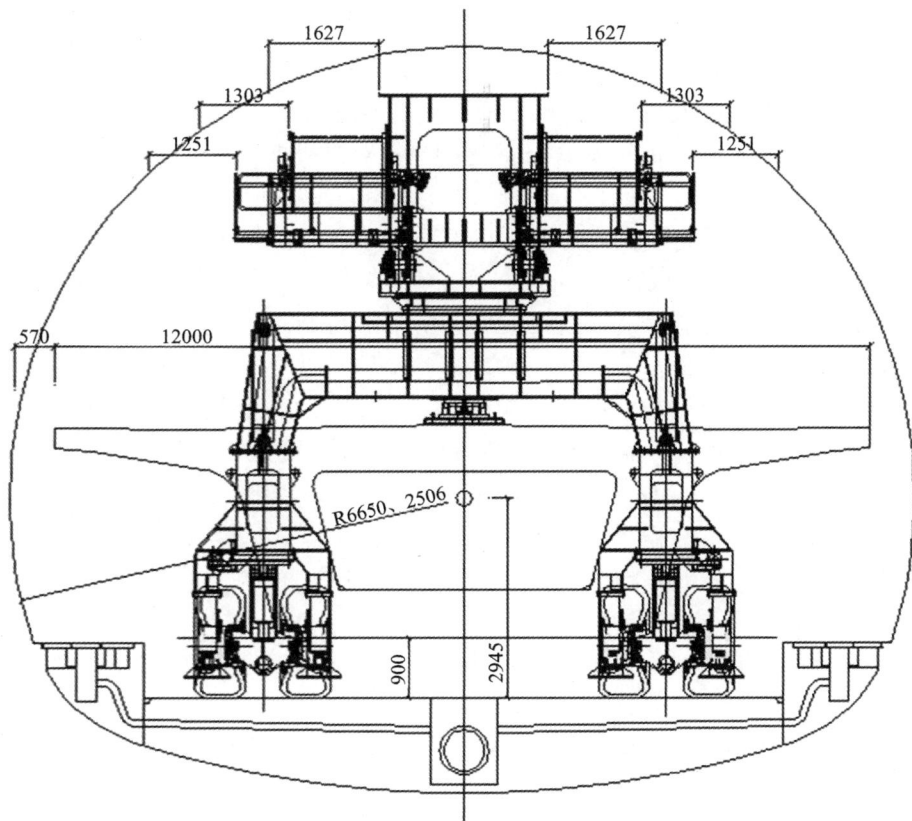

图44-58　架桥机运梁通过隧道断面图(梁底距地面900 mm)

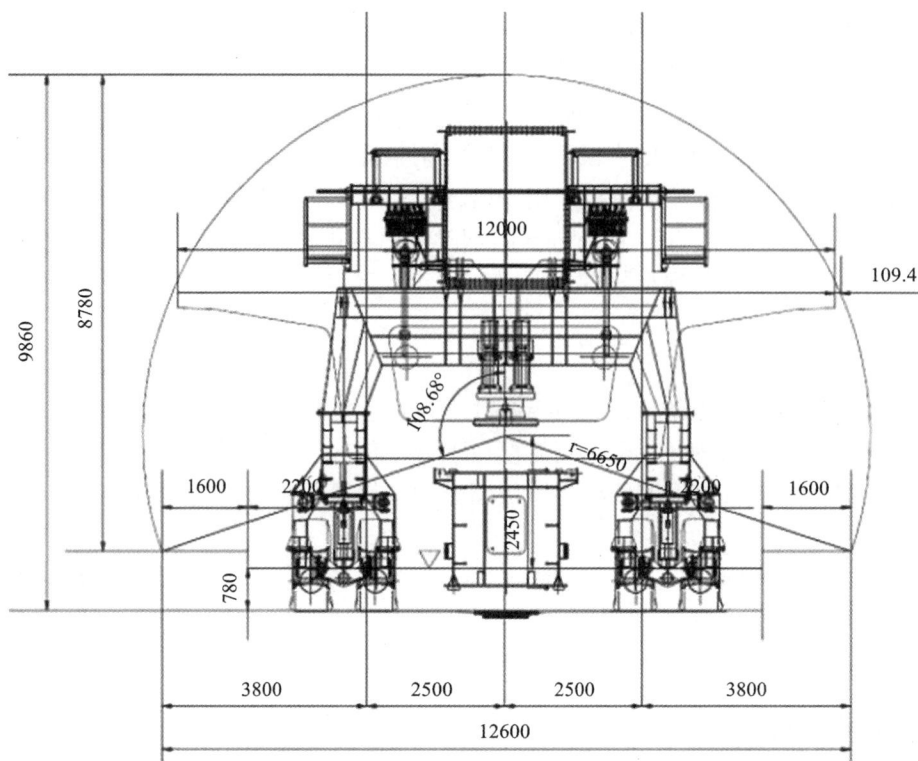

图 44 - 59   架桥机隧道口架梁断面图(梁底距地面 2400 mm)

2)架桥机过隧道时运行步骤

第一步:启动主机发电机,打开主机照明灯,使监视人员能有效监视箱梁与隧道内壁的间隙。

第二步:前后提梁小车同步下降,将箱梁降到合适的高度(确保箱梁翼缘与隧道内壁距离不小于 300 mm),一般高度在离地面 1500 mm 即可。

第三步:根据隧道内路基面情况,架桥机降速行驶,以 1.5 ~ 2.0 km/h 速度行驶。

第四步:前端和后端的监护须到位,架桥机上增设 1 ~ 2 名监护人员。

第五步:监视人员与司机之间须每间隔 10 min 之间通过对讲机进行互动通话交流,防止司机犯困。

3)架桥机隧道安全保证措施

(1)在电缆槽靠线路内侧贴反光贴,反光贴间距 20 m 左右即可,在斜井、横洞与正洞交叉处加密,以利于指挥人员看清路面以及架桥机行走。

(2)司机、安全监护员随时向指挥报告运架梁一体机的运行情况,紧急情况可以立即按下急停开关,查明情况,排除故障后方能继续运梁。

(3)运梁人员设置两班,指挥人员每班 4 人,前后各 2 人,每班作业配备两名司机,在隧道内运行中,每 2 h 换班一次,在架桥机上增加一名监护人员,负责监控梁体与隧道衬砌边墙之间的距离,如有异常及时通知司机。架桥机运梁时配备一辆皮卡车,用来指挥人员休息以及给运梁人员送饭等。运梁时领导均跟班作业。

(4)在运梁前与三工区沟通,在运梁时禁止车辆经过,在斜井、横洞设置警戒,三工区安排一名值班人员,负责架桥机通过时协调处理洞内各种事宜。

(5)施工人员各种劳保防护用品穿戴齐全,必须穿戴反光背心并佩戴防尘面罩。隧道内施工人员也必须穿戴反光背心。

(6)架桥机走形轮组前端外侧安装红外线测距仪,当红外线测距仪测距显示距离小于设定值时,架桥机自动报警。

(7)架桥机照明设施如图 44 - 60 所示:

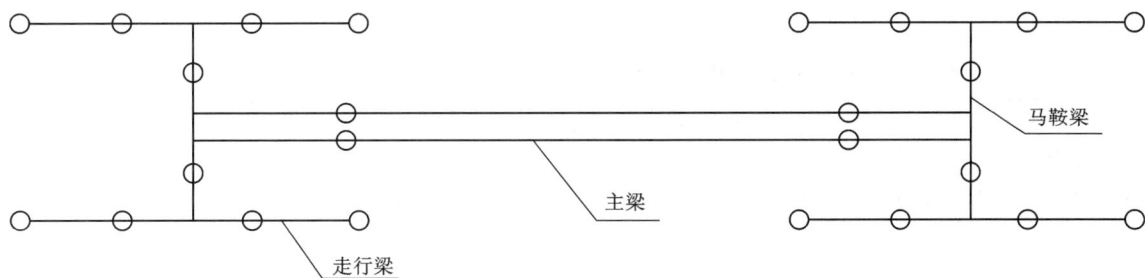

图 44 - 60 架桥机照明设施布置图

说明：

（1）图 44 - 60 为架桥机照明设置布置图。

（2）每个轮组走行梁上设置 4 个照明灯，两侧为 400 W，中间 2 个为 150 W。主要作用是看清前后方以及轮组外侧与路面的情况。

（3）每个马鞍梁上面安装 2 个照明灯，400 W，主要作用看清轮组内侧路面情况。

（4）主梁上方安装 4 个照明灯，每个 400 W。主要作用是看清箱梁翼缘板距隧道衬砌之间的距离。

（5）架桥机在隧道内行走时，必须和三工区联系，将隧道里衬砌边墙上节能灯打开，直至架桥机离开隧道。

（6）为降低架桥机通过隧道时扬尘，每班作业前采用洒水车对隧道路面进行洒水保持隧道底板湿润，防止扬尘。

（7）隧道中心水沟每隔 500 m 采用钢板铺垫，以便车辆调头。

4）运梁前对隧道的检查

（1）照明设施必须完善有效。

（2）隧道仰拱或仰拱填充必须施工完成，龄期或者强度达到设计要求。

（3）隧道内路面以及衬砌面上的障碍物必须全部清理干净，保证架桥机走形无障碍。

5）隧道内防止烟尘措施

（1）在运梁前与线下工区沟通，在运梁时停止施工，安排专人在隧道洞口值班，禁止一切车辆进入隧道。

（2）每天用洒水车对隧道内路面进行洒水，在架桥机过隧道时始终保持道路湿润。洞内文明施工必须保持良好，垃圾及时清理干净。

（3）运梁作业人员必须带防尘面罩。

（4）在进行架桥机运梁过隧道前，进行一次空载过隧道演练，尽早发现未考虑到的问题。

（5）在隧道洞口安装 2 台射流风机进行通风。

2. 运架一体机运梁过隧道时出现的问题以及预防措施

1）架桥机走形时，隧道内施工人员有从架桥机轮胎中穿行的情况

原因分析：隧道内施工人员安全意识淡薄，对架桥机运梁时存在的危险认识不足。

预防措施：对隧道内施工人员进行培训教育，使其认识到相关危害，在架桥机通过时尽量呆在最近的洞室内，不要靠近架桥机，更不可在架桥机运行区域内穿行。

2）架桥机爆胎

原因分析：架桥机爆胎原因有二，一是由于被通道内钢筋、角钢等扎破；二是由于磨损导致轮胎爆胎。

预防措施：架桥机前方监护人员注意检查前面路面情况，及时清理隧道路面上钢筋、角钢等杂物，隧道内水沟电缆槽施工人员注意做好施工区域内文明施工，杂物不得乱扔，要摆放整齐放在不影响架桥机通过的地方。南雅隧道 DK657 + 200 ~ DK661 + 082 内为 14% 的上坡，重载运梁时坡度大、坡度长，轮胎发热且磨损严重，在运梁时注意在运梁至斜井时休息 10 min，使轮胎降温，而路面洒水也有利于轮胎降温。

3）发电机吸气不足，排气管有烧红现象

原因分析：隧道内空气质量差，运梁时间长，发电机工作时间长导致。

预防措施：在架桥机运梁前，洞内禁止各种车辆行走，洒水降尘防止隧道内灰尘太大。架桥机运梁过程中发现排气管异常或者发动机声音异常等情况停车休息、检查确认没有任何问题后再继续行走。

4）箱梁与隧道衬砌上钢筋刮蹭

原因分析：隧道衬砌边墙上钢筋主要是用来悬挂电缆，箱梁提升高度不准确以及架桥机走偏会与钢筋刮蹭。

预防措施：箱梁提升高度严格控制在 1.5 m 以下，在有钢筋的区域注意监护，防止架桥机走偏。

3. 人员配置及分工以及机械配置

人员配置及分工见表 44-9，机械配置见表 44-10。

表 44-9　人员配置及分工

序号	职务	单位	数量	备注
1	梁场场长	人	1	全面负责架梁相关工作
2	梁场副场长	人	1	负责与运架一体机厂家协调，运架一体机拼装以及调试以及日常架梁相关工作
3	总工程师	人	1	负责架梁的技术管理工作
4	现场总指挥	人	1	负责架梁现场相关组织、协调工作
5	工程部	人	2	负责线下结构检查及架梁质检
6	安质部	人	2	安全负责人 1 人，安全员 1 人
7	物资部	人	1	负责架梁材料、支座相关保障工作
8	液压工程师	人	2	
9	电气工程师	人	2	
10	结构工程师	人	1	
11	队长	人	1	兼导梁及架梁指挥
12	主机监护	人	8	兼主机监护
13	主机前后司机	人	4	主机操作
14	桥面监护	人	2	
15	前滚轮支腿监护	人	3	前滚轮支腿安放、锚固等
16	中滚轮支腿监护	人	3	中滚轮支腿安放、锚固等
17	后滚轮支腿监护	人	3	后滚轮支腿安放、锚固等
18	导梁操作	人	2	负责架梁小车对位、导梁操作等
19	支座安装	人	4	梁场人员安装支座，架梁队人员负责重力灌浆

表 44-10　机械设备配置表

序号	设备名称	规格、技术参数	数量	备注
1	运架一体机	YJ900、SH900	1	
2	千斤顶	QYL50/32	4	500T
3	小型搅拌机	JW350	1	搅拌灌浆料
4	电动空压机	JAC-0.8	2	
5	电镐	75SB	2	
6	交流电焊机	ZX-400A	1	
7	气割用具			1

续表 44 - 10

序号	设备名称	规格、技术参数	数量	备注
8	发电机	100 kW	2	
9	叉车	3T	1	
10	洒水车		1	隧道内洒水降尘

4. 运架一体机过长大隧道施工图片

如图 44 - 61 至图 44 - 69 所示。

图 44 - 61　隧道内反光标识

图 44 - 62　隧道内照片及防尘

图 44 - 63　隧道内照明

图 44 - 64　红外线测距仪

图 44 - 65　提梁

图 44 - 66　架桥机运架进洞口

图 44-67 箱梁翼缘板与隧道间距

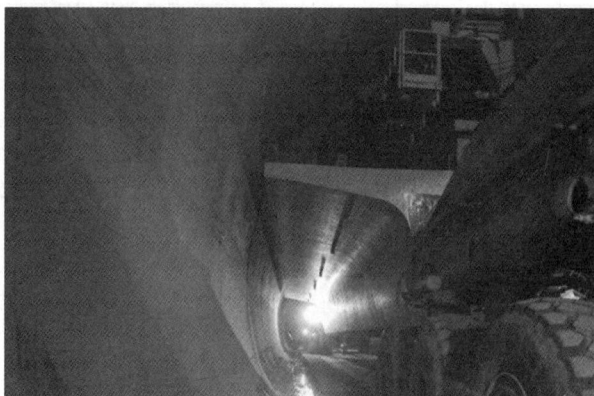

图 44-68 运梁

5. 经验及体会

随着国内高速铁路的迅猛发展，铁路施工工况越来越呈现出多样性。在多山地区，特别是在桥隧相连的路段进行架桥、转场施工时，目前国内应用广泛的辅助导梁式运架一体机、桁架式运架一体机等一系列运架分离式架设设备面临多种来自施工及工程设计方面的困难和问题。

穿越长大隧道运架梁是今后桥梁施工技术发展的一个重要方向，同时施工中面临的安全风险也越来越严峻，我国已建或在建的铁路工程，对于长大隧道之间的桥梁大多数采用现浇

图 44-69 箱梁与隧道仰拱距离

或者运架分离式运架一体机进行施工，安全风险高、成本投入大，工期难以保证，而运架一体机运梁过长大隧道施工案例更是很少。

中铁隧道集团公司依托合福高铁闽赣段Ⅵ标项目，针对桥涵工程规模大、设计标准高、涉及桥隧相间情况多、工期紧、工程复杂、长大隧道多等特点，在借鉴以往经验基础上，通过桥涵运架一体机过长大隧道的施工组织和研究探索，做到了安全通过长大隧道，并且形成《通过长大隧道运架一体机运输 900 吨箱梁施工工法》，本工法已经通过集体公司验收，并有希望进一步成为省部级工法或国家级工法。

运架一体机过长大隧道的成功应用，加快了施工进度，并降低了箱梁现浇的风险。保证了本工程的安全、优质、快速建设。开创双线整孔预制箱梁通过长大隧道进行架设施工先例，为后续高速铁路施工过程制梁场建设提供依据，实现良好的经济效益及社会效益。

第四十五章 隧道工程

本段新建隧道 159.5 座 274.104 km，隧道占合福高铁闽赣段正线线路全长的 58.62%，本段有 10 km 以上的隧道 4 座 47.63 km，3~10 km 的隧道 26.5 座 138.465 km，1~3 km 的隧道 25 座 44.123 km，1 km 以下的隧道 104 座 43.886 km。

为保证隧道施工和后期运营安全，在隧道施工阶段针对不同的地质情况和施工条件，对关键技术问题进行了大量攻关，在此期间，还产生了众多新工艺、新方法、新材料和新装备，并将技术成果应用于实践，确保了合福高铁闽赣段隧道施工安全，也为后期运营提供了安全保障，同时可为以后高速铁路隧道建设提供参考和借鉴。

第一节 一般隧道施工

一、隧道施工原则与总体规划

隧道开挖遵循"先探后挖、支护在先"的原则，坚持"先预报、管超前、严注浆、短进尺、弱爆破、强支护、早封闭、勤量测、严防水"的原则稳步前进。施工中建立以地质工作为先导、以量测为依据的信息化施工管理体系，根据预报结果采取相应的处理措施，制定可靠的处理方案和技术措施，确保施工安全和不留隐患。按照"快速形成生产能力、工序紧凑平行、地质预报准确、措施有力及时、员工组织精干、机具配备精良、搞好环境保护、安全优质高效"的原则进行总体施工规划。

一般隧道施工步骤：边仰坡开挖→洞口暗洞超前预支护→洞口段明洞→暗洞施工。暗洞施工顺序：超前支护→开挖→初喷封闭→支护（钢架、钢筋网、锚杆、喷混）→仰拱及填充层→布设防水材料（盲管、土工布防水板）→衬砌钢筋骨架施工→就位台车施工二衬混凝土→水沟及电缆槽施作。

二、明洞施工

明洞全部采用明挖法施工，具体施工顺序：测量放线→排截水沟施作→边仰坡开挖、支护（锚网喷支护及抗滑桩施工）→基底处理→仰拱、填充施工→拱墙衬砌→明洞防水层施工→洞顶回填→无砟轨道基础施工。

三、暗洞开挖方法

隧道开挖采用人工手持风钻钻孔，导爆索进行光面爆破，装载机装渣，自卸式汽车运输。辅助坑道Ⅲ级围岩采用全断面法进行施工，Ⅳ、Ⅴ级围岩采用台阶法施工。正洞Ⅲ级围岩采用台阶法进行施工，一般Ⅳ级围岩采用三台阶法或三台阶临时仰拱法，Ⅴ级围岩采用三台阶临时仰拱法或四部、六部 CD 法开挖施工。

1. 全断面法

施作顺序：测量放样→打眼→装药→光面爆破→出渣→下一循环。

2. 台阶法

上、下台阶施作顺序：测量放样→打眼→装药→光面爆破→出渣→下一循环。台阶法施工工艺和流程如图 45-1 所示。

3. 三台阶法

施作顺序：超前支护→进行上部开挖→初期支护施工→中部开挖→边墙支护→下部开挖→仰拱开挖与支护。三台阶开挖法施工工艺如图 45-2 所示。

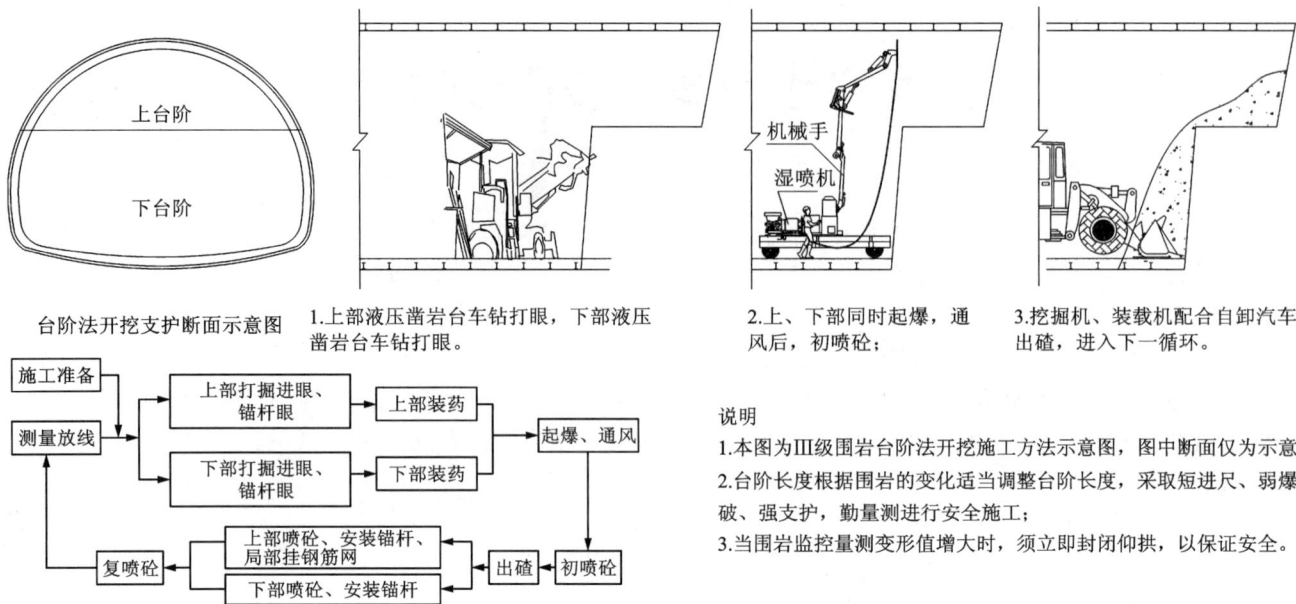

台阶法开挖支护断面示意图

1.上部液压凿岩台车钻打眼，下部液压凿岩台车钻打眼。

2.上、下部同时起爆，通风后，初喷砼；

3.挖掘机、装载机配合自卸汽车出碴，进入下一循环。

说明
1.本图为Ⅲ级围岩台阶法开挖施工方法示意图，图中断面仅为示意；
2.台阶长度根据围岩的变化适当调整台阶长度，采取短进尺、弱爆破、强支护，勤量测进行安全施工；
3.当围岩监控量测变形值增大时，须立即封闭仰拱，以保证安全。

图45－1　台阶法开挖施工工艺及流程图

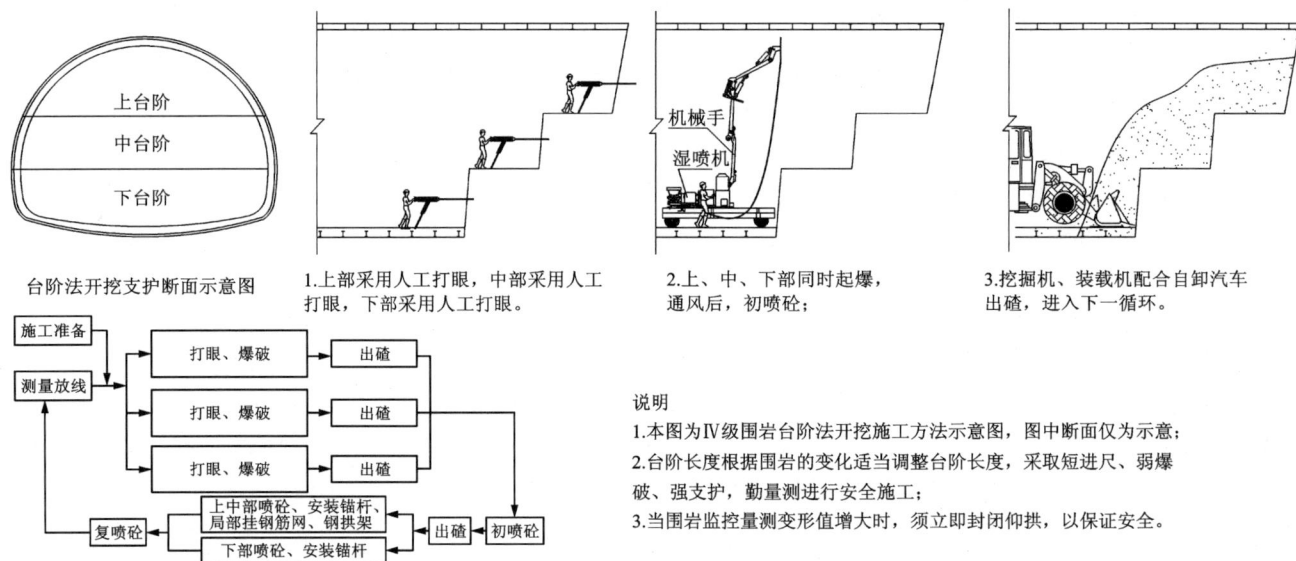

台阶法开挖支护断面示意图

1.上部采用人工打眼，中部采用人工打眼，下部采用人工打眼。

2.上、中、下部同时起爆，通风后，初喷砼；

3.挖掘机、装载机配合自卸汽车出碴，进入下一循环。

说明
1.本图为Ⅳ级围岩台阶法开挖施工方法示意图，图中断面仅为示意；
2.台阶长度根据围岩的变化适当调整台阶长度，采取短进尺、弱爆破、强支护，勤量测进行安全施工；
3.当围岩监控量测变形值增大时，须立即封闭仰拱，以保证安全。

图45－2　三台阶开挖法施工工艺图

4.三台阶临时仰拱法

施作顺序：超前支护、进行上部开挖→初期支护及临时仰拱施工→中部开挖→中部支护及临时仰拱施工→下部开挖→边墙支护、临时仰拱拆除。三台阶临时仰拱开挖法施工工艺如图45－3所示。

5.四部 CD 法

施作顺序：超前预支护→左侧上台阶开挖及支护→左侧下台阶开挖及支护→右侧上台阶开挖及支护→右侧下台阶开挖及支护→中隔壁拆除。施工工艺如图45－4所示。

6.六部 CD 法

施作顺序：超前预支护→左侧上台阶开挖及支护→左侧中台阶开挖及支护→右侧上台阶开挖及支护→右侧中台阶开挖及支护→左侧下台阶开挖及支护→右侧下台阶开挖及支护→中隔壁拆除。施工工艺如图45－5所示。

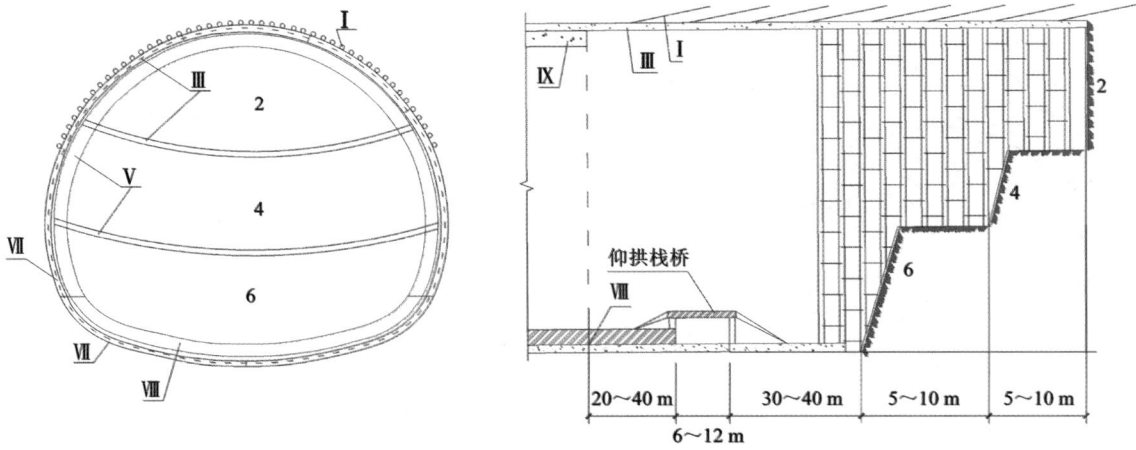

三台阶临时仰拱法施工工序示意图

Ⅰ-超前支护；　　　　　2-上部开挖；　　　　　Ⅲ-上部支护成环；　　　　4-中部开挖；
Ⅴ-中部支护成环；　　　6-下部开挖；　　　　　Ⅶ-下部支护成环、拆除临时支护；
Ⅷ-仰拱及填充混凝土；　Ⅸ-拱墙二次衬砌

图 45-3　三台阶临时仰拱开挖法施工工艺图

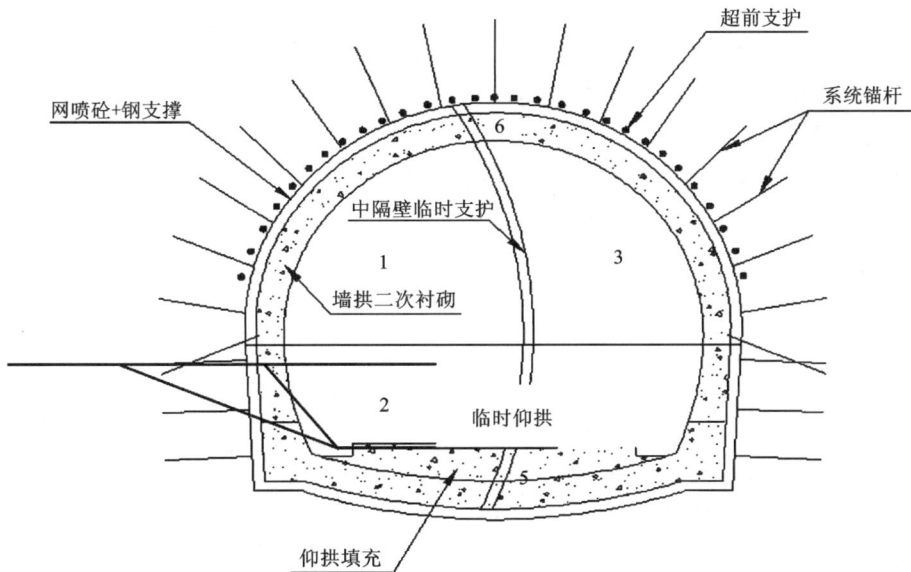

图 45-4　四部 CD 法施工工艺图

四、超前地质预测预报

针对隧道工程地质情况，成立专业的超前地质预测预报小组，采用的主要预报方法：TSP203 预报、地质雷达、远红外线探水仪、超前水平钻孔、地质素描（数码成像）、综合分析预报。

1. 地质预报项目

地面预报：在施工过程中，根据设计提供的地质勘探资料，对重点地段地表开展可控源音频大地电磁法（V5）为主的综合物探，沿隧道轴线绘制纵向剖面图；同时进行地表补充地质测绘。

洞内预报：施工中加强断裂破碎带、涌水的超前地质预报工作，如采用开挖面掌子面地质素描、超前钻孔并辅以 TSP203 等物探手段进行综合预测。对软岩塑性变形进行超前预报，根据超前预报及有关监测结果及时变更施工方案。

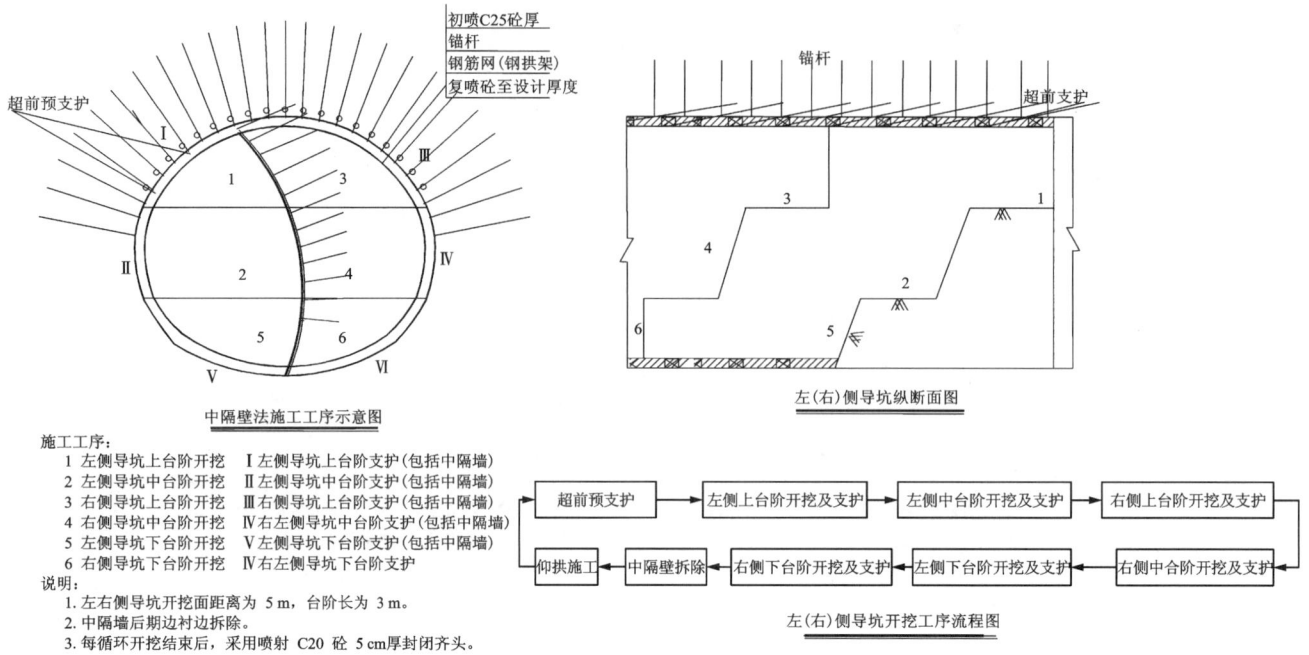

图45-5 六部CD法施工工艺图

2. 超前地质探测与预报方法及工艺

以最常用和有效的TSP203、超前钻孔探测为例。

1) TSP203超前地质预报系统

TSP203超前地质预报系统是利用地震波在不均匀地质中产生的反射波特性来预报隧道掘进面前方及周围临近区域地质状况。它是在掌子面后方边墙一定范围内布置一排爆破点，进行微弱爆破，产生的地震波信号在隧道周围岩体内传播，当岩石强度发生变化，比如有断层或岩层变化时，会造成一部分信号返回，界面两侧岩石的强度差别越大，反射回来的信号、返回的时间和方向，通过专用数据处理软件处理，得到岩体强度变化界面的信号也就越强。返回信号被经过特殊设计的接收器接收转化成信号并进行放大，根据信号返回的时间和方向，通过专用数据处理软件处理，就可以得到岩体强度变化界面的位置及方位。TSP203地质预报系统现场测试示意图如图45-6所示。

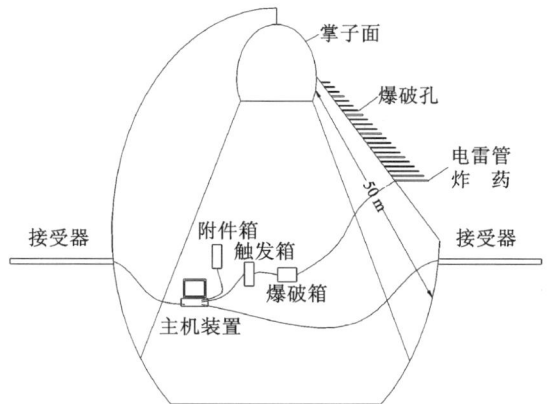

图45-6 TSP203地质超前预报系统现场测试示意图

2) 超前钻孔探测

"物探先行，钻探验证"，针对隧道围岩特点，采用超前钻探方法进行探测，以超前水平岩芯钻探为主，辅以浅孔钻探。

为节约施工时间和减少经费，对地质情况稳定、岩性坚硬完整且变化小的地段可酌情减少超前水平岩芯钻探工作量。在钻进过程中，尽可能避免钻头偏移，导致探测结果发生误差。根据岩石的坚硬程度，调整钻机转速和钻压，坚硬岩石采用较低钻压。采用RPD-150C地质钻机进行超前深孔钻探。

实际施工中用喷距代替射速进行预报，施作顺序如下：

暂时封闭水量较小的探孔，只留一个喷距最远的测量其喷距（如完全封闭有困难，可尽量堵塞，减小其流量）；把实测喷距换算成标准条件下的喷距。即高出水平面1 m（$y=1$）时的喷距；根据换算后的喷距，对涌水量进行预报。一般喷距小于5 m，流量小于100~400 m³/h为小型突水，可加大探孔长度，试挖前进；

喷距 9 ~ 12 m，流量 400 m³/h 以上为中型突水，应停止施工，探明情况；喷距 12 m 以上，为大型突水，应立即停止施工，探明情况，从速处理。

五、环境保护及水土保持

1. 隧道洞门及边仰坡施工环保措施

隧道洞门考虑应与周围自然环境相协调，隧道洞口应尽量避免大开挖，减少破坏山体植被，以保护环境，考虑减少空气动力学效应的不利影响，设置缓冲段，优先设置斜切式洞门。

隧道洞口以外边坡严格按设计要求进行防护和绿化：隧道口上沿应加密绿化，防止野生动物意外坠落危害行车安全；隧道进出口及隧道通风口附近绿化应注意植物层次，避免影响通风效率。

2. 隧道洞口开挖环保措施

（1）开挖前，按照设计做好洞顶截水沟，除自截水沟至洞口仰坡顶范围进行喷射混凝土外，其他部位不允许破坏植被；排水沟必须引至自然沟渠，杜绝自由流失现象；隧道洞口弃土按设计指定的弃土场进行弃放。

（2）隧道施工前对隧道洞口段进行详细地测量和细致地勘查，绘制洞口的平面地形图及纵横向断面图，仔细审核施工图纸和设计提供的地质资料，根据现场调查结果进行比对，发现问题及时提报有关单位。

（3）根据调查结果，制定符合工程实际的边仰坡开挖方案。对边仰坡进行妥善防护或加固，及时做好截、排水沟，洞口施工宜避开雨季和融雪期。

（4）做好洞顶、洞门及洞口的防排水系统工程，并妥善处理好陷穴、裂缝，以免地面水侵蚀洞体周围，造成岩体破碎带坍塌。

（5）采取合理的进洞方法，视洞门地形情况，洞门围岩较好的采取零开挖进洞；洞门围岩较差时，应采取合适的加固措施后进洞，避免大开大挖造成山体植被大面积破坏和保证洞口土体稳定。

（6）隧道施工场地占地若为农田，在隧道施工之前则应将表层熟土剥离，堆至临时堆放点，等隧道施工结束，应该重新将表层熟土归还原地，及时恢复农田。

3. 隧道洞身施工环保措施

（1）洞身开挖前，根据地质情况选择最佳的开挖施工方案。合理设计爆破参数，保证爆破的石渣块度在控制范围内，保证光面爆破的实施效果。

（2）进洞后按设计要求并根据洞内水量大小做好相应洞内顺坡和反坡排水沟，并做好纵坡，保证隧道内的渗水能够顺利排到洞外。洞外排水时做好引流设施，尽量在降尘时利用。

（3）隧道出渣进行利用时，碎石场选择距离农田和河流较远的地方。防止石渣破碎时造成的灰尘对农作物和河流水质的影响。

（4）工程弃土弃渣要按规定和时序弃于规定的弃渣场内，严禁外弃。弃渣场做到先保存表土并建好防护设施后弃渣。另外隧道开挖的废渣在符合路基填料的技术指标的前提下尽量作为路基填料使用，避免过多的弃渣产生。

（5）隧道开挖爆破时，必须按照设计的爆破参数进行施工。爆破后，应采取有效地通风方式进行排烟至少 15 min 以上，空气达到允许卫生标准浓度后方可进入施工现场。洞身较长时，还应采取喷雾洒水等措施进行降尘。

（6）现场作业人员进行炮眼钻孔时，应采取湿式凿岩，并且必须戴好防尘口罩或防尘面具，并对作业面进行洒水降尘。

（7）若隧道施工周围有住户，则隧道爆破作业应尽量选择在白天进行，降低爆破产生的噪音对周围居民产生的影响。

（8）隧道出渣车装车时不宜超过车箱边板，行车时应慢行，避免石渣掉落便道或地方便道上。

（9）隧道内作业人员应及时倒班，避免人员在洞内工作时间过长，对有害气体及时通过通风设备排放。

4. 隧道内施工作业环境的保护

隧道工程位于地下，一般只有进出口两个工作面，决定了隧道工程特殊的恶劣的施工环境。隧道施工时，受地热及设备作业产生的大量热量的影响，工作面温度高，对施工人员的健康会产生极大影响，因此要采取降温措施。

（1）加强工作面的通风，降低有害气体浓度。

（2）对隧道施工人员发放口罩、防毒面具等，并定期组织体检。

（3）掌子面放炮后由专人喷洒水雾进行除尘以减少空气中的悬浮颗粒。

（4）采用湿喷混凝土技术进行初期支护，减少空气悬浮物，减轻对空气的污染，改善作业环境。

第二节　长大、重难点隧道施工

本节只阐述长大、重难点隧道中的典型案例三清山隧道、北武夷山隧道。

一、三清山隧道

1. 工程概况

三清山隧道位于江西省上饶市境内，起讫里程 DK421+060 至 DK432+921，全长 11861 m。DK430+182 至 DK430+212 段为 F1 断层破碎带及其影响带，断层构造特征以挤压断裂带和裂隙带为主，其中 F1 断层产于燕山期（$\gamma52-3b$）中，EH-4 低阻异常带，与线路交与 DK430+212 至 DK430+182 附近，和线路走向夹角约 300°，断层产状为 1200∠800，宽度约 200 m，此段隧道埋深较大，洞身围岩岩性蚀变严重，断层段最小埋深 205 m，最大埋深 278 m。岩性主要为花岗岩，岩质较硬，岩体较破碎，节理较发育。地下水主要为构造裂隙水、较发育，估算最大涌水量约为 4175 m³/d，属强富水区，隧道通过含水体地段的正常涌水量为 1115.2 m³/d。

2. 事件简介

2012 年 9 月 30 日下午 16：00 左右，三清山隧道出口上导坑开挖至 DK430+211 处时，出渣完成后于晚上 18：30 发现掌子面有一处涌水，开始时出水直径大约为 φ60 mm，但至晚上 20：10 起，上台阶线路右侧拱顶处出水直径变为 φ150 mm，随后出水口水量不断增加，经检测估算最初流量为 150 m³/h，涌水处形成一条长 10.2 m，宽 1.5~2.5 m，向洞顶地表延伸深度超过 60 m 的一条裂隙，经水流不断冲刷后有继续扩大的趋势；2012 年 10 月 1 日上午测算出水口流量为 150 m³/h，10 月 1 日下午测算出水口流量为 188 m³/h，10 月 2 日上午测算出水口流量为 217 m³/h，日出水量为 5200 m³/d，已超过设计的 4175 m³/d，根据后续每天测算 10 月 8 日达到最大流量 6500 m³/d。事发现场照片如图 45-7、图 45-8 所示。

图 45-7　上台阶流水及空腔现场

3. 现场实施

1）超前地质预报

成立专业的超前地质预测预报小组，并将该项工作纳入施工工序管理。实现信息化施工，提前掌握开挖地层的特性，确定合理的支护参数和施工方法，制定施工中可能出现的各种问题的处理预案，确保工程

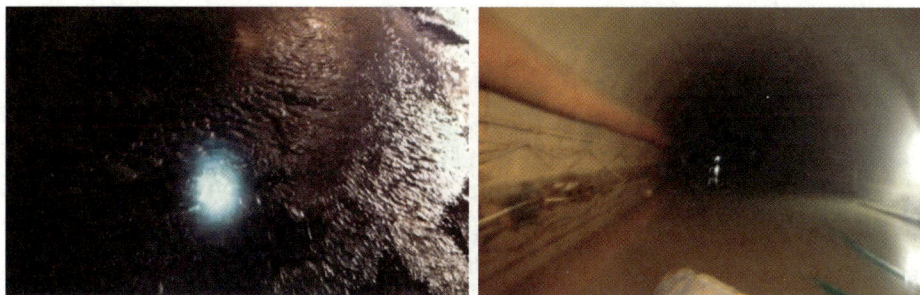

图 45 - 8　下台阶中心水沟涌水及洞口水淹现场

质量和施工安全。在预设计地质资料的基础上,采用地面预报和洞内超前预报相结合的模式,主要以洞内超前预报为主,对未开挖地段进行地质预测和分析,采集各种水文、地质、变形、应变等信息,及时进行信息反馈,以确定合理的支护参数,制定合理的施工方法。洞内超前预报主要通过全断面地质素描、TSP203地质超前预报系统、地质雷达、超前钻孔等手段进行;洞顶地表通过高密度电法及地质补勘钻探手段进行超前地质预报。

2)围岩注浆

为确保溶洞区的施工安全、改良洞周围岩条件以及为减少地表水下渗,DK430 + 182 至 DK430 + 212 段采用 5 m 超前周边预注浆堵水加固。注浆采用 1:1 水泥浆和水泥 - 水玻璃双液浆,以达到加固围岩及堵水的目的。

(1)注浆孔按浆液扩散半径 2 m 布设,孔底间距 3 m 布置,每一循环共设 4 环 98 个注浆孔。

(2)注浆材料以普通水泥浆液(水灰比 1:1)为主,对局部严重出水点附近可根据止浆试验情况采用水泥 - 水玻璃双液浆。水灰比:0.5 ~ 1.0(重量比),水玻璃浓度 35 Be,水泥浆与水玻璃体积比 1:1,缓凝剂($Na_2HP \cdot 4$)掺量为 2%,水泥采用 425 号硅酸岩水泥。

(3)注浆压力按 1 ~ 1.5 MPa。

(4)注浆效果检查:注浆完成后,每延米隧道涌水量大于 2 m^3/d,则判断注浆达到效果,否则应该进行补注浆。

3)超前预支护施工

DK430 + 182 至 DK430 + 212 段为 F1 断层破碎带及其影响带。为了安全穿过此破碎带,设计在该段采用双层小导管预支护。

(1)加工小导管:小导管采用 φ50 mm 的热轧无缝钢管,管长 5 m,壁厚 4 mm,小导管上孔眼直径为 φ8 mm,梅花形布置,间距 15 cm,尾部 30 cm 不设压浆孔。

(2)在钻孔前,先喷混凝土将开挖面封闭,以防止碎石掉落及边注浆时掌子面漏浆。

(3)测量放样,在设计孔位上做好标记,然后用风枪钻孔,孔径需较管径大 20 mm,钻孔外插角应控制在 15°左右。

(4)安设小导管,将小导管插入钻孔,外露 10 cm,以便连接注浆管并用锚固剂将小导管周围空隙封堵严实。拱部环向间距 40 cm,纵向间距 2.4 m,保持 1 m 的搭接长度。

(5)注浆:注浆前先冲洗管内积物后再注浆,浆液先稀后浓,顺序是由下而上向小导管内注浆,注浆泵选用 2.0 MPa 以上。小导管注浆压力严禁超过允许值,以防压裂工作面,同时还要控制注入量,若孔口压力已达到规定值,或达到设计注浆量,可结束注浆。为加速注浆,可在小导管前安设分浆器,一次可注入 3 ~ 5 根小导管。配置的浆液应在规定时间内注完,如图 45 - 9 所示。

4)洞身开挖及初期支护

(1)洞身开挖。

隧道开挖按新奥法原理进行施工,开挖段采用控制爆破技术,施工过程中加强检测,密切注意围岩变化,并及时调整爆破参数,随挖随护。

图 45 – 9　注浆施工

（2）初期支护。

①喷射混凝土施工。大股涌水宜采用注浆堵水后再喷射混凝土。小股水或裂隙渗漏水宜采用岩面注浆或导管引排后再喷射混凝土。大面积潮湿的岩面宜采用黏结性强的混凝土，如添加外加剂、掺合料以改善混凝土的性能。

②钢筋网。钢筋网片采用Ⅰ级 $\phi8$ mm 钢筋焊制，在钢筋加工场内集中加工。按图纸标定的位置挂设加工好的钢筋网片，钢筋片随初喷面的起伏铺设，绑扎固定于钢架后，再把钢筋片焊接成网，网片搭接长度为 1~2 个网格。

③型钢钢架。由于该段围岩破碎，里程 DK430 + 182 ~ DK430 + 212 段衬砌结构类型采用"Ⅴb 型"，采用钢架 I22a 工字钢（间距由 0.6 m/榀）加强支护。

5）洞顶河道铺砌

隧道断层洞顶地表沟谷采用浆砌片石铺砌处理，长度 350 m，厚度 80 cm，宽度结合沟谷宽度而定（平均宽度约 11 m），高度 1.5 m。洞顶河道铺砌如图 45 – 10 所示。

图 45 – 10　洞顶河道铺砌

4. 案例小结

通过依照设计方案对三清山隧道突水事件进行专项处理，确保了施工安全，同时通过超前小导管、围岩超前周边注浆等措施的实施，对围岩进行加固，为施工掘进提供安全保障，最终顺利通过溶洞区域，未发生一起安全事故。通过现场监控量测、二衬前断面检测，本段经地质加固处理后，拱顶沉降及围岩收敛均在允许范围内。

二、北武夷山隧道

工程概况：北武夷山隧道位于福建省武夷山市北侧约 29 km 处，起讫里程 DK520 + 280 ~ DK534 + 926，全长 14646 m，最大埋深 1110 m。

高地温地段专项施工：初步勘探地质文件显示隧道区埋深不小于 356.7 m 的地段（DK524 + 395 ~ DK528 + 450 段，长度 4055 m）地温温度不小于 28℃，最高温度为 50.3℃，属存在地温危害区域。因此，施工该段时，进行了超前地质预报工作，及时掌握前方围岩及水文情况，针对不同的围岩、水文情况，施工方法进行及时的、相应的调整。

采用 TGP206 地质预报系统、探地雷达、超前钻孔探测及地质素描等综合地质预报技术，长距离预报与短距离预报相结合，预测开挖工作面前方一定范围内的工程地质。施工中将超前地质预报工作纳入施工工序，由专人负责。

（1）辅助探测方法。

①地质调查法：包括地表补充地质调查、全洞洞内开挖工作面地质素描和全洞洞身地质素描。

②超前水平钻探法：在开挖过程中，地温危害区域等复杂地质条件地段必须采用超前水平钻探，且超前钻探必须设置防突装置。

在超前地质预报异常带的前方 30 m 掌子面中上部采用超前冲击水平钻孔验证前方地质情况，钻孔深度应超过异常带不少于 10 m。钻孔孔径为 50 mm，两次钻孔之间搭接长度 5 m。钻孔深度不小于 60 m；在地质复杂地段采用回转取芯钻取芯鉴定断层破碎带的物质成分及岩土强度，超前回转取芯钻水平钻孔在距离超前地质预报异常带 30 m 的掌子面布设 1 ~ 3 个孔，并设置一定的外插角探测。

（2）物探法。

①地震波反射法：在主要的断层破碎带、宽大节理密集带、喷出岩接触带及其他接触带的前方 100 m，根据现场开挖的具体实际情况，采用超前地质预报系统或同等性能的仪器进行连续不少于 2 次探测，每次探测距离为 100 m。

②地质雷达：隧道遇到灰岩地段时，采取地质雷达对掌子面及基底地质情况进行探测，掌子面探测一般 30 m 一次，必要时辅助钻探进行验证。

1. 施工方法

对于深埋隧道而言，由于埋深较大，原始岩温较高（最高温度为 50.3℃），加之掌子面大量的机械散热及爆破时炸药散热，掌子面将可能出现较大热害。为此，必须对洞内的环境条件加以改善。目前，隧道内降温归纳起来有两个大的方面：采用非人工制冷措施；采用人工制冷，冷却风流措施（即空气调节）。

隧道内每间隔 250 m 就设置一个综合洞室，隧道内降温设备可以考虑分段降温，即每施工 250 m，降温设备就可以往前移动一次，可以有效地降低管道费用及冷却水管道过长造成的能量损失。综合考虑，决定施工时使用制冷站作冷源的施工降温措施方案设计。

北武夷山隧道，在洞内设置制冷站较为合理，其具体位置可根据实际施工情况，结合综合洞室位置来布置，要求尽量与需冷却的掌子面接近，可以随着综合洞室的位置移动而移动，以缩短载冷剂管道。制冷站负荷由载冷剂从风流中吸收的热量（即掌子面所需的制冷量）、供给管道（载冷剂管道）的冷损量及供冷水泵对载冷剂的加热量三部分构成。

1）掌子面所需制冷量

降温所需功率图如图 45 - 11 所示。从图中看出，掌子面所需制冷功率使用量随掌子面初始温度增加而增加。将掌子面温度从 37.3℃ 降到 28℃ 所需制冷量为 260 kW，即为掌子面所需制冷量 Q。但这仅是掌子面空间实际所需制冷量，而不是制冷站的总负荷量。

2）供冷管道冷损量

载冷剂沿管道循环过程中，由于管道传热、摩擦部阻力等原因造成的冷损量可通过下式求得：

$$Q_q = CW\left(t - t_{wh} + \frac{8\lambda V^3}{\pi^3 \rho^2 D_b^5 K D_h}\right)$$

式中：Q_q 为冷水管道的冷损量，kW；C 为载冷剂比热容，kJ/(kg·k)；W 为载冷剂流量，kg/s；t 为隧道中的平均风温，℃；ρ 为载冷剂密度，kg/m³；V 为载冷剂流速，m/s；t_{wh} 为管段始端载冷剂的温度，℃；D_b，D_h 分别为管道的内、外径 m；k 为管壁的传热系数，kW/(m²·K)；λ——管壁摩擦阻力系数。

3）水泵对载冷剂的加热量 Q_b

$$Q_b = WH/(102 \cdot \eta)$$

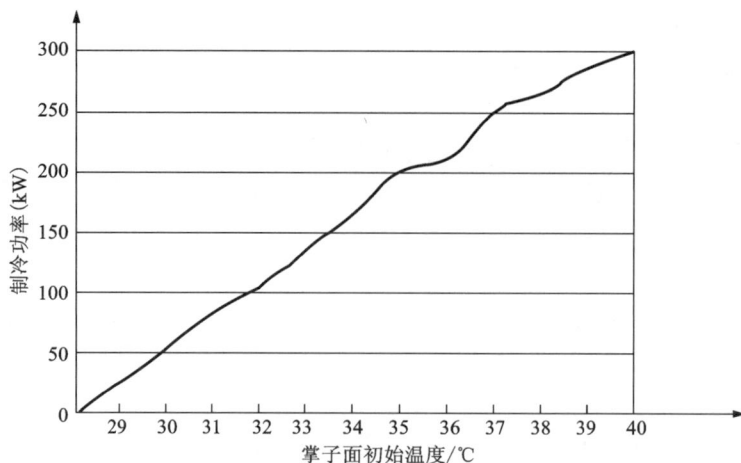

图 45 - 11 降温所需功率图

式中：W、H 分别为载冷剂流量和水泵扬程；η 为水泵效率，0.5~0.8，取 0.7。

故制冷站的总负荷量为 $Q_{总} = Q_b + Q_q + Q$。

由于隧道内环境的特殊性，在洞内使用的制冷设备必须具备。

①电机及电控装置必须符合矿用防爆规程要求。

②所用制冷剂应是无毒、不可燃及无爆炸危险。

③蒸发冷凝水侧工作压力应大于 3 MPa。

④体积小，结构紧凑，搬运方便。

目前，我国符合洞内使用要求的制冷设备，仅有 JKT - 20 型移动式冷风机，JKT - 70 型移动式冷水机组及新研制的 IFJ - 160 型矿用冷风机。对于大中型机组，在订货时，应按矿用要求对现有设备进行改进。在洞外使用时，选用一般型设备即可。

对于隧道内的空冷器，其作用是冷却掌子面附近的风流，可将其安装在离掌子面适当距离的风筒出口（或与风筒连接），随着工作面的推移，空冷器也随之前移。隧道内使用的空冷器，应采用表面式而不能采用喷雾式。表面式空冷器目前我国主要生产套片式和绕片式两种。套片式主要安装在 JKT - 20 型及 JKT - 70 型冷风机上。其特性参数如下：

换热管特性：铜质，外径 16 mm，内径 12 mm，绕片式；换热面积：120 m^2；迎面风速：3.3 m/s；换热量为 128 kW；配用风机功率为 5.5 kW；质量为 1000 kg；外形尺寸（长×宽×高）为 2.4 m×0.75 m×1.35 m。

从各种表面式空冷器中，可根据所需的制冷量选择与制冷机负荷相匹配的空冷器。另外，隧道中的冷却器系统宜采用隧道回风排热，而其中又以喷雾室最适合于隧道中。喷雾室可靠近制冷站设置，以减少冷却水管道长度。洞内供水系统包括载冷剂的循环系统及冷却水的循环系统两部分。其中载冷剂管道的长度根据制冷站与需冷位置的变化可达 1~5 km。其可以随着综合洞室的位置移动而移动，以缩短载冷剂管道这样可减小管道冷损及水泵的扬程。供水系统的最佳管径可通过下式求得：

$$D_h = 1.13 \sqrt{W/V}$$

式中：W 为载冷剂（或冷却水）的循环量，kg/s，取 0.4 kg/s；V 为经济流速，一般可取 1.5~2.5 m/s，本隧道取 2.0 m/s。最佳管径取 0.5 m。

载冷剂及冷却水水泵的扬程可根据管道阻力损失、蒸发器阻力损失、调节阀门控制阻力及水泵吸水管的阻力损失、冷凝器的阻力损失、喷嘴的喷射压力、水泵的排水阻力、水泵的吸水阻力等参数来求得。前面已对降温系统的各部分进行了选择确定，据此，可得出降温系统的总装置制冷系统，可放置于专门的综合洞室，洞室内可以满足搬运安装、维修、操作以及通风安全的要求。在事故时，载冷剂要能直接排到回风道中。部分为空气冷却系统，载冷剂将蒸发器中的冷量沿管道输送到空冷器以冷却风流，再回流到蒸发器中(表面式空冷器)。空冷器位于风筒出口掌子面附近,与制冷站之间靠载冷剂管道连接,空冷器将随掌子面的推进而不断向前移动。部分为冷却水系统,设置于制冷站附近,采用喷雾室来冷却从冷凝器来的热水,喷雾室应紧靠隧道边墙设置,以充分利用隧道回风带走冷凝水的热量。北武夷山隧道制冷设备最终在隧道岚谷斜井安装 JKT－70 型移动式冷水机组 1 组。

2. 施工措施

(1)为保证隧道施工人员进行正常的安全生产,国内外对隧道施工作业环境的卫生标准都有规定。如原铁道部规定,隧道内气温不得超过 28℃;交通部规定,隧道内气温不宜高于 30℃;日本规定隧道内温度应低于 37℃。

(2)为达到规定的标准,在施工中一般采取通风和洒水及通风与洒水相结合的措施。地温较高时,可采用大型通风设备予以降温。地温很高时,在正洞开挖工作面前方的一段距离,利用平导超前钻探,如有热水涌出,可在平导内增建降水、排水设施和排水钻孔,以降低正洞的水位。如正洞施工中仍有热水涌出时,可采用水玻璃－水泥浆液注浆,以发挥截水及稳定围岩的作用。

在一定的隧道壁温条件下,冷负荷减少,对减少空气处理器的投资和运行费用以及外型尺寸等都是有利的。另外,在洞内放置大量冰块,即不影响环境,又起到降温的作用。

(3)高温地段的衬砌混凝土:在高温(如 70℃ 高温)的岩体及喷射混凝土上浇筑二次衬砌混凝土时,即使厚度再薄,水化热也不易逸出。由于混凝土里面和表面的温差,在早龄期有可能存在裂缝。因此,对二次混凝土衬砌防止裂缝,应采取下述措施:

①为了防止高温时的强度降低,应选定合适的水灰比,并考虑到对温泉水的耐久性,宜采用高炉矿渣水泥(分离粉碎型水泥)。混凝土配合比和掺合剂应作试验优选。

②在防水板和混凝土衬砌之间设置隔热材料,可隔断从岩体传播来的热量,使混凝土内的温度应力降低。

③把一般衬砌混凝土的浇筑长度适当缩短。

④用防水板和土工布组合成缓冲材料,由于与喷射混凝土隔离,因此,混凝土衬砌的收缩可不受到约束。

⑤适当设置裂缝诱发缝,一般在两拱角延长方向设置。

(4)中暑症的防治措施:在高温条件下施工除采用降温措施外,还应注意中暑症的防治工作。

(5)合理安排高温作业时间:根据坑道内的高温程度、劳动强度和劳动效率,确定劳动工时,以策施工人员的健康和安全。

(6)加强健康管理:有高血压、心脏病的患者,由于高温作业有引起症状恶化之虞;疲劳、空腹、睡眠不足、酒醉等容易诱发中暑症,对此类人员应禁止参加劳动。在高温作业时,易发生维生素、水分、盐类的不足,对此需进行充分的补充。为恢复疲劳,在适温适湿的环境下休息,或充分地进行卧床休息。

第三节　特殊不良地质条件隧道施工

本节主要对岩溶、浅埋、软岩偏压等不良地质进行阐述。

一、棋盘山隧道溶洞涌水塌方处理施工技术

1. 工程概况

棋盘山隧道起讫里程为 DK440＋700 至 DK442＋458.13,全长 1758.13 m。DK441＋600 至 DK441＋660 段处于一向斜构造中,地下水类型主要为基岩裂隙水,预测最大涌水量约为 251 m³/d,为中等富水区。设计衬砌类型为"Ⅴb 型",超前预支护措施为双层小导管预支护。DK441＋650～＋661 段采用三台阶临时仰拱法,DK441＋600～＋650 段采用四部 CD 法。

2. 事件简介

2012 年 9 月 16 日 14:30,棋盘山隧道出口上台阶掌子面(里程 DK441＋660)爆破出渣完成之后,挖掘机排险的过程中,位于线路左侧拱腰部位,出现大量突水、突泥现象,现场施工作业人员及设备紧急撤离,

未造成人员伤害及设备的损失。现场施工人员反映，掌子面出现直径约 1.0 m 的圆状孔，现场目测涌出的角砾料、砂、泥等约为 200 余立方米，涌出物体堵塞孔洞，掌子面水流较大，水体浑浊，夹带大量泥沙，突水淹没上台阶、仰拱及洞口加工场和隧道出口 2#拌和站。当天下午 15：30 左右测量流速约为 1.5 m/s，水沟的宽度为 1.1 m，水深约为 25 cm，估算每天的突水量约为 3.6 万立方米，事发现场照片如图 45 - 12、图 45 - 13 所示。

图 45 - 12　上台阶流水及涌出泥土

图 45 - 13　下台阶中央水沟涌水及洞口水淹

3. 现场实施

1）超前地质预报

成立专业的超前地质预测预报小组，并将该项工作纳入施工工序管理。在预设计地质资料的基础上，采用地面预报和洞内超前预报相结合的模式，主要以洞内超前预报为主，对未开挖地段进行地质预测和分析，采集各种水文、地质、变形、应变、溶腔等信息，及时进行信息反馈，以确定合理的支护参数，制定合理的施工方法。洞内超前预报主要通过全断面地质素描、TSP203 地质超前预报系统、地质雷达、超前钻孔等手段进行；洞顶地表通过高密度电法及地质补勘钻探手段进行超前地质预报。

2）溶洞处理

（1）溶洞口封闭。

①为防止穿堂风对溶洞围岩分化再次塌方，立刻封堵突泥突水口，在突泥口设置一个宽 2 m、高为 3 m 的弧形门式架（门式架采用 I 22 工字钢焊接而成），在门式架上打设 15 根长为 6 m 的 108 钢管，钢管前段设置成锥形，钢管一段打入溶腔内土中，一段设置在门式架上，门式架两侧各设置 8 根锁脚钢管，同时在钢架布设一根直径 160 mm 的钢管，钢管长 7 m，该钢管斜向布设在溶腔中间，泵管口高出隧道断面外 6 m，另外在突泥口最底部预埋 2 根 107 盲管排除溶腔内裂隙水。

②钢管施作完毕后，采用 C30 标号网喷混凝土将孔口喷射封堵，喷射顺序从孔内向孔外依次喷射，喷射时尽量将喷头伸至孔内，确保喷射混凝土密实。

（2）泵送混凝土。

采用 C20 混凝土进行溶腔充填，混凝土由拌和站统一拌制，8 m³ 混凝土罐车运至洞内由混凝土地泵进行泵送,混凝土充填分两次进行,第一次充填 16 m³,待混凝土强度达到终凝后再进行第二次充填,直至泵不动为止。

(3)混凝土止浆墙施工。

施工之前在掌子面位置第一循环 5 m 周边预注浆位置设置 1 道 1 m 厚的 C20 混凝土止浆墙。

3)围岩注浆

为确保溶洞区的施工安全、改良洞周围围岩条件以及为减少地表水下渗,里程 DK441 + 631 至 DK441 + 661 采用 5 m 超前周边预注浆。里程 DK441 + 600 ~ DK441 + 631 段采用 3 m 径向注浆。注浆采用 1∶1 水泥浆和水泥 – 水玻璃双液浆,以达到加固围岩及堵水的目的。

4)超前预支护施工

棋盘山隧道里程 DK441 + 600 ~ DK441 + 661 段为浅埋段,地质复杂、围岩破碎,局部溶洞发育,结合目前水平钻,施工补钻及物探工作推测,溶洞多充填,主要充填物为软塑状钙质页岩全风化体、炭质页岩全风化体及灰岩碎块等,预测最大涌水量约为 1500 m³/d。地表处于冲沟地带,埋深为 11 ~ 30 m。为了安全穿过此浅埋段,设计将该段超前预支护措施调整为洞身长管棚套打单层小导管预支护。

(1)洞身管棚施工。

设计参数:每环 45 根,环向间距 40 cm,洞身长管棚长度一般为 10 ~ 15 m 一环,两环之间及与下一类型超前支护措施的搭接长度不小于 3 m。根据需要,两环长管棚之间可设置小导管。管棚外插角不大于 8°,具体可根据现场情况适当调整。根据洞身管棚打设的需要,在靠近掌子面位置支立 1 榀钢架,该钢架支立完毕后使用锁脚钢管将该钢架进行锁脚锚固,锁脚由原来的 4 根增加到 12 根;同时该钢架支立完毕后不进行喷射混凝土施工,该钢架作为洞身管棚的导向管支撑架,在该钢架上固定导向管,导向管设置角度为 10°(通过调整钢架的半径,间接调整导向管角度),长度设定为 80 cm。

(2)单层小导管施工。

小导管采用无缝热轧钢管制成,采用台式钻床在前部钻注浆孔,孔径为 10 mm,孔间距为 15 cm,呈梅花形布置,前端加工成锥形,尾部不钻孔长度不小于 30 cm,作为止浆段。小导管采用凿岩风钻打孔,成孔直径 ϕ42 mm ~ ϕ50 mm,孔口钻眼偏差小于 50 mm,孔眼长度大于小导管长度,然后将小导管打入,小导管打入后用高压风将小导管内砂石等吹出。小导管尾部置于钢架腹部,增加共同支护能力。小导管安装后用塑胶泥封堵导管外边的孔口及围岩裂隙。

5)洞身开挖及初期支护

(1)洞身开挖。

隧道开挖按新奥法原理进行施工,开挖段采用控制爆破技术,施工过程中加强检测,密切注意围岩变化,并及时调整爆破参数,随挖随护。

(2)初期支护。

①锚杆施工。

该段拱部 140°范围内采用中空锚杆,边墙采用砂浆锚杆,其中 DK441 + 631 ~ DK441 + 661 段边墙由于地质较差由原设计 ϕ22 mm 砂浆锚杆调整为中空锚杆。

②喷射混凝土施工。

喷射混凝土施工时对有涌水、渗水或潮湿的岩面喷射前应按不同情况进行处理:大股涌水宜采用注浆堵水后再喷射混凝土;小股水或裂隙渗漏水宜采用岩面注浆或导管引排后再喷射混凝土;大面积潮湿的岩面宜采用黏结性强的混凝土,如添加外加剂、掺合料以改善混凝土的性能。

③钢筋网。

挂钢筋网在砂浆锚杆施作后安设,钢筋类型及网格间距按设计要求施作。钢筋网随被支护岩体的实际起伏状铺设,并在初喷混凝土后进行,与被支护岩面间隙约 3 cm,钢筋网与钢筋网连接处、钢筋网与锚杆连接处点焊在一起,使钢筋网在喷射时不易晃动。岩面较平整时,钢筋网在加工厂加工成片,在洞内再焊接起来形成整体。岩面不平时,钢筋网在洞内现场安设。

④型钢钢架。

由于该段围岩破碎,衬砌结构类型采用"Vb 型",钢架 I22a 工字钢,间距由原设计 0.6 m/榀调整到

0.5 m/榀加强支护。

6）监控量测

棋盘山隧道以洞内、洞外观测、水平净空变化值的量测、拱顶下沉量测及地表下沉量测为必测项目。根据围岩性质、隧道埋置深度、开挖方式等条件确定锚杆轴力量测和爆破振动观测。以进一步了解围岩变化，为后续二衬施工提供参考依据。

4. 案例小结

（1）棋盘山隧道溶洞突水突泥事件，主要由于向斜构造引起，经超前地质钻孔揭露此段地层岩性、地质构造均较复杂，岩溶发育，岩体破碎，涌水量较大。对此，在施工过程中，必须加强对断层破损带、接触带、向斜地质构造等特殊地质的超前预报措施。

（2）在突水突泥整治方案中，通过超前大管棚、超前小导管、钢架加密、围岩超前注浆及周边注浆等措施的实施，对围岩进行了加固，为施工掘进提供了安全保障，最终顺利通过溶洞区域，未发生一起安全事故。

（3）针对本段实测涌水量较大，通过围岩超前预注浆、径向注浆对围岩裂隙进行加固，并加强二衬结构排水措施，实现"堵排结合、综合治理"。

（4）通过现场监控量测、二衬前断面检测，本段经地质加固处理后，拱顶沉降及围岩收敛均在允许范围内。

二、蘑菇山隧道浅埋段明洞暗挖法施工技术

1. 工程概况

蘑菇山隧道全长为3815.08 m，隧道进出口洞门段、洞身中间段多处浅埋，且自进口至出口依次分布着F1、F2、F3 三个断层破碎带及影响带。DK454 + 506 ~ DK454 + 580 浅埋段位于隧道中间部位，为山间谷地，设计资料显示，DK454 + 536 ~ DK454 + 545 段为最浅埋部分，此段属谷底冲沟中间，最小埋深为1.2 m。洞身主要穿越强—弱风化层，浅埋段洞顶存在自然冲沟，洞身围岩易坍塌，地表易发生变形下陷。设计施工工法为明挖法，采用路堑式明洞结构（墙底开挖，回填4 ~ 6 m）。

2. 现场实施

为避免明洞施工可能造成的开挖破坏等因素影响，减少施工临建投入和节约工期。根据现场施工调查资料及隧道工期总体进度安排情况，经施工单位提请设计院进行变更设计，对 DK454 + 536 ~ DK454 + 545 段采用暗挖通过。

1）浅埋段回填及截水处理施工

浅埋段地表回填前，沿着既有沟谷，在 DK454 + 545 ~ DK454 + 566 里程段线路中心上下21 m 范围内，进行原地面清表，清表原则以清除虚土、腐物而不扰动地表为主，清表后采用手持振动夯对基底进行人工夯实处理，而后在清表位置分层填筑回填掺10% 水泥碎石改良土，回填宽度以隧道中线向两侧各20 ~ 30 m，回填每层厚度不得超过20 cm，采用手持振动夯进行人工夯实，压实度达到80% 以上，回填总厚度以回填面距洞顶结构外侧结构层垂直距离不小于3 m 为控制要求，以增加洞顶覆盖层厚度，在水泥碎石改良土表面回填50 cm 厚的种植土，以增强洞顶覆盖层的防水能力。

水泥碎石改良土施工完成后，进行洞顶排水槽施工，排水槽顺接原沟谷体系，坡度尽量与原始地形相结合，减少地表水对隧道施工的危害。排水槽采用钢筋混凝土，槽底部与洞顶结构外侧距离不小于2.5 m，以免干扰暗洞施工。排水槽为倒梯形，底宽为2 m，上口宽为4.8 m，水沟坡比为1∶1；水沟采用φ8 mm 的配筋，间距均为20 cm，沟身混凝土厚度为30 cm，混凝土标号为C25。洞顶换填及截水措施施工如图45 - 14 所示。

2）暗洞超前支护施工

DK454 + 520 ~ DK454 + 560 段拱部采用 L - 40 mφ108 mm 热轧无缝钢管超前支护，钢花管环向间距40 cm，DK454 + 560 ~ DK454 + 565 段施作管棚工作室，见图45 - 15。

（1）管棚工作室施工。

DK454 + 560 ~ DK454 + 565 段拱部开挖轮廓线较设计断面扩大1.0 m，管棚工作室长度可以根据现场

图 45 – 14　洞顶换填及截水措施施工

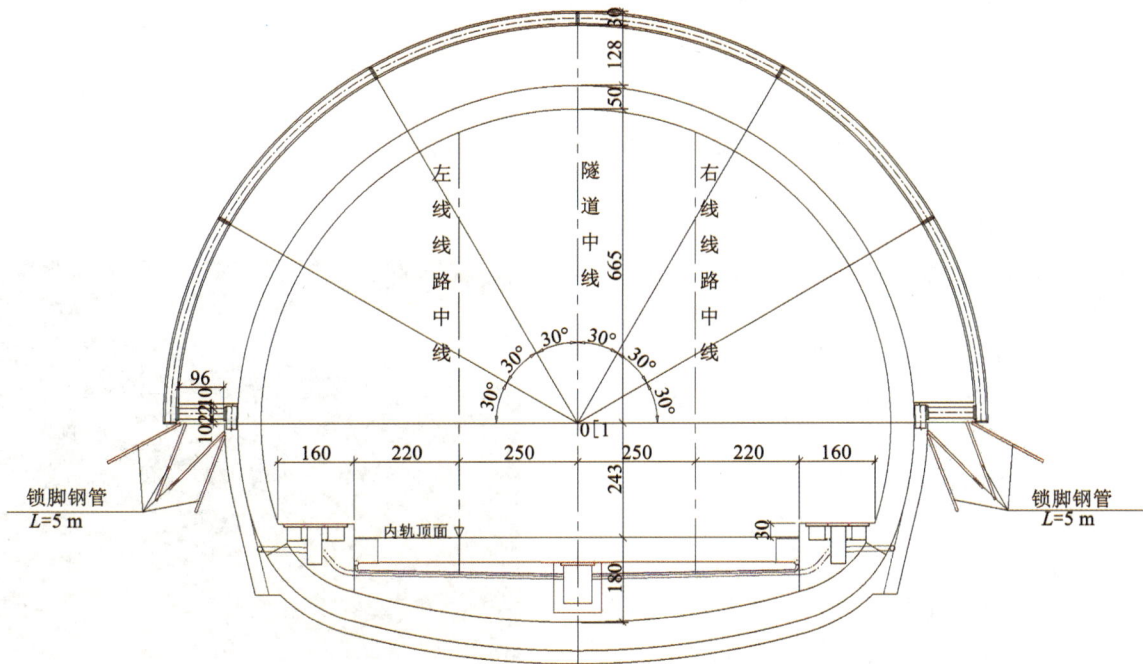

图 45 – 15　管棚工作室断面图

机具配备情况酌情调整。管棚工作室开挖后，钢架在初喷 4 cm 混凝土后架设，架设完毕后须复喷混凝土至设计厚度。管棚工作室在管棚施作完毕后采用 C35 混凝土回填，并铺设防水层，最后施作二次衬砌。

管棚工作室的初期支护采用 I22a 钢架，I22a 钢架按纵向间距 0.6 m/榀布置，并铺挂钢筋网片，网片采用 ϕ6 mm 钢筋，网格 20 cm×20 cm，并与钢架焊接牢靠，采用 4 根 ϕ50 mm 钢花管注浆锁脚，钢花管长 5 m，并按要求施工径向锚杆。

（2）洞身套拱施工。

为保证管棚施工角度控制，对洞身长管棚加设套拱进行导向，套拱采用 C20 混凝土，截面尺寸 1 m× 1 m，设置拱顶 180°范围内，为保证长管棚施工精度，套拱内设 2 榀 I18 轻型工字钢，钢架外缘设 ϕ140 mm 壁厚 5 mm 导向钢管，钢管与钢架焊接。

（3）洞身长管棚施工。

DK454 + 520 ~ DK454 + 560 段拱部采用 L – 40 mϕ108 热轧无缝钢管超前支护，超前长管棚长 40 m，环

向间距 40 cm，共计 62 根；采用管棚钻机进行钻孔，注浆机进行注浆，洞身长管棚施工断面图如图 45－16 所示。图中编号为单号者采用钢花管，双号者采用钢管，施工时先打设单号钢花管并注浆，注浆材料为水泥浆液 1:1（重量比），注浆压力为：0.5～2 MPa，然后打设双号钢管，以便检查钢花管的注浆质量。

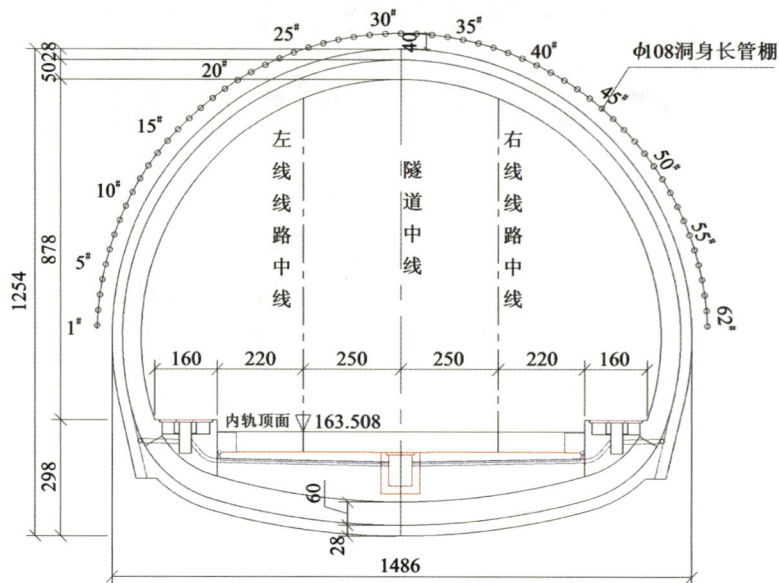

图 45－16　洞身长管棚施工断面图

3）超前小导管施工

根据长管棚注浆效果，必要时采用 φ42 mm 超前小导管补充预注浆支护，壁厚 3.5 mm，超前小导管长 4.5 m，环向间距 0.4 m，纵向间距按 3 m 一环布置，其纵向搭接长度不小于 1 m。超前小导管施工如图 45－17 所示。

4）暗洞三台阶临时仰拱法施工

浅埋段采用三台阶临时仰拱施工工法进行施工，如图 45－18 所示。

第一步：施作隧道超前支护开挖①台阶，施作①部洞身结构的初期支护，即喷设 4 cm 厚混凝土，架立 I22a 钢架并设锁脚钢管，复喷混凝土至设计厚度后钻设系统锚杆；底部架立临时钢架封闭，喷射 10 cm 厚的混凝土。

图 45－17　超前小导管施工

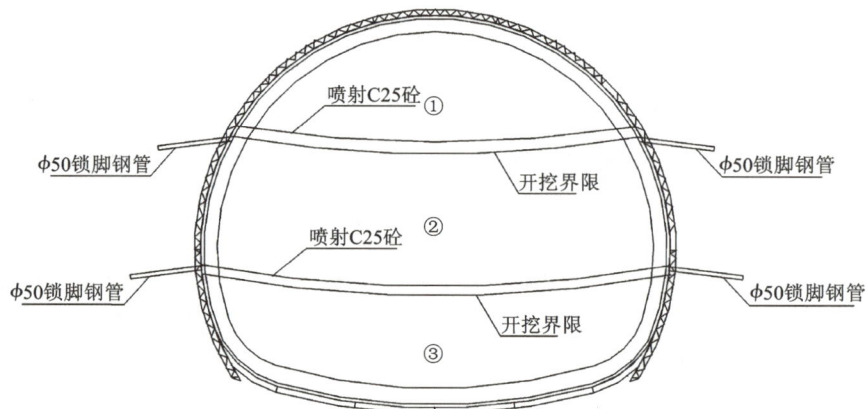

图 45－18　三台阶临时仰拱法施工示意图

第二步：上台阶施工至适当距离后(5~10 m)，开挖②部台阶，接长钢架施作洞身结构的初期支护及封底，参照第一步工序进行。

第三步：开挖③部台阶，及时封闭初期支护，参照第二步工序。各部台阶一次开挖长度宜在5~10 m之间，第③部台阶开挖后仰拱应紧跟。

为保证初期支护安全，此段初期支护每榀钢架采用4根 $L=5$ m 的 $\phi50$ mm 钢花管注浆加强锁脚。

5)超前地质预报

为确保浅埋地段施工安全，在加强监控量测(地表沉降、水平净空收敛、拱顶沉降等)及地下水、地表水的发育流向情况的同时，加强对地质情况进行追踪勘查，采用长距(TSP)，中、短距(超前水平钻孔、地质围岩描述)等超前地质预报技术配合的措施，为施工提供准确的监控量测和地质预报信息，及时进行数据信息处理分析，用以指导施工。

6)监控量测

在前期监控量测的基础上，在洞内及地表以5 m 为一个断面采取加密布点监控。对监控量测结果绘制成图谱进行数据分析，及时掌握围岩的变化情况。

7)二衬施工

为确保施工安全，浅埋段开挖支护完成后，及时跟进施工该浅埋段二次衬砌，保证仰拱、二衬距开挖掌子面安全步距在规范要求范围内。

3.优化小结

(1)通过采取明洞暗挖施工，结合实际施工过程控制及施工监测情况，洞身围岩收敛及拱顶沉降均在规范范围之内，暗洞拱顶最大沉降量为6 mm，围岩收敛最大为5 mm，初期支护表面无明显开裂情况，洞顶未出现开裂、塌陷等情况，充分说明明洞暗挖法的施工技术方案可行，既缩短工期，又减少投资及对周围环境的影响，避免明挖法带来的工程安全隐患事故。

(2)通过现场施工经验总结，需重点注意以下问题：

①加强洞顶换填质量及截排水措施，确保暗洞施工安全。

②通过管棚钻孔，及时对洞身围岩最真实地质情况进行了解，提出应对措施。

③加强超前大管棚注浆施工质量，保证注浆效果，特别是通过注浆对裂隙水进行封堵，对局部松散地层进行夯实。

④加强锁脚施工质量，局部加设注浆锁脚钢管，能够有效控制初期支护施工过程中的变形。

⑤切实做好监控量测，及时了解围岩动态，保证施工作业安全。

通过实际施工及监测表明，洞身大管棚发挥了作用，洞顶回填及截排水措施到位，确保施工安全，对隧道的美观亦做到和谐统一。

三、武夷隧道出口段软弱地质偏压施工技术

1.工程概况

武夷隧道起讫里程为 DK556+155.88~DK561+137，全长为4981.12 m。出口段表层为坡积(Q4dl)粉质黏土夹碎石土，灰黄色、灰黑色，软—可塑，湿润。成分以粉黏粒为主，厚度约为3 m 局部含碎石、块石约20%，个别块石直径为600~1200 mm，厚度3.5~13.5 m。隧道出口段的 DK560+660~DK561+137 为松散堆积体。围岩分级为Ⅴ级，总体稳定性差，工程地质条件差，易坍塌。地下水主要为基岩裂隙水，易受地表水下渗影响。最大涌水量为898 m³/d，为中等富水区。

DK561+028~DK561+108 段，采用Ⅴb 型加强衬砌结构，洞口长管棚预支护，六部 CD 法施工；DK560+820~DK561+028 段，采用Ⅴb 型加强衬砌结构，双层小导管预支护，六部 CD 法施工。

2.事件简介

武夷隧道出口工区自2010年10月进洞施工，采用四部 CD 法开挖，采用洞身 $\phi108$ mm 长管棚结合 $\phi42$ mm 单层小导管超前预支护；初期支护喷混凝土厚28 cm、采用间距0.6 m/榀的 I22a 型钢钢架，如图45-19所示。

2012年4月起，陆续发现 DK561+006~DK561+042 拱顶及拱腰位置出现较大沉降，日均沉降量达到

3~5 cm，5月23日地表出现多条裂缝，裂缝最大宽度约10 cm、长度约10 cm，方向垂直隧道中线，如图45-20所示。截止至2012年6月3日，隧道拱顶累计下沉降大值540 cm，侵入二衬390 cm。

图45-19　武夷隧道出口进洞

图45-20　地表开裂

2012年11月14日至16日，武夷山地区持续下中到大雨，至11月17日陆续发现DK561+000至DK560+989段拱顶位置出现较大沉降，日最大沉降量达到260 mm，拱腰部位收敛最大达到632 mm，洞内初支钢拱架变形照片如图45-21所示。11月20日地表发现多条横向裂缝，裂缝最大宽度为2~3 cm，长度约10 cm，方向垂直隧道中线。截至2012年11月27日，隧道拱顶累计下沉降大值1340 cm，侵入二衬850 cm。

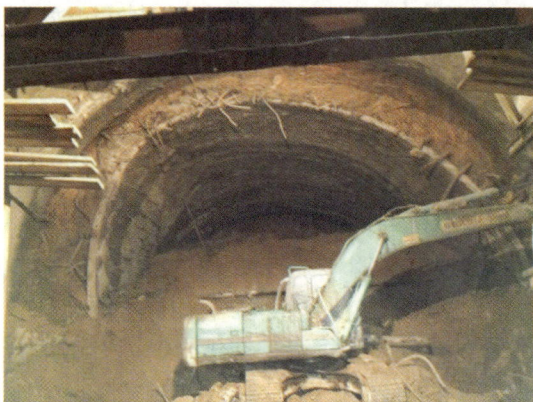

图45-21　洞内初支钢拱架变形

3．现场实施

1）地表袖阀管注浆

DK561+000~DK561+042段地表注浆加固范围为隧顶以上8 m、隧道中线两侧各15 m；DK560+989~DK561+000初支钢架变形段地表袖阀管注浆范围为隧道中线两侧各15 m、隧顶以上8 m至仰拱底；DK560+920~DK561+989段地表袖阀管注浆范围为隧道中线两侧各12 m、隧顶以上6 m至仰拱底下2 m。地表袖阀管注浆示意图如图45-22、图45-23所示。

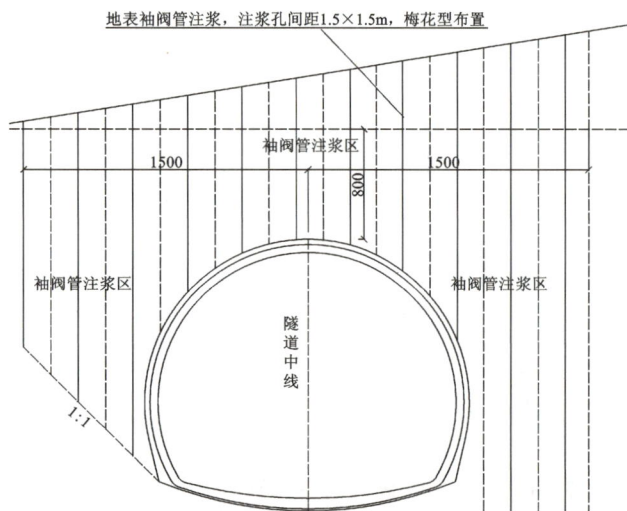

DK561+007~DK560+989段地表袖阀管注浆示意图

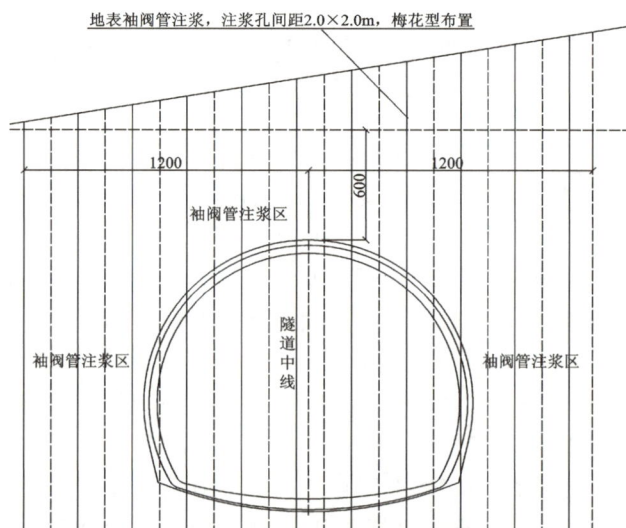

DK560+989~DK560+920段地表袖阀管注浆示意图

图45-22　DK560+989~DK561+007段、DK560+920~DK560+989段地表袖阀管注浆示意图

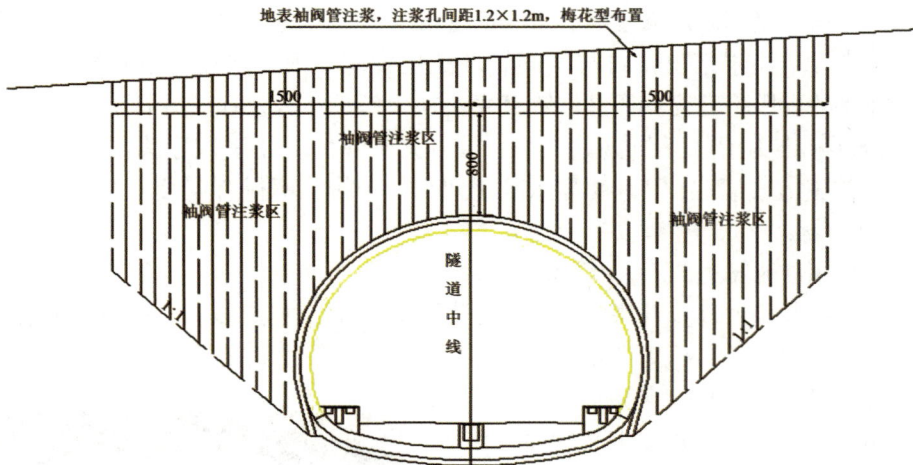

图 45 - 23　DK561 + 000 ~ DK561 + 042 段地表袖阀管注浆示意图

（1）工艺流程。

地表注浆处理施工采用后退式袖阀管分段注浆工艺，即采用地质钻机垂直于地面钻孔，下入袖阀管后，通过注浆泵进行后退式分段注浆，较均匀地固结充填地层空隙，如图 45 - 24 所示。

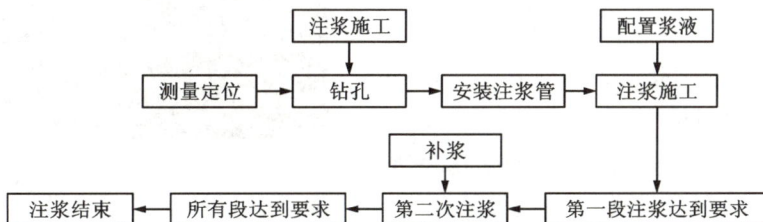

图 45 - 24　后退式袖阀管分段注浆工艺流程

（2）钻孔施工。

采用回转式地质钻机成孔。采用针状合金钻头钻进，泥浆作为冲洗液，开孔孔径 110 mm。采用一次成孔法，钻至设计高程后停止钻进。排间钻孔分为二序施工，同排钻孔亦分为二序施工，先钻一序后钻二序。

钻孔过程中，遇地层变化等异常情况，应进行详细记录。

（3）清孔、浇注套壳料、下袖阀管及待凝。

①清孔：钻孔结束后，对钻孔进行清孔，即用稀泥浆置换孔内的稠泥浆，待回浆比重小于 1.1 时，清孔即可结束。清孔后立即向孔内注入套壳料。

②浇注套壳料：套壳料是由水泥、黏土浆按配比混合制成（水泥：黏土：水为 1∶1.5∶1.9）。将导管下至孔底 10 cm 处，用注浆泵通过导管将套壳料送到孔底，使套壳料自下而上全部置换孔内泥浆，直到套壳料从孔口溢出。浇注套壳料必须连续进行，不得中间停顿。灌注套壳料的时间力求最短，最长不宜超过 20 min。

③下袖阀管：套壳料注入完毕后立即下入袖阀管，袖阀管位置应居中并固定，管底高程应满足设计要求，管口出地面 10 ~ 20 cm，管口加以保护。

④待凝：套壳料灌注完毕后，须待凝 3 ~ 5 d 才能注浆。

（4）注浆

①注浆材料：注浆工程使用纯水泥浆，采用 PO42.5 普通硅酸盐水泥，注浆用水采用引用水，水灰比为（0.8∶1）~（1∶1）。制浆材料的称量误差应小于 5%，每部注浆机都配备一部专用的灰浆搅拌机。水泥浆搅拌时间不小于 3 min。浆液使用前必须过筛，浆液制备至用完时间不宜大于 4 h，超过 4 h 的余浆应作为废

浆处理。

②注浆方式：套壳料待凝到规定强度后，即准备注浆工作。首先用清水将袖阀管冲洗干净，然后向袖阀管内下入双塞式注浆塞，注浆塞出浆口与袖阀管环孔位置应一致。用注浆泵对袖阀管内注浆段逐渐加压，直到清水通过花管的孔眼将套壳料压开，使套壳料产生裂缝，即开环。开环后，即向地层中灌注规定配合比的水泥浆。开环标准为清水耗量突然大增，压力突然降低。注浆次序为先灌边排孔，后灌中间排孔。每排孔采用逐渐加密方式灌注；开环率要求大于95%，中排孔不得有连续不开环的孔段，边排孔不得有连续3个不开环的孔段。

③注浆压力：拟采用注浆压力0.5~1.2 MPa。

④注浆结束标准：注浆压力逐步升高，当达到设计终压并继续注浆10 min以上；注浆结束时的进浆量在5 L/min以下；如单孔（或每段）压力达不到设计终压，但注浆量达到设计注浆量。

⑤封孔：袖阀管注浆结束并验收合格后对袖阀管进行封孔，封孔采用纯水泥浆。注浆结束后须对注浆效果进行检查，对注浆过程中P-Q-t曲线进行分析，要求达到设计终压，注浆速度小于5 L/min，并且P-t曲线呈上升趋势，Q-t曲线呈下降趋势；施工总注浆量反算出浆液填充系数达到80%以上。现场注浆照片如图45-25所示。

（5）特殊情况下的技术处理措施。

①在注浆过程中，发现浆液冒出地表即冒浆，采取如下控制性措施：

降低注浆压力，同时提高浆液浓度，必要时掺砂或水玻璃；限量注浆，控制单位吸浆量不超过30~40 L/min或更小一些；采用间歇注浆的方法，即发现冒浆后就停灌，待15 min左右再灌。

图45-25 现场注浆

②在注浆过程中，当浆液从附近其他钻孔流出即串浆，采取如下方法处理：

加大第一次序孔间的孔距；在施工组织安排上，适当延长相邻两个次序孔施工时间的间隔，使前一次序孔浆液基本凝固或具有一定强度后，再开始后一次序钻孔，相邻同一次序孔不要在同一高程钻孔中注浆；串浆孔若为待灌孔，采取同时并联注浆的方法处理，如串浆孔正在钻孔，则停钻封闭孔口，待注浆完后再恢复钻孔。

注浆结束7 d后须对注浆处理效果进行质量检查，检查的方法采用抽样在相邻两孔间钻探检验注浆扩散半径及注浆质量，现场取芯验证如图45-26所示。若达到规定要求，说明满足设计要求，否则需补孔继续注浆，直到满足设计要求。检查满足设计要求后，对所有探测孔注浆补强，并用砂浆封口。

2）超前支护

（1）洞身管棚施工。

洞身长管棚长度一般为10~15 m一环，两环之间及与下一类型超前支护措施的搭接长度不小于3 m。由于前期施工时发生初支钢架侵入二衬，管棚施工前需要对部分侵限的初支钢架进行换拱处理，换拱长度满足管棚施工所需即可，然后再立1榀钢架，该钢架支立完毕后（不进行喷射混凝土施工）使用锁脚钢管将该钢架进行锁脚锚固，每个接头采用6根φ89 mm钢管，钢管长5 m。该钢架作为洞身管棚的导向管支撑架，在该钢架上固定导向管，导向管设置角度5°（通过调整钢架的半径，间接调整导向管角度），长度设定为80 cm，然后进行喷射混凝土施工（喷射混凝土时需对导向管进行临时堵塞）。待喷射混凝土完成24小时后进行钻孔及后续的送管（φ108 mm钢管内加钢筋笼）、注浆等施工，洞身管棚施工如图45-27所示。

（2）单层小导管施工。

小导管采用无缝热轧钢管制成，采用台式钻床在前部钻注浆孔，孔径为10 mm，孔间距15 cm，呈梅花形布置，前端加工成锥形，尾部不钻孔长度不小于30 cm，作为止浆段。小导管采用凿岩风钻打孔，成孔直径φ42 mm~φ50 mm，孔口钻眼偏差小于50 mm，孔眼长度大于小导管长度，然后将小导管打入，小导管打

图 45 – 26　现场取芯验证

图 45 – 27　洞身管棚施工

入后用高压风将小导管内砂石等吹出。小导管尾部置于钢架腹部,增加共同支护能力。小导管安装后用塑胶泥封堵导管外边的孔口及围岩裂隙,然后进行注浆,洞内单层小导管施工如图 45 – 28 所示。

3)对侵限的初支钢架进行更换

钢棚施工完毕后,对剩余侵限的初支钢架进行更换。换拱前,先进行断面测量以确定初支侵限的部位和数据,然后对洞内初支钢架进行加固(在洞内增设竖撑)。换拱作业时,采用由上至下,先换拱部钢架,待已更换初期支护的混凝土达到一定强度后,再更换

图 45 – 28　洞内单层小导管施工

边墙段钢架。由洞口方向向掌子面方向进行,每次换拱作业,不得超过 1 榀钢架。

(1)剥离初支混凝土、拆除钢架及连接件、更换钢架。

待松散围岩固结后,进行换拱作业。换拱时,先采用弱爆破对初期支护混凝土进行剥离,然后切除连接螺栓,最后拆除待换钢架、钢筋网等。对开挖断面再次进行量测,并对开挖断面进行人工修整(并预留变形量 15 cm),然后对开挖面进行初喷,厚度 4 cm。

安装钢架和施工系统锚杆,DK561 +000 ~ DK561 +042 段采用 HW175 型钢、间距 0.5 m/榀,DK560 +920 ~ DK561 +000 段初期支护钢架采用 I22 型钢、间距 0.6 m/榀,系统锚杆(拱部不设系统锚杆)间距 1.2 m(环向)× 1.2 m(纵向),其中 DK560 +920 ~ DK561 +000 右侧边墙系统锚杆调整为 φ42 mm 钢花管,壁厚 3.5 mm,长度 5 m,注 1∶1 水泥浆。对于拱部和边墙均侵限的钢架,更换边墙钢架前,应待该榀钢架的拱部钢架更换完毕且喷射混凝土达到一定强度后再更换边墙段钢架。

(2)安装钢筋网片。

φ6 mm 钢筋网格间距为 20 cm × 20 cm,搭接 1 ~ 2 个网格(注意上下台阶处搭接),钢筋网片均须超过拱架 1 ~ 2 个网格。该榀钢架的网片均须与上榀钢架的网片进行焊接成整体。

(3)安装纵向连接钢筋。

采用 φ22 mm 钢筋将相邻两榀钢架按设计要求进行连接,以保证整体受力结构。

(4)打设锁脚钢管。

在更换钢架的拱脚处各打一组 6 m 长 φ89 mm 的锁脚钢管,并采用 φ25 mm L 型连接钢筋将钢管、拱架焊接牢固,并注浆,如图 45 – 29 所示。

(5)喷射混凝土。

钢架、锁脚、钢筋网安装完成后,及时喷射混凝土进行封闭。喷射顺序应自下而上,喷射混凝土作业应采用分段、分片、分层依次进行,喷射时先将低洼处大致喷平,再自下而上顺、往复喷射。喷射厚度为 28 cm,混凝土表面的平整度允许偏差为 100 mm。

4)监控量测

武夷隧道出口洞内、洞外观测、水平净空变化值的量测、拱顶下沉量测及地表下沉量测为必测项目。根据围岩性质、隧道埋置深度、开挖方式等条件确定是否采用锚杆轴力量测和爆破振动观测,以进一步了解围岩变化,为后续二衬施工提供参考依据。

4. 案例小结

围岩较差的浅埋隧道,通过地表袖阀管注浆对围岩进行加固和洞内支护参数调整,达到有效控制围岩变形,保持隧道初支结构基本稳定的目的。

图 45 – 29   φ89 mm 锁脚钢管(注浆)

(1)采用袖阀管注浆对隧道围岩进行加固,较好的解决地表水下渗对隧道施工的影响,洞内围岩强度得到加强。

(2)采用洞身管棚结合小导管对围岩进行预支护,对隧道洞身上方的危岩变形起到了较好的抑制作用。

(3)支护参数调整,对初支变形较大 DK561 + 000 ~ DK561 + 042 段的 I22 工字钢(间距 0.6 m/榀)调整为 HW175 型钢、间距 0.5 m/榀,每个接头锁脚钢管由原设计的 4 根 φ50 mm 钢管调整为 6 m 长 φ89 的锁脚钢管,部分系统锚杆调整为 φ42 mm 钢花管,注 1:1 水泥浆等措施。刚柔并济的综合初期支护体系,有效约束围岩变形,减少变形量,避免了单一措施失效。

(4)施工过程中要加强监控量测频率,根据量测数据调整支护参数。作好施工过程中施工各工序的衔接,及时封闭成环。

第四节   隧道施工通风

本节以南雅隧道通风方案为例进行介绍。

一、工程概况

合福高铁闽赣段Ⅵ标南雅隧道施工起讫里程为 DK652 + 392、DK661 + 082,根据南雅隧道实施性施工组织设计划分为进口端,朝阳横洞、池坑斜井三个施工工点进行组织施工。隧道为单洞双线隧道,开挖断面大,采用无轨运输方式出渣,洞内施工机械化程度高,同时,为满足施工工期需要,还需从通过池坑斜井、朝阳横洞进入正洞开辟工作面,加快正洞施工进度。

二、通风控制目标及卫生安全标准

(1)隧道内氧气含量:按体积计不得小于 20%。

(2)粉尘允许浓度:每立方米空气中含有 10% 以上游离二氧化硅的粉尘为 2 mg;含有 10% 以下游离二氧化硅的水泥粉尘为 6 mg;二氧化硅含量在 10% 以下,不含有毒物质的矿物性和动植物性的粉尘为 10 mg。

(3)有害气体浓度:一氧化碳不大于 30 mg/m³,当施工人员进入开挖面检查时,浓度为 100 mg/m³,但必须在 30 min 内降至 30 mg/m³;氮氧化物(换算为 NO_2)5 mg/m³ 以下。

(4)洞内风量要求:隧道施工时供给每人的新鲜空气量不应低于 3 m³/min,采用内燃机械作业时供风量不应低于 3 m³/(min·kw)。

(5)洞内风速要求:全断面开挖时不小于 0.15 m/s,在分部开挖的坑道中不小于 0.25 m/s,并满足巷道排烟的要求。

(6)隧道内气温不超过 28℃。

(7)噪音不大于 90 dB。

三、通风施工方案

施工通风采用管道压入式通风,与风机相接的风管初步选用 φ1500 mm 风管,在洞内转弯处加设负压通风管或者铁皮通风管，以减少通过洞内转弯处的风管折减损耗，负压风管（铁皮风管）过弯示意图如图 45 – 30 所示。洞外风机进风口至洞门距离大于 20 m，风管出风口至掌子面距离 $L = 60$ m。并在距离掌子面 80 ~ 100 m 位置安装移动式射流风机，加强掌子面通风效果。

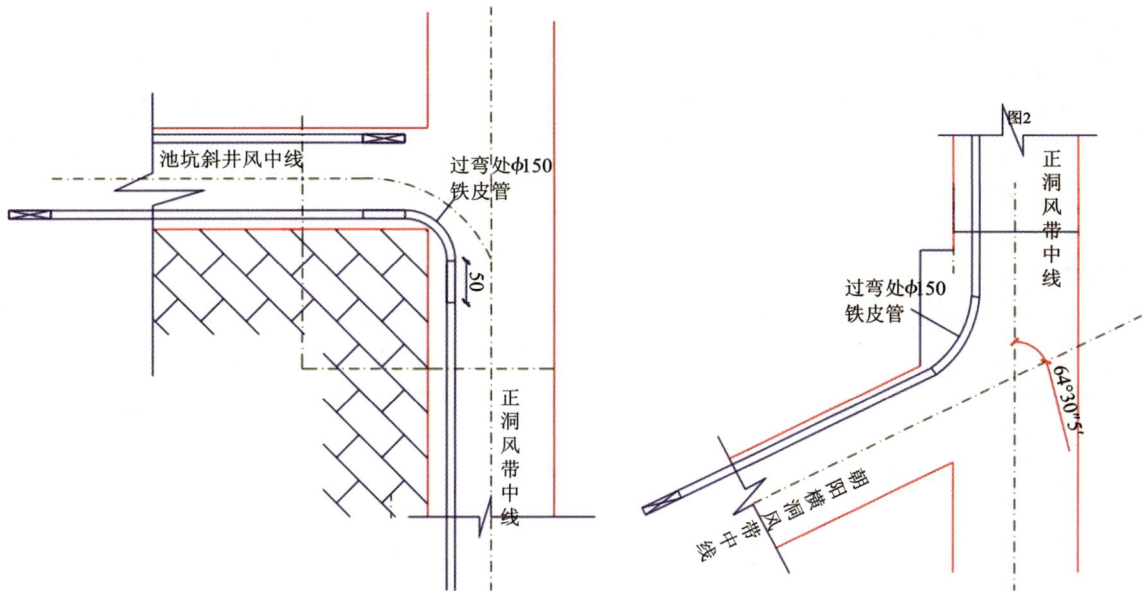

图 45 – 30　负压风管（铁皮风管）过弯示意图

1. 总体通风方案

南雅隧道施工通风布置总体可分为三个阶段，如图 45 – 31 所示。

第一阶段通风方案示意图

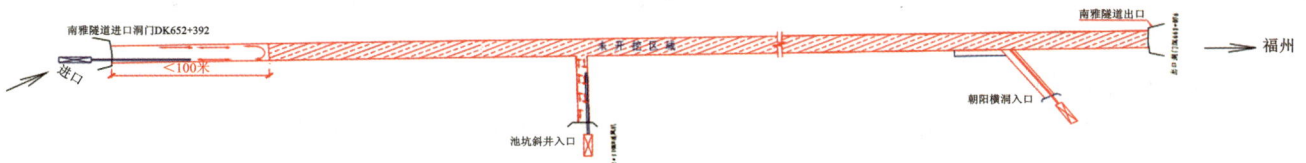

第二阶段通风方案示意图

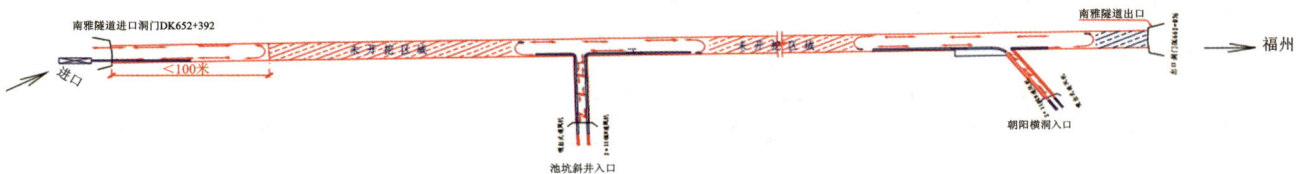

第三阶段通风方案示意图

图 45 – 31　通风方案示意图

第一阶段是各工作面开挖的前期，全部采用独头压入式通风，进口工作面采用一台 SDF（C）– NO12.5 型轴流风机和一道直径 $\phi 1400$ mm 的 PVC 拉链式软风管送风，斜井及横洞工作面正在进行洞身开挖，分别采用两台 SDF（C）– NO12.5 型轴流风机和一道直径 $\phi 1400$ mm 的 PVC 拉链式软风管送风。

第二阶段是各工作面进入开挖中期以后，池坑斜井、朝阳横洞分别进入正洞开挖，且没有与南雅隧道进口贯通，此时洞内空气回路较多，且容易产生死角。进口工作面增设混合式通风的抽出式风机和一道直径 ϕ1500 mm 的 PVC 拉链式软风管，斜井及横洞工作面洞身内共布置三道直径 ϕ1500 mm 的通风管路，一道是排出污风，两道向开挖面送风，并且两道送风管路因为送风距离过长，需要在抽出式风机的后面增设串联接力风机加强通风。

第三阶段是进入开挖施工的收尾期，出现通过斜井开挖正洞与通过横洞开挖正洞工作面贯通，横洞向出口工作面贯通，而斜井和进口工作面之间还未贯通，此时可以应用斜井巷道式通风，需要在正洞内增设多组 SSF – NO16 型射流风机，正洞开挖面污浊空气通过横洞及斜井排出，正洞向前延伸时，每间隔 1 km 设置 1 台 SDAϕ400 mm 射流风机助推。

2. 通风量计算

1）计算参数确定

①其中进口端独头施工长度为 2568 m，为独头开挖耗风量最大；②供给每个人的新鲜空气量按 3 m^3/min；③控制通风计算按开挖爆破一次最大用药量 200 kg；④放炮后通风时间按 30 min；⑤软式拉链风管百 m 漏风量 1.0%，风管内摩擦系数为 0.01；⑥洞内风速不小于 0.25 m/s；⑦隧道内气温不超过 28℃。

2）南雅隧道进口风量计算

按洞内允许最低风速计算风量：

$$Q_1 = 60 \times A \times V = 60 \times 60 \times 0.25 = 900 (\text{m}^3/\text{min})$$

V 为洞内最小风速 0.25 m/s，A 为整洞开挖断面，取 60 m^2。

洞内施工最多人数按 80 人计：$Q_2 = 3 \times 80 \times 1.2 = 288 (\text{m}^3/\text{min})$，安全系数 $k = 1.2$。

按爆破时最多药量计算风量：

$Q_3 = 5Gb/t = 5 \times 200 \times 35.35/30 = 1178 (\text{m}^3/\text{min})$，$G$—同时爆破的炸药用量 200 kg，$b$—爆炸时有害气体成量，取 35.35，$t$—通风时间，取 30 min。

取最大值 1178 m^3/min 作为工作面所需风量，实际风机风量 Q 机要大于：

$Q_机 = p \times Q = 1.79 \times 1178 = 2108$ m^3/min，$Q_机$—计算最大风量（2108 m^3/min），p—系统漏风系数，$p = 1/(1 - 1/100 \times p100) = 1.79$。

所需风机压力计算：

使用风管直径为 1.5 m，风管平均流速 $V = 18.9$ m/s；风管内摩擦阻力 $h_1 = \lambda (L/D) \rho (V2/2) = 5001$ Pa；λ 为摩擦系数，根据使用经验、取 $\lambda = 0.01$；L 为通风管长，取 3500 m；D 为风管直径，取 $D = 1.5$ m；ρ 为空气密度，取 $\rho = 1.2$ kg/m^3；风管内局部阻力 h 局 $= \zeta \rho (V2/2)$，按风管内局部阻力 h_1 的 5% 考虑，总阻力 $h = 5001 \times 105\% = 5251$ Pa。

隧道内所需风量按照下列几种计算方法进行计算，并取计算结果的最大值作为供风的标准进行检验。

①按稀释内燃设备废气计算工作面风量 $Q_2 = 4k_1k_2 \sum N$

内燃机功率使用有效系数 $k_1 = 0.6$，内燃机功率工作系数 $k_2 = 0.8$，内燃机功率之和 $\sum N = 800$ kW，内燃机每千瓦需要风量 3 m^3/min。

②按允许最低平均风速计算 $Q_3 = 60$ AV

A—隧道开挖断面面积，取 $A = 133.9$ m^2（取Ⅲ级围岩开挖断面）；V—允许最小风速，取 $V = 0.15$ m/s；$Q_3 = 60$ AV $= 60 \times 133.9 \times 0.15 = 1205.1$ m^3/min。

③按照爆破后稀释一氧化碳至许可最高浓度计算

采用压入式通风，工作面需要风量为 Q_4

$$Q_4 = \frac{7.8}{t} \sqrt[3]{G A^2 L^2} (\text{m}^3/\text{min})$$

式中：t 为通风时间，取 $t = 30$ min；G 为同时爆破炸药用量，按Ⅲ级围岩考虑，每循环最大进尺取 3.5 m，正洞取 1.05 kg/m^3，则 $G = 133.9 \times 3 \times 1.05 = 422$ kg；A 为隧道断面，取 $A = 133.9$ m^2；L 为掌子面满足下一循环施工的长度，取 300 m。

$$Q_4 = \frac{7.8}{30} \sqrt[3]{422 \times 133.9^{2 \times} 300^2} \, (\text{m}^3/\text{min}) = 2287.5/\text{min}$$

取上述四种计算中的最大值作为通风设计量，即风量取 2287.5 m³/min。

根据施工安排单口掘进长度 $L = 2568$ m。

3）池坑斜井所需风量

同上：

$A = 873$ kg，$F = 170$ m²，$L = 150$ m，$t = 30$ min。

$$Q_0 = \frac{7.8}{t} \sqrt[3]{A(F \times L)^2} = 1982 \text{ m}^3/\text{min}$$

①按内燃机械作业所需风量计算时满足供风量不小于 3 m³/(min·kW)，并按下式计算：

$$Q_1 = (H_s \times a_s + H_D \times a_D + H_E \times a_E) \times q = 2646 \text{ m}^3/\text{min}$$

Q_1 为内燃机械作业所需风量，m³/min；H_s 为装渣机械总功率，kW；a_s 为装渣机械的工作效率；H_D 为运输类汽车总功率，kW；a_D 为运输类汽车的工作效率；H_E 为其他类机械总功率，kW；a_E 为其他类机械的工作效率；q 为内燃机械单位功率供风量，m³/(min·kW)。内燃机械作业总功率为 882 kW，内燃机械的工作效率取 1。

②按洞内同时作业的人数计算

池坑斜井所需风量 $Q_1 = 60$ 人 $\times 3$ m³/(人·min) $= 180$ m³/min。

4）朝阳横洞钻爆开挖所需风量

同上：

$A = 171$ kg，$F = 48$ m²，$L = 150$ m，$t = 30$ min。

$$Q_0 = \frac{7.8}{t} \sqrt[3]{A(F \times L)^2} = 385 \text{ m}^3/\text{min}$$

①按内燃机械作业所需风量计算时满足供风量不小于 3 m³/(min·kW)，并按下式计算：

$$Q_1 = (H_s \times a_s + H_D \times a_D + H_E \times a_E) \times q$$

式中：Q_1 为内燃机械作业所需风量，m³/min；H_S 为装渣机械总功率，kW；a_s 为装渣机械的工作效率；H_D 为运输类汽车总功率，kW；a_D 为运输类汽车的工作效率；H_E 为其他类机械总功率，kW；a_E 为其他类机械的工作效率；q 为内燃机械单位功率供风量，m³/(min·kW)。内燃机械作业总功率为 685 kW，内燃机械工作效率取 1。

$$Q_1 = (H_s \times a_s + H_D \times a_D + H_E \times a_E) \times q = 2055 \text{ m}^3/\text{min}$$

②按洞内同时作业的人数计算

朝阳横洞所需风量 $Q_1 = 54$ 人 $\times 3$ m³/(人·min) $= 162$ m³/min。

由以上可知：

南雅隧道进口钻爆开挖工作面所需风量为 2287.5 m³/min。

池坑斜井钻爆开挖工作面所需风量为 2826 m³/min。

朝阳横洞钻爆开挖工作面所需风量为 2217 m³/min。

5）风管漏风折减计算

风管漏风系数 $P_C = 1/((1-\beta)^{L/100}) = 1.59$，$(\beta = 0.017, L = 2568)$；

通风机风量 $Q_{太供} = P_c Q_4$；

则 $Q_{太供} = 1.59 \times 2287.5 = 3637$ m³/min，取 3700 m³/min。

风机全压：

①阻力系数。

风阻系数 $R_f = 6.5\alpha L/D5$，摩阻系数 $\alpha = \lambda\rho/8 = 00225.08$ kg/m³

取软管直径 $D = 2.0$ m、1.8 m、1.5 m。取管道长度 $L = 2600$ m，R_f 见表 45-1。

表 45 - 1 管道阻力系数 R_f 计算表

序号	项目	风管长度			
1	长度	1.5	1.8	2.0	2.0
2	管道阻力系数 R_f	5.01	2.01	2.09	1.24

②风管直径选择。

根据以前的施工经验、隧道断面以及目前常用性能稳定的风机选定通风管直径，本标段隧道施工通风管直径采用 1.5 m。

③管道阻力损失。

$$管道阻力损失 \ H_f = R_f Q_j Q_i / 3600 + H_D + H_{其他}$$

式中：Q_j 为通风机供风量，取设计风量，m^3/min；Q_i 为管道末端流出风量，m^3/min；H_D 为隧道内阻力损失取 50；$H_{其他}$ 为其他阻力损失取 50。

风机设计全压 $H_f = R_f Q_j Q_i / 3600 + 110$；风机全压：$H = (1.24 \times 2287.5 \times 3700)/3600 + 100 = 2925 \ Pa$；工作效率；$q$ 为内燃机械单位功率供风量，$m^3/(min \cdot kW)$。

根据上述计算，南雅隧道施工通风风机选用 $SDF_{(C)}$ – NO12.5 型通风风机，风压 1378 ~ 5355 Pa，风量为 1550 ~ 2912 m^3/min，电动机功率为 $2 \times 110 \ kW$。另外，根据各施工区段承担施工任务长度不同及斜井与正洞断面尺寸等因素综合考虑，风管直径选用 1.5 m 或 1.0 m。

3. 通风所需设备一览表

根据上述计算所选风机见表 45 - 2。

表 45 - 2 风机参数及数量表

设备名称	型号	技术参数				数量	备用
		速度/(r·min⁻¹)	风压/Pa	风量/(m³·min⁻¹)	功率/kW		
轴流风机	$SDF_{(C)}$ – NO12.5	高速	1378 ~ 5355	1550 ~ 2912	110	5 台	2 台
射流风机	SSF – NO16	风量：1592.8 m³/min 功率：30 kW				5 台	1 台
拉链式软风管	φ1400 mm	平均百米漏风率 0.02 摩阻系数 0.02				8000 m	
拉链式软风管	φ1000 mm	平均百米漏风率 0.02 摩阻系数 0.02				3000	

4. 施工通风布置

池坑斜井与朝阳横洞是施工任务的重点，也是通风任务的重点和难点。斜井与正洞相交成直角，风管易出现急弯道，通风时需委派专人将弯折处拉直。正洞通风管挂设在隧道安装高压风水管的一侧，一般要求位于线路左侧，斜井内如挂设多条通风管，由隧道拱顶向两侧均匀分布。隧道正线挂设高度与衬砌台车二层门梁中心线平齐。在台车设计加工时根据通风方案中配用风管直径预留通风管穿越空间。通风管安设时，先每隔 20 m 打眼，安装膨胀螺栓，然后布置 φ8 mm 钢丝做拉线，用紧线器张紧，风管吊挂在拉线下，有环必挂且必须直顺。为了防止放炮时产生的冲击破坏风管，通风管到距离掌子面不大于 40 m。

斜井内风管挂设固定线高度应位于拱顶范围，保证停风后风带底部不得低于垫层面 3.5 m，正洞风管上顶面与仰拱顶面距离 4.7 m，以便不干扰通车。在线路转弯处，应多加吊钩吊挂风管，且吊钩均匀分布在弯折段，2 ~ 3 m 设置一个，让风带进行线性过度，与线路中线平行，严禁出现弯折。破损处选停风时及时修补，破损严重段需完全更换新的风带。在正洞与支洞（斜井、横洞）弯折处，采用直径 1.5 m 的铁皮管或负压风管顺接，以尽量避免破损和漏风，铁皮管或负压风管与 PVC 风管搭接不小于 3 m。当与二衬台车和防排水台车相遇时，根据台车预留空间位置，将风管前后 10 m 范围进行顺接过渡，当台车走动时，必须暂停通风，人工抬起风带，让台车与风带脱离，再走动台车，这样才可以保证风带不致被硬物刮破。

5. 通风防尘的辅助措施及注意事项

(1)洞内洒水：在出碴后和出碴过程中用高压水冲洗岩壁及对碴堆分层洒水，减少装碴过程中扬起粉尘，运输道路保持湿润，防止车辆运输扬起尘土。

(2)防降阻是实现长距离通风关键，严格控制风管采购质量，安装时保持风管成直线，防止弯折变形。要特别注意风管防护，避免出渣机械摩擦损失，更要注意衬砌台车对风管的影响，破损的风管及时修复。

成立专门的管线专业工班，专门负责通风设备和管道的日常使用、管理、检查、维护、养护等工作。保持设备的良好工作状态，保证风管平顺，完好无损，并使之标准化、制度化、规范化。

6. 通风管理

以"合理布局、优化匹配、防漏降阻、严格管理、确保效果"二十字方针，作为施工通风管理的指导原则，强化通风管理。建立以岗位责任制和奖惩制为核心的通风管理制度和组建专业通风班组，通风班组全面负责风机、风管的安装、管理、检查和维修，严格按照通风管理规程及操作细则组织实施。

通风系统由专业人员进行管理。风机设专职司机，作好运转记录，保证正常运转。通风管安装平、直、顺，以减小管路沿程阻力和局部阻力，减少风量损失，确保通风效果。定期检测洞内有害气体浓度、风速、风量、气温等，检查通风效果。防漏降阻措施如下：

以长代短：风管节长由以往的 20~30 m 加长至 50~100 m，减少接头数量，即减少漏风量；以大代小：在净空允许的条件下，尽量采用大直径风管；截弯取直：风管安装前，先按 5 m 间距埋设吊挂锚杆，并在杆上标出吊线位置，再将 ϕ8 mm 盘条吊挂线拉直并焊固在锚杆上，而后在吊挂线上挂风管。这样可使风管安装到达平、直、稳、紧，不弯曲，无褶皱，减少通风阻力。加强风管的检查维修，发现破损及时黏补。洞内大型内燃机械设备均采用过滤配套系统，净化尾气排放，减少空气污染。

第五节 防排水施工

本节不再赘述传统隧道防排水施工，仅以棋盘山隧道防排水施工举例说明。

一、工程概况

合福高铁闽赣段Ⅱ标棋盘山隧道全长为 1758.13 m，隧道进口里程为 DK440+700，隧道出口里程为 DK442+458.13，为单洞双线隧道，左右线间距为 5 m，隧道沿线路坡度为 20‰。该隧道地处江西省上饶境内，洞身地层岩性多变、地质结构复杂，围岩软弱，Ⅴ级围岩 1128.13 m，占隧道长度的 64%，Ⅳ级围岩 465 m，占隧道长度 27%，Ⅲ级围岩 165 m，占隧道长度 9%，围岩总体软弱、破碎，节理裂隙发育，隧道渗涌水量较大，防排水施工难度大，风险高。

二、涌水情况介绍

2012 年 3 月 12 日，隧道开挖至 DK441+055 时，掌子面涌水量突然增大，并伴随着塌方、掉块，结合超前地质预报成果分析，该隧道提前进入强富水区。加之隧道地处南方，随着雨季的到来，隧道掌子面及已施工完成的初期支护表面渗涌水量不断增加(如图 45-32、图 45-33 所示)，进入 11 月份以来，隧道水泵每天实际抽水量达 6000 t。

突然出现的涌水给隧道施工生产带来了极大的影响，具体如下：

1. 喷射混凝土施工

当渗涌水水量较大或是带有一定的压力时，会冲刷刚刚喷上去的喷射混凝土，不但造成材料的浪费、影响施工进度而且会降低喷射混凝土施工质量。

2. 二衬防排水施工

初期支护表面的渗涌水，会对后续的二衬防排水造成极大的压力，如果二衬纵向排水盲管反包效果不理想或是二衬混凝土施工完成后，排水盲管堵塞，会引起二衬背后水压升高，影响结构安全。

仰拱施工完成后，隧底的涌水会对仰拱造成一定的压力，随着水压的升高，也会影响结构安全。

图 45 - 32　隧道涌水情况

图 45 - 33　初支渗水情况

三、排水系统设计情况

1. 设计理念

隧道衬砌防排水按照"防、排、堵、截相结合,因地制宜,综合治理"的原则进行,当隧址水环境要求较高时,可按照"以堵为主,限量排放"的原则进行。

2. 主要设计参数

(1)隧道初期支护与二次衬期间拱墙铺设防水板加土工布防水。

(2)防水板背后设置环向 HDPE50 单壁打孔波纹管,环向排水盲管纵向间距一般为 8 ~ 10 m 并根据地下水发育情况进行调整,防水板下端墙脚处设置纵向 HDPE107/93 双壁打孔波纹管,纵向排水盲管 10 m 长一段。

(3)二衬施工缝处采用预埋中埋式止水带的措施防水。

四、优化措施

1. 现场采取的优化措施

(1)棋盘山隧道进口为 20‰ 的反坡,水流方向及水压主要集中于线路前进方向。为了更好的发挥环向排水盲管的作用,将环向 HDPE50 单壁打孔波纹管设置于距离每板二衬堵头模 50 cm 的位置。

(2)在隧道强富水区进行仰拱及二衬施工时,对施工缝等防水的薄弱环节进行加强。即在环向施工缝增设一道背贴式止水带,形成中埋式止水带与背贴式止水带的组合防水系统。

(3)在实际施工中引入初支渗涌水超前处理的理念,在初支施工完成后,及时对初支表面渗涌水进行处理。

2. 优化措施分析

上述第 1 条、第 2 条优化措施相对简单易行,在实际施工中也已取得了良好的效果,本文重点介绍第 3 条优化措施,即初支渗涌水超前处理。

初支渗涌水超前处理结合"防、排、堵、截相结合,因地制宜,综合治理"的原则,根据实际渗涌水情况,采用初支面单独引排的施工方法。

3. 初支面渗涌水引排施工

1)施工工序

初支施工工序流程如图 45 - 34 所示。

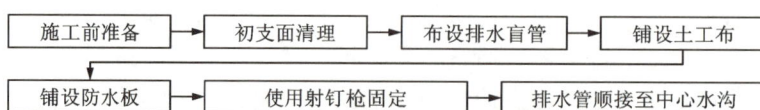

施工前准备 → 初支面清理 → 布设排水盲管 → 铺设土工布

铺设防水板 → 使用射钉枪固定 → 排水管顺接至中心水沟

图 45 - 34　初支引排施工工序流程

2）施工方法

在喷射混凝土施工之前，使用排水盲管或橡胶软管将初期支护背后渗涌水直接引排至中心水沟。

①当渗涌水为淋雨状时，应使用 HDPE50 单壁打孔波纹管或 HDPE107/93 双壁打孔波纹管进行引排，具体操作为：在初支面（或岩面）上布置"Y"形排水盲管，方便基岩渗涌水汇入排水盲管，使用射钉或钢钉绑铁丝固定，盲管表面敷设土工布、防水板，将基岩面渗涌水引排至墙脚，如图 45-35 所示。

②当渗涌水为股状涌水时，使用防水板做一漏斗状接水盒，使用橡胶软管将股状涌水直接引排至墙脚。隧道拱墙渗涌水引排施工及效果如图 45-36、图 45-37、图 45-38、图 45-39、图 45-40、图 45-41 所示。

图 45-35　"Y"形排水盲管引排施工

图 45-36　拱墙布设"Y"形排水盲管

图 45-37　拱墙使用射钉枪固定防水板

图 45-38　"Y"形排水盲管引排效果

图 45-39　隧底涌水接管引排

图 45-40　橡胶管穿过中心水沟开孔模板

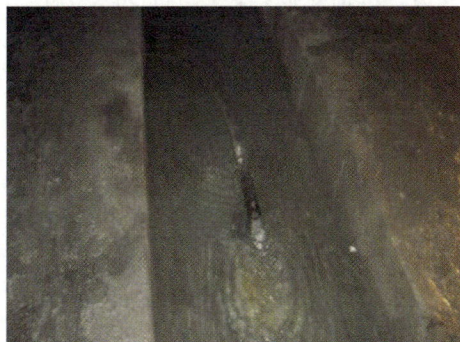

图 45-41　隧底涌水引排至中心水沟效果

3）施工控制要点及注意事项

（1）防水板必须与基岩表面密贴，以达到最佳排水效果并防止喷射混凝土背后出现空腔。

（2）防水板及土工布除有聚水、防水的作用外，还有缓冲喷射混凝土压力（喷射混凝土风压可达2 MPa）、保护排水盲管的作用，必要时，可多敷几层。

（3）引排顺序为：上台阶渗涌水引排至墙脚，施作下台阶时顺接至下台阶墙脚，最终在施作仰拱时将水引排至中心水沟。

（4）此引排方法既适用于基岩面的渗涌水引排，又可用于初期支护表面的渗涌水引排，应用于基岩面渗涌水引排时，参照上文所述方法即可，应用于初期支护表面渗涌水施工时，应提前进行，在仰拱施作前将初支面渗涌水引排至下台阶墙脚。

4）初支引排施工的实际意义

（1）隧道渗涌水引排施工是与二衬排水系统相独立的排水系统，该排水系统将大股涌水直接引排至中心水沟，虽然投入了一定的防排水材料，但是基本解决了初支面大股涌水的排放问题，目前也取得了一定的实际效果，对同类工程有一定的借鉴意义。

（2）在节约成本上，减少了喷射混凝土的损失，为项目部创造了一定的效益。

（3）在质量上，降低了渗涌水冲刷初支喷射混凝土造成初支背后脱空的危险。

（4）另外，通过引排拱墙初支渗涌水，减轻了后期二衬防排水压力，将隧底渗涌水直接引排至中心水沟，可以有效的防止运营过程中隧底水压的升高，减轻衬砌的负荷，延长结构的使用寿命。

5）隧道渗涌水处理心得体会

（1）当隧道围岩破碎，风化程度较高时，宜优先采用5 m围岩径向注浆进行全断面注浆堵水、固结围岩，从而防止水流将初支背后托空，对结构产生不利影响。

（2）当渗涌水范围较大时，也应优先采用5 m围岩径向注浆进行全断面注浆堵水，减小初支表面的渗涌水流量，以防止排水系统堵塞造成衬砌背后水压增大，对结构产生威胁。该方法在棋盘山隧道进口中取得了良好的效果。

（3）当隧底渗涌水范围较大，不利于引排时，可以采用全封闭防水的施工方法，即在隧底初支施工完成后，铺设土工布、排水盲管、防水板，防水板与排水盲管与拱墙连接，将渗涌水通过纵向排水盲管集中排出。

第六节　辅助坑道施工

本节仅以北武夷山隧道辅助坑道设置方案优化举例说明。

一、工程概况

北武夷山隧道（DK520 + 280 ~ DK534 + 926）位于福建省武夷山市北侧约29 km处，全长为14646 m，最大埋深为1110 m。该隧道为全线最长隧道，是重要节点控制工程之一，也是施工环境艰苦、施工条件复杂、不良地质条件突出、施工组织管理难度大、施工安全风险等级高的一条特长大隧道。本隧道共设计四条施工辅助坑道，包括在福建境内的竹坪斜井（斜长1356.17 m）、麻子坑斜井（斜长840.73 m）；江西境内的岚谷斜井（斜长1561.39 m）、石罗坑横洞一座（斜长185.05 m），及涉及弃渣所占河道设置一座导流洞（长410 m），一座公路隧道（长648 m）。

1. 不良地质条件

1）高地应力和岩爆

隧道DK525 + 780 ~ DK528 + 450段埋深为614 ~ 1100 m，属于极高应力区，长度为2670 m，开挖过程中极有可能发生岩爆。隧道DK524 + 465 ~ DK525 + 780段埋深为366 ~ 614 m，属于高应力区，长度为1315 m，开挖过程中有岩爆可能。

2）高地温

根据初步勘探地质文件资料显示，预测本隧道区埋深不小于356.7 m的地段（DK524 + 395 ~ DK528 +

450 段，长度为 4055 m）的地温≥28℃，最高 50.3℃，属存在地温危害区域。

3）高涌水

洞身及斜井大部分区段穿越强富水区，最大涌水量达 2800 ～5488.07 m³/d。

4）穿越 5 条断裂构造带和 3 条节理密集带

F1 断层为压扭性断层，断层及影响破碎带宽度约 100 m，影响破碎带内透镜体极为发育，岩石破碎、裂隙密集，顺沟分布，导水性较好，预计最大涌水量达 3000 m³/d。

F2 断层为压扭性断层，断层及影响破碎带宽度约 65 m，破碎带内岩石硅化严重，糜棱化、绿泥石化，透镜体发育，裂隙密集，断层附近冲沟发育，汇水量较大，地表水发育，预计最大涌水量 2800 m³/d。

F3 断层与线路交于 DK523 +680 附近，断层及影响破碎带宽度约 120 m，物探显示，存在软弱带，构造及影响带内节理裂隙发育，岩体破碎，预计最大涌水量达 4500 m³/d。

F4 断层为压扭性断层，断层及影响破碎带宽度约 100 m，带内岩体受挤压破碎，挤压条带发育，断面较光滑，节理裂隙发育，地形地貌上显示断层切割形成山谷，沟谷地表水发育，预计最大涌水量达 3503.5 m³/d。

F5 断层为压扭性断层，断层及影响带宽度约 60 m，挤压条带、透镜体发育，构造蚀变强，节理裂隙发育，预计最大涌水量达 1000 m³/d。

DK521 +400 处节理密集带。据物探资料及初测资料节理密集带及影响宽度约 60 m，岩体破碎，节理裂隙极为发育，预计最大涌水量达 500.52 m³/d。

DK521 +760 处节理密集带。节理密集带及影响宽度约 60 m，节理裂隙发育，岩体破碎，稳定性差。物探 EH -4 显示为相对软弱段，预计最大涌水量达 5488.07 m³/d。

DK522 +450 处节理密集带。节理密集带及影响宽度约 60 m，节理裂隙发育，岩体破碎，稳定性差。预计最大涌水量达 4029.84 m³/d。

2. 原设计施工辅助坑道设置情况

北武夷山隧道江西境内长 8170 m，原设计该区段设置了岚谷斜井和石罗坑横洞共两条施工辅助坑道。

1）石罗坑横洞

横洞位于线路前进方向左侧，与隧道正洞正交于 DK520 +700 处。横洞斜长 185.05 m，各级围岩情况：Ⅴ级 45.01 m，Ⅳ级 60.02 m，Ⅲ级 30.01 m，Ⅱ级 50.01 m。斜井采用无轨运输双车道断面，综合坡度：-2.345%。

2）岚谷斜井

斜井位于线路前进方向右侧（DK523 +974 右侧 80 m），与隧道正洞交于 DK525 +500 处，与线路小里程夹角为 45°。斜井斜长 1561.39 m，各级围岩情况：Ⅴ级 159.82 m，Ⅳ级 90.45 m，Ⅲ级 90.45 m，Ⅱ级 1220.67 m。斜井采用无轨运输双车道断面，综合坡度：9.26%。岚谷斜井穿越 F4、F5 断层及影响破碎带，最大涌水量达 3503.5 m³/d。

二、优化设计

1. 隧道施工任务及区段划分优化

北武夷山隧道进口段施工对整条隧道贯通起着重要的作用，减轻金奥斜井施工负担。拟定金奥、岚谷斜井后，隧道施工任务及区段划分如图 45 -42 所示。分为隧道进口工区、金奥斜井工区、岚谷斜井工区。

2. 施工方案比选优化

方案一：在 DK520 +190 左侧 50 m 处开始架设桁架栈桥至隧道进口，但经过现场实际测量，该处与洞口标高相差较大，达 15.6 m，至洞口坡度达到 17%，进出隧道很困难，该方案不可行。

方案二：在 DK520 +150 左侧 155 m 处修建便道，于 DK520 +190 左侧 60 m 处架设桁架栈桥至隧道进口，但该处有一 35 kVA 的高压线路经过，受高压线影响（涉及山里 8 个电站发电并网，迁改成本较大），至洞口坡度将达到 14%，坡度较大，满足不了施工条件，故该方案也不可行。

方案三：考虑到施工安全、降低成本、满足施工条件及结合现场实际情况最终确定在 DK519 +950 ～ DK520 +280 线路前进方向右侧修筑一条施工便道至隧道进口，便道长约 460 m，便道起点处（DK519 +950 右侧 160 m）标高为 372.500，洞口处路面标高（轨道底座板底面标高）为 395.579，至隧道洞口综合坡度为

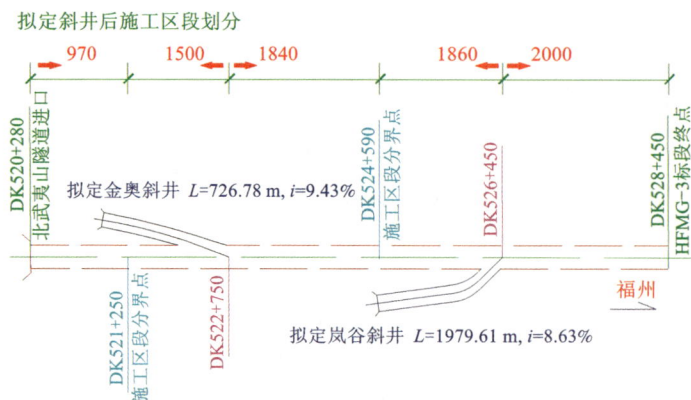

图45-42　隧道施工任务及区段划分

5%，从保证施工安全、降低施工风险方面，该方案可行。

3. 优化前后经济比较

施工辅助坑道位置调整后，施工斜井将增加费用12634274元；可取消公路隧道施工，将公路隧道的施工费用（18953230元）用于新增辅助坑道施工费用及弃渣场处理。

三、现场实施

1. 辅助坑道位置调整后工期安排及施工工区任务划分

辅助坑道位置调整后的施工工期安排，采用原"初步设计"资料中的各项施工综合进度指标，见表45-3。

表45-3　施工综合进度指标表

项目	指标/（m/月）	Ⅱ级	Ⅲ级	Ⅳ级	Ⅴ级
进出口单向施工正洞	开挖及初支	160	130	70	30
	衬砌	160	130	70	30
双车道斜井、横洞双向施工正洞	开挖及初支	130	110	60	30
	衬砌	130	110	60	30
横洞、斜井洞身施工	开挖及初支	230	200	150	90
	衬砌	230	200	150	90

辅助坑道调整后，隧道（江西境内）按隧道进口、金奥斜井双车道、岚谷斜井双车道施工，共5个工作面组织施工，施工进度安排主体工程贯通工期27.4个月，贯通里程至DK528+450。

1）隧道进口工区

从隧道进口修建施工便道并搭设施工平台进洞施工。负责DK520+280～DK521+250段主体工程施工任务，施工段主体工程长970 m。其中：Ⅱ级围岩390 m，Ⅲ级围岩325 m，Ⅳ级围岩90 m，Ⅴ级围岩165 m。不良地质状况：有一条F1断层及破碎带，断层宽约为20 m，破碎带长为130 m，预测最大涌水量为3000 m³/d。

隧道进口工区工期安排：施工准备3个月，隧道主体工程工期15.7个月，即该区段工期为18.7个月。

2）金奥斜井工区

负责DK521+250～DKD524+590段主体工程及斜井施工任务，施工段主体工程长3340 m，斜井斜长

726.78 m。

（1）金奥斜井次攻方向。

DK521+250→DK522+750 方向，施工长度为 1500 m，其中：Ⅱ级围岩 1240 m，Ⅲ级围岩 150 m，Ⅳ级围岩 110 m，隧道主体工程工期 12.7 个月。不良地质状况：有三条节理密集带，长 260 m，预测最大涌水量为 5488.07 m³/d。

（2）金奥斜井主攻方向。

DK522+750→DK524+590 方向，施工长度为 1840 m。其中：Ⅱ级围岩 1253 m，Ⅲ级围岩 220 m，Ⅳ级围岩 220 m，Ⅴ级围岩 147 m，隧道主体工程工期 20.2 个月。不良地质状况：穿越 F2、F3、F4、F5 四条断裂构造带及节理破碎带，断裂带宽约 40 m，破碎带长 147 m，预测最大涌水量为 4500 m³/d。DK524+465～DK524+590 段长 125 m，属于高应力区，开挖过程中有可能发生岩爆。

（3）金奥斜井工区工期安排。

斜井施工准备 2 个月，斜井施工 4 个月，隧道主体工程工期 20.2 个月，即该区段工期为 26.2 个月。现场照片如图 45－43 所示。

3）岚谷斜井工区

负责 DK524+590～DKD528+450 段主体工程及斜井施工任务，施工段主体工程长 3860 m，斜井斜长 1979.61 m。

（1）岚谷斜井次攻方向。

DK524+590→DK526+450 方向，施工长度为 1860 m。其中：Ⅱ级围岩 1860 m，主体工程工期 14.5 个月。不良地质状况：隧道洞身 DK524+590～DK526+450 段长 1860 m 均属于高地温危害区域，地温温度

图 45－43　施工中金奥斜井

不小于 28℃，最高地温达 50.3℃。隧道洞身在 DK525+780～DK526+450 段长 670 m，属于极高应力区，开挖过程中发生岩爆的可能性极大。DK524+590～DK525+780 段长 1190 m，属于高应力区，开挖过程中有可能发生岩爆。

（2）岚谷斜井主攻方向。

DK526+450→DK528+450 方向，施工长度为 2000 m。其中：Ⅱ级围岩 2000 m，主体工程工期 15.4 个月。不良地质状况：DK526+450～DK528+450 段长 2000 m，属于高地温危害区域，地温温度不小于 28℃，最高地温达 50.3℃。DK526+450～DK528+450 段长 2000 m，隧道埋深 614～1100 m，属于极高应力区，开挖过程中极有可能发生岩爆。

（3）岚谷斜井工区工期安排。

斜井施工准备 2 个月，斜井施工 10 个月，隧道主体工程工期 15.4 个月，即该区段工期为 27.4 个月。现场照片如图 45－44 所示。

2. 施工辅助坑道位置调整后隧道弃渣处理与环保

1）辅助坑道位置调整后隧道弃渣量

隧道进口工区：隧道正洞 970 m（DK520+280～DK521+250 段）洞渣量为 134475 m³；金奥斜井工区：隧道正洞（DK521+250～DK524

图 45－44　施工中岚谷斜井

+590 段）及斜井（斜井长度 726.78 m）洞渣量为 492750 m³；岚谷斜井工区：隧道正洞（DK524+590～DK528+450 段）及斜井（斜井长度 1979.61 m）洞渣量为 592348 m³；泄水洞洞渣量为 21000 m³；合计洞渣量为 1240573 m³（实方）。

2）辅助坑道位置调整后隧道弃渣处理与环保

(1)原设计渣场位置：DK521+500~DK522+100段左侧80~200 m雨溪河河道。

(2)鉴于公路隧道不予以施作，在原有弃渣场处堆放少量洞渣，并保证原有道路畅通，本标段多次现场查勘，经过比选，确定了渣场位置。

DK523+900~DK524+210右侧弃渣场：弃渣场位于线路DK523+900~DK524+210右侧170 m山谷内。弃渣场占地面积约为26052 m²。弃渣场计划储渣量为91.2万方(虚方)，平均堆积高度为35 m。

原设计弃渣场DK521+500~DK522+100左侧河道内：弃渣场位于DK521+500~DK522+100左侧80~200 m的河道内。弃渣场占地面积约为21750 m²。弃渣场计划储渣量为65.3万方(虚方)，平均堆积高度为30 m。该弃渣场在施工过程中金奥斜井洞口处河道暂不堆渣，泄水洞贯通过水后金奥斜井洞口处河道堆渣高度要低于洞口路面高度1~2 m，堆渣顺坡于泄水洞进水口方向。

DK519+480~DK519+620右侧弃渣场：弃渣场位于DK519+480~DK519+620左侧140~220 m的河道内。弃渣场占地面积约为6550 m²。弃渣场计划储渣量为17.7万方(虚方)，平均堆积高度为27 m。弃渣场防护及排水结构同DK523+900~DK524+210右侧弃渣场。

(3)该隧道Ⅱ级围岩居多，根据场地及生产洞渣情况，利用洞渣生产机制砂、碎石工作量为6~7万方/年。本标段隧道混凝土用量为18.8万方，本标段将利用洞渣量约为14万方。

(4)该隧道施工便道沿雨溪河谷而上，弯道处均需要回填曲直道路，遇到雨季便道损毁处及便道时常养护方面，均能消耗一小部分洞渣。

四、优化小结

1.施工辅助坑道位置调整后工期的优化

(1)施工辅助坑道调整后，有效地保证了施工工期。隧道完工的时间缩短工期5.6个月，确保隧道完工的总体计划目标。

(2)均衡各主体工程区段的施工任务，由原来最大施工长度4511.39 m(原岚谷斜井长1561.39 m+正洞施工长度2950 m)调整到3979.61 m(岚谷斜井长1979.61 m+正洞施工长度2000 m)。

(3)降低隧道安全、施工风险及施工难度，对隧道掘进过程中的各种潜在因素和风险留有处理空间，工期得到了保证。尽管在原设计地质资料中，各种不利地质条件已有相关描述，但各种潜在未知的风险因素依然有可能存在，如涌水及突水量增大、断裂构造带及节理密集带增多、地温危害及地应力区域范围加大、岩爆危害加重等。

(4)取消石罗坑横洞，避免横洞施工对既有两座发电站的干扰影响，以及避免停运及拆迁问题带来的经济赔偿。

(5)避免岚谷斜井穿越F4、F5断层及影响破碎带(最大涌水量达3503.5 m³/d)。

(6)改善洞内施工作业环境及作业条件(如提高通风排烟效果)，有利于提高现场施工作业人员和施工机械的作业效率。

2)施工辅助坑道位置调整后隧道弃渣处理与环保的优化

隧道洞渣通过渣场堆放、利用洞渣生产砂石料、便道养护等方面，选定后渣场堆放量及利用洞渣量为188.2万方(虚方)。辅助坑道位置调整后该隧道所有构筑物洞渣量为124.1万方(实方)，实方与虚方换算系数1.5，即186.1万方(虚方)。故不施作公路隧道，选定后的渣场堆放洞渣及利用洞渣等方面可以解决隧道弃渣问题。

第七节　沉降变形控制与评估

一、一般规定

(1)隧道沉降观测的目的主要是利用观测资料的工后沉降分析结果，指导无砟轨道的铺设时间。无砟轨道铺设前，应对隧道基础沉降做系统的评估，确认其工后沉降符合设计要求。

(2)隧道主体工程完工后，沉降变形观测期原则上不应少于3个月。观测数据不足或工后沉降评估不能满足设计要求时，应适当延长观测期。

（3）评估时发现异常现象或对原始记录资料存在疑问，应进行必要的检查。

二、沉降观测内容

隧道工程沉降观测是指隧道内线路基础的沉降观测，即隧道的仰拱部分。其他如洞顶地表沉降、拱顶下沉、断面收敛沉降变形等不列入本沉降观测的内容。

三、沉降观测点布置

（1）隧道的进出口进行地基处理的地段，从洞口起每 25 m 布设一个断面。

（2）隧道内一般地段沉降观测断面的布设根据地质围岩级别确定，一般情况下Ⅲ级围岩每 400 m、Ⅳ级围岩每 300 m、Ⅴ级围岩每 200 m 布设一个观测断面。

（3）明暗交界处、围岩变化段及沉降变形缝位置应至少布设两个断面。

（4）地应力较大、断层破碎带、膨胀土等不良和复杂地质区段适当加密布设。

（5）隧道洞口至分界里程范围内应至少布设一个观测断面。

（6）施工降水范围应至少布设一个观测断面。

（7）路隧分界点处，路、隧两侧分别设置至少一个观测断面。

（8）长度大于 20 m 的明洞，每 20 m 设置一个观测断面。

（9）隧道工程完成后，每个观测断面在相应于两侧边墙处设一对沉降观测点，原则上设于高于水沟盖板 0.3 m 处。

（10）沉降变形观测点设计图和埋设要求，设计单位结合具体设计方案并参照《无砟轨道铺设条件评估技术指南》，在实施性沉降观测设计方案中明确。

四、观测精度

沉降水准的测量精度为 ±1 mm，读数取位至 0.1 mm。

五、沉降观测频度

（1）沉降观测的开始时间是在仰拱施工结束后立即进行，至隧道沉降稳定，进行定期观测并详细记录观测资料、绘制沉降时程曲线。

（2）沉降变形观测一般不少于 3 个月。当观测数据不足或工后沉降评估不能满足设计要求时，应适当延长观测期。沉降观测时间分为三个阶段：

第一阶段是仰拱施工结束到沉降稳定；第二阶段为无砟轨道铺设期间；第三阶段为无砟轨道铺设后 3 个月。

（3）每阶段的沉降观测在开始时可一般每周观测一次，以后可根据两次观测的沉降量调整沉降观测的频度，但两次的观测沉降量不宜大于 1 mm。具体见表 45-4。

表 45-4　隧道基础沉降观测频次表

观测阶段	观测频次		备注
	观测期限	观测周期	
仰拱施工完成至无砟轨道铺设前	3 个月	1 次/周	
无砟轨道铺设期间	全程	1 次/天	
无砟轨道铺设完成后	3 个月	0~1 个月　1 次/周	
		1~3 个月　1 次/2 周	

六、沉降评估

1. 观测资料整理

(1)采用统一的沉降观测记录表做好观测数据的记录与整理。

(2)根据观测资料,及时绘制每个观测标志点的荷载–时间–沉降曲线。

沉降与时间关系见图45–45。

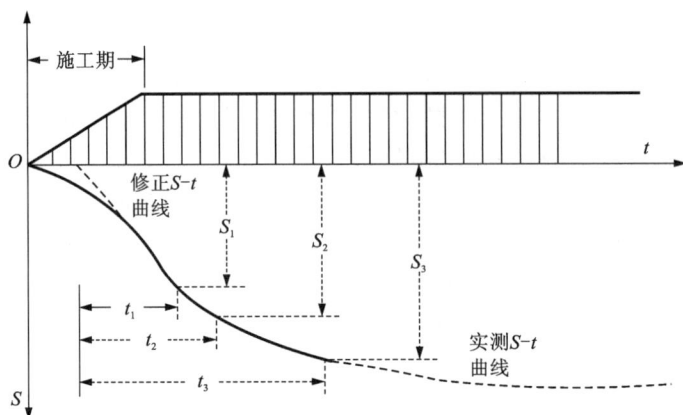

图45–45 沉降与时间关系曲线图

2. 分析评估前应收集下列资料

(1)隧道基础沉降观测资料。

(2)隧道地段的线路设计纵断面图、工程地质纵横断面图、地质勘查报告、设计图纸和说明书、沉降计算报告等相关设计资料。

(3)隧道开挖地质描述及开挖围岩分级记录、Ⅳ~Ⅵ级围岩地段基底承载力检测情况、施工监控量测资料、仰拱施工分项工程验收记录等施工资料。

(4)施工质量控制过程和抽检情况等监理资料。

3. 评估分析方法与评估标准

(1)隧道内无砟轨道铺设条件的评估应根据有关设计、施工和监理的资料及交接检验和复检的结果进行综合分析。

(2)隧道基础的沉降预测评估方法参照路基执行。

(3)地质条件较好、沉降趋于稳定且设计及实测沉降总量差不大于5 mm时,可判定沉降满足无砟轨道铺设条件。

(4)路隧交界处的差异沉降不应大于5 mm,沉降造成的路基与隧道的折角不应大于1/1000。

(5)预测的隧道基础工后沉降值不应大于15 mm。

第八节 新工艺、新工法、新装备、新材料应用及效果

一、千枚岩隧道上台阶弧形导坑预留核心土开挖法

弧形导坑预留核心土施工如图45–46所示。

1. 施工工艺及流程

1)上部弧形导坑开挖

在拱部超前支护后进行,环向开挖上部弧形导坑,预留核心土,核心土长度宜为3~5 m,宽度宜为隧道开挖宽度的1/3~1/2。(注:因为是千枚岩,在断面修整时,将核心土顺便挖成2台阶型,方便下道工序

施工。)弧形上导坑安装拱支架如图 45 - 47 所示。

图 45 - 46　弧形导坑预留核心土

图 45 - 47　弧形上导坑安装钢拱架

隧道上部开挖高度控制在 3.8 m 左右,核心土的预留高度为 2 ~ 2.2 m。开挖循环进尺应根据初期支护钢架间距确定,最大不得超过 1 榀拱架,开挖后立即初喷 3 ~ 5 cm 混凝土。上台阶开挖矢跨比应大于 0.3,开挖后应及时进行喷、锚、网系统支护,架设钢架。在钢架拱脚以上 30 cm 高度处,紧贴钢架两侧边沿按下倾角 30°打设锁脚锚管,锁脚锚管与钢架牢固焊接,复喷混凝土至设计厚度。

2)上台阶核心土及左、右侧中台阶开挖

开挖进尺应根据初期支护钢架间距确定,最大不得超过 1.5 m。开挖高度一般为 3.8 m,左、右侧台阶错开 2 ~ 3 m。开挖后立即初喷 3 ~ 5 cm 混凝土,及时进行喷、锚、网系统支护,接长钢架。在钢架墙脚以上 30 cm 高度处,紧贴钢架两侧边沿按下倾角 30°打设锁脚锚管,锁脚锚管与钢架牢固焊接,复喷混凝土至设计厚度。

3)左、右侧下台阶开挖

开挖进尺应根据初期支护钢架间距确定,最大不得超过 1.5 m,开挖高度一般为 3.2 m。左、右侧台阶错开 2 ~ 3 m,开挖后立即初喷 3 ~ 5 cm 混凝土,及时进行喷、锚、网系统支护,接长钢架。在钢架墙脚以上 30 cm 高度处,紧贴钢架两侧边沿按下倾角 30°打设锁脚锚杆,锁脚锚杆与钢架牢固焊接,复喷混凝土至设计厚度。

4)隧底开挖

每循环开挖长度宜为 2 ~ 3 m,开挖后及时施作仰拱初期支护。完成两个隧底开挖、支护循环后,及时施作仰拱。仰拱分段长度宜为 4 ~ 6 m。

2. 主要问题及措施

由于千枚岩的开挖后呈碎石,围岩整体稳定性较差,遇水有掉块、坍塌等现象,隧道在开挖施工中超挖严重,对隧道的结构稳定性差,对后期的初期支护的成本造成急剧增加,隧道作业循环时间相应增长,无法达到已完同类隧道施工经验下的每月进尺 30 m,隧道施工无法满足工期要求,需进行立项研究,确保工程在合理的投入下,安全、优质、按期的完成。为公司或集团公司在类似的隧道施工提供技术支持。

(1)根据现场数据采集,统计总结千枚岩隧道控制爆破参数。

(2)根据隧道有效的施工组织和监控量测技术了解千枚岩隧道的变形特性。

(3)总结出客运专线千枚岩隧道安全可靠的施工方法、先进的施工工艺、最佳劳力组织以及工序交叉、平行、流水作业方式,从而形成一整套千枚岩隧道综合施工技术。

(4)通过本隧道综合施工技术研究与实践,为公司以后千枚岩软弱隧道提供施工经验外,也锻炼培养了一批优秀的年轻后备技术人才。

3. 经验与体会

合福高铁闽赣段Ⅰ标三工区千枚岩隧道采用控制爆破及上台阶弧形导坑预留核心土开挖法施工,取得了较好的效果,有效地解决了隧道超挖严重的现象,降低施工成本。

二、隧道浅埋段堆积体围岩加固技术

以合福高铁闽赣段Ⅱ标陈山坞隧道为工程实例阐述。

1. 总体原则

根据隧道围岩特点，按照"保安全，先防护加固，后施工"的原则，先对地表注浆区域段的合肥段及隧道的两侧按照设计孔深进行注浆，形成"U"字形帷幕，同时做好边仰坡安全防护，洞口四周形成有效的排水系统。然后进行55 m超长管棚预注浆，并结合袖阀管分段后退式注浆对隧道区域围岩进行加固，共同作用形成拱形结构，增加围岩的整体性。管棚施工完成后，根据情况组织进洞。施工顺序如图45-48所示。

图45-48　施工流程图

管棚施工与中间区域的地表注浆同时进行，该区域地表注浆孔深至管棚顶，成孔后下放袖阀管，待该位置的管棚注浆完成之后，再进行该位置的袖阀管注浆。围岩加固截面图如图45-49所示。

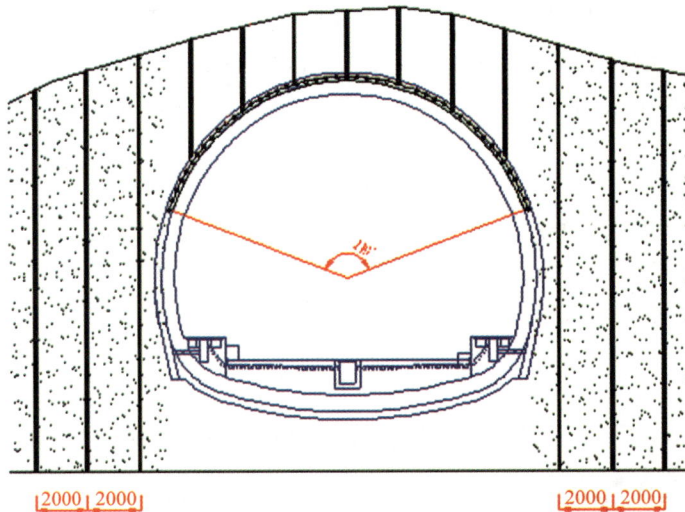

图45-49　围岩加固截面图

2. 地表仰坡防护

先根据注浆范围进行清表，按照等高线垂直高度4 m一个台阶，开挖施工作业平台，作业平台宽度1.3 m，将地表孤石堆积在台阶的内侧，开挖过程中尽量减少对原有地表的破坏，以免造成局部失稳，崩塌。在第三个台阶处增设RX-050型被动防护网，长25 m，高5 m，防止石块滑落，以确保洞口段施工作业安全。

3. 围岩加固方案

1）"U"字形帷幕施工

由于堆积体围岩结构松散，裂隙发育，减少注浆过程中的浆液流失是施工的关键。按照设计要求采用

图45-50　浆液流失图

水灰比(0.8∶1)~(1∶1)水泥浆，浆液流失严重，注浆压力难于保证，如图45-50所示。

施工中注浆材料采用水泥单液浆和水泥水玻璃双液浆两种，即外围周边Ⅰ序孔采用双液浆，Ⅱ序孔采用水泥单液浆。当Ⅱ序孔注浆压力不上升的情况下适量参加水玻璃。注浆用水泥采用活性高，出厂日期不超过3个月的42.5 R.以上普通硅酸盐水泥；水玻璃采用出厂浓度45 Be′（波美度），模数2.8～3.4的水玻璃原浆，使用时用水稀释成35 Be′。

为了选择适合浆液配合比，对各配合比的浆液性能作了几组有代表性的现场试验，对浆液的其凝结时间、抗拉强度及抗折强度进行比较。具体试验结果见表45 - 5。

表45 - 5　水泥—水玻璃现场试验配合比

水灰比	水玻璃：水泥（质量比）/%	凝结时间/min		抗压强度/MPa		抗折强度/MPa	
		初凝	终凝	3天	28天	3天	28天
1:1	3	151	276	4.42	9.09	2.7	4.08
0.7:1	3	98	257	7.9	15.36	3.61	4.89
0.8:1	5	113	201	6.85	13.52	3.45	4.45
0.8:1	17	45	167	5.57	9.7	2.32	2.77

根据试验结果及设备所能达到的要求，选取水灰比0.8:1，水玻璃和水泥的质量比一般为5%左右浆液；由于参加了水玻璃，浆液黏稠度增加，初凝时间相对较短，采用袖阀管分段后退式注浆施工难度较大，且质量难于保证。经与现场监理及设计沟通，对"U"字形帷幕Ⅰ序孔直接采用ϕ60PVC管插入至孔底直接进行注浆，直至注满且压力达到0.5 MPa为止。当注浆量超过理论注浆量的0.5倍，仍未满足要求时，可采取间歇式注浆，或适当的增加水玻璃的比重。

当周边的Ⅰ序孔施工完成之后，进行该位置的Ⅱ序孔施工，Ⅱ序孔施工按照设计要求采用袖阀管分段后退式注浆，浆液为水灰比0.8:1的水泥浆液；对施工完成的区段，分段进行抽样钻探检查，对不合格的区域进行补注，以保证施工质量。Ⅱ序孔按照间隔施工的原则进行施工，注浆与钻孔跳格施工，防止注浆过程中串浆，造成塌孔。加固平面图如图45 - 51所示。

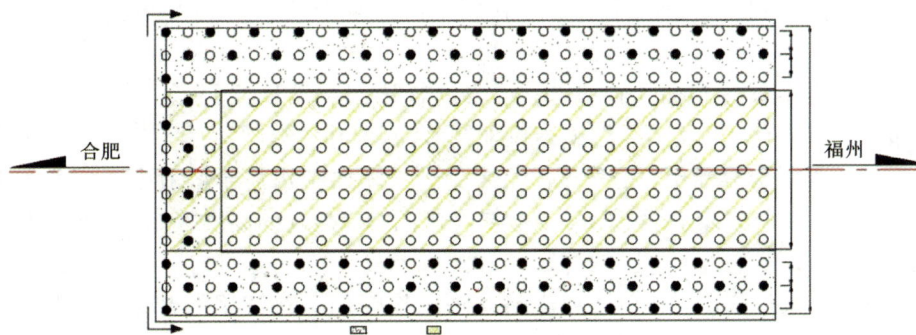

图45 - 51　围岩加固施工平面图

2）袖阀管注浆

（1）袖阀管分段后退式注浆工艺。

袖阀管分段后退式注浆工艺见图45 - 52，设计要求袖阀管全长设置，袖阀管与钻孔之间的空隙采用套壳料封堵，注浆压力0.5～1.0 MPa。

（2）袖阀管分段后退式注浆的工艺原理及改进。

袖阀管分段后退式注浆（图45 - 53）主要是利用套壳料及袖阀管底部的闷盖使浆液向四周扩散，实现袖阀管分段式注浆的特点。该施工工艺比较复杂、效率较低，本身的成本较高。为了实现套壳料的作用，同时又要满足施工方便的要求，袖阀管下完时，地面2 m以下，采用粗砂代替套壳料进行填充，地面2 m以上采用速凝水泥砂浆进行封孔。

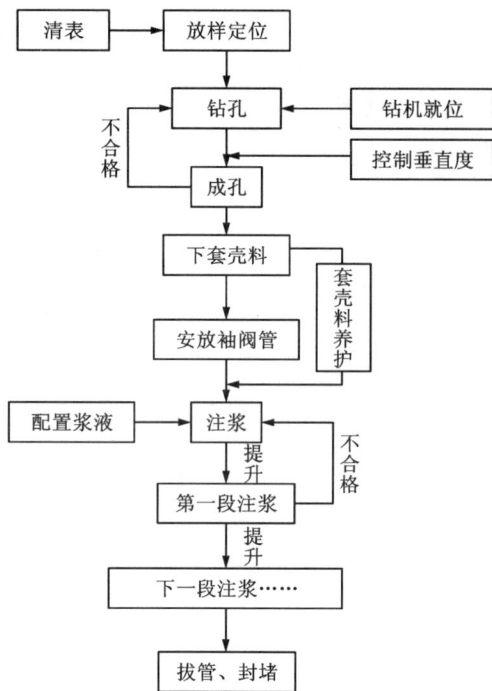

图 45-52　袖阀管分段后退式注浆工艺流程图

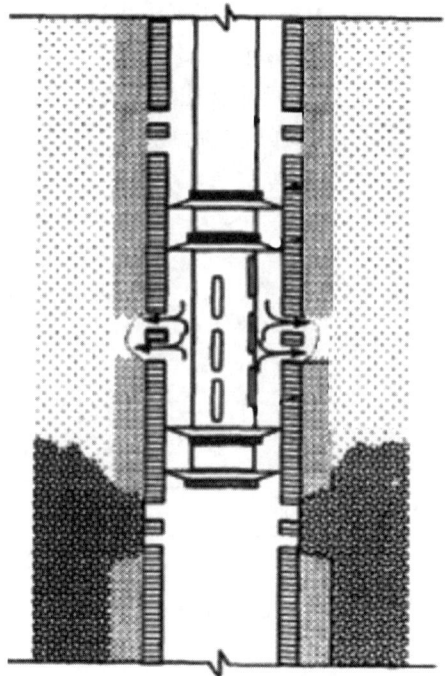

图 45-53　袖阀管注浆原理图

传统的双塞管采用皮碗式止浆塞，在芯管提管过程中，皮碗式止浆塞极易翻转，或被拉脱的皮碗形成几个串在一起，造成止浆塞卡管现象，提管十分困难。本工程选用台阶式的双塞管（图 45-54），以降低注浆过程中的事故发生率。

（3）袖阀管注浆操作要点。

本工程地表注浆采用 GX150 型地质钻机，成孔后采用注浆护壁。注浆过程中施工要点如下：

注浆内管和双塞管连接好放到袖阀管底部；注浆内管顶部和液压注浆泵的出浆端连接，中间接有压力表；通过搅拌机配制水泥浆，把配制好

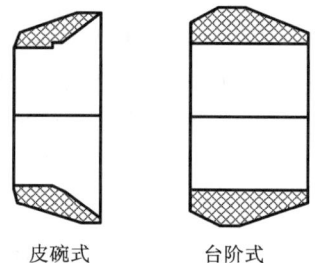

图 45-54　止浆塞结构示意图

的水泥浆通过注浆机注入塑料容器中；把液压注浆泵的进浆端放到水泥浆溶液中，开启液压注浆泵进行注浆；注浆压力达到 1.0 MPa 以上并持续 30 s 后，上提注浆内管，提升的高度控制在 50 cm 以内，以 1 m 为一段，满足注浆结束标准后，再进行下一段的注浆。

一般情况下，每段注浆过程中，孔口压力表将出现两次峰值。在注浆刚开始，出现第一次峰值，压力达到 0.9~1.2 MPa，持续的时间很短；随后压力逐渐降到 0.5~0.8 MPa 间的相对平稳值，持续时间在 1 min 左右，压力表出现第二次峰值，压力约为 1.3 MPa，将注浆内管上提进行下一段注浆。压力表出现第一次峰值是由于浆液冲破橡皮套引起的，当橡皮套被冲破时，这个峰值很快下降；随着浆液的注入，地层中间的空隙被填充，注浆压力也逐渐增大，达到第二次峰值。注浆过程中，由于岩体破碎，个别孔位注浆量较大，且袖阀管注浆分段后退式注浆较慢，为浆液初凝，造成芯提升困难，可在浆液中加入一定量的缓凝剂。

3）管棚施工及中间区域地表注浆

当"U"字形帷幕由下至上逐渐形成的过程中，在满足"U"字形帷幕施工进度要求情况下，进行中间区域的地表注浆钻孔作业。待"U"字形帷幕施工完成后，再进行管棚施工。

管棚施工由两侧向中间施工，成孔后立即进行注浆，使附近孔位岩体裂隙得到一定程度的填充，保证管棚钻孔施工质量。地表注浆孔至管棚顶部为止；成孔后立即下放袖阀管，地表 2 m 以下用水泥砂浆封堵，

当附近管棚注浆完成之后，再进行该区域地表注浆，各道工序实际作业时间分布如图45－55所示。

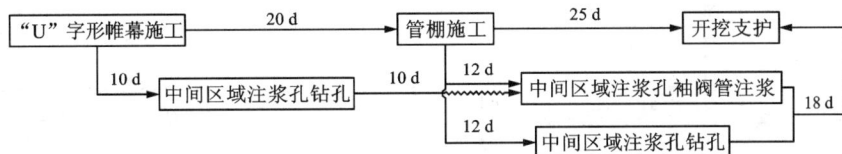

图45－55　作业时间分布图

为了保证管棚注浆尽量的扩散至围岩加固的范围内，现场采用水灰比1:1的水泥浆液，并掺加一定量的缓凝剂，将水泥浆初凝时间控制在3小时左右，当压力表读数达1.5 MPa以上时方可停止注浆。

由于"U"字形帷幕及管棚施工，使整个围岩加固区段岩体孔隙得到了一定的填充，为了保证管棚及上部围岩形成整体的拱形结构，管棚上部注浆孔采用袖阀管劈裂注浆，每段注浆终压一般控制在1.5 MPa左右。

4.总结及体会

本工程从地表注浆施工开始到隧道的进洞施工仅仅45 d时间，且围岩的加固达到了预期的效果：

（1）"U"字形帷幕在处理孔隙率较大，结构松散的岩体注浆施工中方法是可行的，大大减少了浆液的流失。

（2）由于岩体破碎，整个堆积体受地表雨水长时间的冲刷、渗透，块石与块石之间的空隙较大，需要的浆液较多，孔隙较大，管棚施工通过合理的安排施工顺序，依托"U"字形帷幕的浆液扩散，由两侧向中间施工，成孔后及时注浆，使水泥浆渗透至附近孔位，为附近孔位管棚钻孔施工创造了良好的围岩条件，保证了在现场的管棚钻孔过程中无掉渣、塌孔事故。

（3）管棚顶部袖阀管注浆及管棚注浆，提高了拱形结构的刚度和承载力，增加了围岩的整体性，阻止了地表水渗入；根据洞内拱顶下沉、净空收敛等监测变形结果显示，隧道内部拱顶的下沉量和周边收敛量不足1 mm，保证了洞内施工的安全。注浆效果得到了监理、设计的肯定，将本隧道进口段"六部CD法"改为"四部CD法"，提高了施工效率。

5.结语

"U"字形帷幕的形成，是堆积体围岩加固取得成功的主要原因。采用单、双液注浆相结合的方式，利用不同的注浆方法，既减少了浆液的流失，又保证了施工质量；隧道区域内的围岩加固考虑了地表注浆和管棚施工对围岩加固的综合效应，节约了工期和施工成本，保证了施工质量；同时袖阀管分段后退式注浆在本工程施工中得到了优化提高了施工效率。

三、架设防水板简易台车

隧道防水板铺设过去一直采取手工方式固定到隧道内壁上，固定方式以射钉锚固为主，防水板搭接头以热熔形式处理。由手工方式铺设的防水板，与洞表面的密贴效果不稳定，整体平顺性不好；射钉挂板时，防水板表面留有孔洞，从而影响防水效果。因此通过引进防水板架设简易台车，提高隧道施工的机械程度，减轻工人的劳动强度。

1.防水板架设台车构成

防水板架设台车由五大结构组成，即：行走总成、门架总成、折臂吊总成、工作梯总成、电控总成，如图45－56所示。

（1）行走总成：由四组实心橡胶轮胎组成，行走轮与门架结构连接部分有吊耳，在吊耳处施加牵引力使台架前行。

（2）门架总成：由横梁、纵梁、支腿、立柱、斜撑、防水板支撑架等组成，每一层工作平台间距一般为2 m，门架主要是由18#工钢拼接而成。主要杆件之间的连接件采用m20×55普通螺栓连接。

（3）折臂吊总成：由折臂吊立柱、回转机构、电动葫芦等组成。可吊起防水板、钢筋及其他杆件至台架一层工作平台。

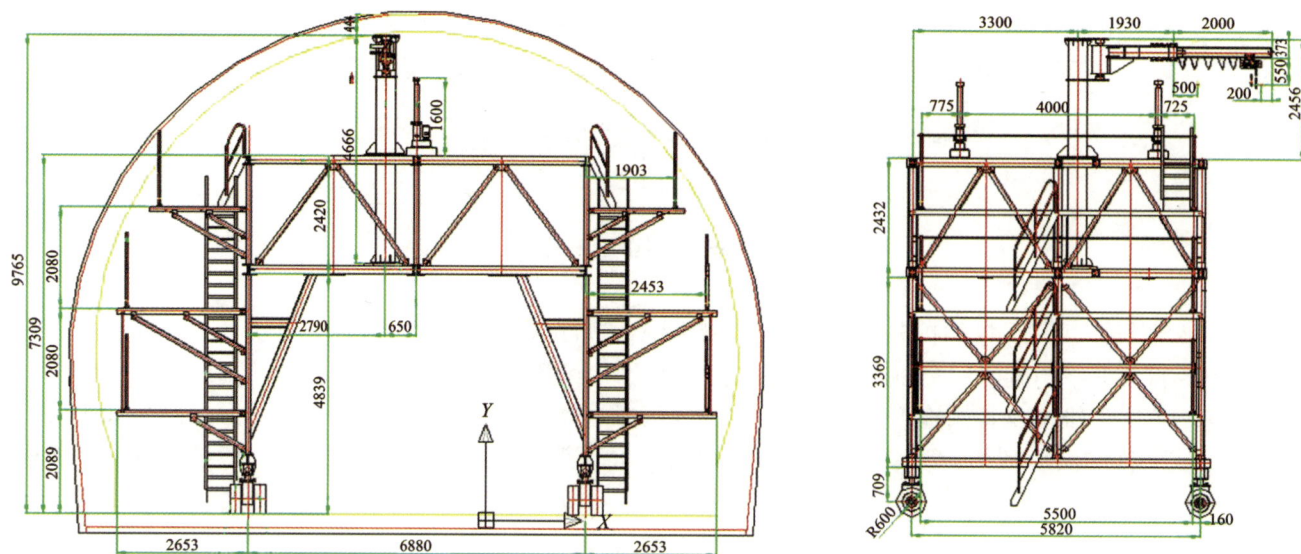

图 45 – 56 防水板架设台车

（4）工作梯总成：主要由爬梯和工作平台，台架设有四层工作平台，便于工作人员上下作业和安全操作。工作台和爬梯主要由焊接钢管制作而成，有较好的强度和可靠性。

（5）电控总成：由电源总开关、折臂吊开关、电动推杆行程开关、行程按钮等组成。折臂吊开关控制电动葫芦的操作，电动推杆行程开关、行程按钮控制电动推杆的起升和下降。

2. 主要技术参数

折臂吊起升高度 9 m，折臂吊起重量 0.5 t，电动推杆最大推力 630 kg，防水板适应宽幅 2 ~ 4 m。

3. 台架的主要优点

防水板铺设台架为法兰连接，具有快速拆装的特点；在防水板铺设台架安装有折臂吊，可以满足防水板、钢筋及小件的吊装，减小了劳动强度；防水板铺设台架安装有电动推杆，可以将防水板举升到一定的高度；防水板铺设方式为拱顶往两侧同步进行，展开防水板后设有临时支撑，方便施工人员施工。

4. 操作程序

防水板铺设台架和工作人员到位后，用折臂吊吊起防水板至电动推杆支撑架上；检查防水板是否放置平稳；使用电动推杆举推防水板至一定高度；拉动防水板的一端，直至隧道断面一侧底部；使用防水板支撑对其进行支护；一侧防水板焊接；用同样的方法铺设及焊接另一侧的防水板；完成所有的工序后，移动台架，进入下一个工作循环。

防水板简易台车与防水板定位如图 45 – 57、图 45 – 58 所示。

图 45 – 57 防水板简易台车

图 45 – 58 防水板定位

5.总结

通过采用防水板简易台车,操作人员只需要站在工作平台内便可完成对防水板的安装,增强工作安全性,同时可减少整平以及校准防水板的工序,大大减轻了劳动强度,提高了劳动效率。

四、超前地质探孔设备

超前地质预报技术出现在上个世纪中后期,是工程地质的一个分支。随着铁路、公路隧道设计长度、自然埋深增加等因素的影响,地质条件越趋复杂,隧道施工中遇到的问题也会相应地增多,不可预料的地质灾害如突泥、突水、塌方等成为困扰工程施工的主要难题。

为了保证在隧道施工时的安全和高效,超前地质预报工作显得越来越重要。要保证隧道施工的顺利进行,关键是要预防隧道施工中的地质灾害。因此,根据隧道隧洞开挖面前方隐伏断层及破碎带、岩溶规模准确定位和评价,采取准确而有效的防治工作,不仅可以减少隧道塌方、突泥等灾害的发生、加快施工进度,而且可以为施工单位节约大量成本,显著提高经济效益。它既可以产生巨大的经济效益,又具有广泛的社会效益。隧道施工时采用了一局自行研发的Z－GP150型水平地质钻机,下面就简要介绍一下钻机的特点和性能。

超前水平钻法特点:为物理探测,预报结果直观、准确,操作简单,但需要占用开挖时间,且费用较大。当配合物探等其他探测手段进行综合地质分析时,预报效果好;在非可溶岩地段一孔基本可以反映全部的地质情况,但是在可溶岩地段,有时候一孔之见并不能完全反映前方地质情况,尤其是岩溶隧道,需要布置3~5孔水平和斜孔超前钻探,钻探比较浪费时间,而且不经济,但实际指导价值非常高。超前水平钻机如图45－59所示。

超前水平钻机适用于所有隧道不良地质探测,特别是对涌水、涌泥、涌气、断层产状、岩溶洞体分布等的探测,探测深度一般为30~50 m。

超前水平钻机性能:

(1)自行研发的Z－GP150型水平地质钻机,其钻孔直径为150 mm,钻孔最大深度60 m,本设备是结合国内实际情况而设计制造的性能优良的履带式管棚钻机。由发动机及液压系统、履带行走装置、变幅机构、钻架及动力头、前冲击装置五大部分构成,如图45－60所示。

图45－59　超前水平钻机

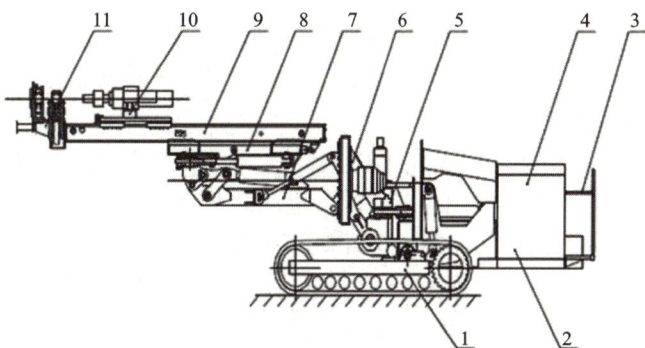

图45－60　设备主要组成

设备主要组成为:1—行走底盘;2—机架;3—站台;4—覆盖件;5—偏转连接头;6—转盘;7—液臂;8—托架;9—钻架;10—动力头;11—前后钳座

(2)管棚钻机的变幅机构(图45－61)可在三个平面内调节,特别设计的摆动变幅机构使得钻架装置在水平和垂直方向均能方便的定位。另外变幅机构还可以±135度轴向旋转运动,这些特性使钻机在所有的工况下均可施工。该设备钻孔速度快,工作效率高(该机械每小时能钻进8~10 m)并能最大限度的减少对周围土层的扰动和破坏，有效的控制围岩的稳定，为高风险隧道安全掘进提供了有力保障。

（3）管棚钻机前冲击装置是管棚钻机的亮点，它拓展了钻机适应性，可以克服深孔钻进困难大的难题。其主要原理是采用水气同进系统，以便钻孔作业时快速清孔、排渣，提高钻进效率，并降低粉尘污染。超前水平钻机全貌如图 45 - 62 所示。

图 45 - 61　钻机变幅机构

图 45 - 62　超前水平钻机全貌

（4）超前钻探工艺流程图如图 45 - 63 所示。

五、水沟电缆槽移动模架

近几年客运专线一直在推行标准化管理，但在隧道水沟电缆槽施工工法上、工装设备上一直没有很好实行标准化。因水沟电缆槽断面小（图 45 - 64），轮廓线条多，传统施工工法为采用小块组合模板，利用钢管、方木加固，分三次浇筑，即先浇筑至排水沟底面，然后浇筑至电力、通信信号电缆槽底面，再浇筑沟槽身。此工法工序烦琐，施工进度缓慢，耗费人工，混凝土整体性较差，外观质量无法保证。因此需要找到一种安装加固快，使用方法简单，使用费用低，既能保证沟槽质量，又能控制成本、满足进度要求的工装设备。

项目部在集团公司推进精细化管理的同时，依照隧道模板台车的原理，改造加工了水沟电缆槽移动模架，不仅节省了人工，还节约了工期。并且使用效果也比较好，在集团公司内部获得了 QC 成果奖。下面简要介绍一下移动模架的构造、工作原理、优缺点。

1. 移动模架的构造

（1）模架：根据工程实际状况进行模架设计，采用[20 槽钢作为主骨架，两端、中间各设置 1 榀门式框架，整个模架长度为 11 m，下部 4 个行走轮组，一侧行走外侧，一侧行走水沟中间。模板长 10.25 m，模架及模板重量控制在 4 t 左右。移动模架立面尺寸如图 45 - 65 所示，移动模架结构如图 45 - 66 所示。

（2）模板：墙模和底模宜设成一体式，做成"L"型，便于安装和拆卸，增加模板的刚度。

（3）定位系统：根据结构尺寸制作"定位卡"，用于固定模板。定位卡采用[12 槽钢制作，插在模板空隙里，中间净空用木楔支撑，顶部模板与限位卡用螺栓连接。在模架上安设丝杆顶，用于加固外模。定位卡安装图如图 45 - 67 所示。

2. 工作原理

加工长约 11 m 的移动式模架及配套的定型模板，模架横断面为门式，通过丝杆把模板悬挂起来，可以左右移动模板到设计的平面位置；拧动螺丝帽可上下调整模板高度，使模板与设计标高一致；在模板调整到设计位置后，通过"定位卡"固定模板与模板之间的相对位置和模板与模架的相对位置；模板固定后，浇筑结构；待结构成型脱模后，通过机械牵引使模架的整体移动到下一模混凝土浇筑的位置。

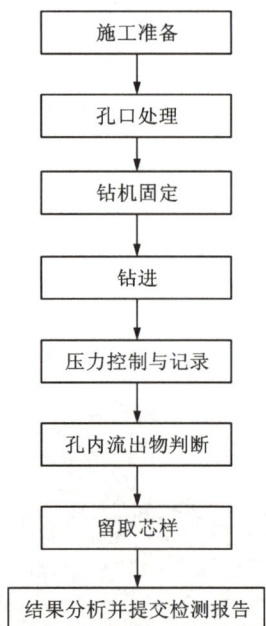

施工准备

↓

孔口处理

↓

钻机固定

↓

钻进

↓

压力控制与记录

↓

孔内流出物判断

↓

留取芯样

↓

结果分析并提交检测报告

图 45 - 63　超前钻探工艺流程图

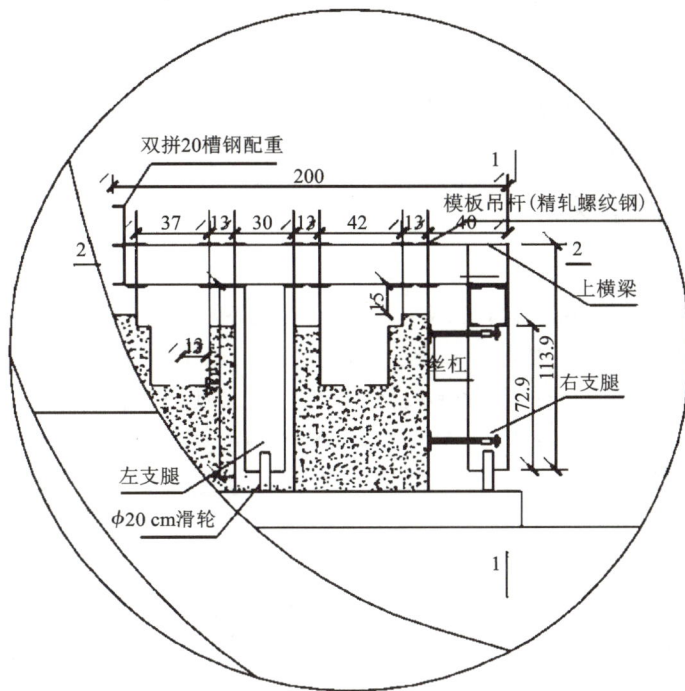

图 45-64　水沟电缆断面图

图 45-65　移动模架立面尺寸图(单位：cm)

图 45-66　移动模架结构图

图 45-67　定位卡安装图

3.优缺点

（1）优点：设备简单，可自行加工制作，模架现场制作，模板采用大块定型钢模，减少组装模板的工作量；移动轻便，巧妙的利用了水沟电缆槽的结构形式，采用双侧滑轮移动，使一侧滑轮行走侧沟底部，另一侧滑轮行走在电缆槽外墙外；模板支撑系统依靠小丝杠与整体限位卡加固，缩短了模板加固时间；实现了隧道内运梁车运梁和电缆槽施工同时进行，互不影响。

(2)缺点：必须先施工沟槽底(找平层)，不适用槽底、槽身整体一次性浇筑。

门式移动模架实现了水沟电缆槽的整体一次性浇筑，提高了混凝土的整体性和外观质量，加快了水沟电缆槽的施工进度，实现隧道内运梁车运梁和电缆槽施工同时进行，互不影响；确保了架梁通道的畅通。该模架经现场检验，施工快捷，作业面整洁、结构美观，在质量、工期、成本、文明施工等方面均取得了良好效果，于合福高铁中广泛应用。

六、闽侯隧道快速施工技术

1. 工程概况

闽侯隧道起讫里程为DK785+655~DK793+588，全长为7933 m，最大埋深约为620 m。洞身围岩主要为熔结凝灰岩和花岗闪长岩，测区内岩体节理、裂隙较发育，山间冲沟多形成裂隙密集带。隧道区中部有侵入岩接触带，带内基岩较破碎，对围岩分级及施工有影响。其中：Ⅱ级围岩6998 m，占88%；Ⅲ级围岩320 m，占4%；Ⅳ级围岩162 m，占2%；Ⅴ级围岩453 m，占6%。隧道中部设一处斜井–唐山塔斜井。斜井位于线路前进方向右侧，与正洞相交于DK789+500处，与线路小里程方向夹角57°，斜长923 m。

2. 快速施工主要技术

闽侯隧道出口自2010年10月下旬开工以来单口掘进3650 m，创造了连续8个月单月开挖270 m进尺的好成绩(Ⅱ级围岩每循环平均进尺约3.6 m，平均用时约10 h≈施工准备测量放线50 min+钻孔、装药、爆破240 min+通风、机械找顶、出渣300 min)。其主要快速施工的核心技术就是"以开挖为主线，其余工序依次平行作业紧跟其后，以超前地质预报为指导，上足工、料、机，配备专业的机械、通风维护团队，Ⅱ、Ⅲ级围岩主攻光面爆破技术，开挖进尺长，初喷效率高"。

1)全断面光面爆破开挖技术

本隧道主要采用钻爆法开挖，根据围岩等级不同分别采用台阶法、全断面法等工法。双线隧道Ⅱ级围岩全断面130 m²，将开挖台架分为五层作业平台，钻孔密度和数量最高的为第一层平台，而第一层平台内单台钻机最小覆盖范围为两侧边墙部位各8个炮眼，按照每台钻机最多钻8个炮眼来布设钻机，每循环共需钻机28台、开挖工31名(3名辅助工)。其中二层平台钻孔数量相对较少，应负责一层平台内中心水沟的钻孔。

光面爆破的好坏是直接决定隧道能否快速施工的关键，光面爆破效果好，开挖进尺长，不补炮，爆破小块岩体方便出渣，开挖面平整度好初喷效率也就高，为二次衬砌防水施工提供了有利条件，其主要爆破参数设计如下：

(1)不耦合系数。不耦合系数k是指炮孔直径d和药卷直径$d0$之比：$k=d/d_0$。$k>kc>1$(kc为产生压碎圈的临界不耦合系数)是进行光面爆破时获得良好效果的必要条件。实践证明，当$k=1.2~2.5$时，光面效果最好。本隧道选用$d=38$ mm，$d_0=25$ mm，即$k=1.52$。

(2)周边眼炮孔间距。周边眼炮孔间距一般为炮孔直径的10~20倍。在节理裂隙比较发育的岩石中应取小值，整体性好的岩石中可取大值。闽侯隧道出口围岩多为弱风化花岗岩，石质坚硬，节理裂隙不发育，因此取15倍孔径计算炮孔间距为570 mm，一般选择$a=500$ mm。

(3)最小抵抗线

最小抵抗线为光面层厚度或周边孔到邻近辅助孔间的距离，是光面孔起爆时的最小抵抗线，一般它应大于或等于光面孔间距。根据推算和实验分析，孔距和最小抵抗线的比值最好是0.8~1，在此我们选用$W=1$。

(4)周边眼线装药密度。周边眼线装药密度是指单位长度炮孔中装药量的多少(g/m)。为了控制裂隙的发育以保持新壁面的完整稳固，在保证沿炮孔联心线破裂的前提下，应尽可能少装药。根据岩石特性和多次试验，决定采用间断装药，反向起爆，选用线装药密度为130 g/m。

(5)周边眼起爆间隔时间。周边眼起爆间隔时间，经多次爆破试验得知爆破时采取先墙后拱分段爆破的方式更有利于光面的形成，因此隧道边墙和拱部的周边眼雷管段位分别选择为15、17段。

(6)掏槽眼参数。掏槽眼的作用是在开挖面上爆出一个槽穴，为以后爆破的炮眼开辟临空面以创造良好的爆破条件。选用两级复式垂直楔形掏槽，掏槽眼呈水平成对布置，炮眼竖向间距60 cm，角度分别为

50°、55°，槽口宽6 m、高4.8 m。爆破后好像从岩层中拔出一个楔子一样，从而为其他炮眼的爆破创造临空面。

（7）辅助孔的打设角度。辅助孔的打设角度应根据掏槽孔的打设角度自内圈向外圈逐步调整，其最外圈的辅助孔打设角度应平行于周边眼。

（8）底板孔参数。底边孔的孔间距与抵抗线必须考虑抛渣和挖底的要求而减少，两个底角孔与邻孔间距应该更小些，并安排在最后起爆。底板孔的作用类似于周边眼，因此其装药结构参照周边眼，孔眼间距取60 cm。

（9）火工产品的选择。为获得良好的光面效果，一般可选用低密度、低爆速、低体积威力的炸药，以减少炸药爆轰波的击碎作用和延长爆炸气体的膨胀作用时间，使爆破作用为准静压力作用。根据炸药特性，选用2号岩石乳化炸药，药卷大小为$\phi25$ mm；导爆索选用SBPS普通塑料导爆索；雷管选用1～17段延期毫秒雷管。

钻机操作手实行定人定位定任务制，即每名操作手负责的钻孔范围、数量和顺序应保持固定，且在每批次钻孔完成后自行清孔和装药，以提高其工作效率和精度。最佳作业循环时间＝20 min×8孔＋20 min清孔＋45 min装药＋15 min整体布线＝4 h。

2）初期支护技术

初期支护是复合式衬砌的重要组成部分，初期支护既要与围岩共同变形，又要有足够的强度和刚度能控制围岩变形。主要支护形式有：喷射混凝土支护，喷锚网支护，钢架喷射混凝土支护等。初期支护紧跟开挖作业面，仰拱及时施作，使初期支护尽早封闭成环。

闽侯隧道采用捷肯E2喷射手初喷混凝土，其喷射能力为16 m³/h，大大提高了喷射效率，减少了初期支护作业时间。Ⅱ级围岩集中3-5槽炮喷射一次混凝土，既节约时间又能保证掌子面工作空气质量，提高开挖效率。

3）长大隧道装渣运输设备配套

整个隧道出渣采用无轨运输的方式，大型挖掘机配合侧式装载机装渣，使用大型沃尔沃自卸汽车运输。机械设备的投入必须从实际出发，根据工程量的大小，按照施工要求进行合理配置，才能提高整体生产能力，要保证各种设备之间的生产能力相匹配，避免出现瓶颈；要做到各工序、流程之间相互干扰小。

闽侯隧道出口单口掘进3650 m，洞口距渣场约400 m，Ⅱ级围岩光面爆破每炮进尺约3.6 m，出渣量约470 m³，按照每500 m配置1台自卸汽车最终配备8台。挖掘机找完顶以后，出渣车一次排列进入掌子面等候装渣，2台侧式装载机连续装渣，直到出渣结束。洞外专门设置一个机械维修班组，定期对运输车辆保养维护，运输过程中轮胎最容易损坏，并且尽可能的储备这些易损配件，保证运输过程中不耽误出渣。最佳作业循环时间＝25 min通风＋35 min挖机找顶＋240 min出渣运输＝5 h。

4）隧道防排水施工技术

隧道防排水按照"防、排、堵、截相结合，因地制宜，综合治理"的原则进行施工，以结构自防水为根本，加强钢筋混凝土结构的抗裂防渗能力，提高其耐久性、防水性，同时以变形缝、施工缝等接缝防水作为重点，以防水层加强防水。防水层采用自制台架垫片法无钉铺设。

（1）防水层铺设准备。

防水层施工时先进行基面处理，利用防水板台架，喷射混凝土面外露的钢筋、锚杆头等尖锐物割除，再用砂浆将不平整面和已割除的铁件头抹平。喷射混凝土表面凹凸不平面的跨深比不大于1/7，大于1/7的凹坑用细石混凝土抹平，确保喷射混凝土基面平整，无尖锐棱角。

（2）铺设无纺布缓冲层。

首先用作业平台车将半幅无纺布固定到预定位置，然后用专用热熔衬垫及射钉将无纺布固定在喷射混凝土上。专用热熔衬垫及射钉按梅花型布置，拱部间距0.5～0.7 m，边墙1.0～1.2 m。无纺布铺设松紧适度，使之能紧贴在喷射混凝土表面，防止因过紧被撕裂或因过松使无纺布褶皱堆积形成人为蓄水点。无纺布间搭接宽度大于10 cm。

（3）铺设防水板。

防水板采用无钉铺设，焊接方式为热风焊接，分自动焊接和手动焊接。

①防水板手动焊接。手动焊接主要针对阴阳角、渐变段等复杂的细部处理和损坏部位的修补。先用简易作业平台车将防水板固定到预定位置，然后用手动电热熔接器加热，使防水板焊接在固定无纺布的专用热熔衬垫上。防水板铺设松紧适度，使之能与无纺布充分结合并紧贴在喷射混凝土表面，防止过紧或过松，防水板受挤压破损变形而形成人为蓄水点。防水板间搭接缝与变形缝、施工缝等薄弱环节错开 1 m 以上。

②水板间自动热熔焊接。焊接前先除尽防水板表面灰尘再焊接，防水板搭接宽度大于 15 cm。防水板之间用自动双缝热熔焊接机按照预定的温度、速度焊接，单条焊缝的有效宽度不小于 1 cm，焊接后两条焊缝间留一条空气道，用空气检测器检测焊接质量。

③缝检测。采用检漏器检测防水板焊接质量，先堵住空气道的一端，然后用空气检测器从另一端打气加压，直至压力达到 0.1 ~ 0.15 MPa，并能稳定 3 ~ 5 min，则说明完全黏合，否则需用检测液（如肥皂水）找出漏气部位，用手动热熔器焊接修补后再次检测，直至完全黏合。

5）长大隧道施工通风技术

通风问题是困扰长大隧道施工的一个技术难题。压入式通风原理简单，但掌子面空气质量的好坏直接制约着隧道开挖功效。加强环境意识，重视通风工作，成立专门的通风队伍，负责通风机、通风管安装、维护，承担通风效果的责任。

闽侯隧道采用钻爆法施工，无轨运输出渣，洞内通风重点是尽快排出开挖爆破产生的有害气体和粉尘，使开挖等工作面的空气质量达到作业人员工作要求。按照隧道内最适宜劳动的温度是 15 ~ 20℃，掘进工作面的温度不宜超过 28℃；每人每分钟供应新鲜空气不应少于 3 m³，柴油设备千瓦/分钟需要新鲜空气不小于 3 m³；钻爆法施工，全断面开挖时洞内风速不得小于 0.15 m/s 等设计通风设计标准。计算出每分钟所需要的最小分量为 2226 m³/min。根据长大隧道施工通风用电在隧道施工用电中占有相当的比重，优先选用节能型风机以降低能耗。最终选择了风机型号 SDF（C）-NO13，电动机功率为 132 kW，风管直径选用 1.8 m，风量 3160 m³/min。出风口距工作面 30 ~ 50 m，风管安装达到平、直、稳、紧，不弯曲、无褶皱，减少通风阻力。

6）长大隧道涌水防治技术

隧道施工中发生涌水、突水等地质灾害，主要原因是地质情况不明，不能随地质条件的变化适时改变开挖支护方法，开挖施工中采用地质雷达等进行现场地质探测预报，提前探明前面岩溶、断层、基岩裂隙水等的发育情况，根据探测情况做好各种防治措施。

（1）提高围岩自防能力。

在隧道开挖过程中，针对前方探明的断层、破碎带、岩溶及岩体裂隙水发育情况，可采取注浆加固，使松散、破碎的围岩体能形成相对的整体，以提高围岩体的力学能力和抗渗透能力。为达到注浆效果，要根据围岩性质采的注浆液和注浆方法。

（2）重视开挖方法和加强工程结构。

为了降低隧道开挖对围岩的扰动与破坏，造成裂隙及破碎带围岩条件的恶化而导致隧道围岩的稳定性降低、涌水量增加，同时也为了保证隧道开挖面的稳定，防止坍塌；破碎地带在注浆加固后开挖采取弱爆破与机械开挖相结合的方式进行。

开挖断面根据围岩条件情况而定，围岩破碎、稳定性差、围岩压力大的地方，可采取台阶法进行开挖，中心预留核心土，以防掌子面前方压力过大，造成坍塌；围岩条件较好处采取台阶开挖不留核心土或采取半断面开挖方式进行掌子面开挖。

在隧道开挖完成后，掌子面和围岩的稳定性差，必须加强支护工程结构来保证开挖后的稳定；较高的围岩压力与地下水压会对隧道长期结构的稳定造成威胁，因此涌水地段的初期支护结构必须加强，二衬必须紧跟上。

（3）产生涌水拟采取的治理措施。

在隧道施工过程中大量的地下水从隧道中流失，会恶化隧道的施工环境，破坏地下水平衡状态，治理涌水的原则是：堵排结合、以堵为主、限量排放、保护生态环境。

涌水地段处治采用超前小导管加固周边围岩，钻孔引流地下水通过，再针对涌水段采取专门的围岩加

固、止水、衬砌结构加强措施,保证隧道开挖及支护顺利通过。涌水地段注浆加固措施如下:

在隧道拱部120°范围内采取φ42 mm超前小导管注浆加固后再进行开挖,小导管根据实际情况可分两层或三层,注浆方式采取全孔一次注浆,注浆材料采用单液注浆,如果注浆孔较大,且围岩裂隙发育,需要采取双液注浆时,采取水泥水玻璃浆液,浆液参数根据现场实际情况试验确定。

涌水段的总体注浆原则是先底部注浆加固,再对涌水集中整治,最后对周边实施径向注浆补强。对底部岩体的破碎地带注浆加固可确保仰拱的安全开挖。顶部注浆在围岩稳定后进行,注浆从出水量小的排水管开始,若其他排水管发生串浆可关闭其排水管,等其他注浆结束后再对串浆排水管进行注浆。径向注浆,在顶水注浆完成后,对破碎围岩带,水力联系明显的部位,对未实施径向注浆段进行注浆加固,提高围岩的整体承载力和抗渗性能。

7)深埋隧道预防岩爆危害措施

隧道区域地质主要为熔结凝灰岩、花岗斑岩,隧道最大埋深620 m,开挖工程中曾出现过中等岩爆。针对该地质情况,以超前钻孔为主,辅以地震波、电磁波、钻速测试等手段进行分析预报,结合开挖面附近岩体的观察及地质素描,分析岩石的动态特性,根据分析数据指导后续施工判断岩爆发生的可行性,针对施工中发生的岩爆主要采取"以防为主、防治结合"的原则。

(1)岩爆的防治措施。

切实提高光面爆破效果,保证洞室轮廓规则圆顺,避免应力集中;并严格控制装药量,以尽可能减少爆破对围岩的影响。爆破后立即对围岩喷洒高压水,软化岩石,减弱岩爆强度。加强机械找顶和人工来回找顶。选用预先释放部分能量的办法,如松动爆破法、超前钻孔预爆法、超前小导坑掘进法、打应力释放孔等方法,将岩石原始应力释放。

(2)岩爆的处理措施。

对岩爆部位加强找顶工作,只有当找顶彻底后,方能进行下一步的测量放样和钻眼作业。加强对岩爆部位的支护,必须先打安全锚杆,并根据实际情况进行喷浆封闭,再进行开挖作业,这样才能使锚杆在爆破前有充分的凝固时间和防止石块掉落。在锚杆安装好后再在锚杆之间钻适量的空眼,以减小岩爆二次发生的概率和强度。岩爆严重时,台车上的人员要及时撤离到安全地点,然后对岩爆部位进行找顶处理。找顶从上而下,上层找好铺完架子后再进行下层找顶。一定要等找顶工作彻底后,所有人员才能进入掌子面进行作业。同时各作业人员要注意做好自我防护,提高自我保护意识,切忌盲目作业。

8)接触网预留槽道、综合接地施工技术

(1)接触网预留槽道技术。

隧道内接触网悬挂安装采用锚杆槽道形式进行预留,在槽道的预埋施工时,要求槽道垂直于线路方向的误差不大于30 mm,施工精度要求高,槽道预埋具体施工方法采用衬砌台车模板开二次定位孔螺栓定位法,施工工艺流程如下:

①槽道定位前准备。检查槽道内发泡填充物的完整状态,如有残缺,应进行填补。对于两根一组的槽道,应根据设计要求的槽道平行间距,用钢筋或型钢焊接牢固。一级台车模板上槽道的设计要求位置,在模板台车上开螺栓二次定位安装长孔,每根槽道上固定点位两处,隧道顶部2.5 m的弧形槽道固定点为3处(槽道两端、中间各一处)。二次定位安装长孔的开孔原则:结合所有槽道预留台车模板布置图进行优化,减少模板开孔数量。开孔要避开台车模板的加固支撑、顶升固定点及各种连接结构,严格按图控制槽道至台车边缘的距离。

②槽道一次定位。绑扎第二层网片钢筋后,安装设计位置,测量出槽道布置位置,在钢筋网外将事先焊接好的成组槽道就位。在槽道后部锚杆处,垂直槽道方向,间隔绑扎几根短筋,长约30 mm,将锚杆和短筋绑扎固定在钢筋网上。根据接地要求将槽道锚杆与相应的接地钢筋可靠的焊接。将槽道与模板固定点位置的发泡填充物扣除。

③槽道二次定位。台车移动就位到指定位置后,油缸顶升拱顶、拱腰模板到位,与网片钢筋上固定的槽道接近贴住后,通过二次定位孔,找到并调整槽道位置。将T型螺栓穿过钢模板上的二次定位长孔,放入槽道,水平旋转90°。将开孔封堵钢板安装在二次定位孔的T型螺栓上,扭紧螺母,使槽道紧贴模板,进行模板上精确的二次定位。

④浇筑及脱模。台车模板封堵完后，进行二次衬砌浇注。T型螺栓螺母松开后，打开开孔封堵，旋转T型螺栓90°，收回模板脱模。将槽道固定点处重新填补上发泡填充物，做好后续养护工作的防护。

（2）隧道综合接地技术

隧道综合接地工作主要有贯通地线的敷设、Ⅱ级～Ⅴ级围岩隧道接地钢筋的设置及连接、接地端子的预留、接地钢筋与贯通地线和接地端子间的连接等。隧道内贯通地线敷设在两侧的信号电缆槽内，并采取砂防护；锚杆接地极、底板接地极和二次衬砌内的接地钢筋等接地装置均应通过连接钢筋与两侧电缆槽靠线路侧外缘的纵向接地钢筋连接。

3．长大隧道快速施工组织

强化施工组织和施工技术管理，实现均衡有序生产。隧道施工各项工序必须紧紧围绕开挖这条主线，合理安排工、料、机等资源，减小工序之间的相互干扰，实现施工全过程的流程化是关键；坚持超前地质预报，做好各种防治措施；坚持文明施工，创造良好的施工环境；建立严格的规章制度和有效的激励机制是前提，从而实现隧道施工的快速效果。

1）优化钻爆作业参数，合理安排工、料、机等资源

坚硬岩层采用光面爆破可以大大提高开挖效率，减少初期支护时间，节约混凝土施工成本。上足人员、设备，储备施工物料，不因工、料、机不足而断断续续施工，也不因工、料、机大量闲置而窝工、窝料。合理组织人员物资、提高操作人员专业理论知识，使之掌握设备性能、操作规程，定时保养、定时维护提高设备的完好率和利用率。从而实现均衡有序生产。

2）狠抓作业循环，做好各工序之间的有效衔接

隧道开挖、支护、衬砌等任何一个环节抓得不紧或衔接不好，都将影响整个施工进度；以开挖工序为主，进行多个工序平行作业，减少循环时间，对每一个环节实行定人、定岗、定时、定量、定标准，使各工序流程化作业。

3）坚持超前地质预报，做好各种防治措施

隧道施工中发生涌水、突水等地质灾害，主要原因是地质情况不明，加强超前地质预报，提前探明前面岩溶、断层、基岩裂隙水等的发育情况，特别是隧道穿越水库、塘水及沟谷流水地带时，要根据探测情况做好各种防治措施。

4）坚持文明施工，创造良好的施工环境

达到管线顺直、各作业面空气清新、照明良好、物料堆放有序、排水畅通、场地无杂物，为工人创造良好的施工环境。

5）建立严格的规章制度和有效的激励机制

建立严格的规章制度和有效的激励机制，使各个班组相互竞争，提高施工技能，持续掀起施工高潮，使各项工作都能认真落实。

七、花山隧道施工机械化配套

1．工程概况

花山隧道起讫里程为DK642＋251.47～DK647＋860，全长为5608.53 m。隧道施工断面大，地质情况复杂，围岩变化频繁，Ⅲ级围岩3985 m，Ⅳ级围岩750 m，Ⅴ级围岩841.53 m，洞门明挖段32 m。分别占隧道总长度的71％、13％、15％和1％。Ⅲ级围岩开挖工法为台阶法，Ⅳ级围岩开挖工法为三台阶法，Ⅴ级围岩为三台阶临时仰拱法。

隧道进口存在高地温，加之机械化作业时散热量较大，造成隧道内开挖面附近区域温度较高，最高温度可达42℃，需要增加降温设施和投入；此外全隧共需经过8条断层及其影响带，安全风险高，隧道贯通工期制约标段内5座桥梁的架梁施工，工期紧、任务重、施工难度大。

2．设备情况

机械设备情况见表45－6。

表45-6 机械化设备表

机械名称	型号规格	单位	数量	机械名称	型号规格	单位	数量
凿岩台车	T12	台	2	搅拌站	HZS40	套	1
多功能钻机	H808	台	1	水泥罐	60T	个	2
作业台架		台	1	混凝土输送车	8 m³	台	3
喷浆机械手	PM500	台	1	通风机	SDFNO12.5	台	2
挖掘机	PC220-8	台	1	空压机	UD160-8	台	2
装载机	WA380-6	台	2	变压器	630 kVA	台	1
自卸汽车	25T	台	7	变压器	315 kVA	台	1
自行式仰拱栈桥	24 m	台	1	移动箱式变压器	ZGS11-M-630/12	台	1
防水板铺设机	4000	台	1	门吊	5T	台	1
模板台车	12M	台	2	型钢冷弯机	XGLW-250	台	1
混凝土输送泵	HBT60	台	1	电焊机	BX1-500	台	10
搅拌站	HZS60	套	1	切断机	GQ40	台	1
装载机	ZLC50C	台	1	注浆机	KBY-50/70	台	1
水泥罐	100T	个	4	合计			53

3. 机械化配套作业

针对隧道工程实际情况，形成了隧道钻爆作业、装渣运输、锚喷支护、仰拱施工、衬砌防排水铺设安装、衬砌混凝土及衬砌养护等数条机械化配套作业生产线，同时辅以超前地质预报及长大山岭隧道高压风动辅助作业线，形成了隧道机械化全工序闭合施工。

1）超前地质预报

超前地质预报采用TSP203、30 m超前水平钻机、凿岩台车超前加深炮孔，分别探测前方120～150 m、30 m、5.5 m的围岩地质、水文等情况，通过长中短三种距离相结合的超前地质预报系统，动态掌控，相互验证，确保开挖作业全过程能够准确掌握前方地质情况，降低了施工风险。超前地质预报钻机如图45-68所示，地质雷达超前预报如图45-69所示，TSP超前地质预报如图45-70所示。

图45-68 超前地质预报钻机　　图45-69 地质雷达超前预报　　图45-70 TSP超前地质预报

2）隧道钻爆作业

隧道进口共配置三臂凿岩台车2台，每台设操作主司机、副司机、旁站指挥人员各1名，操作人员均在防护的设备内，有效减少掌子面气雾和岩尘侵害。凿岩台车开挖施工中，通过控制钻孔角度、精度、提升断面光爆成型质量，凿岩台车单孔钻进时间控制在2分钟，每循环钻孔216个，孔深4.1 m，每循环钻孔用时2小时，进尺3.8～4.0 m，药卷直径32 mm，每循环用药约17箱，合408 kg，周边眼导爆索每循环约

250 m，炸药单耗0.75~0.85，主掏槽眼22个，掏槽眼共72个，每天可完成2~3个作业循环。另外，利用凿岩台车施作超前锚杆、系统锚杆等比传统工艺有较大提升，且安全可靠，大大降低了支护人员的安全风险。

为确保良好的成型效果，除了制定合理的超欠挖管理办法并严格执行外，施工中积极摸索经验采用各种措施，精心施钻，周边眼装药过程中以炮棍深入炮眼长度来确定药卷位置，从而做到间隔装药，导爆索引爆；各功能炮孔采用1~15奇数段非电毫秒雷管引爆炸药，严格按照爆破设计布孔，动态调整爆破参数，爆破设计如图45-71所示。

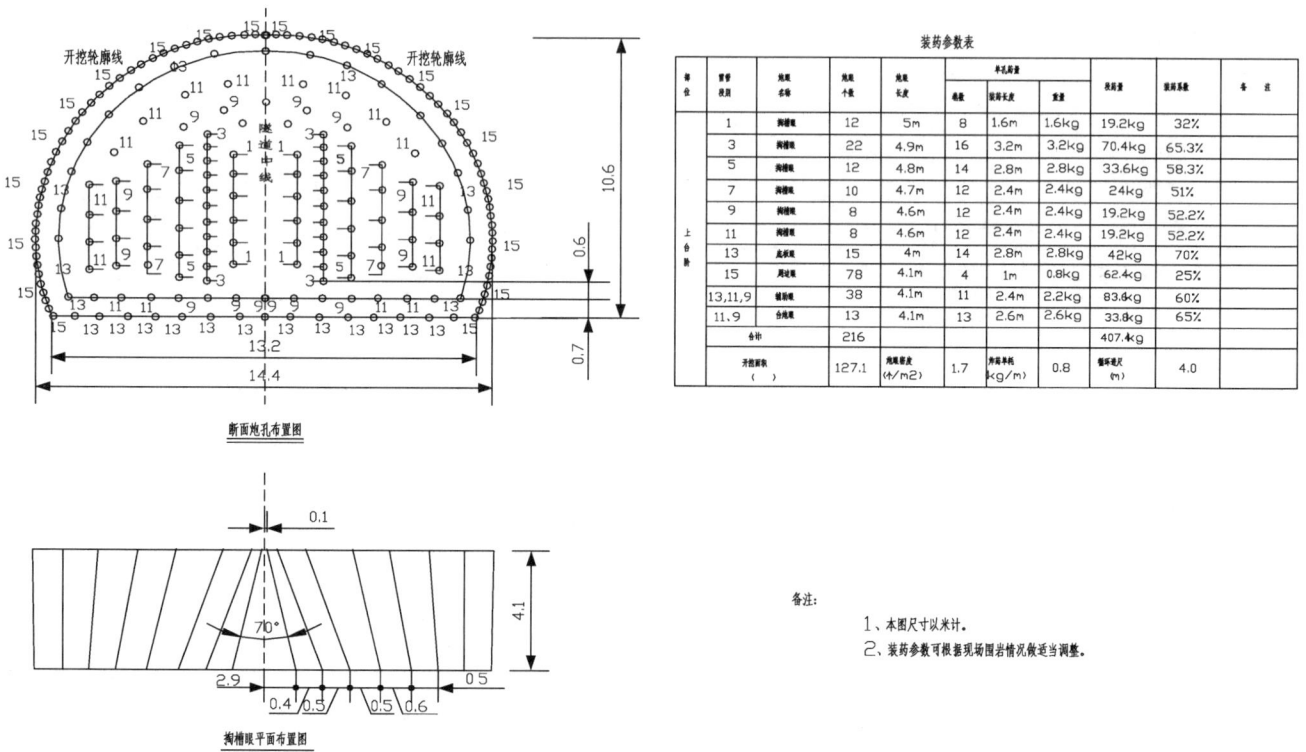

装药参数表

部位（单位）	炮型项目	规格名称	炮眼个数	炮眼长度	半孔底量 段数	装药长度	重量	段药量	装药系数	备注
	1	掏槽眼	12	5m	8	1.6m	1.6kg	19.2kg	32%	
	3	掏槽眼	22	4.9m	16	3.2m	3.2kg	70.4kg	65.3%	
	5	掏槽眼	12	4.8m	14	2.8m	2.8kg	33.6kg	58.3%	
	7	掏槽眼	10	4.7m	12	2.4m	2.4kg	24kg	51%	
上台阶	9	掏槽眼	8	4.6m	12	2.4m	2.4kg	19.2kg	52.2%	
	11	掏槽眼	8	4.6m	12	2.4m	2.4kg	19.2kg	52.2%	
	13	底板眼	15	4m	14	2.8m	2.8kg	42kg	70%	
	15	周边眼	78	4.1m	4	1m	0.8kg	62.4kg	25%	
	13,11,9	辅助眼	38	4.1m	11	2.4m	2.2kg	83.6kg	60%	
	11,9	台阶	13	4.1m	13	2.6m	2.6kg	33.8kg	65%	
合计			216						407.4kg	
开挖面积（ ）	127.1	炮眼密度（个/m2）	1.7	炸药单耗（kg/m）	0.8	循环进尺（m）	4.0			

备注：
1、本图尺寸以米计。
2、装药参数可根据现场围岩情况做适当调整。

图45-71　爆破设计图

（1）优化台车设计结构。

施工中使用的两台台车是山特维特汤母洛克公司生产的 AxeraT12 半自动化台车，该台车存在的最大不足就是施钻工施钻时对施钻钻机、钻杆、推进梁的视线存在障碍；其次是隧道右侧施工台车其1号臂推进梁上的油管护架给施钻工的视线也造成了一定的障碍；再次推进梁上的顶盘架和钻杆扶钎器高度过高，使钻机贴着墙面钻孔时外插角角度增大，不利于控制外插角角度。这些问题引起了公司领导的高度重视，成立专门的小组——进行处理：第一个问题主要是因为封闭式驾驶室结构内，施钻工抬头往顶部看视线本身就有障碍，三个机械臂柱设计在驾驶室正前方，使前方的视线也存在障碍，这是台车本身设计的缺陷，无法更改此设计结构，解决本问题办法是每个班增加1名施钻工辅助、指引主施钻工进行钻孔，解决主施钻工视线障碍的问题。第二个问题是油管护架在左边时挡住视线，给视线造成影响。针对这一结构问题，采取的措施是在推进梁的右边重新定位钻孔把油管护架改移右边。第三个问题是顶盘与中扶钎器高度过高，不利于外插角的控制，解决这一结构问题，采取的措施是重新设计加工顶盘与扶钎器，降低其高度，通过改造达到了预期目的，从而有利于施钻工控制外插角。

（2）施工现场组织与过程控制。

凿岩台车钻孔过程中采用定人、定岗、定钻，分清责任区，以奖为主，奖罚分明的原则；对于决定超欠挖的周边眼钻孔，班组内部制定了严格的奖罚制度，将216个周边眼沿隧道中线左右及上下平均分成4部分，每个台车司机负责54个孔，4名司机专门负责各自区域内的周边眼钻孔。钻孔过程中除隧道拱部考虑纵坡（6.048‰）影响，孔底外插量在原有基础上增加 2 cm 外，其余钻孔均按水平方向施钻，由测量组在隧道两侧大跨线位置标出方向线（或观察台车钻孔臂水流情况，当水流从钻杆中部滴落时认为钻杆水平），根据上循环超欠挖检查数据确定钻尾与基面间的距离，从而确定钻杆方向与外插角。

经过长时间现场实践和学习，总结出了一些非常有价值的经验如：①周边眼施钻时钻杆先伸出顶盘 1 米左右进行钻孔，钻孔过程中仔细观察钻杆上的流水状态，水从炮眼顺着钻杆流过的长度、速度、方向，由此即可初步判断出此孔上下、左右角度，也就可初步判断超欠挖情况，相应地调整钻杆的外插角从而有利于超欠挖的控制。②当一些炮孔无法判断其超欠情况时我们使用长、直钎杆插入炮孔内，观察钎杆的各个角度也可初步判断其超欠情况。③在施作同一排掏槽眼时，可根据钻杆尾部水滴是否落在同一个位置来判断掏槽眼是否在通一个面上，此外也对边墙的施钻方法法，周边眼间距控制等方法提出了较好的解决措施。光面爆破效果如图 45 – 72 所示。

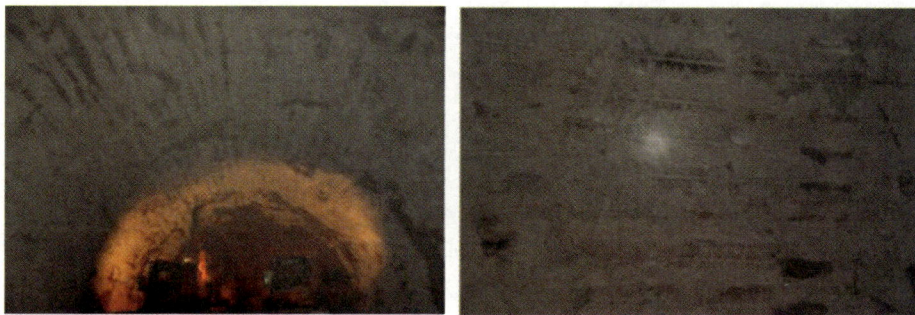

图 45 – 72　光面爆破效果图

3）装渣运输

花山隧道进口配备挖掘机两台，380 型装载机两台，红岩金刚出渣汽车 7 辆，花山隧道单循环石渣量约 500 多方，单车装渣时间控制在 3 min 以内，单循环出渣时间 4 h 左右。

4）锚喷支护

目前施工段Ⅲ级围岩初期支护主要施工工艺流程为：施工准备工作→开挖基面埋设疏水管或注浆（有水处）→初喷射 4 cm 厚的混凝土→补注浆及引排初喷面渗水（有水处）→挂钢筋网片→复喷混凝土至设计厚度→锚杆孔位放样、钻孔安装→混凝土养护→引排初期支护渗漏水→进行下循环施工。

其中锚杆采用凿岩台车钻孔，人工安装并注浆；喷射混凝土采用喷浆机械手施工，施工中速凝剂添加使用变频调速电机控制，可严格按配合比进行添加，喷射回弹量约为 20～25%，而一般的湿喷机回弹量都在 35% 以上。

喷浆施工时作业司机使用遥控手柄对喷头进行全方位操作，方便灵活，提高喷射质量和效果同时可减少尘雾对操作人员的危害。

为确保喷射混凝土表面平整度，初期支护时，先按设计初喷 4 cm 厚的一层混凝土，过程中同时将局部超挖的小凹坑喷填平整，钢筋网安装时，为避免出现折线或外鼓，采用在初喷混凝土面打设钢筋铆钉固定的做法，使钢筋网紧贴初喷混凝土表面，局部超挖凹陷部位则顺隧道轮廓弧线安装，对偶尔有掉块的较大超挖部位设双层钢筋网，在混凝土复喷过程中起到较好的承载和黏接作用，从而保证复喷后表面平整。喷射混凝土外观效果图如图 45 – 73 所示。

混凝土复喷时，严格按分段、分片、分层，由下而上的原则进行，当受喷面有较大凹洼时，先填平再进行其他部位喷射作业；射混凝土时，喷嘴与受喷面保持 0.6～1.8 m 的距离，喷头距受喷面太近时，压缩空气会将刚"黏"在受喷面上的混凝土拌和料吹走，太远时回弹量将急剧增大，喷射角度尽可能接近 90°，同时应保持适当喷射压力，尽量减少喷射混凝土回弹；喷射中如有脱落的石块或混凝土块被钢筋网卡住时，应及时清除，否则会造成该部位空鼓，影响施工质量。

喷射后的混凝土表面要圆顺、密实，无流淌、掉渣现象，喷射混凝土表面平整度允许偏差为 100 mm。

图 45 −73 喷射混凝土外观效果图

5）仰拱及仰拱填充施工

本隧道为大断面隧道，仰拱采用分段全幅一次浇筑成型。

仰拱施工工艺流程为：测量放线→仰拱基底清理→安装仰拱弧形模板及两侧纵向止水带→安装仰拱端头模板及环向止水带→仰拱混凝土浇筑（养护）→中心水沟模板→仰拱表面清理→填充混凝土浇筑→混凝土养护→下一循环。

隧底开挖后采用人工配合挖掘机对底部虚渣进行初次清理，对机械无法清理的，采用人工铁锹清理；针对隧底易聚集石粉、泥浆的特点，工区采用高压水冲洗，并在合适的位置设置小的集水坑，用渣浆泵抽排至已施工段的中心水沟，并定期进行清理。

施工中使用 24 m 自行式仰拱栈桥，隧道出渣及进料与仰拱施工可平行作业。栈桥为下承式桁架结构，桁架在满足承载力要求的同时兼起护栏作用，保证施工进度的同时确保仰拱施作人员在栈桥周边的施工安全。

基底清理合格后安装自加工的仰拱弧形模板，模板顶面高于填充面 25 cm，以便于后期衬砌台车定位时与边模搭接；纵向止水带用线型控制夹具进行固定并与模板连接为一体，确保在混凝土浇筑过程中不偏位。

仰拱端头模板采用专用组合式钢模板，施工过程中先将底部弧形部分固定，再将中埋式止水带摊铺在弧形模板表面，上部模板压于其上，固定牢靠，环向及纵向止水带在两侧部位必须重叠，止水带接长均采用热硫化焊接，以确保止水效果符合要求。隧道清理如图 45 −74 所示，仰拱曲模如图 45 −75 所示。

图 45 −74　隧道清理

图 45 −75　仰拱曲模

仰拱及填充作业使用混凝土罐车、振捣棒等机械设备；仰拱填充混凝土与仰拱混凝土分开浇筑，混凝土采用直接入仓的方式，插入式振捣棒振捣密实，混凝土浇筑完毕后，采用 5 m 长铝合金刮尺，控制填充表面平整度。

6）衬砌防排水及混凝土施工

隧道衬砌配备整体式模板台车两台，混凝土输送泵 1 台、防水板自动铺设机 1 台及衬砌混凝土养护机 1 台，其中衬砌台车采用传统型整体式台车；传统的防水板铺设工作程序复杂，作业人员需将沉重的防水板从铺设台架的一端拖曳到另一端，且需要保证两幅防水板搭接宽度符合要求，操作困难较大，花山隧道采用的防水板自动铺设机具有方便、快捷、定位准确的优点,不但节省劳动力,还能准确的保证相邻两幅防水板的搭接宽度。衬砌堵头模板摒弃了传统的木模板,采用组合钢模板堵头,模板沿隧道环向呈双块夹板结构,将中埋式止水带夹于两块模板中间,满足了一半埋入、一半外露的设计要求;堵头模板拆装施工过程只需用钢模螺栓连接,极大地提高了施工效率,缩短了工序时间。防水板自动铺设台架如图45-76所示,防水板固定如图45-77所示,环向止水带效果图如图45-78所示。

图45-76　防水板自动铺设台架

图45-77　防水板固定

图45-78　环向止水带效果图

花山隧道进口衬砌混凝土循环进尺12 m,混凝土浇筑约9 h左右,经现场试验显示,混凝土浇筑完毕后约24 h拆模并进入下道工序。衬砌总体外观效果图如图45-79所示。

7)洞室小台车

为了适应花山隧道进口机械化配套作业的要求,隧道预留综合洞室抛弃了传统钢拱架背贴钢模板的衬砌施工工艺,采用了整体式衬砌模板台车方案,自行设计并加工了洞室整体模

图45-79　衬砌总体外观效果图

板台车。其优点是搬运方便、定位速度快、安装精度高、表面平整度好、施工过程中不会出现跑模现象,同时避免了采用传统工艺施工后需进行二次修补的缺点。洞室混凝土浇筑完毕后表面平整、颜色均匀,外观质量较好。洞室衬砌台车如图45-80所示,洞室衬砌效果如图45-81所示。

图45-80 洞室衬砌台车

图45-81 洞室衬砌效果

第四十六章　轨道工程

第一节　工程概况

合福高铁闽赣段境内全长为 466.825 km，在上饶车站地区修建合福高铁与杭长客专的东南、西南联络线，线路全长为 20.6 km，铺设有砟轨道。正线无砟轨道 459 双线铺轨公里，占正线铺轨总长的 99%，正线双线铺轨 3.9 km。正线单线铺轨 463 km；全线预制 CRTS I 型双块式轨枕 142 万块；正线无砟道岔 79 组，其中 12 号 5 组，18 号 72 组，42 号 2 组。见表 46-1。

表 46-1　合福高铁闽赣段 CRTS I 型双块式轨枕供应区段表

序号	板场名称	供应里程	长度	数量	备注
1	德兴双块式轨枕厂	DK343 + 180 ~ DK528 + 450	185 km	57 万根	
2	武夷山东站轨枕场	DK528 + 450 ~ DK630 + 332	102 km	31 万根	
3	安济大洲工业区枕场	DK630 + 332 ~ DK805 + 853	176 km	54 万根	

除跨西岭互通特大桥 DK805 + 853 至福州站铺设有砟轨道外，其余正线地段均铺设 CRTS I 型双块式无砟轨道。全线采用 100 m 定尺长 60 kg/m、U71Mn(K) 无螺栓孔新钢轨，一次铺设跨区间无缝线路。车站内与正线相邻的到发线铺设无砟轨道，其余到发线铺设有砟轨道。

第二节　有砟轨道道床施工

一、施工工艺流程

有砟轨道施工工艺如图 46-1 所示。

二、施工控制要点

1. 原材料质量验收

客运专线铁路的建设标准高、技术要求高、质量目标高，对道砟的质量要求比较严格，设计时速 > 200 km 的客运专线均采用特级碎石道砟。在碎石道砟进场前，工地试验室对其材质、性能进行相关的试验检测，确保各项指标满足设计要求后才投入采用。施工中由专门的材料验收人员逐车对道砟进行检查、验收，合格后使用。特级碎石道砟材质性能见表 46-2。

特级碎石道砟应是花岗岩或玄武岩质的硬质碎石，粒径级配应符合表 46-3 的规定。

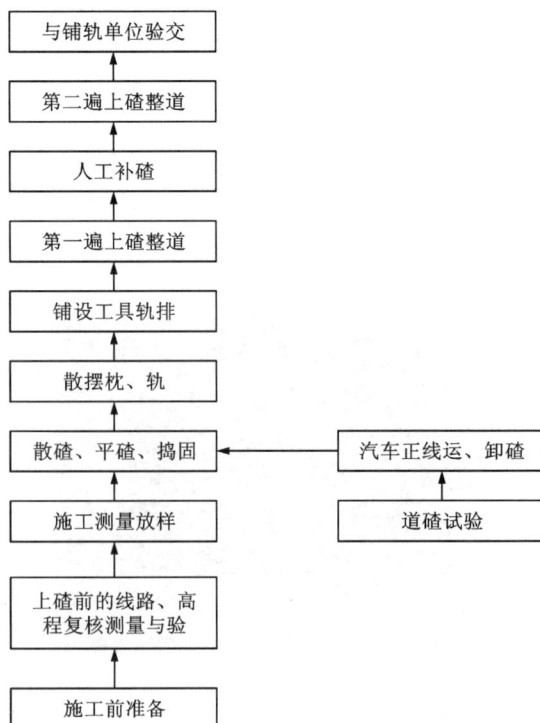

图 46-1　有砟轨道施工工艺流程图

表46-2 特级道碴材质性能表

抗磨耗、抗冲击性能	洛杉矶磨耗率 LAA/%	≤18
	标准集料冲击韧度 IP	≥110
	石料耐磨硬度系数 $k_{干磨}$	>18
抗压碎性能	标准集料压碎率 CA/%	<8
	道碴集料压碎率 CB/%	<17
渗水性能	渗透系数 Pm/(10^{-6} cm·s^{-1})	>4.5
	石粉试模件抗压强度 σ/MPa	<0.4
	石粉液限 LL/%	>20
	石粉塑限 PL/%	>11
抗大气腐蚀破坏	硫酸钠溶液浸泡损失率/%	<10
稳定性能	密度/(g·cm^{-3})	>2.55
软弱颗粒	保水单轴抗压强度/MPa	≤20

表46-3 特级碎石道碴粒径级配表

级配	方孔筛孔边长/mm	22.4	31.5	40	50	63
	过筛质量百分率/%	0~3	1~25	30~65	70~99	100
颗粒分布	方孔筛孔边长/mm	31.5~50.0				
	颗粒质量百分率/%	≥50				

道碴颗粒形状和清洁度应满足以下要求：

①针状指数不大于20%，片状指数不大于20%。

②粒径小于0.5 mm颗粒含量的质量百分率不大于0.6%；粒径小于0.063 mm粉末含量的质量百分率不大于0.5%。

③道碴出场前要用水清洗，且不含黏土团及其他杂质，保持颗粒表面清洁。

④保水单轴抗压强度小于20 MPa的软弱颗粒及其他杂质含量应小于2%。

2. 施工放样

客运专线上部结构放样都是采用CPⅢ点作为控制点，采用后方交汇进行现场施工放样。为保证线形圆顺，方便现场施工的高程控制，施工人员对左、右线路沿线路中心按照5 m间距进行放样；为保证施工放样点的牢固稳定，桥梁、隧道线路中心点采用长度为15 cm的短钢筋，施工人员采用电钻在桥梁、隧道混凝土面上钻孔5~7 cm，将短钢筋植入并锚固后，其顶面外露部分采用高强砂浆或混凝土将其包裹加固与保护。路基地段顶面为级配碎石，为保证路基地段的中心桩位稳固性，其植入的钢筋长度在隧道、桥梁的基础上加长，植入的深度加深。同时为保证路基段左右线外边缘的碎石道碴的铺设宽度、线形圆顺美观，在上碴时对其放样，并以此进行作业。

高程控制：为方便现场散碴施工人员控制厚度与高程，桥梁地段的高程利用CPⅢ控制点在左右线两侧的防撞墙顶面进行点位布控与使用；隧道地段则利用两侧电缆槽考线路外缘顶面进行高程点位的布控与使用；路基地段的高程点利用线路的中心桩位作为高程点进行施工过程的高程控制。

3. 上碴及捣固

上碴顺序遵循"先左后右、两端向中间"的原则。首先集中上左线道碴，采用20T自卸汽车，沿右线行驶。第一个作业面自小里程方向向大里程方向运、散碴，第二、三个作业面自大里程向小里程方向散碴。散碴时，每500 m左右留出一个20 m长的区段不上碴，该区域作为自卸汽车或其他施工机械错车和调头的平台。

右线采取大小里程各单作业面散碴的方法，即右线散碴时分成两个作业面，小里程起点为一个作业面，向大里程方向散碴，至大松林隧道出口处；大里程终点作为一个作业面，向小里程方向散碴。散碴期间,预留的错车位置不上碴,并在旁边预留好相当数量的道碴,后期采用人工上碴、散碴。

在左线大面积散碴前,现场选取 15～20 m 作为试验段,按照高程进行分层上碴、捣固,准确确定单位长度所需的道碴实际数量,并按照得出的结论进行沿线管段内自卸车卸道碴的车距,避免线路范围内的道碴数量过多或偏少,尽量减少后期采用人工搬运道碴。左线上碴时可适当每米预留 1 m³ 左右的富余量,作为右线和线间补碴使用。

平碴采用 PC200 型轮式挖掘机,分三个作业面同步施工,做出枕木槽,枕下道碴人工配合整平至设计标高以下 5 cm,作为大机养道抬道的预留量。平碴时,每 15 cm 一层,分两层采用小型液压捣固机整平捣固密实。管段内设有两段超高,设置超高的曲线段内,缓和曲线段内的超高设置由直线到圆曲线呈线性变化过渡。圆曲线内道碴分三次平碴、捣固,前两次施工情况与直线段一致,超高部分作为第三次平碴、捣固。

4. 上枕、布枕

不同施工地段采取不同的上枕方法。DK2207 + 039 ～ DK2208 + 510.87 段利用原桥下既有施工便道,轨枕运输车辆将轨枕运输至桥下后,采用 25T 吊车沿便道自桥下吊枕上桥;DK2208 + 510.87 ～ DK2208 + 694 段路基上枕先于路基道碴施工前进行,利用随车吊将轨枕放置于路基左右线两侧外边缘(左右线道碴施工范围以外),确保其摆放位置不影响路基道碴的施工;DK2208 + 694 ～ DK2208 + 903 段隧道上枕方法同路基一致,只是将轨枕摆放在隧道左右线两边的电缆沟槽上,并确保轨枕在道碴施工时不影响现场施工;DK2208 + 903 ～ DK2212 + 719.419 为桥梁段,其上枕同样利用原桥下既有施工便道,轨枕运输车辆将轨枕运输至桥下后,采用 25T 吊车沿便道自桥下吊枕上桥。

按照要求进行沿线布枕时,布枕过程中对轨枕的外观情况进行检查,对于在运输过程中由于碰撞等原因造成外观损伤的,根据验标要求对不合格的轨枕予以剔除或更换。同时对不同地段的轨枕型号在布轨时一一对应,严格按照设计图纸要求对轨枕的型号、数量、间距逐段复核检查。

根据线路中心施工放样点,直线段每隔 15～20 m 按照要求精确定位一根轨枕,中间部分轨枕根据精确定位轨枕挂线布枕;曲线段的精确定位轨枕间距根据实际情况为 5～10 m。

5. 铺工具轨

工具轨采用 60 kg/m 的标准 12.5 m 再用轨,桥梁段用吊车从桥下吊上桥,隧道及路基段采用随车吊运至路基旁边,人工采用钢轨卡转运至铺轨处。所有工具轨采用人工铺设,以实现多面展开的局面。在铺设工具轨时,其弹条、扣件与钢轨连接密贴无松动或孔隙,不得混杂使用其他型号的钢轨。

6. 整道

采用人工进行上碴填盒。起道时按水平桩将一股轨面起至设计标高(第一遍按面碴厚度 15 cm 控制标高),曲线先起内股,再用道尺调整另一股标高,左右均匀进行,校正好左右水平和前后高低,找平小洼。曲线外轨超高必须在缓和曲线全长范围内顺接,不允许出现三角坑及反超高。

串碴:整节钢轨抬起后,立即向轨枕下面串碴,串满串实,没有悬空吊板现象,串碴时注意混凝土枕的中部留出一定宽度的凹坑。

拨道:先将线路中心桩处拨移到位,然后目视指挥拨直拨顺,曲线按中心桩拨道到位圆顺后,再用弦线(圆曲线用 20 m 弦线,缓和曲线用 10 m 弦线)检查正矢,超过允许误差时及时调整,不允许有反弯及"鹅头"。拨道前检查拨道地段轨缝,进行必要的调整轨缝工作。

道床捣固:在钢轨两侧各 450 mm 范围内均匀捣固,钢轨下、钢轨接头处、曲线外股应加强捣固,但轨枕中部 60 cm 范围内严禁捣实。道床捣实后及时补填轨枕端部碴间及轨枕盒内的道碴,使道床达到基本稳定。路基地段捣固的同时,用夯拍机夯拍碴肩和边坡,机养作业完毕后根据情况再夯拍道床边坡和轨枕盒内道床。人工捣固完成后再用大机进行捣固,稳定车进行稳定,本段有砟轨道线路进行了八捣四稳后达到了要求。

7. 动力稳定

每次捣固作业后,进行不少于一次的动力稳定。动力稳定一次时,稳定车走行速度取低值;动力稳定两次时,稳定车走行速度适当提高;一般情况下稳定车走行速度为 0.6～0.9 km/h;由道床下层至道床上层,稳定作业速度逐渐降低。

8. 道床整形

每次分层补碴，经过机扬作业后，道床肩宽不小于设计要求。道床达到设计标高后，对道床进行整形，使道床几何尺寸符合设计要求。

第三节 无砟轨道施工

一、工程概况

1. 主要工程数量

合福高铁闽赣段全线采用 CRTSI 型双块式无砟轨道结构系统，DK805 + 853 ~ DK812 + 086 段采用有砟结构，线路正线采用长枕埋入式道岔。钢轨由 500 m 长钢轨焊接而成无缝线路。

双块式轨枕由沿线布置的 3 个轨枕预制场集中预制，再由运输设备运至施工现场存放或施工。道岔由厂家制作，铺设单位组织车辆运输至施工现场进行铺设施工。500 m 长钢轨由向塘焊轨基地供应给上饶、福州铺轨基地进行存放，当达到铺轨条件后采用单向或双向进行无缝线路铺设、锁定、焊接，最终形成无砟轨道系统。

无砟轨道施工按无砟轨道底座板（支承层）和双块式轨枕铺设同时进行，进度按每个作业面每天 150 m 单线进行施工，无砟轨道在桥梁、路基、隧道沉降变形评估合格后展开施工，全线无砟轨道施工划分 33 个单元，组建 33 个专业施工队伍，根据线下工程完成情况开展无砟轨道施工。各施工段计划施工长度见表 46 - 4。

表 46 - 4　各施工段具体计划表

序号	标段	里程		长度/km	效率/(m·d⁻¹)	备注
		起点里程	终点里程			
1	HFMG - 1	DK343 + 180	DK360 + 223	17.0	73	
2		DK360 + 223	DK384 + 899	24.7	83	
3		DK384 + 899	DK406 + 846	21.9	74	
4		DK406 + 846	DK421 + 060	14.2	74	
5		DK421 + 060	DK438 + 883	17.8	74	
6	HFMG - 2	DK438 + 883	DK456 + 328	17.4	65	
7		DK456 + 328	DK468 + 554	12.2	77	
8	HFWT	DK468 + 554	DK472 + 905	4.4	75	
9	HFMG - 3	DK472 + 905	DK486 + 012	13.1	55	
10		DK486 + 012	DK500 + 775	14.8	83	
11		DK500 + 775	DK519 + 215	18.4	78	
12		DK519 + 215	DK528 + 450	9.2	65	
13	HFMG - 4	DK528 + 450	DK534 + 913	6.5	84	
14		DK534 + 913	DK556 + 156	21.2	93	
15		DK556 + 156	DK578 + 027	21.9	92	
16	HFMG - 5	DK578 + 027	DK585 + 700	7.7	65	
17		DK585 + 700	DK607 + 813	22.1	81	
18		DK607 + 813	DK619 + 900	12.1	50	
19		DK619 + 900	DK630 + 332	10.4	43	

续表46-4

序号	标段	里程		长度/km	效率效率 /(m·d⁻¹)	备注
		起点里程	终点里程			
20	HFMG-6	DK630+332	DK640+080	9.7	68	
21		DK640+080	DK652+292	12.2	79	
22		DK652+292	DK661+076	8.8	69	
23		DK661+076	DK681+995	20.9	68	
24	HFMG-7	DK681+995	DK696+400	14.4	84	
25		DK696+400	DK703+350	7.0	76	
26		DK703+350	DK715+047	11.7	88	
27		DK715+047	DK728+263	13.2	74	
28		DK728+263	DK741+245	13.0	73	
29	HFMG-8	DK741+245	DK756+040	14.8	97	
30		DK756+040	DK768+138	12.1	66	
31		DK768+138	DK783+400	15.3	84	
32		DK783+400	DK793+598	10.2	72	
33		DK793+598	DK805+853	12.3	76	

2. 双块式无砟轨道施工工艺

合福高铁闽赣段采用 CRTS I 型双块式无砟轨道施工工艺,这种工艺是集引进国外高速铁路施工技术和我国自主研发设计施工于一体的施工工艺,具有短尺轻便容易施工、结构类型统一、整体性能稳定、美观整洁等特点。同时具有设计标准高、精度要求严、施工过程控制难等特点。无砟轨道是一种少维护的轨道结构,它利用成型的组合材料代替道砟,将轮轨力分布并传递到路基基础上。

3. CRTS I 型双块式无砟轨道施工工艺

CRTS I 型双块式无砟轨道铺设施工主要包括混凝土支承层铺筑、桥面底座混凝土浇筑、双块式轨排组装定位、轨排精确调整、道床板混凝土浇筑等作业内容,施工工艺流程如图46-2所示。

CRTS I 型双块式无砟轨道,按照工序流程划分作业区组织流水施工。每个施工循环按主要工序分为7个作业区。

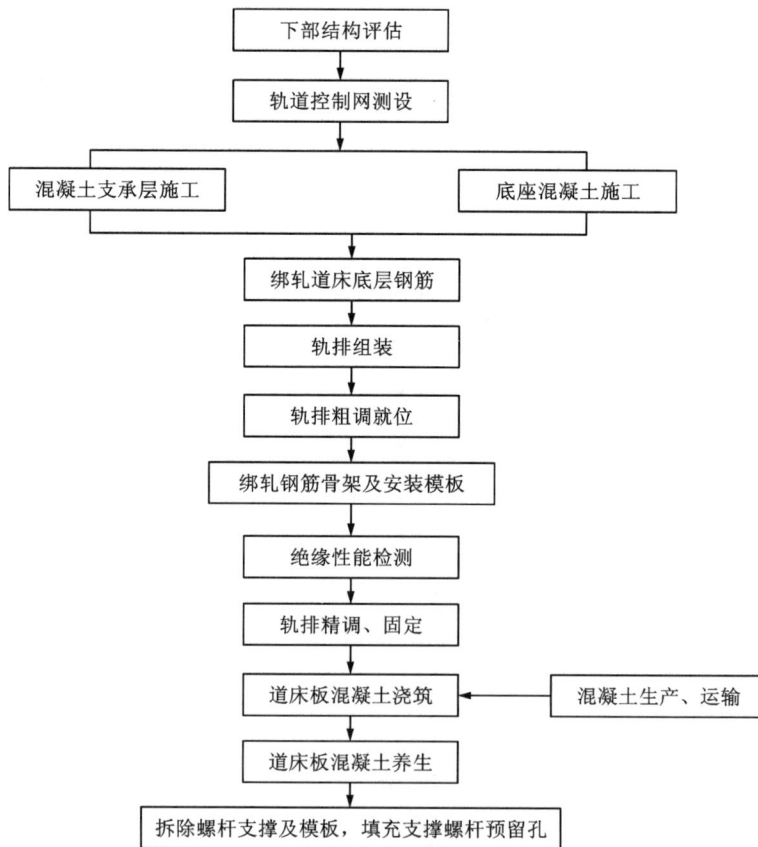

图46-2 CRTS I 型双块式无砟轨道施工工艺流程图

二、双块式无砟轨道

1. 路基上双块式无砟轨道施工流程

路基上 CRTS I 型双块式无砟轨道施工基本工艺流程如图 46 – 3 所示。

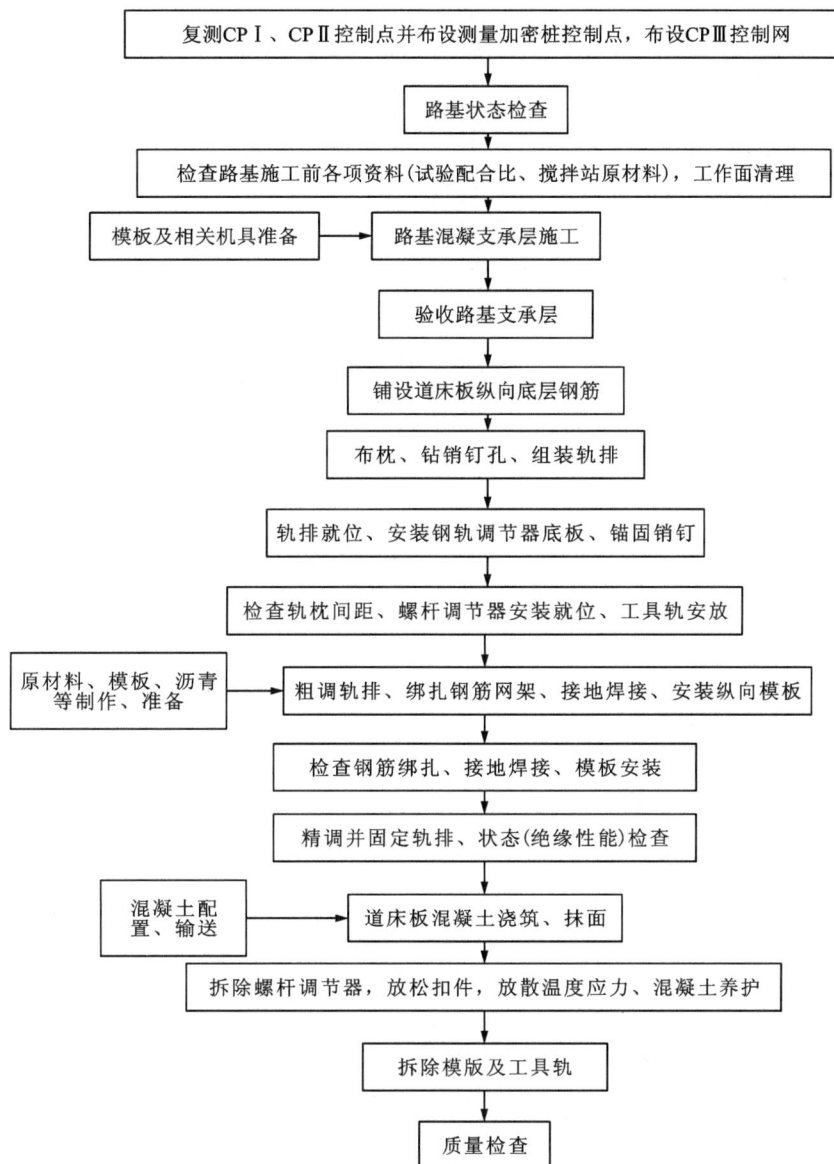

```
复测CPⅠ、CPⅡ控制点并布设测量加密桩控制点，布设CPⅢ控制网
              ↓
          路基状态检查
              ↓
检查路基施工前各项资料(试验配合比、搅拌站原材料)，工作面清理
              ↓
模板及相关机具准备 →  路基混凝支承层施工
              ↓
          验收路基支承层
              ↓
        铺设道床板纵向底层钢筋
              ↓
      布枕、钻销钉孔、组装轨排
              ↓
  轨排就位、安装钢轨调节器底板、锚固销钉
              ↓
检查轨枕间距、螺杆调节器安装就位、工具轨安放
              ↓
原材料、模板、沥青  →  粗调轨排、绑扎钢筋网架、接地焊接、安装纵向模板
等制作、准备
              ↓
    检查钢筋绑扎、接地焊接、模板安装
              ↓
  精调并固定轨排、状态(绝缘性能)检查
              ↓
混凝土配置、输送  →  道床板混凝土浇筑、抹面
              ↓
拆除螺杆调节器，放松扣件，放散温度应力、混凝土养护
              ↓
        拆除模版及工具轨
              ↓
          质量检查
```

图 46 – 3　路基上 CRTS I 双块式无砟轨道施工基本工艺流程图

2. 设备工装

CRTS I 型双块式无砟轨道施工主要施工设备见表 46 – 5。

表 46 – 5　主要施工机械设备、机具配备表

序号	设备名称	型号规格	单位	数量	备注
1	混凝土浇筑机		台	1	
2	滑模摊铺机		台	1	
3	粗调机		套	1	含全站仪 TCRP1201 型 1 台

续表 46 - 5

序号	设备名称	型号规格	单位	数量	备注
4	可变跨龙门吊		台	2	带布枕和吊轨装置
5	精调小车		套	1	含全站仪 TCRP1201 型 1 台
6	螺杆调节器		套	2000	按 400 双 m 计
7	纵横向模板		m	2000	一个工作面
8	轨枕散布机		台	1	散布轨枕
9	模板安装机		台	1	安装模板
10	模板拆洗机		台	1	拆除模板
11	轨检小车		台	1	粗、精调轨排

3. 物流组织

双块式无砟轨道一般采用以路基边贯通施工便道，距离远的一侧的线路先施工，距离近的一侧线路后施工的方式组织。施工远侧时以近侧线路作为物流通道，施工近侧线路时以贯通便道作为物流通道。

1）总体物流组织

（1）总体物流组织工序。

以物流组织为重点，其总体工序由以下环节组成：提前组装跨线龙门吊等施工设备—运输路基支承层摊铺所需混凝土—轨枕、工具轨运输—运输钢筋（在基地已按标准加工成型）—模板运输—运输道床板所需混凝土—倒运工具轨。

（2）混凝土供应。

路基无砟轨道施工遵循物流组织原则，由较近的搅拌站供应混凝土，满足现场施工需要。

2）运输轨枕、工具轨

运输轨枕和工具轨时根据现场实际便道及马道分布情况运至施工现场，利用跨线龙门吊，根据数量均匀地摆放在两线间或线路两侧。

3）钢筋运输

施工所需钢筋数量，根据每天施工进度安排，由工程部提写计划，工区根据工程部下达计划进行钢筋加工，利用汽车运至施工现场。

4）模板运输

施工所需模板可利用汽车运输，利用跨线龙门吊卸车。

5）现场物流组织

现场物流组织工况可分为三种。

第一种工况：双线均未施工，此时为充分发挥施工便道的物流作用，先安排施工远离便道一侧的道床板，即Ⅰ线，再施工靠近便道一侧的道床板，即Ⅱ线，如图 46 - 4 所示。

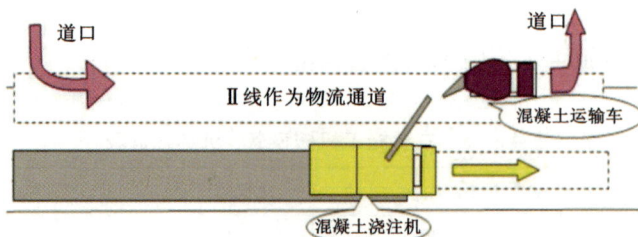

图 46 - 4　工况 1 物流图

第二种工况：Ⅰ线已经施工完成，Ⅱ线侧有平行便道。此时，在Ⅱ线还未施工前，提前将Ⅱ线所用钢筋、轨枕运输到位，存放在路基坡脚或桥梁防撞墙外侧电缆槽上。周转材料可通过汽车吊或小型运输设备进行倒运，混凝土浇筑利用汽车泵在平行便道上进行浇筑，如图46-5所示。

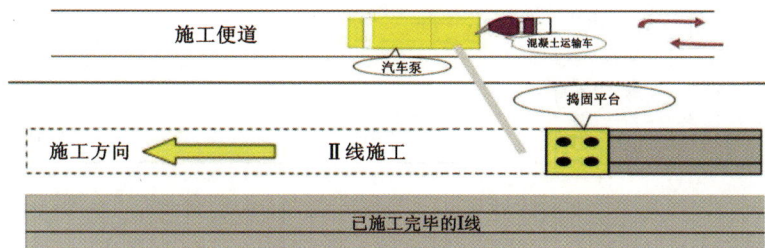

图46-5　工况2物流图

第三种工况：Ⅰ线已经完成，Ⅱ线附近无可利用平行便道。此地段一般在深路堑、桥梁跨主河段处和双线隧道内等特殊位置。此时，在Ⅰ线施工时，提前做好Ⅱ线材料的存放工作。Ⅰ线施工完成后，在此处预留Ⅱ线所需模板、工具轨等材料，Ⅱ线施工时，通过跨线小龙门吊直接从Ⅰ线侧倒运至Ⅱ线。Ⅱ线混凝土浇筑此时需要在前方设置拖泵，在线间安置混凝土输送管道，将混凝土输送到浇筑面，如图46-6所示。

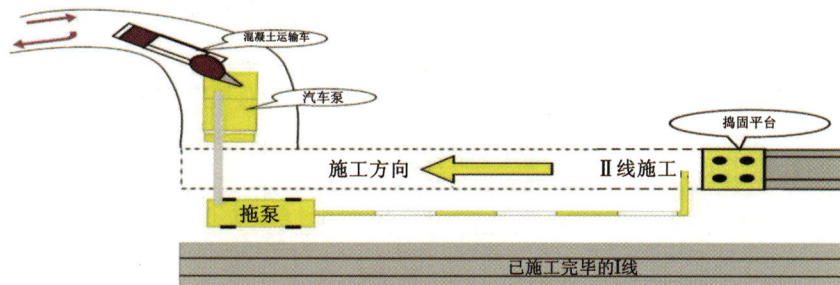

图46-6　工况3物流图

施工作业面划分为A、B、C、D四个施工区域，每个区长度为100 m。A区为轨排精调和混凝土浇筑区，B区为钢筋绑扎、模板安装区，C区为轨排粗调区，D区为轨排组装区。

4.检测与验收

1）道床板外形尺寸允许偏差

顶面宽度±10 mm，中线位置2 mm；道床板顶面与承台面相对高差±5 mm；伸缩缝位置±5 mm；平整度2 mm（1 m尺检查）

2）混凝土表面质量检查

表面密实，平整，颜色均匀，不得有露筋、蜂窝、孔洞、疏松、麻面和缺棱掉角等缺陷。混凝土道床板表面裂缝宽度应符合设计要求。主要技术指标见表46-6。

表46-6　双块式无砟轨道道床验收标准

序号	项目	容许偏差/mm
1	轨距	±1
3	高低	间隔5 m的点：±2
		间隔150 m的点：±10
4	水平	1

续表 46 – 6

序号	项目	容许偏差/mm
6	方向	间隔 5 m 的点：2
		间隔 150 m 的点：10
7	轨枕间距	≤650
8	绝缘电阻	2 MΩ

三、桥上双块式无砟轨道施工

桥上双块式无砟轨道的道床板下设置 C40 钢筋混凝土保护层，每块道床板范围内设置三个限位凸台，道床板与底座板之间设置 4 mm 厚聚丙烯土工布中间层。在桥梁混凝土保护层中心沿线路纵向设置伸缩缝，并用聚氨酯密封胶填充。在一般情况下桥梁底座板、凸台施工利用混凝土罐车运输至现场浇筑人工捣固，在比较困难的情况下采用臂架泵进行泵送施工。

桥梁底座板、凸台施工前对桥面进行清洁与验收，保证桥面满足铺设无砟轨道的要求，其顶面平整，高程误差为 ±10 mm。施工时首先按设计图纸布置保护层钢筋网及凸台钢筋网并绑扎，然后对纵向接地钢筋的交叉点和搭接点按相关要求进行焊接，最后将保护层接地钢筋与防撞墙预留接地钢筋进行焊接。

1. 桥上双块式无砟轨道施工流程

桥上无砟轨道施工与路基上无砟轨道施工流程有很大的区别，其施工流程如图 46 – 7 所示。

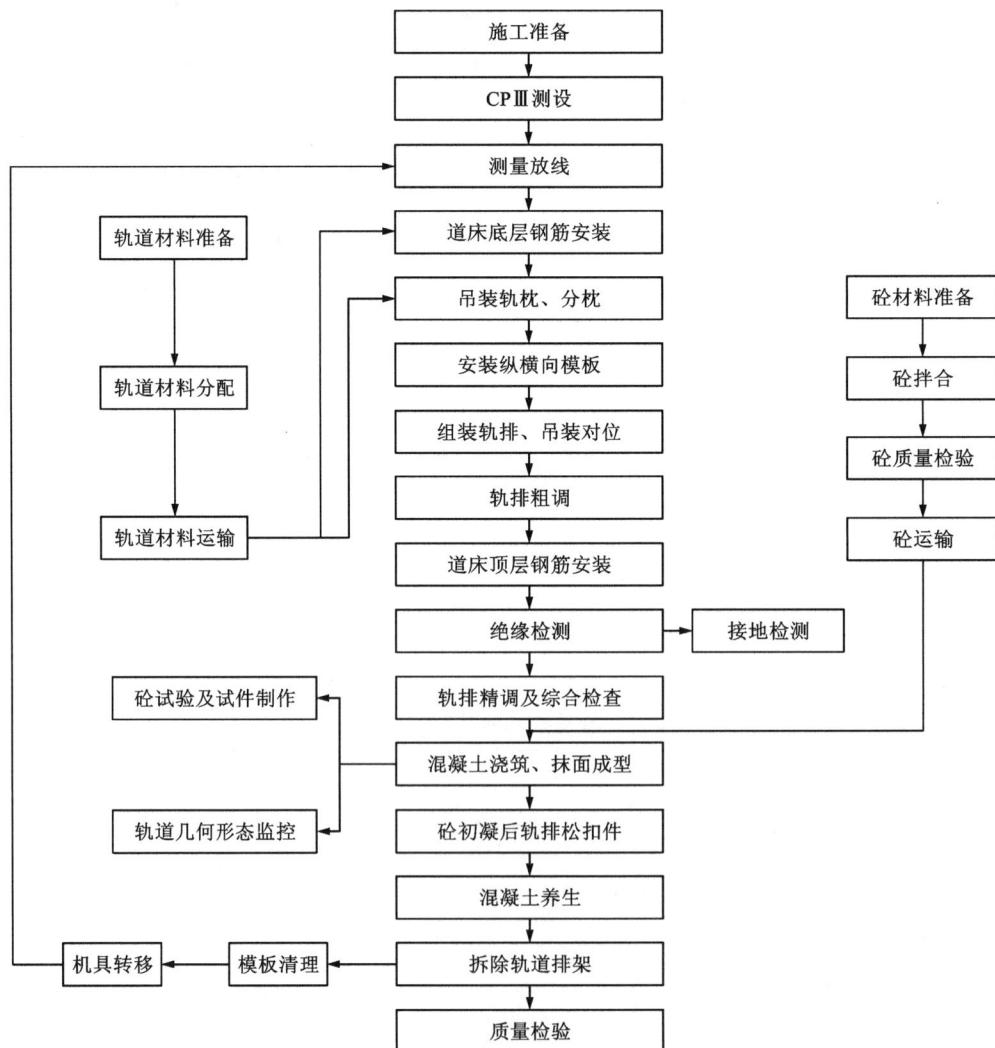

图 46 – 7　桥上 CRTS I 型双块式无砟轨道施工基本工艺流程图

2. 施工方法和控制要点

1）桥面防水层施工

施工前对已施工完毕的桥梁进行检查验收，桥梁连接 L 筋应安装完毕；对于桥梁预埋套筒堵塞、歪斜不能拧入 L 型连接筋的采用植筋补救，植筋数量应满足设计要求；植筋的梁面轨道中心线两侧 1.3 m 范围内进行凿毛，凿毛见新率不小于 50%，凿毛深度为 10 mm。连续梁梁端两块底座板距轨道中心线各1.3 m 范围内的桥面进行凿毛，见新率不小于 50%。

2）桥梁底座板施工

底座板作业内容包括：桥面验收；测量放线；底座钢筋焊接网绑扎；模板安装；伸缩缝设置；混凝土拌制和运输；混凝土浇筑；混凝土养护；质量检查。其工艺流程如图 46 - 8 所示。

3）道床板布置

桥梁地段采用分块浇筑，底座板的长度为 5 ~

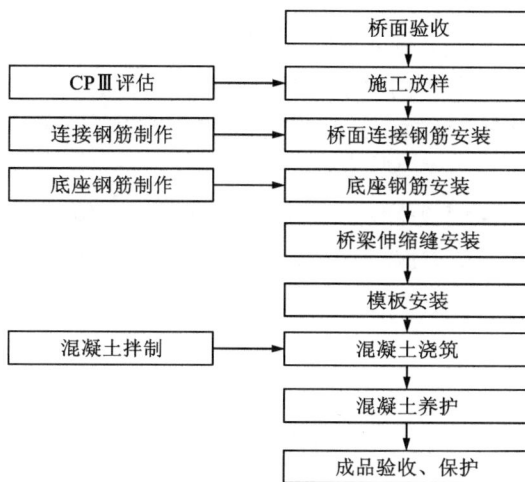

图 46 - 8　桥梁底座施工工艺流程

7 m，宽度为 2800 mm，直线地段厚度为 210 mm，曲线地段超高在底座上体现，采用外轨抬高方式，超高渐变在缓和曲线全长上完成。道床板详细布置见表 46 - 7 和表 46 - 8。

表 46 - 7　简支梁道床板布置表

序号	梁型	道床板布置/mm								
		板	板缝	板	板缝	板	板缝	板	板缝	板
1	24 m 简支梁	6400	100	5750	100	5750	6400			
2	32 m 简支梁	6440	100	6440	100	6440	100	6440	100	6440

表 46 - 8　连续梁道床板布置表

序号	桥梁	连续梁	道床板布置/mm
1	古田溪特大桥	60 + 2 × 100 + 60	6650 + 100 + 7050 + 100 + 7050 + 100 + 43 × 6400 + 42 × 100 + 100 + 7050 + 100 + 7050 + 100 + 6650
2	安仁溪大桥	48 + 80 + 48	6800 + 100 + 7050 + 100 + 23 × 6400 + 22 × 100 + 100 + 7050 + 100 + 6800
		32 + 32	6600 + 100 + 8 × 6400 + 7 × 100 + 100 + 6600
3	闽清站 1 号大桥	2 × 32.65 + 2 × 32.7	道岔连续梁
4	溪头村特大桥	48 + 80 + 48	6800 + 100 + 7050 + 100 + 23 × 6400 + 22 × 100 + 100 + 7050 + 100 + 6800
5	白沙特大桥	40 + 64 + 40	7050 + 100 + 7050 + 100 + 18 × 6400 + 17 × 100 + 100 + 7050 + 100 + 7050
6	关东村特大桥	40 + 64 + 40	7050 + 100 + 7050 + 100 + 18 × 6400 + 17 × 100 + 100 + 7050 + 100 + 7050

4）桥上道床板施工

桥上道床板施工包括布设轨枕、组装工具轨轨排、螺杆调节器的装配、轨道粗调、绑扎剩余钢筋、综合接地、安装纵横向模板、精调轨排并固定、混凝土道床板浇筑、钢轨调整器拆除和松扣件释放应力、混凝土养护、拆模拆架、拆工具轨等，其施工工艺与路基相关工序的施工工艺相同。

桥梁地段道床板采用分块浇筑，道床宽度为 2800 mm，厚度为 260 mm，桥上每块道床设置两个凸向底座方向的限位凸台。桥梁道床板板型为：6400 mm、6440 mm、5750 mm、6350 mm、6370 mm、5500 mm、4100 mm 等七种，其中 6730 mm、5500、4100 mm 为桥台的道床板长度。道床板每块板两端设接地端子。道床板钢筋采用双层配筋结构，纵向钢筋与横向钢筋交叉处及纵向钢筋搭接处设置小型绝缘卡绝缘，桥梁上道床板与底座之间设置隔离层，采用 4 mm 的聚丙烯土工布，超高在底座上设置。

3. 设备工装

CRTS I 型双块式无砟轨道施工主要施工设备有：混凝土搅拌站、混凝土运输车、混凝土泵送车、混凝土输送泵、滑模摊铺机、轨料运输车、散枕设备、轨排粗调机、螺杆调整器、龙门吊、精调小车等，详见表 46 - 9。

表 46 - 9 主要施工机械设备、机具配备表

序号	设备名称	型号规格	单位	数量	备注
1	混凝土浇筑机		台	1	
2	粗调机		套	1	含全站仪 TCRP1201 型 1 台
3	可变跨龙门吊		台	2	带布枕和吊轨装置
4	精调小车		套	1	含全站仪 TCRP1201 型 1 台
5	双头电动扳手		台	2	
6	螺杆调节器		套	600	按 400 双 m 计
7	纵横向模板		m		
8	发电机		台	1	
9	电焊机		台	1	
10	钢筋切断机		台	1	
11	钢筋弯曲机		台	1	
12	混凝土切割机		台	1	
13	冲击钻		套	3	
14	扭力扳手		把	2	

4. 物流组织

在进行桥梁无砟轨道施工时，施工单位结合了施工现场实际情况编制相应的物流方案，确保施工物流的畅通。

1）总体物流组织

根据施工桥梁地段线路调查情况，结合混凝土搅拌站的位置，查看沿线桥梁下便道、马道预留情况，按照先远后进、先 I 线后 II 线的物流进行组织，保证施工正常进行。总体工序由以下环节组成：提前组装跨线龙门吊等施工设备—运输桥上保护层、凸台所需混凝土—运输钢筋—轨枕、工具轨运输—模板运输—运输道床板所需混凝土—倒运工具轨。

桥梁无砟轨道施工遵循物流组织原则，由较近的搅拌站工供应混凝土，满足施工需要。

2）运输轨枕、工具轨

运输轨枕和工具轨时根据现场实际便道及马道分布情况运至施工现场，利用跨线龙门吊，根据数量均匀的摆放在两线间或线路两侧。

3）钢筋运输

施工所需钢筋数量，根据每天施工进度安排，由工程部提写计划，工区根据工程部下达计划进行钢筋

加工，汽车运至施工现场后利用跨线龙门吊卸至施下。

4）模板运输

施工所需模板利用汽车运输，利用跨线龙门吊卸车。

5）检测与验收

主要技术指标见表46－10。

表46－10　双块式无砟轨道保护层与凸台外形尺寸检查表

序号	检查项目		检验标准	检测方法
1	保护层	顶面高程	+0 mm，-5 mm	全站仪，水准仪
		宽度	±10 mm	尺量
		中线位置	3 mm	全站仪
		平整度	10 mm/3 m；6 mm/4 m	3 m和4 m直尺/塞尺
		表面裂缝宽度	0.2 mm（验标）	塞尺
2	凸台	顶面高程	+0 mm，-5 mm	全站仪
		中线位置	3 mm	全站仪
		两凸台中心间距	±3 mm	直尺
		横向宽度	+0 mm，-5 mm	直尺
		纵向宽度	+0 mm，-5 mm	直尺
		凸台高度	0，-5 mm	水准仪
		平整度	6 mm/4 m	4 m直尺和塞尺
		厚度	130～135	厚度

四、隧道内双块式无砟轨道施工

1.技术参数

（1）双块式无砟轨道轨道结构由钢轨、扣配件、轨枕（双块式轨枕）、现浇混凝土道床板等部分组成。钢轨采用60 kg/m、100 m定尺长钢轨，非淬火无螺栓孔U71MnG新轨。钢轨质量符合《250 km/h客运专线60 kg/m钢轨暂行技术条件》（铁科技函〔2005〕298号、《客运专线250 km/h和350 km/h钢轨检验及验收暂行标准》（铁建设〔2005〕402号）、《高速铁路用钢轨》（TB/B 3276—2011）。

（2）扣件采用WJ－8B型扣件，轨枕采用Sk－2型，直线地段轨枕按1539根/km，曲线地段轨枕按1540根/km。

（3）道床板采用混凝土等级为C40，道床板宽度为2800 mm，厚度为260 mm，道床板与桥、路基相邻处道床板采用断开设计，桥隧道床板间设宽20 mm的板缝；道床板在隧道变形缝处采用断开设计，板缝与变形缝中心对齐，板缝宽20 mm。板缝采用聚乙烯塑料板或泡沫橡胶板填缝，填缝后用聚氨酯密封胶抹面。板缝两侧各设6排，每排4根锚固销钉；在隧道口约12 m范围内设置10排，每排4根锚固销钉，其间距根据轨枕间距情况进行调整，使其位于相邻两根轨枕之间。锚固销钉长度为350 mm，直径为φ27 mm，销钉植入仰拱层或底板内的深度为150 mm。

（4）隧道无砟道床板施工时施工缝参照路基道床板临时施工缝措施处理（当道床板两次浇筑间隔不大于24 h，施工缝处仅设快易收口网，并在网的前后各设一根下层横向钢筋；如果间隔时间超过24 h，应另外增设锚筋（N4）和锚筋（N5）。

（5）道床顶面设置1%的横向排水坡，曲线地段按超高设置采用一面坡。

（6）隧道内无砟道床采用双层配筋结构。上层纵向钢筋搁在双块式轨枕的桁架钢筋上，下层纵向钢筋的净保护层厚度为 35 mm，纵向钢筋和横向钢筋的交叉处及纵向钢筋搭接处设置小型绝缘卡绝缘。对有溶洞处的道床板按照距洞口 200 m 内的结构进行配筋加强。

（7）无砟轨道中的接地钢筋利用道床板内的结构钢筋。道床板内设三根纵向结构钢筋，即道床板上层轨道中心处一根钢筋和最外侧两根钢筋。道床板每 100 m 内设一根横向接地钢筋（道床板因遇沉降缝或变形缝断开时每个道床板内设置一根横向接地钢筋）。纵横向接地钢筋交叉点应焊接，接地钢筋不得构成电气环路。接地钢筋与其他钢筋交叉时应进行绝缘处理。100 m 接地单元内的三根纵向接地钢筋采用焊接，焊接长度不小于 100 mm，焊缝厚度不小于 4 mm；其他结构钢筋进行绝缘搭接，搭接长度均不小于 700 mm。相邻两个接地单元中中的接地钢筋和其他结构钢筋采用绝缘搭接，搭接长度不小于 700 mm。

双块式无砟轨道精调完成后，工具轨标准见表 46 - 11。

表 46 - 11 轨排调整后几何形位允许偏差

序号	项目		允许偏差	备注
1	轨距		±1 mm	相对于标准轨距 1435 m
			1/1500	变化率
2	轨向		2 mm	弦长 10 m
			2 mm/测点间距 8a(m)	基线长 48a(m)
3	高低		2 mm	弦长 10 m
			2 mm/测点间距 8a(m)	基线长 48a(m)
4	水平		2 mm	不包含曲线、缓和曲线上的超高值
5	扭曲		2 mm	基长 3 m。包含缓和曲线上由于超高顺坡所造成的扭曲量
6	轨面高程	一般情况	±2 mm	
		紧靠站台	0 +2 mm	
7	轨道中线		2 mm	
8	线间距		0 +5	

注：表中 a 为扣件节点间距 m。

（8）施工前进行混凝土室内试验，确定施工配合比满足设计要求；弹性垫板、聚丙烯土工布按设计及规范要求进场验收完成。

2. 施工程序与工艺

1）施工程序

双块式无砟轨道施工流程为：线下工程→施工准备→仰拱层或底板混凝土验收→双块式无砟轨道道床板施工→试验检测和竣工验收。

2）隧道无砟道床整体施工方案

隧道无砟道床按照"排架法"进行施工，施工时按照"错位施工法"施工，即左线落后右线一段距离（根据实际施工进度确实），日施工进度安 140 m/d 进行。

3. 物流组织

对于隧道内组织无砟轨道施工由于隧道内空间没有路基桥梁开阔，对物流组织有更高的要求，特别是长大隧道。隧道内组织无砟轨道施工如图 46 - 9 所示。

在隧道内施工无砟轨道前将轨枕提前储存至施工场地（不干扰行车）。为缩小钢筋成品的倒运距离，频繁变换钢筋加工场位置。在施工过程中控制Ⅰ、Ⅱ线施工间隔合理。先施工Ⅰ线，在浇注完两次混凝土后，将Ⅰ线第一次浇注混凝土的周转材料倒运至Ⅱ，待Ⅱ线混凝土浇筑完成后再将周转材料向Ⅰ线倒运，大大减少周转材料的倒运距离。

在隧道内浇注Ⅱ线混凝土时采用混凝土输送泵。为防止混凝土输送泵故障影响整个工作的开展，对混

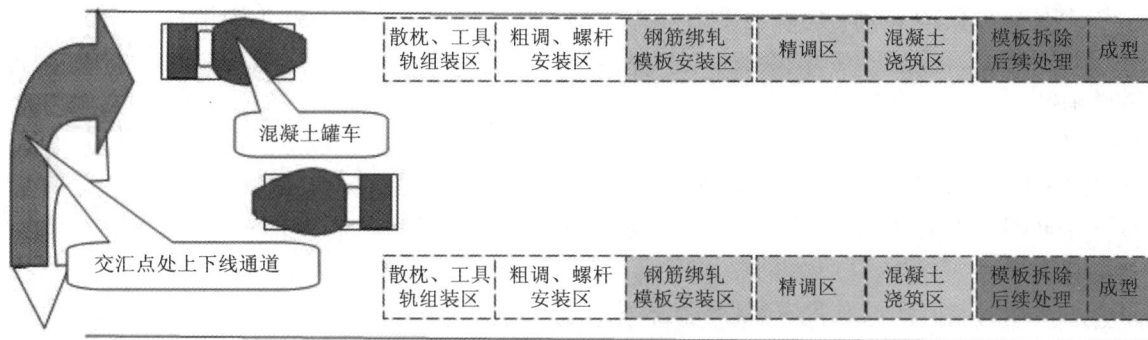

图 46 – 9　长大隧道内无砟轨道道床板施工物流组织方案

凝土输送泵进行经常性检修，保证机械的正常运转。隧道内做好现场照明，避免无砟轨道施工时隧道内机械进出发生安全事故。在隧道内施工时同时做好隧道垫层清扫工作，并洒水控制扬尘。

五、过渡段施工

双块式无砟道床采用混凝土等级为 C40，道床宽度为 2800 mm，厚度为 260 mm。路基段道床采用连续道床，路基与桥、隧道相邻处道床采用断开设计，与桥隧道床板间设宽为 20 mm 的板缝，采用聚乙烯塑料板或泡沫橡胶板填缝，填塞后用聚氨酯密封胶抹面，板缝两侧的道床板与钢筋混凝土底座采用"门型钢筋"（HPB235 光圆钢筋）连接；在临时施工缝设置收口网、植筋、绑扎辅助钢筋，临时施工缝两侧各植 2 排，每排 4 根直径为 $\phi25$ mm 的 HRB335 钢筋。过渡段施工主要有：路桥、路隧、无砟与有砟。路桥及路隧过渡段一般设销钉和端梁。无砟与有砟过渡在无砟道床板中设销钉。

1. 无砟轨道路桥、路隧过渡段施工工艺流程

无砟轨道路桥、路隧过渡段施工工艺流程如图 46 – 10 所示。

2. 无砟轨道路桥、路隧过渡段施工

过渡段上铺设无砟轨道的核心问题是不均匀沉降控制。无砟轨道对沉降变形特别敏感，特别是不均匀沉降。无砟轨道铺设后过渡段产生不均匀沉降会导致线路维修成本的增加；当线下结构物发生不均匀沉降超出无砟轨道扣件的可调范围而无法通过扣件调整时，会导致不得不对线下结构物进行维修；线下结构物不均匀沉降将导致轨道板开裂，会引起轨道构件的更换和维修；此外，无砟轨道铺设后对路基沉降变形的调整范围很有限，一般局部的沉降在扣件的可调范围，大范围的均匀沉降尽可能满足线路竖曲线圆顺的要求。

影响过渡段沉降的因素较多，特别是地基在荷载的作用下沉降随时间发展，其沉降变化一般通过土体固结原理进行分析计算。但沉降计算的精度受多种因素影响，其结果只能是一个估算值，因此设计阶段沉降变形计算的精度不足以控制无砟轨道工后沉降。至今国内外均通过系统的沉降观测的实测资料来分析、预测较准确的沉降值。通过施工期系统的沉降变形动态观测，对实测沉降观测数据的分析、评估，评价地基最终沉降完成时间，验证或调整设计措施，使线下基础工程达到预定的沉降变形控制要求，推算出较准确的最终沉降量和工后沉降。

```
施工准备
  ↓
过渡段测量定位
  ↓
过渡段路基、桥梁、
隧道状态检查
  ↓
基础面处理
  ↓
端梁施工
  ↓
桥梁凸台施工
  ↓
无砟轨道道床施工
  ↓
质量检查
  ↓
沉降观测
```

图 46 – 10　无砟轨道路桥、路隧
过渡段施工工艺流程

《客运专线铁路无砟轨道铺设条件评估技术指南》中规定，路桥、路隧等各类过渡段的工后沉降不大于 15 mm，路基与相邻结构物间的差异沉降不大于 5 mm，过渡段沉降所造成的路基与相邻结构物的折角不大于 1/1000。

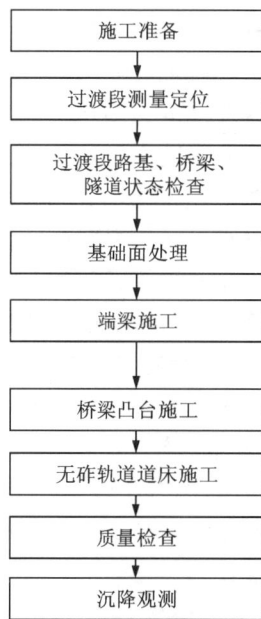

3. 过渡段施工原则

当路基长度不大于 10 m 时，路基地段不设置端梁，但每隔一个轨枕设置 4 个销钉；当路基长度大于 10 m 不大于 20 m 时，在路基中间设置端梁；当路基长度大于 20 m 时，按以下①、②规定设置端梁。隧道口内均需设销钉。

1）路桥过渡段

在路桥过渡段，道床板设置横向伸缩，根据桥台后路基处理处理情况在距桥台 5～10 m 范围内路基一侧设置 C40 钢筋混凝土端梁，梁长为 2.8 m，宽为 0.8 m，深为 1.3 m。

2）路隧过渡段

在路隧过渡段处，道床板设置横向伸缩缝，在距隧道口 5～10 m 的路基一侧设置端梁结构，梁长为 2.8 m，宽为 0.8 m，深为 1.3 m。隧道一侧在道床板与仰拱回填层之间设置 4×5 列销钉。销钉采用 25 钢筋，用植筋胶进行锚固。

4. 路桥、路隧过渡段的施工要求

过渡段铺设 CRTSI 型双块式无砟轨道道床最关键的问题是不均匀沉降引起的道床板与支撑层开裂或道床板自身的开裂。无砟轨道本身免维修，但是当线下结构物发生不均匀沉降超出扣件的可调节范围而无法通过扣件调整平衡时，施工人员不得不对线下结构物进行维修；出现线下结构物不均匀沉降导致轨道板开裂时，更换轨道构件；此外，无砟轨道铺设后对路基沉降变形的调整范围很有限，一般局部的沉降应在扣件的可调范围，大范围的均匀沉降很难满足线路竖曲线平顺性的要求。所以过渡段在施工无砟轨道前，对基层沉降有着严格的要求，一般路桥、路隧过渡段的工后沉降量不应大于 15 mm，路基与相邻结构物间的差异沉降不大于 5 mm。

（1）过渡段道床板施工工艺流程如图 46－11 所示。

（2）设置端梁。

根据设计要求，在路桥、桥隧、路隧过渡段设置端梁。该工序对于控制过渡段道床板因温差较大而引起道床板与支撑层分离是十分重要的。首先根据轨枕布置位置确定端梁具体中心里程，以保证端梁位于轨枕的正下方。一般在距桥台或隧道口 5～10 m 范围内设置 C40 钢筋混凝土端梁，端梁单侧横向长 2.8 m，深 1.3 m；底部 1 m 范围内宽度为 0.8 m，上部 0.3 m 范围内宽度 1.4 m，形成倒梯形状梁帽。施工方法如下：

①开挖基坑：根据设计测量放样出开挖线，利用挖掘机配合人工开挖基础。

②清理基底、铺设泡沫板。

③绑扎钢筋：钢筋交叉及平行紧靠处设置塑料绝缘卡。上部竖向钢筋应伸出端梁面至轨道板上层钢筋位置。

④混凝土浇筑：采用溜槽将混凝土倒至基底，用振动棒振捣混凝土。

⑤养护：养护采用土工布覆盖，洒水保证混凝土表面始终处于湿润状态。

（3）设置销钉。

根据设计要求，在路桥、桥隧、路隧过渡段。一般隧道段设置 5 排 20 根销钉，路基段设置 2 排 8 根销钉，桥梁段不设销钉。销钉保证锚固力及垂直度，该工序对于控制过渡段道床板因温差较大而引起道床板与支撑层分离同样十分重要。

（4）设置伸缩缝。

过渡段施工时，在结构物分界处设一伸缩缝，伸缩缝采用 2 cm 厚软板填塞，并用密封条进行密封。不同轨道结构间的过渡段区域不使用工地焊接头和绝缘接头。布枕时，避开不同结构物分界处。

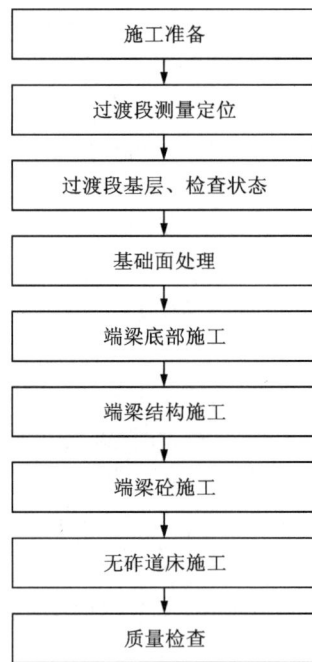

施工准备
↓
过渡段测量定位
↓
过渡段基层、检查状态
↓
基础面处理
↓
端梁底部施工
↓
端梁结构施工
↓
端梁砼施工
↓
无砟道床施工
↓
质量检查

图 46－11　过渡段道床板施工工艺流程

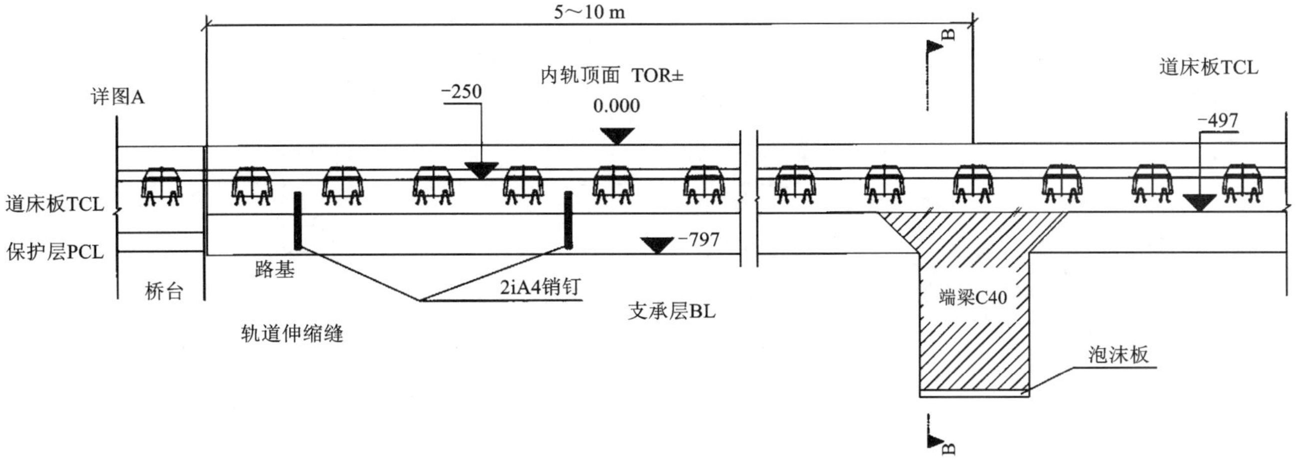

图 46-12　端梁钢筋与轨道板钢筋位置关系图

（5）其他要求。

过渡段使用的轨道部件、塑料板等材料的规格、型号及其性能等均符合设计要求。

①过渡段施工后沉降变形符合设计要求，经检查沉降满足设计及规范要求后施工无砟轨道道床板。过渡段使用的轨道部件、塑料板等材料的规格、型号及其性能等均符合设计要求。

②过渡段的位置、长度及设置方法均符合设计要求。

③不同轨道结构间的过渡段区域不使用工地焊接头和绝缘接头。

④桥台尾部回填区的过渡采取特别措施，按设计要求安放泡沫板（如硬泡沫塑料板），必要时同时加强无砟轨道的支承系统（如增加端梁的钢筋或加大宽度）。

⑤使用的硬泡沫塑料板的刚度、减振效果、耐久性等性能均符合设计要求。

⑥回填区域距离桥台一定范围内设置有一带钢筋的端部结构。端部结构的设置位置及结构形式均符合设计要求。

⑦在过渡段范围内尽可能避免施工接头。无砟轨道轨道从桥梁到端部结构的回填区域内不存在用掘进法施工的横向排水孔或管路通过。

⑧严格按设计图纸要求做好路基与隧道、桥梁分界处的特殊处理工作。

⑨施工过程中认真保护沉降观测点，按要求做好沉降观测工作。

六、双块式无砟轨道施工经验与体会

1. 施工体会

（1）双块式无砟轨道一次成型，测量要求精度高，对线下工程构筑物沉降控制要求严，工作量大且工作面狭长，受环境影响较大，材料运输困难，施工难度大。需合理组织，统筹安排，确保运输线路畅通。

（2）线下构筑物沉降变形是否符合设计要求、沉降变形是否趋于稳定，是决定无砟道床成败的关键。

（3）客运专线对轨道几何尺寸的高精度、高平顺性要求，使得在客运专线无砟道床施工中如何对轨道进行精确测量定位成为保证轨道施工精度的关键。

（4）合理的配合比是有效增强轨道板混凝土各项性能的前提，严密的浇筑组织及科学的养护措施，是保证混凝土质量的根本。

（5）曲线超高桥梁、隧道地段一侧混凝土较厚、一侧混凝土较薄，施工过程中很容易涨模。经实践证明，模板固定时采取"一拉一顶"的措施非常必要。在轨道精调完成后，在路基地段每间隔一根轨枕在超高侧支承层顶打入钢筋头，与轨枕桁架钢筋焊接固定。在桥梁地段采用简易工装，增加工具轨排横向支撑体系，横向支撑体系可支撑于桥梁防撞墙上，确保简易工装和轨排系统在施工过程中稳定。横向支撑体系参考综合试验段经验如图 46-13 所示。

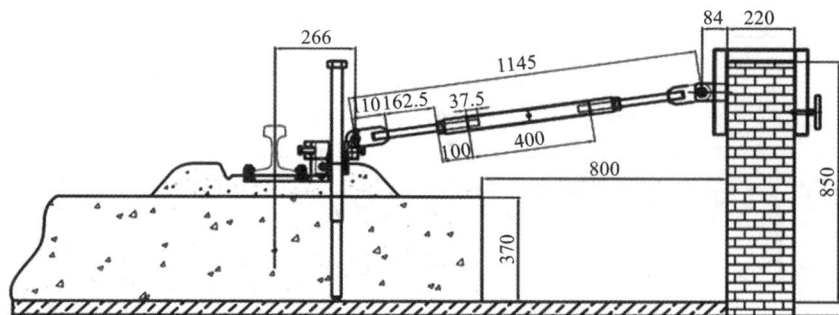

图 46-13　桥梁上轨排横向支撑图

（6）轨排精调完成后，必须将所有扣件按照设计及扣件安装要求安装到位，以免局部轨枕下沉，给后续无缝线路施工带来问题。

（7）合福高铁为山区铁路，以桥隧为主，路基很少，且短路基居多，扣除桥隧路过渡段钢筋混凝土底座后，支承层长度更短，采取机械摊铺碾压不现实，宜采取模筑施工，根据实际情况现场也均采用模筑施工。

（8）为保证工程质量，便于混凝土搅拌、运输与振捣，模筑施工混凝土标号宜在 C20 以上，建议用 C25 混凝土。

（9）模筑施工混凝土结构尺寸应与钢筋底座混凝土尺寸相同，两侧不应设 3:1 斜坡，立模质量才容易控制。

（10）人字坡双向排水中线很难控制，一字坡单向排水施工精度容易控制；受雨面积小，排水路径短，单向排水能够保证道床板表面不积水，满足排水功能。

2. 经验

（1）道床板施工精调中力争测量温度与原 CPⅢ 点位测量温度相近以减少系统误差。

（2）加强对工具轨的保护意识，安装前对轨枕进行扣件检查、对工具轨进行彻底清理。

（3）端梁和销钉施工必须规范到位。

（4）曲线超高地段，施工过程中很容易涨模，必须注意浇注速度。

第四节　跨区间无缝线路施工

一、工程概述

合福高铁闽赣段位于江西省东部、福建省东北部地区，线路自皖赣省界 DK343+180 起至福建省福州市 DK812+640 止，新建线路全长为 466.8 km，其中江西省境内 183.2 km（不含上饶联络线），福建省境内 283.6 km。全线无砟轨道施工划分 33 个单元，组建 33 个专业施工队伍，根据线下工程完成情况开展无砟轨道施工。合福高铁全线长轨铺设共投入 2 台长轨运输车，2 列长轨铺设机组，2 台移动焊机，负责铺设各区段长轨铺设、无缝线路施工和轨道整理。无砟轨道施工按无砟轨道底座板（支承层）和双块式轨枕铺设同时进行，进度按每个作业面每天 150 m 单线进行施工。

二、铺轨基地技术要求

双块式轨枕由沿线布置的 3 个轨枕预制场集中预制，再由运输设备运至施工现场存放或施工。道岔由厂家制作，由铺设单位组织车辆运输至施工现场进行铺设施工。500 m 长钢轨由向塘焊轨基地供应给上饶、福州铺轨基地进行存放，当达到铺轨条件后采用单向或双向进行无缝线路铺设、锁定、焊接，最终形成无砟轨道系统。全线长轨铺设共投入 2 台长轨运输车，2 列长轨铺设机组，2 台移动焊机，负责铺设各区段长轨铺设、无缝线路施工和轨道整理。全线设上饶、福州 2 个铺轨基地，采用单向铺轨，无缝线路在 2014 年 7 月底完成全线铺设。上饶铺轨基地于 2013 年 11 月底达到存轨条件、福州铺轨基地于 2013 年 9 月底达到存轨条件。铺轨基地最大存轨能力为 200 km。

无砟道床上无缝线路铺设施工采用长轨运输车，将 500 m 长钢轨运往现场，用"拖拉法"或"推送法"完成钢轨铺设，然后用移动式闪光焊轨机将工地已铺设 500 m 长钢轨焊接成 1.0 ~ 2.0 km 单元轨节，在设计锁定轨温下锁定形成无缝线路，铺设无缝线路后对轨道进行精调整理作业。其他有砟轨道及站线可采用换铺法施工，现场单元焊及锁定焊采用移动式焊轨机，道岔内焊接宜采用铝热焊。

轨道精整打磨检测施工于铺轨完成后开始进行，轨道整理与钢轨预打磨作业相间进行。先使用轨检车对全线进行第一遍动态检测，精细调整轨道后，使用钢轨打磨列车对正线钢轨施行第一次打磨。然后对全线进行第二遍动态检测，轨道最终精细调整后再对正线钢轨施行第二次打磨，在 2015 年 1 月底完成，使全线轨道工程达到验收标准。其工艺流程如图 46 - 14 所示。

根据本线与既有线的关系，合福高铁闽赣段共设置铺轨基地 2 处，即江西上饶、福建樟林车站。上饶铺轨基地为双向铺设，樟林铺轨基地为单向铺轨，上饶铺轨基地与安徽段接头点在皖赣省界，上饶与樟林铺轨基地接头点在武夷山东站，单边铺轨最大间距 242 km。

图 46 - 14 长钢轨铺设施工工艺流程图

```
长钢轨装车
    ↓
长钢轨运输编组
    ↓
长钢轨列车工地就位
    ↓
长钢轨牵引及推送
    ↓
长钢轨前端落槽
    ↓
长钢轨与牵引车连挂
    ↓
牵引车施拉长轨前行
    ↓
长钢轨落槽
    ↓
连接钢轨安装扣件
    ↓
质量检查
```

三、跨区间无缝线路铺设安全章程

本设计范围铺设跨区间无缝线路。在铺设无缝线路和无缝道岔过程中遵守以下安全操作规程：

（1）装吊工必须佩带安全帽及其他安全防护用品，长钢轨和道岔起吊装卸车时，各龙门吊应动作同步、缓起轻落、保持平稳，避免碰撞，严禁斜拉、斜吊。在岔位进行道岔吊装期间，不允许同时上道扒砟、抽动岔后长岔枕和更换岔后钢轨，以免堕落物伤人。

（2）长钢轨运输前须确认锁定机构是否牢固、可靠，运输途中须随时注意长钢轨锁定状态；道岔需采用平板车运至拼装场地，当采用平板车跨装时，载重车上必须安装转向架，运行时不得超限。采用轨道车进出区间拉运设备和材料时，必须由专人负责指挥，卸车时轨道车一定要停稳且做好防溜。

（3）施工中要定人、定位、定责，作业前全面检查机械设备，确认完好后方准上道。

（4）设备不得带病作业，发现故障要立即整改。

（5）推送装置在用钢丝绳拖拉长钢轨时，必须将卡具卡牢轨头，钢丝绳两侧严禁站人。

（6）长钢轨拨移时，要协同动作，统一指挥，手脚不得放入长钢轨下，撬杠插入深度应适中，需翻轨时，翻轨器应安装正确，以免撬杠伤人。

（7）垫滚筒时为防止钢轨倾斜或滑落，应在钢轨两侧用两台压机同时打起钢轨，落滚筒时严禁压机突然卸载。

（8）拆扣件时应防止弹条砸飞伤人，上扣件时每两人之间要间隔 3 根轨枕的距离，且人应站立在扳手的一侧，防止相互碰伤。

（9）锯轨和焊轨人员必须穿戴防护用品，锯轨机正前方严禁站人。

（10）道岔移动前应使用楔铁塞紧固定限位器的间隙位置，使用木楔块塞紧固定可动心辙叉心轨的位置（心轨置于定位位置），防止可动心轨移位出现间隙。

（11）进行工地钢轨焊接过程中，任何作业人员不得穿越钢轨输送线，非操作人员要撤离规定的作业区域。

（12）在使用以电为动力的设备时一定要严格遵守安全用电操作规程。

四、正线无砟轨道长轨铺设

无砟道床上无缝线路铺设施工采用长轨运输车，将 500 m 长的钢轨运往现场，用"拖拉法"或"推送法"

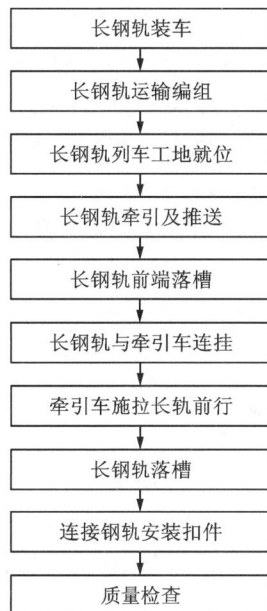

完成钢轨铺设,然后用移动式闪光焊轨机将工地已铺设 500 m 长钢轨焊接成 1.0~2.0 km 单元轨节,在设计锁定轨温下锁定形成无缝线路,铺设无缝线路后对轨道进行精调整理作业。其他有砟轨道及站线可采用换铺法施工,现场单元焊及锁定焊采用移动式焊轨机,道岔内焊接宜采用铝热焊。

轨道精整打磨检测施工于铺轨完成后开始进行,轨道整理与钢轨预打磨作业应相间进行。先使用轨检车对全线进行第一遍动态检测,精细调整轨道后,使用钢轨打磨列车对正线钢轨施行第一次打磨。然后对全线进行第二遍动态检测,轨道最终精细调整后再对正线钢轨施行第二次打磨。

第五节 道岔施工

一、概述

合福高铁正线所采用的高速无砟道岔全部为埋入式道岔,道岔在厂家预组装验收合格后进行拆解、包装、装车并进行固定,符合要求后以火车运输至沿线就近车站,再由汽车运输至各铺设车站。在施工现场采用原位组装法,利用汽车吊直接吊放至岔位然后浇筑施工。道岔在正式施工前,对路基(或桥梁)组织验收,接收并复测 CPⅢ网,确定岔枕及道岔组件进场方案,完成测量设备和精调系统的验证及混凝土的配制及工艺性试验,完成钢轨焊接型式试验并取得合格报告。合福高铁全线道岔共设置 141 组,其中正线高速无砟道岔共 79 组。合福高铁闽赣段正线无砟道岔配置见表 46-12。

表 46-12 各车站正线高速道岔设置表

序号	车站名称	12 号道岔	18 号道岔	42 号道岔	备注
1	婺源站		8		埋入式
2	德兴站		8		埋入式
3	上饶站		8	2	埋入式
4	五府山站	1	4		埋入式
5	武夷山北站	1	8		埋入式
6	武夷山东站		10		埋入式
7	建瓯西站		4		埋入式
8	南平北站		10		埋入式
9	古田北站	2	4		埋入式
10	闽清北站	1	8		埋入式
11	福州站				

轨枕埋入式无砟道岔的结构分为道岔道床和道岔钢轨两部分。

1. 道岔道床

(1)道岔轨枕埋入式无砟轨道从上到下的组成为:道岔钢轨、扣件系统、岔枕、钢筋混凝土道床和支承层,设计轨道高度为 860 mm。

(2)道岔区道床板采用 C40 混凝土现浇而成,厚度为 300 mm,道床顶面设置 1% 双向排水坡,道床板内钢筋按照绝缘设计,除接地钢筋交叉、搭接采用焊接外,其余钢筋交叉、搭接处均设置绝缘卡。

(3)道床范围内(含渡线的两组道岔)一次浇筑,道岔前后正线轨道与道岔一次浇筑。

(4)转辙机牵引点所在位置的道床板设置横向的拉杆槽,槽底距离钢轨底不的小于 240 mm,槽宽按照轨枕间隔控制,槽长根据道岔设备图纸要求确定,槽底由内向外设置 1% 的横向排水坡。

(5)道岔道床板与双块式道床板相接处设置 20 mm 的结构缝,用聚乙烯泡沫板填充,并用 200 mm×20 mm 聚氨酯密封胶封面。

（6）转辙机安装位置设计钢筋混凝土，平台顶面高程距轨顶 560 mm，平台平整度为 2 mm/m。

（7）道岔道床板内设置接地钢筋和接地端子，接地单元长度不大于 100 m，接地单元内的接地钢筋采用搭接焊的方式进行连接，单面焊长度不小于 100 mm，焊缝厚度为 4 mm，钢筋间十字交叉时采用"L"行钢筋进行连接。每一单元通过接地电缆与贯通地线单点"T"行连接。

2. 道岔钢轨

道岔钢轨，包括道岔钢轨及扣件系统。其施工精度及要求符合相关规定。

（1）道岔铺设静态精度的主要指标：轨距 ±1 mm，轨距变化率 1.5‰，水平 ±2 mm，水平变化率 2 mm/2.5 m；轨向 2 mm/30 m 弦，高低 2 mm/30 m 弦。

（2）钢轨接头焊接接头平直度轨顶面 0 ～ +0.2 mm，工作边 0 ～ -0.2 mm，圆弧面 0 ～ -0.2 mm，轨底焊筋 0 ～ +0.5 mm，焊接质量符合 TB/T1632.1、3 -2005《钢轨焊接技术条件》的要求。

二、有砟道岔施工

道岔的铺设分正线高速道岔铺设和站线普通道岔铺设。正线高速道岔铺设采用"原位直接铺设或原位换铺法，站线普通有缝道岔采用现场直接拼装铺设法。

1. 正线高速道岔铺设

"原位直接铺设法"，主要采用汽车直接把道岔和道砟运输到现场岔位前，在道岔施工前：

1）精确定位

铺岔前应复核岔位桩、边桩。对于岔尾相连的两组正线道岔必须联测，精确定出岔位。

2）摊铺道床

机械摊铺道砟，压路机分层碾压，人工配合平整道床。大号码的道岔，人工起道、捣固道床，不仅费力，而且不能保证道床密实和道岔平顺。如果用道岔捣固机起道 150 mm，其捣镐亦不能在辙叉心、岔尖等狭小空间下搞作业，直接影响道床密实度。

为弥补上述机械作业的缺陷，保证道床摊铺的质量，施工时对设计 30 cm 的道床，在道岔全长范围内，分层铺设道砟，用震动压路机碾压，压实密度不大于 1.7 g/cm³，预留起道量不小于 50 mm，砟面平整度允许偏差为 30 mm/3 m。在剩余少量起道量的情况下，用专用道岔捣固机起道。岔前和岔后各 30 m 内应与区间和站内正站线摊铺的底砟顺坡。

3）排布岔枕

排布岔枕前按图纸准确定位岔枕位置。用经纬仪在直股岔枕头外 100 mm 处设置岔头、岔心、岔尾的外移边桩。外移边桩顶面高于道砟面 100 mm，桩钉误差不大于 2 mm。用弦线或细钢丝由岔头至岔尾的外移边桩上拉挂通线，弦线上准确标注岔枕间距位置，所挂弦线保持绷紧和准确，根据外移边桩精确定位岔头、岔心、岔尾岔枕。排布岔枕时，纵向以岔枕上的螺栓孔对齐，横向岔枕间距以固定的间距控制，并随时消除累积误差。以直股为基准股，岔枕编号牌端与基准股同侧，岔枕垂直于基准股，用吊车配合将岔枕一次准确排布到位，间距偏差为 ±10 mm。

4）道岔钢轨装卸车与就位

道岔钢轨装车时注意铺设方向，吊配尖轨、基本轨组件，可动心组件等长钢轨及组件时使用吊轨架吊配，用多台吊车配合，统一指挥，同步作业，协调行动，平稳吊、运、安装配轨。

5）道岔补砟整道

待车站一端岔区道岔铺设完毕立即组织岔区老 K 车卸砟。卸砟后应及时清道。捣固车作业前拆除临时转辙连杆，清除影响镐头作业的障碍物。组织劳动力人工上砟，轨枕盒内道砟上满。整个道岔上的道砟要充足、均匀。捣固车对道岔进行作业时要兼顾道岔头尾与线路的顺坡，作业长度应伸出道岔头尾 50 m，顺坡不大于 6‰。作业完成后对道岔标高、方向进行检查，使其达到相应技术标准。

2. 站线普通道岔铺设

站线普通道岔利用已铺线路将岔料运至现场，由人工配合吊车铺设。具体步骤如下：

（1）按道岔桩位铺设底砟并压实，预铺 20 cm 左右厚面砟并分层碾压密实，表面平整。

（2）火车运岔枕至现场，吊车配合卸枕，按设计位置、标准间距排放整齐。

（3）火车运道岔钢轨至现场，利用吊车卸下，人工配合放至岔枕承轨槽内。

（4）按设计图核对曲基本轨弯折支距，合格后方可连接钢轨。

（5）连接钢轨配件及轨枕扣件，先尖轨后辙叉，先直股后曲股，严格控制尖轨尖端轨距和直线尖轨轨头刨切起点两基本轨距离，并保证尖轨扳动力调至 6 kN 以下。

（6）拨道整修、质量检查：道岔铺设完毕进行拨道、串砟、找平等重点整道工作。检查各部轨距和支距，顶铁与基本轨间隙。

三、长轨埋入式无砟道岔施工

道岔施工遵循"专业化、机械化、标准化"施工、确保道岔铺设质量、满足客运专线建设总体工期要求的原则。根据施工现场工况条件，采用原位组装施工方法进行客专无砟道岔的施工。根据无砟道岔的特点，按道岔结构自下而上施工的顺序，结合现场条件，施工方案如下。

（1）路基级配碎石层完成后，模筑法施工底座/支承层混凝土，捣固棒捣固，刮尺找平底座/支承层，拉毛底座/支承层混凝土，设置横向切缝。

（2）在底座混凝土/支承层上布设基标，根据基标采用墨线在支承层上弹出纵横向钢筋位置和模型边线位置。根据 CPⅢ控制网准确测量定位出道岔 A、B、D 点位置，并按要求做好标识。

（3）道岔和岔枕采用平板汽车从附近既有车站运输至京福铁路新建车站。道岔运输至新建车站内后才有专用吊具将道岔钢轨卸至指定地点。

（4）根据底座/支承层上的纵横钢筋墨线进行底层钢筋绑扎（绝缘绑扎）。钢筋绑扎完成后根据 A、B、D 点位置进行道岔初步组装。

（5）道岔初步组装完成后对道岔全长、轨距、支距、密贴、间隙、轮缘槽宽、查照间隔等框架尺寸进行检查，检查合格后安装道岔调整架。

（6）道岔初步调整合格后进行上层钢筋绑扎，接地钢筋焊接。对初调合格的道岔进行精调。

（7）精调完成后采用拌和站集中搅拌混凝土，罐车将混凝土运输至施工现场，采用泵机或者料斗灌注混凝土。

（8）对浇筑完成混凝土的道岔区道床进行养护，道岔精调。

（9）精调完成后对道岔进行铝热焊接和应力放散，结束道岔施工。

1. 技术标准

高速无砟道岔不同于普通线路道岔，各项铺设要求指标较高。铺设必须严格遵守《客运专线无砟轨道道岔铺设暂行技术条件》各项要求。无砟道岔铺设定位偏差及验收几何尺寸静态验收标准见表 46-13、表 46-14。

表 46-13　道岔定位允许偏差

序号	检验项目	允许偏差/mm
1	轨面标高	0，-5
2	中线	2

表 46-14　无砟道岔静态（直向）平顺度允许偏差及检验方法

序号	项目	旅客列车设计行车速度 v/(km/h)		检验方法
		200	200 < v ≤ 350	
1	轨距	±1 mm	±1 mm	轨检小车
2	高低（弦长 10 m）	2 mm	2 mm	
3	轨向（弦长 10 m）	2 mm	2 mm	
4	水平	2 mm	1 mm	

2.施工流程

岔区枕式无砟轨道施工主要包括混凝土底座施工、道岔组装、道岔精确调整、道床板混凝土浇筑等作业内容。岔区枕式无砟轨道施工流程如图46-15所示。

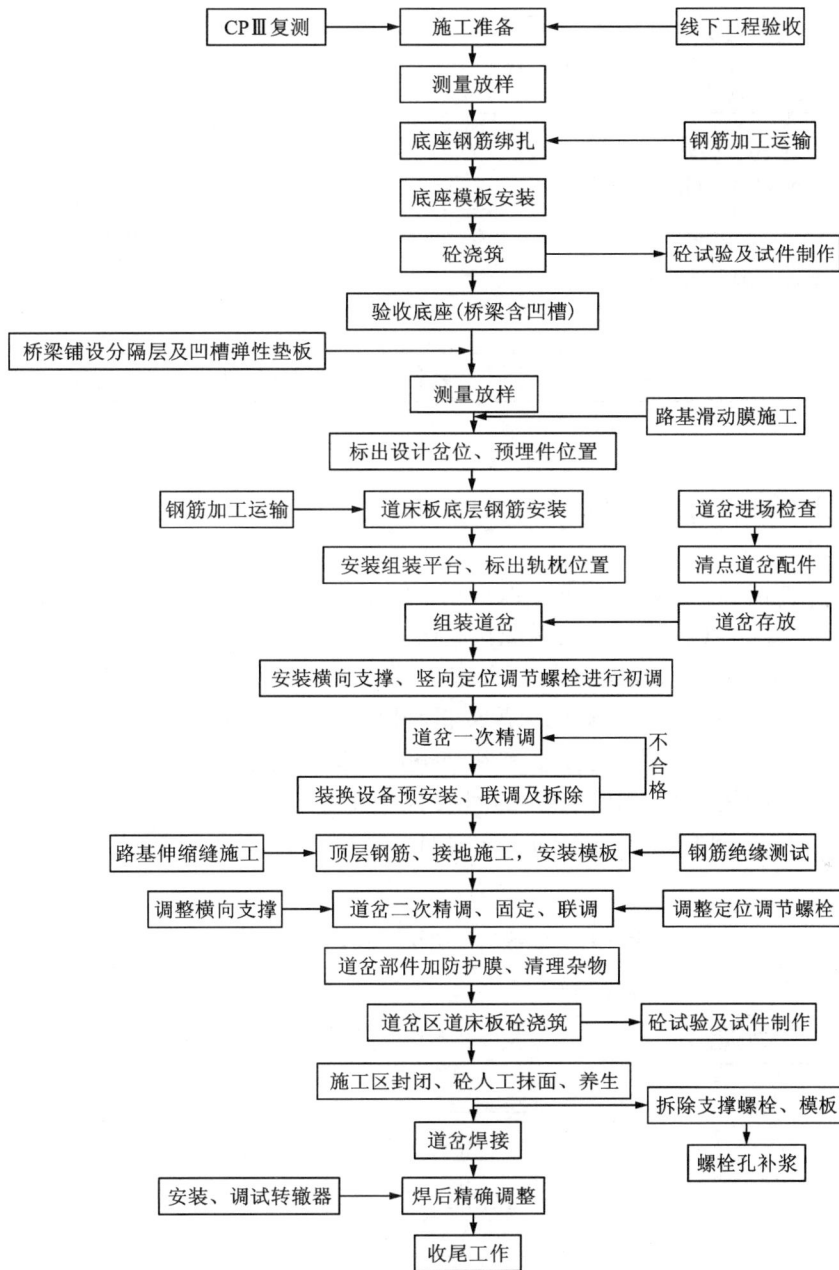

图46-15 枕式无砟道岔施工工艺流程图

第六节 轨道及道岔精调

一、轨道精调

1.技术要求

1)主要技术标准

(1)根据国内双块式无砟轨道系统技术体系,并结合合福高铁铁路设计要求,无砟轨道状态静态检测铺设精调应达到以下标准见表 46 - 15 所示。

表 46 - 15　轨排调整后几何形位允许偏差

序号	项目	允许偏差	备注
1	轨距	±1 mm	相对于标准轨距 1435 m
		1/1500	变化率
2	轨向	2 mm	弦长 10 m
		2 mm/测点间距 8a(m)	基线长 48a(m)
3	高低	2 mm	弦长 10 m
		2 mm/测点间距 8a(m)	基线长 48a(m)
4	水平	2 mm	不包含曲线、缓和曲线上的超高值
5	扭曲	2 mm	基长 3 m。包含缓和曲线上由于超高顺坡所造成的扭曲量

注：表中 a 为扣件节点间距。

(2)合福高铁采用 CRTS - Ⅰ型双块式无砟轨道，扣件采用 WJ - 8B 轨道扣件系统。

(3)扣件安装要求

安装前，承轨台表面清理干净颗粒状物；铁垫板下绝缘缓冲垫板孔必须与预埋套管孔对中；铁垫板上的箭头必须指向轨道中线方向(主要目的是保证轨底坡向内)；铁垫板上平垫块距圆孔中心与预埋套筒中心对正。(标准安装方式，轨道调整时根据实际情况定)；螺栓扭力要求：将螺旋道钉套上平垫圈，先用手拧入预埋套管(切忌斜拧)，然后用可控扭矩的扳手或机具以 160 N·m 扭矩紧固弹条。

特别注意：不得使用锤子敲击螺旋道钉，判断弹条是否安装到位的标准：以弹条中部前端下颚与绝缘轨距块接触为准，绝缘轨距块与弹条中肢下腭的间隙不得超过 0.5 mm。

(4)单股钢轨左右位置调整量为 ±2 mm 以内时，采用调换不同规格的绝缘轨距块，具体配置见表 4 - 16。

表 46 - 16　绝缘轨距块轨距和轨向调整配置表

单股钢轨调整量股/mm	钢轨外侧		钢轨内侧	
	轨距挡板	绝缘轨距块	绝缘轨距块	轨距挡板
-2	7	11	7	7
-1	7	10	8	7
0	7	9	9	7
+1	7	8	10	7
+2	7	7	11	7

单股钢轨左右位置调整量为大于 ±2 mm 时，采用调换不同规格的轨距挡板和绝缘轨距块，具体配置见表 46 - 17。

表 46 - 17　轨距挡板和绝缘轨距块轨距和轨向调整配置表

单股钢轨调整量股/mm	左股钢轨		右股钢轨	
	轨距挡板	绝缘轨距块	绝缘轨距块	轨距挡板
-5	10	11	7	4
-4	10	10	8	4

续表 46-17

单股钢轨调整量股/mm	左股钢轨		右股钢轨	
	轨距挡板	绝缘轨距块	绝缘轨距块	轨距挡板
-3	10	9	9	4
+3	4	9	9	10
+4	4	8	10	10
+5	4	7	11	10

⑤钢轨高低位置调整

高低位置调整量为 -4 mm ~ +26 mm。在轨下垫板与铁垫板之间垫入轨下微调垫板和在铁垫板下弹性垫板与轨道板(轨枕)承轨面之间垫入铁垫板下调高垫板实现钢轨高低位置调整。通过更换轨下垫板实现 -4 mm ~ 0 调整,具体配置见表 46-18。

表 46-18　轨下垫板高低调整配置表

钢轨高低位置调整量/mm	WJ-8B 轨下垫板厚度/mm	WJ-8B 轨下垫微调板总厚度/mm	WJ-8B 铁垫板下调高垫板厚度/mm
-4	2	0	0
-3	3	0	0
-2	4	0	0
-1	5	0	0
0	6	0	0

通过更换轨下垫板,垫入轨下微调垫板和铁垫板下调高垫板实现 0 ~ +26 mm 调整,具体配置见表 46-19。

表 46-19　微调垫板和铁垫板高低吊坠配置表

钢轨高低位置调整量/mm	WJ-8B 轨下垫板厚度/mm	WJ-8B 轨下垫微调总厚度/mm	WJ-8B 铁垫板下调高垫板厚度/mm
0	6	0	0
+1 ~ +6	6	1 ~ 6	0
+7	3	0	10
+8	4	0	10
+9	5	0	10
+10	6	0	10
+11 ~ +16	6	1 ~ 6	10
+17	3	0	20
+18	4	0	20
+19	5	0	20
+20	6	0	20
+21 ~ +26	6	6	20

2. 轨枕编号

(1)轨枕编号以 1 km 为单位,对扣件节点从小里程到大里程方向进行自然递增顺序编号。

（2）以每公里的第 1 个 CPⅢ标志为基准，即编号"###301"的标志离该标志最近一根轨枕定义编号为 1，并在前面加上公里数。

（3）每 5 根轨枕写一个编号，要标写的轨枕号数是 1，5，10，15，……除第 1 根加上公里数外，其余的都不用加公里数，单元长度内，最后 1 根轨枕编号要标识，其编号不一定刚好是 5 的倍数，是多少就写多少；（即遇到下 1 公里的第 1 个 CPⅢ标志，又开始进入下一个单元的扣件编号）。

（4）左右线的轨枕编号对称设置，其编号统一用黑色记号笔写在左轨内侧轨枕头上。

3.工程特点

（1）合福高铁无砟轨道静态精调施工时间短，线路里程长，工作量大。需要合理安排人员设备及交通工具。

（2）WJ－8B 型扣件最大特点是轨距可以无级调整。但也因此带来了安装、调整的不便，增加了调整的工作量。

4.施工程序与工艺流程

1）施工程序

无砟轨道线型调整遵循"将轨道线型调整至线型合格状态"的原则，即：无砟轨道线型调整不是将轨道的各项指标调整至设计绝对位置，而是将轨道线型的方向、高低、水平、轨距及轨距递减率、高低递减率调整至规定允许值范围，保证轨道平顺。

轨道精调工作一般是在无缝线路完成后，即长钢轨铺设放散、锁定结束展开，前后分为静态调整和动态调整两个阶段。

静态调整是根据轨检小车静态测量数据对轨道几何状态进行不断完善的调整过程，包括对轨道线型（轨向和高低）进行优化调整，合理控制轨距变化率和水平变化率，使轨道静态精度满足规范要求。

动态调整阶段主要通过对动态轨检车的数据进行分析，利用静态调整的方式对轨道进行调整。通过两个阶段的调整，最终使得无砟轨道轨道状态满足动车组高速运行的舒适性和安全性要求。

2）轨道静态精调工艺流程

轨道精调先调整轨向基本轨的平面位置和高低基本轨的高程，确保轨向平顺性指标和高低平顺性指标合格，再调整两个基本轨相对应的另一根钢轨的平面位置和高程，使轨距和水平（超高）达标，无砟轨道调整工艺流程见无砟轨道轨道精调施工工艺流程图如图 46－16 所示。

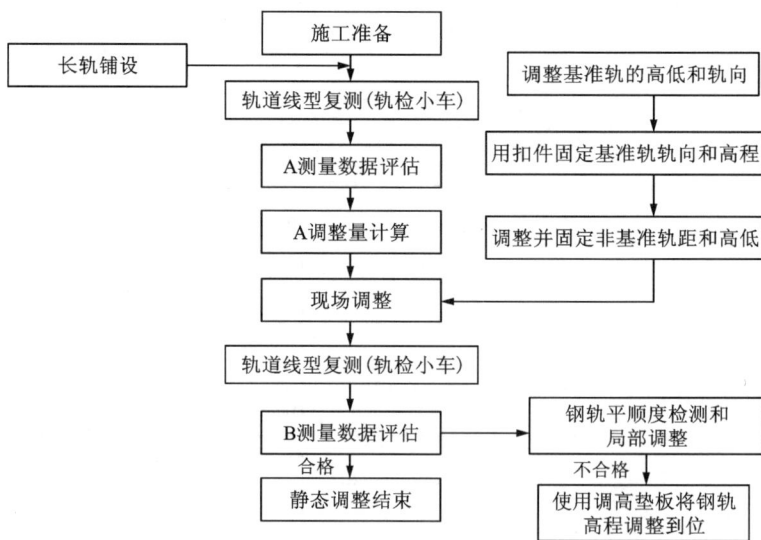

图 46－16　无砟轨道轨道精调施工工艺流程图

5.轨道静态精调施工

进行轨道测量前仔细核对线路设计平、纵断面资料，重点复核轨面高程、轨道中线、坡度、竖曲线、平面曲线、曲线超高等关键参数，左右线均采用贯通连续里程。

6. 轨道动态精调

轨道动态精调是指在轨道联调联试开始，依据轨道动态检测数据进行轨道精调。轨道动态检测数据一般以轨道图谱和报表形式体现，施工时根据动检结果进行现场核对和确认。根据核对结果按静态精调方法进行。若调整量较少，精调完成后可不作静态检查。

为保证轨道动态检测数据与现场实际一致，轨道动态检测前完成连续里程的标注，并将标段上、下行线起讫点准确里程及现场位置告知检测部门。

与静态检测不同的是，钢轨焊缝平顺、钢轨表面脏污、扣件松动或间隙、钢轨空吊都可能引起较大的线形偏差，因此，在精调时加以重点检查和整改。

动态调整主要是依据轨道动态检测报告和分析检测波形图，找出影响行车安全和旅客舒适度的局部或区段，通过用轨检小车，塞尺，弦线等对轨道进行测量评价，确定调整位置和调整量，对钢轨进行调整。动态调整是对轨道线型的进一步优化，使轮轨关系匹配更加良好，继而进一步提高高速行车的安全性、平顺性和舒适性，最终使轨道线路在运营过程中全面达到 250 km/h 及以上行车条件。

7. 施工注意事项

(1) 轨道线型调整是一件非常精细的工作，需要高素质的施工人员，并经过严格的专业培训，所用的设备和工具精度要有保证，并定期检查标定。

(2) 施工前，需作好充分的施工准备，人员、机具、材料必须一次准备到位，合理安排交通工具及作业量。

(3) 轨道精调一般在无缝线路焊接锁定后进行，施工时应尽量少松动钢轨扣件，调整方向时连续松动不超过 5 个承轨台，调整高低时连续松动不超过 10 个承轨台，同时作业的两个精调组应相距 50 m 以上，高温时不应安排影响线路稳定性的整理作业，在进行无缝线路整理作业时，必须进行实时轨温测量和记录。

(4) 轨道线型调整时，同时消除钢轨扣件缺损、扭力不足、钢轨扣件安装不正、钢轨离缝等缺陷。

(5) 钢轨焊缝不平顺是影响行车舒适度的重要因素之一，因而，除了钢轨焊接和钢轨打磨必须严格检查和打磨平顺度超标的钢轨焊缝外，在轨道线型调整时，应首先检查并打磨平顺度超标的钢轨焊缝。

(6) 无砟轨道精调所需调整垫片，其中调整量在 2 mm 以内的占所需调整扣件的 75% 以上，应在施工之前提前准备。

(7) 无砟轨道线型调整是一项系统工程，需要有高精度的 CPⅢ 基准测量网、高精度测量设备作支撑，同时应考虑地基沉降、桥梁徐变、焊缝超标等因素的影响。

(8) 轨道精调作业必须做好与运输工作的衔接，严格按上级调度部门下达的施工计划进行请销点作业，现场按规定设置施工防护。

(9) 在行车过程中，曲线(平曲线和竖曲线)头尾和道岔对行车的平稳性影响极大，在精调时，对道岔和曲线头尾前后 150 m 范围内需进行零缺陷调整，静态几何尺寸高精度，特别是方向、水平(超高)务必严格控制，实现平顺过渡，尽可能使与曲线上股(高股)同侧的钢轨比另股钢轨略高 1 ~ 2 mm。切忌在缓和曲线头出现反超高和反弯；在调整道岔时需以直股为主的原则进行调整，道岔前后各 150 m 轨道几何尺寸和平顺性务必满足要求。

二、道岔精调

1. 技术准备

技术人员已认真学习道岔设计图纸等设计文件，充分理解掌握板式道岔结构特点和关键技术，掌握相应的技术标准和规范要求，掌握调整方法和规律；所有施工人员已进行技术交底培训、考核，合格后持证上岗。其中技术准备需注意的五个关键点：

(1) 道岔平面线形(18 号道岔 $R = 1100$ m 圆曲线)。

(2) 尖轨及心轨前端藏尖(0 ~ 4.5 mm)。

(3) FAKOP 区轨距加宽(18 号道岔 3 ~ 39 号承轨台直基本轨外侧刻槽 0 ~ 15 mm)。

（4）翼轨加高（18 号道岔 94~98 号）。

（5）道岔前后设计情况。

2. 现场准备

现场准备做到三完成二到位一合格。

（1）三完成：道岔铺设、焊接（含自由及锁定焊接）及焊缝精磨已完成，道岔前后 200 m 范围轨道铺设及放散锁定已完成，道岔区 CPⅢ复测已完成。

（2）二到位：钢轨件已清理到位，精调工具、人员及调整件已到位。

（3）一合格：精调仪器已到场且检校合格。

3. 主要技术指标

道岔精调后应满足《高速铁路轨道工程施工技术指南》铁建设〔2010〕241 号文的要求，见表 46-20。

表 46-20　道岔静态铺设平顺度允许偏差

序号	项目	允许偏差/mm
1	高低（10 m 弦量）	2
2	轨向（10 m 弦量）	2
3	水平	2
4	扭曲（基长 3 m）	2
5	轨距	±1
		变化率 1/1500

4. 施工工艺流程

道岔精调分为 4 阶段、11 流程，如图 46-17 所示。

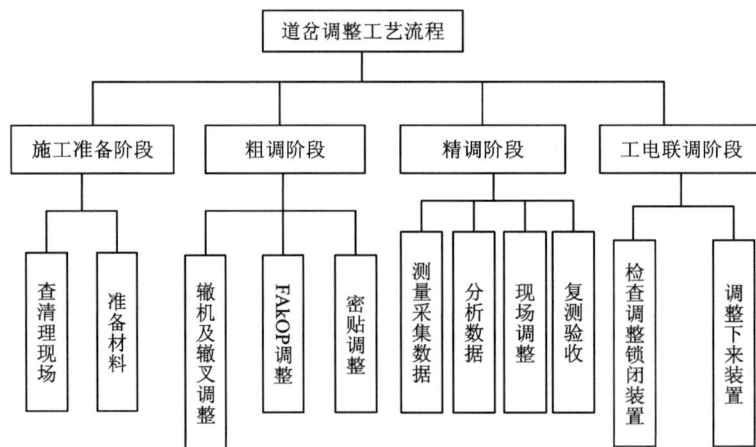

图 46-17　道岔精调流程图

5. 施工过程

1）施工组织原则

（1）推行专业化施工、信息化管理、标准化作业。

（2）精调施工作业区段测量、计算及作业人员和检测仪器配置采用相对固定的原则。

（3）无砟道岔精调范围应包括道岔及前后各 200 m 的过渡段。

（4）"相对测量+绝对测量+人工"相结合的测量方式。

（5）工电联合调整。

2）粗调

根据道岔铺装图纸铺设完成后，对道岔转辙器及辙叉部分、FAkOP、贴、滚轮等重点部位进行粗调。

（1）道岔转辙器及辙叉调整。

通过道岔放样确定直基本轨的位置及方向；通过控制尖轨第一牵引点处样冲点偏差 ±2 mm 保证直曲基本轨的相对位置；通过控制尖轨跟端样冲点偏差 ±2 mm 保证基本轨和尖轨的相对位置；调整尖轨跟端限位器居中，偏差小于等于 0.5 mm；辙叉的粗调定位与转辙器定位类似。

（2）FAkOP 调整。

在 18 号道岔 3 号承轨台、39 号承轨台以后，42 号 2 号承轨台以前、74 号承轨台以后直基本轨外侧选择合适两个点（该点数据出现频率较高，两点相差 ±0.3 mm 以内；轨距接近设计值，控制在 0.3 mm 以内），距基本轨边 100 mm 处用专用弦线架拉弦线，逐承轨台测量轨顶面下 16 mm 处弦线与直基本轨非工作边的距离，根据允许偏差进行调整。

（3）密贴调整。

重点控制"九密贴"：尖轨与基本轨、心轨与翼轨、短心轨与岔跟尖轨；尖轨与顶铁、心轨与顶铁、岔跟尖轨与顶铁；尖轨轨底与滑床台板、心轨与滑床台板；弹条中舌等密贴。如图 46 – 18 所示。

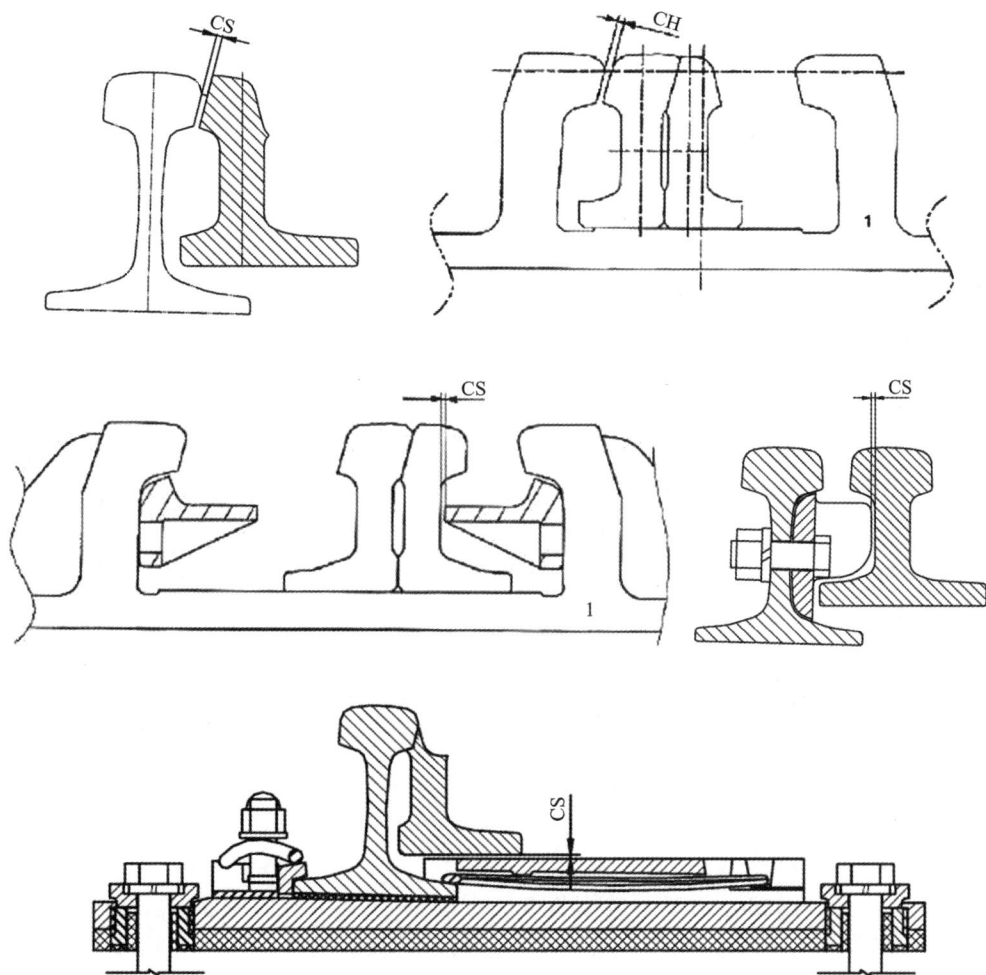

图 46 – 18　钢轨密贴图

①轨底与滑床台板密贴：按照设计要求，当尖轨打开时，轨底与滑床台板间隙约为 0.7 mm；当尖轨闭合时，轨底与滑床台板应密贴，间隙小于 1 mm，且不得连续出现。若不满足上述要求，可通过辊轮调整垫片进行调整。具体步骤及注意事项如下：检验辊轮是否准确就位，以及靠近基本轨侧的第一个辊轮是否能自由滚动；调整辊轮不要在转辙器闭合状态下进行，要将基、尖轨适当分离，用 0.5 mm 塞尺检查尖轨轨底

与每一块滑床板的间隙。如果间隙小于 0.3 mm 可加装辊轮调整片，但调整片最多只能加四片。如果间隙大于 1 mm 可将尖轨辊轮供货时带有的 3 mm 厚调整垫片移除，以降低尖轨辊轮的高度；在辊轮高度调整工作完成后，将 CZr2e-11-00 和 CZr3e-11-00 在尖轨轨脚处剩下的自由螺纹孔螺栓卸掉。

②顶铁密贴：用塞尺逐一检查直尖轨与顶铁、心轨与顶铁的密贴，对间隙超过 0.7 mm 时要予以调整，调整方法参照现场情况进行处理。严禁现场对道岔顶铁进行不可逆处理。

3）道岔精调

精调基准：高程以基本轨（外轨）为基准轨、平面以尖轨（内轨）为基准轨。

（1）精调方法：精调小车辅助人工调整。

①转辙器区：先用轨检小车将尖轨前端（18 号岔 3 号）及跟端（18 号岔 40 号承轨台）处平面、高程及轨距调整到位，然后利用弦线调整 FAkOP 区直基本轨平面位置、利用轨距调整直尖轨平面位置，再开通曲股检查曲尖轨与直基本轨的密贴，控制尖轨前端与基本间隙 0.5 mm、其余部分 1 mm 以内。同时，用轨检小车调整高程。

②辙叉区：利用轨检小车调整平面及高程，注意 18 号岔、94 号承轨台、42 号岔、195 号承轨台处轨距加宽（心轨藏尖）。

③连接部分：利用轨检小车先调整直股的平面及高程，再调整曲股的平面及高程（也可利用支距与轨距调整曲股的平面）。

4）工电联调

道岔工电联调应在道岔线形调整达标之后进行。

6. 注意事项及体会

（1）注意仪器建站脚架一定要踩紧，否则仪器容易产生漂移。漂移的产生主要是由于温度的变化及脚架底部土工布弹性引起脚架的变形造成的。

（2）重叠段处理时高程偏差在 1 mm 内中线偏差在 1.5 mm 内符合要求，个别点比较大说明数据结果可能有遮挡或小车的震动等因素造成，不用刻意调整。如差别超出以上范围，说明架站时各点没安好或仪器没踩紧。

（3）架站点距离精调小车最远不超出五根钢轨或 69 m，否则容易造成重叠段的检测数据值差别过大，混淆判断。如果偏差值从远至近越来越小，说明建站精度有问题，或定向点和定向方向有问题，但高程偏差不超出 1 mm 中线偏差不超出 1.5 mm 时可继续调整下根钢轨，但要在调整的第一根钢轨上逐渐顺接，均匀过渡。

（4）仪器建站时对的第一个棱镜一定要对（施工左线时右侧最远的一个棱镜；施工右线时左侧最远的一个）棱镜并且是和混凝土浇筑浇注机间隔最远的棱镜，防止 TPS 校正时施工人员的干扰；建站时棱镜范围的闲杂人等一律清除，离开棱镜位置 1 m 以外。

（5）调整每根钢轨时要用轨检尺检查两三处水平，和精调小车测得值有较大出入时检校精调小车。

（6）每站调整的钢轨要所有值调整到 0.5 mm 以内，保证中线及水平均要在 0.5 mm 以内。

（7）TPS 的校正要在调完第一根钢轨、架站时间过长时、发现差值较大时校正，防止返工浪费时间，校正时点位精度要在 3 mm 以内。另外 TPS 校正在重叠段检查时发现偏差较大要归零，偏差不大时可以不归零，最后一根钢轨必须归零处理。

（8）全站仪架站高度尽量放低，开机后要等待 5~10 min，仪器要在每天上班第一站时、晚上 22 点钟、凌晨 2 点钟左右校正仪器气泡和标定水平，总的原则是温差较大时必须校正，全站仪的气泡校正要在梁的固定支座位置处校正。

（9）全站仪的高程注意棱镜高为 -10 mm，架站时架设在线路中线上，仪器架千万注意不要接触到钢筋。

（10）精调小车的双轮梁要放置在线路的右侧轨道上。

（11）螺杆调节器一定要前后检查是否和混凝土接触情况，未贴紧用扭力扳手拿端部拧紧，以手拧不动为宜。

（12）精调小车的棱镜要检查是否安好及组装时得螺丝是否拧紧。

（13）仪器架站要保证仪器前后各有四个棱镜，以保证建站网型的对称及强度。

第四十七章 站场及运营设备工程

　　站场是旅客出入铁路系统的交接点或界面，也是列车进行整备、检查等作业的场所。站场人流及车流密度大，其施工质量好坏直接影响到人们出行安全，并且其危害程度较一般工程大。不但如此，站场及其运营设备的工程涵盖了轨道、桥梁、地下、房建及设备等许多工种，因此其施工远比区间工程复杂得多。由于车站是衔接站后站房、四电、给排水等工程的平台，因此各个专业的管线在车站内分布密集、相互交叉及重叠。这些工程需要业主、设计方及施工方紧密配合，甚至不断创新才能顺利完成。

第一节 一般中间站施工

　　合福高铁闽赣段全线共设 11 个车站，其中江西省境内有婺源、德兴、上饶、五府山等 4 个站；福建省境内设武夷山北、武夷山东、建瓯西、南平北、古田北、闽清北、福州等 7 个站。该段地形较开阔平坦，河网、道路密布，城镇密集，所经地区的地下水主要为第四系孔隙水和基岩裂隙水，沿线风化层及土层深厚，雨量丰富，路基开挖后裸露边坡或弃方、弃碴处易于冲刷，加之滑坡崩塌等不良地质现象较发育，地质极为复杂。因此，合福高铁闽赣段中间站场的施工工艺较其他线路的站场施工更为复杂，具有其独特性。

　　站场工程包括站场路基施工以及站场设备（旅客站台墙、地道、综合管沟、进站道路等）施工。

　　1. 站场路基

　　路基综合作业队进场后先进行地基处理的施工。站场土石方、防护、排水及支挡工程施工方案、施工方法、施工工艺及技术措施同正线路基部分内容相同，在此不再赘述。

　　2. 旅客站台墙

　　站场路基面施工至站台底面标高后，准确测设站台位置，人工铺砌站台和站台墙，砌筑材料和铺砌质量严格遵守铁路施工规范和设计文件要求。

　　站台墙砌筑前认真进行地基夯实，检查合格后砌筑基础和站台墙，砌筑前按设计要求同时砌筑台前排水沟槽，设置沉降缝。站台墙的圬工规格及强度符合《铁路混凝土与砌体工程施工及验收规范》的规定，站台墙靠轨道一侧边缘至轨道中心线的距离符合设计要求，不侵入建筑限界。站台帽铺砌要求做到顶面平整，前缘顺直，砌缝均匀。顶面砌块无缺棱掉角，防滑花纹清晰美观。

　　3. 站场地道

　　站场地道结合站场路基填筑统筹排，提前安排，尽早完成，为站场路基拉通填筑争取时间，也为站后房建等施工提供条件。地道采用采用机械、人工配合的方式开挖，开挖到设计标高后，进行地基承载力检验，符合设计要求后，进行基础垫层施工。地道混凝土结构施工分两个阶段进行，先浇底板，当底板混凝土强度达到 50% 后，再浇注边墙及顶板。地道防水层施工严格按照设计要求和《地下防水工程技术规范》、《地下防水工程质量验收规范》进行施工。

　　4. 综合管沟

　　站场综合管沟包括路基外侧排水沟、股道间纵向排水槽及穿越股道、公路排水槽及明沟等。

　　站场综合管沟等站场设备不是控制性工程，车站路基成型后及时开工，保证铺碴前完成线间盖板排水沟施工，确保站场路基排水畅通。排水沟盖板在现场集中预制后汽车运抵现场，人工安砌就位，排水槽采用人工配合小型机械开挖，小钢模浇筑沟身混凝土。

　　浆砌或浇筑排水沟：根据管道测量放线所定的中心位置，采用人工配合小型机械分段开挖，人工修整沟槽，挤浆法砌筑水沟，为防止水沟表面抹面开裂脱落，水沟表面及侧面全部勾缝，勾缝全部采用凹缝。钢筋混凝土盖板水沟：人工开挖沟槽，沟槽身现场支立钢模进行浇筑，盖板采用预制后铺垫砂浆安装。

5. 站场道路

站场道路在房屋工程基本完成后，站场场坪回填基本到位，穿越道路的各种深埋管道埋设完成后，开始分段道路工程施工。

第二节 主要客运站施工

一、武夷山东站站台高边坡防护施工

1. 工程概况

武夷山东站站台范围（站台里程 DK585+885 至 DK586+335）设计为深路堑，最高边坡分四级开挖，边坡防护型式主要为基材植生防护，拱形截水骨架结合立体植被网固土栽种灌木防护，框架梁锚杆结合基材植生防护及承压板锚索结合基材植生防护等。承压板锚索设计为 C35 钢筋混凝土承压板 + 锚索结合基材植生防护，锚索纵、横向间距为 2.5 m，锚索与水平面夹角为 20°，锚索孔深为 13.2~32.2 m，锚固段长为 8.0 m；承压板尺寸为 1.0 m×1.0 m 或 1.5 m×1.5 m，每孔锚索均为 3 束钢铰线，采用 C35 钢筋混凝土锚墩，内灌注 M40 水泥砂浆。框架梁锚杆设计为框架锚杆结合基材植生防护，框架为 C35 钢筋混凝土，肋宽为 0.4 m，肋厚为 0.3 m，锚杆纵、横向间距为 2.5 m。锚杆孔深为 12.2 m，锚杆体与水平面的夹角为 20°，锚杆设计长度为 12.0 m，用 2 根 HRB335 级 φ25 mm 钢筋制作。

2. 站台高边坡防护施工

1) 锚杆框架梁施工

(1) 锚杆框架梁施工工艺流程：

确定孔位→钻机就位→调整角度→钻孔→清孔→安装锚杆→注浆→测量放样→基础开挖→钢筋绑扎→立模板→混凝土浇筑→修整边坡→基材植生施工。

(2) 施工控制要点：

严格按照设计图纸测量放样，确保锚孔位置及框架梁平面位置和尺寸符合设计要求；

钻孔用平台脚手架必须搭设稳固，满足承载力要求，钻机安装水平稳固牢靠；

严格控制钻孔倾角和方向，确保锚杆孔位符合要求；

钻孔须采用干钻，严禁采用水钻，实际使用钻头直径不得小于设计孔径，且实际钻孔深度须大于设计深度 0.2 m 以上；

钻孔完成后，须使用高压空气将孔内岩粉及水体全部清除出孔外，除相对坚硬完整之岩体锚固外，不得采用高压水冲洗；

每根锚杆体须顺直，除锈、除油污，对中支架安装符合设计要求，确保锚杆被浆液完全包裹；

注浆作业须从孔底开始，实际注浆量一般要大于理论的注浆量，或以孔口不再排气且孔口浆液溢出浓浆作为注浆结束的标准。如一次注不满或注浆后产生沉降，要补充注浆，直至注满为止；

框架梁应在锚杆孔内砂浆强度达到设计强度的 70% 以上方可施工；框架梁位置、间距、尺寸应严格按设计要求测量放线，确保施工尺寸及位置符合设计要求；

安装框架钢筋之前，须先清除框架基础底浮碴，凹凸不平处用水泥砂浆或混凝土填平，并在底部铺一层 1:3 水泥砂浆垫层，保证基础密实；

混凝土须振捣密实，即混凝土不再冒出气泡，表面呈现平坦、泛浆。浇筑过程中如有混凝土滑动迹象可采取速凝或早强混凝土或用盖模模压住。混凝土应不间断连续浇筑，浇筑完成须及时覆盖养护。

2) 承压板锚索施工

(1) 承压板锚索施工工艺流程

承压板锚索施工工艺流程如图 47-1 所示。

3) 锚索施工

(1) 编索。

①武夷山东站承压板锚索每孔采用 3 根高强度低松弛的预应力钢绞线（φ15.24 mm）制作，钢绞线强度

```
                              边坡清
                                │
        测设孔位、倾角，布置形式符合设计要求，孔位偏差不大于±100 mm
                                │
                            搭设钻孔平
                                │
                             钻机就位
                                │
     调整钻进方向、角度并钻孔，允许偏差：孔径0~10 mm，倾角1%，深度0~100 mm
                                │
                          退出钻杆并清孔
                                │              钢绞线除锈、调直，锚索制
                             安放锚索  ◄──── 作，涂防腐剂，外套塑料管
                                │
           锚孔注浆、补浆，砂浆强度、注浆压力符合设计要求
                                │
           清理坡面，绑扎钢筋，安装承压板及锚墩模板
                                │
           浇筑承压板及锚墩混凝土，混凝土强度等级符合设计要求
                                │
        应力测试计安装 ───────►  安装锚具，锚索初张拉
                                │
           锚索终张拉，总张拉力符合设计要求，实际伸长值与理论伸长值
              不超过±6%，滑断丝不超过钢丝总数的5‰，且一束不超过1根
                                │
                          应力测试，符合要求
                                │
                             切割锚索
                                │
        封孔、锚头涂防腐剂，注浆浆液强度等级符合设计要求
```

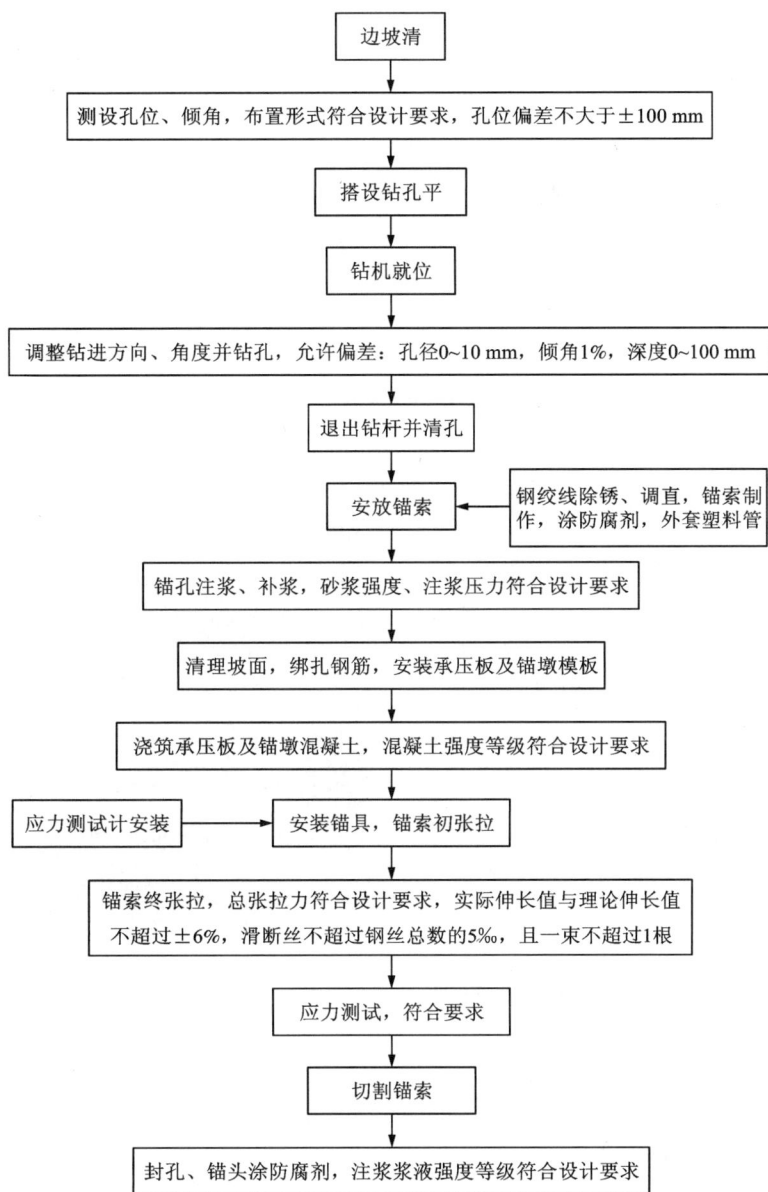

图 47-1　承压板锚索施工工艺流程

$Rb = 1860$ MPa，张拉控制应力为 930 MPa，用 OVM15-3 型锚具锁定。锚索制作时钢绞线的截取长度为锚固段 + 自由段 + 1.5 m 外露张拉段。钢绞线截断时宜使用冷切割。

②编索先编锚固段，锚固段每隔 1 m 放置一个扩张环（20 mm 厚的聚氯乙烯塑料），首先把三根钢绞线按间距整齐套入扩张环，并在锚固端头安装铁质导向帽，然后在扩张环中间孔套入注浆管，注浆管头套至锚固端头，其总长度与锚索总长度相等。钢绞线与注浆管套整齐后，在每两扩张环中间用铁丝把三根钢绞线围绕注浆管绑扎牢固，使整个锚体锚固段呈枣核状。

③锚固段编织完后编织自由段，锚索自由段的每根钢绞线套一 ϕ20 mmPVC 塑料保护管，两端 20 cm 范围内注满黄油，外绕工程胶布密封固定，自由端每根钢绞线应以注浆管为中心固定，确保顺直无缠绕。

（2）锚索安装。

①在进行锚索推送施工前，用 1 根长度大于设计孔深 40 cm 以上的 PVC 管进行验孔。在孔径及孔深等达到设计要求的情况下，才进行该道工序的施工。为防止塌孔，易于钻孔施工结束后立即安装锚索，但孔内碎石和岩粉必须用高压风清理干净。

②为防止机械起吊而损坏钢绞线或致注浆管破裂，采用人工运输和安装。

③锚索应按设计孔深推送就位，若推送受阻，应拉出已推送孔的锚索并进行扫孔后，在进行就位。

④锚索安装完毕后，用空压机与注浆管连接输送高压风，检验是否堵管，如果堵管立即将锚索拔出，把注浆管清理干净后，再将锚索放进锚孔。

（3）锚固注浆。

注浆采用孔底返浆法注浆，浆液采用 M40 水泥砂浆，水灰比为 0.4 ~ 0.45，灰砂比宜为 1∶1，实际注浆量一般要大于理论的注浆量，或以孔口不再排气且孔口浆液溢出浓浆作为注浆结束的标准。第一次注浆完毕，水泥砂浆凝固收缩后，孔口进行补浆，直至注满为止。注浆压力不小于 0.6 ~ 0.8 MPa。注浆压力、注浆数量和注浆时间根据锚固体的体积及锚固地层情况确定。注浆结束后，将注浆管、注浆枪和注浆套管清洗干净，同时做好注浆记录。

（4）锚索张拉。

锚孔注浆和承压板及锚墩混凝土达到设计强度的 70% 时进行张拉，张拉前必对张拉机具进行标定，避免出现应力误差。

锚索张拉应分两次逐级张拉，第一次张拉值为总张拉力的 70%，两次张拉时间间隔不少于 3 ~ 5 d。为减少预应力损失，总张拉力包括超张拉值，自由段为土层时超张拉值宜为 15% ~ 25%，自由段为岩层时宜为 10% ~ 15%。张拉中应对锚索伸长及受力作好记录，核实伸长与受力值是否相符。各级张拉力分别为设计张拉力以 25% 倍数递增，每级间隔 2 ~ 5 min，最后一级间隔 30 min。为克服地层徐变等因素造成的预应力损失，进行一次补偿张拉，然后锁定，切除多余的钢绞线，用与锚墩同标号混凝土封锚，如图 47 - 2 所示。

图 47 - 2 锚索张拉示意图

4）施工控制要点

严格按照设计图纸测量放样，确保锚孔位置及承压板锚墩平面位置和尺寸符合设计要求；

关于钻孔清孔的施工注意事项参照框架梁锚杆钻孔控制要点；

钢绞线表面（锚固段）不得带有降低钢绞线与混凝土黏结力的润滑剂、油渍等物质，不得有锈蚀成肉眼可见的麻坑；安装锚索前要认真核对锚孔的编号，确认无误后再用高压风吹孔，人工缓缓将锚索放入孔内，用钢尺量出孔外露出的钢线长度，计算孔内锚索长度，确保锚固长度；

注浆浆液严格按照配比调配，锚孔注浆饱满密实；

承压板及外锚墩钢筋现场绑扎，承压板结构尺寸较小，为保证施工质量，承压板所用的钢筋不进行搭接；

在张拉作业前作好千斤顶和压力表的标定工作，确定张拉应力与油压表读数之间的关系；为保证预应力控制的准确性，采用双重控制，即用伸长值控制和压力表控制应力控制；

锚固工程施工初期，进行预应力锚索锚固试验，以验证预应力锚索设计，检验其施工工艺，指导安全施工；

锚孔注浆浆液和承压板及锚墩混凝土达到设计强度的 70% 后进行张拉；

张拉过程中严格按设计要求分次逐级张拉，确保张拉控制应力符合要求，实际伸长值与理论伸长值相差不超过 6%；

5）绿色防护施工

锚杆框架、承压板锚索施工完成后，迅速对裸露边坡进行绿化防护，武夷山东站站台高边坡采用框架锚杆/承压板锚索结合基材植生防护，如图 47 - 3 所示，能够很好的满足高边坡的稳定及外观要求，充分验证了设计的合理性，以及此类防护措施在施工中的实用性。

图 47－3　武夷山东站站台边坡防护处理图

二、上饶站站场建筑及附属工程施工

1. 工程概况

上饶站位于新建沪昆客专、新建合福高铁、既有浙赣铁路"三线汇集"交汇处，既有上饶站东侧。上饶站建成后，将与既有上饶站一起成为衔接杭长客专、合福高铁、沪昆线和沟通峰福铁路的综合交通枢纽。站中心里程为 DK470＋220，新建站台 880 m，站台规模为 2 台 6 线，旅客及行包地道 1605 m²，天桥接长 85 m。

旅客站台墙采用机械配合人工开挖基础、人工立模、钢筋现场绑扎、混凝土集中拌和浇注混凝土。

排水沟及检查井采用小型机械开挖，经验收合格后人工进行水沟及井室的砌筑，盖板采用成品购置或现场预制、人工安装。

地道施工中切实做好外防水层，对地道内照明、排水等设施所需的各种预埋（预留）管件，应按图纸所示的位置准确设置。

雨棚（基础）地基加固处理后采用机械配合人工开挖独立基础、人工立模、钢筋现场绑扎、精确焊接固定柱脚预埋螺栓、混凝土集中拌和浇注混凝土。

2. 施工方法、工艺

1）站台墙施工

（1）站台墙沟槽开挖。

站台墙沟槽土方开挖安排在雨棚基础和低于站台墙底的排水管道施工完毕后分段进行，并做好基槽排水措施，防止地面雨水流入基槽内。

（2）浇筑混凝土站台墙。

站台墙采用大块组合钢模板就地现浇，泵送入模，插入式振捣密实，施工中应按设计预留沉降缝和泄水孔。

（3）站台墙基槽回填。

站台墙施工完毕进行检验合格后，及时按规定进行站台墙基槽回填，回填需分层夯实。

2）排水沟及检查井施工

排水沟及检查井采用小型机械开挖，经验收合格后人工进行水沟和井壁砌筑的施工方法。排水沟砌筑按照先铺砌底面，后砌筑墙面的施工方法分段施工。浆砌施工采用挤浆法施工，确保砂浆饱满，结构稳固。

在有地下水的土壤中砌筑井室时，保证混凝土有足够的密实度；砖灰缝的水泥砂浆饱满，用原浆勾缝，外壁用 1:2 防水砂浆抹防水层 20 mm 厚,抹面高度高出最高地下水位 250 mm。

雨季砌筑井室,一次砌起,防止雨水、泥土流入井室内造成堵塞。多雨季节还应防止雨水经过土壤空隙和井壁流入井室。因此,井室砌筑时按有地下水考虑,并增大井壁外侧填土,增加土壤密实度来防止雨水流入井内。

3)雨棚(基础)施工

(1)基坑开挖和回填。

基坑开挖前,首先对施工范围内的地下管线和地上建筑物、构筑物情况进行调查。发现问题,及时与有关单位取得联系,并及时进行保护迁移、拆除障碍物。

基坑的开挖,按设计断面和标高,除留足所需的回填土外,多余的土方一次运至用土处或弃土场,避免二次搬运。

开挖过程中,对图纸情况、地下水位和标高等的变化随时测量,做好原始记录,绘出断面图。基坑开挖到设计标高,满足设计宽度要求后,及时向监理工程师申请检查,检查合格后及时施工基础。

基础施工完后,按施工规范要求,及时分层夯实回填土方。回填时分两步进行,第一步回填到独立基础下半部分;第二步待钢雨棚梁柱安装完后,回填到设计地面。

(2)基底处理。

雨棚基础地基应根据地质条件,按设计文件规定进行处理,并符合国家和铁路地基工程质量检验评定标准要求。经质检人员检验合格,并签认后进行下道工序。

(3)独立基础。

对支立好的独立基础模板,复测其纵横轴线和顶面标高,确保轴线、标高无误。尤其注意预埋螺栓位置准确。

独立基础混凝土浇筑,特别注意模板的位置,浇筑时四周对称进行,以防模板被挤向一侧,影响基础成形后的轴线位置及预埋螺栓位置。

独立基础施工完毕后,及时回填基础,并按规定进行养护。

4)旅客乘降过渡方案

第一步:先上报行包停止作业,开挖路基过程搭设临时栈桥 3 座由站房至现有一站台,一座位于天桥附近,按 6 m 宽设置,一座位于贵宾室附近,按 4 m 宽设置,一座位于原应急通道附近,按 1.5 m 宽设置,栈桥栏杆高 1.1 m,并设置 1.8 m 高彩钢板围护,进出站按原形式组织。

第二步:封闭一站台出口以南部分人行地道进行改造。在改造前新建行包通道形成与既有打通(除一站台改造部分未完),进站一楼通过栈桥至一站台,二楼通过人行天桥至二、三站台,出站由行包地道至站房西侧临时栈桥出站。

第三步:改造人行天桥,进站由一楼通过栈桥至高速场二站台下地道至一、二、三站台乘车,出站由行包地道至站房西侧临时栈桥出站。

第四步:新人行天桥形成后,一楼旅客进站通过栈桥由高速场二站台下地道至一站台乘车,二楼通过天桥至二、三站台乘车,出站由行包地道至站房西侧临时栈桥出站。如站改完毕后,一站台停用,进站一楼旅客进站通过栈桥由高速场二站台下地道至二、三站台乘车,二楼通过天桥至二、三站台乘车,出站由行包地道至站房西侧临时栈桥出站。

第五步:站改完毕后停用一站台,进行人行通道改建部分施工。进站一楼旅客进站通过栈桥由高速场二站台下地道至二、三站台乘车,二楼通过天桥至二、三站台乘车,出站由行包地道至站房西侧临时栈桥出站。

第六步:人行通道改建部分施工完毕后启用,同步进行行包通道改建部分施工。进站一楼旅客进站通过栈桥由高速场二站台下地道至二、三站台乘车,二楼通过天桥至二、三站台乘车,出站由人行通道出站。

第七步:行包通道改建部分施工完毕后启用行包作业。

第三节　引入枢纽工程施工

合福高铁闽赣段涉及的枢纽工程有上饶联络线、武夷山枢纽、南平枢纽、福州枢纽,下面以上饶联络线为例介绍联络线的施工情况。

一、上饶联络线

1. 工程概况

为方便运输，上饶站设合福高铁与杭长客专客车联络线，由杭长客专引出，交汇于合福高铁信江特大桥，全长为 25.699 km，其中东南下行联络线 L1DK0+000 至 L1DK6+944 长 6.944 km，东南上行联络线 L2DK0+000 至 L2DK6+993 长 6.993 km，西南下行联络线 L3DK0+000 至 L3DK3+763 长 7.463 km，西南上行联络线 L4DK0+000 至 L4DK4+299 长 4.299 km。

1）路基

上饶联络线路基工点 8 处，累计长度 4.34 km，占 19.7%，路基土石方共 88.5 万断面方。主要工点类型有深路堑、过渡段、顺层路堑、松软土及软土路基、陡坡路基、高路堤等。地基处理主要采用 CFG 桩加固、钻孔灌注桩管桩加固、换填处理等措施。

2）桥梁

新建上饶联络线桥梁桥 11 座，累计长度 12.448 km，占正线总长度 56.58%，其中特大桥 7 座 11.135 km；大桥 3 座 1.208 km；中桥 1 座 0.105 km；其中现浇连续梁 10 联，预制架设 T 梁 399 单线孔。

2. 工程特点及重难点分析

上饶车站及联络线工程类型复杂，既有站改造和过渡工程量大。不同速度标准线路并存，轨道类型多样，新建站房结构新颖，厂制梁普通架桥机架设与梁场预制梁大吨位架桥机架设并存。为保证质量和工期重点采用了以下对策：分别制定高速和普速铁路路基填筑、桥梁架设、铺轨及既有车站改造的施工工艺和施工方案，以保证施工质量和工期；车站改造工程、过渡工程施工加强与运输组织部门协调与协作，制定了切实可行的施工方案，以保证行车的安全。

征地拆迁工作量大。沿线地处经济发达地区，人口密集，建筑林立，给征地拆迁带来很大难度。同时，建设工期较紧，能否顺利拆迁和按时开工直接制约建设工期。需要铁路地方共同努力，并且在施工组织中充分利用有效空间。

专业接口多，建设工序复杂。车站是路基、桥梁、轨道、站房、四电的结合点，在时间短，工程量大的前提下，需要各专业通力合作，强调计划的严肃性，保证各专业各工序按施组有序推进。

3. 有砟道岔施工

上饶联络线铺轨工程具有质量标准高、施工技术新、施工难度大，工期紧等特点。

1）施工准备

（1）施工现场准备。

①按设计放出四大桩（岔前、岔心及两个岔尾桩），并在岔内每 5~10 m 测设一中心桩，并与前后至少 100 m 长线路联测复核。

②场地平整：要求道砟为特级碎石道砟，目测道砟粒径、级配及清洁度符合要求，道砟铺垫的长度及宽度、厚度（大于 15 cm）及平整度（不大于 2 cm）满足道岔铺设的直顺要求。

③清点好撬棍、活动扳手、上Ⅲ型扣件专用扳手、100 m 长钢尺等工具，分类堆放，专人保管。

（2）施工技术准备。

①道岔铺设前根据《技术引进客运专线道岔（有砟）铺设技术条件》对转辙器组件和可动心轨辙叉组件检测，当不符合技术要求时，按照偏差要求调整至合适。

②道岔铺设前，开展施工人员的岗前培训，测量、道岔组装与精调、焊接、装卸、运输等特殊工种人员应持证上岗。

③道岔铺设采用原位铺设法，条件不允许时采用移位铺设法。铺设前应测设道岔中心、直股和侧股的控制基桩。

2）施工工艺

（1）工艺流程图。

道岔中心及方向确定→道床平整压实→摆枕→基本轨尖轨组件就位→摆放扣件→辙叉组件就位→安装

其他钢轨→初调→轨道状态全面检查→精细调整→钢轨焊接→转换设备安装→工务联调→静动态检测。

（2）测量放线。

根据道岔规格定出岔前、岔心、岔尾中桩，然后每 10 m 设置加桩、并做好护桩。用经纬仪将岔头、岔心、岔尾桩和心轨实际尖端均向路肩方向垂直外移至护肩上，做为外移护桩，在护肩面上用红油漆圈点，并标明距中线距离。在无护肩的地段，打木桩作为外移护桩。打桩时用钢钎在桩位先钉下桩孔，桩孔直径为 26 mm，深度为 300 mm，拔出钢钎后用木桩钉入桩孔，木桩为 30 mm×30 mm×300 mm，确保钉牢。桩顶面低于梁面 10 mm，便于保护，桩钉采用 $\phi 1$ mm、长度 15 mm 的小圆玻璃钉。

（3）设置吊装设备。

根据道岔位置、选定合理的吊装设备、根据现场施工场地情况选用吊车按要求装卸道岔系统零部件。

（4）道床摊铺。

①道砟材料及级配符合《铁路碎石道砟》（TBT 2140—2008）中特级碎、一级石道砟标准。

②提前测量道床摊铺位置、长度、宽度、按照道床摊铺要求，采用人工或机械分层铺设，采用压强大于 160 kPa 的压路机分层碾压，上道砟厚度至低于轨道设计标高 50 mm 为止，同时测量道床的密度，不低于 1.7 g/cm³。压路机压实，做密实度试验、并填写实验记录。最终岔位长度范围内道砟厚度控制在 30 cm，砟面平整度允许偏差为 10 mm/3 m。岔前和岔后各 30 m 内应与区间和站内正站线摊铺的底砟顺坡，顺坡坡度为 4‰。

③砟面平整度用 3 m 直尺检查不应大于 10 mm，预留起道量不大于 50 mm，道岔前后各 30 m 范围做好顺坡并碾压。

（5）打桩挂线。

①用全站仪将岔头、岔心、岔尾和心轨实际尖端的外移护桩移至道岔原位。

②在直股岔枕头外 100 mm 处设置岔头、岔心、岔尾的外移边桩。

③外移边桩顶面低于道砟面 10 mm，桩钉误差不大于 1 mm。

④根据外移边桩进行加桩。首先在岔头岔尾外移边桩两端 500 mm 处设一加桩，拉挂通线后根据需要再加设其他加桩。加桩应为六棱工具钢（$\phi 26$ mm、长度为 650 mm、一端为尖头），均以内侧为准必须钉直，打入道砟面以下不少于 300 mm。水准仪抄平后用白油漆在加桩上标注岔枕顶水平面。

⑤用弦线或细钢丝由岔头至岔尾的外移加桩上拉挂通线，通线拉挂在加桩上的岔枕顶水平面的标示上，并准确标注岔枕间距位置。所挂边线要保持水平、绷紧和准确，并用钢尺经常检查校核。

⑥设专人看护加桩及边线，施工人员行走及工作时严禁碰撞和挪动加桩和边线。

（6）搭设组装平台。

在摊铺好的道床上，放好台位线，按照平台尺寸要求组装好平台、要求稳固、便于拆卸，并在平台上按照岔枕间距要求临时标注岔枕位置。每 600 mm 间距成对布设高度 50 mm 的硬木板在道床上，在木板上摆放支撑岔枕的中空方形钢（50 mm * 50 mm），在方形钢上做出岔枕摆放位置标记。

（7）摆放岔枕。

①人工配合两台汽车吊从道岔两端按岔枕编号吊卸排布岔枕。

②吊、卸、排布岔枕使用专用吊具，确保不散堆，防止岔枕相互砸碰。

③以直股为基准股，岔枕编号牌端放在基准股一侧（道岔后的短岔枕的编号端放置在曲股的内侧），或者右开道岔的岔枕面上的箭头指向岔前方向（左开岔枕上箭头指向岔后方向），岔枕垂直于基准股（道岔后的短岔枕垂直于曲股中线）。

④岔枕以道岔直股侧的岔枕螺栓孔进行定位，在道岔直股方向分别拉 100 m 钢卷尺确定岔枕间距位置，汽车吊配合将岔枕一次准确排布到位，使岔枕严格方正并调整岔枕直股端顺直取齐，以免多次吊挪移动破坏道床和损坏岔枕。

⑤岔枕排布结束，再一次检查边线及岔枕间距，确保方向顺直，间距偏差为 ±5 mm（牵引点两侧和心轨部分为 ±3 mm），间距的累积误差不得影响道岔配件的正确安装。

（8）散布扣件。

道岔扣件由专人对照图纸检查、清点、整理配件，并进行分类标识，分别放置，应特别注意零小配件的整理和放置。按道岔图纸要求将塑料垫片、垫板依次摆放于岔枕上，并将岔枕螺栓涂油后用手拧入预埋套管，在垫板上放入钢轨胶垫。

（9）摆放钢轨。

①尖轨、基本轨组件、可动心组件使用扁担梁吊配，统一指挥，同步作业。就位时尽量避免轨端相碰撞和带动已方正好的轨枕。

②道岔钢轨铺设，其铺设次序为可动心轨辙叉、尖轨及基本轨、导曲线钢轨。

③检查复核道岔总长度、方正尖轨、保证尖轨尖端到心轨实际尖端的距离符合图纸要求，并用油漆笔在直上股钢轨轨肢上做出岔枕位置的相应标记。

（10）道岔联接。

配置钢轨结束后，再一次检查岔头、岔尾轨端的长度和方正后再行连接。连接钢轨时钢轨轨缝按 5 mm 考虑，待道岔焊接时再根据铝热焊的焊缝要求锯切钢轨。铝热焊接缝预留量为 28 mm。联接顺序为：可动心辙叉、尖轨、中间连接钢轨。

（11）补碴整道。

①道岔补碴

a. 待车站一端岔区道岔铺设完毕立即组织岔区卸碴。

b. 采用铲车装碴和卸碴。

c. 卸碴后应及时清道。

②道岔整道

a. 卸碴后立即组织劳动力人工匀碴，直股外侧可用 MDZ 机组配碴整形车配合上碴。

b. 起拨道和捣固作业使用 YCD—4 型液压道岔捣固机进行，道岔前后线路道床的动力稳定使用道床震动器配合 WD320 动力稳定车完成。MDZ 机组作业循环 2~3 次，使之达到验收标准。

c. 人工配合整理道床及边坡、碴肩。轨枕盒内道碴上满并夯实。人工清扫岔枕面及岔枕盒。

（12）道岔精调。

采用起道机将整体抬至相应标高（一般低于设计 5 cm）左右，尖轨及可动心辙叉部分用防护布料做好防护，回填道砟、边回填边用小型捣固机捣固、调整高低、方向、水平。采用轨检小车通过事先设置的 CPⅢ 坐标点，对道岔的高低、方向、水平进行精确调整使其满足规范要求。

（13）布设观测桩。

道岔整道作业后设置位移观测桩。

①道岔位移观测桩具体埋设要求：

a. 位移观测桩截面为 200 mm×200 mm 正方形，高为 700 mm，其基准轴为 ϕ18 mm 圆钢，做成十字架形式，十字架钢筋一个方向垂直于线路中线，另一个方向平行于线路中线。埋设时位于碴脚外 300 mm 处。

b. 在不能埋桩的地段，进行特殊设计，满足牢固、可靠，不易被破坏和易于观测的要求。

c. 位移观测桩由铺轨单位进行编号，编号按列车运行方向顺序编号。编号方法为"X－Y－Z"，X 为铺架单位编号，Y 为单元轨节编号，Z 为单元轨节内的编号。编号以阿拉伯数字标注，并在桩号右上方标"#"号。现场的编号应清晰、耐久。

②道岔位移观测桩的质量要求：

a. 位移观测桩的式样、规格和材料均符合规定。

b. 位移观测桩按设计的对数、位置设置。

c. 位移观测桩设置牢固、符合设计要求。

d. 每单位工程内的位移观测桩按同一高度设置，其基准轴应与线路中线垂直，并且编号正确，字体端正、清晰。

e. 对道床的其他要求：道床洁净饱满，标记正确齐全，顶面平整，边坡整齐，成型美观。

（14）应力放散。

①应力放散前把道岔岔区轨道方向、水平、前后高低、道床断面等整理到规定标准。

②将所要焊接的道岔及两端各 100 m 伸缩区的钢轨扣件全部松开。

③调整好道岔内钢轨接头的轨缝(25±2 mm),上好无孔接头夹板,计算好放散量。

④在长钢轨及道岔钢轨轨底每隔10 m垫入一个滚筒,使轨底与轨枕离开,先将钢轨放至"零应力"状态(一般不辅用撞轨器),然后进行锁定,紧固长轨伸缩区及道岔扣件。可先隔二根枕紧一根枕扣件,然后再及时补紧扣件。道岔内以先直股后曲股的顺序紧固扣件并及时记录"锁定轨温"。

(15)焊接锁定。

①焊接锁定

a.采用铝热焊方法现场焊接道岔内外钢轨接头;

b.道岔焊接在设计锁定轨温范围内进行,当温度变化范围大于20℃时不宜进行,并严格执行锁定焊接有关工艺要求的规定。

c.道岔内钢轨焊接按照附件:《道岔与无缝线路整合》技术要求执行。

②道岔焊接及锁定的质量要求:

a.焊接顺序为先直、曲基本轨、后里轨,最后和区间钢轨焊联。

b.道岔工地焊接的钢轨轨型和钢种与区间相同时,按区间的工地钢轨焊接工艺和焊接参数进行焊接;不同时按《钢轨焊接接头技术条件》(TB/T 1632—2005)进行焊接型式检验,达到合格标准并确定焊接工艺和焊接参数后进行正式焊接。

c.岔内焊接前,道岔全长、各焊缝的调整按有关规定检验。

d.道岔胶接绝缘接头焊接前由电务人员测定电绝缘性能,并应符合《胶接绝缘钢轨技术条件》(TB/T 2925—2000)的规定。

e.道岔焊接时对尖轨尖端(位于基本轨上的定位孔)与心轨实际尖端(位于翼轨上)的尺寸进行确认。道岔内焊连在设计锁定轨温范围内进行,记录锁定轨温(见"道岔应力及锁定作业记录表"),并立即在钢轨上标记"零点"位置。按时观测位移观测桩位移量。

f.道岔焊接严格按操作程序进行,保证一次成功。

g.道岔内焊接接头打磨平顺、光洁,避免影响道岔各部位的密贴和转辙器的扳动。焊缝及两侧100 mm范围内避免出现明显压痕、划伤等缺陷,道岔焊接接头的焊缝部位平直,几何偏差控制标准见表47-1。

表47-1　工地钢轨焊接接头几何偏差控制标准表

项次	项目	允许偏差/(mm·m⁻¹)
		铝热焊
1	轨顶面	0 ~ +0.2
2	轨头内侧工作面	0 ~ +0.2
3	轨底	0 ~ +0.5

h.焊接接头应在焊后(焊缝冷却到50℃以下)进行超声波探伤。

(16)钢轨打磨。

①线路验交前使用打磨列车进行全线钢轨打磨,打磨列车打磨不到的道岔局部位置采用其他机械打磨。道岔钢轨打磨后不平度允许偏差为1 m范围内不超过0.2 mm。

②道岔钢轨经过全面打磨后,其外观应为:表面光洁无斑点。

③外观整理。

道岔外观整理包括道床边坡、道岔标矢、涂油等工作。人工配合整理道床及边坡、砟肩。轨枕盒内道砟上满并夯实。人工清扫岔枕面及岔枕盒。

(17)工电联调。

道岔铺设完成后,各部分尺寸满足规范要求后、移交电务安装转辙设备,工务配合。

3)检验标准

无缝道岔铺设允许偏差见表47-2。

表 47 - 2　无缝道岔铺设允许偏差表

序号	检验项目		允许偏差/mm
1	道岔方向	直线（10 m 弦量）	4
		导曲线支距	±2
2	轨距	尖轨尖端	±1
		尖轨跟端	±1
		其他部位	+3　-2
3	尖轨尖端至第一牵引点与基本轨密贴		缝隙≤0.2
4	尖轨其余部分与基本轨密贴		缝隙≤1
5	心轨尖端460 mm 范围与翼轨密贴		缝隙≤0.5
6	心轨其余部分与翼轨密贴		缝隙≤1
7	顶铁与尖轨或可动心轨轨腰间隙		≤0.5
8	尖轨跟端非工作边与基本轨工作边开口距离		±1
9	尖趾距离		±10
10	可动心轨辙叉咽喉宽		±3
11	轮缘槽宽度		+1　-0.5
12	动程（尖轨、可动心轨）		±3
13	道岔头、尾接头相错量		≤15
14	岔枕间距、偏斜		±20
15	尖轨尖端相错量		≤10

注：尖趾距离为可动心轨辙叉的长心轨实际尖端至翼轨趾端的距离。

第四十八章 房屋建筑及给排水工程

第一节 工程概况

一、站房工程及施工概况

合福高铁房屋工程部分包括生产及办公房屋、段所平台及通所道路工程、边坡加固及防护、给排水、站场建筑及附属工程等。房屋部分主要工程数量见表48-1。

表48-1 主要工程数量

工程名称		单位	工程数量
生产及办公房屋		m²	1320
段所平台及通所道路	土方	m³	62609.7
	石方	m³	85997.3
给排水	大口井	口	5
	水池	个	5
站场地道			2262\2
站场附属工程	道路	m²	3929
	硬化面	m²	2460

二、房建总体施工方法

房屋工程施工顺序为先地下、后地上，先主体、后围护，先结构、后装饰，先土建、后安装。主体框架和围护结构穿插进行流水施工，主体验收后，开始装修装饰施工，同时穿插水电安装施工。

根据工程特点和施工工艺、工期要求，在组织施工时，采用不同工种、不同专业平行施工方法，相同专业施工采用分段流水搭接施工。

第二节 一般站房施工

一、工程测量

施工单位进场后，对设计提供的高程控制点及水准点进行复测，复测精度合格后，根据观测数据对高程控制网、及建筑物平面控制网进行严密平差；根据平差结果对桩点高程及坐标进行修正。施工单位对现场平面控制点及高程控制点进行核对，保证数据的准确、统一，确保工程的顺利实施。

房屋工程涉及相关工程较多，包括站房工程、站场工程等，需要相关单位定期进行联测，保证数据准确，确保工程定位数据统一。

房屋工程的施工测量遵循采用先整体后局部、高精度控制低精度、长方向（长边）控制短方向（短边）的原则。在施工的测量放样中，依照二次放样、三线到位、内外结合、主次分明、步步校核的工作程序，主要采用直角坐标法和全站仪极坐标法相结合的联合测量法来控制。

由于房屋工程施工面积大、结构复杂、周围相关工程较多，需要对站房工程及周边工程进行沉降观测，具体内容见表48-2。

表48-2　沉降观测计划表

测量对象	精度等级	测量内容	测量方法
钢结构	二级	竖向、水平	坐标测量
基坑支护	三级	竖向、水平	三等水准测量，坐标测量，方向线法
基坑周边设施	三级	竖向、倾斜	三等水准测量，方向线法

二、地下通道装饰施工

进出站地下通道在轨道与站房底板下面，上部荷载大，降水、防水工作难度大，施工时严格控制施工质量，保证结构安全性能与使用性能。

该地下通道结构施工由站前单位完成，站房施工单位进行地下通道装饰施工之前必须做好工程交接手续，对结构渗漏水情况进行全面的检查，确保装饰施工前无渗漏水现象，避免装饰施工完成后造成返工，再处理渗漏水。

三、大跨度钢结构施工

1.站房钢结构工程

站房钢结构工程主要包括站房钢屋盖、雨棚钢结构等。上饶、建瓯西、武夷山东、南平北站站房候车厅屋面采用钢网架结构、金属屋面系统，武夷山北站站房候车厅屋面根据建筑造型需求采用钢梁、金属屋面系统。其他各站采用钢筋混凝土屋面梁、板。

雨棚钢柱由地下室底板至屋顶标高，采用钢管混凝土柱，钢管混凝土柱采用 $\phi600\ \text{mm} \times 14\ \text{mm}$ 截面。站台雨棚按站台中间立柱、双臂悬挑设计。各站雨棚长度均按450 m控制，宽度与站台等宽，檐口至站台面净高不大于5.5 m，顺股道方向主要柱跨不大于12 m。

1）站房屋面钢结构安装

站房屋面钢结构安装是整个钢结构施工的重点和难点，钢结构施工的方案选择、过程中的穿插及合理的组织是整个过程的关键。

综合考虑站房结构形式、现场场地条件及工期要求，遵循"先下部后上部、先里面后外围、先复杂后简单"的原则组织施工。钢桁架采用"工厂加工，现场拼装，分段吊装"的方式。此种吊装方案，可以在保证结构安全的前提下，实现土建、钢结构、安装及装饰装修同步穿插作业，为后续各专业工种施工创造条件。

2）雨棚钢结构工程

雨棚钢结构总体安装思路，与站房工程平行施工。考虑到雨棚钢结构构件单重较轻，且跨度小、高度低，拟采用履带吊机进场作业。雨棚构件拼装遵循"就近拼装"的原则，在已形成的路基上布置拼装胎架，现场拼装。

雨棚钢结构安装施工工艺流程如图48-1所示。

四、室内控制性装修

室内装饰装修施工按不同专业、不同分部分项形成立体交叉、相互配合组织流水施工，原则上各段内装饰流向从上至下、先基层后饰面、先湿作业后干作业。要求施工单位设立专门的装修深化设计组，进行装修工程的深化设计管理及与其他各专业的协调工作。同时配备有较丰富的施工现场经验和设计经验的深化设计人员，解决图纸与现场的矛盾，各专业之间的矛盾，在充分理解原设计意图的基础上，对设计院的初步设计图纸进一步完善和修改，深化设计出切实可行的施工图指导现场装修施工。

```
┌─────────────────────┐        ┌─────────────────────┐
│  施工准备吊机进场     │←───────│   检查设备工具完好    │
└─────────────────────┘        └─────────────────────┘
          ↓
┌─────────────────────┐        ┌─────────────────────┐
│     测量、放线        │←───────│     放线、校核        │
└─────────────────────┘        └─────────────────────┘
          ↓
┌─────────────────────┐        ┌─────────────────────┐
│    钢柱吊装、安装     │───────→│  焊接UT检查、校正    │
└─────────────────────┘        └─────────────────────┘
          ↓
┌─────────────────────┐        ┌─────────────────────┐
│  实腹钢梁吊装、安装   │───────→│  焊接UT检查、校正    │
└─────────────────────┘        └─────────────────────┘
          ↓
┌─────────────────────┐        ┌─────────────────────┐
│   纵向钢檩条安装      │───────→│  焊接UT检查、校正    │
└─────────────────────┘        └─────────────────────┘
          ↓
┌─────────────────────┐        ┌─────────────────────┐
│   横向钢檩条安装      │───────→│  焊接UT检查、校正    │
└─────────────────────┘        └─────────────────────┘
          ↓
┌─────────────────────┐        ┌─────────────────────┐
│     钢拉杆安装        │───────→│  焊接UT检查、校正    │
└─────────────────────┘        └─────────────────────┘
          ↓
┌─────────────────────┐        ┌─────────────────────┐
│    散件吊装、安装     │───────→│  焊接UT检查、校正    │
└─────────────────────┘        └─────────────────────┘
```

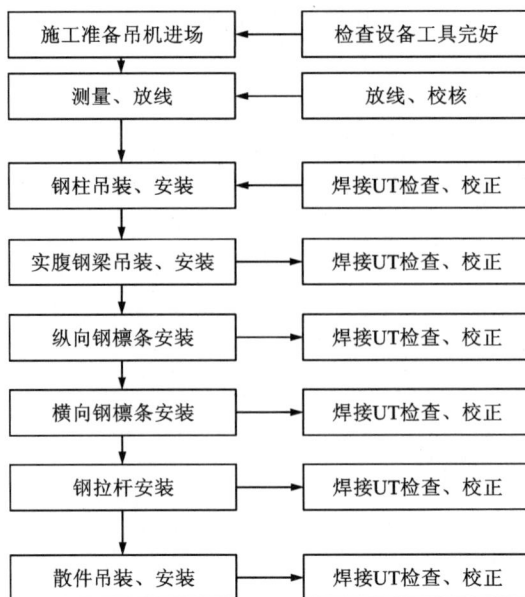

图 48-1 雨棚钢结构安装施工工艺流程图

1.墙面工程

房屋工程墙面工程有干挂石材墙面、面砖墙面、乳胶漆墙面，为保证墙面施工效果，要求采用样板引路，经过有关各方现场确认后再全面展开施工。

（1）干挂石材墙面的工艺流程：

清理基层→规划设计→石材加工→挂线→嵌缝→石材安装→石材准备→钢骨架安装→石层面层处理

（2）面砖墙面的工艺流程：

清理墙面→放线、排版→防潮层施工→面砖面层处理

（3）乳胶漆墙面的工艺流程：

清理墙面→修补墙面→刮腻子→第1遍乳胶漆→第2遍乳胶漆→第3遍乳胶漆

2.室内吊顶

1）轻钢龙骨吊顶

轻钢龙骨吊顶工艺流程：

弹标高水平线→划龙骨分档线→固定吊挂杆件→安装固定边龙骨→安装主龙骨→安装次龙骨→罩面板安装

2）金属板吊顶

金属板吊顶施工工艺流程：弹线打眼→龙骨安装→检查验收→安装面板

3.地面工程

1）卫生间防水地面

（1）防水：基层处理→防水层→一次试水→细石混凝土保护层→二次试水。

（2）贴砖：基层处理→弹线→预铺→铺贴→勾灌缝→清理

2）花岗岩楼地面

花岗岩楼地面工艺流程：

基层处理→弹线→试拼→编号→刷水泥浆结合层→铺砂浆→铺石材→灌缝、擦缝→打蜡

3）防静电地板

防静电地板工艺流程：

施工准备→找中、套方、分格、定位弹线→安装固定可调支架及引条→编号→铺设活动地板面层→清擦→打蜡

五、高大幕墙安装

房屋工程石材幕墙、玻璃幕墙。幕墙工程具有施工周期长、成品保护难度大等特点。在施工实施方案的综合比较中，为减少对其他工种的影响，综合运用安装移动式操作台架，尽量少的占用楼地面。同时保证作业面内的水平运输、垂直运输尽可能机械化，并充分利用原主体结构，以实现"多、快、好、省"的安装思路。

1.玻璃幕墙安装流程

铁件安装→搭设临时施工设施→连接件安装→龙骨安装→防火、避雷安装→板块安装→封口完成

2.石材幕墙安装流程

在加工基地加工完成的构件打包装箱后采用汽车运到现场。

转接件加工→立柱加工→横梁加工→防火隔断加工→石材加工→防火板安装→成品检验

3.主要施工方法

（1）幕墙安装：采用吊装机械进行大面安装，辅以移动式施工设备进行局部收口安装。

（2）低处幕墙安装：移动式操作台架。

第三节　区域性枢纽站房施工

一、婺源站候车大厅装饰构造施工

1.工程概况

婺源站设计为中型旅客车站，站房最高聚集人数为 1500 人，高峰小时旅客发送量近期 770 人（远期为 1250 人），采用线侧平式布局及下进下出的客运组织流线，设 8.4 m 宽进出站地道各一座。车站设正线 2 条（线间距为 5.0 m）、旅客列车到发线 3 条；基本站台 1 座（450 m×12 m×1.25 m），中间站台 1 座（450 m ×12 m×1.25 m）。站房综合楼建筑面积为 6000 m²。

站房主体建筑二层，两侧办公、设备用房层高一层 5.4 m、二层 4.5 m，中部候车大厅层高 13.5 m，候车厅吊顶标高控制在 10.0 m 以内。建筑外观高度（屋顶檐口标高）按 14.4 m 控制。

婺源站装修设计为：候车大厅采用 0.8 ×180×25 白色铝条板离缝拼装，顶棚四周采用厚 2.5 mm 白色铝单板密封拼装装饰。由于施工面积大、吊顶高度较高，为了保证施工工期、施工质量并综合考虑经济问题，采用设置反支撑转换结构层，转换层的上端与主体可靠连接，下部设置满足普通吊顶吊杆悬挂所需要的骨架构件。

2.候车大厅装饰装修工艺流程

施工准备→脚手架搭设→测量放线→基层处理→干挂石材墙面→吊顶及灯具安装→地面石材铺贴→其他装饰→自检→清理→验收。

（1）干挂石材墙面工艺流程

基层处理→弹线定位→后置预埋件安装→钢骨架安装→石材切槽→石材安装→擦缝清理。

（2）铝条板吊顶安装工艺流程

弹线分格→喷深灰色哑光聚酯漆→安装龙骨吊杆→安装主龙骨→安装次龙骨→安装饰面板→吊顶调平。

（3）地面石材铺贴工艺流程

准备工作→试拼→弹线→试排→铺砂浆结合层→铺花岗石→灌封、擦缝→打蜡。

（4）脚手架工程

本工程装饰脚手架采用内脚手架和移动式脚手架。内脚手架采用双排扣件式脚手架，沿候车大厅一圈搭设。移动脚手架具有安装快捷、牢固、灵活、适应性强等特点，其搭设高度可达 6～10 m，平台面积 15～40 m²，特别适用于狭小场所，形状复杂的建筑物的建造、装修。移动脚手架如图 48－2 所示。

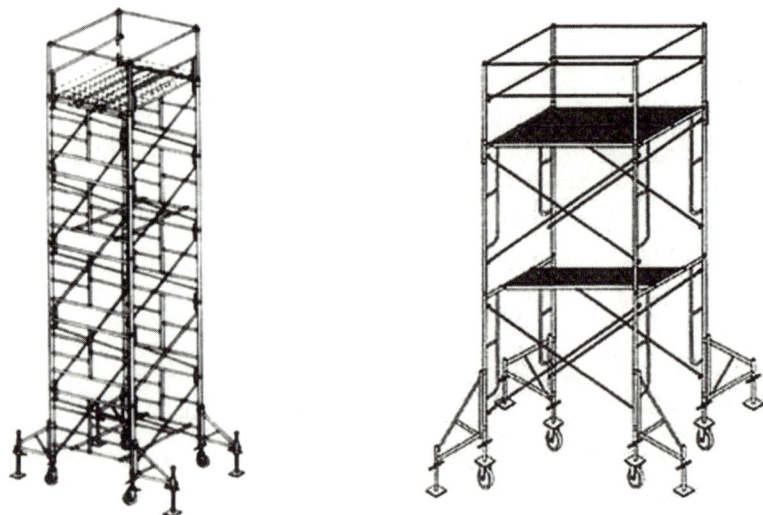

图 48 - 2　移动脚手架

3. 细部工程施工方案

1) 玻璃栏杆

婺源站玻璃栏杆作法，严格按照《铁路旅客车站细则设计》要求，将钢化夹胶玻璃尽可能靠近，临空楼梯踏步边作 100 mm 高挡板，直接采用楼梯踏步石材精准套割，候车厅玻璃栏杆如图 48 - 3 所示。

2) 售票窗口

售票厅作为旅客站房最重要、使用最频繁的使用区域之一，其重要性不言而喻，售票窗口的深化设计及优化施工是体现细部处理技术的重要部位。婺源站票厅票槽统一采用石材票槽、人工售票厅玻璃采用双层夹胶玻璃、玻璃接缝处尽量不打胶处理、石材统一圆角处理，保证了售票窗口的实用、耐久、安全及美观；另外，考虑装修的整体性，采用了隐蔽式音响设备，保证售票过程的顺畅，如图 48 - 4 所示。

图 48 - 3　候车厅玻璃栏杆

图 48 - 4　售票槽实景

3) 门套

由于站房内部采用石材全干挂装修方式，而外墙却是仿石漆涂料装饰，除通过幕墙立柱有效接连部分外，小部分门洞在衔接过程中需将通过门套来完美结合，门套的施工将直接影响着公共区域的美观性与安全性，因此必须合理排砖，严格控制门套横向与竖向之间的比例，做到完美契合，如图 48 - 5 所示。

4）整体装饰

为确保使用安全，门窗洞口处上部收口倒挂石材全部采用仿石材铝板，花纹纹路相似度高，整体装饰效果好，如图48-6所示。

图48-5　出站口门套实景图

图48-6　整体装饰效果实景图

二、武夷山东站高大模板施工

1. 工程概况

武夷山东站站房总建筑面积约为 29631 m²，地下 2837 m²，地上 16794 m²，地下室 1 层，地上 3 层。建筑高度为 23.4 m。武夷山东站实景图如图48-7所示。

图48-7　武夷山东站实景图

2. 高大模板工程特点分析

高大模板工程部分位置的结构层高较高、跨度较大、构件超重等，具体情况如下：

①A 区地下室首层 F~P-B 轴交 P-1~5 轴梁板部分：地下室底板标高为 -8.200 m，首层板面标高为 -0.100 m，总高度为 8.1 m，板厚 180 mm，局部板厚 200 mm，梁截面有 1000 mm×1900 mm、800 mm×1750 mm、800 mm×1500 mm、700 mm×1750 mm、700 mm×1700 mm、600 mm×1600 mm、600 mm×1400 mm、600 mm×1200 mm、500 mm×1600 mm、500 mm×1200 mm、500 mm×1100 mm 等，其中梁截面 800 mm×1750 mm、700 mm×1750 mm 处梁最大跨度为 16.6 m。

②D 区地下室首层 1/5~1/13 轴交 P-B~P-A 轴梁板部分：地下室底板标高为 -8.200 m，首层板面标高为 -0.100 m，总高度为 8.1 m，板厚 180 mm，梁截面 1000 mm×1250 mm、800 mm×1600 mm、600 mm×1200 mm、500 mm×1250 mm、500 mm×1000 mm 等。

③E 区地下室首层 14~P-2 轴交 P-B~P-A 轴梁板部分：地下室底板标高为 -8.200 m，首层板面标高为 -0.100 m，总高度为 8.1 m，梁截面有 800 mm×1600 mm、600 mm×1000 mm、500 mm×1250 mm、500 mm×1000 mm、500 mm×800 mm 等。

④B 区二层 5-14 轴交 A-F 轴梁板部分：首层板面标高 -0.100，二层板面标高为 8.500 总高度为

8.6 m，楼板厚度为 130 mm，梁截面有 1100 mm × 2000 mm、1000 mm × 2000 mm、800 mm × 1600 mm、800 mm × 1500 mm、500 mm × 1400 mm、500 mm × 1300 mm 等，其中梁截面 1100 mm × 2000 mm、1000 mm × 2000 mm 为预应力梁，最大跨度 29.4 m，为超高、超重、超跨度构件。

以上部位的④底部（即模板支撑体系支承面）部分为首层底板、部分为场地原土；①②③底部（即模板支撑体系支承面）部分为地下室底板、部分为场地原土。根据住房和城乡建设部的相关文件（建质〔2009〕87 号、建质〔2009〕254 号），①~④属于"超过一定规模的危险性较大的分部分项工程"范围，其中(4)属于超高、超重、超跨度构件，需严格控制。

3. 施工方案选择

支撑体系选用扣件式钢管脚手架满堂搭设，钢管采用 φ48 mm 壁厚 3 mm 的 Q235 焊接钢管，扣件选用配套的、符合标准要求的直角、对接、旋转扣件等。

模板材料选用规格为 1830 mm × 915 mm × 18 mm 的覆膜多层胶合板，梁侧模内龙骨、梁底板底支撑方木均为 60 × 80 mm 方木，顶托托管均采用 φ48 mm × 3.0 mm 钢管。其他配套材料还有可调顶托、高强螺杆、锁扣等。具体搭设方案的参数见表 48 – 3。

表 48 – 3　高大模板具体搭设方案数据

部位	主要截面	计算高度/m	立杆步距/mm	立杆横距/mm	立杆纵距/mm	承重立杆根数	基础状态
A 区地下室首层 F ~ P – B 轴交 P – 1 ~ 5 轴梁板部分	1000 × 1900 梁	6.2	1500	240	600	4 根	原土
	800 × 1750 梁	6.35	1500	250	600	3 根	原土
	800 × 1500 梁	6.6	1500	250	600	3 根	原土
	700 × 1750 梁	6.35	1500	225	600	3 根	原土
	700 × 1700 梁	6.4	1500	225	600	3 根	原土
	600 × 1400 梁	6.7	1500	200	600	3 根	原土
	600 × 1200 梁	6.9	1500	200	600	3 根	原土
	500 × 1600 梁	6.5	1500	233	600	2 根	原土
	500 × 1200 梁	6.9	1500	233	600	2 根	原土
	500 × 1100 梁	7	1500	233	600	2 根	原土
	180 板	7.92	1500	1000	1200	/	原土
	200 板	7.9	1500	1000	1200	/	原土
D 区地下室首层 1/5 ~ 1/13 轴交 P – B ~ P – A 轴梁板部分	1000 × 1250 梁	6.85 m	1500	240	600	4 根	混凝土板
	800 × 1600 梁	6.5	1500	250	600	3 根	混凝土板
	600 × 1200 梁	6.9	1500	200	600	3 根	混凝土板
	500 × 1250 梁	6.85	1500	233	600	2 根	混凝土板
	500 × 1000 梁	7.1	1500	233	600	2 根	混凝土板
	180 板	7.92	1500	1000	1200	/	混凝土板
E 区地下室首层 14 ~ P – 2 轴交 P – B ~ P – A 轴梁板部分	800 × 1600 梁	6.5	1500	240	600	3 根	混凝土板
	600 × 1000 梁	7.1	1500	200	600	3 根	混凝土板
	500 × 1250 梁	6.85	1500	233	600	2 根	混凝土板
	500 × 1000 梁	7.1	1500	233	600	2 根	混凝土板
	500 × 800 梁	7.3	1500	233	600	2 根	混凝土板
	180 板	7.92	1500	1000	1200	/	混凝土板

续表 48 - 3

部位	主要截面	计算高度/m	立杆步距/mm	立杆横距/mm	立杆纵距/mm	承重立杆根数	基础状态
B 区二层 5~14 轴交 A-F 轴梁板部分	1100×2000 梁	6.1	1500	260	600	4 根	原土
	1000×2000 梁	6.1	1500	240	600	4 根	原土
	800×1600 梁	6.5	1500	250	600	3 根	原土
	800×1500 梁	6.6	1500	250	600	3 根	原土
	500×1400 梁	6.7	1500	233	600	2 根	原土
	500×1300 梁	6.8	1500	233	600	2 根	原土
	130 板	6.97	1500	1000	1200	/	原土

注：计算高度指立杆底部至架体支撑的结构构件底部。

模板材料选用规格为 1830 mm×915 mm×18 mm 的覆膜多层胶合板，梁侧模内龙骨、梁底板底支撑方木均为 60 mm×80 mm 方木，顶托托管均采用 ϕ48 mm×3.0 mm 钢管。其他配套材料还有可调顶托、高强螺杆、锁扣等。

三、上饶站网架施工

1. 工程概况

上饶站房 6~19 轴采用正放四角锥螺栓球网架结构体系，网格尺寸为 3×2.8 m，网架厚度为 2.8 m，平面总尺寸为 126×38.8 m。网架最高（12-13 轴）标高为 22.7 m，最低标高为 14.8 m。网架钢管及支座板材质均采用 Q345B，螺栓球采用 45 号钢，主要杆件及安装示意图如图 48-8 所示。

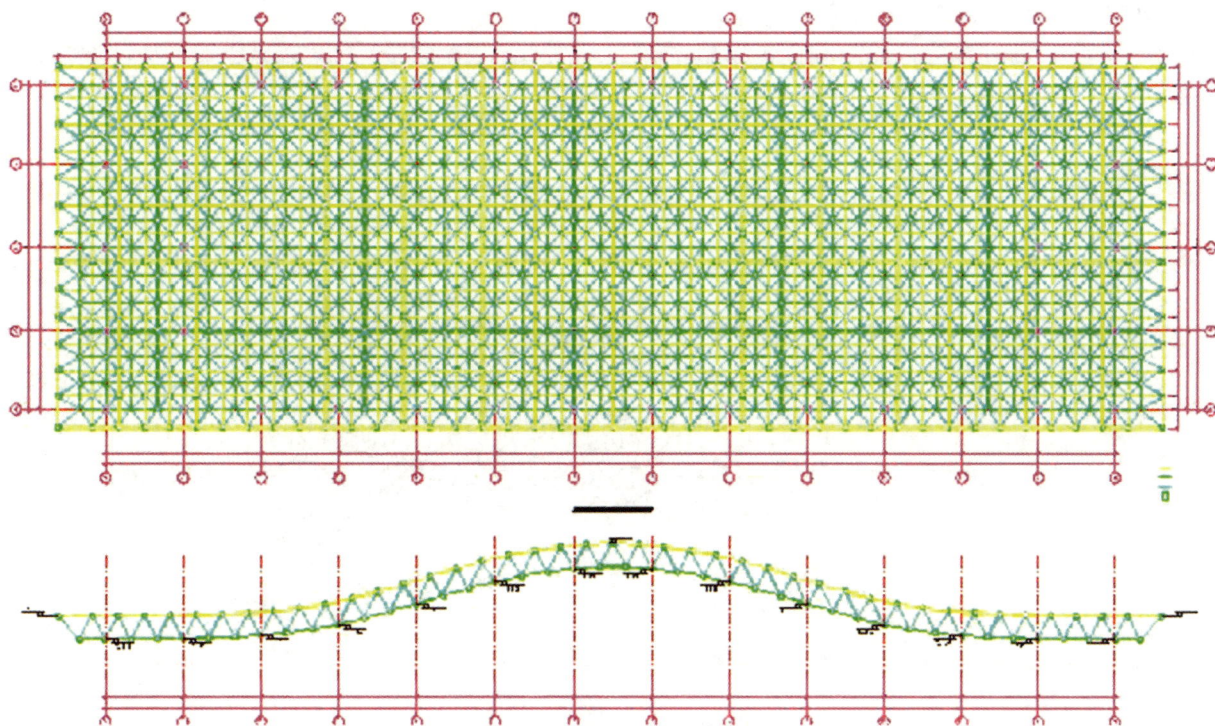

图 48-8　主要杆件及安装示意图

1. 施工方案

1）施工准备

由于上饶站房钢网架为 126 m×38.8 m，根据建设部颁发的《危险性较大的分部分项工程安全管理颁发》文件要求,跨度大于 36 m 及以上的钢结构安装工程;跨度大于 60 m 及以上的网架和索膜结构安装工程需对施工方案进行专家评审。

前期施工方案采取整个候车大厅搭设满堂脚手架方案进行施工,并组织专家评审。专家组主要意见要求设计院核算在二层楼板上搭设满堂脚手架楼板是否能承受此施工荷载。根据设计院核算结构要求施工单位在一层梁底需加设临时支撑。项目部经过仔细核算,按此施工方案搭设满堂脚手架且一层楼板需做临时支撑我部安装材料堆放及施工作业面均受较大影响,将严重影响施工工期,且由此产生的经济费用较大。

施工单位第一时间组织作业队再次对方案进行修改,后确定方案由 300 t 吊机吊装 38.8×18 m 一榀框架采用整体吊装,其余部分钢网架用 25 t 吊机采用高空散装,并组织专家再次进行评审。因上饶站施工场地狭小,专家组提出意见要求监理、业主及施工单位现场根据方案明确的吊机停放位置、吊机起吊角度及吊机距离现场一榀框架中心点距离进行现场测量,是否能满足方案要求。要求设计院复核好 4 个主吊点、4 个辅助吊点起吊是否对网架本身稳定性等造成影响。要求施工单位对吊装过程中网架挠度着重控制,要求网架整体起吊离地 50 cm 后停留 10 min 左右,测量网架挠度是否在规范允许之内。

2)具体施工工艺及流程

(1)地面组装。

在二层楼面 10~15 轴区域组装 12~13 轴区域网架,拼装尺寸网架长为 38.8 m,宽为 18 m,如图 48-9 所示。

(2)整体吊装。

步骤一:网架长为 38.8 m,宽为 18 m,重为 23 t,采用 1 台 300 t 吊车 8 个吊点进行吊装。

图 48-9　地面组装示意图

步骤二:1 台 300 t 吊车同时吊到比支座相同略高(如图 48-10 所示)。经吊装技术人员计算,地面网架重量为 23 t,1 部 300 吨吊车满足相应的高度可提 26.5 t。

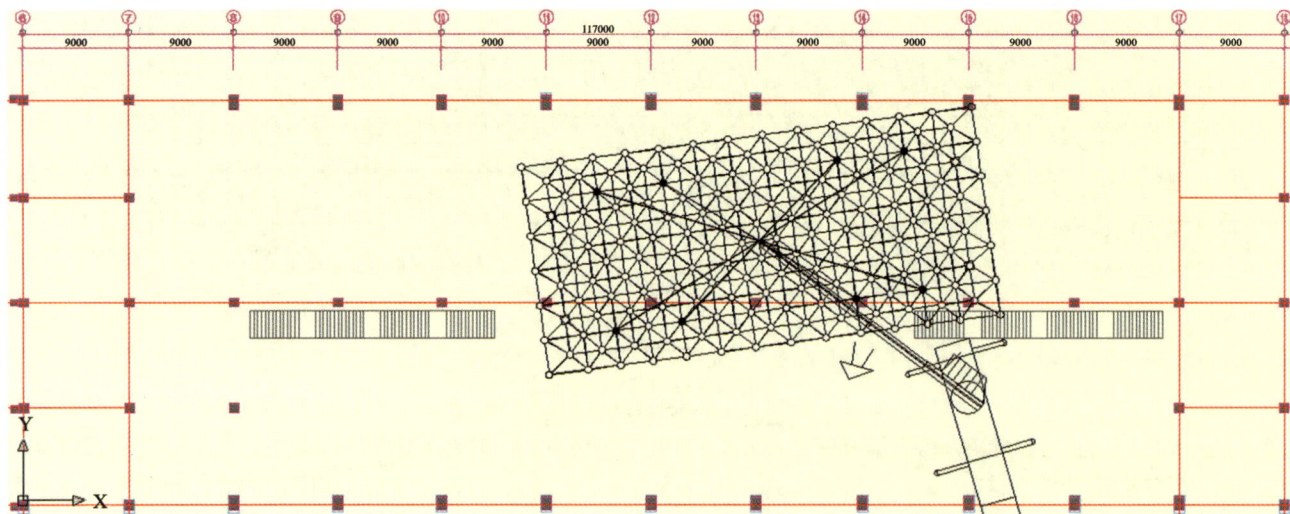

图 48-10　步骤二示意图

步骤三:摆动吊车大臂将吊点摆动到网架定位中心后,缓慢旋转网架至预定位置,如图 48-11 所示。

步骤四:网架选装到预定位置后,缓慢将网架降落到预定标高,安放在已完成定位支座上。

步骤五:先采用点焊固定,复测网架挠度和轴线尺寸。经监理验收符合要求后钢支座与螺栓球满焊,液压支座与钢支座满焊,网架吊装如图 48-12 所示。

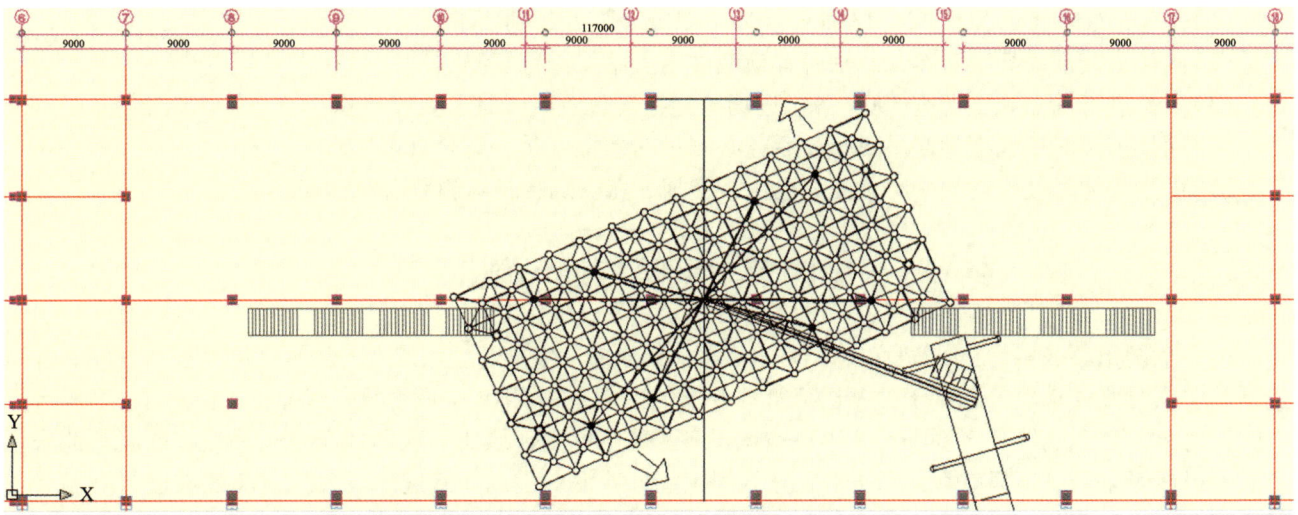

图 48 –11　步骤三示意图

（3）高空散装。

高空散装法是将网架的构件（小拼单元或散件）吊至设计位置直接进行拼装的方法。采用一球三杆（三角锥体）总拼成网架；由小拼单元组成中拼单元再总拼成网架，高空散装如图 48 – 13 所示，网架散装完成后效果如图 48 – 14 所示。

图 48 –12　网架吊装示意图

图 48 –13　高空散装示意图

图 48 –14　网架散装完成后效果图

3）施工技术注意事项

（1）网架吊装前务必保证12～13轴柱及环梁混凝土强度达到要求。

（2）网架吊装前需必须对6～19轴所有预埋件用全站仪进行复测。

（3）吊机进行前需施工调查300 t吊机进场落到指定位置沿线是否要障碍物。

（4）网架吊装时一榀框架起吊50 cm后务必测量网架挠度是否符合规范要求。

（5）由于整体吊装为网架中心最高处已吊装完成，高空散装时两侧散需对称安装。

第四节　采暖与通风施工

中央空调担负区域为：候车厅、售票厅、客服，售票室、生产管理用房，以及通信信号设备用房，客运控制等空调时段要求较长和基于独立运行管理要求的区域采用VRV空调系统。候车厅、售票厅、客服等大空间按防火分区和功能分区夏季设置中央空调设备、采用可变新风比一次回风全空气系统，过渡季节采用自然通风或者采用全新风空调运行方式、充分利用室外冷源对室内尤其进深较大的内部区域进行降温和通风换气。

一、空调水系统施工

1. 管道支架制作与安装

1）安装流程

下料→倒角→压口→组装→成型→铆接法兰→按系统编号→运至现场→确定标高→制作吊架→设置吊点→安装吊架→风管就位→找平找正

2）施工方法及要点

（1）候车厅、售票厅采用集中空调形式，主机采用风冷热泵机组，气流组织形式采用可变新风比一次回风全空气系统，过渡季节采用全新风空调运行方式结合自然通风方式，充分利用室外冷源对室内尤其进深较大的内部区域进行降温和通风换气，采用机械通风时，利用空调机组进行送风，外窗或者天窗排风。空调新风均取自站房室外，新风口大小满足过渡季节加大新风时的要求。

（2）公安用房、办公、售票室、贵宾厅、客运办公休息等采用变制冷剂流量多联空调系统。各办公、贵宾候车、休息室等人员经常停留的区域设计全热新风换气机满足对新风量的卫生需求。

（3）信号电源及机械室、信息电源室、信号机房、通信机械室、信息主机房设置机房专用空调。消防控制室设独立空调。

（4）保温采用厚度30 mm夹筋铝箔覆面的离心玻璃棉，导热系数不大于0.037 W/(m·K)，热阻不小于0.81 m^2·K/m，密度为48 kg/m^3。

2. 空调供回水管道安装要求以及注意事项

（1）候车厅、售票厅采用集中空调形式，主机采用风冷热泵机组，气流组织形式采用可变新风比一次回风全空气系统，过渡季节采用全新风空调运行方式结合自然通风方式，充分利用室外冷源对室内尤其进深较大的内部区域进行降温和通风换气，采用机械通风时，利用空调机组进行送风，外窗或者天窗排风。空调新风均取自站房室外，新风口大小满足过渡季节加大新风时的要求。

（2）公安用房、办公、售票室、贵宾厅、客运办公休息等采用变制冷剂流量多联空调系统。各办公、贵宾候车、休息室等人员经常停留的区域设计全热新风换气机满足对新风量的卫生需求。

（3）信号电源及机械室、信息电源室、信号机房、通信机械室、信息主机房设置机房专用空调。消防控制室设独立空调。

（4）保温采用厚度为30 mm夹筋铝箔覆面的离心玻璃棉，导热系数不大于0.037(W/m·K)，热阻不小于0.81 m^2·K/m，密度为48 kg/m^3。

二、空调风系统施工

1. 金属风管及其部件制作

1）工艺流程

机组、组合空调机组、新风换气机、轴流风机、软化水箱等。通风空调工程调试包括上述内容的调试以及综合效能调试。

（1）风管的安装。

风管安装流程图如图 48 – 15 所示。

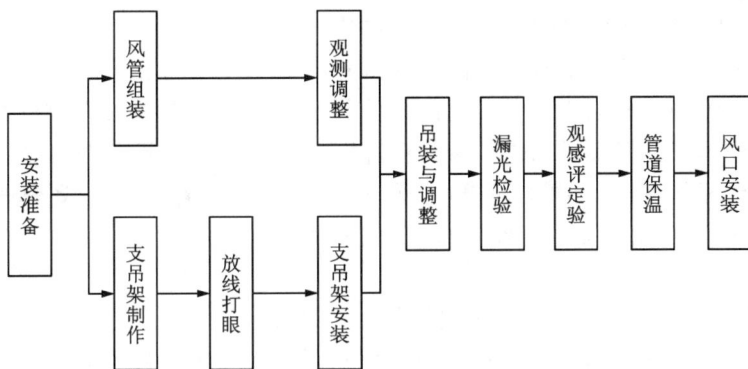

图 48 – 15　风管安装流程图

（2）空调水管道安装。

空调水管道安装流程图如图 48 – 16 所示。

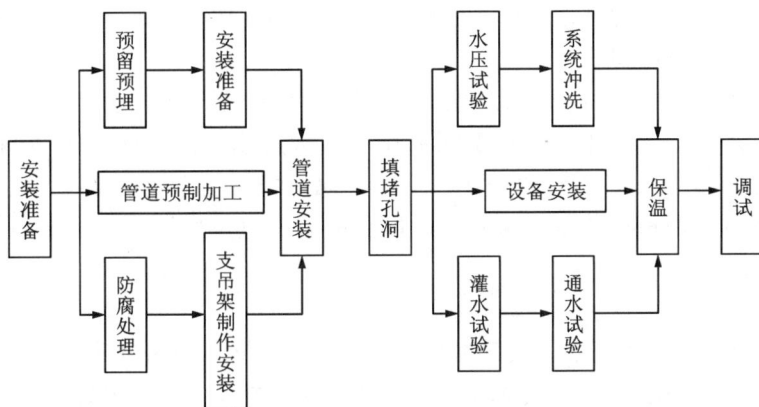

图 48 – 16　空调水管道安装流程图

（3）设备安装。

暖通设备安装流程图如图 48 – 17 所示。

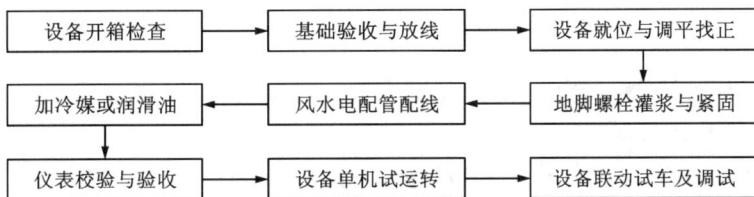

图 48 – 17　暖通设备安装流程图

2）风管制作

（1）矩形直风管放样。

一般复合板材供货板宽为1200 mm，长度为4 m，根据风管边长尺寸及板材宽度，矩形直风管的放样采用组合方法。A和B随板材厚度而变化，（B＝2A）使用不同组合方法放样尺寸不一样，按风管制作任务单规定的组合方式计算放样尺寸。按计算的放样尺寸用钢直尺或钢卷尺在板材上丈量，用方铝合金靠尺和画笔在板材上画出板材切断、V形槽线、45°斜坡线。

（2）切割、压弯。

检查风管板材放样是否符合风管制作任务单的要求，划线是否正确，板材有否损坏。检查刀具刀片安装是否牢固。检查刀片伸出高度是否符合要求。直刀刨刀片伸出高度应能切断板材，不伤桌面地毯；单刀刨刀片和双刀刨刀片伸出高度应能切断上层铝箔和芯材，不伤下层铝箔。双刀刨两刀间距约2 mm。按切边要求选择左45°单刀刨或右45°单刀刨。将板材放置在工作台上，方铝合金靠尺平行固定在恰当位置。手持刀具，将刀具基准边靠紧方铝合金靠尺，刨面压紧板材，刀具基准线对准放样线，向前推或向后拉刀具，直刀刨将板材切断；单刀刨将板材切边；双刀刨将板材开槽。角度切割时，要求工具的刀片安装时向左或向右倾斜45°，以便切出的"V"形槽口成90°，便于折成直角。切割时刀具紧贴靠尺以保证切口平直并防止切割尺寸误差。板材切断成单块风管板后，将风管板编号，以防不同风管的风管板搞错。

（3）成形。

检查风管面板是否符合设计要求。清洁板材切割面的粉末，清除油渍、水渍、灰尘。用毛刷在切割面上涂刷胶黏剂。待涂胶不黏手时，将风管面板按设计要求黏合，并用刮板压平。对难以刮平的部分，用木锤轻轻锤平。检查板材接缝黏接是否达到质量标准。清洁板材黏接压敏铝箔胶带的表面。在板材接缝处从一端至另一端按对中位置黏上压敏铝箔胶带。压敏铝箔胶带黏在一边的宽度不小于20 mm。用塑料刮板，刮平胶带，使胶带黏接牢固。清洁待施胶的风管内四角边。用密封胶枪在风管角边均匀施胶。密封胶封堵后，压实。用钢尺和角尺检查黏接成形的风管质量。

（4）加固。

风管的加固有两种方法。一种是角加固，一种是平面加固。风管边长大于400 mm时采用平面加固；250≤边长≤400 mm时采用角加固。

①平面加固是将加固支撑按需加强风管的边长用砂轮切割机下料，切断DN15镀锌管。在镀锌管两端，各放入60 mm长圆木条。用夹钳将圆木条固定在镀锌管两端。按设计要求用钢尺在风管面确定加强点。边长≥2000 mm需增加外加固，外加固采用∠30×3以上角钢制作成抱箍状，箍紧风管。

②风管角加固是在风管四角粘贴厚度0.75 mm以上的镀锌直角垫片，直角垫片的宽度与风管板材厚度相等，边长不小于55 mm。

3）风管安装

（1）空调送回风系统和通风系统采用镀锌钢板风道，法兰连接。采用镀锌镙拴和螺母连接。

（2）风管道镀锌钢板厚度按《通风与空调工程施工质量验收规范》（GB 50243—2002）要求进行。

（3）风管连接板材拼接的咬口缝错开，避免出现十字形拼接缝。

（4）送排风系统风管法兰的螺栓以及铆钉孔的孔距不大于150 mm；排烟风管法兰连接的螺栓以及铆钉孔的孔距不大于100 mm；风管法兰的四角部位设有螺栓。

（5）送排风系统镀锌钢板风管边长大于800 mm，管段长度大于1250 mm或单边面积大于1.2 m²，排烟风管边长大于800 mm，管段长度大于1250 mm或单边面积大于1.0 m²，均采取加固措施。风管的加固采用楞筋、立筋、角钢（内外加固）、扁钢、加固及加固筋和管内支撑等形式。其加固符合工程质量验收规范的要求。

（6）风管与配件的咬口缝紧密、宽度一致，折角平直，圆弧应均匀，两端面平行。风管无明显扭曲与翘角，表面平整，凹凸不大于10 mm。

（7）风管外边长的允许偏差：当小于等于300 mm时，为2 mm；当大于300 mm时，为3 mm。管口平面度的允许偏差为2 mm，风管两条对角线长度之差不大于3 mm。

（8）风管法兰的焊缝熔合良好、饱满、无假焊和孔洞；法兰平面度的允许偏差为2 mm，相同规格法兰的螺孔排列一致,具有互换性。

(9)风管与法兰采用铆接连接,铆接牢固,没有脱铆和漏铆情况;翻边平整、紧贴法兰、宽度一致,且不小于 6 mm;咬缝与四角处无开裂与孔洞。

(10)风管安装的位置、标高、走向符合设计图纸要求,不随意更改其有效截面积。

(11)在风管需要穿过封闭的防火、防爆的墙体或楼板时,要设预埋管或防护套管,钢板厚度不小于 1.6 mm。风管与防护套管之间,用不燃且对人体无危害的柔性材料封堵。

(12)风管安装时管内严禁其他管线穿越,风管安装前,要清除内外杂物,并作好清洁和保护。

(13)连接法兰的螺栓均匀拧紧,螺母在同一侧。风管接口的连接严密、牢固,法兰垫片不得凸入管内和法兰外。

(14)管道与设备连接的柔性短管的安装,松紧适度,无明显扭曲。

(15)风管的连接应平直、不扭曲。明装风管的水平度允许偏差为 3/1000,总偏差不应大于 20 mm;明装风管的垂直度允许偏差为 2/1000,总偏差不应大于 20 mm。

(16)风管支吊架安装,水平风管安装,长边小于等于 400 mm,间距小于 4 mm;大于 400 mm,间距小于 3 mm;垂直风管安装,间距小于 4 mm,单根直管至少有 2 个固定点。

(17)金属支吊托架应除锈后刷樟丹漆两遍,调和漆一遍。

三、暖通空调工程主要设备安装

1.冷水机组安装

1)设备本体安装

(1)首先检查完空调机组基础牢固厚度、防水、光洁度是否符合设计要求。

(2)仔细检查预埋件、地脚螺栓是否牢固可行。孔距是否与设备相符。

(3)设备进场,开箱检验请有关部门检验,合格证、资料等是否齐全。

(4)搬运设备要带外包装箱,同时运用钢管托在箱底向前滚动直至运到安装部位。拆去外包装箱,用木方、钢管运到安装基础上。

(5)空调机组安装完毕检查是否平正,做好成品保护措施。不能有任何杂物丢入机体内。

2)设备本体管道安装

(1)整理好现场,地面无杂物。

(2)搭好活动脚手架,做好安全防护措施。开始放线,标通风管道走向。安好膨胀螺栓孔距。

(3)打好膨胀螺栓孔,把预先做好的吊杆、角钢固定在膨胀螺栓上,紧固螺母吊杆保持垂直。

(4)风管首先在地面上把每节管修整平,用抹布擦去灰尘。按顺序排列风管。

(5)每节风管法兰连接之间,黏好密封胶条上管卡,用法兰插条在地面上组装三节为一段整平,然后抬到脚手架上进行安装。

(6)吊杆上一端先固定横挂好,待风管抬到标高位置在固定另一端,横担上好吊杆螺母,把风管固定在两吊杆之间。以下接着连接风管,整路风管安装完毕再进一步调平。

(7)在风管整路达到 20 m 长,中间加一道用 40×40×4 的角钢加固,固定在支架保持风管的稳定性。

2.冷却塔安装

暖通空调设备主要有 VRV 室内机、VRV 室外机、太阳能热水器、补水泵、一体式风冷机组、组合空调机组、新风换气机、轴流风机、软化水箱等

3.风机安装

(1)通风机组安装:吊顶风机、风柜,首先开箱检查产品是否符合图纸规范要求,并且提供产品合格证和相应资料。

(2)吊装前先确定风机位置定好中心线,打好膨胀螺栓,安装减震器方可吊装,风机安装完毕检查风机的稳固性是否牢固。

4. VRV 系统室内机的安装

1）施工范围

站房候车厅、旅客服务、售票厅的中央空调系统；售票室、办公区域的 VRV 空调系统设计；"四电"机房的专用空调系统；变配电室、设备用房的通风系统设计。变冷媒多联分体空调（VRV）和机房专用空调进行二次深化设计。

2）系统说明

（1）空调系统包含水系统和风系统空调冷热水系统采用一次泵系统，管路为两管制异程系统；风系统站房候车厅、旅客服务、售票厅夏季采用可变新风比一次回风全空气系统，过渡季节采用新风空调运行或自然通风方式，办公区设计 VRV 空调系统加全热新风换气机。

（2）通风系统包含自然通风和机械通风。

（3）防排烟系统：候车厅电动开启侧高窗排烟，其余满足自然通风条件的采用自然通风，不满足的采用机械通风。

（4）空调通风系统自动控制技术本工程采用直接数字式监控系统（DDC 系统）。

3）设备及材料

（1）主要设备：风冷热泵 3 台、冷冻循环泵 4 台、定压补水装置 1 台、卧式空调机组 4 台、新风换气机 12 台、风管纳米杀菌触媒净化器 8 台、机房专用空调 12 台、排气扇（吊装）5 台、风机 32 台、分体空调机 14 台、多联变频空调室外机 11 台及热风幕 32 台。

（2）材料：空调风管采用镀锌铁皮制作，保温材料采用离心玻璃棉，保温厚度为 30 mm。

四、空调系统调试及试运行

1. 总体原则

（1）全面检查风管、设备、部件是否在施工中有遗留问题，有问题则及时处理修改。

（2）接好电源后首先对每台设备试调，联动运行。

2. 工艺流程图

通风空调系统调试流程图如图 48-18 所示。

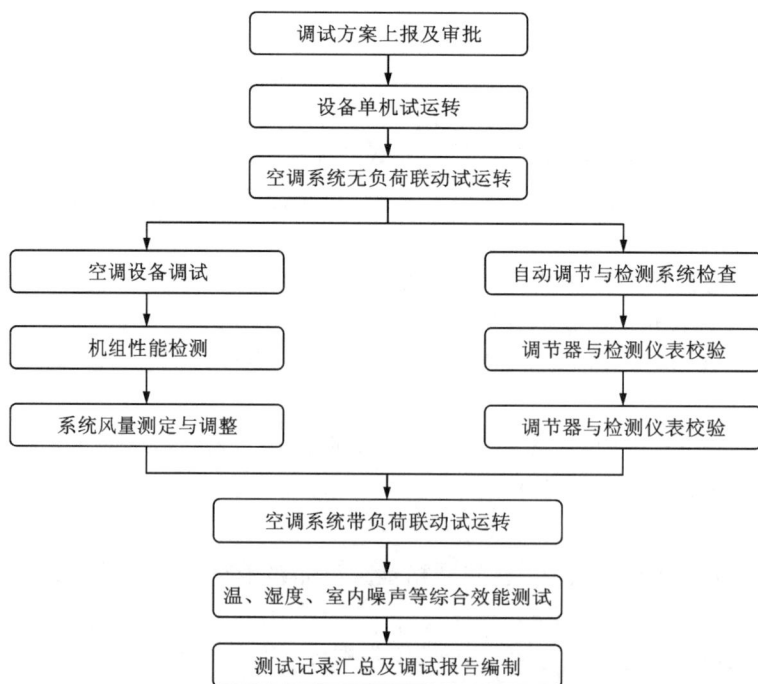

图 48-18 通风空调系统调试流程图

3. 空调系统无负荷试运转调试步骤、方法

1）通风空调系统的风量、风压、风机转速的测定

系统风量的测定内容主要为：送风量、回风量、新风量、排风量和各分支管风量的测定可以在送风管、回风管、排风管和新风管及各分支管上测定。

（1）风机的压力通常以全压表示，测定风机全压分别测出风机压出端和吸入端测点截面上的全压平均值，通风机的风压为风机进出口处的全压差。测定压力时风机吸入端的测点截面位置尽可能可能靠近风机吸入口处。

（2）风机转速的测量采用转速表直接测量风机主轮转数，重复测量三次取其平均值的方法。

2）系统风量的调整与风口风量的平衡

（1）送回风系统风量的调整，就是在测量管段风量的同时，按照需要及时调节设在风管支管上调节阀的开度来控制风量达到设计的数值。

系统风量的测定和调整步骤见表48-4。

表48-4 风机风量测定步骤

序号	内容
1	测出空调系统总风量，使空调系统在设计风量的0%~120%之间运行。
2	按设计要求调整送风和回风各干、支管道，各送（回）风口的风量。
3	在系统风量达到平衡后，按设计要求调整空调系统总风量，使之满足设计及规范要求。
4	调整后，重新测定各风口的风量，作为实测风量。

（2）风口风量平衡与调整用基准风口法、流量等比分配法、逐段分支调节法。根据现场情况选用不同的调节方法。

（3）所用仪器设备见表48-5。

表48-5 通风系统调试用仪器

序号	仪器设备名称	单位	数量	检测参数
1	风量罩	台	2	风量
2	多功能式声级计	台	4	噪声
3	手持式IAQ仪	台	4	室内温度、湿度、CO_2浓度
4	风速仪	台	4	风速、风温、湿度、静压
5	流量测试仪	台	1	水流量
6	光电转速表	台	2	风机转数
7	毕托管	台	4	
8	对讲机	台	6	
9	数字式微压计	台	2	风压

4）通风空调系统联动调试

通风空调系统的联动调试分为两部分：空调系统的联动调试、消防防排烟系统的联动调试。

（1）消防防排烟系统的联动调试。

由火灾自动报警及联动系统牵头进行，通风专业配合。

①机械排烟系统的调试。

当系统担负两个以上防烟分区的排烟时，首先打开所有分区的排烟口，测量各个风口的风量，然后相

加算出每个分区的风量，列出各分区风量与规定值的比值。选择其中比值最小的两个分区，关闭其他分区的排烟口，测量分区内各风口的风量总和是否能够符合设计要求。

②加压送风系统的调试。

在风量满足设计要求的情况下，开启加压风机，开启加压风口阀门，测出风口风量，采用数字微压计测出系统正压，应符合设计与消防的规定。

（2）空调系统的联动调试。

空调系统的联动调试是一个复杂而长期的过程，因为房屋工程人流量很大，季节性强，人流高峰变化非常大，给空调系统的调试带来一定的难度。

房屋工程测定的室内空气参数测定内容有室内空气的温度、相对湿度、室内噪音等。测定时空调风系统、水系统和空气处理设备均调整完毕，且送风状态参数符合设计要求和室内热湿负荷及室外气象条件接近设计工况的条件下进行。

①室内温度和相对湿度测定。

室内温、湿度测定前，空调系统已连续运转至少24 h，等室内状况稳定后再进行测定。测定仪器采用数字式温、湿度计。各房间测点见表48-6。

表48-6　温、湿度测点数

波动范围	实面积≤50 m²	每增加20~50 m²
±0.5~±2℃ ±5~±10Rh	5	每增加3~-5
≤|0.5|℃ ≤|5|%Rh	点间距不应大于2 m，点数不应少于5个	

②室内噪声的测定。

空调房间噪声测定，在全部空调设备开启状态下进行。对一般性空调房间以中间离地1.2 m处为测点，较大面积的空调区域按设计要求，室内噪声测定可用声级计，测量时用手水平方向托住声级计或将声级计固定在三脚架上，传声器指向被测声源，声级计尽量远离人身体以减少人体对测量的影响，测量时以声压级A档为准。

对房间噪声测量时避免本底噪声对测量的干扰，如声源噪声与本底噪声相差不到10 dB时，则扣除本底噪声干扰的修正值，修正值见表48-7。

表48-7　本底噪声干扰的修正值

被测噪声与本底噪声的差值/dB	3	4~5	6~9
修正值/dB	-3	-2	-1
未装修修正值/dB	-5	-5	-5

房间噪声测试结果应符合设计要求，如超出设计要求，则找出原因并进行整改，直到符合要求。

（3）设备的联调技术要求见表48-8。

表48-8　设备的联调技术要求

序号	设备联调关系	联调要求
1	通风空调设备和低压配电设备	通风机组、空调机组、冷冻水泵等电机送电运行时，由通风调试人员指挥送、停电程序，电气调试人员负责检测电机运行电流、电机温度、震动、是否满足运行要求，并记录数据。风阀电动执行器的低压电源由低压配电系统负责提供

续表48-8

序号	设备联调关系	联调要求
2	通风空调设备和给排水设备	通风空调设备的冷热水应在水系统冲洗、排污合格,再循环试运行2 h以上,水质正常后才能与制冷机组、空调设备相贯通。
3	通风空调设备和设备监控系统	设备监控系统完成了水管压力传感器、压差传感器、温度传感器和电动二通阀的校验调试和站级控制调试,通风空调系统完成风冷热泵机组及其连锁辅助设备控制调试后,由设备监控系统输出模拟信号,检查各电动阀门的动作是否正确。 风管温湿度传感器完成校验调试及站级控制调试,由通风空调系统完成各空调工况的调试,设备监控系统监视和记录典型区域测试点的温度、湿度等的环境参数。
4	通风空调设备和消防系统	由消防系统接收现场火灾报警信号,根据设定的程序向机电设备监控系统发出火灾模式指令,控制防火阀的动作状态,同时由监控系统按照相应的火灾模式启动风机风阀。
5	数据整理与分析	检测全部完毕后,将测出的原始数据进行计算整理,将这些数据同设计和工艺要求的指标进行比较,来评价被测系统是否满足要求,同时出具合格调试报告。

第五节　给排水工程施工

本线路各站房的给排水工程并无特殊施工工艺与工法,故以普述性内容进行介绍。

一、施工流程

1. 给水系统施工流程

施工准备→管材加工→干管及立管安装→支管安装→管道试压→管道冲洗。

2. 排水系统施工流程

安装准备→污水干管安装→污水立管安装→污水支管安装→闭水试验→通球试验。

给排水及消防工程施工工艺流程图如图48-19所示。

二、管道安装施工要点

1. 钢塑管(涂塑钢管)安装

(1)截管采用锯床,不采用砂轮切割。当采用盘锯切割时,其转速不大于800 r/min;当采用手工锯截管时,其锯面垂直于管轴心。

(2)套符合下列要求:套丝应采用自动套丝机;套丝机应采用润滑油润滑;圆锥形管螺纹应符合现行国家标准《用螺纹密封的管螺纹》GB/T 7306的要求,并应采用标准螺纹规检验。

(3)管端清理加工应符合下列要求:

①应用细锉将金属管端的毛边修光;应采用棉纱和毛刷清除管端和螺纹内的油、水和金属切屑;衬塑管应采用专用绞刀,将衬塑层厚度1/2倒角,倒角坡度宜为100~150;管端、管螺纹清理加工后,应进行防腐、密封处理,宜采用防锈密封胶和聚四氟乙烯生料带缠绕螺纹,同时应用色笔在管壁上标记拧入深度。

②管子与配件连接前,应检查衬塑可锻铸铁管件内橡胶密封圈或厌氧密封胶。然后将配件用手捻上管端丝扣,在确认管件接口已插入衬塑钢管后,用管钳进行管子与配件的连接。不得采用非衬塑可锻铸铁管件,不得反向旋转。

③管子和配件连接后,外露的螺纹部分及所有钳痕和表面损伤的部位应涂防锈密封胶。用厌氧密封胶密封的管接头,养护期不得少于24 h,其间不得进行试压。钢塑复合管不得与阀门直接连接,应采用黄铜质内衬塑的内外螺纹专用过渡管接头。钢塑复合管不得与给水拴管直接连接,应采用黄铜质专用内螺纹管接头。钢塑复合管与铜、塑料管连接时应采用专用过渡接头。当采用内衬塑的内外螺纹专用过渡接头与其他材质的管配件、附件连接时,应在外螺纹的端部采取防腐处理。

```
                          ┌──────────┐
                          │  安装准备  │
                          └────┬─────┘
         ┌─────────────────────┼─────────────────────┐
    ┌────┴────┐          ┌─────┴──────┐         ┌─────┴─────┐
    │ 支架预制 │          │ 管道预制加工 │         │ 孔洞、埋件预留 │
    └────┬────┘          └─────┬──────┘         └─────┬─────┘
    ┌────┴────┐                │                ┌─────┴─────┐
    │ 防腐处理 │                │                │  套管安装  │
    └────┬────┘                │                └─────┬─────┘
    ┌────┴────┐                │                ┌─────┴──────┐
    │ 支架安装 │                │                │ 管道预制加工 │
    └────┬────┘                │                └─────┬──────┘
         └─────────────────────┼─────────────────────┘
                          ┌─────┴──────┐
                          │  管道安装   │
                          └─────┬──────┘
         ┌─────────────────────┼─────────────────────┐
    ┌────┴────┐                                 ┌─────┴─────┐
    │ 闭水试验 │                                 │  水压试验  │
    └────┬────┘                                 └─────┬─────┘
         │                                      ┌─────┴─────┐
         │                                      │  管道冲洗  │
         │                                      └─────┬─────┘
    ┌────┴────┐                                 ┌─────┴─────┐
    │ 设备安装 │                                 │  防腐保温  │
    └────┬────┘                                 └─────┬─────┘
         └─────────────────────┬─────────────────────┘
                          ┌─────┴──────┐
                          │  填墙孔洞   │
                          └─────┬──────┘
         ┌─────────────────────┼─────────────────────┐
    ┌────┴────┐                                 ┌─────┴─────┐
    │ 通水试验 │                                 │  系统冲洗  │
    └────┬────┘                                 └─────┬─────┘
         └─────────────────────┬─────────────────────┘
                          ┌─────┴──────┐
                          │   调试     │
                          └─────┬──────┘
                          ┌─────┴──────┐
                          │  竣工验收   │
                          └───────────┘
```

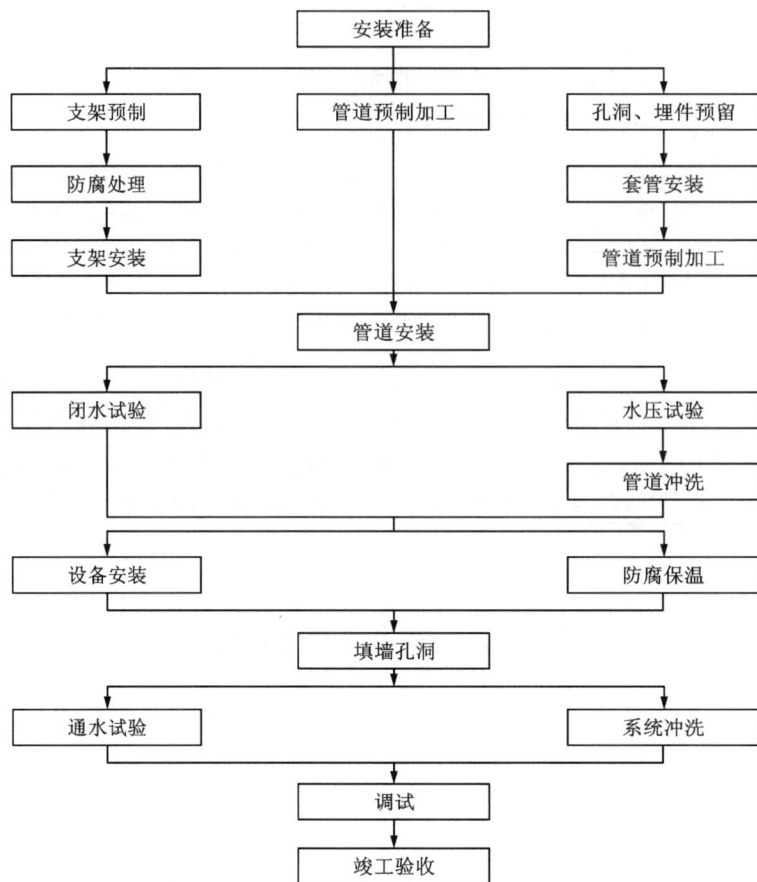

图 48 – 19　给排水及消防工程施工工艺流程图

2. 镀锌管的安装

1) 沟槽连接

沟槽式管接头应符合国家现行的有关产品标准。沟槽式管接头的工作压力应与管道工作压力相匹配。现场加工沟槽并进行管道安装时，其施工应符合下列要求：

（1）连接管段的长度应是管段两端口间净长度减去 6 ~ 8 mm 断料，每个连接口之间应有 3 ~ 4 mm 间隙并用钢印编号。

（2）应采用机械截管，截面应垂直轴心，允许偏差为：管径不大于 100 mm 时，偏差不大于 1 mm；管径大于 125 mm 时，偏差不大于 1.5 mm。

（3）管外壁端面应用机械加工 1/2 壁厚的圆角。

（4）应用专用滚槽机压槽，压槽时管段应保持水平，钢管与滚槽机截面呈 90°。压槽时应持续渐进，槽深应符合下表的要求；并应用标准量规测量槽的全周深度。如沟槽过浅，应调整压槽机后再进行加工。

2) 水压试验

试验压力不低于 1.5 倍的工作压力，且不应小于 0.6 MPa。金属及复合管给水管道在试验压力下观测 10 min，压力降不大于 0.02 MPa，然后降至工作压力，进行外观检查，应不漏不渗；塑料管给水管道在试验压力下稳压 1 h，压力降不得超过 0.05 MPa，然后在工作压力的 1.15 倍状态下稳压 2 h，压力降不得超过 0.03 MPa，同时检查各连接处不得渗漏。

3. PVC – U 排水管道安装

（1）PVC – U 管工艺流程：选材→支架安装→断管→黏接→卡件固定→封口堵洞→闭水试验→通水试验

（2）根据实测并结合连接件的尺寸逐层确定管的长度后再割管，断口应平整并垂直轴线，插口处用中号板锉锉成 15~30° 的坡口，坡口厚度为管壁的 1/3~1/2，长度不小于 3 mm。

（3）管材或管件在黏接前应用棉纱或干布将承口内侧和插口外侧擦试干净，使被黏接面保持清洁，当表面有油污时用棉纱沾丙酮等清洁剂擦净。

（4）配管时将管材与管件承口试插一次，在其表面划出标记，管端插入承口的深度不小于以下规定：DN50，$L \geqslant 25$ mm；DN75，$L \geqslant 40$ mm；DN90，$L \geqslant 46$ mm；DN110，$L \geqslant 48$ mm；DN125，$L \geqslant 51$ mm；DN160，$L \geqslant 58$ mm。

（5）用油刷黏胶剂分别沿轴线均匀涂抹插口外侧及承口内侧，不得有漏涂或涂抹过厚。

（6）找正方向将管子插入承口，使其准、直，再加挤压使插入深度符合所划标记，保持接口的直度，位置正确静置 2~3 min。

（7）承插口连接完毕后，将挤出的胶黏剂用棉纱或干布沾清水擦拭干净，根据胶黏剂性能和气候条件静置至接口固化为止。

（8）排水管道安装时，必须符合设计及施工验收规范要求，横管坡度：DN50，$i \geqslant 0.025$；DN75，$i \geqslant 0.015$；DN110，$i \geqslant 0.012$。横管相连接采用顺三通，或斜三通，管道支吊架做法详 S161，固定在承重结构上。埋地管道安装好后须灌水试验合格后方可隐蔽，排水系统需做通球试验合格后方可验收。

第四十九章　通信工程

第一节　工程概况

合福高铁闽赣段通信系统包括 14 个子系统：传输及接入系统、数据通信系统、电话交换系统、调度通信系统、移动通信系统、会议电视系统、应急通信系统、综合网管系统、综合视频监控系统、同步及时钟分配系统、电源系统、通信电源设备和通信、信号机房环境条件监控系统、动车所/综合维修车间/工区综合布线系统及通信线路系统。

1. 传输及接入系统

本线传输及接入系统采用骨干层及汇聚接入层的分层结构。采用 MSTP SDH 10 Gb/s（1 + 1）传输系统组建多业务传输平台（MSTP）骨干汇聚层，利用敷设在铁路两侧光缆中的 2 芯光纤，构成 STM - 64 MSP 1 + 1 传输系统链。采用 MSTP SDH 622Mb/s 接入网系统组建多业务传输平台（MSTP）接入层，站段接入层节点与区间接入层节点在相邻车站间利用铁路两侧光缆中 6 芯光纤按节点类型组成 3 个二纤保护环，实现对车站及区间接入层节点业务的保护。

2. 数据通信系统

采用核心层/汇聚层/接入层的三级网络拓扑结构组建 IP 数据网，采用 MPLS VPN 技术提供业务系统隔离和 QoS 保证，本线 MSTP 系统作为承载平台。

利用旧有并扩容南昌局调度所既有数据网核心层设备。骨干汇聚层在新建上饶通信站、福州南通信站设置节点，配置 2 套汇聚层路由器，分别通过 2 × 155 Mb/s 通道与南昌局调度所核心层数据网设备连接。接入层在新建上饶通信站、福州南通信站及其余 19 个车站设置节点。接入层节点配置接入路由器和以太网三层交换机。接入层节点之间通过传输系统提供的 155 Mb/s 通道互连构成环形网。

在动车运用所和动车存车场设置以太网三层交换机就近接入车站路由器。利用 MSTP 多业务光接入网提供未设置数据网设备节点的数据业务的汇聚和接入。对南昌局调度所既有数据网综合网络管理系统和 VPN Manager 系统进行扩容。

3. 电话交换系统

本线不新设交换机，闽赣段新增的电话用户通过接入网系统接入既有福州、武夷山、上饶通信站的既有铁通交换设备，统一编号组网、实现与既有铁路电话专网的互通。通过既有铁路电话专网与当地铁通公网的连接，以全自动直拨中继方式实现与公网用户的通信。

4. 调度通信系统

铁路数字专用通信系统由有线和无线（GSM - R）相结合的方式构成，利用固定用户接入交换机（FAS）完成列调、运输计划调、电调等调度通信。

利用 FAS 系统组织调度电话、各专用电话及站内电话系统。利旧并扩容南昌局调度所既有 FAS 主系统交换机，新建上饶通信站、其余 19 个车站、1 个动车运用所、1 个动车存车场新设 FAS 车站分系统交换机，利用传输系统提供的 2Mb/s 通道组织本线调度电话系统 5 个中继环路，在传输系统配合下，通过环路保护功能提高调度电话网的可靠性。

调度所设置各业务调度台，沿线各车站、动车运用所、动车存车场及相关用户设置相应的值班台及调度电话分机。通过 FAS 主系统交换机与 GSM - R 交换机相连，实现有线、无线调度电话的互通。

5. 移动通信系统

本线采用 GSM - R 技术搭建移动通信业务网，建设无线列调、无线通信业务和列车控制系统信息传输通道。

GSM－R 系统主要由交换子系统(SSS)、智能网平台(IN)、通用分组无线业务子系统(GPRS)、基站子系统(BSS)、操作维护子系统(OMC)以及移动终端等组成。

6. 会议电视系统

会议电视业务是集语音、图像、数据于一体的多媒体通信业务，在全线设置基于 IP 的 H.323 视频会议系统，开展调度会议、应急会议、办公会议、共享白板、静态图像传输、文件传送和应用程序共享、流媒体服务等多种业务。

利旧并扩容南昌局调度所配置 GK、多点资源管理系统和 MCU，在沿线车站、综合维修车间/工区、动车运用所/存车场等各配置会议电视终端，提供高质量的视音频、数据视讯会议。

7. 应急通信系统

应急救援指挥通信系统由应急中心设备和事故抢险现场设备构成。现场应急接入设备由摄像采集、电话 PBX、现场接入部分、电源等组成。

利旧并扩容南昌局调度所既有应急通信系统中心设备，在本线铜陵北、黄山北、南平共计 3 个综合维修工区分别配置 1 套事故抢险现场设备，合肥枢纽、上饶地区、福州枢纽分别利用合武线在长安集综合维修车间、杭长客运专线在弋阳东综合维修工区、福厦线在福州南综合维修车间设置的事故抢险现场设备，在事故发生后及时、准确地把事故现场的语音、数据、图像传递到应急指挥中心。

8. 综合网管系统

通信综合网管系统实现对传输及接入、电话交换、数据网、专用移动通信、调度通信、会议电视、同步及时钟分配、通信电源及通信信号机房环境监控、综合视频监控等子系统的集中故障告警与资源管理。通过结合地理信息系统技术和大型数据库，系统可直观地管理各系统网络资源，并进行分析，完成拓扑管理、故障管理、性能管理、资源管理、报表管理、流程管理和系统自身管理七大功能。

本线利旧并扩容南昌局调度所既有通信综合网管系统中心设备，通过传输、数据网系统提供的通道与本线各子系统网元级网管互联。在上饶综合维修车间、新建上饶通信站、既有福州通信站分别设置综合网管系统远程工作站 1 套，实现对本线通信网的管理。

9. 综合视频监控系统

综合视频监控系统为各类视频监控应用提供统一的业务实现平台，包括客运服务、防灾安全等系统对车站重点部位(咽喉区)，区间公跨铁区段，通信、信号机房内外，牵引供电、电力供电机房内外等的实时监控。

本线综合视频监控系统由视频区域节点、视频接入节点、视频采集点、各级管理部门用户终端以及视频网络组成。

10. 时钟同步及时间同步分配系统

时钟同步及时间同步系统为整个通信系统提供时钟同步，并为通信系统及各车站、SCADA、信号、客服等应用及子钟设备提供时间同步信号。

采用主从同步分区方式，在新建上饶通信站、福州南通信站新设 BITS 设备。全线分为安徽、江西、福建三个同步区域，分段从新建上饶通信站、福州南通信站的 BITS 设备引接所需的主用定时信号，从相邻区域的 BITS 设备引接备用定时信号。

11. 动车所/综合维修车间/工区综合布线系统

车站站房综合布线系统由信息化专业统一设计。动车运用所综合楼、综合维修车间/工区的综合布线系统纳入通信工程。

12. 通信电源设备和通信、信号机房环境条件监控系统

通信电源及通信信号机房环境监控系统可对机房动力设备、空调设备以及机房运行环境和安全等各类情况进行实时监控，可监测各站点通信、信号机械室的环境量，包括温/湿度、烟雾、水浸、门禁、非法入侵、空调状况等，同时可对通信机械室的电源设备进行监测。

另外还有电源系统和通信线路系统。

本系统由一级监控中心、二级监控中心及远端监测单元(SU)组成。在南昌调度所设置一级监控中心设备，在本线新建上饶通信站、福州南通信站分别设置 1 套二级监控中心设备，在南昌局调度所、既有上

饶通信站、本线通信站、车站、站内/区间节点的通信机械室设置通信电源及通信信号机房环境监控系统远端监测单元(SU),并在信号机房设置采集器。

第二节 工程建设

一、施工安排

通信工程以隐蔽工程为先导,室内外建筑安装工程平行推进的方法组织施工;在专业衔接上,紧跟站前各专业施工进度,合理安排区间光电缆敷设,力争电缆槽道贯通一段敷设一段。同时做好专业间工序衔接,通过打穿插做好房建弱电沟槽管线的预留、预埋;根据电力专业分段供电时间表,合理安排通信各子系统的设备加电调试、试验,按计划进行全线的通信联调、联试工作;通信系统调试按照先电源、再传输、后其他的原则进行,以便为电力、信号、信息等相关专业及时提供远程传输通道和业务终端服务。

二、主要工程数量

通信工程主要工程数量见表49-1。

表 49-1 工程数量

序号	工程项目名称及型号规格	单位	数量
	一、通信线路		
1	敷设阻燃型埋式光缆 32 芯平原	条公里	615.64
2	敷设阻燃型埋式光缆 ≤12 芯平原	条公里	690.67
3	敷设阻燃型埋式光缆 ≤8 芯平原	条公里	188.99
4	敷设埋式长途电缆 3×4×0.9 平原	条公里	217.5
5	架设漏泄同轴电缆 900 MHz 隧道内 42 mm 1-5/8″	km	195.06
6	架设漏泄同轴电缆 900 MHz 隧道外 42 mm 1-5/8″	km	3.05
7	架设移动通信天线铁塔 10 m 钢杆	座	1
8	架设移动通信天线铁塔 15 m 钢杆	座	78
9	架设移动通信天线铁塔 20 m 四柱钢管塔	座	20
10	架设移动通信天线铁塔 30 m 四柱钢管塔	座	2
11	架设移动通信天线铁塔 35 m 四柱钢管塔	座	3
12	架设移动通信天线铁塔 40 m 钢独管塔	座	6
13	架设移动通信天线铁塔 40 m 四柱钢管塔	座	32
14	架设移动通信天线铁塔 45 m 四柱钢管塔	座	1
15	架设移动通信天线铁塔 50 m 四柱钢管塔	座	3
	二、通信设备		
1	SDH 传输设备	套	140
2	接入网车站 ONU	套	43
3	IP 数据网设备	套	17
4	数字调度设备	套	6
5	会议电视系统	套	6
6	综合视频监控系统	套	6

续表 49-1

序号	工程项目名称及型号规格	单位	数量
7	开关电源设备	套	115
8	GSM-R 移动通信基站设备	套	67
9	直放站近端机设备	套	67
10	直放站远端机设备	套	293
11	动力环境监控设备	套	120

第三节 主要施工方法及工艺

由于各专业环节施工前期准备有相似之处，后续四电其他专业施工前期准备将不赘述。另外考虑到各专业均有部分施工工艺工法为常规工艺工法，文中亦不展开详述。

一、光电缆线路施工

1. 施工工艺流程

光电缆作为通信重要的传输通道，确保光缆完好是施工过程中最重要的工作。敷设光缆必须严格按照施工技术标准实施，光电缆的施工工艺流程如图 49-1 所示。

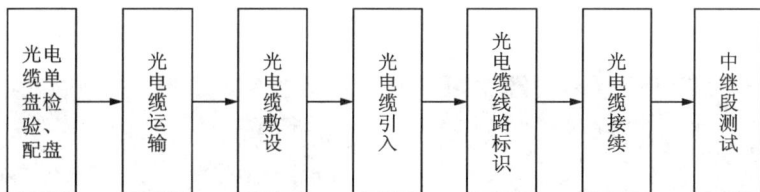

图 49-1 光电缆线路施工工序流程

光电缆敷设前对电缆槽道进行检查，光电缆"A"端朝向合肥方向，光电缆"B"端朝向福州方向。沿客专线路两侧站前预置的电缆槽道各敷设一条 32 芯光缆，面向福州方向线路左侧为"A"缆，右侧为"B"缆。按照基站顺序编号的单、双数分别纳入传输系统区间"A"缆和"B"缆的传输环中，左缆的分歧缆含单数区间基站的分歧缆，右缆的分歧缆含双数区间基站的分歧缆。基站 DK661+082 是双基站，左、右缆均需下分歧缆到设备机房。

从本基站机房两侧最近的直放站各放 2 条 12 芯短段光缆到本站，采用不同物理径路。在视频监控采集点与本基站间敷设 1 条 8 芯光缆。箱变与本基站间敷设 2 条 8 芯光缆。

2. 施工要点

光电缆采用直埋敷设时，需设置光电缆标识，其设置原则为：光电缆标识分别设在光电缆接头点、预留点、转弯点、穿越铁路及公路的两侧；直线段敷设时采用 PVC 塑钢标桩，按 50 米一处设置标识，如图 49-2 所示。

标桩正面（朝向铁路侧）的上部喷路徽，下部喷光电缆符号；标识两侧喷"铁路光（电）缆，禁止开挖（移动）"；在标识背面，距顶面 100 mm 处，喷光（电）缆编号，上下坡标识喷于编号下端；拐弯、过轨、直通、分歧、预留标识喷于标识顶部，标徽面向铁路。

图 49-2 光电线路标识

光电缆通过不同物理径路引入到机房两侧室外的电缆井，需做绝缘节并接地。机房室外电缆井增加光电缆盘留架和绝缘节支架。引入井内采用了绝缘节支架，通过设置支架避免绝缘节直接放置井底，防止随着使用年限的增加，绝缘节密封出现不严现象时，井内长时间积水，对光电缆使用寿命缩短的危害，如图 49 - 3 所示。

图 49 - 3　光电缆通过绝缘支架引入电缆井

3. 施工注意事项

(1)在以往客专光电缆线路突出的问题就是电缆交叉，对此问题在光电缆敷设过程中，设置了专人对槽道内的光电缆进行整理，尽量避免线缆间的相互交叉，如图 49 - 4 所示。

(2)施工中对已敷设电缆存在安全隐患地段，采取编织布、沙袋、钢管防护；对已安装完毕设备制作安全警示标识(如图 49 - 5 所示)，加强对施工成品的保护。

图 49 - 4　光电缆敷设

图 49 - 5　光电缆防护

(3)施工过程中，由于部分采用人工敷设，在施工组织不力或施工疲劳的情况下，容易造成光缆被扣或损坏，针对该问题施工单位在施工前对施工作业人员进行安全、通信知识学习教育；在敷设光缆光缆过程中，每 30 m 分配一名施工作业人员，严禁将光缆拖在地面，统一指挥，统一号令，同停同走，包保到人，管理人员分段负责，通过有序的现场施工组织和安排，有效避免了光缆故障的发生。

二、泄露同轴电缆施工

1. 工艺流程

泄露同轴电缆施工工艺流程如图 49 - 6 所示。

2. 漏缆单盘测试

测试前，进行开盘检验，检查标识、盘号、盘长、包装有无破损，漏缆有无压扁损坏等现象并做好记录。

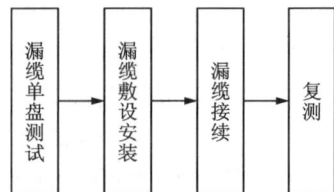

图 49 - 6　泄露同轴电缆工艺流程

收集好漏缆出厂记录、合格证，根据出厂测试记录审查漏缆的电特性和物理性能（低烟、无卤、阻燃、防紫外线），确保其满足设计要求。单盘通过测试后，端头用热可缩帽作密封处理，若指标出现异常时查找分析原因并通知厂商处理予以解决。

3. 漏缆敷设安装

隧道内漏缆采用夹具安装直接固定在隧道壁上的方式安装，夹具位置应符合设计要求，高度一般为距轨面 4.5 ~ 4.8 m。

（1）画线：施工时，按规定的安装高度要求，进行画线打眼，打眼间距为 1 ~ 2 m，实际施工时按设计规定，孔眼平直，不得成喇叭状，画出的线保持与轨面平行。漏缆卡具划线采用红外线划线仪，按设计要求定位到相应位置后启动红外线划线仪，在隧道上方打出一条明亮的红线，施工人员按照笔直的红线进行划线，起到精确定位准直的作用，大大提供工作效率，如图 49 - 7 所示。

图 49 - 7　漏缆卡具划线施工现场

（2）钻孔：在自制轨道梯车上，进入地点钻第一个孔后，将移至下一位置钻第二个孔，同时，在前一个孔内插入螺栓固定夹具。

（3）夹具安装：隧道内，夹具安装要牢固，并采用特制膨胀螺栓，并确保膨胀螺栓紧固后的埋深符合规范要求。

（4）漏缆敷设安装：敷设隧道内漏泄同轴电缆一般采用机械施工，施工时运载轨道车不得猛起动或急刹车。若采用人工展放敷设，展放时人员间隔不超过 7 m，以免漏缆拖地。将漏缆拉出并放在安装漏缆夹具的轨道一侧，漏缆不得在地上拖拉，确保漏缆外护套完好无损、无挤压和变形现象。漏缆展放完毕，将漏缆安装在固定夹具中。固定时漏缆与墙距离符合产品安装要求，并保证开槽朝外。

（5）敷设要求：漏缆在敷设施工中，弯曲半径不得小于漏缆直径的 15 倍。漏缆敷设时，尽可能不与其他线缆交叉，如无法避免，应布设在其他线缆之上。

4. 漏缆接续

漏缆接续是指漏缆和射频电缆连接器转换头接续和终端连接头接续。漏缆连接器或终端连接头安装应符合施工规范和设计规定要求，接续时按标准工艺要求保证可靠接续。

5. 复测

用万用表进行通电试验，检查内外导体装接情况；检查绝缘电阻是否为无穷大；各零部件必须旋紧，以不影响无线信号的稳定传输。

6. 漏缆敷设注意事项

（1）隧道内漏缆敷设一般采用机械施工，施工时运载轨道车不得猛启动或急刹车。当采用人工抬放，展放时人员间隔不超过 5 ~ 7 m，以避免漏泄同轴电缆拖地。漏泄同轴电缆在敷设施工过程中，严禁急剧弯曲。漏泄同轴电缆吊挂应在隧道侧壁，漏泄槽口朝向线路侧，施工图如图 49 - 8 所示。

（2）隧道外隧道外漏缆吊挂漏泄同轴电缆的承力索采用 7 × ϕ2.6 mm 镀锌钢绞线，与支撑件和终端座固定时保证电气绝缘或连通。

图 49 - 8　隧道内漏缆施工

三、设备安装施工

1. 施工方案

设备安装工作包括长途及本地传输系统和接入层传输系统、接入系统、数据网、GSM - R 移动通信系统、调度通信系统、会议电视系统、应急救援指挥通信系统、同步及时钟分配系统、电源系统、电源及环境监控系统、综合视频监控系统的施工安装准备、设备安装、设备配线、防雷接地。

具备施工条件后，首先进行首站定标工作，在各设备督导指导下，进行施工安装，确定设备安装、配线施工工艺和施工方法，技术人员编写作业指导书。然后按总体站点数量，划段分组，组间平行作业，组内按确定的工艺方法分为机架安装和设备配线两大工序，采用流水作业。

2. 设备机架安装

1）安装准备

（1）开箱检验。

设备、附件等到达现场后按要求对其数量、型号、规格、质量进行进场检查，确认说明书等技术资料、合格证、质量检验报告等质量证明文件是否齐全。

（2）机房清理。

设备安装前，全面清理机房，并按规定做好地面防尘处理。

2）底座及机架安装

（1）机架底座由设备厂家配套提供，采用膨胀螺栓直接固定在房屋地面上，并与房屋防静电地板上表面等高，如图 49 - 9 所示。

图 49 - 9　机架底座安装

（2）机架（含底座）安装位置符合设备平面布置施工图要求。

（3）机架与底座采用螺栓连接加固。

（4）机架安装垂直偏差不大于机架高度的1‰；相邻机架间隙不大于3 mm，正立面平齐。

3）子架或机盘安装

（1）子架插入机柜（架）或机盘插入子架位置符合设备技术文件或设备面板施工图要求。

（2）子架插入机柜（架）或机盘插入子架时用力适度、顺滑导入，整齐一致，接触良好，如图49-10所示。

（3）子框、板件的安装在佩带防静电手环的条件下进行。安装时，严格按照各类设备的安装手册要求，并在硬件督导的指导下进行。

图49-10 子架安装

4）壁挂式设备安装

壁挂式设备主要包括动力环境监控的水浸、门禁、温度、湿度、红外、空调控制、电池检测等采集器及室内监控。这类设备的安装应在机房主要设备基本安装完毕后，根据设计意图及业主要求，合理选择安装位置。原则如下：

（1）水浸设备应安装在靠近窗口、空调，及有可能有水侵入机房部位的地面上，如图49-11所示。

（2）门禁设备应安装在机房进出人员的门框及门体上，保证对门的开关状态有效的进行检测。

（3）温湿度设备安装位置应充分考虑机房整体温湿度情况，避免安装在空调直对的墙上以及太阳直接照射的位置，应按照机房面积大小均匀布置，如图49-12所示。

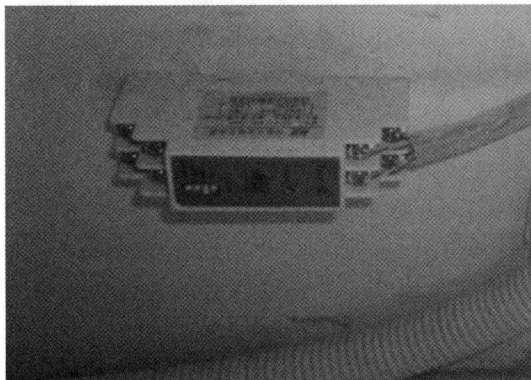

图49-11 水浸设备安装图

图49-12 温湿度设备安装图

（4）红外设备安装在窗口上方以及机房出入口侧方墙壁上，注意红外探测设备安装方向应以设备自身要求为准，如图 49 - 13 所示。

（5）空调控制、电池检测设备根据机房所监控空调及电池设备情况按照各监控厂商设备自身要求在督导指导下安装。

（6）室内监控摄像机的安装方式分为吊顶式安装和壁挂式安装，安装位置应选取尽量能够监控到全局的制高点，如机房条件所限，安装位置应优先考虑监控机房出入口状态及设备指示灯状态，如图 49 - 14 所示。

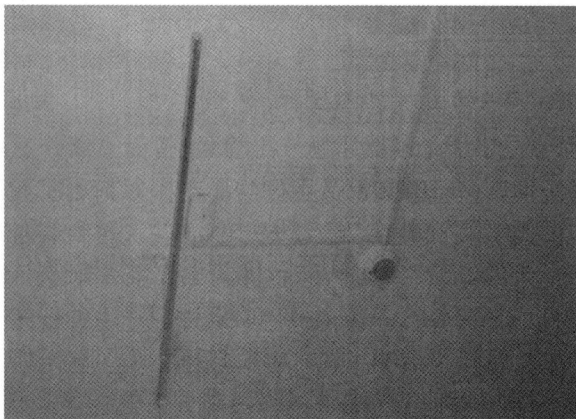

图 49 - 13　红外设备安装图

图 49 - 14　室内监控安装图

5）蓄电池安装

蓄电池架及蓄电池安装按标准施工要求实施。

6）会议室设备安装

（1）话筒和扬声器的布置尽量使话筒置于各扬声器的辐射角之外。

（2）摄像机的布置应使被摄对象都收入视角范围之内，并能从不同角度摄取画面，方便获得会场全景或局部特写镜头。

（3）监视器或大屏显示设备布置尽量使与会者处在较好的视距和视角范围之内。

3. 走线架安装

本基站采用下走线，地面设高强度不锈钢方管走线架，宽为 400 mm，每隔 250 mm 设一横档。高强度不锈钢方管走线架尺寸为：方管规格（25 mm × 25 mm，1 mm 厚度），支架净高度为 125 mm，每隔 1 m 支架固定地面，电源线、数据线分开布放，如图 49 - 15 所示。

4. 设备配线

1）配线顺序要求

原则上按照先地线、电源线，再信号线，最后光纤的布放顺序施工。

图 49 - 15　走线架安装

2）线缆布放通用要求

（1）布放前检查。

①各通信机房由房建专业在房屋建筑地网统一考虑提供的接地端子阻值是否小于等于 1 Ω。

②线缆有无断线、混线，规格、型号是否与施工图相符。

③电缆的绝缘电阻、耐压等电气指标符合要求。

④线缆外皮无破损、挤压变形。

（2）通信电缆与电源线的平行距离不小于 50 mm。

（3）各种线缆应均匀绑扎固定，合理布局，按顺序出线，布放应顺直、整齐，无扭绞、交叉。

（4）线槽内敷设时，不得溢出。

（5）线缆弯曲应按标准要求进行。

（6）布线应尽量短而整齐；当线缆接入设备或 ODF、DDF、VDF、数据配线架时，留有一定的余量，余留长度统一。

（7）编扎电缆芯线时保持电缆芯线的扭绞，布线不应过紧，转弯圆滑；分线应按色谱顺序；余留芯线的长度符合更换编线最长芯线的要求。

（8）光纤尾纤单独布放；软光纤在走线架或线槽内加套管或线槽保护，不应挤压、扭曲；编扎光纤的扎带松紧适度。

（9）敷设好的缆线两端贴有标签，标明型号、长度及起止设备名称等必要的信息；标签采用不易损坏脱落的材料。

（10）室内各种配线中间无接头。

（11）对设备机架内的子框、板件配线应在佩带防静电手环的条件下进行，严格按照各类设备的安装手册要求，并在硬件督导的指导下进行。

（12）光纤分配架（ODF）、数字分配架（DDF）、音频配线架（VDF）、综合配线架、数据配线架等设备配线端子板布置符合施工图设计要求。

（13）各机房内设置两个接地排，并与预留的接地端子可靠连接。电源设备单独使用一个接地排，其他通信设备使用另一个接地排。

3）线缆终接要求

（1）根据配线架的型号规格，选用电缆焊接、卡接、压接等终接方式。

（2）采用专用的剥线工具开剥电缆。

（3）采用焊接时，电缆芯线焊接要端正、牢固、焊点光滑；无假焊、错焊、漏焊、短路，焊接后芯线绝缘层无烫伤、开裂及回缩现象。

（4）采用卡接时，卡接钳的规格与电缆芯线线径相匹配。

（5）组装专用电缆插头和以太网电接口插头时，应配件齐全、线位正确、连接可靠，压接插头时应选用专门工具。

4）电源线布放附加要求

（1）电源线及接线端子的型号、规格符合设计要求。

（2）正、负直流电源线分别采用红、蓝色；当电源线外皮无法区分时，应按上述原则进行标识。

（3）主电源线和列电源线布放和安装时，每对正、负馈电线相互平行，正、负线在转弯处弯度一致，拐弯圆滑均匀。

（4）设备电源引入线的布放要求

①宜利用设备自带电源线。

②电源线引入设备时，可在电源线端头处剥脱绝缘外皮缠绕塑料绝缘带或套上绝缘套管，长度一致，套管松紧适度，塑料绝缘带和绝缘套管的颜色应便于识别电源线的极性。

③截面面积在 10 mm² 以下的单芯或多芯电源线可与设备直接连接，在电源线端头制作接头圈，线头弯曲方向与紧固螺栓、螺母的方向一致，并在导线与螺母之间加装平垫片和弹簧垫片，拧紧螺母。

④截面在 10 mm² 以上的多股电源线端头应加装接线端子并镀锡，接线端子尺寸与导线线径吻合，用压（焊）接工具压（焊）接牢固，接线端子与设备的接触部分应平整，在接线端子与螺母之间加装平垫片和弹簧垫片，拧紧螺母。

⑤电源线与设备端子连接时，不应使端子受到外界机械拉力，以免端子受损。

5）设备接地线附加要求

（1）接地线严禁使用裸导线布放，其截面面积应符合设计要求。

（2）室内通信设备的接地线单独与室内接地汇集排或接地排相连，不应在一条接地线上串几个需要接地的通信设备，不应通过安装加固螺栓与建筑钢筋相碰而自然形成电气接通。

（3）配线架应从室内接地汇集排或接地排上引入保护地线，配线架与机房通信设备之间不应通过走线架形成电气连通。

（4）电源地线和保护地线与交流中性线应分开敷设，不应相碰，严禁合用，交流中性线在电力室单独接地。

（5）当接线端子与线料为不同材料时其接触面应涂防氧化剂。

6）GSM-R系统天线、馈线安装

（1）天线安装。

①天线的安装高度和方位应符合设计要求，方向性天线应用罗盘定向。

②应按照施工地区的环境条件采用合适的天线安装方式，符合天线强度要求。

③应确保天线在避雷针保护区域LPZ0B范围内。

④定向天线附件、天线固定夹、调节装置的安装可在塔上进行，也可将天线与塔上跳线在地面组装并将接头密封好，然后再吊到塔上。

⑤天线吊装应用绳子与滑轮组将定向天线及所有附件吊至塔上平台，按照工程设计图纸确定定向天线的安装方向，将定向天线固定于支架的主干上，松紧程度应确保承重与抗风，也不宜过紧以免压坏天线护套。

（2）天线方位调整。

①按设计方位角用罗盘预调整天线，误差不宜大于5°，将天线下部固定夹拧死，使用罗盘时尽量远离铁塔等钢铁物体，并注意当地有无地磁异常现象影响罗盘的准确使用。

②按设计俯仰角用角度仪预调整天线，误差不宜大于0.5°，将天线上部固定夹拧死。

③在天线安装与调节过程中，应保护好已安装的跳线，避免损伤。

（3）馈线敷设。

①馈线敷设前进行单盘测试，单盘馈线性能测试应符合表49-2的要求，测试后应对馈线头作密封处理。

②线敷设前，应先实地了解馈线敷设路由是否畅通。

③线敷设应做到路由合理，最小弯曲半径应符合表49-3的要求。

表49-2　常用馈线性能指标

规格	内导体最大直流电阻 (200C)（Ω/km）	外导体最大直流电阻 (200C)（Ω/km）	最小绝缘电阻 /MΩ·km	最大电压 驻波比
HCTAY-50-32 1 1/4″馈线	0.78	0.66	3000	1.20
HCTAY-50-23 7/8″低损耗馈线	1.40	1.19	3000	1.20
HCTAY-50-22 7/8″馈线	1.20	1.20	3000	1.15
HCTAY-50-21 7/8″软馈线	2.97	1.31	3000	1.20
HCAAY-50-12 1/2″馈线	1.62	2.08	3000	1.20
HCAHY-50-9 1/2″超柔	2.97	3.54	3000	1.20

表 49 - 3　常用馈线弯曲半径

规格	最小弯曲半径(单次弯曲)/mm	最小弯曲半径(多次弯曲)/mm
HCTAY - 50 - 32 1 1/4″馈线	200	380
HCTAY - 50 - 23 7/8″低损耗馈线	150	275
HCTAY - 50 - 22 7/8″馈线	140	250
HCTAY - 50 - 21 7/8″软馈线	90	130
HCAAY - 50 - 12 1/2″馈线	80	125
HCAHY - 50 - 9 1/2″超柔	17	55

④敷设时在铁塔平台上及引入口作适当余留，敷设完毕应做好标识。

⑤同一段馈线应是整条线缆，禁止中间接头。

⑥馈线沿爬架一侧引下，用馈线卡箍 1 m 一次固定在铁塔上，地面以上 2500 mm、地面以下 500 mm 用 ϕ120 钢管防护，直埋部分采用 ϕ100 mm PE 管全程防护，埋设深度不小于 800 mm，PE 管套入钢管长度不小于 500 mm，馈线采取单根防护，敷设路径应短捷，敷设应平顺。

⑦馈线引入口、钢管防护口应用防火泥封堵。

⑧天线与馈线连接处、引入口处应做好避水弯。

（4）天线、馈线连接。

①天线、馈线连接主要有：天线与跳线连接、跳线与室外功分器连接、馈线与室内避雷器连接、室内避雷器与跳线连接，所有连接均使用专用连接器。

②连接器安装严格按工艺标准操作，并应使用专用接续工具。

③连接应牢固可靠，并保证电性能指标，对于驻波比过大、阻值过大、绝缘不良、衰耗偏大的接头应锯断重接。

④连接器装配完毕应进行质量检查，用万用表检查内、外导体装接情况，并轻敲连接器，看万用表有否变化，判断装配接触质量，用兆欧表进行绝缘电阻测量，判断装接质量，检查各零部件螺栓是否旋紧。

⑤室外连接器装配后接头外部应进行防水处理。

⑥连接器应可靠固定在承力点上。

（5）防雷接地。

铁塔上架设的馈线的金属外护层应分别在天线处、离塔处以及机房入口处外侧就近接地（天线处、离塔处工艺做法为从馈线的地线卡子引出线就近接引至铁塔塔身，应确保接地卡子与天馈线连接处防水、防渗漏良好，接地卡间距须小于 30 m）；馈线在机房馈线入口处接地时，应接入室外接地汇集线。防雷设计实例图如 49 - 16 所示。

7）配线测试检查要求

（1）从电源室引接的设备供电电源线连接可靠，直流正负极极性正确。

（2）在相对湿度不大于 80% 时，测试电源线单线对地及线间绝缘电阻大于 1 MΩ。

（3）从室内接地端引接的接地线连接良好，接地电阻值不大于 1 Ω；电缆的屏蔽护套接地可靠。

（4）配线电缆的芯线应无错线或断线、混线。

（5）配线电缆芯线间的绝缘电阻要求

①音频配线电缆不小于 50 MΩ。

图 49 - 16　防雷设计

②同轴配线电缆不小于 1000 MΩ。

（6）音频配线电缆近端串音衰减不小于 78 dB。

（7）用计算机网线作为数据配线或信号线时，检查其长度和线对的使用符合设计或相关技术标准的要求。

（8）射频同轴电缆敷设、射频同轴电缆与连接器的连接等均符合设计或设备技术文件的要求。

四、综合视频监控前端采集设备安装施工

1. 施工方案

本工程在各车站、站内节点及区间节点的通信信号和信息机房内、电牵及电力设备房屋内外、车站重点部位（咽喉区、行车控制室）、动车所、区间公跨铁设置摄像机。室内视频采集设备采用吸顶安装或壁架安装方式，室外视频采集设备采用立杆方式安装。

视频前端采集设备安装一般在室内通信设备安装完后进行，根据房屋、院落工程进度编制施工进度计划。由于视频前端设备节点较多，具备施工条件后，首先进行首站定标工作，在各设备督导指导下，进行施工安装，确定设备安装、配线施工工艺和施工方法，技术人员编写作业指导书。然后按总体站点数量，划段分组，组间平行作业，组内按确定的工艺方法逐站施工安装。视频杆基础建筑、视频杆组立安排专门班组统一施工。

2. 室内采集设备安装

（1）通信、信号、信息、电牵及电力设备房屋内设置摄像机，监视目标为机房门及走道，并最大范围监视机房。

（2）室内摄像机的视频线、控制线与电源线规格型号符合施工图设计要求，分别敷设在 2 根不同的 PVC 槽内。

3. 室外采集设备安装

1）室外采集设备安装和配线通用要求

安装和配线除满足一般要求外，还应注意：

（1）在线路附近安装摄像机时，应符合铁路限界要求。

（2）在接触网等高压带电设备附近安装时，安全防护距离符合相关标准的规定。

（3）摄像机宜安装在监视目标附近不易受外界损伤的地方，安装位置不应影响现场设备运行和人员正常活动。

（4）附加照明装置的光源光线应避免直射摄像机镜头，以免产生晕光，安装在铁路沿线时，不得影响司机瞭望信号。

2）室外视频安装

（1）车站咽喉区。

车站咽喉区摄像机安装位置及高度符合设计要求，视频线、控制线、电源线规格型号符合施工图设计要求，从设备箱到通信机房敷设光缆和电力电缆，敷设径路、防护方式按光缆线路要求实施。咽喉区采集点用于监视进入咽喉区人员概貌、覆盖范围内人员活动及咽喉区线路状况。

（2）公跨铁区。

公跨铁摄像机安装位置及高度符合设计要求，室外设备箱有条件时背向铁路安装，若面向铁路安装，必须满足铁路限界的要求，距离地面 1.5 m。从设备箱到通信机房敷设光缆和电力电缆，敷设径路、防护方式按光缆线路要求实施。

公跨铁采集点用于监视桥梁下方两侧的线路状况，如轨面落物等。

4. 电源、防雷及接地

室内、外摄像机的电源线、视频线、控制线均需设置相应的浪涌保护器，防止感应雷对室内、外设备的破坏和过电压保护，室外浪涌保护器安装在室外设备箱内，引线长度尽量的短且直，不得出现 90°弯角，摄像机电源防雷器连接引线长度大于 0.5 m 时，采用凯文接线方式，相线和零线用不小于 6 mm² 多股阻燃铜线，PE 线采用不小于 10 mm² 多股阻燃铜线。

室外视频杆顶端设置直击雷保护装置，单独做接地体，接地电阻符合设计要求，并与贯通地/既有地网相连，以实现与综合接地连接，接地电阻应小于 1 Ω。

五、铁塔建筑施工

1. 铁塔基础施工

铁塔基础施工需注意以下几点：

（1）铁塔基础的选址原则上尽量靠近山体侧、铁路侧，尽量布置在平地或挖方地段，避免在斜坡上易产生滑移处或高填方地段，不得建在浮土、垃圾土、流质土和易受水冲刷的地方，并保证信号的辐射面积及长度能满足设计要求。

（2）合福高铁闽赣段的铁塔基础开挖符合要求，基坑开挖到设计深度后对地质资料进行了核对，并进行地基承载力试验以确认是否符合设计要求，并需经设计院地质专业人员现场验槽签字确认后进行施工。

（3）垫层浇筑前必须对基坑要夯实、找平。

（4）铁塔基础钢筋规格及绑扎方式应符合设计要求。

（5）铁塔基础钢筋应进行拉力试验并符合设计要求后方可使用。

（6）铁塔基础混凝土优先使用沿线站前混凝土，特殊情况下使用地方商混凝土时应保证砂石料送检试验符合设计要求，并经监理单位实验室检验备案。

（7）铁塔基础混疑土配比应符合铁塔基础设计规定的混凝土强度等级。

（8）混凝土在每一次浇灌时应边浇筑边振捣，保证基础表面无蜂窝；每一次浇筑时，均应提取混凝土试块，待养生期达到后进行试验。

（9）基础回填前应埋设好防雷地线，接地线采用铁塔内钢筋网与铁塔四周增设环形接地网相结合的方式，防雷接地电阻应符合 10 Ω 以下的设计要求；铁塔基础预留两处引出扁钢，用于后续接入场坪接地网所用。

（10）基桩混凝土浇灌后采用填埋养生法进行养生，当遇到不能及时回填等特殊情况下采用塑料薄膜缠绕保湿养护，覆盖应严密并保持塑料薄膜内有凝结水，当天气干燥情况下，要定期洒水，一般要养护 28 d 左右（由天气和温度决定）。整体过程如图 49 - 17 所示。

2. 铁塔组立

1）施工程序

施工准备→现场布置→塔腿安装→把杆安装→地面组装→塔身吊装→把杆提升→平台、避雷针吊装→避雷带焊接→拆除把杆→安装检查→塔脚包封。铁塔组立施工现场图如图 49 - 18 所示。

(a)基坑开挖

(b)钎探

(c)基坑放样

(d)施工围挡

(e)抄平夯实

(f)垫层

(g)承台绑筋

(h)承台浇筑

(i)承台养生

(j)立柱绑筋

图 49－17　铁塔基桩施工

2）技术要求

（1）铁塔相互连接主材及其连接板在安装前需进行试装。

（2）每一个结构单元安装完毕须及时进行校正和固定。

（3）螺栓穿入方向一致，螺母拧紧后，螺栓外露丝扣不得少于 2 扣。铁塔最下面的 5 m 高度内的螺栓要采取防盗措施。

（4）铁塔主体结构全部安装完，用经纬仪检查垂直度，铁塔的中线垂直倾斜度不得超过塔高的 1/1500。

图 49-18 铁塔组立施工

（5）平台安装位置须符合设计要求，铁塔楼梯踏步板应平整，倾斜允许偏差 ±2.0 mm，均与铁塔结构件牢固连接。

（6）天线支架挂高、方位须符合设计要求，并与铁塔结构件牢固连接。

（7）铁塔航空障碍灯安装位置须符合设计要求。当采用交流供电时其电源线必须为屏蔽线，同时外屏蔽套上、下两端应接地；当采用太阳能电池作为电源时须采用相应防雷措施。

（8）为确保施工人员安全，五级风以上不得进行铁塔安装。

（9）铁塔距地面 3 m 高处安装"登高危险、严禁攀爬"标志牌。

六、施工小结

1. 注重环保、文明施工

充分利用网络、多媒体，采取自学、集中学习、标牌等形式，进行安全、质量、文明施工、环境保护体系、制度和《工程建设标准化管理手册》宣贯落实，提高项目员工的把控能力。使其养成"习惯遵从标准，标准成为习惯"行为规范，如图 49-19 所示。

图 49-19 标准化学习现场

针对合福高铁工程对环境保护的高要求，认真执行福建省有关环水保法律法规，结合现场施工情况，施工前进行了环境保护方面的交底，制作了"环保袋"，以保证施工细小废料及时回收，施工时做到"人走场净、事毕事清"。

2. 注重协调、提升效率

1）施工配合过程中的协调措施

（1）主动沟通、寻求支持、保证工期。

在京福闽赣公司各领导的支持协调下，主动与沿线房建单位逐一落实通信、信号机房、铁塔基础征地等接口问题；与建设和监理单位联合调查室外槽道管线手井问题，为光电敷缆和室内设备安装创造提前进场条件；与设计单位沟通，及早解决了图纸与设备选型等问题。紧随站前单位，寻求合理时机见缝插针，做到具备一项、实施一项，加快工程施工进度，争取时间赢得主动，沟通现场会如图 49－20 所示。

图 49－20　学习研讨、沟通协调会

（2）把握关系形成共建。

虚心接受建设单位、监理单位和当地政府的监督、检查、指导，在工程建设管理中，以"德、智"协调各方关系，得到了理解、支持和帮助，形成"和谐、双赢、共建"局面。

（3）铁塔基础征地。

针对村民因征地问题遇阻工等影响铁塔施工，采取与村民积极沟通，同时联系地方铁办，争取地方铁办支持给予协调解决。

（4）站内过轨。

针对站内过轨满足不了通信、信号、电力需求的现象，技术部门积极与设计沟通，要求设计出设计变更，同时与站前施工单位沟通并做预留，待设计变更下发后，现场配合站前单位进行增补过轨。

（5）现场定测、图纸审核。

进场后根据施工图纸进行现场定测，技术部对于现场存在的问题（信号点在综合洞口、路基桥梁信号点不在杆塔处等）及时同设计沟通，形成图纸审核材料备案。

（6）铁塔基础图滞后。

针对铁塔基础出图滞后的情况，在铁塔招标后及时督促铁塔厂商将资料反馈设计院，配合设计院加快铁塔基础出图。铁塔基础基坑开挖完成后，严格按照设计要求，进行承载力的检测工作，委托具有资质的单位进行钎探并出具钎探报告。

2）与站前接口的协调措施

（1）桥梁锯齿孔及电缆分支槽。站前为通信专业预留的接口主要是区间的桥梁锯齿孔及分支电缆槽道，根据 GSM－R 基站设置位，通信专业在长大桥梁地段从桥墩引下到机房，需站前单位在相应的位置预留锯齿孔用于光电缆引下，由于征地等原因导致位置调整，就需增加相应的锯齿孔，针对这一情况积极协调设计单位尽快提供联系单，主动联系请站前兄弟单位到现场核对。同时京福闽赣公司工程部领导在 2014

年7月、8月、9月多次组织平推检查，相关单位按照相应的节点完成了接口预留条件，为站后四电施工提供了有力条件。

（2）中继站、车站站房、变电所交接。对于站前单位施工缓慢的问题的问题，工程技术部门积极与站房单位沟通，先将通信信号变电所及信号机械室抢建出来，具备进场条件后，抓紧时间联系设备接管单位预介入进行现场调查，经设备接管单位许可后，组织人员进行设备运输、安装、布线，经多次与站前单位沟通配合，站前单位给予了很大支持，保证了电力的送电、信号施工有序的进行。

（3）漏缆辅助杆基础。由于合福高铁地处山区，隧道较多，需漏缆延伸吊挂保证信号辐射。隧道外漏缆吊挂于接触网杆上，并在两相邻接触网杆间距较大区段增设了通信漏缆辅助杆。辅助杆与接触网 H 型钢柱型式相同，辅助杆基础路基段由地路专业负责、桥梁段由桥梁专业负责。特别是桥梁地段需要预制，施工单位多次对此调查，尽快将资料提供给设计单位反馈站前单位，满足通信要求。

（4）室内走线由钢槽改为不锈钢走线架。以往的钢槽存在不同性质的电缆不能固定绑扎，线缆随意移动，难保证 10 cm 的间隔距离，且引出线位置容易变形，锯口锋利，容易损伤线缆，信号线缆与电源线缆在引进设备时存在交叉现象等问题。通过改为走线架方式，上述问题均得以解决。

（5）高强度性能混凝土泵送施工技术。在土质和承载力不良的情况下，铁塔基础混凝土采用商品混凝土泵送施工，混凝土质量得到有效的控制、各种材料计量偏差均在预计偏差范围之内，提高了工程效率，减轻了操作工人的劳动效益、节约了原材料的损耗，缩短了工期。

（6）针对南方潮湿的环境特点，隧道内螺栓采用不锈钢和放松螺帽，采用胶泥进行封堵；针对现场石质沟较多容易划伤和砸伤光缆情况，在光缆外部采用 PE 管全程防护，有效保证光缆线路畅通。

（7）针对现场施工技术问题，成立 QC 攻关小组，经常性开展如《如何提高无线天馈线安装驻波比一次性合格率》的类似研讨会，在施工过程中取得了良好效果。

第四节　设备调试与验收

一、设备调试

1.系统调试

在部分试验后，对通信各子系统间进行联合调试，以验证系统达到设计要求。测试过程中要做详细记录。

在开始进行试验之前规定的时间内，提供系统试验的详细试验计划和测试内容等，由业主确认。施工方在系统试验完成后编制试验报告，并提交业主确认。

1）系统试验作业流程

系统试验作业流程如图 49 – 21 所示。

2）系统试验作业方案

系统试验调试工作在各子系统设备的检测试验完成后进行。为了便于及时处理联网调试过程中设备存在的技术问题，协调设备供应商配合本工程的系统联网调试工作。

```
技术准备 → 接口参数配置 → 系统联网 → 系统指标测试 → 系统功能试验 → 系统稳定性检验 → 编写试验报告
```

图 49 – 21　系统试验作业流程图

为了确保系统试验工作的顺利进行，成立系统试验领导小组，由项目部总工程师任组长，设备安装调试作业班和检测试验工程师任组员。试验小组将根据各子系统具体情况做好技术分工。

通信系统试验计划在安装试验和部分试验完成后开始进行，系统试验阶段的基本要求如下：

技术准备：所有调试人员熟悉设备技术手册和安装手册，掌握各类设备的技术参数和性能指标；分析各类接口参数和设备联网时可能存在的接口配合问题；对接口配合中可能存在的时钟同步、系统延时、接口电平等一系列的技术问题进行分析，并制订对策；对调试工作的工具、仪表进行检验，确保工具、仪表的完好；编制调试所需检测和试验的项目及检测试验方法，并制订各类记录表格；制订调试大纲及技术方案

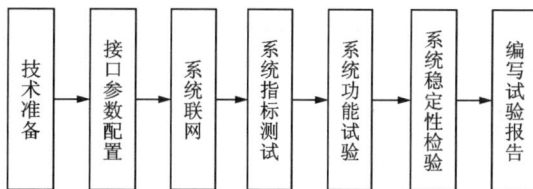

和各项保证措施。

接口参数的配置：系统接口主要分二大类，一类是数据接口，一类模拟接口。数据接口主要进行时隙分配和数据的交叉连接等参数的配置，模拟接口主要进行接口电平、特性阻抗及二、四线方式的参数配置。接口参数的配置要根据设计文件和各子系统设备的接口连接要求在设备供应商的配合指导下进行。

系统联网：按照设计文件的组网要求，进行各子系统设备组网连接，并对其连通性能进行检验。

系统指标测试：根据施工规范和产品技术规范要求，对各子系统的各项指标进行测试，并做好详细的测试记录。测试人员、监理工程师、设备供应商配合人员对测试记录进行共同签认。

系统功能试验：对各子系统设备业务功能、监视报警功能、网络管理功能、故障诊断功能、人工倒换和自动倒换功能等各项功能进行检验和模拟试验，各项功能均能满足设计文件及技术规范的要求。对各项功能的试验做好详细记录，并进行签认。

系统稳定性能检验：各项性能指标检测合格后，对设备进行试运行，在试运行的过程中，对系统的稳定运行状况进行检测，对其主要指标和功能进行检测，各项指标不得有劣化现象，各项功能均能顺利实现，通信质量良好。系统设备稳定检验合格后，正式倒接开通投入运营。

提交系统试验报告：系统试验结束后，组织相关技术人员编写调试报告。调试报告的主要内容包括：调试中的组织措施和技术措施、调试过程中存在的技术问题和解决方法、各项测试记录和功能试验记录、稳定运行情况、有待进一步解决的问题（如果有）等。调试报告编写完成交项目部总工程师审核后报业主审核，并存档保存。

2.集成试验

集成试验旨在对通信系统与其他有关系统的接口进行检查，以保证所需联调的各系统通过其接口达到工程设计的要求。

在集成试验阶段，通信系统与其他系统之间的接口包括但不局限于：光纤接口、数据接口、与SCADA系统接口、与综合接地接口、与既有通信系统的接口等。

二、工程验收

1.静态验收

路局电务处与京福闽赣公司共同组织设计、监理、第三方检测单位和通信设备接管单位对合福高铁闽赣段通信设备及线路工程进行了静态验收，并提报了静态验收报告。根据《铁路客运专线竣工验收暂行办法》（铁建设〔2007〕183号），经专家组审议，一致认为：合福高铁南昌局管段通信工程静态系统及其专业接口工程满足设计要求及验收标准，工程总体质量合格，具备动态验收条件。

2.动态验收

铁道部运输局组织电务专家组，于2015年6月对京福闽赣公司提报的《新建合福高铁南昌局管段动态验收报告正文》及相关测试资料，中国铁道科学研究院提供的《合福客专南昌局管段动态检测报告》和《合福客专南昌局管段运行试验测试报告》进行了审核，经专家组认真讨论，认为新建合福高铁南昌局管段通信工程（含综合视频监控系统）满足相关标准和设计要求。工程质量合格，同意通过动态验收，具备初步验收条件。

第五节　典型工程案例

一、上饶枢纽交叉并线通信GSM-R无线网络切换和干扰问题解决方案

1.设计情况

合福高铁与杭长高铁在上饶地区十字交叉，并设置东南和西南联络线，联络线部分区段与杭长高铁并行，杭长高铁先于合福高铁开通；合福与杭长高铁均是300 km/h速度C3列控线路等级，GSM-R无线子系统均采用单网交织覆盖方案。

合福高铁施工图设计在上饶联络线采用同址双宏基站覆盖方案，设置的基站接入杭长高铁在南昌西建

设的 BSC/PCU 设备。上饶地区合福与杭长高铁 GSM - R 系统基站分布设计方案如图 49 - 22 所示。

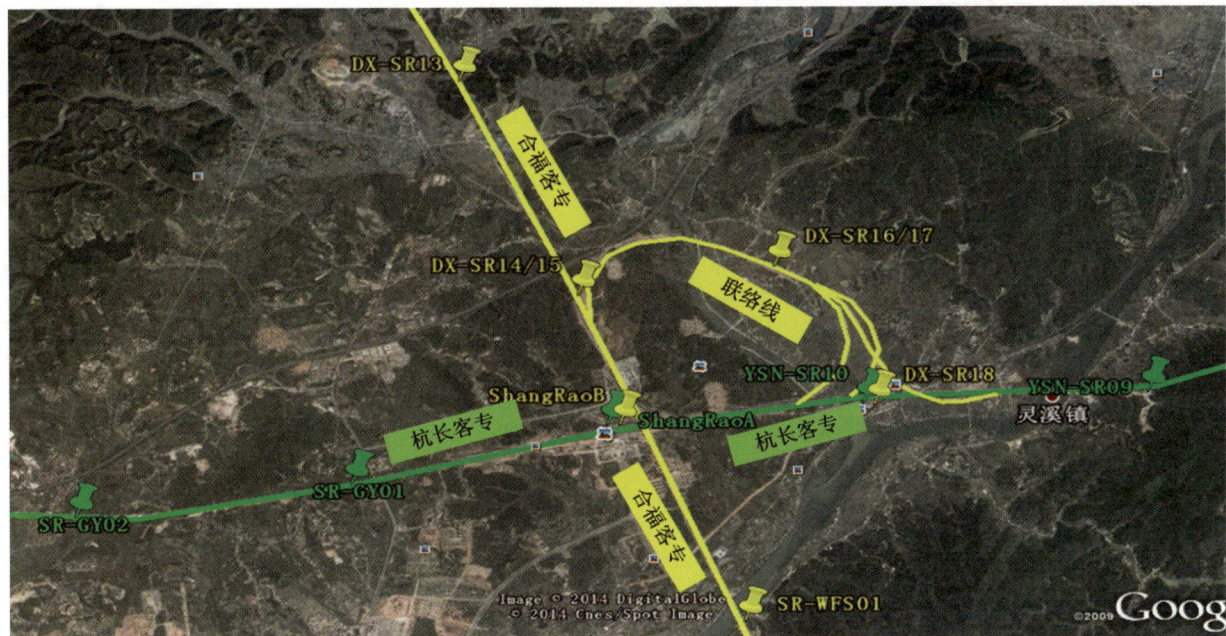

图 49 - 22 上饶枢纽合福与杭长高铁线路走向及基站分布示意图

杭长施工图设计：ShangRaoA(O3)、YSN - SR10(O2)、YSN - SR09(O2)、SR - GY01(O2)、SR - GY02(O2)5 套基站由杭长高铁设置，接入杭长在南昌西设置的 BSC/PCU 设备。图 49 - 22 绿色线条设施为杭长高铁线路和基站。

合福施工图设计：ShangRaoB 基站(O2)、DX - SR14 基站(O1 + 1)、DX - SR15 基站(O1 + 1)、DX - SR16 基站(O1 + 1)、DX - SR17 基站(O1 + 1)、DX - SR18 基站(O1 + 1)6 套基站由合福高铁设置，接入杭长在南昌西设置的 BSC/PCU 设备。图 8 - 2 - 1 黄色线条设施为合福线路和基站。

杭长高铁在沪昆里程 K498 + 517、上饶站沪昆场、沪昆里程 K503 + 950、沪昆里程 K506 + 882 处设置基站；合福高铁在合福里程 K1463 + 066、K1466 + 016、上饶站合福场、西南联络线 L1K3 + 459、合福里程 K1470 + 411 及沪昆里程 K498 + 517 处设置基站。其中合福里程 K1466 + 016 和西南联络线 L1K3 + 459 两处设置同址双基站；在上饶站杭长和合福分别设置的基站形成同址双基站；在沪昆里程 K498 + 517 处杭长和合福分别设置的基站形成同址双基站。以上基站中，合福里程 K1466 + 016 处双基站、西南联络线 L1K3 + 459 处双基站、上饶站处双基站、沪昆里程 K498 + 517 处双基站均接入杭长所设的 BSC。上饶地区杭长与合福高铁同址双基站及 GSM - R 频点分布设计情况如图 49 - 23 所示。

2. 优化原因

按照原施工图设计方案，上饶站及联络线地区合福与杭长高铁 GSM - R 系统都是采用单网交织覆盖方案，基站数量及载频数量在上饶地区配置较多，且两条线路存在十字交叉，故存在以下问题：

(1)由于 GSM - R 系统频点有限，两条高铁线均采用同址双基站方案将造成频率规划困难，且容易造成 GSM - R 网内同频及邻频干扰，合福高铁开通后与杭长高铁两线之间将会互相干扰影响，通信质量得不到保证。

(2)由于两线在上饶站十字交叉、区域又较小，采用双基站覆盖方式将造成列车在此区段运行时会发生无线网络覆盖小区频繁切换，以致 QOS 指标劣化，会影响 CTCS - 3 级列车运行控制信息的稳定传送。

3. 优化方案

为解决合福高铁与杭长高铁在上饶地区 GSM - R 系统无线网络运营可能出现的相互影响和干扰问题，京福闽赣公司组织设计单位、铁路局、系统集成商及路内外有关专家对上饶地区 GSM - R 系统网络覆盖设计方案和运营后出现的问题进行分析和论证。基于合福高铁和杭长高铁所用华为公司基站设备具备分布式

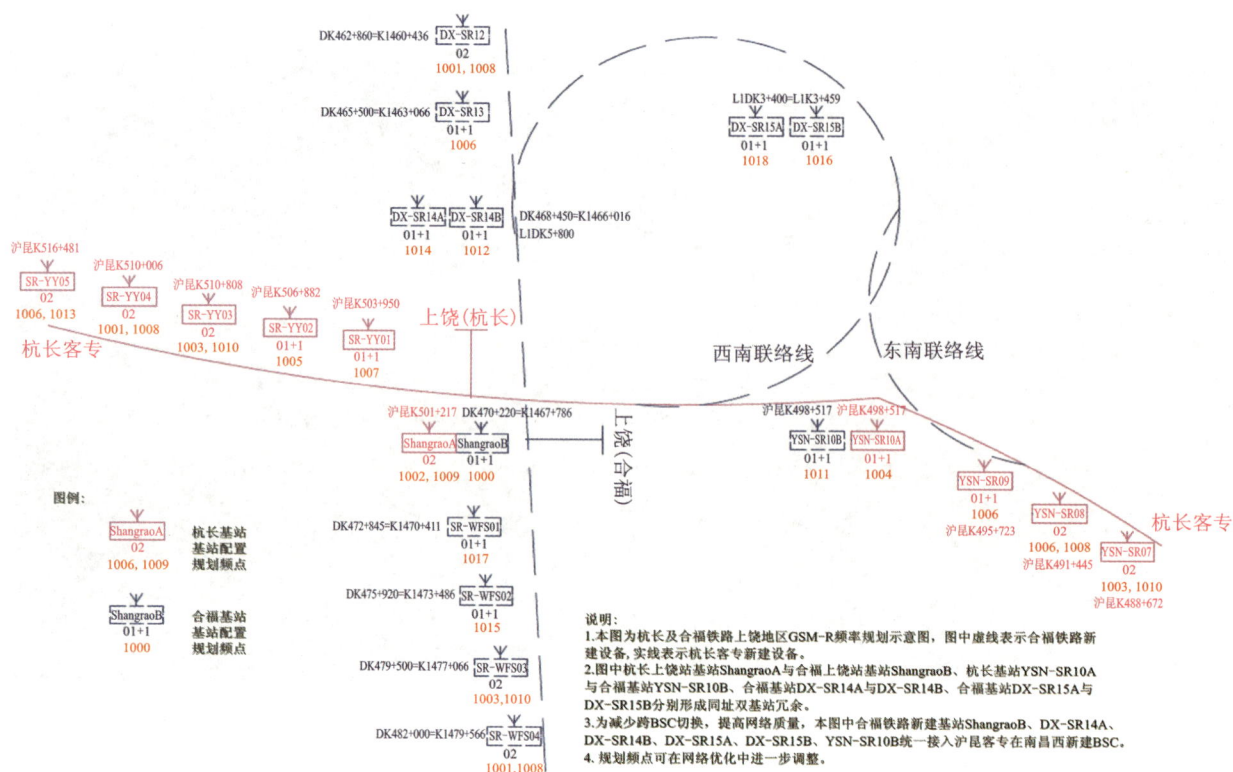

图 49 - 23　上饶枢纽地区合福与杭长交叉并线 GSM - R 设计方案示意图

基站产品，认为在上饶站及上饶联络线采用同址双网分布式基站(BBU + RRU)的方案较采用同址双基站方案更为合理，对既有杭长线的影响能降为最低。

分布式基站基本原理：可以实现同一个 BBU 所带的不同 RRU 共小区，即不同物理站址上的 RRU 逻辑上属于同一小区，由一个 BBU 管理。每个站址上所分配的载波数、频点、小区号等小区参数相同，实现空口同步发送，共小区内部无切换。具体解决方案如下：

(1)合福高铁在上饶站设置分布式基站 Shangrao_BUA(C2)，在沪昆 K498 + 517(原杭长 YSN - SR10 基站位置)处设置分布式基站 Shangrao_BUB(C1)，两分布式基站互为主备。新建分布式基站 Shangrao_BUA 及 Shangrao_BUB 统一接入杭长高铁南昌西 BSC 系统。

(2)杭长高铁在上饶设置的 ShangRao 基站由宏基站调整为分布式基站(主备)，取消杭长 YSN - SR10 宏基站；在上饶站、合福 DK468 + 450、上饶联络线 L1K3 + 459 及原杭长 YSN - SR10 宏基站处设置 RRU 设备(C2 + C1)，接入上饶两处 BBU 设备，取消上饶站、合福杭长双基站、上饶联络线双基站、合福正线双基站四处原设计的 GSM - R 基站设备。

(3)将杭长高铁基站 ShangRaoA 由 O3 调整为 O2，YSN - SR09、YSN - SR10、SR - GY01、SR - GY02 四套基站由 O2 调整为 O1 + 1。

优化后采用了同址双网分布式基站设备(BBU + RRU)方式来进行冗余覆盖，不仅减少基站数量，还避免在整个线路交叉区和联络线区域无线网络信号越区切换过密、造成通信质量和可靠性降低的问题。上饶地区优化后的分布式基站射频拉远单元(RRU)设置及频率配置如图 49 - 24 所示。

4. 现场实施

由于杭长高铁在合福高铁调试前已进入试运行，采用优化方案不仅涉及调整合福高铁基站设置，还需改变杭长线在上饶地区设置的 GSM - R 系统基站。为确保优化方案实施时减小对已开通杭长高铁线路的运营影响，公司要求系统集成单位和施工单位制定详细、稳妥的实施性方案，包括设备安装、系统调试割接、系统测试验证等，并组织施工单位与铁路局相关接管单位对实施方案进行多次审核。实施方案按设备安装、单机调试、通道线路准备等硬件系统先实施到位，再对新设备加电进行本机调试和数据配置，最后

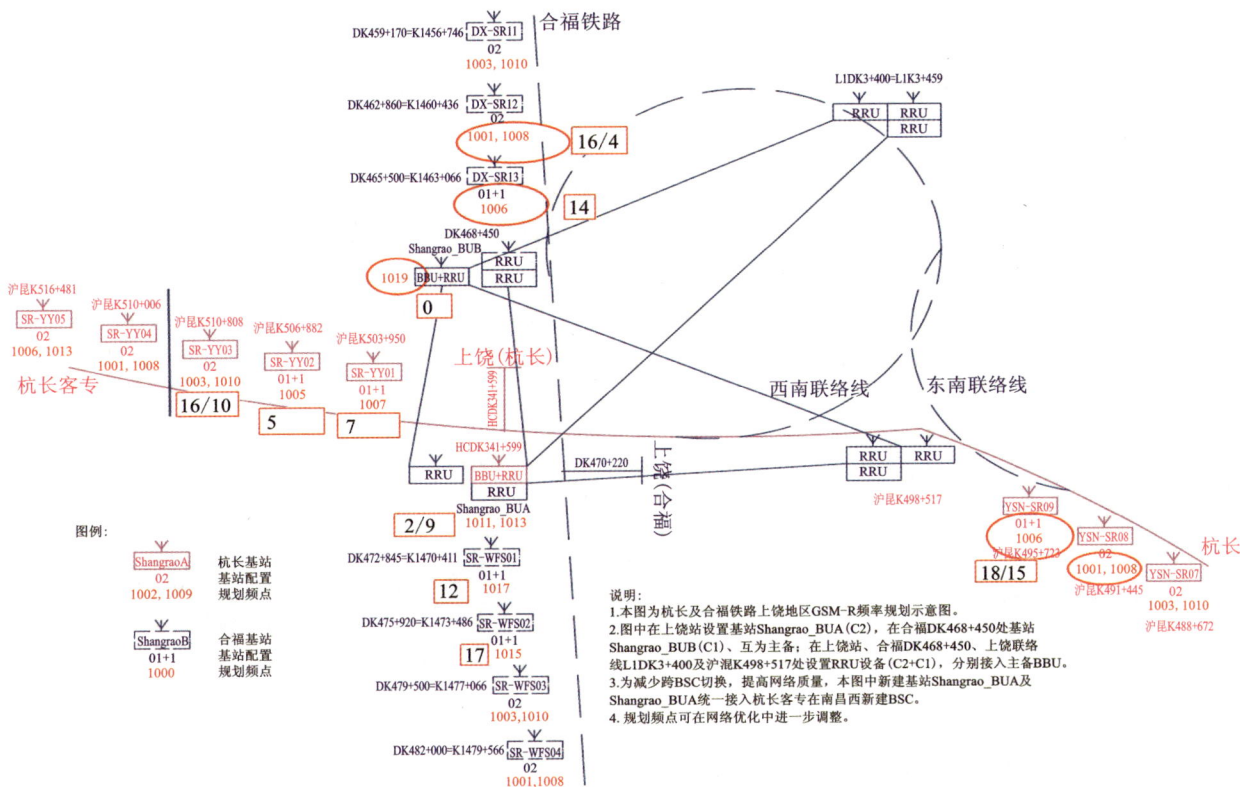

图 49 - 24　上饶枢纽分布基站覆盖优化示意图

向铁路相关接管单位申请要求进行割接。

　　为确保割接调整后的 GSM - R 分布式基站网络覆盖性能指标和功能运营符合规范标准，并且不影响杭长高铁线试运行，在天窗时间内对优化调整后的系统指标测试和功能运营验证采取以下办法：

　　（1）割接完成后及时采用 GSM - R 测试手机在现场相邻小区区域进行切换和信号功率测试。采用 GSM - R 手机进行各种拨号呼叫等运营功能试验。

　　（2）利用测试仪表对无线信号场强进行测试。

　　（3）动车上通信业务功能（无线车次号、调度命令等）验证派通信测试人员在杭长高铁线早上运行的检测车上进行验证。

　　（4）优化调整后杭长线上饶区段的 GSM - R 网络 QS 指标在合福高铁联调联试时、铁科院动检车测试上饶联络线时一并进行测试。

　　实施完成后，在现场无线信号场强、小区切换、运营功能等性能指标满足规范要求；通过对杭长高铁添乘测试验证，既有杭长高铁线运行动车 GSM - R 系统通信运营正常。

　　5. 优化小结

　　通过合福高铁联调联试动态检测数据及开通后的运营情况统计分析，按照优化方案完成的上饶站地区（包括联络线路）GSM - R 系统无线网络通信性能及各项技术指标良好。该优化方案最大程度降低了合福、杭长两线间的 GSM - R 系统相互干扰，简化了后期系统网优难度，既保证合福高铁 GSM - R 系统各项运营指标满足规范要求，又不影响杭长已开通线路的系统运营，优化意义具体体现在以下方面：

　　（1）合福与杭长高铁都是速度为 300 km/h 的 C3 列控线路，两条高铁线路在上饶地区交叉并线是典型的枢纽运营案例。本线积极使用先进的技术方案（分布式基站技术）并取得成功，为今后将遇到的类似枢纽区地区 GSM - R 网络规划问题提供很好的借鉴和宝贵经验。

　　（2）上饶枢纽地区 GSM - R 网络组网优化方案的技术讨论与运营论证充分，保证了优化方案的合理性、可行性，避免合福高铁与杭长高铁在上饶地区、特别是联络线区域的 GSM - R 互相干扰和越区切换频繁问题，提高了网络的可靠性。

（3）通过优化，不仅降低合福高铁 GSM-R 网络优化工作难度，同时对既有杭长高铁的影响也将降到最低，为使用单位提供良好网络基础，降低维护难度。

二、山区隧道群区段通信 GSM-R 系统动态测试性能指标问题解决方案

1. 设计情况

合福高铁闽赣段 GSM-R 数字移动通信系统基站子系统采用单网交织冗余覆盖方案，即在两基站信号覆盖中间再叠加一个基站信号覆盖。单网交织是指在普通单网两个连续基站之间增设一个基站，相当于基站加密，两相邻基站的场强相互覆盖到对方站址，可保证在非连续基站故障的情况下，GSM-R 网络能够正常工作。此种覆盖方式下的直放站配置主、备、从三个光模块，主备光模块引接主用基站信号，从光模块引接从用基站信号，当主用或从用基站一方停用或故障时，直放站仍能发射信号，实现无线覆盖。

本线隧道内采用光纤直放站结合漏泄同轴电缆的方式解决弱场区覆盖问题，弱场区段采用冗余性设计方案。每个光纤直放站远端机与相邻的两个基站处的光纤直放站近端机以光纤分别连接，通过设置两路信号的不同衰减，保证正常时移动台接入主基站小区。在主基站故障时，自动切换到备用基站小区上。两相邻直放站间距一般为 1000 m，最大间距不超过 1200 m。在隧道内两基站所带直放站无线覆盖小区切换点处两段漏缆设计方案是不连接的。隧道内直放站、漏缆（RU）与基站连接方案如图 49-25 所示。

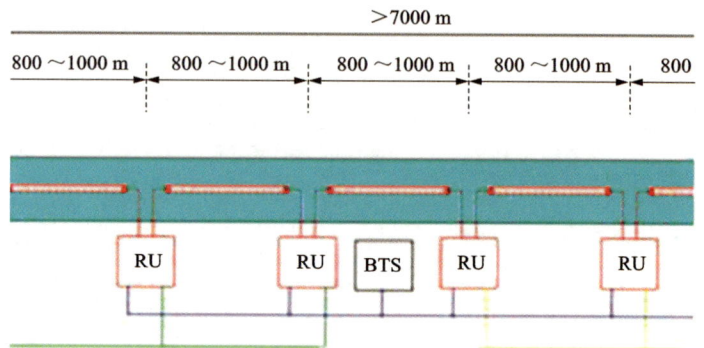

图 49-25　隧道内漏缆与直放站组网连接示意图

2. 优化原因

合福高铁闽赣段通信系统联调联试分两区段进行，分别为黄山北—上饶区段和上饶—福州区段，线路隧道群较多，占线路比达 60%。

上饶~福州区段处于山区地段，线路隧道群较密，且长大隧道较多，在上饶~福州区段联调联试 GSM-R 系统性能指标测试中，铁科院测试结果为奇数和偶数基站覆盖下传输 CSD 连接建立失败率分别为 2.69% 和 2.59%，不满足指标小于 1% 的规范要求，其余性能指标均已满足指标要求。而 GSM-R 系统无线传输 CSD 连接建立失败率指标是衡量专用无线通信系统性能及可靠性重要指标之一。

3. 优化方案

1）问题分析

通过分析铁科院测试的无线场强信号频谱图及存在问题点的分布情况，发现此类问题绝大部分发生在上饶~福州长大隧道（或隧道群）内。当关闭奇数或偶数基站（BTS）进行半数站测试时，终端测试到的无线小区切换区的场强电平出现陡降，由于服务小区电平出现了陡降，终端与无线网络脱网，导致连接建立失败。现场场强信号测试指标值变化如图 49-26 所示。

2）优化方案

根据无线场强信号覆盖测试频谱图及 GSM-R 系统组网设计方案，对出现无线场强信号陡降的位置点进行统计和分析，发现存在问题点多数分布在无线信号小区切换点位置，且多数在隧道内。

通过对现场实际调查和无线信号覆盖原理进行研究和分析，并组织路内及行业有关无线专家进行分析论证，确定采用在切换区两侧直放站远端机加装电桥的方案解决问题。即在两直放站远端机与漏缆连接处加装电桥（无源设备），扩大无线信号覆盖范围，从而避免小区切换处在奇数或偶数基站停机情况下的电平陡降，导致无线传输 CSD 连接建立失败的风险。电桥连接方式如图 49-27 所示。

4. 现场实施

根据优化方案，利用联调联试停轮间隙，对合福高铁闽赣段上饶~福州区段 82 处直放站远端机设置地点加装了电桥。经过铁科院检测车复测，所述问题得到了解决。实施连接方案如图 49-28 所示。

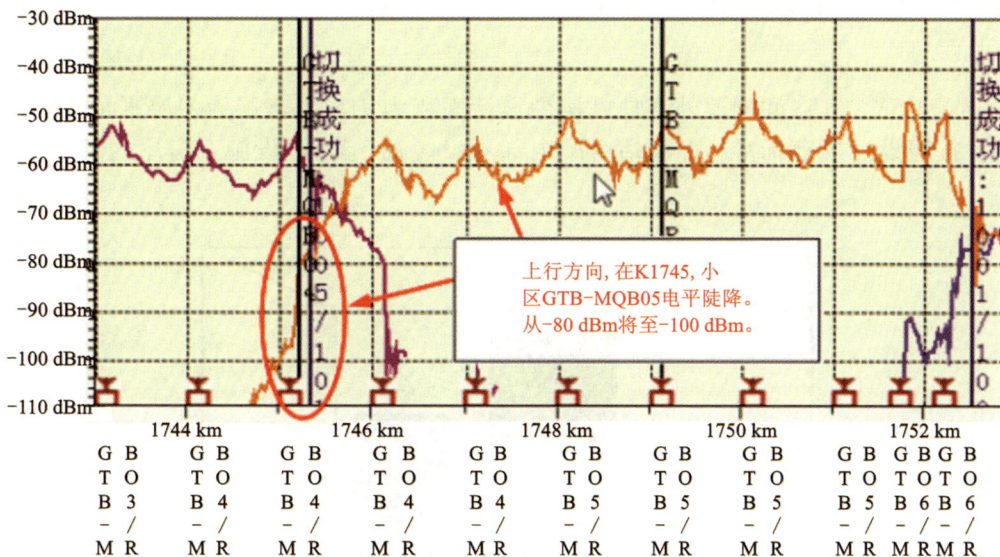

图 49-26 隧道内区段无线信号场强测试指标值截图

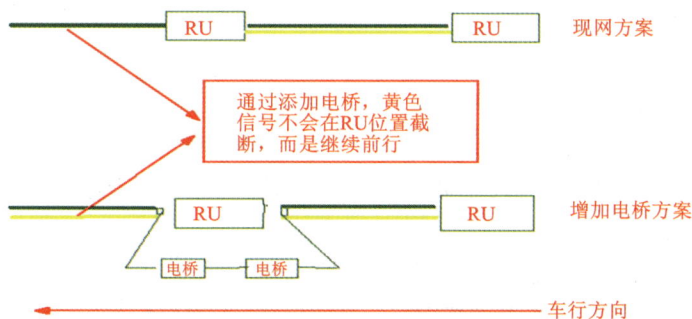

图 49-27 隧道内直放站与漏缆间增加电桥连接运用示意图

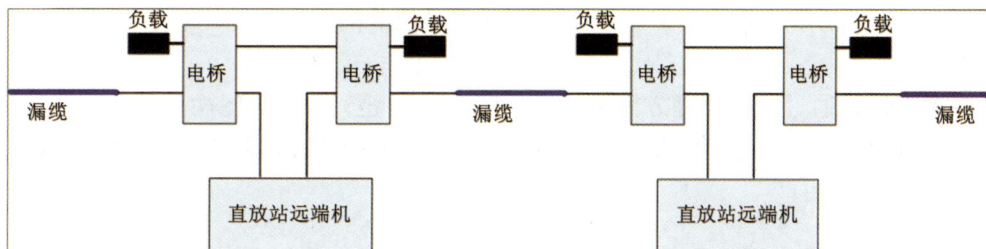

图 49-28 电桥与漏缆、直放站实施连接方案示意图

5. 优化小结

合福高铁闽赣段是典型的山区高速铁路，在目前已开通的 300 km/h 及以上速度高速铁路中隧道占线路比最高，全线有 105 个区间通信基站（不含车站）、455 个直放站（含隧道内）。由于 GSM-R 系统无线传输 CSD 连接建立失败率指标不满足规范要求，通过采用在切换区两侧直放站远端机加装电桥的方案解决问题，其优化意义体现在以下方面：

（1）在高铁隧道占比较高的 CTCS-3 线路应考虑加装电桥或其他方式延伸半数基站下 GSM-R 无线信号覆盖，是解决通信 GSM-R 无线传输 CSD 连接建立失败率指标的有效方案之一。

（2）合福高铁闽赣段开创性的采用加装电桥方案解决山区高铁多隧道群区段 GSM-R 通信系统动态测试性能指标问题是在国内首次应用，并得到了验证，为今后同类线路条件的高铁建设提供宝贵的经验。

三、通信区间直放站无空调配置房屋温湿度优化方案

1. 设计情况

合福高铁通信 GSM-R 区间隧道外直放站房屋设计面积为 7 m²，房屋为一层平顶砖混结构，房屋设门、窗各一扇。按照设计规范标准，直放站房屋内部不设暖通（空调）设施。房屋内部机构如图 49-29 所示。

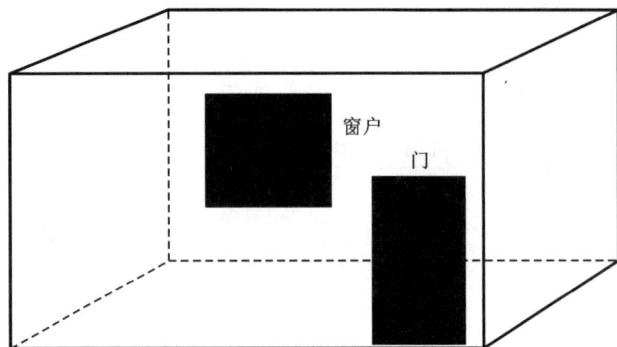

图 49-29　直放站房屋门窗设计示意图

2. 优化原因

合福高铁闽赣段区间隧道内外分布着大量通信 GSM-R 区间无线直放站房屋，房屋内设置有 GSM-R 无线系统直放站设备。

（1）该类型房屋设计规范无暖通设备（空调），设计图纸只在该房屋背侧开一扇窗户通风，但是日常情况下门和窗户是关闭的。

（2）由于合福高铁闽赣段地处福建省东北部、江西省东部，都属于南方山区高温潮湿气候区域，因此春夏季节该直放站房屋内将会出现水雾和高温环境，不利于设备的长期稳定运行。

3. 优化方案

1）问题分析

房屋内无暖通设备，需解决直放站房屋室内在春夏季出现的潮湿和高温问题。

2）优化方案

本线在房屋施工过程通过采用物理方案优化措施解决该问题，即在房屋两侧墙各开一个小窗户（约为 30 cm × 30 cm），一侧窗户高开，一侧低开，封闭原设计背侧大窗户，两侧小窗户配置纱窗阻挡粉尘和小蚊虫。

3）优化效果

通过两侧小窗户使房屋内空气能形成对流，在室外自然风的作用下，使房屋内的湿度和温度大大降低，有效提高房屋内的设备运行环境，同时降低房屋造价。

优化后的房屋内部结构如图 49-30 所示。

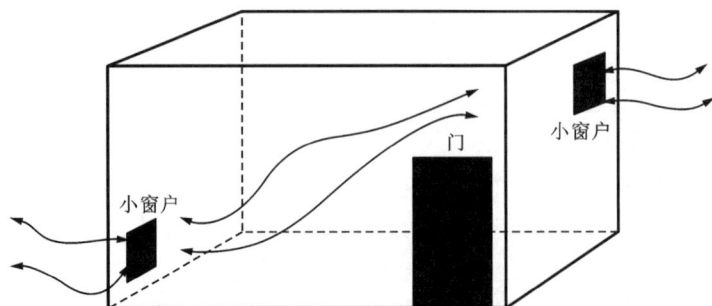

图 49-30　直放站房屋优化设计方案示意图

4.现场实施

合福高铁闽赣段在四电房屋实施阶段及时下发通知,施工单位按照优化方案实施房屋建设,对于已经按原设计方案实施的房屋要求按照优化方案进行整改。

5.优化小结

(1)该优化方案有效提高了设备运行环境,确保设备长期稳定运行,同时也降低房屋造价。

(2)该优化方案虽然是对房屋结构的一个小小改动,但在不增加成本(实际是减少成本)情况下能有效解决长期被忽略的问题,值得今后其他铁路线路推广运用。

第五十章　信号工程

第一节　工程概况

合福高铁闽赣段信号工程范围为新建合肥至福州客运专线闽赣段信号系统的缆线槽道敷设、设备安装及调试工程。

1. 调度集中（CTC）系统

CTC 系统以 TDCS 系统为基础平台，具备列车运行计划人工、自动调整，实际运行图自动描绘，行车日志自动生成、储存、打印，调度命令发布与传送，车次号校核，车站列车、调车作业的分散自律安全控制，站间透明，临时限速命令的拟定及结果表示，设备自诊断及监测报警等功能。

2. 调车辅助管理系统

动车到达运用所后，需要根据动车作业需要，进行不同的作业，如清洗、转场、维护及检修等。动车所存车线多，作业频繁，为了确保每列动车作业可靠控制，新增动车运用所调车辅助管理系统，构成动车运用所信号控制系统，并结合动车运用所管理信息系统，实现管控结合的自动控制。

（1）根据从计算机联锁采集的站场信息及采集的动车基地 AEI 系统各个入口的车号信息，实现对动车基地集中控制区的动车组位置的追踪与车号识别，即能够在基地指挥中心看到任意一列动车的位置、车号及出入段车次信息。

（2）根据 CTC 的阶段计划、调度命令、邻站信息以及动车基地管理信息系统的检查检修调车计划，通过自动预排、车流推算，实现在动车基地内的调车作业计划的人工及自动实时调整，按照作业进程选择触发时机向 CTC 发出申请调车进路开放指令，通过 CTC 系统进行进路控制。

（3）自动生成动车基地技术作业大表。

（4）实现大屏幕综合调度实时表示与管理，显示站场及实时现车信息，邻站信息、检查检修信息等。

（5）实现与 CTC 系统信息交互，接收阶段计划、调度命令、邻站信息、预告、报点及出入段车次号等信息。向 CTC 发送调车执行计划或指令，动车追踪信息（位置及车组号）等信息。

（6）实现与动车基地管理信息系统信息交互。接收检查检修调车计划等信息。发送阶段计划、调度命令、动车追踪信息（位置及车组号）等信息。

3. 闭塞设备

（1）区间闭塞制式

客专正线、各联络线采用自动闭塞，满足双线双方向运行，正向追踪间隔时分满足运输要求，反方向运行按自动站间闭塞设计，不设置地面通过信号机。

（2）至动车运用所的动车走行线运行方式

考虑动车组经走行线进出运用所存车场的时间比较集中，接车或发车作业密集的特点，为了提高效率并最大限度地满足运输需求，设计采用自动闭塞，双线双方向追踪运行，追踪间隔时分满足运输要求，考虑设置地面通过信号机。

4. 列车运行控制系统

客运专线 CTCS-2 级列控系统由地面和车载设备构成。地面设备由列控中心、ZPW-2000 系列轨道电路、应答器设备等组成。车载设备由车载安全计算机（VC）、轨道电路信息接收单元（STM）、应答器信息接收单元（BTM）、记录单元（DRU）、人机界面（DMI）等组成。

轨道电路实现列车占用检查，并连续向列车传送空闲闭塞分区数量等信息。应答器向车载设备传输定位信息、线路参数、临时限速等信息。列控中心具有轨道电路编码、应答器报文控制、站间安全信息传输等功能，根据轨道电路、进路状态及临时限速等信息产生行车许可，通过轨道电路及有源应答器将行车许可传送给列车。车载设备根据地面设备提供的信号动态信息、线路参数、临时限速信息及有关动车组数据，生成控制速度和目标距离模式曲线，控制列车运行。

C2级列控系统采用与相邻客运专线统一的设备配置和运用原则。

5. 联锁系统

车站联锁系统是保证站内运输作业的主要设备，为了确保运输生产的安全、快捷、高效，同时又方便地实现与CTC系统、列控系统、监测系统的信息交换，各站均采用多重硬件冗余结构的计算机联锁设备。

车站联锁系统的进路控制能实现调度集中分散自律控制方式和非常站控方式，并能进行全面的系统自诊断。

6. 信号集中监测系统

各车站(场)、线路所及区间信号中继站均设监测设备，对CTC、列控和联锁设备及信号其他基础设备进行实时监测，通过集中维护专用广域网(2M信道)将有关信息传递至综合工区、客专车间及上海客专调度所，构成信号集中监测系统。

7. 系统防雷及接地

车站(场)、线路所、区间中继站均采用系统综合防雷及接地，设防雷分线柜。区间采用综合接地系统，全线设两条综合贯通地线，车站综合站房处及中继站设综合地网，地网与贯通地线相连。系统防雷由信号楼机房建筑物直击雷防护、和信号设备雷电及电磁脉冲防护两大部分组成。建筑物防雷及接地由相关专业设计。设备防雷主要包括电源防雷、信号设备防雷、通道防雷及信号的设备接地连接，由信号系统统一设计。

第二节 工程建设

一、施工安排

信号工程施工顺序：首先进行电缆线路信号点复测，然后依次进行信号电缆敷设、区间信号点设备安装配线、车站信号电缆敷设、室内信号设备安装、室外信号设备安装、室内模拟试验、室内外联锁试验、车载信号设备安装，最后进行综合调试。

二、主要工程数量

信号系统主要工程包括：行车指挥、闭塞设备、列车运行控制系统、联锁装置及其他信号设备，主要工程具体数量见表50-1。

表50-1 工程数量

设备名称及规格型号	计量单位	数量
一、行车指挥		
CTC车站分机	套	6
CTC通信质量监督	套	6
CTC网络安全设备(车站级)	套	6
二、闭塞设备		
无绝缘发送器 ZPW.F-K(轨道电路)	台	1708
无绝缘接收器 ZPW.J-K	台	862
无绝缘轨道电路衰耗冗余盒 ZPW.RS-K	个	854
无绝缘防雷电缆模拟网络盒 ZPW.ML-K	台	1708

续表 50-1

设备名称及规格型号	计量单位	数量
ZPW-2000 区间移频柜	架	98
ZPW-2000 网络接口柜	架	39
无绝缘防雷模拟网络组匣　ZPW·XML/T	台	228
智能电源屏(中站)(供中继站用)	台	15
三相单路电源防雷箱(OBO 防雷元件)(供中继站用)	台	15
中继站防雷系统	站	15
采集处理器(一站一台)	台	23
采集分线器(区间 6 个轨道电路用一台)	台	144
三、列车运行控制系统		
点式应答器(无源)	台	1064
点式应答器(有源)	台	120
点式 LEU 单元	台	58
车站列控中心	站	6
中继站列控中心	站	15
临时限速服务器	套	1
RBC 电源屏	套	1
RBC 及外设(含交换机)	套	4
四、联锁装置		
道岔缺口监测站机	套	6
道岔缺口监测分机	台	82
智能电源屏(中站,含 UPS)	台	5
智能电源屏(大站 I 型)	台	1
三相电源引入防雷箱	台	6
防雷分线柜	台	8
ZPW-2000 综合柜	台	7
无绝缘发送器 ZPW.F-K(轨道电路)	台	210
无绝缘接收器 ZPW.J-K	台	105
无绝缘轨道电路衰耗冗余盒 ZPW.RS-K	个	105
无绝缘防雷电缆模拟网络盒 ZPW.ML-K	台	210
ZPW-2000 无绝缘防雷电缆模拟网络组匣	个	33
ZPW-2000 移频柜	架	14
微机型轨道测试盘(48 位带相位测试)	台	3
灯丝报警主机	台	6
计算机联锁设备(多重冗错 30 组以下)	套	6
五、其他信号设备		
微机监测(中继站)	套	15
微机监测(中间站)	套	6

第三节　主要施工方法及工艺

一、电缆线路施工方法

1. 施工流程图

电缆线路施工流程图如图 50 - 1 所示。

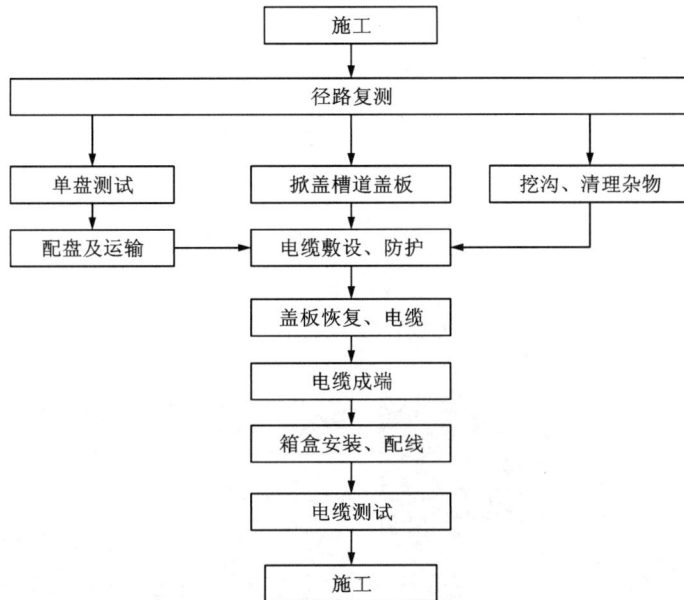

图 50 - 1　施工流程图

2. 径路复测

电缆径路复测按施工设计图进行，并包括下列内容：

（1）实地测量光电缆总长度（包括各种余留长度）。

（2）调查线路电缆槽道贯通情况。

（3）调查设备安装位置。

（4）调查直埋线路径路情况、地下管线状况。

（5）确定穿越轨道、桥梁、隧道、河流及有关建筑等的防护处所和防护方式。

电缆径路复测完毕，及时绘制径路复测台账，并确定单盘电缆长度。发现实际与设计不符时按规定程序变更。

3. 单盘测试

电缆单盘测试除一般性检查外，还应按规范标准要求进行电缆开剥、确认端别、电气性能指标测试、电缆封端等工作，并按表 50 - 2 要求做好测试记录。

表 50 - 2　测试记录表

序号	项目（20℃测试条件）		单位	标准	换算公式
1	综合扭绞数字信号电缆	直流电阻（每根导体直流电阻）	Ω/km	≤23.5	$L/1000$
2		工作线对导体电阻不平衡	%	≤1	
3		绝缘电阻（DC500 V，每根绝缘线芯对其他绝缘线芯及屏蔽、金属套连接体）	MΩ·km	≥10000	$1000/L$

续表 50 - 2

序号	项目(20℃测试条件)		单位	标准	换算公式
4	内屏蔽铁路数字信号电缆	直流电阻(每根导体直流电阻)	Ω/km	≤23.5	L/1000
5		工作线对导体电阻不平衡	%	≤1	
6		绝缘电阻(DC500 V,每根绝缘线芯对其他绝缘线芯及屏蔽、金属套连接体)	MΩ·km	≥10000	1000/L
7		工作电容(0.8~1.0 kHz,四线组)	nF/km	28±2	L/1000
8	应答器电缆	直流电阻(每根导体直流电阻)	Ω/km	≤9.9	L/1000
9		绝缘电阻(DC100~500 V)	MΩ·km	≥10000	1000/L
10		工作电容(0.8~1.0 kHz)	nF/km	≤42.3	L/1000

4. 电缆敷设

敷设电缆时应清除沟、槽内杂物、确认电缆端别、配备足够的人力,同时防止拉伤电缆,室外电缆敷设时每端要留有充足的备用量。电缆敷设后测试电缆钢带对地绝缘电阻值不低于每公里 2 MΩ,并及时封端,防止潮气进入电缆而影响电缆电气特性。电缆敷设现场如图 50 - 2 所示。

图 50 - 2 电缆敷设现场

为防止电缆拖地,对电缆造成损伤,在电缆敷设过程中,严格过程控制,把控电缆敷设质量及电缆敷设完整性,由多名职工专人负责,大力投入劳务工,确保电缆平均间隔完整架空,避免电缆打折及拖地。对裸露在外的电缆临时用沙袋防护,防止电缆被晒伤或者意外砸伤(图 50 - 3),电缆槽拐角处用加厚黑皮管进行缓冲防护。

图 50 - 3 电缆防晒处理

5.电缆接续

电缆接续采用地下接续方式,操作人员必须持有《铁路内屏蔽数字信号电缆施工工艺培训合格证》,按相关的操作规程进行接续工作,接续完成后必须进行相关测试,并按规定填写接续卡。接续工序流程如图50-4所示。

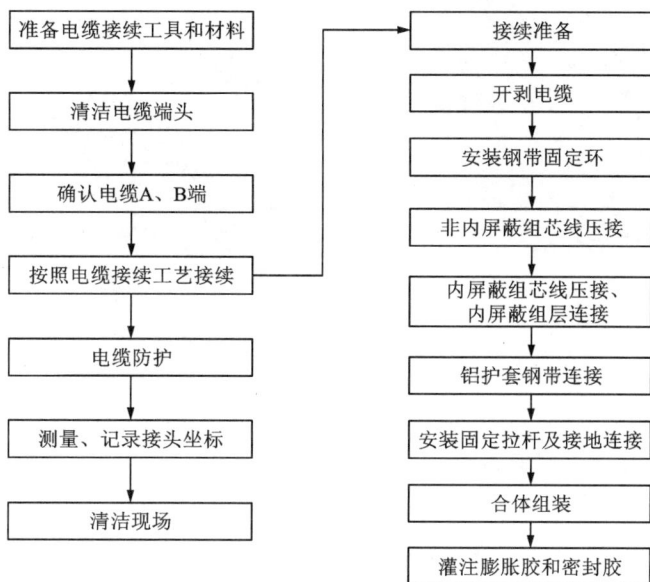

图50-4 电缆接续流程

6.箱盒安装、电缆成端

箱盒安装及电缆配线实行"首件定标"制度,即先结合类似工程的工艺要求,安装首件箱盒并配线,经各方认可后,按首件定标的标准进行施工。

注意事项:

(1)箱盒安装:

①箱盒安装必须满足限界要求。

②箱盒的安装高度必须符合电缆弯曲半径要求。

③箱盒金属基础均采用热渗锌金属。金属支架良好无锈蚀、无弯曲、无变形。

④隧道地段金属基础应安装在隧道壁上,桥梁地段箱、盒应安装在防护墙外侧,安装实物图如图50-5~图50-7所示。

⑤为提高电缆的绝缘性能,电缆在箱盒的成端必须做密封处理。钢带、铝护套、内屏蔽层应接地。

图50-5 隧道设备安装

图 50 - 6　路基设备安装

图 50 - 7　桥梁设备安装

（2）箱盒配线：

①电缆配线与设计图相符。

②数字电缆配线线把严禁闭合成环状。

③芯线端头应有 2~3 次做头余留量，并严禁盘圈。

④预留备用量应能保证所有芯线均能配至最远端端子。

⑤方向盒配线时，1 号端子朝向所属信号楼，绕环方向与螺丝紧固方向一致。1 号端子的位置以基础侧为准，不使用遮盖板，地线端子固定方式采用 ⌀5 * 15 mm 镀锌螺丝直接固定到箱盒上。

⑥电缆配线时，电缆芯线无需破组，芯线绕环（⌀6）紧固在端子上。

典型配线实例如图 50 - 8 ~ 图 50 - 10 所示。

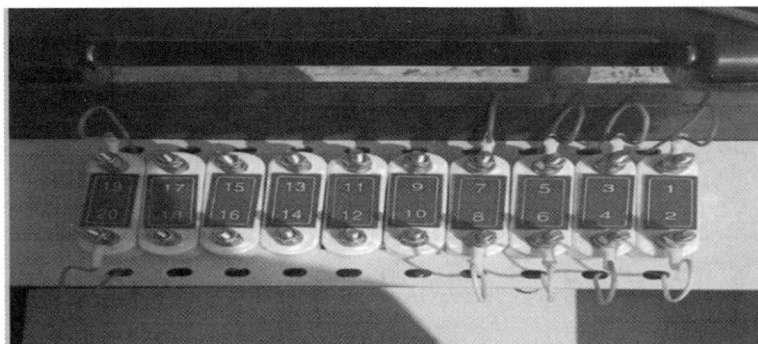

图 50 - 8　XB 箱配线

图 50 - 9　方向盒配线

图 50 - 10　终端盒配线

7. 室外电缆引入

信号中继站电缆采用直埋，加钢管防护引至信号机房外的电缆井里，电缆井 3 个侧壁上加托架，电缆引入电缆井沿托架引入机房，在电缆井内形成"Ω"形，备用量不得少于 2 m（如图 50 - 11 所示）。车站信号电缆引入电缆间余留量应成"U"或"Ω"型布放，严禁盘成环状，若电缆较多可采用分层固定的方式，电缆转弯及余留量的布放应均匀圆滑、整齐美观，不得有硬弯或背扣现象，并符合电缆弯曲半径的要求（如图 50 - 12 所示）。电缆去向铭牌挂在机械室或电缆间电缆引入口电缆固定处，铭牌使用不可擦油性笔填写。去向牌中注明：编码、型号、规格、电缆始终端、长度（如图 50 - 13 所示）。

图 50 - 11　信号中继站电缆井电缆引入方式

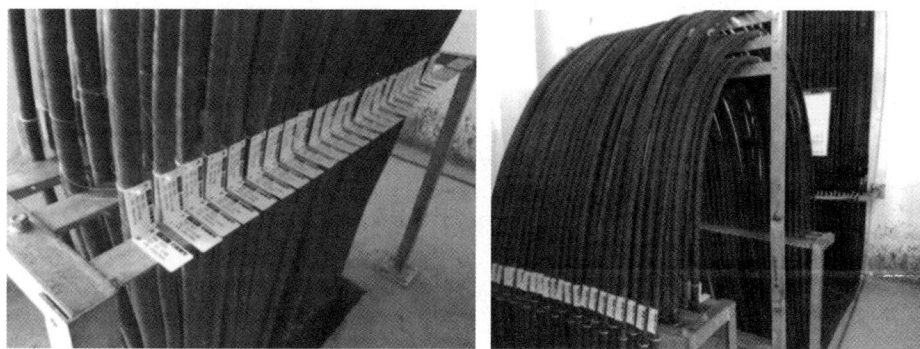

图 50 - 12　车站电缆间电缆引入方式

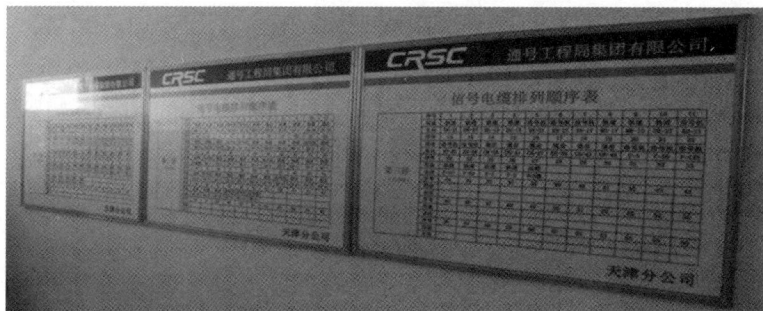

图 50 - 13　车站电缆间电缆排序表

二、地面固定信号及标志牌施工方法

1. 施工流程图

信号机安装施工流程图如图 50 - 14 所示。

施工准备

↓

施工调查、定(复)测

↓

| 路基地段基坑开挖 | 桥隧地段模板定位钻 |
| 立机柱、稳基础 | 专用支架安装固定 |

↓

信号机、标志牌安装

↓

信号机设备配线

↓

信号机调试

↓

工程结束

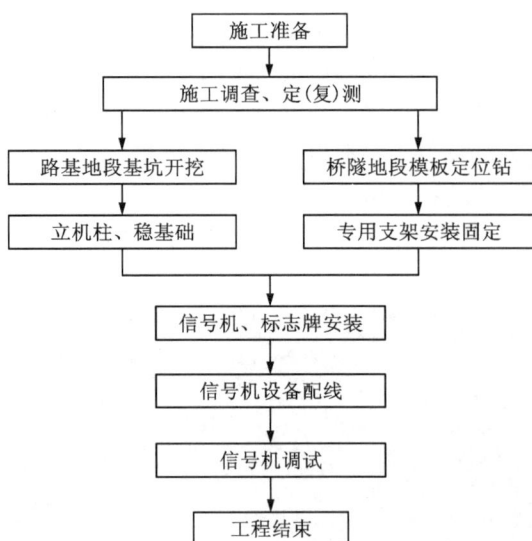

图 50 – 14　信号机安装施工流程图

2. 矮型色灯信号机施工方法

1）施工流程图

矮型色灯信号机施工流程如图 50 – 15 所示。

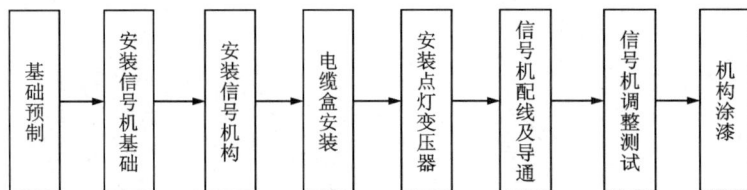

基础预制 → 安装信号机基础 → 安装信号机机构 → 电缆盒安装 → 安装点灯变压器 → 信号机配线及导通 → 信号机调整测试 → 机构涂漆

图 50 – 15　矮型色灯信号机施工流程

2）安装标准

矮型信号机安装限界应符合《高速铁路信号工程施工技术指南》〔2010〕241 号的规定。路基直线地段矮型色灯信号机安装限界应符合表 50 – 3 要求，因线间距离不能符合表 50 – 3 安装要求时，应适当降低安装高度。曲线地段应按规定加宽。

表 50 – 3　路基直线地段矮型色灯信号机安装限界标准

序号	使用名称	型式	机构间距	基础埋深	基础顶面至轨面	设备边缘至所属线路中心	备注
1	进站	七灯位（双列）	340	500	100 ~150（四灯位连接管顶部高于轨面） 315 ~350（三灯位连接管顶部高于轨面）	≥2331	仅在线间距仅 5 m 时，可降低连接管高度
2	进站	七灯位（双列）	340	500	100 ~150（四灯位连接管顶部高于轨面） 315 ~350（三灯位连接管顶部高于轨面）	≥2331	仅在线间距仅 5 m 时，可降低连接管高度
3	出站	三灯位		500	200 ~300	≥2289	
4	调车	二灯位		500	200 ~300	≥2162	

3）安装方法

支架安装：用 M20 的螺栓依次穿过补强板、防护墙、信号机金属基础支架，将基础支架固定在防护墙外侧,加防松帽,开口销穿入后尾部分开呈 $60° \sim 90°$。

安装连接器:根据不同类型的信号机选用不同的连接器,采用 M16 * 50 的镀锌螺栓将基础支架与连接器连接在一起并紧固。

机构安装:机构底座套入连接器螺栓前,使用小铁线从电缆盒内引至机构内,然后将机构底座与连接器用 M16 × 60 mm 镀锌螺栓连接,加弹簧圈拧紧螺母,调整机构显示方向平行所属线路后紧固螺栓。部分安装效果如图 50 - 16 所示。

图 50 - 16 信号机安装及配线图

4)信号机设备安装

信号机应与钢轨绝缘节对齐,如安装困难时,可在以下范围内调整:

(1)进站信号机处的钢轨绝缘可安装在信号机前方 1 m 或后方 1 m 的范围内。

(2)出站信号机处钢轨绝缘可安装在信号机前方 1 m 或后方 6.5 m 的范围内。

(3)电气绝缘节处信号机,应安装在距列车正向运行方向发送调谐匹配单元盒中心调谐区外方 1000 mm ±200 mm 处。

(4)信号机安装位置和显示方向应符合设计规定,便于瞭望、无遮挡,并保证从列车上不被误认是邻线的信号机。

(5)设于右侧的反向进站信号机机构,其红灯灯位应靠所属线路侧安装。

(6)机构最突出边缘距线路中心不应小于 2440 mm。基础支架严禁跨建筑物伸缩缝安装。

(7)单列机构连接管顶部可与防护墙顶面相平;双列机构的四灯位机构连接管顶部可与防护墙顶面相平,三灯位机构连接管顶部可高于防护墙顶面 215 mm。

(8)矮型信号机的安装要求:

①矮型色灯信号机基础、基础与机构间的连接管、各部位连接螺栓、垫片等均采用热镀锌金属件。所有螺栓采用双螺帽,外部一个是防松螺帽。螺栓露在螺帽外不小于 5 mm;

②路基地段矮型信号机基础埋深为 500 mm,地表面往下采用 150 mm 厚的水泥砂浆灌注,地表以上砖砌围台防护,围台顶面低于基础顶面 150 mm ±50 mm。围台周边比基坑周边宽不小于 50 mm。

5)矮型信号机安装注意事项

(1)信号机构及点灯装置进场应对机构严密性、灯光排列进行验收。

(2)信号机应与钢轨绝缘对齐,如设计位置安装困难时,可在以下范围内调整:

①进站、调车信号机处的钢轨绝缘可装在信号机前方 1 m 或后方 1 m 范围内。

②出站信号机处的钢轨绝缘可装在信号机前方 1 m 或后方 6.5 m 范围内。

(3)型色灯信号机安装高度、机构间距、基础埋深、安装限界应符合设计规定。高速站(场)矮型信号机安装限界见表 50 - 4。当埋深达不到设计要求时,应采取加固措施。

表 50 – 4　高速站(场)矮型信号机安装限界(mm)

序号	使用名称	型式	机构间距	基础埋深	基础顶面至轨面	设备边缘至所属线路中心
1	进站	七灯位	340	500	100～150 四灯位 315～350 三灯位	≥2331
2	接车进路	七灯位	340	500	100～150 四灯位 315～350 三灯位	≥2331
3	出站	三灯位		500	200～300	≥2289
4	调车	二灯位		500	200～300	≥2162

在进行信号机安装施工过程中,发现古田北站进站信号机均设于隧道内,因信号机显示前方有电化局电力吊坠,显示距离达不到电务段显示要求(显示距离不得小于200 m)。

经工程技术人员现场定测,研究决定将古田北站进站信号机支架加长,外侧信号机机构边缘距离隧道壁80 cm,即可满足显示要求,如图50 – 17所示。

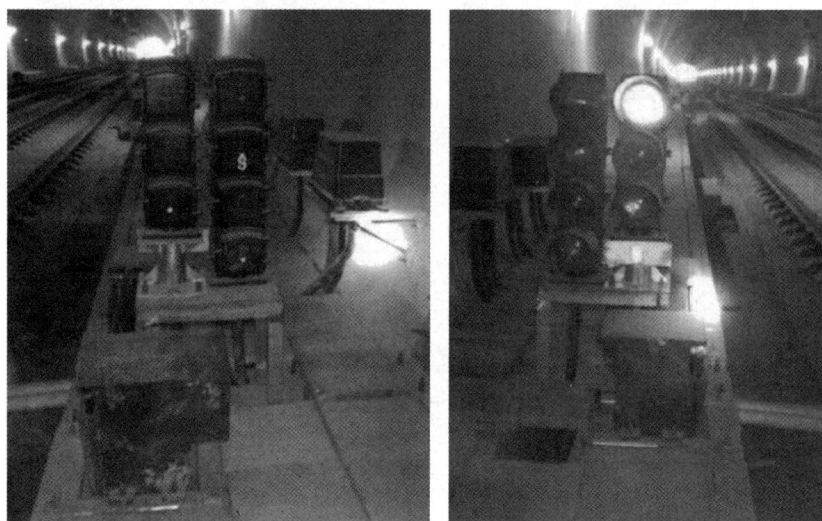

图 50 – 17　隧道内信号机安装

3. 高柱色灯信号机施工方法

1)施工流程图

高柱色灯信号机施工流程如图50 – 18所示。

2)安装标准

高柱信号机安装限界应符合《高速铁路信号工程施工技术指南》〔2010〕241号的规定。高柱色灯信号机机柱类型、埋深、机构安装高度及安装限界应符合设计规定。信号机柱埋深不足时,应采取加固措施进行防护。

机柱中心至所属线路中心一般情况下为3100 mm,机构最突出边缘距所属线路中心不小于2440 mm,进站最低灯位中心距所属线路钢轨顶面不小于3500 mm。

高柱信号机应采用高度为8.5 m,机柱梢

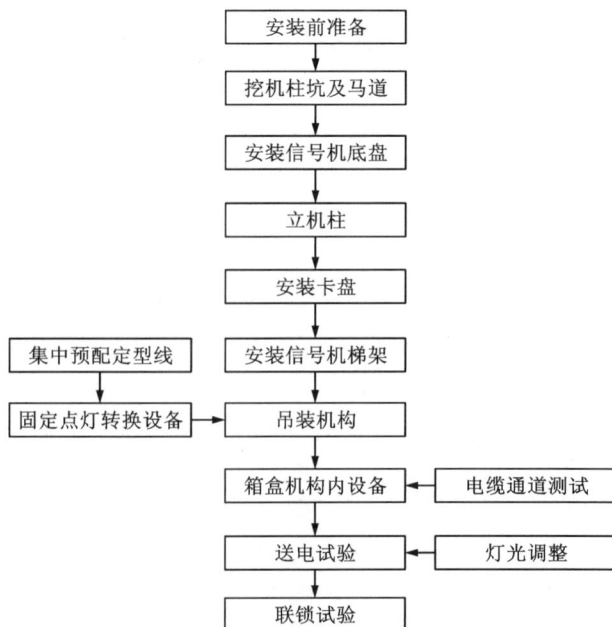

图 50 – 18　高柱色灯信号机施工流程

径为 150 mm 的环形预应力混凝土信号机柱,机柱埋深不小于 1700 mm。

4. 信号标志牌施工方法

1) 区间信号标志牌及号码牌

区间信号标志牌及号码牌在路基和桥梁地段应安装在接触网支柱上,在隧道内应安装在隧道壁上。

区间信号标志牌(蓝底黄三角)及号码牌(黑底黄字),应设于列车正向运行方向线路左侧的信号点处,并与线路垂直安装。区间信号标志牌黄三角顶端指向线路;号码牌应安装在区间信号标志牌的下方,号码为横向排列。区间信号标志牌及号码牌可采用分设方式或整体方式。

区间信号标志牌及号码牌安装于列车正向运行方向左侧发送调谐匹配单元盒外方 1000 mm ± 200 mm 处。当接触网支柱与调谐区的距离不能满足标志牌安装要求时,应适当调整调谐区位置。区间信号标志牌及号码牌为整体时,整体标志牌下边缘距钢轨顶面高度为 1400 mm ± 15 mm。区间信号标志牌及号码牌分设时,区间信号标志牌下边缘距轨面高度为 1600 mm ± 15 mm,号码牌上边缘至区间信号标志牌下边缘距离为 50 mm ± 10 mm。

2) 调谐区标志牌

调谐区标志牌安装在列车正向运行方向左侧调谐区两端,调谐区标志牌距调谐匹配单元(PT)纵向距离为 1000 mm ± 200 mm。Ⅰ型(白底)标志牌设于信号点调谐区的另一端,与区间信号标志牌背对背安装。Ⅲ型(蓝底)标志牌设于分割点调谐区两端,两个Ⅲ型标志牌背对背安装。

3) 其他标志牌

预告标分别为一、二、三条黑斜杠的白底标志牌,三个预告标应安装在进站信号机外方不小于 900 m、1000 m、1100 m 处就近接触网支柱上。

级间转换标采用白底色、黑框、写有黑"C3"或"C2"或"C0"标记的反光标志牌。级间转换标志应设于级间转换应答器组对应的就近接触网支柱上,在隧道内应安装在隧道壁上。

中继站标志牌装设于中继站应答器组邻近的接触网支柱上,该标志牌不宜越过相应的应答器组。

三、转辙装置施工方法

1. 施工流程图

转辙装置施工流程如图 50-19 所示。

2. 转辙装置安装标准

(1) 锁钩的安装要保证其中心线与锁闭杆中心线重合,锁钩与尖轨连接处的连接销轴要涂润滑油,销轴应从表示杆侧穿入尖轨连接铁及锁钩(即从前向后穿)。

(2) 杆件的安装保证动作杆与内外锁闭杆中心线重合,与表示杆中心线平行。

(3) 在调整密贴的过程中,道岔左右两侧密贴调整片加装尽量保证平衡。

(4) 转辙装置必须确保道岔的正常转换,尖轨(或心轨)的一侧应与基本轨(或翼轨)密贴,当尖轨与基本轨间有 4 mm 及以上间隙时(牵纵拐肘除外)道岔不能锁闭和接通道岔表示。对多点(两点及以上)牵引的道岔,除第一牵引点外,其他牵引点亦应设置密贴检查装置或在两牵引点间装设密贴检查装置,密贴段各牵引点处有 4 mm 及以上间隙时,道岔不能锁闭和接通道岔表示。

3. 密贴检查和装置安装标准

道岔密贴检查装置应安装牢固,并满足下列要求:

(1) 外观良好,机内清洁,锁装置作用良好。

(2) 运动部件和表示杆应动作灵活,运动部件及螺纹部分应清洁、润滑。

(3) 各开关组接通、断开良好;连接线连接牢固可靠;各部绝缘不破损且绝缘良好。

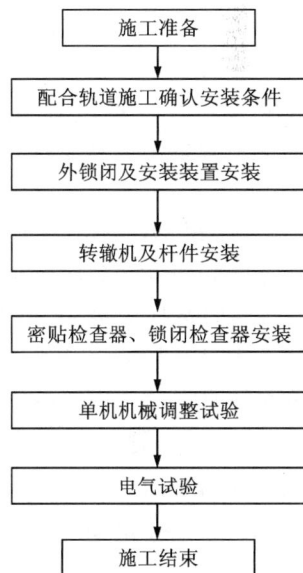

图 50-19　转辙装置施工流程图

（4）道岔转换时，表示连接杆运动平顺，接头等零件旋转灵活，不别、卡和阻碍道岔转换。

（5）安装于两牵引点间的密贴检查装置，在密贴检查处尖轨与基本轨间的间隙大于等于规定标准值时，不得接通道岔表示。

4.转辙装置安装方法

（1）转辙设备的安装应符合标准要求。

（2）安装前，先检查道岔调整状态是否符合电务设备安装技术标准，包括道岔的水平、方向、尖轨心轨的密贴程度、轨距、钢枕的位置、绝缘条件等。

（3）锁闭框安装。

用方尺卡在道岔基本轨直股上，横臂与直股基本轨贴紧，直臂边线与尖轨尖端所在混凝土枕中心线重叠，用划针在两条基本轨面上做标记，划出混凝土枕的中心线；按照安装图册以划定的中心线向岔后分别测量标出其他牵引点的中心线。

预先将各牵引点的四个锁闭框的直面画出中心线，每只锁闭框中心线对准各牵引点中心线各自位置的轨面记号，用划针伸进锁闭框孔内，在轨腰部画出圆圈，取下锁闭框，用冲子冲出钻孔中心。

钢轨钻孔后，将螺栓从钢轨内侧穿出，装上原来画标记的锁闭框，加上垫片、弹簧垫圈，拧紧螺帽。

锁闭框安装完后，安装锁闭铁，然后在锁闭铁与锁闭框间放入一定数量的不同厚度的调整片，待锁闭量调整好后，紧固好轨底处的固定螺栓。

（4）尖轨连接铁安装。

在尖轨内侧，各牵引点中心线两侧安装尖轨连接铁；取出尖轨连接铁上销轴，安装锁钩；取下锁闭框上的导向销，安装锁闭杆，然后安装锁闭框上的导向销。

注意：各牵引点处的锁钩和锁闭杆的规格不同。

（5）转辙机托板安装。

在各牵引点中心线两侧混凝土枕上安装转辙机托板的弯板，然后安装垫板和调整板（可根据转辙机高低进行调整），固定电动转辙机。

（6）表示杆安装。

在各牵引点尖轨连接铁岔前方向，分别安装表示杆尖端铁，将短表示杆接头与尖端铁连接固定，后安装长表示杆；短表示杆在上面，长表示杆在下面。

转辙装置电气连接根据施工图布放电动转辙机内部配线，转辙机内部配线采用标称截面积不小于 $1.5\ mm^2$ 的多股铜芯塑料软线。

（7）交流转辙机安装施工工艺及施工方法。

交流转辙机对工务线路设备的要求较高，工务线路的水平、方向、轨面以及列车通过时线路的水平、方向、轨面以及列车通过时线路振动的幅度大小，对电务设备的稳定有着很大影响。因此，在安装前应对工务设备的一些要求进行检查，须达到要求后才能进行安装。同时电务设备的安装也应严格按规定标准执行，其质量好坏将直接影响行车安全是否能得以保证，是提高维修质量的基础。转辙器销轴安装实物图如图50-20所示。

图 50-20　转辙器销轴安装实物图

四、轨旁设备安装施工方法

1.工艺流程

轨旁设备工艺安装流程如图50-21所示。

2.ZPW-2000轨道电路工程施工方法

1）绝缘节设备及扼流变压器定测

电气绝缘节在桥梁、隧道及路基上有不同的长度。桥梁上调谐区长 32 m +0.3 -0，调谐匹配单元

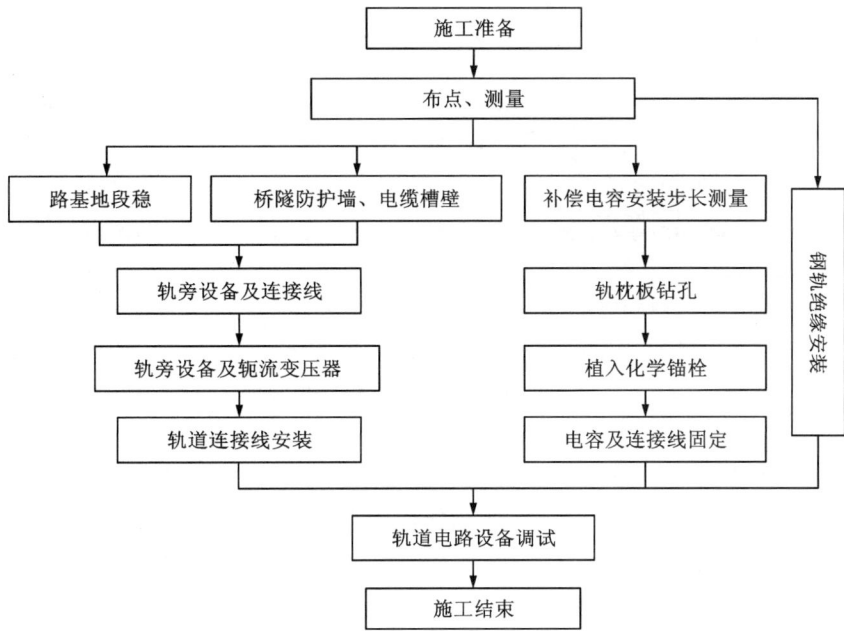

图 50 – 21 轨旁设备工艺安装流程图

(ZPW.PT)距(空心线圈)ZPW.XKD 长 16 m + 0.15 – 0；路基、隧道调谐区长 29 m + 0.3 – 0，调谐匹配单元(ZPW.PT)距(空心线圈)ZPW.XKD 长 14.5 m + 0.15 – 0；定测时，各设备应设置在两相邻枕木孔中间，并避开桥梁伸缩缝、无砟轨道接缝、防撞墙及电缆槽等接缝处。

（1）区间电气绝缘节。

电气绝缘节由调谐匹配单元(ZPW.PT)、空芯线圈(ZPW.XKD)、防雷单元(ZPW.ULG、ZPW.ULG2)、钢轨连接线、双体防护罩及基础、钢轨及连接线卡具等组成。其布置如图 50 – 22 所示。

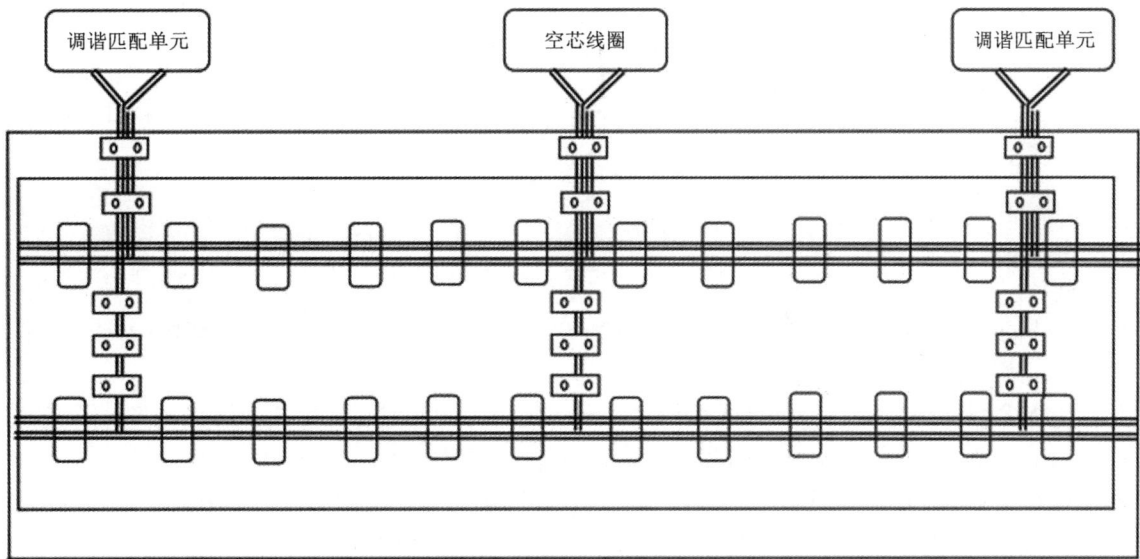

图 50 – 22 区间电气绝缘节布置图

（2）车站机械绝缘节定测。

机械绝缘节设备由调谐匹配单元(ZPW.BPLN)、带适配器的扼流变压器及基础、钢轨连接线、双体防护罩及基础、钢轨及连接线卡具等组成，如图 50 – 23 所示。

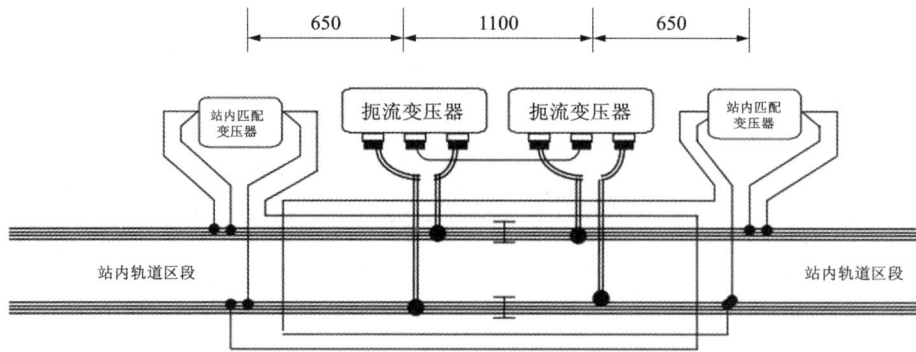

图 50 - 23　车站机械绝缘节定测

两个扼流变压器中心间距 1100 mm，扼流变压器距绝缘节 550 mm。调谐匹配变压器（ZPW. BPLN）距扼流变压器 650 mm。定测时，各设备应设置在两相邻枕木孔中间，并避开桥梁伸缩缝、无砟轨道接缝、防撞墙及电缆槽等接缝处。

（3）进站口机械绝缘节定测。

进站口机械绝缘节处设备的组成包含调谐匹配单元（ZPW. BPLN 及 ZPW. PT 各一台）、机械空心线圈（ZPW. XKJ）1 台、带适配器的扼流变压器（BES（K）- 1000/ZPW）和不带适配器的扼流变压器（BE（K）- 1000/ZPW）各 1 台及基础、防雷单元（ZPW. ULG）一个、防雷单元（ZPW. ULG2）一个、钢轨连接线、双体防护罩 3 个及基础、钢轨及连接线卡具。

站内带适配器的扼流变压器（BES（K）- 1000/ZPW）距绝缘节 550 mm，调谐匹配变压器（ZPW. BPLN）距扼流变压器 650 mm。两台扼流变压器中心间距 1100 mm，扼流变压器距绝缘节 550 mm（图 50 - 23）。

定测时，各设备应设置在两相邻枕木孔中间，并避开桥梁伸缩缝、无渣轨道接缝、防撞墙及电缆槽接缝。

2）设备基础安装

按标准规范作业要求分别对路基地段、桥梁地段和隧道地段的防护盒和扼流变压器基础进行安装施工。

3）轨旁设备安装

轨旁设备安装主要包括：调谐匹配单元（ZPW. BPLN）、扼流变压器、区间调谐匹配单元（ZPW. PT）、空心线圈以及防雷单元的安装。

（1）调谐匹配单元安装。

①选择正确频率的调谐匹配单元，拆封，核对频率；检查产品合格证及说明书等是否齐全，检查产品外观是否完整。

②取下双体防护罩，将调谐匹配单元放置于防护盒基础上远离线路侧，用配套螺栓（M10）固定在基础桩的固定板上，并用力矩扳手将其紧固。

③将电缆芯线（包括备用芯线）由穿线孔传入调谐匹配单元内；把芯线用扎带捆扎整齐，插入笼式夹持力端子 E1、E2，预留 20 ~ 30 cm；将备用芯线绕成直径 2 cm 的螺丝状放置旁边。

④通过调谐匹配单元两个外连板上的 ϕ12 mm 螺栓，固定两长两短钢包铜引接线，单孔单线。

⑤安装完成后，复查一遍，清理施工中产生的垃圾，恢复双体防护罩。

（2）防雷匹配变压器（ZPW. BPLN）安装。

①检查防雷匹配变压器合格证及说明书等是否齐全，检查产品外观是否完整。

②取下双体防护罩，将防雷匹配变压器放置于防护盒基础上远离线路侧，用配套螺栓（M10）固定在基础桩的固定板上，并用力矩扳手将其紧固。

③将电缆芯线（包括备用芯线）由穿线孔传入防雷匹配变压器内；把芯线用扎带捆扎整齐，固定在 E1、E2 端子上，预留 20 ~ 30 cm，将备用芯线绕成直径 2 cm 的螺丝状放置旁边。

④通过防雷匹配变压器两个外连板上的 $\phi12$ mm 螺栓，固定两长两短钢包铜引接线，单孔单线。

⑤安装完成后，复查一遍，清理施工中产生的垃圾，恢复双体防护罩。

（3）扼流变压器安装（扼流变压器安装分为路基、桥梁及隧道三种方式）。

①路基地段扼流变压器安装程序。

a.选择正确的扼流变压器，检查产品外观是否完整，带适配器的需要核对频率。

b.将扼流变压器放置于安装好的基础上，六柱端子面向所属线路侧。

c.用 $\phi14$ mm $\times7$ mm 螺栓固定在基础上。

d.检查扼流变压器限界尺寸，最突出边缘距所属线路钢轨内缘不小于 1500 mm，填写《设备限界检查表》。

②桥梁地段扼流变压器安装。

a.选择正确的扼流变压器，带适配器的需要核对频率；检查产品外观是否完整。

b.将扼流变压器放置于安装好的基础上，六柱端子面向所属线路侧。

c.用 $\phi14$ mm $\times7$ mm 螺栓固定在基础上。

③隧道内扼流变压器安装。

a.标出隧道内需要安装扼流变压器的位置，在踏步上垂直于电缆槽外壁画两根相距 63 cm 的平行线。

b.用切割机沿两条线切割踏步板，切割深度约为 3 cm。

c.使用 HITACHI PH-65A 型电动锤沿两条线将踏步切除，完成后为一个长 63 cm、宽 50 cm、高 30 cm 的坑。

d.把坑内杂物清理干净，再将扼流变压器放置于坑中心，背面紧贴电缆槽外壁，在坑底标出四个固定扼流变压器的位置。

e.使用冲击钻、$\phi14$ mm 钻头在标记的位置处钻 10 cm 深的孔。

f.将 $\phi14$ mm $\times15$ mm 膨胀螺栓植入孔中，固定扼流变压器。

j.检查扼流变压器限界尺寸，最突出边缘距所属线路钢轨内缘不小于 1866 mm，填写《设备限界检查表》，将施工中产生的垃圾清理干净。

（4）空心线圈安装。

①区间调谐区电气空心线圈（ZPW.XKD）安装程序。

a.选择正确的空心线圈，拆封，检查产品合格证及说明书等是否齐全，检查产品外观是否完整。

b.取下防护罩，将空心线圈放置于防护盒基础上远离线路侧并固定。

c.将四根钢轨连接线整齐地固定于空心线圈两侧连接板上，单孔双线。

d.安装完成后，复查一遍，清理施工中产生的垃圾，恢复双体防护罩。

②进站口机械空心线圈（ZPW.XKJ）安装程序。

a.选择正确的空心线圈，拆封，核对频率，检查产品合格证及说明书等是否齐全，检查产品外观是否完整。

b.取下双体防护罩，将空心线圈放置于防护盒基础上靠近线路侧，背对着调谐匹配单元（ZPW.PT）。用两套配套螺栓（M10）将调谐单元、空芯线圈安装固定在同一基础桩的固定板上，并用转矩扳手将其紧固。

c.采用带 $\phi6$ mm 冷压端头的 10 mm^2 多股铜线连接两设备外连接板的 $\phi6$ mm 端子上。

d.将四根钢轨连接线整齐地固定于空心线圈两侧连接板上，单孔双线。

e.安装完成后，复查一遍，清理施工中产生的垃圾，恢复双体防护罩。

（5）防雷单元安装。

①调谐匹配单元（ZPW.PT）、防雷匹配变压器（ZPW.BPLN）用防雷单元（ZPW.ULG2）安装程序。

a.选择正确的防雷单元，检查防雷单元完好性。

b.打开双体防护盒，在调谐匹配单元背后，靠近线路侧，固定防雷单元；防雷单元金属卡具朝着列车运行方向。

c.制作两根 40 cm 长 10 mm^2 多股铜线，一端带 $\phi6$ mm 托环，另一端剥开 0.8 cm 长裸铜线（进站口需要

3 根 2 m 长的 10 mm² 多股铜线，50 mm² 的多股铜线作为地线)。

d. 区间电气绝缘节处安装时，裸铜线固定在防雷单元两侧的端子上；带托环一端使用 ϕ6 mm 的铜螺栓固定在调谐匹配单元(ZPW.PT)的连接板上。

e. 车站机械绝缘节处安装时，裸铜线插入防雷单元两侧的端子上；带托环一端固定在防雷匹配变压器(ZPW.BPLN)的 V1、V2 端子上。

f. 进站口机械绝缘节处区间侧安装时，防雷单元(ZPW.ULG)与防雷单元(ZPW.ULG2)安装于同一个防护盒内，该防护盒距离调谐匹配单元及机械空心线圈防护盒 650 mm。

j. 两根 10 mm² 多股铜线连接防雷单元(ZPW.ULG2)端子与调谐匹配单元(ZPW.PT)连接板。

h. 一根 10 mm² 多股铜线连接防雷单元(ZPW.ULG)L1 端子与机械空心线圈中间抽头，1 根 50 mm² 连接防雷单元(ZPW.ULG)PEN 端子至贯通底线。

②空心线圈防雷单元(ZPW.ULG)安装程序。

a. 选择正确的防雷单元，检查防雷单元完好性。

b. 打开双体防护盒，在空心线圈背后，靠近线路侧，固定防雷单元；防雷单元金属卡具朝着列车运行方向。

c. 制作 1 根 40 cm 长 10 mm² 多股铜线，一端带 ϕ6 mm 托环，另一端剥开 0.8 cm 长裸铜线；1 根 50 mm² 作为地线。

d. 10 mm² 多股铜线连接防雷单元(ZPW.ULG)L1 端子与机械空心线圈中间抽头，50 mm² 多股铜线连接防雷单元(ZPW.ULG)PEN 端子至贯通地线。

③补偿电容。

补偿电容采用等间距安装，其安装步长应符合公式：$\Delta = L_调/Nc$，其中 $L_调$ 为轨道电路两端调谐单元间的距离，Δ 代表补偿电容的等间距长度(步长)，允许公差 ±0.5 m；轨道电路两端调谐单元与第一个电容距离为 $\Delta/2$，允许公差 ±0.25 m；Nc 代表补偿电容数量。

根据补偿电容等间距及半间距，用线路里程走行测距车(或钢尺)从进站(或出站)口开始测量(以调谐单元钢轨连接线安装位置为起点)。

在确定的钻孔位置用直尺、角尺量出钢轨轨腰中部并用红油漆及画笔做好标记。钢轨轨腰中部计算和测量方法如下：60 kg 钢轨钻孔位置距轨面为 97 mm。

当钻孔位置确定后，核查孔眼是否在两轨枕中间，若不在两轨枕中间，可进行如下调整：半间距($\Delta/2$)为 ±0.25 m，等间距(Δ)为 ±0.5 m，以保证钻孔位置在两轨枕中间，以利于钻孔和安装电容。

按规定的操作方法在钢轨上打孔；将塞钉用力钉入钢轨上的孔内，塞钉塞牢后，涂上防锈漆封闭；电容放入电容枕中或固定在道床上，要确保电容的上平面不得高于道碴的水平面。

④安装注意事项。

必须严格按规定的长度对各种规格的连接线进行预制；空心线圈与钢轨的两个连接点或调谐匹配单元与钢轨的两个连接点应在一条水平线上，不能错开。

3. 97 型 25 Hz 相敏轨道电路施工方法

(1)轨道电路的送、受电端的变压器，扼流变压器其型号、规格、设置位置应符合设计文件要求，元器件安装应符合设计规定。

(2)设备固定牢固，变压器箱内器材排列整齐，间距均匀；轨道电路限流装置应调整适当，严禁拆除电阻器止档；分路电流不得大于送电端限流装置的额定电流值。

(3)轨旁设备配线采用 BVR 7×0.52 mm² 多股铜芯塑料绝缘软线，绝缘软线不得有破损、老化、中间接头，绝缘软线两端芯线用铜线绕制线环，绝缘软线在箱盒内部绑扎整齐。

(4)牵引连接线和横向连接线

牵引连接线和横向连接线的规格应符合设计规定。

牵引连接线和横向连接线打入钢轨后应用双螺母固定。

(5)扼流变压器不得侵入限界，距轨缝中心不得大于 325 mm。两台扼流变压器中心距离不得大于 650 mm。

（6）钢轨绝缘的安装。

进站信号机处的钢轨绝缘，可装在信号机前方 1 m 或后方 1 m 的范围内。

出站（含出站兼调车）、区间通过信号机处的钢轨绝缘，可装在信号机前方 1 m 或后方 6.5 m 的范围内。

调车信号机处的钢轨绝缘，可装在信号机前方或后方 1 m 的范围内。

交叉渡线应按设计图加装钢轨绝缘，将相邻两轨道电路隔开。

钢轨、槽型绝缘、鱼尾板之间应吻合；绝缘管、垫圈等齐全、无损伤，绝缘垫圈与铁垫圈安装正确；两螺栓应相对应（辙岔根除外）平直，紧固；轨端绝缘顶面应与钢轨顶面平。

（7）钢轨引接线的安装。

引接线截面积不得小于 42 mm²，引接线塞钉孔距鱼尾板端部 100 mm。

引接线应油润。钢绞线与塞钉焊接牢固，不得断股、锈蚀。塞钉不得打弯，打入深度为露出钢轨 1 ~ 4 mm，塞钉与塞钉孔接触紧密并涂漆封闭。

小混凝土枕不得有裂缝，埋设牢固、方正、与道碴面平。引接线螺栓的绝缘管、垫圈等部件应齐全，螺扣无损伤，绝缘垫圈与铁垫圈安装正确，螺母紧固。

固定引接线的卡钉或卡具不得与钢轨垫板等接触。

（8）钢轨接续线的安装。

钢轨接续线安装在钢轨外侧，与鱼尾板上部密贴，塞钉孔距鱼尾板两端均匀。

接续线与塞钉不得脱焊、锈蚀。塞钉不得打弯，打入深度为露出钢轨 1 ~ 4 mm，塞钉与塞钉孔接触紧密并涂漆封闭。

（9）道岔跳线安装。

道岔跳线截面积不得小于 42 mm²。道岔跳线应按规定位置安装，跳线敷设应平直。跳线应无断股和腐蚀现象，焊接牢固。安装后的跳线涂机械油，塞钉与塞钉孔缘应涂漆封闭。道岔跳线穿越钢轨时，距轨底不应小于 30 mm，并不得被道碴埋没。单开道岔的长跳线，宜安装在道岔绝缘节后第三、四轨枕间距处。

4. 高压脉冲轨道电路

1）高压脉冲轨道电路组成

主要由高压脉冲发送器、接收器、轨道继电器等三部分组成。

2）高压脉冲轨道电路调整

（1）通电前的准备。

①根据轨道电路的类型、区段的长度选择适合的调整表。

②根据调整表确定各器材的调整参数，确保施工配接线的正确。尤其注意确保调谐器固定端子的正确（勿动出厂固定端子）。

（2）通电前的预调。

①发送端发码电源变压器二次侧设定输出为 400 V，三次侧固定输出 16 V。

②发送端发码电阻器设定为 25 Ω。调整时，电阻值不能低于 10 Ω。

③送受端扼流变压器变比设定为 6.5:1（扼流变压器信号侧使用 7# 和 13# 端子）。

④送、受端扼流变压器调谐器固定设置为 6.5:1，谐振器 1# 端子连接 7# 端子、3# 端子过保险连接 13# 端子（注：调谐器内部出厂已接好，严禁改动）。

（3）通电调整。

①极性调整。

通电后，首先确保钢轨线路脉冲信号极性正确，保证二元差动继电器吸起。若通电后发现高压脉冲轨道电路尾部电压高出头部电压很多，则考虑可能是极性相反，在保证钢轨极性交叉下，将轨道变压器或扼流变压器端子接线对调即可。

②二元差动继电器头、尾电压调整。

400 m 以内区段：译码器输入端子使用 1、2 端子。晴天时，二元差动继电器头尾电压应调整至 40 ~ 60 V；雨天时，调整至 35 ~ 50 V。

400 m 以上区段：译码器输入端子使用 1、3 端子。晴天，二元差动继电器头尾电压应调整至 50 ~ 70 V，雨天，调整至 40 ~ 60 V。

③二元差动继电器头部、尾部电压比例失调调整：二元差动继电器头部、尾部电压比例可在限流电阻及译码器调整端子上调整。

调整状态下继电器的头部和尾部电压不能超过调整表的最大值。轨道继电器电压要满足工作值的 1.1 倍以上，即头部电压不小于 30 V，尾部电压不小于 21 V；在最不利条件下，轨道继电器的头部电压不小于 27 V，尾部电压不小于 19 V。

若头部电压过高，超过尾部电压 10 V 以上：应调整 GM·Y 译码器的 43 端子与 11、12、31、33、32 端子的连接，以满足要求。若尾部电压超过头部电压 5 V 以上，应调整限流电阻，电阻值越小，尾部电压越低。

④轨面峰值电压调整：根据轨面的锈层情况适当调整轨面峰值电压。

通常轨面峰值电压在 40 ~ 60 V。锈层越厚，轨面峰值电压应越高，分路越可靠。轨道变压器/扼流变压器变比选用越小（3.5∶1 ~ 10.5∶1 可调），或发码（稳压）变压器的 Ⅱ 次输出电压选用越高，轨面峰值电压越高，最大可调至 100 V 左右。调整后，送、受端轨道扼流变压器变比应保持一致。

若轨面电压偏高，则可进行以下操作：减小 GM·BDF 发码电源变压器（若为一体发码器方式，则调整一体发码器上的电压）的电压档位；加大发送端、接收端变压器变比；加大 GM·RT - 30 高压脉冲调整电阻的电阻档位微调。

若轨面电压偏低，则可进行与上述相反操作操作。

⑤使用 0.15 Ω 分路线对轨道电路进行分路测试：二元差动继电器头部应不大于 13.5 V、尾部不大于 10 V，头部、尾部电压同时低于上述电压值即达到标准。

⑥极性交叉测试：高压脉冲轨道电路与 25 Hz 相敏轨道电路、480 轨道电路、移频轨道电路相邻时，绝缘单、双破损均具有良好的防护性能，勿需测试极性交叉。而高压脉冲与高压脉冲轨道电路相邻时，绝缘节两端需要测试极性交叉。

五、室内设备安装施工方法

1. 安装流程

室内设备安装施工流程如图 50 - 24 所示。

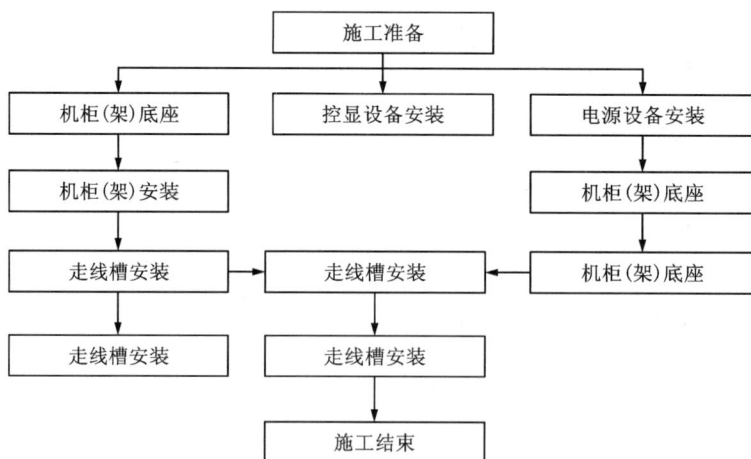

图 50 - 24　室内设备安装施工方法流程图

2. 机架（柜）安装及配线

（1）机架（柜）排列顺序，应符合设计要求。可与设备接管单位沟通，优化设备安装位置。

（2）在主通道侧的机架（柜）纵向侧面应在同一直线上。横向同排机架（柜）的正面，应在同一直线上。

（3）机架（柜）底部应增加连接支撑基础，支撑基础与机柜连接牢固。机架（柜）间连接牢固。

（4）最后一排机架（柜）与墙体间的距离至少满足 1.2 m。

（5）机架（柜）应与建筑物绝缘。

室内机柜安装如图 50-25 所示，室内设备防尘措施如图 50-26 所示。

图 50-25　室内机柜安装图

图 50-26　室内设备防尘措施

3. 室内设备布线要求

（1）室内架（柜）、设备之间及内部的配线，其规格、型号应符合设计规定。

（2）各种布线全部采用阻燃型。所有与数据通信线共槽的线缆均应采用阻燃屏蔽线。线条不得有中间接头和绝缘破损现象。

（3）室内所有线缆布线禁止出现闭合圈；布放线条时，应留有适当的作头备用量，配线、电缆应排列整齐（图 50-27）。

（4）电缆引出端应有标明去向的铭牌。

（5）室内布线原则上走预留电缆槽和走线槽，亦可走防静电地板下，采用下部走线时室内电缆、电线，应采用 PVC 槽或镀锌钢槽防护。当采用镀锌钢槽防护时，钢槽底部应增垫橡胶垫。电源线、发送、接收应用隔离栅板分开布线。

（6）室内轨道电路发送、接收传输通道成对使用对绞屏蔽阻燃塑料软线。

（7）剖切电缆时，不得损伤芯线外层绝缘。

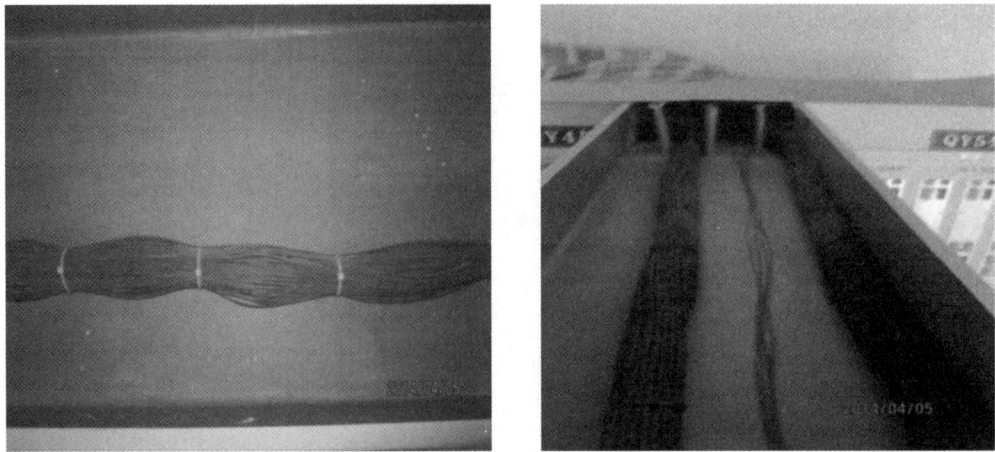

图 50 - 27　室内设备布线

4. 室内设备配线要求

(1)电源线的规格、型号符合设计规定。

(2)机架(柜)内,竖向应采用线槽方式,槽内线把尽量松散,不宜绑扎。

(3)配线与端子的连接采用插接方式,应一孔一线,配线自然全部插入,不应加焊锡。

(4)室内配线两端胶管均应打印去向标识(图 50 - 28)。

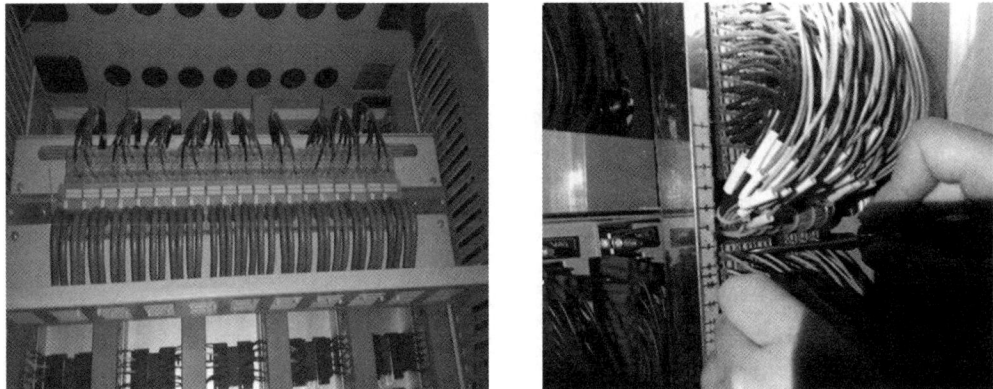

图 50 - 28　室内设备配线

5. 电源设备

1)电源设备施工流程

电源设备施工流程如图 50 - 29 所示。

2)施工标准

信号机械室应设置信号专用电源引入防雷箱,再由电源引入防雷箱引出两路交流电源至信号电源屏,输入、输出应分开走线。交流电源为三相四线制(380 V)时,电源屏相位与引入电源的相位、屏与屏之间的相位应相符。

(1)电源设备进场应进行检验,并符合下列要求:

①型号、规格符合设计要求。

②包装及外观完好,配件及随机资料齐全。

③各电气元件连接良好,机械部件齐全完整无损

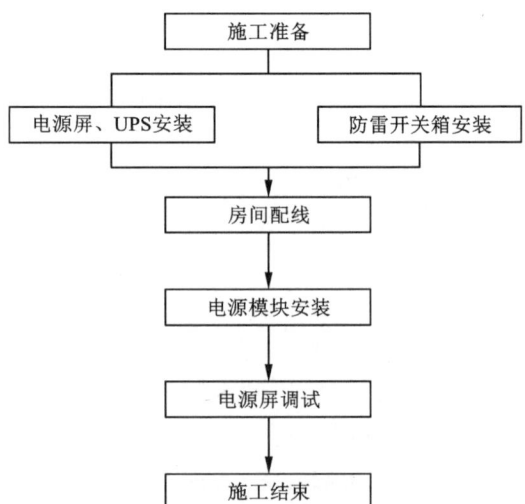

图 50 - 29　电源设备施工流程图

坏，紧固件无松动。

④开关接触或断开动作良好，接触压力合适。

（2）电源屏安装应符合下列要求：

①各屏的安装应排列整齐、端正、平稳、牢固。

②各部件安装齐全、完整、无缺损，零件紧固无松动。

③各种表示灯显示正确，声光报警装置工作正常。

④三相交流电源各相负荷配置应力求平衡。

⑤电源屏各输出电源对地绝缘良好，其绝缘电阻应符合相关产品技术标准和设计要求。

（3）电源设备安装完并连接好屏间配线后，应进行通电检查试验，检查结果应符合下列要求：

①根据智能监测显示系统的不同显示内容分别进行测试，结果应与显示一致。

②在规定的输入范围内，各供电模块工作正常，输出应符合设计要求。

③智能监测报警显示系统在工作范围内动作显示正常，各种监测、存储、显示、报警、传输、呼叫功能应符合设计要求。

④接入负载，各模块的工作状态应符合设备说明书和设计要求。

⑤一、二路电源转换正常；各种模块工作转换正常，不影响设备使用。

（4）不间断电源（UPS）及蓄电池应符合下列规定：

①设备配置及配线应符合设计规定，连接可靠并保证串联（并联）极性正确。

②UPS 机柜与蓄电池柜安装平稳、牢固，机柜外壳应可靠接地。

③UPS 工作正常、指示灯显示正确。交流电源断电后，有人值守站 UPS 持续供电时间为 30 min，无人值守站 UPS 持续供电时间为 120 min。

（5）电源设备配线应符合下列要求：

①电源配线的规格、型号、敷设径路应符合设计规定，电源配电箱至电源屏至机柜零层间配线应采用室内电力电缆。配线线条不得有中间接头或绝缘破损。

②配线的布线应平顺、整齐。

③地槽内布放电源线应平直、并拢、整齐，地槽应清洁、盖板严密。

④配线与端子的连接采用插接方式，应一孔一线，配线自然全部插入，不应加焊锡。

六、创新工艺与方法

（1）车站信号电缆间内电缆需要做二次成端，因电缆间和信号机械室不在同一楼层，由分线盘至做二次成端的位置有 5 m 甚至还多，穿热缩带比较费时且不好施工。针对此类现象，引进开启式热缩管，二次成端可以先施工，完全做好后再热缩，即方便了施工，又提高了工作效率，而且工艺比较美观，如图 50 - 30 所示。

（2）区间空心线圈内的防雷单元接地地线采用 50 平方地线，因地线线径比较大，防雷单元插线孔较小，很难全部插入，对于此类现象，采购了一批变径头，先将变径头与 50 m^2 地线进行压接，然后再插入防雷单元上线孔内，既方便施工又不会对防雷单元造成损坏，如图 50 - 31 所示。

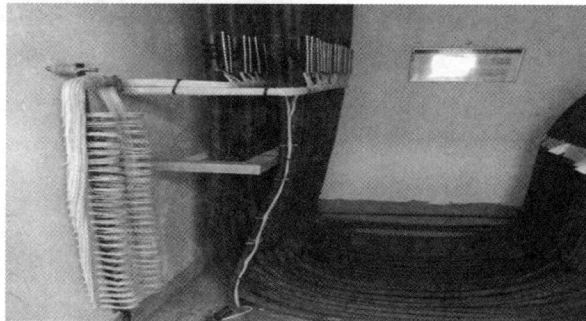

图 50 - 30　电缆二次成端

（3）配线工艺。在以往的高铁施工中，信号设备机房静电地板下走线采用的是钢槽防护，在施工中会造成线缆随意敷设，配线工艺无法达到顺直、精美，在此次施工中，施工单位采取有效措施，保证了较好的配线效果（图 50 - 32）。

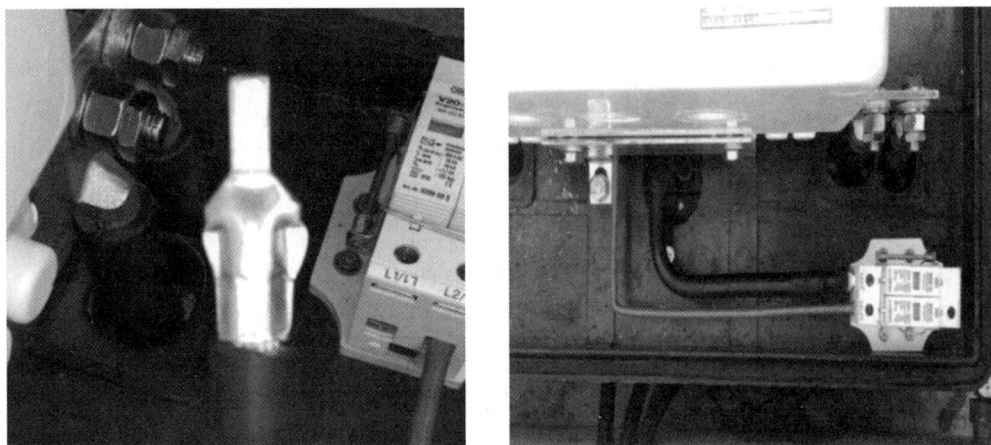

图 50-31 变径头

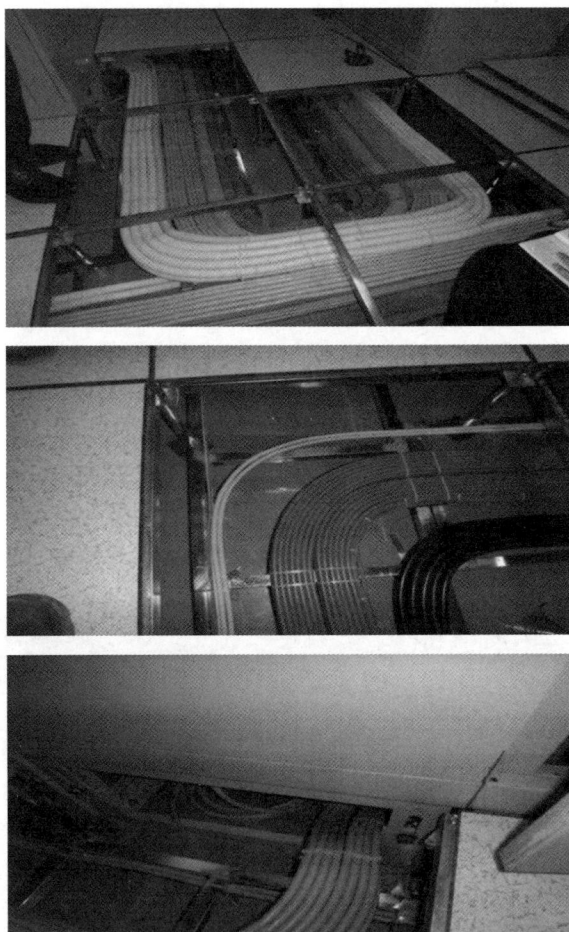

图 50-32 配线工艺施工效果图

七、施工小结

1.站内过轨

针对站内过轨满足不了信号需求的现象，技术部门积极与设计单位沟通，要求设计单位提供设计变更，同时与站前施工单位沟通并做预留，待设计变更下发后，现场配合站前单位进行增补过轨。

2. 钢轨打眼

根据 2000 A 轨道电路安装要求，电气绝缘节、机械绝缘节、道岔、电容安装都须在钢轨上打眼安装跳线。钢轨打眼前，与站前铺轨单位沟通对接，保证"钢轨已锁定"，双方形成书面协议后（协议中注明已锁钢轨区段、里程、左、右线等）此项工序方可实施（江西段德兴站至中继站 24 信号施工单位因与铺轨单位电话沟通打眼里程而并未签订书面协议，盲目施工而造成钢轨多余孔）。针对道岔打眼问题，道岔上跳线原则上由道岔集成单位完成，道岔出厂前道岔集成商必须复核道岔预留孔是否与本线信号图纸一致，相关主管工程师应该做好把关。本线站前、站后道岔图纸版本不一致，造成多余施工工序及多余孔。

3. 轨道电路电气特性

施工过程中 2000 A 轨道电路调整表问题反映出基础工作要扎实，施工单位提供的基础数据要准确，设计单位在收集、调查轨道电路参数应具体问题具体分析。合福高铁闽赣段有桥梁段、路基、隧道、隧道 + 桥梁、隧道 + 路基、桥梁 + 路基等多种轨道电路参数，导致出现 4 个版本的轨道电路调整表，造成诸多区段电气特性不达标。另一问题就是施工图与调整表电容数量不一致，也是造成电气特性不达标原因之一。因此在工程实施过程中，需在电容施工前提前督促设计院提供轨道电路调整表，施工单位同时应仔细核对调整表与施工蓝图，如有出入应反映设计部门及时做出调整。

4. 现场定测、图纸审核

进场后根据施工图纸进行现场定测，技术部对于现场存在问题的（信号点在综合洞口、路基桥梁信号点不在杆塔处等）及时同设计沟通，形成图纸审核材料备案。

第四节 设备调试与验收

一、设备调试

1. 调试内容

(1) 信号系统调试包括设备单项调试、子系统调试、系统接口调试。

(2) 设备单项调试包括信号机、轨道电路、转辙装置、电源屏、车站联锁、列控中心、应答器、调度中心等设备安装后与其他设备未连接前的调整试验。

(3) 子系统调试包括联锁、列控、调度集中、信号集中监测等各子系统内功能和性能调整试验。

(4) 系统接口调试包括联锁、列控、调度集中、信号集中监测等各子系统之间调整试验。

2. 设备单项调试

1) 电源设备调试

电源设备调试流程如图 50 - 33 所示。

(1) 电源屏的两路输入电源相序应一致。电源屏两路输入电压不超过 ±25% 时电源屏应保证信号设备正常工作。输入电压超过 ±25% 时，电源屏发出声、光报警。

(2) 当电源屏两路输入电源中的任何一路发生断电或断相时，应能自动切换到另一路电源供电，并具备手动转换和直供功能。

(3) 主、备电源的转换时间（自动或手动）不大于 0.15 s。

(4) 输入、输出断路器（熔断器）在短路、过流时应能可靠断开，过流值应符合产品说明书的规定。

(5) 电源屏在下列情况下的表示和声光报警功能应工作正常。

①两路输入电源转换。②三相电源缺相、错相。③两路输入电源中任何一路停电。④输出过载。⑤输入电源过压、欠压。⑥稳压设备故障。

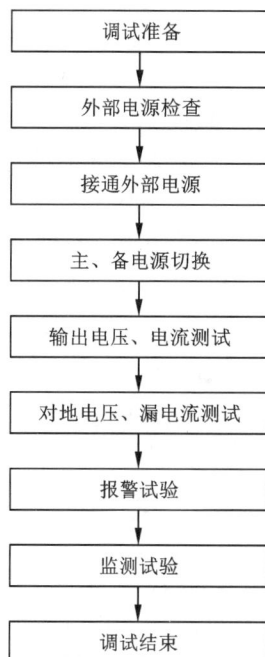

```
调试准备
  ↓
外部电源检查
  ↓
接通外部电源
  ↓
主、备电源切换
  ↓
输出电压、电流测试
  ↓
对地电压、漏电流测试
  ↓
报警试验
  ↓
监测试验
  ↓
调试结束
```

图 50 - 33 电源设备调试流程图

（6）监测功能试验。

①实时监测输入、输出电压、电流。②实时监测输入电源缺相、错相状态。③实时监测轨道电源、局部电源的相位。④实时监测模块工作/故障状态。⑤显示实时监测数据、故障定位和故障原因。

2）车站联锁模拟试验调试

（1）制作带有轨道、道岔及与联锁相关接口条件的模拟盘，模拟条件应与室外设备相对应，能满足联锁试验的要求。

（2）模拟试验前，应对机柜（架）零层电源端子、侧面端子进行空送电试验，设备插入后送电试验，并无混电现象。

（3）联锁机设备试验：

①核对设计文件和设备供应商提供的接口采集、驱动表相一致。

②运行联锁设备测试程序，核对联锁设备的采集、驱动单元与相对应的采集对象、执行器件的状态相一致。

③联锁设备所显示站场图形与施工设计中的站场平面图相一致。车站联锁模拟试验调试流程如图 50 - 34 所示。

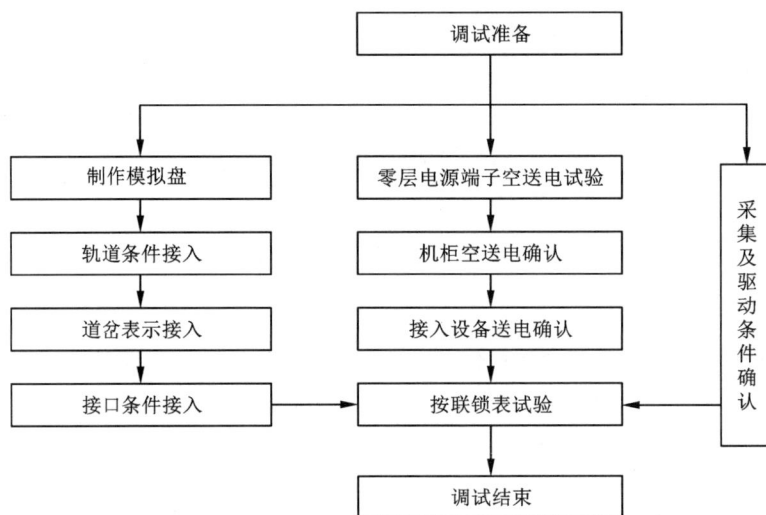

图 50 - 34 车站联锁模拟试验调试流程图

④各单机应处于正常工作状态，不应出现脱机或倒机现象，主机和备机转换试验正常。

⑤具备自诊断、现场操作与信号设备动作记忆、查询、再现、打印等功能。

⑥控制显示分机具备信息采集、站场显示、报警音响处理等功能。

（4）按照联锁表对下列项目进行模拟试验，使联锁关系符合设计要求和相关技术标准的规定。

3）信号机单项调试要求

（1）信号机灯光调试良好、显示正确，同架信号机两个同一颜色的灯光色谱应接近一致，同一机柱同方向安装的各个机构灯位中心应在同一垂直线上。

（2）信号机正常点灯时应点亮主灯丝；当主灯丝断丝后，能自动转至副丝，并有断丝报警信号。

（3）调整信号机点灯远程变压器、信号点灯单元，使信号机灯端电压为额定值的 85 ~ 95%，调车信号为 75% ~ 95%；使灯丝继电器电流应在最小可靠工作值的 120% ~ 140% 范围内；室外灭灯时，相应灯丝继电器落下。

4）轨道电路单项调试流程

（1）确认送、受电端通道正确，按轨道电路调整表进行配线。室外设备侧接收或发送端电压符合要求。

（2）ZPW - 2000 轨道电路测试

①按设计图纸核对移频柜内各发送、接收的载频和选型端子连接线。

②测量并核对 24 V 工作电源极性正确。

③发送器工作正常时，对应衰耗盘"发送工作灯"点亮，测量发送器电压正常。

④接收器工作正常时，对应衰耗盘"接收工作灯"点亮；测衰耗本轨道区段轨入电压，调整接收电平，使接收器限入"轨出 1"电压不小于 240 mV，轨道继电器不应小于 20 V，并可靠工作；轨道区段空闲时衰耗盘"GJ"亮绿灯，轨道区段占用时"GJ"亮红灯。

⑤试验发送、接收并机，关闭主或并机电源，轨道继电器不应落下。

⑥任一发送、接收故障时，移频报警应正确。

（3）轨道电路调试。轨道电路调试流程如图 50 - 35 所示。

①确认轨道电路送、受电端的设备、室内设备等符合设计要求。

②调整状态下，高压脉冲轨道电路二元差动继电器的头部和尾部电压不能超过调整表的最大值。轨道继电器电压要满足工作值的 1.1 倍以上，即头部电压不小于 30 V，尾部电压不小于 21 V；在最不利条件下，轨道继电器的头部电压不小于 27 V，尾部电压不小于 19 V。25 Hz 相敏轨道电路在调整状态时，轨道继电器轨道线圈（电子接收器轨道接收端）上有效电压应不小于 18 V。

③相敏轨道电路用 0.06 Ω 标准分路线在轨面上分路时，轨道继电器线圈电压不大于 7.4 V，继电器可靠落下。使用 0.15 Ω 分路线对高压脉冲轨道电路进行分路测试：二元差动继电器头部应不大于 13.5 V、尾部不大于 10 V，头部、尾部电压同时低于上述电压值即达到标准。

5）转辙装置调试

转辙装置调试包括电缆通道、道岔密贴、道岔转换、道岔开向室内外一致性、切断表示的检查，应按下列要求进行调试：

（1）检查确认组合到分线盘、分线盘至转辙机电缆通道正确。

（2）道岔密贴检查。

①道岔在定位和反位时，密贴段各牵引点的尖轨与基本轨、心轨与翼轨间有 4 mm 及以上间隙时，道岔不得锁闭和接通道岔表示。

②两牵引点之间有 5 mm 及以上间隙时不得接通道岔表示电路。

（3）道岔转换检查。

S700K 交流电动转辙机在正常转动时，摩擦连接器作用良好，转辙机动作电流不应大于 2 A；道岔因故不能转换到位时，摩擦连接器应空转；道岔因故不能转换到位时，电流不应大于 3 A。

（4）道岔位置室内外一致性检查。

通过室内操纵道岔转换，核对启动继电器（2DQJ）与操纵意图一致，道岔实际开向应与室内操纵意图一致，定反位表示继电器与道岔实际开向一致。

（5）切断表示检查。

断开转辙机和密贴检查器中任意一组表示接点时，必须切断表示电路。

6）调度集中（CTC）设备调试要求

（1）机柜送电后，主、备用系统正常启动，硬件指示灯显示正常。

（2）当主系统故障后，能够自动切换到备用系统；当备用系统故障时，不影响主系统正常工作。

（3）调度中心行车调度、助理调度、车站维护操作终端正确显示系统工作状态。

7）列控中心（TCC）设备调试要求

（1）设备启动检查。

①在手动切换状态时，先启动的一系，自动进入主控状态；后启动一系自动进入备用状态。

②在自动切换状态时，同时启动两系，两系均能正常工作，且状态为一个主控系一个备用系。

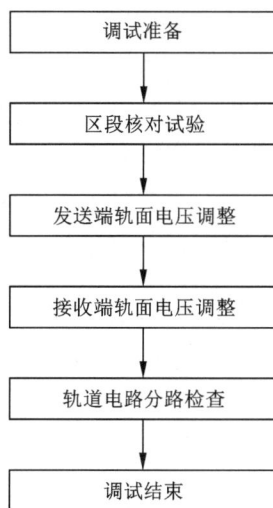

图 50 - 35　轨道电路单项调试流程图

③表示系统的工作状态指示灯正确。

（2）同步状态下设备切换检查。

①双系切换时，列控中心能正常工作。

②关闭主控系，列控中心应自动切换到备用系。

③关闭备用系，主控设备仍能正常使用，不受影响。

（3）列控中心电源冗余检查。

①送电后两模块正常工作，电压应调整一致。

②关闭其中任意一个电源模块，另一模块能正常工作。

（4）列控中心开关量驱动、采集对位。

①轨道继电器的状态采集正确。

②站内轨道方向切换继电器状态的驱动、采集正确。

③区间方向继电器状态的驱动、采集正确。

8）信号集中监测设备调试要求

（1）信号集中监测设备使用前应检查供电电源正常，无短路和断路现象，核对采集线与设计图相符。

（2）设备面板指示灯正常。

（3）测量外接传感器工作电压正常。

（4）操作上位机能够正常工作。

3. 配套子系统调试

1）车站联锁子系统应进行下列调试

（1）联锁软件应经过仿真试验合格后，方可进行现场联锁试验。

（2）联锁关系应符合相关技术标准及联锁图表要求。

（3）信号机试验。

①排列进路时，室外相应信号机实际显示应与控制台显示一致。

②设有灯丝转换的信号机，在主、副灯丝转换及报警正确。

（4）道岔试验。

①道岔实际开向与室内控制意图、表示状态相一致。

②断开转辙机密贴检查器的任一表示接点时，表示继电器应可靠落下。

③道岔转换超过规定时间时，应切断启动电路。

（5）轨道电路试验。

①轨道电路的占用及空闲，与室内显示状态一致。

②调整状态下，轨道继电器应可靠吸起。

③分路状态下，轨道继电器应可靠落下。

2）列控子系统应进行下列调试：

（1）ZPW－2000 轨道电路调试。

①列控中心按进路和轨道电路信息编码逻辑，对各个轨道区段进行编码。

②列控中心驱动相应轨道电路的方向切换继电器，控制轨道电路迎列车运行方向发码。

③室内、外相应区段发送、接收的载频、低频码序正确。

④检查转频码的发送和取消的时机及地点正确。

（2）相邻列控中心之间调试。

①相邻站间轨道电路状态及编码所需要的信息，能实现闭塞分区编码逻辑的连续性。

②办理改变运行方向时，能够驱动相应的方向继电器。

③相邻车站和区间中继站临时限速信息能够正确传递。

④相邻列控中心运行状态信息能够正确传递。

（3）应答器接口调试。

①测试应答器报文发送是否正确。

②测试列控中心控制冗余 LEU 切换功能是否正确。

3）调度集中子系统应进行下列调试：

（1）监督功能，主要包括信号设备的状态和布局，车次号的追踪和管理等。

（2）控制功能，主要包括中心人工控制功能，中心自动控制功能，车站信号设备控制等；

（3）管理功能，主要包括时刻表的编辑、管理、自动加载和自动下载；准点率统计；事件和报警管理；各种报表管理；回放功能；系统参数管理；系统设备状态管理；车组号的全线追踪和管理等。

（4）临时限速拟定功能，主要包括临时限速拟定与临时限速服务器接口；相邻调度台临时限速接口等。

（5）检查调度中心列车调度、助理调度台功能，车站 CTC 功能，综合维修功能，电务维护功能。

4）信号集中监测系统应进行下列调试：

（1）监测项目应符合设计规定。

（2）模拟量的监测内容、监测点、监测量程、监测精度、测试方式、采样速率等符合相关技术标准的要求。

（3）开关量的监测类型、内容、方法等符合相关技术标准的要求。

二、工程验收

1. 静态验收

路局供电处与京福闽赣公司共同组织设计、监理、第三方检测单位和信号设备接管单位对合福高铁闽赣段信号设备及线路工程进行了静态验收，并提报了静态验收报告。根据《铁路客运专线竣工验收暂行办法》（铁建设[2007]183 号），经专家组审议，一致认为：合福高铁南昌局管段信号工程静态系统及其专业接口工程满足设计要求及验收标准，工程总体质量合格，具备动态验收条件。

2. 动态验收

铁道部运输局组织电务专家组，于 2015 年 6 月对京福闽赣公司提报的《新建合福高铁南昌局管段动态验收报告正文》及相关测试资料、中国铁道科学研究院提供的《合福客专南昌局管段动态检测报告》和《合福客专南昌局管段运行试验测试报告》进行了审核，经专家组经认真讨论，认为新建合福高铁南昌局管段信号系统、贯通地线满足相关标准和设计要求；ATP 自动过分相功能满足相关标准要求。工程质量合格，同意通过动态验收，具备初步验收条件。

第五节　典型工程案例

一、上饶站合福、沪昆场信号冲突处理

1. 设计情况

1）上饶枢纽引入工程概况

合福高铁与杭长高铁在上饶站交汇，合福高铁横跨既有杭长高铁和既有沪昆线，形成"十"字形交叉车站。

本工程与杭长高铁的分界位于杭长高铁上饶站下行咽喉进站信号机及合福线路所联络线防护信号机处。信号机内方为杭长高铁工程，外方为合福高铁工程。如图 50 - 36 所示。

2）列控系统概况

根据初步设计批复和运输组织模式，新建合福高铁与既有杭长高铁均采用 CTCS - 3 级（以下简称为 C3）列控系统，上饶联络线区间不设信号机，满足动车组最高运行速度为 120 km/h 的运行要求。

2. 优化原因

由于没有明确规定两条客运专线间衔接站的信号显示，且联络线区间较短，故在满足列车跨线运行和互联互通运营要求下，对上饶枢纽信号显示方案进行具体分析研究，本工程设计需要解决以下问题：

（1）合福线路所及上饶线路所通过信号，上饶杭长高速场出站信号显示方案。平面布置图如图 50 - 37 所示。

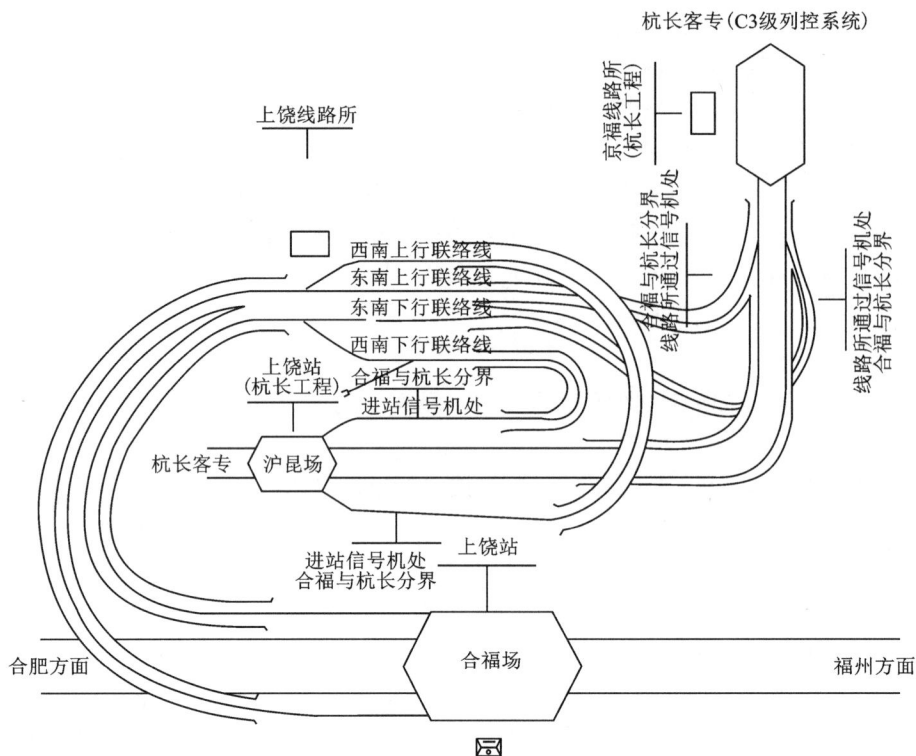

图 50 - 36   合福与杭长衔接示意图

（2）上饶合福场至上饶线路所点灯状态发车时，信号显示与运输组织方案。平面布置图如图 50 - 38 所示。

（3）关于 200H 车载设备逻辑与地面设备应答器报文不匹配方案。

3. 优化设计

1）线路所通过信号机、出站信号机显示方案

由于上饶联络线区间均为闭塞分区，线路较短（区间均不超过 2.8 km），且反向运行时线路所弯股没有设安全线，为了确保安全，在点灯模式及灭灯模式下，合福线路所往上饶线路所 SF 口发车时，SHF 信号机与上饶线路所 SF 信号机的联锁关系按红灯重复处理。上饶站杭长高速场 SGI、SG3、SG5、SG7 往上饶线路所 XNF 发车时，出站信号机与上饶线路所 XNF 信号机的联锁关系按红灯重复处理。上绕高速场至上饶线路所显示关系如图 50 - 39 所示，合福线路所至上饶线路所显示关系如图 50 - 40 所示。

2）上饶合福场至线路所优化方案

鉴于上饶线路所与上饶合福场站间区间短（为 1 ~ 2 个区间点），上饶合福场往上饶线路所方向点灯发车应同时点亮上饶线路所通过信号机并检查红灯灯丝完好，进路按照大区间运行考虑（即上饶合福场至合福线路所 SH、SHF 信号机的区间线路空闲），线路所防护信号机需开放允许灯光。

3）保证 200H 车载设备正常需要优化方案

为满足装备 200H 车载设备的动车组在合福线正常运营的需要，并借鉴已开通运营线路对该类问题处理方案，合福线上饶合福场、杭长线上饶杭长高速场地面设备配合车载逻辑方案作适应性修改。修改方案如下：

在现有软件基础上，将大号码道岔应答器组中无源应答器描述的轨道区段包［CTCS - 1］移至同组的有源应答器中。列控中心判定需发送大号码道岔信息时，控制 DD 有源应答器发送轨道区段包［CTCS - 1］里预告 XI 信号机类型描述为"0111 = 设有应答器的出站信号机"；当不发送大号码道岔信息时，控制 DD 有源应答器发送轨道区段包［CTCS - 1］里预告 XI 信号机类型描述为"0010 = 出站信号机"。

4. 现场实施

由于杭长高铁在合福高铁调试前已进入试运行即将开通，采用优化方案涉及到既有正在运营的上饶高

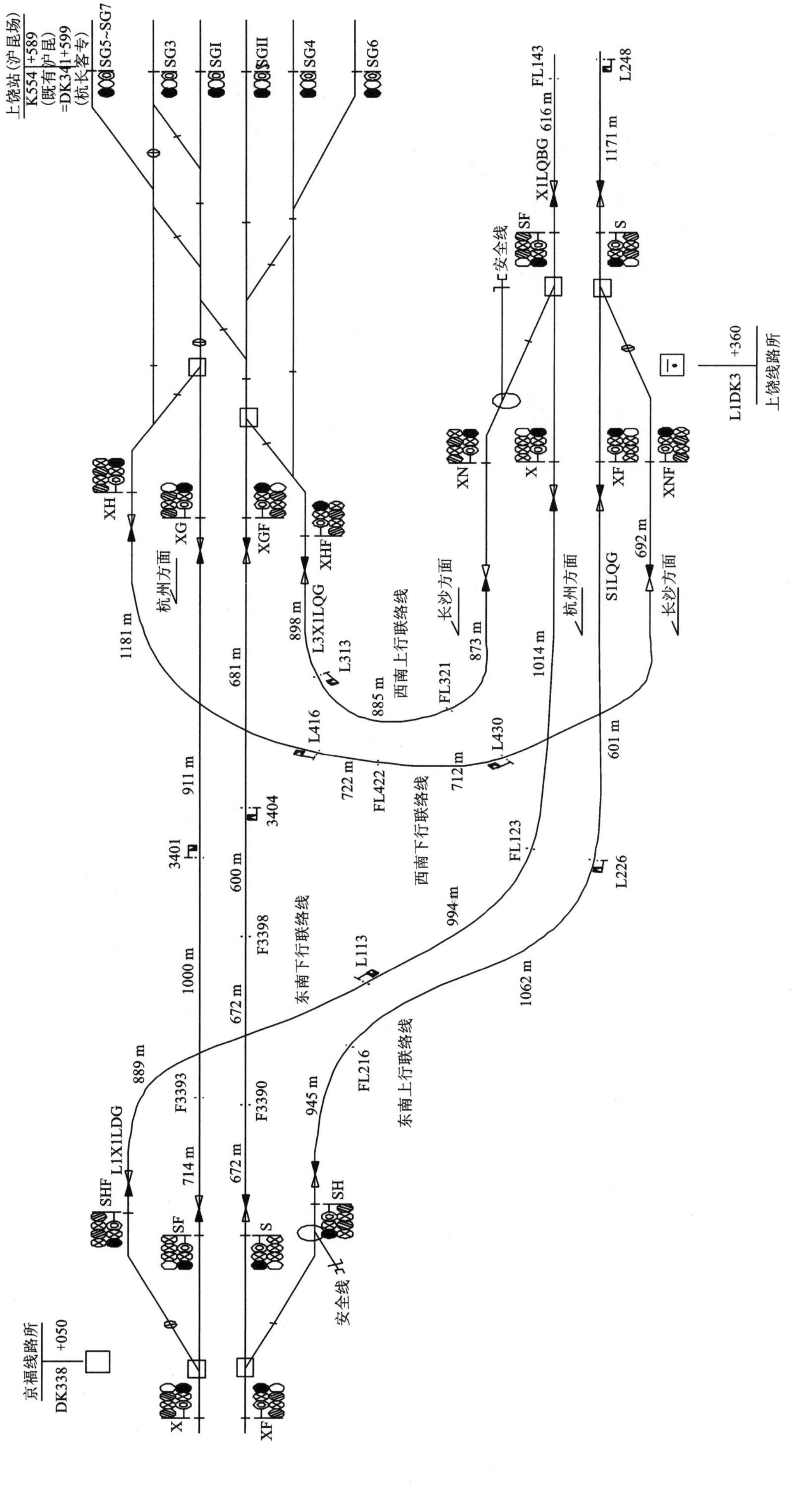

图50-37 合福线路所及上饶高速场至上饶线路所平面图

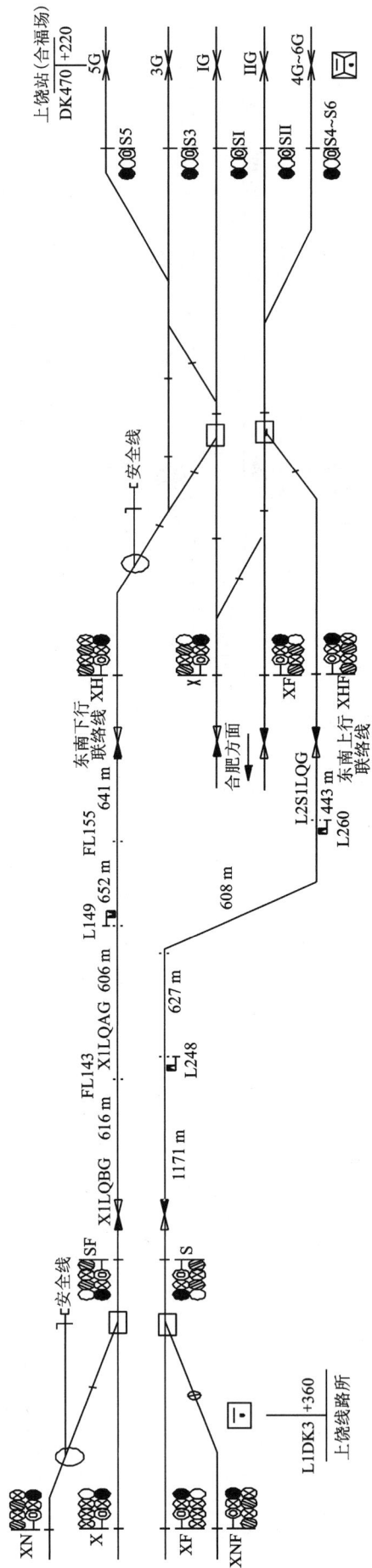

图50-38 上饶线路所至上绕合福场平面图

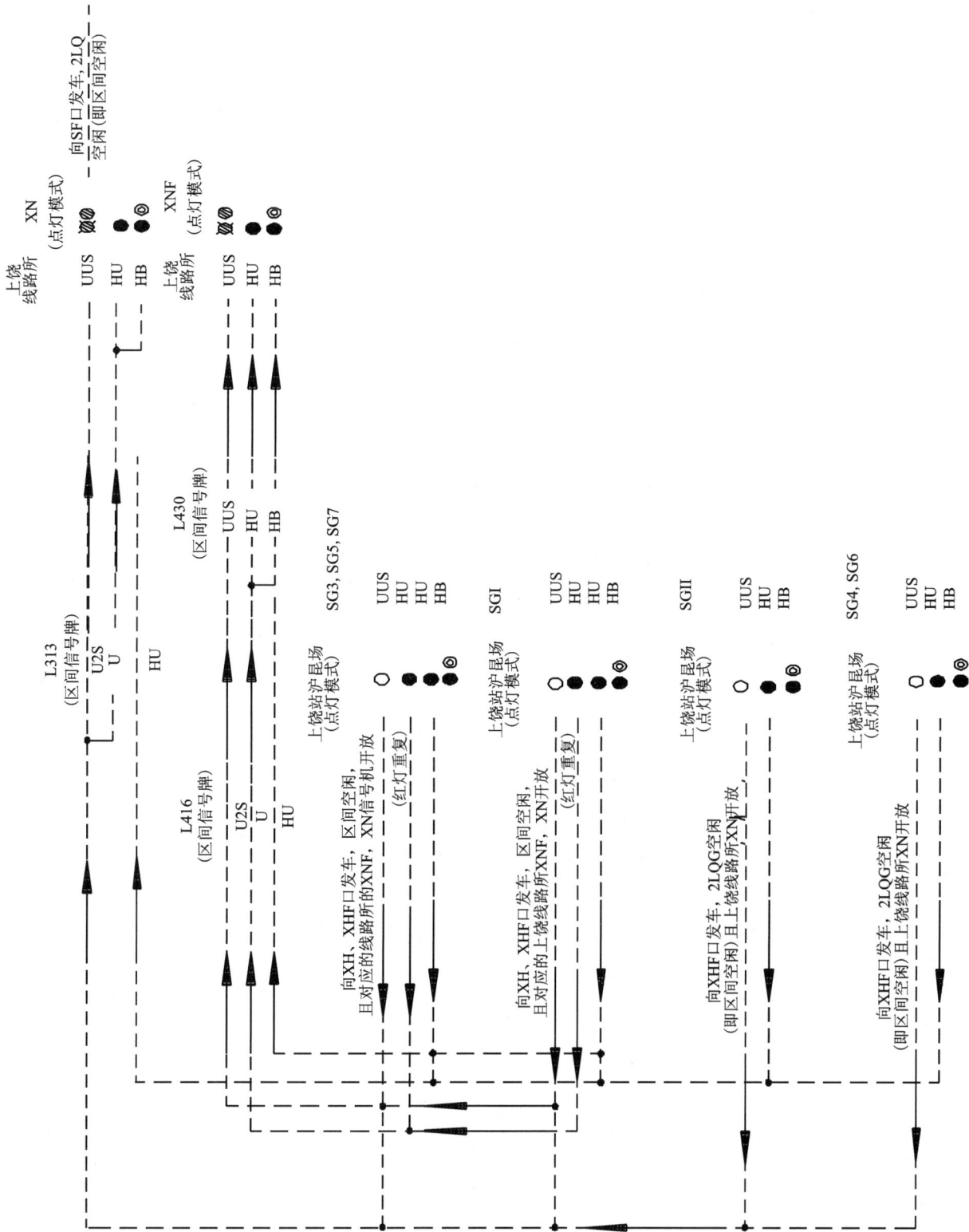

图50-39 上绕高速场至上饶线路所显示关系

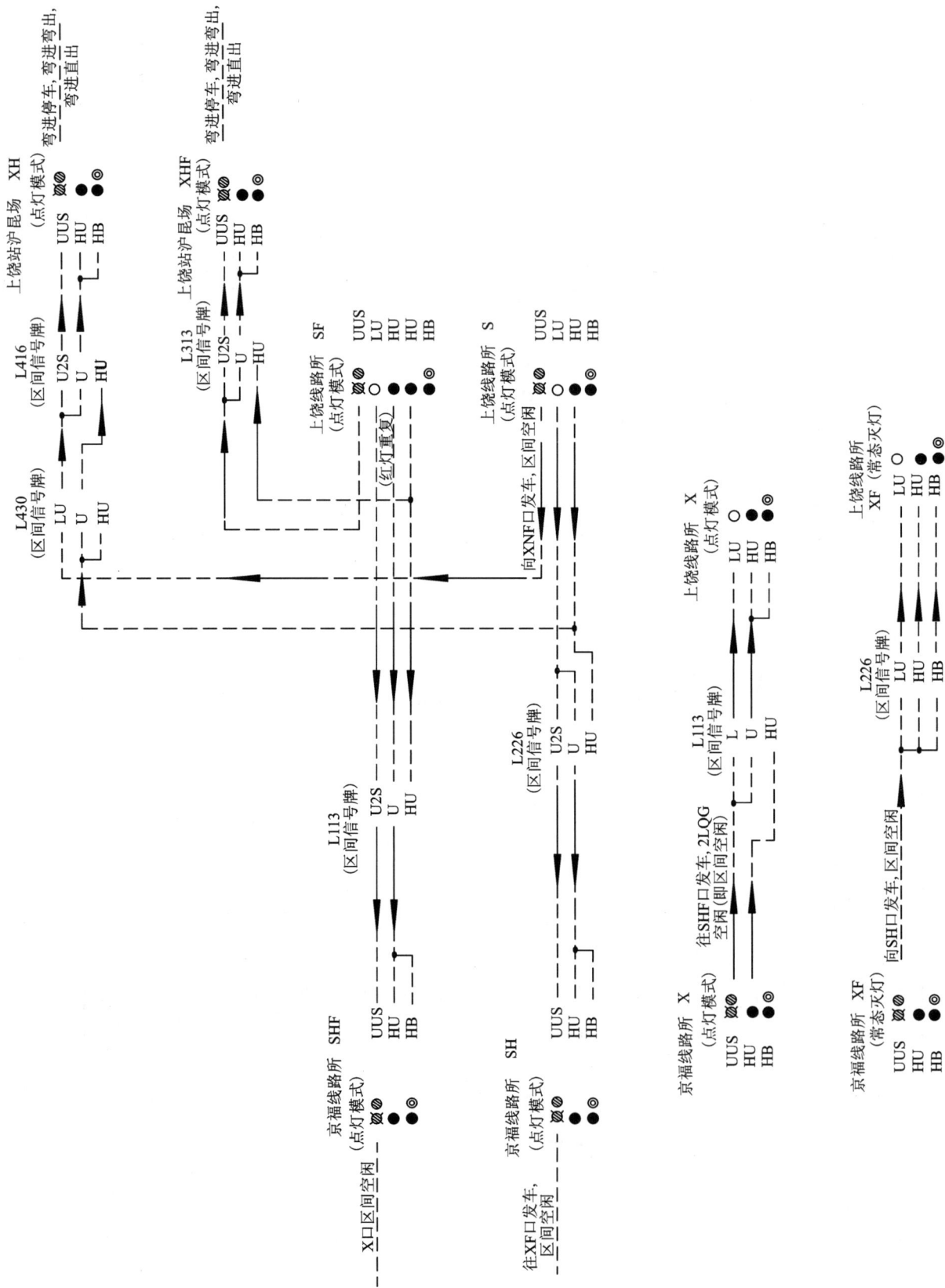

图50-40　合福线路所至上饶线路所显示关系

速场、合福线路所、杭长 TSRS2（边界延伸至上海局江山站上行出发咽喉和南昌局进贤南站）、杭长 RBC4、南昌局调度中心玉南台等联锁、列控、CTC 设备，施工项目多，对既有线安全压力大。

为确保既有线施工安全，减小对已开通杭长高铁线路的运营影响，公司要求系统集成单位和施工单位制定详细、稳妥的实施性方案，采取"化整为零、分项试验、最终接入"的施工步骤，并组织施工单位与铁路局运输、运营维护单位对实施方案进行多次审核。实施方案按设备安装、电路修改、单机调试等硬件系统先实施到位，再对每个单项设备软件模拟试验和现场挂连试验，试验还包括边界条件，每个单项子系统试验完成后先退出，调试过程中不做过渡，待各个子系统调试、试验全部完成后，与路局相关部门协调，根据运输组织择机一次性接入。各单项子系统调试、试验内容见表 50 – 5。

表 50 – 5 各单项子系统调试、试验内容

合福线路所	**联锁：** ➤ 硬件已在杭长项目中预留，无需增加硬件；增加合福方面相关进路及邻站站间条件传输； ➤ 合福线路所删除灾害，更新接口表。 **列控：** ➤ 增加 SH、SHF 口接、发车进路的编码； ➤ 增加 SH、SHF 口区间方向，由合福线路所 TCC 与上饶线路所 TCC 通过通信方式实现； ➤ 增加上饶线路所的列控中心安全参数； ➤ 增加 SH、SHF 口接、发车进路的 TCC 报文及降级检查； ➤ 删除两个灾害； ➤ 启用杭长正线合福线路所 4935 信号点处设置的大号码有源应答器组 B4933；开通东南上行联络线上饶线路所 26 信号点处设置的大号码有源应答器组 B28。
上饶高速场	**联锁：** ➤ 上饶高速场联锁硬件已在杭长项目中预留，无需增加硬件； ➤ 增加合福方面相关进路及邻站站间条件传输； ➤ 上饶高速场依据铁四院联系单修改配线。 **列控：** ➤ 增加 XH、XHF 口接、发车进路的编码； ➤ 增加 XH、XHF 口区间方向，由上饶高速场 TCC 与上饶线路所 TCC 通过通信方式实现； ➤ 增加上饶线路所的列控中心安全参数； ➤ 增加 XH、XHF 口接、发车进路的 TCC 报文及降级检查； ➤ 启用杭长正线上饶高速场 5040 信号点处设置的大号码有源应答器组 B5042；添加西南上行联络线上饶线路所 30 信号点处设置的大号码有源应答器组 B32。
应答器与 LEU	➤ 上饶高速场所有股道往左咽喉发车进路坡度包移至有源应答器描述； ➤ 上饶高速场大号码道岔应答器 B5042 将轨道电路信息（CTCS – 1 包）移设至有源应答器； ➤ 增加合福线路所和上饶高速场大号码道岔应答器对应的 LEU。
杭长 TSRS2	➤ 增加与合福 TSRS2 的通信； ➤ 增加上饶线路所的数据配置； ➤ 增加与上饶线路所的 TCC 通信； ➤ 修改合福线路所、上饶高速场 TCC 的管辖范围； ➤ 增加上饶线路所 TCC 的管辖范围。
杭长 RBC4	修改杭长 RBC4 的管辖范围，杭长 RBC4 增加上饶线路所及东南联络线、西南联络线相关数据，开通与合福 RBC6 的切换功能。
CTC	➤ 修改合福线路所和上饶高速场 CTC 软件，玉山南、弋阳高速场同步更换数据； ➤ 调度中心修改玉南台运行图底图、调监显示及调度命令、限速命令、阶段计划发送范围，电力臂设置范围，增加与黄武台邻台信息交互，增加合福线与 TDMS 接口，GSM – R 接口，铁总信息发送接口； ➤ 合福线接入南昌局调度中心，启用黄武台调度台，上饶线路所纳入玉南台管辖。

5. 优化小结

（1）在枢纽方案实施过程中，首先明确行车组织要求，信号系统的服务对象为行车，因此设计前提需要运输部门明确行车组织方式。

（2）在区间较短且反向运行时，线路所弯股没设安全线，为了确保安全，采用红灯重复设计比较科学。

（3）为满足车载设备需求，对地面设备进行适应性修改不应成为一种解决问题的标准方式，建议对车载设备建立统一性标准。

（4）联调联试期间，列控数据的修改，使已纳入玉南调度台的上饶线路所软件需修改，从而引起玉南台的信号各子系统修改，影响范围大。应将上饶线路所先纳入黄武台，完成联调联试后，进行调度台的重新划分，这样可减少对既有杭长线的影响范围。

（5）合福线引入杭长枢纽，主要难点在于避免对运营的既有杭长线造成影响，在方案前期已明确信号各子系统的相关风险点，并制定相关应急措施，控制相关风险因素。

二、ZPW–2000 轨道电路相邻区段干扰和邻线干扰电压超标问题处理

1. 问题概述

合福高铁闽赣段隧道内存在邻线干扰问题，根据动态检测报告，选择部分区段进行现场测试。

2. 现场调查与测试

1）中继 19 五城隧道内测试

选择中继 19 五城隧道的 13415CG（2300 Hz、576 m、反向、区段无扼流变）。现场测试短路电流，找到最大干扰量值，在 C5.5 处，具体见表 50–6。

表 50–6　现场短路电流测设情况

测试位置	短路电流	
	本区段 2300 Hz/A	邻区段干扰 2600 Hz/A
JS	2.01	0.189
C7	1.99	0.088
C6	2.28	0.105
C5.5	2.4	0.252
C5	2.61	0.158
C4	2.65	0.111
C3	2.36	0.11
C2	2.53	0.087
C1	3.33	0.125
FS	3.55	0.114

（1）干扰源和干扰方式确认。

拆除 13415CG 送端 SVA 的接地电缆，干扰量值无变化，且地线上无电流。排除通过地线传导干扰。

断开邻线 2600 Hz 室外送端电缆，13415CG 区段内 2600 Hz 干扰电流消失，确认干扰源为邻线，干扰方式为空间耦合。

（2）SVA 影响排除。

测试 SVA，位置和数值如图 50–41 所示。

通过上述测试，空心线圈左右线圈和长短引接线电压略有不平衡。交换长短引接线，C5.5 处 2600 Hz 干扰电流由 0.252A 变为 0.248A，并无明显变化，排除 SVA 影响。

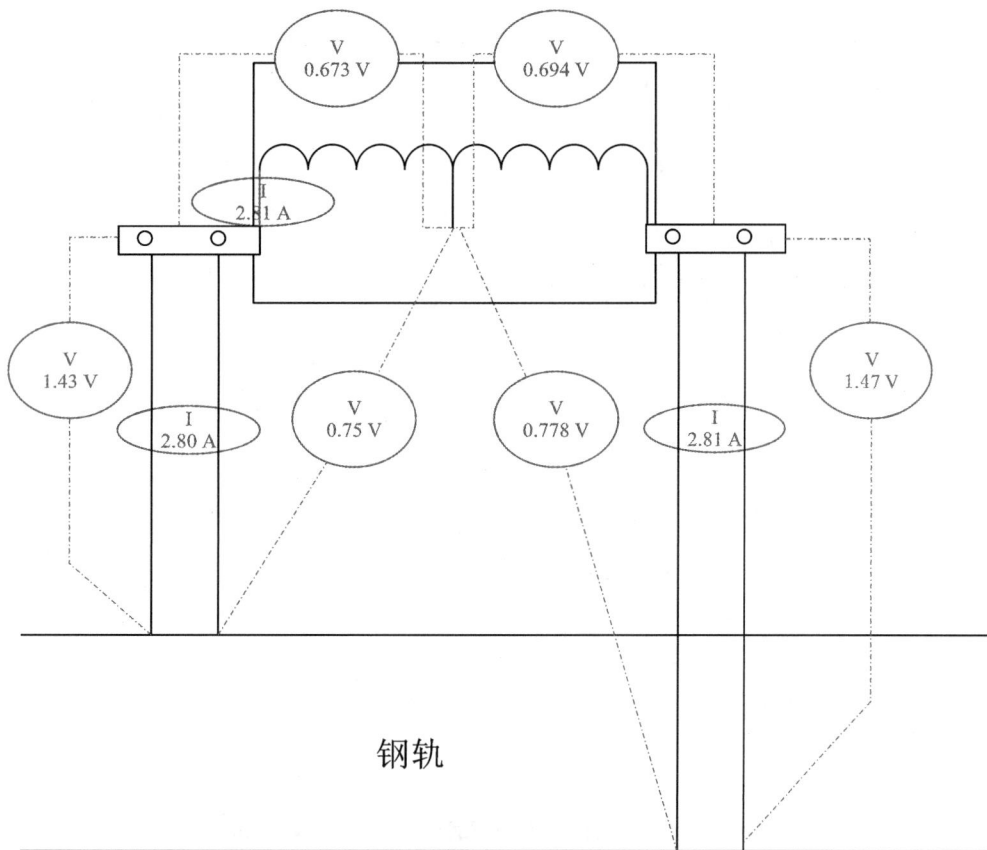

图 50 - 41　SVA 位置与数字对应关系

（3）钢轨对地电压测试和轨枕板接地线影响。

正常状态下，测试钢轨对地电压，计算不平衡度；拆除本区段内上下行全部轨枕板接地线（100 m 一对），测试钢轨对地电压，计算不平衡度。具体如表 50 - 7、图 50 - 42 所示。

表 50 - 7　钢轨对地电压统计表

测试位置	正常状态下				拆除区段内轨道板接地电缆		
	左轨对地/V	右轨对地/V	轨面电压/V	不平衡度/%	左轨对地/V	右轨对地/V	不平衡度/%
JS	1.11	0.989	2.09	5.79%	1.18	0.903	13.25%
C7	1.37	0.847	2.16	24.21%	1.23	0.958	12.59%
C6	1.5	1.39	2.89	3.81%	1.62	1.28	11.76%
C5	1.99	1.53	3.5	13.14%	1.88	1.61	7.71%
C4	1.72	1.5	3.23	6.81%	1.78	1.45	10.22%
C3	1.6	1.23	2.79	13.26%	1.59	1.24	12.54%
C2	1.78	1.54	3.3	7.27%	1.85	1.47	11.52%
C1	2.06	1.92	3.97	3.53%	2.12	1.85	6.80%
FS	2.05	1.78	3.8	7.11%	2.05	1.77	7.37%

根据上述分析得出：a. 拆除轨枕板接地线，钢轨不平衡度虽有变化，但并未明显下降；b. 在 C5.5 处短路测试干扰电流，仍为 248 mA 并未发生明显变化。

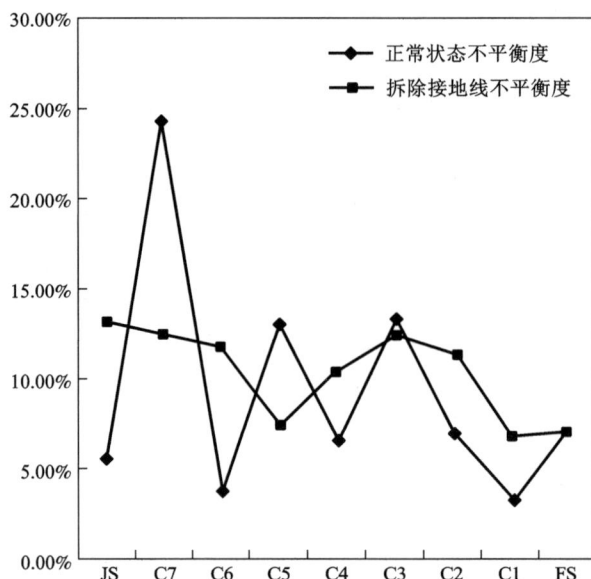

图 50 - 42　钢轨对地电压分析图

（4）隧道内钢轨不平衡度与桥梁的对比。

选择五城隧道进口桥梁地段进行不平衡度测试，本区段 13439CG（2300 Hz、590 m）送受端分别在五城隧道和方思山隧道内，而测试部分位于桥梁。具体见表 50 - 8。

表 50 - 8　隧道内钢轨不平衡度与桥梁轨道电压测试

测试位置	正常状态下			
	左轨对地（V）	右轨对地（V）	轨面电压（V）	不平衡度
1	1.34	1.17	2.5	6.80%
2	1.36	1.23	2.59	5.02%
3	1.38	1.26	2.63	4.56%
4	1.41	1.28	2.69	4.83%
5	1.45	1.31	2.76	5.07%
6	1.49	1.35	2.84	4.93%
7	1.54	1.39	2.92	5.14%
8	1.54	1.39	2.93	5.12%
9	1.53	1.39	2.92	4.79%

桥梁与隧道的不平衡度对比如图 50 - 43 所示，在图中可以看出，测试桥梁的不平衡度远远小于隧道。

（2）中继 31 前山隧道内测试

选择中继 31 前山隧道的 15421CG（1700 Hz、585 m、反向、区段无扼流变）进行测试。现场采用测试短路电流和短路后利用机车信号小车测试钢轨电流两种方式，找到最大干扰量值，在 C4.5 处，通过数据对比，短路电流测试和机车信号小车测试结果一致，具体如表 50 - 9、图 50 - 44 所示。

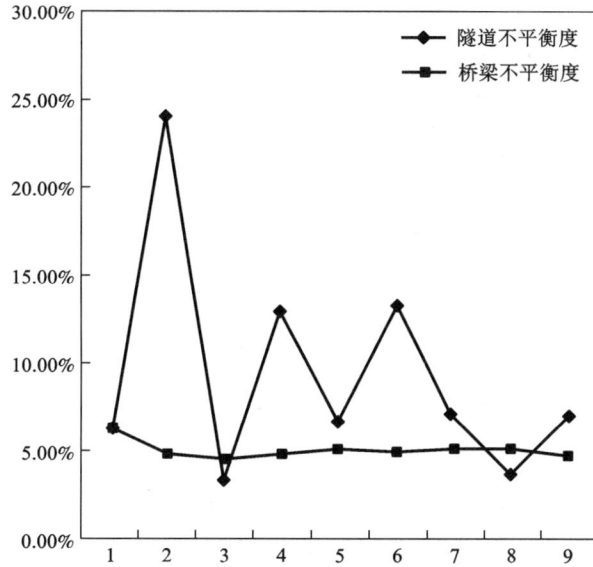

图 50 - 43　桥梁与隧道的不平衡度对比分析图

表 50 - 9　现场电流测试统计表

测试点	正常小车分路电流/mA	正常短路线电流/mA
C10	230	186
C9.2	320	270
C9.1	420	365
C9	370	350
C8	140	160
C7	100	150
C6	150	89
C5	300	240
C4.6	320	310
C4.5	420	410
C4.4	400	404
C4.3	360	370
C4.2	260	260
C4.1	150	240
C4	50	157
C3	40	110
C2	70	164
C1	170	140

（1）干扰源和干扰方式确认。

拆除 15421CG 送端 SVA 的接地电缆，干扰量值无变化，且地线上无电流，排除通过地线传导干扰；断开本区段送受端调谐区电缆，2600 Hz 干扰无变化，确认干扰源为邻线，干扰方式为空间耦合。

（2）钢轨对地电压测试和轨枕板接地线影响。

正常状态下，测试钢轨对地电压，计算不平衡度；拆除本区段内上下行全部轨枕板接地线（100 m 一

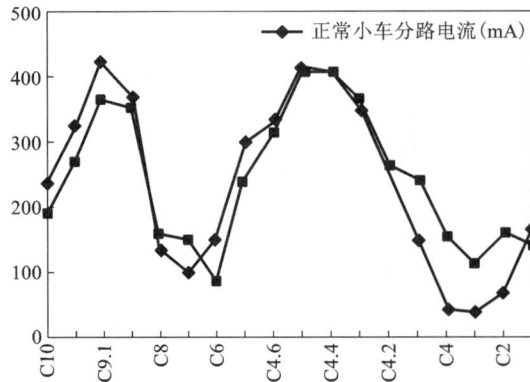

图 50 - 44　短路电流分析曲线图

对），测试钢轨对地电压，计算不平衡度。从表 50 - 10、图 50 - 45 可以看出拆除轨枕板接地线，钢轨不平衡度虽有变化，但并未明显下降。

表 50 - 10　钢轨对地电压测试和轨枕板接地线平衡度测试

测试位置	正常状态下				拆除区段内轨道板接地电缆		
	左轨对地/V	右轨对地/V	轨面电压/V	不平衡度/%	左轨对地/V	右轨对地/V	不平衡度/%
C10	1.11	0.989	2.09	5.79%	1.18	0.903	13.25%
C9	0.996	1.237	2.165	11%	1.03	1.147	5%
C8	1.294	1.436	2.702	5%	1.264	1.432	6%
C7	1.37	0.847	2.16	24.21%	1.23	0.958	12.59%
C6	1.5	1.39	2.89	3.81%	1.62	1.28	11.76%
C5	1.99	1.53	3.5	13.14%	1.88	1.61	7.71%
C4	1.72	1.5	3.23	6.81%	1.78	1.45	10.22%
C3	1.6	1.23	2.79	13.26%	1.59	1.24	12.54%
C2	1.78	1.54	3.3	7.27%	1.85	1.47	11.52%
C1	2.06	1.92	3.97	3.53%	2.12	1.85	6.80%

测试正常和拆除地线后的小车分路电流，无剧烈变化，如图 50 - 46 所示。

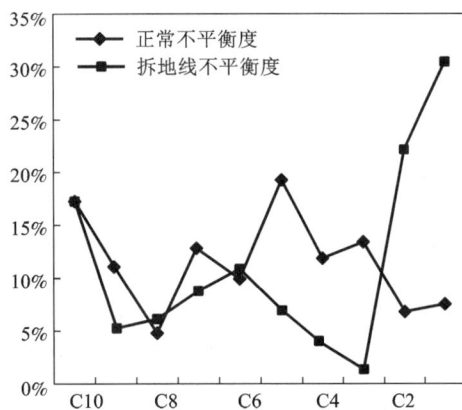

图 50 - 45　钢轨对地电压测试和轨枕板接地线
不平衡度分析曲线图

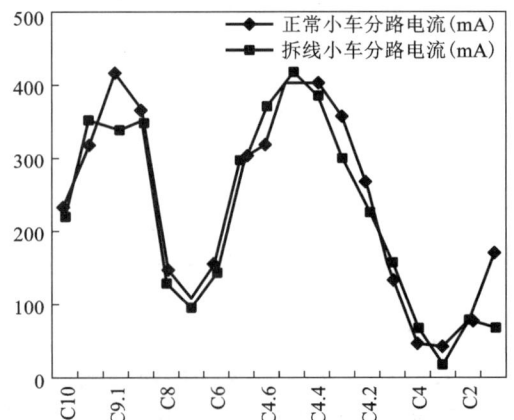

图 50 - 46　正常小车及拆线小车分路电流曲线图

3. 原因分析

（1）被干扰区段的不平衡度越大，其干扰量也越大，经测试大横隧道和信江特大桥不平衡度对比，与上述测试结论相似：隧道内不平衡度远远大于桥梁。这与现场反应的隧道内存在干扰而桥梁不存在干扰的情况吻合。因此，邻线干扰的主要原因为邻线干扰源区段空间耦合，被干扰区段不平衡度较大。其曲线特点为主轨道内存在邻线干扰，机车信号截图如图 50 - 47 所示。

（2）在小角山隧道测试分析 13347BG，现场调查发现在隧道钢轨不平衡的基础上叠加了调谐区，其曲线特点为调谐区内存在幅值较大干扰，如图 50 - 48 所示。

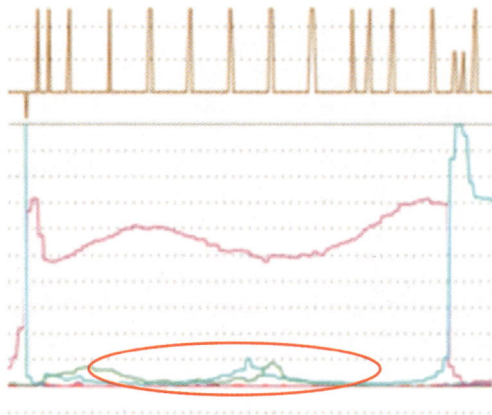

图 50 - 47　主轨道内存在邻线干扰时机车信号截图

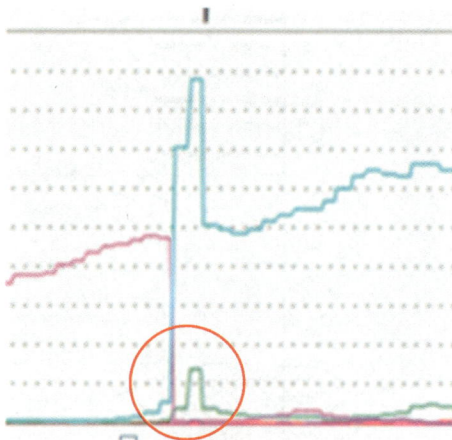

图 50 - 48　调谐区内存在幅值较大干扰

4. 处理措施

由于隧道结构已定型，因此只能够通过调整轨道电路的电气参数对此问题进行处理。北京全路通信信号研究设计院通过数学建模分析和现场测试，针对合福高铁轨道区段长度较短的特点，进行了调整表的重新计算，降低了设备功率，改善了干扰效果。在后续的动态检测中，此问题得以解决。

5. 案例小结

现场排除了设备对邻线干扰的影响，隧道内的钢轨不平衡度造成邻线干扰量值的增加。本工程 ZPW - 2000 轨道电路相邻区段干扰和邻线干扰电压超标问题处理措施为今后同类线路条件的高铁建设提供了宝贵的经验。

三、车站道岔区段轨道电路 50 Hz 工频干扰问题处理

1. 问题概述

在联调联试中，动检车经常会测试到 50 Hz 工频干扰。通过对动检车数据进行分析，发现 50 Hz 工频干扰均发生在站内道岔区段。由于各站问题基本类似，选取一个站进行分析。

列车上行反向通过合福高铁婺源合福场站内道岔区段 101DG、107DG、113DG 时检测到 50 Hz 工频干扰。车载报告如图 50 - 49 所示（红圈内为 50 Hz 干扰信号）。

2. 现场调查测试

（1）钢轨的对地电位不平衡和回流通道参数不平衡均可能造成工频干扰。以 101DG 为样本，首先进行室外测试，测试钢轨对地不平衡电位，见表 50 - 11。

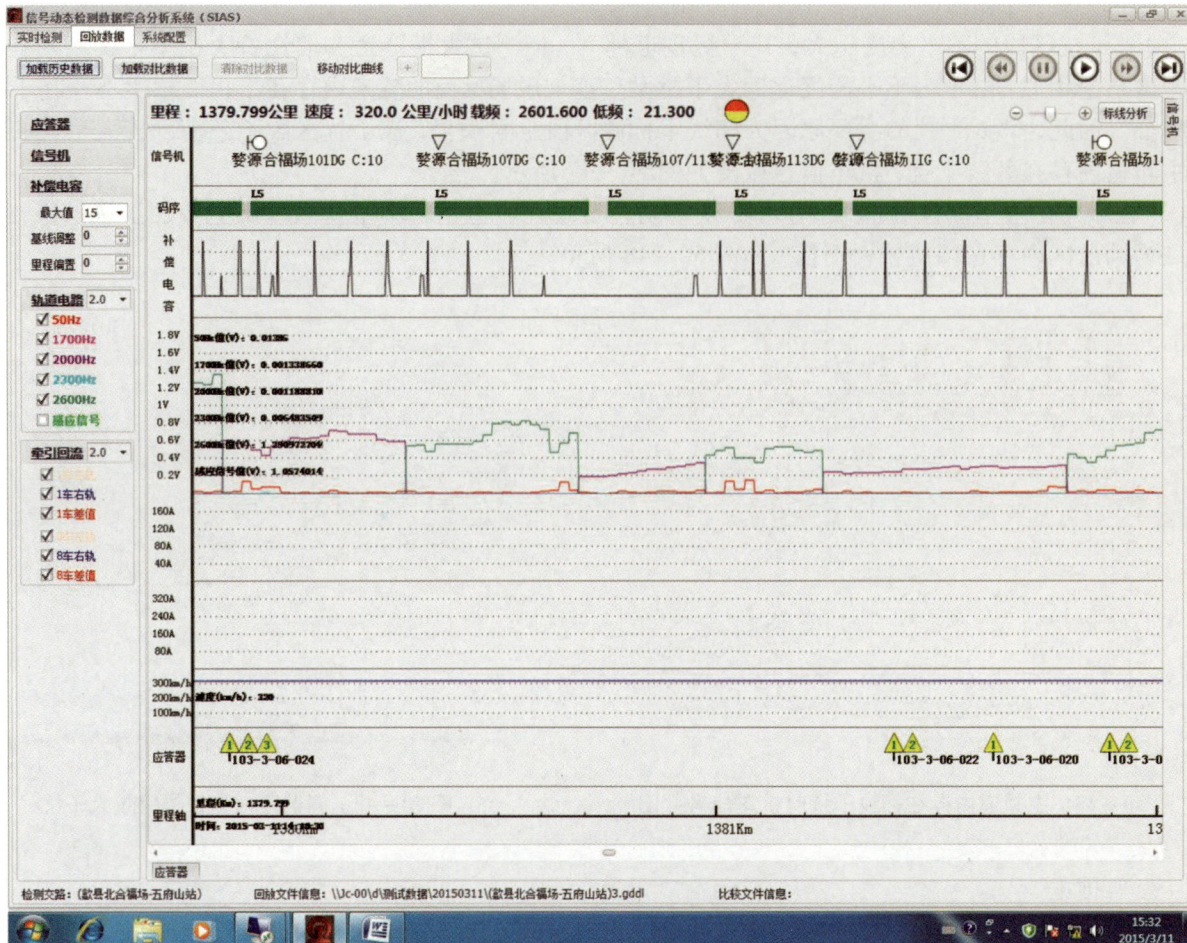

图 50 - 49 50 Hz 工频干扰车载报告截图

表 50 - 11 钢轨对地不平衡电位测试统计表

序号	测试点	左轨对地电位/V	右轨对地电位/V	不平衡系数/%
1	发送端	1.18	1.32	5.60%
2	13 m	1.18	1.40	8.53%
3	23 m	1.12	1.33	8.57%
4	36 m	1.23	1.36	5.02%
5	J1	1.24	1.48	8.82%
6	J2	1.23	1.41	6.82%
7	J3	1.22	1.43	7.92%
8	岔心绝缘前	1.20	1.38	6.98%
9	岔心绝缘后	1.20	1.37	6.61%
10	转辙机 X1	1.19	1.38	7.39%
11	转辙机 X2	1.22	1.35	5.06%
12	绝缘后跳线	1.22	1.34	4.69%

根据上述测试数据，101DG 对地不平衡系数小于 10%，属正常范围。

(2)拆除本区段轨旁设备，使用 M14 表测试转辙机和密检器对地绝缘电阻。数据见表 50 - 12。

表 50-12　转辙机和密检器对地绝缘电阻测试

序号	测试点	左轨对地电阻/Ω	右轨对地电阻/Ω
1	J1	110	120
2	M1	120	—
3	M2	—	120
4	J2	70	70
5	M3	65	—
6	M4	—	70
7	J3	75	70
8	X1	70	70
9	X2	70	75

根据上表数据，转辙机和密检器与钢轨绝缘良好。

（3）现场检查道岔跳线连接情况。

经过现场排查，道岔岔心处直股心轨与翼轨间跳线塞钉安装精度应进一步提高，如图 50-50 所示。该道岔跳线正确位置如图 50-51 中跳线④所示。

3. 原因分析

（1）列车在直向运行时，右侧钢轨正常回流，左侧钢轨由于尖轨不连通，当翼轨与心轨间跳线（蓝色标示）不良时，如图 50-52，牵引回流需要绕行至外侧翼轨，正常走行轨左侧钢轨无电流，因此造成运行在该区域时会出现 100% 的不平衡情况。

图 50-50　直股心轨与翼轨间跳线塞钉安装

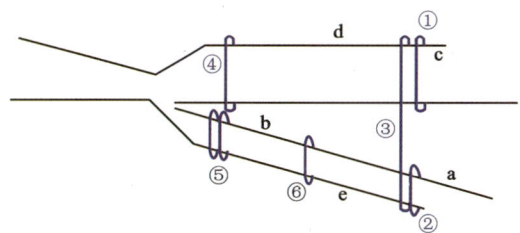

图 50-51　道岔跳线正确位置示意图

（2）直股短心轨跳线良好安装能够大幅度改善该问题，使走行轨正常流过电流，电流分布情况如图 50-53 所示。

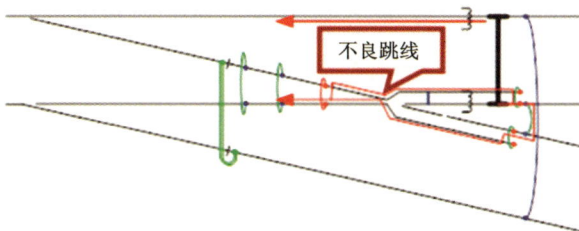

图 50-52　翼轨与心轨间跳线（蓝色标示）不良示意图

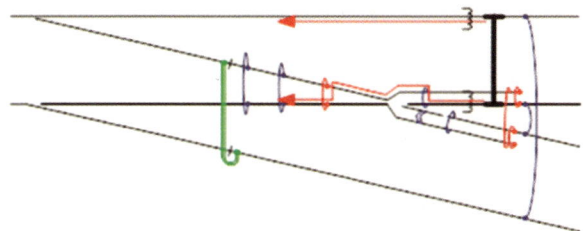

图 50-53　走行轨正常流过电流分部示意图

对本站 113DG、107DG 调查时，也发现类似现象。调阅 140 km/h、180 km/h 时速的检测车曲线，并未发现上述道岔区段有明显的 50 Hz 干扰，而当检测车速度提高到 300 km/h、320 km/h 时，由于牵引回流量值增大，50 Hz 工频干扰现象也更为明显。

4. 处理措施

合福高铁婺源合福场站内道岔区段由于直股短心轨因安装精度不足造成的列车运行时牵引回流在道岔部分区域不平衡，导致车载设备产生 50 Hz 工频干扰信号。施工单位按安装规范整治道岔岔心跳线后，50 Hz 工频干扰消失。

四、300S 车载设备出现报应答器丢失问题处理

1. 问题概述

合福高铁闽赣段联调联试期间，采用 300S 车载设备进行试验时，K1785 应答器报文错误，K1786 应答器信息缺失。

2. 原因分析

1）对应答器报文进行分析

根据《CTCS - 3 级列控系统应答器应用原则(V2.0)科技运〔2010〕21 号》，C1 包的数据范围"区间应答器数据范围应包含本应答器开始至前方第二个闭塞分区应答器组再延长一个制动距离"、"对应答器轨道区段信息包中区段长度的变量最大值应为 3276 m"。本应答器报文轨道区段包按规范设计含有描述长度最长为 3947 m，不符合规范要求。

2）对 300S 车载设备处理逻辑进行分析

300S 设备判断 C1 包单个轨道区段长度的有效范围为 0～3276 m，如 C1 包中描述的单个轨道区段长度不在此范围内，300S 设备判断应答器报文异常，丢弃该组应答器报文。300S 车载处理逻辑与应答器设置逻辑不符。

3. 处理措施

鉴于目前 300S 车载设备处理逻辑修改工作量巨大，且时间周期长，无法满足既有现状，结合其他工程处理办法，最终确定应答器报文进行适应性修改，将超过 3276 m 的轨道区段进行修改，将大于 3276 m 的轨道区段进行拆分，在确保闭塞分区总长度不变的前提下，对原区段长度进行适度平分，对超出部分的区段载频描述为"无效载频"，有效地解决了 300S 车载设备报应答器丢失的问题。

第五十一章 信息工程

第一节 工程概况

合福高铁闽赣段信息系统工程包含沿线新设的 10 个新建站房，分别是婺源站、德兴站、上饶站、五府山站、武夷山北站、武夷山东站、建瓯西站、南平北站、古田北站、闽清北站；5 个综合维修机构，分别为南平北设置综合维修车间，德兴、武夷山北、建瓯西、南平北、古田北设置综合维修工区，上饶、武夷山东的综合维修车间与综合维修工区合设；公安派出所、刑警队、乘警队及警务区共 32 处，分别是在婺源、德兴、五府山、武夷山东、建瓯西、南平北、闽清北共 7 个派出所，德兴、武夷山东 2 个刑警队及上饶设置乘警队和 22 个警务区。

第二节 工程建设

一、施工内容

信息工程包括票务系统、旅客服务信息系统、办公自动化系统、公安管理信息系统、综合维修管理信息系统(含综合布线、一卡通)。其中旅客服务信息系统包括旅客服务系统集成平台、综合显示系统、客运广播系统、视频监控系统、旅客查询系统、安全检查设施、时钟等系统，其中与南昌铁路局既有信息系统的互联互通是信息工程的难点；站房的管线及桥架安装是工程的另一难点，也是保证工程质量的重中之重。

二、主要工程数量

表 51 - 1 合福高铁闽赣段信息工程主要工程数量

序号	工程项目名称	单位	数量
1	票务系统	套	10
2	旅客服务信息系统	套	10
3	综合维修工区办公自动化系统	套	5
4	综合维修工区管理信息系统	套	5
5	综合车间管理信息系统	套	1
6	公安派出所公安管理信息系统	套	7
7	乘警队公安管理信息系统	套	1
8	刑警队公安管理信息系统	套	2
9	警务区公安管理信息系统	套	21
10	综合布线系统	套	10
11	电源与防雷系统	套	10
12	南昌铁路局局端配合工程	项	1
13	上饶站配合工程	项	1
14	福州公安处扩容工程	项	1

第三节　主要施工工艺及方法

一、集成管理平台施工工艺和方法

1.设备安装工艺

桌椅主要是放置网管终端、方便维护用，一般桌子高度在80 cm左右，椅高在40 cm左右；机台位置安装正确，台列整齐，机台边缘成一直线，相邻机台紧密靠拢，台面保持水平，衔接处无明显高低不平现象；终端设备配备完整，标志齐全正确。

2.电源线安装

首先直流电源线的安装路由、路数及布放位置符合施工图的规定，线径规格、熔丝容量符合设计要求；电源线采用整段线料，中间无接头；直流电源线的成端接续连接牢固，接触良好，电压降指标及对地电位符合设计要求；交流电源线有接地保护线。

二、线缆与防护施工工艺和方法

1.施工流程

线缆与防护施工流程如图51-1所示。

2.施工方法

1)现场复测

施工安装前，对车站配线间、设备间、工作区的建筑和环境条件进行检查，包括温度、湿度、供电，房屋预埋地槽、暗管、孔洞和竖井的位置、数量、尺寸等，均满足设计要求，对交接间、设备间的接地系统进行检查，必要时对接地电阻值进行复测，其测试结果符合设计要求。在与外部通信网连接时，符合相应的接入要求。

2)设备安装

（1）设备（包括机柜、机架、配线部件、信息插座模块、电缆桥架、线槽等）到达施工现场，认真核对名称、规格和数量，检查设备外观质量和外包装，核对零配件数量和其他随机附件。

图51-1　线缆与防护施工工艺流程图

（2）机柜、机架的安装符合下列要求：

①机柜、机架安装位置符合设计要求；机柜、机架排列整齐，垂直偏差不大于3 mm。

②机柜、机架上的各种零件不得脱落或损坏，漆饰完好，铭牌、标记清楚准确。

③机柜、机架、配线设备箱体、电缆桥架及线槽等设备的安装牢固，如有抗震要求，按抗震设计进行加固。

（3）各类配线部件安装完整、就位，标志齐全；安装螺丝紧固，各部件的面板保持在一个平面上。

（4）信息插座模块安装符合下列要求：

①信息插座、多用户信息插座、集合点配线模块安装位置和高度符合设计要求。

②信息插座安装在活动地板内或地面上时，固定在接线盒内；接线盒盖可开启，并具有防水、防尘、抗压功能；接线盒盖面与地面平齐。

③信息插座底盒同时安装信息插座和电源插座时，间距及采取的防护措施符合设计要求。

④工作区内终接光缆的光纤连接器及适配器的安装底盒具有足够的空间，符合设计要求。

（5）电缆桥架及线槽的安装符合下列要求：

①电缆桥架及线槽位置符合施工设计图的要求，其位置偏差不大于50 mm；水平度每米偏差不大于

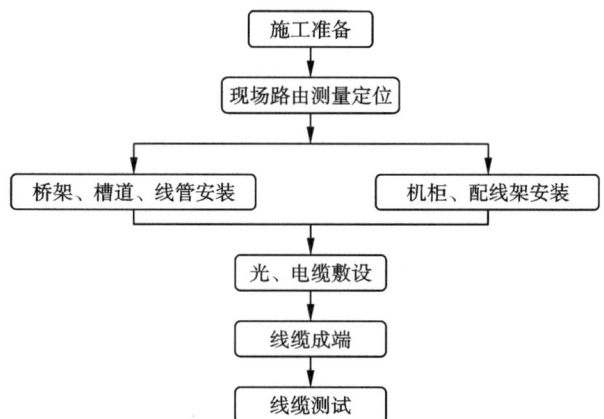

2 mm；垂直偏差不大于 3 mm。走线架固定牢固。

②吊架和支架安装保持垂直，整齐牢固。

（6）安装机架、机柜、配线设备屏蔽层及金属管、线槽、缆线桥架使用的接地体符合设计要求，就近接地，并保持良好的电气连接。

3. 综合布线缆线敷设

（1）综合布线系统主干布线子系统采用架空、管道、直埋方式敷设光电缆时，采用光电缆线路的施工方法。

（2）主干布线子系统的光电缆通常经电缆孔、管道或电缆竖井布放，主干子系统的水平通道通过电缆桥架或地槽、暗管等布放；配线子系统的光电缆通常经电缆桥架或地槽、暗管等布放。

（3）综合布线系统的各种缆线、器材到达现场进行检查，其型号、规格、数量、质量符合设计要求及相关产品标准的规定，工程使用的电缆和光缆的防火等级符合设计要求。

（4）综合布线系统的配套型材、管材、铁件的材质、规格、型号等除符合设计要求外，还符合下列要求：

①预埋金属线槽、过线盒、接线盒及桥架等表面涂覆或镀层均匀、完整，不得变形、损坏。

②室内管材采用金属管或塑料管时，其管身光滑、无伤痕，管孔无变形，孔径、壁厚符合设计要求。金属管槽根据工程环境要求做镀锌或其他防腐处理，塑料管槽必须采用阻燃管槽，外壁具有阻燃标记。

③各种铁件的材质、规格符合相应质量标准，不得有歪斜、扭曲、飞刺、断裂或破损，铁件的表面处理和镀层均匀、完整，表面光洁，无脱落、气泡等缺陷。

（5）预埋线槽和暗管敷设缆线符合下列要求：

①预埋或密封线槽的截面利用率为 30% ~ 50%。

②布放大对数主干电缆及 4 芯以上光缆时，直管道的管径利用率为 50% ~ 60%，弯管道为 40% ~ 50%。暗管布放 4 对对绞电缆或 4 芯及以下光缆时，管道的截面利用率为 25% ~ 30%。

（6）缆线敷设满足下列要求：

①缆线的布放自然整齐，不得产生扭绞、打圈、接头等现象，不要受外力的挤压和损伤。

②缆线两端贴有标签，标明编号等必要的信息，标签选用不易损坏的材料。

③缆线有余量以适应终接、检测和变更。

④缆线的弯曲半径要求：非屏蔽 4 对对绞电缆的弯曲半径大于电缆外径的 4 倍；主干对绞电缆的弯曲半径大于电缆外径的 10 倍；水平光缆、主干光缆和室外光缆的弯曲半径不小于光缆外径的 10 倍；敷设 SYV - 75 - 5 同轴电缆的弯曲半径大于 10 cm；敷设多芯信号线的弯曲半径大于其外径的 6 倍。

⑤缆线间的最小净距符合相关标准要求。

（7）在电缆桥架和线槽敷设缆线符合下列规定：

①密封线槽内敷设缆线顺直，尽量不交叉；在缆线进出线槽部位、转弯处绑扎固定。

②电缆桥架内缆线垂直敷设时，在缆线的上端和每间隔 1.5 m 处固定在电缆桥架的支架上；水平敷设时，在缆线的首、尾、转弯及每隔 5 ~ 10 m 处固定。

③在水平、垂直桥架中敷设缆线时，进行绑扎。对绞电缆、光缆、同轴电缆和其他信号电缆根据缆线的类别、数量、缆径、缆线芯数分束绑扎。绑扎间距不大于 1.5 m，不得绑扎过紧或使缆线受到挤压。

（8）配线子系统缆线敷设保护符合下列要求：

①预埋金属线槽保护要求：在建筑物中预埋线槽，按单层设置，每一路由进出同一过路盒的预埋线槽均不超过 3 根。线槽直埋长度超过 30 m 或在线槽路由交叉、转弯时，设置过线盒；过线盒盖能开启，并与地面齐平，盒盖能防水与防灰；过线盒和接线盒能抗压。从金属线槽至信息插座模块接线盒间或金属线槽与金属钢管之间连接时，缆线用软管保护。

②预埋暗管保护要求：预埋在墙体中的暗管外径不超过 50 mm，楼板中暗管外径不超过 25 mm，室外管道进入建筑物的最大管径不超过 100 mm；直线布管每 30 m 处设置过线盒；有转弯的管段长度超过 20 m 时，设置管线过线盒装置；有 2 个弯时，不超过 15 m 设置过线盒；预埋暗管的转弯角度应大于 90°，在路径上每根暗管的转弯角不得多于 2 个，并不得有 S 弯；暗管转弯的曲率半径不小于该管外径的 6 倍，如暗管

外径大于 50 mm 时，不小于 10 倍。

③电缆桥架和线槽保护要求：电缆桥架底部高于地面 2.2 m 及以上，顶部距建筑物楼板不小于 300 mm；电缆桥架水平敷设时，支撑间距为 1.5～3 m；垂直敷设时固定在建筑物结构体上的间距小于 2 m，距地面 1.8 m 以下部分加盖金属盖板；直线段电缆桥架每超过 15～30 m 或跨越建筑物变形缝时，设置伸缩补偿装置；金属线槽敷设时，在线槽接头处、每间距 3 m 处、离开线槽两段出口 0.5 m 处、转弯处，设置支架或吊架；塑料线槽的槽底固定点距离为 1 m；桥架和线槽穿过防火墙体或楼板时，采取防火措施。

（9）缆线终接符合下列要求：

①对绞电缆芯线终接时，保持原有的扭绞状态，与 8 位模块式通用插座的连接，在同一布线工程中 T568 A 和 T568 B 两种连接方式不混合使用。

②光缆芯线终接采用连接盘连接、保护；在连接盘中光纤的弯曲半径大于 40 mm；光纤连接损耗值符合标准的规定。

（10）各类跳线和连接器间接触良好，标志齐全清晰；跳线选用类型符合设计要求；各类跳线长度符合设计要求。部分配线效果如图 51－2 所示。

图 51－2　配线效果图

三、办公自动化及公安管理信息系统施工工艺和方法

1．系统施工流程图

系统施工流程图如图 51－3 所示。

2．施工要点

1）机架安装工艺

（1）机架垂直度误差为机架高度的 0.1%，可用吊线锤测量。

（2）各机架之间缝隙前后偏差不大于 3 mm，几个机架排列在一起，面板应在同一平面、同一直线上。

（3）设备子架的安装：子架框安装时，将子架框先置于机架上，小心导入机架，到位后用螺钉、垫圈固定在机架上。后背需要安装插座时应对照图纸正确安装。

（4）机盘的安装：机盘有面板、拔板器、印制板组成；印制板装有插头应与架后背上插座相对应；面板上有板名、固定螺钉、接口、指示灯；安装时必须先带上防静电手环，再检查机盘有无机械性损伤，在插入光接口板时，要特别注意不损伤光纤接口，要一一对应插入；插入机盘时注意后插座与机盘的插头配套；不能强行插入，以免损伤插头和造成信号的不通。

（5）配线架安装的垂直度误差不大于 0.1%，底座水平误差每米不大于 2 mm。

⑥如果有垫高防静电地板，需安装支架垫高机柜使底部与地板平行，支架要有地脚螺丝铆定，打膨胀螺栓与水泥地固定；如果无垫高地板，则会有上走线导轨，机架可直接站立于水泥地上，机柜应与上走线导轨机械连接。

2）终端安装工艺

（1）桌椅主要是放置网管终端、方便维护用，一般桌子高度在 80 cm 左右，椅高在 40 cm 左右。

（2）机台位置安装正确，台列整齐，机台边缘应成一直线，相邻机台紧密靠拢，台面保持水平，衔接处应无明显高低不平现象。

（3）终端设备配备完整，标志齐全正确。

3）电源线安装

直流电源线的安装路由、路数及布放位置应符合施工图的规定，线径规格、熔丝容量应符合设计要求。电源线必须采用整段线料，中间无接头。成端接续连接牢固，接触良好，电压降指标及对地电位符合设计要求。机房的每路直流馈电线连同所接的列内电源线和机架引入线两端腾空时，用 500 V 兆欧表测试正负线间和负线对地间的绝缘电阻均不得小于 1 MΩ。采用胶皮绝缘线作直流馈电线时，每对馈电线应保持平行，正负线两端应有统一红蓝标志；安装好的电源线末端必须有胶带等绝缘物封头，电缆剖头处必须用胶带和护套封扎。交流电源线必须有接地保护线。

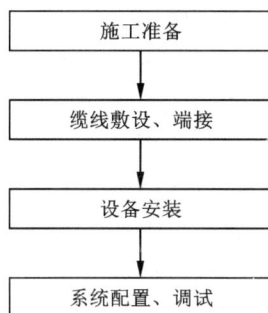

右侧流程图：

施工准备 → 缆线敷设、端接 → 设备安装 → 系统配置、调试

图 51 - 3 办公自动化及公安管理信息系统施工工艺流程图

四、综合布线系统施工工艺和方法

1. 系统施工流程图

系统施工流程图如图 51 - 4 所示。

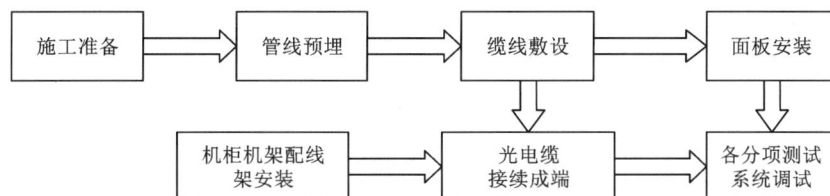

流程图：

施工准备 → 管线预埋 → 缆线敷设 → 面板安装

机柜机架配线架安装 → 光电缆接续成端 → 各分项测试系统调试

图 51 - 4 综合布线系统施工工艺流程图

2. 施工要点

1）施工准备

（1）材料要求。

①对绞电缆和光缆型号规格、程式、形式应符合设计的规定和购销合同的规定。电缆所附标志、标签内容应齐全、清晰。电缆外护套须完整无损，电缆应附有出厂质量检验合格证，并应附有本批量电缆的性能检验报告（注：电缆标志内容包括在电缆的护套上约 1 m 的间隔标明生产厂厂名或代号及电缆型号规格，必要时还标明生产年份。标签内容包括电缆型号规格，生产厂厂名或专用标志，制造年份、电缆长度）。

②钢管（或电线管）型号规格，应符合设计要求，壁厚均匀，焊缝均匀，无劈裂、砂眼、棱刺和凹扁现象。除镀锌管外其他管材需预先除锈刷防腐漆（现浇混凝土内敷钢管，可不刷防腐漆，但应除锈）。镀锌管或刷过防腐漆的钢管外表完整无剥落现象，并有产品合格证。

③管道采用水泥管块时，应符合邮电部《通信管道工程施工及验收技术规范》（YDJ39—90）中相关规定。

④金属线槽及其附件：应采用经过镀锌处理的定型产品。其型号规格应符合设计要求。线槽内外应光滑平整，无棱刺，不应有扭曲、翘边等变形现象，并应有产品合格证。

⑤各种镀锌铁件表面处理和镀层应均匀完整，表面光洁，无脱落、气泡等缺陷。

⑥接插件：各类跳线、接线排、信息插座、光纤插座等型号规格，数量应符合设计要求，其发射、接收标志明显，并应有产品合格证。

⑦配线设备、电缆交接设备的型号规格应符合设计要求,光电缆交接设备的编排及标志名称应与设计相符。各类标志名称统一,标志位置正确、清晰,并应有产品合格证及相关技术文件资料。

⑧电缆桥架、金属桥架的型号规格、数量应符合设计要求,金属桥架镀锌层不应有脱落损坏现象,桥架应平整、光滑、无棱刺,无扭曲、翘边、铁损变形现象,并应有产品合格证。

⑨各种模块设备、交接箱、暗线箱型号规格、数量应符合设计要求,并应有产品合格证。

⑩塑料线槽及其附件型号规格应符合设计要求,并选用相应的定型产品。其敷设场所的环境温度不得低于 -15℃,其阻燃性能氧指数不应低于 27%;线槽内外应光滑无棱刺,不应有扭曲、翘边等变形现象,并应有产品合格证。

(2)作业条件。

①结构工程中预留地槽、过管、孔洞的位置尺寸、数量均应符合设计规定。

②交接间、设备间、工作区土建工程已全部竣工。房屋内装饰工程完工,地面、墙面平整、光洁,门的高度和宽度应不妨碍设备和器材的搬运,门锁和钥匙齐全。

③设备间铺设活动地板时,板块铺设严密竖固,每平方米水平允许偏差不应大于 2 mm,地板支柱牢固,活动地板防静电措施的接地应符合设计和产品说明要求。

④交接间、设备间提供可靠的施工电源和接地装置。交接间、设备间的面积、环境温度、湿度均应符合设计要求和相关规定。交接间、设备间应符合安全防火要求,预留孔洞采取防火措施,室内无危险物的堆放,消防器材齐全。

2)管线预埋

(1)金属管或阻燃型硬质(PVC)塑料管暗敷设要求。

暗配管宜采用金属管或阻燃型硬质(PVC)塑料管,预埋在墙体中间的暗管内径不宜超过 50 mm,楼板中的暗管内径为 15~25 mm。直线布管 30 m 处应设置拉线盒或接线箱。

(2)金属线槽地面暗敷设要求。

①在建筑物中预埋线槽,可根据其尺寸不同,按一层或二层设置,应至少预埋二根以上,线槽截面高度不宜超过 25 mm。

②线槽直埋长度超过 6 m 或在线槽路有交叉、转弯时,宜设置拉线盒,以便于布放缆线和维修。拉线盒应能开启,并与地面齐平,盒盖处应采取防水措施。线槽宜采用金属管引入分线盒内。

(3)格形楼板下暗敷设格形线棚和沟槽要求。

沟槽和格形线槽必须沟通。沟槽盖板可开启,并与地面平齐,盖板和信息插座出口处应采取防水措施。沟槽的宽度宜小于 600 mm。

(4)桥架敷设要求。

桥架水平敷设时,吊(支)架间距一般为 1.5~3 m,垂直敷设时固定在建筑物构体上的间距宜小于 2 m。桥架及槽道的安装位置应符合设计图规定,左右偏差不应超过 50 mm。桥架及槽道水平度每米偏差不应超过 2 mm。垂直桥架及槽道应与地面保持垂直,并无倾斜现象,垂直度偏差不应超过 3 mm。两槽道拼接处水平度偏差不应超过 2 mm。吊(支)架安装应保持垂直平整,排列整齐,固定牢固,无歪斜现象。金属桥架及槽道节与节间应接触良好安装牢固。

3)设备安装

(1)机架安装要求。

机架安装完毕后,水平、垂直度应符合厂家规定。如无厂家规定时,垂直度偏差不应大于 3 mm。机架上的各种零件不得脱落或碰坏。漆面如有脱落应予以补漆,各种标志完整清晰。机架的安装应牢固、应按设计图的防震要求进行加固。安装机架面板、架前应留有 1.5 m 空间、机架背面离墙距离应大于 0.8 m,以便于安装和施工。壁挂式机框底距地面宜为 300~800 mm。

(2)配线设备机架安装要求。

采用下走线方式、架底位置应与电缆上线孔相对应。各直列垂直倾斜误差不应大于 3 mm,底座水平误差每平方米不应大于 2 mm。接线端子各种标志应齐全。

（3）各类接线模块安装要求。

模块设备应完整无损，安装就位、标志齐全。安装螺丝应拧牢固，面板应保持在一个水平面上。

（4）接地要求。

安装机架，配线设备及金属钢管、槽道、接地体，保护接地导线截面、颜色应符合设计要求，并保持良好的电气连接，压接处牢固可靠。

4）缆线敷设

（1）缆线敷设要求。

①缆线布放前应核对型号规格、程式、路由及位置与设计规定相符。

②缆线的布放应平直、不得产生扭绞，打圈等现象，不应受到外力的挤压和损伤。缆线在布放前两端应贴有标签，以表明起始和终端位置，标签书写应清晰，端正和正确。

③电源线、信号电缆、对绞电缆、光缆及建筑物内其他弱电系统的缆线应分离布放。各缆线间的最小净距应符合设计要求。

④缆线布放时应有冗余。在交接间，设备间对绞电缆预留长度，一般为 3~6 m；工作区为 0.3~0.6 m；光缆在设备端预留长度一般为 5~10 m；有特殊要求的应按设计要求预留长度。

⑤对绞电缆与电力电缆最小净距应符合表 51-2 规定，与其他管线最小净距应符合表 51-3 规定；光缆敷设时与其他管线最小净距应符合表 51-4 的规定。

表 51-2 对绞电缆与电力线最小净距表

最小净距	<2 kVA（<380 V）	2~5 kVA（<380 V）	>5 kVA（<380 V）
对绞电缆与电力线平行敷设	130	300	600
有一方在接地的槽道或钢管中	70	150	300
双方均在接地的槽道或钢管中	注	80	150

注：双方都在接地的槽道或钢管中，且平行长度小于 10 m 时，最小间距可为 10 mm。表中对绞电缆如采用屏蔽电缆时，最小净距适当减小，并符合设计要求。

表 51-3 对绞电缆与其他管线最小净距表

管线种类	平行净距/m	垂直交叉净距/m
避雷引下线	1.00	0.30
保护地线	0.05	0.02
热力管（不包封）	0.50	0.50
热力管（包封）	0.30	0.30
给水管	0.15	0.02
煤气管	0.30	0.02

表 51-4 光缆与其他管线最小净距表

内容		平行/m	交叉/m
市话管道边线（不包括入孔）		0.75	0.25
非同沟的直埋通信电缆		0.50	0.50
埋式电力电缆	<35 kV	0.50	0.50
	>35 kV	2.00	0.50

续表 51 - 4

内容		平行/m	交叉/m
给水管	< 30 cm	0.50	0.50
	30 ~ 50 cm	1.00	0.50
	> 50 cm	1.50	0.50
高压石油、天然气管		10.00	0.50
热力、下水管		1.00	0.50
煤气管	压力 < 3 kg/cm²	1.00	0.50
	压力 3 ~ 8 kg/cm²	2.00	0.50
排水沟		0.80	0.50

（2）预埋线槽和暗管敷设缆线规定。

①敷设管道的两端应有标志，表示出房号、序号和长度。

②管道内应无阻挡，管口应无毛刺，并安置牵引线或拉线。

③敷设暗管直采用钢管或阻燃硬质（PVC）塑料管。布放双护套缆线和主干缆线时，直线管道的管径利用率应为 50% ~ 60%，弯管道为 40% ~ 50%，暗管布放 4 对对续电缆时，管道的截面利用率应为 25% ~ 30%。预埋线槽宜采用金属线槽，线槽的截面利用率不应超过 40%。

④光缆与电缆同管敷设时，应在暗管内预置塑料子管，将光缆设在子管内，使光缆和电缆分开布放，子管的内径应为光缆外径的 1.5 倍。

（3）设置电缆桥架和线槽敷设缆线规定。

①电缆桥架直高出地面 2.2 m 以上，桥架顶部距顶棚或其他障碍物不应小于 300 mm。桥架宽度不宜小于 100 mm，桥架内横断面的填充率不应超过 50%。电缆桥架内缆线垂直敷设时，在缆线的上端和每间隔 1.5 m 处，应固定在桥架支架上；水平敷设时，直线部分间离在 3 ~ 5 m 处设固定点。在缆线距离首端、尾端、转弯中心点处 300 ~ 500 mm 处设置固定点；电缆线槽直高出地面 2.2 m。在吊顶内设置时、槽盖开启面应保持 80 mm 的垂直净空，线槽截面利用率不应超过 50%。

②布放线槽缆线可以不绑扎，槽内缆线应顺直，尽量不交叉、缆线不应溢出线槽、在缆线进出线槽部位，转弯处应绑扎固定。垂直线槽布放缆线应在缆线支架上每间隔 1.5 m 处固定。

③在水平、垂直桥架和垂直线槽中敷设缆线时，应对缆线进行绑扎。4 对对绞电缆以 24 根为一束，5 对或以上主干对绞电缆、光缆及其他信电缆应根据缆线的类型、缆径、缆线芯数分束绑扎。绑扎间距不宜大于 1.5 m，扣间距应均匀、松紧适度。

④顶棚内敷设缆线时，应考虑防火要求缆线敷设应单独设置吊架，不得布放在顶棚吊架上，宜放置在金属线槽内布线。缆线护套应阻燃、缆线截面选用应符合设计要求。

⑤在竖井内采用明配管、桥架、金属线槽等方式敷设缆线，并应符合以上有关条款要求。竖井内楼板孔洞周边应设置 50 mm 的防水台，洞口用防火材料封堵严实。

建筑群子系统采用架空管道、直埋、墙壁明配管（槽）或暗配管（槽）敷设电缆、光缆施工技术要求应参照邮电部《市内电话线路工程施工及验收技术规范》、《电信网光纤数字传输系统工程施工及验收暂行技术规定》的相关规定执行。

（4）综合布线系统调试。

综合布线系统工程系统调试，包括缆线、信息插座及接线模块的测试。各项测试应有详细记录，以作为竣工资料的一部分。

电气性能测试仪表的精度见表 51 - 5。

表 51-5　测试仪精度最低性能要求表

序号	性能参数	1～100 MHz/MHz
1	随机噪音最低值	$65-15\log(f100)$ dB
2	剩余近端串音(NEXT)	$55-15\log(f100)$ dB
3	平衡输出信号	$37-15\log(f100)$ dB
4	共模抑制	$37-15\log(f100)$ dB
5	动态精确度	±0.75 dB
6	长度精确度	±1 m±4%
7	回损	15 dB

测试仪表应能测试 3、4、5 类对绞电缆。测试仪表对于一个信息插座的电气性能测试时间宜在 20～50 s 之间。测试仪表应有输出端口，以将所有测试数据加以存贮，并随时输出至计算机和打印机进行维护管理。电缆、光缆测试仪表应经过计量部门校验，并取得合格证后，方可在工程中使用。

第四节　设备调试与验收

一、设备调试

为保证系统达到设计要求，必须对系统进行必要试验。调试程序如下：由数据终端，语音终端开始检查，信息出口、水平缆线、楼层配线架、主配线架、垂直缆线、电脑机房、电话交换机房，经过全面的调试前检查确认无误时，然后对子系统逐一进行调试，各子系统经过调试检测符合规定允许开通时，再进行系统综合调试，经测试后传输速率等技术参数符合规定，便可交付使用。

设备调试试验主要包括工厂试验、单体试验、系统试验和系统联调试验。

1. 单体试验

在系统调试前，首先进行单体试验，对系统设备按照单体试验计划和标准进行试验，用于检验本系统的单设备技术指标满足合同要求，为系统试验作好准备。单体试验结束后出具相应的试验报告，给出各单项测试的详细内容，由业主确认。

2. 系统试验

在单机试验完成后，为保证各子系统之间互联互通并能按合同规定的各项要求发挥正常功能而进行的系统集成试验，为系统联调联试做好准备。

3. 系统联调试验

系统联调试验是指由业主负责的，投标人及其他相关方共同配合的，按测试大纲对系统所有功能进行的功能试验，以证明所有系统之间的整体能力。

二、工程验收

1. 静态验收

路局电务处与京福闽赣公司共同组织设计、监理、第三方检测单位和信息设备接管单位对合福高铁闽赣段信息设备及线路工程进行了静态验收，并提报了静态验收报告。根据《铁路客运专线竣工验收暂行办法》(铁建设[2007]183号)，经专家组审议，一致认为合福高铁南昌局管段信息工程静态系统及其专业接口满足设计要求及验收标准，工程总体质量合格，具备动态验收条件。

2. 动态验收

铁道部运输局组织电务专家组，于2015年6月对京福闽赣公司提报的《新建合福高铁南昌局管段动态验收报告正文》及相关测试资料、中国铁道科学研究院提供的《合福客专南昌局管段动态检测报告》和《合福客专南昌局管段运行试验测试报告》进行了审核，经专家组认真讨论，认为新建合福高铁南昌局管段信息系统符合相关标准和设计要求，工程质量合格，同意通过动态验收，具备初步验收条件。

第五十二章 电力工程

第一节 工程概况

全线设一条 10 kV 综合负荷贯通线，由合蚌城际铁路的北城站 10 kV 配电所引出，经合肥枢纽南环线工程的合肥南站 35/10 kV 变配电所，经本线新建的沿线 35/10 kV 变配电所、10 kV 配电所，终引至福州 10 kV 配电所。合福高铁闽赣段设 10 kV 配电所 11 座、10/0.4 kV 变电所 27 座、箱式变电站 202 座、10 kV 电源线路 158 km，10 kV 贯通线高压电缆线路 1082 km、低压电缆线路 820 km。

各配电所从地方接引两路相互独立的 10 kV 或 35 kV 电源，无配电所的中间站，负荷较大时接引两路相互独立的地方 10 kV 专线电源，负荷较小时接引一路地方 10 kV 专线电源。沿线与行车密切相关的信号、通信、运营调度系统等由一级负荷贯通线主供，综合负荷贯通线备供；沿线其他与正线行车有关的防灾系统、隧道照明等负荷，由综合负荷贯通线供电，并根据负荷性质提供备供电源；站场其他一、二级负荷由变配电所馈出 10 kV 回路供电；电力牵引各所用电由综合负荷贯通线提供一路 10 kV 电源供电；站段、区间接触网上远动开关亦提供一路低压电源供电。

区间供电注意区间通信基站、信号中继站等负荷采用箱式变电站供电；对于连续长距离电缆线路，沿线分散设高压并联补偿电抗器补偿电缆电容电流，以降低无功损耗，保证线路可靠供电。

第二节 工程建设

一、施工顺序

电力工程施工顺序为首先进行外电源线路引入施工（供电局间隔接入报装是重点），然后同步展开区间贯通线路及变配电所设备安装工作，之后进行车站电力工程施工，待通信专业提供远动通道后，进行电力 SCADA 调试。施工流程如图 52-1 所示。

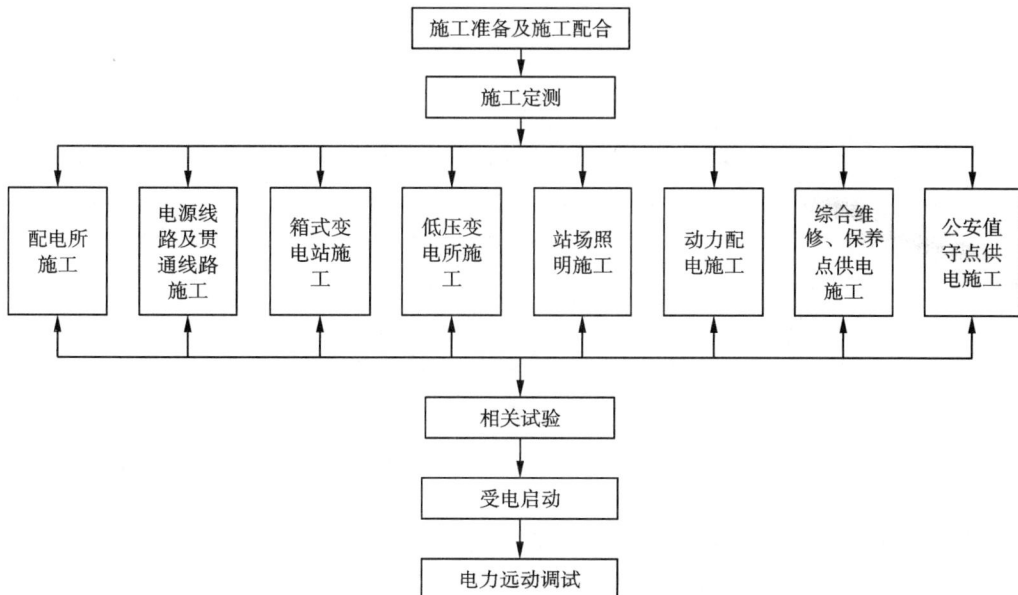

图 52-1 电力供电施工流程图

二、关键工期节点

电力工程关键工期节点见表52-1。

表52-1 电力工程关键工期节点表

序号	项目名称	分项工期/d	开始时间	结束时间
1	施工准备	31	2013.08.01	2013.08.31
2	配电所外电源线路施工	171	2013.11.01	2014.04.20
3	配电所外电源线路验收	22	2014.05.21	2014.06.11
4	贯通线路(含箱变等设备、低压供电线路)施工	157	2013.11.10	2014.04.25
5	首件工程施工及评估(南平北10 kV配电所)	212	2013.11.01	2013.05.31
6	其他变配电所设备安装及综合自动化调试、整组试验	50	2014.03.01	2014.04.19
7	变配电所验收、受电启动	22	2014.04.22	2014.05.13
8	贯通线路(含箱变等设备、低压供电线路)验收	21	2014.04.26	2014.05.21
9	贯通线路(含箱变等设备、低压供电线路)送电	15	2014.05.22	2014.06.05
10	车站和综合工区电力工程	59	2014.05.01	2014.06.28
11	车站和综合工区电力工程验收送电	17	2014.06.29	2014.07.15
12	电力SCADA调试	62	2014.07.01	2014.08.31
13	静态验收	61	2014.08.1	2014.09.30

第三节　主要施工工艺及方法

一、电力架空线路施工方法

1.电力架空线路的施工工艺流程

电力架空线路施工的工艺主要包括施工准备及施工配合、架空线路测量定位、基坑开挖及基础浇制、杆塔组立、横担组装、拉线制安、导线架设及连接、线路试验等。电力架空线施工工艺流程如图52-2所示。

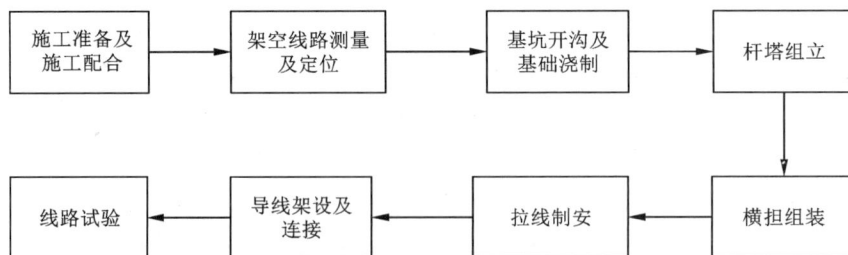

图52-2 电力架空线施工工艺流程图

2.电力架空线路施工的主要操作要点及注意事项

(1)架空线路的测量:线路测量通常根据设计部分提供的线路平、断面图和杆塔明细表,从始端开始安置经纬仪,向前方逐基定位。杆坑中心位置确定后,即可根据中心桩位,量出挖坑范围。

(2)杆塔的定位:首先根据供电点与用电负载的位置,进行实地勘测,确定线路的方向。当供电点和用电点两根电杆位置确定之后，最好使线路成直线走向，但由于地形或其他因素的限制，线路需拐弯，这就可确定转角杆的位置，这样，供电点、转角杆、用电点就把整条线路分成几个直线段，如把分支杆位置确定后，就可决定分支线路的方向。测量每段直线间水平距离，如平地可用皮尺测量，当地形复杂时用仪器来测量。定线工作完成后，就在确定电杆的具体位置。根据要求确定电杆的高度和档距，根据档距的大小，每段直线段内就可确定电杆的根数和位置。确定电杆的位置时，要从一端向另一端逐杆定位。在各杆的杆位中心处打下木桩。施工时就以此桩为中心进行基坑开挖。

(3)杆塔基坑开挖：杆塔基坑开挖之前，先要检查标桩设立地点是否正确，然后打几个辅助标桩，用来检查电杆是否立在中心位置。挖坑最好用专用工具，如立杆方法不是用固定式抱杆立电杆，在电杆根部的坑旁还要挖一道斜坑(又称"马道")，以利于立杆。目前，普遍采用的是人工开挖的施工方式。坑底均基本保持平整，便于进行检查测量坑深。基坑开挖工作劳动强度较大，应特别注意安全，所使用的工具必须坚实牢固，并经常注意检查；当坑深超过 1.5 m 时，坑内工作人员必须戴安全帽；当坑底面积超过 1.5 m² 时，允许两人同时工作，但不得对面操作或挨得太近；严禁在坑内休息；挖坑时，坑边不堆放重物，以防坑壁垮坍，禁止将工具放在坑壁边缘，避免掉落伤人；在行人通过地区，当坑挖完后不能很快立杆时，设围栏，夜间装设红色信号灯，以防止行人跌入坑内。

(4)杆塔组立：架空配电线路施工常用的立杆方法有撑杆立杆、汽车吊立杆、抱杆立杆等。电杆起立后，要进行杆身调整，符合要求后再填土夯实。调整杆位，一般可用杠子拨动，使电杆移至规定位置。回填土时将土块打碎，每回填 50 mm 夯实一次。对软土质的基坑，增加夯实次数。培土高度宜高出地面300 mm，在电杆周围形成一个圆形土台。

(5)拉线制安：首先制作上把，从钢绞线一端量出 250 mm，做好标记，以标记为中心，将钢绞线煨弯后套入楔型线夹内，线夹的凸肚在尾线侧；用手锤敲击线夹本体，使楔子与线夹本体、楔子与钢绞线接触紧密，受力后无滑动现象；上把预留尾线与主线按规定尺寸进行绑扎；然后安装拉线抱箍，杆上作业人员根据杆型量出拉线抱箍的安装位置，并做好标记；用吊绳将预配好的拉线抱箍吊起，将拉线抱箍安装在标记处。安装时使平行挂板正对拉线棒，楔型线夹的凸肚向下；最后安装 UT 型线夹，将紧线器的尾部与拉线棒连接牢固，用紧线器夹紧钢绞线后紧线，将钢绞线与拉线棒紧成一条直线。拆下 UT 型线夹上的 U 型螺栓，把 U 型螺栓穿入拉线棒上部圆环内，再套上线夹，使线夹主体位于螺杆丝扣距顶部的 1/3 处，同时与钢绞线进行试配，量出做回头的中心，并做出标记。以所做标记为中心将钢绞线煨弯装入线夹内，线夹的凸肚在尾线侧，并绑扎。将润滑油涂在 U 型螺栓丝扣上，套入线夹，套线夹时将线夹凸肚向下，装上 U 型螺栓的螺母，并将两边螺杆螺母对应拧紧。

(6)导线架设：导线架设是在完成横担组装及拉线组装等工作后进行的工序。导线放线的方法有拖放法和展放法。拖放法是将线盘架设在放线架上拖放导线，拖放前，先清除线路上的障碍物，以免损伤导线，它以每个耐张段为一个单元，把线路所需全部导线放出，置于电杆根部地面，然后按档把全耐张段导线同时吊上电杆。放线的线路如果不长，导线重量又不太重，可把导线背在肩上，边走边放，如线路较长，线捆较大，可把线捆装在汽车上，在汽车行进中展放导线。导线的连接有钳压接法、缠绕法和线夹接线几种类型，根据设计要求选用符合要求的连接方法。

二、电缆线路的施工方法

1.电缆线路的施工工艺流程

电力电缆线路施工的工艺主要包括施工准备及施工配合、电缆路径测量定位、电缆沟开挖及电缆沟砌制、电缆敷设、电缆中间接头制作、电缆沟封盖、电缆终端头制作、电缆试验等。电缆线路的施工工艺流程如图52-3所示。

2.电缆线路施工的主要操作要点及注意事项

本操作要点是就电缆敷设条件最为不利情况下的考虑做法，具体到合福线区间贯通电缆线路，那么操作将大为简化，因为沿着电缆沟槽内敷设，不需电缆沟开挖等工作内容。对于外电源电缆线路、车站电缆线路施工如果遇到下述情形，需要参照执行。

(1)施工准备及施工配合：准备电缆线路施工的工机具，测量工具如皮尺、钢卷尺、测量绳、标桩、红

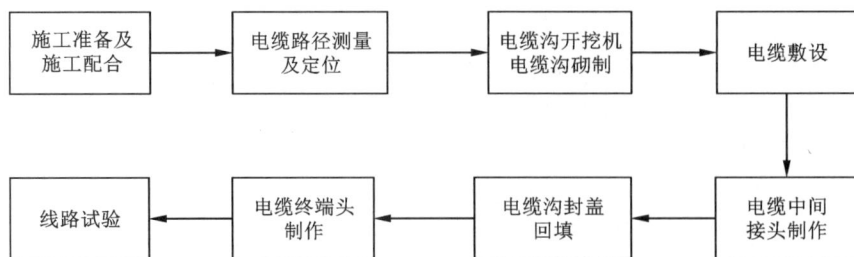

图 52 - 3　电缆线路的施工工艺流程

油漆等，施工工具如锹、镐、钢钎、大锤、电缆支架、电缆滑车，材料如电缆标志桩、电缆保护钢管、管口封堵材料等。根据设计电缆线路的径路，查清电缆线路上是否有地下设施，从而确定具体的施工和防护方案。了解电缆沟土质情况，根据具体情况，从而确定正确的施工方法。

(2)施工测量及定位：根据线路径路图，找出设计定测时所确定的电缆路径的大致位置，并在径路上的重要地点(如长直线段的中点、上下坡处、过障碍处、过轨、过公路、进建筑物、上桥、进隧道、拐弯处、中间接头处、需特殊预留电缆的地点等)作好标记。同时，用测量工具测量电缆径路长度。

(3)电缆沟开挖及砌制：电缆沟开挖采用铁镐、铁锹，电缆沟开挖时，保护好施工可能危及到的道床、路基，施工完毕后，按照原样进行恢复。直线部分开挖时保持其直线性，以免出现电缆径路偏移。电缆沟垂直开挖，挖出的泥土，放置于距沟边 0.3 m 以外。电缆过轨、过公路必须加强埋设电缆保护管保护。电缆保护管按电缆外径的 1.5~1.7 倍选择镀锌钢管。电缆沟深度不能满足规范和标准要求时，采用保护管或水泥电缆槽的方式进行保护。电缆沟开挖完后，请监理工程师检查确认电缆沟开挖深度符合设计要求，达不到要求的立即返工。

(4)电缆敷设：敷设电缆前，先进行电缆配盘，根据电缆沟长度选择适合的电缆盘，并根据电缆的电压等级对即将敷设的电缆进行测试，检查电缆型号、规格、电压等级是否符合设计要求，检查电缆是否存在铠装压扁，电缆绞扭、护层折断等未消除的机械损伤。电缆敷设若采用人力牵引的方式进行，敷设较长电缆前，在电缆行径的路线上每隔 20 m 放一个电缆滑车，在路面磨擦太大的地方每隔 10 m 放一个电缆滑车，在转弯处放万向转弯滑车，以防磨坏电缆的外绝缘层或受到机械性损伤。电缆敷设时，在电缆的两端按技术规范预留长度。

(5)电缆沟回填：在电缆上下部铺不小于 100 mm 厚的软土或细沙层作为电缆的保护层，并加盖保护板或砖块防护，然后进行回填，将回填土一直回填至高于原地面 0.3 m，并及时恢复被损坏的道床、路基和植被。

(6)电力电缆终端头和中间头的制作根据设计图纸要求和相关标准进行制作。施工前准备电缆中间接头或终端头的材料，对电缆进行绝缘测试。根据所要制作的电缆头类型进行主要工机具准备。制作好的电缆头保证电气性能和机械强度可靠，并满足电气试验要求，制作过程中要保持清洁、干燥、不伤及电缆绝缘层和绝缘强度，制作前后必须用兆欧表进行电缆绝缘测试，要求绝缘电阻必须满足规范要求。电力电缆送电前，必须进行直流耐压及泄漏电流试验和相位试验，满足规范要求方可送电。电缆头制作必须连续作业，一次性完成，防止受潮。

三、变配电所电力设备安装施工方法

1. 工艺流程

变配电所电力设备施工安装的工艺主要包括施工准备及施工配合、施工定测、10 kV 盘柜安装、变压器就位安装、交直流屏及控制屏安装、电缆敷设及接线、试验、送电。

变配电所电力设备施工安装工艺流程如图 52 - 4 所示。

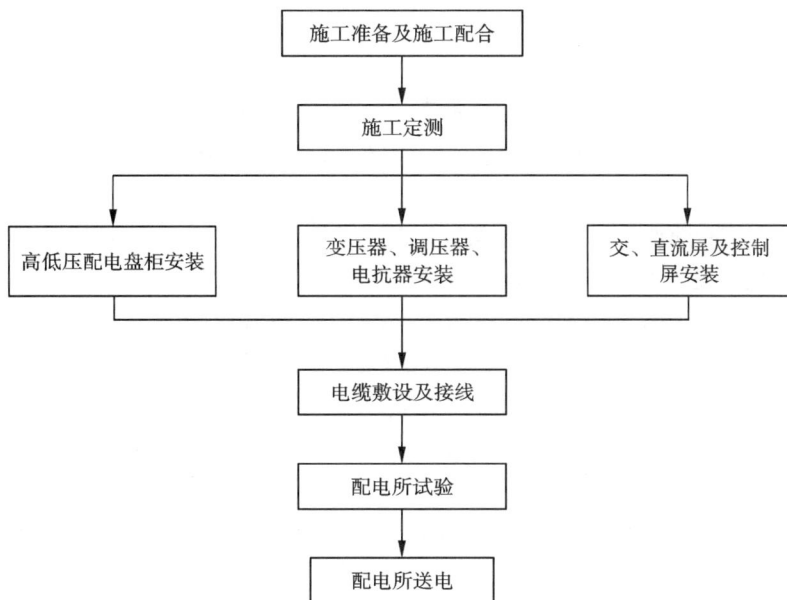

图 52 - 4 变配电所电力设备施工安装工艺流程图

2. 主要操作要点和注意事项

1）盘柜安装

（1）施工准备：盘柜到达现场后拆除盘柜四周及顶部的包装。检查盘柜外表有无损伤及变形，油漆是否均匀完整，柜门开闭是否灵活可靠，柜内电气元件有无脱落、锈蚀、损伤、裂纹等。检查盘、柜配件、附件、专用工具是否齐全，收集各种技术资料和合格证。

（2）基础槽钢调整：使用水平仪调整基础型钢高度偏差。基础槽钢保证水平度和直线度偏差不超过1 mm/m，全长不超过5 mm。各设备的基础槽钢直接焊接在结构层预埋件或采用膨胀螺栓直接固定在变电所房建的结构层上。设备基础槽钢安装完毕后，土建单位进行装修层施工时仍需派人配合，防止外因使基础槽钢变形及移动。

（3）盘柜组立：按照设计图纸规定，将盘、柜按顺序搬放到安装位置。首先把每列盘、柜大致调水平，然后从成列的盘、柜一端的第一面开始调整，调整合格后按照设备的要求与基础槽钢进行螺栓固定。按照设计顺序组立盘柜，保证水平度和垂直度符合验收标准；盘柜组立后即可安装附带的附件和电气设备。盘柜安装的允许偏差满足设计及验标要求。

（4）接地线连接：盘柜安装组立后，盘柜及设备接地端与底座接地端与接地母线可靠连接，按照设备厂家要求将盘、柜内接地铜排连接牢固。在成列设备的两端采用软铜编织线与变电所接地网可靠连接。

（5）盘柜清扫维护：安装工作结束后，将盘内外清扫干净，关闭配电盘的通道门，防止灰尘侵入。

2）电力变压器、电力调压器、电抗器的安装

（1）施工准备：变压器、调压器、电抗器到达现场后先进行外观检查。检查设备外表有无损伤及变形，油漆是否均匀完整，柜门开闭是否灵活可靠，柜内电气元件有无脱落、锈蚀、损伤、裂纹等。检查配件、附件是否齐全，收集各种技术资料和合格证。

（2）设备就位：按照设计文件规定，将设备搬放到安装位置。按规范及设计要求将设备调到合格位置后，将设备固定。

3）电缆敷设

（1）电缆测试：对所需敷设的电缆绝缘进行测试，并检查电缆型号、规格、电压等级是否符合设计要求。

（2）路径选择：进行施工技术交底，准备好电缆清册，明确每条电缆的起始点、型号、规格及长度；检查电缆支架的规格及安装位置是否符合设计要求，且焊接牢固、接地可靠，支架及接地线的油漆完整；检

查电缆沟的走向、宽度、深度、转弯处曲线半径等是否符合设计要求和有关规定，电缆需防护处是否已将保护管、槽预埋好，管口是否已做成喇叭口、管内是否穿入牵拉电缆的铁线，确认已将穿管处的沟壁封堵严实。

（3）布放电缆：按标准要求敷设电缆。敷设完毕后在电缆终端头及电缆中间接头处、电缆竖井的进出口两端以及电缆维护井内的电缆上挂设标志牌。标志牌上注明电缆编号或注明电缆型号、规格及起始地点。标志牌规格统一、能防腐、挂装牢固。

（4）电缆整理绑扎固定：敷设工作全部完成后，将水平敷设的电缆在电缆首尾两端、转弯和中间接头处两端、垂直敷设的电缆在每一个支架上把电缆绑扎固定牢靠，同时还将在电缆竖井等处加挂的电缆标志牌分层整理，统一形式和所挂部位，以便查找或核对；对于需要跨沟转向进入另一侧电缆支沟的电缆，在其转向的悬空部分增加 2～3 道绑扎固定，以免该部位的电缆散乱。

（5）电缆沟清扫及恢复盖板：电缆敷设工作完成后，运出剩余电缆，消除火灾隐患；施工技术负责人整理并填写电缆安装记录；电缆敷设完毕，在电缆进入电缆沟、竖井、建筑物、盘（柜）及穿入管子处，按施工规范要求进行封堵。最后，恢复电缆沟盖板。

（6）电力电缆和控制电缆不敷设在同一层支架上。高低压电力电缆，强电、弱电控制电缆按顺序分层配置，一般情况由上而下配置。

4）二次接线

（1）施工准备：准备好施工工具及材料，如号码烫印机、胶木头、压接端子、烫印管、电缆绑扎线、电缆标牌等。以原理图、端子排接线图和生产厂家提供的背面接线图作参考，分回路对全所配电装置或盘、屏、箱内的内部配线进行一次全面校对，把校线中发现有问题的地方改正过来，同时在背面接线图中把有问题的进行修改，标注清楚。

（2）电缆芯线校核：用校线器对所要校核电缆进行校核；每根电缆所用芯线都确定后，再将所有芯线重新校对一遍。

（3）电缆束固定：按配线顺序把所有的电缆头排列整齐，在电缆头以下 100 mm 处用细绑线把所有的电缆绑扎成一束；按电缆束尺寸，制作电缆固定卡子，把电缆固定在盘、柜电缆支架上；将铠装电缆接地线编成一束，压接铜接线端子连接在接地铜排上。

（4）电缆芯线绑扎：将芯线理顺全部放入塑料线槽中；将线槽内的芯线每隔 400 mm 用塑料绑扎带进行一次绑扎固定。所内二次配线电缆芯线在整理标识好后每隔 20 mm 对二次线槽内的芯线用塑料绝缘线捆绑后，盖上线槽。

（5）接线：根据设备端子情况，分别采用环接或压接方式，注意让线芯与端子接触紧密。电缆标志牌采用统一的工艺制作，电缆代号、规格、走向、始终端等文字用微机打印，经过过塑成型。接完芯线立即进行调整，按垂直或水平配置，不随意或交叉连接，每根芯线的预留要一致，以使其美观。备用芯线预留在线槽顶端，连接时，每个端子的一侧只能接一根，确实需接两根的必须采用可连端子处理，每个端子排的两侧接线不允许接在端子的一侧，以确保设备和人身安全。

四、设备基础施工方法

1. 施工准备

基坑开挖采用人工开挖方式，开挖深度为 800 mm，基础四周距离永久型建筑至少保证 1.5 m 的距离。基础应顺线路方向摆放，低压侧朝向福州方向（受场坪限制时可根据现场情况确定），并修筑砖砌踏步。在开挖过程中要防止基坑坍塌，以免对施工人员造成伤害。基坑开挖时应避免坑底土层受到挠动。可保留约 200 mm 厚的土层暂不挖去，待铺垫层前再挖至设计标高。

2. 验槽

基坑开挖完成后，通知监理到现场验槽。基坑长宽要符合设计图纸要求，深度不小于 800 mm，并做钎探试验。钎探试验采用轻型触探，落锤重量为 10 kg，落距为 500 mm，贯入锥锥度 60°，贯入锥最大直径 40 mm。钎探时选取基坑四角及中间位置共 5 个测试点进行测试。贯入深度为 0～300 mm 时锤击数不小于 15 次，300～600 mm 时锤击数不小于 25 次，保证地基承载力合格。若测试结果不合格则采用钢筋混凝土条形基础下设 300 厚砂垫层，其下持力层采用素土分层夯实，要求按压实系数不小于 0.94、分层厚度不大于 400 mm 的方法进行处理。处理完成后再次进行试验，钎探试验如图 52 - 5 所示。

3. 钢筋笼制作

施工中圈梁、构造柱主筋采用 HRB400ϕ18 mm 钢筋；板受力钢筋采用 HPB300ϕ12 mm 钢筋；箍筋采用 HPB300ϕ8 mm 钢筋，绑扎间距为 200 mm。上圈梁尺寸为长×宽×高＝L×240 mm×240 mm，下圈梁钢筋笼尺寸为长×宽×高＝L×340 mm×500 mm，箍筋为整根钢筋制作不能断箍，L 根据基础尺寸确定。构造柱尺寸为长×宽×高＝240 mm×240 mm×1410 mm。

4. 模板支立

施工中采用木模，以保证基础质量和外型工艺美观。木模采用模数设计，模板应有足够的刚度，接缝严密、装拆灵活、并可多次重复使用。

基础坑底部操平后，在坑底定出底层基础的四角位置及圈梁位置，将底层模板拼装成模盒在坑底放置，使模盒四内角对准坑底四角并使底模水平。有条件的地方可以用坑底四壁代模浇制构造柱及圈梁。

将两根断面为 150 mm×200 mm 搁木平行放置在圈梁模盒上，把装好的支柱模盒放于搁木上然后抄平，最后固定牢固支柱模盒。模板支立如图 52 - 6 所示。

图 52 - 5　钎探试验图

图 52 - 6　模板支立

5. 基础浇制

混凝土采用搅拌机进行搅拌。混凝土等级选用 C30 型混凝土(配合比为 1:2.63:3.49:0.56)，每 50 m² 进行一组抗压等级实验。浇灌混凝土要求内实外美、尺寸正确，而浇灌是混凝土成型的关键。搅拌好的混凝土应立即进行浇注，浇灌应从一角开始，不能从四周同时浇灌。混凝土倒入模盒内，其自由落下高度不应超过 2 m，超过 2 m 应沿溜管、斜槽或串筒落下，以免混凝土产生离析现象。混凝土应分层浇灌和捣固，每次浇灌层厚度不宜超过 200 m，然后进行捣固，捣固时采用插入式震捣器直上直下、上下插动、层层扣搭。浇灌时要注意模板及支撑是否变形、下沉或移动，防止流浆。浇灌时还应注意钢筋笼与四周模板保持一定的距离，严防露筋。浇灌混凝土应连续进行，不得中途中断。如因故中断超过 2 h，不得再进行浇灌，必须待混凝土抗压强度达到 12 kg/cm² 后将连接面打毛、并用清水清洗，然后浇一层厚 10～15 mm 且与原混凝土同样成分的水泥砂浆，再继续浇灌。在浇注台阶形混凝土时，原立柱与台阶连接处，砂浆可能从没有模板的平面漏掉，可用"减半石混凝土"(增加了砂浆的比例)及"少定一些时间"(让混凝土初凝)浇灌的办法处理，以保证连接处的施工质量。

6. 基础养护

混凝土基础浇完 12 h 后，开始对其进行浇水养护，养护时基础表面要加遮盖物。浇水次数以保持混凝土表面湿润为度。基础拆模经表面检查合格后应立即进行回填。同时，在基础表面加盖遮盖物。用水困难地方可用养护剂养护，使用时在基础拆模后立即涂刷，涂刷后可再不用水养护。基础拆模时必须自上而下进行，以保证基础表面和棱角不损坏，并要求其强度不小于 2.5 MPa。

7. 砌砖及预留管

墙体均为 240 mm 厚，采用 M7.5 水泥砂浆砌 MU10 砖，墙体两侧均采用 20 mm 厚 1:2 防水砂浆抹面。浆砌施工宜采用立样架挂线法控制尺寸、位置和平整度。

高压侧预留管采用 φ150 mm PVC 管并排装设，管中心距基础面高度为 400 mm，两管中心间距 200 mm，最外侧管中心距侧墙 150 mm。预留数量为零型箱变两侧各预留 2 根；Ⅰ型、Ⅱ型箱变两侧各预留 3 根；Ⅲ型箱变两侧各预留 4 根。低压侧预留管采用 φ80 mm PVC 管并排分层装设，每层 5 根，两侧各 10 根。下层管中心距基础面高度为 400 mm，上、下层管中距离为 160 mm，并排两管中心间距 350 mm，最外侧管中心距侧墙 300 mm。

8. 接地扁钢安装

施工时采用 2 根 40 mm×4 mm 接地扁钢，2 根扁钢一端分别与基础 2 个长边槽钢焊接，另一端与信号中继站、通信基站共用接地扁钢焊接。单独设置的箱变基础，应采用 4 根 50×5×2500 mm 角钢作为接地体，扁钢与角钢焊接，角钢埋深不小于 800 mm。接地电阻不大于 4 Ω。

五、箱变安装

1. 施工准备

对设备运输通道进行检查，为吊车吊装就位利用现有的施工便道尽量创造条件；依据吊车性能及箱变重量选用满足规范要求的吊车。依据设计图纸和技术标准的要求，对先期工程的基础进行检查和核实工作，以保证箱变的位置符合设计图纸要求。

依据设计图纸、技术标准和以往的施工经验，对制造厂家的箱变进行检查和核实工作，以保证箱体安装对位。安装箱体前，应检查基础面的平整度，保证箱体底座与基础接触密贴，以防箱体变形。

2. 设备运输

依据前期施工调查情况，尽量采用汽车运输方法，进行箱体的运输，利用汽车吊将箱变吊装到指定位置。保证设备进场通道上及车辆进出的路径范围内道路畅通，地面平整并压实。拆除路径范围内相应的障碍物，无其他任何杂物。

3. 开箱检查

设备开箱由业主、监理单位、施工单位、设备生产厂家四方一起进行，依据设备装箱清单、说明书仔细核对设备型号、规格以及全部零部件、附属材料和专用工具。仔细检查零部件表面及主体结构有无缺损和锈蚀情况。

一般按下列项目检查清点，并填写设备验收记录。

（1）规格、型号、质量符合应符合设计要求和相关产品的标准规定。

（2）附件应齐全，设备完好，内外涂层完整和无机械损伤。

（3）门锁作用良好，防小动物设施完善，有通风口的风口防护网完好，各种电缆进出线封闭完好。

（4）高低压柜内部接线完整，低压侧每个输出回路标记清晰，回路名称准确。

4. 隧道外箱变就位安装

箱变依据现场调查的运输路线，用汽车运抵安装现场。箱变的就位，需将箱变由运输车辆上移至基础的安装位置。箱变的箱体构件大部分体积大、重量大，根据吊车起重性能表要求需用符合要求的吊车将箱变吊起，安装在设计要求的基础位置。起吊绳安装的位置应严格按照箱体设计的要求，吊装点要在箱体标示的承重点，保证起吊过程中，箱体外型不因受力而变形。

箱体吊装时，应有专业人员对整个吊装过程统一指挥，严格遵守操作规程。

起吊时严格执行相应的管理程序及施工规范，保证人员、设备的安全。当箱体吊到基础上方后，在箱体的四个角各有一名施工人员，利用撬杠的一端以地为支点，小心的推动箱体，使箱体徐徐落在安装位置。用水平尺检测箱体水平度和垂直度，边调整边测量，直到箱体水平，符合设计要求，最后完成箱变的固定。

箱变不能直接就位，通过一台 200T 的大吊车把箱变吊至线路上，然后通过 25T 的吊车再把箱变吊装到位（如图 52－7 所示）。

箱变的安装位置应正确。箱变安放时，应垫平放正，保证箱变安装水平及牢固；防潮防污功能应符合设计要求。门锁作用良好，防小动物设施完善，有通风口的风口防护网完好，各种电缆进出线口封闭完好。金属箱式变电装置的箱体应接地（PE）或接零（PEN）可靠，且有标识。

隧道外箱变安装采用机械吊装和人工就位两种方式。

（1）根据现场情况及箱变的标称重量，选择合理的安装设备。

（2）安装时尽量减少箱体的振动，以免损坏电气元件。

（3）不要损坏箱体的表面涂层。

图 52 - 7　箱体吊装

（4）箱变的底部槽钢外沿应全部搭接到基础表面的槽钢上。

（5）箱变放到基础上后，应用垫铁垫平，防止箱变变形导致外门难以开启，箱变就位后应对所有外门做开启、关闭试验，以防变形。

（6）箱变接地方法一：箱变与槽钢紧贴并在箱变四个角和长边的中间进行点焊。保证箱变整体接地良好。

（7）箱变接地方法二：在箱变底部槽钢贴有接地标识的接地拴上做好接地排。镀锌角钢打眼与接地拴连接，并与基础接地网相连，保证箱变整体接地良好。

5. 隧道内箱变安装

箱变依据现场调查的运输路线，用平板车运抵安装现场。由于隧道内箱变的箱体构件体积大、重量大，不能直接就位，所以隧道内箱变为分体式，分为 3 节。利用吊车将箱变由运输车辆上移至隧道外平板车上，利用人工移设就位。

隧道内箱变最重的为 2T，利用吊车吊装箱体。起吊绳安装的位置应严格按照箱体设计的要求，吊装点要在箱体标示的承重点，保证起吊过程中，箱体外型不因受力而变形。

箱体吊装时，应有专业人员对整个吊装过程统一指挥，严格遵守操作规程。保证人员、设备的安全。

箱变安装位置应正确。箱变安放时，应垫平放正，保证箱变安装水平及牢固；防潮防污功能应符合设计要求。门锁作用良好，防小动物设施完善，各种电缆进出线口封闭完好。金属箱式变电装置的箱体应可靠接地或接零，且有标识。

隧道内箱变安装采用机械吊装和人工就位方法：

（1）根据现场情况及箱变的标称重量，选择合理的安装设备。

（2）安装时尽量减少箱体的振动，以免损坏电气元件。

（3）不要损坏箱体的表面涂层。

（4）由于隧道内箱变基础高于轨平面 700 cm，为方便人工移设箱变所以高度应与隧道内基础水平，坡度小于 3%。操作方法为在隧道外平板车上加枕木或方木并用抓钉牢固，枕木或方木的搭设方式为砌墙顺序。如图 52 - 8 所示。

5）在隧道内箱变基础旁用枕木搭设平台，在平台上放置 10#槽钢。

6）箱变运输至隧道内基础位置后用叉车，千斤顶、撬杠、移设至基础面就位.

7）在安装第二节和第三节时，拆除变压器两侧挡板，将三节箱变移设对位后，在外侧涂抹防水胶。

8）搭设平台上槽钢应全部搭接到基础表面上。箱变放到基础上后，应用垫铁垫平，防止箱变变形导致外门难以开启，箱变就位后应对所有外门做开启、关闭试验，以防变形。

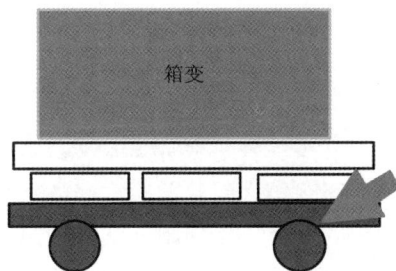

图 52 - 8　箱变运输装车示意图

说明：红色代表手刹，棕色代表平板车，白色代表枕木。

9）在箱变底部槽钢贴有接地标识的接地拴上做好接地排。用平板车固定线路与隧道洞内两侧接地网相连。

隧道内箱变安装如图52－9所示。

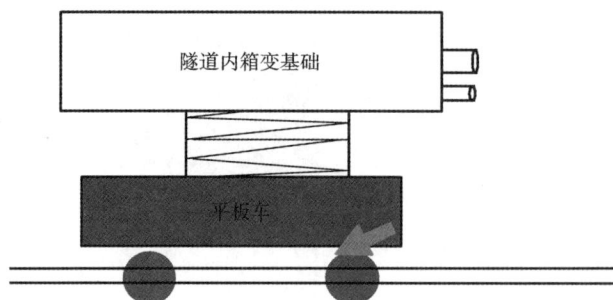

图52－9　隧道内箱变安装图

说明：粗体横线代表搭设平台至箱变基础的位置，利用人工移设平板上的箱变至基础槽钢上。

六、室外照明及动力配线施工

1. 柱灯安装的施工

（1）熟悉灯柱的设计图纸并备料，在现场对照设计图纸。

（2）检查灯柱基础的质量，并确认埋管及地脚螺栓的位置是否正确。

（3）灯柱安装：将灯柱底座摆放在灯柱基础上，注意不得损坏地脚螺栓的螺纹，带上几扣螺母，先不要全部拧紧，待灯杆垂直度整好后，再拧紧。调整灯具方向，使其满足照明要求。

（4）地线连接。

2. 投光灯塔组装的施工

（1）安装前核对材料，检查基础表面、高程、底座孔距和地角螺栓的距离是否相符，铁滑轮在杉木杆上的固定要牢固，并且转动灵活。各项工作准备好后，提起底座对准地脚螺栓放上底座，安装底座时不能损坏地脚螺栓，接地装置用接地扁钢接在地脚螺栓上，四个底座的方向根据设计或根据实际确定的方向摆正，然后进行灯塔主体组立，安装前在地面上将主肢角钢上的附件（连接角钢、连接钢板）连接好，注意螺栓不要拧紧露出两丝扣即可。待四节塔体组装好后，所有螺栓要用扭矩扳手统一进行紧固，力矩要达到规定要求。然后安装配电箱，将四芯电缆线通过基础预埋钢管引入配电箱，将投光灯电缆线保护管固定在铁塔的一角，在安装钢管前在钢管内穿入细铁丝，钢管固定好后，利用细铁丝牵引将电缆线穿入钢管内，然后安装投光灯、接线。

（2）投光灯底座安装要牢固、布置合理、美观。然后安装升降架并进行调整，升降架调整先用手动方式调整，抬起防护门内的离合器把手，向后拉动，使蜗轮减速与摇轮脱离，将摇把通过摇把支架套在摇轮上，转动摇把，升降架上、下移动，通过观察升降架的升降情况调整升降架上花兰螺栓及小橡胶滑轮来使升降架升降平稳。手动调整后，撤下摇把，抬起防护门内的离合器把手，向前推动，使蜗轮减速与摇轮闭合，用电机带动升降架升降，调整升降架运行情况，直至达到要求。最后进行投光灯通电试验和基础防雨帽制作，防雨帽制作要美观、整齐、排水要通畅。

七、配管、配线和灯具、插座、开关安装

电线、电缆导管安装分为明敷与暗敷两种方式，从材质上分为镀锌钢管及阻燃PVC管。动力配电箱至动力设备、照明箱之间及照明支线的保护管为钢管，暗敷设在地板垫层、顶板和墙内。变电所夹层及站台板下照明的保护管，采用阻燃塑料管暗敷设。吸顶灯和壁灯可以通过灯座木台固定在天棚和墙壁上，也可以直接将灯座固定在天棚顶上和墙壁上。灯具、插座、开关等具体施工方法依据相关图纸按标准实施。

八、FAS施工方法

火灾报警与自动灭火的功能是自动捕捉火灾监测区域内火灾发生时的烟雾和热气，从而能够发出声光

报警。并联动其他设备的输出接点，能够控制自动灭火系统、事故广播、事故照明、消防给水和排烟系统，实现监测、报警和灭火的自动化。火灾报警与自动灭火系统包括火警自动监测和自动灭火控制两个联动的子系统。

1. 火灾探测器的选择

探测器工作条件，根据国家专业标准，应在下述环境条件工作：

（1）工作电压：直流 DC24 V±20%；供电电源允许偏差 220±10%。超过此范围应配置交流稳压装置。

（2）环境温度：应符合设计及使用条件。

（3）安装方式：外露式、半嵌入式（需装接线盒）。

根据火灾的特点选择火灾探测器时，应符合下列原则：火灾初期有阻燃阶段，产生大量的烟和少量的热或没有火焰辐射，应选用感烟探测器。感烟探测器的灵敏度以"感光率"表示。其定义为：在 1 m 距离内，由于烟的遮挡，使透过的光减少的百分比分为：10%、20%、30% 三档。与之相对应的探测器分为：Ⅰ、Ⅱ、Ⅲ 三个等级。Ⅰ级灵敏度最高，适用于禁烟场所，Ⅱ级适用于允许有少量烟的场所，Ⅲ级适应用于允许有较多烟的场所。

2. 导线敷设要求

（1）火灾自动报警系统传输线路采取绝缘导线，火灾自动报警系统传输线路应采用铜芯绝缘导线，其电压等级不应低于交流 250 V，除满足自动报警装置技术条件的要求外，还应满足机械强度要求。

（2）火灾自动报警系统传输线路采用非延燃性材料绝缘护套的导线应穿金属管或阻燃硬质 PCV 保护管进行明、暗敷设。

（3）不同系统、不同电压、不同电流的线路不应穿在同一根管内或线槽的同一槽孔内。

（4）火灾探测器的传输线路应选择不同颜色的绝缘导线，同一工程中相同线别的绝缘导线颜色要一致，接线端子应有标识。

（5）穿管绝缘导线或电缆的总截面积不应超过管内截面积的 40%。

3. 探测器的定位

（1）探测区域内的每个房间至少应设置一只火灾探测器。感温、感光探测器距光源应大于 1 m。

（2）探测器一般安装在室内顶棚上。当顶棚上有梁时，梁的间距净距如小于 1 m，视为平顶棚。在梁突出顶棚的高度小于 200 mm 的顶棚上设置感烟、感温探测器时，可不考虑对探测器保护面积的影响。

（3）当梁深突出顶棚的高度在 200 mm～600 mm 时及梁突出顶棚的高度在 600 mm 以上时，被梁隔断的区域至少设置一只探测器，应按规定图、表确定探测器的安装位置。

（4）安装在顶棚上的探测器边缘与下列设置的边缘水平间距要求：

①与照明灯具的水平净距不应小于 200 mm；

②感温探测器距高温光源灯具（如碘钨灯、容量大于 100 W 的白炽灯等）的净距不应小于 500 mm；

③距电风扇的净距不应小于 1.5 m；

④距不突出的扬声器净距不应小于 100 mm；

⑤与各种自动喷水灭火喷头净距不应小于 300 mm；

⑥距多孔送风顶棚孔口的净距不应小于 500 mm；

⑦与防火门、防火卷帘的间距，一般在 1 m～2 m 的适当位置。

（5）在宽度小于 3 m 的内走道顶棚上设置探测器时，宜居中布置。感温探测器的安装间距不应超过 10 m，感烟探测器的安装间距不应超过 15 m，探测器至端墙的距离不应大于探测器安装间距的一半。

（6）探测器至墙壁、梁边的水平距离，不应小于 500 mm。

（7）探测器周围 500 mm 内，不应有遮挡物。

（8）房间被设备或隔断等分隔，其顶部至顶棚或梁的距离小于房间净高 5% 时，则每个被隔开的部分应至少安装一只探测器。

（9）探测器至空调送风口边的水平距离不应小于 1.5 m，至多孔送风顶棚孔口的水平距离不应小于 500 mm。

（10）探测器宜水平安装，如必须倾斜安装时，倾斜角度不应大于45°。

4. 探测器的固定

探测器的固定，主要是底座的固定为探测器旋转卡固定在底座上。探测器属于精密电子仪器，在建筑施工的交叉作业中，一定要保护好探测器等火灾报警设备。先将预留在盒内的导线剥去外皮，露出线芯10~15 mm（注意不要碰掉编号套管），顺时针压接在探测器底座的各个接线端子上，然后将底座用配套的螺丝固定在预埋盒上，并上好防尘防潮罩。最后按设计图纸要求检查无误后，再拧上探测器头。

安装时还要注意以下问题：

（1）最后一个探测器加终端电阻其值阻大小应根据产品技术说明书的规定取值。并联探测器的数值一般取5~56 kΩ。有的产品不需要接终端电阻，但有的终端用半导体硅二极管（ZCK型或ZCZ型）和一个电阻并联，应注意安装二极管时，其负极必须接在24 V电源正端子或底座上。

（2）并联探测器数量一般以少于5个为宜，其他有关要求见产品技术说明书。

（3）如果安装外接门灯必须采用专业底座。

（4）当采用防水型探测器有预留线时，要采用接线端子板过渡分别压接，压接后的端子必须用胶皮包缠好，放入盒内后再固定火灾探测器。

5. 自动灭火系统的安装

（1）安装前，应对消防控制设备进行功能检查，不合格项应进行检修或更换。

（2）消防控制设备的外接导线的端部应有明显标志。

（3）消防控制设备盘（柜）内不同电压，不同相序的端子应分开，并有明显标志。

6. 系统接地

火灾报警系统接地电阻值应符合下列要求：

（1）工作接地电阻小于4 Ω。采用联合体接地时，接地电阻值小于1 Ω。

（2）当采用联合接地时，应用专用接地干线由消防控制室引至接地体。专用接地干线应用铜芯绝缘导线或电缆，其线芯截面不应小于16 mm²。

（3）由消防控制室接地端子板引至各消防设备的接地线，应采用铜芯绝缘软线，其线截面积不应小于4 mm²。

九、SCADA 工程主要施工方法

SCADA 工程主要由控制中心、复式终端和被控站以及通信通道构成，在调度所 SCADA 控制中心系统对本工程的牵引变电所、分区所、AT 所、接触网开关站、电力配电所、电力变电站等各被控站实现实时的监视和控制。

1. SCADA 施工工艺流程

SCADA 施工工艺流程如图 52－10 所示。

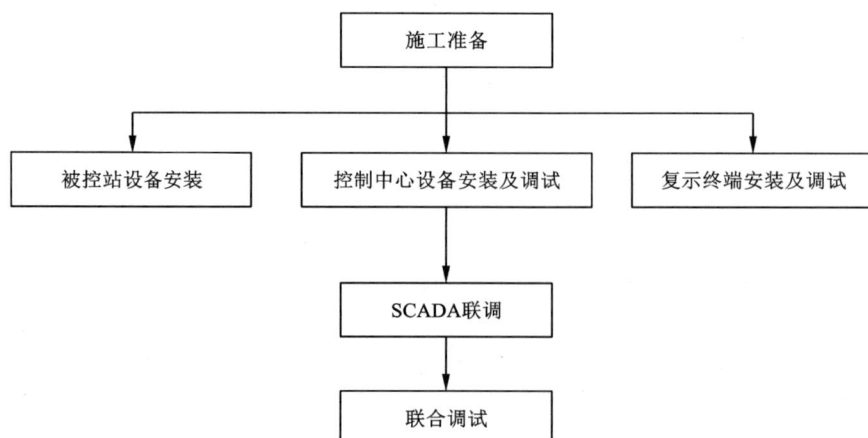

图 52－10 SCADA 施工工艺流程图

2.SCADA 控制中心和复式终端施工方法

SCADA 控制中心设备和复式终端设备的安装的关键工序在于防静电架空地板上设备,特别是电源屏和 UPS 的安装调试。施工方严格按照产品操作说明书的要求进行安装。SCADA 控制中心和复式终端施工如图 52 - 11 所示。

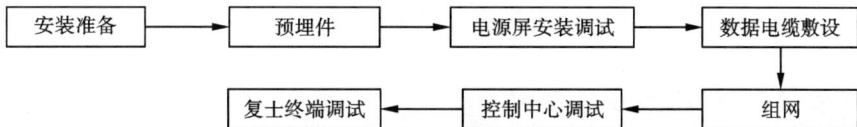

图 52 - 11　SCADA 控制中心和复式终端施工方法

3.SCADA 被控站施工方法

施工方严格按照产品操作说明书的要求进行 SCADA 被控站的安装。

4.SCADA 联调

严格按照试验计划书的进度安排,组织人员和交通车辆进行联调。按照先电力工程,再牵引供变电工程,后通信工程和信号工程电源点的联调进度安排。SCADA 联调流程如图 52 - 12 所示。

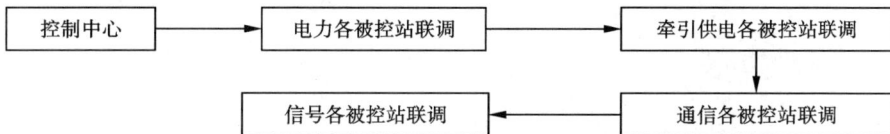

图 52 - 12　SCADA 联调流程

依据远动对象表分别对各被控站进行遥信(事故遥信,位置遥信等遥信信息)、遥控(单控和程控)以及遥测(电度量、电流、电压、功率及功率因数,故障录波以及越限报警信息)的测试并对主备机、通道切换、数据库定义修改以及调度管理功能的综合测试等。

十、施工小结

1.施工前期问题总结

由于电力站房房建的四电设计单位不同,房建设计没有及时将电力的设计需求纳入其设计,导致预留设备孔洞错误,全线房建施工图纸没有预留的地线埋地敷设通道。站前施工单位在桥梁施工完毕后,桥头电缆井、上下桥过水沟钢管及电缆井未施工,使电力电缆无法敷设,阻碍了桥梁与路基间电力电缆贯通的施工进度。前单位在过轨钢管施工时,未将钢管连接的地方焊接牢固,压路机在路基捣固时的挤压力将钢管连接处挤压裂开,混凝土和碎石渣等杂物进入过轨钢管,使过轨钢管堵塞;过轨钢管敷设完毕后站前单位没有封堵路基两侧的管口,杂物进入过轨钢管,使过轨钢管堵塞,以上两个原因均造成电力电缆在过轨时无法通过,电缆槽外引施工缓慢,电缆盖板摆放混乱,部分施工前期出现的问题如图 52 - 13 所示。

上述情况的形成,其原因有:

(1)站前单位对接口工作不重视。电缆沟槽对本专业来讲是主体工程,但对站前单位来讲是附属工程,以至积重难返。

(2)设计工作滞后。接口图纸滞后于路基施工,致使有些过轨钢管未敷设,电缆只能绕行,增加投资。桥头电缆井、上下桥过水沟钢管及电缆井也因无图纸施工滞后。

(3)在基站施工中,由于站前单位遗留问题,而且征地、青赔费用等都由地方政府负责,但都不能及时支付,当地老乡阻工现象十分严重。

(4)区间岗亭等附属房屋截止目前还没有施工完毕,配电箱未安装导致电力专业电缆无法引入,部分被盗。

2. 施工完毕后安全防护问题

施工完毕在拆除基础模板时，站前单位的民工随意将模板扔下，将电力电缆多处砸伤、砸断，造成电力线路停电数小时，进行抢险施工过程中，换电缆或者做电缆中间接头，增大了不必要的工程成本，并对人身安全构成威胁。还有民工为取电，从电缆上打钉子接引，造成严重安全隐患。建议在今后的工程施工中，业主应与站前单位紧密联系，有力协调站前单位的设计按施工顺序施工，避免电力电缆被砸伤、砸断等类似事件发生，并出台破坏惩罚制度。施工前期出现的主要问题如图 52 - 13 所示。

(a)电力电缆敷设障碍

(b)电缆盖板摆放混乱

(c)过轨钢管堵塞

(d)电缆沟槽施工不连贯

图 52 - 13　施工前期出现的问题

3. 电缆上下桥预留锯齿孔问题

由于合福高铁全线大部分为高架桥，各专业都存在电缆上下桥的问题，又由于前期站前工程在很多电缆上下桥位置的两片梁之间没有预留锯齿孔，导致电缆无法上下桥，为解决这个问题，采用在没有锯齿孔的地方进行打孔上桥的方案，针对全线需打孔上桥的位置进行了现场调查，并编写了电缆上桥打孔的作业指导书，并对电缆上桥的位置、孔径和上桥后的桥面路径进行了技术交底，保证了电缆的顺利上下桥。电缆打孔上桥示意图如图 52 - 14 所示。

图 52 - 14　打孔上桥

第四节　设备调试与验收

一、设备调试

1.电源线路试验

对架空线路使用摇表进行摇测试验，判定架空线路绝缘性能是否满足送电要求；在电缆线路试验中，对于需要做电缆中间头的电缆，先对各分段电缆分别进行绝缘电阻摇测，满足要求后进行电缆中间头制作，制作完毕后对整条电缆再次进行摇测，满足要求后进行电缆终端头制作，电缆终端头制作完毕后再进行绝缘摇测，用于判定电缆头制作质量，满足要求后对电缆进行耐压试验。电缆耐压试验合格后再进行电缆与设备之间导接。

2.箱变调试试验

箱变就位后，进行先单体，后整体，再综合的方法进行试验。

(1)测试应按照国标规定的施工及验收标准进行，并经当地供电部门认可。

(2)采用其他的试验标准规范时，需经业主和监理工程师批准。

(3)试验方案，测试仪表，经监理工程师批准后进行现场测试。

(4)检测方案，应接受业主和监理工程师或其代理人的检查，并向监理工程师提交试验结果的报表。

3.变配电所试验调试

变配电所试验方法变配电所采用先单体、后整体，再综合的方法进行试验，分为三个步骤：第一步是设备单体测试，以保证所内所有的设备状态良好、符合设计要求；第二步是所整体交直流传动试验，系统联调，以确保系统能正常运行；第三步是综合自动化系统的调试，包括远动系统的联调，保证自动化系统可靠的运行。

为保证工程在预定工期内高质量地完成测试任务，为施工现场配置了最先进、齐全的测试设备，以满足工程电气试验和系统调试的需要。变配电所试验项目见表52-2。

表52-2　变配电所试验项目

名称	试验项目
变压器	绕组的直流电阻、分接头变压比、变压器的接线组别、绕组的绝缘电阻、绕组交流耐压试验、测量与铁芯绝缘的各紧固件及铁芯接地线引出的绝缘电阻、额定电压下的冲击合闸试验、相位检查
互感器	绕组的绝缘电阻、绕组连同套管对外壳的交流耐压试验、电压互感器一次绕组的直流电阻、电流互感器的励磁特性曲线、电压互感器的空载电流和励磁特性、互感器的接线组别和单相互感器引出线的极性、互感器变比、铁芯夹紧螺栓的绝缘电阻
真空断路器	绝缘拉杆的绝缘电阻、每相导电回路的电阻、交流耐压试验、断路器分、合闸时间、断路器主触头分、合闸的同期性、断路器合闸时触头的弹跳时间、测量分、合闸及合闸接触器线圈的绝缘电阻和直流电阻、断路器分、断路器机械(电气)分、合闸操作及机械(电气)联锁试验
避雷器	绝缘电阻、避雷器的持续电流、工频参考电压或直流参考电压、放电计数器动作情况检查及基座绝缘的检查
隔离开关	绝缘电阻、交流耐压试验、检查操作机构线圈的最低动作电压、操作机构的试验
接地	接地装置的接地电阻
整组试验	馈线系统、电容补偿装置和所内公用系统功能测试
远动系统调试	系统功能检测

4.设备检测与试验方法

(1)直流电阻测试方法：使用直流电阻测试仪，利用直流电桥测量大容量变压器时，必须先按"B"按钮,然后再按"G"按钮。断开时,先放开"G",再放开"B"。

(2)变压比和极性(或组别):试验仪器为自动变比测试仪。变比和极性应符合设计要求。

(3)绝缘电阻:试验仪器为兆欧表。首先根据不同的设备进行正确的连线,然后以恒定的转速(120转/分钟)转动手柄,待指针稳定1 min后,记录绝缘电阻的数值(同时记录试验时环境温度、湿度)。

(4)交流耐压试验:试验仪器为交流高压试验器。合上电源,速度均匀地(2~3 kV/s)将电压升至试验标准电压,开始计时(一般要求1 min),时间到后,迅速均匀地将试验电压降至零,断开电源。

(5)电流(电压)互感器的励磁特性曲线:试验仪器为单相调压器、交流电流表和交流电压表。读数以电流(电压)为准。对于二次额定电流为5 A的电流互感器,电流分别平稳升至0.2、0.4、0.6、0.8、1.0、2.0、3.0、4.0、5.0 A时读取相应电压值。对于二次额定电流为1A的电流互感器,电流分别平稳升至0.1、0.2、0.3、0.4、0.5、0.6、0.8、1.0 A时读取相应电压值。对于二次额定电压为100 V的电压互感器,电压分别平稳升至5、10、15、20、25、30、40、60、80、100 V时读取相应电流值。

(6)真空断路器每相导电回路的电阻:试验仪器为直流双臂电桥。测量前应先分合几次断路器,以破坏触头上的金属氧化膜,减少电阻值误差。接线时应用弹性较大的线夹,牢固夹在触头最近端,且用力拧线夹,以破坏线夹与断路器接触面的氧化膜,减小接触电阻。

(7)断路器分、合闸时间、同期性和弹跳时间:试验仪器为高压开关动作特性测试仪。测量断路器的分、合闸时间,应在断路器额定操作电压及液压下进行,实测数值应符合产品技术条件的规定。测量断路器主触头分、合闸的同期性,应符合产品技术条件的规定。断路器合闸过程中触头接触后的弹跳时间不应大于2 ms。

(8)气室SF_6气体含量、露点测量:用检漏仪或漏点仪对各气室密封部位、管接头等处检测。

(9)避雷器的持续电流:试验仪器为交流耐压试验器和避雷器参数测试仪。合电源开关,匀速平稳地升压到避雷器的运行电压值,然后读取交流泄漏电流值与阻性电流。

(10)断路器分、断路器机械(电气)分、合闸操作及机械(电气)联锁试验:机械(电气)操作。结果应符合设计要求。

(11)避雷器的工频参考电压或直流参考电压:试验仪器为直流高压发生器或交流高压试验器。避雷器对应于工频(直流)参考电流下的工频参考电压,整支或分节进行的测试值,应符合产品技术条件的规定。

(12)隔离开关操作机构线圈的最低动作电压:试验仪器为继电器测试仪。检查操动机构线圈的最低动作电压,应符合制造厂的规定。

(13)接地装置的接地电阻:采用接地电阻测试仪。将"倍率"置于最大倍数,慢慢转动发电机的手柄,同时旋动"测量盘"使检流计指针指于中心线。当检流计指针接近平衡时,加快发电机手柄的转速,使之达到每分钟120转以上,调整测量盘使指针指于中心线上。随着测量值的大小,调整"倍率"和"测量盘"以得到准确读数,测量结果为"测量盘"读数乘以"倍率"即为所测的接地电阻值,记录该值及天气、环境条件等。

(14)相位检查:相位应与设计要求的相位一致。

(15)整组试验:分别对馈线系统、电容补偿装置和所内公用系统进行功能测试。

(16)馈线系统:模拟馈电线的电流保护和距离保护的动作条件,检查保护功能能否达到设计规定;模拟馈电线备用断路器自投功能,备用断路器能迅速可靠地替代需要退出运行的断路器;当故障时,故障性质判断装置应能够根据设计要求按规定的程序正确动作,能够准确判断上下行接触网的故障性质及位置,并恢复正常供电。

(17)电容补偿装置:自动检测母线是否有压,模拟各种动作参数,确认相互间保护功能能准确实现。

(18)所内公用系统:配电装置的各种信号功能的投入、撤除与修改能够在控制装置的状态显示窗口准确显示;开关设备的位置信号能够在该设备的控制装置及变电所的中央信号盘或模拟盘上准确显示。预告及事故音响信号应能够在变电所内按规定方式正确表示。具有自动复归功能的音响信号按规定时限自动返回停止。

(19)远动系统调试:远动通道的畅通是远动联调的先决条件,控制站与每一被控站的联调首先应进行通道测试,打开电源,主机对该站进行查询,观察该站MODEM板收发指示灯的状态,如不正常需对通道的各个环节逐个查找，排除故障。最后进行远动系统功能检测。

5. 电力 SCADA 调试

施工方严格按照试验计划书的进度安排，组织人员和交通车辆进行联调。依据远动对象顺序分别对各被控站进行遥信(事故遥信，位置遥信等遥信信息)、遥控(单控和程控)以及遥测(电度量、电流、电压、功率及功率因数，故障录波以及越限报警信息)的测试，并对主备机、通道切换、数据库定义以及调度管理功能等进行了综合测试。

二、工程验收

1. 静态验收

路局电务处与京福闽赣公司共同组织设计、监理、第三方检测单位和电力设备接管单位对合福高铁闽赣段电力设备及线路工程进行静态验收，并提报静态验收报告。根据《铁路客运专线竣工验收暂行办法》(铁建设〔2007〕183 号)，经专家组审议，一致认为：合福高铁南昌局管段电力工程静态系统及其专业接口满足设计要求及验收标准，工程总体质量合格，具备动态验收条件。

2. 动态验收

铁道部运输局组织电务专家组，于 2015 年 6 月对京福闽赣公司提报的《新建合福高铁南昌局管段动态验收报告正文》及相关测试资料，中国铁道科学研究院提供的《合福客专南昌局管段动态检测报告》和《合福客专南昌局管段运行试验测试报告》进行了审核，经专家组经认真讨论，认为合福高铁南昌局管段远动系统遥控、遥调、遥信、遥测项目功能正常，磁感应器自动过分相系统满足相关标准要求。工程质量合格，同意通过动态验收，具备初步验收条件。

第五十三章　电气化工程

第一节　工程概况

合福高铁闽赣境内全长为 466.8 km，区间正线桥梁 324 座 148.4 km，隧道 159.5 座 274 km，桥隧总长 422.4 km，桥隧比约为 90.5%。新建荷田、德兴、五府山、黄墩、武夷山东、建瓯西、南平北、古田北、白沙镇 AT 牵引变电所 9 座。新建冷水亭、董家林、台湖村、朝阳乡、石笋坑、吴齐村、建溪、爱竹、碌葵、闽清北、福州 AT 分区所 11 座。新建桃源、董家、里松阳、汪村、岩山坞、郑塘坞、坑口、黄洋、南岸、凤凰山、杨墩、桥头、马里、古园村、土时坪、西村、关西 AT 所 17 座。利用牵引变电所 2 座，其中利用杭长客专新上饶牵引变电所，接引 4 条 AT 馈线、2 条直供馈线；对福州牵引变电所主变压器增设风冷装置，调整合福高铁接入后的保护整定值。

第二节　工程建设

一、工程关键点与难点

为提高供电可靠性，本工程变电所亭室外软母线改为室内 GIS 柜，由 27.5 kV 高压电缆连接。经此变更后，大量室外工作转移进室内，重点工作变更为主变及其附件安装、GIS 柜安装调试、高压电缆敷设及高压电缆头制作。

本工程难点为交叉施工的协调管理与对地质条件不合格所亭的处理。变电所亭建设过程中，施工作业面总体分为室外与室内两个部分。变电与房建专业在室外交叉施工矛盾体现在主变基础浇筑场地与房屋施工材料堆放区的冲突。室内交叉施工的矛盾主要体现在工期紧，房屋修建工期与变电设备安装工期重叠冲突。

在室外，房建施工时其脚手架、模板及现场工人的临时设施大多规划在房屋前空地上。主变基础位置与房屋较近，施工过程中主变与房屋间空间成为交叉施工冲突区。为解决此矛盾，变电专业与房建专业协同施工，安排基础浇筑从进线往主变方向施工，同时房建优先使用房前堆料区材料，达到分时段使用相同施工作业区域。

因房建与变电专业施工安排中工期重叠区间较长，房建进度制约变电室内设备安装。经过专业沟通，房建调整施工工序，优先完成房屋电缆沟及地坪施工，将房屋围墙等工序施工时间排后。在实际施工过程中，变电专业先进设备固定后用包装模板进行保护，房建专业后进行围墙施工及粉刷。

对所亭地质承载力不足问题，经设计同意，采用桩基础替代原换填夯实地质处理方案，减低施工工程量，保障基础承载力符合标准要求。

二、主要工程数量

1. 牵引供电子系统主要工程数量

牵引供电子系统主要工程数量见表 53-1。

表 53 - 1 牵引供电子系统主要工程数量

序号	工程项目名称	单位	数量	备注
1	牵引变电所	9	座	
2	分区所	11	座	
3	AT 所	17	座	
4	牵引变压器	36	台	
5	自耦变压器	76	台	
6	所用变压器	74	台	
7	GIS 开关柜	342	面	
8	AIS 开关柜	37	面	

2. 接触网子系统主要工程数量

接触网子系统主要工程数量见表 53 - 2。

表 53 - 2 接触网子系统主要工程数量

序号	工程项目名称	单位	数量	备注
1	H 型钢柱	根	9198	
2	隧道吊柱	根	14119	
3	硬横梁架设	组	91	
4	附加线架设	公里	956.53	数量为 AF、PW 分别需架设的公里
5	腕臂安装	套	25547	
6	承力索架设	公里	1230	不含承力索中锚
7	接触线架设	公里	1230	
8	隔离开关安装	台	379	

3. 主要施工要点

1) 牵引变电施工要点

变电专业要统一工艺标准、实行程序化施工,做好和房建专业、设备厂家相互沟通,保证变电所内各种预埋件位置的正确性,严格试验程序,取保设备性能,达到高效可靠、减少维修的质量目标。在具备开通送电条件下,按照铁路电力牵引供电工程标准化开通程序组织开通送电。

2) 接触网施工要点

根据本工程工期紧和标准高特点,接触网工程须和站前单位交叉施工,接触网工程在站前单位提供作业面后,采用流水施工组织,实行程序化、机械化施工。

下部工程施工:接触网支柱基础由钻孔桩和钢桩基础组成,施工均采用机械施工方法,杜绝人工开挖方式,保证基础位置准确,道床整体性不被破坏,确保基础质量得到有效保证。接触网支柱基础由站前完成,做好站前单位和站后单位交接工作,确保接触网工程后续工序按时进展。接触网支柱、硬横梁采用机械化安装。

上部工程:根据铺轨施工计划,接触网施工组织依各铺轨基地可开展多个工作面。全面推行"四个一次到位"工法,上部工程要求测量精确化、计算微机化、预配工厂化、安装数据化;导线架设要求采用恒张力架线施工,采用专用放线滑轮,保证线材释放过程中平顺及张力稳定,并采取对应措施消除新线索蠕变伸长,达到高效可靠、确保安装质量。通过建立完善的接触网检测体系,并配备先进的检测工具和仪器,确保接触网工程质量。

第三节　牵引变电专业主要施工方法及工艺

一、首件定标

合福高铁闽赣段变电工程施工时，为保证本段工程施工工艺一致，确保所亭施工一次达标，闽赣变电工程实行首件定标制度。首件制在工程施工中的优点是明显的，其起到的作用有以下几点：

（1）以实际的样板工程替代纸面的技术交底与作业指导书，让现场所有施工人员都能以直观方式了解到各处细节技术要求与规范。

（2）首件定标制度可以暴露出在实际施工环境中才能发现施工问题或困难，有利于后续施工有针对性的改进。

（3）首件定标可以实现提前验收。监理与业主方代表可以先对首件样板工程进行检验，若有需要按接收运营方习惯要求改动之处可以实现提前对接，减小竣工验收期间工作量。

首件定标好处显而易见，但实现首件定标制度最大制约在于有效工期。实际施工中情况是因为有效工期制约，首件工程与后续工程是几乎同步施工，这就使得首件定标制度形式意义大于实际作用。为克服该矛盾，变电工程采取大施工小流水施工组织形式。具体来说就是按所亭现场条件，成熟一个开工一个，但将第一次施工工序作为首件定标样板。这样虽然没有将一个完整的所亭作为首件样板，但每道工序施工都按首件定标要求执行，即发挥首件定标制度优点，又缓解有效施工工期制约矛盾。

二、所亭施工测量

从施工工序上讲，施工测量是所亭施工的先导，是首要环节。从具体单个工序来说，作业前的准备工作是施工作业先导和保障。测量准备工作中首先要对测量使用的工机具进行检测，保证测量仪器测量数据准确性。准备工作完成后，测量作业工序流程如图 53 - 1 所示。

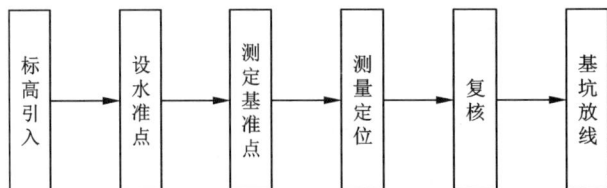

图 53 - 1　所亭测量施工工艺流程图

从铁路桥梁、隧道等建筑物上所设定水准点 A 引入，确定变电所内预订的水准点 B。该点一般选在变电所内比较明显、不易破坏的地方。

水准点确定后设置定位基准线，将房屋或围墙中轴线平行引出，以该线做为竖向基准线。在竖向基准线的 A 点，安置好经纬仪，使物镜"十"字对准最远的一个测点中心，记下水平盘数值，再将器身旋转 90°，紧固制动螺旋，依据设计图给定的 b 值定出横向基准线及该线的多处测点。基础中心线则以横、竖定位线平行引出（如图 53 - 2 所示）。

三、基础浇制

基础浇制工艺流程如图 53 - 3 所示。

施工准备：对沙子、石子、水泥和混凝土配合比进行试验。平整施工场地，在基础旁设置拌灰板。检查电子磅秤的计量准确性。

支模板：牵引变压器、断路器基础根据设计尺寸加工整体模板，构支架基础采用定位芯模，并执行杯型基础定位芯模与拆模施工工艺。基础浇制前在模板内部涂脱模剂。

基础浇制：将机械搅拌好的混凝土用翻斗车运到拌灰板上，用铁锹把混凝土撮入或推入基坑内，顺序

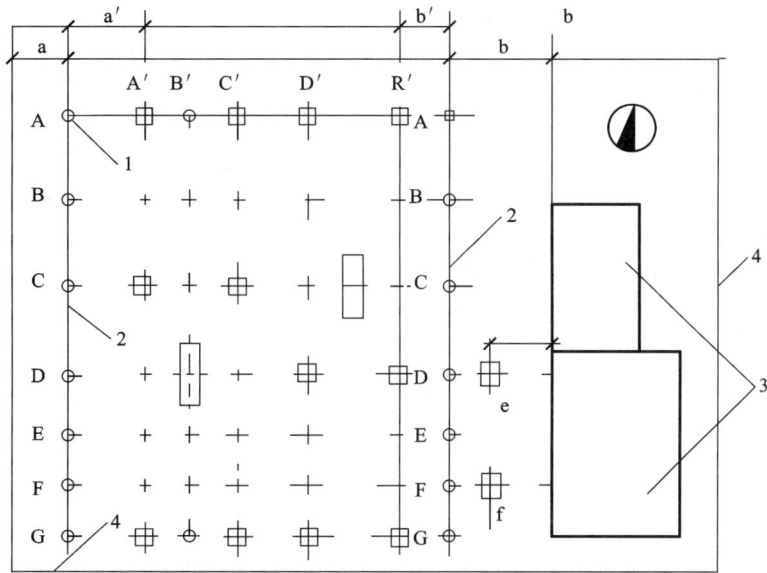

图 53 - 2 测量基准线的确定

1—定位点；2—基准线；3—生产房屋；4—围墙

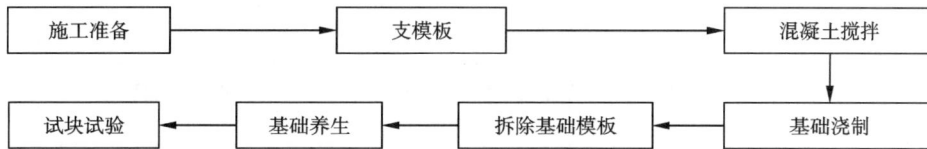

图 53 - 3 基础浇制工艺流程图

是先边角后中间。贴于基础模板处的混凝土，采用"带浆法"投料。每浇注 250 ~ 300 mm 厚时要进行一次震捣，震捣时各震点间距不应大于 400 mm。基础浇制完后，上表面个别不平整处可用 1 : 25 的水泥沙浆填补。

拆除基础模板：在基础初凝期内及时取出预留孔桩模，且不得损伤基础结构，根据基础凝结情况，及时拆除基础模板。

基础养生：基础的外表面，在混凝土进入初凝期后要覆盖草袋子养护。气温在 +5℃ 以上时，要在 12 h 内进行浇水养护。浇水养护期限为 7 ~ 14 d。

试块：试块的规格为 150 mm 的立方体，每组 3 块，采用专用模具制作，捣固应密实、表面平整；试块与基础在同等条件下养生 28 d；每个工作班不少于一组，主要电气设备基础（主变压器、断路器）各取 1 组。

基础浇注质量高低直接影响架构组立平整度与垂直度，也直接影响室外设备安装效率。在基础浇注过程中，重点检查基础浇注前模具支护工作与预埋件安装相对尺寸。

四、构支架组立方法

构支架组立为变电施工的主要工序，严格按照规范及施工工艺流程操作。构支架组立方法如图 53 - 4 所示。

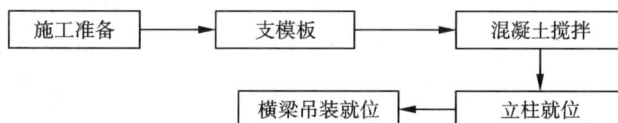

图 53 - 4 构支架组立方法图

在本工序安装过程中，控制点在立柱和横梁吊装就位。

构支架组立前先清除基础表面杂物，检查各螺栓的位置是否正确，施工用吊车及其附属工具是否合格。

构支架组立：在距吊绳上端 100 mm 处绑扎四根晃绳，晃绳位置互相对称。指挥吊车将电杆吊离地面转到基础上方，用手稳住电杆使其底部法兰盘在基础螺栓正上方，然后缓缓落钩就位，并将螺母带齐、拧紧。

横梁组装：两支柱分别上 1 名工人，系好安全带，用小绳吊上连接螺栓，指挥吊车将横梁吊起至钢支柱上方，缓缓调整吊臂方向位置，使横梁与支柱连接孔位对正，将连接螺栓穿入连接孔，并紧固。

五、室外设备安装

室外设备安装(包括三级隔离开关、互感器、避雷器、SF_6 断路器)作业过程主要是吊装作业过程。在此过程中关键是严格执行吊装作业规范，起吊作业前对吊索、吊带检查，选好设备起吊点，保证起吊重心与吊索在同一垂直线上。

1. 户外型隔离开关安装

1)工艺流程

户外型隔离开关安装流程如图 53 - 5 所示。

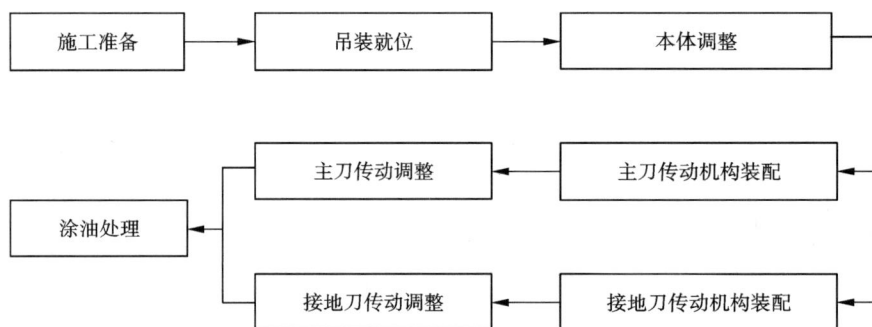

图 53 - 5　户外型隔离开关安装流程图

2)施工准备

检查隔离开关支架是否方正、水平，机构支架的高度和方向符合要求。对隔离开关和操动机构及附件进行预配检查。

3)吊装就位

将单相开关绑扎牢固后，先进行试吊，确认安全可靠再继续起吊。调整开关方向使之符合产品及设计规定，拧紧固定螺栓。单极开关吊装时，应将刀闸和吊绳绑扎在一起，以防设备因重心偏移而翻倒。

4)本体调整

以靠近主刀闸操作机构的单极开关为第一相，先将其在支架上调平整正，并固牢。检查第一相开关支柱绝缘子是否垂直于底架，刀闸闭合后是否水平，如不符合要求，可用制造厂提供的垫片进行调整。依次调整其他相开关，注意相间距离符合规定，并保证各单极开关底架相互平行、带接地刀的开关接地刀转轴同心，调整后的支柱绝缘子在开关合闸后，其动触头与触指间的距离符合产品规定。调整连杆的长度及分合闸止钉的位置，使各开关的分合闸角度均达到产品的技术规定。

5)主刀传动机构装配

将开关全部置于合闸位置，装上水平连杆，调整连杆的长度，使两相分合闸角度满足要求，不同期度小于 10 mm。检查调整操动机构支架使机构转轴与拐臂转轴同心，拧紧机构固定螺栓。将开关及操动机构置于合闸位置，把垂直连杆与机构侧轴连接牢；然后操作机构手柄进行分合闸检查，并调整有关连杆长度，使分合闸角度及同期达到要求。

6）主刀传动调整

进行分合闸操作，细调相间水平连杆及合闸传动杆，在刀闸的分合闸角度及同期符合要求后，拧紧所有可调连接头的锁紧螺母。分别在刀闸处于分位或合位状态下，调整分合闸止钉，使之符合规定。检查触头与触指两侧的接触压力，且两侧压力均匀。

7）接地刀传动机构装配（带接地刀的开关）

开关主刀处于分闸位置，检查各接地静触头是否与接地刀闭合位置相对应，倾斜角度一致。装上各接地刀相间连杆，将相间连杆的轴套套好。在确保接地刀处于分闸位置且呈水平放置状态的情况下，提起接地刀缓慢进行分合闸操作，无异常即可拧紧连杆的锁紧螺母。按主刀传动机构装配方法装配接地刀操动机构垂直连杆。

8）接地刀传动调整

进行接地刀分合闸操作，细调合闸拐臂连杆长度，确认分合闸位置符合要求，拧紧连杆的锁紧螺母。在主刀处于合闸状态下，操作接地刀合闸；或在接地刀处于合闸状态下，操作主刀合闸，闭锁装置应起作用。检查接地刀动、静触头接触压力，两侧压力均匀。连接接地刀转轴与底架型钢间的接地软铜带。

9）涂油处理

清洗主刀及接地刀触头的油污，涂敷一层电力复合脂。清洗传动机构各转轴及轴销处的油污，涂以适合当地气候的润滑剂。接地刀垂直连杆通体刷黑漆。

2. 互感器安装

互感器安装流程如图53-6所示。

1）工艺流程

```
施工准备 ──▶ 设备检查 ──▶ 吊装固定 ──▶ 安装调整
```

图53-6　互感器安装流程图

2）施工准备

检查支柱是否垂直，托架安装方向正确、水平，托架孔距与设备底座尺寸是否相符。

3）设备检查

开箱检查，核对互感器铭牌、规格型号与设计相符。检查瓷体无裂纹、破损、无渗漏油。用棉纱将设备擦拭干净。

4）吊装固定

用2根等长吊装绳挂在设备底座吊装挂钩上，在设备中部拴好固定绳，在瓷裙与吊装绳间加衬软衬垫物。吊起设备离开地面100mm时检查吊绳牢靠性。吊起设备至设备支柱上，用螺栓固定。

5）安装调整

用线坠检查设备垂直度，可在底座与托架之间加垫片稍作调整，使设备垂直，用扳手紧固连接螺栓。

3. 避雷器安装

1）工艺流程

避雷器安装流程如图53-7所示。

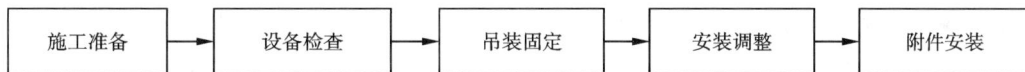

```
施工准备 ──▶ 设备检查 ──▶ 吊装固定 ──▶ 安装调整 ──▶ 附件安装
```

图53-7　避雷器安装流程图

2）施工准备

用线坠和水平尺观察支柱是否垂直，托架安装方向正确、水平，托架孔距与设备底座尺寸相符。开箱检查，核对避雷器铭牌、规格型号与设计相符。检查瓷体无裂纹、破损。用棉纱将设备擦拭干净。

3）吊装固定

用 2 根等长吊装绳挂在设备底座吊装挂钩上，在设备中部拴好固定绳，在瓷裙与吊装绳间加衬软衬垫物。吊起设备离开地面 100 mm 时检查吊绳牢靠性。确认安全后吊起设备到设备托架上，用螺栓固定，依次逐节吊装。

4）安装调整

用线坠检查设备垂直度，可在底座与托架之间加垫片调整，使设备垂直，避雷器的上下倾斜度不得超过 10 mm，然后均匀固紧螺栓。避雷器的铭牌应置于同一侧以便检查。

5）附件安装

按设计要求，用镀锌扁钢将记录仪、计数器连接，用圆钢将记录仪、计数器与接地网连接并刷黑漆。将计数器调零。

4. SF_6 断路器安装

SF6 断路器安装流程如图 53 - 8 所示。

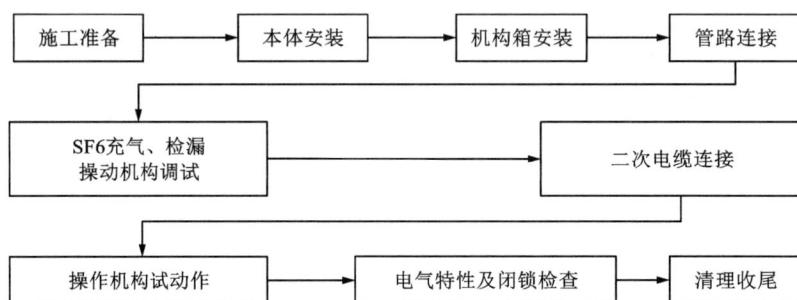

图 53 - 8　SF_6 断路器安装流程图

1）施工准备

开箱检查核对所需部件、配件及专用工具应齐备、完好，合格证及技术文件齐全；检查安装位置孔尺寸正确，固定校正支架，达到平整、垂直和牢固。

将 3 个极柱分开并整齐放置在平整坚固的地面上。端部底座下垫木枕。

2）本体安装

本体安装之前，按照说明书检查每个极柱气体预充情况。用吊车吊起极柱，平稳安装到支架上。

3）控制箱和机构箱安装

将控制箱吊起，使用随机螺栓将其固定在中间 B 相设备支架上，并按规定力矩紧固。将 A、B、C 三相的机构箱分别放在各自极柱支架旁，用吊车吊起，将基座与支架法兰盘孔对齐，穿入随机的螺栓，并按规定力矩紧固。

4）管路连接安装

在管路的链接过程中，注意密封面的清洁和密封圈的完好状态。为将气管连接到极柱的法兰上，将带有密封帽的链接螺母从法兰上拆除，然后进行气管链接。将 3 个气管焊接头和传动单元上的法兰两面平行对准，然后旋入锁紧螺母，并用力矩扳手拧紧。

5）SF_6 气体检漏、检水及充气

断路器出厂时已冲有大约 0.03 MPa 的 SF_6 气体，安装补气前先对原有气体及罐体进行检水分测量，标准为 20℃时，小于 $(150 \sim 200) \times 10^{-6}$（体积分数）。如合格，再接入充气装置，首先确认体内气体压力，初步掌握漏气情况，然后再充入合格的气体至额定气压；如检水测量不合格，则将体内 SF_6 气体抽出，并抽真空，再注入高纯氮清洗，直至合格，最后注入合格的 SF_6 气体。

6）水分检测方法

用水分仪测量，选择晴好天气，充气 24 h 后进行，为保证测量真实性，测量系统（管路阀门）在取样前用高纯氮预先干燥。

7）抽真空及清洗方法

用工厂专配的真空泵和麦氏真空计，时间至少在 2 h 以上，真空度 133.3 Pa 以上。抽真空后充 0.2 MPa 高纯氮，停留 12 h 以上，再抽一次真空，直至符合要求。

8）充气

用厂家专配的充气装置进行充气，宜缓充，使液体气体充分汽化后进入气隔。

9）检漏（密封性试验）

定性检漏采用检漏仪检测各部位，包括本体、法兰连接处、连接座内拉杆、气管焊口、密度继电器、气压表接头、连接密封处，先将以上部位用干布擦去表面油脂，再吹去残留气体，稍后用检漏仪探枪距被测点 1~2 mm 缓缓移动，合格时在原稳定状态下基本不变。定量检漏（常用挂瓶法）定性检漏发现问题后应进行定量检漏，方法是将标准的 1000 mL 检漏瓶用氮气吹洗干净，并用检漏仪确认瓶内无 SF_6 气体，将瓶子挂在有问题试品检漏孔上，拧紧螺栓，2000 s 后取下瓶子摇动使其收集的 SF_6 气体均匀，将检漏仪伸进瓶内读出仪表格数，再根据仪器提供的曲线查出 SF_6 气体浓度。

10）操作结构试动作

按说明书要求调整弹簧操作机构、启动、停止、分合闸闭锁。拧紧三级阀压阀螺栓，用手力泵打压，观察满合情况；打压，合闸，再打压至额定气压，松开高压放油阀放气至压力为零，确认防慢分性能；在额定操作电压下，进行快分、快合，观察机构运行是否平稳，并确认同期合闸时间符合产品要求。

5. 27.5 kV 户外断路器安装

1）工序流程图

27.5 kV 户外断路器安装流程如图 53 - 9 所示。

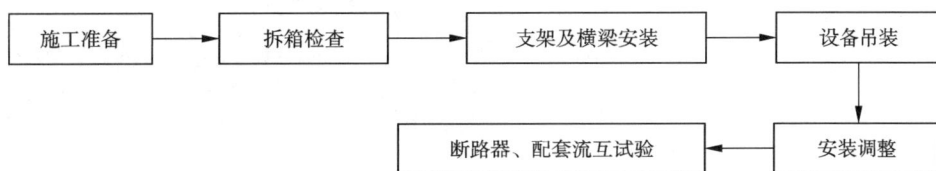

图 53 - 9　27.5 kV 户外断路器安装流程图

2）施工准备

检查断路器基础尺寸与图纸是否一致，基础强度是否达到设计要求。检查基础表面光滑、平整，预埋件按设计要求预埋牢固，预留孔、洞、槽正确；技术人员对起吊人员及安装工人进行技术交底工作。对拆箱、起吊方式、注意事项等做到心中有数。

3）拆箱检查

检查断路器质量，确认断路器及电流互感器铭牌所标技术参数与设计图纸相符，明确安装方法及安装注意事项，检查产品各相关配件及备品备件是否齐全。

4）支架及横梁的安装

断路器的基础载荷应符合设计要求，地脚螺栓布置尺寸应符合图纸的规定。

将支架吊起并固定在基础之上，将横梁落在支架之上（注意其前后方向），调整调节垫的数量使横梁的水平度不大于 3/1000 并将其紧固。

5）设备吊装

拆箱检查后，由现场技术人员及吊车指挥人员根据断路器、电流互感器的体积、重量、安装方向等确定吊装方式、安装顺序等，并对所有安装人员进行现场交底，交代注意事项。

断路器起吊时，用棕绳加以防护，待吊装钢丝绳挂牢后方可全部拆除断路器相关部件的固定螺栓，并进行试吊，确保中心不发生偏移，以防其倾倒造成设备损坏。断路器安装结束后，再安装配套电流互感器以及断路器与流互间连线。

6）安装调整

断路器、流互安装完毕后，必须对设备的安装方向进行核对，对构支架水平度进行测试，发现问题及时调节予埋件水平螺母高度或加垫钢板、垫片等物，直到水平为止。

检查设备本体安装是否倾斜，各接线端子与主接线图是否相符，对出现的误差及时纠正，直到符合规范要求。

接地线调整检查，保证断路器、流互非带电部分的支架均需与主地网连接，且保护接地线的截面符合牵引变电工程接地部分的设计要求。

7）断路器、配套流互试验

断路器、配套流互安装调整完毕后，应按产品说明书要求及规范依次进行断路器、配套流互试验等，具体试验操作由检测人员进行，并填写测试记录。

6. 室外设备调试

室外独立设备（互感器、避雷器）的调试主要是调整其水平度与垂直度。室外联动设备（三级隔离开关、SF_6断路器）调整过程中还要测试其三级同期性与分合行程是否合格。三级隔离开关调试耗时较长，直接原因是三级开关同期性不合格，分合行程不到位，根本原因是开关传动杆连接紧固方式问题。隔离开关传动杆采用类似抱箍紧固形式，钢管与抱箍间摩擦系数小，当机构传动时传动杆于抱箍产生轻微打滑而造成相对位移误差。传动次数越多，误差积累越大，造成多次传动后开关行程不到位问题。采用插销式形式固定传动杆则能有效避免此问题。

室外设备安装中另外一项主要工作是变压器及附件安装。变压器在就位过程中要平稳，就位变压器的通道铺设平整，底部要压实，避免在移动过程中出现塌陷、倾斜。室外设备安装调如图 53－10 所示。

图 53－10　室外设备安装调试图

散热片及油枕在吊装过程中要平稳，不可与其他散热片及器身碰撞，以免破损，重点注意油嘴部分。其他附件吊装时也应注意保持平稳，避免碰撞。

六、GIS 开关柜安装

GIS 开关柜是本工程中最为重要的主设备，它外形尺寸统一，每个组合单元包括柜体、母线、断路器、三工位隔离开关、电流互感器、压互、避雷器、带电显示装置等电器设备以及所有高压电器设备除断路器外均在SF_6密闭的气室内，一个独立主阀门、检充气阀和气密计。各单元可根据需求选配，自由拼组。为确保可靠供电，现场安装拼组、调整是 GIS 开关柜安装调整的重要控制环节。施工方严格按照产品安装说明书要求的工艺流程进行安装和测试。

设备运输：根据本设备特点编制运输方案，选择合适的运输路线、方法和运输工具。GIS 交流开关柜的起吊、运输在统一指挥下，按照相关要求，采取防倾倒、防震动措施。

开箱检查：GIS 开关柜运抵现场后，按相应规定进行开箱检查。

安装固定：按照产品安装说明书，进行组合单元柜拼组。

检漏（密封性试验）：

（1）定性检漏：采用检漏仪检测各部位，包括本体、连接座内拉杆、气管焊口、密度继电器、气压表接头、连接密封处，先将以上部位用干布擦去表面油脂，再吹去残留气体，稍后用检漏仪探头距被测点 1～2 mm 缓缓移动，合格时在原稳定状态下基本不变。

（2）定量检漏（常用挂瓶法）：定性检漏发现问题后应进行定量检漏。方法是将标准的 1000 mL 检漏瓶用氮气吹洗干净，并用检漏仪确认瓶内无SF_6气体，将瓶子挂在有问题的试品检漏孔上，拧紧螺栓，2000 s 后取下瓶子摇动使其收集的SF_6气体均匀，将检漏仪伸进瓶内读出仪表格数，再根据仪器提供的曲线查出

SF_6气体浓度。

　　GIS 柜安装的主要困难在于设备在室内的移动。室内设备在移动过程中应用小推车运输，如果没有小推车则用手扳葫芦活千斤顶与滑杠配合使用。人工就位时，在设备受力部分用泡沫或其他软质材料加以保护，避免受力变形及刮蹭掉漆。设备就位后将设备前面板调整在同一平面内，用连接螺丝将盘柜连接成一组整体。

七、电缆敷设

　　高压电缆与变压器连接注意线鼻子与铜牌搭接要紧密，中间应涂抹导电膏，固定螺丝要在一个方向上且丝杆不过长。高压电缆与室内 GIS 柜连接依照厂家要求将电缆头牢固固定在柜体上，电缆头在柜体内垂直，不受到侧向应力，电缆头以下电缆应固定牢固（图 53 – 11）。护层保护器的安装采取柜下安装方式，整体布置在铜排上（图 53 – 12）。

图 53 – 11　高压电缆与变压器连接

图 53 – 12　护层保护器安装

　　低压电缆连接电缆整齐排列在设备接线处，电缆挂牌及线号等标识准确、齐全，接线整齐，避免交叉、缠绕。电缆在设备连接完后用防火泥封堵管口，做到整齐美观（图 53 – 13）。

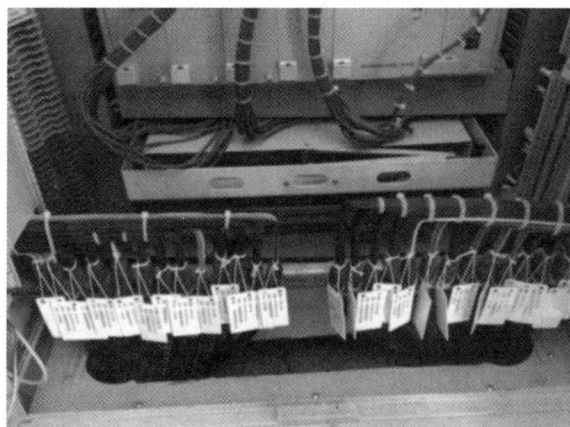

图 53 – 13　低压电缆安装

八、隧道内电缆安装

　　合福高铁闽赣段所亭的上网点有 3 个所位于隧道内，所以在此施工时有 3 处电缆需在隧道内固定安装（如图 53 – 14 所示），隧道内电缆的固定选用合格的挂架。

图 53 – 14 隧道内电缆安装

九、施工小结

质量、进度、成本、安全永远是工程施工中的主题，也是矛盾统一体。如何在保证质量安全前提下加快进度降低成本一直是施工企业的课题。

在合福高铁闽赣段的施工中得到这方面的体会是施工前准备工作有时比施工作业本身更为关键，对进度与成本的影响更大。"兵马未动，粮草先行"也在强调战前准备工作重要性。施工前准备就如同作战前筹备，包括地质地形、交通状况、同一作业场地施工单位进度与界面划分、物资筹划、施工组织形式、进度计划、人力机械投入计划，施工中月度资金需求计划、现金流量计划表。施工准备工作的充分、细致程度几乎决定工程建设能否成功。

合福高铁闽赣段变电所亭的施工有突击施工的情况，这体现出施工前筹划工作还有很大提升空间。今后努力的方向应当是在加强事前控制，加强施工前筹划准备工作上，努力达到"战事未起，胜负已定"的程度。

经过精心、细致、严谨的施工准备工作后，施工中执行力成为工程建设过程中的关键。首件定标制度对执行力提高是比较好的方法。经过首件定标的现场学习与交底，施工过程中的返工与质量缺陷明显降低。为发挥首件定标制度优势，作业工序流程的标准化是提高施工工艺质量的努力方向。

第四节 接触网工程主要施工工艺及施工要点

一、基础施工

基础施工有条件时采用支柱基础桩钻机进行基坑开挖，枢纽、既有线改造等因为地下设施复杂，采用人工开挖、局部模板支护、机械集中搅拌、震捣器捣固的施工方法。总结以往各线基础施工经验，制定《基础浇制内控工艺标准》并严格执行，使基础做到内实外美，基础棱角完整、无变形、表面光洁。积极开展QC小组活动，对地表水较浅、地质条件复杂的地方进行 QC 小组攻关，制定详细施工方案后再进行施工，保证基础施工质量。

1. 接触网基础施工流程

接触网基础施工按一下流程标准作业。接触网基础施工工序流程如图 53 – 15 所示。

2. 支柱安装、整正

接触网支柱安装主要采用机械化方式。轨道铺架前，支柱安装采用汽车吊或高架桥支柱专用安装设备进行安装，轨道铺架后采用安装列车进行安装。

高架桥支柱专用安装设备为可拆装式吊装设备，已在多个类似工程中得到成功的应用，适合桥梁不连

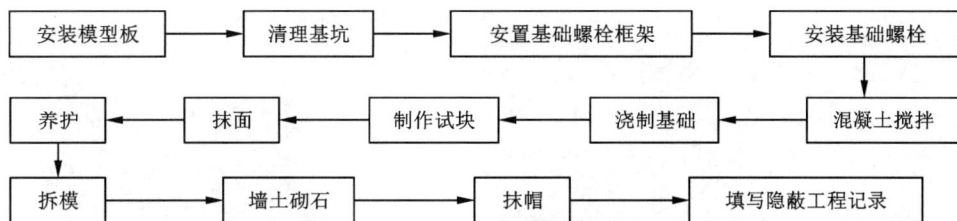

图 53 – 15　接触网基础施工工序流程图

续、轨道没有铺架时进行接触网支柱安装的要求。

现以汽车吊进行 H 支柱安装为例,介绍接触网支柱安装,其他方式不赘述。

1)工艺流程

接触网支柱安装工艺流程如图 53 – 16 所示。

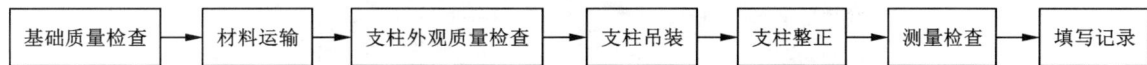

图 53 – 16　接触网支柱安装工艺流程图

2)施工方法

(1)施工准备。

基础质量检查:进行支柱吊装前,必须对支柱基础进行全面的质量检查,主要检查内容包括跨距检查、侧面限界检查、螺栓外露长度与防腐质量、螺栓间距检查、基础接地端子预埋质量检查、基础顶面的高程偏差、基础的方位(垂直线路中心,允许误差 2°)。对问题基础,及时与站前施工单位联系解决,落实整改和处理结果。对无法整改或整改不到位基础在交接时做好记录。

(2)材料运输。

厂家发货的支柱,由作业段派人引导运货车,就近运送到施工点或附近位置卸货,在现场作好验收检查;施工时,再另行组织车辆转运支柱。

(3)支柱外观质量检查。

安装产品规格书和技术标准要求,主要检查合格证和检验报告、支柱型号与标识、外观尺寸、预留孔位、挠度与平直度、防腐和表面等质量情况。

(4)螺母预调整。

在进行支柱吊装前,提前安装下部螺母,用自制水平尺调整水平,再戴好垫片,以减少支柱安装后的整正工作量。

(5)支柱安装。

支柱安装前核对基础型号及支柱型号,作业负责人引导汽车吊到合适位置,打上支腿,同时运杆汽车配合汽车吊运行到位。支柱吊装采用高强度尼龙吊装带,防止损伤支柱表面漆层及镀锌层。支柱吊装对位时防止碰撞基础螺栓,下落时要缓缓下落,防止刮伤螺纹。每个螺栓都戴上主螺母、预紧后,方可收吊臂。支柱施工准备工作如图 53 – 17 所示。

二、硬横梁安装

1. 工艺流程

硬横梁安装工艺流程如图 53 – 18 所示。

2. 施工方法

1)施工准备

根据施工图及材料计划表核对横梁各个分段,检查横梁边段、中段上所标注的号码是否一致,测量横

(a)钢尺测量

(b)模型板测量

(c)安装支柱底板下螺母垫片

图 53 – 17 接触网支柱施工准备工作

图 53 – 18 硬横梁安装工艺流程图

梁边、中梁拱度是否符合设计要求,向临管部门申报封闭线路施工计划。

2)硬横梁预组装

硬横梁检查全部合格后,方可进行预组装。按设计图纸,组装同一组硬横梁,各段先用木方垫起,如图所 53 – 19 所示。

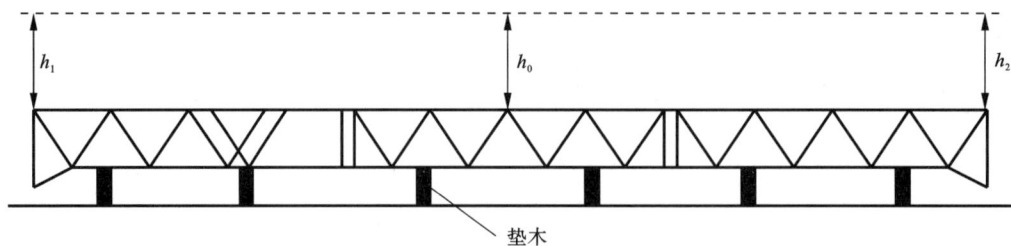

图 53 – 19 硬横梁预组装

将横梁对接上,用木棍调整,并使其中心轴线在一条直线上。连接一半连接螺栓预组装,用水准仪测

横梁拱度 f 值，$f = (h_1 + h_2)/2 - h_0$。f 值达标后，可安装其余一半并连接螺栓，f 值达到设计要求值时，方可组装。组装时，连接螺栓穿向符合设计要求，即横梁边段与支柱连接时，螺栓从支柱外向内方向穿，当横梁边段与横梁中段连接时，螺栓穿向为由线路向田野侧。将预配组装好的硬横梁吊放在安列平板车上，并加固牢靠。

3）安装硬横梁

先测量横梁总长度和两支柱间距值，应基本吻合。封闭点给定后，两支柱分别上人，系好安全带，用小绳吊上紧固扳手及连接螺栓和定位销钉，如图53-20所示。

安列停在距安装硬横梁位置6~7 m左右处，吊车伸出吊臂落吊钩，配合人员找出横梁重心，系好尼龙套，并把尼龙套套在吊钩上，在横梁两头各系好两条晃绳，吊车司机启动吊车，升臂、起钩，将横梁缓缓吊起。负责人指挥拉晃绳人员将横梁转向90°，杆上人员配合使横梁两端分别对准支柱。

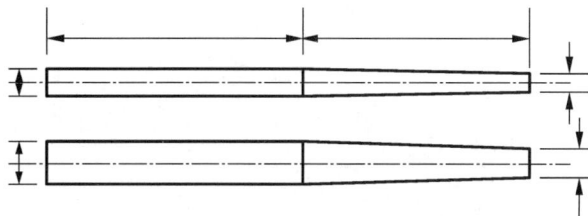

图53-20　定位销图

吊车司机缓缓落吊钩，杆上人员扶梁对位，并利用定位销钉，对好横梁与支柱连接孔位，另一人配合将连接螺栓穿入连接孔，并用梅花扳手逐个循环拧紧，用力矩扳手检测达标。另一支柱重复以上程序，具体安装过程见图53-21。

(a) 吊车上桥吊装

(b) 吊车在桥下吊装

图53-21　支柱安装

如横梁与实际跨度有微小差距时，可松开支柱地脚螺栓，用撬杠撬支柱底板，使横梁与支柱连接处密贴，杆上人员按程序连接螺栓并达标。用经纬仪或支柱斜率测量仪调整支柱，地脚螺栓紧固牢靠，紧固力矩应符合设计要求。硬横梁安装效果如图53-22所示。

4）支柱整正

先对支柱的纵线路方向和横线路方向斜率进行检查，若不达要求则进行调整。调整时，先松动主螺母，用撬棍抬动支柱，根据斜率，有目的的调整柱底调整螺栓。紧固螺母时，对角

图53-22　硬横梁安装

循环紧固，主螺母紧固到标准力矩后，上好锁紧螺母，依次紧固锁紧螺母。柱底调整螺母至少有一个与基础顶面相接触。施工时注意支柱法兰盘上下与螺母之间均有垫片。支柱安装整正后，现场书写杆号。接触

网支柱整定如图 53 - 23 所示。

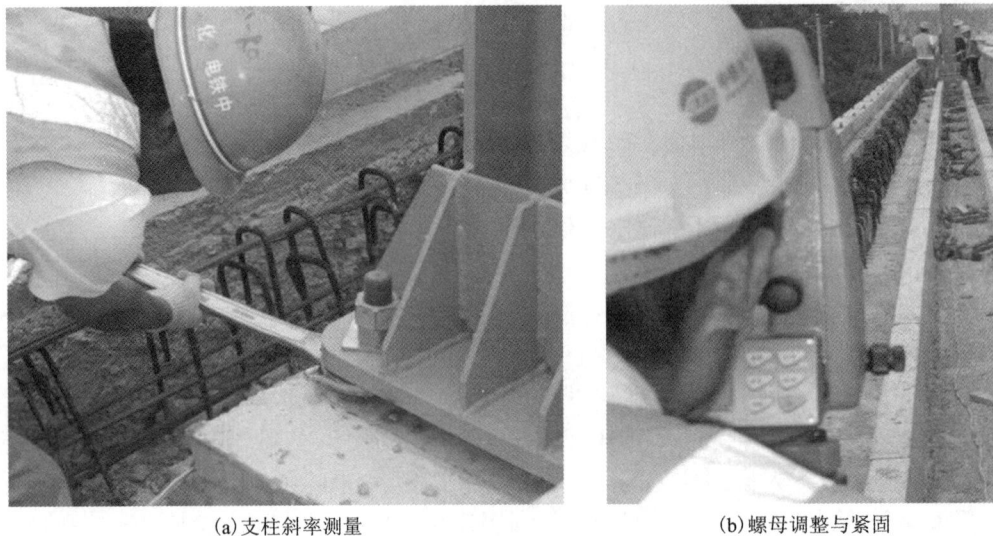

(a) 支柱斜率测量　　　　　　　　　(b) 螺母调整与紧固

图 53 - 23　接触网支柱整正

三、硬横梁吊柱安装

1. 工艺流程

硬横梁吊柱安装流程如图 53 - 24 所示。

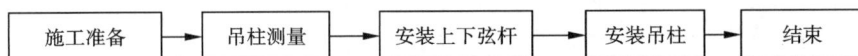

图 53 - 24　硬横梁吊柱安装流程图

2. 施工方法

1) 测量

先与车站联系，确定封闭股道和封闭点。司机听从值班员指挥，启动作业车进入安装地点。

施工负责人指挥作业车对位，升作业台，测量人员系安全带，扶起作业凳上到横梁上，系好安全带，作业车移出。硬横梁测吊柱测量工艺如图 53 - 25 所示。

测量人员用激光测量仪测出线路中心线，横梁测量人员在横梁下缘作上标记 A，测量人员测出横梁下缘至轨面距离 (H)，负责人作好记录。

作业车返回，旋转作业平台（向安装侧），作业平台测量人员将钢尺给横梁测量人员，根据负责人计算数据从线路中心 (A) 向安装侧测出吊柱安装中心 (B)，并在横梁上作好标记。测量人员用钢尺再从中心线放出横梁上下弦杆连接螺栓安装位置 C、D，并做出标记，负责人做好吊柱中心距股道中心距离记录，如图 53 - 25 所示。

2) 腕臂底座高度计算

根据平面图及现场测量数据计算确定吊柱长度及上、下底座安装位置，并编制吊柱长度及腕臂预配表。

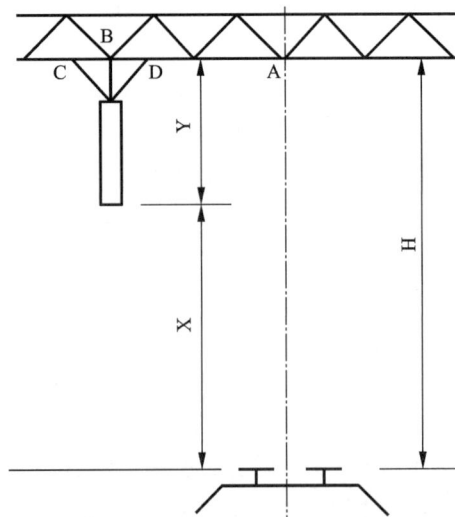

图 53 - 25　硬横梁测吊柱测量工艺图

3）预配

根据平面图和安装图，将安装的吊柱及连接件配套，并编号标识。提前将施工工具机及预配成套的吊柱全部装在作业车上。

4）安装上、下弦杆

封闭线路后，作业车司机听从值班员指挥启动作业车，到达安装地点，施工负责人指挥作业车对位，升作业台，作业人员上作业平台，扶起作业凳，2个安装人员系安全带，爬上横梁，上到安装位置，系好安全带。

在合适位置挂好尼龙套和滑轮，穿大绳，将上下弦杆及连接螺栓吊上，安装人员按测量好的安装位置连接螺栓，作业车上作业人员上作业凳配合，安装上、下弦杆。用梅花扳手逐个拧紧并达标。

5）安装吊柱

横梁上作业人员，将小滑轮组挂在尼龙套上，作业车上人员配合将吊柱吊起。横梁上作业人员按测量标记对孔位，并安装连接螺栓，用梅花扳手预拧紧。作业车上作业人员，用支柱斜率测量仪检测吊柱垂直度，调整采用在吊柱底部与下部固定弦杆之间加镀锌薄垫片方法。吊柱垂直度达标后，将吊柱与下部固定弦杆连接螺栓拧紧，并用力矩扳手检测达标。

四、隧道吊柱安装

1. 工艺流程

隧道吊柱安装流程如图53－26所示。

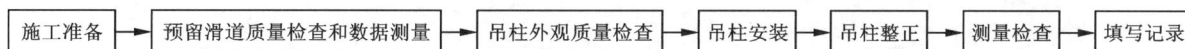

图53－26　隧道吊柱安装流程图

2. 施工方法

1）施工准备

施工前，会同站前施工单位，对锚栓、槽道预埋质量进行全面检查。标出槽道的型号、实际施工里程，便于测量及记录。标出槽道的测量参照物：隧道中心线、股道中心线。

槽道施工单位对存在安全质量隐患槽道、废弃槽道做出特别书面说明，现场做出不合格品明显标记，有效防止接收单位误施工。

2）吊柱安装

组装作业台或采用升降台：先在要安装吊柱的槽道位置处将作业台组装。

测量安装位置：由两作业人员上作业台，放下线坠并垂吊，地面人员与之配合，测量吊柱限界，台上人员移动线坠，当与限界一致时，用记号笔作记号，再根据吊柱顶端法兰宽度，画出法兰盘前后两边沿位置，并剔出槽道内填充物。

台上作业人员相互配合测量两边沿线高差，以确定垫片的厚度及位置。

在距吊柱法兰边外100 mm处，对角位置各安装1套转向滑轮悬吊支点（吊柱支撑固定板），并拧紧T形螺栓，穿入钢丝套，并挂上1.5T闭口大滑轮，放入棕绳，棕绳两端垂地，如图53－27所示。

地面人员在距吊柱顶端1200 mm处，将吊柱支撑U螺栓临时固定，紧贴其下，用两根钢丝套分别捆绑，将两根棕绳各一端系牢在钢丝套上，T型螺栓临时松弛装在法兰盘上。

辅助人员分成两组，各牵引棕绳的另一端，同时牵接棕绳，缓缓将吊柱提起。

吊柱升高到位后，作业台人员与地面人员相互配合，将吊柱对到安装位置，作业台上人员将T型螺栓逐个插入槽道内，并旋转90°，并预拧紧T型螺栓。

3）吊柱整正

测量吊柱的斜率，及限界值，若不合格，则需卸下吊柱，重新更换调整垫片厚度或调整限界值，再安装吊柱，合格则记录斜率值，并继续拧紧螺母，达到紧固力矩值。安装吊柱支撑，并使支撑处于受拉状态，并

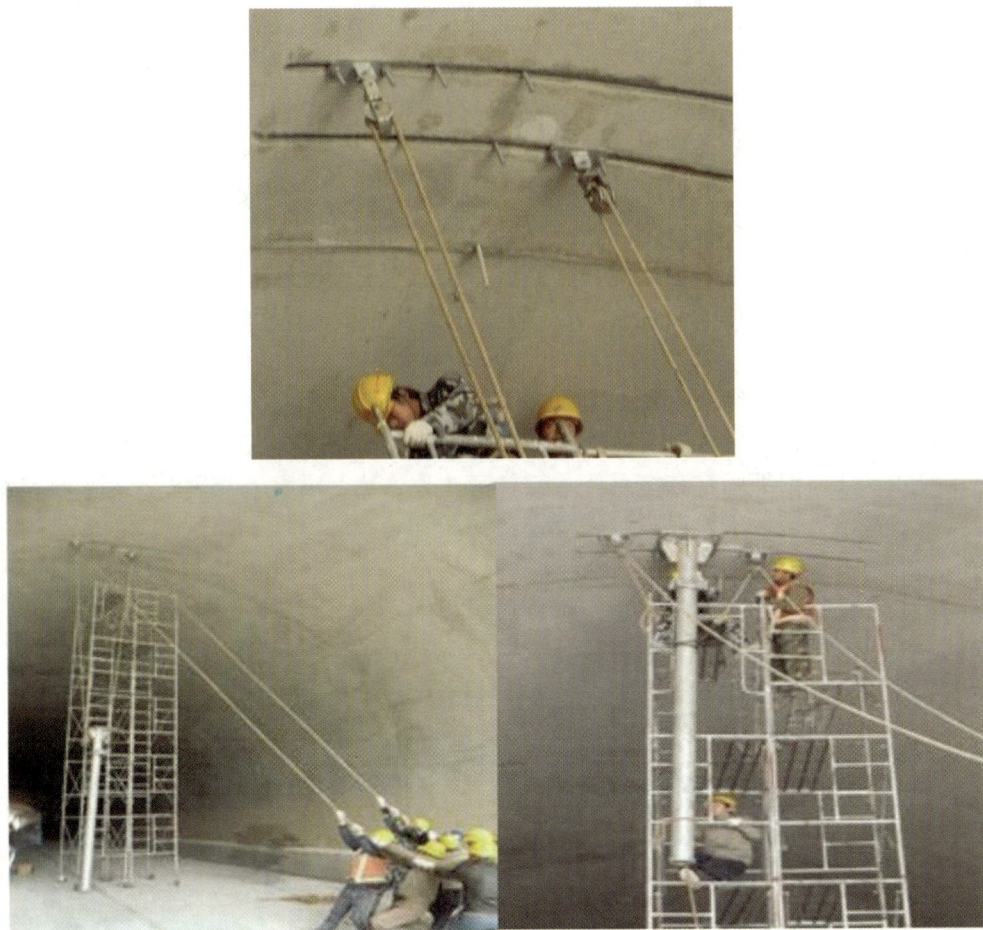

图 53 - 27　隧道内吊柱安装

将各螺栓拧至额定紧固力矩，取下棕绳、闭口滑轮、转向滑轮悬吊支点。采用激光铅垂仪和数显水平尺配合使用来调整隧道内吊柱。

本工程采用激光铅垂仪和数显水平尺配合使用来调整隧道内吊柱，彻底消除了吊柱调整制约影响，提高隧道内接触网吊柱调整的工效，提高了接触网整体性能、质量。

五、补偿棘轮安装、调整

1. 施工流程

补偿棘轮安装流程如图 53 - 28 所示。

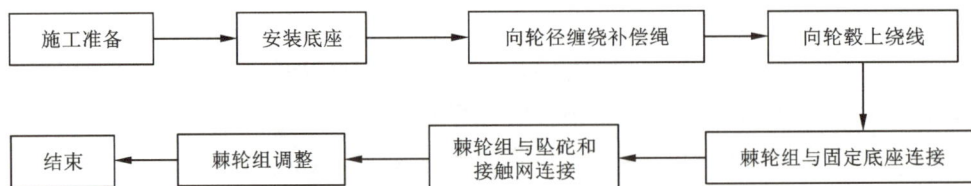

图 53 - 28　补偿棘轮安装流程图

2. 施工准备

对安装作业人员进行技术交底和安装培训，并进行样板示范安装，使其清楚安装技术标准和安全注意事项。并应考核，合格后方可上岗。

按施工计划从库房领取安装所需材料，并进行外观检查。把合格用料和安装工具一并提前装在送工车上。

3. 安装底座

两人上杆，系好安全带，与地面人员配合，按设计要求安装棘轮补偿底座。

与支柱相连螺栓 M20×100，承力索下锚底座 16 根，接触线下锚底座 24 根，由支柱外穿向支柱内，力矩 125 N·m。承力索下锚底座主角钢与副角钢相连水平方向螺栓为 12 根 M20×80，垂直方向两背角钢连接螺栓为 4 根 M20×100，接触线下锚底座本体与角钢相连水平方向螺栓为 12 根 M20×80，垂直方向两背角钢连接螺栓为 2 根 M20×80。螺栓穿向为水平方向螺母朝向支柱，两角钢垂直方向连接螺栓的螺母朝上，力矩 125 N·m。承力索下锚底座和接触线下锚底座有一孔位调节扁钢和下方角钢相连，连接螺栓为 2 根 M20×80，力矩 125 N·m，螺母朝下，这两连接螺栓等棘轮安装后再拧紧。

底座本体和支柱连接、底座本体与角钢连接好后，预紧固螺栓。调整位置使底座连接角钢相对支柱左右对称，上下连接孔中心铅垂，并用线坠确认调整。再次按力矩紧固螺栓各个螺栓，最后用线坠确认上下连接孔中心铅垂。

4. 棘轮装置安装

安装前应检查棘轮在运输或装卸过程中有无砸伤、裂纹、变形，棘轮转动是否灵活，不锈钢碳钢复合结构钢丝绳有无砸伤、散股或断股。表面镀层是否完好。检查配套零件是否齐全，装配是否合格。

5. 棘轮装置调整

棘轮上的补偿绳缠绕圈数按照所架设 1/2 锚段长度和当时温度值查棘轮安装曲线表，确定大轮和小轮补偿绳缠绕圈数。挂坠陀时补偿绳缠绕应该紧密，不能留有空隙，不能相互绞合，缠绕圈数要严格按技术给的标准执行。根据图纸上查得坠陀顶面的高度悬挂坠陀，承导线坠陀顶面应在 1 个平面上。

棘轮补偿装置补偿绳的缠绕圈数为：大轮 + 小轮 = 4.25 圈（在任何温度下）。

坠砣串重量应符合设计要求，施工允许偏差为 ±1%（坠砣重量包括坠砣、坠砣杆、坠砣抱箍及连接补偿绳的楔形线夹等重量）。

承力索、接触线两下锚绝缘子串应对齐，施工偏差为 ±50 mm。

坠砣杆应顺直，坠砣外观应平整光洁，坠砣串排列整齐，其开口相互锚位 180℃，坠砣单个实际重量用油漆白底黑字标注在开口反侧，开口方向一致，坠砣重量标志应上、下对齐。坠砣串随温度上、下移位灵活，不存在有卡滞现象。坠砣串距地面高度符合设计要求，施工偏差为 0～-100 mm。坠砣限制架顺线路方向两固定角钢水平中心线在同一垂面内。

6. CPIII 桩的检查

在以往工程中路基段 CPIII 桩与接触网下锚补偿坠砣冲突，在本工程中，由于前期介入在该项接口问题上得到良好改善，即将下锚处 CPIII 桩设在支柱拉线侧，得到很好解决。但现场仍然出现 CPIII 桩影响开关操作机构箱问题，对于该问题解决建议提前与运营维管单位进行沟通确定操作机构箱安装方向，确保站前单位早日整改到位，为后期开关 1 次安装到位提供条件。整改方案如图 53-29 所示。

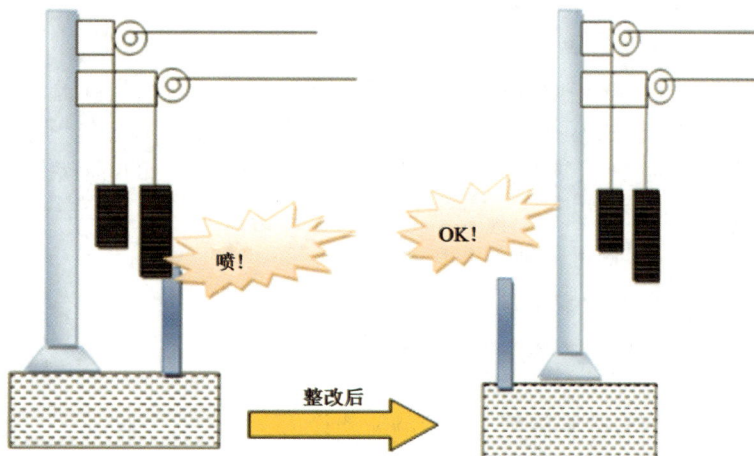

图 53-29　CPIII 桩调整示意图

六、支柱装配

1. 测量计算

1）测量计算工艺流程

支柱装配 – 测量计算流程如图 53 – 30 所示。

```
测量 → 内业整理 → 输入计算 → 加工数据 → 结束
```

图 53 – 30　支柱装配 – 测量计算流程图

2）测量计算方法

（1）限界测量。

限界值为近轨轨面处支柱前沿至轨道中心的距离。对于有防撞墙影响的高架桥上采用丁字尺、水平尺及线坠配合测量支柱限界，限界值等于 A + B + C（防撞墙的厚度应实测）。测量限界值均以轨面所在平面为测量面。对于无防撞墙的路基段、站场可采用 XCY – II 型接触网几何参数检测仪或丁字尺。水平尺配合测量支柱侧面限界。硬横梁吊柱侧面限界可用经纬仪、丁字尺和水平尺配合测量。

（2）支柱倾斜值测量及斜率换算。

斜率的测量值以支柱内沿的倾斜率为准。经纬仪置于跨距中间位置，镜身距线路中心距离与被测支柱前沿到线路中心距离相一致。在最低轨轨面线处水平放置钢卷尺。经纬仪镜筒沿支柱前沿顶端向轨面标记处垂直转动至最低轨轨面处，读取钢卷尺数据。为被测支柱倾斜值。硬横跨吊柱可用经纬仪抄到丁字尺上，量取读数。

（3）超高测量及轨面标注。

置镜点在距支柱 15 ~ 20 m 的两路基板之间的通道上。在支柱点处两轨面上竖好塔尺，调整水平仪器，读取塔尺读数，并作记录；两轨面塔尺读数相减即为超高值。对于无防撞墙的路基段及站场采用丁字尺与水平尺配合，在支柱位置将丁字尺置于轨面上，将水平尺放置于丁字尺上调整丁字尺使其气泡居中后使用钢卷尺读取水平尺底与最低轨之间的距离。

轨面标注测量点在合福高铁中以最低轨的轨面为准，因此对于其他工程如需要平均轨面标高的，测量方法参考其他相关工艺资料。

支柱处轨面标注对于有防撞墙的高架段可采用水平仪配合塔尺进行测量，步骤如下：将塔尺分别垂直置于两钢轨上，在防撞墙外侧电缆沟侧支好水平仪分别读数找出最低轨（超高明显处可直接测量最低轨）并反至支柱上用红色油漆按图一所示进行标注。

对于无防撞墙的路基段及站场可采用丁字尺与水平尺配合进行测量标注，方法如下：对于曲外支柱可先将丁字尺置于外轨与支柱内沿间通过水平尺调平，先记下外轨轨面位置而后减去该点超高后进行标注；对于曲内支柱可直接进行标注。

（4）上底座预留孔安装高度的测量。

H 型支柱，在进行支装计算过程中需要相对准确的上底座至最低轨间高度值。由于预留基础标高的误差及支柱调整的误差其每一个支柱的预留上底座安装孔距最低轨高度进行现场测量。具体方法如下：

根据计算程序要求的数据及 H 形钢柱的标识，腕臂上底座至最低轨的高度 HS 为：HS = H – B – h，测量数据几何示意图如图 53 – 31 所示。

其中：HS：上底座安装高度（对最低轨面）

　　　　H：支柱高度（支柱型号中表示）

　　　　B：支柱顶至上底座的距离（支柱型号中表示）

　　　　h：支柱底至最低轨面的距离

承力索高度的测量，应以承力索安装到位，接触线架设后，测量承力索铅垂于轨面高度为准。

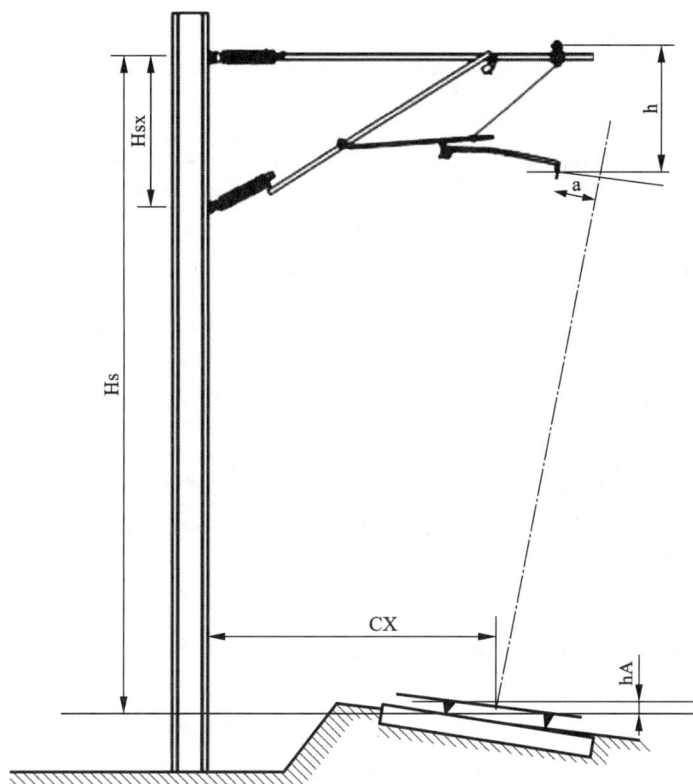

图 53 - 31　测量数据几何示意图

（5）内业整理。

测量任务由各个测量组专业技术负责人组织人员依据工艺要求和有关文件资料认真测量，并将测量结果按照规定形式整理完成交到支柱装配计算组。

（6）输入计算。

依据程序要求将整理的各部数据依次输入支柱装配计算软件进行计算。

支装测量记录表填写说明：

站/区：被测支柱所属站/区。

锚段号：测量支柱所属的锚段。

跨距 A（单位：m）：支柱中心到支柱中心的距离。曲线处沿外轨测量。

拉出值 a（单位：mm），符号规定如下"正值：接触线到支柱距离大于线路中心到支柱距离（反定位），负值：接触线到支柱距离小于线路中心到支柱距离（正定位）

支柱侧面限界 CX（单位：m）：在低轨面测量，线路中心到支柱侧面（线路侧）的水平距离。符号规定如下：正值：支柱在轨道右侧；负值：支柱在轨道左侧。

面向大里程方向判定左、右侧。

支柱斜率 MN（单位：mm/m）：支柱的倾斜度，向田野侧倾斜为正，向线路侧倾斜为负。

上底座安装位置：需通过实际测量支柱上底座与低轨面的垂直距离 Hsx 值。

超高：面向大里程方向，右曲为正值，左曲为负值，0 为直线。

腕臂类型：由四位数组成，分别由承力索支撑、接触线支撑、斜撑、防风拉线的最后一位数字组成。如果无防风拉线，则最后一位用 0 表示。

支柱类型：在支柱类型栏内应注明该支柱为中间柱、转换柱、锚柱、中锚柱中的一种。

特殊类型：在锚柱的特殊类型栏中，注明：该关节的绝缘类型（绝缘关节或非绝缘关节）以及该关节属于几跨关节；在中间柱（及中锚柱）的特殊类型栏中，注明承力索降高的情况，以及该锚段内没有测量结果的支柱（用"虚拟支柱"表示）。

2. 腕臂预配

1）腕臂预配工艺流程

支柱装配 – 腕臂预配流程如图 53 – 32 所示。

| 领取预制表 | → | 做提料单 | → | 测量、下料 | → | 腕臂打孔 | → | 组装腕臂及定位装置 | → | 结束 |

图 53 – 32　支柱装配 – 腕臂预配流程图

2）腕臂预配施工方法

（1）提料。

预制组根据腕臂预配表提取材料，从库房领取，并进行外观检查和型号数量确认，严禁使用不合格品。

（2）下料。

根据腕臂预制表，在作业台上用钢卷尺测量出平、斜腕臂、定位管及腕臂支撑的下料长度，并用划线笔在管上做标识。将腕臂管、定位管及腕臂支撑管用卡具卡紧，用切割机切取预配所需用料，断面应整齐且与本体垂直。

（3）钻孔打眼。

平腕臂下料后需在与棒瓶相联端单侧钻孔，打眼。

（4）预配腕臂。

按支柱装配预制表尺寸，在斜腕臂上用钢卷尺测量出双套管连接器位置、定位环和安装腕臂支撑的套管单耳安装位置，用划笔划线标识。戴好定位环和套管单耳等连接螺栓处止动垫片，再用梅花扳手拧紧定位环和套管单耳的连接螺栓及斜腕臂的双耳终端线夹，并用力矩扳手检测达标。把止动垫片揿到位。

按支柱装配预制表尺寸，在平腕臂上用钢卷尺测量出安装腕臂支撑和平、斜腕臂连接的双套筒联接器及承力索支撑线夹安装位置，用划笔划线标识。戴好连接螺栓处的止动垫片，再用梅花扳手拧紧其连接螺栓，并用力矩扳手检测达标。把止动垫片揿到位。带上平腕臂管帽。

（5）预配组合定位装置。

在安装好双耳套筒的定位管上，按计算长度，用钢卷尺测出安装定位器支座、吊线的钩头定位管卡子和安装防风拉线的 55 型环头卡子安装位置，用划笔划线标识。

从另一头穿入限位支座线夹，定位管拉线用钩头定位管卡子及 55 型环头卡子，并按设计要求安装在各自位置，用梅花扳手拧紧其连接螺栓，并用力矩扳手检测达标。把止动垫片揿到位。安装好管帽。

把定位管和定位器连接在一起，用 $\phi2.0$ mm 铁线捆扎在一起，在定位管上标记安装的支柱号。

把定位支座与定位器的电连接，固定一端在在定位支座另一端待正式安装时再进行连接。

（6）组装。

把定位管腕臂支撑杆、定位器及定位管吊线用 $\phi2.0$ mm 铁线捆扎好。把平、斜腕臂用 $\phi2.0$ mm 铁线捆扎成一整体。以锚段为单位整理、标识并标明支柱号。用塑料袋和草袋绑扎好绝缘子，与腕臂分开存放，安装腕臂时一起领取，现场安装前再与腕臂连接，以便运输，使绝缘子不易损坏。

3. 腕臂安装

1）腕臂安装工艺流程

支柱装配 – 腕臂安装流程如图 53 – 33 所示。

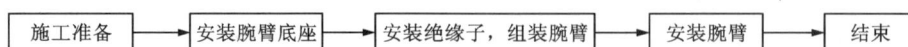

| 施工准备 | → | 安装腕臂底座 | → | 安装绝缘子，组装腕臂 | → | 安装腕臂 | → | 结束 |

图 53 – 33　支柱装配 – 腕臂安装流程图

2）腕臂安装方法

（1）组装绝缘子、腕臂管。

按安装计划,从料库将所需棒式绝缘子、腕臂管领出,放在平地上。按设计要求,装配平、斜腕臂棒式绝缘子。

(2)根据施工计划将施工所需装配好的腕臂、腕臂底座等材料和工具提前装在安装作业车上。

(3)安装腕臂底座

①人工安装。

2 人上杆,相互配合,按设计要求将腕臂底座安放在预留孔处,把上底座螺栓由线路侧穿向田野侧,1人把上底座扶正,另 1 人预带垫片螺帽,用梅花扳手紧固后,并用力矩扳手检测达标。上底座安装完毕,两人下至下底座位置 1 m 左右,扎好安全带。按要求,安装好下底座。安装过程如图 53-34 所示。

图 53-34 人工安装示意图

②机械安装。

施工负责人指挥作业车司机对位,升作业台,旋转作业平台靠近支柱上底座安装位置。作业台作业人员松下连接螺栓,扶住上底座,另一人将螺栓穿入预留孔内,预带垫片、螺母,用梅花扳手拧紧,再用力矩扳手检测达标。完成后,将作业平台降到下底座安装位置,重复上述操作程序安装好下底座。

(4)安装腕臂(机械)。

检查腕臂底座安装完好后,施工负责人确定腕臂编号与安装地点相符。

施工负责人指挥作业车司机对位,升作业台,旋转作业平台靠近支柱。

2 人抬起斜腕臂,将斜腕臂棒瓷的连接板插入腕臂底座,1 人扶住底座配合,斜腕臂棒瓷连接板的孔与下底座连接板孔对齐,立即把螺栓销穿入(方向朝来车方向,然后装好 β 销)。

作业车平台稍回转并缓缓升到上底座下 1 m 处,升平台时两人扶住腕臂,未将包扎物挂掉。

1 人扶住斜腕臂,另 2 人抬起平腕臂,作业车稍旋转返回。把棒瓷连接板对准上底座连接板,当两孔对准时,立即将螺栓销穿向来车方向,然后安装 β 销。将腕臂支撑与平、斜腕臂上的套管单耳连接完毕。

检查安装完的腕臂,确认无误后,旋转平台,继续安装下一腕臂。

七、附加线架设

为提高附加线(正馈线、供电线等)质量和工效,附加线耐张段采取无接头技术,实行锚段量级物资配盘;其次,施工组织采取"作业车 + 平板车" + "作业车"组织方式,前作业车为牵引动力,采用双支撑架架设附加线方法,双支撑架安装在作业台上,在放线过程采取小张力架设,附加线不易散股;后"作业车"配合前作业车在肩架上安放滑轮并把附加导线及时放在滑轮中,避免在支柱处磨损。

1. 工艺流程

附加线架设工艺流程如图 53-35 所示。

2. 施工要求

1)施工准备

按所架设锚段,提附加导线及起、下锚所用全部材料,并进行外观检查。提前向线路临管单位运输部门提报封闭要点施工计划。组织附加导线架线车组(放线平板车 + 架线车(作业车改) + 作业车),施工前

图 53 - 35　附加线架设工艺流程图

将作业车停放在需作业区间邻近车站。把所需附加导线吊装在上面，并做好起锚终端。对安装作业人员进行技术交底安装培训，使其清楚安装技术标准安全注意事项。将放线所用工具、材料提前装上作业车。施工人员在封闭施工当天提前 20 min 到达车站并上作业车做好准备。

2）起锚

司机接到封闭线路命令后，听从车站值班人员指挥，启动作业车运行至施工地点。将作业车与架线车（含架线平板车）解体，架线车上看线盘人员转动线盘，将附加导线头拉向作业车。

作业车在起锚柱停下。施工负责人指挥作业车司机对位，升转作业平台至安装位置，作业人员与起锚人员将附加导线头与下锚件连接牢固（图 53 - 36）。

图 53 - 36　起锚

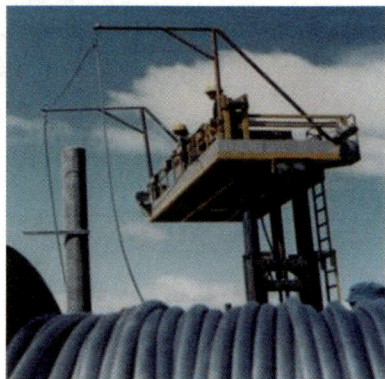

图 53 - 37　特制的附加线放线支架

3）展放

架线车上人员将附加导线放入特制附加放线支架滑轮内（如图 53 - 37）。完成后，施工负责人指挥放线车宜采用 3 km/h 速度展放。

挂线作业人员利用作业车在肩架头挂套子和放线滑轮，再将肩架上附加线放在放线滑轮内，直到下锚柱。

4）下锚

架线车过锚柱后停下，车上作业人员将附加线从特制附加放线支架滑轮内拿出，用绳子落下。下锚人员在合适位置安装紧线器，连挂滑轮组，并挂好锚柱端。施工负责人指挥作业人员下车拉滑轮组，或利用作业车拉滑轮组，使附加线张力基本达到要求。

作业车移动至距锚柱 3 m 左右位置处停车，作业车人员安装紧线器，在链条葫芦处串拉力计，并紧链条葫芦，当拉力计显示张力符合设计要求时，停止紧链条葫芦，量测断线处，并在断线处两边用胶带绑扎好，再断线。

作业车人员正式做附加线终端，平板车上人员推转线盘将剩余线头收回。

附加线终端做完成后，正式与下锚件连接，完成正式落锚。作业车上人员拆除紧线器、链条葫芦、滑轮组、拉力计。

5）固定导线

利用作业车、架线车作业平台，作业人员将附加导线从放线滑轮内拿出放入鞍子内，并拧紧钩螺栓，将套子、放线滑轮收回。

6）结束

完成当天作业任务后，放倒作业凳，降下作业平台，收回工具及剩余材料，在封闭点内，作业车返回停放地点。施工负责人填写安装记录。

八、承力索架设

1. 工艺流程

承力索架设工艺流程如图 53－38 所示。

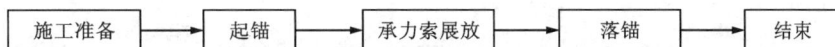

施工准备 → 起锚 → 承力索展放 → 落锚 → 结束

图 53－38　承力索架设工艺流程图

2. 施工方法

1）施工准备

检查架线锚段的支柱装配及补偿装置是否安装正确，并调查所架设锚段范围内线路附近、线路上方电力线等干扰情况。

加固腕臂，复线区段曲线处每隔 3~4 跨加固 1 次，方法如图 53－39 所示。铁线不宜过紧，能承受紧线时腕臂偏移力即可。单线区段曲线内侧支柱腕臂加固方法。转换柱采取将工作支与非工作支用双股 $\phi 4.0$ mm 镀锌铁线绑在一起来固定。

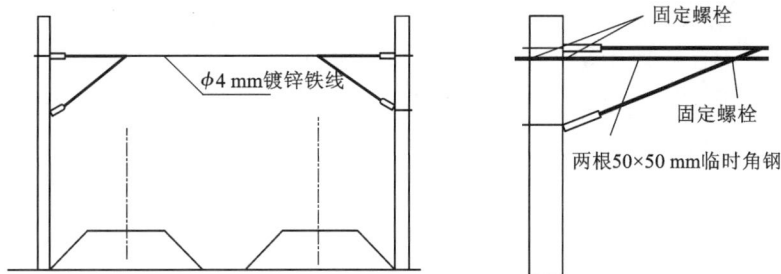

图 53－39　直线及曲线支柱腕臂对拉固定示意图

检查架线机械、工具和材料质量及数量是否符合作业要求，技术人员按设计图纸提前做好放线计划及示意图，调配好人员、物资和车辆。

2）安装

放线前事先将起锚端锥套式终端锚固线夹安装好，为放线做好准备。施工负责人填写施工记录，主要安装人员在记录上签字，实行质量责任制。

3）起锚

接到线路封锁命令后，架线车组运行至起锚支柱位置停车，司机摘开高速运行档，转换到液压走行档位。将工作台栏杆扶起固定好，解除作业台回转定位，绞盘架摆动定位。把工况转换开关扳到 1 号位，并在操作室计算机显示器上确认，同时确认张力和百分比皆为"0"。

司机按程序把工况控制板上"线盘制动缓解"和"绞盘制动缓解"按纽持续按住，将线盘和绞盘缓解。

架线作业人员人工转动线盘与绞盘，将线索端头拉到补偿装置附近。

司机按程序操作，将立柱升到工作高度，同时将立柱滑轮托架落到最低位置。

架线车上 2 位作业人员上作业平台组装绝缘子等起锚零件，旋转平台靠近锚柱补偿装置位置处。起锚人员 1 人上杆，配合架线车上人员把补偿滑轮递给架线车上人员，并检查补偿绳是否在棘轮槽内，架线车上人员根据放线计划表看起锚是否穿线，如需穿线，则架线车停在需穿线位置然后穿线，穿线后起锚人员将承力索拉至锚柱与补偿装置连接。

进行作业车与架线车解体，摆正作业车平台，起锚人员下杆，起锚完成(如图53-40所示)。

图 53-40 承力索起锚图

4)承力索展放

架线车司机在操作台上将放线距离数值清零，计算机故障确认(清零)，设定架线参数。起锚架线速度选1速，如架线速度选2档，应在下锚前一跨调为1速。司机用遥控器操作放线车开始放线。

作业平台上1人观察线条的走向，1人负责指挥司机操作。架线车向前运行至下一支柱时停车。1人负责扳正腕臂并扶住，2人抬起承力索放入承力索支撑线夹处的滑轮内，完成后，架线车继续往前架线。

架线车上的作业平台基本接近下锚柱时，指挥人员与起锚人员随时联系，掌握起锚处的变化状况。指挥架线车停止展放，准备进行落锚。

5)落锚

架线到落锚地点后，司机将工况选择开关保持在3号位不动，司机遥控操作，将作业台转向锚柱，并使放线车体倾向下锚侧(田野侧)。

落锚施工人员在承力索和下锚连接线之间适当位置安装紧线器，用链条葫芦把补偿装置与承力索连接。下锚人员配合紧链条葫芦，当链条葫芦加力至葫芦逐渐向田野侧偏移，司机配合逐渐降低承力索张力，待实际张力稳定后，把张力与百分比给定值同时设为"0"，此时线索基本到下锚方向。

链条葫芦继续紧线，起、下锚人员观察坠砣串及b值，当b值符合设计要求时，通知紧线人员停止紧线。

司机将立柱缓慢下落，使立柱顶线索松开。立柱下落后，如张力与百分比值都已到零，但从外观看不出从架线车立柱顶部引出的线索完全松弛，此时可应下锚人员要求向起锚方向稍微移动架线车(距离约0.5~1 m)以彻底使金属线松弛。此时，严禁使用遥控器移动架线车，必须在司机室内操作。

断线安装终端线夹：根据《承力索锥套式终端锚固线夹安装(拆卸)》作业指导书制作要求，先准确对位(在起锚、落锚坠砣高度按表1调节都符合设计要求的情况下，进行对位剪线)剪线后，严格按承力索终端线夹安装作业指导书安装好终端线夹。

将承力索锥套式终端锚固线夹与落锚补偿装置复合绝缘子连接牢靠。

紧线操作人员缓慢松链条葫芦，拆除链条葫芦和紧线器，架线车归位，即完成正式落锚连接。架线车司机操作使作业平台及车体归位至正常位置。

架线人员将卷扬机和钢丝绳与剩余线头连接，司机将工况转换开关用2号位，百分比设25%，用遥控器收线。

如封闭时间还可架线，施工负责人指挥架线人员吊装线盘，重复上述程序架设另一锚段线。承力索落锚如图53-41所示。

图 53 −41 承力索落锚图

6）结束

架线车液压装置复位：司机将工况转换开关扳到 1 号位，拆下线盘摆动传感器，把绞盘架调整到水平位置，绞盘架摆动定位销及线盘移动定位板放到"锁定"位置，检查滑轮托架在最低位置后，把立杆落到原始位置，把作业台落到最低位，并把作业台回转锁定销放到锁定位。放倒作业台栏杆。

现场负责人要求架线人员检查全锚段接触网状况，人员机具、材料全部撤除施工现场，检查无问题后，架线车在封闭点内返回车站。施工负责人填写施工记录。

九、接触线架设

1. 接触悬挂调整一次到位

接触悬挂调整内容主要包括吊弦、定位装置和电连接安装等，施工方采用接触悬挂调整精确化、计算微机化、预配工厂化、安装专业化一次到位技术，确保安装质量。

1）整体吊弦测量制作

利用接触网多功能激光测量仪测量承力索悬挂点距线路水平面的高度及相对线路中心偏移值。

由预配车间利用专用整体吊弦制作装置进行吊弦制作，进行标示，并对制作好的吊弦进行长度检查，按要求分锚段、跨距号进行包装。

2）定位装置及吊弦安装

采用成熟专用接触网支持结构计算程序自动生成的《腕臂预配数据表》，利用该表数据在预配车间对定位装置进行预配，并按要求进行标识。

在定位装置及吊弦安装前，对中心锚结、下锚补偿张力等进行检查并确认达标后利用梯车（或作业车）安装，安装顺序由中心锚结处依次向下锚方向进行。

3）电连接预制安装

电连接长度和根据实测或以设计要求确定，预制形式按设计图纸要求进行预制，并按照设计要求预留出因温度变化而产生的位移长度。

4）接触悬挂调整一次到位施工流程

接触悬挂调整一次到位施工流程如图 53 −42 所示。

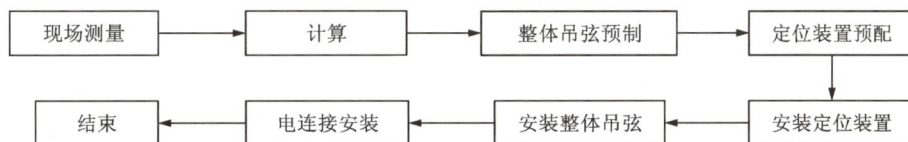

图 53 −42 接触悬挂调整一次到位施工流程图

十、隔离开关安装

经图纸审核及现场调查，隧道外隔离开关根据以往经验装在关节开口侧，以保证后期开关引线相对绝缘距离。而隧道内隔离装在关节交叉侧，以保证引线相对绝缘距离。按照此思路，施工单位组织人员现场进行测量、试验。

1. 隧道内开关的托架的确认

由于隧道内隔离开关托架固定在隧道壁上，因此固定底座与主槽钢间形成一定夹角，为保证全线安装统计一旦现场安装方便，技术小组根据现场情况，对该夹角进行多次测量，与此同时根据模拟现场，在图纸上进行效验计算，得出了最终的夹角数据。为更加准确期间，建议厂家加工一套试验托架，到现场进行安装试验。经过该工作后，成套加工出来的托架均满足现场的安装。保证隧道内隔离开关托架安装。

2. 开关引线

隧道外隔离开关的引线与其他工程一致，但隧道内的开关引线较为困难，由于空间有限，因此保证引线的相对绝缘距离就存在一定的困难。经与设计沟通、图纸模拟、现场试验三个步骤的循环最终确定，在隧道内的隔离开关引线最好是正对着引接至接触网上，这样可以保证若在平均温度时引接线的绝缘距离达到最大，而在最小和最大温度时引线驰度都将会减小。从而解决了开关引线的相对绝缘距离。隧道内开关引线布置如图53-43所示。

图53-43　隧道内开关引线

十一、分段绝缘器安装

1. 工艺流程

分段绝缘器安装流程如图53-44所示。

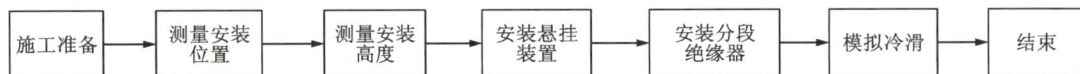

施工准备 → 测量安装位置 → 测量安装高度 → 安装悬挂装置 → 安装分段绝缘器 → 模拟冷滑 → 结束

图53-44　分段绝缘器安装流程图

2. 施工方法

1）施工准备

（1）对操作人员进行技术交底和培训，使作业人员熟悉掌握操作方法和技术标准，清楚安全注意事项。并进行样板安装，作业人员均通过考核，合格后方可上岗作业。

（2）提前向线路临管单位运输部门提报封闭要点施工计划。施工前将作业车停放在需作业区间邻近车站。

（3）根据施工计划，从库房领取所需安装材料，并进行外观质量及规格型号检查确认。

（4）将施工所需材料和工具提前装在安装作业车上。

2）测量安装位置

（1）安装人员在封闭线路施工当天提前20 min到达车站上作业车做好准备。

（2）司机接到封闭线路命令后，听从车站值班人员指挥，启动作业车运行至施工地点。

（3）施工负责人指挥作业车司机对位，升作业台，作业人员上作业台，扶起作业凳，上凳，系好安全带，施工负责人将分段绝缘器中心点用线坠从下引到承力索上，凳上人员在承力索上做出标记。

（4）作业人员下车，用激光测量仪先测出分段绝缘器安装中心点。

3）测量安装高度

用弹簧秤挂在安装位置中心向上提拉接触线，另一人配合用钢尺测量抬升量。依据参数表，通过抬升力,测出需抬高的值,并作好记录(如图 53 – 45 所示)。

4)安装悬挂装置

(1)凳上作业人员用钢尺测出承力索锥套式终端锚固
线夹安装位置,在两边适当位置安装承力索紧线器,串连
链条葫芦,连接牢靠后,开始紧链条葫芦,直至安装处承
力索不受力为止。在断线处两边缠上胶带,防止绞线散
股。用弧口断线钳剪断承力索,注意预留好承力索锥套式
终端锚固线夹安装尺寸,安装好承力索锥套式终端锚固线
夹。安装示意图如图 53 – 46 所示。

(2)安装连接悬挂装置的绝缘棒,带吊环滑轮,调整螺
栓等悬挂装置。松链条葫芦,拆除紧线器。

5)安装分段绝缘器

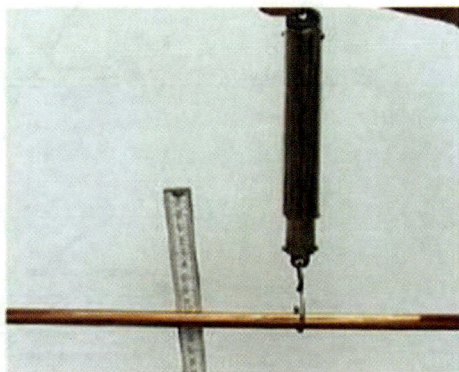

图 53 – 45 抬升接触线

(1)按图 53 – 47 组装分段绝缘器。

(2)测出分段绝缘器的中心,再从中心测出分段绝缘器的 1/2 长处,在外侧两边适当位置安装接触线
紧线器。串链条葫芦,紧链条葫芦至安装处接触线不受力。将组装好的分段绝缘器吊上,放在导线上。把
三角形吊索悬挂于悬挂支架中,再把分段绝缘器两端的终端线夹安装在接触线上。

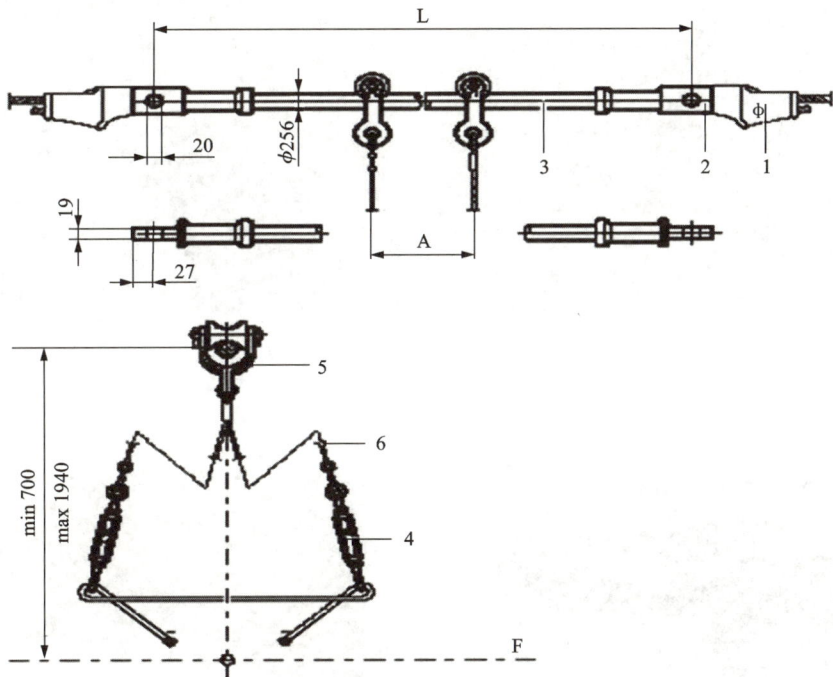

图 53 – 46 分段绝缘悬挂装置图

1—承力索锥套式终端锚固线夹;2—绝缘棒尾部装置;3—悬挂装置绝缘棒;4—调整螺栓;5—带吊环的螺栓;6—吊索

(3)拧紧接触线终端线夹连接螺栓,用 2 个梅花扳手从外侧向内侧把终端线夹的 M10 螺母逐个拧紧。
用力矩扳手紧两次,第二次要与第一次间隔至少 1 min 以上。

(4)把所有滑轨外部附加装置的线夹安装在接触线上,用两把梅花扳手拧紧滑轨紧固线夹。紧固力矩
为 43 N·m。再次紧固导线终端线夹和滑板连接线夹,要紧固 3 次,每次间隔时间 1 min 以上,均达到
43 N·m,并锁闭滑板连接线夹的螺母,如图 53 – 48。

(5)用断线钳在接触线终端后约 120 mm 处剪断接触线(图 53 – 49)。

(6)用专用工具套入接触线,向上弯曲接触线尾部几毫米(图 53 – 50)。

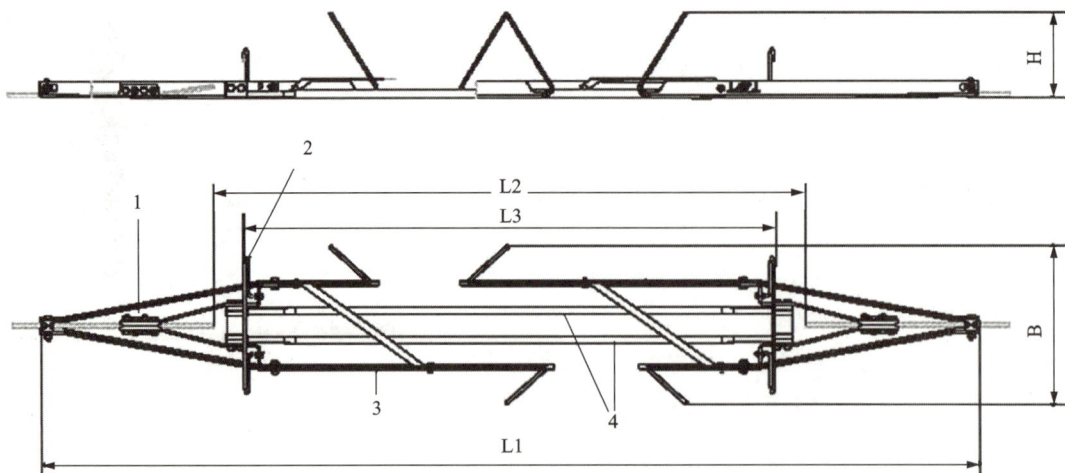

图53-47 双绝缘杆轻型分段绝缘器

1—接触线终端线夹；2—悬挂支撑；3—带有消弧角的滑轨；4—两个绝缘棒

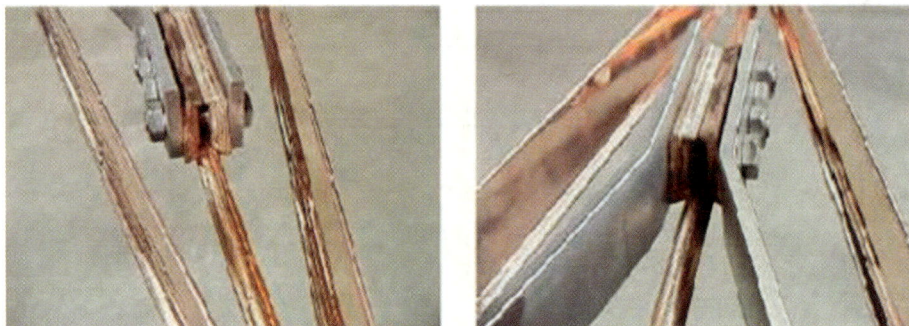

图53-48 接触线终端安装图

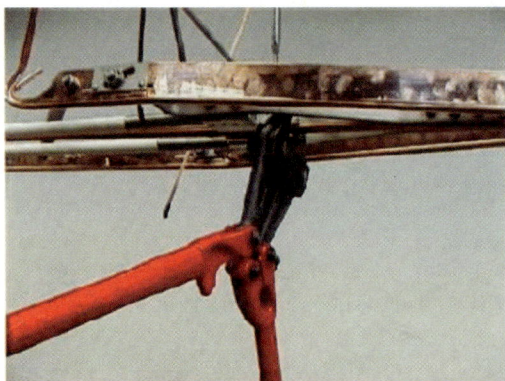

图53-49 剪断接触线

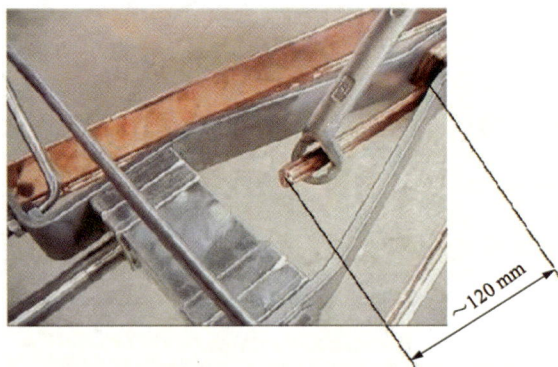

图53-50 专用工具弯曲接触线操作示意图

（7）紧固接触线终端线夹的螺栓，并用力矩扳手加固2次滑轨（外部附加装置线夹，图53-51），力矩46 N·m。

（8）可把作业台作为高度参考点，松开悬挂装置的吊索锁紧线夹，粗略调整分段绝缘器高度，使高度基本达到设计要求值，调整后拧紧螺母（图53-52）。

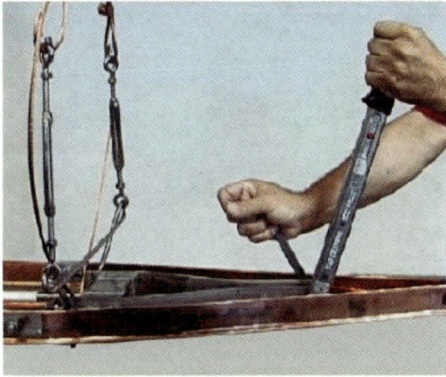

图 53 - 51 紧固接触线终端线夹螺栓

图 53 - 52 调整分段绝缘器的高度

（9）通过调整螺栓细调高度，并用水平尺测量滑轨横向连线与轨面连线平行度。调整后，作业车移出，用激光测量仪检测高度，如不符合，再调整，直至达标（图 53 - 53）。

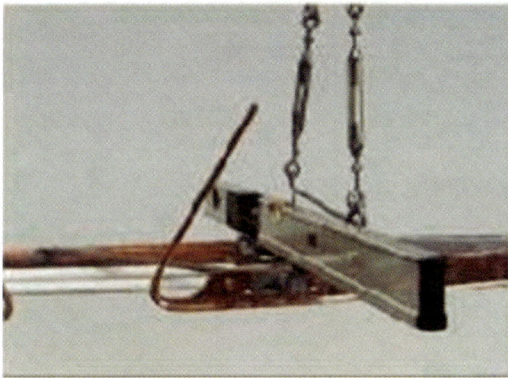

图 53 - 53 调整滑轨下缘横向连线与轨面连线平行

（10）用水平尺测滑轨与轨道平行度。

测量方法如图 53 - 54 所示。

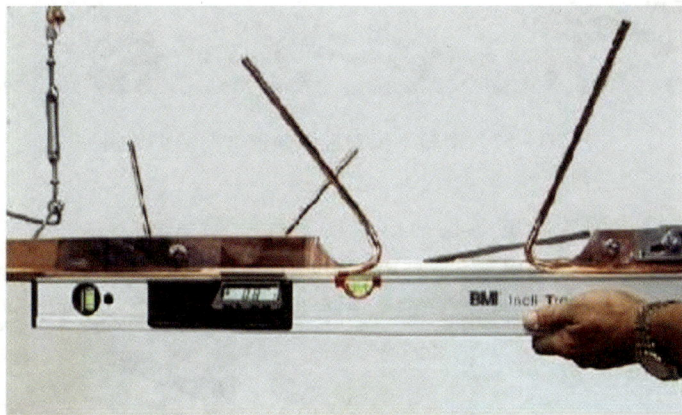

图 53 - 54 测量滑轨与轨道平行度

（11）调整滑轨与轨道平行。用铅笔在长孔调节板的左右标记出其位置，旋松长孔调节板的螺栓并左右移动调节板。左右移动 1 mm 相当于滑轨下缘高度变化 0.46 mm。调整好后拧紧螺栓（图 53 - 55）

图 53 –55　高度调整的长孔调节板图

（12）调整滑轨下缘，使其低于绝缘棒终端金具下缘 4 mm（如图 53 –56 所示）。

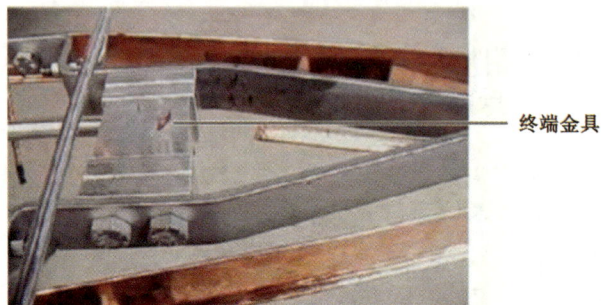

终端金具

图 53 –56　绝缘棒终端金具图

（13）用水平尺检测横向轨道的滑轨位置未达标会再次调整滑轨，确保平行于轨平面（如图 53 –57 所示）。

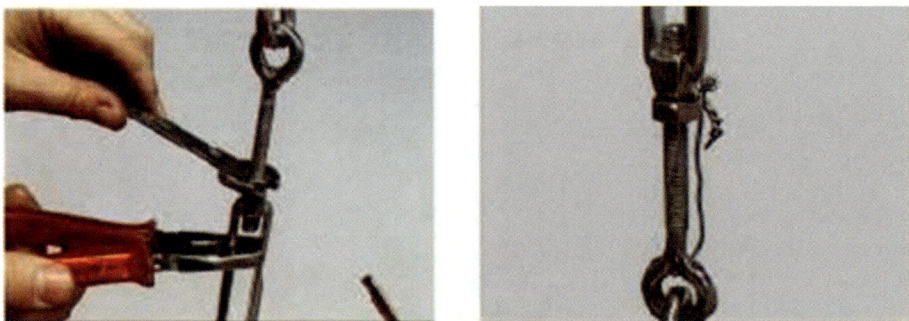

图 53 –57　滑轨下缘对应于轨道方向的位置图

（14）用力矩扳手拧紧长孔调节板的螺栓，其力矩为 43 N·m。当全部调整到位达标后，锁紧调节螺栓螺母，并用 1 根铜线锁定调整螺栓。调节分段绝缘器前后吊弦，使其受力，但不改变分段绝缘器高度。

6）模拟冷滑

（1）全部完成后，用带模拟受电弓作业车升弓，以 40 km/h 车速对分段绝缘器进行来回 2 次模拟冷滑检测，受电弓平稳通过分段绝缘器，在滑轨内及外端部均未存在打弓现象，通过受电弓冷滑行再检测分段绝缘器行驶特性（如图 53 –58 所示）。如有个别打弓现象，会按上述相关

图 53 –58　检测分段绝缘器的行驶特性图

程序调整达标。

(2)如还有封闭点,按上述程序2~6流程进行下一处作业。

7)结束

完成当日施工任务,收回工具、余料,放倒作业凳,降作业平台,在封闭点内,作业车返回停放地点。施工负责人填写施工记录。

十二、避雷器安装

对避雷器进行外观检查,检查产品合格证、产品技术文件和安装手册应齐全。按施工设计图纸安装避雷器支架、放电间隙底座。按施工设计图纸安装避雷器、放电间隙。检查安装后的避雷器外观有无损伤,连线是否正确。接地要求:接地电阻不大于 10 Ω。

接触网检测:接触网在在完整区间(区段)竣工后,即进行检查和静态检测。每次检查或检测之后对出现缺陷问题进行解决。

十三、接触网系统状态检查

就是用接触网激光测量仪等先进仪器对导高、拉出值进行检测,借助于望远镜步行巡视,对接触网实际状态和工程质量进行确定判断;必要时,用接触网作业车进行一次检查运行。

1. 受电弓动态包络线检查

根据设计速度受电弓最大抬升量为 150 mm 和左右摆动量为 350 mm,制作受电弓动态包络线检查尺,检测时支持装置及定位装置任何部位均在受电弓动态包络线范围以外。

2. 接触网检测车进行检测

1)施工准备

接触网工程全部竣工后,已具备冷滑检测条件。调度督促试验车编挂铁路列车运输调度计划实施,检测车人员作好准备,并积极与铁路沿线车站加强联系,确保检测车调动顺利实现。检测车到达所检车站后,积极配合甩车。

甩车后,技术负责人组织检测人员对检测机电、计算机等设备状况进行检查确认,检查发电机组,空气压缩机,燃油、车内外照明、计算机系统等是否正常,试运行良好。不正常则立即进行处理,保证其使用功能。

检测车负责人与施工负责人协商,对检测接触网技术资料、准备检测接触网具体条件、安全标准等事宜相互交底。

检测车在接触网下升弓,技术人员用经纬仪检测受电弓中心是否与线路中心重合,并调整达标。

检测车技术人员将检测接触网有关设计、技术标准、线路、里程、站、区及支柱号等相关参数输入计算机。技术人员再次对计算机、受电弓等主要设备进行一次复检,确认机电员对检测车辆、发电及照明设备等进行检查确认。

将受电弓底座接地端子与车顶接地端子连接牢靠;但注意热滑时应事先断开。

2)冷滑(热滑)检测

(1)第一阶段:

受电弓静态接触压力:10 N;

检测车运行速度:小于 20 km/h;

检测主要内容:接触线高度、拉出值;打印出接触线高度及拉出值曲线图。

(2)第二阶段:

受电弓静态接触压力:70 N;

检测车运行速度:80 km/h;

检测主要内容:接触线高度、拉出值、硬点及弓网关系状态、接触线坡度等曲线图,并给出超限值。

(3)第三阶段:

受电弓静态接触压力:70 N;

检测车运行速度：160 km/h~250 km/h 分步进行冷滑（热滑）检测；

检测主要内容：接触线高度、拉出值、硬点、接触压力及弓网关系。

十四、创新工艺与方法

1. 确保接触网隧道内吊柱整正工效

当前铁路建设高速发展，我国南北两地高速铁路建设呈现出完全不一样的特点，北方高速铁路大多以长大桥梁、路基为主，而南方高速铁路则以长大隧道、隧道群为显著特征。要确保这类工程高效、优质建成，其关键之一在于确保接触网隧道内吊柱整正工效。

在常规隧道内吊柱整正工艺中，由于受隧道空间制约，仪器支架位置受限，与次同时，想要定位吊柱的倾斜状态，就要在顺线路及垂直线路方向多次支架仪器，造成隧道内吊柱的整正工效低下，同时给工期目标造成巨大压力。

通过技术小组攻关，对隧道内吊柱整正工艺进行了改进，撤除传统利用经纬仪进行多次定位、测量，反复整正的施工工艺，而是优化采用利用数显水平尺、激光垂直仪结合经纬仪进行一次性整正到位的施工工艺，该工艺应用极大提高隧道内吊柱整正工效，为工程进度提供可靠保证。

2. 供电线与接触网支柱合架

在闽赣段福建区内，由于山体较多，河流广布，形成隧道群与大桥或特大桥交叉接替布置的特殊线路条件。例如在建瓯建溪分区所的供电线施工中，分区所设置在建溪特大桥的小里程侧，而上网点在建溪特大桥的大里程侧，供电线上网需跨距建溪江，给供电线布置带来极大困难。经施工单位和闽赣公司、设计单位、设备管理单位进行多次沟通协调，从施工简单可靠、维护方便可行、运营安全稳定角度出发，最终选择在接触网支柱间增加悬挂供电线支柱 H 型钢柱，形成供电线与接触网合架的供电方案，该方案得到了京福闽赣公司、设计、设备管理单位的一致同意和认可。

3. 隧道内分相问题

在本工程中，由于古田北变电所处于两长大隧道（两隧道长度均大于4000 m）间，分相设置在小里程隧道的进口侧，但由此而导致了上网点距离变电所亭4000 m 以外且供电线路全为高压电缆。按照每盘电缆标配为500 m 算，4000 m 的隧道内将有108个电缆头，如此大的电缆头数量势必会给运营安全带来极大隐患，且电缆头均在隧道内给抢修带来极大不便，考虑多重因素最终将分相移至距离变电所亭约1000 mm 隧道内，极大减小安全风险。根据现场施工情况来看，该分相安装及绝缘均可满足运营安全和稳定需要。

4. 大长隧道内施工问题

闽赣工程长大隧道较多，例如北武夷山隧道，就有约15 km 长。对于长大隧道的施工一直以来都是头痛的问题，包括隧道内质量的控制、材料的运输、施工工效等问题。而如何确保施工有序顺利进行，长大隧道的施工技术起到了至关重要的作用。通过成立技术攻关小组，针对长大隧道内施工遇到的问题进行逐一解决。

在质量控制方面：首先对站前预留的槽道进行外观质量和几何尺寸的测量，并通过闽赣公司的协调，经设计院优化，结合测量数据对吊柱的底板尺寸进行三个等级分类；其次依据现场测量数据结合理论分析计算对吊柱底板的角度进行分类。如此可根据现场测量的数据配置对应型号的吊柱，确保吊柱安装一次到位。

在材料运输方面：在长大隧道施工中，材料运输时间几乎占到施工时间一半，因此如何更加有效快捷地进行材料运输成为施工关键，为解决该问题，在施工前期对各个长大隧道内站前的施工计划进行详细了解，并根据其施工计划来安排专业隧道内材料运输情况。也就是说，在站前单位无砟道床施工前利用中型货车将材料运输到隧道内，并撒至安装点，尽量避免在无砟道床施工后才开始材料运输，有效节约工时。根据现场经验，此措施很大程度上解决长大隧道内材料运输问题。但是有时会因为各原因导致不得不在无砟道床施工才开始材料运输工作，面对此类问题，结合现场实践情况，自制在两线间运行四轮小货车，以解决材料运输困难。

在施工工效方面：为减小长大隧道对施工影响，从施工工序和工艺两方面入手，寻求解决办法。首先，按照常规施工工序，附加线展放工作在悬挂肩架安装完成后再进行展放，但作为长大隧道内施工，根据材料到货情况适时安排生产。例如,在附加线线材到货情况下,完全可以先对长大隧道内附加线进行展放,待确认好线索驰度在预留槽道处进行临时固定,待后期悬挂材料到货后直接进行固定。

十五、施工小结

1. 环境保护措施

所址选择遵照国家环保政策,减少对周围环境影响;断路器等变电设备采用无油化设备;对于主变压器等有油设备设置废油回收条件;各所按无人值班设计,减少污水排放量;选用设备满足电磁干扰防护要求;选用低噪音设备。

2. 节约能源措施

牵引变压器等主要设备选用技术先进、成熟、可靠节能型产品。牵引变压器采用容量利用率高的单相变压器,所用变采用低耗产品,断路器选用功率较小的弹簧操作机构。保护和控制采用全微机综合自动化系统,能有效提高供电效率。牵引变电所、分区所、AT所采用无人值班,可减少能源消耗。室内、外照明灯采用节能型的光源和灯具。

3. 质量控制

牵引变电所场地和房屋施工时,电气安装部门与土建、房建施工部门应密切配合,以保证设备安装的可靠性及质量要求。牵引变电所、接触网的施工应做好设备开箱记录、隐蔽工程记录、设备安装调试记录及各工序完工后的质量检查记录,以完备的质量管理体系保证各项工程按时、按质、按量完成。

4. 安全施工

施工过程中严格执行《铁路电力牵引供电施工技术安全规则》、《铁路电力牵引供电施工规范》、《牵引变电所安全工作规程》以及《牵引变电所运行检修规程》等相关规程规范规定,做好安全防护,确保人身和设备安全。

第五节　设备调试与验收

一、设备调试

1. 牵引变电调试方案

1)牵引变电工程调试措施

牵引变工程采用先单体、后整体,再综合的方法进行试验,分为三个步骤:第一步是设备单体测试,以保证变电所或分区所内所有设备状态良好、符合设计要求;第二步是变电所或分区所整体交直流传动试验,系统联调,以确保系统能正常运行;第三步是综合自动化系统的调试,包括远动系统的联调,保证自动化系统可靠的运行。

试验设备的配置:为保证施工方能够在预定工期内高质量地完成测试任务,为施工现场配置最先进、齐全的测试设备,以满足各标段工程电气试验和系统调试的需要。

试验项目见表53-3。

表53-3　牵引变电试验项目

序号	试验对象	试验项目
1	牵引变压器	线圈连同套管直流电阻;所有分接头变压比、接线组别或极性;绝缘电阻和吸收比;绕组连同套管介损;绕组连同套管直流泄漏电流;绕组连同套管交流耐压;绝缘紧固件的绝缘电阻;非纯瓷套管试验;绝缘油耐压试验;额定电压下的冲击合闸试验;相位检查
2	互感器	绝缘电阻、绕组连同套管交流耐压;绕组连同套管介损;绝缘油耐压试验;电压互感器一次线圈直流电阻;电流互感器励磁特性曲线;接线组别或极性;电压互感器空载电流;互感器变比;绝缘紧固件的绝缘电阻;电容分压器单元件试验;局部放电试验

续表 53-3

序号	试验对象	试验项目
3	六氟化硫断路器	绝缘拉杆的绝缘电阻；导电回路的电阻；交流耐压试验；分、合闸时间；分、合闸速度；主、辅触头分、合闸的同期性及配合时间；分、合闸线圈绝缘电阻和直流电阻；操作机构试验；微水和泄漏试验
4	隔离开关及高压熔断器	绝缘电阻；高压限流熔丝的直流电阻操作机构线圈的最低动作电压检查；操作机构检查
5	套管	绝缘电阻；20 kV 及以上非纯瓷套管的介损和电容值；交流耐压试验
6	绝缘子及母线	绝缘电阻；交流耐压试验
7	电力电缆	绝缘电阻；直流耐压试验及泄漏电流；电缆线路的相位检查
8	氧化锌避雷器	测量绝缘电阻；电导或泄漏电流测量及非线性系数检查；金属氧化物避雷器的持续电流；工频参考电压或直流参考电压；放电计数器动作情况检查及基座绝缘的检查
9	二次回路	绝缘电阻；交流耐压试验
10	接地装置	接地电阻
11	安全绝缘工具	绝缘电阻
12	交直流传动试验	变电所、分区所、AT 所内的交直流传动
13	综合自动化调试	变电所和分区所综合自动化系统的调试，包括远动系统的联调。保证"遥控、遥信、遥测"三遥功能的稳定。

2）综合自动化系统调试方案及措施

全所自动化系统调试采用先各小子系统进行，再整所综合调试的调试方法。

全所综合自动化系统采用分层、分布式结构，集中管理模式。系统分 3 层设置：监控管理层（通信处理盘内控制）、通信网络层（利用通信处理单元的预留计算机接口控制）、间隔设备层（各控制信号盘内的保护测控单元控制）。

变电所所有间隔单元通过工业现场总线连接在一起，构成完整全所综合自动化系统，实现信号分散采集，控制分散执行和整个自动化系统集中管理的控制模式。同时，通信处理屏的通信处理装置对通过工业总线接受到的本所的所有遥信、遥测信号进行整理并通过远程通信通道传送给控制中心通信前置机，通信处理装置也从控制中心通信前置机接受发给所有遥控信号，进行处理后通过工业总线发送给各间隔，从而实现全线供电系统的集中控制。

全所综合自动化系统调试方法如下：

综合自动化调试前准备工作：（下面仅以分别设立 1、2 号进线回路的典型变电所为例加以说明）

将控制盘内 101、102 回路内所有熔断管拔下，对控制、信号、合闸及交流回路等进行正负之间、正负对地、相间、各相对地的绝缘测量，绝缘电阻不小于 1 MΩ；将各电源投入，测量熔断管上口是否为电压正常，确认正负是否反向，如果电源正常，则把熔断管逐只插上，由于电压等级不同，插熔断管时注意各个熔断管的安培值。

检查各灯光显示、储能指示是否正确。

调试步骤：101、102 综合自动化的调试共分四部分，模拟量调试；开关量输入调试；开关量输出调试；101 开关与 102 开关的自投功能调试。综合自动化调试项目见表 53-4。

表 53-4 综合自动化调试项目

序号	调试步骤	调试内容
1	开关输入量调试	综合自动化模块各输入开关量在模块上有对应的指示灯，具体调试步骤、调试结果以系统生产厂家提供的开关量输入表为准，一般 0 代表不报警，1 代表报警。

续表 53-4

序号	调试步骤	调试内容
2	模拟量调试	模拟量检查分电流模拟量、电压模拟量，在电流互感器二次加额定电流 1 A，电压互感器二次加额定电压 100 V，通过变送器转换为直流(变送器输入为 0～1 A 或 0～100 V，输出均为直流，实际电流互感器变比、电压互感器变比以设计值为准)，直流电流传送到综合自动化模块，转换为数字信号。具体调试步骤、调试结果以自动化系统生产厂家提供的开关量输入调试表为准。
3	开关量输出调试	开关手动操作正常后，将"远方/当地"转换开关打到"远方"位，此时在通信处理盘，利用便携机的图控软件对 101 开关进行远方操作。遥信、遥测、继电保护信息、故障报警通过网络传送到所内的中央信号控制屏和通信处理屏显示或报警。具体操作程序如下：将"远方/当地"转换开关打到"远方"位；确认断路器储能完好；确认保护无动作情况； 通过通信处理盘便携机对所有故障清除； 模拟故障与开关量输入调试相同。
4	主变自投功能调试	正常情况下，1#主变投入运行，2#主变备用。在自投装置投入、无故障的情况下，确认各开关、刀闸的位置正确。具体调试步骤如下： 将 202A、202B 断路器小车摇至工作位；合 2#主变系统回路的控制、信号、电机电源； 模拟 1#主变重瓦斯故障，101、201A、201B 开关跳闸，102、202A、202B 开关自动投入，2#主变投入。 其他系统的调试也可参照 110 kV 系统的调试步骤进行。

综合自动化调试完成后，在直流屏把控制、信号等电源断开，确认无电后，恢复拆下的所有二次线。

2. 接触网专业调试方案

接触网在在完整区间(区段)竣工后，即进行静态检测、调试。

(1)系统状态检查、调试。

接触网系统状态检查就是用接触网激光测量仪等先进仪器对导高、拉出值进行检测，核对供电线连接位置正确、连接可靠，检验隔离开关开合位置、机构转动是否灵活，检查接触网是否按照设计全部施工到位，借助于望远镜步行巡视，对接触网实际状态和工程质量进行确定判断，必要时，用接触网作业车进行 1 次检查运行。

每次检查或检测之后对出现的缺陷进行整改。

(2)受电弓动态包络线检查、调试。

根据设计速度受电弓最大抬升量为 120 mm 和左右摆动量为 250 mm，制作受电弓动态包络线检查尺，检测时支持装置及定位装置任何部位均应在受电弓动态包络线范围以外。

每次检查或检测之后对出现的缺陷进行整改。

(3)接触网检测车进行检测、调试。

①接触网工程全部竣工后，已具备冷滑检测条件。

②调度应督促试验车编挂铁路列车的运输调度计划的实施，检测车人员作好准备，并积极与铁路沿线车站加强联系，确保检测车调动顺利实现。检测车到达所检车站后，积极配合甩车。

③甩车后，技术负责人组织检测人员对检测机电、计算机等设备状况进行检查确认，检查发电机组，空气压缩机，燃油、车内外照明、计算机系统等是否正常，试运行良好。否则立即处理，保证其使用功能。

④检测车负责人与施工负责人协商，对检测接触网的技术资料、准备检测的接触网具体条件、安全标准等事宜相互交底。

⑤检测车在接触网下升弓，技术人员用经纬仪检测受电弓中心是否与线路中心重合，并调整达标。

⑥负责人与所在车站值班人员联系，组织冷滑车辆编组连挂，如图 53-59 所示。

⑦检测车技术人员将检测接触网的有关设计、技术标准、线路、里程、站、区及支柱号等相关参数输入

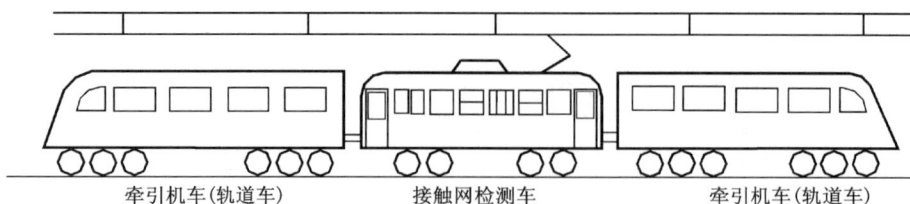

图 53-59 组织冷滑车辆编组连挂

计算机。

⑧技术人员再次对计算机、受电弓等主要设备进行一次复检,确认机电员对检测车辆、发电及照明设备等进行检查确认。

⑨将受电弓底座接地端子与车顶接地端子用接地线连接牢靠;热滑时应事先断开。

⑩每次检查或检测之后对出现的缺陷进行整改。

(4)开通前的接触网检查、调试

检查沿线拆迁的各电力线、通信线等是否已全部处理完毕,不符合绝缘距离的树木及电杆等是否已处理。

全部绝缘子清洗完后,及时进行绝缘及导通试验。绝缘测试先分站区进行,再分供电臂测试,注意做好时间、地点、天气、绝缘电阻值及测试人员等记录。

(5)接触网开关的远动操作在四电系统联调联试中实施检测。

(6)接触网自动过分相内容在全线联调联试及动态验收中实施检测。

二、工程验收

1. 静态验收

路局电务处与京福闽赣公司共同组织设计、监理、第三方检测单位和电气化设备接管单位对合福高铁闽赣段电气化设备及线路工程进行了静态验收,并提报了静态验收报告。根据《铁路客运专线竣工验收暂行办法》(铁建设[2007]183 号),经专家组审议,一致认为:合福高铁南昌局管段电气化工程静态系统及其专业接口满足设计要求及验收标准,工程总体质量合格,具备动态验收条件。

2. 动态验收

铁道部运输局组织供电专家组,于 2015 年 6 月对京福闽赣公司提报的《新建合福高铁南昌局管段动态验收报告正文》及相关测试资料,中国铁道科学研究院提供的《合福客专南昌局管段动态检测报告》和《合福客专南昌局管段运行试验测试报告》进行了审核,经专家组经认真讨论,认为合福高铁南昌局管段牵引供电系统满足设计和相关标准要求;新建合福高铁南昌局管段上、下行正线接触网满足动车组以 300 km/h 及以下速度运行时的相关标准要求,上饶东南、西南联络线接触网几何参数满足动车组以 120 km/h 及以下速度运行时的相关标准要求。工程质量合格,同意通过动态验收,具备初步验收条件。

第六节 典型工程案例

一、联调联试牵引变电所短路试验

1. 设计情况

合福高铁闽赣段牵引变电所联调联试短路试验有关设计情况如下:

(1)接触网的供电及运行方式:正常运行时,牵引网的每个供电臂的上、下行接触网在 AT 所和分区所处进行并联,即全并联运行方式;若上行或下行牵引网故障时,牵引变电所该供电臂上、下行断路器跳闸,分区所及 AT 所并联断路器失压跳闸,随后牵引变电所上、下行断路器重合闸,故障线路方向的断路器再次跳闸,无故障方向恢复运行。

（2）牵引变电所馈线保护测控单元主要设有：Ⅰ、Ⅱ段阻抗保护，电流速断、过电流、电流增量保护，故障测距功能和自动重合闸功能等；牵引变电所馈线保护单元满足选择性、速动性、灵敏性、可靠性的要求，实施对系统各种故障设备或故障区段快速隔离，保证供电系统可靠供电。

（3）根据铁路有关规定的要求，故障测距装置测距精度误差不大于500 m。

（4）牵引变电所的间隔单元与站级管理层设备之间通过所内通信网络进行数据交换，实现所内站级管理层设备集中控制、监视、测量、自动控制、数据集中管理、远程通信及远程维护等综合自动化管理功能，从而达到远程维护的目的。

2. 事件简介

根据《合福客专联调联试、动态检测及运行试验大纲》中要求，在联调联试期间需进行接触网短路试验。

1）短路试验目的

通过接触网短路试验，检验牵引供电系统保护装置功能及保护动作顺序，验证接触网故障点标定装置的准确程度及接触网的短路阻抗。同时进行综合接地和电磁兼容测试。

2）短路试验方案的审查

短路试验前由南昌路局供电处组织对《合福客专路供电短路试验方案》进行审查，审查的目的主要是成立短路试验的组织机构，对短路试验所选的牵引变电所和接触网供电臂、短路试验具体时间，以及短路试验内容、短路试验接触网接地点及接地方式、短路接地方法、短路试验程序、短路试验步骤、试验人员的具体分工、机具材料准备及试验时注意事项等进一步明确和细化，确保牵引供电系统短路试验安全及试验工作顺利实施。

3）短路试验的组织实施

牵引供电系统的短路试验在合福高铁联调联试指挥部的统一指挥下进行。

（1）于3月28日在合福高铁福建段的武夷山东牵引变电所和武夷山东至建溪分区所上、下行接触网供电臂各进行6次短路试验。

（2）于4月1日在合福高铁江西段的五府山牵引变电所和五府山至朝阳乡分区所上、下行接触网供电臂各进行6次短路试验。

4）短路试验结果

福建段各所由天津凯发公司供货的综合自动化系统保护装置能够正常动作，故障测距装置的精度（误差小于500 m）、故障报告等均满足运营要求；江西段各所由成都交大许继公司供货的综合自动化系统保护装置能够正常动作，但故障测距装置的精度、故障报告等存在一些问题难以满足运营要求。

5）合福高铁江西段短路试验中发现的问题

（1）在接触网线路发生永久性故障时，保护装置只提供第二次跳闸（直供方式）的故障报告，不能提供第一次跳闸（全并联AT供电方式）的故障报告，造成故障后难以对故障进行分析和正确判断。

（2）保护装置中的F线电压采集的是T线电压，造成测距不准。

（3）故障测距装置的报告不能上传调度端，影响供电调度对故障的分析判断和故障处理的正确指挥，降低了故障处理效率。

（4）故障测距装置无法正确显示牵引供电运行方式（即AT供电方式或直供方式），可能误导对故障的判断。

（5）部分保护整定值不能在调度端正确查询，在调度端无法远程对保护定值区进行切换和对定值进行修改。

（6）故障测距装置测距精度不足（误差大于500 m），不能满足接触网故障点的查找要求，影响抢修速度。

3. 原因分析

2015年4月3日，京福闽赣公司会同南昌铁路局、铁科院、供应商、鹰潭供电段等单位，针对4月1日在五府山牵引变电所短路试验发现的问题进行原因分析和处理。

（1）对接触网线路发生永久性故障时，保护装置只提供第二次跳闸（直供方式）的故障报告，不能提供第一次跳闸(全并联 AT 供电方式)故障报告的问题:属于软件编程问题,综合自动化装置供应商组织技术力量尽快对软件进行研发,并更换软件程序。

(2)保护装置中的 F 线电压采集的是 T 线电压的问题:属于 F 线电压未接入问题,牵引变电所内有设置 F 线电压互感器,综合自动化装置有 F 线电压采集接口具备接线条件。要求供应商于 4 月 17 日前完成整改,保护装置采集 F 线电压。

(3)故障测距装置无法正确显示牵引供电运行方式的问题:属于装置内部设置错误,要求供应商于 4 月 17 日前完成内部设置调整。

(4)故障测距装置的报告不能上传调度端的问题:属于软件编程问题,要求供应商于 4 月 17 日前完成软件程序更换。

(5)部分保护整定值在调度端不能正确查询及操作的问题:属于软件编程问题,要求供应商于 4 月 17 日前拿出整改方案。

(6)故障测距装置测距精度不足(误差大于 500 m)的问题:要求供应商提高故障测距精度,尽快组织技术力量进一步研究,并根据短路试验采集的数据资料对全线测距定值进行重新修正,修正后再次做短路试验验证。

4. 处理措施

按照 4 月 3 日会议要求,京福闽赣公司协调鹰潭供电段、施工单位配合设备供应商进行现场处理,整改工作于 4 月 20 日前完成,并再次做短路试验进行验证。

(1)合福高铁联调联试办公室于 4 月 23 日,再次安排荷田牵引变电所和荷田至董家林分区所接触网供电臂上共进行 9 次短路试验,但结果不甚理想,特别是故障测距装置测距精度不足问题没有得到有效解决。

为进一步查找原因,南昌局供电处于 4 月 27 日组织相关单位的技术人员进行分析、讨论,同时协调天津凯发公司的专业技术人员一起对这两次短路试验的情况进行有针对性的分析,对测距不准的问题要求拿出切实可行的整改方案。

根据合福高铁接触网采用全并联运行方式这一特点,对 AT 吸上电流比原理、上下行电流比原理和横联线电流比原理的故障测距原理进行分析讨论,认为采用横联线电流比原理比较适合本线的故障测距。要求供应商组织对相应的软件进行研发,尽快更换软件程序,再次做短路试验验证。

(2)合福高铁联调联试办公室于 5 月 30 日,在五府山牵引变电所安排第 3 次短路试验,试验结果:故障测距装置测距精度(误差不大于 500 m)满足要求。至此,合福高铁江西段牵引变电所综合自动化装置短路试验中发现的问题全部处理整改完成,牵引变电所短路试验圆满结束。

5. 案例小结

(1)通过对合福高铁闽赣段接触网的短路试验,使牵引供电综合自动化系统的保护装置功能及保护动作顺序、接触网故障点标定装置的测距精度等得到验证,保证了牵引供电系统设备的可靠供电和运行安全。

(2)通过牵引供电系统的短路试验,有效地发现牵引变电所综合自动化系统装置的功能是否完善和是否满足设计、运营的要求,并且能够发现系统存在的缺陷,对系统功能的改进提高有着积极的意义。

(3)通过短路试验能更好地督促供应商对综合自动化系统存在问题进行整改,从而提高后续线路牵引供电系统短路试验效率,避免反复多次测试,造成人力、物力等资源的浪费。

短路试验暴露出的问题,大部分在厦深线短路试验中已有出现,在合福高铁的再次出现,说明供应商对其产品存在问题的整改工作极端不重视,因此在联调联试期间进行牵引供电系统的短路试验非常必要。

二、区间接触网承力索换线施工

1. 设计情况

接触网承力索换线锚段位于合福高铁五府山至武夷山北区间上行第 II-49 锚段,锚段长度 1200 m,下锚位置一端位于杨梅岩隧道内 K1539+006 处(366#吊柱附近),另一端位于黄墩大桥 K1540+171 处(390#H 型钢柱上)。接触网采用全补偿弹性链形悬挂,结构高度为 1600 mm,接触线悬挂点距轨面高度为 5300 mm,承力索采用 JTMH-120、张力 21 kN,接触线采用 CTMH-150、张力 30 kN,吊弦采用铜合金整体吊弦, 线路设计速度为 300 km/h。

2. 事件简介

2015 年 6 月 20 日, 合福高铁试运行期间, 站前施工单位在五府山至武夷山北区间杨梅岩隧道洞顶缺陷整治施工结束, 接触网恢复送电时, 武夷山北至石笋坑上行接触网供电臂跳闸, 重合闸不成功。经排查发现, 施工地点杨梅岩隧道内因施工作业料具未及时清理造成接触网短路, 导致 K1539 + 140 处 (距 376#定位点 1.5 m) 接触网承力索烧伤 8 股 (如图 53 - 62 所示), 影响接触网供电安全, 需要更换第 II - 49 锚段接触网承力索。

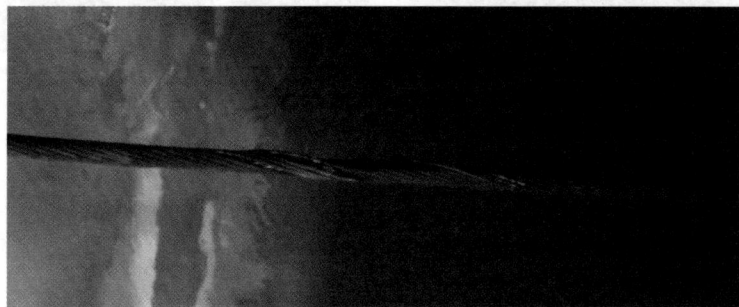

图 53 - 62 接触网承力索烧伤图

3. 原因分析

站前施工单位未严格执行联调联试和试运行安全管理办法, 以及营业线施工安全的有关规定, 隧道缺陷整治施工无接触网专业人员配合进行监护和确认, 擅自施工作业, 而且施工作业结束后, 施工现场作业机具未及时清理干净, 在接触网接地短路的情况下, 便消令送电, 是造成接触网承力索烧伤的主要原因。

4. 处理措施

发生承力索烧伤事件后, 为了不影响合福高铁试运行工作的正常进行, 对承力索烧断处采用中锚线夹进行临时补强加固处理, 并在补强加固处接触网各项技术参数满足要求的情况下, 暂时对接触网恢复送电, 先行满足试运行工作要求。同时, 抓紧制定接触网承力索换线施工方案, 并申请施工天窗计划, 准备对烧伤承力索进行整锚段更换。

5. 现场实施

申请承力索换线施工天窗计划 24 h, 组织施工作业人员 80 余人, 分成现场指挥组、材料运输组、承力索更换组、电连接压接组、接触悬挂调整组、接触网静态测量组、平推验收组等 7 个作业小组, 安排接触网作业车 1 部, 作业梯车 4 部。

接触网停电施工调度命令下达后, 施工队伍进入施工现场作业。换线前, 先在原承力索下锚底座处安装 1 处中锚下锚底座, 在换线锚段每根中间柱承力索座下方悬挂尼龙滑轮 (闭口), 用于新承力索放线。新承力索采用人工放线, 放线时要匀速进行, 做好线索保护, 不得损伤承力索。新承力索放线完成后, 将旧承力索卸载并从承力索座移开, 将新承力索移入承力索座, 两端下锚固定。完成承力索置换后, 调整腕臂偏移, 并将弹性吊索和吊弦从旧承力索改移至新承力索, 拆除旧承力索。之后对接触网静态技术参数进行逐点检测和调整, 确保合格后, 承力索换线施工结束, 接触网恢复供电。

接触网恢复送电后, 利用接触网检测试验车对换线区段接触网进行从 160 ~ 300 km/h 的逐级提速试验, 试验合格后, 换线区段接触网恢复正常行车。

考虑新架设承力索存在初始拉伸量的影响, 可能发生吊弦偏移和技术参数变化问题, 因此在换线完成后连续 7 d 均申报施工天窗计划, 对换线区段接触网进行检测和调整, 确保接触网运营安全。承力索换线施工如图 53 - 63 所示。

6. 案例小结

新建线路特别要注意加强联调联试和试运行期间的施工安全管理, 严格按照营业线施工安全管理办法进行施工。在无施工安全协议, 施工配合人员和监护人员未到位的情况下, 严禁施工作业, 确保施工安全。

(a) 承力索换线施工放线　　　　　　　　(b) 承力索换线施工挂线

图 53 - 63　承力索换线施工

联调联试和试运行期间，在接触网发生故障后，可根据现场情况采取相应的临时应急处理措施，及时恢复供电，尽量减少对联调联试和试运行工作的影响。在接触网换线施工中，施工单位应做到准备工作充分，人员组织合理，工艺工法正确，质量卡控到位，检测试验跟上，确保接触网换线施工顺利推进，一次建成达标。特别是换线施工完成后的接触网逐级提速试验要提前做好安排，确保提速试验按计划实施，否则影响换线区段的开通运行。本次承力索换线施工实际利用天窗时间 16 h，较原计划提前 8 h 完成。

三、接触网供电线方案优化

1. 设计情况

合福高铁闽赣段由于受线路地形条件限制和所亭选址等因素影响，部分接触网分相设置位置距离所亭较远，致使这部分接触网供电线采用长距离电缆敷设并穿越隧道后到达上网点。此外，接触网供电线采用上下行同杆架设方式，架空供电线支柱采用格构式钢柱架设。

2. 优化原因

因合福高铁闽赣段地处山区，部分供电线需要穿越长达 1 km 以上的隧道方可到达上网点，而 27.5 kV 供电线电缆配盘长度一般为 800 m，如果按原设计方案施工供电线，供电线电缆将存在大量的中间头和终端头。根据运营单位运行经验，电缆头故障率较高，影响供电运营安全和应急处置。此外，供电线采用上下行同杆架设方式，存在故障影响范围大、应急处置困难问题。部分架空供电线跨越高差大和树木较多的山区，采用格构式钢柱架设，供电线走廊容易发生树木侵限故障，影响供电安全。因此，在现场条件具备的情况下，有必要对接触网供电线进行优化设计。

3. 优化设计

为提高供电可靠性，消除安全隐患，有效减少供电线故障的发生，对部分供电线优化设计。

（1）针对古田北、南平北、建瓯西牵引变电所处 3 条供电线，因所亭位置距离分相位置较远且需要敷设较长的电缆线路，优化分相设置位置，将分相改移至距离所亭较近的位置，供电线可不采用电缆或减少使用电缆，并缩短供电线架设长度，提高供电可靠性。

（2）针对上下行供电线同杆架设问题，由原设计的同杆架设改为上、下行分开独立架设方式，如图 53 - 64 所示。

（3）针对武夷山北牵引变电所架空供电线跨越高差大且树木较多的山区，供电线路容易发生树木侵限问题，由原设计供电线采用格构式钢柱架设改为采用 110 kV 电力杆塔架设方式，如图 53 - 65 所示。

4. 现场实施

改移接触网分相设置位置，需经设计院牵引供电计算和行车专业检算，满足行车安全的情况下方可改移。分相位置改移时，先由站前单位根据调整后的位置对接触网支柱基础或隧道槽道重新埋设，施工时注意重新埋设的基础不采用化学锚栓，安装的外置槽道应对每个锚栓进行拉拔试验。分相位置改移后还应对相关信号设备和列控数据进行调整。

图 53－64　上下行分开独立架设供电线图

图 53－65　采用 110 kV 电力杆塔架设的供电线图

供电线上下行同杆架设改为分开独立架设方案，因山区高铁，供电线走廊受现场地形条件限制，不具备每条供电线采用独立架设的条件，牵引变电所出口处和供电线上网点处的供电线只能采用上下行分开独立架设，中间段供电线仍采用上下行同杆架设方式。对采用 110 kV 电力杆塔架设的供电线，因四电施工单位不具备施工资质，委托地方有资质的电力施工企业实施。

5. 案例小结

合福高铁闽赣段地处山区，地形条件复杂，供电线路走廊架设较为困难，采用电缆敷设和长距离架空输送设计方案，容易引发故障，影响供电安全。因此，在供电线施工前，建设单位应组织设计、施工和运营接管单位，对每条供电线进行现场踏勘，并根据具体地形条件，通过采取改移分相位置，对具备条件的供电线采用独立架设方式，对跨越山区、河流的线路采用 110 kV 电力杆塔等优化设计方案进行架设，有效减少供电线路故障的发生，提高供电可靠性。

四、接触网设备接地方案优化

1. 设计情况

合福高铁闽赣段接触网避雷器工作接地的本体至计数器采用 70 mm² 铜缆连接，计数器采用双引下接地线接入综合贯通地线接地端子；隔离开关、避雷器及操作机构箱等设备通过固定托架与 H 型钢柱相连，利用钢柱本体安全接地。

2. 优化原因

避雷器工作接地接入综合贯通地线没有明确具体接入位置，导致现场存在部分避雷器接地线与通信信号电缆相互交叉，影响通信信号设备运行安全。设备安全接地采用设备固定托架与 H 型钢柱连接的接地方式，受接触电阻和钢柱本体接地电阻影响，可能造成设备安全接地不能满足要求，存在安全隐患。此外，存在避雷器接地与隔离开关操作机构箱接地共用接地端子问题，可能导致隔离操作机构箱遭受雷电流反击烧损设备。因此，有必要对接触网设备接地方案进行优化设计，确保接触网运行安全。

3. 优化设计

（1）避雷器工作接地

路基段接地线连接到支柱基础上的接地端子，桥梁段接地线连接到电力电缆槽外侧的接地端子。如图 53 - 66 所示。

（2）设备安全接地

隧道外设备安全接地采用在设备托架至 PW 线间增设跳线连接，隧道内设备安全接地接入综合贯通地线，隔离开关机构操作箱单独接地，并接入综合贯通地线。设备工作接地和保护接地不得共用接地端子，且相距 15 m 以上。供电线钢柱采用单独打接地极方式接地，安装有设备的供电线钢柱打 2 个接地极，对钢柱和设备分别接地。

图 53 - 66　避雷器工作接地图

4. 现场实施

避雷器工作接地采用 1 × VV - 1 kV - 1 × 70 的铜芯电缆与接地端子连接，避雷器双引下接地线分别接入不同的接地端子，施工中注意接地线不得交叉跨越通信信号电缆，接地端子 15 m 范围内不应有其他设备接入贯通地线，接入前测试每个接地端子的接地电阻不大于 1 Ω，如图 53 - 67 所示。

隧道外设备安全接地采用 JL/LB1A - 125 - 26/7 钢芯铝绞线将设备托架接引至 PW 线，隧道内设备安全接地采用 1 × VV - 1 kV - 1 × 70 铜芯电缆将设备托架接入综合贯通地线，隔离开关操作机构箱接地线采用 1 × VV - 1 kV - 1 × 70 铜芯电缆接入综合贯通地线。设备工作接地和安全接地不得接入同一个接地端子。供电线支柱和设备的单独接地采用 φ12 mm 钢筋与接地极连接，接地电阻不大于 10Ω，如图 53 - 68 所示。

5. 案例小结

接触网设备接地对接触网安全运行具有十分重要的作用。在接触网设备接地施工中，应注意避雷器工作接地对其他设备造成的影响，避雷器接地点与其他设备接地点的距离应符合设计要求，所有设备的接地线应连接可靠，接触良好，每个接地端子的接地电阻必须经过检测满足要求后方可接入。

目前，接触网设备接地暂无统一的实施标准，上述接地方案是根据合福高铁闽赣段工程实际提出的，仍需要在实践中不断的总结和改进，确保接触网运行安全可靠。

五、长大坡道接触网分相设置

1. 设计情况

合福高铁闽赣段共设有接触网分相 46 处，其中有 18 处分相设置在线路坡度大于 10‰的坡道上，有 7 处分相的线路坡度为 20‰。设计院 2012 年 8 月完成合福高铁分相设置，经行车专业检算合格后，接触网专业人员完成接触网施工图设计。

2. 事件简介

合福高铁联调联试期间，南昌铁路局提出部分接触网分相设置在 20‰的上坡道上，不能满足 2014 年

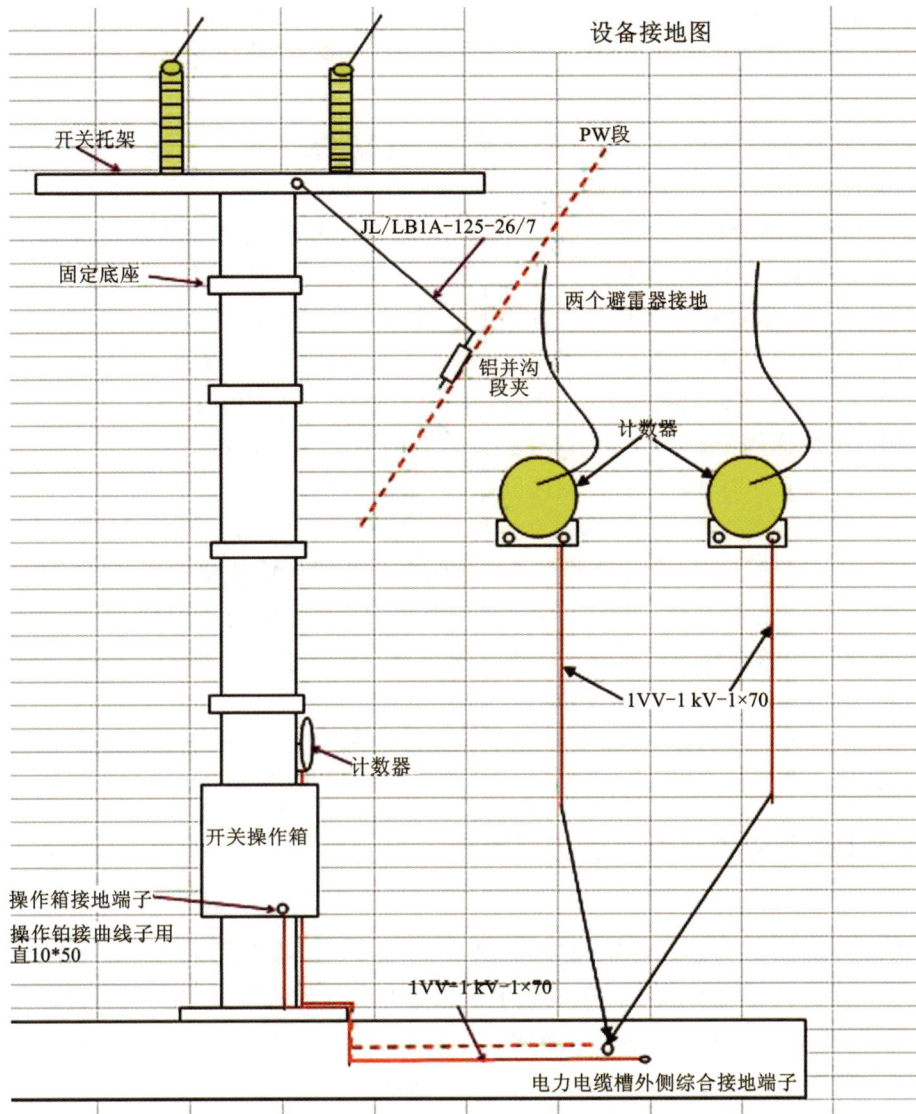

设备接地图

图 53－67　接触网设备接地方案参考图

11 月颁布的新《铁路技术管理规程》第 347 条中规定
"遇有降雨天气，重点防洪地段 1 h 降雨量达到 60 mm
及以上时，动车限速 45 km/h"的行车要求。

3. 原因分析

由于合福高铁地处山区，全线线路坡度较大，设
计院在分相设置时，经过牵引供电计算和行车检算，
在满足安全行车的条件下，将部分分相设置在 20‰的
坡道上，并于 2013 年初完成接触网设计后实施。
2014 年 11 月新《技规》颁布实施后，接触网分相已施

图 53－68　设备安全接地增加与 PW 线连接跳线图

工完成，但设置在上坡道上的分相经设计院行车专业重新检算，不能满足新《技规》对重点防洪地段限速
45 km/h 的行车要求。

4. 处理措施

针对长大坡道接触网分相设置问题，设计院进行研究情况说明，认为合福高铁已进入开通运营阶段，
改移长大坡道接触网分相位置难度较大，影响范围较广，涉及接触网平面布置调整、支柱和拉线基础重新
浇制、隧道外置槽道安装、供电线改移，以及信号设备和列控数据的调整等，工程量和投资均较大，同时因
分相位置调整将造成供电臂不均衡，引起部分供电臂供电能力不足问题。

鉴于以上原因，设计院建议维持既有接触网分相设置方案，线路因防洪或其他特殊原因确需限速时，按上坡方向分相入口处速度不低于 65 km/h 控制，由铁路局制定特殊行车办法，确保行车安全。

5. 现场实施

根据设计院建议和合福高铁已进入联调联试等实际情况，长大坡道接触网电分相设置暂维持既有方案。

为制定长大坡道动车过分相行车措施，提高应急处理能力，确保行车安全，2015 年 7 月 8 日至 9 日，南昌铁路局使用 CRH380A – 2704 + CRH380A – 2703 重联动车组在合福高铁福州至闽清北区间，利用天窗时间进行上坡道停车启动、低速过分相和停在分相无电区的行车应急处理试验。根据试验结果，明确动车经过上坡道分相的行车建议措施：惰性通过设置在 20‰ 上坡道的分相，CRH380A 动车组分相入口速度不得低于 62 km/h；惰性通过设置在 16.5‰ 上坡道的分相，CRH380A 动车组分相入口速度不得低于 55 km/h；对于设置在大于 10‰ 上坡道的分相，由于司机贴线运行较为困难，当雨量限速、线路原因限速或动车组本身原因导致限速低于 70 km/h 时，建议暂不向区间放行各型动车组。

6. 案例小结

（1）接触网电分相设置与行车安全紧密相关，接触网电分相设置应在接触网施工前做好与路局行车部门的对接工作，避免因分相设置不当，造成工程完工后改移困难和影响行车安全。

（2）设计院在进行接触网电分相布置时，尽量避免设置在连续坡道、变坡点和出站加速区段，在行车检算时应考虑防洪或其他特殊原因的限速要求。

（3）设计院完成接触网分相布置后，应尽快组织铁路局总师、运输、供电、机务等行车相关部门进行会审，确保分相设置满足行车安全要求。

六、接触网吸上线和避雷器引下线防盗措施

1. 设计情况

合福高铁闽赣段共设有吸上线 676 处，避雷器引下线 1860 处，吸上线采用 VV – 150 mm 铜芯电缆，避雷器引下线采用 VV – 70 mm 铜芯电缆，隧道外吸上线采用 5 套外包式抱箍将吸上线固定在支柱上，支柱最下端固定抱箍距支柱基础面 500 mm 处固定，其余 4 套抱箍按间距 1000 mm 等距离固定吸上线。避雷器引下线固定方式与吸上线相同，吸上线（或回流线）和避雷器引下线在线路上沿电力电缆槽敷设。

2. 存在问题

合福高铁是一条山区高铁，沿线治安情况较差，工程开工建设以来，偷盗现象时有发生，特别是对铜芯电缆的偷盗较为严重，在静态验收和联调联试阶段，全线发生多起隧道外吸上线（或回流线）、避雷器引下线被盗割现象，严重影响高铁运营安全，同时增加线路治安防范工作压力，如图 53 – 69 所示。

图 53 – 69　接触网吸上线被割图

3. 处理措施

为增加偷盗难度，减少接触网吸上线和避雷器引下线偷盗事件的发生，确保设备安全运行，经与设计院和公安部门研究，对隧道外接触网吸上线和避雷器引下线采取增加支柱上的固定抱箍，并对电缆沟敷设的电缆利用安装固定卡子进行加固的防盗措施。

4. 现场实施

增加隧道外吸上线和避雷器引下线在支柱上安装的固定抱箍数量，即安装间距由原 1000 mm 安装 1 个调整为 500 mm 安装 1 个；吸上线（或回流线）和避雷器引下线在电力电缆槽内的敷设采用固定卡子进行固定，在电缆槽进出端各安装 1 个，中间段按间隔 1 m 安装 1 个；回流线引下桥处采取固定卡子加混凝土封堵的措施，如图 53 – 70 所示。

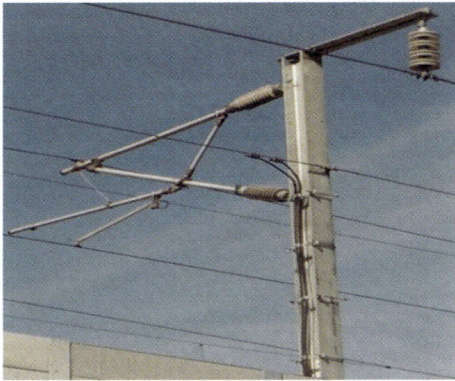

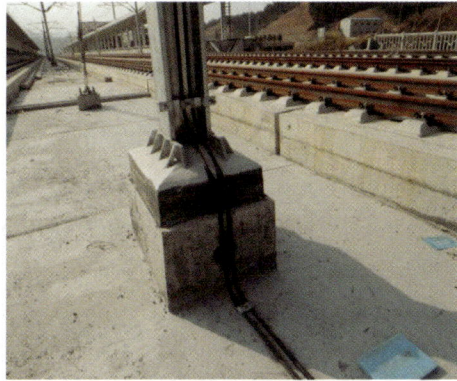

(a)在支柱上增加抱箍　　　　　　　　(b)在电缆槽里及地面增加卡子

图 53 – 70 吸上线增加固定措施图

5. 案例小结

合福高铁闽赣段吸上线、避雷器引下线在原有设计的基础上通过增加抱箍和固定卡子进行加固处理，增加偷盗难度，作为一种防盗辅助措施，在一定程度上可以减少吸上线和避雷器引下线偷盗事件的发生。但高铁线路设备的防盗工作加强线路治安防范工作为主，加大设备巡查力度，严厉打击偷盗行为，才能从根本上有效减少设备偷盗事件发生，确保高铁运营安全。

第五十四章 综合接地系统

第一节 桥梁工程综合接地施工

（1）桥梁地段贯通地线铺设在两侧的电力电缆槽内，并采取沙防护措施，接地装置充分利用桥墩基础设置。

（2）桥梁地段综合接地均采用桥隧型接地端子。接地端子直接浇筑在混凝土结构内，表面与结构面齐平。

（3）桥梁体接地设置。

无砟轨道桥梁接地设置要求：应在梁体上表面（或防水层的保护层）设纵向接地钢筋，纵向接地钢筋设于防撞墙下部和上、下行无砟轨道板间的1/3和2/3处并贯通整片梁；轨道板间的纵向接地钢筋距混凝土表面的距离应小于100 mm，并与梁端的横向结构钢筋连接。

（4）桩基础桥梁接地设置。

①在每根桩中有1根通长接地钢筋，桩中的接地钢筋在承台中应环接，桥墩中有梁根接地钢筋，一端与承台中的环接钢筋相连另一端与墩帽处的基地端子相连，以上接地钢筋均可用桩、承台、桥墩中的结构钢筋。

②在每个桥墩垂直于线路方向的小里程侧面、距地面-20 cm处，设1个不锈钢接地端子（水中墩除外），供测试之用。

（5）桥梁的扩大基础桥墩接地设置。

①在基底底面设1层钢筋网作为水平接地极，水平接地极为大约1 m×1 m的钢筋网络。

②桥墩中应有两根接地钢筋，一端与基底水平接地极（钢筋网）中的钢筋相连另一端与墩帽处的接地端子相连，以上接地钢筋均可用基底、桥墩中的结构钢筋代替。

③水平接地极钢筋网络的外缘距混凝土表面不大于70 mm；水平接地极钢筋各节点焊接完成。

④在每个桥墩垂直与线路方向的小里程侧面、距地面-20 cm处，设一个不锈钢接地端子（水中墩除外），供测试及附加接地极之用。

（6）桥梁地段声屏障综合接地。

①钢筋混凝土声屏障单元板顶部设置纵向接地钢筋，贯通整个单元板，纵向接地钢筋外缘距离混凝土表面不大于70 mm。

②在声屏障单元板一端的基础内预埋接地端子，并通过结构钢筋与上部纵向接地钢筋连接。在基础内通过结构钢筋将接地端子与接地钢筋网连接。

③声屏障通过梁体上部的横向接地钢筋与贯通地线实现单点T型连接，连接点应统一选在桥梁体一端。

（7）跨线桥、涵在墩内及梁体内设纵、横向接地钢筋，通过桥墩下部外连接地端子与线路两侧贯通地线相连接；桥台墩体内设置接地钢筋，桥台面接地钢筋参照桥梁体的接地设置要求实施。

（8）框架桥的梁部需采取接地措施，下部侧墙可不接入综合接地系统。

（9）桥墩、梁体、承台及桩基础中用于接地的非预应力结构钢筋之间均可靠焊接，保证电气连接。

（10）每个桥梁的各个桥墩均按照设计图要求设置接地钢筋，并接入综合接地系统。

（11）在工程允许的情况下，接地端子也可根据设备、设施的接地需要来确定预埋的里程，以达到最佳接地性能并方便工程实施和管理。

（12）无特殊要求混凝土结构物内的接地钢筋间均要求可靠焊接。

第二节　隧道工程综合接地施工

隧道内综合接地系统包括接地钢筋、贯通地线、接地端子设置。

1. 不同围岩地段综合接地施工

1）Ⅲ级围岩地段综合接地施工

在施工隧道系统锚杆时，每环选择 5 根系统锚杆作为接地锚杆，环向间距 6 m，纵向间距为约 1 个台车长度控制。选择的接地锚杆必须与 $\phi 16$ mm 专用的环向接地钢筋焊接牢固，焊接采用"L"形钢筋搭接焊接，搭接长度 200 mm。

环向接地钢筋的底部，要求预留连接钢筋，以保证环向接地钢筋与通信信号电缆槽侧墙上部的 $\phi 16$ mm 纵向接地钢筋连接，连接时采用焊接。

2）Ⅳ级、Ⅴ级围岩地段综合接地施工

施工隧道系统锚杆时，每环选择 5 根系统锚杆作为接地锚杆，环向间距 6 m，纵向间距按 1 个台车长度控制。选择的接地锚杆必须与钢架焊接作为接地极，焊接必须牢固，焊接采用"L"形钢筋搭接焊接。

钢架的底部，要求焊接 $\phi 16$ mm 的连接钢筋，以保证环向接地钢筋与通信信号电缆槽侧墙上部的 $\phi 16$ mm 纵向接地钢筋连接。

2. 综合洞室综合接地施工

综合洞室二次衬砌施工前，在洞室的左右两侧二衬混凝土内各预留 1 个接地端子，接地端子预埋在距底板混凝土面以上 30 cm 的位置。为保证接地端子与通信信号电缆槽侧墙上部的 $\phi 16$ mm 纵向结构钢筋连接，预留连接钢筋，连接时采用焊接。

3. 明洞段综合接地施工

隧道明洞段在施工仰拱钢筋时，选择仰拱衬砌内侧的结构钢筋作为接地钢筋。以纵、横向间距为 1 m 选择，纵横向接地钢筋之间点焊连接。

以 1 个台车长度作为接地极单元，然后在台车中部位置选择 1 根仰拱内侧环向结构钢筋为环向接地钢筋，该环向接地钢筋与纵向结构钢筋用"L"形连接钢筋搭接焊接。在两侧水沟电缆槽底通过竖直的 $\phi 16$ mm 连接钢筋与通信信号电缆槽侧墙上部的 $\phi 16$ mm 纵向接地钢筋连接，采用"L"形钢筋搭接焊接。

4. 隧道水沟电缆槽综合接地施工

水沟电缆槽混凝土施工前，将所有的防闪络环向接地钢筋、综合接地环向钢筋与纵向接地钢筋焊接到位，经专人检查合格并报监理工程师验收后，方可进行下一步工序操作。

隧道进、出口里程处设置 8 个接地端子，每侧各 4 个接地端子。隧道内通信信号、电力电缆槽内的接地端子按照间距 100 m 设置 1 处，且通信信号电缆槽侧墙线路侧外缘内的接地端子和接地母排槽道按照间距 50 m 设置 1 处。

接地端子固定采用螺栓安装在水沟电缆槽的面板上，也可以采用紧贴模板面板用钢筋头支立固定的方式进行，接地端子平面紧贴模板面板。

5. Ⅳ、Ⅴ级围岩隧道内初期支护综合接地设置

利用隧道系统锚杆和钢架为接地极，以约 6 m 为间距选择锚杆作为接地锚杆，以约 1 个台车长度为间距选择钢架为环向接地钢筋，用于接地的钢架与接地锚杆焊接牢固，并与通信信号电缆槽侧墙上部的 1 根 $\phi 16$ mm 纵向结构钢筋连接。

6. 仰拱综合接地设置

利用仰拱的上层结构钢筋为接地极，接地极的面积和间距由 1 个台车长度确定，每个接地极需一根 $\phi 22$ mm（$\phi 20$ mm、$\phi 25$ mm）环向钢筋通过 $\phi 16$ mm 连接钢筋与纵向接地钢筋连接，此根环向接地钢筋与用于接地的纵向结构钢筋和仰拱用于接地的纵向结构钢筋之间施作采用"L"形焊接，仰拱其他用于接地的纵、环向钢筋间采用点焊，焊点间距 1 m × 1 m。

7. 电缆槽综合接地设置

利用两侧通信信号电缆槽侧墙上部纵向贯通的 1 根 $\phi 16$ mm 结构钢筋作为纵向接地钢筋，此根钢筋每

100 m 断开 1 次。

在通信信号槽侧墙上部的纵向接地钢筋与贯通地线连接处，在 4 个电缆槽侧壁上和通信信号电缆槽侧墙线路侧外缘各设置 1 个接地端子(即每 100 m 设置 6 个接地端子)，并在相邻的连接处中间里程处在通信信号电缆槽侧墙线路外侧外缘再设置 1 个接地端子(即每 50 m 在通信信号电缆槽侧墙线路侧外缘内设置 1 个接地端子)。

第三节　路基工程综合接地施工

1. 路基地段贯通地线埋设

(1)一般路基地段沿线路两侧各设 1 根贯通地线，位于通信信号电缆槽外侧内壁正下方的基床底层中，接地装置充分利用接触网支柱基础。

(2)路堤、土质及软质岩路堑地段的贯通地线埋深分别距基床底层顶面 30 cm、40 cm 处；硬质岩路堑地段，将贯通地线埋设于通信、信号电缆槽下约 20 cm，沟中回填细粒土。

(3)有声屏障及桥、隧之间短路基地段贯通地线敷设在通信信号电缆槽内，并采取沙防措施。

(4)贯通地线纵向通过手孔时，应从手孔下约 20 cm 通过，在手孔施作时，避免机械对贯通地线的损伤。纵向通过涵洞时沿涵洞顶呈蛇形通过，并采用 10 cm 厚细砂作为保护层。桥梁、路基过渡段处，将贯通地线从两侧分别引入桥台尾路基两侧通信，信号电缆手孔中进行连接；隧道、路基过渡段处，贯通地线通过隧道洞门外通信、信号手孔相连。

2. 分支引接线的埋设

1)至通信信号电缆槽的分支引接线埋设

(1)贯通地线通过分支引接线侧向水平引至路基边坡，沿护肩底以及电缆槽底引入电缆槽，与预留接地端子引接线相连接。

(2)分支引接线以接触网支柱为间隔设置，每处预留 1 根长度为 6 m 的分支引接线和 1 个接地端子，分支引接线与贯通地线同材质。

2)至电力电缆槽的分支引接线埋设

(1)贯通地线通过分支引接线侧向水平引至路基边坡，沿边坡往下从侧沟底部穿过至电力电缆槽与电力电缆槽靠线路内侧壁预留的接地端子引接线相接。

(2)分支引接线以 1000 m 间隔设置，小于 1000 m 的路基不考虑，大于 1000 m 的路基等分设置，间隔以不大于 1000 m 为原则；接地端子及分支引接线应选在电力手孔处。

3. 贯通地线的主要埋设工序和工艺

1)路堤、土质及软质岩路堑地段

(1)路基填筑并压实至高于贯通地线埋设深度约 60 mm 高程的同时，预留出 60 mm 深、宽度略大于贯通地线直径的"小槽"，以敷设贯通地线。

(2)先向"小槽"内回填 40 mm 粒径不大于 5 mm 的土壤，敷设贯通地线，再次回填 40 mm 粒径不大于 5 mm 的土壤后，进行人工夯实。

(3)人工夯实后，在"小槽"上方覆盖不少于 100 mm 粒径不大于 5 mm 的土壤、并进行正常的路基填筑和机械压实作业。

(4)贯通地线的分支引接线采用与贯通地线相同的工序和工艺埋设，施工边坡防护前，将引线埋设于边坡防护层下并与灌注在电缆槽中的接地端子引接线连接。

2)硬质岩路堑地段

在硬质岩路堑地段切割安装电缆槽时，同时切割 0.2 m×0.2 m 的小槽，铺设贯通地线，槽内回填细粒土并人工夯实；在需要横向连接的位置，同时横向切割出 0.2 m×0.2 m 的小槽，铺设贯通地线，槽内回填细粒土并人工夯实。

3)桥隧之间短路基地段(不大于 30 m)

贯通地线直接敷设在电缆槽内，在水平和高程方向与两端桥隧结构物内贯通地线顺接。

4. 两侧贯通地线间的横向连接

（1）长度超过 1000 m 的路基地段，每间隔 500 m 左右将上下行贯通地线连接一次。

（2）长度为 500～1000 m 的路基地段，在路基段中间将上下行贯通地线连接一次。

（3）长度小于 500 m 的路基地段，不考虑贯通地线的横向连接。

（4）横向连接线的规格、埋设深度、埋设工序及工艺与贯通连接地线相同。

5. 路基地段接地极、接地端子设置

（1）路基地段利用接触网支柱基础作为接地极使用。在施作接触网支柱基础时，在基础沿线方向小里程侧面预制接地端子，接地端子连接钢筋要求与基础内结构钢筋可靠焊接；接地端子供轨旁设备及无砟轨道板等设施接地，并通过不锈钢连接线与电缆槽内接地端子连接。

（2）在通信信号电缆槽内侧壁预制接地端子，接地端子尾端与贯通地线分支引接线压接，设置里程与接触网基础中心里程相同，供基础连接及通信信号轨旁设备接地；在设置分支引接线电缆槽侧壁预制接地端子，供电力设备接地。

（3）接触网支柱基础上接地端子采用桥隧型接地端子，电缆槽内接地端子采用路基型接地端子。

（4）安装在电缆槽内的接地端子有条件时应直接灌注在电缆槽侧壁上，为方便电缆槽预制，也可在槽壁上预留或后钻孔径不小于 80 mm 圆孔，将接地端子以 1：2 水泥砂浆固定在孔内，接地端子应在现场集中安装或在出厂前安装在电缆槽上。

（5）在工程允许的情况下，接地端子也可根据设备、设施的接地需求来确定预理里程，以达到最佳接地性能并方便工程实施和管理。

6. 路基桩板结构的综合接地

（1）在每个混凝土桩内的外层钢筋中取 1 根竖向结构钢筋作为接地钢筋；在每块托梁和钢筋混凝土承台板的上层结构钢筋中，选取部分纵、横向结构钢筋将每个混凝土桩内的接地钢筋连接起来。

（2）在每块钢筋混凝土承台板一端靠线路两侧预留接地端子，接地端子与板内接地连接钢筋可靠焊接，此接地端子用于板间连接和与贯通地线（或无砟轨道板接地端子）的单点"T"形连接。

（3）上述接地钢筋均利用桩板结构的非预应力结构钢筋，所有接地钢筋及接地端子连接均要求可靠焊接。

7. 路基地段声屏障综合接地

（1）钢筋混凝土声屏障单元板顶部设置纵向接地钢筋，贯通整个单元板，纵向接地钢筋外缘距离混凝土表明不大于 70 mm；单元板两端纵向接地处设置接地端子。

（2）在声屏障单元板一端的基础内预埋接地端子，并通过结构钢筋与上部的纵向接地钢筋连接。在基础内通过连接钢筋将接地端子与基础锚杆连接（接地级），以增强接地效果。

（3）声屏障与贯通地线 T 形连接视声屏障设计结构确定，T 形连接间距不超过 l00 m。

第五十五章　防灾安全监控工程

第一节　工程概况

一、工程简介

防灾安全监控系统工程覆盖合福高铁 466.8 km 的线路，主要是对危及铁路运行安全的自然灾害(风、雨、地震等)、异物侵限等进行监测报警，提供灾害预警、限速、停运等信息，为调度所进行列车运行管理提供依据，通过信号联锁及列控系统或行车调度命令实现自动或人工控制行车速度，提高高速列车运行的安全性。

主要工程量：全线敷设 SPTYWPL23 型内屏蔽数字信号电缆共 77 km，敷设 PTYL23 型信号电缆共 19.9 km，安装单独风检测装置 49 套，安装单独雨检测装置 24 套，安装异物侵限监测网 535 m(公跨铁 1 处、隧道口 10 处)，安装地震仪 2 台，安装现场控制箱 83 套，安装南昌调度所中心设备 2 套(黄武行车调度台、武福行车调度台)，安装南平北站、上饶站防灾数据处理设备 2 套，安装防灾终端共 4 套(南昌铁路局工务处、鹰潭工务段、南平工务段、福州工务段)，安装监控单元 91 套。

二、主要技术条件

1. 大风报警

大风监测报警时限可按风速达到报警门限不大于 10 s 报警设定；解除报警时限可按大风降级后不大于 10 min 设定和强对流短时大风，预警时间不少于 2 min；季节性大风，预警时间不少于 5 min 的技术要求，向行车管理部门或驾驶员提供行驶前方风速风向趋势预测和可能出现的危险概率。防风报警门限设定见表 55 - 1。

表 55 - 1　防风报警门限

级别	风速范围/$(m \cdot s^{-1})$	指示颜色	状态信息
0	$0 < V \leqslant 20$	绿色	正常行车
1	$20 < V \leqslant 25$	蓝色	限速 200 km/h
2	$25 < V \leqslant 30$	黄色	限速 120 km/h
3	$30 < V$	红色	停车

风速风向仪技术参数见表 55 - 2。

表55 - 2 风速风向仪技术参数表

参数	测量范围	精度	分辨率
风向	0 - 360°	±3°	1°
风速	0.1 - 85 m/s	测量值的 ±5% ±0.5 m/s	0.1 m/s
使用环境	温度 -40°~ +70°，带加热，风速 0~100 m/s		
传输特性	RS 422，波特率：4800，8，N，1，数据输出频率 1 Hz(采样频率 10 Hz)		
供应电压	18 - 32 V DC/15W，加热 24 V DC/70 W		
外壳防护等级	IP66		
尺寸	高 305 mm，直径 105 mm		
重量	1.5 kg		

2. 异物侵限报警

发生异物侵限报警时，向综合视频监控系统发送异物侵限报警信息，触发综合视频终端立即显示报警点处的视频图像。

当异物侵入致使单电网断线时，判断为电网故障，提醒相关维护单位及时处理；电网双断时，由监控单元主机通过继电单元向列控系统传输继电接口信息，通过列控系统向列车发出停车指令，迫使列车停车。电网传感器技术参数见表55 - 3。

表55 - 3 电网传感器技术参数表

技术参数	指标
防限尺寸	≥ 15 cm × 15 cm × 15 cm
防限质量	≥15 kg
接地电阻	≤4Ω
工作温度	-25℃ ~70℃
工作湿度	5% ~95%

3. 雨量超限报警

短时间超强度降雨，可以使轨道黏着系数和列车制动距离明显降低，严重影响高速正常行驶的列车。

当特定监测点的全天和小时降雨量数据超过规定的限值时，根据报警逻辑判断，终端可以报警并将信息显示，根据预设报警门限，提醒调度人员采取相应限速措施。

4. 地震报警

地震监控子系统实时监测被监控区段的地震波波动状态，当地震波波动峰值超过 40 gal，即将危及行车安全时，系统立即向相关行车指挥控制各系统发地震波超限报警，并切断监控范围内牵引变电所以及分区所的供电，同时启动相关部门的应急机制。

5. 防灾监控单元和监控中心

各监控单元主机将现场设备采集实时数据进行逻辑判断和数据处理后本地存储，同时上传至综合维修段防灾安全监控中心系统。

防灾安全监控中心系统数据服务器内建立防灾数据库，内设防风预警监测、异物侵限监控、雨量监测等相关数据表，存储各类相关信息。应用服务器接收各监控单元传入的实时数据，进行数据处理和逻辑判断，生成各类状态信息和统计数据，给各终端提供数据服务的同时将各类数据存入数据服务器，以备查询和分析。

维护终端实时从应用服务器读取实时数据，图形化、动态地集中显示全线监测点信息，包括防风预警监测子系统、雨量监测子系统、异物侵限监控子系统各监测点的实时变化值以及防灾安全监控系统的运行状态。

当有大风超限报警、异物侵限报警、雨量超限信息时，维护终端自动弹出报警界面，同时触发告警箱发出声光报警，提醒值班员及时处理报警信息。所有报警信息及事故记录信息永久保存，以备查询。

防灾安全监控中心系统根据数据信息内容提供相应级别的防灾报警、预警。

第二节　施工工艺与方法

一、风、雨传感器安装方案

风速风向计设于线路的迎风侧，距离轨面 4 ± 0.1 m 高，结合合福高铁的选点方案，安装在铁路靠南侧的接触网杆上，雨量计大多数与风速计同址设置安装。现场设备箱安装于接触网杆上，采用抱箍安装的形式，具有防水、防尘等功能。所有现场设备不得侵入线路限界。

二、异物侵限双电网传感器安装方案

1. 需要设置异物侵限监测的公跨铁桥

需要设置异物侵限监测的公跨铁桥见表 55 – 4。

表 55 – 4　需要设置异物侵限监测的公跨铁桥表

顺序	桥名	中心里程	护栏防撞性能等级	桥面距轨面高度/m	公路与铁路夹角/°	公路右侧来车方向外侧钢轨外监测电网长度/m	监测电网长度 2L/m
1	德上高速公路	DK420 + 728	SA	15	100	19	62

2. 公跨铁异物侵限电网传感器安装

公跨铁异物侵限双电网传感器安装在公路跨铁路桥防护栏外，铁路征地范围内。施工必须严格遵循以下安装步骤，包括植入化学锚栓、L 型支架安装、水平承重网和竖直监测网安装、双电网配线、电缆及地线的引下防护、轨旁控制器安装、综合接地等。安装方案如图 55 – 1 所示。

3. 公铁并行异物侵限监测装置的安装

在公铁并行地段连续设置混凝土基础，在混凝土基础上安装门型监测电网。门型监测电网的高度为离地面 800 mm，宽度为 1500 mm，两门型监测电网中间的空隙为 1000 mm。安装方案如图 55 – 2 所示。

图 55 – 1　跨铁异物侵限双电网传感器安装

图 55 – 2　公铁并行现场安装图片

4. 隧道口异物侵限电网传感器安装

设置异物侵限监测的隧道见表 55 – 5。

表 55 – 5　需要设置异物侵限监测的隧道表

序号	隧道口	里程	监测电网长度/m
1	方思山隧道进口	DK347 + 057	67.5
2	晓起隧道进口	DK360 + 397	36
3	茅坞隧道进口	DK438 + 256	36
4	周家隧道出口	DK514 + 661	45
5	北武夷山隧道进口	DK520 + 284	45
6	前山隧道出口	DK550 + 619	48
7	上梅隧道出口	DK570 + 434	48
8	高科垄隧道进口	DK581 + 076	48
9	大横隧道进口	DK670 + 412	48
10	李峰隧道进口	DK802 + 939	51

隧道口的异物监控双电网传感器的竖直监测网高度 3000 ± 55 mm，每单元宽度为 1500 ± 010 mm，双电网传感器内置于竖直监测网栅格且不得有任何外露，栅格大小为 115 mm × 115 mm 至 125 mm × 125 mm 之间（中心线到中心线），质量不大于 35 kg；监测双电网在 50 kg/m^2 静载荷作用下不得开裂（检验方法：中间部位加载 30 min），抗风能力不小于 50 m/s。

异物侵限防护网安装在隧道口上方山体仰坡处（即隧道口延伸部上方），采用竖梁立网和斜支撑相结合的安装方式，基础采用直埋浇筑安装形式。防护网单元尺寸为 1500 mm × 3000 mm，传感器电缆布设方式和公跨铁一致。异物侵限监测电网设于隧道口挡墙外。

三、强震仪安装方案

地震监测布点见表 55 – 6。

表 55 – 6　地震监测布点表

序号	地震监测点	里程	控制牵引变电所	控制车站、信号中继站列控中心
1	关西 AT 所	DK793 + 900	白沙镇牵引变电所、福州牵引变电所	闽清北站（DK762 + 100）、中继站 42（DK776 + 633）、中继站 43（DK785 + 071）、中继站 44（DK796 + 668）、福州站（DK812 + 078）
2	福州分区所	DYk809 + 305	白沙镇牵引变电所、福州牵引变电所	闽清北站（DK762 + 100）、中继站 42（DK776 + 633）、中继站 43（DK785 + 071）、中继站 44（DK796 + 668）、福州站（DK812 + 078）

合福高铁沿线共设置 2 处地震监测点，均设置于牵引变电所/分区所。每处地震监测点均设置 2 套强震仪。设置于牵引变电所/分区所的每套强震仪均包括 1 台地震传感器（加速度计）、1 台强震记录器和 1 台强震采集器（EPU）。每台强震采集器采集、记录及分析 2 台地震传感器的数据并将数据上传至就近防灾监控单元，防灾监控单元将数据上传至监控数据处理设备，并接收监控数据处理设备传来的控制列控及牵引变电的信号。地震传感器设置于室外，强震动记录器设置于牵引变电所/分区所防灾机房。

地震加速度计安装于牵引变电所/分区所的自由场地上，避开局部地形起伏变化大的地点，与高大建筑物间距离大于建筑物的高度与长度。两套加速度计的最小间距约为 40 m。

摆房的占地面积为 $2.70 \times 2.70 = 7.29$ m²。墙体采用红砖 50 墙，室内地面铺砌 0.40 m 厚的红砖。定制橡胶材料的顶盖，安装好后用玻璃胶做好密封防护。

仪器墩位于摆房的正中央，材料为素混凝土，仪器墩的截面尺寸为 0.40×0.40 m²，高度为 0.80 m。当回填土厚度为 1.00~1.40 m 时，在仪器墩的正下方对称布置两个直径为 0.16 m 混凝土桩，桩长为 0.30 m，每个混凝土桩中插入 3 根长度为 0.35 m 的 $\phi 10$ mm 螺纹钢筋，钢筋铆入仪器墩 0.10 m，钢筋距桩底面 0.05 m；当回填土厚度大于 1.40 m 时，其他不变，混凝土桩随回填土厚度的增加而延长，保证桩埋入原状土的高度在 0.30 m 以上，钢筋也随之延长。

当回填土的厚度为 0.00~1.40 m 时，仪器墩和摆房室内底面下的土体均为原状土，无需夯实；当回填土的厚度大于 1.40 m 时，仪器墩和摆房室内底面下的回填土需夯实。

摆房室内地面和仪器墩之间预留 0.05 m 的预留缝，待仪器墩和室内地面做好后，在预留缝中灌满细沙；然后，在室内地面上做 0.02 m 厚的沥青防水层。

在摆房靠近机房一边的墙体上预留直径为 0.04 m 的 PVC 管预留孔。在摆房外墙面先做聚乙烯保温层，再做防水等级为 I 级的防水层。

四、监控单元设备安装方案

1. 安装监控单元机柜

2. 电缆引入、做成端及配线

(1) 电缆从地沟或防静电地板下引入机柜。

(2) 电缆的成端制作、电缆接地连接完成后将电缆固定。采用电缆的成端工艺，能够阻止内屏蔽数字信号电缆的潮气进入，从而保持电缆的绝缘性能长期处在良好状态。同时将内屏蔽、铝护套、钢带连接封闭在胶体内，防止连接部位因氧化而引起的接触不良。

(3) 根据电缆配线图进行电缆分线。由于内屏蔽数字信号电缆采用皮泡皮结构，绝缘层强度较低，施工时需防止损坏芯线的绝缘层。

(4) 电缆两端进行屏蔽接地，即将钢带、铝护套、内屏蔽层进行接地。将钢带、铝护套、内屏蔽用 7×0.52 铜芯塑料线引出后，连接到接地端子排上。

(5) 供电和数据传输不采用同一四芯组，扭绞电缆芯线组在线槽内不开绞。

(6) 电缆芯线与室外导通、测试，确认正确后与端子连接。

3. 安装线缆桥架

1) 桥架安装要求

机架安装完毕后，水平、垂直度应符合生产厂家规定。若无厂家规定时，垂直度偏差不应大于 3 mm；机架上的各种零件不得脱落或碰坏，各种标志应完整清晰；机架的安装应牢固，应按施工的防震要求进行加固；桥架安装位置应符合施工图规定，左右偏差视环境而定，最大不应超过 50 mm；桥架水平每 m 偏差不应超过 2 mm；垂直桥架应与地面保持垂直，并无倾斜现象，垂直度偏差不应超过 3 mm；桥架节与节间用接头连接板拼接，螺钉应拧紧。两桥架拼接处水平度偏差不应超过 2 mm；桥架转弯半径不应小于其槽内的线缆最小允许弯曲半径；盖板应紧固；支吊架应保持垂直，整齐牢靠，无歪斜现象。

2) 设置桥架支撑保护

水平敷设时，支撑间距一般为 1~15 m，垂直敷设时固定在建筑物构体上的间距宜小于 1 m；金属桥架敷设时，下列情况设置支架或吊架：线缆接头处间距 2 m 处、离开桥架两端口 0.5 m 处、桥架走向改变或转弯处。在活动地板下敷设线缆时，地板内净空不应小于 150 mm。如果活动地板内作为通风系统的风道使用时，地板内净高不应小于 300 mm。

4. 各地线与综合地线连接

防灾安全监控系统室内设备及现场设备均纳入铁路沿线贯通地线系统工程。贯通地线与防灾设备的安全地线、防雷地线、屏蔽地线、防静电地线、逻辑地线、电源线的中性线或地线等电位可靠连接，采用焊接法与综合地线连接。

5. 上电调试

主要设备测试内容见表 55 - 7。

表 55 - 7　主要设备测试内容表

测试编号	测试设备	测试内容	正常状态	故障现象	结论
1	开关电源	通电测试	输入指示灯亮，故障指示灯灭		
		输出测试	一路输出 DC24 V ± 0.5 V， 一路输出 DC48 V ± 0.5 V，		
2	网络	与监控数据处理设备之间的防灾专用网络是否正常	正常工作		

五、监控数据处理设备安装方案

1. 监控数据处理设备安装（通信主要接口和调度所、工务终端设备）

监控数据处理设备安装示意图如图 55 - 3 所示。

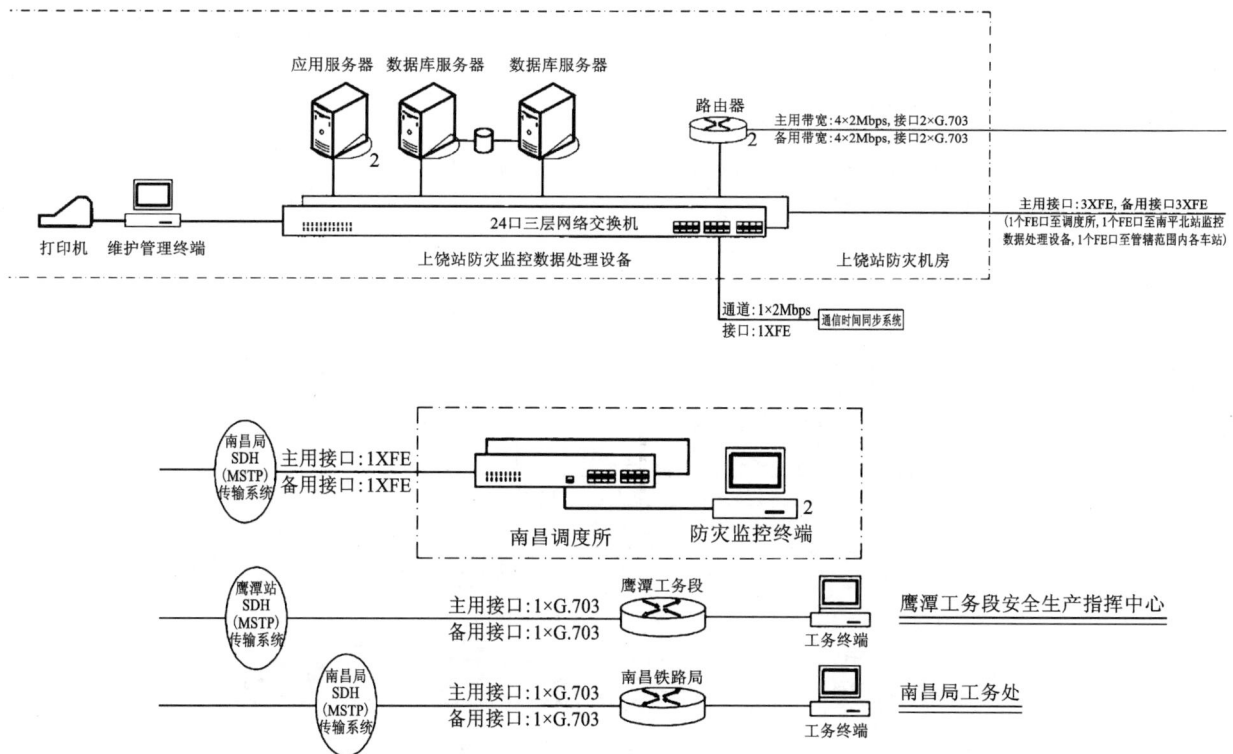

图 55 - 3　监控数据处理设备安装

2. 上电调试

1）通用测试

防灾安全监控数据处理设备连通后测试内容见表 55 - 8。

表 55 - 8　防灾安全监控数据处理设备连通后测试

序号	测试项目	测试内容		要求
1	通信故障	人为切断通信线路，监控终端报警并记录		有信号，并有记录
2	供电故障	人为切断现场电源后	查看监控终端、服务器是否正常工作	正常工作
			故障报警信号	有信号
			查看记录内容不丢失	记录不丢失
3	记录检索	按时间、子项目或记录顺序检索记录		检索工作正常

2）网络交换机连通性测试

网络交换机连通性测试内容见表 55 - 9。

表 55 - 9　网络交换机连通性测试

序号	测试内容	描述
1	本地网络连通性	测试本地网络是否通达
2	远程网络连通性	测试与外部网络是否通达

六、调度所终端设备安装方案

1. 机柜设备及终端安装（通信主要接口和调度所、工务终端设备）

机柜设备及终端安装示意图如图 55 - 4 所示。

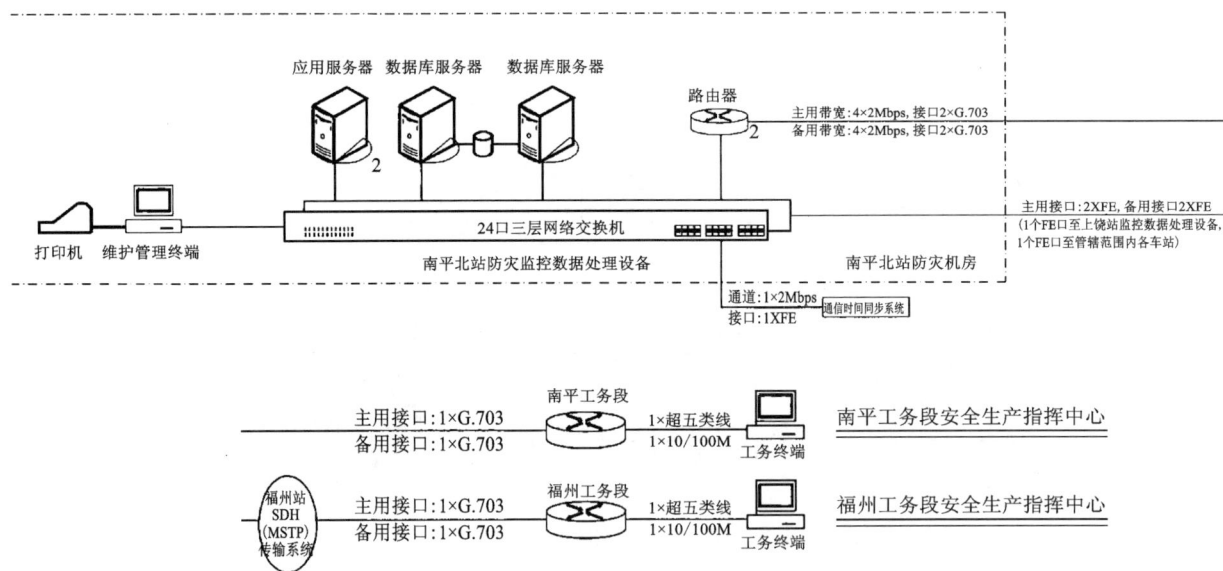

图 55 - 4　机柜设备及终端安装

2. 上电调试

调度所设备连通后测试内容见表 55 - 10。

表 55 - 10　调度所设备连通后测试

序号	测试项目	测试内容		要求
1	通信故障	人为切断通信线路，监控终端报警并记录		有信号，并有记录
2	供电故障	人为切断 现场电源后	查看监控终端是否正常工作	正常工作
			故障报警信号	有信号
			查看记录内容不丢失	记录不丢失
3	中文显示界面	能显示各项操作、现场实时信息、信息传送故障和报警信息		显示正常

第五十六章 客运服务系统

第一节 工程概述

合福高铁闽赣段客运服务系统工程范围为各新建站房票务系统、旅服系统、办公自动化系统、公安管理信息系统、综合布线系统及电源系统。

客运服务系统由票务和旅客服务系统构成。客服系统包括了票务系统(人工售票、自动售票、自动检票系统)、集成管理平台系统、导向揭示系统、广播系统、监控系统、时钟系统、查询系统、安检系统、办公自动化系统、公安管理信息系统。形成统一的旅客服务平台,为旅客进站、候车、乘车换乘,出站等环节提供文字、图像、音频等全方位的信息服务。

第二节 客运服务系统施工原则

(1)客运服务系统遵循合福高铁闽赣段客运服务系统的总体技术方案进行施工。客运服务系统施工内容包括车站票务系统、车站旅客服务系统、动车段信息系统、公安管理信息系统、站段办公自动化等系统及辅助设施。

(2)对于车站票务系统和旅客服务系统,按照铁道部系统集成办提供的《铁路客运专线客运服务系统总体技术方案》进行施工。

(3)各个客运服务系统满足集中监控的同时,保证分站、分系统的独立运行能力。

(4)动车段运用检修管理系统按照铁道部《动车组管理客运服务系统总体方案》进行施工。

(5)根据铁道部关于动车段客运服务系统的相关会议精神以及动车基地建设指挥部的要求,动车段客运服务系统施工增加广播系统和时钟系统。

(6)运营调度系统由运营调度专业按照全线统一标准进行施工,本章节施工仅考虑其接口方案。

(7)安全联锁监控系统由动车专业进行施工,本章节施工仅考虑其接口方案。

(8)动车段客运服务系统主要施工内容包括动车组运用检修管理系统、动车段办公自动化系统、列车资讯系统地面站、一卡通管理系统、视频监控系统、综合布线系统、广播系统、时钟系统、公安管理信息系统。

第三节 客运服务系统施工

工程施工包括以下内容:控制机房、网络系统、综合显示系统、广播系统、时钟系统、电源系统、监控系统、安检系统、自动收检系统、办公自动化系统、管线及设备安装、线缆布线等。

一、票务系统施工

本线车站票务系统包括上级票务系统扩容方案,车站级票务系统,售票及检票,车站票务安全系统设备。由人工售票机、自动售票机、进、出站闸机、补票机、业务管理微机、应急售检票服务器、路由器、交换机、打印机、客票安全设备等组成。票制采用纸质磁介质热敏车票。

新设窗口售票机及自动售票机,设置在售票室;新设进站闸机在进站口;新设出站闸机在出站口;新设补票机,设置在检补票室。

根据有关实名制售票的要求,人工售票终端按1:1比例配置学生证读卡器及二合一(二代居民身份证和中铁银通卡)读卡器，自动售票机、进出站检票闸机按1∶1比例配置二合一(二代居民身份证和中铁银通卡)读卡器，各车站配置公安临时制证窗口设备一套。

根据南昌铁路局意见，各站设独立的票务系统网络设备，通过通信专业提供的专用传输通道(上饶站4个2M，南平北站4个2M，武夷山东站4个2M，其他站2个2M)，采用点对点方式接入南昌局地区票务中心。

各站设置1套票务安全设备(包括安全配置管理终端、身份安全控制设备、安全管控器、访问控制设备等)，并配置安全管管理软件及USBkEY等。

二、主控平台施工

合福高铁闽赣段各车站人工售票系统(即TRS系统)按路局客票地区中心——车站二级管理模式，系统统一运行TRS 5.2软件。闽赣段各车站自动售检票系统按路局自动售检票——车站二级管理模式，沿线各车站设置自动售检票应急服务器及网络设备，自动售检票终端通过网络设备接入路局平台。本线票务系统接入扩容方案拟定为：

(1)南昌铁路局票务系统处理平台

合福高铁闽赣段接入南昌铁路局既有客票系统处理平台，需扩容路局客票数据库服务器(增加8核CPU、24GB内存、4*300GB存储硬盘空间同步扩充)，增加2台应用服务器，为保证合福新增车站票务系统通道接入，需扩容路局票务核心路由器(增加1口通道化155光口STM-1模块一块，VIP80母卡一块)。

(2)南昌铁路局自动售检票系统处理平台

合福高铁闽赣段接入南昌铁路局自动售检票系统处理平台可利用南昌铁路局互联网工程时设置的服务器和存储设备，无需扩容；其路由器设备与既有客票系统共用，接口板已在客票系统中考虑，自动售检票系统中不再扩容。

三、车站旅客服务信息系统施工

本线闽赣段旅客服务客运服务系统采用大站集中管控方案施工。

上饶站、南平北站客运服务系统包括集成平台、综合显示、客运广播、视频监控、时钟、安全检查设施等子系统。

其他各代管站客运服务系统包括应急集成管理平台、综合显示、客运广播、视频监控、时钟、安全检查设施等子系统。

1.车站旅客服务集成平台

(1)在上饶站、南平北站设置中心站级旅服集成平台，集成平台采用千兆以太网组网，配置2台数据库服务器、2台应用服务器、2台接口服务器及1台域控服务器。

(2)在南平北站客运综控室新设60寸LCD无缝拼接大屏12块，客服系统综控台3台，管理福建省内武夷山北、武夷山东、建瓯西、南平北、古田北、闽清北6个车站。

(3)在上饶站客运综控室新设60寸LCD无缝拼接大屏10块，客服系统综控台3台，管理江西省内婺源、德兴、上饶、五府山4个车站，同时具备管理杭长线江西省内3个车站的能力。由于合福高铁在杭长客专之后开通，杭长客专需接入的3个车站由杭长客专自行负责过渡，在上饶站建成后由杭长客专负责其工程内3个车站的接入。

(4)其中上饶站既有站房12000 m²，于2006年建成，一、二层候车室是沪昆普速场候车区。既有客运服务系统有票务系统、旅客服务信息系统(包括引导显示系统、客运广播系统、视频监控系统、时钟系统、安检系统)。上饶站既有站房既有客运服务系统设备硬件维持既有不改造(广播系统除外)，新站房旅服系统集成平台具有集成老站房既有旅服子系统的功能。

2.车站旅客服务系统应急平台

(1)车站旅服系统应急管理平台由应急处理服务器、接口服务器、维护管理终端、业务操作终端、网络打印机、交换机等设备组成。

(2)应急平台在信息主机房配置1台应急处理服务器、接口服务器及维护管理终端1台。在客运总控室配置三联应急操作台、2 台双屏业务操作终端、1 台单屏业务操作终端，1 台打印机。

（3）车站旅服系统局域网利用车站综合布线系统提供的数据布线通道，采用千兆双核心交换，主干双光纤链路组网。车站各旅服子系统及办公自动化系统共同组网，共用集成平台网络交换机。在信息主机房配置三层核心交换机 2 台，接入交换机 1 台，在信息配线间设置接入交换机 1 台。

（4）本线各代管站旅服通过数据网上联至中心级旅服系统集成平台，在正常情况下，由中心级旅服系统综控平台直接控制各车站系统，实现统一指挥，当中心出现故障时或网络终端的情况下，各代管车站即刻启动车站应急管理平台，转入站控模式。

3. 综合显示系统

综合显示系统终端设备包括引导、票额、通告屏及到发通告 PC 终端。每块同步屏各采用 1 台控制器，按光纤接入屏体考虑；异步屏集中采用 1 台控制器，以双绞线接入；各类控制器均接入旅客服务信息系统集成平台。其中上饶站老站房既有引导显示系统终端接入新站房综合显示系统控制器上。

在售票室、客运值班员、公安值班员、补票室、站长室等处设置到发通告终端，其中售票室设置 LED 显示屏（不面对旅客），其他小房间设置 PC 机作为到发终端。

本次施工仅在婺源站、上饶站、武夷山北站、武夷山东站、南平北站、建瓯西站设置 PDP 通告屏。

4. 广播

客运广播系统具备自动广播、人工广播、应急广播等各种广播模式。本线各站客运广播与消防广播共用功放、扬声器终端设备和线路，当发生紧急事故（如火灾）时，可根据程序指令自动切换到紧急广播工作状态。可提供任何事件的报警联动广播，手动切换的实时广播等。

武夷山东站客运广播系统采用 8 信源，16 通道，32 个负载区、12 kW 总输出功率设备。南平北站、上饶站客运广播系统采用 8 信源，8 通道，16 个负载区、5 kW 总输出功率设备。婺源站、德兴站、五府山站、武夷山北站、建瓯西站、古田北站、闽清北站客运广播系统采用 8 信源，8 通道，16 个负载区、3 kW 总输出功率设备。其中上饶站为了集成既有站房客运广播子系统，需更新广播系统，既有广播终端利旧。

同时，广播分区与站房防火分区的分布不能有冲突，即同一回路广播不能跨两个防火分区。

5. 视频监控

视频监控系统由摄像机、监控终端、视频光端机、报警按钮、双鉴探头、报警主机、声光报警器、撤布防键盘等组成。

站内摄像机接入通信综合视频监控平台，由通信专业在通信机械室设置综合视频系统机柜（内置视频编码器、视频接入交换机等）。

车站视频监控系统接入车站旅服系统集成管理平台联网运行。其中上饶站老站房旅服视频监控系统通过综合视频监控平台与新站房旅服系统集成平台联网运行。

系统设置视频管理工作站 1 套，在公安值班室和站长室各设监控工作站（双屏）各 1 套。同时考虑防盗报警功能，设置报警控制主机，在重点部位设置了双鉴探头，在售票室设置了紧急按钮（报警按钮与人工售票终端按 1:1 配置），并安装报警装置。

根据铁建设 51 号《铁路房屋建筑施工标准》（TB 10011&2012）要求，本次施工在信息机房和信息总控室设置视频前端采集设备，纳入通信综合视频监控平台。

6. 安全检查设施

根据铁公安 2011 年 115 号文的要求，各站配置安全检查仪及安全门，配置硬盘录像机及 1080P 高清定焦摄像机，同时配置防爆罐、防爆毯、手持金属探测仪等。安检区域的视频图像单独存储在公安值班室，不纳入综合视频监控系统中。

7. 时钟

时钟系统主要为车站客运作业人员及旅客提供全线统一的时间信息，同时为车站客服系统提供时间同步。

南昌局管辖范围内各站时钟源取自中心站级旅服集中管理平台时钟同步信号，在南平北中心站和上饶中心站新设 1 套二级母钟和 1 套时钟同步服务器，在中心站通过通信同步网获取高精度的时钟信号，完成中心站级母钟的精度校准。

四、其他系统

包括机房动力环境监控系统，综合布线系统，办公自动化系统，公安管理信息系统，综合维修管理信息系统，机房、配线间、电源、线缆防护、防雷与接地等。

第五十七章　工程接口

第一节　专业间工程接口施工

一、工程概况

各专业间的接口与配合关系见表 57 - 1。

表 57 - 1　各专业间的接口与配合关系表

项目	路基	桥梁	隧道	无缝线路	站场建筑
无砟道床	●	●	●	△	○
接触网立柱基础	●	△	△	△	○
综合接地预埋件	●	●	●	△	△
电缆槽	●	△	●	△	△
过轨管线	●	△	△	●	△
运梁通道	●	●	△	○	○
声屏障基础	●	△	○	○	○
设备安装基础	○	○	○	○	△
管线及设备入室	○	○	○	○	●
信号设备安装及联锁	●	○	○	●	●

注：●表示强相关，△表示弱相关，○表示不相关。

1. 路基与桥、涵施工配合

路基、桥涵等基础设施相互关联又相互制约的工程项目，贯彻"合理组织、科学管理、精心施工"的精神，施工中以保证工程质量为前提，以沉降控制为关键，确保施工工期为目的，经济合理地组织施工。

软土及松软土地基采取必要的处理措施，并且在上部路基填筑施工中，填筑速度根据地基变形观测分析结果控制，满足规范要求。中小桥桥台及涵渠开工、完工应服从路基总工期的需要进行合理安排。桥台的最早开工时间服从路基施工的需要。

后续箱梁架设和无砟轨道施工受路基工程影响的地段，其施工组织，根据桥梁架设顺序和无砟轨道施工顺序安排该路基区段施工顺序，对影响架梁和无砟轨道施工的地段，优先安排施工。

调遣足够的施工机械设备，配备充足的施工力量，缩短路基施工工期，预留更多的自然沉降时间；严格按施工规范进行，对软土路基地段，留足路基沉降稳定的时间。

2. 桥梁、路基施工与架梁相互配合

特大桥桥台的桥后过渡段，最迟完工时间必须满足箱梁架设的工期安排。线下工程施工安排必须服从箱梁架设的需要，控制工期的关键工程最早开工完工。

3. 线下工程与无砟轨道道床铺设的施工配合

线下工程的施工安排服从无砟轨道道床铺设的需要。以无砟轨道道床施工的最早开工时间进行工期倒排，逐级保证节点工期的要求。

路基沉降变形满足无砟轨道道床铺设的要求，需要堆载预压地段尽早完成施工，留出足够的沉降变形时间。

4.站前工程与站后工程的配合

站场土石方施工工期必须满足站场轨道、房建工程工期的需要。

二、路基接口

1.与电力专业接口

1）电缆槽

电缆槽采用盖板式电缆槽结构型式，槽道内在电缆敷设完成后用粗砂填实，粗砂填实工作由站前施工方施工。

2）电缆过轨及电缆井

位于路基区段的牵引变电所、分区所、AT所、通信基站和直放站、信号中继站、线路所设置预留过轨的热镀锌钢管(4根ϕ150 mm)，并与两侧预留电力电缆槽道连通。过轨钢管采用内径不小于150 mm的镀锌钢管(钢管应抗碾压，满足机械强度要求)，内壁光滑无毛刺，弯曲半径不小于1 m。

2.与接触网专业接口

1）接触网电缆过轨及手孔

(1)接触网的预留过轨、手孔中心距离接触网支柱基础中心里程按1.5 m设置，预留里程及方向以图示为准。变电过轨距离接触网手孔外沿为0.5 m。

(2)电气化过轨采用PVC管，外包混凝土排管方案，若路基专业不设混凝土排管，则采用高强度PVC管，如HDPE双壁波纹管或CFRP碳素螺旋管；过轨管的具体规格、型号及数量详见站前施工图。

所有过轨管道预埋时，管内预留两根ϕ2.0 mm镀锌铁线，以便后续电缆铺设；同时两端穿入电缆槽或手孔(电缆井)，管内无异物，过轨钢管无变形，管口暂时封堵完好。

(3)每处过轨管两端均与手孔连接，手孔尺寸满足设计要求。过轨管底部距手孔底部10 mm以上，过轨管与手孔内壁平齐。

(4)在有接触网开关位置，距离接触网手孔外沿0.5 m位置预埋牵引变电控制电缆过轨1处，预留要求同接触网过轨预留。具体位置如图57-1所示。

2）路基段接触网支柱基础预留接地端子

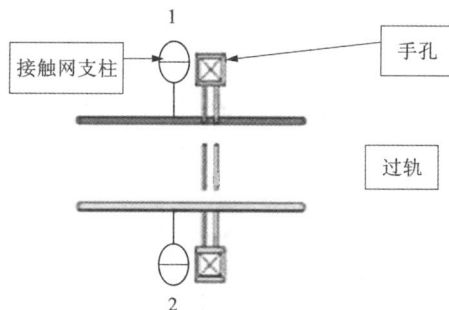

图57-1　接触网路基基础接口设计图

正线两侧路基上接触网支柱基础预留接地端子，并与综合接地线连接。

三、通信专业

1.电缆槽

1）总体要求

沿线铁路两侧预留通信光电缆槽净尺寸在路基、隧道、桥梁地段均不相同。路基、隧道通信、信号电缆合槽，桥梁地段光缆槽与其他专业分隔开。

2）电缆槽要求

(1)信号电缆槽。

全线路基区间及枢纽两侧预置通信信号电缆槽，通信电缆槽与信号电缆槽合槽共建，置于靠近线路侧，电缆槽设置C25预制钢筋混凝土盖板。电缆槽外廓宽0.70 m(通信、信号槽内净宽分别为0.2、0.3 m，每0.5 m采用一根ϕ8 mm倒U型镀锌钢筋分隔)、槽内净高0.30 m，内填中粗砂，电缆槽采用侧向排水，于外侧壁底部预留泄水孔，泄水孔直径5 cm，每5 m一处，将电缆槽内水引出路基外，泄水孔口加设铁丝网盖。

（2）联络线电缆槽。

联络线双线地段两侧路肩同时设置 C25 钢筋混凝土盖板通信、信号电缆槽，净宽为 0.40 m，净高为 0.30 m。联络线单线路基两侧路肩分别设置 C25 钢筋混凝土盖板通信、信号电缆槽，净宽为 0.25 m，净高为 0.30 m。

（3）光缆接续预留。

路基地段光缆接续手孔利用沿线过轨通信、信号合设过轨手孔，间距满足小于 3000 m（光缆盘长按照 3000 m 设计）。过轨手孔在线路两侧对称设置。过轨手孔采用现浇 C25 钢筋混凝土，内净空长×宽×深为 1.5 m×1.5 m×0.55 m。手孔底部预设渗水孔。

3. 过轨预埋与手孔预留要求

（1）路基上两侧通信光缆均需引入路基外牵引变电所、分区亭、变电所、AT 所、开关站等电气化所亭以及区间无线通信基站、无线直放站、区间信号中继站、线路所等区间通信机房，因此上述各类区间通信机房对应的路基处均预留通信光缆过轨管道与手孔，过轨管道采用 2 根 φ100 mm、管壁厚度不小于 3 mm 的过轨钢管连通，用于通信光缆过轨，轨管口与手孔内壁平齐，并预留双侧引下条件。手孔底部预设渗水孔。

（2）隧路间在隧道出口路基范围适当位置，两侧路肩应设置通信电缆手孔，并预留 2 根 φ100 mm、管壁厚度不小于 3 mm 过轨钢管连通，用于通信光缆过轨，并预留双侧引下条件，过轨管与手孔内壁平齐。

（3）路基地段线路两侧每隔 500 m 设置一个接头/预留手孔，手孔净空尺寸为：1500×1500×550 mm（长×宽×深），手孔与正线电缆槽道连通。桥台路基不设过轨。

（4）路基上两侧信号电缆均需引入路基外区间信号中继站、线路所等区间信号机房，因此上述各类区间信号机房对应的路基处均预留信号电缆过轨管道与手孔，并预留双侧引下条件。

（5）所有区间公路跨铁路路基处，均设置 2 根过轨钢管（φ100 mm、管壁厚度不小于 3 mm）。解决视频监控通道线路过轨。

4. 路基上通信电缆引下至路基外区间通信机房要求

当路基上通信电缆需引入路基外牵引变电所、分区亭、变电所、AT 所、开关站等电气化所亭以及区间无线通信基站、无线直放站、区间信号中继站等区间通信机房时，电缆从路肩上的手孔中引出，顺路基边坡上的电缆槽引入路基坡脚电缆井中（电缆井位置选择要低于机房地面的位置，不可在机房同一平面位置设置电缆井，避免井内集水倒灌到机房），再从电缆井引入各建筑物中，路基边坡电缆槽采用预制 C25 钢筋混凝土，内宽 300 mm，深 200 mm，并设 C25 钢筋混凝土槽盖。电缆井内净空尺寸：长×宽×深一般为 1.5 m×1.5 m×0.55 m，电缆井底部预设渗水孔。

四、信号专业

（1）进站信号机外方（区间侧）线路两侧均沿线路两侧预留信号电缆槽，采用通信、信号电缆合槽方式，电缆槽净宽度为 350 mm，电缆槽的设计要求参照通路（2008）8401 参考图采用整体式或带盖板式的形式。

（2）不同形式电缆槽之间应平顺连接，弯曲角度不小于 120°，电缆槽的排水由站前专业统一考虑。

（3）过轨预埋与手孔、电缆井预留。

①电缆过轨钢管采用直径为 100 mm 的热镀锌钢管，管壁厚度不小于 3 mm，埋深距基床底层 825～850 mm 范围内，每根防护管内均预留 2 根贯穿铁丝（φ 不小于 4 mm）且在两端预留一定的余量，同时在过轨管两端应用泡沫填充剂或软布等封堵。

②当预埋钢管与信号电缆槽连通时，在槽内的钢管需伸出约 10 mm，钢管底部与电缆槽底平齐。

③当预埋过轨钢管有弯曲时，弯曲角度不能小于 120 度。

④强、弱电过轨钢管间保证一定间距（不小于 60 cm）。

⑤坡脚处手孔的底部设渗水孔。

（4）中继站过轨预埋与手孔预留。

对应中继站，线路两侧路肩均应设置电缆井，中继站、线路所一侧坡脚也应设置电缆井。中继站路肩手孔间预埋 8 根过轨管。从路肩手孔至坡脚手孔预埋 8 根过轨管。过轨管内径为 100 mm，要求距电力过轨管净距在 600 mm 以上。过轨管埋深由路基专业确定。每处过轨管两端均与电缆井连接。

电缆井按照路基通用图施工，根据过轨钢管数量选择不同的电缆井。具体按照路基通用图施工。

每处过轨管两端均与手孔连接，手孔尺寸满足设计要求。过轨管底部距手孔底部 10 mm 以上。

（5）路基上信号电缆引下至路基外信号中继站。

当路基上信号电缆需引入路基外的信号中继站时，电缆从路肩上的手孔中引出，顺路基边坡上的电缆槽引入路基坡脚电缆井中（电缆井位置要选择低于机房地面的位置，不可在机房同一平面位置最电缆井，避免井内集水倒灌到机房），再从电缆井引入信号中继站，路基边坡电缆槽采用预制 C25 钢筋混凝土，内宽为 500 mm，深为 200 mm，并设 C25 钢筋混凝土槽盖。通信、信号合用电缆井采用《路基电缆槽及站后接口工程设计与施工参考图集》中的 II 型电缆井，内净空长×宽×深一般为 1.5 m×1.2 m×0.9 m。电缆井底部预设渗水孔。

五、无砟轨道接口

优先利用无砟轨道道床上层直径不小于 16 mm 的非预应力结构钢筋作为接地钢筋，其外缘距混凝土表面不大于 100 mm，接地钢筋不应形成闭合电气回路，并与结构钢筋绝缘，每 100 m 分隔一个标准段。无砟轨道的纵向专用接地钢筋按 100 m 左右与贯通地线单点"T"形连接。无砟轨道的接地连接示意图如图 57-2 所示。

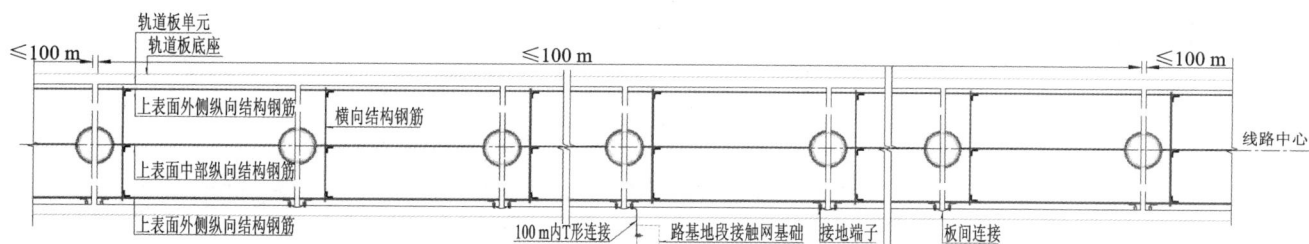

图 57-2 无砟轨道的接地连接示意图

六、桥梁接口

1.桥梁与电力专业接口

1）电缆槽预留要求

全线桥梁两侧均设置电力电缆槽，按"通路（2010）8401"标准设置，采用盖板式电缆槽结构型式，1 km 以上桥梁，每隔 500 m 设电缆余长腔。

单线桥梁仅在线路左侧设置电缆槽及电缆余长腔。

要求设余长腔的箱梁避开接触网支柱基础及其他基础，通信、信号余长腔与电力余长腔错开预留。

桥梁与路基、隧道连接处的电缆槽贯通并平顺连接。

2）电缆上桥槽道预埋要求

（1）在桥墩上预留固定电缆槽用的预埋件与通信专业预埋件同桥墩。详见通信专业锯齿孔和爬架预留要求。

（2）梁部及墩身预埋槽道严格保持水平等距，预埋深度要求与混凝土面齐平，不得突出或被混凝土掩盖，槽道内的保护泡沫层不得挖出。

（3）应保证槽道预埋的强度、防腐、美观要求，保证同一高度的两根槽道尽量水平；同时保证槽道的使用要求，不能嵌入混凝土，不能扭转、变形等。

2.桥梁与接触网专业接口

（1）电气化接地钢筋网。

①接地钢筋采用直径不小于 $\phi16$ mm 的非预应力钢筋。接地钢筋间的连接必须采用焊接的方式。

②桥上电气化接地钢筋网应与信号接地网统一协调实施。

③桥梁的电气化接地钢筋网按客专通用图施工。

（2）电气化锯齿槽预留要求。

①在梁端两侧设置锯齿形槽口（具体位置见站前单位桥梁施工图上爬架预留位置表），相应箱梁及桥梁墩台设置电缆爬架。

②锯齿型槽口预留目的是满足光电缆上、下桥的需要。

③牵引变电"控制电缆桥上预留锯齿孔"在上网桥墩两端的 2 片梁端设置。

3. 桥梁与通信专业接口

1）电缆槽

（1）全线区间桥梁上线路两侧设置通信电缆槽，电缆槽尺寸位置等见通用图。

（2）通信、信号槽宽分别为 0.4 m，内隔墙宽为 0.10 m，槽内净高为 0.30 m。

（3）光缆接续预留

桥梁地段光缆接续盘留利用每片梁的梁端通信信号内隔墙的缺口（2 m 范围内预留 200 mm 的缺口 4 个，间隔 400 mm），在通信、信号电缆槽中盘留。

（4）通信电缆施工完成后要求用粗砂填实（光缆防鼠、防火用）。

2）锯齿孔和爬架预留要求

（1）500 m 以上桥梁的首墩、尾墩及每隔 500 m，通信、电力专业需要引下预留，梁端设置锯齿形槽口、箱梁及桥墩预留装设电缆爬架的条件，以便在桥梁相应位置，通信光缆、电力电缆引下至桥下设置的区间通信机械室（包括区间基站、区间直放站）、电力供电箱变。

（2）所有区间桥梁地段，若信号（区间信号中继站）、电气化所亭（AT 所、分区所、开闭所、牵引变电所等）设置区间桥梁引下的锯齿形槽口、电缆爬架，则同时考虑配套的通信室、电力电缆引下的锯齿形槽口、箱梁及桥墩预留装设电缆爬架的条件。

（3）牵引供电电缆在 AT 所、分区所、开闭所、牵引变电所等设置在桥下时在桥墩处设置电缆爬架。

4. 桥梁与信号专业接口

1）电缆槽与过轨预埋

（1）电缆槽。

①桥梁范围内要求沿线路两侧预留信号电缆槽，根据桥梁最新通用图，区间采用通信、信号电缆合槽方式，电缆槽净宽度为 350 mm，要求不同线路形式的电缆槽应平顺连接，弯曲角度不小于 120°。电缆槽的排水由站前专业统一考虑。

②梁部及墩身预埋槽道严格保持水平等距，预埋深度要求与混凝土面齐平，不得突出或被混凝土掩盖，槽道内的保护泡沫层不得挖出。

③桥梁与地面段、隧道连接处的电缆槽贯通。

④通信信号电缆施工完成后要求用粗砂填实（光缆防鼠、防火用）。

（2）预留要求。

①电缆上桥槽道预埋要求。

沿桥墩上下桥的电缆采用钢槽防护。其中，钢槽在地面以下部分埋深不得小于 50 cm，地面以上的电缆槽外部采用砖砌围桩防护，围桩高度不得小于 2.0 m。应保证槽道预埋的强度、防腐、美观要求，保证同一高度的两根槽道尽量水平；同时还要保证槽道的使用要求，不能嵌入混凝土，不能扭转、变形等。信号中继站处要求预留上、下桥梁通道，以满足信号维修需求。

②锯齿槽预留要求。

全线桥梁须在梁端两侧设置锯齿形槽口（具体墩号根据区间通信基站、信号中继站、电力供电箱变等的分布确定），相应箱梁及桥梁墩台设置电缆爬架，以便在桥梁相应位置供光、电缆及供电电缆上、下桥梁。要求设置的通信信号、电力用锯齿形槽口及引下应分别设置在桥梁墩台两头梁端。

电缆下桥后设置电缆槽，将下桥电缆引入相应的设备房屋内或通过房屋的电缆井引入设备房屋内。

锯齿槽预留为纵向两片梁同时预留槽口，绝对不能在一片梁。

根据相关部文要求，沿桥墩上下桥的电缆采用钢槽防护。其中，钢槽在地面以下部分埋深不得小于

50 cm，地面以上的电缆槽外部采用砖砌围桩防护，围桩高度不得小于 2.0 m；沿地面由中继站铺设至桥梁墩台的电缆应采用直埋方式，当采用电缆槽道时，可采取混凝土封闭等措施；桥台桥面侧、线路两侧的通信、信号电缆槽 200 m 范围内盖板采取水泥砂浆封闭或 T 型钢扣板加钢绞线每 10 m 一组串联固定进行防护；信号中继站处要求预留上、下桥梁通道，以满足信号维修需求。

③其他预留要求。

普通梁的宽度不满足道岔转辙机的安装限界，将桥面系加宽。桥面系加宽的宽度以及范围、防撞墙断开的位置，应按照桥梁设计单位提供的图纸施工。防撞墙在转辙机出现的位置断开，以保证转辙机的正常安装。

三线以及三线以上并行线路在桥上的情况：根据具体站场情况，为需要过轨的电缆在桥上预留孔洞，并在梁体两侧设置爬架，从梁体底部翻边以实现过轨。站前、现场与站后信号专业实时沟通，确定具体的预留方案。

2）综合接地

桥梁及桥墩上综合接地需要在站前完成的主要是贯通地线的铺设、梁体及桥墩接地极的设置（结构钢筋的焊接等）、综合接地端子的预留、桥梁和桥墩之间的接地钢筋连接（用 200 mm² 不锈钢接地连接导线）。

桥墩墩帽处设置两个接地端子，用于与梁底接地端子连接；在每个桥墩垂直于线路方向的小里程侧面、距地面 −200 mm 处，设一个不锈钢接地端子（水中墩除外），供测试之用。接地端子通过结构钢筋可靠连接并且有效接地。

桥梁地段贯通地线铺设在两侧的通信信号电缆槽内，并采取砂防护措施。

梁部一共设置 8 个桥隧型接地端子，分别为梁部两侧防撞墙上两个、电力电缆槽内两个、声屏障基础上两个、梁体底部两个。这些接地端子均设置在梁部的小里程端，并且通过梁体结构钢筋可靠连接。

七、桥梁与声屏障接口

（1）桥梁采用插板式金属声屏障，高度为 2.15 m，采用铝合金复合吸声板。

（2）H 形钢立柱与竖墙上的预埋螺栓连接，通过竖墙钢筋接入综合接地系统，声屏障上下金属单元板间通过 50 mm² 的铜导线连接，底部单元板再通过铜导线与 H 形钢立柱连接。

（3）相邻两 H 形钢立柱高程误差和纵向误差均为正负 5 mm；铝合金复合板安装，左右误差不得大于 2 mm。

八、隧道接口

1. 与电力专业接口

（1）隧道与路基、桥梁连接处的电缆槽贯通并平顺连接。

（2）电缆槽预留：全线区间隧道两侧预置电力电缆槽，按照"通路（2010）8401"标准设置，采用盖板式电缆槽结构型式，槽道内在电缆敷设完成后用粗砂填实。

（3）过轨管、综合洞室、电缆余长腔等预留。

（4）在隧道进出口、隧道内设置变压器的洞室处以及隧道内每隔 250 m 的避车洞处埋设过轨管，过轨管连通隧道两侧的电缆槽，弯曲半径不小于 1 m。

（5）在大避车洞内底部设置余长电缆腔，并与电缆槽连通。

2. 与接触网专业接口

槽道预埋施工采用衬砌台车模板开二次定位孔螺栓定位法。施工工序如图 57 − 3 所示。

（1）槽道定位前准备

检查槽道内发泡填充物的完整状态，如有残缺，进行填补。对于两根一组的槽道，根据设计要求的槽道平行间距，要求供货商用钢筋或型钢焊接牢固防腐镀锌后成组供货。

（2）滑槽安装偏差分析及偏差解决

偏差分析：衬砌台车模板上开滑槽定位孔不准确；衬砌台车定位不准；衬砌台车使用过程中，模板纵向偏移造成左右不对称。

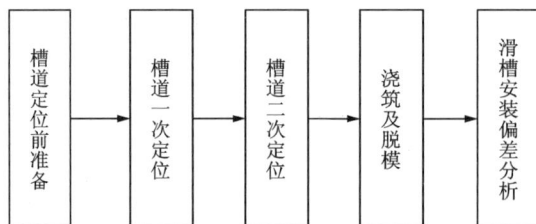

图 57-3　预埋槽道施工工序

滑槽安装偏差解决办法：衬砌台车组装前，在拱顶模板上确定滑槽固定孔的位置。同时缩小固定孔的尺寸，以满足 T 形螺栓通过即可。施工衬砌时台车准确定位，经常校对模板。

3. 与通信专业接口

1）电缆槽

（1）全线区间隧道两侧预置通信电缆槽，采用盖板式电缆槽结构型式，弯曲角度不小于 120°。

（2）隧道内电缆槽和引入洞室机房的电缆槽道和盖板保持水平平滑连接，如电缆槽和洞室引入槽衔接处有过排水沟则需采用引槽解决过沟。

2）过轨管、综合洞室等预留要求

（1）隧路间两侧路肩设置通信与信号电缆手孔，并由过轨管道联通（通信 2 根直径 10 cm）。过轨手孔建议设在隧道出口槽道和隧道口机房垂直位置处。

（2）隧道内两侧设备洞室每 500 m 设置一处，两侧错开设置。

（3）各洞室均设一组过轨（2 根过轨管道，"八"字形设置，过轨管置于无砟轨道支撑层下方，两端弯曲半径不小于 90 cm）。所有管材均采用厚壁硬质 ϕ100 mm 的镀锌钢管。

（4）每个洞室内面向轨道两侧洞室壁上（高于地面 30 mm）处设置 2 个等电位接地端子，确保洞室内设备的接地，该接地端子和隧道内贯通地连通。

（5）过轨管在电缆槽露头 10 mm，以防渗水；打磨光滑，以保护电缆；过轨管埋设后，管端两头暂时封堵，以免异物进入；过轨管内预设 2 根直径 4 mm 的铁丝。

（6）强、弱电过轨钢管间应保证一定间距（不小于 40 cm）。

4. 与信号专业接口

1）电缆槽

隧道内采用通信、信号电缆合槽方式，电缆槽净宽度为 350 mm，具体参见隧道通用图。不同形式电缆槽之间平顺连接，弯曲角度不小于 120°，电缆槽的排水由站前专业统一考虑。

2）其他要求

长度大于 2 km 的桥梁、隧道两端的线路两侧设置信号电缆电缆井，不设过轨钢管。

电缆余长腔：对长度大于 500 m 隧道，需在隧道中大避车洞内设电缆余长腔，每 500 m 设置一处，隧道长度为 500 m ～1000 m 时，只在隧道中间设一处电缆余腔，尺寸为 1500 mm ×1500 mm ×500 mm，余长腔设盖板，能开启防护；电缆余长腔设置处需预留两根信号直径为 100 mm 的热镀锌钢管，管壁厚度不小于 3 mm，与线路两侧的电缆余长腔连通。

3）隧道综合接地配合主要内容

（1）贯通地线敷设在信号电缆槽，并采取砂防护。

（2）I 级 ～V 级围岩隧道接地钢筋的设置及连接。

（3）桥隧型接地端子的预留。

（4）接地钢筋与贯通地线和接地端子间的连接。

4）隧道综合接地端子预制

从隧道进口 2 m 处开始，在两侧电力电缆槽底部，每间隔 100 m 设置一个接地端子，长度小于 100 m 的隧道在中部设一处。接地端子供隧道接地装置与贯通地线的连接。

从隧道进口 2 m 处开始,在两侧通信信号电缆槽靠线路侧壁上,每间隔 50 m 设置一个接地端子,长度小于 50 m 的隧道在中部设一处,接地端子供轨旁设备、设施接地。

5)隧道综合接地的测试

(1)在贯通地线敷设前,实测隧道内每个接地端子对地的接地电阻值,接地电阻值应小于 4 Ω。

(2)在贯通地线敷设后,实测隧道内每个接地端子对地的接地电阻值,接地电阻值应小于 1 Ω。

6)综合接地

Ⅱ级围岩利用隧道底板的下层结构钢筋作为接地极,接地极内的纵、横向钢筋采用双面点焊;Ⅲ级围岩利用初期支护中专用环向接地钢筋和系统锚杆作为接地极;Ⅳ级、Ⅴ级围岩隧道利用隧道系统锚杆和钢架作为接地极,以约 2 倍锚杆间距选择锚杆作为接地锚杆,以约一个台车长度为间距选择钢架作为环向接地钢筋,用连接钢筋($\phi16$ mm)将锚杆和钢架(或专用环向接地钢筋)焊接,每 100 m 与挡碴墙内的纵向连接钢筋连接。

第二节　工程接口质量控制

一、路基接口质量控制

1. 路基排水设置

1)临时排水沟

路基施工前,应首先形成完善的临时排水系统,排除地表水。施工过程中的雨水应能随时排除。临时排水沟的设置,应注意在确保排水功能的同时,还应讲求外观的整齐划一、美观。临时排水沟应断面尺寸统一,线条顺直美观。

2)路基表面排水

在施工过程中,应注意随时排除路基表面的雨水。路基表面应确保平整,具有一定的横坡度,同时路基顶面的两侧应设置挡水埂,每隔 10 m 开一口,雨水沿挡水埂流到出水口,经临时排水槽排至临时排水沟。

3)塑料排水板

须采用带刻度可测深式塑料排水板。

外包滤膜外表面要求连续印刷长度刻度标记,外包滤膜内表面要求黏附两根与滤膜等长的绝缘细铜丝,其目的是用以检查、检测施工后的塑料排水板长度。

利用刻度标记检查塑料排水板打入深度的方法是将一根塑料排水板板头数字与前一根板头数字相减,所得数值即为这根塑料排水板在地基中的实际打设深度。

利用细铜丝检测塑料排水板打入深度的方法是塑料排水板的下端在打入前,先将两根细铜丝端部焊接,使其充分接触。打入后,塑料排水板的上端外露的两根细铜丝端部与专用的电子测深仪相连,形成回路,即可测出这根塑料排水板的打设深度。

早期的可测深式塑料排水板,均为单一的电子测深或数字刻度测深,但均存在问题。单一的电子测深,由于种种原因实际可测率不高,一般为 40% ~ 85%;单一的数字刻度测深,也曾发现人为作弊、偷工减料现象。而且两种方法均无复测的手段。因此,我们要求采用带刻度可测深式塑料排水板。在施工过程中,以电子测深仪检测为主,以刻度检查为辅。由于打设的塑料排水板受地下水浸泡,或因导管内土体很多,使得塑料排水板受到较大的摩擦力而拉断铜丝或铜丝接头接触不良,从而使电子测试仪测不到实际打设深度。

根据以往的经验,提高塑料排水板电子测深可测率的措施有:

(1)电极铜丝二端头应先去除外表绝缘层(火烧、砂皮磨、刀刮均可),处理长度不小于 2 cm,然后将处理后的端头先扭成麻花状,再用电烙铁锡焊,上锡长度不小于 1 cm。

(2)铜丝焊接好后,应把接头放回滤膜内,并尽量往内藏,以免插杆回抽时被拉断。

(3)要保证桩尖与管靴结合紧密,防止淤泥挤入导管内而增大板体所受的摩擦力,使铜丝或板体被拉断。应经常振动空导管以清除导管内的淤泥。

（4）施工完成后应及时用电子测深仪检测打设深度，一般当天施工完成后，必须当天检测完毕。

塑料排水板留出孔口长度应保证伸入砂垫层不小于 50 cm，预留段应及时弯折埋设于砂砾层中，使其与砂垫层贯通；并将其保护好，以防机械、车辆进出时受损，影响排水效果。

2. 与电力专业接口

1）路基上的电缆槽

通信信号槽与电力槽钢筋混凝土整体预制，中间采用隔墙隔离。电缆槽安装在基床表层填筑完成后进行，施工前应检查贯通地线的埋设、过轨管线及电缆井的预留位置，确认无遗漏后方可施工。电缆槽设置在路肩上，位于接触网立柱基础外侧，声屏障内侧。

（1）电缆槽施工采用人工配合机械开挖，开挖范围至电缆槽内侧壁以外 5 cm。开挖深度为电缆槽底设计标高以下 30 cm，开挖后槽底设一层不透水土工布。在不透水土工布上方回填 22 cm 厚透水砾石或碎石，碎石顶设 5 cm 厚 M10 水泥砂浆找平层。在碎石层底部开挖一道 20 cm 深、10 cm 宽的小槽，用于敷设贯通地线，敷设完成后覆土回填。

（2）电缆槽沿线路方向每隔 10~20 m 设一道 2 cm 宽的伸缩缝，缝内填塞沥青麻筋，其他槽节节间应采用 M10 水泥砂浆填塞并勾缝。每隔 1.0 m 设带排水孔电缆槽，泄水孔面朝线路外侧，与护肩内 ϕ80 mm PVC 管泄水孔对接。

（3）路肩电缆槽内侧超挖部分采用 C25 混凝土回填，且顶面宽度不小于 50 mm。电缆槽与接触网支柱及声屏障基础间的缝隙根据其宽度回填 C25 混凝土或 M10 水泥砂浆。

（4）电缆槽外侧于基床底层顶面设 C25 素混凝土护肩（声屏障基础为连续条形基础的地段可不设护肩），护肩的外侧坡度为 1:1.3~1:1.4，护肩顶面宽度 10 cm，现场浇筑。护肩内采用 ϕ80 mm PVC 管与电缆槽泄水孔衔接，每隔 1.0 m 与电缆槽泄水孔对应设置，电缆槽底碎石层采用 ϕ100 mm PVC 管半圆形排水孔引出护肩，泄水孔每隔 3 m 设一处，坡度均为 4%，将电缆槽内水排至路堤边坡或路堑侧沟内，同时于电缆槽泄水口埋设一层 150 mm×150 mm 热镀锌铁丝方眼网防鼠，镀锌网网孔尺寸 15 mm，镀锌铁丝直径不小于 1.5 mm，施工前采用 M10 水泥砂浆将其固定在电缆槽泄水孔孔口处。

（5）电缆槽在接触网基础位置设接地端子，具体里程按接触网基础埋设接地端子位置确定。

（6）在路基接触网处预留两块活动电缆槽，以方便引线与贯通地线的连接。

（7）电缆槽施工需注意顶面位置的标高控制，侧面护肩的线形须顺直、美观。

2）桥梁与隧道电缆槽

槽身在既有混凝土结构上现浇，盖板采取预制安装施工，桥梁的电缆槽盖板根据原铁道部文件规定和设计文件要求，采用 RPC 材料。

3. 与接触网专业接口

1）接触网支柱基础施工注意事项

支柱基础型号、坐标位置、基础标高等要符合接触网平面布置图的要求，严格按照施工图要求施工，并考虑与电缆槽距离的配合。

（1）路基段 H 型钢柱基础中心距线路中心距离：无砟区段一般为 3.15 m，有砟区段一般为 3.25 m；硬横跨基础中心距线路中心距离一般为 3.2 m。基础浇制前，严格控制好支柱基础位置、基础型号、基础限界、基础标高。

（2）基础连续浇注，一次成型；同一组硬横跨的两个基础，复测基础横线路方向的中心线与线路中心线垂直，偏差不大于 2°；基础表面、螺栓周围表面保持平整，无缺损、无漏浆、漏筋等现象；同时做好基础的养生保护。

（3）支柱基础螺栓的材料应符合设计要求，螺栓、螺母、垫圈应采用防腐处理。螺栓与螺母数量、规格型号应相匹配。

（4）支柱基础施工完毕后用油浸麻丝缠绕螺栓，以保护丝扣，或在螺栓上抹一层黄油后用塑料膜包住，再进行绑扎。螺母、垫圈要妥善保管，在四电单位进场后按规定的数量进行移交。

（5）严格按照《路基段接触网基础预留接口设计图》确定基础型号、基础里程、基础中心至线路中心距离。如果基础位置在涵洞上，施工单位及时与设计联系。

（6）按照接触网基础预埋螺栓允许偏差表控制螺栓的位置，严格控制螺栓相互间距、螺栓中心位置误差±1 mm。预埋螺栓要确保螺栓垂直；螺栓位置要确保支柱安装后垂直于线路。

（7）施工中严防支柱基坑内积水，以免基坑土体经水浸泡，土壤力学性质改变，影响施工质量，基坑一旦挖好后立即浇注基础。

2）接触网支柱基础施工卡控标准

接触网支柱基础施工卡控标准见表57－2。

表57－2　接触网支柱基础施工卡控标准

序号	项目	卡控标准
1	螺栓组中心距线路中心线的距离	+50 mm/－0 mm
2	螺栓组中心顺线路方向偏移	±50 mm
3	基础预埋件应牢固可靠，螺栓外露长度及螺纹长度	+5 mm/－0 mm
4	螺栓相邻间距	±1 mm
5	螺栓对角线间距	±1.5 mm
6	预埋钢板应与基础面齐平或略高	+5 mm/－0 mm
7	预埋钢板中部预留孔中混凝土略高于预埋钢板顶面	+5 mm/－0 mm
8	预埋钢板应水平，高低偏差	<5 mm
9	螺栓应垂直于水平面，每个螺栓的中心偏差在顶端偏移	<1 mm
10	靠近线路侧螺栓连线的法线应垂直线路中心线，一组螺栓的整体扭转	±1.5°
11	基础面至轨面距离（以内轨为标准）；基础面高出路基面距离；基础平台尺寸；预埋钢板尺寸	±5 mm
12	基础断面尺寸；钢筋保护层厚度	+20 mm/－0 mm

3）拉线基础施工注意事项

（1）严格控制好拉线基础在下锚柱侧的位置。

（2）拉线基础分为单拉线和双拉线基础，预埋螺栓数量不同。

（3）保证拉线基础中心至相邻线路中心垂直距离与下锚支柱基础的中心位置至相邻线路中心垂直距离相同（无论任何情况下，拉线基础中心距临近线路中心的垂直距离不得小于该下锚支柱基础中心距临近线路中心的垂直距离）。

（4）接触网拉线基础施工卡控标准。

4．过轨预埋与手孔预留施工注意事项

（1）从路基中过轨的通信、信号电缆，采用镀锌钢管防护，过轨钢管外径不大于110 mm，过轨管道的顶面距轨面997 mm。

（2）过轨管道与路基两侧设置的手孔连接。通信、信号合用手孔一般采用现浇C25钢筋混凝土，内净空长×宽×深一般为1.5 m×1.5 m×0.55 m，手孔底部预设渗水孔。

（3）过轨管道及手孔的设置位置，避开线间集水井、接触立柱基础及其下锚基础的设置位置。

（4）为减少过轨开挖地点，通信信号电缆尽量集中过轨。通信、信号电缆过轨管道与电力电缆、接触网回流地线及供电线等强电过轨管道的距离不小于0.5 m。

（5）所有过轨管道预埋时，管道内应预留两根铁丝，以便后续电缆铺设。

5．与信号专业接口

基底在浇筑前应对所有接地端子两两进行测试，看其是否导通。对于路基实测每个接地端子对地的接地电阻，确保其小于10 Ω。

当过轨管道架设完成后，在接触网支柱、跨线建筑物以及桥梁与路基过渡段、通信信号槽接地设计位置、电力槽接地设计位置埋设分支引接线。

分支引接线应当预留足够长度与接触网接地系统连接，C 型号压接稳固，引出的路基型接地端子应采取明显的标示以及防护措施，并进行电阻测试。

二、无砟轨道接口质量控制

无砟轨道板中选取左、中、右三根纵向结构钢筋作为接地钢筋，并每 100 m 用绝缘卡隔段，接地端子埋设处由横向结构钢筋串接三根纵向接地钢筋，构成单独的接地体系。

无砟轨道板每 100 m 单独接地体系分别与两侧桥梁、路基的防撞墙、电槽线、接触网预埋的接地端子单点 T 型连接。

三、桥梁接口质量控制

1. 与电力专业接口

通信以及电力上桥需要在桥墩处预埋电缆上桥槽道，在相应桥梁口端头预留锯齿形槽口。电缆槽采用通信信号共槽口，电力分槽形式，为盖板式电缆槽，桥上通信电缆槽一般每隔 500 m 设置一处冗长腔，冗长腔长度以一简支梁长度为宜。

2. 与接触网专业接口

1）接触网基础施工注意事项

（1）支柱基础型号、坐标位置、基础标高等要符合接触网平面布置图的要求。

（2）正线接触网支柱基础均设置在桥梁面，站前单位根据桥梁通用设计图，预留与接触网支柱法兰相配套的地脚螺栓的规格和数量。

（3）支柱基础中心距线路中心距离为 3.15 m，施工误差为 −0 m。

（4）桥梁基础浇制宜在梁场采取一次浇制成型。

（5）桥支柱基础应根据接触网平面布置跨距及梁跨长度，一般位于距梁端 4 m、6 m、8 m 桥墩附近处，尽量避免设置在梁跨中部。

（6）基础浇制前，严格控制好支柱基础位置、基础型号、基础限界、基础标高。

（7）基础表面、螺栓周围表面应保持平整，无缺损、无漏浆、漏筋等现象；注意基础的养生保护。

（8）支柱基础螺栓的材料应符合设计要求，螺栓、螺母、垫圈必须采用防腐处理；螺栓与螺母数量、规格型号应相匹配。

（9）支柱基础施工完毕后用油浸麻丝缠绕螺栓，以保护丝扣，或在螺栓上抹一层黄油后用塑料膜包住，再进行绑扎。螺母、垫圈要妥善保管，在四电单位进场后按规定的数量进行移交。

（10）正线高速段采用连续梁、简支箱式梁时，接触网立柱安设在桥面的悬臂板上；特殊结构桥梁在上部钢构预留接触网眼孔。

2）接触网桥梁支柱基础施工卡控标准

桥梁支柱接口施工应在每个支柱中设置一根接地钢筋，钢筋笼加工过程中应对接地钢筋连贯性、焊缝尺寸进行检查验收，方可进入下道工序施工。

3）拉线基础施工卡控标准

对于设计有接地要求的框架桥、涵，应设置接地系统，并于贯通底线连接。

3. 与通信专业接口

（1）若通信、电力引下的桥墩设置在水道的防洪堤以内，可以取消该处梁端设置锯齿形槽口、箱梁及桥墩预留装设电缆爬架的条件，不设通信、电力引下。

（2）根据后续现场勘测确定的区间通信、电力机房的具体位置，再确定以上预留通信、电力引下条件的箱梁及桥墩是否装设电缆爬架。

4. 与信号专业接口

对于梁部在浇筑前应对所有接地端子两两进行测试，看其是否导通。对于桥墩实测每个接地端子对地的接地电阻，接地电阻值应小于 10 Ω。

当梁部架设完成后，桥墩墩帽处接地端子与梁底接地端子连接后，应实测梁部每个接地端子对地的接地电阻，接地电阻值应小于 10 Ω。

当贯通地线敷设后，应实测梁部以及桥墩所有接地端子对地的接地电阻，接地电阻值应小于 1 Ω。

四、隧道接口质量控制

1. 与电力专业接口

(1)隧道衬砌支护结构两侧均设置电力电缆槽，按"通路(2010)8401"标准设置，采用盖板式电缆槽结构型式，长度为 1 km 以上桥梁，每隔 500 m 设电缆余长腔。

(2)单线桥梁仅在隧道衬砌支护结构左侧设置电缆槽及电缆余长腔。

(3)要求设余长腔的箱梁避开接触网支柱基础及其他基础，通信、信号余长腔与电力余长腔错开预留。

2. 与接触网专业接口

1)施工要点

(1)预埋槽道预留在隧道二次衬砌内，外露槽道面与二次衬砌表面平齐。

(2)预埋槽道施工前，检查、复核衬砌台车纵向定位是否正确。

(3)预埋槽道施工前，检查、复核衬砌台车模板上开滑槽定位孔准确性。

(4)衬砌台车使用过程中，检查、复核模板纵向是否偏移，否则容易造成预埋槽道左右不对称。

(5)检查预埋槽道内发泡填充物的完整状态，如有残缺，进行填补。槽道内发泡填充物在检测试验和接触网安装阶段时方可剔除。

(6)预埋槽道内部金属体应与二次衬砌内的电气化接地钢筋网可靠连接。

(7)对于两根一组的槽道，应根据设计要求的槽道平行间距。

(8)预埋槽道的锚杆与钢筋网片冲突时，不允许切断锚杆。

2)隧道预埋槽道卡控标准

隧道预埋槽道卡控标准见表 57 - 3。

表 57 - 3 隧道预埋槽道卡控标准

序号	项目名称	卡控标准
1	预埋槽道类型	检查预埋槽道类型是否符合设计要求。
2	预埋槽道位置	检查预埋槽道位置是否符合设计要求。
3	接触网定位点预埋槽道要求	预埋两根槽道，两根槽道的间隔施工误差为 4 mm。
		槽道嵌入混凝土施工误差不大于 5 mm。
		槽道垂直线路偏转施工误差不大于 5 mm。
		槽道垂直线路方向距离隧道中心线的施工误差不大于 ±30 mm。
		隧道内在拱顶预埋弧形的槽道，顺线方向上下行线路错开布置。
		槽道倾斜误差为不大于 3 mm，施工时不允许出现扭转误差(扭转变形)。
		两根槽道焊接成一个整体后再浇注于混凝土中，顺线方向只容许同时产生偏转误差，不允许两根槽道向两边岔开等变形情况，槽道间(吊柱跨距、附加导线)的定位误差为 500 mm。
4	AF、PW 附加线槽道要求	AF、PW 线槽道顺线路偏斜误差为 ±5 mm。垂直线路偏转施工误差不大于 ±5 mm

3)电气化接地钢筋网

电气化接地在隧道内设置要求如下：

(1)隧道内的回流和闪络保护接地及其综合接地系统方案采用钢筋构成的筐式接地网结构，由上部接地网、下部接地网、纵向接地体和带状接地体共同组成。隧道衬砌内的非预应力钢筋和接触网预埋构件都应可靠连接到筐式接地网上,并与综合接地系统相连,以降低钢轨电位,并提供可靠的闪络保护金属通道。

(2)在与外界相通的隧道口、救援斜井、避车台等与隧道相连处顺线路方向 ±2～4 m 处地面,铺设绝缘保护层。

3.与通信专业接口

1)通信电缆槽

全线隧道区段线路两侧均需设置通信电缆槽,区间路基地段通信电缆槽与信号电缆槽合设,尺寸参照相关通用图。

2)过轨钢管及电缆井

隧道地段在每处隧道洞室处设置通信过轨钢管,同时在过轨钢管处线路两侧考虑电缆余留条件。

4.与信号专业接口

(1)对于隧道口在浇筑前应对所有接地端子两两进行测试,看其是否导通。对于内壁实测每个接地端子对地的接地电阻,接地电阻值应小于 10 Ω。

(2)当主体结构完成后,隧道口接地端子与梁底接地端子连接后,应实测每个接地端子对地的接地电阻,接地电阻值应小于 10 Ω。

(3)当贯通地线敷设后,应实测所有接地端子对地的接地电阻,接地电阻值应小于 1 Ω。

第五十八章　高性能混凝土及耐久性施工

第一节　原材料选择

一、水泥

所用水泥应为硅酸盐水泥或普通硅酸盐水泥，技术指标要求符合 GB 175—2007 标准要求。其中，主要技术要求见表 58 – 1。

表 58 – 1　水泥的技术要求

序号	检验项目	技术要求	检验方法
1	比表面积	300 m^2/kg ~ 350 m^2/kg	按 GB/T 8074 检验
2	凝结时间	初凝 ≥45 min，终凝 ≤600 min（硅酸盐水泥终凝 ≤390 min）	按 GB/T 1346 检验
3	安定性	沸煮法合格	按 GB/T 1346 检验
4	强度	符合 GB 175—2007 表 3 的规定	按 GB/T 17671 检验
5	烧失量	≤5.0%（P·O）；≤3.5%（P·Ⅱ）；≤3.0%（P·Ⅰ）	按 GB/T 176 检验
6	游离 CaO 含量	≤1.0%	按 GB/T 176 检验
7	MgO 含量	≤5.0%	按 GB/T 176 检验
8	SO_3 含量	≤3.5%	按 GB/T 176 检验
9	Cl^- 含量	≤0.06%	按 GB/T 176 检验
10	碱含量	≤0.80%	按 GB/T 176 检验
11	助磨剂种类及掺量	符合 GB 175—2007 第 5.2 条规定	
12	石膏种类及掺量	符合 GB 175—2007 第 5.2 条规定	检查产品质量证明文件
13	混合材种类及掺量	符合 GB 175—2007 第 5.2 条规定	
14	熟料中的 C_3A 含量	≤8%	按 GB/T 21372 相关规定检验

注：a. 当骨料具有碱 – 硅酸反应活性时，水泥的碱含量不应超过 0.60%。C40 及以上混凝土用水泥的碱含量不宜超过 0.60%。

b. 在氯盐环境条件下，混凝土宜采用低 Cl^- 含量的水泥，不宜使用抗硫酸盐硅酸盐水泥。

c. 在硫酸盐化学侵蚀环境条件下，混凝土应采用低 C_3A 含量的水泥，且胶凝材料的抗蚀系数（56 d）不得小于 0.8。

二、矿物掺合料

选用品质稳定的粉煤灰、磨细粉煤灰、磨细矿碴粉等。

1. 煤灰

根据《铁路混凝土工程施工质量验收标准》TB 10424—2010，粉煤灰的技术要求见表 58 – 2。

表 58 - 2 粉煤灰的技术要求

序号	检验项目	技术要求		检验方法
		C50 以下混凝土	C50 及以上混凝土	
1	细度	≤25.0%	≤12.0%	按 GB 1596 检验
2	需水量比	≤105%	≤95%	按 GB 1596 检验
3	烧失量	≤8.0%	≤5.0%	按 GB/T 176 检验
4	Cl⁻ 含量	≤0.02%		按 GB/T 176 检验
5	含水量	≤1.0%		按 GB 1596 检验
6	SO_3 含量	≤3.0%		按 GB/T 176 检验
7	CaO 含量	≤10%		按 GB/T 176 检验
8	游离 CaO 含量	≤1.0%		按 GB/T 176 检验

注：在冻融破坏环境下，粉煤灰的烧失量不宜大于 3.0%。

2. 细矿碴粉

根据《铁路混凝土工程施工质量验收标准》TB 10424—2010，磨细矿碴粉技术要求见表 58 - 3。

表 58 - 3 磨细矿渣粉的技术要求

序号	检验项目	技术要求	检验方法
1	密度	≥2.8 g/cm³	按 GB/T 208 检验
2	比表面积	350 m²/kg ~ 500 m²/kg	按 GB/T 8074 检验
3	流动度比	≥95%	按 GB/T 18046 检验
4	烧失量	≤3.0%	按 GB/T 18046 检验
5	MgO 含量	≤14.0%	按 GB/T 176 检验
6	SO_3 含量	≤4.0%	按 GB/T 176 检验
7	Cl⁻ 含量	≤0.06%	按 GB/T 176 检验
8	含水量	≤1.0%	按 GB/T 18046 检验
9	7 d 活性指数	≥75%	按 GB/T 18046 检验
	28 d 活性指数	≥95%	按 GB/T 18046 检验

3. 灰

根据《铁路混凝土工程施工质量验收标准》TB 10424—2010，硅灰技术要求见表 58 - 4。

表 58 - 4 硅灰的技术要求

序号	检验项目	技术要求	检验方法
1	烧失量	≤6%	按 GB/T 176 检验
2	比表面积	≥18000 m²/kg	按 GB/T 18736 检验
3	需水量比	≤125%	按 GB/T 18736 检验
4	28 d 活性指数	≥85%	按 GB/T 18736 检验
5	Cl⁻ 含量	≤0.02%	按 GB/T 176 检验
6	SiO_2 含量	≥85%	按 GB/T 176 检验
7	含水量	≤3.0%	按 GB1596 检验

注：硅灰掺量一般不超过胶凝材料总量的 8%，且宜与其他矿物掺和料复合使用。

三、细骨料

（1）细骨料应选用级配合理、质地坚固、吸水率低、空隙率小的洁净天然中粗河砂，也可以选用专门机组生产的人工砂，不得使用海砂。

（2）细骨料的级配符合规定。

（3）细骨料的碱活性按《铁路混凝土用粗骨料活性试验方法岩相法》（TB/T 2922.1）对骨料的矿物组成和类型进行检验，再按《铁路混凝土用骨料碱活性试验方法快速砂浆棒法》（TB/T 2922.5）对骨料的快速砂浆棒膨胀率进行检验。细骨料的快速砂浆棒膨胀率应小于0.30%。梁体、轨道板、轨枕、接触网支柱等构件中使用的细骨料的快速砂浆棒膨胀率应小于0.20%。细骨料技术要求见表58－5。

表58－5　细骨料的技术要求

序号	检验项目		技术要求			检验方法
			< C30	C30 ~ C45	≥C50	
1	含泥量		≤3.0%	≤2.5%	≤2.0%	GB/T 14684 检验
2	泥块含量		≤0.5%			GB/T 14684 检验
3	云母含量		≤0.5%			GB/T 14684 检验
4	轻物质含量		≤0.5%			GB/T 14684 检验
5	有机物含量		浅于标准色			GB/T 14684 检验
6	压碎指标值（人工砂）		<25%			GB/T 14684 检验
7	石粉含量（人工砂）	MB<1.40	≤10.0%	≤7.0%	≤5.0%	GB/T 14684 检验
		MB≥1.40	≤5.0%	≤3.0%	≤2.0%	GB/T 14684 检验
8	吸水率		≤1%（冻融环境）；≤2%（其他环境）			GB/T 14684 检验
9	坚固性		≤8%			GB/T 14684 检验
10	硫化物及硫酸盐含量		≤0.5%			GB/T 14684 检验
11	Cl^- 含量		≤0.02%			GB/T 14684 检验

注：a. 冻融破坏环境下，细骨料的含泥量应不大于2.0%。

b. 当砂中含有颗粒状的硫酸盐或硫化物杂质时，应进行专门检验，确认能满足混凝土耐久性要求时，方能采用。

四、粗骨料

粗骨料选用粒形良好、质地坚固、线胀系数小的洁净碎石，无抗拉和抗疲劳要求的C40以下的混凝土也可以采用卵石。

粗骨料的颗粒级配符合规范要求。粗骨料技术要求见表58－6、表58－7。

表58－6　粗骨料的技术要求

序号	检验项目	技术要求			检验方法
		< C30	C30 ~ C45	≥C50	
1	颗粒级配	应符合表6.2.4－1的规定			GB/T 14685 检验
2	针片状颗粒总含量	≤10%	≤8%	≤5%	GB/T 14685 检验
3	含泥量	≤1.0%	≤1.0%	≤0.5%	GB/T 14685 检验

续表58－6

序号	检验项目	技术要求			检验方法
		< C30	C30 ~ C45	≥C50	
4	泥块含量	≤0.2%			GB/T 14685 检验
5	岩石抗压强度	母岩与混凝土强度等级之比不应小于1.5			GB/T 14685 检验
6	吸水率	<1%（干湿交替或冻融环境） <2%（其他环境）			GB/T 14685 检验
7	紧密空隙率	≤40%			GB/T 14685 检验
8	坚固性	≤8%（混凝土结构） ≤5%（预应力混凝土结构）			GB/T 14685 检验
9	硫化物及硫酸盐含量	≤0.5%			GB/T 14685 检验
10	Cl⁻ 含量	≤0.02%			GB/T 14685 检验
11	有机物含量（卵石）	浅于标准色			GB/T 14685 检验

注：同料源的粗骨料，其含泥量、泥块含量按进场不同粒径分别检验的方法，其余检验项目采用不同粒径混合后检验的方法。

表58－7　粗骨料的压碎指标值（%）

混凝土强度等级	< C30			≥C30		
岩石种类	沉积岩	变质岩或深成的火成岩	喷出的火成岩	沉积岩	变质岩或深成的火成岩	喷出的火成岩
碎石	≤16	≤20	≤30	≤10	≤12	≤13
卵石	≤16			≤12		

注：a. 沉积岩（水成岩）包括石灰岩、砂岩等，变质岩包括片麻岩、石英岩等，深成的火成岩包括花岗岩、正长岩、闪长岩和橄榄岩等，火成岩包括玄武岩和辉绿岩等。

b. 压碎指标值不符合规定时，应通过试验，建立岩石抗压强度与压碎指标值的对应关系，确认岩石抗压强度与混凝土强度等级之比不小于1.5且混凝土的力学性能及耐久性能满足要求后，方可使用。

五、外加剂

（1）外加剂应采用减水率高、坍落度损失小、适量引气、能明显提高混凝土耐久性且质量稳定的产品。外加剂与水泥之间应有良好的相容性。

（2）外加剂的性能要求见表58－8～表58－10。

表58－8　高效减水剂的技术要求

序号	检验项目		技术要求		检验方法
			标准型	缓凝型	
1	减水率		≥20%		按 GB 8076 检验
2	含气量		≤3.0%		按 GB 8076 检验
3	泌水率比		≤20%		按 GB 8076 检验
4	压力泌水率比（用于配制泵送混凝土时）		≤90%		按 JC 473 检验
5	抗压强度比	1 d	≥140%	/	按 GB 8076 检验
		3 d	≥130%	/	按 GB 8076 检验
		7 d	≥125%	≥125%	按 GB 8076 检验
		28 d	≥120%	≥120%	按 GB 8076 检验

续表 58 – 8

序号	检验项目		技术要求		检验方法
			标准型	缓凝型	
6	坍落度 1 h 经时变化量 （用于配置泵送混凝土时）		—	≤60 mm	按 JC473 检验
7	凝结时间差	初凝	– 90 min ~ + 120 min	> + 90 min	按 GB 8076 检验
		终凝		—	
8	硫酸钠含量（按折固含量计）		≤10.0%		按 GB/T 8077 检验
9	Cl⁻ 含量（按折固含量计）		≤0.6%		按 GB/T 8077 检验
10	碱含量（按折固含量计）		≤10%		按 GB/T 8077 检验
11	收缩率比		≤125%		按 GB8076 检验

注：a. 按 GB 8076 进行检验的项目，其混凝土坍落度控制值为 80 mm ± 10 mm。

b. 抽检试验用水泥宜为工程用水泥。

表 58 – 9　聚羧酸系减水剂的技术要求

序号	检验项目		技术要求			检验方法
			早强型	标准型	缓凝型	
1	减水率		≥25%			按 GB 8076 检验
2	含气量		≤3.0%			按 GB 8076 检验
3	泌水率比		≤20%			按 GB 8076 检验
4	压力泌水率比 （用于配制泵送混凝土时）		≤90%			按 JC 473 检验
5	抗压强度比	1 d	≥180%	≥170%	—	按 GB 8076 检验
		3 d	≥170%	≥160%	—	按 GB 8076 检验
		7 d	≥145%	≥150%	≥140%	按 GB 8076 检验
		28 d	≥130%	≥140%	≥130%	按 GB 8076 检验
6	坍落度 1 h 经时变化量 （用于配置泵送混凝土时）		—	≤80 mm	≤60 mm	按 JC 473 检验
7	凝结时间差	初凝	– 90 min ~ + 90 min	– 90 min ~ + 120 min	> + 90 min	按 GB 8076 检验
		终凝			—	
8	甲醛含量（按折固含量计）		≤0.05%			按 GB 18582 检验
9	硫酸钠含量（按折固含量计）		≤5.0%			按 GB/T 8077 检验
10	Cl⁻ 含量（按折固含量计）		≤0.6%			按 GB/T 8077 检验
11	碱含量（按折固含量计）		≤10%			按 GB/T 8077 检验
12	收缩率比		≤110%			按 GB 8076 检验

注：a. 按 GB 8076 进行检验的项目，其混凝土坍落度控制值为 80 mm ± 10 mm。

b. 抽检试验用水泥宜为工程用水泥。

表 58 – 10　引气剂的技术要求

序号	检验项目		技术要求	检验方法
1	减水率		≥6%	按 GB 8076 检验
2	含气量		≥3.0%	按 GB 8076 检验
3	常压泌水率比		≤70%	按 GB 8076 检验
4	1 h 含气量经时变化		−1.5% ~ +1.5%	按 GB 8076 检验
5	抗压强度比	3 d	≥95%	按 GB 8076 检验
		7 d	≥95%	按 GB 8076 检验
		28 d	≥90%	按 GB 8076 检验
6	凝结时间差	终凝	−90 min ~ +120 min	按 GB 8076 检验
		初凝		按 GB 8076 检验
7	收缩率比		≤125%	按 GB 8076 检验
8	相对耐久性指数(200 次)		≥80%	按 GB 8076 检验
9	28 d 硬化混凝土气泡间距系数		≤300 μm	见混凝土验标附录 E

六、拌和用水

养护用水除不溶物、可溶物可不做要求外,其他性能要求见表 58 – 11。养护水不得使用海水。

表 58 – 11　拌和水的技术要求

序号	检验项目	技术要求			检验方法
		预应力混凝土	钢筋混凝土	素混凝土	
1	pH	>6.5	>6.5	>6.5	按 JGJ 63 检验
2	不溶物含量	<2000 mg/L	<2000 mg/L	<5000 mg/L	按 JGJ 63 检验
3	可溶物含量	<2000 mg/L	<5000 mg/L	<10000 mg/L	按 JGJ 63 检验
4	氯化物含量	<500 mg/L <350 mg/L (用钢丝或热处理的钢筋)	<1000 mg/L	<3500 mg/L	按 JGJ 63 检验
		<200 mg/L(混凝土处于氯盐环境下)			
5	硫酸盐含量	<600 mg/L	<2000 mg/L	<2700 mg/L	按 JGJ 63 检验
6	碱含量	<1500 mg/L	<1500 mg/L	<1500 mg/L	按 GB/T 176 检验
7	抗压强度比(28 d)	≥90%			按 JGJ 63 检验
8	凝结时间差	≤30 min			按 JGJ 63 检验

第二节　高性能混凝土搅拌和运输

一、高性能混凝土搅拌

混凝土原料严格按照施工配合比要求进行准确称量,称量最大允许偏差符合下列规定:胶凝材料 ±1%;外加剂 ±2%;拌和用水 ±1%。

搅拌混凝土前，应严格测定粗细骨料的含水率，准确测定因天气变化而引起的粗细骨料含水量变化，以便及时调整施工配合比。一般情况下，含水量每班测 2 次，雨天应随时抽测，并按测定结果及时调整混凝土施工配合比。

采用卧轴式、行星式或逆流式强制搅拌机搅拌混凝土，采用电子计量系统计量原材料。搅拌时，宜先向搅拌机投入细骨料、水泥、矿物掺合料和外加剂，搅拌均匀后，再加入所需用水量，待砂浆充分搅拌后再投入粗骨料，并继续搅拌至均匀为止。上述每一段的搅拌时间不少于 30 s，总搅拌时间不少于 2 min，也不超 3 min。

冬季搅拌混凝土前，先过热工计算，并经试拌确定水和骨料需要预热的最高温度，以保证混凝土的入模温度满足相关规定。优先采用加热水的预热方法调整拌和温度，但水的加热温度不宜高于 80℃。当加热水还不能满足要求或骨料中含冰、雪等杂物时，也可先将骨料均匀地进行加热，其加热温度不应高于 60℃。水泥、外加剂及矿物掺合料可在使用前运入暖棚进行自然预热，但不得直接加热。

炎热季节搅拌混凝土时，宜采取措施控制水泥入搅拌机温度不宜大于 40℃。采取在骨料堆场搭设遮阴棚，采用低温水搅拌混凝土等措施降低混凝土拌和温度，或尽可能在傍晚和晚上搅拌混凝土，以保证混凝土的入模温度满足相关规定。

二、高性能混凝土运输

选用能确保浇注工作连续进行、运输能力与混凝土搅拌机的搅拌能力相匹配的运输设备运输混凝土。不得采用机动翻斗车、手推车等工具长距离运输混凝土。

保持运输混凝土的道路平坦畅通，保证混凝土在运输过程中保持均匀性，运到浇注地点时不分层、不离析、不漏浆，并满足坍落度和含气量等工作性能要求。

运输设备采取保温隔热措施，防止局部混凝土温度升高或受冻。采取适当措施防止水分进入运输容器或蒸发，严禁在运输过程中在混凝土内加水。

尽量减少混凝土转载次数和运输时间。从搅拌机卸出混凝土浇筑完毕的延续时间以不影响混凝土各项性能为限。

若采用搅拌罐车运输混凝土，当罐车到达浇注现场时，应使罐车高速旋转 20～30 s，再将混凝土拌和物喂入泵车受料或混凝土料斗。

采用混凝土泵输送混凝土时，除按 JGJ/T 10—95 规定进行施工外，要特别注意如下事项：

(1)在满足泵送工艺要求的前提下，泵送混凝土的塌落度应尽量小，以避免混凝土在振捣过程中产生离析和泌水。当浇注层的高度较大时，尤应控制拌和物的塌落度，并且使用串筒浇筑；一般情况下，泵送下料口应能移动；当泵送下料口固定时，固定间距不宜过大，一般不小于 3 m。

(2)泵送管路起始水平管段长度不应小于 15 m。除出口处可采用软管外，管路的其他部位均不得采用软管。管路应用支架、吊具等加以牢固，不应与模板和钢筋接触。高温或低温环境下，管路应分别用湿帘和保温材料覆盖。

(3)向下泵送混凝土时，管路与垂线的夹角不宜小于 120°，以防止混入空气引起管路阻塞。

(4)混凝土宜在搅拌后 60 min 内泵送完毕，且在 1/2 初凝时间前入泵。全部混凝土应在初凝前浇筑完毕。在交通拥堵和气候炎热等情况下，应采取特殊措施防止混凝土的塌落度损失过大。

(5)因各种原因造成停泵时间超过 15 min，应每隔 4～5 min 开泵一次，使泵机进行正转和反转两个方向的运动，同时开动料斗搅拌器，防止料斗中的混凝土离析。如果泵停时间超过 45 min，应将管中的混凝土清除，并用压力水或其他方法冲洗管内的残留的混凝土。

第三节　高性能混凝土质量控制要点

一、配合比设计质量控制

配合比的设计质量主要从以下几方面控制：一是熟悉图纸，掌握设计说明中要求采用的规范标准、设计年限、结构物所处的环境条件、不同结构物的力学性能和耐久性能；二是了解和统计每座结构物不同部位的施工方法和工艺；三是根据规范掌握和理解混凝土各种原材料指标要求规定，并设计合适的各种材料组分；四是充分理解混凝土配合比设计的相关规范；五是在满足质量要求的前提下，选择低成本的配合比用于施工。

1. 配合比的表达方式

原则上，按基本材料、外掺料、外加剂的比例顺序，进行表达，基本材料指的是水泥、细骨料、粗骨料、水。如果某种材料为2种及以上时，比如小石子和大石子，粉煤灰和矿粉2种外掺料，则主要材料放在次要材料前面进行表达（掺量大的，或依据习惯排列顺序，即小石子放在大石子前，外掺料按粉煤灰、矿粉、硅灰的顺序）。

2. 配合比控制的原则

配合比经过批准，便成为具有法律依据的施工基本参数，任何人不得随意更改。如果材料不能满足配合比的要求，只能更换材料，或重新选定配合比。

3. 配合比控制的方法

（1）在配合比设计中按照配合比设计规程进行计算。原材料严格按照《铁路混凝土工程施工质量验收标准》（TB 10424—2010）、《客运专线预应力混凝土预制梁暂行技术条件》（铁科技〔2004〕120号）、《铁路混凝土》（TB/T 3275—2011）技术要求选择，严格控制总碱含量、氯离子含量、三氧化硫含量，确保混凝土耐久性满足设计要求。保证混凝土工程质量，达到经济合理，满足现场施工要求。

（2）理论配合比经监理单位验证批复下发后，根据现场原材料进行混凝土拌和物试拌调整，各项拌和物性能指标必须满足理论配合比设计范围要求。

二、原材料质量控制

原材料的质量主要从以下几个方面控制：一是熟悉图纸和规范，掌握原材料的质量要求；二是料源调查，选择生产能力大、生产质量稳定的生产厂家作为备用材料供应商；三是从源头把控，原材料进场前，进行型式检验，选择满足规范要求的材料进行配合比设计、检测；四是过程控制，原材料进场后严格按规范要求的频率进行抽样检测，不合格材料严禁用于施工，同时建立不合格材料台帐；五是定期按规定对原材料进行型式检验，确保其各种性能指标满足要求。

1. 水泥

依据《水泥密度测定方法》（GB/T 208—1994）、《水泥比表面积测定方法（勃氏法）》（GB/T 8074—2008）、《水泥标准稠度用水量、凝结时间、安定性检验方法》（GB/T 1346—2011）、《水泥胶砂强度检验方法（ISO法）》（GB/T 17671—1999）检测。

同厂家、同编号、同生产日期且连续进场的散装水泥每500 t（袋装200 t）为一批，不足时按一批计。在满足检测频率的情况下不定期进行抽检，常规检验项目为：比表面积、凝结时间、安定性、强度等项目；每6个月送有资质的检测单位进行全部项目的试验检验，所检项目满足《铁路混凝土》（TB/T 3275—2011）及《铁路混凝土工程施工质量验收标准》（TB 10424—2010）中普通硅酸盐（强度等级42.5）水泥的技术要求时方可用于施工，若不满足及时清场。

2. 粉煤灰

依据《用于水泥和混凝土中的粉煤灰》GB/T 1596—2005、《水泥化学分析方法》GB/T 176—2008、《水泥标准稠度用水量、凝结时间、安定性检测方法》（GB/T 1346—2011）检测。

同厂家、同编号、同生产日期的产品每200 t为一批，不足每200 t按一批计。在满足检测频率的情况下不定期进行抽检，常规检验项目为：细度、需水量比、烧失量等，每6个月送有资质的检测单位进行全部项目试验检验，所检项目满足《铁路混凝土工程施工质量验收标准》（TB 10424—2010）和《铁路混凝土》（TB/T 3275—2011）中的标准要求。若不满足及时清场。

3. 河砂

依据《建设用砂》（GB/T 14684—2011）检测。

连续进场的同料源、同品种、同规格的细骨料每400 m³（或600 t）为一批，不足上述数量时按一批计。

满足检测频率的情况下不定期进行抽检，常规检验项目为：颗粒级配、含泥量、泥块含量、云母含量、轻物质含量、表观密度、紧密密度、紧密孔隙率、有机物含量等项目。连续使用料源、同品种、同规格的细骨料达一年时进行全部项目检测。所检指标符合《铁路混凝土》(TB/T 3275—2011)及《铁路混凝土工程施工质量验收标准》(TB 10424—2010)中技术要求时方可进行施工，若不满足及时清场。

4. 碎石

依据《建设用卵石或碎石》(GB/T 14685—2011)检测。

连续进场的同料源、同品种、同规格的粗骨料每 400 m^3（或 600 t）为一批，不足上述数量时按一批计。满足检测频率的情况下不定期进行抽检，常规检验项目为：颗粒级配、含泥量、泥块含量、表观密度、紧密密度、紧密孔隙率、压碎指标值、针片状颗粒总含量等。连续使用料源、同品种、同规格的粗骨料达一年时进行全部项目测检，所检指标符合《铁路混凝土》(TB/T 3275—2011)及《铁路混凝土工程施工质量验收标准》(TB 10424—2010)中技术要求时方可进行施工，若不满足及时清场。

5. 减水剂

依据《混凝土用外加剂》(GB 8076—2008)、《混凝土泵送剂》(JC 473—2001)检测。

同厂家、同品种、同编号的减水剂每 50 t 为一批，不足 50 t 时按一批计。使用同厂家、同品种的产品达 6 个月时及出厂日期达 6 个月的减水剂进行全检。常规检验项目有：减水率、含气量、泌水率比、常压泌水率比、抗压强度比等项目，若所检项目满足《铁路混凝土工程施工质量验收标准》(TB 10424—2010)和《铁路混凝土》(TB/T 3275—2011)中的技术要求时方可进行混凝土的生产，若不满足则进行退场处理。

6. 水

混凝土拌和用水也可为饮用水。新水源、同一水源使用达一年时进行一次全检，全检项目为：pH 值、不溶物含量、可溶物含量、氯化物含量、硫酸盐含量、碱含量、抗压强度比(28 d)、凝结时间差。同一水源的涨水季节检验一次，检验项目为：pH 值、不溶物含量、可溶物含量、氯化物含量、硫酸盐含量、碱含量。若所检项目满足《铁路混凝土工程施工质量验收标准》(TB 10424—2010)和《铁路混凝土》(TB/T 3275—2011)中的技术要求时方可进行混凝土的生产，若不满足则不得使用。

三、高性能混凝土搅拌质量控制

(1)混凝土配合比设计应考虑坍落度损失。混凝土中可掺加减水剂以减少水泥用量。掺用粉煤灰取代部分水泥，减少水泥用量，从而减少水化热。

(2)搅拌站料斗、储水器、皮带运输机、搅拌楼尽可能采取遮阳措施。经常测定混凝土的坍落度，调整混凝土的配合比以满足施工所必须的坍落度要求。

(3)混凝土选用水化热较低的水泥。当掺用缓凝型减水剂时，根据气温适当增加坍落度。

(4)在棚内或气温较低的晚上或夜间搅拌混凝土，以保证混凝土的入模温度满足设计要求。当设计未规定时，混凝土的入模温度不宜高于 30℃。

(5)搅拌混凝土前，严格测定粗细骨料的含水率，准确测定因天气变化而引起的粗细骨料含水量变化，以便及时调整施工配合比。

(6)采用搅拌机搅拌混凝土，采用电子计量系统计量原材料。搅拌时，先向搅拌机投入细骨料、水泥、矿物掺和料和外加剂，搅拌均匀后，再加入所需用水量，待砂浆充分搅拌后再投入粗骨料，并继续搅拌至均匀为止。上述每一阶段的搅拌时间不少于 30 s，总搅拌时间不少于 2 min，也不超过 3 min。

(7)混凝土生产过程中严格控制各种原材料的称量误差，见表58 – 12。

表 58 – 12　原材料每盘称量允许误差

序号	原料名称	允许偏差（%）
1	水泥、矿物掺和料	±1
2	粗、细骨料	±2
3	外加剂、拌和用水	±1

四、高性能混凝土运输质量控制

混凝土的运输过程的质量控制主要是混凝土运输时间控制，确保运送至现场的混凝土其拌和物性能满足施工要求。

（1）选用能确保浇筑工作连续进行、运输能力与混凝土搅拌机的搅拌能力相匹配的运输设备运输混凝土。不得采用机动翻斗车、手推车等工具长距离运输混凝土。

（2）运输混凝土过程中，保持运输混凝土的道路平坦畅通，保证混凝土在运输过程中保持均匀性，运到浇筑地点时不分层、不离析、不漏浆，并具有要求的坍落度和含气量等工作性能。

（3）运输混凝土过程中，对运输设备采取保温隔热措施，防止局部混凝土温度升高或受冻。采取适当措施防止水分进入运输容器或蒸发，严禁在运输过程中向混凝土内加水。

（4）若采用搅拌罐车运输混凝土，当罐车到达浇筑现场时，使罐车高速旋转 20～30 s，再将混凝土拌和物喂入泵车受料斗或混凝土料斗。

（5）采用混凝土泵输送混凝土时，还应特别注意如下事项：

①在满足泵送工艺要求的前提下，保证泵送混凝土的坍落度尽量小，以免混凝土在振捣过程中产生离析和泌水。当浇筑层的高度较大时，尤应控制拌和物的坍落度，并且使用串筒浇筑；一般情况下，泵送下料口应能移动；当泵送下料口固定时，固定的间距不能过大，一般不大于 3 m。

②混凝土在搅拌后 60 min 内泵送完毕，且在 1/2 初凝时间前入泵。全部混凝土应在初凝前浇筑完毕。在交通拥堵和气候炎热等情况下，采取特殊措施防止混凝土坍落度损失过大。

③因各种原因导致停泵时间超过 15 min，应每隔 4～5 min 开泵一次，使泵机进行正转和反转两个方向的运动，同时开动料斗搅拌器，防止料斗中混凝土离析。如停泵时间超过 45 min，将管中混凝土清除，并用压力水或其他方法冲洗管内残留的混凝土。

五、高性能混凝土浇筑质量控制

（1）混凝土入模前，采用专用设备测定混凝土的温度、坍落度、含气量、水胶比及泌水率等工作性能；只有拌和物性能符合设计或配合比要求的混凝土方可入模浇筑。当设计无要求时，混凝土的入模温度宜控制在 5～30℃。

（2）混凝土浇筑时的自由倾落高度不得大于 2 m；当大于 2 m 时，采用滑槽、串筒、漏斗等器具辅助输送混凝土，保证混凝土不出现分层离析现象。

（3）混凝土的浇筑应采用分层连续推移的方式进行，间隙时间不得超过 90 min，不得随意留置施工缝。

（4）混凝土的一次摊铺厚度不大于 600 mm（当采用泵送混凝土时）或 400 mm（当采用非泵送混凝土时）。浇筑竖向结构的混凝土前，底部应先浇入 50～100 mm 厚的水泥砂浆。

六、高性能混凝土振捣质量控制

（1）可采用插入式振动棒、附着式的平板振捣器等振捣设备振捣混凝土，振捣时应避免碰撞模板、钢筋及预埋件。

（2）按事先规定的工艺路线和方式振捣混凝土，在混凝土浇筑过程中及时将入模的混凝土均匀振捣密实，不得随意加密振点或漏振，每点的振捣时间以表面泛浆或不冒大气泡为准，一般不宜超过 30 s 避免过振。

（3）采用插入式振捣器振捣混凝土时，采用垂直点振方式振捣。若需变换振捣棒在混凝土拌和物中的水平位置，首先竖向缓慢将振捣棒拔出，然后再将振捣棒移至移至新的位置，不得将振捣棒放在拌和物内平拖，也不得用插入式振捣棒平拖驱赶下料口处堆积的混凝土拌和物。

（4）预应力混凝土梁采用侧振并辅以插入式振捣器的方式振捣。

（5）在振捣混凝土过程中，加强检查模板支撑的稳定性和接缝的密合情况，以防漏浆。混凝土浇筑完成后，仔细将混凝土暴露面压实抹平，抹面时严禁洒水。

七、高性能混凝土温控及养护质量控制

（1）混凝土振捣完成后，尽量减少暴露时间，对混凝土暴露面进行紧密覆盖（可采用蓬布、塑料布等进行覆盖），防止表面水分蒸发。暴露面保护层混凝土初凝前，卷起覆盖物，用抹子搓压表面至少二遍，使之平整后再次覆盖，此时应注意覆盖物不要直接接触混凝土表面，直至混凝土终凝为止。

（2）混凝土的蒸汽养护可分静停、升温、恒温、降温四个阶段。静停期间保持环境温度不低于5℃，灌筑结束4~6 h后方可升温，升温速度不宜大于10℃/h，恒温期间混凝土内部温度不宜超过60℃，最大不得超过65℃，恒温养护时间根据构件脱模强度要求、混凝土配合比情况以及环境条件等通过试验确定，降温速度不宜大于10℃/h。

（3）混凝土带模养护期间，采取带模包裹、浇水、喷淋洒水或通蒸汽等措施进行保湿、潮湿养护。

（4）混凝土去除表面覆盖物或拆模后，对混凝土采用蓄水、浇水或覆盖洒水等措施进行潮湿养护。也可在混凝土表面处于潮湿状态时，迅速采用土工布、草帘等材料将暴露面混凝土覆盖或包裹，再用塑料布或帆布等将麻布、草帘等保湿材料包覆（裹）完好。包覆（裹）期间，包覆（裹）物完好无损，彼此搭接完整，内表面具有凝结水珠。有条件地段延长混凝土的包覆（裹）养护时间。

（5）在任意养护时间，淋注于混凝土表面的养护水温度低于混凝土表面温度时，二者间温差不得大于15℃。

（6）混凝土养护期间注意采取保温措施，防止混凝土表面温度受环境因素影响（如曝晒、气温骤降等）而发生剧烈变化。养护期间混凝土的芯部与表层、表层与环境之间的温差不宜超过20℃。大体积混凝土施工前制定严格的养护方案，控制混凝土内外温差满足设计要求。

（7）混凝土拆模后可能与流动水接触时，在混凝土与流动的地表水或地下水接触前采取有效保温保湿养护措施养护14 d以上，且确保混凝土获得75%以上的设计强度。养护结束后及时回填。

八、高性能混凝土拆模质量控制

混凝土拆模的强度符合设计要求。当设计未提出要求时，应符合下列规定：
（1）侧模在混凝土强度达到2.5 MPa以上，且其表面及棱角不因拆模而受损时，方可拆除。
（2）底模在混凝土强度符合表58-13的规定后，方可拆除。

表58-13　拆除底模时所需混凝土强度

结构类型	结构跨度/m	达到混凝土设计强度的百分数/%
板、拱	≤2	50
	2~8	75
	>8	100
	>2	100

（3）芯模或预留孔洞的内模在混凝土强度能保证构件表面不发生塌陷和裂缝时，方可拆除。

混凝土的拆模时间除需考虑拆模时的混凝土强度外，还考虑到拆模时的混凝土温度不能过高，以免混凝土接触空气时降温过快而开裂，更不能在此时浇注凉水养护。混凝土内部开始降温以前以及混凝土内部温度最高时不得拆模。

一般情况下，结构或构件芯部混凝土与表层混凝土之间的温差、表层混凝土与环境之间的温差大于20℃（截面较为复杂时，温差大于15℃）时不宜拆模。大风或气温急剧变化时不宜拆模。在寒冷季节。若环境温度低于0℃时不宜拆模。在炎热和大风干燥季节，采取逐段拆模、边拆边盖的拆模工艺。

拆模宜按立模顺序逆向进行，不得损伤混凝土，并减少模板破损。当模板于混凝土脱离后，方可拆卸、吊运模板。

拆模后的混凝土结构应在混凝土达到100%的设计强度后，方可承受全部设计荷载。

九、高性能混凝土质量检验

1. 施工前检验

对混凝土用水泥、骨料、矿物掺和料、外加剂、水等主要原材料的产品合格证及出厂质量检验报告进行进场核查。

对混凝土用水泥、骨料、矿物掺和料、外加剂、水等主要原材料进行复检。复检结果满足现行行业和国家标准、本次招标技术规范载明的其他标准的相关要求。

按设计及施工要求复检施工配合比混凝土的拌和物性能，核查配合比试拌过程以及相关混凝土力学性能、抗裂性能以及耐久性能试验结果。其中，混凝土的耐久性由经国家、铁总认可或业主指定的权威部门检验。检验结果应满足相关要求。

2. 施工过程检验

对混凝土用水泥、骨料、外加剂、矿物掺和料、拌和水等主要原材料的品质进行日常检验，检验结果应满足相关要求。

对混凝土拌和物性能进行日常检验，检验结果满足设计、施工以及经批准的施工配合比要求。

对混凝土的力学性能进行日常检验，检验结果满足设计和施工要求。

对混凝土的耐久性进行抽检，检验结果满足设计要求。

在混凝土施工过程中，如更换水泥、外加剂、矿物掺和料等主要原材料的品种及规格，重新进行混凝土配合比选定试验，并对试验配合比混凝土的拌和物性能、力学性能和长期耐久性能进行检验，检验结果应分别满足相关要求。

对用于施工过程控制或质量检验的混凝土强度和耐久性抽检试件，从同一盘混凝土或同一车运送的混凝土中取出，并在与施工现场相同的条件下成型和养护。

对采用自然养护的混凝土，试件在标准养护条件下养护到规定龄期再进行试验；对采用蒸汽养护的混凝土，试件先在与实际蒸养条件相同的条件下养护，再在标准条件下养护到规定龄期后再进行试验。

3. 施工后检验

采用下述方法对实体混凝土质量进行检验。

用肉眼或放大镜观察实体混凝土结构表面是否存在非外力裂缝。当混凝土表面出现非外力裂缝时，普通混凝土结构表面的裂缝最大宽度不得大于 0.20 mm，预应力混凝土结构不得出现结构性裂缝。

采用无损检测方法进行混凝土保护层厚度的检测（当对混凝土保护层厚度检测结果有怀疑时，可采用局部破损的方法进行复核，复核结束后对破损部位进行及时修复），检验结果应满足设计要求。

采用手提式混凝土渗透性测定仪测定结构表层混凝土 56 d 龄期时抗水的渗透性，要求测定值不低于设计规定值或设定值（当设计无要求时），后者需在实验室通过对比试验确定。

依据 TB 10426—2004 对钻芯取样的具体要求，在现浇混凝土实体结构上随机钻芯抽取混凝土芯样。测定实体混凝土的电通量。测定结果应满足设计规定。

当设计对混凝土提出氯离子扩散系数限值时，应依据 TB 10426—2004 对钻芯取样的具体要求，在现浇混凝土实体结构上随机钻芯抽取混凝土芯样。测定实体混凝土的氯离子扩散系数。测定结果应满足设计规定。

当设计对混凝土提出抗冻性要求时，应依据 TB 10426—2004 对钻芯取样的具体要求，在现浇混凝土实体结构上随机钻芯抽取混凝土芯样。依据 L/T 5051—2001 测定实体混凝土的气泡间距系数。测定结果满足设计的规定。

在混凝土的试件成型后标准条件下养生至 56 d 龄期时，进行抗冻性、抗渗性、抗压疲劳强度、Cl^- 渗透电量试验。

以混凝土试件标准养生 180 d 龄期时进行体积稳定性试验。

以混凝土试件标准养生 180 d 龄期时进行徐变性试验。

以砂浆试件浸泡 56 d 龄期时进行耐腐蚀性试验。

高性能混凝土力学性能按 GB/T 50081—2002 进行试验。但还要进行标准养生试件 90 d 龄期抗压强度试验和 56 d 龄期抗压疲劳强度试验。

第五篇

科研与技术创新

第五十九章　科研项目的立项与组织实施

第一节　科研项目的立项

一、山区高墩桥上无砟轨道线路变形规律与维护技术研究

在墩－梁－轨综合受力系统中，桥墩的温度变形将对上部结构及轨道结构的受力产生影响，而且桥墩的温度变形量值随墩高的增加而增大，相邻桥墩的高度差值越大，温度作用下的结构变形差异越明显。为确保轨道的形位、保证列车的安全运行，本课题通过现场试验和理论分析相结合的方法开展了四项研究。

1.高墩温度作用模式及温度变形研究

起止时间：2016 年 06 月—2017 年 12 月

级别：重点课题

科研单位：京福闽赣公司、中南大学、南昌铁路局

研究内容：

（1）采用物联网、4G 传输等新型检测手段，建立两处高墩温度场变形长期监测工点（分别为 35 m 桥墩和 70 m 桥墩），获取长期（2016 年 7 月至 2017 年 12 月）持续、准确可靠的高墩温度场数据及温度变形数据。

（2）分析高墩温度场监测数据，获得高墩温度时空分布规律。采用时间序列分解法将原始温度分解为均匀温度和波动温度，分别对两种温度组分进行分析，获得均匀温度年变化时程曲线，波动温度时空变化曲线。

（3）采用广义帕累托分布（GPD）模型，计算一定重现期内的均匀温度极值、内外壁温差极值，通过对各测点出现的温差极值进行拟合，可获得桥墩不同方向、不同重现期下的温度梯度。

（4）通过均匀温度和温差分量的组合，提出不同重现期的桥墩作用模式。

（5）通过分析波动温度与转角的关系，得到外壁测点波动温度与转角的换算关系。

2.箱梁－CRTS I 型无砟轨道温度作用模式及温度变形研究

起止时间：2016 年 06 月—2017 年 12 月

级别：重点课题

科研单位：南昌铁路局、京福闽赣公司、中南大学

研究内容：

（1）采用时间序列的数据处理方法分析了箱梁轨道结构各测点均匀温度与波动温度的时程特征，通过平滑处理并采用一阶傅里叶级数对结构统一均匀温度时程进行拟合，确定了 32 m 简支梁－CRTS I 型双块式无砟轨道均匀温度作用取值。

（2）基于广义 Pareto 极值模型的统计方法对箱梁轨道结构各温差进行极值统计模型建立，得到了具有 50 年重现期、100 年重现期的箱梁轨道结构温度梯度作用模式，根据变形等效理论与箱梁轨道实际遮盖情况，推导了非线性模式与等效线性模式之间的变换方程，对非线性温度梯度分量进行简化，并给出箱梁结构温度梯度取值。

（3）在箱梁轨道结构温度与大气温度关系研究中，结合国家气象局 50 年历史气象数据与结构长期温度监测数据对我国南方地区不同重现期下的箱梁轨道结构均匀温度代表值进行预测，采用两种线性计算模型对箱梁轨道结构日均匀温度、大气均匀温度、大气高温、大气低温进行相关性分析，建立预测模型，将高铁箱梁－轨结构与大气温度关系模式与欧洲规范进行对比，得出中国南方地区箱梁轨道结构与大气温度

关系。

（4）采用 COMSOL Multiphysics 5.3 有限元软件建立箱梁轨道结构温度场三维实体有限元仿真模型，通过比较计算值与实测值的误差，验证温度场有限元计算理论的正确性；推导了箱梁温度效应解析方程，对模型构建传热学与固体力学耦合方程，考虑轨道结构刚度不同情况下的箱梁竖向挠曲效应与应力，并与解析方程进行对比，验证两者结果的正确性。

3. 高墩桥梁温度变形规律及轨道形位研究

起止时间：2016 年 06 月—2017 年 12 月

级别：重点课题

科研单位：南昌铁路局、京福闽赣公司、中南大学

研究内容：

（1）根据实测温度模式，计算不同温度模式下由桥梁纵向变形引起的梁轨相互作用，得到桥梁温度、温度跨度与轨道纵向位移及钢轨内力的关系。基于上述关系，对轨道窜片问题进行成因分析，并提出维护策略。

（2）建立高墩–箱梁空间三维有限元模型，计算不同温度模式下，不同墩高、不同墩高差对轨道形位的影响，找到高墩温度效应与轨道形位的相互关系。根据轨道不平顺判断标准，得到最大墩高差及最大墩高限值。

（3）根据实测温度模式，计算 32 m 标准箱梁在实测最大值、50 年和 100 年重现期温度模式下的温度效应，得到标准简支梁温度变形对轨道系统的影响。

（4）建立连续梁空间有限元模型，计算 $(60+100+100+60)$ m 连续梁在实测最大值、50 年和 100 年重现期温度模式下的温度效应。采用轨道不平顺判断标准对连续梁上轨道形位进行评价，得到连续梁温度效应对轨道平顺性的影响。

4. 高墩桥梁动力响应试验及车桥耦合振动仿真研究

起止时间：2016 年 06 月—2017 年 12 月

级别：重点课题

科研单位：南昌铁路局、京福闽赣公司、中南大学

研究内容：

（1）车–桥耦合振动仿真分析模型及刚柔耦合的建立。

（2）车桥耦合仿真分析。

（3）合福高速铁路山区高墩连续梁桥动力响应试验研究。

二、复杂地形地质条件下桥梁与无砟无缝线路适应性研究

起止时间：2015 年 3 月—2017 年 3 月

级别：重点课题

科研单位：京福闽赣公司、中南大学、中交一航局、中铁十九局、中铁隧道

研究内容：

（1）下部结构刚度突出对梁轨相互作用的影响研究

通过现场测试桥上轨道结构形位和仿真分析，探讨桥墩刚度突变对桥上双块式无砟轨道无缝线路的受力及变形特点。

（2）下部结构刚度突变对桥上 CRTS Ⅰ 型双块式无砟轨道稳定性的影响研究

建立考虑钢轨、无砟轨道、两题、墩台和基础的桥梁–双块式无砟轨道空间一体化非线性有限元模型，研究下部结构刚度突变对桥上无砟轨道稳定性的影响规律。

（3）温度和活载耦合作用下桥上无砟轨道无缝线路变形规律研究

建立可考虑加载历史的桥上无砟轨道无缝线路空间仿真模型，研究温度和活载多种荷载耦合作用下桥梁与无砟轨道无缝线路的变形规律，提出改善措施。

（4）桥上无砟轨道无缝线路动力响应测试分析

选择相邻桥墩高差较大的简支梁与大跨度连续梁桥为测试工点，测试不同车型、不同时速列车激励下，桥梁－CRTS I 型无砟轨道系统的动力响应特征及规律。

三、高速铁路特殊地段（过渡段）轨道几何状态特征与维护技术研究

起止时间：2014 年 5 月—2016 年 12 月

级别：重点课题

科研单位：南昌铁路局、京福闽赣公司、中南大学

研究内容：

（1）高速铁路特殊地段（过渡段）轨道几何状态资料收集以及特征参数分析

通过全面收集合福高速铁路特殊地段（刚度差异大、相邻墩台高度悬殊的桥隧过渡段）轨道几何状态相关资料，研究轨道几何状态的基本特征及相应的影响因素。

（2）高速铁路特殊地段（过渡段）轨道几何状态现场长期监测

现场监测高速铁路特殊地段（刚度差异大、相邻墩台高度悬殊的桥隧过渡段）钢轨变形、各层之间相对变形、钢轨温度以及气温等参数，连续获得轨道几何状态。

（3）高速铁路特殊地段（过渡段）轨道几何状态现场测试数据分析

分析监测系统所采集轨道几何状态数据，获得轨道几何状态累积变化规律，识别轨道几何状态变化的典型阶段。

（4）高速铁路特殊地段（过渡段）轨道几何状态变化数值仿真

通过现场试验和理论研究相结合，分析温度、支承条件、荷载等因素对钢轨变形的影响。

（5）高速铁路特殊地段（过渡段）轨道几何状态行车评价及维护技术分析

分析特殊地段（刚度差异大、相邻墩台高度悬殊的桥隧过渡段）轨道几何状态变化与列车运营品质的相互关系，提出特殊地段（刚度差异大、相邻墩台高度悬殊的桥隧过渡段）轨道几何状态维护指导意见。

第二节　科研项目的组织实施

合福铁路闽赣段是我国首条复杂山区高等级客运专线，具有地质条件复杂、气象环境多变、环保要求极高、施工难度大、技术难题多等特点。京福闽赣客运专线有限公司（以下简称"公司"）结合工程进展情况，对于合福铁路闽赣段路基、桥梁、隧道等工程组织开展了多项课题和科技创新项目的研究。

一、完善组织体系，强力推进科技创新

为规范公司管辖铁路建设项目的科技创新管理工作，于项目开始之初 2010 年，根据原铁道部《科技研究开发计划管理办法》，结合公司管辖铁路建设项目特点，制定了《京福闽赣客运专线有限公司工程科技创新管理办法》，并在每年年初进行修订，针对工程目前的工作进展及实际施工中发现的问题，增加了适合本工程的科技研发项目。

公司成立科技创新管理委员会，负责领导全线建设过程中试验研究和技术创新工作。委员会主任由公司组长担任，副主任由分管领导担任。日常工作由工程管理部负责。工程管理部作为科技创新归口管理部门，负责科研项目计划的编制、课题招标、合同签订和管理及组织科技成果鉴定等工作；负责全线科研试验工作的过程管理，及时组织总结试验研究成果，指导工程建设。鼓励各参建单位积极开展科技创新，各标段项目工程部在开工伊始也编制了适合本项目的《科技创新管理办法》，积极引导各参建单位采用"信息化"进行安全质量管理、实施"工厂化"生产工程构配件、引进"专业化"开展各工序施工、配备"机械化"生产设备提高生产效率。

二、加强检查指导，促进科技创新顺利开展

公司积极推进各标段承建单位的科技创新，针对项目多次召开科技创新会议，明确科技创新项目，并责任落实到人，从课题立项、现场管控、课题总结的撰写层层落实，保证课题落地。公司始终高度重视标

准化管理，以"四化"为强力抓手，在工程推进过程中，不断鼓励并支持参建单位研发新工装，研究新工艺、新工法，并在工程实践过程中不断完善、改进、总结。各标段承建单位成立创新领导小组以及科技攻关小组，负责对标段内的各重难点工序进行方案研究、现场技术攻关，及时帮助解决施工中存在的各项难题，根据工程进展情况，进行现场指导。

三、成立专家团队，解决科技创新难题

工程资深专家拥有丰富的经验和阅历以及先进的理论知识，能有效推进工程进展。对于重难点工程，在科技攻关过程中要充分咨询行业系统专家的意见，必要时成立常聘专家组对施工过程进行全程指导。鉴于本线路中西岭互通立交桥、北武夷山隧道等重难点工程技术难点多，施工难度大的特点，特成立了各工程项目的外聘专家组。主要负责重难点设计、施工方案研究，根据项目推进情况定期对重难点施工项目进行现场指导。

四、开展技能培训，保证新技术有效实施

随着工程施工工艺日新月异，为促进参建技术管理人员知识的更新，进一步拓宽知识面，丰富施工经验，进而为科技创新奠定基础，公司先后邀请相关院士专家、施工单位专家，分别围绕拱桥施工、混凝土配置、隧道施工、超前地质预报技术、内业资料管理、接口工程管理、测量管理等方面，开展了多项专题培训，取得了良好的成效。

第六十章　科研项目对工程的指导作用和成果的工程化应用

一、山区高墩桥上无砟轨道线路变形规律与维护技术研究

本课题依托合福、昌赣高速铁路，建立了高墩温度场、高墩温度变形、箱梁－轨道温度场和高墩动力响应三处长期监测点。基于长期监测数据，开展了高墩温度作用模型及温度变形研究、箱梁－CRTS I 型无砟轨道温度作用模式及温度变形研究、高墩桥梁温度变形规律及轨道形位研究以及高墩桥梁动力响应试验及车桥耦合振动仿真研究。

1. 桥墩温度作用模式及温度变形研究

本研究详细分析了高墩温度的时间、空间分布规律、桥墩温度组成特点及桥墩温度荷载极值等方面，旨在为高速铁路高墩的温度效应及无缝线路轨道不平顺性评价提供可靠的温度荷载计算模式和理论依据，获得了以下成果：

（1）混凝土高墩温度变化具有明显的季节性、日周期规律，通过时间序列加法模型，可将各测点原始温度分解成均匀温度和波动温度。

（2）通过桥墩均匀温度和大气温度之间的关系，采用线性相关分析，可得到结构均匀温度与大气温度之间的关系，以此关系可通过测试大气温度获得混凝土结构均匀温度值。

（3）波动温度是引起桥墩内外壁温差的主要因素，因为外壁波动温度较大、内壁波动较小，以及混凝土中热量传递的时滞性等原因，所以在内外壁之间产生温差。本项目通过对不同季节的波动温度进行统计，获得了波动温度时程曲线。

（4）采用有限元与解析法计算了不同高度桥墩在 100 年重现期下温度模式引起的变形，墩高越大引起的东、西方向变形显著。其中，可通过测量桥墩外壁测点的波动温度，再采用解析法获得桥墩的转角，并通过不同位置的转角获得桥墩的温度变形。

2. 箱梁－CRTS I 型无砟轨道温度作用模式及温度变形研究

本研究以高速铁路中广泛采用的 32 m 简支梁－CRTS I 型双块式无砟轨道为例，依托合福客运专线上饶县四十八镇 2 号桥建立了温度场长期测试工点，对箱梁－无砟轨道温度场进行长期现场实测，积累了大量测试数据。

3. 高墩桥梁温度变形及轨道形位研究

本项目基于实测温度模式，计算了墩－梁－轨系统在不同温度模式下的梁轨相互作用、桥梁温度变形及桥墩温度变形，找到了结构温度变形与轨道应力及轨道空间形位的关系。针对轨道窜片、线路高低水平不平顺等工程问题，提出了相关维护策略。主要研究结论如下：

（1）对温度效应引起的梁轨相对位移进行研究发现，梁轨相对位移与温度跨度及结构温度之间具有明显的线性关系，对计算结果进行数值拟合，得到梁轨相对位移 l 与温度跨度 L 及结构温度 T 的关系曲线。

（2）基于实测气温极值统计及无缝线路设计要求，得到南平地区高速铁路无砟轨道桥梁，在百年一遇温度模式作用下，钢轨的附加应力容许值为 144.79 MPa。采用解析算法计算不同工况下的梁轨相互作用，得到在该温度模式下，扣件阻力与极限温度跨度的关系曲线。

（3）根据桥梁纵向温度效应计算结果，分析得到轨道窜片现象的成因有两个：①在梁轨相对位移过程中，钢轨把垫片带出。②桥梁发生挠曲变形时，垫片被主梁挤出。建议采用设有纵向挡块的橡胶垫片加强垫片纵向约束，阻碍垫片纵向位移。

（4）采用高墩－箱梁的三维有限元模型，计算 100 年重现期和实测最大温度模式下，不同墩高、不同墩高差对轨道形位的影响，得到当相邻墩高高差大于 30 m 或者墩高大于 40 m 时，在温度作用较大时，轨道

矢差容许值超限。建议对于山区高墩桥梁应将相邻墩高高差控制在30 m以内,而且在墩高大于40 m时,在持续高温季节,均匀温度和温度梯度较大时,应加强其水平和高低不平顺性观测。

4.高墩桥梁动力响应试验及车桥耦合震动仿真研究

以南平建溪特大桥为工程背景,采用多体动力学软件SIMPACK与有限元软件ANSYS建立了车桥耦合动力学分析模型,计算了不同工况下的车桥动力响应;同时将轨道不平顺谱功率谱密度函数转换成空间域的形式,结合分析报告三中连续梁在最高正温度梯度作用下的竖向变形,计算分析了温度作用下结构变形对线路安全、平稳运行带来的影响;并通过在福建南平市建溪大桥开展山区高墩桥上现场动力响应试验,研究了山区高墩桥梁不同位置处加速度、位移响应及其在空间上的分布特点。

二、复杂地形地质条件下桥梁与无砟无缝线路适应性研究

本课题依托合福高速铁路,开展了桥隧过渡段无砟轨道纵向温度分布试验研究、高墩温度场及温度变形试验研究、下部结构刚度对高墩桥梁地震响应的影响分析、CRTS I 型无砟轨道-山区高墩连续梁桥动力性能测试、基础突变所致轨道不平顺对高速列车运营安全影响的研究以及反射隔热涂料控制桥梁高墩温度场所致偏转变形的应用研究等工作,主要取得了以下成果:

(1)获得桥隧过渡段钢轨温度的变化规律,提出了春季桥隧过渡段钢轨纵向温度荷载模式。

(2)混凝土高墩温度变化具有明显的季节性规律,高墩外壁在夏季太阳辐射量较大时存在明显的"双峰"特征,高墩内壁日变化幅值较小,约在1℃左右。提出以长波不平顺校核方法确定桥梁墩高差限值。

(3)采用地震时程分析方法,探讨不同墩高、连续梁墩高差、简支梁墩高差、连续梁-简支梁墩高差在地震作用下梁轨相互作用的影响,证明了墩高增至50 m后,桥梁下部结构刚度差成为影响梁轨相对位移、钢轨应力的主要因素;钢轨竖向最大位移随着墩高的增加而逐渐减小,墩高增至50 m后,钢轨竖向最大位移呈现小幅上下波动;活动墩的墩底最大弯矩随墩高差的增加而增大,而连续梁制动墩的墩底最大弯矩随墩高差的增加呈现整体减小的趋势。

(4)振动从钢轨传递至桥面板的过程中,竖向加速度幅值衰减在97.32%以上;横向加速度的幅值衰减在82.78%以上,横向加速度的衰减速度略低于竖向;道床板横向振动强于竖向,其横向稳定性应着重关注;简支梁中,钢轨和道床板的跨中振动强于梁端,而桥面板则在梁端的振动较强。简支梁与连续梁的桥面板竖向加速度幅值最大分别为1.129 m/s^2 和1.166 m/s^2,满足规范限值要求。轨道结构工作时,钢轨86.72%的振动能量由1000~1500 Hz和2200~2500 Hz的高频信号提供,剩余13.02%的能量包含在自由振动阶段100~700 Hz带宽的信号中。

(5)桥墩整体升温或者降温,箱梁、桥墩的整体升温或降温时,主要在轨道原有随机不平顺的基础上,形成长波不平顺,主要对列车运行时的车体垂向加速度、垂向sperling指标等行车安全舒适性评价指标产生影响。基于动力学仿真分析结果,提出了桥墩内外壁温差15℃作用下,不同行车速度对应的墩高差限值。

(6)涂料的反射隔热性能主要受颜料种类、漆膜厚度和颜料掺量的影响。对于阻隔型和相变型涂层,涂层的厚度越大其反射隔热效果越好。利用有限元软件建立桥墩温度场的瞬态分析模型,通过调整桥墩外表面短波辐射吸收率的大小模拟桥墩外表面涂刷涂料。结果表明,在墩外表面涂刷涂料后横桥向位移减少60%以上,证明在桥墩外表面涂刷反射隔热涂层对于控制日照引气桥墩偏转问题是有效的。

三、高速铁路特殊地段(过渡段)轨道几何状态特征与维护技术研究

合福高铁闽赣段采用双块式无砟轨道结构,所经区域地形地质条件复杂,基础刚度变化频繁,隧道内外温差较大,这些复杂因素可能对无砟轨道几何状态产生不可忽视的影响,从而影响高速列车的运行品质以及轨道结构的安全。本课题以合福高铁闽赣段为依托,利用实地调研、现场实测、理论分析等研究手段,研究特殊地段(过渡段)轨道几何状态的基本特征及变化规律,全面科学评估线路几何状态,掌握了高速铁路特殊地段(过渡段)轨道几何状态的基本特征及变化规律,根据轨道结构安全性以及列车运营安全性指标,研究比选经济、可靠的技术方案,有效地控制并改善了轨道几何状态,提出养护维修技术标准、工艺措施及要求。形成的关键技术主要有以下三项:

（1）高速铁路特殊地段（过渡段）轨道几何状态特征参数的识别。

（2）高速铁路特殊地段（过渡段）轨道几何状态随机变化规律及特征参数的确定。

（3）高速铁路特殊地段（过渡段）轨道几何状态与轨道结构安全性、行车安全性对应关系的确定。

第六十一章　科研成果奖

本线获得的科研成果奖及专利情况见表61-1、表61-2。

表61-1　获主要科技奖励情况

序号	奖项名称	等级	年度	获奖单位	授奖单位
1	新建合肥至福州铁路客运专线北武夷山隧道	国家优质工程奖	2019	京福闽赣铁路客运专线有限公司	中国施工企业管理协会
2	新建合肥至福州铁路闽赣段通信信号电力系统集成工程	国家优质工程奖	2019	京福闽赣铁路客运专线有限公司	中国施工企业管理协会
3	新建合肥至福州客运专线（闽赣段）Ⅰ、Ⅱ标综合工程	国家优质工程奖	2017	中铁十一局集团有限公司、中铁第四勘查设计院集团有限公司	中国施工企业管理协会
4	合福铁路客运专线精密控制测量工程	全国优秀测绘工程奖白金奖	2017	中铁第四勘查设计院集团有限公司	中国测绘地理信息学会
5	合福铁路精密控制测量	全国优秀工程勘查二等奖	2017	中铁第四勘查设计院集团有限公司	中国勘查设计协会
6	合福铁路武夷山越岭隧道群工程地质勘查	全国优秀工程勘查一等奖	2017	中铁第四勘查设计院集团有限公司	中国勘查设计协会
7	新建合肥至福州铁路可行性研究报告	全国优秀工程咨询成果二等奖	2012	中铁第四勘查设计院集团有限公司	中国工程咨询协会
8	合肥至福州铁路总体设计（不含铜陵公铁两用长江大桥）	铁路优秀工程设计一等奖	2016	中铁第四勘查设计院集团有限公司	国家铁路局
9	合福铁路武夷山越岭隧道群工程地质勘查	优秀工程勘查奖一等奖	2016	中铁第四勘查设计院集团有限公司	中国铁路总公司
10	高速铁路路基工程地基沉降控制技术研究	铁道科技奖一等奖	2016	中铁第四勘查设计院集团有限公司	中国铁道学会
11	合福铁路闽赣段工程地质勘查	铁路优秀工程勘查二等奖	2016	中铁第四勘查设计院集团有限公司	国家铁路局
12	合福铁路精密控制测量	优秀工程勘查奖二等奖	2016	中铁第四勘查设计院集团有限公司	中国铁路总公司
13	高速铁路无砟轨道黏性土地基沉降控制技术研究	建总科学技术奖二等奖	2015	中铁第四勘查设计院集团有限公司	中国铁道建筑总公司
14	后插钢筋笼CFG桩成桩工法	建总优秀工法一等奖	2012	中铁第四勘查设计院集团有限公司	中国铁道建筑总公司
15	合福铁路闽赣段工程地质勘查	优秀工程勘查二等奖	2016	中铁第四勘查设计院集团有限公司	中国铁道建筑总公司
16	合福铁路工程勘测	优秀工程勘查二等奖	2016	中铁第四勘查设计院集团有限公司	中国铁道建筑总公司

续表 61 – 1

序号	奖项名称	等级	年度	获奖单位	授奖单位
17	合福铁路三清山隧道工程地质勘查	优秀工程勘查三等奖	2016	中铁第四勘查设计院集团有限公司	中国铁道建筑总公司
18	合福铁路上饶官山底小煤窑采空区工程地质选线	优秀工程勘查三等奖	2016	中铁第四勘查设计院集团有限公司	中国铁道建筑总公司
19	合福铁路精密控制测量工程	优秀工程勘查一等奖	2017	中铁第四勘查设计院集团有限公司	中国铁道建筑总公司
20	合福铁路北武夷山隧道	优秀工程设计二等奖	2016	中铁第四勘查设计院集团有限公司	中国铁道建筑总公司
21	合福铁路采用树根桩＋纵梁（面板）＋基材植生加固路基洞穴边坡工程设计	优秀工程设计二等奖	2016	中铁第四勘查设计院集团有限公司	中国铁道建筑总公司
22	合福铁路环保设计	优秀工程设计二等奖	2016	中铁第四勘查设计院集团有限公司	中国铁道建筑总公司
23	合福铁路绩溪北站	优秀工程设计二等奖	2016	中铁第四勘查设计院集团有限公司	中国铁道建筑总公司
24	合福铁路南泚河特大桥	优秀工程设计二等奖	2016	中铁第四勘查设计院集团有限公司	中国铁道建筑总公司
25	合福铁路主跨 52 m 带悬臂 T 构 – 连续站台梁	优秀工程设计二等奖	2016	中铁第四勘查设计院集团有限公司	中国铁道建筑总公司
26	合福铁路南平建溪特大桥	优秀工程设计三等奖	2016	中铁第四勘查设计院集团有限公司	中国铁道建筑总公司
27	合福铁路黄山北站	优秀工程设计一等奖	2016	中铁第四勘查设计院集团有限公司	中国铁道建筑总公司
28	合福铁路客运专线电力电气化设计	优秀工程设计一等奖	2016	中铁第四勘查设计院集团有限公司	中国铁道建筑总公司
29	合福铁路闽赣段复杂山区路基工程设计	优秀工程设计一等奖	2016	中铁第四勘查设计院集团有限公司	中国铁道建筑总公司
30	合福铁路上饶信江特大桥	优秀工程设计一等奖	2016	中铁第四勘查设计院集团有限公司	中国铁道建筑总公司
31	合福铁路通信信号信息防灾施工图（含公网）	优秀工程设计一等奖	2016	中铁第四勘查设计院集团有限公司	中国铁道建筑总公司
32	合福铁路总体设计	优秀工程设计一等奖	2016	中铁第四勘查设计院集团有限公司	中国铁道建筑总公司
33	合福铁路武夷山越岭隧道群工程地质勘查	优秀工程勘查一等奖	2016	中铁第四勘查设计院集团有限公司	中国铁道建筑总公司
34	合福铁路武夷山越岭隧道群工程地质勘查	湖北省优秀工程勘查一等奖	2016	中铁第四勘查设计院集团有限公司	湖北省勘查设计协会
35	合福铁路南泚河特大桥	湖北省优秀工程勘查二等奖	2016	中铁第四勘查设计院集团有限公司	湖北省勘查设计协会
36	新建合肥至福州铁路可行性研究	湖北省优秀工程咨询成果一等奖	2011	中铁第四勘查设计院集团有限公司	湖北省工程咨询协会

续表 61－1

序号	奖项名称	等级	年度	获奖单位	授奖单位
37	新建铁路合肥至福州铁路环境影响报告书	湖北省优秀工程咨询成果一等奖	2010	中铁第四勘查设计院集团有限公司	湖北省工程咨询协会
38	高速铁路 THQ900 型架桥机过隧施工工法	国家级工法	2014	中铁十一局集团第六工程有限公司	中华人民共和国住房和城乡建设部
39	隧道防排结合防渗整治技术研究－京福项目部 QC 小组	重庆市市政行业优秀质量管理小组一等奖	2014	中铁十一局集团第五工程有限公司	重庆市市政工程协会

表 61－2　获专利情况

序号	专利名称	专利类型	年度	专利所属单位	授予单位
1	后插钢筋笼水泥粉煤灰碎石桩及其成桩方法	发明专利	2015	中铁第四勘查设计院集团有限公司	中华人民共和国国家知识产权局
2	洞穴边坡加固防护结构	实用新型专利	2013	中铁第四勘查设计院集团有限公司	中华人民共和国国家知识产权局
3	富水地层抗滑桩护壁加固结构	实用新型专利	2013	中铁第四勘查设计院集团有限公司	中华人民共和国国家知识产权局
4	后插钢筋笼水泥粉煤灰碎石桩	实用新型专利	2013	中铁第四勘查设计院集团有限公司	中华人民共和国国家知识产权局
5	框格绿色生态防护结构	实用新型专利	2014	中铁第四勘查设计院集团有限公司	中华人民共和国国家知识产权局
6	树根桩支挡结构	实用新型专利	2013	中铁第四勘查设计院集团有限公司	中华人民共和国国家知识产权局
7	高速铁路桥隧相连隧道结构	实用新型专利	2011	中铁第四勘查设计院集团有限公司	中华人民共和国国家知识产权局
8	整板式带肋柱锚索挡墙	实用新型专利	2014	中铁第四勘查设计院集团有限公司	中华人民共和国国家知识产权局
9	双块式轨枕自动码垛机	实用新型专利	2013	中铁十一局集团桥梁有限公司	中华人民共和国国家知识产权局
10	一种隧道救援顶管机及其施工方法	发明专利	2017	中铁十一局集团有限公司、中铁十一局集团汉江重工有限公司	中华人民共和国国家知识产权局
11	一种隧道水沟电缆槽衬砌台车	实用新型专利	2012	中铁十一局集团第二工程有限公司、中铁十一局集团有限公司	中华人民共和国国家知识产权局
12	预制梁内腔养护装置	实用新型专利	2013	中铁十一局集团桥梁有限公司	中华人民共和国国家知识产权局
13	预制梁外侧自动养护装置	实用新型专利	2013	中铁十一局集团桥梁有限公司	中华人民共和国国家知识产权局
14	预制梁自动养护装置	实用新型专利	2012	中铁十一局集团桥梁有限公司	中华人民共和国国家知识产权局

第六十二章 技术创新

一、武夷隧道出口软弱地质偏压施工技术

1. 工程概况及方案优化

武夷隧道出口 DK561+137 至 DK560+920 段地表为（Q_4^{dl}）粉质黏土，灰黄色，软~硬塑，土体湿润，厚度约 3 m。成分以粉黏粒为主，局部夹有块石土；下伏（Pt_2dl）全风化云母石英片岩，灰黄色，呈砂土状，厚约 9 m。地下水主要为基岩裂隙水，易受地表水下渗影响。最大涌水量为 898 m^3/d，为中等富水区。洞顶、侧壁稳定性差，该段围岩级别为 V 级，总体稳定性差，工程地质条件差，易坍塌。

原设计支护参数不能保证隧道在掘进过程中掌子面不坍塌、初期支护不侵限等问题，故通过设计变更对该段地表进行袖阀管注浆来达到加固地层作用，从而解决掌子面易坍塌、初支易侵限等问题。

2. 现场施工方案优化的原因及解决措施

2012 年 3 月 4 日在开挖 DK561+054 至 +051 段仰拱过程中，前方掌子面发生坍塌，DK561+054 至 +045 段初期支护钢架出现下沉现象，经量测最大下沉量达 5 cm。现场作业面立即停止仰拱开挖及进行回填反压处理、并对初期支护钢架增设 I22 工字钢斜撑加固。随后按照 DK561+054 至 +027 段初步变更设计方案调整后续施工，并按要求委托核工业鹰潭勘查院对本段隧道施工范围地质情况进行补充勘查，钻探出的芯样与原设计地质进行对比后发现实际黏土层较原设计厚，弱风化层顶面标高与原设计出入不大，后经中心试验室对 DK561+020 掌子面处土质取样进行了检测，检测结果为：粉质黏土、天然含水率为 27%，判断为高液限粉质黏土，属 D 类土。

2012 年 6 月 3 日隧道 DK561+006 至 +042 段拱顶及拱腰位置出现较大沉降，最大值为 540 mm、侵入二次衬砌为 390 mm。地表出现多条裂缝，裂缝最大宽度约为 10 cm，长度约为 10 m，方向垂直于隧道中线。参建各方根据现场实际调整施工方案，在 DK561+000 至 +042 段地表增加袖阀管注浆。该段地表注浆于 2012 年 6 月 14 日开始，2012 年 8 月 8 日施工完毕，本段隧道地表注浆后洞内地下水明显减少，初期支护变形在注浆后 10 天左右（水泥浆凝固并有一定强度后）逐渐稳定。

待洞内稳定后，于 2012 年 9 月 3 日开始 DK561+041 至 DK561+006 段侵限初支拱架进行更换，2012 年 10 月 15 日换拱完毕，换拱期间监控量测数据显示，初支变形量都在 1~3 mm/天。

2012 年 10 月 22 日开始掌子面掘进，按三台阶七步法施工，掌子面揭示围岩为全风化云母石英片岩，灰黄色，呈砂土状，土层石英含量较高，自稳能力差，隧道开挖过程中经常发生局部坍塌或剥块状掉块，实际掘进按四个台阶开挖，每次开挖高度控制在 2.5 米左右。2012 年 11 月 14 日，武夷山持续下中到大雨，自 11 月 17 日陆续发现 DK561+000 至 DK560+989 段拱顶位置出现较大沉降，日沉降量最大达到 260 mm，拱腰部位收敛最大达到 632 mm，且地表出现多条横向裂缝，裂缝最大宽度约为 2~3 cm，长度约为 10 m，方向垂直于隧道中线。截至 2012 年 11 月 27 日，隧道拱顶累计下沉最大值为 1340 mm、侵入二次衬砌为 850 mm。按照变更设计方法对 DK561+000 至 DK560+920 段地表进行注浆加固，并对本段隧道的超前支护等措施进行了调整加强。2012 年 12 月 2 日我部开始对 DK560+920 至 DK561+000 段进行地表注浆，2013 年 2 月 24 日本段地表注浆完毕。该段地表注浆结束后，地表水得到有效隔离，洞内围岩强度得到加强。2013 年 3 月 1 日恢复了掌子面掘进工作。

在开挖过程中个别地段也出现了初支钢架下接过程中隧道沉降和收敛较大，我部随即增设竖向反撑和横向支撑（临时仰拱）加强支护，隧道沉降和收敛得到控制。本段隧道施工时正是武夷山地区一年之中降雨最大和最集中的季节，长时间的降雨对浅埋隧道施工造成了一定的不利影响，通过变更设计调整了工法，洞内采用人力开挖和手推车运输，杜绝了大型设备对围岩的扰动。在后续施工过程中，洞内的沉降和收敛都在规范容许范围内，施工安全得到保证。

2013 年 6 月以后，武夷山地区天气逐渐变好，降雨减少，隧道围岩稳定。在施工过程中施工工序衔接紧凑，掌子面进尺正常有序，武夷隧道 DK561 + 137 至 DK560 + 920 段上台阶于 2013 年 9 月 15 日施工完毕。

3. 袖阀管施工工艺

1）袖阀管施工工艺参数

DK561 + 042 至 DK560 + 920 地表采用袖阀管注浆加固处理，其中 DK561 + 042 至 DK561 + 000 段注浆加固范围为隧顶以上 8 m、距隧道中线两侧各 15 m，注浆孔间距 1.2 m×1.2 m；DK561 + 000 至 DK560 + 989 段注浆加固范围为距隧道中线左右两段各 15 m，右侧加固深度为自拱顶以上 8 m 至仰拱底标高，注浆孔间距 1.5 m×1.5 m；DK560 + 989 至 DK560 + 920 段注浆加固范围宽度为距隧道中线左右各 12 m，加固深度拱顶以上 6 m 至仰拱底下 2 m 土层，注浆孔间距 2 m×2 m。施工中注浆孔终孔直径为 φ95 mm，袖阀管直径为 φ52 mm，共计 3040 根。注浆施工参数见表 62 - 1。

表 62 - 1　注浆施工参数

项目	内容
注浆材料	水灰比 0.9∶1
注浆终压	1.5 ~ 2.0 MPa
扩散半径	1.2 ~ 2.0 m
浆液填充率	约 5%
注浆分段长	0.5 m
套壳料	水泥∶黏土∶水 = 1∶1.5∶1.9

2）袖阀管施工工艺

地表注浆施工采用后退式袖阀管分段注浆工艺，即采用地质钻机垂直于地面钻孔，下入袖阀管后，通过注浆泵进行后退式分段注浆，较均匀地固结充填地层空隙。袖阀管注浆法主要施工流程如图 62 - 1 示及袖阀管注浆工艺施工工序如图 62 - 2 示。

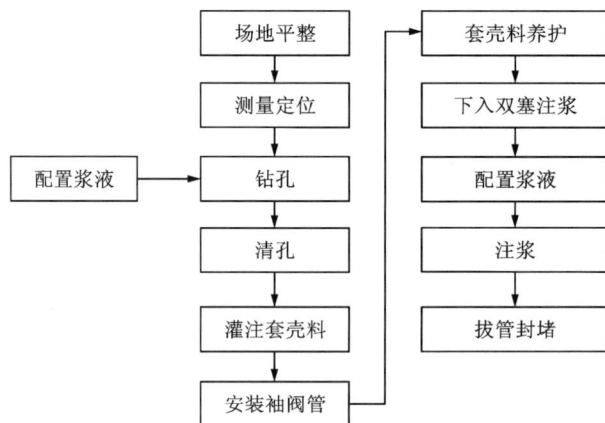

图 62 - 1　后退式袖阀管分段注浆工艺流程

（1）测量定位。

场地平整后借助全站仪放出每排注浆孔两边最外两点，再通过这两点采用拉线和卷尺定出钻孔孔位。定出孔位后，用木桩绑红带作为标记，并用水泥砂浆在周围加固。

（2）钻孔、清孔。

采用回转式地质钻机隔排隔孔钻孔，开孔孔径 110 mm，钻至设计高程后停止钻进，一次成孔。在刚开

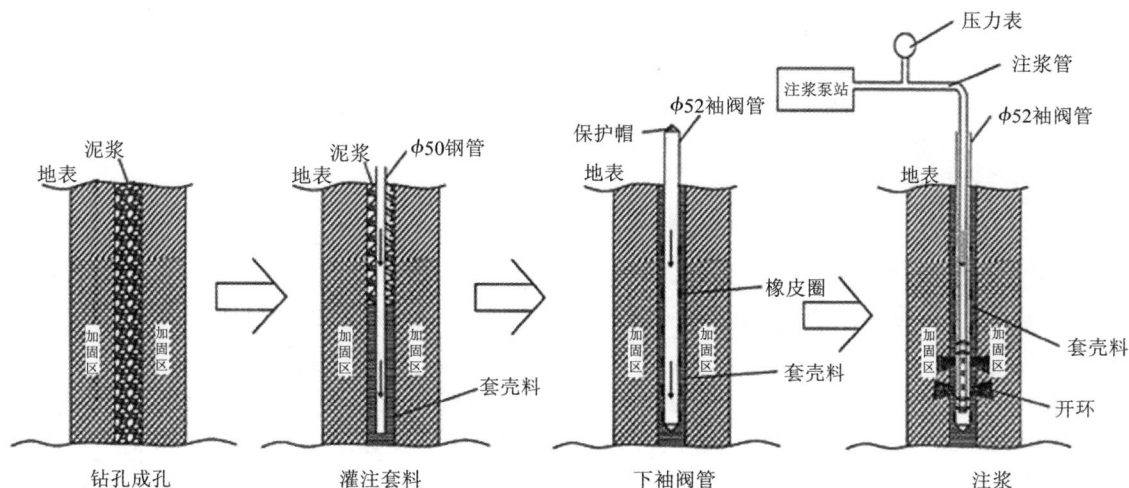

图62-2 袖阀管注浆工艺施工工序

钻时，采用原孔黏性土进行造浆护壁，护壁泥浆比重为1.1~1.3，通过皮管和钻杆连接形成泥浆的循环，在泥浆循环的过程中，会把大量的黏土和砂砾循环到地面的泥浆池中沉淀，再通过滤网将其从地面泥浆池中过滤出，始终保持泥浆比重在1.1~1.3。为保证钻孔质量，钻孔时应转速均匀；换钻杆时，钻杆提升和放下应保持垂直，以免扩孔。钻孔过程中，遇地层变化等异常情况，应进行详细记录。

钻孔结束后，对钻孔进行清孔，即用稀泥浆置换孔内的稠泥浆，待回浆比重小于1.1时，清孔即可结束。清孔后立即向孔内注入套壳料。

(3)制备、灌注套壳料。

套壳料由水泥、黏土、水现场配制而成，套壳料配合比为水泥∶黏土∶水=1∶1.5∶1.9。

清孔后立即通过钻杆将导管下至孔底10 cm处，导管一头接到注浆泵上，套壳料在压力的作用下送至孔底，使套壳料自下而上全部置换孔内泥浆，直到套壳料从孔口溢出，停止置换。灌注套壳料必须连续进行，不得中间停顿。灌注套壳料的时间力求最短，最长不宜超过20 min。灌注套壳料结束后进行同条件养护，对试块进行了抗压强度试验，测得试块3 d平均抗压强度为0.5 MPa，达到设计要求。

(4)安装袖阀管和固管。

在孔内灌注好套壳料后，立即将袖阀管下至孔底，顶部高出地面20 cm，且袖阀管垂直居于孔中间并固定，露出部分加以保护。每节袖阀管的长度为4 m，相邻两节袖阀管通过直接头连接牢靠。下管前将袖阀管最下端封住，灌入清水以克服浮力，不能用力下压，防止管壁与孔壁发生摩擦阻力使袖阀管橡皮圈移位而造成袖阀管报废。

(5)注浆。

套壳料养护3 d达到设计强度后开始注浆，注浆应先注边排孔，后注中间排孔，以达到边孔成墙、内部压密的目的，每排孔采用逐渐加密方式，边孔适当提高注浆压力。注浆工序如下：首先用清水将袖阀管冲洗干净，然后将注浆内管和双塞管连接好下入袖阀管底部，双塞管出浆口与袖阀管泄浆孔位置一致；其次注浆内管顶部和注浆泵出浆头连接好，中间连有压力表；然后用注浆机将搅拌机配置好的水泥浆液注入袖阀管内，逐渐加压，直到浆液通过袖阀管的泄浆孔将套壳料压开，使套壳料产生裂缝，即开环，开环后，即继续向地层中注入规定配合比的水泥浆；最后自下而上分段注浆，每段长50 cm，注浆压力达到1.2 MPa以上并持续45 s后，上提注浆内管，提升的高度控制在50 cm以内。

注浆中应密切注意注浆压力的变化。每段注浆时，压力表应出现两次峰值，在注浆刚开始，出现第一次峰值，持续的时间很短；随后压力逐渐下降在一定范围内相对平稳，持续时间在1 min左右，压力表出现第二次峰值，当出现第二次峰值后，将注浆内管上提进行下一段注浆。压力表出现第一次峰值是由于套壳料引起的，当套壳料被挤碎，这个峰值很快下降；随着浆液的注入，地层中间的空隙被填充，注浆压力也逐渐增大，达到第二次峰值。

注浆结束标准：注浆压力逐步升高，当达到设计终压并继续注浆 10 min 以上；注浆结束时的进浆量在 5 L/min 以下；如单孔(或每段)压力达不到设计终压，但注浆量达到设计注浆量。

(6)拔管、封堵。

袖阀管灌浆结束并验收合格后将注浆内管拔出，然后对袖阀管进行封孔，封孔采用纯水泥浆。

4. 效果检查及沉降观测

1)效果检查

注浆完毕后根据设计要求对本段注浆效果进行了检查评价，在隧道开挖轮廓线内的注浆孔之间进行随机钻孔取芯，共钻孔取芯 94 孔，检查孔岩芯提取率都达到注浆长度的 70% 以上，并对所取芯样进行了 28 d 无侧限抗压强度试验，强度报告 282 份，岩芯强度平均 1.8 MPa，满足设计要求。

2)沉降观测

洞内每隔 5 m 一个断面，在初期支护拱顶、拱腰以及拱脚位置埋设 5 个点；洞外地表同样每隔 5 m 一个断面，在隧道中线及中线左右各 5 米位置埋设 3 个点，洞内外观测频率不小于 2 次/d。注浆结束后对初期支护连续测量一个月，数据表明沉降稳定，初期支护易下沉开裂及掌子面易坍塌等灾害得到有效控制。

5. 施工技术总结

通过钻孔取芯进行 28 天无侧限抗压强度试验和沉降观测得出的数据来看，对武夷隧道出口 DK561 + 042 至 DK560 +920 段地表进行后退式袖阀管注浆是有效的，成功地解决了浅埋偏压软弱围岩隧道在掘进过程中初支护易开裂下沉、掌子面易坍塌的施工技术难题。

袖阀管注浆能有效的改善地层条件，对粉质黏土、粉砂质泥、破碎岩体有广泛的适用性。其最大优点在于可以分段、定量和间歇注浆，能较好地控制注浆范围和注浆压力，可进行重复注浆，且发生冒浆与串浆的可能性很小。施工的关键在于合理选择注浆的配合比和注浆压力。

二、北武夷山隧道岩爆、高地温处理技术

1. 工程概况

北武夷山隧道位于福建省武夷山市北侧约 29 公里处，进口位于江西省上饶县五府山镇甘溪村石罗坑，穿越福建与江西交界分水岭——武夷山脉，出口位于福建省武夷山市洋庄乡坑口村。隧道进出口里程分别为：DK520 + 280、DK534 + 913，全长为 14633 m，隧道最大埋深为 1110 m，该隧道是合福铁路控制性工点之一。我项目部负责施工 DK528 + 450 至 DK534 + 913，长为 6463 m。

隧道所经武夷山岩性较复杂，主要有石英砂岩、泥质砂岩、页岩、泥岩、灰岩、凝灰岩、凝灰熔岩和凝灰质砂岩等沉积岩，板岩、千枚岩、片岩和片麻岩等变质岩，以及花岗岩和闪长岩等岩浆岩，并有黏性土、粉土、砂类土、碎石类土、淤泥等松散土层。沿线穿越地貌单元较多、地层岩性及地质构造较复杂，大部分山区、丘陵地段属崩、滑、流易发区。地下水有孔隙水、基岩裂隙水、构造裂隙水，较发育，受地表水下渗影响，全风化层遇水易软化。隧道洞身最大埋深约为 1100 m。

本隧道施工特点有：

(1)隧道进出口段均为浅埋段，洞口处裂隙发育、埋深浅、地质较差。

(2)地质复杂、断层多、水量大。本隧道穿越九条断层，工程地质条件较差，隧道存在断层、突泥涌水、岩爆、高地温、放射性等不良地质条件，部分断层破碎影响带较宽。

(3)本隧道 DK524 + 520 至 DK530 + 060 段属存在地温危害区域，洞身地温可能超过 28℃，施工时应采用综合处理措施，确保施工安全。

(4)隧道 DK529 + 580 至 DK530 + 610、DK530 + 680 至 DK530 + 940、DK531 + 380 至 DK531 + 900、DK532 + 330 至 DK532 + 570 段为高应力区；DK525 + 810 至 DK529 + 580 段为极高应力区，开挖过程中可能出现岩爆。

2. 施工情况

北武夷山隧道竹坪斜井至麻子坑斜井作业工区，自 2011 年 6 月 9 日进入正洞施工以来，竹坪及麻子坑正线施工过程中，均发生过不同程度的岩爆现象。

在隧道开挖爆破后，发生岩爆没有明显的预兆，通过找顶作业后没有岩裂响声。在认为不会发生岩石

掉块时，一些部位突然岩石爆裂，石块有时应声而下或松动挂在洞壁上，岩爆崩石弹力较大，在没有支护的情况下，对施工安全威胁极大，岩爆发生地段围岩较硬，洞内干燥无水，围岩较多为片层状和大块状锤击声脆。岩爆时，一般石块由母岩弹出，呈现中间厚、周边薄、不规则的片状。

岩爆发生的地点：一般在掌子面附近，由于开挖时，洞内温度较高、干燥，没来得及支护，发生岩爆，主要是松动、剥离，也有个别发生在距开挖工作面较远处，一般发生在爆破后 2~3 h 内；有的部位还可产生二次岩爆，一般在爆破后 10~12 h 内。

岩爆发生的时间：隧道岩爆可分为瞬时岩爆和滞时岩爆。隧道爆破开挖后 3~20 h 的时间内最为活跃，滞时岩爆可能推进到数天或数月后发生，支护的部位可能再次剥落。

3. 施工处理措施

施工原则严格遵循"短进尺，少扰动，强支护，早封闭，勤量测，速反馈"的原则，爱护围岩，加强超前地质预报，动态方案设计，动态施工。提早预防和预报掌子面前方的地质状态；建立地质数据库，及时反馈。通过超前水平钻孔、地应力测试等超前预测预报手段建立大变形时空预测系统。施工中主要的处理措施有：

（1）控制开挖进尺，采用洒水降温，加强支护开挖面。

①采用全断面光面爆破开挖，将深孔改为浅孔爆破，严格控制断面炮眼的距离，控制一次性爆破炸药量，拉大不同部位炮眼的雷管段位间隔，延长爆破时间，以减轻爆破对围岩应力的影响。

②控制开挖进尺距离，一般为 2~3 m，尽可能一次性全断面成形，以减少围岩应力平衡状态的破坏。

③爆破开挖后采用高压水枪及时在作业面喷水，尽量使岩面湿润，同时采用机械找顶，清理危石。

④对轻微岩爆（Ⅰ级）部位采用初喷 5 cm 厚的 CF30 钢纤维混凝土防止洞内围岩表面的剥离，对岩爆掉块较大、滑层或断层位置采用锚杆加钢筋网喷 CF30 钢纤维混凝土封闭，对存在二次岩爆的部位，二次喷射混凝土厚 8 cm。

⑤中等岩爆（Ⅱ级）集中段，可采用超前钻孔应力解除法释放部分应力，在靠掌子面 5 m 范围的拱顶和拱腰部位打径向应力释放孔。应力释放孔为不装锚杆 $\phi42$ mm 的空孔，孔深为 2 m，间距为 2~3 m，数量根据实际需求布置。对一些岩爆连续发生段，在施工后可以进行待避，等高峰期过后再进行作业。

⑥中等岩爆（Ⅱ级）的岩面，边拱顶采用锚喷支护法：喷厚 7 cm 的 CF30 钢纤维混凝土（或纳米混凝土）+挂网 $\phi6.5$ mm@ 15×15 cm，锚杆采用 $\phi25$ mm、$L=3.5$ m 长涨壳式预应力锚杆或水胀式锚杆，间距按 1.5 m $\times1.5$ m 布置。后期边拱顶范围，二次喷混凝土 C25 厚 8 cm，岩爆处理示意图如图 62-3 所示。

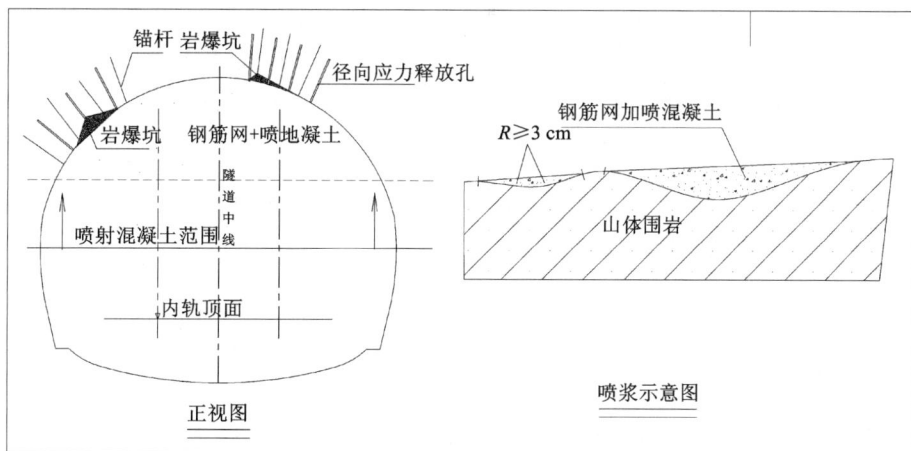

图 62-3 岩爆处理示意图

（2）采用超长应力孔或超长炮眼弱爆破，释放部分应力。

①开挖采用光面爆破为主，在岩爆烈度大、连续距离长的地段采用预裂爆破，局部采用应力解除（如图 62-4 所示），多循环作业。在打钻的同时对岩爆多发的起拱线部位，在掌子面相邻两周边眼中间沿隧道纵向打应力释放孔，孔深为 4.5~5 m，间距为 40~50 cm，外插角为 25°~35°；炮眼间隔装药。

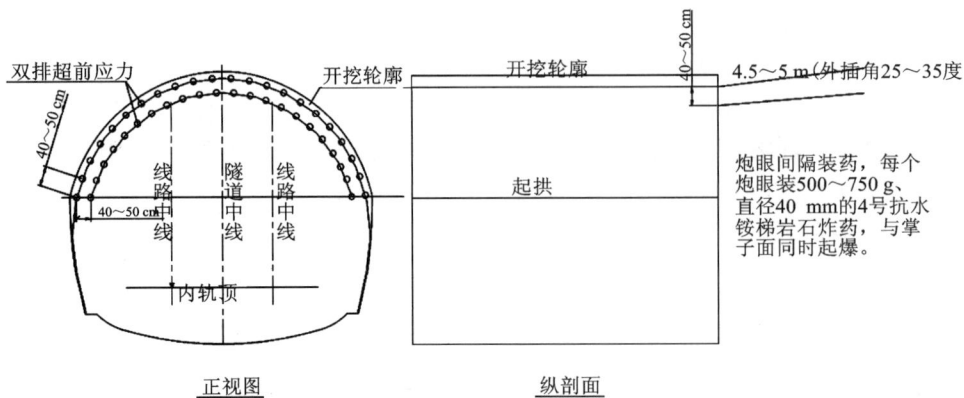

图 62-4 应力解除示意图

②开挖进尺控制在 2 m 以下，采用打超前钻孔，提前释放应力，降低围岩面的能量。作业台车及装砟机械、运输车辆顶部加装防护钢板，避免岩爆时，危石弹射砸坏机械和砸伤作业人员。

③爆破作业后，及时用高压水枪对掌子面和洞壁均匀喷水，以降低岩体的强度，也可以钻超前注水孔，超前注水孔布置在边墙及拱部开挖断面轮廓线外 10~15 cm 范围内，并向孔内灌注高压水，软化围岩，加快围岩内的应力释放。

（3）调整爆破参数，控制炸药使用量。

①根据隧道开挖方法及发生岩爆的可能性分析，本隧道围岩多为 Ⅱ 级，采用全断面光面爆破，断面爆破设计 256 个炮眼，炮眼间距在 40~50 cm 之间，平均每平方米 2.04 个炮眼（如图 62-5 所示）。每循环开挖进尺为 3.0 m 左右，爆破方量约 375 m³，装药量为 473.5 kg，平均单耗药量 1.26 kg/m³。

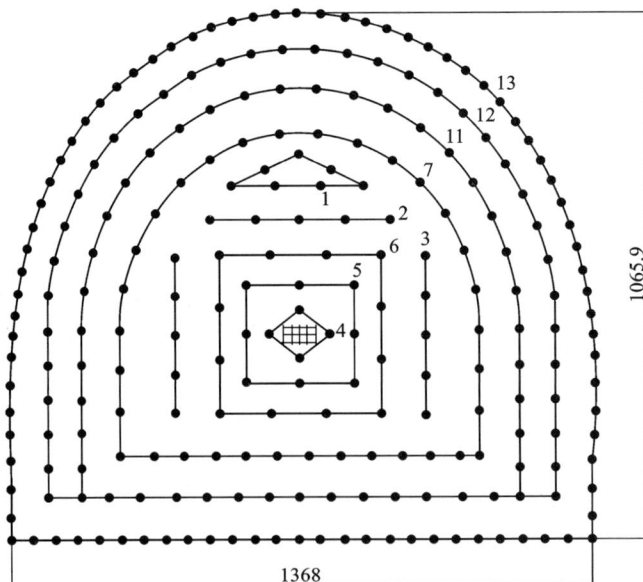

图 62-5 隧道全断面掏槽眼平面示意图

②对开挖台车、喷浆台车及作业车辆顶部加装防护钢板，在发生岩爆时避免危石弹射或掉落的破坏。

③每一个作业循环必须做到：爆破后立即向工作面及工作面后方 20 m 范围内的岩面，用高压水枪喷水以降低岩石的脆性，减弱岩爆的强度，洒水工作不间断，保持洞室内的湿度。

④认真做好开挖的围岩观察，加强现场岩爆监测、警戒。爆破 1 h 后等围岩稳定，再进行掌子面的找顶作业，必须用机械臂来回找顶，保证危石清理彻底，再进行下一工序作业。找顶时，围岩内部如有闷响，

停止作业及时撤离到安全地点内，查明情况后决定是否继续作业。

4. 微震监测技术

北武夷山隧道在局部地段洞身属高应力区，极易发生岩爆，且存在高地温等危害。针对此工程安全问题，公司引进国际先进的多通道微震监测技术对隧道开挖过程中的岩爆进行监测预警。该多通道微震监测系统于2012年3月份成功建成并投入使用，同时，对隧道主要围岩进行了室内岩爆倾向性试验和声发射特性试验，得到凝灰岩为弱～中等岩爆、花岗岩为中等～强烈岩爆，围岩在破坏过程中，各声发射参数在应力增加到强度峰值的80%以上时均具有突增的规律，上述室内研究为现场岩爆监测预警研究提供了重要的基础资料。在岩爆前兆监测中首次提出了基于多微震参数，即微震事件率倍比、微震能量倍比与微震定位事件簇群密度三个参数的综合定量预警方法，首次定义了微震事件率倍比与微震能量倍比这两个微震参数，该预警方法考虑了隧道埋深与围岩岩体分级这两个因素，在隧道掘进中多次对不同程度岩爆的前兆进行了成功的监测预警。

5. 施工技术总结

通过隧道岩爆及高地温预防和处理，使得北武夷山隧道正洞施工的安全和质量得到了保证，未发生人员伤亡事故，岩爆发生滞后时间明显更长，飞石掉块现象得到有效的控制，喷射混凝土在防治飞石掉块过程中起到了有效作用，且创造了隧道良好的施工环境，证明隧道岩爆及高地温预防和处理的理论与实践工作是可行的。同时引进微震监测技术，有效避免了岩爆对施工人员及设备的损害，降低了施工人员对岩爆的恐惧心理，增强人员安全作业的信心，得到了广大一线施工人员的认可，大大提高了施工质量及进度。

三、运架一体机过长大隧道施工技术

1. 工程概况

1）梁场及架桥机概况

南雅梁场位于福建省建瓯市南雅镇仁墩村，中心里程为DK662+400处，位于线路前进方向右侧，占地120亩。承担桔园大桥至南平建溪特大桥26座桥梁预制架设任务，其中桔园大桥、吴坑特大桥、七米糠大桥、陈墩大桥4座大桥42孔箱梁需通过南雅隧道架设。南平建溪特大桥、葫芦丘村中桥共计25榀箱梁需通过大横隧道架设。南雅梁场箱梁架设采用北京万桥生产的SC900型运架一体机。架桥机相关参数如表62-2所示。

表62-2　SC900型运架一体机相关参数

性能指标	参数	性能指标	参数
额定起吊能力	900 t	空载平地走行速度	7 km/h
架设箱梁长度形式	32 m, 24 m, 20 m	纵向走行时转向角	±15°
跨度（前后立柱中心距）	51.9 m	90°转向后转向角	3°
横向吊点间距	3.4 m和3.66 m	满载架梁小车走行速度	0～2.5 m/min
最小转向半径（在±15度时）	115 m	非满载时架梁小车走行速度	0～5 m/min
起吊高度（地面至箱梁顶面）	6.2 m	工作时最小水平曲线半径	2000 m
整机重载高度	8.9 m	工作纵向坡度	≤±3.0%
整机空载高度	9 m	走行适应横向人字度	≤±4.0%
运架梁机总长	70 m	行走爬坡能力	纵向≤±3.0% 横向≤±1.5%
主机外形尺寸	70×8.2×9 m	导梁机总长	78 m
满载吊梁天车横/纵向微调量	±200 mm	运架梁机重量约	490 t
重载走行速度	3.5 km/h	导梁机重量约	350 t
通过350公里/h隧道	2～2.5 km/h		

建瓯西制梁场位于建瓯市徐墩镇瑶坪村，中心里程为 DK637＋250，位于线路前进方向右侧，占地 105 亩，负责预制架设下坑一号大桥至桔园特大桥共 14 座大桥，其中 32 m 箱梁 114 孔，24 米箱梁 22 孔，总计 136 孔。其中桔园特大桥 8 榀预制梁需通过花山隧道架设。YJ900 型运架一体机参数如表 62 - 3 所示。

表 62 - 3   YJ900 型运架一体机参数

性能指标	参数	性能指标	参数
额定起吊能力	900 t	纵向走行时转向角	±1500
架设箱梁长度形式	32.6 m、24.6 m	横向走行转向角	±300
施工海拔高度	≤3000 m	轮胎数量	64 个
工作温度	−20℃／＋50℃	轮胎规格型号	26.5R25
工作状态最大允许风力	6 级	轮胎充气压力	7.5 bar
非工作状态允许风力	12 级，超过 12 级时，需要采取临时拉紧锚固措施	轮胎接地比压	≤6 bar
吊运梁机跨度	51.9 m	柴油发动机生产厂家、型号：	QSX15—C600
最小转向半径	115 m	架桥机柴油发动机功率	2×441 kW
起吊高度	6.0 m	导梁发电机功率	70 kW
整机高度	9 m	额定载荷下架梁小车走行速度	0～2 m/min
满载吊梁天车横/纵向微调量	±200 mm	空载时架梁小车走行速度	0～4 m/min
吊梁天车空载纵向变跨行程	12 m	工作时最小曲线半径	≥2500 m
吊梁天车空载纵向变跨方式	有级变跨	工作纵向坡度	≤±3.0%
空载吊钩提升速度	0-0.8 m/min	走行横向人字坡度	≤±3.0%
满载吊钩提升速度	0-0.3 m/min	额定载荷下爬坡能力	纵向≤±3.0% 横向≤1.5%
马达与卷筒间的制动器	常闭盘式	主机外形尺寸	70×8.2×9 m
紧急制动器（卷扬）	卷筒单侧法兰盘制动	导梁外形尺寸	77×6.1×5.7 m
双作用均衡油缸	32 个	单件最大重量	46 t
轮组垂直升降行程	±300 mm	主机重量	600 t
重载走行速度	3.5 km/h	导梁重量	380 t
空载平地走行速度	7 km/h		

2）隧道概况

南雅隧道曲线地段曲线半径为 11000 m，全长为 8690 m，隧道起始里程为 DK652＋392 至 DK661＋082。洞内纵坡为人字坡，DK652＋392 至 DK657＋200 段坡度为 4.0‰上坡，DK657＋200 至 DK661＋082 段坡度为 14.0‰下坡。变坡点里程 DK657＋200；隧道进出口均采用喇叭口倒切开孔式缓冲结构，隧道设置斜井 1 座，横洞 1 座。池坑斜井：位于线路前进方向左侧，与线路左线相交于 DK657＋190 里程处，夹角为 90°，朝阳横洞：位于线路前进方向左侧，与线路左线相交于 DK660＋200 里程处，与线路大里程方向夹角为 64°，综合坡度为 −0.7%，横洞斜长为 383 m。

大横隧道全长为 5368 米，曲线地段曲线半径为 10000 m，最大坡度为 6‰，运架一体机架设葫芦丘村中桥（1 榀），南平建溪特大桥（24 榀）均通过大横隧道，最远运距为 16 公里。

花山隧道全长为 5609 m，位于直线上，最大纵坡为 11‰，运架一体机架设桔园特大桥（8 榀）通过花山隧道，最远运距为 12 公里。

隧道坡度以及曲线半径均满足架桥机通过要求。

2.施工计划

根据线下施工进度及标段总体工期要求,南雅梁场大里程方向岐头垄中桥架设完成后,在梁场调头,5月1日开始架设小里程方向,依次为陈墩大桥,七米糠大桥、吴坑特大桥、桔园大桥共计42孔箱梁的任务,计划6月24日架设完成。南雅梁场小里程方向架设桥梁范围如表62-4所示。

表62-4　南雅梁场小里程方向架设桥梁范围

序号	桥梁名称	中心里程	长度/m	孔跨布置	简支梁(双线)	
					24 m	32 m
1	桔园大桥	DK649+943.155	208.5	6~32 m简支梁		6
2	吴坑特大桥	DK650+689.060	625.84	1-24简支梁+18-32 m简支梁	1	18
3	七米糠大桥	DK651+407.205	306.6	1-24 m简支梁+9-32 m简支梁	1	9
4	陈墩大桥	DK652+236.895	225.4	1-24简支梁+5-32简支梁+1-24简支梁	2	5

3.运架一体机运梁过隧道情况

1)隧道断面尺寸

运架一体式架桥机吊箱梁通过隧道时,箱梁降低至低位,箱梁翼缘板能处于隧道最宽位置。京福客运专线隧道最宽位置离地面约4.0 m,最宽为13.14 m,运送12 m宽整孔箱梁时,两侧有0.57 m空隙。运架一体机过隧道断面图如图62-6和图62-7所示。

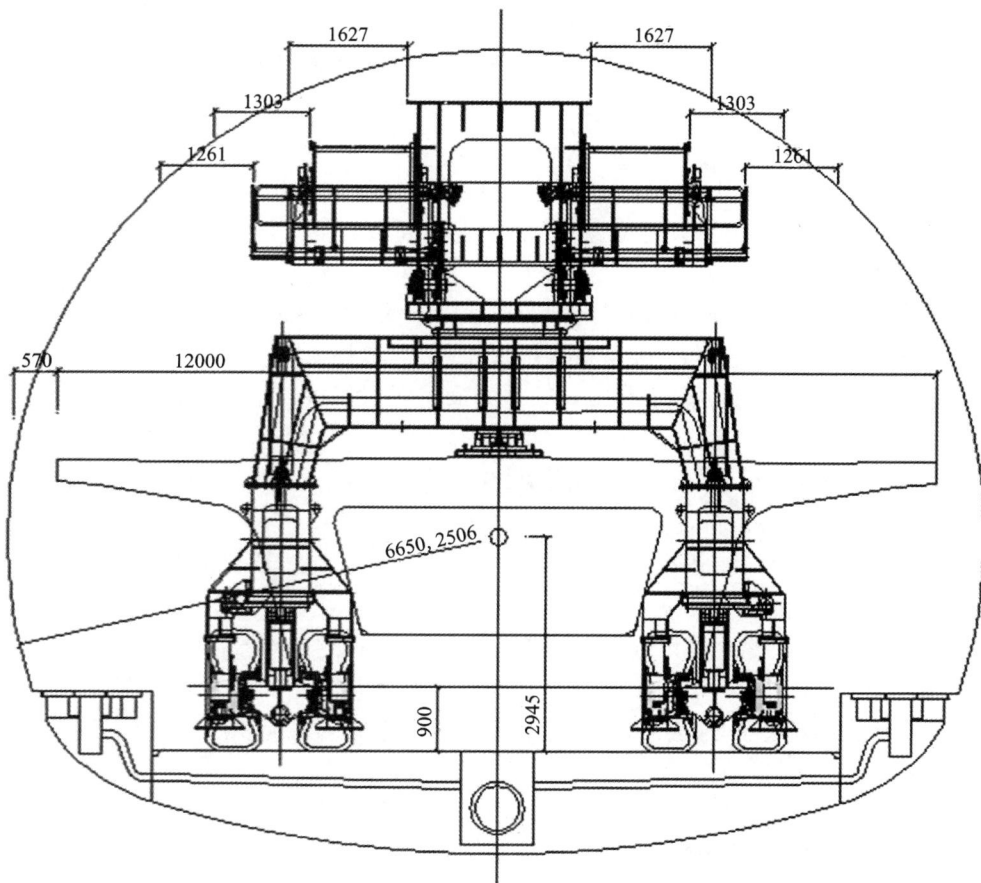

图62-6　架桥机运梁通过隧道断面图(梁底距地面900 mm)

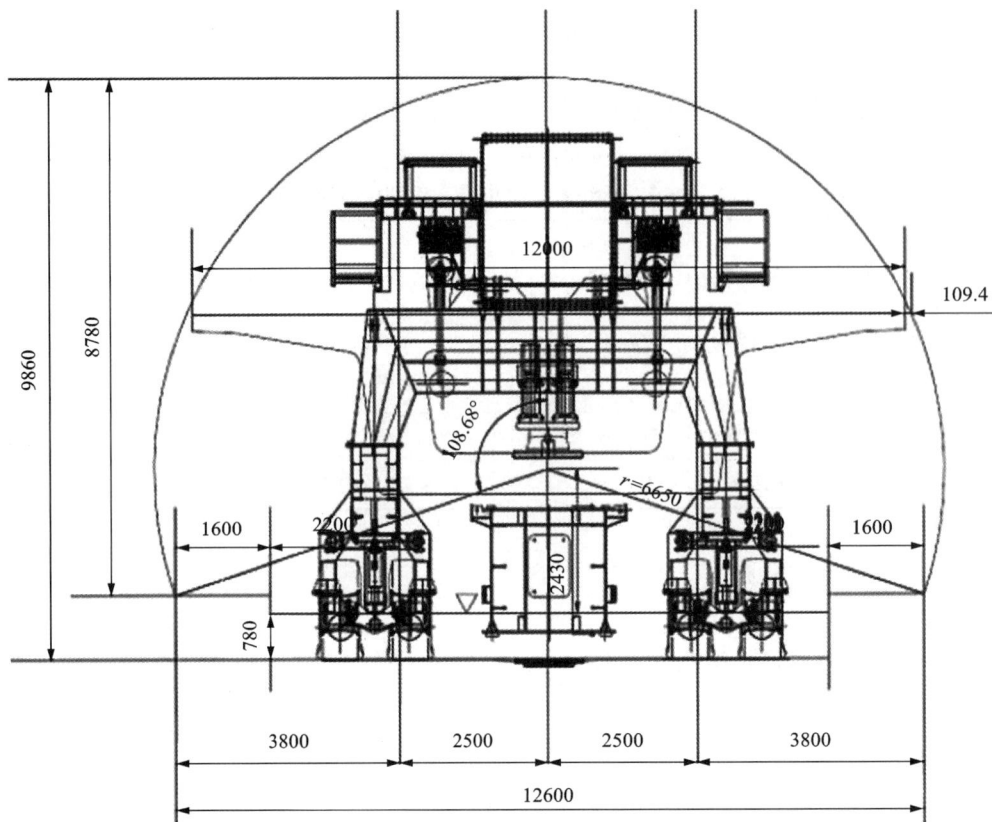

图 62 - 7　架桥机隧道口架梁断面图（梁底距地面 2400 mm）

2）架桥机过隧道时运行步骤

第一步：启动主机发电机，打开主机照明灯，使监视人员能有效监视箱梁与隧道内壁的间隙。

第二步：前后提梁小车同步下降，将箱梁降到合适的高度（确保箱梁翼缘与隧道内壁距离不小于300 mm），一般高度在离地面 1500 mm 即可。

第三步：根据隧道内路基面情况，架桥机降速行驶，以 1.5 ~ 2.0 km/h 速度行驶。

第四步：前端和后端的监护须到位，架桥机上增设 1 ~ 2 名监护人员。

第五步：监视人员与司机之间须每间隔 10 min 之间通过对讲机进行互动通话交流，防止司机犯困。

3）架桥机隧道安全保证措施

（1）在电缆槽靠线路内侧贴反光贴，反光贴间距 20 m 左右即可，在斜井、横洞与正洞交叉处加密，以利于指挥人员看清路面以及架桥机行走。

（2）司机、安全监护员随时向指挥报告运架梁一体机的运行情况，紧急情况可以立即按下急停开关，查明情况，排除故障后方能继续运梁。

（3）运梁人员设置两班，指挥人员每班 4 人，前后各 2 人，每班作业配备两名司机，在隧道内运行中，每 2 h 换班一次，在架桥机上增加一名监护人员，负责监控梁体与隧道衬砌边墙之间的距离，如有异常及时通知司机。架桥机运梁时配备一辆皮卡车，用来指挥人员休息以及给运梁人员送饭等。运梁时领导均跟班作业。

（4）在运梁前与三工区沟通，在运梁时禁止车辆经过，在斜井、横洞设置警戒，三工区安排一名值班人员，负责架桥机通过时协调处理洞内各种事宜。

（5）施工人员各种劳保防护用品穿戴齐全，必须穿戴反光背心并佩戴防尘面罩。隧道内施工人员也必须穿戴反光背心。

（6）架桥机走形轮组前端外侧安装红外线测距仪，当红外线测距仪测距显示距离小于设定值时，架桥机自动报警。

（7）架桥机照明设施如图62 - 8所示。

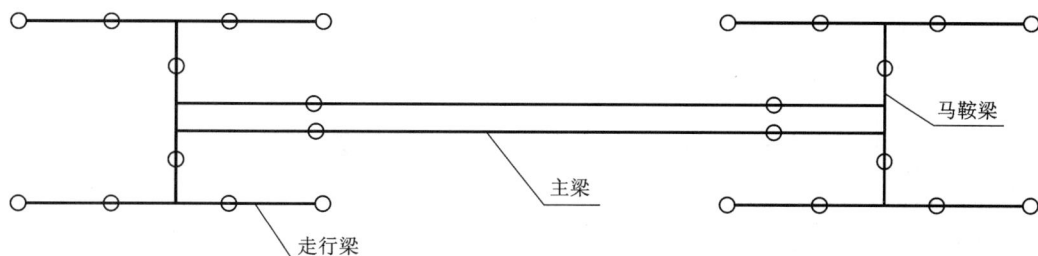

图62 - 8　架桥机照明设施布置图

说明：

①本图为架桥机照明设置布置图。

②每个轮组走行梁上设置4个照明灯，两侧为400 W，中间2个为150 W。主要作用是看清前后方以及轮组外侧与路面的情况。

③每个马鞍梁上面安装2个照明灯，400 W，主要作用看清轮组内侧路面情况。

④主梁上方安装4个照明灯，每个400 W。主要作用是看清箱梁翼缘板距隧道衬砌之间的距离。

（8）架桥机在隧道内行走时，必须和三工区联系，将隧道里衬砌边墙上节能灯打开，直至架桥机离开隧道。

（9）为降低架桥机通过隧道时扬尘，每班作业前采用洒水车对隧道路面进行洒水保持隧道底板湿润，防止扬尘。

（10）隧道中心水沟每隔500 m采用钢板铺垫，以便车辆调头。

4）运梁前对隧道的检查

（1）照明设施必须完善有效。

（2）隧道仰拱或仰拱填充必须施工完成，龄期或者强度达到设计要求。

（3）隧道内路面以及衬砌面上的障碍物必须全部清理干净，保证架桥机走形无障碍。

5）隧道内防止烟尘措施

（1）在运梁前与线下工区沟通，在运梁时停止施工，安排专人在隧道洞口值班，禁止一切车辆进入隧道。

（2）每天用洒水车对隧道内路面进行洒水，在架桥机过隧道时始终保持道路湿润。洞内文明施工必须保持良好，垃圾及时清理干净。

（3）运梁作业人员必须带防尘面罩。

（4）在进行架桥机运梁过隧道前，进行一次空载过隧道演练，尽早发现未考虑到的问题。

（5）在隧道洞口安装2台射流风机进行通风。

4. 运架一体机运梁过隧道时出现的问题以及预防措施

1）架桥机走形时，隧道内施工人员有从架桥机轮胎中穿行的情况

原因分析：隧道内施工人员安全意识淡薄，对架桥机运梁时存在的危险源认识不足。

预防措施：对隧道内施工人员进行培训教育，使其认识到相关危害，在架桥机通过时尽量呆在最近的洞室内，不要靠近架桥机，更不可在架桥机运行区域内穿行。

2）架桥机爆胎

原因分析：架桥机爆胎原因有二，一是由于被通道内钢筋、角钢等扎破；二是由于磨损导致轮胎爆胎。

预防措施：架桥机前方监护人员注意检查前面路面情况，及时清理隧道路面上钢筋、角钢等杂物，隧道内水沟电缆槽施工人员注意做好施工区域内文明施工，杂物不得乱扔，要摆放整齐放在不影响架桥机通过的地方。南雅隧道DK657 + 200至DK661 + 082内为14%的上坡，重载运梁时坡度大、坡度长，轮胎发热且磨损严重，在运梁时注意在运梁至斜井时休息10 min，使轮胎降温，而路面洒水也有利于轮胎降温。

3）发电机吸气不足，排气管有烧红现象

原因分析：隧道内空气质量差，运梁时间长，发电机工作时间长导致。

预防措施：在架桥机运梁前，洞内禁止各种车辆行走，洒水降尘防止隧道内灰尘太大。架桥机运梁过程中发现排气管异常或者发动机声音异常等情况停车休息，检查确认没有任何问题后再继续行走。

4）箱梁与隧道衬砌上钢筋刮蹭

原因分析：隧道衬砌边墙上钢筋主要是用来悬挂电缆，箱梁提升高度不准确以及架桥机走偏会与钢筋刮蹭。

预防措施：箱梁提升高度严格控制在 1.5 m 以下，在有钢筋的区域注意监护，防止架桥机走偏。

5. 取得的经验及意义

随着国内高速铁路的迅猛发展，铁路施工工况越来越呈现出多样性。在多山地区，特别是在桥隧相连的路段进行架桥、转场施工时，目前国内应用广泛的辅助导梁式运架一体机、桁架式运架一体机等一系列运架分离式架设备面临多种来自施工及工程设计方面的困难和问题。

穿越长大隧道运架梁是今后桥梁施工技术发展的一个重要方向，同时施工中面临的安全风险也越来越严峻，我国已建或在建的铁路工程，对于长大隧道之间的桥梁大多数采用现浇或者运架分离式运架一体机进行施工，安全风险高、成本投入大、工期难以保证，而运架一体机运梁过长大隧道施工案例更是很少。

中铁隧道集团公司依托京福铁路闽赣Ⅵ标项目，针对本项目工程规模大、设计标准高、涉及桥隧相间情况多、工期紧、工程复杂、长大隧道多等特点，在借鉴以往经验基础上，通过本项目运架一体机过长大隧道的施工组织和研究探索，做到了安全通过长大隧道，并且形成《通过长大隧道运架一体机运输 900 吨箱梁施工工法》，本工法已经通过集体公司验收，并有希望进一步成为省部级工法或国家级工法。

运架一体机过长大隧道的成功应用，加快了施工进度，并降低了箱梁现浇的风险。保证了本工程的安全、优质、快速建设。开创双线整孔预制箱梁通过长大隧道进行架设施工先例，为后续高速铁路施工过程及制梁场建设提供依据，实现良好的经济效益及社会效益。

四、古田溪特大桥深水、倾斜、裸岩、大直径群桩基础施工技术

1. 工程概况

1）工程地理位置

古田溪特大桥位于京福铁路闽赣段，桥址位于福建省福州市闽清县和宁德市古田县交界处，主要为跨越古田溪库区而设，因其独特的施工条件和水中基础施工技术难度，被列入全线重点控制工程之一，也是铁道路工管中心及鉴定中心重点关注工程之一。

2）工程结构设计情况

古田溪特大桥起讫里程为 DK743 +749.850 至 DK744 +338.740，全桥长为 588.89 m。全桥共设 13 个墩台，桥跨组合为双线[5 – 32 m 简支箱梁 + 1 – (60 + 100 + 100 + 60) m 连续梁 + 1 – (32 + 32) m 连续梁 + 1 – 24 m 简支箱梁]，孔跨布置如图 62 – 9 所示。

桥台均为矩形填方桥台，墩身根据高度不同，分别采用等截面圆端形实体墩、变截面圆端形实体墩和变截面圆端形薄壁空心墩。主桥共设 5 个桥墩，其中 7#墩为连续梁主墩，墩高 50 m，位于古田溪库区中央，施工水深约为 43 m，基础设 18 根 φ2.8 m 的钻孔桩，承台顶面高程与设计水位基本一致，承台水平为八边形，最大结构尺寸为 20.7 ×32 ×6 m；6#、8#墩为连续梁边主墩，墩高分别为 48 m 和 49 m，位于库区岸边，施工水深约 13 m，基础均设 9 根 φ2.8 m 的钻孔桩，承台顶面高程略高于设计水位，但大部分处于设计水位下，在水位为 61 ~62 m 时，约三分之一的承台处于岸上，结构尺寸为 16.4 m ×18 m ×5 m；其余桥墩均位于两岸山坡，均采用钻孔桩与承台的复合基础。全桥总体效果图见图 62 – 10。

3）工程施工环境

工程所在地区位于闽清和古田交接处，古田溪位于东经 118°40′至 119°00′，北纬 26°55′至 26°55′，属中亚热带季风气候区，年平均气温 19.7℃，雨量充沛，降雨量 1400 ~1900 毫米，降雨期集中在 3 ~8 月，且多暴雨，暴雨具范围广、强度大的特点。全年无霜期 246 ~292 d，夏季炎热多雨、其余季节气候较温和，年平均相对湿度 76%。

工程所处位置，属闽清县和古田县交界处，地貌类型属峡谷区，地形坡度起伏较大，两侧坡度达 40°左右，桥址处无不良地质，小里程 0 ~5#墩地表主要种植蜜桔，大里程 9 ~12#原始地表主要为灌木丛，6#、

单位：cm

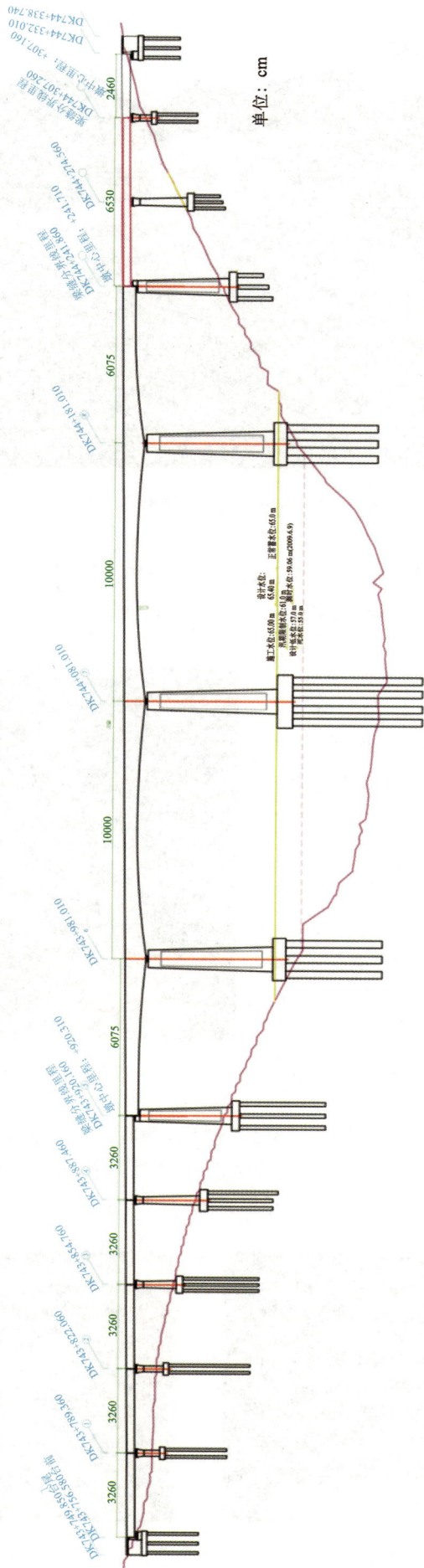

图62-9 孔跨布置图

图62-10　古田溪特大桥总体效果图

7#、8#墩位于古田溪库区内,库区河床成深"V"字形状,河床表层有少量沉积软土,部分河床表层直接为基岩,且河床面极为不平整,高差较大。库区内水面养殖业发达,网箱交错布置,密度加大。见图62-11。

桥址下游为水口电站,根据泄洪及蓄水需要,施工区水位落差最高可达10 m(最低水位可达+55 m,最高水位可达+65 m)。汛期,保持库区水位在+61 m左右,非汛期控制库区水位不高于+65.0 m(正常高水位),施工水位(正常蓄水位)+65.0 m。桥址地下水类型有孔隙水,基岩裂隙水,勘查期间测得地下水稳定水位为2.1~11.3 m,稳定水位标高为99.3~129.47 m,受大气降水补给,向低洼处排泄。

根据勘查资料显示,桥址区的岩土层按其成分分类主要有:第四系冲击积相淤泥,坡残积层粉质黏土,侏罗系上统长林组凝灰熔岩。根据地质钻探显示,6#、8#墩地质主要为全风化~弱风化凝灰熔岩,6#墩有3~5 m的粉质黏土,8#墩大

图62-11　施工前现场环境图

部分地质钻孔显示无覆盖层,水底河床直接就是强风化凝灰熔岩,个别钻孔有粉质黏土或淤泥覆盖层,其厚度仅有1~3 m;7#墩大部分没有覆盖层,直接进入强风化凝灰熔岩,下伏弱风化凝灰熔岩,仅局部有1.5 m左右淤泥覆盖层,下面也是强风化凝灰熔岩和弱风化凝灰熔岩。见图62-12、图5-3-13。

图62-12　7号墩地质芯样

图62-13　8号墩地质芯样

4）工程特点及施工技术难点

（1）工程特点。

①交通受限：因受桥址下游水口电站船闸、营业线外福铁路既有古田溪大桥通航净空限制，大型浮吊及导向船、定位船、运输船等施工船舶无法进入施工区水域，施工设备及施工方案选择严重受限。

②深水裸岩：7#墩施工水深达43 m，8#墩施工水深达18 m，且河床面均为无覆盖层裸岩，直接为高强度中风化～弱风化凝灰岩。造成钢管桩、钢护筒无法插打入岩稳固，深水中自由度大，钻机平台搭设、钢围堰下沉着床困难。

③河床高低起伏：6#、7#、8#墩河床为"V"字形深沟，两侧坡度达40°左右，河床地形倾斜陡峭、高低起伏大，其中7#墩承台投影范围内河床面纵向、横向高差均达到6～8 m左右。造成钢围堰、钢护筒设计及加工复杂，下放着床困难。

④施工水域网箱密布：桥位处库区密布养鱼网箱，拆迁困难，赔付代价高，施工水域范围受限，无法实施水下爆破，泥浆及钻碴处理实施困难，环、水保要求高。

⑤水文情况复杂：因下游水口电站泄洪及蓄水需要，施工区水位落差最高可达10 m左右，且水位变化频繁、无规律，经常急涨急落，造成施工区水体具有流速，钢围堰、钢护筒、浮式平台及浮式栈桥水中锚固定位困难，水中墩深水基础施工难度极大。

古田溪特大桥因其独特的施工条件和技术难度，在目前国内同类型铁路桥梁中施工难度和技术难度罕见。深水、无覆盖层、陡坡上、大直径嵌岩桩施工，深水、裸岩、岩面高差复杂多变条件下大直径钢护筒精确下沉，深水钢护筒支承固定式钻机平台技术，坚硬岩层地质条件下大直径桩基成桩技术，水中大体积高桩承台施工技术均有很高的技术含量。

7#墩钢护筒下部固脚钢围堰施工，水上大型组拼式起吊设备施工，大直径钢护筒精确下沉、定位施工，7#墩钢护筒支撑固定式钻机平台施工，6#、8#墩陡坡、无覆盖层钻机平台施工。

古田溪特大桥横跨古田溪库区，水深最大约为43 m，水位落差较大，水上作业时间长，水下作业量较大，大型起吊设备较多，诸多因素均对施工安全、人身安全造成不利影响。

（2）工程施工技术难点。

①复杂环境条件下深水、倾斜、裸岩、大直径桩基础总体施工技术方案比选与优化

根据古田溪特大桥初步设计图，6#、8#墩承台嵌入基岩面，承台施工必须实施水下爆破，受古田溪库区密布的网箱及环保要求，水下爆破无法实施，给施工带来极大困难；7#墩承台在最高水面以下21 m，河床面以上约11 m，设计施工方案采用大型水上船舶下放无底钢围堰至河床底，在钢围堰顶面安装钻机平台施工桩基，受水口电站及峰福线铁路桥的影响，大型水上起吊设备及大型船舶无法进入施工现场，7#墩范围内河床面极为不平整，且为裸岩，无底钢围堰无法准确着床，诸多不利因素给施工带来极大的困难，其次施工工期和施工成本均不可控。因此，结合现场实际的施工条件，需不断的优化施工方案和设计方案，科学、合理、快速地指导本桥施工。

②深水、无覆盖层、陡坡上、大直径嵌岩桩施工技术（6#、8#墩）

6#、8#墩墩位处河床面坡度达40°左右，河床面基本无覆盖层，钢护筒及钢管桩平台无法直接插打入岩，库区范围内严禁爆破，钢围堰无法直接着床，需确定出一整套科学、合理的施工方案，关键技术难点包括钻机平台安装、钻孔桩防漏浆施工工艺。

③深水、裸岩、岩面高差复杂多变条件下大直径钢护筒施工技术

7#墩墩位处河床面基本无覆盖层，直接为强风化和弱风化凝灰熔岩，且河床面极为不平整，纵横桥向高差达8 m左右，钢护筒无法直接插打入岩，自身稳定体系无法形成且无法精确定位。需不断的探索和优化施工工艺，制定出安全、合理的施工方案，关键技术难点包括钢护筒下口稳定技术、钢护筒下口精确定位技术、钢护筒上口稳定技术、钢护筒上口精确定位技术。

④深水钢护筒支承固定式钻机平台技术

受7#墩地质条件影响，工作桩平台无法直接形成，只能依靠钢护筒做钻机平台的支撑体系，但7#墩桩基呈梅花形布置且钢护筒自由长度较大，遇洪水季节水流对钢护筒冲击力较大。如何在如此恶劣的条件下设计和搭设钻机平台，需深入的研究、细化，建立与现场实际情况相吻合的计算模型，分析数据，选择最合

理的钻机平台结构形式,在保证钻机平台的安全稳定性的前提下,满足最少6台钻机同时钻进。

⑤坚硬岩层地质条件下大直径桩基成桩技术

7#墩桩基为等桩长50 m,设计最小嵌岩深度不小于7.5 m,河床面地形差异的影响,每根桩基施工实际钻进都有所不同,钻机深度在14 m~22 m左右,根据勘查资料显示,7#墩河床面大部分没有覆盖层,直接进入强风化凝灰熔岩,下伏弱风化凝灰熔岩,仅局部有1.5 m左右淤泥覆盖层,下面也是强风化凝灰熔岩和弱风化凝灰熔岩,给钻孔施工带来极大困难,必须对钻孔桩施工方案深入的研究,关键技术点包括冲击钻型号、锤重的选择、锤牙材质选择、钻孔工艺改进、大直径桩基水下砼灌注施工技术。

⑥水中大体积高桩承台施工技术

7#墩承台位于施工常水位以下6 m左右,受水口电站影响,水位经常急涨急落,承台施工采用有底钢吊箱作为止水围堰和承台模型,而如何控制钢吊箱的施工质量以及大体积承台施工质量,必须不断探索以及改进,制定出相应的施工技术方案。因此,钢吊箱的焊接、拼装、下放、封底、大体积混凝土温控等关键性技术均为难点。

2. 主要技术成果

1)桩基础总体施工技术方案比选与优化

古田溪特大桥初步设计图桥跨布置为组合为双线[5 - 32 m简支箱 + 1 - (60 + 100 + 100 + 60)m连续梁 + 2 - 32 m简支梁 + 1 - 24 m简支箱梁]。位于库区中央的连续梁主墩7#墩设16根ϕ2.5 m的钻孔群桩,设计桩长59 m,承台位于水下约26 m,河床面约有14 m的覆盖层;边主墩6#、8#墩各设9根ϕ2.5 m的钻孔群桩,设计为56.5 m~45.5 m的不等桩长,承台位于水下约9 m左右。

(1)初步设计施工方案。

连续梁主墩6#、7#、8#墩采用钢围堰施工,总体施工方案为由大型的导向船、拼装船、定位船、拖轮及水上浮吊完成钢围堰的浮运和定位,钢围堰采用分段接高、下沉和落底的施工工艺。钢围堰下沉完成后,在钢围堰顶面安装钢护筒下放平台下沉钢护筒定位、浇筑封底砼然后进行钻孔桩作业。

(2)施工现场调查及方案可实施性论证。

通过大量的施工现场调查,受水口电站和外福线铁路桥的影响,大型船只无法通过,进入古田溪库区此两个关口为必经之路,由此造成施工设备选择受限。

根据钻探直至资料显示,7#墩河床面均为强风化或弱风化凝灰熔岩,节理不发育,完整性较好,6#、8#墩承台范围内均基本无覆盖层且在陡坡上。由此造成落底钢围堰的设计、下沉之后的固定施工难度极大。

经初步分析,决定采用大型索道吊装系统代替水上大型施工设备,但缆索吊装安全风险极大,且施工功效极低,对全桥的施工工期无法得到满足。

对以上几点进行深入分析,初步设计施工方案在现场实施性不强,需对全桥的水中基础施工方案进行优化,以满足现场实际施工需要。

(3)初步设计图优化及实施性方案形成。

通过原铁道部工管中心、业主、设计院、监理、桥梁专家等多方单位的论证,决定对水中墩承台进行提高,以降低全桥的安全风险。初步设计修改后的全桥桥梁结构为古田溪特大桥初步设计图桥跨布置为组合为双线[5 - 32 m简支箱梁 + 1 - (60 + 100 + 100 + 60)m连续梁 + 1 - (32 + 32 m)连续梁 + 1 - 24 m简支箱梁]。位于库区中央的连续梁主墩7#墩设18根ϕ2.8 m的钻孔群桩,设计桩长50 m,承台顶面基本与施工水位齐平;边主墩6#、8#墩各设9根ϕ2.8 m的钻孔群桩,设计为18 m~39 m的不等桩长,承台顶面基本与施工水位齐平。

结合修改后的桥梁结构设计,通过大量的施工调查、论证、分析,最终形成本桥水中基础的总体施工方案:7#墩钻孔平台结构采用"在河床底设置固脚钢围堰并通过封底混凝土对钢护筒进行定位、由钢护筒支撑、贝雷梁和型钢作平台上部结构"的总体设计方案;钻孔平台施工采用"在桥墩位设置浮式平台和水上浮式龙门吊机作临时施工平台;固脚钢围堰在陆上分块加工、水上组拼、利用浮龙门整体下放、封底混凝土分区灌注;钢护筒陆上分节加工、现场采用浮龙门逐根下放,50 t浮吊配合人工安装贝雷梁和型钢作平台上部结构"的总体施工方案。6#、8#墩靠岸侧的3根桩直接搭设钻机平台施工,由于靠河岸侧无覆盖层,在靠岸侧的桩基形成之后,依靠已形成的桩基来固定向河岸侧的桩基平台,为保证在钻孔过程中不出现漏浆的情况,先采用直径 $\phi 3.0$ m 的钻头引孔 $2\sim 3$ m,然后再下一个内置钢护筒,在内置钢护筒和外钢护筒之间灌注砼,以保证钻孔过程中的泥浆不会外漏。

2)深水、无覆盖层、陡坡上、大直径嵌岩桩施工技术(6#、8#墩)

6#、8#主墩位于库区岸边,最大水深达 17 m,河床面基本无覆盖层,且位于倾斜的岩面上,对钻机平台的搭设及大直径嵌岩桩钻孔施工防漏浆提出了新的课题。结合各种不利因素,研究出一整套科学合理的施工方案。

(1)水下地形测量。

在 6#、8#墩承台测量区域范围内,布设间距为 50×50 cm 的网格,通过采用搭设浮式平台用钢管测钎探测技术分别对水下地形进行探测,分析比较得出最终数据后,以各个测点处河床表面标高为依据,绘制出钢围堰四条边和钢护筒纵横轴线处河床表面高差断面图,并绘制出测量范围内河床表面地形的三维坐标示意图。

(2)钻机平台设计与施工。

结合现场实际地形条件,钻机平台结构形式为:下部结构采用钢管桩作为钻机平台承重构件,上部结构由工字钢、花纹钢板组成,经详细的力学分析,钻机平台结构形式完全能够满足现场实际施工需要。施工时先搭设靠岸边的一排桩基的钻机平台,待靠岸侧桩基形成之后,依靠已形成的桩基来固定向河岸侧的钻机平台。

(3)深水、无覆盖层、陡坡上、大直径嵌岩桩防漏浆施工技术。

利用精确的水下地形测量数据,计算出每根桩基与河床面接触处的倾斜度,根据此数据切割相应桩基的钢护筒底口,保证外钢护筒底口与河床面地形大致吻合,然后采用直径为 $\phi 3.0$ m 的钻头引孔 $2\sim 3$ m,下放直径为 $\phi 3.0$ m 的内置钢护筒至已引孔的孔底,在内置钢护筒和外钢护筒之间灌注砼,以此来确保钻孔桩施工过程中泥浆不会外漏。

3)深水、裸岩、岩面高差复杂多变条件下大直径钢护筒施工技术

7#墩设计直径为 $\phi 2.8$ m 桩基 18 根,成梅花形布置,钢护筒采用直径为 $\phi 2.8$ m 的规格,针对深水(达 40 m 以上)、河床面为裸岩无覆盖层、地形高差多变、钢护筒长度长、自由度大等技术难题,研究制定了一系列的技术措施,包含钢护筒的加工精度控制、下放平台设计、接长精度控制、导向架的设计、上端和下端的稳定措施、钢护筒的下放顺序、浮式平台的定位措施等。成功解决了复杂多变条件下大直径钢护筒下沉精确定位施工技术。

(1)大型起吊设备的选型。

综合现场施工条件和大量的施工调查,最终选择战备舟桥处的军用浮箱、高墩杆件、贝雷梁等构件设计大型水上浮式龙门、浮式平台、浮吊、桅杆吊等,主要设备配备如表 62-5 所示。

表 62-5 古田溪特大桥水上设备主要配备表

序号	设备名称	型号	数量	备注
1	动臂浮吊	20 吨	1	钢围堰、吊箱及配合施工
2	动臂浮吊	50 吨	1	水上施工
3	桅杆吊	20 吨	1	水陆材料倒运、水上设备拼装
4	拼组式运输平台	300 吨	1	材料、大设备运输船
5	浮式龙门吊	300T	1	下沉钢围堰、钢护筒
6	浮平台	400T	1	打设锚杆,龙门架浮体基础
7	潜水设备	混合空气	2	含空气罐 2 个
8	动力船	300 马力	1	水上运输材料、设备
9	水下切割、摄像设备		2	潜水配合

（2）水下地形测量。

在7#墩承台测量区域范围内，布设间距为50×50 cm的网格，通过采用差分GPS技术和搭设浮式平台用钢管测钎探测技术分别对水下地形进行探测，分析比较得出最终数据后，以各个测点处河床表面标高为依据，绘制出钢围堰四条边和钢护筒纵横轴线处河床表面高差断面图，并绘制出测量范围内河床表面地形的三维坐标示意图。

潜水员下水对钢围堰四条边及钢护筒位置处河床表面的实际地质情况进行探测。探明河床表面是否为裸岩，是否有淤泥覆盖层，淤泥覆盖层大体厚度多少，并做好记录。同时，通过水下照相或水下摄影的方式，将水底河床信息存底作为参考依据。

（3）固脚钢围堰的设计、加工、安装及下放。

围堰设计外形尺寸为32.3 m×21 m，距钢护筒净空尺寸不小于574 mm。围堰顶设计标高根据地形情况设置为+29.50 m和+25 m，护筒位置处河床底面地形最高处标高为27.232 m，距围堰顶设计标高为2.268 m，考虑封底混凝土表面浮浆层影响，混凝土最小高度按3 m设计。围堰内横桥方向设计三道1 m宽的主桁架。纵向布置33道1.5~2 m高，宽为4.5 m次桁架，如图62-14所示。

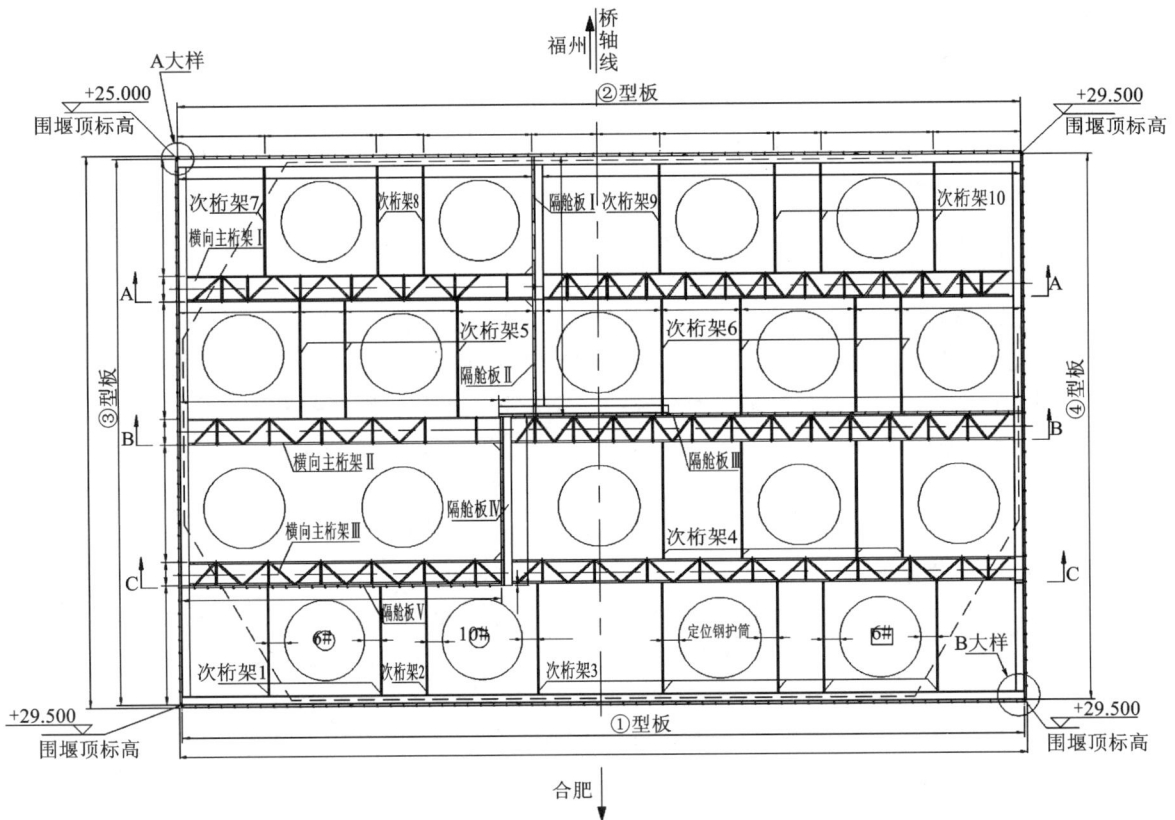

图62-14　7#墩固脚钢围堰平面布置图

根据现场起重能力和道路运输条件综合考虑，固脚钢围堰在钢结构厂分块加工，经验收合格后运输至码头处，转运至浮式平台上分块拼装成型，然后采用浮式龙门整体下沉至河床面。

（4）大直径钢护筒精确定位技术。

①导向架设置。

导向架主要由型钢拼装焊接而成，主要承重梁为两组2I45a工字钢，并在固定导向框架的顶部，框架结构主要为[32a焊接而成，整个导向架高5 m，导向框架由上下两层水平正六边形框同竖向桁架连接形成，以此来保证下放过程中的垂直度。

②钢护筒下口限位措施。

在固脚钢围堰桁架的相应位置焊接钢护筒限位架，限位架内净空比钢护筒外径每边大10 cm，保证钢护筒下端不因地形高差和无覆盖层而产生滑移。

③钢护筒上口精确定位技术。

首先，对钢护筒下放顺序进行仔细分析，两根钢护筒分为一组，尽量对称进行下放，防止浮式龙门偏位对钢护筒产生侧压力；其次钢护筒下放到位之后，采用型钢临时与相邻的钢护筒连接、固定，复核钢护筒平面位置无误之后，上口采用八字缆风与岸锚固定。

4）深水钢护筒支撑固定式钻机平台技术

7#墩施工水深最大达 43 m 左右，钢护筒自由高度最大为 39 m，工程地理位置位于库区下游，受每年的雨季影响，7#墩受洪峰通过，水流速度较快，如何在如此复杂多变条件下完成钻机平台搭设，需对钻机平台形式、结构进行深入分析，以满足施工需要。

（1）钻机平台结构选择。

目前国内外采用最多的钻机平台结构形式为钢管桩 + 型钢结构，7#墩墩位处河床面基本无覆盖层、深水较深，钢管桩无法直接插打入岩。若钢管桩直接埋设在固脚钢围堰封底砼内，则对钢管桩立柱的刚度需求大；其次受桩基梅花形排列方式，桩基平台结构形式复杂，现场实施困难。

综合考虑，7#墩钻机平台利用桩基钢护筒作为钻机平台的承重构件，上部结构由型钢和贝雷梁组成形成。

（2）钻机平台结构设计。

钻机平台横桥向宽为 36 m，顺桥向长为 26 m，顶面高程为 +65.8 m，高出施工水位 0.8 m。在固脚钢围堰内混凝土达到设计强度钢护筒完全固定好后，在每个钢护筒上沿顺桥向对称焊接一对牛腿支撑，要求所有牛腿支撑的顶面在水平高差不超过 3 mm，且与工作桩平台在同一水平面上，每个牛腿支撑上面放置双排不加强贝雷梁，在贝雷梁上顺桥向铺 I20a30 cm 工字钢构成平台的主骨架，最后在主骨架上铺设 δ = 6 mm 的防滑钢板。可同时满足 6 台冲击钻同时施工。

5）坚硬岩层地质条件下大直径桩基成桩技术

水中主墩 7#墩共设置 18 根直径为 ϕ2.8 m 的等桩长桩基，单根桩长 50 m，要求最小嵌岩深度不小于 7.5 m，根据现场实际钻探地质资料显示，7#墩河床面均为强风化或弱风化凝灰熔岩，节理不发育，完整性较好。结合现场实际条件，需对大直径桩基成孔技术研究出了一整套施工工艺，包含钻机型号选型、锤重、锤牙数量、锤头材质、钻进工艺等。

（1）钻机选型。

结合工程地质条件，对地质条件进行深入分析，除配备机况良好的大型钻机、重型原状锤外；其次每台钻机配备备用钻头 1 个，配备充足的高强耐磨合金锤牙；锤牙分布方式采用横列，尽可能增加锤牙数量以加强破碎效果；配备充足的机况良好的电焊机，使用堆焊速度快、焊接强度高的专用大直径 506 型耐磨焊条，钻机设备最佳配置如表 62 - 6 所示。

表 62 - 6　7 号墩桩基施工钻机设备最佳配置表

钻机型号	卷扬机	2.8 m 原状锤	合金锤牙	电焊机/台	焊条型号
广东南华，16 t	起重能力 16 t	五瓣，锤重 13 t，每台钻机 2 个	高强、耐磨，横列 46 颗	3 台	506

（2）钻进工艺选择。

根据桩基施工中泥浆循环的方式，比较正反泥浆循环系统的优缺点：采用反循环施工时，利用临近的钢护筒作为泥浆池即可施工。但采用正循环施工时，需要在平台上布置比孔内水位高的泥浆池沉淀泥浆并保证泥浆能自然的回流至孔内。在设备的投入上，正循环投入较多，占用平台面积较大，不够经济。且经过实践，正循环的施工周期比反循环施工周期要长。

结合本工程特点，7#墩钻孔桩施工采用反循环施工，在钻进过程中利用钻头在孔底造浆，钻渣通过捞渣筒提升出孔内回收，待成孔后采用空压机和风管清孔。

（3）大吨位钢筋笼下放技术。

7#墩桩基单根钢筋笼重量达43 t，无法采用浮吊一次吊装到位，施工中在孔口安装钢筋笼下放架，钢筋笼安装及固定依靠下放架，在钢筋笼下放架上安装两台5 t卷扬机，通过设置滑车组吊装钢筋笼完成下放。

（4）大直径桩基水下砼灌注技术。

7#墩单根桩基砼达390 m³左右，砼方量较大，灌注前需对机械设备配置、水下砼配合比、首灌封底措施等进行深入的研究，确保大体积桩基水下砼灌注速度和灌注质量。

6）水中大体积高桩承台施工技术

（1）单壁有底钢吊箱设计。

7#墩采用单壁有底钢吊箱壁板作为承台的止水围堰和承台的外模板，围堰总体尺寸拟定为比承台外轮廓大100 mm，设计为八边形。围堰顶比承台顶低1575 mm；钢吊箱由底板、壁板、悬吊系统组成。壁板设计为拆除，底板不拆除，壁板与壁板，壁板与底板均为焊接连接。封底混凝土分两次浇筑，设计高度为1700 mm；围堰设计总高度为5925 mm。围堰结构设计尺寸内净空为32.2 m×20.9 m×5.925 m。钢吊箱立面布置如图62－15所示。

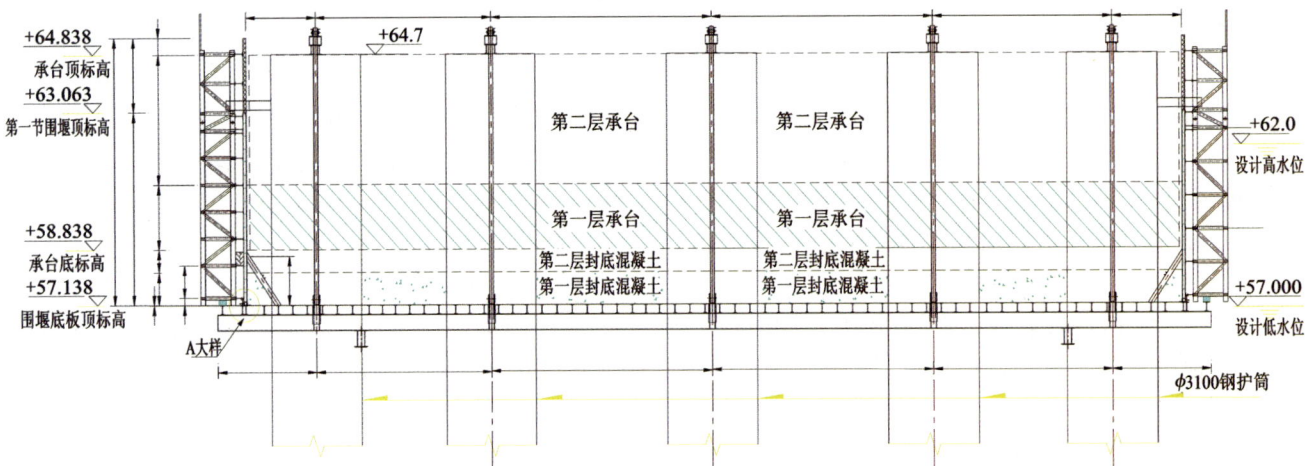

图62－15　7#墩钢吊箱立面布置图

（2）单壁有底钢吊箱加工、下放施工。

考虑到运输方式、起吊能力、下沉工艺等综合因素，钢吊箱壁板一次性加工，底板与壁板进行焊接。利用现有的钻机平台承重梁作为钢吊箱的底板和壁板操作平台，完成底板、壁板组拼焊接成整体后，安装钢吊箱整体下放系统和悬吊系统，下降钢吊箱至设计位置，临时固定，安装悬吊系统吊杆，复核钢吊箱的平台位置，然后封堵底板、浇筑1 m厚封底混凝土，待封底混凝土强度达100%后将钢吊箱内水抽干，继续浇筑0.7 m厚的封底砼，待封底混凝土强度达100%后切除多余钢护筒、桩头凿平后绑扎承台钢筋，浇筑承台砼。

（3）超大体积承台施工工艺及水化热监控。

古田溪特大桥主墩承台设计为C35砼，承台高为6 m，分两层进行浇筑，第一层厚2 m，第二层厚4 m。

对于承台大体积混凝土施工，为降低水化热引起的温度应力对结构强度、耐久性的影响，在承台内部设置冷却水管，通过控制冷却水管中水的流速来保证承台的内外温差在允许范围。

3. 主要创新点

1）高低刃角固脚钢围堰设计、加工技术

针对深水河床高低不平且为裸岩，采用人工测量和GPS技术分别对7#墩承台范围内和周边范围的河床进行水下地形测量，以测量数据为基础，绘制出河床表面高差断面图和三维坐标示意图。固脚钢围堰设计以水下地形断面作为基础依据，再结合现场实际情况进行分块设计，保证了固脚钢围堰下放之后最大限度与河床面吻合。固脚钢围堰平面图如图62-16所示。

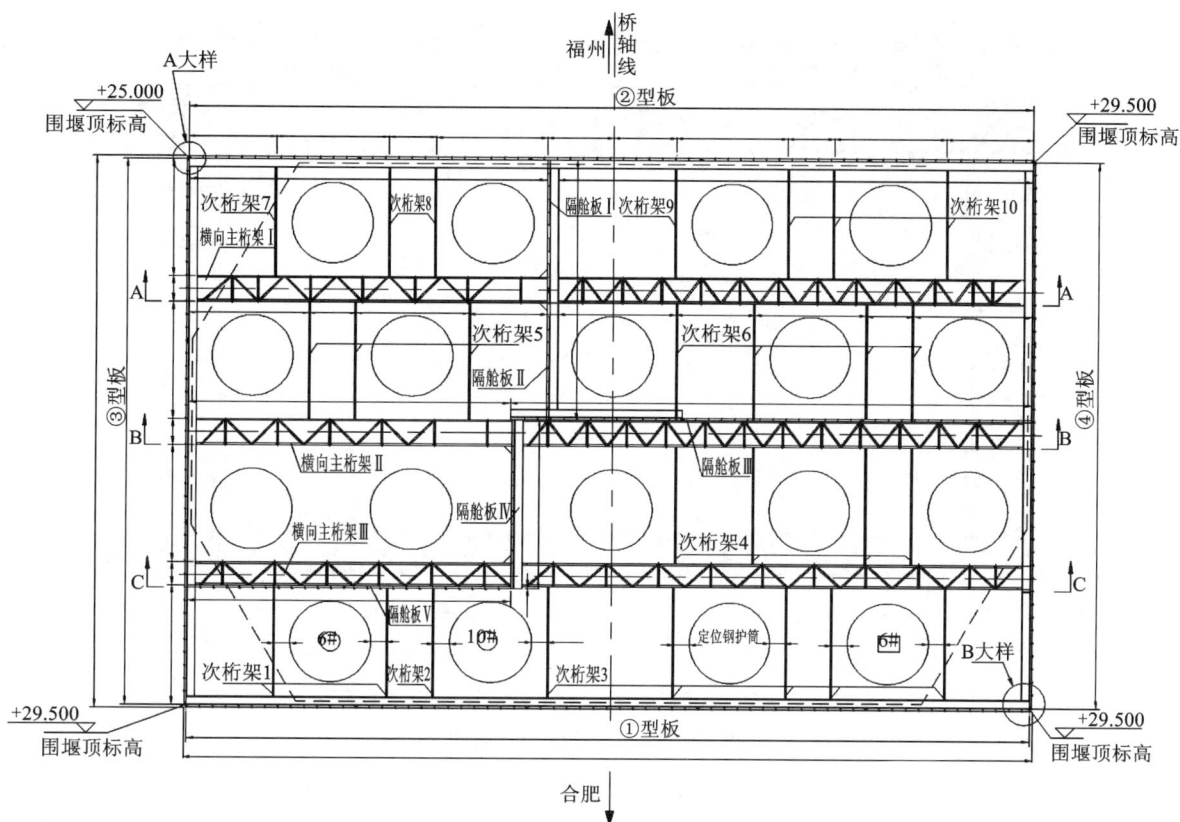

图62-16　7#墩固脚钢围堰平面设计图

2）大型水上浮式吊装设备设计、吊装技术

作为水中基础施工的辅助措施设备，结合现场交通条件以及固脚钢围堰、钢护筒、钻孔桩、承台的施工工艺，利用战备舟桥处的军用浮箱、高墩杆件、贝蕾梁等构件自行设计了大型水上浮式龙门、浮式平台等。并成功应用到水中基础吊装施工中，解决了受交通条件影响且深水裸岩搭设水上施工平台难的问题。

浮龙门平面尺寸为45 m×39.2 m，采用28节标准舟节作浮体拼组而成，拼组拼装平台时浮体中间加设两条舟体。浮体四角各增加一节标准舟节用于安放锚机。浮体上方采用高墩杆件组立6个支墩，支墩上方布置纵横梁，纵横梁间设置滑移设施，横梁顶部布置轨道安装天车用于钢护筒的下沉，浮式龙门里面如图62-17所示。

浮式龙门吊的主要技术参数：从浮体上表面至吊钩的高度不小于15 m；浮式龙门吊设置4个吊点，单个吊点按最不利荷载60 t考虑；在浮体不动的前提下，浮式龙门吊的吊点覆盖所有钢护筒的位置。

3）固脚钢围堰精确下放定位技术

针对大体积且有高低刃角的固脚钢围堰下放定位难的问题，研究出了一整套下放定位控制措施，包含浮式平台及浮式龙门定位、固脚钢围堰临时支撑系统、固脚钢围堰的吊点设计、浮式龙门起吊设备同步性控制、下放过程监控措施等一系列行之有效的方案，确保了固脚钢围堰准确着床固定，固脚钢围堰拼装完成效果图如图62-18所示。

4）固脚钢围堰封底砼灌注技术

结合河床面地形高差多变、封底面积较大、河床面淤泥较多的特点，首先采用了潜水员对固脚钢围堰投影范围内河床面清淤，确保封底砼与河床面之间的黏结力；其次采用了分区灌注封底砼，根据现场砼泵送能力，固脚钢围堰分为三个区进行封底灌注，减小单次封底面积，确保砼的水下灌注质量；然后优化水下砼配合比，增大水下砼的流动性、和易性、初凝时间等，从而确保了封底砼的灌注质量。固脚钢围堰封底砼导管布置、灌注及泵送如图62-19、图62-20所示。

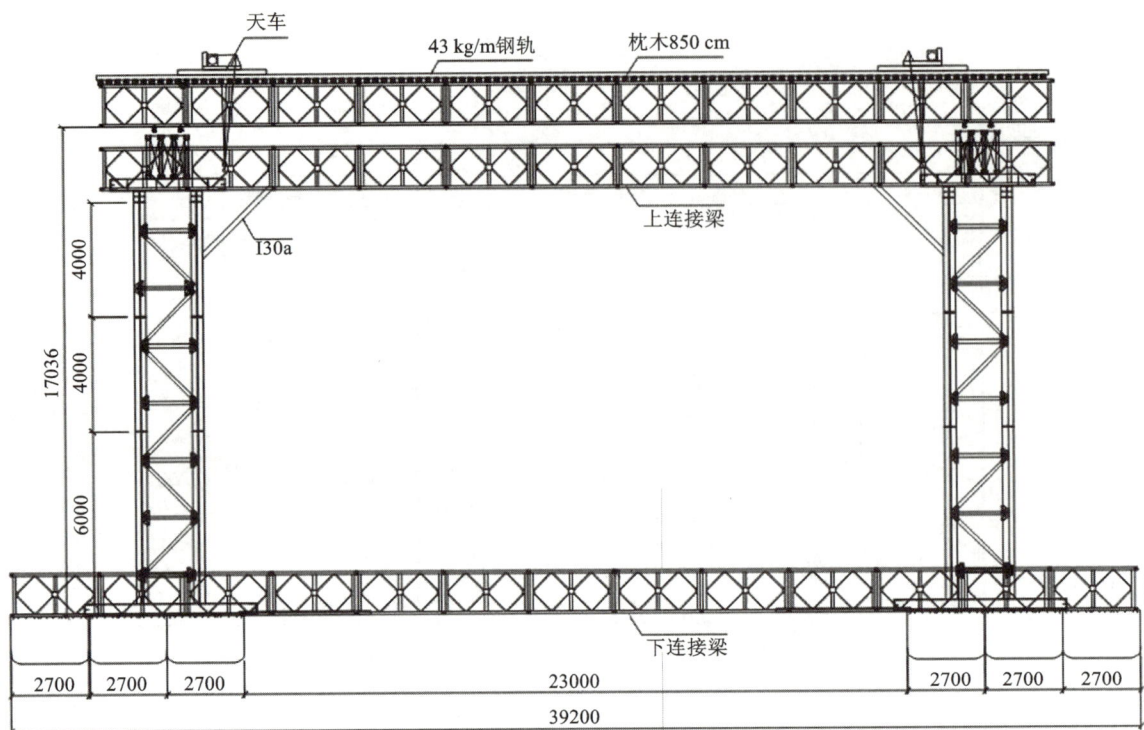

图 62－17　浮式龙门立面图

图 62－18　固脚钢围堰拼装完成就位

　　5）复杂多变条件下大直径钢护筒下沉精确定位施工技术

　　针对深水、河床面为裸岩无覆盖层、地形高差多变、钢护筒长度长、自由度大等技术难题，研究制定了一系列的技术措施，包含钢护筒的加工精度控制、下放平台设计、接长精度控制、导向架的设计、上端和下端的稳定措施、钢护筒的下放顺序、浮式平台的定位措施等。成功解决了复杂多变条件下大直径钢护筒下沉精确定位施工技术，钢护筒下放平台如图 62－21 所示。

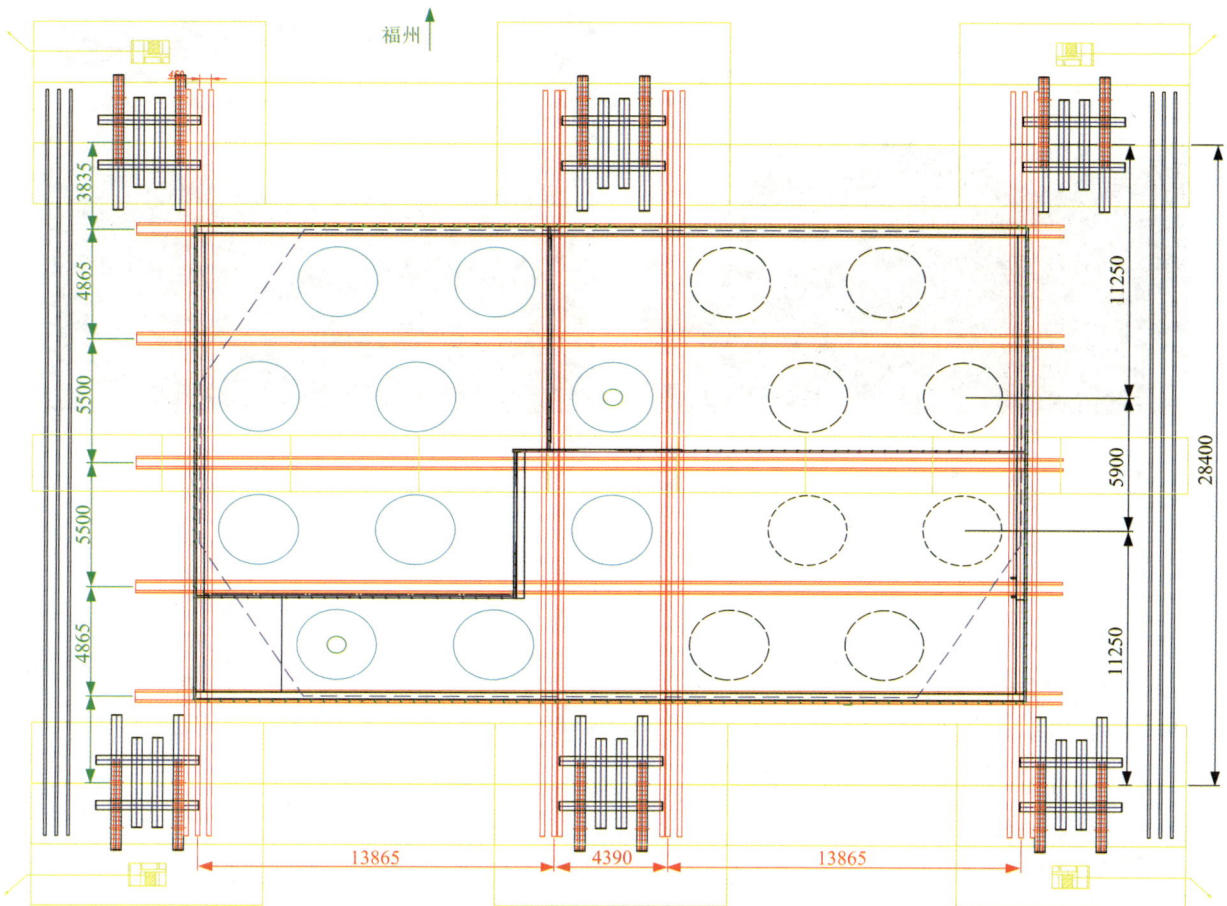

图 62-19　固脚钢围堰封底砼导管布置图

图 62-20　固脚钢围堰封底砼灌注及泵送

6）深水钢护筒支承固定式钻机平台设计、安装技术

根据库区水深达 43 m、河床面为裸岩无覆盖层、地形高差不平、钢管桩无法插打入岩的特点，研究出利用钢护筒作为钻机平台承载构件，上方铺设分配梁、贝蕾梁等的总体施工方案。针对钢护筒深水自由度大、受洪水冲刷等因素，建立与符合现场实际条件的计算模型，对钢护筒及钻机平台主要构件进行力学分析，设计出科学合理的钻机平台，钻机平台立面布置及钻机平台搭设如图 62-22、图 62-23 所示。

图 62 - 21 钢护筒下放平台

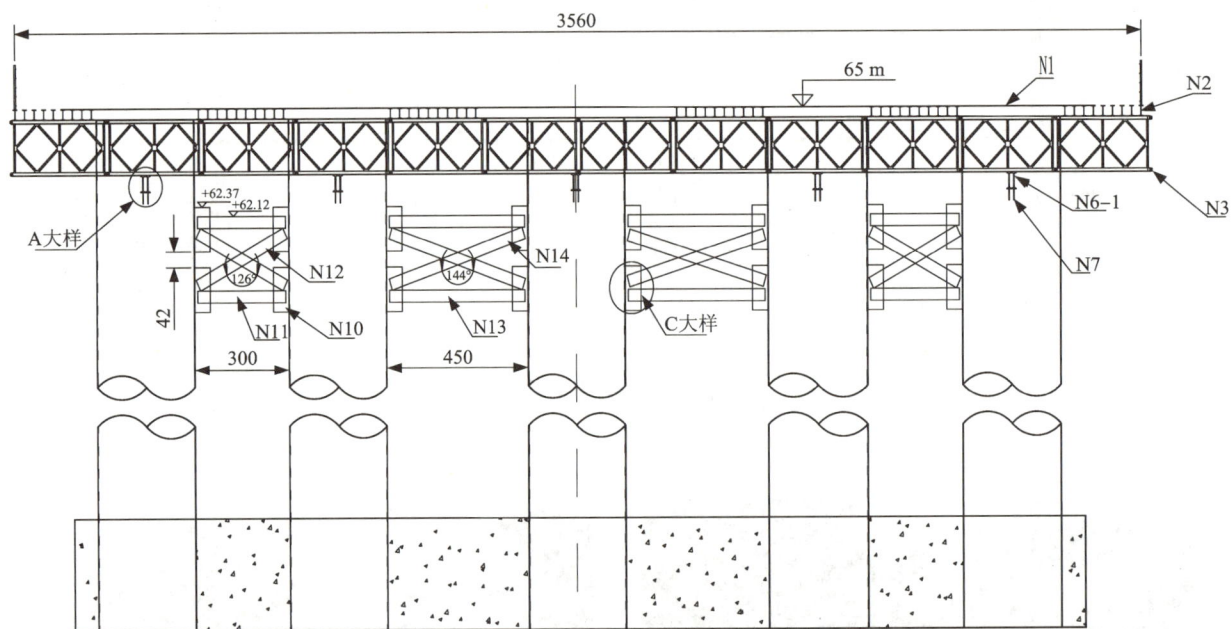

图 62 - 22 钻机平台立面布置图

图 62 - 23 钻机平台搭设

7）深水、无覆盖层、陡坡上、大直径嵌岩桩防漏浆施工技术

6#、8#主墩位于库区岸边，最大水深达17 m，河床面基本无覆盖层，且位于倾斜的岩面上，对钻机平台的搭设及大直径嵌岩桩钻孔施工防漏浆提出了新的课题。结合各种不利因素，研究出一整套科学合理的施工方案：靠岸侧的3根桩直接搭设钻机平台施工，由于靠河岸侧无覆盖层，在靠岸侧的桩基形成之后，依靠已形成的桩基来固定向河岸侧的桩基平台，为保证在钻孔过程中不出现漏浆的情况，先采用直径 ϕ3.0 m的钻头引孔2~3 m，然后再下一个内置钢护筒（如图62-24所示），在内置钢护筒和外钢护筒之间灌注砼，以保证钻孔过程中的泥浆不会外漏。

图62-24 外钢护筒和内置钢护筒下放

8）深水、坚硬岩层地质条件下大直径桩基成孔技术

水中主墩7#墩共设置18根直径 ϕ2.8 m的等桩长桩基，单根桩长50 m，要求最小嵌岩深度不小于7.5 m，根据现场实际钻探地质资料显示，7#墩河床面均为强风化或弱风化凝灰熔岩，节理不发育，完整性较好。结合现场实际条件，对大直径桩基成孔技术研究出了一整套施工工艺，包含钻机型号选型、锤重、锤牙数量、锤头材质、钻进工艺等。顺利完成了在坚硬地质条件下大直径桩基的成孔质量和功效。

9）40 m深水单壁有底钢吊箱设计、安装施工技术

为了解决43 m深水中的高桩承台（承台位于水下6 m左右，处于河床和水面之间）施工难题，自行设计了单壁有底钢吊箱，制定了分块运输、原位拼装下沉钢吊箱的施工技术方案。安全、优质的完成了7#墩承台施工。

五、山区组拼式桁架箱梁外侧模整体推拉向前施工技术

1.工程概况

马坑尾特大桥位于南平市巨口乡丘陵地带，地势起伏，植被茂密。该特大桥全长为779.9 m。桥梁下部结构为钻孔灌注桩、承台、双线圆端型实体桥墩，上部结构桥跨布置为：1-（48+80+48）m连续梁+18-32 m简支箱梁，箱梁截面类型为单箱单室等高度简支箱梁，梁高为3.05 m，宽为12.0 m。因受地理位置条件限制，无法进行预制梁架设或移动模架法施工，而满堂支架法施工烦琐，为此，根据实际情况采用贝雷支架现浇法施工。贝雷支架现浇法中侧模架一般采用钢管支架或钢桁架，考虑到支架体系的整体刚度、稳定性及外观要求，采用由钢桁架、倒角钢模和竹胶板面板组合成的节段组拼式可滑移侧模系统，施工灵活，减少安全隐患，提高外观质量，加快施工进度，有效节约成本。对山区桥梁施工具有建设性指导意义，经总结形成本工法。

2.工艺原理及特点

1）工艺原理

节段组拼式侧模架靠轨道滑移，各节段的钢桁架、倒角钢模、方木及竹胶板面板可以在地面平整场地上组拼完成，并用角钢焊接成剪刀撑对其加固（亦可用 ϕ48 mm钢管连接），以控制其变形，然后通过吊车

吊装到首孔梁支架上，其中支架的分配梁上需先安装固定好滑移轨道，左右侧各两根，采用[18a 槽钢制作。各节段侧模架间用钢管连接联接加固，倒角钢模部分通过螺栓法兰连接，可以更好地控制接缝错台现象，钢桁架与轨道间采用木楔调整标高，安装简易，拆除方便。各节段侧模架滑移前先退除底部木楔，套入滑移轨道车，通过人工或者小卷扬机牵引前进，在有限的空间进行快速拆装作业，且无需吊车配合。

2）工艺特点

（1）采用节段组拼式钢桁架可滑移外侧模系统，材料来源简单，施工灵活，拼装、拆除、过孔操作简单，安全风险低。

（2）拆模过孔不需要吊车配合，不受地形条件影响，采用轨道移动式，由人工推动或卷扬机配合即可，减少机械投入，避免吊车长时间占道对其他工作面施工造成影响。

（3）整体拆装，减少模板变形、模板拼接缝错台、拉杆孔错位等不利因素，有利于箱梁的施工质量及外观控制，保证良好的线形。

（4）梁体混凝土达到拆模强度后即可拆模，且两侧可同时进行节段拆装，缩短施工周期，有效加快施工进度。

（5）节段组拼式可滑移外侧模拆装简便，模板损耗小，周转次数多，有效减少人力、机械、材料等消耗，降低施工成本，提高经济效益。

3. 施工工艺及操作要点

1）施工工艺流程

施工工艺流程如图 62-25 所示。

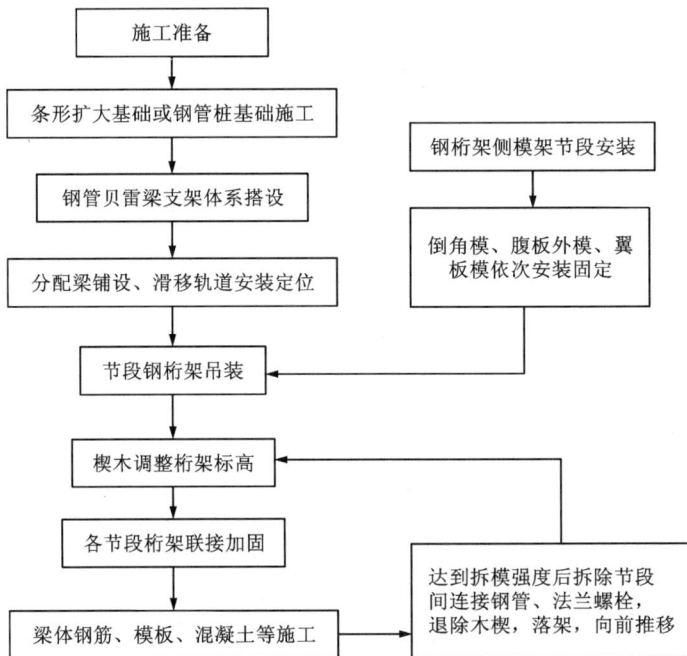

图 62-25　施工工艺流程图

2）施工步骤

（1）施工准备。

①复核图纸，确认支架体系及梁体截面各相关尺寸。

②根据现场实际情况制定并优化施工组织设计，并对施工作业人员进行岗前安全技术等培训。

③认真学习熟悉相关设计标准、质量验收标准、施工规范及相关文件要求。

（2）模板支架整体设计。

马坑尾特大桥 32 m 简支箱梁采用条形扩大基础或钢管桩基础，由钢管立柱、砂箱、工字钢横梁、贝雷梁、工字钢分配梁、方木及竹胶板底模等组成的支架体系。分配梁以上外侧模采用钢桁架，内模架采用钢管架。底模、内模及外侧模均采用优质竹胶板制作，外侧模及底模圆弧段、端头模等异形模板采用特制定型钢模。模板材质：优质竹胶板厚度为 15 mm，钢模厚度为 8 mm。模板及支架总体设计图见 62 - 26 所示。

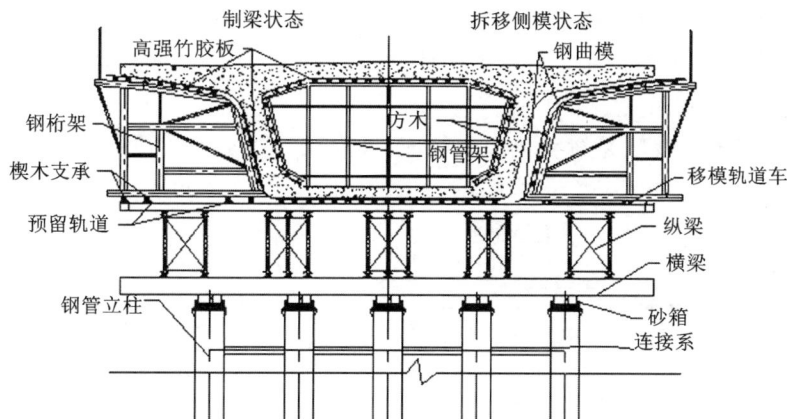

图 62 - 26　模板及支架总体设计图

（3）箱梁侧模模板及支架设计。

①侧模加构件组成设计。

根据箱梁模板的设计荷载、刚度要求及考虑施工中的可操作性等控制要求，侧模架构件材料设计如图 62 - 27 所示。

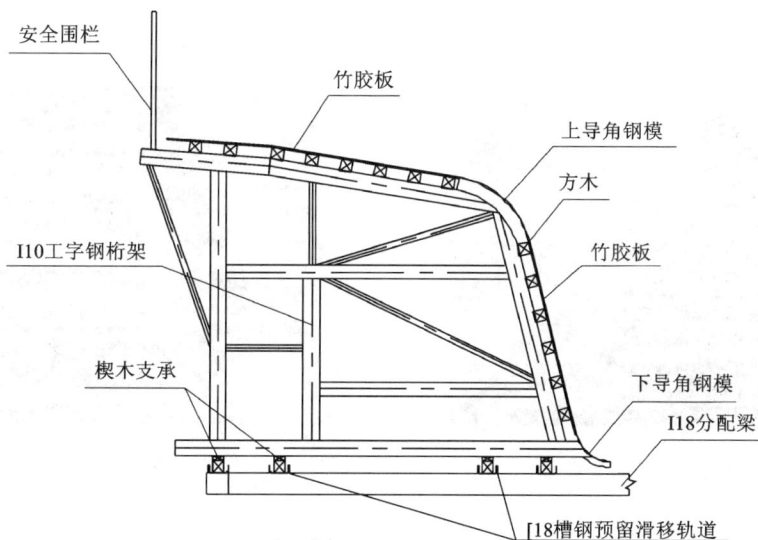

图 62 - 27　侧模架构件材料设计图

②侧模架分节段设计加工。

根据现场施工条件，施工场地狭窄，只有单侧便道且山区场地不平，吊车长时间作业对其他工作面施工干扰大，远离便道侧的侧模支架吊装困难。为了解决以上施工矛盾，考虑将外侧模架系统分节段台车式设计，通过[18 槽钢制作成滑移轨道，运用自制的简易轨道车将侧模架分节段整体往前推移，确保在有限的空间上进行快速拆装，灵活操作。

本桥现浇梁梁长为 32.6 m，整体支架设计中采用 I18a 工字钢作为分配梁，共 47 根，间距为 70 cm。为了使侧模架受力均衡，I10 工字钢侧模架也按 70 cm 间距设计，共 47 榀，分为 11 组，由 4 榀一组的标准节段及一组 3 榀调节段组成，标准节段长 2.8 m，调节段长 2.1 m。侧模钢桁架按设计组拼焊接成整体，纵向采用两道∠80 * 5 的等边角钢焊接连接（或者采用 ϕ48 mm × 厚 3.5 mm 钢管连接），外侧也用∠80 * 5 mm

的角钢焊接成剪刀撑(或者采用 φ48 mm 钢管连接)形成一个简易节段台车,制作过程注意预留 15 cm 的轨道及落架空间。

节段钢桁架安装完毕后,根据梁体截面尺寸依次安装加固底部倒角钢曲模、腹板外模、上部钢倒角曲模、翼板模板。倒角曲模支架与钢桁架焊接牢固,方木通过螺栓开孔固定在桁架上,高强竹胶板通过钢钉固定于方木上,接缝平顺,为防止产生变形,需整体加固牢靠,以便减少后期维修,增加周转次数。

③侧模架滑移系统设计施工。

侧模滑移系统有滑移轨道及简易滑移轨道车组成,如图 62-28~图 62-32。

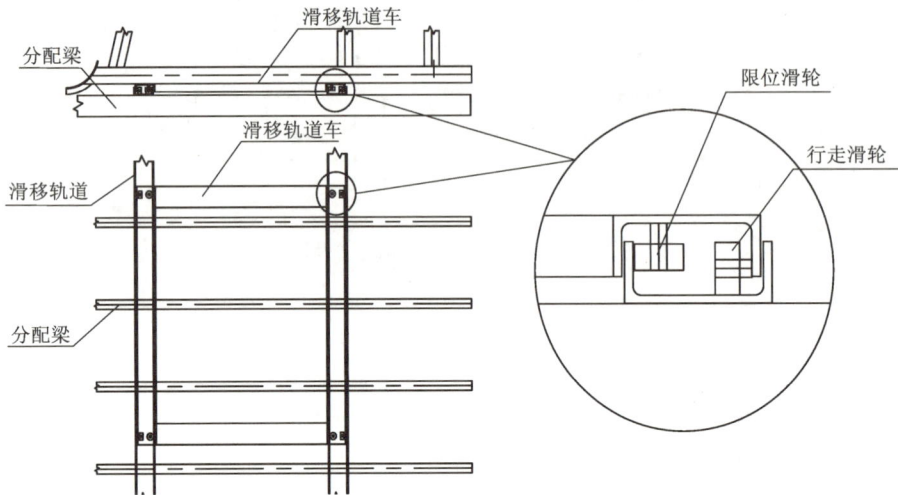

图 62-28　侧模架滑移系统

图 62-29　侧模架滑移轨道

图 62-30　滑移轨道车

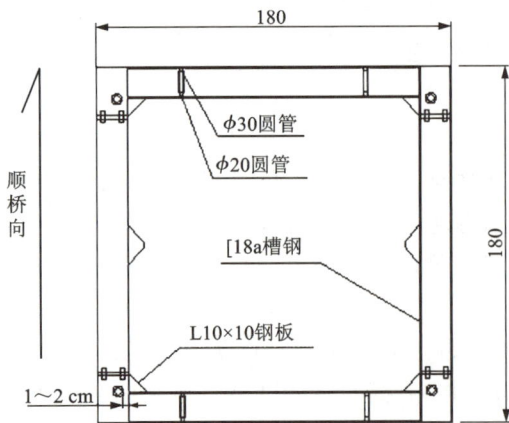

图 62-31　滑移轨道车构造图

图 62-32　轨道车滑轮

滑移轨道采用[18a 的槽钢焊接于分配梁上，间距 180 cm，梁体左右侧各两道，作为配套，需加工两个简易的滑移轨道车，左右侧各一个，轨道车尺寸为长 180 cm×宽 180 cm(宽度与滑移轨道一致)。轨道车同样采用[18a 的槽钢加工而成，轨道车顺轨道方向的槽钢槽口向下，横向的向上，四根槽钢连接的四个角各需加焊一块 L10 cm*10 cm 的三角钢板加固，防止导向架使用时变形。横向每根槽钢上焊接两道 ϕ20 mm 圆钢，外套 ϕ30 mm 的圆管，作为横向移动各组侧模架用。纵向两根槽钢槽口向下，每根槽钢靠近端头处需焊接两个轴承作为轨道车的"轮子"，整个轨道车共 8 个"轮子"，焊接时需保证轮子超出槽口边缘 1～2 cm；此外，还需焊一个稍小的轴承固定于顺轨道方向的槽钢底，以减小侧模架移动时轨道车与滑移轨道间的摩擦力。

④侧模架拼接缝设计施工。

各组节段桁架间倒角钢模处设置法兰螺栓连接，便于侧模安装时能够快速就位，有利于减小节段间的模板错台，钢模与木模拼缝用方木支垫平顺，具体设计见图 62 -33。

侧模支架下方设置 4 排槽钢(中间两排作为节段台车滑移轨道，间距 180 cm)，浇筑前及浇筑时 4 排槽道均为侧模架的支撑点，采用木楔或钢楔支撑，调整至设计标高后固定每处支撑点的上下两楔块，以防止施工过程中松动走位。轨道有利于各节段台车整体均匀受力。

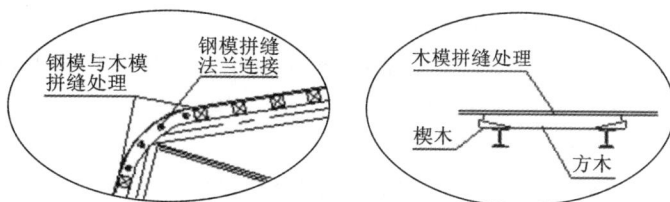

图 62 -33 模板拼缝设计图

(4)移动侧模架施工。

①侧模架首次组拼。

箱梁侧模架首次组拼安排在地面平整场地上，按 4 榀一组组拼标准节段桁架及 3 榀一组的调节段，榀与榀间距严格按照 70 cm 控制，并用∠80 mm 角钢或 ϕ48 mm 钢管联接加固。待贝雷支架预压完成、标高调整到位后，在两侧分配梁上按设计间距铺设[18a 槽钢，槽口向上，每侧 4 根，中间两根为滑移轨道，需严格控制间距为 180 cm，然后依次吊装各节段钢桁架至槽钢上，底部用木楔或钢楔将桁架调整到位，并用"U"型螺栓卡将钢桁架与底部分配梁连接牢固，防止施工过程中发生偏位扭转，保证安全。然后按设计尺寸位置将倒角钢曲模焊接于桁架上，之后铺设方木并固定牢靠，再将竹胶板固定于方木上，并处理好接缝位置，避免错台。整体拼装加固完成后，根据设计的节段长度将钢模及竹胶板等断开，形成 2.8 m 长的标准节段及一组 2.1 m 长度调节段，节段间按拼接缝设计加固。

②侧模架的脱模与滑移。

梁体混凝土施工完并达到拆模强度后即可进行脱模作业，脱模前需先将节段之间的联接钢管拆除，然后退除滑移轨道上的木楔，在桁架底部套入滑移轨道车，轨道车就位后再将剩余两排楔子退除，使节段钢桁架落于轨道车上，并将节段钢桁架往外移动约 30 cm，保证其顺利往前推移。各节段可通过人工或小卷扬机牵引滑移至下一跨拼装就位。侧模架的拆装可两侧同时进行作业，加快施工进度，且无需吊车配合。节段侧模整体滑移施工见图 62 - 34 所示。

③侧模架下一循环组拼与维护。

各节段侧模架滑移就位后，首先要对整个模架进行检查，对变形破损部位进行维修，并

图 62 -34 节段侧模整体滑移

对模板接缝处进行处理，多次周转后破坏严重的模板需要进行更换处理。循环过程中倒角钢模要进行打磨除锈，对木模进行清理后均匀涂刷脱模剂，以提高模板的周转次数和混凝土的外观质量。

六、大型水上浮式龙门吊安装施工技术

1. 工程概况

古田溪特大桥设 1 联(60 + 2 × 100 + 60 m)连续梁跨越古田溪库区,其双主跨主墩 7#墩位于库区中央"V"字形深沟水中,施工水深约 43 m。7#墩承台设计为八边形,共设 18 根 φ2.8 m 钻孔桩。因受桥址下游既有线桥梁通航净空限制,大型浮吊及导向船、定位船、运输船等施工船舶无法进入施工区水域,施工设备及施工方案选择严重受限。中铁二局五公司在该深水基础施工中,结合现场交通条件以及固脚钢围堰、钢护筒的施工工艺,利用军用浮箱、常备式构件、贝雷梁等构件自行设计了大型水上浮式龙门,并成功应用到水中基础吊装施工中,解决了受交通条件影响水上起重设备选择受限的问题。为古田溪特大桥水中基础施工提供了有力的保障。通过水上浮式龙门在该桥梁水上吊装施工的成功应用总结形成本施工技术。

2. 工艺原理及特点

1)工艺原理

浮式龙门吊是在由军用浮箱组拼成的浮式平台上,组立常备式构件作为支墩,在其上安设由贝雷梁组拼成的纵横梁,纵梁上设置滑道,横梁安设在纵梁上,并可以在纵梁上滑动。横梁上安装滑动天车,天车下设置吊梁,用于起重、吊装。

(1)水上浮式平台构造。

浮式平台用军用浮箱组拼,军用浮箱尺寸为 2.7 m × 1.65 m × 9 m,采用 28 节军用浮箱拼组成浮式平台。每 5 节军用浮箱纵向连接成一舟体(标准舟节间采用钢销连接),两条舟体横向连接成一组,2 组间拉开 23 m 空档,浮体前、后两端各用 5 片贝雷梁(45 cm 支撑架连接)将浮体连成整体,前、后两排墩上方布置两组贝雷梁,每组两片贝雷片将两组纵梁连接成整体(墩顶上方的贝雷片通过工字钢和"u"型螺栓连接成整体)。浮体四角各增加一节军用浮箱安放锚机,用于浮平台锚固及定位,浮式平台组拼如图 62 – 35 所示。

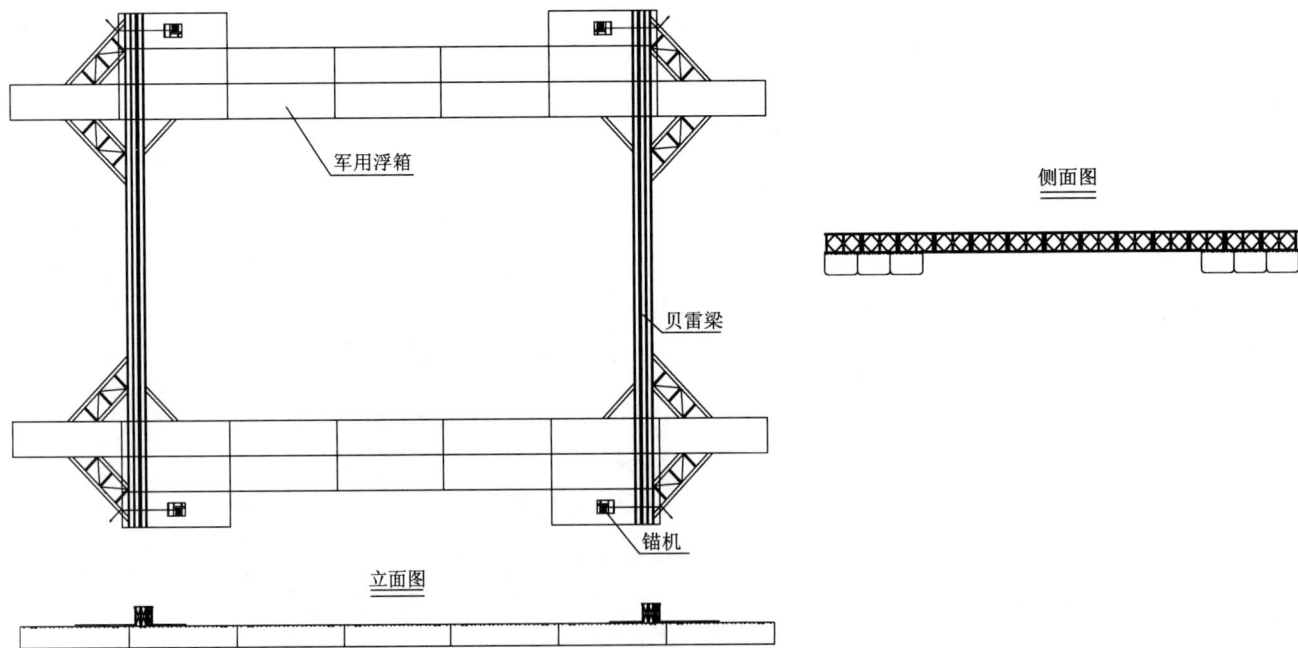

图 62 – 35　浮式平台组拼

(2)浮式龙门支墩构造。

浮式平台拼装完成后,在浮式平台上用常备式杆件组拼支墩,支墩采用 6 m、4 m、1.5 m 标准杆件组拼竖向立柱,立柱间加设斜撑加强。支墩与浮体、支墩杆件间均采用高强螺栓连接,浮式龙门支墩组拼如图 62 – 36 所示。

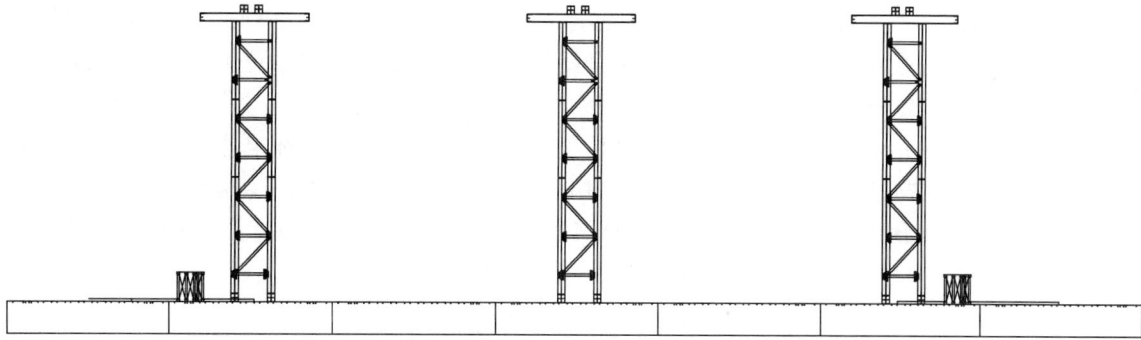

图 62 - 36　浮式龙门支墩组拼

（3）浮式龙门纵横梁构造。

支墩组拼完成后，在其上安装纵横梁、纵横梁各两组，每组纵梁采用 4 片加强型贝雷梁组拼（135 cm 支撑架连接），每组横梁采用 6 片加强型贝雷梁组拼（90 cm 支撑架连接），纵、横梁间设置滑移设施，用于横梁的滑移。横梁顶部布置轨道安装天车用于钢围堰及钢护筒的吊装下放，浮式龙门纵横梁拼装如图 62 - 37 所示。

立面图

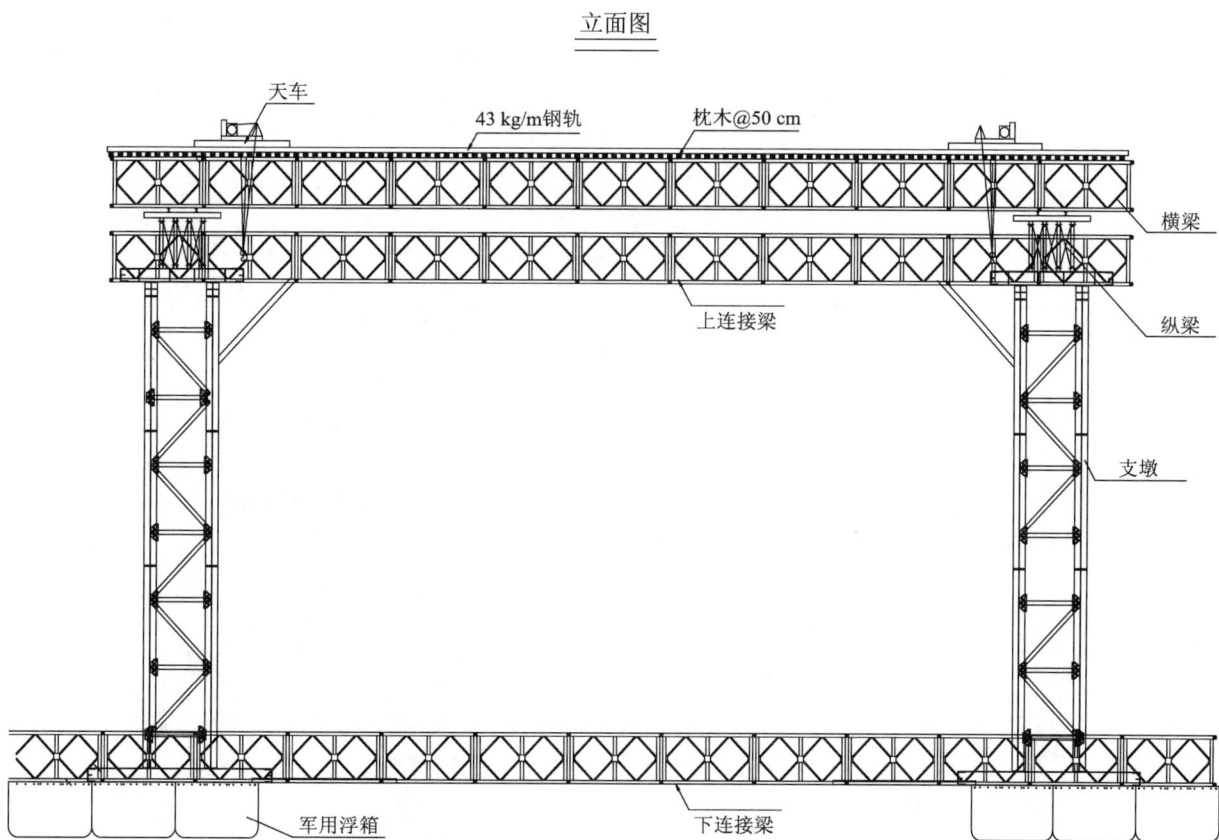

图 62 - 37　浮式龙门纵横梁拼装

（4）动力系统构造。

浮式龙门吊机通过横梁天车上卷扬机的牵引使天车在横梁轨道上滑动，并收放吊钩来吊放重物。电力控制系统通过线路引至操作室内。

浮式龙门横梁的移动则是通过设置在浮体上的卷扬机钢丝绳收放完成，钢丝绳一头锁定在横梁上，另一端通过转向滑轮组引至浮体卷扬机上。

(5)浮式龙门定位、锚固。

浮式平台在牵引前在四角设置观测标示(反光贴片),根据浮式龙门四角坐标计算角度值,然后牵引到设计位置处用两台全站仪在两岸的控制点定位,用全站仪观测反光贴片,指挥操作人员不断地收放浮式平台四角的锚绳,到达指定位置后锁定锚索。

锚固系统分为水中锚定和岸上锚锭,水中锚采用在水中抛重力锚进行精确定位。重力锚采用混凝土结构,共设4个,每个重力锚重约18 t。岸锚在东西两岸各设置两个,锚锭结构采用混凝土结构,水中锚和岸锚与浮式平台的水平锚锭角度均不小于30°。浮式平台及浮式龙门锚固系统布置如图62-38所示。

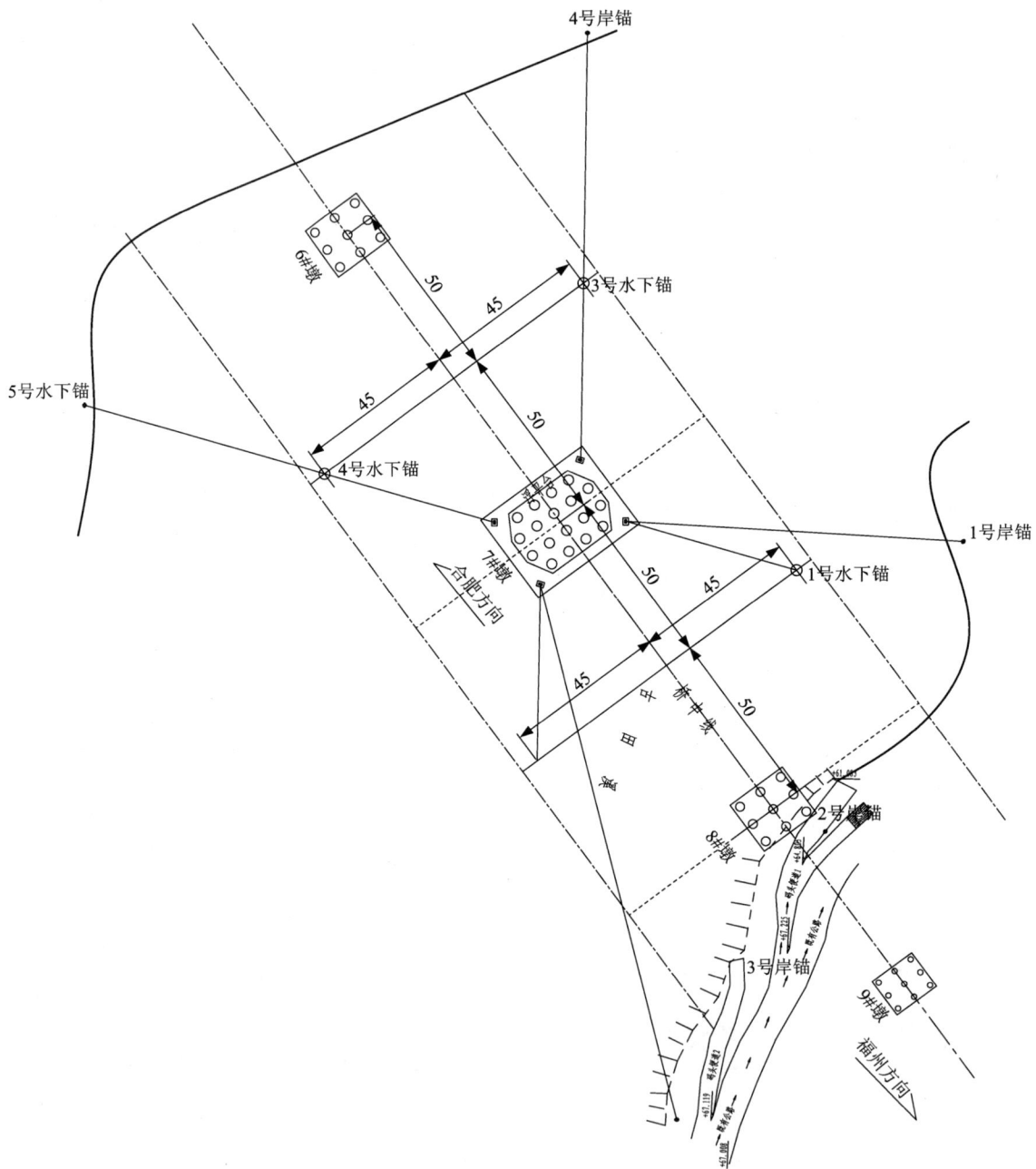

图62-38 浮式平台及浮式龙门锚固系统布置图

(6)浮式龙门吊主要参数。

浮式龙门吊主要参数如表62-7所示。

表62-7 浮式龙门吊主要参数表

项目	实际参数	备注
外形结构尺寸(长×宽×高)	63×39×20.5 m	
结构自重	465 t	
允许最大浮力	840 t	
单个吊点最大吊重	60 t	共计4个吊点
起吊范围	36×25 m	浮式龙门定位后吊点移动范围
起吊高度	17 m	
浮体最大吃水深度	1.5 m	浮体高度1.65 m

2)工艺特点

(1)浮式龙门采用军用浮箱、常备式构件、贝雷梁等标准成型构件组拼,减少大型吊装设备和浮运设备投入,投资少。

(2)浮式龙门拼装过程操作简单,拼装施工用工较少。

(3)浮式龙门既可作为起重设备下放固脚钢围堰,又可作为拼装平台,固脚钢围堰在其上组拼,大大提高了施工效率。

(4)浮式龙门通过在岸边设置岸锚及水下设置水中锚固定位,无需定位船舶,定位过程操作简单,提高施工效率。

(5)灵活性较强,施工较为方便。

3. 施工工艺及操作要点

1)工艺流程

浮式龙门吊安装施工工艺流程如图62-39所示。

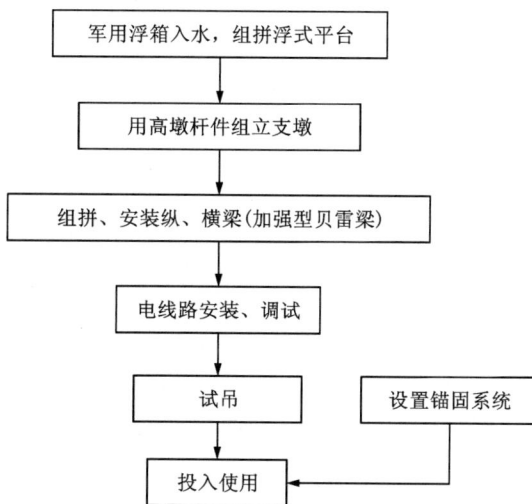

```
┌────────────────────────┐
│ 军用浮箱入水,组拼浮式平台 │
└────────────┬───────────┘
             ↓
┌────────────────────────┐
│     用高墩杆件组立支墩     │
└────────────┬───────────┘
             ↓
┌────────────────────────┐
│ 组拼、安装纵、横梁(加强型贝雷梁) │
└────────────┬───────────┘
             ↓
┌────────────────────────┐
│      电线路安装、调试       │
└────────────┬───────────┘
             ↓
┌──────────┐        ┌──────────────┐
│   试吊    │        │  设置锚固系统  │
└────┬─────┘        └───────┬──────┘
     ↓                      │
┌──────────┐               │
│  投入使用  │←──────────────┘
└──────────┘
```

图62-39 浮式龙门吊安装施工工艺流程

2)操作要点

(1)浮式龙门拼装要点。

①浮式平台组拼。

a. 军用浮箱入水前需检查箱体是否被刮伤及存在漏水现象,若有则需先进行修补并清除箱体内的杂物及积水后方可入水。

b. 浮式平台连接贝雷梁在军用浮箱上组拼,连接贝雷梁通过螺栓与浮箱舷体连接固定。

c.浮式施工平台工字钢对接时需对两头做破口处理后焊接,并在工字钢腹板位置焊接缀板连接,焊缝高度不小于 8 mm。

②浮式龙门吊组拼。

a.浮式龙门支墩组拼前应在浮式平台上放样支墩位置,支墩组拼应对正,墩底需垫实。

b.支墩竖杆组拼一节段后,应立即连接竖杆间横杆及斜杆,扭紧连接螺栓并用扭矩扳手扭紧。

c.浮式龙门纵横梁贝雷片间采用连接花窗通过螺栓连接。贝雷片间连接钢销安装后端头需插入开口销锁定。

d.纵横梁上方木需铺设平整,并用铁丝将方木与贝雷片牢固连接固定。方木上铺设 50 型钢轨,钢轨铺设需顺直、水平,钢轨与方木间采用道钉固定牢固。

e.起吊、安装纵梁时,由两台浮吊同步起吊安装。起吊时,两台浮吊需同步缓慢上升。调整好位置后,通过 U 型卡将纵梁与浮式龙门支墩锁定。

f.安装横梁时,将横梁吊放在纵梁钢轨上先临时锁定,待安装好移梁牵引设施后,再解除锁定。

(2)浮式龙门试吊操作要点。

①浮式龙门试吊前准备。

a.测量人员在受力最不利点处(即横梁滑移至轨道梁中部,天车滑移至横梁中部)进行标记。

b.待检天车梁滑移到横梁中部并与轨道梁进行固结,另一天车梁移动到相应位置配重并与轨道梁固结。

②浮式龙门试吊前检查。

试吊前应对龙门吊各部件进行详细检查,包括销轴、连接部件、电器安装、电缆线路布置、钢丝绳状况、龙门吊主要构件、龙门吊与浮体间的连接梁、安全防护状况等均做认真检查,并在纵横梁、浮体及其他关键部位布设测量监控标示,便于试吊时观测浮式龙门各构件变形情况,确信满足使用要求后方可进行下一道工序。

③空载试车。

要求对天车走行,大钩升降等各种操作情况进行试验,观察各电机在运转过程中浮式平台和轨道的受力情况,并同时试验限位器是否工作正常。

④静载试验。

在浮式平台最不利位置进行试吊,试吊过程采用逐步加载的方法进行,加载以施工过程中单钩所承受最大荷载的 30%、60%、100%、120%进行,每次起吊重物离开地面 3 cm,静止 5 min,观察浮式龙门横梁、纵梁的变化情况(以悬挂于贝雷梁底部的线锤和平台间的相对距离为准),继续起吊重物离开地面 20 cm 并下落,检查大钩下落时卷扬机的刹车情况。

⑤动载试验。

以施工过程中可能出现的最大动荷载(乘安全系数)作为动载荷载,天车起吊重物行走,同时做刹车试验,检查天车行走时刹车情况。

(3)浮式龙门定位、锚固操作要点。

①浮式龙门初定位时利用全站仪对布置在浮式龙门四角的观测标示进行观测,通过设置在浮式平台四角的锚机收放调整浮式龙门至设计位置。浮式龙门就位后,要由专人 24 h 对水位情况进行观测,根据水位升、降及时调整锚绳松紧。

②浮式龙门精确定位后,将锚机钢丝绳收紧。每隔 1 h 对浮式龙门位置进行观测,水位有急剧变化时,应及时收放锚机钢丝绳,并重新定位后锚定。

(4)浮式龙门吊装操作要点。

①横梁移动操作要点。

a.横梁移动前应检查钢轨顺直情况,及时在横梁运行前方轨道上补加黄油以增加轨道润滑能力,减少移梁摩擦力。

b.横梁移动时需专人指挥,两台移梁锚机操作人员需在指挥下同时操作锚机,如遇锚机滚筒钢丝绳打滑情况,应及时通报指挥人员,由指挥人员确定处理措施后(收紧钢丝绳或加导链助拉)方可继续操作。

c.移梁时梁端纵梁上须有专人查看，保证横梁两端移动距离相同，并观察纵梁上移梁滑板支座的受力情况，及时向指挥人员反馈。

d.移梁时横梁移动速度不宜过快，以免横梁中部因跟不上两端移动速度而产生横向变形。

②天车移动操作要点。

a.天车移动前应检查钢轨顺直情况和天车与轨道的偏位情况。

b.天车移动时应派专人盯控天车移动过程，防止大钩钢丝绳与轨道枕木发生摩擦刮碰。

c.卷扬机工作前应检查钢丝绳与横梁是否会发生摩擦，工作时如吊物起吊较高，应派专人盯控滚筒的排绳情况。

d.工作结束后将大钩提起高出地面 2 m 以上。

e.每组横梁上的两台天车不允许同时进行较重物的吊装。

附录一 大事记

1.2009 年 7 月 23 日，国家发展改革委下发《关于新建合肥至福州铁路项目建议书的批复》（发改基础 [2009]1936 号），批准合福铁路立项。

2.2009 年 11 月 10 日，国土资源部下发《关于新建合肥至福州铁路建设用地预审意见的复函》（国土资预审字[2009]421 号）。

3.2009 年 11 月 24 日，福建省地震局下发《关于新建合肥至福州铁路（福建段）线路及古田隧道、闽清隧道、古田特大桥工程场地地震安全性评价报告的批复》（闽震[2009]241 号）。

4.2009 年 12 月 7 日，国家发展改革委下发《关于新建合肥至福州铁路可行性研究报告的批复》（发改基础[2009]3051 号）。

5.2009 年 12 月 18 日，国家环境保护部下发《关于新建合肥至福州铁路环境影响报告书的批复》（环审[2009]543 号）。

6.2009 年 12 月 31 日，原铁道部与福建省在福州火车南站举行"温福铁路、福厦铁路、峰福铁路电气化改造峰南段开通仪式暨合福客运专线福建段、赣龙铁路扩能工程福建段、港尾铁路、三条疏港铁路、向莆铁路三明北站建设动员大会"，正式宣布合福铁路客运专线福建段开工建设。

7.2010 年 2 月 24 日，铁道部、安徽省、江西省、福建省批复《关于新建合肥至福州铁路初步设计的批复》（铁鉴函[2010]189 号）。

8.2010 年 4 月 7 日，铁道部工程管理中心下发《关于新建铁路合肥至福州客运专线指导性施工组织设计的审查意见》（工管工[2010]47 号）。

9.2010 年 4 月 8 日，合福铁路（闽赣）公司筹备组 4 月份组建了上饶建设指挥部和南平建设指挥部。

10.2010 年 4 月 8 日至 14 日，合福高铁闽赣段建设工程依法完成土建工程标和监理标的招标工作。中标单位于 4 月 18 日进场，开始施工前的准备工作。

11.2010 年 4 月 30 日，京福闽赣铁路客运专线有限公司完成工商注册，公司正式组建成立。

12.2010 年 5 月 4 日，京福闽赣铁路客运专线有限公司在福州正式挂牌成立。

13.2010 年 5 月 14 日，合福铁路客运专线闽赣段站前工程施工总价承包和施工合同、监理合同、质量安全协议、廉政协议书签字仪式在榕举行。

14.2010 年 5 月 14 日，京福闽赣铁路客运专线有限公司在福州正式挂牌成立。合福铁路客运专线闽赣段站前工程施工总价承包和施工合同、监理合同、质量安全协议、廉政协议书签字仪式在榕举行。

15.2010 年 5 月 18 日，南平指挥部召开了各施工单位参加的征地拆迁工作会议。

16.2010 年 6 月 17 日，公司在福州召开合福高铁闽赣段隧道内接触网预埋槽道研讨会及第二批甲控物资招标计划审查会。

17.2010 年 8 月 17 日上午，公司召开"大干 130 天，全面掀起京福闽赣铁路客运专线施工高潮"动员电视电话会议。

18.2011 年 5 月 4 日上午，合福铁路（江西段）中铁 11 局闽赣一标石壁岭隧道贯通。隧道全长为 1218.0 m，为闽赣段贯通的第一座全长大于 1 km 的隧道。

19.2012 年 1 月 13 日，公司在福州召开 2012 年第一次股东会、一届二次董事会。公司股东南昌铁路局授权代表徐利锋主持股东会。

20.2012 年 6 月 10 日，中铁一局蔡墩特大桥开始合福高铁福建段首孔梁架设。

21.2012 年 8 月 8 日，铁道部、安徽省、江西省、福建省《关于新建合肥至福州铁路修改初步设计的批复》（铁鉴函[2012]994 号）。

22.2012 年 8 月 30 日，铁道部工程管理中心《关于合肥客专指导性施工组织设计审核意见的函》（工管工〔2012〕253 号）。

23. 2012 年 12 月 28 日，中铁十一局合福高铁闽赣段 I 标项目部发来"喜报"，秋口、紫阳制梁场比原施组计划工期提前两个月完成全部 788 榀九百吨箱梁的预制任务，为全面完成总目标打下基础。

24. 2013 年 1 月 30 日，铁道部《关于新建合肥至福州铁路婺源等 10 座车站站房及相关工程补充初步设计的批复》（铁鉴函〔2013〕138 号）。

25. 2013 年 4 月 1 日，由中铁二十四局集团承担建设施工任务的武夷山隧道胜利贯通。标志着合福高铁福建段隧道全部贯通。

26. 2013 年 6 月 17 日，闽赣Ⅷ标全线重难点控制工程古田溪特大桥历时 35 个月顺利完成全桥合拢施工。

27. 2013 年 7 月 16 日，合福高铁闽赣段"四电"工程开标，中标单位为中铁电气化局集团、中国铁路通信信号股份有限公司联合体。

28. 2013 年 7 月 29 日，京福闽赣铁路客运专线公司与中铁电气化局集团、中国铁路通信信号股份有限公司在福州举行合福高铁闽赣段"四电"集成施工合同签约仪式。这标志着合福铁路客运专线闽赣段站后工程开工建设。

29. 2013 年 8 月 22 日，合福高铁闽赣段站房工程开标。中标单位中铁二十四局集团有限公司、中建七局集团有限公司、中铁十七局集团有限公司。各标段施工单位于 2013 年 9 月先后进场施工。

30. 2013 年 9 月 15 日，合福高铁闽赣段 159.5 座/274 公里隧道全部贯通。

31. 2013 年 9 月 26 日，合福高铁福建段接触网开工仪式暨接触网第一杆在南平北至古田北区间南铝 1 号大桥成功组立，标志着福铁路福建段四电系统集成工程全面开工建设。

32. 2013 年 10 月 15 日，跨西岭互通特大桥主体工程结束，为合福高铁福建段正式铺轨创造了条件。

33. 2013 年 12 月 28 日，中铁二局福州铺轨基地开始铺轨。

34. 2014 年 2 月 13 日，中国铁路总公司批复《关于新建合肥至福州铁路隧道防灾救援疏散工程 I 类变更设计的批复》（铁总办函〔2014〕192 号）。

35. 2014 年 7 月 28 日，福州铺轨基地与上饶铺轨基地合拢，标志着合福高铁闽赣段正线铺轨贯通，提前一个月实现了工期节点目标。

36. 2014 年 10 月 10 日，南昌铁路局会同京福闽赣公司、京福安徽公司于正式启动静态验收。

37. 2015 年 2 月 6 日至 2015 年 5 月 5 日，南昌铁路局会同京福闽赣公司、京福安徽公司完成合福南昌局管段房屋建筑工程（站房及生产生活房）和建设用地静态验收工作。

38. 2015 年 2 月 11 日至 2015 年 6 月 5 日，中国铁路总公司计统部、运输局、工管中心等专家组牵头部门组织成立的工务、供电、电务、信息、客服、房建、环水保、防灾专业专家组对静态验收报告进行了评审，评审意见为：合福高铁南昌局管段静态整体系统符合设计规范和验收标准，工程质量总体合格，同意通过静态验收，具备动态验收条件。。

39. 2015 年 3 月 1 日合福高铁顺利开始联调联试。

40. 2015 年 3 月 16 日至 2015 年 3 月 25 日，南昌铁路局会同京福闽赣公司完成合福高铁闽赣段信息、客服设施静态验收。

41. 2015 年 6 月 12 日，中国铁路总公司工程质量安全监督总站南昌监督站提交了铁路建设工程质量监督报告，同意进行初步验收。

42. 2015 年 6 月 17 日，初步验收完成。

43. 2015 年 6 月 28 日，合福高铁开通运营。

附录二　项目批复等重要文件目录

序号	批复时间	文件号	文件名称	批复部门
1	2009 年 7 月 23 日	发改基础〔2009〕1936 号	《关于新建合肥至福州铁路项目建议书的批复》	国家发展改革委
2	2009 年 11 月 10 日	国土资预审字〔2009〕421 号	《关于新建合肥至福州铁路建设用地预审意见的复函》	国土资源部
3	2009 年 11 月 24 日	闽震〔2009〕241 号	《关于新建合肥至福州铁路（福建段）线路及古田隧道、闽清隧道、古田特大桥工程场地地震安全性评价报告的批复》	福建省地震局
4	2009 年 12 月 7 日	发改基础〔2009〕3051 号	《关于新建合肥至福州铁路可行性研究报告的批复》	国家发展改革委
5	2009 年 12 月 18 日	环审〔2009〕543 号	《关于新建合肥至福州铁路环境影响报告书的批复》	国家环境保护部
6	2010 年 1 月 28 日	赣震发防〔2010〕4 号	《关于新建铁路京福客运专线合福至福州段（江西省境内）重点工程场地地震安全性评价报告的批复》	江西省地震局
7	2010 年 2 月 7 日	国土资厅函〔2010〕784 号	《关于新建合肥至福州铁路控制工期单体工程先行用地的复函》	国土资源部办公厅
8	2010 年 2 月 24 日	铁鉴函〔2010〕189 号	《关于新建合肥至福州铁路初步设计的批复》	原铁道部、安徽省、江西省、福建省
9	2010 年 4 月 1 日	赣水建管字〔2010〕79 号	《关于合肥至福州铁路客运专线主要跨河大桥河道管理范围内建设项目的批复》	江西省水利厅
10	2010 年 4 月 7 日	工管工〔2010〕47 号	《关于新建铁路合肥至福州客运专线指导性施工组织设计的审查意见》	原铁道部工程管理中心
11	2010 年 4 月 15 日	闽水水管函〔2010〕14 号	《关于合福铁路新建跨河大桥（福建省境内）防洪影响问题的意见》	福建省水利厅
12	2010 年 8 月 26 日	水保函〔2010〕256 号	《关于新建合肥至福州铁路水土保持方案的复函》	国家水利部
13	2010 年 9 月 5 日	国土资厅函〔2010〕916 号	《关于新建合肥至福州铁路江西段控制工期单体工程先行用地的复函》	国土资源部办公厅
14	2010 年 9 月 27 日		《关于新建合肥至福州铁路控制工期单体工程先行用地的复函》	国土资源部
15	2010 年 9 月 30 日	铁计函〔2010〕1276 号	《关于开工建设合肥至福州铁路闽赣段控制工期的仁墩村特大桥等 10 处单体工程的批复》	原铁道部
16	2011 年 12 月 3 日	国土资函〔2011〕874 号	《关于新建合肥至福州铁路江西段工程建设用地的批复》	国土资源部
17	2012 年 4 月 19 日	国土资函〔2012〕294 号	《关于新建合肥至福州铁路福建段工程建设用地的批复》	国土资源部

续上表

序号	批复时间	文件号	文件名称	批复部门
18	2012 年 8 月 8 日	铁鉴函〔2012〕994 号	《关于新建合肥至福州铁路修改初步设计的批复》	原铁道部、安徽省、江西省、福建省
19	2012 年 8 月 30 日	工管工〔2012〕253 号	《关于合肥客专指导性施工组织设计审核意见的函》	原铁道部工程管理中心
20	2013 年 1 月 30 日	铁鉴函〔2013〕138 号	《关于新建合肥至福州铁路婺源等10座车站站房及相关工程补充初步设计的批复》	原铁道部
21	2014 年 2 月 13 日	铁总办函〔2014〕192 号	《关于新建合肥至福州铁路隧道防灾救援疏散工程 I 类变更设计的批复》	中国铁路总公司
22	2014 年 7 月 15 日	运工综技函〔2014〕314 号	《关于新建合福铁路线名、里程体系、线路允许速度、管界的复函》	中国铁路总公司运输局
23	2014 年 10 月 9 日	工管工技函〔2014〕332 号	《关于开始新建合肥至福州铁路南昌局管段工程静态验收的通知》	中国铁路总公司工程管理中心
24	2014 年 12 月 23 日	铁总工管函〔2014〕1846 号	批复《关于合福铁路联调联试、动态检测及运行试验大纲的批复》。	中国铁路总公司
25	2015 年 6 月 13 日	京福闽赣工函〔2015〕136 号	《关于申请新建合肥至福州铁路南昌局管段工程初步验收的函》	京福闽赣公司、京福安徽公司、南昌铁路局

图书在版编目（CIP）数据

合福高铁闽赣段工程总结／京福闽赣铁路客运专线
有限公司编．—长沙：中南大学出版社，2020.7
ISBN 978 - 7 - 5487 - 2526 - 8

Ⅰ．①合… Ⅱ．①京… Ⅲ．①高速铁路－铁路工程－
总结－中国 Ⅳ．①U238

中国版本图书馆 CIP 数据核字（2020）第 114166 号

合福高铁闽赣段工程总结

京福闽赣铁路客运专线有限公司　编

□**责任编辑**	刘颖维		
□**责任印制**	周　颖		
□**出版发行**	中南大学出版社		
	社址：长沙市麓山南路		邮编：410083
	发行科电话：0731 - 88876770		传真：0731 - 88710482
□**印　　装**	湖南省众鑫印务有限公司		

□**开　　本**	880 mm×1230 mm 1/16	□**印张** 56.25	□**字数** 1841 千字
□**版　　次**	2020 年 7 月第 1 版	□2020 年 7 月第 1 次印刷
□**书　　号**	ISBN 978 - 7 - 5487 - 2526 - 8		
□**定　　价**	688.00 元		

图书出现印装问题，请与经销商调换